정신분석 이론의 모델

When Theories Touch:
A Historical and Theoretical Integration of Psychoanalytic Thought

Authorized translation from the English language edition published by Routledge,
a member of Taylor & Francis Group

KOREAN language edition published Hana Medical Publishing Co., Copyright © 2023

The Korean edition was published by arrangement with Routledge,
a member of Taylor & Francis Group through Agency-One, Seoul.

정신분석학적 사고의
역사적 이론적 통합

정신분석 이론의 모델

Steven J. Ellman

김승업 옮김

FREUD

ANNA FREUD

HARTMANN

KLEIN

FAIRBAIRN

WINNICOTT

SULLIVAN

MAHLER

KOHUT

KERNBERG

BION

MITCHELL

시대를 초월한 정신분석 이론들의 만남

다양한 맥락 속에서 서로 다른 언어와
정신분석 이론들의 경계에 꽃을 피우다!

圖書出版 하나醫學社

목차

역자 서문 007

약사 그리고 감사의 말 013

시리즈 편집자의 머리말 017

저자 서문 021

1부 | 프로이트

1장 프로이트의 영웅적 시대: 첫 10년 035

2장 정신분석의 시대가 열리다: 꿈 이론과 심리-성 063

3장 프로이트의 대상관계 이론: 메타심리학 논문들 129

4장 구조 모델 185

2부 | 프로이트 이후의 주요 이론가들

5장 새로운 자아 심리학: 안나 프로이트와 하인츠 하트만 231

6장 클라인의 혁명 287

7장 대토론 337

8장 클라인의 「Envy and Gratitude」 381

9장 페어베언: 새로운 대상관계 이론의 목소리 429

10장 위니콧: 진짜를 찾아서 467

11장 설리번: 대인 관계 정신분석, 관계주의의 시작 535
12장 말러: 공생과 분리-개별화 553
13장 코헛: 새로운 자기 심리학적 관점 587
14장 컨버그: 대상관계 이론과 자아 심리학의 통합 629
15장 비온, 클라인, 그리고 프로이트 665
16장 자아 심리학에서 현대 갈등 이론까지: 역사적 고찰 691

3부 | 현대 정신분석의 이슈들

17장 구조이론, 관계주의 비평, 그리고 통합을 위한 시도들 715
18장 가설적 발달 모델 787

에필로그 823
참고문헌 829

역자 서문

이 책은 스티븐 엘만Steven Ellman의 『When Theories Touch』를 번역한 것이다. 2010년도에 Karnac 출판사를 통해서 처음 출판되었지만 2018년도부터는 Routledge 출판사가 만들고 있다. 그러니까 지금으로부터 10년이 조금 넘은, 비교적 최근에 발표된 이론서라고 말할 수 있다. 원서의 제목을 그대로 번역하면 '이론들이 맞닿을 때' 정도가 되겠다. 그러니까 저자의 의도는 여러 정신분석 이론들이 만나게 되면 어떤 일이 생기는지를 이 책을 통해 보여주고 싶은 것이다. 저자는 몇 가지 맥락적 층위에서 그 만남을 시도한다.

먼저, 시간적 맥락이다. 내 생각에 이 책의 가장 큰 덕목은 이론을 시간적 맥락 안에 두는 것이다. 예를 들어 프로이트가 120년 전에 쓴 꿈에 관한 책을 보자. "모든 꿈은 소망 충족이다"라는 명제는 오늘날의 반증 가능성이라는 잣대 아래에서는 거의 재고再考의 가치가 없을 정도로 허술한 명제이다. 명제의 진위는 차치하고라도 우선 꿈, 소망 충족이라는 것이 무엇인지에 대해서도 엄밀한 정의를 내리는 것이 불가능하기 때문이다. 그래서 프로이트의 명제를 진리처럼 껴안기 시작하면 자칫 프로이트'주의자'가 될 수밖에 없다. 한 마디로, 프로이트를 믿는 사람이 되어버리는 셈이다. 하지만 반대로 그의 명제가 오늘날의 주도적 과학관에 맞지 않는다고 해서 배척하는 것도 시대착오적이다. 왜냐하면 그것은 프로이트의 시대가 실증주의의 시대였다는 엄연한 역사적 진실을 무시하는 처사일뿐더러, 사실 이는 오늘날에도 꿈이나 소망 충족 개념을 어떻게 정의하는지에 따라서 꽤 설득력 있는 '과학적' 심리학 개념이 될 수 있기 때문이다. 그러니까 요는 실증주의냐 반증주의냐, 혹은 과학이냐 아니냐가 아니다. 중요한 것은 프로이트의 의견을 '무시간적 진리'로 받아들일 것인지, 아니면 '시간 안의 의견'으로 받아들일 것인지다. 내 눈에 프로이트의 의견은 보기 드물게 면밀한 관찰과 논리적 사고의 결과물이며, 비록 진리는 아닐지라도 의견으로서의 가치는 대단히 크다. 그러한 면에서 볼 때, 이 책은 자칫 시공간의 맥락이 탈색된 채 무미건조한 형이상학이 되기 쉬운 정신분석 이론을 시대적 맥락에 단단히 위치시킴으로써 그 이론들이 삶과 앎의 역사와 연관되어 있음을 망각하지 않도록 한다.

두 번째는 변증법적 맥락이다. 정신분석 이론을 의견으로 인식하게 되면 그 의견이 어떻게 전개, 발달, 소멸해 가는지에 관해서도 관심이 생긴다. 프로이트가 시작한 인간의 마음에 대한 정신분석적 이론화는 130년의 세월 동안 많은 우여곡절을 겪었다. 그중 가장 심각한 우여곡절은 프로이트 본인에 의한 것이었다. 그는 마음의 기본 가정, 심리 기관의 모형과 정신병리에 대해 서로 다른 시기에 서로 다른 주장을 전개했다. 그 결과로 그의 후배들은 모두 프로이트를 인용하면서도 서로 정반대되는 의견으로 다툴 수 있게 되었다. 아마 우리가 배운 프로이트는 그중 특정 부류의 사람들이 말끔하게 정리한 프로이트일 가능성이 크다. 그런 면에서 볼 때 이 책은 프로이트의 의견이 그에 의해서, 혹은 다른 사람에 의해서 어떻게 달리 해석되고 재해석 되는지, 혹은 변하고 뒤집히는지 보여준다. 그 변화는 때로는 교묘하고 때로는 극적이었으며, 때로는 파괴적이기도 했다. 하지만 변증법이 늘 그러하듯 그 결과는 단순히 기존 의견의 부정否定이 아닌 듯하다. 프로이트의 의견은 본인과 여러 사람의 재해석과 보강에 따라 더욱 풍성해진다. 그래서 지형학 이론과 구조이론이 서로를 배제하지 않으면서 우리의 마음을 설명해내고, 타고난 본능이 어떻게 출생 후의 관계적 맥락 안에서 꼴을 갖추어가는가에 대한 이론이 만들어진다. 이 책은 그 과정에 대한 스케치를 보여준다. 정신분석 이론이 어떤 면에서 연속성을 유지하고, 어떤 면에서 구부러졌는지, 구부러진 이유는 무엇인지, 그리고 어디에서 왜 단절이 생겼는지에 대해 비교적 생생하게 그린다. 특히 대토론에 대한 한글 문헌이 거의 없는 우리에게는 이 책의 7장이 좀 더 흥미로울 수도 있겠다.

세 번째는 언어적 차원이다. 저자의 서문에서 밝히듯 그가 이 책에서 하려는 시도 중 하나는 정신분석 이론을 어렵지 않은 영어로 이야기하는 것이다. 그래서인지 이 책에는 각주가 거의 없다. 사실 나는 뉴욕에서 저자의 강의를 몇 달 동안 들은 적이 있었는데, 그가 강의에서 쓰는 언어와 책을 기술할 때 쓰는 언어는 그 간결함과 난이도에서 거의 같다고 볼 수 있다. 650쪽이 넘는 긴 책을 짧은 영어 실력으로 번역할 수 있었던 이유도 아마 그 덕이 큰 듯하다. 내 생각에 정신분석 이론이 난해한 이유는 자의적인 언어 사용이 큰 몫을 하는 것 같다. 프로이트 이래 거의 모든 이론가가 자체적으로 새로운 용어와 개념을 만들거나 재해석하다 보니 개념 설명에 쓰이는 언어는 저자의 말처럼 바벨탑의 사람들이 사용했던 언어처럼 저마다의 언어가 되어버렸다. 하지만 정신분석의 언어가 진정 그러해야만 할까? 나는 그렇지 않다고 생각한다. 아무리 고상하고 정밀하다 할지라도 정신분석 이론이 가리키는 현상은 양자 역학처럼 눈에 보이지 않는 세계에 관한 이야기도 아니고, 형이상학처럼 관념적인 이론도 아니다. 아무리 어려운 용어로 써놨다고 해도 정신분석 이론은 궁극적으로 피와 땀, 배설물과 분비물, 수치심과 죄책감으로 점철된 본능과 희로애락에 관한 이야기이다. 그리고 그 본능과 희로애락이 주어진 시공간 안에서 어떤 종류의 관계를 통해 어떤 식으로 구현되는가에 관한 이야기이다. 그 시공간과 관계는 엄마와 아기일 수도 있고, 아빠와 딸일 수도 있으며, 부부이거나 친구, 동지이거나 적일 수도 있다. 그리고 거기에서 벌어지는 사랑과 미움, 앙심과 자책, 야망과 수치, 배움과 성숙을 우리는 인생이라고 부른다. 그렇다면, 그래서 정신분석이 필시 인간의 삶에 관한 것임이 지당한 이치라면, 일상의 언어와 문법으로 그 이론을 말할 수 있어야 함도 당연하다. 그리고 영어를 사용하는 사람의 본능과 감정이 한국어를 사용하는 사람의 그것과 크게 다르지 않다면, 이 이론들은 한국어로도 말할 수 있어야 할 것이다. 내가 역자로서 그 시도에 얼마만큼 성공했는지 매우 궁금하다.

마지막 맥락은 이 책이 저자 본인의 긴 학문적 여정의 통합이라는 점이다. 저자는 17장에서는 임상적 통합, 18장에서는 나름의 발달이론을 시도한다. 이 책을 자세히 읽어보면 알겠지만, 저자가 프로이트에서 미첼에 이르는 다양한 이론가들의 목소리를 빌어서 하려는 말에는 모종의 일관성이 있다. 그것은 저자가 나름대로 오랜 세월의 시행착오를 통해 이론들 안에서 발견해낸 공통의 관심사이기도 하다. 무엇이 사람의 마음을 병들게 하는지, 병이 드는 것과 덜 자란 것은 어떤 관계가 있는지, 무엇이 사람을 치유하는지 말이다. 그래서 각각 다른 언어로 설명된 다양한 이론 안에는 저마다의 발견과 일말의 진실이 숨어있는데, 저자는 이론들이 서로 공명하는 소리를 듣고 독자들에게도 이론들이 맞닿을 때 나는 소리를 들어보도록 권한다. 그리고 비록 현대 의학에서 받아들여지기에는 근거가 많이 부족하나, 18장도 훌륭한 시도라고 생각된다. 인간의 몸과 마음이 따로 떨어진 것이 아니라면 실험적 연구와 심리학적 개념 사이의 연관성은 언젠가는 해결되어야 할 숙제다. 부디 번득이는 재능들이 이 영역에 관심을 보이는 날이 오길 바란다.

이상의 맥락과 별개로 한국 상황에서 의미가 있을 법한 특징도 있다. 무엇보다 다양한 정신분석 이론을 적당한 깊이로 다루고 있고, 이론의 경계와 주요 쟁점을 비교적 명료한 언어로 드러내고 있다. 아마 관련 전공자들에게는 썩 괜찮은 이론적 길잡이가 되리라 기대한다. 두 번째로 이 책에는 비교적 풍부한 원전元典의 인용이 있다. 언어적 한계로 인해 원전을 읽어내기가 쉽잖은 우리의 처지로서는 흔치 않은 지적 탐험이 될 것이다. 나 역시 전문 연구자는 아니지만, 능력이 허락하는 수준에서는 최대한 인용된 원전의 가독성을 고려했다. 혹여 이 책을 디딤돌로 원저에 접근해 보자는 생각이 들면 더할 나위 없이 기쁘겠다. 혹자는 그 영향력에 비해 자아 심리학과 현대 갈등 이론의 분량이 상대적으로 적다고 느낄 수도 있겠다. 하지만 자아 심리학과 현대 갈등 이론은 이미 한국에서 주류가 된 만큼 한글로 번역된 관련 문헌이 많고, 수련 과정에서도 적잖은 노출이 이루어졌음을 고려할 때 그렇게 불공평하다고 생각되지는 않는다. 역자를 가장 괴롭힌 것은 번역에 있어 영어 용어의 한글 번역, 그리고 고유명사의 한-영 병기에 관한 문제였다. 여기에 대해서는 아직 답을 찾지 못했다. 모두 영어로 표기하는 것도, 모두 한글화하는 것도 좋은 해법은 아닌 것 같았다. 그래서 나름의 촉과 감으로 이 정도면 적당하지 않을까 싶은 정도에서 적당히 타협을 봤다. 불편하더라도 이해해 주시기를 바란다. 하지만 오역과 누락은 모두 역자의 잘못이다. 나름 꼼꼼하게 살피느라 살폈지만 아마 많은 실수가 있을 것이다. 부디 한국의 독자들이 틀린 곳을 지적해 주시고, 그것을 빌미 삼아 같이 공부할 동료를 만나면 더 좋겠다.

비록 짧고 얕은 공부였지만 나름대로는 수확이 적잖은 여정이었다. 그 여정 중에 만난 모든 이들이 아마 나의 스승일 테다. 생각해보면 가르침과 배움은 대칭이 아니다. 가르침이 곧바로 배움을 의미하는 것이 아니고, 가르칠 수는 없으나 배울 수 있는 것도 분명히 있다. 인생을 살아가는 대부분의 지혜가 그러할 것이고 정신분석의 통찰이 대부분 그러한 듯하다. 내게 배움의 기회를 만들어 준 그들 모두에게 깊이 감사드린다.

2023년 3월, 사이에서

김승업

약사 그리고 감사의 말

내가 뉴욕 시립대학교의 임상 심리학 박사 과정에서 대상관계 이론을 가르치기 시작한 것은 1972년, 아니면 1973년부터이다. 나는 뉴욕 대학교에서 박사 과정을 하면서 이미 예전부터 페어베언Fairbairn, 클라인Klein, 위니콧Winnicott 등을 읽었더랬다. 당시에 동료 중 한 명이 자신이 영국에서 만났던 해리 건트립Harry Guntrip에 관해 이야기를 해주었다. 건트립은 내 동료에게 자신이 알고 있던 페어베언에 관한 이야기를 해줬고, 그는 이듬해(1968)쯤 페어베언의 대상관계 이론을 자세히 설명한 책을 펴냈다. 나는 당시 뉴욕 대학교에서 조지 클라인George Klein, 밥 홀트Bob Holt, 레오 골드버거Leo Goldberger, 머튼 길Merton Gill 등과 프로이트 이론을 공부하고 있었는데, 페어베언과 건트립에게도 흥미를 느꼈었다. 페어베언은 자신의 이론이 프로이트의 이론을 대체하는 것이라고 말했었지만, 당시 내 생각에는 프로이트와 페어베언, 건트립이 양립하지 못할 이유가 없어 보였다. 내 마음속에는 그들의 연관성이 명료하게 보였던 까닭에 건트립에게 편지를 쓰게 되었고, 그가 미국에 왔을 때 함께 점심을 먹었다. 나는 그에게 내가 발견한 그들의 연관성을 열심히 설명했고, 그는 친절하고도 참을성 있게 대답을 해줬다. 그의 대답을 요약하면 위니콧, 클라인, 발린트 Balint 등을 읽어둬야 한다는 것이었다. 이게 1971년이었다. 당시 나는 설즈Searles와 코헛Kohut을 읽고 있었는데 내 눈에는 그들 또한 프로이트 이론과 충분히 양립 가능해 보였다. 당시 내가 가르치기 시작한 강의의 제목은 'Disorders of the self'였으며 프로이트, 코헛, 설리번, 위니콧, 설즈, 건트립, 페어베언, 안나 프로이트, 하트만 등을 읽었었다. 내 눈에는 이들 모두가 통합된 자기 경험에 생긴 문제를 다루고 있었다. 하지만 지금에 이르러 이 리스트를 보면 좀 이상하다. 왜냐하면 안나 프로이트와 하트만은 자아 심리학자이지, 자기 심리학자가 아니기 때문이다. 하지만 나는 둘의 글 모두에서 자기의 문제와 관련한 프로이트식 이론의 시발점을 봤다. 물론 내 친구들은 그것이 내 눈에만 보인다고 했지만 말이다.

시작이 다소 장황했던 것 같다. 우선 나는 제자들이 나름의 목소리를 갖도록 도와준 훌륭한 선생님들이었던 조지 클라인, 밥 홀트, 버니 칼린코위츠Bernie Kalinkowitz, 레오 골드버거에게 감사를 전하고 싶다. 건트립도 나에게 아주 호의적이었으며 여러 가지 조언과 격려를 해주었다. 나의 학위 논문을 지도해 준 사람은 해리 피스Harry Fiss 선생님이었다. 내 논문이 수면에 관한 실험 논문이었던 까닭에 해리, 조지, 레오는 나와 렘수면의 의미에 대해 줄기차게 토론했고 그들은 다양한 경로로 이 책에 영향을 미쳤다.

하지만 내가 가장 먼저 감사를 표시해야 하는 사람들은 그동안 나를 거쳐 갔던 학생들이다. 그들은 내가 이 책에서 말하고 있는 이러저러한 생각들을 마냥 듣고 있어야만 했다. 많은 사람이 알게 모르게 이 책에 영향을 미쳤다. 내 아내도 언급해야 한다. 나로 인해 그녀는 자주 (주로 시기심이란 주제였던) 자신의 작업을 멈추고 내 글을 읽어야 했다. 작가가 되려 애쓰는 사람은 대개 이런 아내를 갖고 있기 마련이다.

원고를 읽어준 동료들에게도 고마움을 전한다. 셸던 바흐Sheldon Bach, 노버트 프리드먼Norbert Freedman, 마크 그뤼네스Mark Gruness, 어빙 슈테인가르트Irving Steingart가 그들이다. 특히 바흐는 운 없게도 그의 시골집이 나와 가까이 있었던 터라 책의 끝부분을 여러 번 읽어야 했다. 루이스 아론Lew Aron 박사는 위니콧에 대해 귀한 조언을 해줬다. 페어베언에 관한 장을 읽고 조언을 준 데이빗 샤프David Scharff에게 감사를 전한다. 좋은 친구이자 동료인 마이클 모스코비츠Michael Moskowitz도 고맙다. 관계주의 이론가들에 대해 많은 도움을 준 피터 카우프만Peter Kaufman(내 테니스 파트너)도 고맙다. 특히 17장은 그와 함께 한 작업이었다.

시리즈 편집자의 머리말

스티븐 엘만 박사의 『When Theories Touch』를 펴내게 되어 영광이다. 이 책은 CIPS Book Series의 첫 번째 책이다. *The Boundarics of Psychoanalysis* 시리즈는 다양한 정신분석적 관점의 상호 관련성을 연구하고 정신분석과 여타 학제 간의 관계를 조사하기 위해 기획되었다. 목적은 다양한 탐색을 통해 복수의 관점들이 서로를 돕고 풍요롭게 만드는 것이며, 당연히 이 책의 핵심적 관점이기도 하다.

이 책에서 우리는 여러 층위의 통합적 노력을 찾을 수 있다. 그는 프로이트 시대에서부터 현재에 이르기까지 주요 정신분석 이론을 포괄적으로 재검토한다. 그 작업은 넓고도 깊어서 이로부터 다양한 정신분석적 시각이 수렴하고 발산한다. 이러한 검토를 통해 얻어지는 것이 다요인 모델로, 그는 이를 통해 이론 간의 접점과 불일치를 설명하고 도무지 이어질 것 같지 않은 이론들을 잇는다.

예를 들어보자. 관계론적 입장과 고전주의적 입장을 논하면서 그는 인간이 대상을 추구하는지 아니면 쾌락을 추구하는지에 대한 타협 불가능한 이분법을 '잘못된 이분법'이라고 말한다. 그의 생각에 우리는 당연히 대상과 쾌락을 모두 추구할뿐더러, 어쩌면 둘 다 가장 일차적인 동기는 아닐지도 모른다고 말한다. 그의 기본적인 생각은 다양한 요인을 염두에 둠으로써 서로 다른 인간의 발달, 혹은 좀 더 정확히는 서로 다른 모-자 관계 발달을 이해하는 데 도움이 된다는 것이다. 모든 경우를 하나의 모델로 설명하려 하기보다는 여러 모델로 여러 경우를 설명하는 셈이다. 물론 이것은 부모-자식의 양자 관계뿐 아니라 치료관계 또한 포함한다.

그의 다요인 모델에 내재한 유연성 덕택에 우리는 특정 개인의 현상학적 경험에 충실하면서도 동시에 그러한 경험을 조직화하고 이해하기 위한 이론적 모델의 필요성을 인정할 수 있게 된다. 그리고 이로써 또 다른 방식의 통합 가능성이 열리는데, 거기서는 특정 경험의 조직화를 좀 더 잘 고려할 수 있다. 엘만 박사의 말을 들어보자.

> 나는 이 책을 통해 여러 이론의 공통점과 차이점이 드러나도록 할 것이다. 어쩌면 이 작업 덕택에 치료자들이 나름대로 알맞게 여러 이론적 관점들을 조합할 수 있을지도 모르겠다. 부디 새로운 통합으로 더 나은 분석작업이 이루어지길 바란다(저자 서문 중).

우리가 그의 작업에 가장 큰 빚을 지고 있는 것은 이렇듯 새로운 통합의 가능성과 관련이 있다. 그는 주요 정신분석 이론에 대해 상세하게 기술을 하고 있다. 그리고 이러한 탄탄한 기초 덕분에 서로 다른 이론들이 제대로 이해된 기반 위에서 새로운 이론적 통합이 가능해진다. 합성 능력은 증진되고 덕분에 새로운 이론의 설명력은 강력해진다.

엘만의 시도는 프로이트, 페어베언, 위니콧, 클라인에 자신이 수행한 렘수면 관련 연구를 모두 포함한다. 덕분에 정신분석적 발달 모델은 관계적 맥락과 생리학적 요소를 모두 포함할 수 있게 되고, 임상 상황의 치료적 작용에 관한 이론적 기초도 제공한다. 이 모델은 정신분석의 주요 이론을 제대로 이해하면서 만들어낸 다요인 모델이 얼마나 강한 설명력을 갖는가에 대한 좋은 예다. 독자들은 그의 모델 덕에 풍성해질 것이고, 그가 열어 놓은 새로운 통합의 가능성 또한 보게 될 것이다.

CIPS는 추후 발간될 책들을 통해 엘만의 『When Theories Touch』를 예고한 통합의 정신이 증진되기를 바란다. 그는 다양한 관점이 서로 영향을 주고받음으로써 어떤 결과물이 나올 수 있는지에 대한 새로운 패러다임을 제공한다. 우리는 *The Boundaries of Psychoanalysis* 시리즈를 통해 정신분석과 그 주변부, 그리고 정신분석과 타 학제의 상호작용을 통해 정신분석 바깥의 경계를 살피려고 한다. 그가 아주 멋진 시작을 해준 것에 대해 대단히 감사하게 여긴다.

나는 이 기회를 빌어 *The Boundaries of Psychoanalysis*에 헌신적으로 참여하고 있는 많은 이들에게 감사를 표하고 싶다. 특히 CIPS Book Series 위원회 구성원들에게 감사를 표한다. 크리스토퍼 크리스천Christopher Christian, 스티븐 엘만Steven Ellman, 자레드 러셀Jared Russell, 필리스 슬로트Phyllis Sloate, 리 토비아스Leigh Tobias가 그들이다. 지난 수년간 이어진 그들의 수고와 헌신이 이제 귀한 열매를 맺게 되었다. 그리고 나를 믿고 이 프로젝트를 이끌도록 해준 것에 대해, 또한 그가 나에게 준 개인적인 도움에 대해 CIPS의 회장인 릭 펄만Rick Perlman에 감사를 표한다. 그리고 Karnac Books의 올리버 래스본Oliver Rathbone에게 감사드린다. 그 덕분에 우리 시리즈는 집을 찾게 되었으며 그가 보내준 성원과 전문적인 도움에 큰 도움을 받았다.

멕 보도인 Meg Beaudoin**, PhD, FIPA**

시리즈 편집자

저자 서문

이 책을 써보고 싶다는 마음이 처음 든 것은 1970년대 초반 내가 대상관계 이론에 대해 강의하던 시절로, 그러고 보면 상당히 오래전이다. 그때부터 지금까지 나의 어떤 이론적 지향은 꽤 변해왔다고 할 수 있다. 좀 더 구체적으로 말하면 이론에 대한 나의 관심은 별로 변하지 않았으되 (물론 일시적으로 그런 적은 있겠지만) 선호했던 이론은 시대마다 조금씩 달라져 왔다. 그래도 강의를 할 때는 다양한 관점의 이론가들을 아우르려고 했다. 처음에는 설리번, 프롬-라이히만, 프로이트, 설즈, 건트립, 위니콧, 코헛, 안나 프로이트 같은 이들이 주된 인물들이었다. 사실 이들은 내가 맡았던 강의의 대부분에서 주된 인물들이었다. 처음에는 정신분석의 정치지형에 무지했으나 정신분석 수련을 받아 갈수록 나는 누가 '좋은' 사람들이고 누가 실은 '진짜 분석가'가 아닌지 알아가게 되었다. 이 문장에 깃든 냉소를 알아차리지 못한 사람을 위해 좀 더 분명히 말하겠다. 내가 정신분석 수련을 받던 시절에 듣기가 심히 불편했던 이야기들이 있었는데, 가령 네가 하는 것은 정신분석이 아니라거나, 혹은 네가 존경하는 어떤 사람이 사실은 '진짜' 분석가가 아니라는 말들이었다. 1980년대 초반, 나는 로왈드Loewald의 논문집에 호의적인 수준을 넘어 거의 열광적인 서평을 쓴 적이 있었다. 나는 기억한다(그것도 아주 똑똑히). 당시 내 지도감독자는 로왈드처럼 '진짜' 분석가가 아닌 사람의 책에 어떻게 그토록 호의적인 서평을 쓸 수 있는지 궁금해했다. 물론 나는 매우 당황했었다. 당시엔 속으로 생각하길, 로왈드 같은 사람이 진짜 정신분석가가 아니라면 어떻게 나 같은 사람이 정신분석가일 수 있을지에 대해 의아했었다. 다행스럽게도, 그런 시절은 이제 상당히 지나간 것 같고 그런 편견도 많이 줄었다. 사실 나로서는 요즘 독자들이 지니는 새로운 태도에 기대를 걸고 있는데, 요즘 독자들은 자신이 옹호하는 이론과의 우열의 정도보다는 본인이 처한 상황에 도움이 되는 것을 찾고 있는 듯하기 때문이다.

어쩌면 내가 너무 낙관적일 수도 있다. 왜냐하면 작금의 유물론과 실용주의의 시대에서 정신분석의 지적 중요성이, 설령 버림받지는 않았다손 치더라도 간과되는 건 그다지 놀랍지 않기 때문이다. 하지만 나보다 앞서 많은 이들이 말해온 이야기를 나도 한번 반복해 보겠다. 직접적으로나 간접적으로나 이론의 도움을 받지 않고 정신분석적 치료를 하기란 불가능하다(다른 치료도 마찬가지다). 이 책을 보면 알겠지만 일관된 이론적 태도를 견지한 채 임상에 임한 이들은 매우 적다. 오히려 사람들은 의식적이든 무의식적이든 여러 지향의 이론을 빌어와서 제 나름의 임상이론으로 은연중에 재구성한다(Sandler & Sandler, 1994). 최고의 임상가들은 각 환자들에 대해 이런 작업을 수행하며, 이론은 분석의 각 증례에 맞게 미묘한 변화를 겪는다. 나는 이 책을 통해 여러 이론의 공통점과 차이점이 드러나도록 할 것이다. 어쩌면 이 작업 덕택에 치료자들이 나름대로 알맞게 여러 이론적 관점들을 조합할 수 있을지도 모르겠다. 부디 새로운 통합으로 더 나은 분석작업이 이루어지길 바란다.

비록 다양한 분석가들이 통합의 시대에 대해 글을 썼지만(Wallerstein, 1988), 혹자는 정신분석이 어쩌면 바벨탑의 시대에 들어섰다고 생각할 수도 있다. (나는 이 구절을 다른 책에서도 쓴 적이 있다[Ellman, 1996]. 미안하게 생각한다. 그러나 그 논문을 읽은 사람이 거의 없으므로 다시 사용해도 무방할 듯하다.) 하지만 그때는 언어적 차이라도 있었다. 구약을 읽어보면 신이 너무 많은 언어를 창조하는 바람에 혼돈이 생겼다. 그런데 정신분석의 신약 시대에 우리는 같은 언어를 쓰고 있음에도 혼돈을 겪고 있다. 예로, 여러 지향의 이론가들이 같은 용어를 사용하면서 토론하는 장면을 보면 이들이 과연 같은 개념을 논하고 있는 것인지도 헷갈린다. 그래서 이 바벨탑이 주는 효과는 여럿인 듯하다. 우리의 대화를 막거나 불가능하게 만들기도 하고, 반대로 새로운 이론적 개념화나 임상적 묘사를 가능케 하기도 한다. 내 생각에 새로운 통합은 이미 시작되었으나 탑이 여전히 우리를 방해하고 있는 것 같다. 나는 이 책을 통해 말 그대로 탑을 허물고, 다시 한번 정신분석적 개념들을 쌓아서 쉽게 이해할 수 있는 언어로 표현하고자 한다. 가능하다면, 그 언어는 정신분석적 용어보다는 영어가 될 것이다. 왜냐하면, 정신분석적 용어들은 명료하기보다는 흐릿할 때가 많기 때문이다. 물론 의미 있는 정신분석 용어들을 없애버리겠다는 뜻은 아니고, 그 뜻을 명료하게 만들어 가능하면 영어로 대체하고 싶다는 의미다.

책의 구조

책은 세 부로 나뉜다. 1부에서 나는 프로이트가 제시한 네 개의 이론에 대해서 다룰 것이다. 지금 보면 그것들은 절대적으로 네 개로 분리된 이론들은 아니지만, 각각의 이론을 통해 그의 강조점은 상당히 옮겨 다녔다. 내가 다른 곳에서 한 말을 반복하자면(Ellman, 1991), 프로이트는 항상 흥미로우나 그가 흥미로운 이유는 그가 제시하고 있는 대답보다는, 제기하는 질문에 있다. 2부에서 나는 프로이트 이후의 주요 이론들에 대해서 다루겠고, 내가 대략 현대 정신분석이라 이름 붙인 시점의 시작 즈음에서 멈출 것이다. 하트만과 안나 프로이트를 하나의 장에서 다루고 멜라니 클라인, 페어베언, 위니콧, 설리번, 말러, 코헛, 컨버그, 비온, 그리고 고전주의 이론에서 현대 갈등 이론으로의 이행도 다룰 것이다.

1부와 2부에서는 각각의 이론을 살피면서 왜 이론가들이 새로운 이론적 관점을 개발할 필요를 느꼈는지 설명할 것이다. 1부와 2부의 각 장은 짤막한 요약으로 시작하고 고찰로 마무리한다. 각 장의 끝에 나오는 일부 고찰은 해당 이론가에 대해서만 집중할 수 있도록 하기 위함이다. 이론가의 관점을 평가하거나 다른 사람들과 비교하기에 앞서 명료하게 설명하려는 부분도 있을 것이다. 물론 각 이론가의 입장을 설명하는 것에 있어 나 자신의 편향이 없을 수는 없다. 가능한 그런 일이 안 생기도록 노력하겠지만, 만약 불가피하게 편향이 발생했음을 인지하면 그 점을 솔직하게 인정하겠다. 그런 경우 고찰은 별도의 자리가 아닌 해당 장 안에 제시될 것이다. 2부에는 공동 저술을 한 두 개의 장과 다른 저자들이 쓴 세 개의 장이 있다. 말러Mahler에 대한 부분은 나와 애니 버그만Anni Bergman이 썼다. 애니는 말러와 오래 같이 일한 사이이며 훌륭한 이론가이자 치료자다. 컨버그Kernberg에 대해서는 나와 모니카 칼스키Monica Carsky가 같이 썼다. 모니카는 오랜 세월 컨버그와 함께 일했으며 내가 아는 한 가장 영리한 이론가이자 치료자다. 16장의 현대 갈등 이론은 리처드Richards와 린치Lynch가 썼다. 둘 다 유명한 저자들로, 널리 알려진 글들을 썼다. 비키 스티븐스Vicki Stevens가 비온에 대한 부분을 썼다. 그녀는

Psychoanalytic Center of California에서 왔는데, 그곳은 비온이 LA에 왔을 때 몸담았던 기관이다. 그녀는 비온Bion에 대해 글을 써왔고 그가 분석하거나 지도 감독했던 분석가들과 함께 공부했다.

닐 보러스Neal Vorus 박사는 대토론에 관한 장을 썼다. 일전에 그의 논문 지도를 했던 적이 있는데, 그 논문을 지도하면서 얻은 가장 큰 소득은 학생으로부터 많은 배움을 얻을 수 있었다는 것이다.

내가 다른 저자들과 협동하거나 그들에게 글을 써달라고 요청한 데는 여러 이유가 있다. 나는 비온에 대해서는 글을 쓸 정도의 지식은 있다고 느꼈지만, 아직 그를 뼈에 와닿을 만큼(Goldman, 1993b) 공부했다거나 아는 것 같지는 않다. 현대 갈등 이론에 대해서는 꽤 잘 안다고 말할 수 있다. 하지만 여러 이유로 내가 이 주제에 대해 충분한 객관성을 가지고 접근할 수 있을 것 같지는 않았다. 맞다. 나는 그 객관성이라는 것이 나의 환상에 불과함을 알고 있다. 하지만 그 환상은 내가 아끼는 환상이므로 내가 아는 한 그 주제에 대해 가장 정통한 이들에게 부탁할 수밖에 없었다. 컨버그에 대해서도 마찬가지다. 나는 컨버그에 대해서 꽤 잘 알고 있는데, 그래서 그가 내미는 몇 가지 이슈에 대해 과하게 반응하지 않도록 나를 좀 진정시켜줄 누군가가 필요했다. 말러에 대해서는 애니와 같이 일을 해보고 싶었기 때문이다. 나로서는 그녀와 이런 일을 한 것이 행운이라고 생각한다. 내가 쓴 나머지 장들을 읽어보면 독자들은 내가 그 장의 이론가들과 나를 상당히 동일시하고 있음을 알게 될 것이다. 아마 설리번은 그중 예외일 테다. 하지만 사실 한때는 그와도 상당한 동일성을 느꼈던 적이 있었다. 글을 통해 이 부분이 분명해지길 바란다.

3부는 1, 2부와 조금 다르지만 그래도 기본적인 자세는 같다. 3부는 옛 이론들과 새로운 이론을 통합하려는 시도다. 그리고 이 이론들이 어떻게 현대의 임상 정신분석에 대한 적용으로 이어졌는지에 초점이 맞춰질 것이다. 내가 과거에 했던 연구들에 관한 이야기도 일부 있을 것이고, 이런 연구들이 나의 발달 및 임상 이론에 어떤 영향을 미쳤는지도 이야기할 것이다. 3부에서 나는 관계주의와 신-클라인주의에 대해 제법 많은 이야기를 할 것이다.

라캉에 대해서는 알고 있는 지식이 아주 제한적인 관계로 쓰지 않았다. 나는 예전에 정신분석 기법에 관한 글을 쓴 적이 있는데(Ellman, 1991; Ellman & Moskowitz, 1998), 거기서 나는 프로이트의 기법 논문들에 대해 라캉이 썼던 글들과 그의 저작 일부를 검토했었다. 그에 대한 흥미는 분명히 있었지만, 나는 이 책 안에 그에 대한 장을 쓸 만큼 라캉에 대해서 잘 알지는 못한다. 내가 말할 수 있는 건 그가 프랑스 정신분석에 끼친 영향이 아주 크며, 내가 그에 대해 잘 알지도 못하면서 그에게 큰 영향을 받은 그린Green이나 라플랑슈Laplanche에 대해 자세하게 쓰고 싶지는 않았다는 것이다. 그래서 프랑스 정신분석에 대한 언급은 자제할 것이다. 희망컨대 나중에 이 부분에 대한 보완이 있길 바란다.

오늘날 정신분석이 프로이트에게서 멀어지고 있음에도 불구하고 왜 나는 이 책에서 그에게 네 개의 장이나 할애했을까? 내 생각에는 프로이트를 이해하지 않고서는 정신분석에서의 논란들이나 이론상의 움직임을 이해하기란 여전히 불가능하다. 제기되는 이슈 대부분은 프로이트에서부터 시작했거나 그의 영향을 받았다. 어떤 이론을 이해하기 위해서는 대다수 경우 프로이트의 일부 측면을 이해하는 것이 필수적이다. 게다가 그는 아직도 해결되지 않고 있는 여러 난제를 남겼다. 프로이트에 관한 장들은 제법 난해한 측면이 있겠지만 얼마나 많은 이론가가 그의 이론을 이용하거나 혹은 그의 이론을 배척하면서 자신의 이론을 수립했는지, 우리 독자들이 볼 수 있었으면 하는 것이 내 희망 사항이다.

메타 이론적 관점을 위한 총론

나는 기본적으로 현대 정신분석 안에 존재하는 여러 기류에 부분적으로나마 호응하는 정신분석가이다. 그 기류 중 하나는 그린버그와 미첼(1983), 그리고 미첼(1995)에서 비롯된 것으로, 그들은 소위 drive/structural 모델과 relational/structural 모델 사이에는 기본적인 양립 불가능성이 있다고 주장했다. 그래서 그들은 누군가가 이 둘 중 하나를 분명히 선택한다면 정신분석적 사고의 복잡함이 상당히 해소될 것이라고 말했다. 하지만 이 책을 통해 나는 위의 두 모델 (그리고 다른 모델도 포함해서) 사이의 긴장에서 빚어지는 복잡함이 정신분석적 이해의 핵심이며, 온전한 정신분석 이론은 이러한 입장들을 골고루 받아들일 수 있어야 한다고 주장할 것이다. 이 책의 어느 지점에서 나는 그들이 자신들의 입장을 마치 논리적 필연처럼 선언하고 있다고 말할 것이다. 그러나 그들의 주장에 논리적 필연성 같은 것은 없다는 게 나의 입장이다. 오히려 그들 또한 하나의 관점을 제시하고 있을 뿐이고, 우리는 이미 다양한 관점이 이론, 임상적으로 서로 조화롭게 어울리는 방향으로 옮겨가고 있음이, 내 글을 통해 효과적으로 드러났으면 좋겠다. 물론 그렇다고 이론들 사이의 다름이 없어지지 않는다. 오히려 각자의 방식으로 이견들을 통합하려는 견해들의 힘을 보여줄 것이다. 이런 통합적 관점의 한 측면은 발달과 임상 현상을 묶어내기 위한 생물학적 시도다. 하지만 그 생물학적 관점은 욕동drive 이론을 핵심적인 인과 요소로 보지 않고, 반대로 여러 가지 요소 중 하나로 본다. 대다수 인간을 묘사하는 데 중심적인 요소는 (대상) 관계의 내면화와 내면화에 관계된 갈등이다. 여기서 제시되는 생물학적 요소는 어떤 사람들에게는 잘해봐야 배경 역할 정도에 그치겠지만 다른 어떤 사람들에게는 결정적 요소로 작용한다. 물론 이런 선언들이 진공 속의 이야기여서는 곤란하다. 따라서 나는 특정 종류의 갈등, 내면화, 표상들을 촉진하거나 둔화시킬 수 있는 환경적 조건에 관해서도 이야기하겠다.

나는 지금 여러 이론의 다양한 측면이 골고루 포함된 다요인多要因 모델을 제시하겠다고 분명히 말하고 있다. 내 생각에 정신분석이 갈라지고 쪼개지는 이유에는 정치적 요소들도 있는 것 같다. 따라서 3부의 도입부에서 이러한 정치적 요소들에 관해서도 대강의 설명을 하려고 한다. 그 짧은 설명을 통해 내가 의도하는 바는, 나 자신의 정치적 의도를 제거해서 결국 정화반응이 일어나도록 하는 것이다. 물론 이러한 소망이 이루어지지 않을 것임은 잘 알고 있다. 하지만 이러한 이상이 이 책 곳곳에서 유효하길 바라는 것이 내 솔직한 마음이다.

책 전반을 통해 유효한 하나의 관점, 그리고 서로 관련되나 분리되는 두 개의 주제들이 있다. 전자의 관점은 우리가 다룰 (대부분의) 분석가들은 모두 정신분석을 양분兩分하는 경향이 있다는 것이다. 프로이트도 서로 다른 시기에 서로 다른 방식으로 정신분석을 양분했다. 심지어는 그가 내놓은 견해가 바로 앞선 시기의 자신의 입장과 반대되는 경우도 있었다. 최근에 있었던 가장 강력한 양분은 그린버그와 미첼이 시도한 것이지만 기본적으로 우리가 다루게 될 정신분석가들 모두에게 해당하는 이야기다. 이 책의 논점은 그들 모두가 흥미롭고 중요한 어떤 지점을 제시하고 있다는 것이다. (예외가 있는데, 독자들은 추측해 보길 바란다.) 예를 들어 그린버그와 미첼의 시도가 파괴적이라고 생각하는 사람도 있겠지만 나는 그들이 일종의 청소를 했다고 생각한다. 그들의 글은 감동적인 데다 통찰로 가득하다. 사실 이 글이 나오기 몇 년 전에 벌써 해야 했던 (혹은 그랬으면 하는) 토론들이 그들의 작업 덕에 비로소 가능하게 되었다는 것이 내 생각이다. 이제는 시대가 바뀌어 새로운 타협이 가능해졌다고 생각한다. 나도 그들처럼 현재 상황에 유용한 글을 쓰고자 한다.

현재의 질문은 (적어도 내가 보기에는) 기존의 이론에 담긴 중요한 관점을 어떻게 새로운 이론적 매트릭스에 함입시키는가에 대한 것이다. 나로서는 내 방식으로 이런 시도를 하려고 할 것이고, 아마 짐작하건대 다른 사람들 또한 그들의 방식으로 통합을 하려 할 것이다. 이 글이 그런 시도를 부추기는 데 어느 정도의 역할을 하길 바란다.

임상적으로 중요한 주제는 이것이다. 모든 이론은 환자가 자신의 심리적 어려움을 충분히 잘 표현하도록 돕고자 하고, 동시에 치료자를 환자들의 감정적 표현으로부터 보호하고자 한다. 한편 많은 이론에서 이런 탐색은 전이를 통해 이루어진다. 만약 전이를 타당한 개념으로 받아들인다면 이때 기본적 가정이 되는 것은 모든(대부분의) 분석가가 어떻게든 전이를 조절할 필요가 있다는 점이다. 이런 '필요'를 좀 더 분명하게 말해보면 분석가들이 환자들의 강력한 전이를 견디기 쉽지 않아 보인다는 이야기이기도 하다. 관계주의적 맥락을 중심에 두는 이론도 비슷한 부류의 긴장이 있음을 가정하고, 대인 관계적 맥락의 이론도 마찬가지다. 반면 환자들이 그들 자신의 내면에만 오롯이 집중하면 분석가는 이런 경향을 얼른 잘라내고 치료 상황에 치료자 자신을 개입시키려고 한다.

더해서 모든 이론에는 치료관계로 인한 치료 효과, 그리고 통찰로 인한 치료 효과 사이의 긴장 또한 존재한다. 예로 프로이트의 이론에서도 강조점은 전이의 표현에서 전이의 탐색과 이해로 옮아간다. 이때 해당 분석가가 누구인지는 그리 중요하지 않다. 반면 설리번의 치료적 매트릭스에서는 인간으로서 분석가에게 더 많은 강조점이 주어지고 전이는 다른 개념으로 대체된다. 이런 차이는 종종 통찰 대 치료적 관계라는 구도로 표현되거나, 과거의 발견 대 현재 관계의 창조라는 구도로 표현된다. 나는 오늘날 대부분의 분석가가 통찰(과 그에 연결된 감정) 및 치료적 관계, 혹은 실질적 관계 모두를 중요한 임상적 요소로 여긴다고 생각한다. 책의 끝부분에서 나는 이 둘을 포괄하는 관점을 제시할 것인데, 나는 그 관점을 역동적 이론 구조라고 부를 것이다.

역동적 이론 구조라는 용어가 꽤 거창해 보이는데 사실 별건 아니고 임상 상황의 특정 측면에 좀 더 각별한 관심이 주어질 때가 있다는 뜻이다. 그래서 내가 주장하려는 것은 환자의 관점에서 보면 때로는 일인一人 모델이, 때로는 이인二人 모델이 중요할 때가 있다는 것이다. 물론 전체적인 맥락에서 보면 그 둘의 구분은 인위적이라고 할 수 있다. 이 둘은 연결된 것으로 이해되어야 하고, 그래서 대부분 상황에서는 일인도 아니고 이인도 아닌 그 중간의 어디쯤이라고 생각된다(대략 1.7명). 어느 글에서 오그덴Ogden(1997b)은 비록 분석에서는 상호주관성이 항상 존재하지만 그럼에도 환자의 주관성이 우위에 있어야 한다고 말했는데, 같은 의미이다. 치료 상황이 항상, 혹은 반드시 상호주관적인가라는 문제는 3부에서 집중적으로 다루어질 것이다. 한편 이 책을 통해 살펴보게 될 이분법이 여럿 있지만 나는 그중에서도 수십 년 동안 정신분석을 양분해 온 프로이트의 본능 또는 욕동 개념을 살펴보겠다.

욕동 개념은 종종 정신-성 발달 단계 이론과 함께 제시된다. 미리 말해두지만 사실 본능 이론과 정신-성 발달 단계 사이에는 딱히 논리적인 필연성이 없다. 아마 프로이트는 그 둘을 따로 발전시켰을 수도 있다. 분명한 건 그가 자신의 임상-이론적 개념의 기본 가정이 될 무언가를 찾고 있었다는 것이다. 딱히 그것만을 지칭하는 것은 아니었으나, 본능 개념의 의미는 그런 식으로 가정된 생리학적 혹은 신경생리학적 현상이었다. 이는 신체적 현상을 의미하는 것으로, 그가 1923년에 했던 말처럼, 자아는 무엇보다 앞서 신체적 자아라는 것이 그의 입장이었다(1923b). 하지만 이렇게 말하기 위해서 반드시 본능 개념이 필요한 건 아니다. 왜냐하면 아기나 어린이의 표상적 세계는 생물학적 기능(먹고, 자고, 싸고 등)에 초점을 맞추어 발달한다고 말해버리면 간단하기 때문이다. 프로이트 또한 본능에 인도된 탓에 수많은 갈래가 생겨버렸다. 정신분석은 생물학인가, 심리학인가?(Gill, 1976) 우리는 의미를 논하는가, 아니면 메커니즘을 논하는가?(Klein, 1976) 우리가 살펴볼 질문은 생물학적 영향을 중요하게 생각하는 심리적 이론이 가능하냐는 것이다. 한 걸음 더 나아가서 욕동 이론을 이론의 중심에 두지 않은 채 욕동 이론을 가정하는 것이 가능한가? 당장은 이러한 문제들에 대답하지 않겠지만 분명한 것은 이분법적 구도가 역동적 다요인 모델로 대치되어야 한다는 점이다. 그래서 여러 가지 요인의 중요성은 구체적 맥락에 따라 변할 수 있어야 한다.

내 희망은 이 책을 통해서 여러 이론을 이리저리 섞어 새로운 이론적 조합을 시도해보는 것이다. 그리고 이러한 이론적 질문을 분명하게 해줄 경험적 연구에 대한 아이디어들이 나오도록 자극하고 싶은 마음도 있다.

1부 프로이트

FREUD CHAPTERS

FREUD

ANNA FREUD

HARTMANN

KLEIN

FAIRBAIRN

WINNICOTT

SULLIVAN

MAHLER

KOHUT

KERNBERG

BION

MITCHELL

1장 프로이트의 영웅적 시대

첫 10년

전후 사정

요약

이 장의 제목은 왈터 스튜어트Walter Stewart의 책, 『Psychoanalysis: The First Ten Years』(1963)에서 빌려왔다. 이 장에서 우리는 먼저 프로이트의 치료자로서의 경력과 정신분석의 태동을 보게 될 것이다. 이 시기에 그가 시도한 이론에 따르면 심리적 문제는 환경적 사건과 생리학적 조건의 조합에 의해 초래된다. 그는 당시의 신경생리학의 영향을 아주 강하게 받았는데, 그래서 환상이나 전이 같은 우리에게 익숙한 개념들은 이 당시 그의 이론에서는 큰 역할을 하지 않았다. 오히려 성인의 신경증 증상에는 실질적인 이유가 있다고 생각해서 당시의 성행위 풍토가 불안이나 신경쇠약 같은 증상의 원인이라고 생각했다. 그는 과도한 자위나 질외사정 같은, 성행위의 문제로 인한 신경증을 실제성 신경증actual neuroses

이라고 불렀다. 그리고 어린 시절의 어떤 조건이 원인이 되어 생기는 신경증을 심인성 신경증psychogenic neuroses이라고 불렀다. 그러니까 심인성 신경증도 실상은 '진짜' 사건, 즉 어린 시절의 트라우마 때문에 생기는 것이다. 프로이트가 생각했던 트라우마 중 가장 많은 것은 (여덟 살 이전의) 성적 학대로, 이것이 심리적 문제를 초래하는 진짜 사건이었다. 그는 두 종류의 신경증 모두 분출되지 않은 긴장이나 리비도라는 개념으로 설명했다. 당시 그가 개발한 심리 치료 방법은 카타르시스를 통해 해로운 기억을 제거하는 것으로, 기억을 의식으로 떠올림으로써 강력한 정화반응abreaction을 경험하도록 하는 것이었다. 아직은 무의식적 관념idea이라는 생각에 충분히 다다르지 못했으며, 그의 치료는 환자들에게 기억과 정화반응을 강요하는 데 그쳤다. 이 시기 그의 치료법은 최면(Breuer의 기법)에서 압박 기법pressure technique이라고 하는 정신치료로 옮아간다.

비록 프로이트가 아직 정신분석 이론을 개발하지 못했으나, 우리는 그의 중요한 이론들을 맹아적 형태로 발견할 수 있다. 방어, 저항, 무의식적 동기 같은 개념들이 이 시기에 뿌리를 두고 있다. 물론 꿈에 대한 이론이나 환상의 중요성 같은 생각도 서서히 자라나고 있었다. 그는 이 시기에 자기-분석을 시작했고, 그 덕에 환자들이 말하는 성적 학대가 진실인지, 아니면 어릴 때부터 가졌던 환상의 산물인지 의문을 가지게 되었다.

시대적 배경

1882년의 어느 날, 정신의학의 역사와 20세기 동안 그리고 아마도 그 이후의 서반구의 지적 풍토를 크게 바꾸는 데 공헌한 만남이 있었다. 이 만남에서 조제프 브로이어Josef Breuer는 프로이트에게 자신이 봤던 환자인 안나 오Anna O(Bertha Pappenheim)에 관해서 이야기해줬고, 이 덕분에 프로이트는 히스테리에 대해 강한 호기심을 느끼고 연구를 시작했다. 이후 두 사람은 오랫동안 협력 관계를 맺었으며, 그동안 프로이트는 샤르코Charcot와 함께 연구하기도 하고 쟈네Janet와 베른하임Bernheim을 공부하기도 했다. 베른하임의 책 『Suggestion』(1888)의 서문을 쓴 것도 프로이트가 이 시기에 한 일이었다. 비록 많은 정신분석가가 브로이어의 작업이나 이론적 정식화가 프로이트에게 끼친 영향을 축소하려고 노력했지만, 내 생각에 그가 해준 안나 오의 이야기는 프로이트를 제대로 매료시켰다. 당시 브로이어는 과학적 사고에 아주 능통한 사람이었으며, 대뇌피질에 대한 그의 견해는 오랫동안 프로이트에게 영향을 끼쳤다. 하지만 스튜어트Stewart(1963)의 표현대로 이 영웅적 시대에, 과학에 대한 흥미보다는 문학에 대한 흥미가 여러모로 더 뚜렷했던 젊은 의사를 매료시킨 것은 안나 오를 비롯한 환자들의 이야기였다(Steiner, 2001).

프로이트에게 끼친 지적 영향을 좇는 것은 당면한 목표가 아니다. 하지만 프로이트의 예는 동시대의 지적 혼란이 한 사람의 학문에 어떻게 영향을 미칠 수 있는지를 설득력 있게 보여준다. 이 장의 시대적 배경은 1892년부터 1898년 정도로, 이 시기 프로이트는 자신의 이론과 새로운 정신치료 기법으로 정신의학을 혁명적으로 변화시키기 시작했다. 사실 그의 이론적 시도는 치료적 모험과 밀접하게 연결되어 있다. (나는 예전에 쓴 책[1991]에서, 프로이트는 시간이 흐를수록 점점 더 이론에 몰입했고, 정신분석적 치료는 그 일차적 지위를 잃었다고 말했다. 하지만 1907년부터 1916년까지 그가 중요한 이론적 저작뿐 아니라 분석 치료에 대한 글을 활발하게 쓴 걸 보면 내 말이 글자 그대로 옳다고 보기는 어렵다. 하지만 『The Ego and the Id』[1923b]와 같은 유명한 저작을 쓸 무렵에 그는 환자를 열심히 보고 있지 않았다. 오히려 이 무렵엔 세계적으로 유명한 인물이 되어서 주로 교육분석을 했는데, 내 생각에는 이 교육

분석이라는 것이 많은 부분에서 그다지 진지한 치료가 아닌 경우가 많았던 것 같다.) 이제 다시 그와 브로이어가 히스테리 환자의 치료 경험을 묘사하는 장면으로 돌아가 보자(Breuer & Freud, 1895d). 사실 1880년대 후반과 1890년대에 프로이트가 보던 환자들은 다양한 증상을 가진 사람들이었다. 사지의 통증이나 마비, 혹은 성대 마비 같은 전환증상에서 우울, 발기부전, 환청까지 다양했다. 그의 증례를 읽을 때 주의해야 할 사항은 그가 봤던 환자들이 단순히 히스테리 환자들만이 아니라 요즘으로 치면 신경증, 경계선, 정신증에 이르는 넓은 환자군이었다는 점이다. 하지만 비록 다양한 종류의 환자를 봤으나 그의 관심은 주로 극적인 증상에 머물러 있었다. 아마도 '영웅적 시대'에 그가 봤던 환자들은 어쩌면 오늘날이라면 당시와는 상당히 다른 진단을 받았을 수도 있다. 당시 그의 목표는 가능한 한 증상을 빨리 없애는 것이었다. 하지만 그는 환자들의 목표가 때때로 그의 것과 상당히 다르다는 점을 이내 알아차렸다.

『프로이트 표준 전집』(이후 『Standard Edition』) 2권에서 편집자는 "『Studies on Hysteria』는 일반적으로 정신-분석의 시작점으로 여겨진다"라고 쓴다. 편집자들의 주장에 따르면 그 책에 기록된 프로이트의 가장 큰 성취는 "인간의 마음을 과학적으로 연구하기 위한 첫 번째 도구를 발명"한 것이다(*S.E.* 2, p. 16). 이것을 보면 책의 편집자들이 프로이트의 업적을 이해하는 데 독특한 편향을 지닌다는 점을 알 수 있다. 과학적이라는 단어는 현대의 정신분석에는 쓰기 어려운 단어다. 무엇보다 과학적 연구자들이 그러한 용어 사용을 비판할 수 있는데, 왜냐하면 일반적인 용례에서 볼 때 사실 프로이트는 과학적 연구를 수행하지 않았기 때문이다. 한편 일부 치료자들은 프로이트가 너무 과학적이라고 비판하기도 한다. 그들은 프로이트가 정신분석의 인문학적 측면을 충분히 강조하지 않았다고 느끼는 것이다. 그가 시행한 정신치료 기법의 "발달 초기로 거슬러 올라가는 것"(*S.E.* 2)도 흥미롭긴 하지만 사실 이 책에 포함된 그의 이론들은 정신분석의 역사라는 관점에서 보면 모두 중요한 것들이다. 여기서 그는 방어의 성격과 방어 히스테리에 대한 새로운 개념을 만드는 과정에서 아주 생생한 임상 사례를 제시하고 있다. (그는 방어와 저항이라는 용어를 모두 사용하고 있으나 아직 정확한 구분은 하고 있지 않다.) 그리고 그는 또한 의식에 있지 않은 관념을 어떻게 구상하고 있는지를 명확하게 보여준다. 독자들은 아마 그 관념을 무의식이라고 말하고 싶을지도 모르겠다. 하지만 이 시기의 프로이트는 아직 무의식 개념을 충분히 발달시키지 않은 상태였다. 프로이트가 제시한 건 바로 의식을 벗어난 관념(그는 이차적 관념이라 불렀다)의 조직화에 대한 최초의 개념 중 하나다. 이 시기의 프로이트는 관념이나 연상을 일차적, 이차적이라는 용어로 구분했다. 여기서 일차적 관념은 의식적 관념이고, 의식 바깥에 놓이는 건 이차적으로 분열된 관념이다. 그렇다면 의식의 바깥은 어디인가? 이 질문에 대해서는 의식의 분열, 혹은 무의식적 관념이라는 두 가지 대답이 가능하겠다. 이 시점에서 프로이트는 자신의 방어 개념이 정신분석을 어디로 인도하게 될지에 대한 생각을 아직은 많이 하고 있지 않다. 우리는 이 문제를 이 장과 다음 장에서 좀 더 자세히 보게 될 것이다.

물론 어떤 시대를 나누는 건 아주 인위적인 행위다. 이 시기의 그의 이론적 입장에 대한 명료한 시각을 얻기 위해 우리는 때때로 이전 시기에 그가 했던 작업(혹은 활동)에 눈길을 주게 될 것이다. 비슷한 이치로, 비록 우리의 일차적 관심사가 그의 인생사는 아니지만, 때로는 그의 인생사에서 벌어졌던 일도 살펴보게 될 것이다. 예를 들어 그가 Fliess와 맺었던 관계를 고려하지 않고서는 특정 주제에 대한 그의 몰입을 이해하기 어렵다. 플리스는 프로이트의 동료이자 동반자로서, 프로이트의 전이를 많이 받은 대상이기도 했다. 이상 짧게나마 우리가 곧 다루게 될 시기

직전까지의 프로이트의 경력에 대해 잠깐 살펴보았고, 향후 그가 개발하게 될 개념들이 이미 드러나고 있음을 알 수 있다.

나는 브로이어와 함께 발표한 그의 첫 저작부터 시작하려고 한다. 그다음 이 책이 어떤 식으로 다음에 나올 개념들의 전조가 되는지 살펴보겠다. 또한 'preliminary communication'[1)]에서 드러난 개념들의 전개를 꼼꼼하게 살펴볼 것이다. 이 장에서 나는 프로이트를 직접 인용하는 경우가 많을 것인데, 그 이유는 독자들이 이 시기의 프로이트의 개념을 좀 더 직접적으로 경험하게끔 하기 위해서이다. 비록 이 시기가 그의 전체 업적에서 가장 낯선 시기일지라도 말이다.

Studies on Hysteria: Preliminary communication

이 책에서 프로이트는 "정신-분석은 히스테리에 관한 연구에서 출발했으며"(1913m, p. 207), 그의 주 치료법은 원래 최면이었다고 말한다. 브로이어와의 공동 저작에서(Breuer & Freud, 1893a) 그는 히스테리 환자들을 치료한 경험을 묘사하고 있다. 이 환자 중 많은 이들은 아마 오늘날이었으면 히스테리 장애라는 진단을 받지 않았을 것이다. 그중 다수는 전환 장애 진단을 받았을 것이고 더 무거운 진단을 받은 사람도 제법 있었을 것이다. 환자들은 대개 여자였으며(프로이트는 남성 히스테리에 대한 논문을 발표하기도 했으나 일부 청중은 그 의견에 회의적이었다), 그들의 호소는 당시 빈과 전 유럽의 의사들에게 별 대수롭잖은 문제로 치부되었다. 브로

1) 프로이트와 브로이어는 공동작업의 일부를 1893년 논문으로 발표했다. 이 논문은 2년 후 1895년에 발표된 책 『Studies on Hysteria』의 맨 앞에 삽입되었다. 논문의 정확한 제목은 「On the psychical mechanism of hysterical phenomena: Preliminary communication」이다(역자 주).

이어는 1882년 프로이트에게 자신이 치료했던 한 여자 히스테리 환자에 대해 이야기를 해줬고, 이 대화는 프로이트에게 두고두고 영향을 미쳤다. 알다시피 몇 년 후 프로이트는 파리로 가서 샤르코 아래에서 연구하게 된다. 프로이트는 샤르코에게 브로이어와 안나 오에 관해서 이야기했지만, 샤르코는 그 증례에 별 관심을 보이지 않았다. 이후 빈으로 돌아온 프로이트는 브로이어의 치료 방법이었던, 최면을 이용한 카타르시스로 돌아간다. 두 사람이 함께 Preliminary communication을 발표할 때쯤(1893a) 프로이트는 이미 최면과 카타르시스를 이용해서 여러 명의 히스테리 환자를 치료하고 있었다. 그는 또한 다른 치료법을 실험하기 시작했고, 1895년에는 새로운 치료법, 그리고 히스테리에 대한 새로운 의견을 발표하기도 했다.

그와 브로이어가 1893년에 발표한 글에 의하면 최면 기법의 목적은 "히스테리 발병에 중요한 역할을 했던 기억을 재생하는 것으로 (…) 그 기억은 단일 외상 기억일 수도 있고 (…) 서로 연결된 부분-외상들의 연쇄일 수도 있다"(1893a, p. 14). 프로이트는 "히스테리 환자는 기본적으로 회상reminiscence 때문에 고통받는다"라고 생각했다(같은 책). 이런 기억들은 심리적 외상, "혹은 좀 더 정확히 말하면 외상의 기억으로, (…) 실제 사건이 일어난 한참 뒤에도 마치 이물질처럼 작동하는 이 기억이 바로 여전히 작동 중인 원인임이 분명하다"(같은 책, p. 6). 둘은 놀라워하며 이렇게 말한다.

> 그 개별 증상이 초래된 사건에 대해 명확하게 기억할 수 있고, 더불어 그에 동반된 감정이 생생하게 불러일으켜지면, 그리고 환자가 그 기억에 대해 언어를 사용해서 가능한 한 가장 자세하게 묘사하고 그 효과를 말로 표현했을 때, 그 모든 히스테리 증상은 즉각, 그리고 영원히 사라진다. 감정이 실리지 않은 상기recollection는 거의 항상 아무런 효과가 없다. [같은 책]

이렇게 보면 프로이트는 초기 개념에서부터 히스테리 발작이 일어나는 요인에 대해서 말하고 있다. 그리고 환자들은 대개 이런 발작 요인들의 의미를 알지 못하고 있음을 발견했다. 그들의 연구 결과가 의미하는 것은 히스테리 발작은 외적 사건에 의해 결정되고, 각각의 발작은 최초의 발작과 관련이 있다는 것이었다. 발작들의 관계는 오랜 기간 지속될 수도 있는데, 이 맥락에서 두 사람은 히스테리와 외상 신경증 사이의 유사성을 언급한다. 말하자면 분명한 발생 요인이 있고, 그 요인과 발작 사이에는 분명한 관계가 있다는 것이다. 그들은 어쩌면 '모든 신경증이 히스테리와 유사한 원리로 만들어지는 것은 아닌가'라는 의문을 던진다.

히스테리 증상의 경로를 기술하는 것을 넘어 프로이트가 짚어내는 부분은 고통스럽고 불안을 초래하는 기억과 이 증상들이 연관성이 있다는 점이다. 그리고 이 기억들은 환자가 자신에 대해 갖는 일차적, 혹은 의식적 관념들과 분리되어 저장되어 있었다. 이차적 관념의 형태로 저장된 이러한 생각들은 의식에 쉽게 포착되지 않는다. 프로이트는 히스테리 환자를 정상, 혹은 '건강한' 경험과 비교하는데, 정상적인 경우에서는 불편한 경험과 관련된 정서는 닳아서 흐릿해지거나 분출된다고 말한다. 아래 단락에서 우리는 정상적인 기억의 처리에 대한 그의 의견을 볼 수 있다.

> 기억이 흐릿해지거나 그 감정적 요소가 사라지기 위해서는 여러 가지 요소가 필요하다. 여기에서 가장 중요한 것은 그 감정을 만들어낸 사건에 대한 강력한 반응reaction의 존재 여부이다. 여기서 '반응'은 모든 종류의 수의적, 불수의적 반사들을 의미한다. 여기에는 눈물에서부터 복수 행위까지 모두 포함되는데, 우리가 경험하듯 이런 행동을 통해 감정이 분출된다. 반응이 충분히 일어나면 그 결과로 사건이 초래했던 효과의 많은 부분이 해결된다. 가령 '실컷 울어 버린다', 혹은 '증기가 빠진다' (말 그대로 '분노를 터뜨린다') 같은 언어적 용례를 보더

라도 이런 현상이 일상다반사로 일어남을 알 수 있다. 만약 이런 반응이 억제되면 감정은 기억에 붙은 채 남게 된다. 비록 언어만을 통해서일지라도 보상을 받은 상처는 어쩔 수 없이 당하고만 있었던 경우와는 다르게 상기된다[1893a, p. 8].

여기에서 프로이트가 주장하는 것은 정상적인 상황에서 사람들은 불편한 감정을 충분히 경험하거나 분출함으로써 해당 감정을 해결, 혹은 경감시킨다는 것이다. 또 다른 감정 처리 방법은 생각이나 행동을 통해 감정과 반대되는 경험을 하는 것이다. 예를 들어 수치심을 불러일으키는 경험을 했다면 반대로 자신의 긍정적인 면모를 떠올림으로써 수치심을 무마할 수도 있다. 혹은 수치심을 일으킨 사건은 한 번뿐이거나 아주 드문 일이라고 자신을 설득함으로써 불편함을 누그러뜨릴 수 있다. 아니면 현실에서 정반대의 경험을 해볼 수도 있다. 정상적인 경우, 사람들은 이렇게 감정을 분출하거나 불편한 상황에 대한 기억을 적당한 관점 안에 위치시킨다. 사람들이 이렇게 할 수 있는 것은 '그 자신의 가치를 고려하기' 때문이다(같은 책, p. 9). 다른 말로 하면 정상적인 사람들은 작게나마 정화반응(생각이나 행동을 통한 감정의 분출)을 일으키거나 '연상 과정을 통해' 상처와 괴로움을 처리하는 셈이다(같은 책). 그러면 감정이 '흐릿해질 때쯤' 망각, 좀 더 정확히는 기억이 흐릿해진다. 그는 기억이 다시 생생해지는 것은 감정이 관념이나 표상과 다시 합쳐질 때 가능해진다고 생각했다. 이는 외상적 기억이 아니라 정상적 기억에서도 마찬가지다. 그의 모델에 따르면 이러한 현상이 일어나려면 해당 감정은 반드시 외적 요인에 의해 자극되어야 한다. 이 점은 차후 논의가 진행될수록 좀 더 명확해질 것이다. 프로이트는 여기서 이미, 마지막까지 그를 따라다닐 몇몇 개념을 슬그머니 도입하고 있다. 그중 첫 번째로 보이는 건 심리적 에너지 개념이다. 이는 가장 기본적인 이론적 가정으로써 「The neuro-psychoses of defence』(1894a)에서 공식적으로 언급되지만, 『Studies on Hysteria』에서도 방어에 관한 생각과 더불어 살짝 드러난다. 그리고 "히스테리 환자는 회상 때문에 고통받는다"라는 구절에서는 방어 개념도 언뜻 내비치고 있다. 그리고 그는 회상이 "환자의 (정상 혹은 의식적) 기억에서는 완전히 사라진 (…) 경험"이라고 말한다(1893a, p. 9). 이는 그가 이차적 관념 집단이라 부른 것, 혹은 무의식에 대한 최초의 이론적 시도라고 부를 수 있는 생각들이다. 그리고 망각은 관념에 해당하는 감정이 흐릿해질 때 일어나는데, 이것은 정상적인 경험과 신경증적인 경험 모두에서 사실이다. 차이점은 그 감정이 어떻게 흐릿해지는가이다. 정상적인 경험에서는 감정의 마모는 일차적 연상 과정을 통해 일어난다. 반면 신경증 경험에서는 방어를 통해 얼렁뚱땅 일어난다.

Hysteria와 Psychoneuroses의 방어

브로이어, 쟈네, 샤르코: 서로 다른 개념들

Preliminary communication을 읽었던 사람은 그 후 몇 년 동안 정신의학계에 무슨 변화가 생길지 아마 매우 궁금했을지도 모른다. 프로이트는 브로이어와 함께 썼던 부분에서 새로운 이론을 별로 보여주지 않았다. 거기에서는 최면양 상태hypnoid state가 히스테리의 중요 병인으로 거론된다. (『Studies on Hysteria』는 1895년에 발표되었다. 하지만 두 사람이 함께 작업한 가장 첫 장은 1893년 논문의 형태로 미리 발표되었다.) 브로이어가 이론화를 시도한 부분을 보면 그는 최면양 상태의 형성에 대한 아주 정밀한 신경생리학적 이론을 제시한다. 그는 히스테리와 전환증상을 위해 최면

양 상태가 필수적이라고 말한다. 즉, 선잠이 든 상태 같은 정신상태에서는 자극으로 인해 압도되거나 외상적 경험을 겪기가 더 쉽다는 것이다. 따라서 그의 이론은 대뇌 피질이 외상적 자극에 민감해지는 역치 변화의 조건에 관한 것인 셈이다. 비록 브로이어는 내인성 요인을 강조하지는 않았으나 그 역시 당시의 *시대정신*, 즉 히스테리는 주로 내인성 변인에 의해 발생한다는 의견의 영향을 받았다. 그보다 앞서 쟈네는 히스테리가 "심리적 통합 능력의 내적 결함에 의해 생긴다"라고 주장했다(Freud, 1894a, p. 46). 샤르코는 특정 타입의 히스테리를 외상에 의한 것이라고 설명했지만 궁극적으로 히스테리는 타고난 소인에 의해 발병한다고 생각했다. 이 당시 프로이트는 이러한 이론에 대해 적극적으로 반박하지 않았을뿐더러, 사실 그도 히스테리에 취약하게 만드는 생리학적 소인에 대한 나름의 이론적 가설을 세웠었다. 하지만 1894년의 「The neuro-psychoses of defence」에 이르면 그는 쟈네나 샤르코에서 멀어지고, 1895년에 이르면 브로이어와도 거리를 두게 된다. 쟈네에 대한 그의 의견을 들어보자.

> 쟈네의 이론에 의하면 의식의 분열은 히스테리에서 초래되는 정신적 변화의 기본 양상이다. 이는 심리적 통합 능력의 내적 결함, 의식의 타고난 협소함에 근거한다. 의식의 타고난 협소함은 일종의 심리적 맹점으로, 히스테리 환자들이 겪는 퇴행성 병리의 증거[쟈네에 의하면 신경학적 퇴행성 병리의 가능성]로 여겨진다. 내가 볼 때 그는 다양한 반론을 인정하는 것 같은데, 그의 의견과 대조되는 것 중에는 나와 함께 발표한 브로이어의 의견도 있다(브로이어 & 프로이트, 1893). 브로이어의 의견에 따르면 "히스테리의 기초가 되는 것이자 필수 불가결한 것은" 꿈을 꾸는 듯한 의식상태로, 이 상태에서는 제한된 연상 능력을 보인다. 그는 이런 상태를 "최면양 상태"라고 불렀다. 이 경우 의식성

의 분열은 이차적이고 후천적이라 할 수 있다. 이때 분열이 생기는 이유는 최면양 상태에서 생겨난 어떤 관념이 의식의 나머지 내용물들과의 연상적 소통으로부터 잘려나가기 때문이다.

나는 지금부터 두 종류의 또 다른 극단적 형태의 히스테리를 증거로 제시함으로써 쟈네가 말한 의식성의 분열이 히스테리의 기본 요인이 될 수 없음을 보이고자 한다. 이 [둘] 중 첫 번째 예는 환자의 의지 때문에 의식이 분열되는 경우다. 말하자면 특정한 동기에 의해 시작되는 것이다. 물론 이것이 그 사람이 의도적으로 의식을 분열시킨다는 뜻은 아니다. 그의 의도는 달랐을 것이다. 하지만 그 목적을 실현하는 대신 결국 의식의 분열을 초래하게 되는 경우다.

세 번째 형태의 히스테리는 교육 수준이 높은 환자들의 정신분석에서 볼 수 있는데, 여기서는 의식의 분열은 중요한 역할을 하지 않거나 아예 관찰되지 않는다. 이런 경우는 외상적 자극에 대한 반응이 아예 일어나지 않은 경우로, 따라서 '정화반응'을 통해 해결할 수 있다. 순수한 보유 히스테리retention hysteria라고 말할 수 있다.

공포증이나 강박증과 관련해서 나는 오직 히스테리의 두 번째 형태에만 관심이 있다. 조금 후 명백해질 이유들 때문에, 나는 이들을 '방어 히스테리defence hysteria'라고 부를 것인데, 그것을 최면양 히스테리hypnoid hysteria와 보유 히스테리retention hysteria와 구별하기 위해 그 이름을 사용할 것이다. 나는 방어 히스테리 증례들을 일단 잠정적으로 '후천적' 히스테리로 취급하겠다. 왜냐하면 이들 증례에는 유전적 소인이나 퇴행성 위축 병리가 확실히 없었기 때문이다[Freud, 1894a, pp. 46~47].

위의 발췌를 보면 프로이트는 새로운 형태의 병리인 방어 히스테리를 명명하고, 또한 히스테리가 기본적으로 타고난 소인에 기초한다는 의견을 반박하고 있다. 특히 히스테리는 심리적 통합 기능의 선천적 결함 때문이라는 쟈네의 의견을 분명히 반박하면서 더불어 샤르코의 의견에도 은연중에 반대를 표하고 있다. 샤르코는 히스테리를 두 종류로 나눈다. 체질성 혹은 본태성 히스테리에 대한 설명은 쟈네의 의견과 매우 비슷하다. 두 번째는 외상성 히스테리로서, 가령 열차 사고 같은 큰 사고에 의해 히스테리 증상이 생기는 것이다. 그는 이런 종류의 히스테리를 심인성으로 설명했지만, 여전히 히스테리가 잘 생기는 성향은 타고나는 것으로 생각했다. 열차에 타고 있던 모든 승객들이 히스테리에 걸리지는 않으므로 발병 여부는 타고난 경향성에 달려있다는 게 그의 논지였다. 「The neuro-psychoses of defence」에서 프로이트는 세 종류의 히스테리(defence, retention, hypnoid)가 있다고 주장했지만, 1895년에 쓴 『Studies on Hysteria』의 네 번째 장에서는 모든 히스테리가 방어 히스테리라고 말했다.

이 논문을 보면 프로이트는 부유 히스테리나 최면양 히스테리가 독립된 임상적 실체라는 의견을 능란하게 반박하고 있다. 프로이트에게 방어는 히스테리의 본질이며, 1894년 그는 방어의 개념을 공포증과 강박증에까지 확장하게 된다. 그렇다면 프로이트는 왜 방어의 개념을 가정하게 되었을까? 그는 브로이어와 샤르코와의 작업을 통해 어떤 경우에는 외상적 환경이 히스테리 증상의 여러 측면을 결정짓는다는 점을 알고 있었다. 그의 임상 경험도 어떤 환자들은 사고가 생긴 지 한참 지난 후에야 비로소 외상적 기억의 영향을 받는다는 것이었다. 그렇다면 브로이어의 개념으로 이 부분은 충분한 설명되는 게 아닌가? 아닌 것 같다. 보유 히스테리나 최면양 히스테리 가설 모두 중추신경계를 압도하는 외상의 형태에 관한 것이다. 다시 말해 브로이어는 고통스러운 사고와 감정이 일어나는 최면양 상태는 정상적인 의식상태가 아니라고 생각했다. 이렇게 흐릿한 정신상태에서 경험한 사고와 감정은 정상적인 의식성이나 기본적인 연상 경로에 편입될 수 없게 된다. 보유 히스테리도 같은 이치다. 환자는 외상 사건을 의식 수준에서 보유할 수 없었던 것이다. 이런 정식화에서는 외상 사건에 포함된 자극의 양이 기본적인 연상 경로의 능력을 압도하고, 그 결과 의식에서 보유되지 않는다. 그리고 더 많은 경우 위의 두 히스테리를 의식성의 분열이라는 가설로 설명했다. 그러나 프로이트는 방어 개념을 선택하면서 이상의 가설들을 폐기했다. 하지만 여전히 설명이 필요하다. 「The neuro-psychoses of defence」에서 프로이트는 방어의 역할에 대해 좀 더 분명하게 말한다.

> 방어에 임하는 자아가 스스로 부여하는 임무는 받아들일 수 없는 관념idea을 마치 '아직 없는 것'처럼 취급하는 것인데, 이것은 단순한 임무가 아니다. 관념에 붙어있던 기억의 흔적과 감정들이 여전히 거기에 있고, 그것들은 없어질 것들이 아니기 때문이다. 하지만 자아가 *강력한 관념을 약한 관념으로 바꿀 수* 있다면, 즉 관념에 얹힌 흥분의 총량인 정서affect를 탈취할 수 있다면 아마 임무에 거의 성공했다고 말할 수 있을 것이다. 그러면 약해진 관념은 연상 체계에 거의 아무런 부담을 주지 않게 될 것이다. 하지만 거기서 떨어진 흥분의 총량은 반드시 다른 용도로 쓰이게 된다[1894a, pp. 48~49].

이제 방어는 강력한 관념을 약한 관념으로 바꾸는 것이 되는데, 그렇다면 약해진 관념은 어떤 모습으로 유지되는가? 나아가 프로이트의 개념에서 어떤 관념의 강약을 정하는 것이 감정의 총량이라면 우리를 괴롭히는 강력한 관념(기본적인 연상 경로로 처리할 수 없는 관념)에 부착된 감정에는 대체 무슨 일이 벌어지고 있는 것인가? 이 질문들에 대답하기 전에, 프로이트가 '방어적인' 환자들을 어떻게 다루었으며, 어떤 경로를 통해 방어 개념에 이르게 되었는지 보자.

첫 번째 만남에서 나는 환자들에게 최초 증상이 발생했을 당시의 일을 기억하는지 물었다. 어떤 환자들은 전혀 기억이 나지 않는다고 이야기했고, 어떤 환자들은 무언가를 모호하게 상기recollection할 수는 있었지만 그게 다였다. 가령 베른하임의 증례를 보면 몽유병 같은 상태에 빠진 환자들로부터 겉으로는 이미 잊어버린 것처럼 보이는 사건에 대한 어떤 인상을 얻을 수 있었다. 나 역시 그를 따라 단호하게 환자들에게 말하길, 사실 그들은 그것을 알고 있고 그 생각들이 마음에 떠오를 것이라 확신을 주었다. 그러자 전혀 기억 해내지 못하던 환자들도 무언가를 기억할 수 있었고 흐릿한 기억뿐이었던 환자들은 좀 더 선명하게 기억해낼 수 있었다. 이 경험을 한 뒤로 나는 점점 더 강요하는 태도를 지니게 되었다. 나는 환자들에게 누우라고 말한 뒤, 눈을 감게 만들고 '집중하도록' 요구한다. 사실 이 모든 것들은 최면과 다소 비슷하다. 그리고 나는 어떤 최면 기법도 없이 새로운 무엇이 추가로 상기된다는 걸 발견했다. 이런 경험을 통해 내가 생각하게 된 것은, 어쩌면 병의 원인이 되는 관념들은 분명히 있을 것이고, 이 관념들은 환자들에게 떠올리길 강요하는 것만으로도 실제로 떠올릴 수 있다는 것이다. 이 강요는 내 쪽에서의 노력을 요구하는 것이며, 따라서 내가 저항을 극복해야 한다는 뜻이기도 하다. 즉, 나의 심리적 노동을 통해 내가 환자 안의 어떤 심리적 힘을 극복해야 한다는 이론에 이르게 되었다. 그리고 이때 환자 안의 심리적 힘은 병을 일으키는 관념이 의식에 떠오르지(기억하지) 못하게 만드는 힘이다. 이제 무언가 좀 알 것 같다. 아마 히스테리를 만드는 심리적 힘과 병을 일으키는 관념이 의식에 이르지 못하게 막는 힘은 분명 같을 것이다. (…) 이 모든 것을 종합해보면 저절로 방어라는 생각에 이르게 된다[1895d, p. 268].

방어, 히스테리, 또 다른 신경증들

그렇다면 프로이트의 정식에서 방어는 어떤 것인가? 방어는 힘이지만, 적당한 의지적 노력으로 극복할 수 있는 것이다. 만약 프로이트가 환자들을 설득해서 충분히 노력하게끔 만들 수 있다면, 환자들은 더 큰 노력을 동원해 방어를 극복할 것이다. 그렇게 보면 치료자는 환자들을 설득해서 나쁜 기억이나 관념을 꺼낼 수 있도록 돕는 사람이 된다. 그의 결론은 이렇다.

> 심리적 힘, 즉 자아[2] 쪽의 회피가 애당초 병원성病原性 관념을 연상 바깥으로 몰아내었고, 이제는 그것이 기억으로 돌아오는 것을 막고 있다. 그래서 환자의 '모름'은 일정 정도 '알고 싶지 않음'으로, 이는 다소나마 의식적이다[같은 책, pp. 269~270].

여기서 프로이트는 자아라는 용어를 쓰고 있을 뿐만 아니라, 방어의 자각 여부에 따른 의식성의 층위라는 개념도 사용하고 있다. 이 생각은 앞으로 그의 경험이 많아지고 압박 기법을 덜 써야겠다고 생각하면서 바뀌게 될 것이다. 어쨌든 여기서 프로이트는 방어를 능동적인 과정으로 특징짓고 있으며, 정신치료에 관해 쓴 글에서는 모든 히스테리가 방어 히스테리와 관련이 있다고 넌지시 주장한다. 비록 명시적으로 드러내지는 않지만, 그가 모든 히스테리가 방어와 관계있다고 생각하는 점은 분명해 보인다. 조금 후 우리는 히스테리에 대한 다양한 당시의 의견들을 살펴

2) 이 부분을 읽으면 프로이트가 자아라는 용어를 현대적 의미로, 즉 구조이론의 자아라는 의미로 사용하는 것처럼 보인다. 그러나 그것은 시대착오적 생각이다. 왜냐하면 아직 이 시점에서 프로이트는 구조이론의 자아 개념을 갖고 있지 않기 때문이다. 여기서 자아는 전체로서 한 인간의 자기라는 감각이라고 할 수 있다. 하지만 이런 설명도 만족스러울 수 없고, 되려 불확실한 설명일 뿐이다. 한동안 우리는 자아라는 개념이 한 사람이 자기에 대해서 가지는 의식적이고 일차적인 관점을 의미하는 것이라고 이해해야 할 것 같다. 그리고 이런 관점에 상충하는 관념은 여러 방법으로 거절된다. 방어는 이렇게 받아들일 수 없는 관념을 그 사람의 의식이나 일차적 연상 밖으로 밀어내는 방법이다.

볼 것이다.

다음 발췌에서 프로이트는 병원성 기억이 의식 가까운 곳에 도사리고 있는 관념이라고 말한다.

> 일견 망각한 것처럼 보이는 병원성 관념은 가까운 곳에 머무르고 있으며, 연상에 의해 쉽게 접근할 수 있다. 그것은 단지 그 과정의 장애물을 제거하는 것일 뿐이다. 이 장애물 또한 당사자의 의지로 인한 것처럼 보이고, 의도적 사고에서 벗어나 자신의 심리적 과정에 대해 완전히 새로운 객관적 시각을 갖게 되는 능력은 사람마다 다른 것 같다. 내 손의 압박 아래 생겨나는 것이 항상 '잊고 있던' 상기는 아니다. 병을 일으켰던 기억이 그토록 쉽게 떠오르는 경우는 아주 드물다. (…) 떠오르는 대부분은 우리가 시작한 출발점, 그리고 목표가 되는 병원성 기억 사이의 중간 연결고리이다[같은 책, p. 271].

이차 시스템의 구조

이 시기 프로이트는 일차, 이차 시스템의 관계에 대한 묘사를 처음으로 시도하게 된다. 이차적 관념에 대해서는 이렇게 말한다.

> 이차적 관념은 최소한 세 층으로 나뉜다. (이러한 시각화의 정당성에 대해 조만간 설명할 수 있길 바란다.) 일단 먼저 핵이 있다. 핵에는 사건의 기억, 사고의 연쇄가 들어있다. 핵 안에서 외상적 요인은 최고조에 달하고 병적 관념은 가장 순수하게 발현된다. [프로이트에 의하면 이 핵 안에는 보통 환자를 갈등이나 신경증 증상에 대해 취약하게 만드는 최초의 병원성 기억이 들어있다.] 핵을 둘러싸고 있는 것은 엄청난 양의 다른 기억들이다. 이 기억들은 분석 과정 안에서 훈습이 되어

야 하고, 앞서 말했듯이 세 겹으로 이루어져 있다[같은 책. p. 288].

이차 시스템에 대한 이 같은 묘사에서 프로이트가 이 시스템의 원리를 모아낼 개념을 찾고 있음을 알 수 있다. 어떻게 보면 그는 실패한 것 같기도 하다. 그는 서로 겹치는 세 가지 가능성을 시험해보고 있는 듯한데, 그것은 시간적 중층화, 동심원적 중층화, 그리고 무엇인지 잘 모를 모종의 논리적 조직화이다. 세 번째에 대해서는 이차 시스템에서 가장 중요한 측면이라는 것 말고는 거의 언급하지 않는다. (누군가는 이 논리적 조직화가 조만간 등장하게 될, 일차과정의 논리라고 말하고 싶을 테다. 물론 맞는 말이지만 그것은 나중의 일이다.) 여기서 프로이트는 병원성 요소가 신체에 침투한다는 생각에 대해서도 완전히 찬성하고 있는 것 같지는 않다. 비록 유기물에 침투하는 이물질 같은 그림을 염두에 두고 있지만 동시에 정상과 비정상이 의식의 경계에서 섞이는 그림도 제시하고 있다. 그러니까 환자를 보면서 자신이 경험한 것을 묘사하기 위해 분투하는 중인 셈인데, 이 묘사에 따르면 병의 원인이 되는 핵을 향해 더 깊이 가면 갈수록 그 주변을 둘러싼 그물이 얼기설기해지고, 기억의 핵심에 도달하는 데에 대한 저항 또한 커진다. 비록 받아들일 수 없는 관념이 반드시 기억일 필요는 없고 어떠한 형태의 심리적 관념이라도 가능하겠지만 프로이트는 분명, 여기서 기억을 염두에 두고 있다.

내가 앞의 발췌를 한 이유는 이 시기 프로이트가 이차 시스템을 관장하는 논리의 원리를 찾고 있음을 보여주기 위해서다. 물론 이 시스템이 시간순으로 배열되었다고 말해버리면 쉽긴 하겠다. 하지만 그가 임상 경험을 통해 분명하게 알고 있었던 것은 이런 식으로는 왜 이러한 '기억들'이 당시 그가 하던 치료들에서 의식화되는지 설명하지 못한다는 점이었다.

프로이트의 새로운 개념들

앞선 몇몇 페이지에서 우리는 프로이트가 추후 좀 더 성숙한 정신분석 이론에서 제시하게 될 여러 개념을 도입하고 있음을 목격했다. 방어 개념, (의식이 아닌) 이차 시스템, (의식적인) 일차 시스템, 심리적 에너지 같은 것들이다. 자아라는 용어 역시 이미 사용하고 있는데, 이 용어와 더불어 우리는 당시 프로이트의 전체 이론화 구조에 따라 위의 개념들이 어떻게 변하는지 보게 될 것이다. 여기에 더해 두 개의 또 다른 중심적 가정이 프로이트의 전체 이론화를 견인하고 있다. 그것은 유아 성욕과 전이 개념이다. 유아 성욕은 이 시기 이후 모든 시기에 걸쳐 그의 이론에서 핵심적 요소가 된다. 그리고 전이 개념은 정신분석적 임상 전반을 뒤흔든 개념이나(Ellman, 1991). 하지만 전이 개념은 치료에만 쓰이는 개념은 아니다. 그리고 전이 개념을 프로이트가 생각했던 것보다 훨씬 더 발전시킨 이론가들이 있다(예를 들어 비온, 1959). 프로이트 또한 전이 개념의 힘을 알고 있었으나 그의 다른 개념들도 그러했듯 끝까지 파고들지는 않았다. 이 시기 그는 이론과 기법, 그리고 새로운 전문 직종을 만들고 있었다.

전이

비록 프로이트에게 전이는 기본적으로 임상적 개념이었지만 전이에 대한 가장 분명한 설명은 이론적 저작이었던 『The Interpretation of Dreams』(1900a)에 나온다. 이 책에서 우리는 전이에 대해서 간단하게 다뤄볼 텐데, 그 이유는 전이가 환상과 대인 관계의 여러 측면을 설명할 수 있는 개념이기 때문이다. 프로이트가 처음 전이라는 단어를 사용한 것은

『Studies on Hysteria』의 정신치료에 대한 장(4장)에서였다. 여기서 그는 히스테리 치료가 실패하는 세 가지 경우를 이야기하는데, 그중 세 번째가 전이 때문이다.

> 이는 흔하게 일어나는 일이며 실제로 어떤 분석에서는 규칙적으로 일어나기도 한다. 의사에게 전이가 생기는 것은 잘못된 연결false connection 탓이다. [그의 전체 저작에서 전이라는 용어가 처음 사용된 곳이 여기다] 이처럼 세 갈래에서 나오는 저항을 다루지 못하는 한 정신분석은 완수될 수 없다. 그렇다고 방법이 전혀 없지는 않은데, 그것은 오래된 모델에 근거해 만들어진 이 새로운 증상을 오래된 증상과 똑같은 방법으로 치료할 것을 명심하는 것이다. 우리의 임무는 (…) 환자에게 장애물을 인식시키는 것이다[1895d, pp. 302~303].

> [프로이트가 독자들에게 하는 말이다] 처음에는 내가 해야 할 심리적 작업이 많아졌으므로 짜증이 났었다. 하지만 모든 과정이 마치 법칙처럼 따라오는 걸 보고 깨닫게 된 건, 이런 종류의 전이 때문에 내가 해야 할 일이 그렇게 많이 늘어나지는 않았다는 점이었다. 환자가 해야 할 일은 똑같다. 그러한 소망을 잠깐 즐김으로써 생겨버린 불편한 감정을 환자로서는 극복해야만 한다. 그리고 이러한 심리적 절교가 환자의 과거지사든, 혹은 나와 관련된 현실의 일이든 그것은 치료의 성공 여부에 별 차이를 만들지 않는다. 그리고 환자들 역시 조금씩 깨달아가게 되었던 점은 이러한 전이 안에서 모든 게 집착과 착각의 문제이고, 그것들은 분석의 종결과 함께 사라진다는 것이다[같은 책, p. 304].

비록 모든 진지한 분석에서 만나게 되는 것이라고는 했지만 환자가 치료자와의 관계에서 겪는 어려움을 *외부의 방해물*이라 부른 것은 흥미롭다. 전이를 포함한 세 가지 종류의 어려움은 치료가 일어나는 주된 장소가 아니라 서둘러 숙달하고 극복해야 할 것으로 여겨졌다. 그는 처음에는 전이 때문에 짜증이 났었으나 이제는 자신의 짜증을 다룰 수 있게 되었다고 말하는데, 그 이유는 전이 때문에 할 일이 늘어난 것이 아님을 깨달았기 때문이다. 이 몇 줄만 보더라도 전이에 대한 프로이트의 관점이 일정치 않은 것을 알 수 있다. 그는 때로는 전이를 외부적 방해물로, 혹은 성가신 것, 병을 일으킨 기억을 회복하는 데 방해가 되는 것으로 여긴다. 그리고 때로는 놀랍도록 현대적인 관점을 보이기도 한다. 하지만 여전히 전이는 분석의 내용물에서 비롯되는 불편한 관념으로, *잘못된 연결*이다. 이즈음 프로이트는 강박증도 그 본질은 잘못된 연결이라 여겼다. 그래서 어떤 사람이 어떤 관념을 피해서 다른 (의식적) 관념에 강박적으로 매달린다면 이때 의식상의 관념은 잘못된 연결이 되는 셈이다. 그의 이론에 의하면 이처럼 많은 에너지가 걸려 있는 의식적 관념이 만들어지는 것은 에너지 전이의 결과이다. 그리고 방어는 강한 관념을 약한 관념으로 만드는 것이므로 방어가 일어나게 되면 잘못된 연결 때문에 새로운 강한 관념이 만들어진다. 즉, 전이 또한 일종의 잘못된 연결로, 다른 말로 하면 모든 잘못된 연결은 에너지의 전이다. 그러나 당시 프로이트에게 이러한 잘못된 연결은 비록 중요하긴 했으나 치료의 성공을 위한 핵심적인 요소는 아니었다. 그는 여전히 환자의 상기recollect를 도우려 애쓰고 있었다.

프로이트는 나중에야 비로소 전이를 치료과정의 핵심적 측면으로 받아들이게 되었다. 전이의 중요성을 깨달은 것은 뼈아픈 경험으로, 환자를 보는 과정에서 어려움과 실망을 겪던 중에 알게 된 것이었다. 프로이트의 전이에 대한 관심이 그의 경력 전반에 걸쳐 들쭉날쭉했다는 점은 언급하고 지나갈 만한 가치가 있다. 일찍이 도라Dora의 증례에서(1905e) 프로이트는 전이의 중요성을 깨달았다. 하지만 전이 개념에 대해 충분히 익숙해진 것은 기법에 관한 논문들이 쓰여질 무렵(1910~1915)이었다.

앞으로 보게 되겠지만, 전이 개념에 대한 그의 태도는 항상 일정치는 않았다. 1920년대에 이르러 그는 혁명적인 전이 개념에서 다시 후퇴해서 방금 우리가 살펴본 개념들, 더 구체적으로 말하면, 병원성 기억의 회고 remembering라는 주제로 돌아간다.

Sexuality and Psychogenic neuroses and Actual neuroses

심인성 신경증

지금까지 우리는 프로이트가 심인성 신경증이라 불렀던 히스테리와 강박 신경증에 관해서 이야기했다. 이 두 진단은 공포증이나 불안 증상과 연결될 수 있다. 프로이트는 정신증도 심리적 기원을 가진다고 말했다(1894a). 한편 1897년까지 심인성 질환을 설명하는 가설은 소위 유혹이론seduction hypothesis이었다. 이 가설에서 프로이트는 심인성 질환의 원인은 항상 아동기의 성적 학대와 관련이 있다고 주장했다. 성적 학대는 여덟 살 이전에 발생하며 그 성격상 외상으로 생각되었다. 프로이트는 이러한 학대가 아이를 흥분시켰지만 적절한 배출구가 없었다고 가정한다. 이런 관점으로 보면 아이는 성적 흥분을 분출할 수 없으므로 모든 흥분을 불쾌한 것으로 느끼게 된다. 흥분을 분출할 수 없는 상황은 방어(강한 관념을 약한 관념으로 바꾸는 것)를 초래하고, 관념은 일차 시스템에서 배제되어 이차 시스템에 포섭된다. 이제 성적 관념과 기억은 다시 외부 사건에 의해서 자극되지 않는 한 안전하고 조용히 이차 시스템에 머무르게 된다. 프로이트가 제시했던 증례 중 많은 수는 여태껏 방어되던 기억이 성적 경험으로 인해 재활성화된 젊은 여성들에 대한 것이다. 이 기억들은 직접적인 표상일 수도 있고 상징일 수도 있으나 어쨌든 결국 증상을 초래하게 된다. 프로이트가 쓴 증례 중 많은 여성은 전환증상을 가지고 있었으며 이들은 히스테리 환자로 여겨졌다. 그리고 프로이트가 남자 히스테리 증례에 대해 보고한 적이 있긴 했지만, 대부분의 남자 환자들은 강박장애 환자로 진단된다. 두 진단 모두 시작은 성적 학대였다. 일반적으로 강박장애 환자들은 그 자신이 학대의 피해자이면서 동시에 아동(형제, 친척, 친구 등) 성 학대의 가해자였다. 이 당시 프로이트의 생각은 이 환자들이 자신이 당한 그대로를 다른 사람에게 저지른다는 것이었다. 이러한 경험은 강박증뿐 아니라 가학적 경향까지도 초래하는 것으로 여겨졌다.

다양한 증상 중 어떤 증상이 발현될 것인가 하는 문제(요즘 말로 하면 증상 선택)는 환자가 전환증상을 만들 수 있는 능력이 있는지의 여부에 크게 의존한다. 다르게 말하면, 방어가 발생하는 시점의 정서 상태에 의해 증상이 결정된다고 말할 수 있다. 우리는 강한 관념을 약한 관념으로 바꾸고, 감정을 관념에서 분리하는 과정이 방어라는 것을 기억해야 한다. 따라서, 증상 형성의 최종 단계는 감정의 배치라고 할 수 있다. 프로이트는 전환증상을 만드는 타고난 성향이 있다고 가정했다. 따라서 전환증상에서는 원래 기억과 연결되어 있던 감정이 문자 그대로 신체 증상으로 전환된다. 실명, 마비, 성대 마비 등 전환증상은 다양하다. 감정이 신체 증상으로 많이 전환되면 될수록, 환자는 남아있는 감정을 적게 느낄 것이다. *la belle indifference*는 자신의 고통에 무관심한 여성을 일컫는 용어로, 프로이트의 증례를 읽어보면 알겠지만 이런 현상은 오래 지속되지 않는다. 환자가 전환증상을 일으키지 않으면 다른 관념과 잘못된 연결이 맺어진다. 그중에서도 만약 감정이 전환되지 않고 오히려 일차 (의식) 시스템의 또 다른 관념에 붙어버리면 특정 관념이나 행동을 과도하게 중시하게 된다. 그래서 온종일 집 안을 청소하고 있는 강박증 환자는 자신이 방어하고 있는 관념과 연관된 행위에 대해서는 생각하고 있지만 자신이 이미 깨끗해진 곳을 왜 계속 닦으려 하는지는 잘 모른다. 프로이트에 의하면 잘못된 연결은 무작위로 생기지 않으며, 이차 시스템의 중층화에 많은 영향을 받는다.

지금까지 우리는 두 종류의 증상에 대해 이야기했다. 하지만 프로이트는 이것에 더해, 불안 또한 다른 방식으로 전환되거나 분출되지 않은 감정의 일종이라고 말한다. 그래서 전환증상의 경우 모든 감정이 신체 증상으로 전환되지 않으면 불안, 혹은 잘못된 연결이 만들어지게 된다. 비슷한 방식으로, 공포증 또한 많은 정서가 과잉 축적되어 생긴 잘못된 연결일 수 있다. 이렇게 축적된 정서가 일차 시스템을 압도하고, 그렇게 생긴 불안이 공포 수준으로 커지는 것이다. 이처럼 정서affect에 대한 프로이트의 이론을 조금만 살펴봐도 알 수 있는 것은, 정서는 전치displace될 수 있으며 정서적 경험을 이해하기 위해서는 양적 요소가 중요하다는 것이다. 프로이트는 「The neuro-psychoses of defence」의 마지막 두 단락에서 정서에 대해 다음과 같이 쓴다.

> 끝으로, 방어 신경증을 설명하기 위해 내가 수립한 가설을 잠시 설명하고자 한다. 그것은 정신적 기능에서 정서의 할당량, 혹은 흥분의 총량이 관찰된다는 개념이다. 이들은 (비록 측정할 도리는 없다고 하더라도) 양quantity과 관련된 모든 성질을 가지며, 증감과 전치, 분출이 가능하다. 그리고 이들은 어떤 관념의 기억-흔적memory-trace을 따라 마치 몸에 전류가 흐르듯 흐를 수도 있다[1894a, p.60].

심인성 질환에 대한 프로이트의 설명을 읽다 보면 어린 시절 환경으로부터 외상적 사건을 겪게 되면 이후에 심리적 문제를 가질 가능성이 커진다는 걸 알 수 있다. 그리고 이러한 병리는 적절한 감정 배출과 관련된 생리학적 요소들에 의해 매개된다고 말하고 있다. 프로이트가 가정한 생리학적, 그리고 신경생리학적 요소에 대해서는 이 장의 끝부분에서 더 자세하게 다루어질 것이다.

실제성 신경증

'실제성 신경증Actual Neuroses'이라는 단어는 요새 독자들에게는 상당히 낯선 단어일 것이다. 상상하기 어렵겠지만 당시 프로이트는 심리적 증상을 초래하기 쉬운 성인기 성생활이 있다고 주장했다. 그는 소위 말하는 적절한 성적 분출이 없으면 심리적 문제를 겪을 가능성이 훨씬 커진다고 생각했다. 남녀를 불문하고 자위를 너무 많이 하면 피로나 신경쇠약neurasthenia에 걸린다. 그리고 이와 비슷하게, 질외사정의 결과는 불안 신경증anxiety neurosis이다. 그는 정상 여부의 결정에 적절한 성욕의 분출이 중요한 역할을 한다고 생각했다. 그리고 정상적인 성욕의 분출을 위해서는 성교를 통한 절정을 꾸준히 경험할 필요가 있다고 믿었다. 반대로 이런 분출이 이루어지지 않거나 방해를 받으면 실제성 신경증이 생기는 것이다. 실제로 프로이트는 실제성 신경증 진단을 받은 사람에게 섹스 방법을 바꾸도록 조언했다. 이런 개념을 가지고 환자를 본 것이 그의 경력 중 최소 15년은 되는 걸로 봐서, 실제성 신경증에 대한 그의 흥미는 꽤 오래 지속된 듯하다. 1890년대의 대부분 동안 그는 정신 장애에 있어 심인성, 실제성 신경증이라는 두 개의 대분류를 사용했었다.

방어하거나 받아들이기 어려운 관념에 관해서 이야기하는 도중에 프로이트는 이렇게 묻는다. "받아들이기 어려운 관념의 내용은 무엇인가?", 그리고 다음과 같이 주장한다. "내가 분석한 모든 증례에서 환자에게 불편한 감정을 일으키는 것은 환자의 *성생활*이었다." 여기서 프로이트는 심인성 질환과 성생활을 아동기의 성적 학대라는 관점에서 보고 있다. 1894년에 쓰인 논문에서 프로이트는 일견 유혹이론seduction theory, 혹은 유혹가설의 타당성에 대해 상당한 확신을 보인다. 이어서 발표한 논문에서는 그의 전체 작업에서 아주 드문 모습인, 통계를 인용하면서 말하는데, 자신이 본 환자 스무 명 중 열아홉이 어릴 때 성적 학대를 당했다고 말한다. 그는 이 연관성에 대해 상당히 확신했으며, 이 확신은 그의 친구이자 동반자인 플리스에 보낸 편지에 쓰여 있다. 편지를 보면 당시 프로이트의 '신경병 환자'가 두 사람 모두를 흥분시키는 것을 볼 수 있다. 하지만 그의 견해는 이내 바뀌게 되는데, 1897년 9월 21일에 이르러서는 상당한 의혹을 보이고(Masson, 1985, pp. 264~266), 같은 해 10월의 편지에서는 의심을 드러내면서, 자신이 한때 믿었던 유혹이론이 왜 논리적으로나 심리학적으로 설명력이 떨어질 수밖에 없는지에 대해서 말한다.

이 편지에서 언급된 이유, 그리고 자기-분석 덕택에 프로이트는 과거 자신이 믿었던 가설이 틀렸음을 확신하게 된다. 변태적인 아버지가 그토록 많을 것이라고는 그로서도 상상할 수 없었던 것이다. 게다가 그는 자신에게도 일종의 히스테리 증상이 있다고 진단했는데, 그렇다면 자신의 아버지도 아동 성 학대를 저지른 사람이어야 한다. 이제 질문은 커진다. 그렇다면 환자들이 자신에게 해준 그 많은 성적 이야기들을 대체 어떻게 이해해야 하는가? 다음 장에서 그는 이 질문에 대답할 것이다. 하지만 이 당시에 그는 자기-분석을 통해 상당히 중요한 여러 가지 암시를 얻고 있었다. 분명한 것은 오늘날까지 유혹이론의 타당성을 설파하는 사람도 있고, 그 이론이 폐기된 이유를 해석하는 사람도 있다는 것이다(Good, 1995; Masson, 1984; Simon, 1992; Sulloway, 1979). 마쓴의 설명이 가장 극적이라고 할 수 있고, 굿(1995, 2006)의 설명이 가장 완전한 것 같다.

오늘날의 독자들은 아마 '유혹'이 성적 학대의 온건한 표현이라는 점에 놀랄지도 모르겠다. 프로이트가 말하려 했던 것은 "생애 첫 수년 이내의 성적 경험"(Masson, 1985, p. 52)에 대한 것이었다. 굿(2006)은 이를 샤르코가 프로이트에게 미친 영향과 연결했다. 따라서, 샤르코는 히스테리가 외상의 결과이고 환자는 외상적 경험을 수동적으로 받아들인 사람이라고 생각했는데, 프로이트가 이 영향을 받아 "증상의 원인을 어린 시절 겪었던 수동적인 성 경험, 거칠게 말해서 유혹 탓으로 돌린" 환자들의 말을 믿었다는 것이다(Freud, 1914d, p. 17).

프로이트의 자기-분석

프로이트의 자기-분석은 1896년에서 1900년 사이에 집중적으로 이루어졌는데, 그 이후에도 평생 지속되었다. 아이슬러Eissler는 프로이트의 자기-분석을 서구 문명사의 위대한 업적 중 하나로 열렬히 평가한다(1971). 이러한 과장된 견해는 프로이트 자신에 대한 심리적 이해가 유혹이론의 부정확함을 확신하게 하는 요인이었다고 생각하면 아마 이해가 더 잘 될 것이다. 게이Gay는 프로이트의 자기 분석이 "정신분석적 신화의 중심부를 차지했다"라고 말했는데, 아마 맞는 말인 듯하다(1988, p. 96). 그의 인용에 따르면 정작 프로이트는 "진정한 자기-분석은 불가능하다. 그렇지 않다면 병이 생길 리가 있겠는가"라고 말하기도 했다(1988, p. 96). 프로이트는 다른 곳에서도 그렇듯 여기에 대해서도 일관성이 없어 1923년에 쓴 꿈에 대한 글에서는 자기-분석을 옹호하는 의견을 드러내기도 한다(Freud, 1923c). 정신분석은 항상 대화일지인데, 프로이트는 자기-분석을 어떻게 일종의 대화로 생각할 수 있을까? 게이의 의견으로는 플리스가 프로이트의 대화 상대였으며 대화는 주로 편지와 상상을 통해 이루어졌다고 한다. 나는 여기서 프로이트의 자기-분석에 대해서 더 파고들지는 않겠다. 하지만 예전에도 말했듯이(Ellman, 1991) 프로이트도 많은 이들과 같은 방식으로 치료를 회피했다. 분명 그는 많은 갈등을 가진 사람이었다. 비록 많은 어려운 역경을 이겨낸 놀라운 사람이었지만 말이다. 그가 치료를 받았다면 더 훌륭한 사람이 되었을까? 물론 이것도 대답 불가능한 질문이다. 이와 관련해서 여러 가지 시시콜콜한 질문이 가능하겠지만 어떤 대답도 만족스럽지 않을 것이다. 분명하게 말할 수 있는 것은, 자기-분석 덕택에 프로이트가 자신의 유혹이론이 틀렸음을 확신하게 되었다는 점이다. 이제 그는 다른 설명이 필요해졌다. 다음 장에서 우리는 그가 제시한 설명을 살펴볼 것이다.

이 시기 프로이트는 정신분석이라는 여행을 시작했다. 비록 나는 프로이트의 자기-분석을 약간 깎아내리긴 했지만, 아이슬러는 책을 통해 프로이트의 정신병리를 꼼꼼하게 파헤친다. 비록 프로이트에 대한 이상화 때문에 분석작업이 조금 어려워진 듯하나 그래도 그의 책은 흥미로운 해석으로 가득하다. 프로이트가 유혹이론을 떠남으로써 이 시기는 문을 닫는데, 이제 그는 인간이 어떻게 관계를 발전시키고, 생각하고, 처리하는지에 대한 매우 기본적인 개념을 포함하는 새로운 개념을 내세우는 다음 시대로 이어진다.

2장 정신분석의 시대가 열리다

꿈 이론과 심리-성

이 장에서 우리는 『The Interpretation of Dreams』, 『Three Essays on the Theory of Sexuality』를 다룰 것이다. 이 장의 앞부분에 두 책을 요약, 정리했다. 하지만 논의는 따로 진행할 것이다.

『The Interpretation of Dreams』 요약

책의 첫 부분에서 프로이트는 꿈에 대해 복잡한 모델을 제시한다. 그러나 결국 강조하려는 것은 소망$_{\text{wish}}$이다. 달리 말해 소망은 꿈을 충동질하기 위해 필요한 자본이며, 프로이트와 그의 추종자들은 꿈을 이용한 사업에서 자본에 지대한 관심을 가지고 있었다. 그는 꿈이 무의식적 소망에 의해 만들어진다고 주장한다. 그런 다음 소크라테스가 사람들로 하여 선악과 미추에 대해 생각하도록 도왔음을 상기시킨다. 이는 『The Interpretation of Dreams』의 7장에 나오는 장면이다. 청중 중 회의적인 사람이 묻는다. 만약 모든 꿈이 소망 때문에 만들어지는 거라면, 불안 꿈이나 악몽 같은 끔찍한 꿈은 어떻게 된 거죠? 프로이트는 이런 질문들에 대해 대답하고, 이 질문들은 사람들로 하여금 여태 제대로 탐색하지 못했던 경험의 영역으로 이끌리도록 만든다. 그곳은 인간 경험의 가장 근원적이고 가장 깊은 곳이다. 그는 무의식적 소망을 쾌락으로 정의하는데, 그 쾌락은 부추겨짐으로써 마음을 갈등으로 몰아넣는다. 왜냐하면 하나의 층위(무의식)에서 쾌락인 것이 또 다른 층위(전의식)에서는 불안을 초래하기 때문이다. 또한 이 갈등은 (방어기능을 하는) 감시장치에 의해서 매개된다. 이 두 층위의 의식성은 *기본적으로* 서로 다른 인지적 양상을 통해 관장된다(일차과정과 이차과정).

꿈을 왜 꾸는가? 프로이트의 가정은 이렇다. 잠은 퇴행을 위한 조건이며 잠을 자는 동안 감시장치는 느슨해진다. 그래서 (꿈꾸기 전날의) 소망이 잠을 자는 동안 발현(표상)되기 쉬워진다. 하지만 여전히 작동하고 있는 감시장치 덕분에 타협형성이 만들어지는데, 타협형성은 꿈을 꾸는 사람이 잠에서 깨지 않을 만큼 충분히 위장된 소망으로 이루어져 있다. 그의 이론에 따르면 불안 꿈anxiety dream은 꿈 작업이 소망을 적절히 다루고 위장하는 데 실패했다는 신호이다. 이 책에서 프로이트는 서로 다른 체계들이 어떻게 소통하는지에 대해 이론화하는데, 이것이 바로 전이 현상이다. 그가 전이 개념에 대한 이론적 정의를 내린 것은 이렇게 꿈에 관해 이야기하던 도중이었고, 이 개념 덕택에 치료 상황에 대한 개념도 점차 바뀌어 갈 것이다. 프로이트는 꿈과 신경증의 형성 원리가 비슷하고, 여타 현상(망각, 말실수 등)들도 마찬가지라는 이야기를 했다[1901b]. 이 책의 7장은 정신분석의 역사에서 독보적인 것으로, 여기서 프로이트는 오늘날까지 이어지는 일반 이론을 제시한다. 이러한 영웅적 시도에도 불구하고 정작 프로이트 본인은 자신의 이론에서 여러 가지 어려움을 발견하게 되는데, 아마 독자들은 훨씬 더 많은 어려움을 발견하게 될 것이다.

『Three Essays on the Theory of Sexuality』(three essays) 요약

이 책에서 우리는 프로이트가 유혹이론을 (거의) 떠나는 것을 보게 될 것이다. 어린 시절 성과 신체 기능에 대한 관심은 이제 보편적인 경향이 되었다. 첫 번째 글에서 프로이트는 소위 도착倒着은 발달의 여러 지점에서 흔히 생기는 것이며 인간 조건의 일부분이라고 말한다. 또 우리가 성에 관해 가지고 있는 여러 가정은 편향되었으며, 특정 형태의 성에 대한 불안과 방어의 결과물이라고 주장한다. 그리고 동성애에 대한 편견을 폭로하며 동성애는 도덕적 타락이 아니라 어쩌면 유아기 갈등의 결과물일 수도 있다고도 말한다.

두 번째 글에서 그는 새로운 발달 단계(autoerotism, object love)를 제안하고 신체 기능에 대한 아이들의 흥미에 관해 기술한다. 세 번째 글에서는 성적 흥미와 경향성이라는 측면에서 남녀가 어떻게 다른지 설명한다. 이 책이 제일 처음 발표되었을 때 이 책에는 우리가 아는 구강기, 항문기, 남근기 같은 성욕의 조직화에 관한 이야기는 없었다. 그건 나중의 일이다.

개요: 무의식과 심리-성

이 시기 그의 저작을 보면 그가 정신분석의 근대를 열었음을 알 수 있다. 이제 그는 무의식 개념과 심리-성psycho-sexuality의 보편성을 받아들이고 있다. 이 장에서 우리는 그의 저작 중 가장 잘 알려진 『The Interpretation of Dreams』(1900a)와 『Three Essays on the Theory of Sexuality』(1905d)에 관해 논의할 것이다. 흥미로운 점은 학생들이 처음 세 편의 에세이를 읽을 때는 다들 제법 혼란스러워한다는 것이다. 그 이유는 학생들은 자신들이 알고(믿고) 있던 프로이트의 심리-성 이론을 찾으려고 하지만, 정작 이 책에는 그 내용이 없기 때문이다. 그건 프로이트가 끊임없이 이 책을 재검토하고, 틈틈이 각주를 새로 달고, 때로는 전체 단락을 통째로 새로 썼기 때문이기도 하다. 이제 보게 되겠지만 프로이트의 심리-성 발달에 대한 이론은 우리가 정신분석 이론 입문서(Brenner, 1955)에서 읽어 익히 알고 있는, 좀 더 말끔하게 정리되고 간단명료한 이론과는 사뭇 다르다. 『The Interpretation of Dreams』에 대해서도 마찬가지다. 이 책에서 그가 제시하고 있는 것은 단순히 꿈이 만들어지는 과정에 대한 것만이 아니다. 나아가 정신의 조직화에 관해서도 이야기하는데, 이는 지금도 인지 기능에 대한 중요한 이론으로 남아 있다. 사실 이 책은 타의 추종을 불허할 정도로 굉장히 복잡하고, 풍부하며, 광범위하다. 이제 우리는 이 책을 통해 프로이트가 자신의 생각을 어떤 식으로 수정해갔는지 보게 될 텐데, 특히 두 책 안에 들어있는 개념들이 중심이 될 것이며 후에 프로이트가 추가한 내용도 살펴볼 것이다. 따라서, 두 책에 대한 첫 논의는 그 책들이 처음 세상에 나왔을 당시의 판본에 기초한 것이다.

『The Interpretation of Dreams』

꿈은 무의식적 소망으로 인해 만들어진다. 오늘날의 우리에게 이 문장은 명료해 보인다. 그러나 프로이트는 이 문장에서 시작해서 마음의 모델을 구축할 것이다. 그는 소크라테스식 문답법의 19세기 후반 버전으로 이 작업을 해낸다. 프로이트는 마치 소크라테스가 회의주의자와의 대화에서 선악과 미추에 대한 정의를 내려가는 것처럼 대화를 진행한다. 회의주의자가 묻는다. 만약 모든 꿈이 소망 때문에 만들어진 것이라면 불안 꿈이나 악몽 같은 불쾌한 꿈들은 어떻게 된 것인가요? 프로이트는 이런 질문들에 대해 대답하고, 이 질문들은 여태 탐색하지 못했던 경험의 영역으로 사람들을 이끈다. 그곳은 인간 경험의 가장 근원적이고 가장 깊은 곳이다. 그는 이제 소망은 무엇이고 어디에서 기원하는지 말해야만 한다. 그리고 왜 소망은 위장되고, 위장은 어떤 방식으로 이루어지는지를 말해야만 한다. 또한 각성과 수면의 정신상태(수면을 연구하는 사람들이 사용하는 용어)를 구분하기 위한 이론을 정립해야 한다. 그리고 그는 은연중에 다양한 각성 상태에 대한 이론 또한 세우기 시작한다. 잊지 말아야 할 것은 당시에는 렘수면이나 각성 상태에 관한 연구 같은 것은 없었다는 점이다(Ellman & Antrobus, 1991).

무엇보다 중요한 것은 이것이다. 소망에 관한 새로운 이론을 만들기 위해서는 여러 가지 각성 수준의 구분에 대한 이론이 필요했고, 여기서 그는 수면과 각성 상태에서의 무의식의 역할에 대한 이론도 수립하기 시작한다. 무의식은 어떤 식으로 꿈 경험(혹은 발현몽의 내용)에 영향을 미치는가? 이 질문은 방어 이론과 감시장치에 대한 가정으로 이어진다. 가장 중요한 것은 인지 과정의 여러 형태(일차과정과 이차과정)에 대한 가정으로, 이는 나중에 인간의 정신을 설명하기 위한 가장 강력한 이론적 비유가 될 것이다. 그는 말한다. 일반적으로 꿈은 감각 지각의 형태를 지니는데, 그렇다면 왜 꿈은 하필 감각의 형태로 나타나는가? 이 질문은 그를 퇴행 개념으로 이끈다. 그가 사용하는 퇴행이라는 용어는 현대적 용법과는 상당히 다르다. 그가 이 책에서 도입하는 개념 중에는 전이 개념도 있다. 비록 그 용어는 『Studies on Hysteria』(Breuer & Freud, 1895d)에서 처음 사용된 것이지만(1장 참고), 이 책에서 그는 무의식에서 의식으로의 전이에 관해 이야기한다. 그리고 전이의 짝인 방어도 다루게 된다. 그러니까 그가 수년 전 『Studies on Hysteria』에서 제기한 개념들을 설명하는 것이 바로 이 책인 셈이다.

여러 가지 의식 수준에 대한 가정들

꿈의 해석에 관한 책을 쓸 당시 프로이트는 의식성의 레벨이라는 문제에 대해 좀 더 발전된 생각을 하고 있었다. 그중 가장 중요한 것은 무의식에 관한 생각이었다. 무의식에 대한 그의 개념은 이차적 심리 시스템에 대한 그의 가정에서 시작되었다. 하지만 이즈음에는 이차적 심리 시스템에 관한 생각이 상당히 바뀐 것을 알 수 있다. 예를 들어 무의식적 관념을 가정하는 데 있어 프로이트는 의식적 자각이 결코 접근할 수 없는 관념도 있다고 강조했다. 이런 관념은 치료에서조차도 쉽사리 자각될 수 없는 것으로, 이 책을 출판한 후 얼마 지나지 않아 프로이트는 압박 기법을 단념했다. 따라서 이제 우리는 무의식적 사고들은 어떤 순간에도 당장 쉽게 자각되지 않는다고 말할 수 있고, 여기에는 환상과 기억도 포함된다. 무의식적 생각들은 일생 중 언제라도 만들어질 수 있지만 주로 어린 시절에 생겨난다. 그의 이론에서 대부분의 인지 과정이 벌어지는 곳은 전의식이다. 전의식의 기억과 사고는 의식이 될 수 있다. 그래서 비록 어떤 일이 벌어지고 있을 당시에는 자각되지 않을지라도 전의식의 생각들은 잠재적으로는 그 사람의 의식적 경험에 가용한 것이다. 다시 말해 전의식은 절차 기억procedural memory이 처리되는 곳이라고 할 수 있다. 구두끈을 묶거나 골프공을 치는 것은 일단 배우고 나면 좀처럼 의식되지 않지만, 굳이 하려면 의식될 수도 있다. 이처럼 다양한 종류의 기억은 당장은 의식 안에 없으나 원하는 경우 의식에 포착될 수 있다.

프로이트 당시 의식성에 대한 정의는 별로 문젯거리가 되지 않았다. 왜냐하면 그 당시 심리적이라는 단어의 의미는 의식적이라는 뜻이었기 때문이다. 그러므로 모든 유의미한 행위는 의식적 결정의 결과로 여겨졌다. 하지만 의식에 대한 프로이트의 견해는 사뭇 다르다. 그에게 의식적이라는 상태는 한계를 가진 감각 기관과 동등한 것으로 생각된다. 의식은 개인의 심리 전체와 같은 것도 아니고, 대부분의 인지 과정이 일어나는 곳도 아닌 셈이다. 따라서 그가 만든 새로운 이론에서, 의식과 합리적 사고의 역할은 축소된다. 즉 의사 결정의 많은 부분도 의식 바깥의 요소에 의해 주도된다는 뜻이다.

프로이트가 의식(cs.), 전의식(pcs.), 무의식(ucs.)이라는 용어를 사용하는 데는 두 가지 방식이 있다고 할 수 있다. 첫 번째는 기술적descriptive 용법이라고 부를 수 있다. 그러니까 어떤 관념이 무의식인가 전의식인가 할 때 중요한 것은 의식에서의 가용성 여부다. 또 다른 방식은 그가 예전에 'the unconscious'라고 불렀던 것에 기능과 속성을 부여함으로써 생긴다. 그래서 어떤 종류의 사고 과정은 무의식에서 일어난다, 혹은 전의식에서 일어난다고 말할 수 있게 된다. 이때 무의식은 단순한 자각의 수준 이상이며, 때때로 무의식 시스템 혹은 의식-전의식 시스템이라는 용어를 사용하기도 한다(프로이트는 종종 의식과 전의식을 묶어서 사용했다). 프로이트는 이후 오랫동안 기술적 의미와 시스템이라는 의미의 용법을 구분하게 된다.

프로이트의 무의식은 결코 기술적 의미로만 사용될 수 없다. 왜냐하면 심지어 기술적 용어 사용에서조차 그는 다른 어떤 방법으로도 접근할 수 없는 무의식 과정을 가정하기 때문이다. 그래서 이 용어는 결국에는 이론적 용어인 셈이다. 내 생각에는 프로이트도 무의식 개념이 결코 기술적 용법으로만 사용될 수 없으며, 필연적으로 이론적 가정을 포함하고 있음을 알고 있었던 것 같다. 하지만 프로이트는 여전히 무의식적 과정이 마치 관찰 가능한 것처럼 말하는 경우가 제법 있었고, 이러한 경향은 몇 가지 이론적인 혼란을 초래했다. 사실 우리는 무의식적 과정을 어떤 식으로 가정한 다음 그 가정에 따른 발현 양상은 관찰할 수 있지만, 무의식적 과정 그 자체는 관찰할 수 없는데도 말이다. 이 지점에서 어떤 길을 선택하는가에 따라 무의식 개념 이후에도 갈림길이 생기게 된다. 다시 말해 이 질문은 정신분석 이론을 어떻게 바라볼 것이냐에 관한 것으로, 오늘날에도 여전히 유효하다. 내 생각은 다음과 같다. 정신분석가들은 여러 이론적 개념을 직접 관찰 가능한 것으로 받아들이는 경향이 있었다. 그리고 이런 경향은 여러 가지 개념적 오해를 초래했는데, 이러한 문제는 프로이트에게서 이미 시작되었으며 이는 무의식 과정, 방어, 전이 등의 개념 모두에서 제기되는 문제이다. 여기에 더해 프로이트는 메타심리학과 임상 이론(혹은 관찰)을 구분했다. 다음 장에서 이와 관련된 문제를 다루겠다.

꿈의 망각

『The Interpretation of Dreams』의 7장은 정신분석의 역사에서 거의 신화적이라 할 수 있다. 여기서 그는 자신이 '꿈 작업의 심리학'이라 불렀던, 가장 완전한 이론을 제시하고 있다. 앞서 말했듯 그의 많은 담론이 이 장에서 시작된다.

프로이트는 지금까지 보고했던 임상 증례들을 다시 한번 정리하며 7장을 시작한다. 그는 "꿈을 잊어버리는 것은 상당 부분 저항의 결과이다"라고 말하며(1900a, p. 520), 꿈을 꾸었으나 기억나지 않는다고 말하는 환자들을 인용한다. 치료가 진행되면서 환자들은 저항을 맞닥뜨리게 되는데, 그러면 "나는 (…) 환자들에게 설명한 다음, 격려나 압박을 함으로써 그들을 돕는다"(1900a, p. 520). 그러면 이제 환자들은 꿈이 기억난다고 말한다. (이때까지도 프로이트는 압박 기법을 사용하고 있었다.) 요는 저항을 극복함으로써 환자가 꿈을 기억하도록 도울 수 있다는 것이다. 물론 다른 이유도 있겠지만 저항으로 인해 기억이 나지 않는 꿈도 있다는 것이 그의 논지다. 이는 그의 주장을 아주 점잖게 표현하는 것인데, 왜냐하면 그의 생각에 따르면 비록 전부는 아닐지라도 대다수 꿈의 망각은 억압으로 인한 것이기 때문이다. 그는 수면 상태를 각성 상태와 완전히 다른 것으로 보는 데에도 매우 회의적이었다. 그는 각성과 수면 상태를 연속적인 것으로 보았으며 정신분석 경험이 이 관점을 지지한다고 생각했다. 앞으로 보게 될 것처럼, 수면은 일반적으로 퇴행적 경향이 우세한 시간이다. 하지만 이 사실을 이론에 충분히 반영하기에는 좀 더 시간이 필요할 듯하다. 여기서 보듯, 프로이트는 모턴 프린스Morton Prince 같은 당대의 꿈, 수면 이론가와는 다른 관점을 가지고 있다(White, 1992). 비록 꿈은 수면 중에 일어나는 일이지만, 꿈의 많은 부분은 깨어있는 동안 있었던 일에 의존한다고 그는 생각했다.

아마 꿈의 망각이 주는 가장 흥미로운 교훈은 잊어버린 꿈의 아주 일부만 기억나도 꿈꾼 사람의 무의식적 의도를 알 수 있다는 점일 테다. 프로이트는 이렇게 주장한다.

> 정신과 의사들은 여태 너무 쉽게 (…) 심리적 과정들 사이의 연관성을 포기해왔다. 내가 알고 있는 사실은 히스테리나 편집증에서 일련의 관념들이 의도를 갖지 않는 경우는 꿈에서만큼이나 드물다는 점이다 [1900a, pp. 528~529].

신경증을 치료하면서 프로이트가 환자들에게 주문했던 자유연상이 가정하는 것은, 환자들이 하는 일련의 생각들에는 반드시 의도가 있고 "일견 가장 순수하고 무관해 보이는 것이 기실 그의 병과 가장 밀접한 관련이 있는 것"이란 점이다(같은 책, p. 529).

지금까지 우리가 해 온 이야기는 프로이트가 펼치고 있는 논리에서 필연적으로 도출되는 것으로, 이 모든 논점은 결국 서로 연결되게 되어있다. 의도를 가진 관념이라는 것이 대체 무엇인지에서부터 시작할 수도 있고, 이는 아마 소망 성취와 초기 발달에 관한 생각에까지 이르게 될 것이다. 아니면 퇴행에 관한 질문에서 시작할 수도 있다. 그러면 초기 인지 발달에 관한 이야기가 나올 것이다. 어디서 시작하든 결국은 다 통한다. 그래서 우리는 프로이트의 중심 가정(소망 성취wish fulfilment)으로 직접 가서 꿈이 어떻게, 그리고 왜 망각되는지를 다시 연구해 보겠다.

소망 성취

프로이트는 꿈은 잠자는 동안 하는 생각이라는 아리스토텔레스의 말을 인용하며 시작한다. 그리고 그럴싸한 질문을 하나 던진다. 우리는 깨어 있는 동안에는 다양한 생각을 하는데 왜 자는 동안에는 소망에 대해서만 생각하는 것일까? 이 질문은 잠시 제쳐두고, 프로이트가 꿈속에서 소망에 부여했던 역할을 살펴보자. 모든 꿈-소망이 가지는 특징이 있다면 그것은 아직은 충족되지 않은 소망의 경험(혹은 잠재적 경험)이라는 점이다. 의식의 꿈-소망은 낮 동안 자극되지만 다급한 일상으로 인해 충족되지 못한다. 그러다가 밤이 되면 이 소망들이 전의식이나 의식에 떠오르는 것이다. 두 번째 부류는 낮에 이미 떠올랐을지도 모르겠지만 물리침을 당한 꿈-소망이다. 이 경우 꿈-소망은 충족되지 않은 것이라기보다는 방어된 것이라 보는 게 맞겠다. 프로이트는 두 번째 부류의 소망을 무의식으로 쫓겨난, 혹은 방어된 것이라고 간주했다. 따라서 이 소망들은 이제 의식에서 사용할 수 없다. 세 번째 부류의 꿈-소망은 깨어있을 당시의 활동과 직접적인 연관은 없는 것으로, 오로지 밤에만 활동하는 것이다. 이를테면 무의식의 소망인 셈이다. 여기에 더해 자는 동안 활성화되는 전의식의 꿈-소망도 있다. 이것이 네 번째 꿈-소망이다.

지금까지 우리는 소망의 층위를 나누어보았다. 유념할 것은 프로이트의 가정에 의하면 성인의 의식적 소망은 유사한 맥락의 무의식적 소망을 일깨움으로써만 꿈을 만들어낸다는 점이다. 무의식적 소망은, 의식이나 전의식에 존재하는 비교적 약한 소망에 '자신의 큰 힘을 전이함'으로써, 전의식과 의식의 소망을 증폭할 만반의 준비가 되어있다는 말이다. 이 같은 무의식의 소망은 아동기에서 유래한 것들이며 프로이트의 말로는,

> 없어지지 않으며 신화 속의 타이탄을 연상시킨다. 타이탄은 승리의 신에 의해 태곳적부터 산들을 어깨에 지고 있어야 했다. 그래서 종종 타이탄의 팔다리에 경련이 일어나면 산들이 흔들린다[같은 책, p. 553].

임상 경험이 늘어남에 따라 그가 내리게 된 결론은 양파의 가장 안쪽에는 예외 없이 아동기에서 유래한 소망이 있다는 것이었다. 그리고 꿈-소망도 같은 기원을 가지는데, 이는 아이들의 꿈에서 드러나는 꿈-소

망을 살펴보면 더 잘 알 수 있다. 아이들의 경우 전의식과 무의식 사이의 감시가 완전히 발달하지 않았다. 그래서 꿈-소망이 꿈의 내용에 더 직접적으로 발현된다. 반면 어른들의 경우는 감시가 충분히 발달했으므로 꿈 내용의 위장도 더 많아진다. 여기까지는 차후 그가 전개할 이론들과도 어느 정도 부합하는 내용이었다. 하지만 아이들의 꿈-소망은 깨어있을 당시 충족되지도 억압되지도 않은 소망이라는 의견은 나중에 그가 옹호하게 될 견해와 일치하지 않는데, 여기에 대해서는 조금 후 원초 억압primal repression에 대한 그의 견해를 논의할 때 다시 돌아와 다루겠다. 지금으로서는 아이들의 꿈은 어른들의 꿈보다 좀 덜 감시받는다는 정도로 이해하면 될 듯하다. 그리고 이 모델에서 감시장치는 무의식적 관념이 의식으로 들어가는 것을 막는다.

낮 동안의 (소망이 아닌) 사건이 꿈을 부추기는 경우는 어떤가? 우리는 이런 경우에 대해서는 무슨 이야기를 할 수 있을까? 프로이트는 이미 꿈을 자극할 수 있는 소망의 종류에 관해서 이야기했다. 그리고 우리가 잠들 때 가지고 들어가는 생각들이 소망이라는 범주로 좌천되지는 않는다고 말한다. 그러니까 잠들 때까지 우리에게는 해결하지 못한 다양한 현실적인 문제들이 있을 수 있다. 그리고 잠드는 순간에도 우리는 이 생각들에서 벗어나지 못한다. 하지만 이들은 그 자체로 소망은 아니란 뜻이다. 물론 앞에서 말했듯, 우리는 낮 동안 '억누르려 했던' (충족되지 못한) 소망을 생각하고 있을 수도 있다. 혹은 낮 동안 처리하지 못한 일 중에는 별 관심을 기울이지 못한 일도 있다. 이러한 사건들이 잠을 자는 동안 활성화되기도 한다. 이들의 공통점은 아직 끝내지 못한 것이라는 점이다. 그래서 잠을 자는 동안 꿈을 부추길 가능성이 가장 큰 사건들은 꿈꾸는 사람의 관점에서 볼 때 아직 미완성의, 미진한 경험이다. 프로이트는 이런 경험을 낮의 잔여물day residue라고 불렀다. 이들이 공유하는 또 하나의 특징은 자는 동안 무의식 속의 아동기 소망을 자극한다는 것이다.

꿈 형성에 대한 낮의 잔여물(대개 전의식인)의 관계를 어떻게 요약할 수 있을까? 프로이트는 이렇게 말한다.

> 낮의 잔여물이 대량으로 꿈에 유입되는 것은 틀림없다. 그리고 밤 동안에도 의식으로 침투하기 위해 꿈의 내용물을 사용한다. 실제로 어떨 때 보면 낮의 잔여물이 꿈의 내용물을 거의 지배하면서 낮에 하던 활동을 계속하도록 한다. 또 하나 확실한 것은 낮의 잔여물이 소망을 제외하고도 다른 특성을 가질 수 있다는 점이다. 그래서 낮의 잔여물이 꿈으로 들어가기 위해 반드시 지켜야 할 조건을 관찰하는 것은 이상의 연관에서 시사하는 바가 클 것이며, 또한 소망-성취의 이론을 위해서도 결정적으로 중요하다[같은 책, p. 555].

그리고 난 후 프로이트는 낮의 잔여물을 창업에 임하는 사업가에 비유한다. 말하자면 사업을 시작할 "아이디어와 주도권"을 가진 쪽이다. 하지만 사업가는 자본가를 만나지 못하면 아무것도 할 수 없는데, 이를테면 자본가는 "꿈을 위한 심리적 자금을 제공"한다(같은 책, p. 561). 물론 자본가도 창업을 할 수 있으며 실제로 종종 그러하다고 프로이트는 말한다. 그리고 물론 사업가도 자금을 댈 수 있고, 혹은 여러 자본가가 꿈의 형성에 관여할 수도 있다. 핵심은 낮의 잔여물이 실질적으로 꿈-소망과 관련 있거나 꿈-소망의 잔재라는 점이다. 종종 낮 동안 자극된 것은 다름 아닌 소망이며 이것이 꿈을 위한 자본을 제공할 수 있다는 뜻이다.

우리가 소망에 휩쓸려버리기 전에 잠시 꿈 하나를 살펴본 후, 프로이트가 어떻게 자신의 이론을 이용해서 꿈을 분석하는지 보도록 하자. 우리가 살펴볼 꿈은 프로이트 본인의 꿈이다. 이 꿈은 이렇게 시작한다. "내 친구 오토Otto는 아파 보였다. 그의 얼굴은 누렇게 떴고, 눈은 튀어나와 있었다(…)"(같은 책, p. 269).

프로이트는 자신의 꿈에 나온 친구 오토에 대한 연상을 그레이브스병(갑상선 기능 항진증을 일으키는 병으로 눈이 튀어나오는 증상이 생긴다)에서 시작한다. 그는 프로이트 가족의 주치의인데, "나는 그에게 갚을 수 없는 신세를 지고 있다"(같은 책)라고 말한다. 프로이트는 말하길, 꿈을 꾼 날 밤 프로이트의 아내가 프로이트에게 "오토가 지치고 부자연스러워 보인다"라고 말했는데, 그렇게 보면 이 꿈이 오토에 대한 자신의 걱정을 드러낸다고 생각할 수 있다고 말한다(같은 책). 그러나 프로이트는 이 해석을 물리치며 되묻는다. 만약 진짜 친구의 건강이 걱정되었다면 왜 그에게 그레이브스병을 주었겠는가? 프로이트의 분석은 6년 전에 있었던 일로 거슬러 올라간다. 당시 그는 R 교수와 함께 마차를 타고 있었는데, "하마터면 큰 사고가 날 뻔했으나 천만다행으로 우리 모두가 부상을 피했다"(같은 책, p. 270). 그날 밤 그들이 여관에 들렀을 때 "우연하게도 꿈에서와 똑같이 분명 그레이브스병의 증상을 가진" 남자가 그들을 응대했다. R 교수는 "특유의 단호한 태도로" 잘 때 입을 셔츠를 요구했고, 그 "친절한 남자는 이렇게 대답했다. '죄송합니다만 그건 어렵겠네요.' 그리고는 방을 떠났다"(같은 책). 이 꿈에 대한 프로이트의 연상은 풍부하고 복잡하다. 그리곤 그는 묻는다. 그렇다면 이 꿈에서 소망 성취는 어디에 있는가? 그는 말하길, "내 꿈에서 종종 아주 불행한 꼴로 나타나는 내 친구 오토[Oscar Rie, 프로이트의 아이들을 보는 소아과 의사였다]에게 앙갚음을 하는 것"은 소망 성취가 아닌 것 같다고 한다(같은 책, p. 271). (지금 프로이트는 이르마Irma[엠마Emma]의 주사기 꿈에 대해서 말하고 있다. 이르마의 치료를 위해서 프로이트는 플리스에게 왕진을 요청했는데, 플리스가 한 수술은 완전 엉망진창이 되어버렸다. 프로이트는 이 꿈에서 오토와 브로이어를 비난한다. 이 유명한 꿈에 대해서는 슈어Schur[1966]와 게이Gay[1988]를 참고하길 바란다.) 오토를 향한 적대적 태도가 소망의 성취가 아니라면 대체 무엇이 소망 성취일까? 그것은 바로 R 교수와 프로이트 자신을 동일시한 것이다. R 교수는 "나처럼 학계 바깥에서 독자적인 학문 세계를 추구했고 만년에 들어서야 받아 마땅한 영예를 얻을 수 있었다. 그래서 나는 다시 한번 교수가 되길 원하는 것이다!"(같은 책). 프로이트의 '이기적' 관심사이자 소망은 교수가 되려는 것이었다. 하지만 분명한 의문이 남아있다. 그렇다면 이 꿈이 아동기에 뿌리를 둔다는 증거는 어디에 있는가?

여기서 우리는 프로이트를 (잠시만) 떠나 그의 일대기와 그가 말하고 있는 어떤 아동기 사건의 의미를 생각해 볼 필요가 있다. 그가 세 살경 겪었던 사고가 이 여정의 시작이겠지만 지금은 프로이트의 연상이 아동기 사건을 향하고 있고, 분명 오이디푸스 경쟁 관계를 가리키고 있다는 정도만 말해두겠다. 이 경쟁 관계는 꿈에서와 유사하며, 여기에 더해 아내를 향한 적대감에 대해서도 힌트를 준다. 이 꿈에 대한 해석에는 분명 많은 요소가 있겠지만 확실히 여기에도 여러 사업가와 사본가들이 있어서 이 짧은 꿈에도 사랑과 경쟁이 넘쳐난다. 그리고 이 꿈을 통해 우리는 프로이트의 꿈 작업을 여러 관점에서 볼 수 있게 된다. 일단 낮의 잔여물(아내가 오토에 대해서 한 말)이 있고, 이것은 프로이트의 아동기, 성인기 삶과 중요한 연관을 갖는다. 그리고 일견 친구를 걱정하는 것처럼 보이는 꿈의 요소들이 사실은 '이기적' 소망을 품고 있음을 알 수 있다. 그의 해석처럼 이 꿈은 자신의 야망에 대한 꿈이다. 모든 꿈은 소망을 위장하며, 여기서 프로이트가 말하는 이기적 소망은 야망과 자신에 대한 헌신이다. 그의 이기적 소망이 소아기의 성적 소망과 관련이 있음을 받아들이면 우리는 그가 말하는 사업가-자본가에 충분히 동의하는 셈이다. 하지만 프로이트가 책에서 그의 꿈의 아동기 시절의 근원을 밝히지 않은 것은 분명하다.

질문을 던져보자. 여기에 대해 그는 7장의 복잡한 이론적 매트릭스 안에서 다양한 대답을 한다. 사업가는 꿈의 구조를 만들기 위해 어떻게 자본을 이용하는가? 좀 더 정확히 꿈의 어디가 가장 큰 자본의 소비처인가? 프로이트의 대답은 이렇다. 보통 꿈에는 강렬한 감각이 있는 곳이 있는데, 바로 여기가 꿈-소망이 가장 직접적으로 표상된다는 '법칙'이 있다. 만약 우리가 꿈의 의미를 풀어낼 수 있으면 꿈-소망의 심리적 강도는 발현몽manifest dream의 감각적 강도로 대치된다. 이것을 설명하기 위해 프로이트는 그가 일찍이 도입했던 개념을 꺼낸다(1894a, 1895). 바로 잘못된 연결이라는 개념이다. 하지만 여기서 그는 역시 예전에 도입했던 또 다른 개념과 더불어 다루는데, 그것이 바로 전이다.

> 소망-충족과 이웃해있는 요소는 그것이 의미하는 것과는 무관한 경우가 많다 (…) 왜냐하면 그것들이 핵심적인 요소(소망)와 맺는 인위적인 관계 덕택에 꿈으로 표상되기에 충분한 힘을 얻었기 때문이다. 그래서 이 소망의 (…) 힘은 (…) 그것을 둘러싼 영역 전반에 퍼져있다. 여러 요소에 의해 만들어지는 꿈에서는 (…) 서로 다른 소망-충족의 영역을 한정 짓기가 쉽다. 꿈 안에 있는 틈들이 어쩌면 이러한 각 영역 사이의 경계 지역이라 이해할 수 있다[1900a, p. 562].

프로이트는 표상의 중심점을 둘러싼 꿈 요소들에 꿈-소망이 부착될 수 있다고 주장하고 있다. 그렇다면 이 표상의 중심점은 어떻게 결정되는가? 그는 그것이 소망에 역행하는 불편한 관념의 파생물인 경우도 있다고 말한다. 이전에 말했었던 잘못된 연결의 형성과 비슷해 보이지만, 지금 프로이트는 잘못된 연결의 방어적 기능 이상을 이야기하고 있다. 즉,

꿈-소망의 주된 목적에 역행하는 듯 보이는 불편한 생각으로 표상됨으로써 소망은 위장되는 것이다. 그래서 오토의 병든 모습은 프로이트 무의식의 이기적 소망을 위장한다. 겉보기에는 프로이트가 친구의 건강을 염려하는 것처럼 보일 수 있다. 하지만 분석 후에 그가 내린 결론은 걱정은 꿈을 꾼 이유가 될 수 없다는 것이었다. 왜냐하면 꿈에서 친구에 대한 염려라는 관념은 그의 진정한 소망을 위장하는 잘못된 연결이었기 때문이다.

하지만 꿈에서 표상되는 것이 소망에 역행하는 관념에 그치는 것은 아니다. 때로는 전혀 특별하지 않은 낮 동안의 이미지가 꿈에 나오기도 한다. 프로이트는 이 현상을 설명하며 전이에 대한 약간의 이론적 아이디어를 준다. 무의식의 관념은 이미 전의식에 있는 관념에 영향을 미치거나 '연결을 만들지' 못하면 전의식-의식 시스템으로 들어갈 수 없다. 무의식의 관념은 자신의 힘을 전의식의 관념에 전이하고(혹은 이 관념을 더 중요한 것으로 만들고), 그렇게 전의식의 생각이나 표상으로 "포장된다". "여기에서 우리는 '전이'라는 사실을 만나는데, 전이를 통해 신경증에 대해 정말 많은 것을 설명할 수 있다"(같은 책, pp. 562~563). 앞서 보았듯 프로이트는 『Studies on Hysteria』에서 이미 전이 개념을 꺼내 들었다(1895d). 하지만 이제야 그 중요성을 적극적으로 받아들이게 된 것이다. 나아가 그는 전이의 의미를 확장하고 있는데, 비록 그가 전이 개념을 처음 얻은 것은 치료 경험을 통해서지만 이제 전이 개념은 그것을 뛰어넘어 꿈을 포함한 거의 모든 현상에 암묵적으로 적용되기 때문이다. 혹은 이렇게 말할 수도 있다. 만약 전이가 꿈의 형성에서 일어나는 현상이라면 이것은 일상의 다른 영역에서도 마찬가지일 수 있다. 나는 지금 프로이트의 『The Psychopathology of Everyday Life』(1901b)에 대해 말하는 중이다. 이 책에서 프로이트는 꿈 형성에 대한 모델과 타협형성 개념을 일상의 여러 현상에 적용하는데, 가령 망각이나 말실수 같은 것들이 그것이다. 꿈 책에서도 그는 비슷한 이론적 지향을 드러낸다. 이런 경향은 프로이트가 플리스에게 보낸 편지에서도 보인다(Masson, 1985). 전이에 대해서 세세하게 이야기하기 전에 왜 우리가 별 관심을 두지 않는 경험들이 전이의 표적이 되는지 알아보자.

프로이트의 대답은 두 겹이다. 일단 먼저 꼭 알아둬야 할 게 있다. 그의 생각으로는 "모든 꿈 해석이 증명하는 바에 의하면 꿈 안에는 최근에 얻은 어떤 인상이 포함되어 있고, 이 요소는 아주 사소해 보이는 경우가 많다"(1900a, p. 562). 분명히 경험에서 나온 주장이며 동시에 우리도 분석에서 많이 관찰하는 현상이다. 그런 다음 이처럼 최근의 별로 중요하지 않은 요소가 그토록 자주 꿈에 나타나면서 오래된 꿈-사고를 대체하는 이유에 대해서는, 이것들은 감시장치를 별로 두려워할 필요가 없기 때문이라고 말한다. 별로 중요하지 않은 경험들은 위로부터든 아래로부터든 별로 저항을 겪지 않아도 되기 때문이다. 무의식적 사고의 힘은 이처럼 별로 중요하지 않은 경험을 쉽게 압도함으로써 전이를 위한 알맞은 매개체로 만든다. 한편 전의식의 감시장치는 이러한 별 대수롭지 않은 최근의 경험에는 관심을 두지 않는다. 비록 전이 덕에 제법 변형되고 추가적인 힘을 얻었다고 하더라도 말이다. 여기서 그의 타협형성 개념을 볼 수 있다. 중요하지 않은 경험은 무의식적 파생물에 의해 완전히 변하지는 않는다. 완전히 변해버리면 위장, 혹은 방어적 가치는 사라지고 말 것이기 때문이다. 그래서 무의식적 관념이 만든 어떤 표상, 숨겨진 소망은 상징적 형태로라도 반드시 포함된다. 그래서 꿈에는 (자는 동안 약해진) 방어적 작용과 꿈-소망 사이의 타협형성이 존재한다. 누군가는 물을지 모르겠다. 무의식적 소망을 드러내는 것이 왜 이토록 중요하냐고. 이렇게까지 위장을 하고 묘기를 부려가며 유년기 소망을 드러내는 것이 뭐가 그토록 중요하냐고. 이 질문에 대답하기 위해 프로이트는 우리를 초기 발달 단계로 인도한다.

소망, 환각, 기본적 가정들

여태 우리는 소망에 대해서 일반적인 이야기들을 했지만, 프로이트는 꿈 책과 성에 관한 세 편의 에세이를 통해 소망에 대해 좀 더 자세하게 이야기한다. 여기서 그는 인간의 삶, 그리고 은연중에 진화에 대한 기본적 가정을 하고 있다. 우리가 다룰 내용의 상당 부분은 플리스에게 보내는 편지들, 혹은 『A Project for a Scientific Psychology』에서 개념화되고 있다(1895a, Pribram & Gill, 1976 참고). 시작은 덜 발달한 종種에서의 개체의 노력에 관해서다.

> 덜 발달한 종의 개체는 그 자신을 가능한 자극에서 멀리 떨어뜨리려 애를 쓴다. 그래서 최초의 구조는 반사 기관reflex apparatus 같은 것으로, 여기에 와서 부딪히는 감각 흥분은 운동을 통해 즉각 분출된다. 하지만 삶의 긴박함이 이러한 간단한 기능을 방해하므로 그 기관은 충동의 분출을 위해서 추가적인 발달에 기댈 수밖에 없다[1900a, p. 565].

이상의 문장들은 『Standard Edition』에서 소위 "항상성 원리principle of constancy"로 일컬어지는 것들이다(1900a, p. 565, 각주). 프로이트는 여러 곳에서 이 원리를 말했지만, 명시적으로 이야기한 곳은 『Beyond the Pleasure Principle』(1920g)에서였다. 여기서 우리는 이 원리에 대해 두 가지 상호보완적인 방법으로 말할 수 있다. 즉, 모든 개체는 가능한 한 자극을 가장 적은 상태로 유지하려고 노력한다. 따라서 우리는 자극의 분출이 프로이트에게 있어 만족의 원형이라고 말할 수 있다. 특히 성인 남성의 성적 절정이 프로이트 이론이 바라보는 분출의 표준이 된다. 다시 말해 자극을 최소로 줄일 때 만족이 생기는 셈이다. 오르가슴은 성적 자극을 최소로 만드는 분출 과정이다. 프로이트가 말한 감각-운동의 반사궁reflex arc을 방해하는 삶의 긴박함이란 무엇인가? 그가 드는 예 중 하나는 배가 고픈 아기다. 배가 고픈 아기는 발버둥을 치며 '어쩔 도리 없이' 비명을 지른다. 아기의 내적 상태는 변하지 않는다. 왜냐하면 배고픔이란 것은 일시적 자극이라기보다는 지속적인 내적 흥분 상태를 만드는 필요need이기 때문이다. 배고픔은 무언가를 먹어야만 해소되는 것이고, 이를 위해서는 반드시 보호자가 무언가를 주어야 한다. 무언가를 주면 만족이 생기고 내적 자극이 중단된다. 이때 만족의 지각perception은 기억 속에서 '필요 때문에 생긴 흥분'의 기억과 연결된다. 프로이트는 이렇게 가정한다. 다음번에 다시 한번 필요가 생겨나면 이때의 만족 경험이 기억의 형태로 떠오를 것인데, 이때 기억이 최초의 만족 기억(혹은 『Standard Edition』의 용어를 사용하면 mnemic image)이다. 이것이 프로이트가 말하는 소망-충족이다. 만족을 느끼려는 충동이 소망이고, 만족이 나타나는 것이 소망-충족이다. 그래서 "(만족의) 지각이 다시 한번 나타나는 것이 소망의 만족"이다. 프로이트가 가정하기로 아기가 최초로 하는 심리적 행위는 소망 충족으로 "필요의 만족과 연결된 지각을 반복하는 것, 즉 '지각적 동일성'을 만드는 것이다"(1900a, p. 566). 기억 흔적memory trace들 사이를 잇는 연상적 연결associative link은 일종의 연속성이며, 조건화의 형태로 만들어진다. 필요의 기억은 만족의 기억과 시간적 연결을 만들고, 만족스러웠던 기억 이미지를 생산해 냄으로써 내부로부터 만족을 얻으려 시도한다. 물론 이때 가장 직접적인 소망 충족의 방법은 완전한 기억 흔적(혹은 최초의 지각 이미지)이 다시 생겨나는 것이다(recathected). 이런 과정이 완벽한 감각적 구체성과 함께 일어나는 경우를 프로이트는 환각hallucination이라고 불렀다. 그리고 아기가 최초로 이런 시도를 할 때 그 경험은 감각적인 경험일 것이라고 가정했다.

하지만 분명 이런 환각, 다른 말로 만족 기억이 다시 나타나는 것으로는 완전한 만족이 될 수 없다. 당연히 배고픔은 계속될 것이고,

> 인생의 쓴맛이 이윽고 최초의 미숙한 사고-행위를 좀 더 쓸모있는 것으로 바꾼다. (…) 정신적 에너지를 좀 더 효과적으로 사용하기 위해서는 적당한 선에서 퇴행을 멈추는 것이 필요하다. 그래야만 기억 이미지 너머로 넘어가 버리지 않고, 다른 경로를 통해 결국 외부 세계로부터 지각적 동일성을 만들어낼 수 있기 때문이다. 다른 말로 하면 현실 검증reality-testing(무언가가 현실인지 아닌지 검증하는)의 수단이 있어야만 한다(같은 책).

현실-검증이라는 용어는 1919년 프로이트에 의해 추가된 것이다. 여기서 그의 가정은 외부 세계에서 얻은 최초의 만족 경험 이후, 허기를 느끼게 되면 아기는 스스로 이런 경험을 재생한다는 것이다. 그의 용어를 빌리자면 아기는 기억 이미지를 재-카텍시스해서 "지각 자체를 다시 일깨운다"(같은 책). 하지만 이런 환각이 배고픔을 유의미한 수준으로 해소하지 못하면 다른 방법을 찾아야 한다. 즉, 현실을 향하게 되는 것이다. 어떻게? 아마도 부모에게 배고픔을 알리도록 (혹은 어떤 필요가 생겨났다고) 울 수도 있다. 여기서 우리는 다시 한번 아기가 '퇴행'을 중지하고 현실과의 접촉을 만드는 모종의 행동을 배운다고 말할 수 있다. 프로이트가 말하는 배움의 메커니즘이다. 아기는 자연스럽게 나오는 신호(불편할 때 우는 것이)가 만족을 가져다준다는 것을 알 수 있다. 이렇게 아기는 프로이트가 말하는 퇴행적 행위(소망-충족, 환각)에서 멀어져 외부 세계로 향하는 법을 배운 셈이다.

초기 발달에 관한 그의 생각에는 아직 정의되지 않은 몇몇 개념이 이미 소개되고 있다. 퇴행이라는 용어는 이 맥락에서 좀 더 자세히 설명할 필요가 있다. 그리고 소망-충족을 일차적 혹은 최초의 행위라 부르고, 아기가 외부 세계(현실)로 향하는 것은 이차적 반응이라 부르고 있다. 여기서 프로이트의 일차과정, 이차과정 개념이 시작되는 것이다. 이는 다음 장의 주요 내용 중 하나가 될 것이다. 이 개념들을 살펴보기 전에 소망-충족, 그리고 사고의 발달에 끼치는 소망의 중요성에 대한 프로이트의 생각을 약간 더 살펴보도록 하겠다.

프로이트는 사고thought가 무의식적 소망의 대체물이라고 했다. 우리는 어떻게 일차적 소망이 이차적 행위로 이어져 현실을 다루게 되는지 보았다. 비슷한 이치로 현실을 다룰 사고가 일차적 소망의 자리를 차지하게 된다. 이렇게 그의 관점에서 정신 기관을 움직이는 일차적 동인primary mover은 소망이다. '일차적 동인'이라는 용어가 갖는 많은 의미에서 이것은 진실이며, 우리는 소망이 아기의 발달과정에서 생겨나는 것을 보았다. 그는 사고를 위한 에너지가 소망에서 비롯된다고 가정했고, 이런 의미에서 소망은 다시 한번 일차적 동인이 된다(이 용어는 아리스토텔레스와 아우구스티누스가 사용했던 용어이다). 한편 소망은 꿈이 만들어지고 신경증의 증상이 생기는 근본적 힘이기도 하다. 하지만 신경증적 증상에서는 무의식적 소망에 역행하는 전의식의 소망이 항상 있다(여기서 프로이트는 '소망'이라는 용어를 사용하지만, 현대적 용어를 사용하면 방어기능이라 부를 수 있을 것이다. 하지만 '소망'이라 말하면서 그는 마음 안의 서로 다른 시스템이나 영역들 사이에서 벌어지는 갈등이라는 그림을 그린다). 증상이 만들어지려면 그 두 가지 소망이 반드시 하나의 표현으로 뭉쳐질 수 있어야 한다. 증상 형성에서 전의식의 소망은 무의식적 소망이 의식성을 얻지 못하도록 막으려는 바람을 갖는다. 전형적으로 자기-처벌적 소망이 전의식의 동기인 경우가 많고, 여타 다른 전의식 동기들이 무의식적 소망의 의식화를 막는다. 프로이트의 환자 하나는 계속 임신하고 싶은, 그것도 가능한 많은 남자의 아이를 갖는 무의식적 소망을 품었다. "이런 방자한 소망에 대해 강력한 방어적 충동이 생겨났다. 그녀는 입덧 때문에 몸매가 망가지고 미모를 잃게 되지 않을까 걱정했는데"(1900a, p. 570), 이 증상은 전의식의 자기 처벌적 (방어적) 소망뿐 아니라 임신하고 싶은 무의식적 소망도 상징적으로 드러내고 있다. 이렇듯 증상은 타협형성이어서 두 개의 서로 다른 동기를 드러낸다. 다르게 말해 무의식과 전의식 시스템이 증상 형성에서 모두 표상된다고 말할 수도 있다.

하지만 꿈에서는 약간 다르다. 프로이트는 꿈의 형성에서는 증상 형성과는 달리 반응적 창작reactive creation은 드물게만 일어날 뿐이라고 말한다. 대신 잠을 자는 동안 무의식적 소망은 일정한 왜곡을 거친 뒤 대개 꿈으로 표현될 수 있는데, 그 이유는 전의식-의식 시스템에 의해서 수면 상태로 후퇴하기 때문이다. 프로이트는 현재 진행형인 사건이 포함된 꿈을 수면을 유지하기 위한 꿈 이야기로 봤다. 그래서 실제로 울리고 있는 알람 시계는 꿈에서 자동차의 알람 소리가 됨으로써 꿈 이야기의 맥락에 포함된다. 잠을 자는 동안 가장 강력한 소망은 잠을 계속 자는 것이고, 그래서 매우 흥미롭게도 꿈 이야기는 잠을 유지할 수 있도록 만들어진다. 나아가 프로이트는 우리는 자는 동안 스스로가 자고 있다는 지각을 어느 정도 할 수 있으며, 꿈을 꾸는 동안에도 꿈꾸고 있다는 것을 안다고 말한다. 그러면서 그는 꿈을 꾸는 동안 꿈 내용을 결정할 수 있었던 사람들의 예를 든다(오늘날 우리가 자각몽lucid dreaming이라고 부르는 것이다). 우리는 프로이트가 제시한 여러 개의 흥미로운 이론적 제안과 질문을 다루게 될 것이다. 하지만 첫 질문은 퇴행의 성질에 대한 프로이트의 가정이다. 우리는 여태껏 그 단어를 써왔음에도 아직 제대로 된 정의조차 내리지 못하고 있다.

오늘날의 독자들에게는 상반된 소망을 가진 시스템들에 관한 이야기가 제법 혼란스러울 것 같기도 하다. 이런 혼란은 대부분 용어 사용에 의한 것으로, 그 이유는 프로이트가 서로 다른 동기를 서로 다른 시스템(Cs.-Pcs. vs. Ucs.)에 할당했기 때문이다. 아니면 '소망'이라는 단어를 제거한 다음, 무의식적 소망이 의식성을 얻게 되면 그 사람은 갈등에 처하게 되고 불쾌한 정서를 경험한다고 말할 수도 있다. 이것이 프로이트가 각 시스템의 소망을 묘사함으로써 말하려는 것이다. 그리고 그는 수면이 인간의 생물-심리학적 요구사항으로, 생물학적으로 수면을 계속 유지할 필요가 있으며, 따라서 심리학적으로 잠을 유지하길 소망한다고 가정한다. 따라서 발현몽manifest dream은 타협형성이다. 여기에서 무의식적 소망은 상징적으로 드러난다. 하지만 만약 발현몽이 너무 노골적이라면 잠이 위협받을 것이므로 상위의 소망인 잠을 유지하려는 소망이 방어 과정을 돕게 된다. 즉, 무의식적 소망은 잠을 위협할 정도로 강해서는 안 되지만 만족을 얻기 위해서는 꿈으로 표현되어야 한다. 그래서 비록 꿈은 타협형성이지만 타협형성은 서로 경쟁하는 소망들 사이에서 생긴다기보다는 잠을 깨우지 않을 정도에서 그친다.

퇴행

정신분석에서 퇴행regression이라는 용어는 서로 연관된 몇 가지 정의를 가진다. 하지만 지금부터 우리가 다룰 퇴행 개념은 아마 가장 덜 알려져 있고, 가장 적은 용례를 가진 것일 테다. 대부분에서 퇴행이라는 용어는 심리-성, 혹은 자아의 퇴행을 가리킨다. (현대적 용례로는 행위나 사고가 시기적으로 이른 형태로 돌아가는 걸 퇴행이라고 말할 수 있다. 하지만 내가 보기에 퇴행이라는 단어의 사용에는 딱히 엄밀함이 없고, 두 가지 형태의 퇴행이 다양하게 섞여 사용되고 있다.) 이 맥락에서 프로이트는 퇴행을 설명하기 위해 이론의 일부를 디자인했다. 그는 꿈이 기본적으로 그 속성상 감각이고, 어중간한 것은 보통 생략된다고 말하면서 논의를 시작한다. 꿈에서 '어쩌면'은 사라지고 확신으로 대체된다. 프로이트 자신의 꿈만 보더라도 (그 유명한 이르마Irma의 꿈이다) 프로이트는 친구 오토 때문에 환자가 아픈 것이라고 믿는다. 플리스 때문에 환자가 아프다고는 생각하고 싶지 않은 것이다. 비록 플리스가 한 이르마의 수술이 여러모로 잘못된 것임을 알고 있음에도 불구하고 말이다. 프로이트에 의하면 그 꿈에서 그는 "혹시 오토가 잘못해서 이르마가 아프다면"이라는 생각을 "그래, 오토가 잘못했지"로 대체한다(1900a, p. 534). 프로이드의 말에 의하면 보통의 백일몽도 비슷한 특징을 지녀서 어중간한 상태를 배제한다. 하지만 백일몽은 밤에 꾸는 꿈만큼 그렇게 강렬한 감각적 속성을 지니지 않는다. 프로이트는 이에 대해서 "꿈에서 보는 활동 장면은 깨어있는 동안의 그것과는 다르다"라고 말한다(1900a, p. 48). 그가 그리는 마음은 "복합적인 도구로 (…) 그것을 구성하는 각 부분에 우리는 '주체agency' 혹은 '시스템'이라는 이름을 붙인다"(1900a, p. 537). 그는 이 시스템에 Psi-시스템이라는 이름을 붙이고, 기관apparatus처럼 그린다. 왜 꿈이 일반적으로 강렬한 감각적 사건인지 논하기 전에, 일단 프로이트의 마음 모델을 이미지와 정보의 수용reception, 그리고 보유retention라는 관점에서 이해할 필요가 있다([그림 1] 참고).

그림 왼쪽의 큰 화살표는 안팎에서 오는 자극을 표시하며, 자극은 기관의 감각 신경 말단에 의해 수용된다. 모든 심리적 활동은 자극과 함께 시작한다. 그것이 내부에서 온 것이든 외부에서 온 것이든 상관없이 말이다. 프로이트는 활동은 "신경 분포 안에서 끝난다"라고 말한다. 그가 그리는 시스템은 감각(수용)과 운동(배출) 말단을 가지며, "심리적 과정들은 일반적으로 지각 말단에서 운동 말단을 향해 이루어진다"(같은 책). 프로이트의 그림은 감각 말단에서 자극이 들어와서 운동 말단으로 분출되는 것을 단순하게 묘사한 것이다. "반사궁reflex arc은 모든 심리적 기능의 모델이 된다"(같은 책. p. 538). 그리고 중간에 있는 막대기들은 감각 말단에 '부딪혀오는 지각'으로부터 유래한 뒤 시스템 안에 남은 흔적들을 표상한다. 이 흔적이 기억 흔적이다. 이것들은 감각 말단이 지각을 수용하면서 만들어진다. 하지만 그들은 별개 시스템에 속해있으며, 따라서 감각 말단을 변화시키지는 못한다. 프로이트가 가정하는 감각 시스템은 자극을 받아들일 뿐, 자극으로 인해 변하지는 않는 시스템이다. 이러한 지각 시스템Pcpt.은 전면에서 자극을 수용하지만 "그것들의 흔적을 간직하지는 않는다". 지각 시스템 다음에 감각 자극을 영구적인 기억 흔적으로 바꾸는 또 다른 시스템이 있다.

앞서 브로이어는 한 가지 논리적 난점을 지적했고, 프로이트는 그것을 심각하게 받아들였었다. 브로이어는 복합 현미경에는 자극을 수용하는 동시에 보유하는 기관이 없다고 말했다. 프로이트에게는 감각 시스

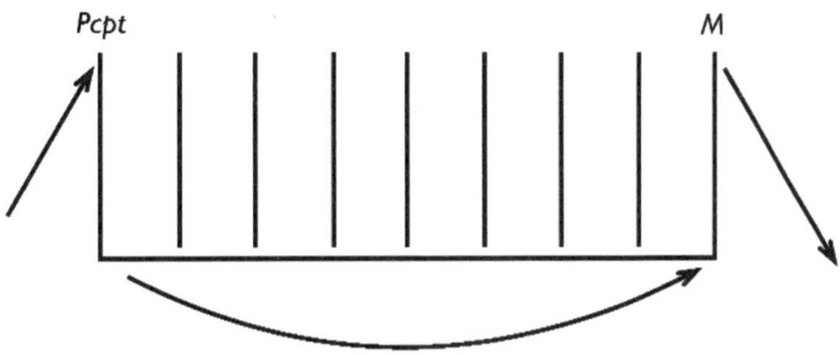

[그림 1] 프로이트의 마음 모델

템이 그 제한된 능력으로 인해 자극을 수용하기만 할 뿐 보관할 수는 없다고 믿을만한 더 설득력 있는 이유가 있었다. (우리는 조만간 프로이트가 평생 감각 말단과 의식성을 같은 것으로 여겼음을 보게 될 것이다. 인지 과정에 대한 프로이트의 생각에 따르면 의식은 인지 과정이 일어나는 주요 장소, 혹은 기억의 주된 저장고가 되지 못한다.) 프로이트는 만약 지각 시스템이 기억 흔적을 보유하게 되면 각각의 지각 요소들은 제 기능을 다 하지 못할 것이라고 말한다. 정상적인 경우, 지각 시스템은 새롭게 생겨나는 각각의 지각을 모두 따로따로 다룬다. 프로이트에 따르면 기억 시스템 안에는 무수하게 많은 연상적 네트워크가 있다. 그래서 "하나의 흥분이 서로 다른 다양한 기록을 영구적으로 남긴다"(1900a, p. 538). 그의 생각으로 만약 지각 시스템이 기억의 영향을 과하게 받으면 지각 시스템은 진실에 가까운 지각을 얻기가 어렵거나 불가능해진다. 지각 시스템은 계속해서 들어오는 자극을 반드시 수용할 수 있어야 하는 셈이다. 물론 때로 기억이 의식에 이른다는 점을 프로이트도 알고 있다. 하지만 이 경우 기억의 감각적 속성은 상당히 탈색되어 있을 것이라고 그는 주장한다. 그래서 우리는 감각 자극으로부터 기억을 구분하는 것이 어렵지 않은 것이다. 여기에 대한 프로이트의 생각은 조금씩 변하게 되고, 1920년대에 이르러서는 "사실 의식은 기억 흔적 대신에 생겨나는 것이다"라고 말한다(1900a, p. 540, 각주는 1925년에 추가).

프로이트의 가설에 의하면 감각 기관이 자극을 받아들이면 여러 경로(기억 네트워크)를 통해 기록이 된다. 가령, 어떤 기억 시스템은 시간적 동시성을 기록할 것이고, 다른 시스템은 심리적 중요성을 기억할 것이다. 여기서 프로이트가 말하는 심리적 중요성은 그가 『Studies on Hysteria』에서 언급했던 것으로, 상징적 연관성을 의미한다. 잠을 자는 동안 전의식을 가로막는 장벽(감시장치)은 낮아져 무의식의 기억 이미지가 전의식의 사고로 좀 더 쉽게 전이된다. 깨어있는 동안 이런 일이 일어나면 행동을 하게 되는 경향이 생겨난다(프로이트가 그린 그림으로 설명하면 운동 말단이 활성화된다). 하지만 자는 동안(특히 꿈꾸는 동안) 운동은 억제된다(수면 연구에서 관찰되듯 렘수면에서 운동 신경의 활동은 억제된다[Ellman & Antrobus, 1991]). 그리고 기억 이미지는 운동하려는 경향에서 감각 이미지로 바뀐다. 이것이 프로이트가 말하려는 퇴행이다. 즉, 운동에서 감각으로 움직이는 것이다. 그래서 꿈을 꾸는 동안에는 무의식의 영향을 강하게 받는 전의식 사고에 변화가 생긴다.

프로이트는 각성 당시의 환각에 대해서도 같은 설명을 한다. 그는 이렇게 말한다.

> 환각에 대한 나의 설명은 (…) 그것들이 사실 퇴행이라는 것이다. 그러니까 사고가 이미지로 변한 셈인데, 이러한 변화를 겪게 되는 사고는 억압되었거나 무의식으로 남아있는 기억과 밀접하게 연결된 것들에 한정된다[1900a, p. 544].

이것이 퇴행에 대한 프로이트의 마지막 의견이다. 즉, 퇴행은 무의식적 기억이나 이미지에 연결된 관념에만 일어나는 것이다. 이 기억들은 아동기에서 시작한 소망이고, 실제로 어릴 때 일어났으면 하고 바랐던 이미지들이다. "이렇게 보면 꿈은 유아기에 보고 싶었던 장면의 대체물이라 볼 수 있으며, 최근의 경험에 전이됨으로써 수정된 것이다"(같은 책, p. 546).

우리가 지금까지 논의해 온 것을 잠시 돌아보면 꿈은 소망 때문에 부추겨지고, 이 소망은 수용적 전의식 사고로 전이된다. 그리고 이렇게 변형된 전의식의 사고는 다시 한번 감각 이미지로 변한다. 이 소망들은 모두 유아기에서 유래된 것들이며 최소한 부분적으로는 항상 무의식에 있다. 이미 다루었던 질문인 것 같은데 다시 하게 되는 질문은 '왜 어른의 꿈에서는 소망이 직접적으로 관찰되기 어려운가'이다. 그리고 꿈은 왜 대개 일련의 단속적인 감각 이미지보다는 이야기처럼 보이는가? 우리의 꿈은 왜 종종 그토록 전형적이거나 일상을 닮았는가?

이러한 문제들을 포함한 여러 질문이 프로이트의 꿈 형성에 대한 이론과 연관이 있다. 그리고 그는 그들에 대해 소크라테스처럼 대답하고 있다.

감시장치, 저항, 의식, 그리고 표상의 문제

프로이트는 무의식에서 전의식으로 가는 길이 낮 동안에는 차단된다고 말했다. 하지만 밤이 되면 "감시인은 (…) 활동이 느슨해지고 (…) [그리고] 억눌린 무의식적 충동이 표현될 수 있도록 허용한다, 그리고 환각적 퇴행이 가능해진다"(1900a, pp. 567~568). 무의식과 전의식 사이를 막는 감시장치는 방어적 구조에 해당한다. 그리고 이 당시 프로이트의 언어를 빌리자면, 감시장치는 무의식의 관념을 전의식-의식 시스템으로부터 배제하기 위해 저항을 사용한다. 프로이트는 또한 전의식과 의식 사이에도 일종의 감시장치가 있다고 했다. 이 문제를 좀 더 들여다보기 위해 프로이트가 전의식과 의식 사이의 관계를 어떻게 생각했는지 잘 이해할 필요가 있다. 아래는 전의식 시스템에 관한 서술이다.

> 전의식은 마치 무의식 시스템과 의식 사이에 서 있는 스크린 같은 것이다. 전의식 시스템은 단순히 의식으로의 접근만을 막는 게 아니다. 더불어 수의적 운동을 위한 힘을 조절하고, 유동적인 카텍시스 에너지의 배치를 관장한다. 이런 움직임이 드러나는 한 형태가 주의집중이다. (…) 그렇다면 우리가 제시하는 도식 안에서 의식에 의해 수행되는 부분은 어디인가 (…) 심리적 성질을 띤 지각을 위한 감각-기관뿐이

> 다 (…) 우리는 의식적 지각을 특정 시스템의 고유 기능으로 간주할 수 있을 뿐이다. 이런 의미에서 Cs.라는 약자가 적당해 보인다 (…) 이 시스템은 지각 시스템Pcpt.과 유사해 보인다. 이 시스템은 성격상 흥분에 민감하나 변화의 흔적을 간직할 수는 없다. 즉, 기억을 가질 수 없는 거다. (…) 흥분은 두 방향에서 Cs.의 감각-기관으로 흘러 들어간다. 그중 하나는 지각 시스템으로, 그것의 흥분은 (…) 아마도 감각으로 의식되기 전에 다시 한번 점검을 받을 것이고, 다른 하나는 기관 그 자체의 내부에서 비롯되는 것이다. 기관 내부에서 기인한 자극의 양적 과정은 어떤 방식으로 수정되어, 의식에 도달하게 되면 일련의 쾌락-불쾌 같은 질적 감각으로 느껴진다[같은 책, pp. 615~616].

이 발췌를 보면 프로이트가 이 책에서 완전히 드러내지 않는 한 가지 가정을 하고 있음을 알 수 있는데, 바로 앞 장에서 이야기했던 양적 요소에서 질적 지각으로의 변환에 관한 것이다. 프로이트는 꿈 책에서 그의 초기 저작에서 유래한 이런 생각들을 개념화했다. 우리는 프로이트가 전의식 시스템에 중요성을 두고 있음을, 그래서 전의식이 의식의 측면들(주의집중)을 조절할 뿐 아니라 내부에서 유래한 신호가 의식으로 들어가는 것 또한 조절한다는 것을 알 수 있다. 전의식 시스템은 흥분 자극을 의식적 지각의 관점에서 변형할 수 있다. 여기서 흥분 자극이라 부른 것은 의식에서 쾌락이나 불쾌로 느껴지는 지각, 기억 혹은 관념이다. 여기서 다시 한번 프로이트가 가정하고 있는 방어의 한 형태를 볼 수 있다. 그리고 프로이트가 전의식에 있는 감시장치의 지위를 고려하게 되면서 여태껏 제법 완전하게 보였던 시스템이 허물어진다. 그렇다면 이 감시장치는 그 자체로 의식될 수 있는 것인가? 그렇지 않다면, 특히 의식과 전의식 시스템 사이의 흥분 수위를 조절하기 위한 감시장치는 왜 감지되지 않는가? 이 질문에 대한 프로이트의 대답을 듣기 위해서는 꽤 오랜 세월을 기다려야 한다. 하지만 이 질문들이 왜 초창기의 그에게는 중요하지 않았는지의 문제에 대해서는 생각을 해 볼 수 있겠다.

그의 대답을 기다리면서 앞서 제시된 질문들에 대해 생각을 해 보자. 프로이트의 기본 가정 중 하나는 이것이다. 어떤 관념(기억, 경험)은 하나의 시스템에서는 쾌락으로 느껴지지만, 또 다른 시스템에서는 불쾌로 경험될 수 있다. 좀 더 자세히 말하면 어떤 무의식적 관념은 모종의 즐거움을 나타낼 수 있으나, 이것이 전의식-의식 시스템에 지각되면 불안이나 불쾌를 초래할 수 있다. 꿈에 대해서 이것을 적용한다면 이상적인 타협형성은 꿈꾼 이가 잠에서 깨지 않으면서 무의식적 사고는 꿈에서 표현될 수 있는 상태다. 수면에 수반하는 퇴행으로 인해 감시가 느슨해지고, 따라서 타협형성은 꼭 필요하다. 하지만 앞서 이야기했듯 이 감시가 완전히 이완되지는 않기 때문에 무의식적 사고는 적어도 불안 때문에 잠을 깨지 않을 정도로는 변형을 거치게 된다. 이렇게 생각해보면 꿈의 이미지가 평범하면 평범할수록 꿈꾼 사람이 잠에서 깰 가능성이 줄어든다. 꿈에서 평범한 일상의 이야기가 나오는 이유도 이렇게 생각해 볼 수 있다. 그래서 감시장치는 일차과정의 도움을 받아 적절한 꿈을 만들어내어 무의식적 소망의 표현과 수면 모두를 가능케 한다. 그런데 일차과정은 무엇인가? 이미 은연중에 말한 것 같은데, 그래도 꿈 책에 관한 토론을 마치는 차원에서 프로이트의 가장 유명한 개념들을 살펴보겠다.

일차과정과 이차과정

여기서는 프로이트가 나눈 두 가지 정신작용을 구분하는 것과 더불어 그의 가장 기본적인 가정을 살펴본 후, 이것들을 그가 책에서 제시한 몇몇 꿈에 적용해 보겠다. 프로이트는 꿈이 절대 사소한 것들로 채워진 것이 아니며, 반대로 "그 전날의 경험에서 얻은 별 상관없는 찌꺼기를 선택" 한다는 점을 상기시킨다(1900a, p. 589). 조금 전 이야기했듯 꿈꾼 사람이 잠을 자기 위해서는

> 꿈-과정의 입장에서는 아직 낮 동안의 사고-활동에 징발되지 않은, 최근 혹은 무관한 관념적 자료들을 통제하는 것이 더 유리하다. 그리고 감시장치 때문에라도 꿈-과정은 심리적 힘을 전이하는데, 힘은 중요하지만 받아들일 수 없는 것에서 무관한 것으로 옮겨간다[같은 책].

또 하나 프로이트가 주지시키는 것은 밤 동안에 생긴 복통이나 요의 등의 신체적 자극도 방금 말한 낮 동안의 무관한 자극처럼 여겨진다는 것이다. 그렇다면 이 무의식 시스템을 어떻게 이해해야 할까? 이 시스템 안에 있는 관념의 속성은 무엇인가? 관념은 어떻게 무의식 시스템에 이르나? 프로이트의 연상적 연쇄associative trains, 관념의 연쇄라는 개념에 착안하면 이렇게 말할 수 있다. "목적이 있는 관념은 해당하는 분량의 '카텍시스 에너지'와 더불어 연상적 경로를 따라 위치한다." 사고의 연쇄가 거부된다는 것은 그것에 붙은 카텍시스 에너지가 철회(방어)되어 무의식이 되었다는 뜻이다. 한편 프로이트의 표현에 의하면 '무시되었지만' 여전히 의식에 존재하는 생각의 연쇄가 있다. 이것은 카텍시스 에너지를 받지 못한 사고의 연쇄다. 프로이트는 여기서 이 문제를 충분히 다루지는 않지만, 특정 사고의 연쇄가 얼마나 의식적인가를 결정한 양적 모델을 제시하고 있다. 주장의 일관성을 위해서는 비록 무시된 전의식 사고의 연쇄라 할지라도 최소한의 카텍시스는 갖는다고 말해야 할 것이다. 혹은 무의식적 관념은 강제로 무의식에 놓였다고 주장할 수도 있다. 여

기서 그는 방어를 능동적인 방해 시스템으로 가정하고 있다. 우리는 나중(3, 4, 5장)에 이상의 능동적 방어과정을 살펴볼 것이다.

그러면 다시 돌아가서 무의식의 관념이 어떻게 전의식으로 들어가서 꿈이라 불리는 것(발현몽)을 만드는지 살펴보자. 잠이 들면 감시장치가 느슨해지므로 무의식의 관념은 전의식-의식으로 들어가기가 쉬워진다. 어른의 경우 이런 과정이 직접적으로 일어나기는 어렵다. 오히려 일군의 관념들이 하나의 요소 안으로 뭉쳐진다. 이런 현상을 프로이트는 압축condensation이라고 부르며, "꿈이 황당하게 느껴지는 이유는 이 때문인데, 왜냐하면 정상이나 의식적인 정신작용에서는 비슷한 것이 없기 때문이다"(같은 책, p. 595). 압축은 다양한 효과를 만들어낸다. 프로이트가 놀란 첫 번째 효과는 그것이 관념이나 이미지를 강렬하게 만든다는 것이다. 또한 방어적 효과도 있는데, 그 이유는 압축된 이미지는 비슷한 주세의, 하지만 다양한 물리적 속성을 지닌 수많은 요소를 포함하고 있기 때문이다. 그래서 내 환자 중 한 명이 보고한 꿈에는 키가 크고 머리가 벗어진 염소수염의 젊은 남자가 나왔다. 그 남자는 젊고 염소수염을 가졌으므로 내 환자는 그 꿈에 내가 들어가 있을 거라고는 별로 생각하지 않았다(참고로 나는 183cm에 머리가 벗어졌다). 치료가 진행되면서 꿈이 나에 대한 것이라는 점은 분명해졌지만, 분석가와 자기 오빠의 모습을 섞었다는 점에서는 약간의 방어적 기능을 가진다고 볼 수 있다. 이 경우에는 오빠를 상징하는 요소들이 사실은 그녀가 좀 더 적극적으로 방어하는 것이라 할 수 있다. 프로이트가 든 압축의 예는 내가 제시한 것보다 좀 더 난해한데, 이 장의 뒷부분에서 살펴보도록 하겠다.

프로이트에게 압축이 흥미로웠던 또 하나의 이유는 때로는 그 연결이 느슨해지고, 때로는 상반되기도 한다는 점이었다. 그래서 하나의 이미지에 사랑하고 미워하는 사람의 요소들이 모두 섞여 있을 수 있다.

비슷하게 현재의 이미지와 유년기 이미지가 섞일 수도 있다. 요약에서 프로이트는 이렇게 말한다.

> 이런 과정들의 중요한 성격은 카텍시스 에너지를 움직임으로써 분출을 가능하게 만드는 것이 결국 최종적인 관건이라는 점이다. 카텍시스가 달라붙은 심리적 요소의 내용이나 진짜 의미는 별로 중요하지 않은 것으로 취급된다(같은 책, p. 597).

프로이트는 일차과정에 대한 논의를 통해 무의식이 오로지 분출이나 쾌락에만 관심이 있는 시스템이라는 인상을 준다. 폐기된 아동기 소망과 쾌락은 무의식 시스템에 여전히 존재한다. 그리고 프로이트가 주장하고 있는 것은 이 시스템이 전의식-의식의 인지 과정과는 아주 다른 언어 규칙으로 작동한다는 점이다. 이 무의식 시스템에는 부정이나 모순, 시간이 없다. 오히려 그것은 이유를 불문하고 지금 당장의 만족을 요구하는 조직이다. 그래서 무의식의 요소가 전의식 표상에 붙으면(전이되면), 이 전의식 표상은 무의식적 조직화의 법칙에 따라 작동하려는 경향이 생긴다. 프로이트의 말을 빌리면 이 무의식 시스템의 대상은 중요하지 않다. 중요한 것은 그 목적이다. 무의식 시스템의 목적은 분출이다. 어떤 대상과 어떤 조건에서 분출이 일어나는지는 중요하지 않다. 따라서 프로이트가 그리는 사람은 섹스 파트너가 누구인지는 전혀 중요하지 않고 섹스만 하면 되는 사람이다. 프로이트의 용어로 이 사람은 전반적으로 일차과정으로 움직이는 사람이고, 그 사람의 카텍시스(애착)는 만족만 준다면 이 사람에서 저 사람에게로 쉽게 옮겨갈 수 있다.

프로이트가 그리는 신생아도 그게 누구든지 쾌락만 줄 수 있다면 어떤 보호자가 주는 젖도 다 먹을 수 있다. (그래서 현대의 분석가들은 쾌락이 모성적 애착을 포함한 개념이 되도록 재정의하거나 프로이트의 초기 발달이론에 상당한 수정을 가해야 한다.) 프로이트가 엄마를 영구적 대상으로 보는 것은 발달의 나중 단계(여전히 어린 시절)에서다. 여기서 다시 한번 살펴보자. 그렇다면 아기는 어떻게 무의식 시스템, 그러니까 일차과정에 의해 지배되는 개체에서 시작해서 쾌락과 분출뿐 아니라 타인에게도 관심을 가지는 존재가 되어가는가. 앞서 우리는 아기가 처음 젖을 먹은 후 나중에 지각적 동일성을 이용해서 같은 상황을 만들려고 한다고 말했다. 아기는 젖을 먹었던 당시에 대한 기억을 동원함으로써 같은 상황을 만든다. 프로이트는 이런 환각적 경험이 꿈의 동기가 되는 조건과 유사하다고 말한다. 수유 상황의 재창조는 일차과정의 예로, 만족을 얻기 위해 안으로부터 만들어진 이미지다. 물론 이렇게 수유에 대한 감각적 이미지만 가진다고 배가 불러오는 것은 아니므로 아기는 보호자에게 신호를 보내는 법도 배워야 하고, 만족스러웠던 기억이 감각을 통해 완전히 표현되는 것도 막아야 한다. 이 배움이 이차과정의 시작이다. 프로이트는 이 과정에 대해 묘사하며 이렇게 말한다.

> 첫 번째 심리psi-시스템의 활동은 흥분을 자유롭게 분출하는 것에 집중되지만, 두 번째 시스템은 자신의 카텍시스를 이용해서 분출을 막고 카텍시스를 잠재우는 데 성공한다[같은 책, p. 599].

이 발췌문을 보면 첫 번째 시스템은 자유로운 에너지를 가지고 있고, 이 에너지는 순수하게 쾌락을 추구한다. 그리고 두 번째 시스템의 임무는 이 시스템을 억제하고, 그 에너지를 묶어 그중 소량의 에너지가 그 사람의 결정을 위해 사용되게끔 하는 것이다. 이 시스템 안에서 대상(사람 혹은 물건)은 (비교적) 영구적으로 안정적인 카텍시스를 받기 시작한다. 이렇게 되면 아기에게 젖을 주는 사람이 누군지가 중요해진다. 이후 프로이트의 작업에서는 어떻게 사람이 표상되고 내면화되는가와 같은 발달과정이 중요한 주제가 된다. 하지만 여기서 그는 두 개의 기본적 시스템의 개념을 만드는 데 주로 관심이 있다. 이차과정에 대해서는 이렇게 말한다.

> 두 번째 시스템의 주도 아래 흥분의 분출은 일차과정과는 상당히 다른 메커니즘에 의해 조절된다. 이차과정이 그 탐색적 사고-활동을 마치게 되면 흥분의 억압을 해제해서 차오른 흥분이 움직임을 통해 분출되도록 허용한다[같은 책. pp. 599~600].

프로이트는 여태 압축된 형태로 이 두 번째 시스템을 묘사해왔다. 이 시스템은 첫 번째 시스템을 억압할 수 있으며, 현실을 진실에 가깝게 지각한다(의식-지각 시스템을 통해). 그리고 약간의 실험적 에너지(생각)를 사용하면서 적절한 순간이 되면 현실과 상호작용을 해서 대량의 에너지를 사용(운동 활동)한다. 이 모델에서 사고는 실험적 행위trial action로, 운동이나 행위로 완전히 카텍시스 되지 않은 상태에서 다양한 대안이 모색될 수 있다. 이차과정에 의한 대량의 에너지 지출 또한 가능하지만, 이는 사람(대상)이나 활동(일)에 강력한 몰입이나 투자가 일어날 때뿐이다.

이제 우리는 두 과정과 꿈 형성에 대해서 요약할 수 있게 되었다. 일차과정은 두 가지 의미에서 일차적이다. 이 과정은 모든 에너지가 유래하는 곳이고, 발달적으로 기초적이며, 생의 최초 단계를 관장하는 과정이다. 이차과정은 일차과정을 억압한다. 여기서 억압의 동기는 역시 쾌락 원리이다. 아기가 현실을 다루지 못하면 계속 배가 고프고 불쾌해지기 때문이다. 아기의 이차과정은 일차과정이 쾌락을 누리려는 것을 억압하며, 이렇게 함으로써 불쾌한 시간을 줄이거나, 혹은 쾌락을 촉진하고 즉각적인 보살핌과 수유를 받을 수 있게 만든다. 그래서 이차과정 또한 쾌락 원리의 지배 아래 있다고 볼 수 있는데, 그래서 아기(어린이)는 조만간 현실을 다루는 것이 환상 안에서 먹고 즐기는 것보다 많은 즐거움을 준다는 것을 배우게 된다. 또 일차과정은 "스스로 동의할 수 없는 것은 전혀 용납하지 않는다." 불쾌한 자극을 견디는 것은 이차과정에 남겨진 몫이다. 물론 불쾌한 것에 대해서 생각조차 할 수 없는 개체는 현실의 어떤 측면을 다룰 수 없을 것이다. 프로이트의 관점에서 볼 때 일차과정이 주도하는 한, 그 사람은 항상 불쾌한 자극으로부터 도망치려 할 것이다. 임상적으로 봐도 불편한 생각을 제거하려는 시도를 자주 하는 환자들이 있다. 이런 환자들에 대한 중요한 단서는 이 환자들이 불쾌한 생각을 얼마나 견딜 수 있냐와 관련된다. 분명 모든 사람은 어떤 종류의 생각을 피해야 한다. 하지만 어떤 사람이 불쾌한 생각을 견딜 수 있는 정도가 하나의 기준을 제공하기도 한다. 프로이트라면 불편한 생각을 제거하려는 시도를 많이 하면 많이 할수록 그 사람은 일차과정의 영향을 많이 받고 있다고 말할 것이다.

우리는 지금까지 서로 갈등하는 두 과정에 관해 이야기했다. 프로이트는 이것이 정도의 차이는 있지만 모든 사람에게 해당하는 이야기라고 말했다. 하지만 때로 두 시스템이 협동해서 일할 때도 있다고 했다. 프로이트는 어떻게 일에서 이것이 가능한지 고찰했는데, 여기에 대해서는 이 장의 끝부분에서 잠깐 언급하도록 하겠다(『Jokes and Their Relation to the Unconscious』(1905c), 『The Psychopathology of Everyday life』(1901b) 등). 꿈 책에서 프로이트의 주된 관심사는 일차과정을 따라 작동하는 무의식 시스템의 특징이었다. 무의식 시스템에서는 모순되는 것들이 함께 존재할 수 있고, 부정이 없으며, 오로지 (과거와 미래가 아닌) 현재만 존재한다. 즉각적인 분출이 시도되며, 계획 따위는 작동하지 않는다. 이차과정에서는 (제대로 작동하면) 과거와 미래가 존재하고 계획이 중요해진다. 현실을 고려한 사고가 일어나는 곳은 전의식-의식 시스템으로, 운동이 조절되는 곳도 여기다. 잠을 자는 동안 운동 시스템은 정지되고, 수면에 의한 퇴행이 이루어지며, 전의식-의식 시스템에 의한 억압이 느슨해진다. 그러면 시스템 간의 전이가 좀 더 자유롭게 이루어지고 관념은 의식에 도달할 정도로 강렬해질 기회가 많아진다. 잠자는 동안 관념이 의식-지각 시스템에 이르면 이것이 바로 프로이트가 꿈이라고 부르는 것이 된다. 꿈꾸는 동안 의식에 이른 관념을 발현몽manifest dream이라 부르고, 그것이 만들어지는 과정을 잠재몽latent dream이라 부른다.

감시장치가 어떻게 이 흐름을 방해하는지는 이미 살펴보았다. 그리고 감시장치로 인해 꿈은 보통 이야기처럼 만들어지며, 이것이 무의식적 관념이 표현을 얻으면서 동시에 잠을 유지하게 만든다는 것도 이미 살펴보았다.

여기에서 프로이트의 천재성은 아동과 성인에서 꿈의 형성, 그리고 인지 발달을 통합해낸 것이다. 이 책의 끝부분에서는 현대 수면 연구가 밝혀낸 프로이트 주장의 타당성을 잠시 살펴보도록 하겠다.

성욕에 관한 세 편의 에세이

프로이트가 유혹이론을 완전히 내치지는 않았다는 사실은 참으로 흥미롭다. 프로이트의 전기 작가 피터 게이Peter Gay는 이렇게 말한다.

> 프로이트는 1890년대 중반에 아이들의 성적 학대에 관해 자신이 쓴 모든 것을 폐기할 필요는 없다고 주장했다. "유혹은 그 자체로 얼마간 타당한 병인이다." 그가 초기에 발표한 두 증례, 카타리나의 증례와 로잘리아 부인의 증례는 아버지에 의한 성적 학대였다고 그는 분명히 말한다. 환자들이 해준 말을 모두 믿지 않는다고 해서 그가 정반대의 감상적 상상에 빠질 필요는 없었던 것이다. 그러니까 역겨운 성적 학대 따위는

> 절대 저지르지 못하는 검은 코트의 분별 있는 부르주아 신사라는 감상적 환상 말이다. 그가 폐기한 것은 모든 신경증이 어떻게 발생하는지에 대한 일반적인 설명으로서의 유혹이론이었던 셈이다[1988, p. 95].

심지어 프로이트는 한동안 일반 이론으로서의 유혹이론조차 온전히 포기하지 않았었다. 그가 플리스에게 유혹이론이 용도폐기되었음을 알리고 난 이후에도 그는 여전히 유혹이론을 내세우고 있었다(Freud, 1898a; Gay, 1988). 그럼에도 그는 동시에 유혹이론을 떠나면서 자기 분석의 과정에서 발견했던 성적인 생각이 어쩌면 좀 더 보편적인 현상일 수도 있겠다는 생각을 차츰 하게 되었다. 플리스에게 쓴 편지에서 그는 아이가 부모와 맺는 오이디푸스 관계가 어쩌면 생각보다 더 일반적이며, 비교적 초기 아동기에 관찰되는 것 같다고 말한다(Gay, 1988). 이때가 1898년이었는데, 그는 아이들의 도착倒着적 성향이라 불렸던 것이 어쩌면 병리적 도착이 아닐 수 있으며, 오히려 거의 모든 인간이 경험하는 정상적인 '도착성'일지도 모른다고 생각하기 시작했다. 이 정상적 도착성은 신경증 환자나 혹은 특정 부류의 인간에게만 국한된 것이 아니며 최소한 발달의 일정 기간만큼은 인간의 보편적 조건이 된다. 성에 대한 그의 관심에 깜짝 놀랄만한 변화가 생긴 것이다. 하지만 게이가 말하듯 프로이트가 계속해서 유혹이론을 믿기 위해서는 자신의 아버지에게 아동 성 학대자라는 역할을 주어야만 했을 텐데, 아버지를 향한 그의 감정이 어떤지와는 상관없이 그것은 진실이 아니라는 결론에 도달했다. 그래서 프로이트가 성을 정상적 발달 경험의 일부라고 생각하게 된 데는 자기 분석이 중요한 역할을 했다고 말할 수 있다. 물론 자신의 유혹이론이 틀렸다는 것을 발견한 뒤에 느낀 실망감이 임상 경험을 설명할 수 있는 대안적 이론을 찾게 만든 것도 진실일 것이다.

세 개의 중요한 에세이

프로이트는 성욕의 속성에 대한 통념에는 꽤 분명한 생각들이 포함된다고 말하면서 글을 시작한다. 그러니까 통상적 믿음에 의하면 유년기에는 성욕이 존재하지 않으며, "사춘기가 되어서야 시작한다"라는 것이다(1905d, p. 135). 하지만 그가 이제부터 하게 될 주장은 성욕은 모든 아이들이 경험하는 것이지, 어린 시절에 성적 학대를 당했던 일부의 불행한 아이들에게만 일어나는 사고가 아니라는 점이다. 첫 장에서 그는 성적 일탈이라 부르는 것을 묘사한다. 여기서 그는 성적인 끌림이 향하는 대상object, 그리고 본능이 의도하는 성적 목적aim을 구분한다. 이 글들에 담긴 그의 개념을 충분히 이해하기 위해서는 정신-신경증에 대한 그의 생각을 이해할 필요가 있다. 그는 이제 신경증이 도착이라는 동전의 반대쪽 면이라고 생각한다. 이 관점에서 보면 신경증 환자가 방어하는 것은 도착적 경향을 가진 갈등인 셈이다. 하지만 도착적 경향이 도착적인 이유는 인구 대다수가 이를 도착이라 생각하기 때문이 아니라, 완전한 발달 경로를 밟지 않았기 때문이다.

프로이트의 관점은 (이렇게 말하는 것은 내키지 않지만) 도착적 경향이 아동기의 보편적 현상이라는 것이다. 이런 (환상이나 행동상의) 경향은 발달을 구성하는 일부분이지만, 만약 어떤 사람이 특정 경향에 너무 집착하게 되면 발달이 제대로 진행되지 않는다(발달이 고착되는 지점이 생긴다). 이런 집착은 특정 시기에 발생한 너무 많거나 적은 자극 때문에 생긴다. 그래서 이 책에서 프로이트가 제시하는 중심 개념 중 하나는 적절한 자극과 적절한 좌절이다. 아이는 발달하면 할수록 점점 더 많은 좌절을 견딜 수 있어야 한다. 여기에서 암묵적으로 전제되는 것은 아이가 좌절을 견디도록, 그리고 이전 시기 아이에게 중요했던 것에서부터 멀어질 수 있도록 돕는 것이 부모의 역할이라는 점이다. 그의 생각으로 대다수의 (모든) 사람들은 어른이 되어서도 이런 아동기 성향을 일부 갖고 있다. 우리가 보게 될 것처럼, 프로이트는 어떤 사람이 이러한 경향을 얼마나 지니는지, 그리고 그 경향에 어떤 쓰임새를 부여하고 있는지를 중요한 평가 항목으로 생각한다. 비록 우리는 프로이트가 왜 '도착perversion'이라는 통상적 용어를 쓰는지 궁금할 테지만 그는 의도적으로 이 용어를 사용하면서 또 다른 중요한 주제를 암시한다. 그것은 바로 아동기와 성인기 사이의 성욕 관계다. 그는 아이들의 성적 경향을 관찰하는 데 그치지 않고, 이런 경향이 내면화되는 방식이 아이의 발달과 성인기 인생에서 갖는 핵심적 중요성 또한 고찰한다.

첫 번째 글: 성적 일탈

성적 대상에 관한 일탈aberration을 논하면서 프로이트는 예상대로 동성애적 대상 선택에서부터 시작한다. 성적 일탈에 관한 논의를 동성애적 선택으로 시작하는 것에는 당연히 여러 이유가 있다. 그중 하나로 당시 오스카 와일드의 재판(Ellman, 1987)은 전 유럽에 충격을 주었고, 곳곳에서 동성애에 대한 혐오가 일어났다. 프로이트는 동성애자가 되는 확실한 이유는 없다고 주장했으나 동성애의 특징으로 여겨지던 한 측면에 대해서는 확신하고 있었다. 당시 동성애는 신경의 퇴행성 병리, 그리고 도덕성의 퇴행성 병리로 여겨지고 있었다. 그는 이렇게 말한다.

> 동성애자들은 그 외 다른 부분에서는 별다른 비정상적 일탈을 보이지 않는다. (…) 그들의 능력은 남보다 못하지 않으며, 사실 상당히 뛰어

난 지적 발달과 윤리관을 가지고 있다[1905d, pp. 138~139].

그는 또한 동성애가 문화적으로나 지적으로 아주 발달한 사회에서 번성했다는 사실을 지적한다. 그래서 그는 동성애를 신경성이나 도덕성에서 초래된 퇴행성 병리로 여기는 의견에 반대한다.

그렇다면 동성애는 타고난 것인가라는 문제에 대해서 프로이트는 주저한다. 그는 동성애를 정도에 따라 분류하는데(절대적, 조건적, 양성애적), 절대적 동성애자는 항상 동성의 파트너만, 조건적 동성애자는 (감금이나 실험 같은) 특정 환경에서만 동성의 파트너를, 양성애적 파트너는 양쪽 성별의 파트너를 골고루 선택한다. 그는 이렇게 다양한 수준의 동성애가 존재한다는 것을 근거로 동성애의 단일 유전가설을 반박하고 있다. 그의 관점에 의하면 동성애적 행위는 "선천적이라는 단일 가설로도, 혹은 반대로 후천적이라는 단일 가설로도 설명되지 않는다"(같은 책, p. 140). 사실 그는 선천적이라는 것이 대체 무엇을 의미하는지를 질문하면서, "모든 사람이 특정 대상에 대한 성적 애착이 이미 만들어진 채로 태어난다는 조악한 설명"을 거절하고 있다(같은 책, pp. 140~141).

혹자는 프로이트가 동성애를 도착으로 분류하는 것에 대해 당대의 의학적 관행을 따르는 것으로 여길 수도 있다. 하지만 앞서 보았듯 그는 동성애가 퇴행성 병리라는 의견에 분명한 반대를 드러내는 바, 이는 당시 전 유럽을 휩쓸던 동성애 혐오와는 반대되는 진보적인 태도이다(Ellman, 1987). 더구나 양성애에 대한 그의 의견은 아주 인상적인데, 비록 그가 동성애를 '양성애적 성향으로' 설명하지는 않았으나, 모든 인간이 어느 정도 양성애적 속성을 갖는다고 말했다.

동성애에 대한 프로이트의 견해는 동성애를 정상 발달의 범주에 포함하는 결과를 빚었고, 유사하게 그는 도착이라 여겨지던 여러 성행위도 유년기의 정상적 성욕 안에 포함했다. 여기에는 페티쉬, 가학-피학적 성행위, 좀 더 흔하게는 훔쳐보기와 노출증도 포함된다. 프로이트는 정상적인 성욕에 포함된 '도착적' 요소도 보여주려고 하고 있다. 그래서 사랑하는 사람의 머리카락 몇 올, 혹은 이러저러한 징표를 원하는 것은, 만약 전체 성적 만족이 온통 여기에 집중되지만 않는다면 딱히 이상하다거나 비정상적이라고 할 수 없다고 말한다. 정상적인 성욕에서도 도착적 경향은 전희를 통해 표현되고, 또는 옆에 없는 연인을 그리워하는 징표에서도 나타난다. 책의 첫 장은 이렇게 끝난다.

> 정신신경증의 증상 형성에서 도착적 충동이 하는 역할을 보여줌으로써, 결과적으로 변태pervert라고 불릴만한 사람이 많아져 버리는 결론에 이르렀다. 결과적으로 신경증 자체가 엄청나게 큰 집단을 형성하게 되었을 뿐 아니라, 다양한 표현 양상의 신경증과 정상성 사이에도 끊어질 수 없는 다리가 놓이게 되었다[1905d, p. 171].

맺음말의 또 다른 문장에서 그는 "도착 아래 숨어있는 선천적 경향은 *모든 사람*이 타고난 것"(같은 책)이지만, 환경이 그 도착적 성향이 성인기에서 발현되는 양상과 정도에 영향을 미친다고 말한다.

유아 성욕

이 장에서 프로이트는 성인기 성욕(과 병리)이 상당 부분 어릴 때 그 기초가 만들어진다는 의견을 제시하고 있다. 소아기의 경험은 대개 유아 기억상실증의 희생양이 되어버린다. 그래서 어린 시절의 기억은 심지어 청소년기에서도 의식적인 기억으로 이용될 수 없다. 프로이트는 이 같은 개념화를 통해 인생의 첫 단계를 자가성애autoerotic 시기라고 본다. 이 시기는 그가 잠복기latency period라고 부르는 단계에 의해 중단된다. 잠복기 동안 "정신적 힘은 (…) 마치 댐과 같다. [그리고] 그 [성욕]의 흐름을 막는다"(같은 책, p. 177). 이 시기의 수치심과 역겨움이 아이로 하여 성욕을 외면하게 만들고 "미적, 도덕적 이상"을 향해 나아가게 한다(같은 책). 이제부터 자가성애 시기에 무슨 일이 벌어지는지 보도록 하자.

자가성애. 여기서 유념해둘 것은 프로이트가 자가성애 혹은 자가성애 단계라는 용어를 여러 의미로 사용한다는 점이다. 사실 그는 다음 10년(1905~1915)에 걸쳐서 이 용어의 용법을 차츰 바꾸게 된다. 물론 서로 다른 용례를 체계적으로 가지런히 만들 마음은 여전히 없겠지만 말이다. 이 책에서 프로이트는 성욕의 목적은 항상 만족이지만 자가성애 단계에서 대상은 분명히 정의되지 않는다고 말한다. 자가성애 성욕이라는 말은 쾌락과 만족이 본인의 몸에서 발견된다는 뜻이다. 이렇게 보면 잠복기 이전의 모든 것은 자가성애다. 이후 몇 년 동안 프로이트는 이 용어의 뜻을 조금씩 바꾸지만 여기서 자가성애는 순전히 유아-소아의 성적 관심이란 의미로 정의된다.

긴 자가성애 기간을 통해 유아-소아가 관심을 두는 신체 부위는 시기에 따라 다르다. 아이가 관심을 보이는 신체 부위 혹은 부분은 프로이트가 성감대erotogenic zone라고 부르는 곳의 주위이다. 그는 이렇게 말한다.

> 손가락 빨기를 잘 관찰해보면 아기의 성적 표현에 필수적인 세 가지 특징을 발견할 수 있다. 성욕의 기원origin이라는 측면에서 보면 아기는 필수적인 신체 기능에 애착을 갖는다. 그리고 아직은 성적 대상object이 없으므로 이는 자가-성애이다. 그리고 목적aim은 성감대에 의해 결정된다. 이런 특징들은 유아의 성적 본능과 관련된 다른 대부분의 활동에도 동일하게 적용될 것으로 예상된다[같은 책, pp. 182~183].

이러한 성감대들은 오늘날 잘 알려져 있듯 입, 항문, 성기다. 하지만 이 시기의 프로이트는 성감대에 관해서만 기술했지 발달 단계에 관해서는 아직 쓰지 않았다. 이 모두를 아우르는 발달 단계가 자가성애 단계인 셈이다. 위의 성감대들은 성인이 되면 성적인 의미와 의도를 갖게 될 것이다. 예를 들어 입은 키스를 통해 (최소 일부 문화권에서는) 성인기에도 성적 의미를 계속해서 갖게 된다. 프로이트는 항문도 "일생을 통해 어느 정도 성기에 의한 자극 감수성을 가지게 된다"라고 쓴다(같은 책, p. 185).

구강 성감대는 "그 선천적 강렬함" 때문에 "도착적 키스, 혹은 성인 남성에서 흡연과 음주에 대한 강력한 동기를 제공"할 수도 있다(같은 책, p. 182). 반대로 만약 (충동에 대한 방어로) 억압을 하면 "음식에 대한 역겨움 (…) 히스테리적 구토"를 경험하기도 한다(같은 책). 항문에 강한 성감대를 갖는 아이는 변을 참아서 "장 점막을 자극해 성적 흥분을 일으킬 수 있다"(같은 책, p. 186). 입의 경우와 마찬가지로 항문 자극에 대한 방어로 인한 억압은 어른에게서 신경증을 초래하기도 한다(강박적 의식, 씻기 등). 성기는 발달 초기 성욕의 구성 성분은 아니나, "장차 중요한 것이 될 운명이다"(같은 책, p. 187). 성기 주변은 오줌 누기와 정상적 목욕 과정 등을 통해 항상 자극을 얻는 부위나. 그래서 성기기 이전에도 정상적으로 아이에게 쾌락적 자극을 주게 된다. 프로이트는 이것이 "자연의 섭리로, 이 덕에 미래에는 아동기의 자위처럼 주로 성기를 통한 성적 활동이 우위를 점하게 된다. 여기에는 거의 예외가 없다"(같은 책, p. 188). 프로이트의 가정에 따르면 아동기 자위행위에는 세 단계가 있다. 첫 번째는 초기 영아기, 두 번째는 "생후 네 살 정도로 성적 행위가 많아지는 시기, 세 번째는 사춘기의 자위행위다"(같은 책, p. 189).

이 시기 프로이트는 아동기 자위행위를 성격 형성과 성인기 갈등의 형성에 중요한 측면으로 간주했다. 그의 견해에 따르면 어떤 아이는

(첫 번째에서 세 번째 단계까지) 계속해서 자위행위를 하지만 보통은 두 번째 단계에서 좀 더 뚜렷하게 드러난다. 이 시기의 자위행위는 "아이의 기억에 깊은 (무의식적) 인상을 남길 수 있다"(같은 책). 그는 콕 짚어 무슨 일이 벌어진다고 말을 하지는 않았고 각각의 분석 증례에 따라 다르다고는 말하지만, 이론화의 이 기간 동안, 분명히, 자위행위는 프로이트에게 중요한 의미를 지니고 있었다. 그리고 다시 한번 이전 생각으로 돌아가서 그는 과도한 자위행위가 성적 학대의 결과일 수 있다고 말한다. 그리고 예전에 자신이 분명 성적 학대의 빈도를 과다 측정한 건 사실이지만, 이후의 갈등에 여전히 중요한 원인이 되는 것도 사실이라고 했다. 그의 말에 의하면 아이의 성적 각성을 위해 유혹이 필요하지는 않다. 왜냐하면 그것은 내적인 요인에 의해 자연스럽게 생길 수 있기 때문이다. 그래서 유혹으로 인해 다양한 형태의 도착적 경향이 생기는 것은 맞지만, 정상적인 아이들의 경우 "각각의 소질에 태생적으로 존재하는" 어떤 경향성을 갖는다고 말한다(같은 책, p. 191).

그렇다면 아이들이 보이는 다양한 형태의 도착적 경향이란 무엇인가? 이 질문에 대답하기에 앞서 프로이트가 도착적 경향성에서 대상을 중요하게 생각했다는 것은 알아둘 필요가 있다. 그는 이렇게 말한다.

> 인정할 수밖에 없는 것은 유아의 성생활이 그 당시 우세한 성감대가 있기는 하지만 처음부터 타인을 성적 대상으로 삼는 구석이 있다는 점이다. 관음증, 노출증, 혹은 잔인함 같은 것이 그런 본능인데, 이런 것들은 성감대와 무관하게 관찰된다 (…) 아기들은 기본적으로 수치심이 없으므로 생애 첫 몇 년 동안 분명히 노출에서 만족을 느끼는 것 같다. 특히 성기 부분을 강조하면서 말이다[같은 책, p. 192].

아이들이 커감에 따라 노출에 따른 수치심이 생기는데, 이때 관음증적 충동이 더 큰 의미를 지니게 된다. 이러한 충동은 성인이 되어서도 나타날 수 있다. 프로이트에게 잔인함은 의문 덩어리였는데, 하지만 그는 말하길, 잔인함은 성적 본능과 무관하고 아이가 연민을 느낄 수 있게 되면서 숙달된다고 했다. 여기에 관한 프로이트의 초창기 서술은 아래와 같다.

> 잔인함의 충동은 성욕과 무관한 곳에서 비롯된다고 가정해야 한다. 하지만 초기 발달기에 인접한 성욕의 기원과 문합anastomosis(교차-연결)되면서 합쳐질 수도 있다[같은 책, p. 193 각주].

프로이트는 여러 페이지에 걸쳐 성적 본능 이외에도 다른 본능이 있고, 잔인함은 아마도 성욕과 밀접하게 연관된 본능적 기원을 가질 것이라고 가정했다. 분명 노출증과 관음증은 성욕과 합쳐질 수 있지만 잔인함처럼 분명 독립적인 뿌리를 가진다. 우리는 프로이트가 이 잔인함이라는 보편적 경향을 설명하기 위해 결국 징교한 이론적 체계를 시도하는 것을 보게 될 것이다. 하지만 나머지 두 개의 경향은 그의 자기애 이론에서 독립성을 잃게 될 것이다. 이 책에서 잔인함, 훔쳐보기, 노출증은 본능적 근거를 가진 것으로 설명된다. 여기에 더해 앎에 대한 본능도 존재하며, 이 본능은 생후 세 살에서 다섯 살에 처음으로 만개한다. 프로이트의 말을 들어보자.

> 앎에 대한 본능의 활동은 한편으로는 숙달mastery을 얻고자 하는 승화에 해당한다. 그리고 다른 한편으로는 관음증의 에너지를 사용한다. 호기심과 성생활의 관계는 특별히 중요한데, 정신분석을 통해 우리가 알게 된 사실에 의하면 어린 시절 앎에 대한 본능은 예상치 못한 이른 나이에, 그것도 아주 강렬하게, 주로 성적인 문제들로 향하기 때문이며, 사실 앎의 본능을 처음 일깨우는 것도 성적인 문제들이기 때문이다[같은 책, p. 194].

이 구절에서 프로이트는 이후 정신분석 이론에서 꾸준히 보이지만 제대로 천착하지 않았던 두 가지 생각을 드러내 보인다. 첫 번째는 숙달에 관한 것이다. 지식은 내적, 외적(환경적) 이슈의 숙달을 위해 사용될 수 있다. 그러나 프로이트는 숙달에 대한 이론을 제대로 전개한 적은 없다. 프로이트는 다양한 시기의 욕동 혹은 내인성 자극에 대한 이론에서 내적 상태의 숙달이라는 생각을 여러 번 내비쳤다. 이 맥락에서 그가 말하려는 바는 욕동을 변형하거나 (방어를 통해) 조절하는 것이었다. 하지만 여기서 그는 지식과 이해의 본능에 기반한, 숙달하고자 하는 욕동이 독립적으로 존재한다고 말하는 셈이다. 이 개념은 추후 일부 이론에서 핵심적인 역할을 할 것이다(예, White, 1963).

그러나 프로이트는 세상을 향한 아이의 자연스러운 탐색이 때때로 상처를 입고, 그 상처는 아동기를 훨씬 넘어서도 계속된다고 말할 때 가장 명료하고 예리하다. 그는 "황새가 아기를 가져다준다는 이야기를 들을 때 비록 잠자코 있을지라도 아이의 마음은 뿌리 깊은 불신으로 가득하다"라고 말한다(1905d, p. 197). 그의 생각에 임신한 엄마의 배를 보는 아기는 엄마의 배에 아기가 자라고 있음을 알고 있다. 하지만 호기심에도 불구하고 아이는 최소한 두 개는 아직 모르고 있을 텐데, "정자가 수태 과정에서 하는 역할, 그리고 여성 성기의 존재다. 이는 우연히도 아이의 성에서 아직 충분히 발달하지 못한 부분들이다"(같은 책). 그래서 아이는 '독자적으로' 성적 탐색을 하지만 결국 한계에 부딪히게 되고 필연적으로 좌절한다. 아이로서는 아기가 질을 통과해서 엄마 몸을 빠져나오는 것을 상상할 수 없으며, 정자가 난자를 수정시키는 것도 상상할 수 없다. 프로이트의 견해에 따르면 아이는 자신이 수행할 수 있는 성적 수준에 맞추어 출생에 대한 이론을 만든다. 그래서 나온 결론이 "아기가 만들어지는 이유는 같이 무엇인가를 먹었기 때문이고 (…) 아기는 똥을 싸는 것처럼 창자를 통해 나온다"라는 것이다(같은 책, p. 196). 그러니까 아이들은 출생 과정 또한 자신들의 일상과 비슷한 행위로 보게 된다.

아이들의 눈에 비친 성행위는 어쩔 수 없이 일종의 정복과 복종으로 보이는 듯하다. 그래서 프로이트의 결론은 아이들은 섹스를 '가학적 느낌'으로 보게 된다는 것이었다(같은 책). 그러니까 아이들은 어른의 섹스를 보면서 그런 자세를 만들어낼 것 같은 가장 그럴듯한 이유를 상상하게 되는데, 이때 그들의 머리에 떠오른 것이 가학적 행위인 셈이다. 더구나 아이들은 종종 제재를 받고 이것은 일종의 정복과 복종의 행위로 인식된다. 아이들에게 왜 유리병을 가지고 놀 수 없고, 길에서 뛰지 않아야 하며, 심지어는 집에서도 조심해야 하는지를 제대로 설명하기란 매우 어렵다. 그래서 조금이라도 강압적으로 보이면 가학적인 것으로 인식된다.

두 번째 글에서 프로이드는 아동 발날기에서 환상이 갖는 중요성에 대한 기초 작업을 한다. 그는 이전에 시도했던 이론과는 아주 다른 이론을 시도하는데, 소위 말해 병리적 기억 모델에 대한 수정이었다. 그는 아이의 환상을 이해하기 위해 중요한 것은 단순히 기억 그 자체가 아니라, 아이가 외부 사건을 해석하는 방식이라고 말한다. 이제 아동기 환상의 기반이 되는 것은 아이의 현실 지각에 토대를 제공하는 신체 기능이다. 아이는 신체적 기능을 통해 주변에서 일어나는 사건들을 해석하고, 그 위에 아이의 심리적 현실이 기초한다는 것이 그의 주장이다. 그래서 출생은 그들이 몸에서 무언가를 배출하는 것과 같은 방식으로 일어나고, 똥은 그중에서 가장 대표적인 예가 된다.

그러니까 비록 아이의 심리적 현실이 어른의 상식적 현실과 같지는 않을지라도 아이의 현실은 경험적 근거를 가지며, 그 근거는 아이의 몸 상태와 몸의 경험이라고 말할 수 있다. 따라서 환상도 당연히 경험에 근거한다. 물론 관찰을 통해 아이가 어떠한 경험을 하는지를 말하기란 매우 어렵겠지만 말이다. 프로이트의 짐작은 아이의 경험(심적 현실)은 외부 세계의 경험과 당시의 신체적 경험 간의 상호작용에 근거한다는 것이었다. 그래서 입이 겪는 경험이 가장 중심이 되는 아이는 항문이 중심이 되는 아이와 다른 환상을 가지게 된다.

막간: 문헌에 관한 설명

앞서 나는 구강 성감대라는 표현을 했는데, 이 표현이 곧바로 발달의 구강기로 이해되지 않았으면 좋겠다. 이 시기 프로이트는 아직 성감대에 기초한 심리-성적 발달 단계라는 개념을 고안하지 않았다. 그러나 혼란스럽게도 『Standard Edition』 197~199쪽을 보면 그가 심리-성적 발달 단계에 관해서 쓴 것을 볼 수 있다. 하지만 이 부분은 1915년에 추가된 부분으로, 이후 1924년까지 그는 이 단락을 다시 쓰게 된다. 그전까지 구강기라는 말은 나오지 않았고, 1915년에야 새로운 구절에 삽입된다. 남근기phallic stage라는 개념도 1923년까지는 사용되지 않는다. 이 책에서 프로이트는 구강 성감대, 항문 성감대라는 용어를 쓰고 있지만, 이것은 발달 단계를 개념화한 것이라고 볼 수 없다. 오히려 앞으로 보게 되듯이 이 당시 그는 (사춘기가 되어 이루어지는) 성기 우위genital primacy에 선행하는 모든 단계를 자가성애로 이해했다. 그래서 아이가 입, 항문, 성기의 자극을 원하는 것을 이 시기 프로이트식으로 말하면 자가성애라고 할 수 있다.

다시 본론으로

프로이트는 환상에 관해서 이야기하며 다시 항문으로 돌아간다. 그리고 이렇게 말한다.

> 항문에서 우세한 가학성과 항문에 의해 수행되는 배설작용으로 인해 항문 성감대는 상당히 원초적 색채를 갖게 된다. 항문 성감대의 또 다른 특징은 서로 반대되는 본능들이 비슷한 강도로 발달한다는 사실인데, 블로일러Bleuler는 명랑하게도 이 상태를 "양가감정ambivalence"이라고 불렀다[1905d, p. 199].

이 책에서 프로이트가 가장 잘 묘사하는 환상은 항문과 관련된 환상이지만 다른 곳과 관련한 특징적인 환상도 기술하고 있다. 양가감정은 항문과 관련해 기술되었으나 프로이트는 후에 이 개념을 확장하게 된다. 환상에 더해, 그는 심적 현실의 생성과 내면화에 강도intensity라는 요소도 끼워 넣었다. 그에 따르면 특정 성감대의 강도가 커지면 고착이 일어나게 되고, 아이는 그 부위를 떠나는 데 애를 먹는다. 나중에는 서로 다른 내적 상태에 대한 반응의 정도라는 개념을 발달시킴에 따라 강도 개념을 대하는 그의 태도도 복잡해지게 된다.

프로이트는 환상의 여러 양상에 대한 개략적인 설명을 하는 것에 상당한 시간을 쓴다. 그리고 두 번째 글의 끝부분에서 그는 유아 성욕의 원천에 대해서 묘사한다. 그의 설명에 의하면 유아의 성적 흥분의 기원은 세 군데다.

> (A) 다른 신체 장기의 작용과 관련되어 경험된 만족, (B) 성감대의 알맞은 말초적 자극, (C) 아직은 그 기원을 확실히 알 수 없는 모종의 본

능 표현(관음증이나 잔인함 같은)[같은 책, pp. 200~201].

프로이트는 피부를 말초적 자극이 일어나는 기본적 원천으로 본다. 그리고 공중에 던져진 아이가 느끼는 흔들림이나 수동적 움직임 같은 것도 성적인 자극으로 생각한다. 그런 후 프로이트는 '심각한 히스테리 양상의 외상 신경증을 만드는, 놀람과 기계적 동요의 조합'에 대해서도 의문을 표한다. 이어서 이렇게 말한다.

> 이런 자극들의 강도가 작았더라면 성적 흥분의 원천이 될 수도 있다는 가정 정도는 해볼 수 있다. [하지만 이 자극들은] 과하게 작용할 경우, 성적 메커니즘이나 생화학에 커다란 장애를 초래한다[같은 책, p. 202].

여기서 프로이트가 같은 종류의 자극이 어떻게 다른 결과를 만드는지를 설명하며 강도 개념을 사용하는 것을 볼 수 있다.

놀랍게도 프로이트는 정서affect나 감정emotion에 대해서는 시간을 별로 할애하지 않는다. 그의 관심은 놀람 같은 일견 불쾌한 정서가 어떻게 성적 본능이나 성행위 같은 쾌락적인 것에 결합할 수 있는가에 있다. 그의 설명을 보면 기본적으로 조건화 개념에 대해 계속해서 이야기하고 있다.

> 만약 성감대와 관련한 효과가 아주 큰 고통과 결합한다면, 특히 이 고통이 다소 줄어들거나 다른 부수적 조건에 의해 멀어질 때, 우리는 이런 상황을 피학적-가학적 본능의 주된 뿌리로 이해해 볼 수도 있다. 우리는 이런 본능의 복잡함에 대해서 점점 많은 것을 알아가는 중이다[같은 책, p. 204].

사춘기의 변화

사춘기는 유아의 성욕에 마지막 형태를 부여하고, 성적 본능이 자가성애였던 시절에 형성되었던 여러 이슈를 다시 한번 점검할 기회를 제공한다. 이제 본능의 요소들은 합쳐지고 "성기의 우위" 아래 놓이게 된다(같은 책, p. 207). 남자의 경우 새로운 성적 목적은 정액의 방출과 그에 동반된 쾌감이다. 하지만 이 성적 본능은 번식 기능보다 부차적이다. "말하자면, 이타적이라고 할 수 있다"(같은 책). 여기서 이타성에 대해서 한마디 해야겠다. 이 시기에 프로이트가 제안한 본능은 자기 보존과 종족 보존의 본능으로 나누어진다. 자신만을 위한 즐거움은 자가성애이며 자기 보존 본능 아래에 놓여있다. 그래서 프로이트가 발달의 자가성애라고 부르는 단계에서 나타나는 성분 본능component instincts도 자기 보존 본능의 영향을 받는다. 이 시기의 그의 이론에 따르면 이런 성분 본능들은 오직 사춘기에 이르러서야 종족 보존 본능의 영향 아래 성숙한 성욕과 합쳐지게 된다. 이렇게 보면 성욕이 이타적이라는 뜻은 개인에게 쾌감을 주면서 동시에 종족의 생존에 공헌한다는 의미이다. 이 공헌 덕택에 종족은 미래의 종족 구성원이 될 새로운 개체를 얻게 되기 때문이다.

비록 사춘기에 이르러 성기가 일차적인 신체 부위가 되지만 다른 성감대도 보조적인 역할을 한다. 프로이트의 용어를 빌리자면 그들은 "성적 흥분에 이르는 데 중요한 역할을 한다"(같은 책, p. 209). 그래서 성분 본능은 여러 형태의 전희를 통해 교접을 위한 성기의 흥분을 돕는다. 우리 문화권에서 키스는 아마 가장 공공연히 이루어지는 전희일 것이다. 프로이트는 여러 성분 본능들과 관련된 다양한 접촉과 시선이 성행위를 위한 전희가 될 수 있다고 가정한다. 프로이트는 자연스럽게 자신의 욕동 분출 이론으로 성행위를 이해하게 되었다. 그의 기본적 가정을 분석하기에 앞서 본인의 말을 들어보자.

> 하지만 여기서 성감대가 하는 역할은 명백하다. 한 가지 성감대에 해당하는 것은 나머지 모두에도 해당한다. 모든 성감대는 각각의 방식으로 적당히 자극됨으로써 일정량의 쾌감을 만들어낸다. 이 쾌감은 점점 강도가 더해져 성행위를 완수하는 데 필요한 운동 에너지를 만들어내게 된다. 성행위가 끝나기 직전에 벌어지는 일은 특정 부위의 성감대(성기 자체)가 적당한 대상(질 점막)에 의해 다시 한번 적당히 자극되는 것이다. 그리고 이 흥분 덕분에 얻어진 쾌감에 의해 운동 에너지가 생기고, 이번에는 신경 반사를 통해 성적 물질의 배출이 이루어진다. 이 마지막 단계는 가장 큰 쾌감을 주며 그 메커니즘은 이전의 즐거움들과는 다르다. 마지막 쾌감은 오로지 분출 덕분에 생긴다. 순전히 만족에 의한 쾌감이고 이후 한동안 리비도의 긴장은 사라지게 된다[같은 책, p. 201].

여기서 프로이트는 이후 끝까지 그를 괴롭히게 될 한 가지 어려움을 인정한다. 그는 여러 이견에도 불구하고 "긴장은 반드시 불쾌감을 포함해야만 한다"라고 주장한다(같은 책, p. 208). 하지만 동시에 '이러한 생각이 긴장도 명백히 쾌감으로 경험된다는 사실과 모순'된다는 점을 인정한다. 사람들은 성적 긴장의 증가가 쾌감으로 경험된다고 말한다. 이 사실은 분출만이 쾌감을 준다는 프로이트의 가정과 분명히 정반대다. 이 난제에 대한 그의 대답은 쾌락과 불쾌의 문제와 관련된 모든 것은 아직 잘 모르겠으며, '가능한 한 많은 것을 알아내기 위해' 노력하겠다는 정도이다. 하지만 그는 여전히 그의 근본 가정을 철회하지 않았다. 이 가설에 따르면 쾌락은 반드시 분출과 연관되고, 불쾌는 긴장의 증가와 관련이 있다. 이 책의 각주에서 프로이트는 자신이 이 문제를 "내 논문 「The Economic Problem of Masochism」의 첫 부분"에서 해결하려 했다고 말한다(같은 책, p. 209, 각주). 우리는 이 책 4장에서 그 견해를 살펴보도록 하겠다. 하지만 성욕에 관한 세 편의 에세이를 쓸 당시 그는 자신이 관찰한 증거에도 불구하고 자신의 이론적 가정에 매달리고 있었다.

하지만 이 이론적 어려움은 책의 핵심 주장이었던 성인기 성욕과 유아기 성욕 사이의 관계와는 딱히 관련이 없다. 그의 생각에는 전-성기기 성감대 중 한 곳에 고착fixation되는 것이 가능하다. 이것이 가능해지는 경우는 해당 성감대와 관련한 쾌감이 너무 크거나 너무 작을 때다. 그래서 프로이트는 적절한 자극이란 개념을 고안하는데, 정작 토론에서는 주로 과다 자극에 의한 고착 가능성에 관해서만 이야기한다. 이러한 고착은 성적 발달을 진행할 추동력을 일부 없애 버린다. 그래서 "성행위를 준비하기 위한 행위가 정상적인 성적 목적의 자리를 차지해 버린다"(같은 책, p. 211). 이런 현상은 성적 기호의 모습을 띨 수도 있고(가령 삽입 성교보다 구강 성교를 선호하는 등), 혹은 도착을 초래하기도 한다. 하지만 사실 쾌락에 대한 그의 이론은 고착이라는 개념을 불가능하게 만든다. 왜냐하면 그의 이론에 따르면 성분 본능들을 통해서는 분출을 하는 것이 불가능하기 때문이다. 프로이트도 이 난점을 해결하려고는 하지만(같은 책, p. 212) 이 문제에 내재한 논리적 모순을 없애려 하지 않는다. 고착은 그의 이론에서 핵심적인 지위를 갖게 되었으나 그는 아직 그 문제를 위한 이론적 토대를 제공하지 않았으며, 어떻게 한 성감대에서 다른 성감대로 옮겨가는지에 대해서도 설명하지 않았다. 이 당시 그는 이상의 문제들과 관련된 이론적 구조보다는 성욕에 관한 그의 혁명적 생각에 훨씬 더 집중하고 있었다.

남녀의 차이

사실 프로이트는 "남성성과 여성성이 정확히 구분되는 것은 사춘기에 이르러서다"라고 말한다(같은 책, p. 219). 그는 말하길, 비록 억제inhibition에 관한 한 남녀의 차이는 어릴 때부터 보이는 것이 사실이지만 사춘기 이전의 "성감대의 자가-성애적 활동은 남녀가 동일하다"라고 한다(같은 책). 이 정식에 따르면 여자아이는 남자아이보다 수치심, 역겨움, 동정심 같은 정서를 조금 더 일찍 발달시킨다. 그리고 여자아이는 억압repression, 그러니까 방어의 경향이 더 크고 수동적 형태의 욕동을 선호하는 경향이 있다. 하지만 "자가-성애적인 자위행위만 놓고 보면 여자아이의 성욕은 완전히 남성적 특징을 가진다고 말할 수 있다"(같은 책). 흥미롭게도 여자아이는 거의 자동으로 남자아이처럼 행동하는데, 이유는 "여자아이의 우세한 성감대인 클리토리스는 남성 성감대인 귀두와 상동 관계에 있기 때문이다"(같은 책, p. 220). 사춘기 이후 여자의 성감대는 음핵에서 질의 입구로 옮겨간다. 하지만 남자의 성감대는 옮겨가지 않고 여전히 페니스에 남는다.

프로이트의 여성의 성 발달에 관한 이론은 여러모로 가장 논란이 많고 불만족스러운 것이다. 그는 여성성과 수동성을 같은 것으로 두었는데, 그는 이 부분이 문화적 영향이라고 느낀다. 대다수의 평론가들도 그의 관점이 당대의 문화적 편견을 드러낸다고 느낀다. 그는 이러한 주장에 대해 별 증거를 내놓지 못하고 있으며 자신의 의견이 얼마나 심각한 사회적 편견을 드러내는지도 자각하지 못하고 있다. 하지만 여성에 관한 프로이트의 의견을 비판하기보다, 당장은 그의 의견을 좇아가는 것에 만족하려 한다. 그의 의견은 시간에 따라 조금씩 변하게 된다. 그가 한 말 중 가장 유명한 것은 (수십 년 뒤에 한 말인데) 자기는 여자들이 원하는 것을 잘 모르겠다는 것으로, 어쩌면 여성의 성 발달에 관한 자신의 이론이 부적절함을 시인하는 것일지도 모르겠다. 그는 모든 인간은 남성성과 여성성을 동시에 가지며 이 성향들은 종종 문화적으로 결정된다고 말했다. 이 말을 기억하며 이 장은 마치도록 하겠다.

고찰

『Three Essays on the Theory of Sexuality』의 여러 가지 혁명적 측면들과 그 실험적 성격은 여러모로 무시된 경향이 있다. 이 글을 통해 프로이트는 발달을 연속적, 통합적 관점으로 바라보고 있다. 그의 가설은 아동기의 경험이 성인기 성욕과 성격 형성에 큰 영향을 미친다는 것이다. 이후 몇 년 동안 프로이트는 아동기 경험이 성격 발달에 미치는 결정적 영향에 대한 예를 몇 개 들 것이다(1907b, 1908b). 프로이트의 관심이 성생활의 연속성에 있는 탓에, 그는 초기 발달이 어떻게 이후의 성적 경향을 결정짓고 애정 대상의 선택에 영향을 미치는지 설명하려 했다. 실제로 이 책에 실린 글들은 이후 십여 년간 그의 주요 관심사가 될 주제를 미리 보여주고 있다. 그것은 바로 대상 사랑 능력의 발달이다. 이 책에서 그는 성욕에 집중하면서 어떻게 이성애자들이 생식 활동을 하게 되는지에 관해 설명한다. 하지만 이 주제 뒤에 있는 질문은 종족의 유지에 관한 것인데, 여기에 대해 프로이트는 대상 사랑의 승리라고 대답한다. 앞으로 보게 되겠지만 때로 그는 인간이라는 종의 생존에 대해 회의적이다. 다음 장에서 우리는 대상 사랑에 대한 그의 관점을 자세하게 들여다볼 것이다.

세 편의 에세이를 통해 그는 암묵적으로 고착 개념을 제시하고 있다. 그래서 성기 이전의 흥미와 신체 부위들은 잠재적으로 고착의 지점이 되거나 완전한 발달을 저해할 영역이 될 수 있다. 프로이트에게 성욕의 완전한 발달은 성기의 우위를 뜻한다. 그에 따르면 성기의 우위는 사춘기가 되어야 일어난다. 따라서 이 당시 프로이트가 말하는 전-성기기의 의미는 현대적 의미와는 다르다. 현대의 정신분석가들은 전-성기기라는 용어의 의미를 전-오이디푸스와 같은 뜻으로 사용한다. (아동 발달의 성기기 혹은 남근기에는 아직 오이디푸스 콤플렉스에 연루되지 않은 시기가 있다. 브레너Brenner도 이런 의견을 표한다[1976, 1982]. 하지만 오이디푸스기에 관한 또 다른 의견들도 있는데, 관련 내용은 멜라니 클라인Melanie Klein에 관한 장에서 살펴보게 될 것이다.) 이 시기 프로이트는 이 낱말을 글자 그대로의 뜻, 즉 이차 성징 이전이라는 의미로 사용한다. 그래서 사춘기 이전은 모두 전-성기기다. 당연히 잠복기는 고착의 지점으로 여겨지지 않는다. 왜냐하면 잠복기에는 모든 성감대가 전반적으로 조용하기 때문이다. 앞서 말했듯이 이 시기의 프로이트는 각 성감대에 따른 발달 단계라는 개념을 갖고 있지 않았다. 오히려 성감대는 전-성기기의 아이가 자가성애 쾌락을 얻을 수 있는 곳들이다. 이 쾌락들은 비록 일시적으로는 흥분을 가져다주지만, 장기적으로는 결국 만족스럽지 않은 것들이어서 아이는 전-성기기 흥미에서 성기기 흥미로 옮겨가게 된다. 사춘기 이후 성기는 오르가슴을 통해 긴장을 해소함으로써 진정한 만족을 얻을 수 있는 유일한 부위가 된다. 그래서 프로이트가 말하는 적절한 성 발달은 전-성기기 성감대가 성기의 흥분을 위해 사용되는, 성기 우위의 상태를 의미한다. 그래서 한 번의 섹스를 하는 동안 우리는 처음에는 성기기 이전의 성생활을 다시 한번 경험하게 되고, 성기를 통한 오르가슴이라는 성인기의 만족으로 끝을 보게 된다. 여기에 암묵적으로 포함된 것이 이 당시 프로이트의 심리-성 단계에 관한 생각이다. 당시 그에게는 자가성애와 대상 사랑, 두 가지 발달 단계 개념이 있는 듯하다. 자가성애는 성기를 통한 오르가슴 이전의 모든 쾌락을 포함한다. 프로이트의 가정에 따르면 남녀 모두 사춘기에 이르러 성기를 통한 오르가슴이 일어난다. 그래서 프로이트는 각각의 성감대가 아니라 타인(대상)과의 리비도 관계라는 관점에서 발달 단계에 이름을 붙인 셈이다. 리비도 관계, 혹은 리비도 카텍시스라는 단어가 낯설 수도 있겠다. 이 당시 프로이트는 지속적인 리비도 카텍시스의 수립을 대상 사랑의 능력과 거의 같은 것으로 취급했다. 역으로 대상을 사랑하는 능력은 종족 보존을 위해 필요한 이차 성징과 관련되어 있다. 비록 프로이트는 발달 단계를 대상 사랑 능력의 발달과 연관 지어 생각했지만, 그래도 그의 관점은 주로 생물학적이라 할 수 있으며 후에 그가 발전시킬 심리학적 관점은 아직 희박하다.

당시 프로이트 이론에서 보이는 논리적 난점을 짚어보기 이전에 하나 기억해 둘 것이 있다. 바로 프로이트가 생각한 이상적 성 발달은 이성애적 발달이었다는 점이다. 하지만 그는 동성애에 대해서도 제법 많은 시간을 할애한다. 프로이트가 이 글을 쓴 시기는 오스카 와일드의 재판 직후였는데, 프로이트는 동성애가 퇴행성 병리와는 전혀 상관이 없다고 주장한다. 다시 한번 더 강조해둘 필요가 있을 것 같다. 그는 비록 동성애의 발생 요인과 관련해서는 아무런 확정적 결론도 내리지 않았지만 그래도 한 가지 점에 대해서는 분명했다. 당시 동성애는 신경의 퇴행성 병리이자 더불어 도덕에도 퇴행성 병리를 일으키는 질환이라 여겨졌다. 여기에 대해 프로이트는 "동성애자들은 그 외 다른 부분에서는 별다른 비정상적 일탈을 보이지 않는다. (…) 그들의 능력은 남보다 못하지 않으며, 사실 상당히 뛰어난 지적 발달과 윤리관을 가지고 있다"라고 말한다(1905d, pp. 138~139). 그리고 동성애가 문화적으로나 지적으로 아주 발달한 사회에서 흔하다고 지적한다. 이런 혁명적 관점은 모든 '도착'이 정상적인 성 발달의 일부라는 그의 의견에서 도출되는 것이다. 그리고 우리 사회가 인정하는 것보다 사실 도착은 훨씬 흔하다고 말한다.

나는 동성애가 도착이라고 주장하려는 것이 아니다. 소위 도착에 대한 프로이드의 생각이 혁명적인 이유는 그가 도착을 모든 인간이 경험하는 것이라고 주장했기 때문이라고 말하고 있다. 그래서 그는 동성애에 대한 과도한 반응을 동성애적 갈등의 증거로 보았다. 비슷하게 구강성교나 항문성교에 대한 거부감도 역시 갈등의 증거로 여겼다. 사회가 도착으로 여기는 것이 사실 유아의 성욕이고, 이는 우리 모두의 무의식에 남아있는 것이다. 역겨움과 수치심 같은 정서는 그 갈등이 아직 충분히 방어되거나 적절히 승화되지 않았다는 증거이다. (사실 방금 나는 다소 시대착오적 이야기를 했는데, 왜냐하면 이 당시 프로이트가 위와 같이 분명하게 말하지는 않았기 때문이다. 그래도 그는 꿈 책에서 비슷한 이야기를 했다[1900a].) 그래서 성인은 특정 지점의 고착 때문에 불안, 수치, 역겨움을 느끼게 된다. 빈의 부르주아 의사 한 명이 빅토리아 시대 유럽의 위선을 여러모로 까발리고 있는 셈이다.

하지만 성적 선호에 있어 적절한 해결점을 제시하면서, 그는 다시 중산층의 가치로 돌아간다. 유아적, 소아적 성욕의 적절한 해결(혹은 결과)은 남성의 경우 적극적으로 삽입을 하는 것이고 여성의 경우 수동적으로 받아들이는 것이 된다. 이런 현상은 성기 우위의 시기에 일어나게 되며 남녀는 모두 자기와는 다른 몸(성기)을 가진 사람에게 끌려야 한다. 그래서 동성애는 비록 도착은 아니지만, 유전적 장애, 고착, 혹은 나중에 보게 되듯이 자기애적 병리 중 하나가 된다. 혁명은 이제 중산층의 가치로 전락해버렸고 남성에게는 주도성을, 여성에게는 수용성을 요구한다. 그리고 동성애는 불충분한 발달의 증거가 되어버렸다. 여기서 제시되는 이론적 논리에 따르면 인간의 동기는 두 가지 욕동에 의해 추동된다. 프로이트는 자신의 본능 이론이 다윈의 이론을 따른다고 믿었다. 하지만 앞으로 보게 되듯이 사실 이 이론의 일부는 그가 했던 임상경험에 근거한 것이다. 그리고 프로이트가 다윈의 이론을 잘못 이해한 부분도 있는 것 같다. 프로이트의 욕동 이론, 혹은 본능 이론은 다음 장에서 좀 더 자세히 다루도록 하고 지금은 간단하게 윤곽만 그려보도록 하겠다.

프로이트의 욕동drive은 크게 자기 보존과 종족 보존으로 나눌 수 있다. 세 편의 에세이에서 그는 성욕이 종족 보존에 봉사한다고 말한다.

그러니까 프로이트의 관점에서 보면 사랑에 빠지는 것은 작게나마 자기-이익을 희생할 의지와 능력이 있음을 뜻한다. 프로이트가 자기 보존의 본능에 대해서 생각하는 것은 애정 관계의 형성을 저해하는 걸림돌에 대해 구체적으로 논하면서이다. 이 생각은 우리가 다음 장에서 살펴보게 될 자기애narcissism 이론으로 나아갈 것이다. 프로이트의 생각으로 두 가지 본능은 생애 초반뿐 아니라 평생에 걸쳐 갈등을 일으킬 수도 있다. 그가 다음으로 시도할 이론작업은 주로 임상에서 목격한 갈등에 대한 것인데, 위의 두 욕동으로 갈등을 일부 설명하고 있다. 세 편의 에세이에서 목격되는 또 하나는 프로이트가 진정한 사랑에 이르는 길에 관해서 생각하고 있다는 점이다. 이후 10년 동안 프로이트는 진정한 대상 사랑에 이르는 길과 그 걸림돌에 대해서 생각을 확장해 갈 것이다.

앞서 나는 그의 이론에 내재된 논리적 난점들에 관해서 이야기했다. 이들 중 하나는 앞서 다른 글에서도 많이 제기되어 온 것이고, 나머지 하나는 주로 이 책과 관련된 것이다. 먼저 쾌락이 긴장의 분출과 완화라는 그의 관점은 아무래도 의심스럽다. 그의 의견은 당시의 신경생리학에 근거하고 오르가슴이 쾌락 경험의 모델이 되고 있다. 많은 경우 긴장의 감소가 즐거움으로 경험된다고 말하는 것은 당연한 소리다. 하지만 인간(혹은 다른 종)에게 즐거움을 주는 경험이 이런 종류뿐이라고 말하면 곤란하다. 무수한 연구가 보여주는 것처럼 인간을 포함한 포유류는 흥분을 증가시키는 자극을 추구한다. 그렇게 보면 자극 감소가 쾌락이라는 말은 틀렸다. 나는 이 책을 통해 여러 곳에서 이러한 연구 결과를 제시하겠다. 현재로서는 그의 수압 모델(그의 모델에 따르면 압력을 낮춰 흥분이 최소한에 이르면 최대의 쾌락이 얻어진다)이 쾌락에 대한 단일 모델이 되기는 어렵고, 경험적 근거도 부족하다는 정도만 말하겠다.

한편 앞서 보았듯 이 당시 프로이트의 심리-성 단계는 자가성애와 대상 사랑이다. 자가성애는 사춘기 이전 시기로, 쾌락은 애정적 대상 카텍시스 없이도 얻어진다. 프로이트는 분명히 사춘기 이전에도 애착이나 일종의 사랑이 가능하다고 말하지만, 이때 사랑은 자기-이익에 근거한 것이다. 이 자기-이익은 보호나 먹을 것을 얻는 것과 관련되며 자기 보존과 관련이 있다. 한편 프로이트에 따르면 타인으로서 대상을 사랑하는 것은 성적(종족 보존) 욕동이 충분히 발현되는 사춘기에 이르러서다. 이상의 관점은 향후 몇 년 동안 변하게 되겠지만 그래도 두 단계 사이의 이동에 관한 문제는 여전히 남는다. 그의 의견은 어떤 자극이 한동안은 흥분을 시키지만, 긴장을 줄여 쾌락을 만드는 데는 결국 실패하기 때문에 단계의 이동이 일어난다는 것이었다. 당연히 전-성기기 성감대에 가능한 긴장 완화의 방법이 없다면 지속적인 쾌락도 불가능할 것이다. 이렇게 보면 자가성애에서 벗어나는 것은 전희에서 삽입 성교로 이행하는 것과 비슷해진다. 하지만 섹스, 혹은 일정한 짧은 시간 동안은 이런 일이 벌어질 수도 있겠지만 몇 년에 걸쳐서 이런 일이 벌어질 것 같지는 않다. 그래서 단계의 이행은 긴장을 담아내는 능력 또한 포함할 텐데 이는 아동기 경험의 특징은 아닌 것 같다. 프로이트의 의견을 굉장히 심각하게 받아들이면 아래의 문제들이 발생한다. 만약 전-성기기 자극이 자극의 증가만 초래한다면 어떻게 고착이 일어날 수 있는가? 만약 전-성기기에 고착되어 충분한 성적 즐거움이 불가능하다면 즐거움은 어떻게 무의식에 표상되는가? 아마 그 즐거움은 분명 분출이라기보다는 흥분일 텐데, 그렇다면 프로이트는 이 쾌락을 쾌락이라 부를 수 있는가? 이 문제를 더 파고들 수도 있다. 하지만 지금으로서는 이 질문에 대답하기 위해 프로이트의 이론이 약간 수정될 필요가 있다는 정도로만 해두자. 이 책 뒷부분에서 그런 시도를 해 보겠다.

고찰: 꿈 책

프로이트는 처음에 꿈에 대해 아주 복잡한 모델을 제시했으나, 핵심은 결국 소망에 있다. 소망은 꿈의 연료가 되는 자본 같은 것이다. 그리고 프로이트와 그의 추종자들은 꿈이라는 사업의 자본에 많은 관심을 기울였다. 프로이트는 꿈을 충동질하는 것이 무의식의 소망이라고 주장했다. 이렇게 주장한 뒤, 프로이트는 소크라테스가 사람들로 하여금 선악과 미추에 대해 생각하도록 도왔음을 상기시킨다. 『The Interpretation of Dreams』의 7장(1900a)에 나오는 장면이다. 청중 중 회의적인 사람이 묻는다. "만약 모든 꿈이 소망 때문에 만들어지는 것이라면 불안 꿈이나 악몽 같은 끔찍한 꿈은 어떻게 된 거죠?" 프로이트는 이런 질문들에 대해 대답하고, 이 질문들은 어테 탐색하지 못했던 경험의 영역으로 사람들을 이끈다. 그곳은 인간 경험의 가장 근원적이고 가장 깊은 곳이다 그는 무의식적 소망을 쾌락이라 정의한다(프로이트에 따르면 소망은 "쾌락으로 경험되는, 흥분의 감소"이다[같은 책, p. 598]). 그리고 쾌락의 기원은 초기 아동기에 있다. 이것이 부추겨지면 마음을 갈등으로 몰아넣는다. 왜냐하면 하나의 층위(무의식)에서 쾌락인 것이 또 다른 층위(전의식)에서는 불안을 초래하기 때문이다. 이 갈등은 (방어기능을 하는) 감시장치에 의해서 매개된다. 그리고 이 두 층위의 의식성은 *기본적으로* 서로 다른 인지적 양상을 통해 관장된다(일차, 이차과정).

꿈은 왜 꾸는가? 프로이트의 가정은 이러하다. 잠은 퇴행을 위한 조건이며 짐을 자는 동안 감시장치는 느슨해진다. 그래서 (꿈꾸기 전날의) 소망이 잠을 자는 동안 발현(표상)되기 쉬워진다. 하지만 여전히 작동하고 있는 감시장치 덕택에 타협형성이 만들어지는데, 타협형성은 꿈을 꾸는 사람이 잠에서 깨지 않을 만큼 충분히 위장된 소망으로 이루어져 있다. 그의 이론에 따르면 불안 꿈anxiety dream은 꿈 작업이 소망을 적절히 다루고 위장하는 데 실패했다는 신호이다. 이 책에서 프로이트는 어떻게 서로 다른 체계들이 서로 소통하는가를 이론화하는데, 이것이 바로 전이 현상이다. 그는 이렇게 말한다.

> 무의식의 관념은 그 자체로 전의식으로 들어갈 수 없다. 그래서 이것은 이미 전의식에 속한 관념과 연결을 만듦으로써만 영향력을 발휘할 수 있다. 자신의 힘을 전의식 관념으로 전이하고 자신은 전의식의 관념으로 "포장covered된다"[같은 책, p. 562].

후에 치료에 대한 그의 개념을 점차 바꾸게 될 전이 개념에 대해 이론적 정의를 내린 것은 꿈에 관한 이야기를 하던 도중이었다. 마지막으로 프로이트는 꿈과 신경증은 만들어지는 원리가 비슷하고, 여타 현상(망각, 말실수 등)들도 마찬가지라는 이야기를 하려고 했다[1901b]. 간단하게 말해 이 책의 7장은 정신분석의 역사에서 견줄 데가 없는 것으로 여기서 프로이트는 오늘날에도 유효한 일반 이론을 제시한다.

프로이트가 꿈 책을 쓸 때 그는 본능 혹은 욕동 이론(두 용어는 같은 뜻으로 사용된다)을 만드는 시도를 했다. 첫 번째 욕동 이론은 자기 보존과 종족 보존의 욕동에 관한 것이다. 이 개념에서부터 많은 모순적 경향이 생겨난다. 자아(자기) 리비도와 대상(타인) 리비도는 자기애와 대상 사랑의 이슈로 옮아갔다. 바로 다음 장의 중심 주제들이다. 꿈을 설명하면서 프로이트는 무의식에서 즐거움을 주는 환상이 전의식-의식 시스템에는 불안을 초래할 수 있다고 말한다. 세 편의 에세이에서 이 부분을 다루었다. 하지만 그의 쾌락 개념은 비판적으로 고찰해야 한다. 우리는 이와 관련한 논리적 난제들도 이미 다루었다. 하지만 정신분석가 집단 내에서 더 중요한 것은 이와 관련한 임상적 문제들일 것이다. 인간이 쾌락과 관련해 갈등을 겪는다는 생각은 한편으론 온통 신체 부위와 쾌락과 관련된 해석으로 이어졌다. 이 해석에 따르면 타인의 역할은 줄어들고 인간은 다만 유아적唯我的 존재일 뿐이다. 이런 해석은 프로이트와 이후의 분석가들에 대한 캐리커처로 남아 정신분석의 역사에서 오늘날까지 비난받는 지점이 되었다. 다른 한편으로는, 환자의 관계 양상에만 초점을 맞추다 보면 아이의 신체 경험으로 세상을 바라본, 프로이트의 혁명적 통찰이 무시되기 쉽다. 분명 어떤 영역에서 새로운 움직임이 생기면 새롭게 만들어진 프리즘을 통해 세상을 바라보는 경향이 있다. 우리는 이 프리즘이 보는 사람에 따라 어떻게 인간의 경험을 명료하게 만들거나 왜곡하는지 고찰할 것이다.

아세린스키Aserinsky와 클라이트먼Kleitman이 렘수면을 발견한 이래(1953) 많은 연구가 발표되었고 나도 안트로부스Antrobus와 함께 그 일부를 요약하기도 했었다(1991). 수면을 연구하는 사람들은 렘수면을 꿈의 조건이라고 생각하거나 적어도 그와 유사한 정신 활동이 일어나는 조건이라고 생각한다. 솜즈Solms(1997)는 렘수면이 꿈을 위한 필요조건인지에 대해 연구했는데, 나는 렘수면의 메커니즘, 그리고 쾌락과의 관계를 논하면서 그들의 연구 결과를 인용하겠다. 오늘날의 꿈에 관한 이론은 적어도 현대의 수면 연구자들이 얻어낸 데이터들 정도는 설명할 수 있어야 한다.

3장

프로이트의 대상관계 이론

메타심리학 논문들

요약

이 시기는 프로이트의 활동이 가장 왕성했던 시기로, 어려우면서도 흥미로운 일련의 글들을 썼던 때이기도 하다. 하지만 이 시기의 저작들은 다음번 이론이자 우리에게 익숙한 구조 모델(이드, 자아, 초자아, 4장)과 제대로 통합되지 않았다. 그는 자신의 본능 이론을 더 정교하게 만들었고, 이 이론들을 통해 그의 일차, 이차과정(2장) 개념을 다시 설명했다.

이 시기 그는 새로운 심리-성적 단계도 개발했다. 이 단계들을 고안한 이유는 만족스러운 애정 관계의 수립에 초래되는 문제점들을 설명하기 위해서였다. 그의 심리-성적 단계는 오늘날의 분석가들에게 제법 낯설 텐데, 이를테면 자가성애autoerotism, 자기애narcissism, 대상선택object choice(혹은 항문 가학성anal sadism), 대상사랑object love 같은 것들이다. 이 단계들은 아이가 대상(보통은 부모나 상상 속의 타인)과 맺는 관계의 관점으로 정의되었다. 비록 프로이트의 관점이 아이가 자신의 몸과 기능에 대해 느끼는 강력한 흥미를 떠난 것은 아니지만, 이제 그 관심은 아이가 대상을 내면화하는 방법이라는 맥락 안에 놓이게 된다. 이 이론들을 만들며 프로이트는 발달 단계의 하나로 자기애 개념을 제시한다. 또한 그는 여러 군데의 고착 지점을 설정하는데, 그중 하나가 오이디푸스 시기이다.

그의 메타심리학 논문이라 불리는 것들은 형식적으로 좀 더 갖추어진 이론을 만들려는 시도라고 할 수 있다. 「The unconscious」(1915e), 「Repression」(1915d), 「Instincts and their vicissitudes」(1915c)는 정신분석 이론을 체계화하려는 시도였다. 이 논문들은 비록 여러 중요한 이론적 개념들을 제시하고는 있지만 스스로 기대했던 만큼 체계화된 이론이 되지는 않았다. 이 장의 끝부분에서 「Repression」과 「The unconscious」에 관해 자세한 토론을 하겠다.

한편 이 시기 프로이트의 저작은 여러모로 페렌치의 영향을 많이 받았다. 그리고 그가 도입한 여러 개념은 역으로 멜라니 클라인에 의해 확장되었다. 아마 이 시기의 이론은 프로이트의 이론 중 가장 덜 알려졌을 것이다. 하지만 역시 기억해둘 것은 이 시기에 그가 기법에 관한 논문 대부분을 썼으며, 임상가로서도 가장 활발하게 일했을 때라는 점이다.

개요

이 시기가 비록 프로이트가 가장 생산적이었던 시기라고 하나, 아마 미국의 정신분석가들에게는 가장 생소한 시기일 것이다. 앞서 봤듯 성욕에 관한 세 편의 에세이 안에는 우리에게 익숙한 프로이트의 이론이 쓰여있지 않다. 마찬가지로 이 장의 배경이 되는 시기(1909~1918)에, 프로이트는 우리가 그의 이론이라고 생각해 온 것에서 한층 더 멀어진다. 프로이트는 여전히 심리-성 단계에 대한 개념을 제시하고 있지만 여기서 그의 관심사는 앞서 그가 발표한 책에서는 상당히 기계적으로 다루었던 문제들로, 말하자면 대상 사랑으로 가는 경로에 대한 것이다. 물론 이 질문은 심리-성 단계 개념을 통해 제시될 수도 있지만, 그의 여정은 오늘날 대상관계 이론이라 불리는 것과 관련된 곳으로 향하게 될 것이다.

하지만 대상 사랑을 향한 경로는 우리가 다룰 여러 주제 중 하나일 뿐이다. 이 시기 프로이트는 자신이 메타심리학 논문이라 불렀던 글들을 썼다. 『Standard Edition』의 편집자는 "일련의 '메타심리학 논문들'은 아마 그의 이론적 저작 중에서 가장 중요한 것일 테다"라고 말한다(14권, p. 161). 존스Jones의 말에 의하면(1955) 이 논문들은 애초 정신분석의 이론적 기초가 될 열두 편의 글로 기획되었다고 한다. 하지만 주지하듯 프로이트 자신이 그중 일곱 편의 글을 스스로 폐기했다(적어도 발표하지는 않았다). 『Standard Edition』의 편집자와 존스는 이 논문들을 잃은 것에 대해 아주 슬퍼한다. (사실 그중 한편이 일제 그루프리히 시미티스Ilse Grubrich-Simitis에 의해 발견되었다. 이 논문은 당시 프로이트의 가장 가까운 동료였던 페렌치의 가방 안에 있었는데, 후에 「A phylogenetic fantasy」라는 제목으로 발표되었다[1987].) 확실히 프로이트는 자신의 저작에 만족하지 않았던 것 같다. 그래도 아직 남아있는 다섯 개의 논문에는 중요한 부분들이 들어있다. 그 논문들은 「Repression」(1915d), 「The unconscious」(1915e), 「Instincts and their vicissitudes」(1915c), 「Mourning and melancholia」(1917e), 「A metapsychological supplement to the theory of dreams」(1917d)이다. 이 장을 통해 우리는 그가 이들 논문을 통해 제시한 여러 개념을 살펴보겠으며, 이 시기 발표된 다른 논문도 몇몇 살펴보겠다. 그것들은 딱히 메타심리학 논문이라고 불리지는 않는다. 「Formulations of the two principles of mental functioning」(1911b), 「Psycho-analytic Notes on an Autobiographical Account of Paranoia」(1911c, 슈레버의 증례)의 3장, 「The disposition to obsessional neurosis」(1913i), 그리고 「On narcissism」(1914c)이 그것들이다.

이 장에서 우리의 탐색 방법은 약간 바뀔 것이다. 앞의 두 장은 시간순으로 서술되었다. 하지만 여기서 우리는 시간순보다는 특정 이슈에 따라 그의 저작을 살펴볼 것이다. 우리가 살펴볼 주제는 이원적 본능 이론에 대한 더 폭넓은 고찰, 자기와 대상관계(그리고 대상 사랑)에 대한 새로운 시각들, 정신병리에 따른 고착의 지점들, 억압(혹은 방어), 무의식의 역할, 그리고 지형학적 모델에 내재한 논리적 난점들이다. 이 장에서 내가 강조할 지점은 대상 사랑을 향한 진행과 퇴보에 대한 프로이트의 뚜렷한 관심이다. 그 시작은 메타심리학에 대해 그가 내린 정의, 그리고 이론의 구축을 위한 인식론적 이슈들을 살펴보는 것이다.

메타심리학과 이론에 대한 역사적 고찰

존스는 이렇게 쓴다.

> 이제 프로이트는 60대가 되었다. 그리고 (…) 살날이 몇 년 남지 않았다는 거의 미신에 가까운 믿음을 가지고 있었다. 그래서인지 그는 자신이 만든 가장 심원한 개념들을 종합, 정리하고 싶어졌다. 이런 기분은 아마도 도무지 끝나지 않을 듯한 전쟁으로 인해 더 심해졌을 터인데, 그로서는 이 어려움을 잘 극복해낼 자신이 없었던 듯하다. 프로이트의 계획은 열두 개의 글을 묶어 "Introduction to Metapsychology", 혹은 "Introductory Essays on Metapsychology" 같은 제목으로 펴내는 것이었다[Jones, 1955, p. 207~208].

프로이트는 비교적 짧은 시간(1915년 3월 15일에서 8월 9일 사이) 동안 이 글들을 모두 썼던 것 같다.

존스의 말에 의하면 메타심리학이라는 용어는 프로이트가 만든 단어인데, 이 용어는 이후 정신분석에 계속해서 상당한 혼란을 초래하고 있다. 프로이트는 만약 심리학적 현상을 역동적, 경제학적, 지형학적 가정으로 설명할 수 있다면 완전하겠다고 생각했다. 그래서 메타심리학은 의식의 층위 간에 생기는 갈등과 상호작용이라는 관점(topographic), 여기에 사용되는 에너지의 종류와 많고 적음이라는 관점(economic), 마음의 서로 다른 부분들이 협력, 배척하면서 생기는 힘의 움직임이라는 관점(dynamic), 이 세 가지 관점으로 정신 현상을 설명하는 이론적 가정이라고 정의할 수 있다. 하지만 메타심리학에 대한 프로이트 본인의 정의는 이것 말고도 많다(Ellman & Moskowitz, 1980). 하지만 지금 맥락에서 메타심리학의 의미는 프로이트가 심리 현상을 설명하는 데 도움이 되리라 믿었던 이론적 가정을 뜻한다. 그는 종종 가장 기초적인 이론적 가정을 메타심리학 명제라고 불렀다. 앞서 발표한 논문에서 나는 메타심리학을 바라보는 프로이트의 관점이 상당한 갈등을 드러내며 혼란스럽다고 말한 적이 있다. 프로이트는 메타심리학이 임상 정신분석과는 별개라고 말한 적도 있고(현대의 정신분석가들이 좋아하는 관점이다), 라파포트Rapaport와 길Gill이 정신분석의 특수 이론이라 불렀던 이 이론이 실은 임상적 근거를 가진다고 말한 적도 있으며, 단순히 정신분석 이론 중 하나라고 말하기도 했다.

이론의 역할과 성격에 관한 생각이 변화함에 따라 메타심리학을 대하는 프로이트의 태도도 변한다. 때로 그는 자신이 제시하는 이론적 가정이 시험적인 것에 불과하며, "과학적 토대가 아니어서 그 위에 무언가를 쌓을 수는 없다. 관찰만이 그런 토대가 될 수 있다"라고 말하기도 했다(1914c, p. 77). 이러한 말은 현대의 독자들에게는 상당히 순진하게 들릴 수도 있겠다. 왜냐하면 사람이 자신의 이론적 입장과 무관하게 순수 관찰자의 입장에 설 수 있다고 말하는 것처럼 들리기 때문이다. 현대의 철학자들이나 심리학자들은 이런 식의 순수 관찰자는 사실 불가능하다고 말한다(Nagel, 1961, 1955). 그들의 눈에 프로이트의 이야기는 거의 신화처럼 비칠 것이다. 하지만 프로이트는 불과 일 년 후 이렇게 말한다.

> 진정한 과학적 활동은 현상을 묘사하고 분류, 서로의 연관성을 파악하는 것에서부터 시작한다. 심지어 묘사 단계부터 우리는 어떤 추상적 생각을 관찰 자료에 적용하지 않을 수 없다. 이 생각은 다른 영역에서 빌어 온 것들로, 새 관찰 자료에서만 얻어지지는 않는다[1915c, p. 117].

이렇게 보면 프로이트의 입장에 약간의 변화가 생긴 것 같다. 그는 여전히 과학적 관찰을 찬양하고 있다. 하지만 아무리 기초적인 묘사 단계라도 관찰자는 관찰 바깥에서 유래한 개념들의 인도를 받고, 이 개념을 관찰에 적용한다는 점 또한 분명히 수긍하고 있다. 이상의 발췌문은 긴 토론의 한 부분인데, 여기서 프로이트는 관찰 자료를 잇고 붙이는 데 있어서 이론적 가정과 가설의 역할을 상당히 엄밀하게 토론하고 있다. 또 너무 정밀한 이론적 구조를 설정하려고 하다 보면 이론화가 촉진되기보다 억제될 것이며, 특히 이론의 초창기에는 더욱 그러하다고 말한다. 또한 독자에게(혹은 그 자신에게) 이르길

> 하지만 지식의 발전은 심지어 정의에도 경직성을 허락하지 않는다. 물리학은 정의의 형태로 수립된 "기본 개념"조차 그 내용이 변할 수 있다는 것을 보여주는 훌륭한 예다[같은 책].

경직된 정의가 갖는 미숙함을 질타하면서 프로이트는 이것과 관련한 최고의 예로 아인슈타인이 물리학 법칙을 어떻게 바꾸었는지를 말한다. 그는 이론의 중요성을 인정하면서도 동시에 이론적 가정이 때로는 변할 수 있고, 변해야 함을 아주 세련된 언어로 설파하고 있다. 실제로 기본적 가설조차 때로는 꼼꼼하게 재점검되어야 한다. 그 가설이 아무리 소중하다 하더라도 말이다. 우리는 그가 방금 자신이 말한 이야기를 얼마나 심각하게 받아들이고 있는지 이제 보게 될 것이다.

Dual instinct theory와 The ego: das Ich

이 시기 프로이트는 1911년 이전에 이미 시작한 본능 이론의 정식화를 계속 시도하고 있다. 『Three Essays on the Theory of Sexuality』(1905d)를 읽어보면 지식에 대한 본능, 성적 본능, 성분 본능 등, '본능'이라는 단어가 계속 나온다. 비브링Bibring은 프로이트의 본능 이론은 항상 이원적 본능 이론이었다고 말하지만(1941), 이는 *Three Essays*에서야 처음으로 획연히 드러닌다. 프로이드는 논문 「On Narcissism」(1914c)에서 처음으로 ego-libido와 object-libido 사이의 구분을 분명히 한다. 차후 보게 되듯이 자기애에 관해 이야기하기 시작하면서부터 그는 새로운 개념을 설명할 이론적 구조가 필요했었다.

그가 말하는 본능이란 무엇인가? 1915년 그는 *Three Essays*에 아래의 구절을 덧붙인다.

> 잠정적으로 '본능'은 끊임없이 자극을 흘려보내는 신체 내 자극원源의 심리적 표상으로 이해된다. 이는 신체의 바깥에서 유래하는 일회성의

'자극'과는 대조적이다. 그래서 본능이라는 개념은 정신과 신체의 경계에 위치하는 개념이다. 본능의 성격에 관한 가장 단순하고 그럴듯한 가정에서 보면 본능은 그 자체로는 질quality을 갖지 않으며, 그래서 심리적 현상에 관한 한 본능은 마음이 작동하도록 만드는 수단일 뿐이다 [1905d, p. 168].

「On narcissism」에서 프로이트는 한 걸음 더 나아가 본능의 속성에 관해서 이야기한다. 여기에서 두 가지 본능은 자기 보존의 본능과 종족 보존의 본능이다. 이들 본능은 대상관계의 양상에 따라 서로 갈등하기도 하고 협동하기도 한다. 대체로 생애 초기에는 자아 리비도를 통해 작동하는 자기 보존의 본능이 더 우세하다(1911b). 생애 초기 아기에게 중요한 건 주로 생존을 위한 기초적 필요의 만족이다. 그래서 아기는 점차 자기에게 젖을 주는 여자, 혹은 자신을 보호해주는 남자(혹은 여자)에게 애착을 형성한다(사랑한다). 이러한 사랑은 부분적으로 자기 보존의 본능에서 오는 것이다. 이 본능 덕택에 아기는 수용적인 환경(주로 엄마)에게 신호 보내는 법을 일찌감치 배울 수 있으며, 이로 인해 아기는 욕구를 충족하고 위기 상황에서 도움을 받을 수 있다. 아기가 (대상 리비도를 사용함으로써) 특정 인물에게 애착을 만들게 되면 이제 프로이트식으로 말해 종족 보존의 본능이 작동하는 것이다. 이 본능은 흔히 성적 본능으로 알려져 있으며 그의 주된 관심사이다. 하지만 정작 프로이트의 말을 들어보면 그 구분은 쉽지 않다.

처음에 일견 대상-리비도가 자아 리비도를 가리고 있는 것처럼 보이듯, 아기(어린이)의 대상-선택과 관련해서도 마찬가지이다. 우리가 처음 발견하는 것은 아기들이 만족 경험을 통해 성적 대상을 만들어낸다는 것이다. 최초의 자가성애 성적 만족은 자기-보존의 목적에 봉사하는 신체 기능을 통해서 경험된다[1914c, p. 87].

여기에서 프로이트는 자신이 개념화한 최초의 갈등은 성적 갈등, 혹은 대상 리비도와 관련된 갈등이라는 점을 상기시키고 있다. 대상-리비도를 둘러싼 갈등에 집중함으로써 자아 리비도를 둘러싼 갈등은 위장된다. 유사하게 그는 대상-리비도 애착이 주로 자아 본능에 의해 만들어짐을 주장한다. 임상적으로 보면 프로이트의 개념 대부분은 히스테리나 강박증과 관련한 것들이며 이 질환들은 성욕이라는 이슈를 중심으로 만들어진다(그러니까 현재 맥락에서 이야기하면 대상-리비도와 관련된 것이다). 이 시기 초기 발달에 대한 그의 생각들은 부분적으로 조현병이나 편집증 같은 좀 더 심한 질환을 설명하기 위한 시도에서 비롯되었다. (그는 블로일러Bleuler가 만든 schizophrenia가 아닌 paraphrenia라는 용어를 쓴다. 내 생각에는 그가 새로운 용어를 만들어낸 이유는 융Jung을 비롯한 스위스 정신분석가들과의 결별에 기인한 측면이 큰 것 같다.) 프로이트의 이론에 따르면 이 병들은 초기 발달기의 문제로 인해 생긴다. 그래서 본인의 가정에 따라 그는 초기 발달에 관한 이론을 만들어야 했고, 자기애 이론은 그 결과물이라 할 수 있다. 위의 발췌문에서도 보이듯 자아 리비도와 대상-리비도는 초기 발달기에 서로 얽혀있다.

당시 프로이트는 *das Ich*를 오늘날 우리가 이해하는 자아ego가 아닌, 자기self를 일컫는 의미로 사용했다. 『Standard Edition』의 편집자는 이렇게 쓴다.

> 이와 연관해서 반드시 짚어져야 할 부분은 프로이트가 "*das Ich*"(책에서는 거의 항상 'the ego'로 번역되었다)에 부여한 의미가 조금씩 변했다는 점이다. 처음에 그는 이 용어에 딱히 이렇다 할 정교한 뜻을 두지 않아서 이 단어는 대략 "the self" 정도의 의미였다. 하지만 그의 후기 저작

에서 이 단어는 훨씬 분명하고 좁은 의미를 갖게 된다[1914b, p. 71].

편집자가 말하는 '후기 저작'은 1920년 이후의 저작을 말한다. *Das Ich*에 관한 위의 생각들은 현대의 정신분석가들이 거의 공유하는 의견이다. 나중에 『The Ego and the Id』에서 우리는 프로이트가 자기, 그리고 구조로써 자아에 대해 가졌던 또 다른 관점을 보게 될 것이다.

지금까지 우리는 프로이트의 본능 개념을 간단하게 살펴보았다. 이제부터는 다른 개념들을 살펴보겠다.

자기와 타인(대상)에 대한 새로운 관점들

개요, 그리고 몇몇 중요한 질문들

1905년에 이르기까지 프로이트가 생각했던 두 개의 발달 단계는 자가성애와 대상 사랑이었다. 이 정식에서 대상 사랑의 단계는 사춘기가 되어서 도달하고 성기의 우위와 함께 이루어진다. 후에(1911c) 프로이트는 자가성애와 대상 사랑 사이에 발달 단계 하나를 더 끼워 넣는다. 바로 자기애narcissism다. 그 후(1913i) 프로이트는 『Standard Edition』의 편집자가 항문 가학성anal sadism이라고 부르는 발달 단계를 제안했는데, 나는 이것을 대상 선택object choice이라고 부를 생각이다. 그리고 프로이트는 자기애에 관한 이론에 더해 자기애 단계의 시작을 설명하는 새로운 개념을 꺼내 들었다(1915c). 이것이 바로 순수 쾌락 자아purified pleasure ego다. 자기애 단계가 끝날 무렵 내가 대상 선택이라고 부르는 새로운 발달 단계가 시작된다. 그다음으로 프로이트가 가정한 단계는 대상 사랑object love

이다. 요약하자면 1914년까지 프로이트는 자가성애, 자기애, 대상 선택(항문 가학성), 대상 사랑의 네 단계를 생각하고 있었다. 이제부터 각각의 시기에 대해 살펴보고 프로이트가 어떻게 개념상의 모순을 해결했는지 보도록 하자.

프로이트의 대상관계 단계들

자가성애 단계

처음은 자가성애 단계the autoerotic stage로, 이때 아기는 소망과 관련된 환각적 쾌락을 최초로 경험한다. 프로이트는 『The Interprctation of Dreams』에서 여기에 대해 썼다(2장). 프로이트는 말하길 아기의 쾌락 자아pleasure ego는 일자과정에 따라 작동한다고 말했다. 하지만 쾌락 자아는 이내 현실 자아에 길을 내주는데, 이유는 환각적 쾌락은 배고픔, 목마름, 통증 같은 기초적 필요를 만족시키지 못하기 때문이다. 아기는 엄마에게 신호를 보내는 방법을 금세 배우며 프로이트는 이것을 이차과정의 시작이라고 본다. 이차과정의 시작에 따라 현실을 향한 새로운 내적 지향이 생기는데, 이러한 자기 혹은 자아를 프로이트는 현실 자아reality ego라고 부른다. 그의 초기 발달이론을 보면 쾌락 자아는 생애 초기 아주 짧은 시간 동안만 순수한 형태로 존재한다. 만약 아기가 현실 자아를 발달시킨다면 우리는 아래와 같은 그의 말을 이렇게 이해해야 할까?

> (…) 외부 세계의 현실을 무시하는 조직화는 아주 짧은 시간 동안만 유지될 것이다. (…) 이런 이야기는 거의 허구처럼 들린다. 하지만 이 허구 같

> 은 심리적 시스템에 엄마가 주는 보살핌도 포함됨을 전제한다면 아기는 이러한 심리적 시스템을 거의 알아챈다고 볼 수 있다. 그렇게 보면 이처럼 허구 같은 이야기를 하는 것도 정당화될 수 있다[1911b, p. 220].

이 발췌문에서 프로이트의 주장은, 아기가 알게 되는 현실은 자신이 신호를 보내면 엄마는 필요한 무엇인가를 끊임없이 제공한다는 점이다. 이 가정에 의하면 자가성애 단계 동안 엄마는 충분히 일관된 공급원이 되므로, 아기는 엄마의 존재에 대해 딱히 신경을 쓰지 않는다. 오로지 엄마가 주는 쾌락(영양분과 안정)에만 관심이 있을 뿐이다. 그래서 아기의 관심사는 어른들이 현실이라 알고 있는 것이 아니라 자신의 필요와 욕구가 해결되는 특정 방향의 현실에만 국한된다. 즉, 엄마는 아기라는 시스템의 한 부분이 되는 셈이다. 엄마는 그 자체로 기억되고 아이의 현실 일부를 만들지만, 아기는 엄마라는 표상에 리비도 카텍시스를 형성하지 않는다. 다만 쾌락과 불쾌로 세상을 경험할 뿐이다.

아무리 살펴봐도 프로이트의 이론적 진술에는 모순이 없다. 프로이트의 가정에서 아기의 관심사는 환경에 적절한 신호를 보내고 있는가의 여부로, 이렇게 보면 자가성애 단계에서 아기는 쾌락 자아에서 현실 자아로 옮겨간다. 이 시기를 적절히 보내게 되면 아기는 자신의 필요가 충족되는 장소인 환경에 흥미를 갖게 된다. 그의 개념에 따르면 아기가 이 시기에 아무것도 배울 수 없다는 것은 자가성애 단계에 관한 흔한 오해 중 하나다. 그건 프로이트의 이론이 아니다. 오히려 프로이트의 아기는 자기가 필요로 하는 것이 생존을 보장한다는 것을 배운다. 프로이트의 아기가 생존을 위해 반드시 해야 하는 행동은 오늘날 진화 생물학자들이 생각하는 것에 비해서 좀 더 용의주도해 보인다(18장 참고).

다시 말해 만약 누군가 프로이트의 글을 글자 그대로 받아들이면 그건 다소 극단적인 입장이 되는 셈이다. 아기가 이 발달 단계에서 엄마에게 리비도 애착을 전혀 만들지 않기란 불가능한 듯하다. 프로이트가 말하려는 것은 생물학적 필요에 일차적 관심을 두는 아기의 모습이다. 제이콥슨Jacobson의 용어를 빌리자면(1964), 아기의 관심은 자신과 다른 실체로서 엄마라는 대상보다는 아기 자신의 항상성, 그리고 심리학적-생리학적 자기self에 있는 것이다.

자기애

프로이트는 『Psycho-analytic Notes on an Autobiographical Account of a Case of Paranoia』(1911c)의 3장을 이렇게 시작한다.

> 지금까지 우리는 슈레버의 증례에서 확연히 드러나는 아버지-콤플렉스에 관해 이야기했다. 그리고 그의 병이 근거하고 있는 환상에 대해서 논했다. 하지만 이상의 논의에는 편집증paranoia이라고 불리는 병에 특징적이라 할만한 것이 없다. 즉, 다른 신경증에서는 보이지 않고 이 병에서만 보이는 특징은 없다는 뜻이다. 편집증적 치매dementia paranoides의 특징은 다른 곳에서 찾아보아야 할 것 같다[1911c, p. 59]

이상의 진술에서 프로이트는 그가 *Three Essays*의 각주에서 언급했던, 그리고 레오나르도 다 빈치에 관한 논문(1910c)에서 좀 더 깊이 다루었던 문제를 꺼내 들고 있다. 그는 이미 동료들과 이 새로운 이론에 관해 이야기한 터였다(Nunberg & Federn, 1909). 하지만 자기애narcissism를 또 하나의 새로운 리비도 발달 단계로 명시한 것은 슈레버 증례를 통해서였다. 그는 말한다.

> 최근의 연구를 통해 우리의 관심사는 리비도 발달의 한 단계로 모이는데, 이 단계를 통해 자가-성애에서 대상-사랑으로 넘어간다. 이 단계의 이름은 자기애 단계다. 자기애 단계의 성적 본능은 단일한데, 이 단일성으로 인해 애정-대상의 선택이 가능해진다. 첫 번째 애정 대상은 본인 자신으로, 자신의 몸에 카텍시스가 붙는다. 이 선택은 본인 이외의 타인을 대상으로 선택하게 되는 길에 놓여있는 하나의 단계이다[1911c, pp. 61~62].

하지만 자가성애에서 자기애로의 이행을 설명하는 데는 몇 년 더 걸릴 것이다.

순수 쾌락 자아

프로이트는 순수 쾌락 자아the purified pleasure ego 개념을 「Instincts and their vicissitudes」(1915c)에서 도입하고 있다. 아래의 발췌문에서 프로이트는 자신이 바로 앞 단락에서 말했던 것을 정리하고 있다.

> 자아가 자아-성애적인 한 자아는 외부 대상이 필요 없다. 하지만 자기-보전의 본능에 따라 자아는 외부에서 대상을 얻는다. 하지만 이 모든 것에도 불구하고 자아는 어쩔 수 없이 때때로 내부의 불쾌한 본능적 자극을 경험하게 된다. 쾌락 원리의 주도 아래 이제 자아 내부에 새로운 발달이 일어난다. 자아에 다가오는 대상이 쾌락의 원천인 한 자아는 대상을 자기 안으로 가져간다. 즉, 대상을 '내사introject'한다(페렌치의 용어). 그리고 다른 한편 자아는 불쾌감의 원인이 되는 내부의 모든 것을 바깥으로 몰아낸다.

그래서 꽤 객관적인 기준을 도구로 삼아 내부와 외부를 구분하는 최초의 "현실-자아"는 다시 순수해진purified "쾌락-자아"로 변한다. (…) 이 (순수해진) 쾌락-자아의 입장에서 외부 세계는 쾌락과 관련되어 자신 안으로 함입incorporate되는 부분, 그리고 나머지 외부의 것들로 나눠지게 된다. 순수 쾌락 자아는 자기 자신의 일부를 떼 바깥으로 투사project한다. 이렇게 투사된 것은 적대적으로 느껴진다[1915c, p. 136].

순수 쾌락 자아는 쾌락 자아와 다르며 프로이트의 자기애 개념을 좀 더 섬세하게 만든 것이다. 『Standard Edition』의 편집자는 "현실-자아와 쾌락 자아는 두 개의 정신 기능에 관한 논문에서 이미 도입되었다"라고 말한다(p. 136). 그러나 프로이트가 이 논문에서 사용한 용어는 쾌락 자아가 아니라 '순수 쾌락 자아'라는 새로운 개념이다. 프로이트의 모델에서 최초에 쾌락 자아가 있었으나 이것은 금세 현실 자아로 대체된다. 이 두 가지 상태 모두 자가성애 단계에서 일어난다. 프로이트에 따르면 이 시기 현실 자아가 존재하는 이유는 아기가 엄마에게 신호 보내는 법을 배움으로써 엄마를 자신의 시스템 일부로 만들고, 엄마는 아기에게 쾌락과 만족을 주기 때문이다. 프로이트가 보기에는 엄마에게 의존하고 있다는 이유로 아이가 엄마에게 리비도를 투자하지는 않는다. 리비도의 투자는 아기가 시스템이 망가졌다는 것을, 혹은 시스템이 예전보다 현저하게 미덥지 못하다고 깨닫기 시작할 때 일어난다. 그래서 엄마가 떠나버릴 수 있거나 한동안 없어질 수 있다는 것을 충분히 알게 될 때가 되어서야 아기는 엄마를 (기억과 상반되는) 리비도 투자의 대상으로 지각한다. 즉, 아기가 불안을 일으키는 분리를 충분히 겪고 난 이후다. 이 시점 이전까지 아기는 기본적으로 '자기 보전 본능'의 경험에 기반해서 대상을 갖게 된다.

프로이트의 아기가 엄마에게 리비도를 투자하는 것은 아기가 자신의 의존성을 명백히 경험할 때이다. 여기가 자기애가 시작되는 시점이다. 좀 이상하게 들릴 수도 있다. 왜냐하면 앞서 제시한 발췌에서 프로이트는 최초의 리비도 투자가 그 자신, 자기 몸, 최초의 자기를 향한다고 말했기 때문이다. 혹자는 이것이 엄마의 이미지를 내면화하는 것과 무슨 관련이 있는지 물을 수도 있다. 여기에서 우리는 다시 한번 순수 쾌락 자아 개념으로 돌아간다. 순수 쾌락 자아는 아기가 엄마를 완전히 그 자신의 시스템이라 여길 수 없을 때 생겨난다. 이제 좌절을 경험한 아기는 자신이 필요할 때는 언제든지 엄마가 곁에 있었으면 좋겠다고 소망하게 된다. 이 새로운 소망이 세상을 말끔히 나누어 버린다. 이제 모든 쾌락은 자기 안으로 들어오고 모든 불쾌는 환경에 있게 된다. 세상은 순수하게 정화되었고 쾌락을 주는 엄마의 측면은 아기 자신의 일부로 표상된다. 이 정식에 따르면 리비도 투자는 아기의 초기 자기 표상 안에서 이루어지고, 이 표상은 엄마의 모습과 합쳐진다. 이렇게 생긴 새로운 내면세계 덕택에 아기가 외부 세상과 맺게 될 관계는 다시 한번 변한다.

프로이트는 여기서 아기에 의한 새로운 유형의 활동, 즉 아기가 자신의 세계에 대한 관점을 분열시킬 수 있는 능력을 가정하고 있다. 그래서 이제 아기의 관점에서 엄마는 항상 같은 엄마가 아니다. 엄마의 표상이 분열되었으므로 자기의 표상 또한 분열된다. 이제 순수 쾌락 자아는 자기애의 시작점이 된다. 아기는 자기 자신에게 카텍시스를 (거의 영구적으로) 부착한다. 하지만 이때 자기 자신은 본인과 환경(보통은 엄마)의 쾌락적 측면을 합한 것이다. 여기서 아기는 대상 세계를 분열시키는 것에 그치지 않는다. 프로이트는 여기에서 새로운 가정을 하고 있다. 아기는 (환상 안에서) 내사 과정을 통해 엄마를 받아들이고 투사 과정을 통해 내다 버린다. 한편 그가 투사와 내사를 통해 아이의 초기 표상 형성을 설명하는 방식은 페렌치의 의견에 동조하는 것이기도 하다(1915c).

자기애 시기의 나머지 기간 동안, 아이는 분열된 이미지들을 다시 결합해서 외부 세계에 대한 믿을 만한 표상을 만들어간다. 그리고 이 과정에서 아이는 불편함을 견디는 법을 배우기 시작한다. 프로이트는 자기애 단계의 마지막을 자기애의 동성애적 측면이라고 부르는데, 이는 상당히 흥미롭다(1911c). 이때 아기는 자기와 닮은 대상을 사랑하게 된다. 그래서 때로 아이는 자신과 같은 모양의 성기를 가졌다고 느끼는 사람을 좋아하게 된다.

대상 선택(항문 가학성)

『Standard Edition』의 편집자에 의하면 여기서 프로이트는 처음 장기의 점막으로 심리-성저 단계를 묘사하게 된나. 식전 시기에 프로이트는 항문성anality에 관한 글을 썼지만(1907b, 1908b), 딱히 발달 단계로 개념화하지는 않았다. 이 논문들에서 그는 항문성과 관련된 몇몇 성격 경향을 기술했으나 이 성향을 보편적인 것으로 만들려는 시도는 하지 않았다. 하지만 편집자의 말처럼 1912년에서 1913년에 이르는 기간 동안 프로이트는 최초로 "특정 성분 본능이 전체를 압도하는" 심리-성 발달 단계를 가정한다(1913i, p.316). 이 성분 본능은 "항문-가학적인 것"이다(같은 책). 이 논문에서 프로이트는 신경증의 선택, 즉 각각의 신경증마다 서로 다른 고착 지점을 특정하기 위한 시도를 한다. 이 논문에서 그는 강박증에 집중했는데, 고착 지점을 탐색하다가 마침내 항문 가학성anal sadism의 이슈가 최고조로 이른 곳에 다다르게 된다.

이 논문에서 프로이트의 입장은 이러하다. 정상 발달에서의 아이는 엄마의 사랑을 독차지하는 즐거움을 포기해야 한다. 좀 더 자세히 말하면 아이는 항문과 관계된 활동을 즐기는데, 부모는 조만간 아이에게 그 즐거움을 포기하라고 강요하고 배변 훈련을 시키게 된다. 도식적으로 설명하면 통상적으로 아이는 부모의 사랑을 지키기 위해 항문과 관련된 즐거움을 포기해야 한다. 이것이 아이가 처음으로 하는 중요한 대상 선택object choice이고, 이 선택으로 인해 엄마는 자기애적 대상에서 외부의 애정 대상으로 일부 표상된다. 이제 아이는 자신의 소망과 엄마의 소망이 다르다는 것을 알게 되고 따라서 엄마는 외부의 대상으로 인식된다. 비록 프로이트는 몸에 집중했지만 실제로 이 시기의 아이들은 안전(과 부모의 정신 건강)을 위한 다양한 잔소리를 듣게 된다. 분명한 것은 점점 활발해지는 아이에게 왜 이렇게 많은 제약이 필요한지를 설명하기란 매우 어렵다는 점이다.

아이들에게 이런 것들을 모두 이성적으로 설명하기란 불가능하므로 때로 부모는 아이들에게 공격적이거나 가학적 대상으로 보인다. 프로이트가 적절하다고 여긴 상황은 아이들이 애정 대상을 신체적 즐거움보다 더 중요하게 여겨 그 즐거움을 포기하는 상황이다. 하지만 만약 아이가 부모의 말을 따르는 이유가 위협 때문이라면(그중 하나가 사랑이나 관심을 거두어들이는 것이다), 프로이트의 생각에 이는 이 시기의 가학성을 더 키울 뿐이다. 물론 프로이트의 주장에 따르면 아이의 관점에서는 항상 일정 정도의 가학성이 느껴질 수밖에 없다. 요는 아이가 기본적으로 엄마에 대한 사랑이나 애정 때문에 선택을 하게 되면 상대적으로 너무 힘들이지 않고 다음 발달 단계로 적절하게 나아가는 상황이 만들어진다는 점이다. 이 시기에는 어쩔 수 없이 일정 정도의 가학적 요소들이 있기 마련이라는 점은 매우 중요하다. 하지만 이 논문을 논할 때 간과되기 쉬운 점은 대상 선택의 중요성이다. 엄마를 기쁘게 하고 엄마의 사랑을 얻는 것이 기본적 동기가 되면 될수록 가학적 요소는 적어진다. 이것이 대상 사랑이라는 종착지로 가는 중간 단계다. 아이가 대상을 사랑하고 또한 사랑받길 원하게 되는 대상 사랑 단계는 마지막 단계로써, 오이디푸스 역동과 같은 시기에 일어난다. 오이디푸스 콤플렉스는 아이가 또 다른 형태의 사랑을 반드시 견뎌야 하는 시간을 의미한다. 그 사랑은 자신을 사랑하는 다른 두 사람 사이의 사랑을 말한다. 이제 우리는 오이디푸스 단계로 간다. 하지만 그전에 조금 더 들여다볼 부분이 있다.

자가성애, 자기애, 그리고 사랑의 여러 형태

프로이트가 순수 쾌락 자아 개념을 「Instincts and their vicissitudes」(1915c)에서 도입하고 있는 것은 눈여겨볼 만하다. 이 논문에서 그는 본능에 관해 이야기한다. 하지만 중간쯤 보면 그는 지금 우리가 이야기하고 있는 주제들에 대해 여러 가지 의견을 말하고 있다. 그는 본능이 겪게 되는 여러 경로를 나열하면서 마음을 세 가지의 양극단으로 설명한다. 그것은 각각 자기-대상, 능동성-수동성, 쾌락-불쾌다. 각각의 본능 발현은 상반되는 경향성(능동성과 수동성)을 가지며, 이들은 특정 발달 단계의 본능 발현이다(고착). 예로 가학성(능동성)은 피학성(수동성)과 상반되며 항문성의 발현이라고 볼 수 있다. 어른에서 특정 성분 본능에서 유래한 행동이 보이면 그건 고착의 증거가 된다. 성분 본능에서 유래한 행동들은 전희의 경우처럼 좀 더 어른스러운 과정을 동반했을 때만 정상으로 여겨진다(2장 참고).

하지만 이 논문의 핵심은 본능 개념의 설명에만 있는 것이 아니다. 사랑이 어떤 식으로 본능의 발현이자 본능을 넘어선 무엇인지에 관한 것이다. 이제 사랑은 특정 발달 시점의 본능 발현에 그치지 않는다. 누군가의 사랑을 규정하는 것은 전체 심리가 만들어내는 것으로, 프로이트는 "이제 우리는 자연스럽게 사랑을 모종의 성분 본능으로 여기게 되지 않는다"라고 말한다(같은 책, p. 133). 프로이트의 언어로 이제 사랑은 하나가 아닌, 세 개의 반대말을 갖는다. 사랑하기-무관심, 사랑하기-미워하기, 그리고 사랑하기-사랑받기. 프로이트는 세 쌍의 반대말에 대해 각각의 쌍은 특정 발달 단계의 표식이라고 말한다. 그런데 프로이트가 완전히 일관성을 갖추려면 세 쌍이 아니라 네 쌍이 되어야 한다. 하지만 지금은 프로이트의 세 쌍부터 살펴보고 나중에 하나를 추가하도록 하자.

다시 한번 정리하면 발달의 첫 단계에서 아기는 자가성애 상태에 있고 외부의 세계에 대해서는 별 관심이 없다. 아기가 필요를 경험하고 필요를 충족하기 위한 신호 보내기를 배우는 과정은 매우 능동적이다. 이 시기의 발달이 적절하다면 아기는 외부의 세계에 무관심하고 오로지 쾌락과 필요의 만족에만 관심이 있다. 이 시기의 아기가 얻게 되는 대상은 "자기 보전의 본능에 따른 경험의 결과"로 내면화 (혹은 기억) 된다(같은 책, p. 135). 아기는 최초의 발달 시기 쾌락을 사랑하고 외부의 세계에는 무관심하다는 것이 그의 결론이다.

다음 시기는 순수 쾌락 자아와 함께 시작된다. 이 시기의 아기는 세상을 분열시키고, 사랑하는 부분은 자신의 일부로 만들고 미워하는 것들은 외부에 위치시킨다. 그래서 자기애의 시작에 따라 아기는 자기 안에 있다고 지각되는 것을 사랑하고, 자기 바깥에 있다고 지각되는 것을 미워한다. 자기애 단계의 대부분은 아이가 찢어진 세상을 결합하고 세상에 대한 믿을만한 표상을 수립하는 것에 사용된다. 당연히 이 시기 아기는 불편함을 참아내는 능력을 기르기 시작한다. 자기애 단계의 마지막은 흥미롭게도 프로이트가 자기애의 동성애 단계라 부르는 것이다. 이때 아이는 자신과 닮은 것을 좋아하는데, 그래서 때로는 자신과 같은 모양의 성기를 가진 사람을 좋아하게 된다. 좀 더 일반적으로 말하면 아이는 자기와 같은 것을 원하는 사람을 좋아하고 다른 것을 원하는 사람을 미워한다.

다시 말해 자가성애 단계에서는 사랑하기-무관심, 자기애 단계에서는 사랑하기-미워하기 구도가 만들어진다. 그다음 단계인 대상 선택에서는 사랑하기와 엄마의 사랑을 잃는 것에 대한 두려움이 생긴다. 아마 적절한 발달이 이루어지면 아이는 엄마의 사랑을 잃는 대신 엄마의 사랑을 유지하고 엄마가 자신의 성취를 자랑스러워하길 원하게 될 것이다. 이때 만들어지는 반대말의 구도는 사랑하기-엄마의 인정을 놓치기 싫어함이 될 것이다. 이 시기 동안 엄마는 좀 더 외부 대상으로 표상되지만, 완전히 외부 대상이 되지는 않는다. 프로이트의 이론에서 엄마는 항상 어느 정도는 자기애적 리비도를 받는다.

프로이트의 가정으로 아동 발달의 마지막 단계에서 이제 아이는 대상 사랑이 가능하고 성기 우위를 성취하게 된다. 이 문제 때문에 프로이트 이론의 난점이 만들어진다. 대체 그가 오이디푸스 역동을 위치시킨 단계는 어디인가? 오이디푸스 역동이 완성되려면 일단 성기 우위가 전제되어야 한다. 그리고 *Three Essays*를 보면 사춘기가 되어야 성기의 우위가 완성된다. 하지만 1897년 이후 그는 아동기에 오이디푸스 콤플렉스가 생긴다고 했다(플리스에게 보내는 편지, Masson, 1985, pp. 272, 304). 프로이트가 후에 『The Ego and the Id』(1923b)를 쓰기까지 이 논리적 난점은 해결되지 않을 것이다. 하지만 지금 우리가 논하고 있는 시기 동안, 그는 분명히 대상 사랑 능력과 오이디푸스 역동은 사춘기 한참 전의 아동기에 함께 생긴다고 보았다. 이제 사랑하기의 반대말은 사랑받기가 된다. 오이디푸스 역동의 한복판에서 이러한 변증법이 만들어지는 것이다. 이것이 프로이트가 오이디푸스 콤플렉스를 바라보는 관점으로, 다음 장에서 우리는 오이디푸스 역동을 더 자세히 살펴보게 될 것이다.

프로이트는 일부 저작을 융의 비판에 대한 반응으로 썼다. 융에 답하는 과정에서 그는 아동기에서 오이디푸스 역동은 상당히 실재적이라고 분명히 말한다. 남자아이는 실제로 엄마를 독차지하고 아빠를 없애버리기를 원한다. 모든 아이가 오이디푸스 신화를 다시 살아내는 셈이다. 여자아이는 반대로 아빠를 독차지하고 엄마를 없애버리기를 원한다. 후에 프로이트가 『The Ego and the Id』에서 쓸 용어를 빌리면 긍정적positive 오이디푸스 콤플렉스라고 할 수 있다. 만약 남자아이가 아빠와 더 우세하게 애착을 맺거나 여자아이가 엄마와 그렇다면 부정적negative 오이디푸스 콤플렉스가 된다. 이것이 프로이트가 동성애를 설명하는 여러 가지 방식 중 하나이다. 적어도 1897년 이후 오이디푸스 신화와 역동은 분명 프로이트의 관심사 중 하나였고, 우리는 다음 장에서 이와 관련한 개념들을 살펴볼 것이다. 다음 장에서 다루는 시기에, 그는 오이디푸스 콤플렉스를 단연 그의 발달이론과 임상 이론의 핵심에 두게 된다.

비록 이 시기 프로이트가 융에 대해서는 오이디푸스 콤플렉스의 실재함을 주장했지만, 아들러에 대해서는 아들러가 (특히 남성에서) 오이디푸스 콤플렉스의 역할을 과대평가하고 있다고 말했다. 여기서 프로이트의 이야기는 자못 흥미로운데, 왜냐하면 나중에 그는 이 구절을 전혀 기억하지 못하는 것처럼 보이기 때문이다. 그의 주장을 들어보자.

> 정신분석 연구는 애초에 "남성적 주장masculine protest"의 존재와 중요성을 알고 있었다. 하지만 정신분석은 아들러와 달리 그것이 그 속성상 자기애적이고, 그 기원은 거세 콤플렉스라고 생각해왔다. "남성적 주장"은 성격의 형성과 관련이 있는데, 여타 많은 요소와 함께 성격의 형성에 작용한다. 하지만 신경증의 문제를 설명하기에는 전혀 적절하지 않은데도 아들러는 신경증에 대해 신경증이 자아-본능을 위해 사용되는 방식 이외에는 아무것도 고려하지 않고 있다. 나는 신경증의 형성을 거세 콤플렉스라는 협소한 기반 위에 두는 게 거의 불가능하다고 생각한다. 하지만 아마도 남성 신경증 환자의 치료 저항에서 중요

> 한 역할을 할 수는 있을 것이다. 공교롭게도 나는 "남성적 주장", 혹은 거세 콤플렉스가 병의 원인이 되지 않거나 전혀 나타나지 않는 증례를 여럿 알고 있다[1914c, pp. 92~93].

여기에서 프로이트는 아주 흥미롭고도 복잡한 주장을 하고 있다. 일단 확실히 눈에 띄는 것부터 보자. 프로이트는 분명 성격 형성이나 신경증의 문제를 자아-본능 위에만 두고 있지 않다. 적어도 일부에서 신경증은 본능들 사이의(자아 혹은 자기 본능, 그리고 성적 혹은 대상 본능) 갈등이 만들었다는 뜻이다. 거세 콤플렉스는 분명 성욕이 갖는 두 가지 의미에서 성적 이슈다. 흥미롭게도 프로이트는 이 중 하나만 말하고 있는데, 그것은 아이가 자신의 성기에 부여하는 자기애적 투자다. 그에게 자기애적 투자는 그 속성상 성적인데, 왜냐하면 아이는 자신의 몸과 성기에 리비도 카텍시스를 부여하기 때문이다. 하지만 여기에 더해서 거세 콤플렉스는 남(아버지)의 아내를 향한 열망에 대한 거세 위협이기도 하다. 이 구절의 마지막에서 프로이트는 자신이 거세 콤플렉스가 원인이 되지 않는 신경증 증례들을 알고 있다고 말하는데, 그러니까 그는 모든 신경증의 원인이 오이디푸스 콤플렉스는 아니라고 말하는 것이다. 그는 이런 경우가 드물지 않다고 말하며, 어떤 경우라도 신경증을 '거세 콤플렉스라는 협소한 기반 위에 두는 것'은 분명 실수라고 말한다. 앞으로 보게 되겠지만 이 의견은 변할 것이다. 하지만 기억해둘 것은 위의 발췌가 인용된 논문(「On narcissism」, 1914c)을 쓸 무렵 그는 정신분석의 기법에 관한 논문들도 쓰고 있었다는 점이다. 그가 기법에 관한 논문을 쓴 한 가지 이유는 당시가 임상 정신분석가로 가장 활발히 활동하고 있을 때였기 때문이다.

이렇게 종잡을 수 없는 프로이트의 주장을 묶으려면 이렇게 말할 수밖에 없다. 당시 프로이트는 분명 오이디푸스 역동을 중요하게 생각했지만, 고착에 관해서는 이후 『The Ego and the Id』를 쓸 때보다 좀 더 복잡한 관점을 가지고 있었다고 말이다. 이제 프로이트의 발달 단계는 자가성애, 자기애, 대상 선택(항문 가학성), 대상 사랑이 되었고, 각 발달 단계는 고착 지점을 갖는다. 정신병리에 관해 논하며 프로이트는 다양한 진단명에 대한 고착 지점을 제시한다. 조현병의 고착 지점은 자가성애와 자기애의 연결부위다. 조현병은 가장 초기의 고착 지점을 가지며 대상 사랑 능력은 가장 덜 발달했다. 프로이트의 관점에서 조현병의 발발 무렵 대상 리비도는 자아 리비도로 변한다. 과대망상과 세계 파괴 환상의 증상을 설명하기 위한 이론적 정식화가 시도되었다. (최근의 예를 들자면 내 환자 중 하나는 조현병이 생길 무렵 말을 전혀 하지 않았는데, 이유는 그녀가 말을 하면 브롱크스[그녀가 입원해있던 동네]와 맨해튼 서쪽[내가 사는 곳]이 쑥대밭이 될까 봐 두려웠기 때문이다. 이 파괴적인 사고는 그녀가 사람들에게서부터 멀어지려는 이유 중 하나였는데, 그녀의 상상에서는 주변을 멸망시켜버릴 만큼 위험한 것이었기 때문이다. 프로이트의 이론을 빌리면 그녀 마음 안에 있는 다른 사람들의 표상[대상 리비도]은 일부 파괴, 변환되어 그녀 자신의 힘에 집중되었던 셈이다. 그리고 이것이 그녀를 경악하게 만든 것이다. 그녀의 긴장증은 그 표시이다.) 위의 개념화에서 과대망상은 카텍시스가 자기에게 최대로 집중되었기 때문에 생기는 것이다. 이제 모든 힘이 자기 안에 있게 된다. 그리고 세상을 파괴하는 환상은 대상에서 멀어진 결과이다. 프로이트는 계속해서 말한다. 조현병이 진행되면 정신병적 과정이 일부 역행함으로써 증상이 만들어진다고 말이다. 그러니까 두 번째 단계에 이르면 자아 리비도가 비록 왜곡된 형태일지라도 다시 대상 리비도로 돌아온다. 사고 장애, 망상, 환각 같은 증상은 대상관계 비슷한 것을 회복하려는 시도라고 볼 수 있다. 비록 프로이트는 심리적 에너지라는 비유를 사용하지만, 그가 묘사하는 방법은 비단 이 비유에만 매달리지 않는다. 조현병에서는 처음 대상 세계에서의 물러났다가 그다음 다시 대상 세계로 돌아오는 일이 벌어진다. 하지만 세상은 여전히 위장된 상태로 놓여있게 된다.

프로이트에 의하면 조현병의 고착 지점은 자가성애와 자기애의 연결부위지만, 편집증과 그 외 자기애적 질환은 자기애 단계에 고착 지점을 가진다. 그는 자기애적 문제를 갖는 사람은 정신분석적 치료에 적당하지 않다고 말한다. 멜랑콜리아와 우울증도 역시 자기애적 고착 지점을 가진다. 프로이트는 정신분석을 두 가지 형태의 병리, 히스테리와 강박신경증에만 국한해 사용하려고 했다. 이때 강박신경증은 대상 선택(항문 가학성)에 고착 지점을 가지고, 유일하게 히스테리만 대상 사랑에 고착 지점을 갖는다. 비록 그는 치료와 자기애에 대해 이렇게 진술했지만, 그가 치료했던 환자들의 상당수가 요즘으로 치면 자기애 혹은 경계선 병리를 갖고 있었다. 심지어 "Wolf Man"은 어쩌면 정신증이었던 것 같기도 하다(Freud, 1918b).

고착 지점에 대한 프로이트의 생각을 살펴보면, 갈등이 여러 경험에서 유래한 혼합물이자 연속성을 가진다고 생각했음을 알 수 있다. 하지만 결국 두 부류로 병리를 나누어 자기애와 연관된 부분은 정신분석에서 배제해 버린 것도 사실이나. 이런 관점도 후에 바뀌게 되는데, 이 장의 고찰 부분에서 잠시 다루겠다. 하지만 앞서 말했듯 그 역시 다양한 종류의 환자를 보았다. 그는 후에 여러 독일 분석가들 덕택에 정신분석이 더 심한 병리를 가진 환자들에게도 도움이 될 수 있음을 확신하게 되었다(1937d).

자기애와 멜랑콜리아

프로이트의 관점에서 보면 유의미한 갈등이 있을 때는 항상 잃어버린 대상을 찾게 된다. 그래서 신경증 증상은 부분적으로 잃어버린 대상을 찾으려는 시도이기도 하다. 그는 「Mourning and melancholia」(1917e)에서 이러한 생각을 이어나가던 중, 멜랑콜리아라는 '병적' 상태를 애도라는 정상 과정과 연결한다. 그는 애도를 묘사하면서 "우리는 얼마간 시간이 흐른 다음 [애도가] 극복되기를 원하는데, 이 과정을 방해하는 것은 소용이 없고 심지어 유해하다"(p. 244)라고 말한다. 하지만,

> 멜랑콜리아가 갖는 특징적인 정신 상태는 굉장히 고통스러운 우울, 세상에 대한 무관심, 사랑할 힘의 상실, 모든 활동의 억제, 그리고 자책과 자기-혐오로 드러나는 자기-존중감의 저하, 심하면 처벌에 대한 망상적 예측에까지 이를 수 있다[같은 책].

비록 '애도에서는 자존감의 저하는 없지만' 나머지는 멜랑콜리아와 비슷하다. 애도에서는 "현실 검증을 통해 사랑하는 대상이 이제는 존재하지 않고, 그래서 그 대상에 붙어있던 모든 리비도를 떼어내어야 한다는 결론에 이른다"(같은 책). 하지만 프로이트의 가정에 의하면 "사람들은 결코 애정적 관계를 자진해서 포기하려 하지 않기 때문에", 잃어버린 대상에게 계속 집착하게 되는데, 그 정도가 심해져 거의 "환각적 소망 정신증"처럼 보일 수도 있다(같은 책). 하지만 대상은 점차 단념되고 자아는 억제에서 풀려나 다시 자유를 찾는다. 멜랑콜리아에서 상실은 진짜일 수도 혹은 상상일 수도 있으며, 종종 환자들은 "누구를 잃어버렸는지는 알지만 무엇을 잃어버렸는지는" 모를 수도 있다(같은 책, p. 245). 프로이트의 결론은 멜랑콜리아에서는 대상의 상실이 의식에서 사라져버린다는 것이었다. 하지만 애도에서는 "상실에 관한 한 어느 것도 무의식적이지 않다"(같은 책). 그래서 멜랑콜리아의 경우 세상 사람들의 눈에 상실은 도무지 영문을 알 수 없는 경우가 많은데, 이유는 "우리는 무엇이 그 사람을 그토록 완전

히 사로잡고 있는지 알 수가 없는 노릇"이기 때문이다(같은 책, p. 246). 그 다음은 유명한 아포리즘이다. "애도에서 가난해지고 텅 비어버리는 것은 이 세상이다. 하지만 멜랑콜리아에서 가난해지고 텅 비어버리는 것은 자아 그 자신이다"(같은 책). 프로이트에게 멜랑콜리아의 핵심 요소는 '자기-존중의 현격한 저하'이다. 하지만 프로이트가 묘사하는 멜랑콜리아 환자가 토로하는 불만은 "딱히 별로 수정하지 않아도 (…) 환자가 사랑하거나 사랑했던 어떤 사람과 잘 들어맞는다"(같은 책, p. 248). 짧게 말하면 "환자의 자책은 사실 사랑했던 대상을 향한 질책인데, 질책의 대상이 환자 자신의 자아로 옮겨 왔을 뿐이다"(같은 책). 그는 멜랑콜리아와 애도를 비교하는 것에 그치지 않고 멜랑콜리아와 신경증도 비교한다. 멜랑콜리아의 방어는 신경증의 주된 방어인 억압과 어떻게 다른가? 신경증에서는 대상의 선택이 방어되면 대상의 무의식적 표상은 의식-전의식 시스템에 접근하지 못한다. 프로이트의 용어를 빌리자면 대상에 붙은 리비도가 떨어져 시 표상이나 표상의 의미가 무의식 시스템으로 밀려난다. 표상은 가끔 전이를 통해 상징적 의미를 얻는다. 그러니까 리비도가 떨어져 나가서 새로운 대상에 전치되는 것이다. 이 새로운 대상이 상당히 위장하고 있는 걸로 봐서 방어는 완전히 없어지지 않았다. 이것이 프로이트가 분석 상황에서 일어나는 전이를 설명하는 방식이다.

멜랑콜리아에서도 역시 대상 카텍시스는 떨어져 나간다. 하지만

> 자유로워진 리비도는 다른 대상에 전치되지 않는다. 대신 자아로 들어간다. 자아 안으로 들어간 리비도는 다른 용도로 사용되지 않고 자아와 잃어버린 대상의 동일시를 수립하는 데 사용된다. 그래서 대상의 그림자가 자아 위에 드리우게 된다[같은 책].

여기서 프로이트는 멜랑콜리아의 대상은 외부 대상으로 표상되는 대신

자기의 한 부분으로 표상된다고 주장하고 있다. 하지만 그렇게 자기의 한 부분이 된 것은

> 특별한 주체agency에 의해 마치 버려진 대상인 양 심판을 받는다. 이런 식으로 대상-상실은 자아-상실로 변하게 되고, 자아와 사랑했던 사람 사이의 갈등은, 한편으로는 자아의 비판 활동, 다른 한편으로는 동일시로 인해 바뀐 자아, 둘 사이의 균열로 변하게 된다[같은 책, p. 249].

이제는 고전이 되어 버린 이 구절은 아주 모호하다. 프로이트가 말하는 동일시란 무엇인가? 대상의 그림자가 자아에 대체 얼마나 드리운다는 말인가? 아마 이 두 질문은 같은 질문일 것이다. 분명한 점은 비록 자기의 일부가 되었다고 할지라도 그 대상은 완전히 자기 자신과 똑같은 것이 되지는 않았다는 것이다. 프로이트는 이 구절에서 비교적 새로우면서도 완전히 규정되지는 않은 두 개의 개념을 내비치고 있다. 이는 동일시, 그리고 후에 초자아라고 불리게 될, 자아 안의 비판적 주체이다. 나중에 내부성과 관련한 개념들에 관해서 이야기할 기회가 있을 것인데, 말하자면 어떤 사람이 어떻게 자신의 세계를 안정적으로 표상하게 되는가에 관한 이야기라고 할 수 있다. 여기에는 대상 표상, 내사, 동일시, 내면화된 표상 같은 개념들이 포함된다. 하지만 여기서는 조금 다른 측면에 집중하겠다.

대상의 그림자가 자아에 드리우는 방식을 설명하면서 프로이트가 묘사하려는 것은 자기애적 관계가 표상되는 방식에 관한 것이다. 여기서 프로이트는 모종의 상실이나 상처로 인해 이차적으로 생기는 자기애를 이야기한다. 하지만 생각이 진행되면서 그는 발달에 관한 의견을 하나 제시하는데, 여기서 그는 동일시가 대상 선택의 예비 단계라고 주장한다. "자아는 이 대상을 자기 안에 함입하길 원한다. 그리고 당시 자아가 속해있는 리비도 발달 단계가 구강기[3], 혹은 식인적cannibalistic 시기인 까

닮에 자아는 대상을 삼켜버리는 것으로 목적을 이루려고 한다." "아브라함은 심한 멜랑콜리아 환자가 음식을 거절하는 현상이 이 연결과 관련이 있다고 했는데, 의심할 여지 없이 옳은 말이다"(같은 책, pp. 249~250). 다시 말해 이 글에서 그는 자아가 자기애에서 자기애적 대상 선택, 그런 다음 대상-선택으로 진행한다고 쓰고 있다. (알다시피 그다음 단계는 대상-사랑이다.) 멜랑콜리아가 생기기 쉬운 소인은 "자기애적 대상-선택의 우세함"에 있다(같은 책, p. 250). 여기서 프로이트는 멜랑콜리아의 동일시를 자기애적 대상-선택 안에 포함한다.

우리는 앞서 여러 가지 자기애 대상들에 대한 프로이트의 생각과 순수 쾌락 자아에서 동성애에 이르는 자기애 단계의 흐름을 살펴봤다. 프로이트가 함입에 관해 썼을 때(여기서 나는 프로이트를 따라 함입이라는 용어를 초기 동일시의 한 형태라는 의미로 사용한다), 그는 자기애의 조기 상태에 대해 말하고 있다. 즉, 다른 사람을 함입해서 자신의 일부로 만드는 것이다. 이런 메커니즘은 아이가 즐거움을 주는 대상을 자신의 일부로 간직할 때 나타난다. 자기애의 끝으로 갈수록 아이는 자기와 닮은 대상을 좋아한다. 그중에는 아이와 같은 것을 원하는 사람도 포함된다. 우리는 「On narcissism」의 두 번째 장의 마지막에 프로이트가 써놓은 것을 이해할 수 있게 되었다. 여기서 그는 자기애적 사랑의 한 형태로 한때 자신의 일부였던 사람을 좋아한다고 말한다(1914c, p. 90). 멜랑콜리아에서 대상은 함입되어 이제 자신의 일부가 된다. 애정 관계가 양가감정으로 변하는 것이다.

함입 메커니즘을 가정하는 것과 더불어 프로이트는 멜랑콜리아의

3) 발달 단계로써 구강기 개념이 시작한 곳 중 하나이다. 비슷한 구절이 『Totem and Taboo』(1912~1913)와 1915년 *Three Essays*에 추가된 구절에 나온다. 그리고 "Wolf Man"(1918c) 증례에서도 비슷한 이야기를 하고 있다. 그리고 다음 시기(4장) 『Group Psychology and the Analysis of the Ego』(1921c)에서 이 논의를 시작하게 된다. 우리는 4장의 『The Ego and the Id』(1923b)에서 다시 한번 이 문제를 다룰 것이다.

양가감정에 관해서 이야기한다. 여기서 프로이트가 양가감정이라 칭하는 것은 사랑과 미움이라는 서로 반대되는 감정을 의미한다. 그는 (이 당시에는) 양가감정이 필연적으로 대상 항상성object constancy을 요구한다고 가정하지 않았다. 여기에서 대상 항상성의 의미는 같은 대상에 대해서 여러 태도(감정)를 보이며, 이러한 다양한 태도를 동시에 의식에서 자각할 수 있음을 말한다. 프로이트는 이렇게 말한다.

> 만약 대상을 향한 사랑이(이때의 사랑은 대상 자체가 포기되더라도 포기할 수 없는 사랑) 자기애적 동일시로 피난을 가게 되면, 이렇게 대체된 대상에 미움이 작동하여 대상을 유린하고, 헐뜯고, 괴롭히고, 대상이 괴로워하는 것을 보면서 가학적 만족을 얻는다[1917e, p.251].

자아와 닮아있는 자기애적 표상이 어떻게 미움을 받을 수 있을까? 프로이트의 자기애 개념은 최초에 내부의 것을 사랑하고 외부의 것을 미워하는 것에서 시작하여, 후에 닮은 것(같은 욕망을 지니는 것)을 사랑하고 다른 것(다른 욕망을 지니는 것)을 미워하는 것으로 변해가는 과정을 포함한다. 하지만 이제 자기애적 동일시의 결과로 내면화된, 미움받는 대상이 생겼다. 프로이트는 이 새로운 유형의 표상 혹은 내적 대상을 어떻게 설명할 것인가?

프로이트의 대답은 이제 자아가 자기 자신을 대상처럼 취급한다고 말하는 것이다. "원래 대상에게 향했던, 그리고 외부 세계의 대상을 향한 자아의 원래 반응이었던 적개심을 이제 자신에게 돌릴 수 있다면"(같은 책, p. 252), 그렇게 이제 자기애의 최초 단계로 다시 돌아오게 된다. 하지만 내부의 사랑과 외부의 미움이었던 분열은 이제 완전히 내적 갈등의 형태로 일어난다. 자기애적 후퇴를 통해 벌어지는 일은 비록 현실에서는 대상을 포기할지라도 환상 안에서는 완전한 통제를 행사하는 것이다. 환자들은 자신의 일부를 원래 (어린 시절) 그들이 미워했던 외부 세계의 대상처럼 취급한다.

방금 읽은 몇몇 페이지 안에는 프로이트가 제기하는 새로운 개념들이 보인다. 그중 제일 익숙한 것은 발달상의 식인기이다. 구강기 혹은 식인기는 프로이트가 구강성을 발달 단계의 하나로 처음 개념화했을 때 썼던 용어다. 그는 구강기를 초기 자기애와 연결했다. 그래서 구강기 동안 특정 형태의 동일시(함입)가 일어난다. 아기는 함입을 통해서 대상을 자기 안으로 가져간다. (이 논문에서 프로이트는 introject라는 단어를 쓰지 않았다. 그는 「Instincts and their vicissitudes」에서 이 단어를 썼고, 멜랑콜리아 논문 이후에 다시 사용하게 된다.) 아기가 함입한 대상은 쾌락으로 경험되는 대상이자 자신의 일부로 표상되는 대상이다. 불쾌하게 경험되는 대상은 바깥 세계로 투사되어, 아기는 좋음과 나쁨(안과 밖)으로 세상을 구분하게 된다. 아기가 좋은 것을 사랑하고 나쁜 것을 미워하는 것은 놀랍지 않다. 프로이트의 생각에는 멜랑콜리아를 비롯한 다양한 자기애적 질병에서 이상의 자기애적 발달 단계가 재생된다. 차이점은 성인 멜랑콜리아 환자는 좋고 나쁜 것 모두를 내적 표상으로 함입한다는 점이다. 이런 일이 생기는 이유는 멜랑콜리아 환자는 내면화를 통해 한때 사랑했던 대상에 대한 지배력을 유지할 수 있기 때문이다. 그 사람은 이제 환자 자기 자신에게 부착된 것으로 표상되고, 따라서 미움을 받을 수 있게 된다. 이는 자기-혐오의 한 형태이며, 자기에게 제대로 된 사랑을 주지 않았다고 느껴지는 사람에 대한 지배력을 얻는 방법이기도 하다. 프로이트의 귀에 멜랑콜리아 환자가 자신에게 퍼붓는 불평은 타인에게 향하는 불평인 셈이다. 그래서 대상의 그림자가 자아에 드리우지만 자아는 완전히 가려지지 않는 것이다. 타인은 자신의 일부가 되지만 자기-표상에는 균열이 생긴다. 프로이트의 언어로 그 균열은 자아(자기) 안의 균열이다.

방금 우리가 묘사한 첫 번째 균열은 자기 표상의 균열이다. 두 번째 균열은 프로이트가 자기-표상과 구분되는 양심의 주체가 존재하고, 이 존재가 자기를 감시하고 때로 아주 가혹한 비난을 자기에게 가할 수 있다고 말할 때 드러난다. 프로이트는 여기서 이 주체가 어떻게 발달하는가에 대해서는 말하고 있지 않다. 「On narcissism」에서 그는 사람들이 자아-이상ego-ideal이라 불리는 것에 비추어 자신을 가혹하게 비난한다고 말했다. 이 논문에서 그는 자아-이상이 동성애에서 자라나는 것이라고 말한다. 다르게 말하면 사람은 자신이 우러러보는 사람을 사랑하고, 이러한 이상화는 자기애적 동일시의 일부란 뜻이다. 그래서 이 시기 이론에서 그는 이 비판적 주체가 동일시 과정에서 웃자란 어떤 것이라고 말하고 있는 셈이다.

우리는 동일시 개념에서, 특히 함입이라는 현상에서 무엇을 알 수 있는가? 여기서 프로이트는 말하길, 동일시는 멜랑콜리아뿐 아니라 전이 신경증에서도 생긴다고 한다. 차이는 전이 신경증에서는 동일시가 좀 더 선택적이고 두 사람 간의 공통점을 드러낸다는 점이다. 이에 더하여, 전이 신경증에서는 대상 카텍시스가 완전히 포기되지 않는다. 오히려 대상 사랑은 특정한 갈등과 행동을 통해 여전히 영향력을 유지한다. 이렇게 만들어지는 전이가 프로이트가 가장 자주 묘사한 전이로, 애정 대상의 전치로 인한 전이다. 만약 이게 전이의 원형이라면 우리는 그가 자기애 환자의 치료를 꺼리는 것을 이해할 수 있다. 왜냐하면 자기애적 갈등이 중심이 되는 경우 위와 같은 전이가 잘 일어나지 않을 것이기 때문이다. 분석 가능성과 관련한 프로이트의 생각에는 일련의 모순들이 있는데, 조금 뒤 이 장의 고찰 부분에서 다루게 될 것이다. 하지만 그의 많은 경고가 그러하듯 그 또한 종종 자신이 규정한 분석 가능성을 어기면서 치료하기도 했었다.

「Mourning and melancholia」에서 프로이트는 자기애 이외에도 진단을 위한 얼개를 만들려고 한다. 그의 진단은 조현병에서 전이 신경증에 이른다. 멜랑콜리아 논문에서 그는 자기애 개념을 확장하고 더불어 일상에서 겪는 모욕이 어떻게 대상 카텍시스를 거두도록 만드는지를 설명하려 한다. 이렇게 대상 카텍시스가 거두어지면 멜랑콜리아의 특징적인 동일시(함입)가 일어나게 된다. 그의 진단적 프레임은 이제 확장되었는데, 왜냐하면 그는 멜랑콜리아의 고착 지점을 자기애 단계의 초기라고 보기 때문이다. 그래서 「Mourning and melancholia」는 실제로 우울증에 관한 논문이라기보다는 자기애적 취약성에 관한 논문이라고 보는 것이 더 적절하다. 그래서 이 논문을 통해 우리는 자기애와 관련한 프로이트의 새로운 개념, 그리고 대상과 관련한 자기의 발달에 대해 생각할 기회를 얻는다.

이제부터는 지형학적 모델에 관한 논의가 이어질 것이다. 이 부분은 이론적으로나 역사적으로 상당히 흥미로운 부분이긴 하지만 꽤 복잡한 논의이기도 하다. 특히 억압과 무의식이 묘사되는 부분은 더 그렇다. 독자들은 (원한다면) 이 부분을 건너뛰고 바로 고찰로 가도 좋다. 사실 이 부분은 원래 부록처럼 만들려고 했다. 그만큼 핵심적인 부분은 아니라는 뜻이다. 나 같으면 지형학적 모델에 관한 부분을 읽고, 억압에 관해서는 몇 페이지만 읽어보겠다(원초 억압과 이차 억압에 관한 부분까지). 거기까지 읽었는데 정신이 맑으면 계속 읽고, 혹시 너무 졸리면 커피라도 조금 마시고 고찰로 넘어가길 바란다.

지형학적 모델, 억압, 그리고 무의식

지형학적 모델

이 시기의 그의 억압 이론은 지형학적 모델 안에 포함되어 있었다. 억압과 무의식의 개념에 관해 이야기하기 전에 잠시 지형학적 모델에 대해서 언급하겠다. 지형학적 모델이 꿈 책에서 세밀하게 그려진 것은 아니지만, 꿈 책이 이 모델의 뿌리가 되었다는 것은 당연한 소리다. 지형학적 모델은 의식을 세 부분의 서로 조금씩 겹치는 영역으로 나눈다. 의식과 무의식의 구분은 단순하고 누구나 경험하는 부분이다. 의식은 우리가 즉각적으로 자각하여 자신이나 타인에게 이야기해 줄 수 있는 모든 표상을 가리킨다. 여기서 표상의 의미는 모든 인지적, 정서적 경험을 뜻한다. 무의식은 특정 시점에 표상되고 있지 않으며, 아마 앞으로도 의식에 직접적으로는 표상되지 않을 표상들을 의미한다. 대부분의 무의식적 표상은 의식에서 능동적으로 (방어를 통해) 배제된다고 가정된다. 프로이트의 주된 관심사는 어떻게 무의식적 표상이 의식으로 변하는가였다.

이제 구분이 약간 더 복잡해진다. 어떤 관념이 의식으로 들어올 때, 감시장치(2장 참고)가 문지기처럼 작동해서 입장 여부를 가른다. 만약 감시장치에 의해 거절되면 그 관념은 무의식에 머물게 된다. 그러니까 이 감시장치는 방어기능을 하는 것이다. 의식에서 가용한 모든 관념이 항상 의식에 존재하는 것은 아니다. 의식이 접근할 수 있으나 항상 의식되지는 않는 생각과 기억들이 있다는 것이 프로이트의 전제이다. 프로이트에 의하면 의식의 용량은 제한적이어서 우리의 생각의 대부분은 의식의 바깥에서 일어나고 있다. 그래서 의식에 의해 적극적으로 배제되지는 않으나(그래서 의식이 접근할 수 있다), 특정 시점에 의식에 머무르지 않는 관념들이 있게 된다. 이것이 전의식이다. 일차과정은 무의식에서 이루어지고 이차과정은 기본적으로 전의식에서 이루어진다. 관련해서 프로이트의 질문은 이것이다. 어떤 관념이 무의식에서 의식으로 옮겨갈 때(가령 정신분석, 혹은 방어가 실패하는 경우), 이 관념의 표상적 속성에는 어떤 일이 벌어지는가다. 좀 더 자세히 말하면 그 관념은 여전히 무의식에서도 표상되는가, 아니면 이제 무의식에서는 표상되지 않고 의식으로 옮겨가는 것인가? 그의 대답은 관념은 양측에 모두 등록, 표상될 수 있다는 것이다. "환자들에게 그들이 한때 억압했으나 분석가가 발견하게 된 어떤 관념에 관해 이야기하면 처음에는 그들의 정신에 아무런 영향을 미치지 않는다"(1915e, p. 175). 그래서 환자들은 자신들에 관한 어떤 이야기를 듣고 그 말을 기억하고 있지만 다른 어떤 일이 벌어지지 않는 한 그들의 의식적 표상에는 아무런 변화가 없다. 여기에서 프로이트는 섣부른 해석을 경고하며 해석(혹은 인지적 통찰)이 효과적이지 않은 한 가지 이유에 대한 이론적 모델을 제시하고 있다. "무엇인가를 들었다는 것과 경험했다는 것은 심리학적으로 전혀 별개의 이야기이다. 비록 그 내용은 같다고 할지라도 말이다"(같은 책, p. 176). 조금 후 고찰에서 우리는 이와 같은 내용을 프로이트의 당시 전이 개념과 연결 짓게 될 것이다.

잠깐 정리하면, 이 시기의 프로이트는 의식성의 세 가지 수준을 가정한다. 그리고 각각은 인접한 수준의 것과 소통하며 전의식은 의식으로 들어가는 사고와 느낌을 감시하는 문지기가 된다. 분명 전의식이 수행하고 있는 감시장치는 프로이트의 방어 개념에 뿌리를 두는데, 이는 꿈의 형성에서 처음으로 기술되었다(2장 참고).

억압

프로이트는 「On the history of the psycho-analytic movement」에서 "억압에 관한 이론은 전체 정신분석이 기반하고 있는 주춧돌 같은 것이다"라고 말한다(1914d, p. 16). 억압에 관한 이론은 이 시기 그의 무의식 개념과 관련이 있다. 그는 최초의 억압인 원초 억압primal repression을 이렇게 가정한다.

> 원초 억압은 의식으로 진입하는 데 실패한 본능의 관념적 표상이다. 여기에 고착이 만들어진다. 문제의 표상은 이제부터 바뀌지 않을 것이고 본능 또한 그것에 계속 붙어있다 (…) 억압의 두 번째 단계는 고유 억압repression proper이라고 하는데, 이것은 억압된 표상의 정신적 파생물, 혹은 다른 곳에서 유래했으나 억압된 표상과 연관을 맺게 된 일련의 관념에 영향을 끼친다. 이런 연결 때문에 연결된 관념들은 처음 억압된 관념과 똑같은 운명을 겪게 된다. 그러니까 고유 억압은 사실상 후폭풍인 셈이다. 그리고 의식 쪽에서 억압물the repressed 쪽으로 가해지는 거부만 강조해서는 불충분하다. 원초 억압으로 억압되었던 표상이 그것과 연결된 것들을 끌어당기는 것도 못지않게 중요하다. 이 두 힘이 서로 협동하지 않거나 혹은 애초에 억압물이 없는 탓에 의식에서 거부된 것을 받아들이지 못한다면 아마 억압은 실패하게 될 것이다[1915d, p. 148].

원초 억압은 최초의 억압을 일컫는다. 이것은 처음 강력한 갈등 때문에 저절로 방어가 작동함으로써 압도적인 불안을 방지할 때 생기게 된다. 그래서 무엇인가를 더럽히거나 공격하고 싶은 충동이 현실(주로 부모의 제재), 혹은 중요한 마음속 표상(주로 부모의 모습)과 갈등을 일으킬 때 아이들은 방어를 작동하게 된다. 후자의 경우 부모의 표상은 통상적 현실 인식에 기반하지 않고 오히려 환상과 현실의 혼합이란 점을 기억해야 한다. 최초의 억압 이후의 경험들은 억압물과 직, 간접적으로 연결됨으로써 방어가 작동한다. 이것이 후-억압after-repression이다. 후-억압 개념은 그의 push-pull model을 생각나게 한다. 억압되는 관념적 요소는 의식에서 밀려나고 무의식으로 당겨진다는 뜻이다. 최초의 억압으로 인한 억압물은 무의식에 남아 비슷한 상황이 생기면 마음에서 이것을 제거하기 위해 무의식으로 당긴다. 프로이트는 이런 경향성이 의식-전의식의 밀어내는 경향과 무의식의 당기는 경향에 의해 보강된다고 말한다. 가령, 청소년기에 방을 더럽히고 부모를 공격하고 싶은 충동이 생길 수 있다. 이런 경향들이 상술한 후-억압, 혹은 고유 억압을 겪게 되는 것이다. 비록 후-억압이 일어나도 이 방어가 항상 성공하는 것은 아니다. 무의식의 갈등은 항상 의식에서 표현될 길을 찾거나 혹은 행동으로 표현될 길을 찾고 있다. '억압물의 귀환'이라는 개념에는 이런 의미가 있다. 즉, 억압된 것은 항상 의식적 표현을 추구한다.

지금까지 우리는 방어되는 것에 관해 이야기했다. 하지만 프로이트는 "일군의 관념에 (…) 본능에서 온 (…) 일정량의 심리적 에너지가 붙는다"라고 말한다(1915d, p. 152). 여기서 그는 다시 한번 본능의 변형을 이야기하고 있다. 그리고 말하길 본능은 정서로 변할 수 있는데, 특히 "본능의 심리적 에너지"는 "불안"으로 변할 수 있다고 한다(같은 책, p. 153). 억압은 불쾌함을 피하려고 생기는 것이므로

> 해당 정서affect가 겪는 변화는 (…) 관념idea이 겪게 되는 변화보다 훨씬 더 중요하다. 억압이 불쾌함이나 불안을 막는 데 실패하면, 비록 그 관념은 억압하는 데 성공했다고 하더라도 결국 실패라고 말할 수 있다[같은 책, p. 154].

그래서 이 시기의 프로이트의 이론에서 정서에 관해서는 제대로 언급되지 않은 것이 사실임에도(4장 참고), 정서는 억압을 일으키는 주요한 동기가 되고 있다. 그러니까 불쾌감을 일으키는 것은 관념과 연결된 정서인 셈이다. 이 당시 그는 쾌락과 불쾌가 본능의 변형에 의해서만 생긴다고 생각했다. 그래서 당연히 정서는 본능의 파생물이 되는 것이다.

프로이트는 무의식에 관한 논문의 서두에서 이렇게 가정한다.

> 억압 과정의 정수는 본능을 표상하는 관념을 없애는 것에 있지 않고, 의식되는 것을 막는 데 있다. 이것에 성공하면 우리는 그 관념이 무의식 상태에 있다고 말한다[1915e, p. 166].

그리고 그는, 무의식 개념이 정당화되는 이유는 우리의 의식 안에 존재하는 틈들을 설명하기가 어렵기 때문이라고 말한다. 그러면서 우리가 겪는 모든 것이 의식적 과정만으로 설명되지 않는다는 분명한 증거가 있고, 그래서 당연히 우리의 자각 바깥에서 작동하는 과정을 가정해야 한다고 말한다. 만약 이쯤에서 멈췄더라면 그는 이후 수십 년 동안 비난을 덜 받았을지도 모른다. 하지만 그는 의식 바깥에 있는 관념을 두 개의 수준으로 구분해버렸다. 그러니까 그의 이론에서 정작 논란이 되는 부분은 억압된 관념이 단순히 의식 바깥에 있다는 점이 아니라 방어 작용 덕택에 의식으로부터 능동적으로 배제된다는 점, 그리고 여기에 더해 각 시스템에는 서로 다른 형태의 정신작용(무의식의 일차과정, 의식의 이차과정)이 있다는 생각이다. 비록 앞서 두 과정의 차이를 검토했지만(2장), 현재 이 개념은 더 넓은 내포를 갖는다. 일차과정은 여전히 즉각적인 행동이나 만족을 의미한다. 극단적으로 말하면 대상은 중요하지 않고 만족과 쾌락만이 중요하다. 당시 일차과정은 자유로운 에너지, 혹은 어느 대상에도 묶이지 않은 에너지를 의미했다. 이차과정은 필연적으로 어떤 대상에 묶였음을 의미하고, 그 자체로 대상 사랑의 발달에 필수적이다. 당연하게도 일차과정으로만 행동하는 사람은 없다. 한편 이 정식에 의하면 어떤 사람이 이차과정을 이용하는 능력이 크면 클수록 대상 사랑의 능력도 크다. 일차과정과 이차과정에 관한 이러한 관점은 당시 프로이트의 이론적 관심사와도 일치한다.

무의식적 정서와 안티-카텍시스

「The unconscious」의 세 번째 장에서 그는 "무의식적 정서는 무의식적 관념처럼 존재하지는 않는다. (…) 무의식 시스템 안에 정서와 관련한, 다른 것들처럼 의식화되는 구조가 (…) 있을 수는 있다"(p. 178)라고 말한다. 하지만 그는 이렇게도 말한다.

> 무의식적 관념은 억압 이후에도 무의식 시스템 안에서 실재하는 구조로써 존재한다. 그 시스템 안에서 무의식적 정서와 상응하는 모든 것은 발달이 저해된 상태의 잠재적 시작 단계이다. 그래서 엄밀히 말하면 무의식적 정서는 무의식적 관념처럼 존재하지 않는다[1915e, p. 178].

프로이트는 무의식적 사랑이나 미움을 말하는 것이 통상적 언어 용례임은 맞지만, 그의 이론에서는 정서는 분출 과정이므로 무의식적 정서를 이야기하는 것은 논리적 오류라고 말한다. 조금 덜 딱딱하게 말하면 이렇게 표현할 수도 있다. 프로이트에게 정서는 항상 느낌을 수반하는 것이고, 그의 이론에서 느낌을 느낄 수 있는 구조는 의식뿐이란 뜻이다. 고찰에서 우리는 지형학적 이론에서 정서의 지위와 관련한 이론적 함의, 혹은 정서가 무의식적 실체로 존재할 수 있는지에 대해 토론하겠다.

프로이트는 지금까지 이상의 논문들에서 억압을 카텍시스의 제거라는 관점에서 이야기해 왔다. 무의식에 관한 논문에서 그는 이렇게 주장한다. 만약 리비도의 제거가 후-억압에서 일어나는 유일한 과정이라면 그것은 반드시 영원히 지속되어야 할 텐데, "하지만 그 결과는 억압이 아닐 것이다"(같은 책, p. 180).

> 그러니까, 역시 원초 억압의 묘사라는 문제에 이르면 (…) 우리는 아직 전의식으로부터 아무런 카텍시스를 받지 못한, 그래서 없앨 카텍시스도 갖고 있지 않은 무의식적 관념에 관해 이야기하게 된다[같은 책, pp. 180~181].

여기서 우리는 두 가지 새로운 개념을 만난다. 원초 억압과 안티-카텍시스. 그의 주장에 따르면 억압이 지속되기 위해서는 안티-카텍시스 과정이 꼭 필요하다. 안티-카텍시스는 전의식 시스템에서 작동한다. 이제 방어는 단순히 카텍시스의 철수만을 의미하지 않으며 전의식 시스템 수준에서 일어나는 능동적 과정이기도 하다.

정서의 일종으로서 불안은 방어의 실패를 알린다. 그는 충분히 강한 수준의 무의식적 리비도 충동이 전의식으로 진입하는 과정 중에 후-억압(카텍시스의 철수와 새로운 안티-카텍시스)이 일어나는 상황을 가정한다. 이때 충동의 관념적 표상은 다시 무의식 시스템으로 돌아가고 정서적 요소는 전의식 시스템에 남는다. 이 과정에서 충동이 불안으로 변한다. 이 과정이 반복되면 때때로 정서적 요소는 대체물에 부착되어 타협형성을 만들게 된다. 이 타협형성에서 대체된 관념은 억압된 관념과 거리는 있으나 상징적으로는 연결된 것이다. 그래서 타협형성은 보통 전의식 시스템 내의 불편한 관념이기 쉽다(가령 공포증이 그렇다). 그러니까 억압이 실패하면 본능, 혹은 무의식적 표상의 정서적 요소와 관념적 요소가 분리된다. 히스테리와 불안 장애에서 정서는 활성화되고 관념적 요소는 무의식 시스템으로 돌아간다. 강박장애에서는 관념적 요소는 부분적으로 의식에 남고 정서적 요소는 억제되고 차단된다. 분명 억압의 실패가 의미하는 것은 각각의 질환마다 다르다. 그리고 프로이트는 각각의 전이 신경증에서 억압의 실패가 어떻게 다른지 묘사한다. 그는 억압의 실패로 인한 결과(예로 phobia, negation)는 만족스러운 측면과 방어적인 측면 모두를 가진다고 생각한다. 여기 아빠를 아주 사랑하는 아들이 있다. 하지만 한편 아들은 아빠를 물리치고 아빠의 자리를 차지하고 싶다(그리고 동시에 아빠를 무서워한다). 이 아이(프로이트의 증례, Little Hans[1909b])는 말을 무서워하게 되는데, 동시에 말의 커다란 몸집과 특히 커다란 성기에 매혹되기도 한다. 프로이트가 보기에 아이의 의식에 남아있는 성기에 대한 관념은 만족스러운 측면이다. 하지만 또한 이 공포증은 아빠와 관련된 최초의 관념에 대한 방어를 진작시키기도 한다. 그래서 아빠를 해치고 싶은 소망 대신, 이제 말이 자신을 다치게 하지는 않을까에 대한 걱정을 하게 되면서도 동시에 말의 커다란 성기에 매혹된다. 이렇게 억압 실패의 결과를 설명하는 프로이트의 방식은 항상 타협형성이다.

프로이트는 무의식에 관한 논문에서 예전에 『The Interpretation of Dreams』에서 제기했던 생각을 반복한다. '무의식 시스템'의 핵은 즉각적인 분출을 원하는 소망 어린 충동으로 이루어져 있다. 인용해 보겠다.

> 이 시스템 안에는 부정negation도, 의심도, 확신의 정도라는 것도 없다. 이런 것들은 모두 전의식과 무의식 두 시스템 사이에 있는 감시장치가 하는 일이다 (…) 무의식 안에는 크고 작은 힘으로 카텍시스가 부착된

내용물만 있을 뿐이다[1915e, p. 186].

또,

상호 모순에서의 면제, 일차과정(카텍시스의 가동성), 무-시간성, 심리적 현실에 의한 외부현실의 대체. 이런 것들이 무의식 시스템의 특징이다[같은 책, p. 187].

전의식 시스템에서는 이차과정이 우세하다. 그것이 이미 의식에 있는 것인지, 혹은 장차 의식될 수 있는 것인지와 무관하게 전의식의 정신작용은 카텍시스가 붙은 관념이 분출되는 것을 방해하는 경향이 있다 (…) 일차과정에서 일어나는 전치displacement와 압축condensation은 배제되거나 심하게 억제된다. 이런 배경에서 브로이어는 카텍시스 에너지가 두 개의 서로 다른 상태로 존재한다고 가정하게 되었다. 하나는 에너지가 "붙어있는" 상태이고 다른 하나는 에너지가 자유롭게 움직이며 분출하려는 상태이다. 내 생각에 이러한 구분은 지금까지 우리가 신경 에너지의 속성에 관해서 알고 있는 것 중 최고의 통찰이다. 나로서는 달리 생각할 방법이 없다[같은 책, p. 188].

에너지가 자유롭게 움직이며 분출하려는 시스템, 그리고 에너지가 묶여있어 분출을 막는 또 하나의 시스템이라는 가정은 그가 「Instincts and their vicissitudes」(1915c)에서 제안한 이론에 기반하고 있다. 거기서 그는 본능적 자극에 의한 요구들로 인해 대뇌 피질은 점점 아주 복잡하고 거대한 억제 시스템이 되어 간다고 생각한다. 그래서 본능이 자유롭고 유동적 체계가 되면 될수록 그 본능을 제어하고 통제하기 위해서 더 정밀한 신경계가 구축될 필요가 점점 커진다. 그는 외부의 자극에 단순히 반응하는 신경계(가령 새들이 보이는 각인 현상)를 구분하고, 좀 더 복잡한 신경계가 필요해지는 이유는 외부가 아니라 내적 자극 때문이라고 말한다. 그래서 비록 두 개의 시스템(묶인 에너지, 묶이지 않은 에너지)은 서로 반대되지만 동시에 분명히 상호 협동적인 연관성을 맺게 된다.

프로이트는 「The unconscious」의 끝부분에서 말하길 무의식 체계의 파생물을 연구하다 보면 "실망스럽게도 두 개의 심리적 시스템은 기대처럼 도식적으로 깔끔하게 구분되지 않을 것"이라고 한다(1915e, p. 190). 그가 보기에는 두 개의 시스템을 구분하면서 intentionality와 consciousness를 같은 것으로 여기는 경향이 지나치게 크다. "정신의 메타심리학적 관점을 얻고 싶으면 얻고 싶을수록 우리는 소위 'being conscious'에 대한 집착에서 더 많이 해방될 필요가 있다"(같은 책, p. 193). 그러니까 우리는 예상치 못한 무의식의 파생물이 의식화되는 경우를 종종 목격하지만, 전의식에 존재하면서 무의식을 차단하는 강력한 상벽은 여전히 우리의 의식에서 배제되는 것이다. 프로이트는 나중에 이 문제들에 대한 해결책을 제시할 것이다. 하지만 이 시점에서 그의 대책은 상당히 모호하다. (그가 지금 말하려는 것은 전의식 수준에서 작동하고 있지만, 임상 실제에서는 의식으로 만들기 어려운 방어에 대해서다. 후에 그는 무의식의 정의를 바꾸게 될 것이고, 그렇게 방어와 자아의 일부는 무의식에 남을 것이다.)

프로이트는 무엇이 의식으로 들어가는가에 대한 질문을 하면서 이렇게 말한다.

> 의식은 항상 의식이 아니며 종종 잠재적인 상태라는 사실과 별개로, 전의식 시스템의 특징을 공유하는 많은 것들이 의식되지 않는다는 것이 우리의 관찰이다. 그리고 하나 더, 무언가를 의식한다는 행위는 전의식이 어떤 방향으로 주의를 돌릴 수 있나에 달려있음을 알 수 있다 [1915e, p. 192].

『Standard Edition』의 편집자는 각주에서 이 문장을 '글자 그대로' 아래와 같이 번역해 본다. "그리고 하나 더, 의식화는 주의집중의 방향에 따라 제한된다는 것을 알 수 있다"(같은 책). 여기에서 프로이트가 구분하려는 것은 두 가지이다. 첫째, 전의식은 어떤 사람이 의식 시스템에서 어디에 집중할 것인지를 결정하는 곳이다. 둘째, "전의식과 의식 사이에" 두 번째 감시장치가 있다(같은 책, p. 193). 이 감시장치는 전의식에 있는 일부 관념과 행위가 의식화되는 것을 적극적으로 막는다. 여기에서 프로이트가 주장하는 것은 의도적 행위가 어떤 이유에 의해 의식 바깥에서 결정된다는 것이다. 더구나 의식은 전의식이 무엇을 '보도록' 허락했는가에 따라 좌우된다. 다른 말로, 이때 의식성은 거의 완전히 수용적受容的으로 여겨지며, 외부자극의 강도와 전의식의 내적 표상에 따라 제어되고 지배받는다.

무의식 시스템, 조현병, 자기애: 재검토

무의식에 관한 논문의 말미에서 프로이트는 꿈 책에서 했던 이야기를 다시 한다. 여기서 그는 지각에서 멀리 떨어진 카텍시스는 그 자체로는 어떤 질적인 측면을 갖지 않는 무의식이라고 가정한다. 그리고 이들은 오로지 언어, 그리고 지각의 잔재들과 결합함으로써만 의식될 수 있다고 말한다. 의식화되기 위해서 언어적 표상은 필수적이지만, 그것만으로 의식화되지는 않는 셈이다. 한편 언어 표상과 감각 표상을 모두 얻을 수 있는 곳은 전의식뿐이다.

이 가설에서 프로이트의 주장은 감각 지각은 그 감각적 속성을 무의식에 보유할 수 없다는 것이다. 사물 표상thing presentation이 "속성을 부여받는" 것은 언어와 연결되었을 때뿐이다(같은 책, p. 202). 그리고 나아가 이 시기의 그의 관심사와 일맥상통하는 질문을 던진다. 그렇다면 조현병에서 단어 표상word presentation은 어떻게 신경증에서처럼 적은 카텍시스를 얻는 것이 아니라 "반대로 더 강한 카텍시스를 얻는가?" 신경증에서 단어와 사물 표상은 나누어지고 사물 표상은 무의식이 된다(후-억압). 분명 강박증과 히스테리에서 정서는 다른 운명을 밟지만 후-억압의 측면은 비슷하다. 반면 조현병에서는 단어 범벅 같은 현상이나 단어에 과다한 가치를 부여하는 경우가 흔하다. 이 문제에 대한 프로이트의 대답은 이러하다.

> 단어 표상의 카텍시스는 (…) 회복을 시도하려는 시작점으로 (…) 조현병에서 뚜렷이 관찰된다. 이러한 노력은 잃어버린 대상을 다시 얻으려는 것이며, 그래서 아마도 이런 목적을 이루기 위해 대상의 언어적 측면을 경유해서 대상에 이르려고 할 것이다. 하지만 결국은 사물 대신 단어에 만족할 수밖에 없는 지경에 이르게 된다. (…) 우리는 조현병 사고의 특징을 구체적인 것을 추상적인 것처럼 취급하는 것이라고 말할 수 있다[같은 책, pp. 203~204].

프로이트의 입장을 좀 더 제대로 이해하기 위해서 우리는 「On narcissism」(1914c)과 슈레버 증례의 3장(1911c)으로 돌아갈 필요가 있다. 두 군데 모두에서 그는 조현병의 첫 번째 측면으로 대상 카텍시스의 철수를 들었다. 이것이 의미하는 바는 대상 카텍시스가 자아 카텍시스로 옮아간다는 뜻이다. 이는 자기 감각의 증진에서부터 시작해 좀 더 극적으로 이르면 과대망상증적인 사고를 초래한다. 여기서 프로이트가 시도하려는 것은 조현병을 내적 대상 표상(그 일부는 외적 대상이다)에서 돌아서서 자기를 향하는 과정으로 개념화하려는 것이다. 즉, 초기 자기애적 단계에서 보이는 현상인 셈이다. 이것이 그가 말한 '이차적 자기애'의 한 가지 의미, 즉 자기애 상태로의 귀환이다. 이 결과로 자기에 대한 과대한 사고가 발달하고, 동시에 심리적으로 세상을 지워버렸으므로 세상을 파괴하는 환상이 생겨난다. 그러니까 조현병의 발병 양상인 세계 파괴의 환상은 자기애적 단계로의 왜곡적 퇴행인 셈이다. 프로이트에게 대상에서 멀어지는 것은 대상의 파괴를 의미한다. 이 과정이 완전히 일어나게 되면 세상은 완전히 파괴된다. 내 경험에 의하면 조현병의 발병 단계 동안 이런 환상은 항상 강력하게 작동했던 것 같다.

지금까지 고찰한 것은 조현병의 첫 번째 측면일 뿐이다. 하지만 프로이트의 관점에서 보면 모든 병리에는 잃어버린 대상을 찾고자 하는 측면이 있다. 그는 조현병의 극적인 증상도 실제로 잃어버린 대상을 찾아다니는 모습이라 가정했다. 이에 대해 그는 몇 가지 설명을 제시하고 있는데, 우리는 그중 가지만 보도록 하겠다.

「On narcissism」(1914c)에서 그는 조현병의 첫 단계는 대상에서 철수한 리비도가 자아(자기)로 돌아가는 것이라고 주장한다. 그리고 자아에 축적된 리비도는 불쾌함을 주므로 다시 대상에게 리비도를 돌림으로써 이를 해소하고자 한다. 하지만 이 과정에서 왜곡이 초래되어 조현병 환자는 사물 자체를 얻지 못하고 단어에 만족해야 하는 처지에 이르게 된다. 그래서 대상은 진짜가 아닌 것이 되고 완전히 환자의 통제 아래에 있게 된다. 이제 사물은 단어-대상이 되고 단어-대상이 실제의 무엇처럼 취급된다.

두 번째 설명도 끝나는 지점은 같다. 하지만 시작점이 조금 다른데, 처음 환자에게 세상은 감당하지 못할 자기애적 상처를 주는 것으로 경험된다. 이 상처는 외부에서 오는 것으로 경험되므로 환자는 대상에서 카텍시스를 거둬들이게 된다. 프로이트의 발달이론에는 대상에 대한 흥미의 회복이라는 생각이 있는데, 이는 각 단계의 갈등들은 결국 대상 사랑으로 향해 가는 과정으로 가정된다. 그래서 잃어버린 대상은 아무리 왜곡되고 원초적인 것이라 하더라도, 사랑의 감각을 주고 좀 더 완전한 관계 맺음을 향해 나아가게끔 도와주는 대상인 것이다. 그러니까 조현병은 잃어버린 대상을 초기 자기애 단계의 방식으로 회복하려는 시도이다. 대상은 진짜처럼 취급되며, 환자의 안에 있고, 환자의 통제 아래 있게 된다. 사물 표상은 이제 존재하지 않으므로 단어-대상이 환자가 원하는 모든 것을 의미하게 된다. 대상은 얻었으나 현실을 잃어버린 것이다. 잃어버린 대상은 얻었으나 진정한 대상 사랑을 향한 추가적인 발달은 불가능해진 셈이다. 이 정식에 의하면 발달을 위해서는 단어 표상에 사물 표상이 반드시 더해져야 한다. 마치면서, 다시 한번 강조하고 싶은 것은 임상적으로 가장 활발했던 시기에 프로이트는 가장 심각한 정신병리조차도 대상관계적 관점으로 설명하고 있다는 점이다.

고찰

이 시기의 프로이트의 저작을 읽으면서 얻은 충격적인 깨달음은 정신분석의 이론적 토대를 제공하기 위해 그가 썼던 일련의 저술을 향한 우리의 관심이 너무나 적었다는 점이다. 그가 자신의 목표에 다다르지 못했다는 점은 분명해 보인다. 하지만 그가 제시한 여러 가지 개념을 토대로 이후의 정신분석가들은 중요한 이론을 만들어낼 수 있었다. 하지만 이들 논문 중 가장 두드러지는 몇몇 논문은 미국에서 대게 무시되어 왔다. 아마 미국 분석가들에게 1911년까지 프로이트의 심리-성적 단계가 무엇이었는지를 물어보면 대부분 모를 것이다. 그 답은 우리가 보았듯 자가성애, 자기애, 대상 사랑이다. 그리고 내가 이 책에서 제시하는 논지에 따르면 1913년이 되면 이 단계는 자가성애, 자기애, 대상 선택, 대상 사랑이 된다. 『Standard Edition』의 편집자에 따르면 프로이트는 여기서 처음으로 점막의 이름을 이용하여 항문 가학성이라는 심리-성 단계를 정의했다(1913i). 그리고 나는 이 단계를 대상 선택이라고 이름을 붙였다. 프로이트의 가정에 따르면 이 시기의 아이들은 생애 처음으로 신체적 쾌락보다 애정 대상을 더 중요하게 생각한다. 이 단계는 중요한 선택의 시기로 아이와 엄마는 둘 다 일종의 시험에 들게 된다. 내가 붙인 이름은 갈등에 따른 병리적 현상보다 적절한 발달에 초점을 맞춘 것이다.

그러니까 적절한 발달의 과정에 있는 아이들은 억지로 자유와 육체적 쾌락을 포기하게끔 강요되지 않는다. 오히려 아이들은 자발적으로 육체적 쾌락을 포기하고, 부모(엄마)가 기뻐하는 행동을 하게 된다. 만약 아이가 이런 요구를 너무 심하게 경험하면(말을 안 들으면 엄마가 나를 사랑하지 않을 거야) 이때 항문 가학성에 고착되는 것이다. 아이가 육체적으로나 심리적으로 위협, 혹은 처벌을 받게 되더라도 마찬가지다. 하지만 아이에게 사랑이 주어지고 아이가 성취한 것에 자긍심이 주어질 수 있다면, 이는 아이에게 중요한 것으로, 아이는 쾌락을 포기하고 좀 더 받아들여질 만한 행동으로 옮겨가게 된다. 내 생각에 이 선택은 일종의 획기적인 사건으로, 특히 아이가 이 경험을 자신의 선택과 성취로 느꼈을 때는 더욱 그러하다. 그리고 이는 아이가 자기애적 경향을 일부 단념하기 시작하는 단계이기도 하다. 『Standard Edition』의 편집자는 '항문 가학성'이라는 이름을 붙이면서 좀 더 프로이트주의 이론에 가까운 맥락으로 독자들을 인도한다. 사실 항문 가학성은 이 시기의 어린이들에게 흔히 관찰되는 요소이긴 하지만 프로이트에 따르면 반드시 적절한 발달이라고 볼 수는 없다.

이 시기의 거의 모든 논문에서 프로이트는 대상이 표상되는 방식에 관심을 기울인다. 자기애 개념을 도입할 때도 그랬고(1910c, 1911b, 1914c), 본능의 역할에 관해 이야기할 때도 그랬다. 「Mourning and melancholia」는 최소한 자기애적 상실에 관한 논문이자 고착 개념을 도입한 논문이기도 하다. 여기서 프로이트는 다시 한번 히스테리 환자는 대상 사랑의 단계에 주된 갈등 지점을 갖는다고 말한다. 강박증은 대상 선택 단계에 고착되어 있고, 나머지 병리들(편집증, 멜랑콜리아, 조현병)은 자기애 단계에 갈등의 뿌리를 두고 있다. 그중에서도 조현병은 자기애와 자가성애의 경계에 위치한다. 프로이트의 고착 개념은 전이의 임상적 중요성에 큰 영향을 받았다.

1895년 이미 전이 개념을 도입했음에도 그가 전이를 핵심 임상 개념으로 여기게 된 것은 치료 작용에 대한 개념을 발달시키면서다. 프로이트가 정신분석의 기법에 관한 중요 논문의 대부분을 쓴 것은 이 시기(1911~1915)다. 여기에는 전이에 관해 쓴 세 개의 논문도 포함된다(1912c, 1914g, 1915a). 앞에서 말한 것처럼 이 시기는 프로이트가 가장 활발하게 환자를 보던 시기였다(Ellman, 1991). 그리고 전이 개념에 편안해진 시기이기도 하다. 앞선 시기들에서도 전이 개념을 발견, 발전시키기도 했지만, 그가 최선이라 여겼던 전략은 가능한 한 무시하는 것이었다(1장). 하지만 임상적으로 좀 더 노련해지면서 그는 전이를 무시하는 것이 환자와 치료자 사이에서 벌어지는 일 중 많은 부분을 치료에서 배제해버리는 결과를 초래함을 깨닫게 되었다. 전이에 대한 세 편의 논문을 읽어보면 프로이트가 점차 전이의 중요성 깨달아가는 과정뿐 아니라 전이를 다룸에 있어 분석가들이 얼마나 많은 어려움을 겪는지가 자세하게 기술되어 있다. 논문 「Observations on transference-love」(1915a)에서 그는 분석가들에게 경고하길, 전이의 속성이 때로 분석가들로 하여금 환자가 분석가를 좋아하는 이유가 분석가의 매력 때문이라고 믿게 만든다고 했다(내가 여기서 분석가들을 남성 대명사로 지칭하는 이유는 프로이트의 논문이 기본적으로 여성 환자의 성적 측면을 견디기 어려워하는 남자 분석가들을 위한 것이었기 때문이다). 여기에 더해 그는 분석가들이 전이를 해석하는 대신 환자를 조종하려 한다는 우려를 표했다. 내 생각에 이 논문을 통해 프로이트는 분석 상황에서 전이가 얼마나 중요하며 강렬해질 수 있는지를 보여주는 것 같다. 그리고 나아가 그는 여러 종류의 전이를 경험하고 개념 짓게 되며 이를 통해 다양한 정신병리의 원인, 그리고 심리적 상태에 관한 좀 더 세밀한 관점을 갖게 된다. 내 생각에 프로이트는 전이 개념을 통해 다양한 층위의 정신병리를 이해하게 되었다. 그는 자기애 환자의 분석 불가능성에 관해 썼는데, 하지만 정작 본인은 이때도 그런 부류의 환자를 보고 있었다(Ellman, 1991).

전이를 겪음에 있어 프로이트가 느낀 어려움

놀랍게도 1914년의 자기애 논문에서 프로이트는 실제성 신경증actual neuroses에 대해서 다시 언급하며 그 개념을 확장하고 있다. 이 논문에서 추가된 것은 불안 신경증anxiety neurosis과 신경 쇠약증neurasthenia에 이어 건강 염려증hypochondria을 세 번째 실제성 신경증으로 포함한 것이다. 왜 그는 다시 이 개념으로 돌아왔을까?

> 건강염려증은 다른 기질적 질병들처럼 힘들고 고통스러운 신체 감각으로 발현된다. 그리고 이 질환이 리비도의 분포에 끼치는 영향은 기질적 질환과 같다. 건강염려증 환자는 외부 세계의 대상에 대한 흥미와 특히 리비도를 철수해서 이것들을 관심의 초점이 되는 장기에 집중시키고 있다[1914c, p. 83].

이 맥락에서 프로이트가 제기하는 생각은 모든 장기는 그 나름 성감대가 될 잠재성을 갖고 있다는 점이다. 논점의 핵심은 프로이트가 건강염려증과 조현병의 관계는 나머지 두 개의 실제성 신경증과 히스테리, 강박증의 관계와 같다고 말한 것이다. 즉, 건강염려증은 기본적으로 자아 리비도에 의해 유지되고 따라서 그 기원은 자기애적이라는 뜻이다. 다만 조현병과 달리 건강염려증에는 실제적인 이유가 있는 점이 다른 것이다. 앞서 말했듯 내 생각으로 프로이트가 자꾸 이렇게 실제성 신경증을 다시 언급하는 이유는 아마도 그가 각 질환에서 전이 상황을 경험하기가(혹은 받아들이기가) 어려웠기 때문이 아닌가 싶다. 이런 질환들에서 환자는 내면의 상태에 너무 몰입한 나머지 환자와 분석가 사이의 관계에 관해 이야기할 수 있는 심리적 여지가 거의 없다. 사실 이는 많은 자기애적 환자들에게서 볼 수 있는 현상이기도 한데, 아마 프로이트는 자유연상을 하라는 자신의 지시에 응하지 않는 환자들과 꽤 씨름했던 것 같다. 특히 환자들이 프로이트의 지시를 따라 자유연상을 한 결과 죄다 불안과 무기력, 건강염려증적 걱정만 늘어놓았을 때 특히 그랬던 것 같다. 그래서 그는 심인성 신경증도 일부 분석이 불가능하다고 여기기도 했다. 좀 더 정확하게 말하면, 그는 만약 어떤 질환이 자기애적 갈등에 깊이 연루되어 있을 때 그 뿌리의 깊이가 깊으면 깊을수록 분석은 어려워진다고 했다. 하지만 앞서 말했듯 그는 초기 발달기에 외상을 경험한 환자들을 분석하기도 했다.

여기서 잠시 각 질환의 기원에 대한 프로이트의 생각들을 짚어보고 분석 가능성에 대한 그의 의견으로 돌아오겠다. 반복하면 조현병, 멜랑콜리아, 편집증은 그 기원이 자기애 단계에 있으며, 특히 조현병은 자기애와 자가성애 사이에서 기원한다. 강박증은 대상 선택 혹은 항문 가학성 단계이고, 오로지 히스테리만 대상 사랑에 기본적인 이슈를 갖는다. 자기애는 자아 리비도와 대상 리비도가 합해진 것으로 여전히 자아 리비도가 우세한 상태이다. 그래서 프로이트는 자기애적 병리를 가진 환자가 전이 관계를 형성할 수 있을지에 의문을 품는다. 프로이트는 왜 자기애 환자는 분석가에게 자아 리비도를 카텍시스 할 수 없는가에 대해서는 논하지 않는다. 그의 가정은 오직 대상 카텍시스만 전이될 수 있다는 것이다. 다른 말로 하면, 치료가 시작되는 시점에서 분석가로부터 느끼는 이질감을 환자가 참을 수 없다면 분석이 불가하다는 생각이다. 하지만 이 가정은 정당하지 않으며 오히려 자신이 선호하지 않는 환자들을 분석 불가능하다고 선언해버리는 프로이트의 조급함을 드러낼 뿐이다. 오늘날 자기애 환자의 치료 경험에 대해서는 수많은 문헌이 있다(Kohut, 1966, 1977, 1984; Fosshage, 1994; Bach, 1985, 1994, 2006). 나아가 코헛은 자기애 환자의 전이 관계의 형성 불가능성에 대한 프로이트의 주장 안에 있는 논리적 오류를 지적했다. 그의 주장에 따르면 프로이트는 이런 환자들이 겪는 성숙한 (대상) 사랑에 대한 어려움을 혼동했다. 그래서 전이는 언제 어디에나 존재한다는 본인의 이론에 배치되는 주장을 펼치게 되었다. 실제로는 형성된 전이의 성격이 자기애적이고 그것을 분석가가 견디기 어려울 뿐임에도 말이다.

그래서 자신의 건강과 신체 증상에 대해 완전히 몰입해 있는 건강염려증 환자의 전이는 프로이트로서는 쉽게 이해할 수 없는 것이었다. 예를 들어 환자가 자기 몸을 꼼꼼히 살펴주는 사람을 요구하고 있다는 느낌을 프로이트는 받을 수 없었던 것 같다. 이런 요구는 그에게 너무 실재적인 것으로 느껴져서, 전이에 관한 논문에서는 bread and dumplings patient라고 묘사(조롱)하기도 했다(1915a). 이런 유형의 환자는 전이를 자신의 필요와 갈등이 드러난 상징적 표현이 아닌 실재적 사건으로 여긴다. 프로이트가 관심을 보였던 환자들은 치료 상황에서 자신의 갈등을 일찌감치 상징적으로 표현하고, 그 의미를 파헤치는 것에 관심을 보이는 환자들이었다. 비록 그는 이른 해석에 반대하는 조언을 했지만(Ellman, 1991), 정작 본인은 자신의 조언에 충실하지 않았던 것 같다. 건강염려증(자기애) 환자들은 대개 이른 해석을 견디지 못한다(Bach, 1985).

임상가로서 프로이트의 실제 진료 행위를 꼼꼼히 살펴보면(Ellman, 1991; Roazen, 1995), 스스로가 정해놓은 정신분석의 규칙들을 심심찮게 어기고 있는 것을 볼 수 있다. 적어도 두 개의 증례(Wolf Man과 Rat Man)의 환자들은 심한 자기애적 병리와 갈등을 갖는다. 그래서 비록 그가 넓은 범위의 환자를 본 것은 맞지만, 치료 초기에 흥미로운 내용을 갖고 오지 않는 환자들에게는 참을성이 없는 경우도 많았다. 그의 경력 중 지금 우리가 살펴보고 있는 논문을 쓴 시기에 그는 다양한 환자를 보면서 기법에 관한 논문을 썼다. 이 당시 그가 봤던 환자들은 딱히 정신분석가가 되려고 하는 이들도 아니었고, 정신분석 문헌에 광범위하게 노출된 사람들도 아니었다. 일차 세계 대전 이후에는 오스트리아의 높은 인플레이션 때문에 경화硬貨가 필요했다. 그리고 그는 이제 국제적인 명사가 되어 그에게 치료받으려는 환자들이 서반구 각지에서 몰려오고 있었다. 그의 치료는 비교적 단기간에 이루어졌고, 소위 '교육 분석'에 치우쳤다. 내 생각에 그의 관심은 이제 임상적인 문제에만 머무르지 않았고, 오히려 정신분석의 정치지형, 그리고 자신과 가족을 덮친 일련의 불행에 쏠리게 되었다. 내가 쓴 다른 책을 보면 이 시기 다음의 기간(구조이론) 동안 기법에 관한 프로이트의 생각은 오히려 퇴보하여 정신분석의 초기 시절 생각으로 돌아갔음을 알 수 있다. 그가 분석의 기법에 관해 쓴 대부분 논문은 방금 살펴본 시기에 쓴 것들이다.

왜 나는 이론에 관한 책에서 그의 기법과 환자들에 대해 이야기하는 것일까? (이 책의 마지막 부분에서 우리는 치료와 이론의 관계에 대해 살펴볼 것이다.) 내가 보기에 이 시기 그가 좀 더 분화된 이론을 만들면서 동시에 오이디푸스 콤플렉스에 좀 덜 집착하게 된 이유는 임상 경험 덕분이다. 물론 오이디푸스 콤플렉스가 덜 중요해졌다는 뜻은 전혀 아니다. 오이디푸스 콤플렉스는 프로이트에게 항상 중요했다. 하지만 이 시기의 특징은 오이디푸스 시기가 유일한 고착 지점이 아니었다는 점이다. 앞서 말했듯 이 당시 그의 의견에 의하면 오이디푸스 시기를 고착 지점으로 가지는 병리는 히스테리뿐이다. 앞으로 보게 되겠지만 이 의견은 바뀌게 된다. 그리고 내 짐작에 이런 변화는 그가 임상 현장에서 멀어지게 된 것과 무관하지 않다. 그가 자기애적 전이와 씨름하던 시기는 바로 지금 우리가 다루고 있는 시기이다. 그는 환자를 장기간에 걸쳐 보고 있었으며 정신분석에서 여태 제대로 이해되지 못했던 전이 개념을 혁명적으로 발전시켰다. 비록 그 자신이 제시했던 개념들이 얼마나 엄청난 함의를 갖는지를 이해하지는 못했지만, 그는 이 시기 임상가로서 몰입해 있으면서 다양한 이론을 제기하고 있었다. 다음 시기에 그는 새로운 개념을 제시하지만, 정작 가장 중요한 몇몇 이론적 공헌에서는 멀어지게 된다. 좀 더 동정적으로 말하자면 프로이트가 전이의 중요성을 치료적 핵심 사항으로 고려했던 시기는 바로 이 시기뿐이었다. 이런 임상적 태도 덕택에 가장 흥미로운 이론적 개념들이 생겨날 수 있었다는 것이 나의 생각이다.

메타심리학에 대하여

프로이트는 가끔 자신의 여러 개념은 임상에서 직접 관찰된 것들이라고 말한다(관찰에 관한 그의 좀 더 자세한 의견은 3장 참고). 심리적 에너지나 혹은 본능에 대한 가정을 품고 있는 개념은 '마녀' 메타심리학에서 나온 것 같다(1937c). 반면 억압, 전이를 비롯해 그가 임상 경과를 묘사하기 위해 사용한 개념들은 임상 개념이라 부른다. 비록 전이나 억압이 무의식적 과정임에도 불구하고 이는 사실이다. 분명한 건 우리는 이런 개념들을 직접 관찰할 수는 없다는 거다. 하지만 환자와 함께 있다 보면 분명 환자로부터 무언가가 전이되어 옴을 느낄 수 있다. 이런 경험들이 전이를 마치 경험적 개념인 것처럼 느껴지게 만드는데, 실상 분석가의 경험은 그가 가진 이론의 영향을 받는 중임에도 불구하고 말이다. 만약 전이가 생생하지 않다면 이때 분석가가 말할 수 있는 것은 환자의 이상화나 분노가 도를 넘는다는 정도일 것이다(나는 지금 전이를 예로 들고 있을 뿐이며 가령 사회적 구성주의나 상호주관성에 대해서도 마찬가지의 설명이 가능하다). 혹은 좀 더 건조하게 말해서 아마 분석가는 환자가 만들어내지 않았을까 싶은 어떤 걸 느끼고 생각하고 있다는 정도다. 이처럼 '생생하게'라는 단어를 쓰게 되면 마치 분석가가 환자의 전이를 직접적으로 느낄 수 있는 듯 여겨진다. 하지만 사실은 우리가 경험하는 것은 어떤 이론에 따라 전이라고 이름 붙여진 환자의 반응일 뿐이다. 그래서 특정 이론에 따라 전이라는 이름으로 환자의 특정 반응을 관찰하면 마치 전이가 경험적 실체처럼 느껴지는 것이다(다른 이론적 개념도 마찬가지이다).

분석가들은 대부분 심리적 에너지나 욕동은 메타심리학 개념으로, 전이는 임상 개념으로 이해하고 있을 테다. 내 생각에 이런 식의 개념적 이분법은 옳지 않다. 둘 다 이론적 개념이고 그 자체로는 직접 관찰 불가능하다. 전이라고 이름 붙인 행동들만이 직접 관찰 가능할 뿐이다. 욕동이나 욕동의 파생물도 마찬가지다. 중요한 것은 그 개념이 얼마나 설명력을 가지는가이다. 다른 말로 하면 그 개념이 관찰되는 현상을 설명할 수 있는가? 그리고 그 설명은 반증 가능한가다. 개념은 설명력을 가질뿐더러 사전 혹은 사후에 검증 가능한 예측도 제공할 수 있어야 한다. 이런 기준은 정신분석적 개념에는 어려운 기준들이며, 이제 겨우 만들어지고 있는 단계다. 하물며 욕동 같은 개념들은 이런 기준에 들어맞기가 더욱 어렵다. 이는 이런 종류의 이론적 명제들이 좀 덜 세련되게 정식화되었으며 어쩌면 좀 덜 유용할 뿐이란 말이다. 이런 명제들에 메타심리학이라는 이름을 붙이는 것은 개념을 모욕하는 것에 불과하며 나아가 개념의 고찰을 막을 뿐이다.

흥미롭게도 우리는 『Standard Edition』의 편집자가 「Mourning and melancholia」는 메타심리학 논문이라 부르면서 「On narcissism」은 메타심리학 논문에서 빼는 것을 봤다. 두 논문의 내용을 보건대 이러한 구분은 자의적이다. 구분은 역사적 배경에서만 유효할 뿐이지 논리적, 이론적으로는 그렇지 않다.

한마디만 더

예전에 나는 동료와 함께(Ellman & Moskowitz, 1980) 메타심리학에 관해 이야기한 적이 있다. 거기에서 우리의 주장은 메타심리학과 임상 이론의 논리적 구분 따위는 없다는 것이었다. 우리가 보기에 프로이트가 이런 개념적 범주를 만든 이유는, 비록 이론의 바탕을 이루지만 아직 확실치 않고 상당히 사변적인 개념을 묘사하기 위해서였다. 라파포트Rapaport와 길Gill(1959)은 메타심리학 개념을 구하려 했으나 실패했다. 하지만 이 와중에 그들은 적응적 관점이라는 아주 중요한 관점을 강조하게 되었다.

4장 구조 모델

요약

이 장에서는 구조 모델을 설명하고 우리에게 익숙한 개념들인 이드, 자아, 초자아를 살펴볼 것이다. 이 시기의 프로이트는 오이디푸스 콤플렉스의 핵심적 중요성을 다시 한번 강조했고, 앞서 3장에서 제기되었던 고착 지점들은 버려졌거나 최소한 다시 언급되지는 않는다. 그리고 에로스와 타나토스로 구성된 새로운 욕동 이론을 제안한다. 타나토스는 종종 공격성과 같은 것으로 취급되는 경우가 많은데, 이건 프로이트의 생각이 아니다. 이 시기의 주요 논문에는 이전 시기에 제시된 개념들의 재검토가 시도되는데, 이는 우리가 다루게 될 주제이기도 하다. 이 장에서는 주로 『Beyond the Pleasure Principle』(1920g), 『The Ego and the Id』(1923b), 『Inhibitions, Symptoms and Anxiety』(1926d)를 다루겠다. 더불어 이 시기 이후의 논문에 대해서도 짧게 언급하겠다.

개요

우리는 프로이트의 이론 중 가장 잘 알려졌으며 동시에 미국에서 가장 큰 영향력을 발휘한 저작들에 이르게 되었다. 앞서 언급한 저작들에 더해 「The dissolution of the Oedipus complex」(1924d), 그리고 이전 시기에 썼던 「A child is being beaten」(1919e)도 살펴볼 것이다. 이 논문에서 프로이트는 피학성에 관한 관점을 수정했는데, 주지하듯 자신의 딸 안나 프로이트의 치료 경험에 기반하고 있다. 비록 『Beyond the Pleasure Principle』보다 늦게 발표되긴 했으나 일단은 『The Ego and the Id』부터 먼저 살펴보겠다. 그 이유는 프로이트 이론의 가장 핵심적 부분이 이 논문에 담겨있는 데다, 이 시기의 그의 나머지 개념들에 대한 맥락도 제공하기 때문이다.

이 당시 프로이트는 이전에 수립했던 이론들을 완전히 저버리지는 않았으나 상당히 멀어졌던 것은 사실이다. 그는 여러 경로를 통해 예전의 『A Project for a Scientific Psychology』나 『The Interpretation of Dreams』에서 씨름했던 문제들로 돌아온다. 이 장에서는 그의 개념 중 아마 가장 인기가 없을 에로스와 타나토스를 다룰 것이다. 이 개념들은 대략 성욕과 공격성으로 번역되었다. 이는 프로이트의 의도와는 전혀 다른 것으로, 이 책에서 만날 이론가 중에서는 멜라니 클라인 정도가 아마 그의 의도를 가장 잘 파악한 사람일 것이다. 프로이트는 새로운 이론을 전개하고 있음에도 불구하고, 여러 곳에서 자신의 이전 이론을 재점검하고 있다. 덕택에 이 장에서 우리는 그의 많은 개념을 만나게 될 것이다. 이 장은 각각의 저작을 중심으로 구성되겠지만 때로는 여러 저작을 떠돌며 개념을 살필 것이다.

이 시기에는 다시 한번 오이디푸스 콤플렉스를 아동기 발달의 중심에 둔다는 점은 유념해두자. 이제 새로운 구조인 초자아가 만들어지는 것은 오이디푸스 콤플렉스가 해소(소멸)될 때뿐이다. 초자아 개념은 이전 개념인 자아 이상을 포함한다. 그리고 프로이트는 좀 더 잘 알려진 심리-성 발달 단계의 마지막인 남근기를 제시한다. 남근기 개념과 더불어 그의 자기애 이론은 상당히 흐릿해진다. 비록 가끔 자기애 개념을 사용하겠지만 그는 자신의 이전 개념들을 새로운 이론에 통합하지 않는다. 그리고 그의 사후 수십 년 동안 프로이트주의 이론에서 핵심적 지위를 차지하게 될 심리-성 발달 단계에 대해서도 자세히 설명하지 않는다. 하지만 이 시기의 오이디푸스 콤플렉스는 성행위에 대한 환상이라는 의미에서 처음으로 유아 성욕과 연결된다. 이제 프로이트는 분명히 유아 성욕을 자신의 이론적 핵심에 위치시키고 있다. 과거, 프로이트는 이러한 성적 관념이 사춘기에 이르러서야 나타난다고 말했다. 이 점은 종종 상당히 간과되는 것 같다. 오늘날 사람들은 *Three Essays*를 읽으면서 모든 심리-성 발날 단계를 발견한다. 하지만 우리가 앞서 지적했듯이 현재 우리가 알고 있는 심리-성 발달 단계 중 어느 것도 『Three Essays on the Theory of Sexuality』(2장)를 썼던 당시에는 개념화되지 않았다.

지형학 모델을 떠난 이유

비록 편파적이고 기초적이라 할지라도 『The Ego and the Id』(1923b)는 이 시기 프로이트의 주요 저작이다. 그래서 우리가 다룰 다른 논문들도 아주 중요하지만, 일단은 적어도 지난 수십 년 동안 정신분석을 장악해온 개념들에서부터 시작해야겠다. 어떤 면에서 볼 때 『The Ego and the Id』는 프로이트가 그전 십여 년간 임상적으로 매우 정교해진 덕택에 쓸 수 있었다. 그는 자신이 저항이라 불렀던 것이 대개 무의식적 방어의 소산이며 잘 의식화되지 않는다는 점을 깨닫게 되었다. 앞서 말했듯 여태까지 프로이트는 ego를 self라는 뜻으로 사용해왔지만, 이 책부터는 강조점이 미세하게 옮겨가게 된다.

> 이제 우리는 사람들이 제각각 일관성 있는 정신 활동의 조직을 갖게 된다는 생각에 이르게 된다. 우리는 이것을 자아라 부르도록 하겠다. 의식이 달라붙는 것은 바로 이 자아다. 자아는 움직임을 통제한다. 즉 외부의 세계로 흥분을 분출하는 것을 통제한다. 자신의 모든 활동을 감독하는 정신적 주체인 셈이다. (…) 억압 역시 자아에서 시작된다. 억압을 통해 마음의 어떤 경향성은 의식에서뿐 아니라 제반 형태의 효력과 행위로부터도 배제된다[1923b, p. 17].

이제 프로이트는 자아를 외부 세계로 분출되는 흥분을 제어하는 구조로 보고 있다. 나중에 그는 자아가 다른 심리구조와 외부의 세계, 혹은 '현실'과의 관계를 매개한다고 명시적으로 말하게 되는데 위의 구절에서 이미 그 전조를 볼 수 있다. 더불어 의식성은 이제 시스템이 아닌 자아의 일부가 된다. 암묵적으로 그는 자아가 외계로의 분출을 돕기 위한 다양한 기능(능력)을 가진 구조라고 생각하기 시작하는 것이다. 외부 세계를 향한 분출의 통제를 다른 말로 표현하면 일차과정이나 이차과정이 자아를 압도하는 정도라고 번역할 수 있다. 그는 자아 구조 덕택에 이차과정이 작동 가능하다고 주장한다. 이 점은 앞으로 여러 번 반복될 것이다.

저항이 무의식적 현상이라는 결론이 어떻게 나왔는지를 설명하면서 그는 환자들에게 저항을 극복하도록 타일렀던 장면을 묘사한다. 그의 주장에 따르면 분석가의 타이름은 소용이 없으며 환자들은 "자신이 지금 저항하고 있는지"도 잘 인식하지 못한다(같은 책). 왜냐하면 저항(방어)은

> 자아에서 비롯되는 것이기 때문으로, 덕분에 이제 우리는 예상치 못한 상황에 놓이게 된다. 우리는 자아 안의 어떤 무의식에 봉착하는데, 이는 꼭 억압물처럼 작동한다. 그러니까 의식되지는 않지만 강력한 힘을 발휘하고, 의식화되기 위해서는 특별한 작업이 필요하다[같은 책].

프로이트의 결론은 이러하다. "무의식은 억압물과 같지 않다. 모든 억압물은 무의식이지만 모든 무의식이 억압물은 아니다"(같은 책, p. 18).

이 구절이 왜 그토록 중요한가? 앞서 프로이트는 무의식이 일차과정에 의해 작동하는 시스템이라고 말했다. 그래서 무의식 시스템은 일차과정에 따라 즉각적으로 분출하려는 관념들로 가득하다. 그리고 그가 암묵적으로 가정한 것은 저항은 전의식 현상이며 환자의 의식적 제어 아래에 쉽게 놓인다는 것이었다. 하지만 『The Ego and the Id』에서 그는 은연중에 자신의 임상경험을 돌아본다. 처음에는 저항을 극복하려 했었고(1895b), 다음은 전이 분석을 통해 저항에 영향을 미치려 시도했고(1912b), 이제 저항(방어)의 일부가 무의식임을 깨닫게 되었다. 이것이 의미하는 바는 그가 무의식적 환상을 해석할 때 적용했던 개념이 여기서도 마찬가지로 모두 적용되어야 한다는 것이다. 지금의 맥락에서 더 중요한 부분은 그가 "의식과 무의식의 갈등에서 신경증을 도출해"낼 수 없다는 점이다(1923b, p. 17). 사실 그의 무의식 개념은 무의식 시스템에 대한 것이라기보다는 그가 기술적descriptive이라고 불렀던 수준에 머물러야 했었다. 다른 말로 하면 이제 그는 무의식이 일차과정에 의해 지배되는 시스템이라고 생각할 수 없게 된 것이다. 무의식의 모든 관념이 (의식이나 신체활동에 대한 지배력을 통해) 즉각적인 분출을 찾는 관념, 혹은 무의식적 환상은 아니기 때문이다. 방어가 무의식이라면 이제 우리는 일차과정과 목적에 반하는 무의식적 활동을 갖게 되는데, 이 활동의 목적은 무의식적 환상(관념)을 의식에서 배제하는 것이다. 이 덕택에 무의식적 환상과 관념은 의식과 활동에서 표출되지 못한다. 무의식적 방어의 발견은 프로이트에게 양자택일을 요구하게 된다. 이제 그는 무의식에는 두 종류가 있다고 주장하거나, 혹은 마음의 구조에 관한 전혀 다른 개념을 만들어야 한다. 나중에 초자아 구조에 관해서 이야기할 때 보겠지만 그는 죄책감이나 피학성, 자기 처벌적 경향의 무의식 여부에 대해서도 유사한 논리적 난관에 봉착한다.

자아와 이드

자아의 구조를 설명하면서 프로이트는 오래된 이야기에서부터 시작하는 듯하다. 우리는 쾌락의 감각보다는 불쾌의 감각 때문에 "분출에 이르게 된다"(1923b, p. 22). 여기서 그는 감각이 어떤 방식으로 의식되는지 궁금해하는데, 여기서 그의 결론은 「Repression」(1915d), 「The unconscious」(1915e)에서 제안했던 것보다 좀 더 복잡하지만 같은 논리적 궤적을 따른다. 쾌락의 감각은 방해 없이 의식에 이르지만, 의식에서 (방어 때문에) 배척되는 감각은 (방어의 실패로) 의식화되기도 하는데, 이때 그것들은 불쾌로 경험된다는 것이다. 감각이 의식화되기 위해서는 일단 지각되어야 하고 지각되기 위해서는 먼저 자아의 지각 시스템$_{\text{system Pcpt}}$.에 도달해야 한다. 이상의 설명은 앞서 그가 무의식과 억압에 관한 논문에서 제시했던 것과 같다. 하지만 그다음에 추가한 문장은 오늘날까지 문제를 복잡하게 만든다.

> 그래서 감각이나 느낌 역시 지각 시스템을 통해서만 의식에 이른다. 만약 이 길이 막히면, 설사 감각이나 느낌에 대응하는 "그 무엇"은 똑같을

지라도, 감각되지 않는다. 그렇게 되면 무의식적 관념의 경우와 완전히 똑같다고 볼 수는 없겠으나 얼추 유사성을 유지하게 되는데, 이렇게 완전히 옳지는 않으나 압축적인 방식으로 "무의식적 느낌"에 대해서 논할 수 있게 된다. 사실 차이점이 있다면 무의식적 관념은 의식으로 들어오기 전에 반드시 연결 고리가 만들어져야 하지만, 느낌은 직접 의식에 들어오므로 이런 현상이 일어나지 않는다는 정도이다. 다른 말로 하면 느낌에 관한 한 의식과 전의식의 구분은 없다. 여기서 전의식은 무효가 되며, 느낌은 의식적이거나 아니면 무의식적이다. 심지어 느낌이 단어-표상에 연결된 경우에도 느낌이 의식에 올라오는 이유는 이 연결 때문이 아니라 직접 의식에 전해지기 때문이다[1923b, p. 22].

이상의 발췌문에서 프로이트는 억압된 무의식적 관념(사물-표상)이 의식화되기 위해서는 반드시 (전의식의) 단어-표상과 연결되어야 한다는 자신의 의견을 재확인하고 있다. 이런 조합 덕택에 무의식적 요소가 지각될 수 있는 것이다. 그래서 사물-표상과 단어-표상을 연결하는 해석 과정을 거침으로써 예전에는 방어 때문에 알지 못했던 사실을 지각하고 의식할 수 있게 된다. 이는 그가 생각한 정신분석에서 해석의 중요성을 다르게 표현한 것이다. 하지만 느낌에 관한 그의 생각은 예전 「The unconscious」(1915e), 「Repression」(1915d)에 비해 상당히 혼란스럽다(다른 말로 양가적이다). 말하자면 여기서는 무의식적 느낌이나 무의식적 정서 같은 과정이 있다고 주장하는 셈이다. 차이는 관념적 표상과 달리 느낌은 무의식에서 의식으로 직접, 달리 말해 단어-표상의 도움 없이 들어올 수 있다는 점이다. 그가 만들고 있는 모델에 의하면 만약 충분히 방어되지 않는 경우 무의식적 느낌은 자아의 (의식적) 지각 영역에 직접 와 닿을 수 있으나, 관념적 요소는 단어-표상에 붙어야만 지각된다. 결과적으로 우리는 그 기원을 모른 채 느낌과 정서를 의식에서 경험할 수 있다.

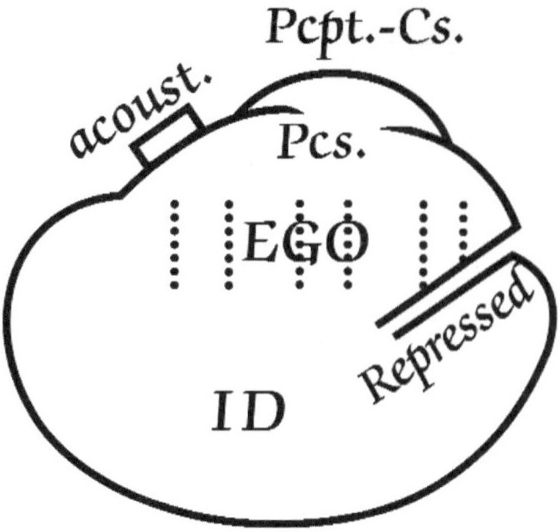

[그림 2] 프로이트가 도식화한 구조 모델

지금까지 우리는 내적 감각이나 관념이 어떻게 지각될 수 있는가에 대한 프로이트의 생각을 살펴보았다. 그는 자아에 관한 토론을 지각-의식 시스템에서부터 시작하고 있다. [그림 2]는 그가 제안하는 새로운 구조 모델의 도식화이다.

그림의 아랫부분은 이드이다. 이드는 욕동, 그리고 프로이트가 예전에 무의식 시스템이라 여겼던 것을 표상한다. 무의식 일부를 구성하는 억압물은 자아로부터 분리되어 있으며, 이러한 분리는 방어 과정을 표상한다. 그림을 보면 자아는 이드와 맞닿아 있으면서 지속적인 소통을 하고 있다. 자아의 위쪽으로 올라가면 전의식 시스템을 볼 수 있는데, 이 모델에서는 의식의 바깥에서 이루어지는 인지 과정을 위한 기술적descriptive 용어로 사용된다. 여기에는 다양한 언어 기능들, 그리고 중요하게도 자아의 지각-의식 영역에서 이용될 기억 흔적의 윤곽이 있다. 자아의 표면은 지각 시스템이며 여기에서 안팎의 감각을 받아들인다.

그림에서 쉽게 알아차릴 수 있듯이 자아는 이드의 한 부분으로, 지각-의식의 매개를 통해 외부 세계의 직접적 영향에 의해 수정modified 받는다. 이렇게 보면 이것(자아)은 표면-분화가 연장된 것이다[1923b, p. 23].

그러니까 자아는 외부 세계의 영향을 통해 만들어지는 구조다. 외부 세계의 요구는 지각-의식 시스템에 영향을 미치고, 이 시스템은 인지 기능을 활발히 사용한다. 전의식과 의식의 인지적 구조는 자아라는 구조를 만든다. 이렇게 보면 자아는 현실적 반응을 요구하는 외부의 자극에 대한 반응으로 이드에서 자라나는 것이다. 오직 지각-의식 '시스템'만이 태생적으로 타고난 구조라고 할 수 있다.

지각-의식 시스템은 몸과 밀접하게 연결된 것으로, 바로 이 사실 때문에 자극의 내, 외부성을 결정하는 데 필수적인 구조가 된다. 통증은 자아가 자신의 몸을 알게 되는 경로 중 하나로서, 프로이트는 "자아는 무엇보다 앞서 신체적 자아이다"(같은 책, p. 26)라고 말했다. 그래서 자아는 궁극적으로 신체 감각, 더해서 전부는 아닐지라도 기본적으로는 몸의 표면에서 오는 감각에서 기원한다. 비록 이론적 구조의 변화는 있었으나 초기 발달에서 몸의 역할은 여전히 핵심적인 위치를 갖는다.

이드와 자아의 관계는 말과 말 등 위에 앉아 있는 기수 같은 것이다. 그는 자기보다 힘이 센 말을 제어해야 한다. 차이점이 있다면 말 등 위의 기수가 자신의 힘으로 그 일을 수행한다면 자아는 빌려온 힘으로 수행한다는 정도이다[1923b, p. 25].

프로이트는 자아의 힘은 이드에서 온 것으로 자아는 종종 스스로 자신의 의도를 결정한다고 착각한다. 실상 그 방향을 결정하는 것은 이드인데도 말이다. 코페르니쿠스와 같은 사고의 전환인 셈이다.[4] 실제로 우리는 종종 우리가 의식적으로 자신의 행동을 결정한다고 믿는다. 하지만 프로이트의 생각에 우리의 행동과 의식적 믿음을 결정하는 것은 이드(무의식의 이드 측면)다. 자아와 이드의 연관성에 대해 묘사하던 중 그는 이런 말을 한다. 가장 중요한 문제 해결의 순간도 늘 의식적인 것은 아니다. 혼미한 순간이나 잠결에 중요한 발견과 영감을 얻은 과학자나 예술가들의 유명한 이야기가 그런 예다. 이런 예에 관한 의견은 다양할 수 있으나 직접적인 의식적 자각을 벗어난 정신 현상은 일상적으로도 흔하게 볼 수 있다.

자아와 이드의 관련성에 이어서 나오는 새로운 개념은 둘 모두에게 영향을 미칠 수 있는 것이다. 그것은 초자아로, 나머지 둘보다 더 힘이 센 것으로 여겨진다. 그의 말을 들어보자.

> 하지만 또 다른 현상도 있는데, 이건 더 낯설다. 정신분석을 하다 보면 자기-비판이나 양심, 그러니까 굉장히 고귀하게 여겨지는 정신적 활동이 무의식에 있고, 무의식으로부터 강력한 힘을 발휘한다. 분석 과정에서 무의식에 남아있는 저항의 예들은 하등 신기할 일이 없다. (…) 더 나은 판단에도 불구하고, 이 새로운 발견은 우리가 "무의식적 죄책감"[5]에 대해 생각하지 않을 수 없도록 만드는데 (…) 특히 신경증 환자의 상당수에서 무의식적 죄책감이 회복의 과정에서 가장 중요한 걸림돌(중 하나)이란 점을 차차 깨달아 갈 때 특히 그렇다[1923b, pp. 26~27].

---

4) 코페르니쿠스는 이전의 천동설을 부정하고 지동설을 주장했다(역자 주).

5) "무의식적 죄책감"이라는 용어는 논문 「Obsessive actions and religious practices」(1907b)에서 등장한다. 하지만 『Standard Edition』의 편집자는 이 개념이 앞선 시기의 「The neuro-psychoses of defence」(1894a)의 2장에서 이미 예견된 것이라고 한다. 이 논문에서 프로이트는 죄책감이라는 개념과 씨름하고 있지만, 반드시 기억해야 할 것은 이 당시 프로이트는 무의식에 대해 분명한 개념을 갖지 않았다는 것이다. 그런 의미에서 편집자의 이야기는 다소 시대착오적이라 할 수 있다.

이 발췌문에서 프로이트는 새로운 통찰뿐 아니라 통찰에 이르는 어려움에 관해서도 이야기를 하고 있다. 그는 말하길, 새로운 발견이 우리가 무의식적 죄책감에 대해서 생각하지 않을 수 없도록 *만든다*고 한다. 동시에 더 나은 판단에도 불구하고 이러한 발견을 했다고 한다. 그는 왜 이토록 무의식적 죄책감에 관한 이야기를 꺼리는 것일까? 분명 무의식적 죄책감이라는 생각은 무의식적 정서 상태라는 생각에 한 발짝 다가간 것처럼 보인다. 앞서 프로이트는 결론 내리길 무의식적 정서라는 것은 심리적으로나 논리적으로 불가능하다는 것이었다. 게다가 그의 첫 번째 개념화에서 무의식은 단일한 실체였다. 하지만 이제 무의식은 상충하는 동기들이 이처럼 가상의 지형학적 공간 안에서 복잡하게 얽혀있는 상태가 된다. 비록 그 자신은 새로운 구조 모델에 따른 치료적 함의를 충분히 다루지는 않았지만, 이 새로운 개념화는 프로이트가 예전에 가졌던 기법에 관련된 의견들과 일맥상통한다.

이상의 형성: 초자아 발달

예비적 고찰

새로운 구조에 관한 논의를 시작하면서, 그는 이미 예전에 우리에게 비슷한 구조에 관해 이야기했음을 주지시킨다. 바로 자아 이상이다. 거기에서 자아 이상은 일련의 기준들로, 자기애 발달의 산재였다. 자아 이상은 사람(들), 혹은 개인의 행위와 도덕적 기준을 제시하는 일련의 탈-인격화된 이상들을 말한다. 여기서 탈-인격화되었다는 뜻은 이상, 가치, 기준이 특정 인물[주로 부모]로 표상되지 않는다는 뜻으로, 다른 말로 어떤 사람의 가치나 기준을 의미하며 그 사람이 실제로 이상이라 여기는 것들이다. 앞서 그는 누군가의 이상이 실제 성취나 능력에서 너무 멀어지면 갈등이 생긴다고 말했다(1914c). 그는 이상을 승화와 구분했는데, 승화는 어떤 일을 실행할 수 있는 능력을 일컫는다. 하지만 이 시기의 그는 자아 이상에 관한 생각을 확장하고 새로운 용어를 고안한다. 바로 초자아다. 그는 자아 이상이라 불렀던 것의 일부는 의식이 아니며, 이 점이 "설명을 요구하는 새로운 발견"이라는 것을 깨달았다고 말한다(1923b, p. 28). 왜 자아 이상의 일부는 무의식이 되어야 하는가? 이 질문에 대답하기 위해 프로이트는 다시 한번 내면화 과정 전반의 주요 측면을 훑어본다. 그의 질문은 아이의 표상 세계는 어떻게 발달하는가이다. 그리고 여기에 대한 대답은 여러 세대에 걸쳐 정신분석가들에게 영향을 주었다.

그의 설명은 초기 발달에서 시작한다. 구강기 동안 "대상-카텍시스와 동일시는 서로 구분되지 않음이 분명하다"(같은 책, p. 29). 대상 카텍시스는 이드에서 비롯되는데, "이드는 관능적 경향성을 필요need라고 *느낀다*. 최초의 유약한 자아는 대상-카텍시스를 조금씩 알아가는데, 순순히 따르던지 (…) 혹은 억압을 동원해 그것을 물리치려고 한다"(같은 책). 두 경우(순종하거나 물리치거나) 모두에서 성적 대상은 여전히 존재한다. 하지만 프로이트는 묻는다. 만약 성적 대상이 포기되어야 한다면? 그의 대답은 성적 대상이 동일시 과정의 영향 아래 내사됨으로써 ('내사' 개념이 다시 나타났다) 포기된다는 것이다. 그렇게 대상은 자아의 일부가 된다. 그는 말한다. "이러한 동일시는 이드가 대상을 포기할 수 있는 유일한 조건[일수도 있다]". 이렇게 만들어진 자아의 특징은 "포기된 대상-카텍시스의 응결체로 (…) 자아 안에는 그러한 대상-선택의 역사가 담겨있다." (이 문장의 임상적 의미는 조금 있다가 이야기하겠다.) 여기서 프로이트는 동일시 과정을 위한 조건을 설정하고 동시에 우리에게 이드는 자아 이전에 존재함을, 그리고 일차과정은 이차과정에 선행함을 다시 한번 상기시키고 있다. 이 이야기는 앞에서도 나온 것으로, 이후로도 자아와 이드에 관한 프로이트의 개념에서 한 부분을 차지하게 될 것이다. 자아는 이드의 목적을 변형하는 과정을 통해 이드로부터 힘을 얻는 것이다.

내사는 대상(혹은 대상의 특징)을 자기-표상의 한 부분으로 받아들이는 과정이다. 하지만 이 또한 타협형성으로, 자아는 "대상의 모습을 취하면서, 그러니까 자아는 이드를 향해 자신을 애정-대상으로 받아들일 것을 요구한다. 그리고 다음과 같이 말함으로써 이드의 상실을 만회하려고 한다. '자 봐, 이제 너는 나를 사랑하면 돼. 나는 이제 대상과 똑같아졌어.'"(같은 책, p. 30). 프로이트의 관점에 의하면 애정 대상을 변형하여 동일시에 이르는 과정은 대상-리비도를 자기애적 리비도로 변형하는 것이다. 그래서 이제 대상은 성적 대상으로 여겨지지 않게 된다. 프로이트에 의하면 이러한 탈-성애화는 "일종의 승화"이다. 그는 이것이 승화에 이르는 일반적 경로라고 믿는데, 승화는 "자아의 매개를 통해서 일어나고, 자아의 매개는 성적 대상-리비도를 자기애적 리비도로 바꿈으로써 시작된 후 그것을 다른 목적에 사용하는 것이다"(같은 책, p. 30). 대상의 탈-성애화는 승화를 향한 첫 단계일 뿐이다. 그 리비도를 다른 목적이나 활동에 사용해야 승화는 끝난다.

오이디푸스 콤플렉스의 재등장

동일시의 문제는 프로이트의 새로운 개념인 초자아 개념에서 핵심적 지위를 차지한다. 초자아에 관한 토론을 이어가기 전에 프로이트의 이론에서 오이디푸스 콤플렉스가 갖는 위치를 다시 한번 볼 필요가 있다. 이 시기의 프로이트는 오이디푸스 역동이 정신분석의 기반이 된다고 주장하게 될 것이다. 이전 시기와 비교하면 변화라고 할 수 있고, 현대 프로이트주의 정신분석가 중 일부에게는 핵심적 개념이 되기도 할 것이다. 더불어 또 다른 발달 단계인 남근기phallic stage를 제시하게 된다. 이전까지의 의견은 *Three Essays*(1905d)에서 주장하듯, 사춘기가 되어서야 성욕의 만개를 관찰할 수 있다는 것이었다. 하지만 지금 토론하고 있는 시기의 여러 논문에서(1923b, 1924d, 1925j, 1926d, 1927e) 그는 의견을 바꾸어 남근기의 어린이가 성인의 성욕에 관한 환상을 지닌다고 했다. 남근기는 남성의 성기 이름을 따서 지은 이름인데, 그 이유는 프로이트가 남자의 성기를 오이디푸스 단계의 기본적 이슈라고 생각하기 때문이다. 거세불안에서 소년은 고추를 가졌지만 훼손되거나 빼앗기게 될까 두려워한다. 남근기의 소녀는 음경 선망으로 괴로워한다. 여자아이는 자신이 고추가 없음을 깨닫고 남자를 부러워하며 고추를 주지 않은 엄마에게 화가 나 있다. 오이디푸스 역동을 중심으로 한 프로이트의 이론에서 거세 불안castration anxiety과 남근 선망penis envy은 가장 기초가 되는 개념이다.

남성 발달

남자아이는 일찌감치 엄마를 향해 대상-카텍시스를 발달시키는데, "애초에는 엄마의 젖가슴과 연결된다"(1923b, p.31). 심지어 오이디푸스 콤플렉스가 생겨나기 전에도 남자아이는 아빠와 동일시한다고 생각된다. 그는 이 동일시를 일차적 동일시로 생각했는데, 이 부분은 『Group Psychology and the Analysis of the Ego』(1921c)의 7장에 묘사되어 있다. 이런 기류는 오이디푸스 단계가 시작되기 전에 이미 형성되며 딱히 갈등을 일으키지도 않는다. 하지만 오이디푸스 단계에 이르면 소년은 아빠를 향해 적개심을 발달시키며 엄마를 독차지하려 한다. 분명 이런 상황은 새로운 능력이 여럿 생겼음을 의미한다. 그중에서 분명히 보이는 것은 엄마가 자신 이외에 다른 사람에게 관심이 있다는 것, 그리고 이 사람(대상)이 엄마를 독차지하기 위한 경쟁 대상이라는 점이다. (고찰에서 우리는 위의 개념이 어떻게 그가 이전에 발달시킨 대상-사랑 능력과 부합하는지 보게 될 것이다.) "아버지를 향한 양가적 태도와 엄마를 향한 애정적 대상-관계가 남자아이에서 만들어지는 긍정적 오이디푸스 콤플렉스의 내용물이다,"(1923b, p. 32) 오이디푸스 콤플렉스의 '파괴'가 일어나면 엄마를 향한 남자아이의 대상-카텍시스는 엄마와 동일시(부정적 오이디푸스 콤플렉스), 혹은 아버지와의 더 많은 동일시로 반드시 대체되어야 한다. 이때 아빠와 더 많은 동일시가 일어나는 경우가 '좀 더 정상'으로 여겨진다. 아들이 좀 더 남자다워지기 때문이다. 부정적 오이디푸스 상황에서 소년은 엄마와의 동일시에 그치지 않고 나아가 아빠를 향해 강력한 대상-카텍시스를 (실제든 상징적이든) 맺는다. 이상의 설명을 보면 프로이트가 엄마와의 동일시를 남성 동성애를 설명하기 위한 하나의 방법으로 여겼음을 알 수 있다. 간단하게 말해 긍정적 방법으로 오이디푸스 갈등을 해결한 경우, 소년은 아빠와 더 많이 닮으려 하고 일정 정도 엄마를 포기하게 된다. 갈등이 크지 않은 경우라면 소년은 엄마에게도 애정을 여전히 품고 있다. 엄마와의 관계 중 일부를 어떻게 단념하는가가 이후 발달에서 핵심적인 부분이 된다. 반면 '부정적 오이디푸스' 소년은 엄마와 더 많이 닮으려 하고 아빠에게 애정과 성적인 애착을 갖는다.

여성 발달

오이디푸스 단계에 이른 여자아이 또한 엄마를 독차지하려 한다. 하지만 남근기의 시작과 함께 여자아이는 엄마에게 환멸을 느끼는데, 그 이유는 엄마가 자신에게 고추를 주지 않았기 때문이다. 이제 아빠를 향해 돌아선 소녀는 아빠가 자신이 선망하는 것을 줄 것이라고 희망한다. 최소한 아빠한테는 고추라도 있으니까 말이다. 여자아이는 이제 아빠를 독차지하려 하고 엄마를 향해 적개심을 발달시킨다(긍정적). 부정적 오이디푸스 상황은 소녀가 엄마를 갈망하고 아빠와 동일시하는 경우다. 여자아이에 있어 오이디푸스 갈등의 해소는 엄마와 동일시하며 동시에 아빠를 향한 애정을 품는 것이다. 소년의 경우처럼 여자아이도 아빠를 독차지하겠다는 생각을 버릴 수 있어야 적절하다고 할 수 있다.

엄마를 향한 소녀의 태도는 처음에는 적대감, 그 후에는 동일시이다(최소한 프로이트의 견해로는 그렇다). 이러한 동일시, 혹은 동일시의 증대는 '여성성'의 증가로 이어진다(긍정적). 물론 소년의 경우처럼 아빠와 동일시하고 엄마를 향한 대상-카텍시스를 유지할 수도 있다(부정적). 표면상 여자아이의 긍정적 오이디푸스 상황은 제법 혼란스럽다. 처음에는 엄마를 독점하려다가 그다음은 적대적이었고, 결국 동일시에 이르기 때문이다.

프로이트는 양성애 개념을 제시하는 것으로, 그리고 아이들은 대부분 긍정적, 부정적 오이디푸스 요소 모두를 가진다고 가정함으로써 이상의 난점을 포함한 여러 의문을 해결하려 했다. 그리고 태생적으로 결정된 남성적, 여성적 소인 또한 어떤 양상의 오이디푸스 역동이 우세할지를 결정하는 주요한 요소라고 주장했다. 그리고 두 가지 양상이 혼합되는 경우가 가장 흔하며, 어느 한쪽의 도식화로 단순화하는 것은 개념적 명료함을 위해서지 실제 임상 상황에서는 그렇지 않다고 말했다.

통상적으로 오이디푸스 단계 이전의 남자아이는 단순히 아빠만 동일시하지는 않으며 더불어 아빠에 대한 존경과 애착(대상-카텍시스) 또한 보인다. 비슷한 이치로 오이디푸스 단계 이전의 여자아이는 엄마에게 카텍시스만 형성하는 것이 아니라 동일시하기도 한다. 모든 가능한 조합을 일일이 설명하지는 않은 채, 프로이트는 가능한 모든 일이 실제로 그 시기에 일어나고, 그중에서도 긍정적, 부정적 오이디푸스 양상이 혼합되는 양상이 가장 흔하며, 동시에 둘은 필연적으로 서로 갈등을 일으킨다고 말한다. “내 생각에 완전한 오이디푸스 콤플렉스의 존재를 가정하는 것은 일반적으로도 타당하고 신경증에서는 더욱 그렇다고 말할 수 있다”(1923b, p. 33). 이때 ‘신경증’은 진단과 상관없이 정신분석 치료를 받는 모든 사람을 일컫는다.

고유 초자아

오이디푸스 시기 동안의 동일시는 특히 자아에 유의미한 수정을 초래하고(프로이트는 이를 자아의 응결체라고 했다), 오이디푸스 콤플렉스를 지나치는 동안 (부분적으로는 해소되면서) 적어도 두 가지 동일시는 합쳐진다.

> 이렇게 수정된 자아는 특별한 위치를 차지한다. 이 부분은 자아의 나머지 부분에 대해서 자신을 자아 이상, 혹은 초-자아로 직면시킨다. 하지만 초-자아는 단순히 초기 발달기 대상-선택의 잔재에 그치지 않는다. 초-자아는 대상-선택에 대한 강력한 반동-형성reaction-formation의 표상이기도 하다[같은 책, p. 34].

초자아는 마치 예언자처럼 한 번에 두 방향을 내다보면서 말한다. “너는 반드시 아빠처럼 되어야 한다", 그리고 동시에 "너는 아빠처럼 되어서는 안 된다"라고 말한다(아들의 경우, 같은 책). 이렇듯 양날의 검과 같은 시각이 한편으로는 아이를 이상으로 이끌고 다른 한편으로는 특정 오이디푸스 욕망을 억압하게끔 만드는 동력이 된다. 초자아의 금지가 가혹하고 엄격할수록 무의식적 죄책감은 커진다. 그래서 초자아는 항상 리비도 애착의 상속자이며, 동시에 가장 깊은 무의식의 갈등과 접하고 있다. 그래서 프로이트의 결론은 "자아와 이상(초-자아) 사이의 갈등은 장차 (…) 실재와 심리학적인 것 사이, 외부 세계와 내부세계 사이의 대비를 결국 드러내게 될 것이다"(같은 책, p. 36). 프로이트는 그다음 단락에서 광범위한 이론화를 시도한다.

> 종교, 도덕, 사회적 상식 같은 인간의 존귀한 측면들은 원래 하나였고 같은 것이었다. 내가 『Totem and Taboo』에서 제시한 가설에 의하면, 그것들은 계통 발생학적으로 아버지-콤플렉스에서 유래한 것이다. 신앙과 도덕적 규제는 오이디푸스 콤플렉스의 숙달 과정을 통해, 그리고 사회적 상식은 자식 세대의 구성원들 사이에 남은 경쟁의 극복이라는 필수적 과제의 해결 과정을 통해서 말이다. 남성이 모든 방면의 도덕적 성취에서 우위를 점한 뒤 그다음 여성에게로 반성反性-유전되는 듯하다. 심지어 오늘날에도 사회적 상식은 형제자매를 향한 질투와 경쟁의 충동 위에 만들어지는 상부 구조물이다. 적개심을 만족시킬 수 없으므로 과거의 경쟁자와 동일시가 이루어지는 것이다. 경한 수준의 동성애 증례의 연구가 다시 한번 확인하는 것도 동일시가 공격적-적대적 태도의 자리를 차지한, 애정적 대상-선택의 대체물이라는 점이다[같은 책, p. 37].

『The Ego and the Id』의 이 장을 보면 프로이트가 가장 강력한 사회적 요소를 오이디푸스 콤플렉스에 대한 반응에서 기원한 것으로 설명하고 있는 것을 볼 수 있다. 게다가 이 정식화에서 초자아를 부추기고 이어받는 사람은 기본적으로 남성이다. 한편 여성은 초자아 구조를 반성-유전을 통해 획득하는데, 반성-유전은 실제 유전자를 통한 유전과 동일시 모두를 의미하는 것 같다. 여기서 엄마의 역할은 별로 없으며, 예외가 있다면 남자아이, 남편, 그리고 전-오이디푸스 단계의 여자아이가 독점하길 원하는 존재라는 것 정도이다. 이렇게 초자아를 문화적 장치와 연결하는 과정에서 프로이트는 계통 발생적, 인류학적 고찰을 제시한다. 그는 자아와 이드가 인간만이 가지는 구조가 아니라 '좀 더 단순한 생명체'도 갖는 구조라고 주장했다. 그래서 인간뿐 아니라 최소한 다른 포유류들에게도 본능은 현실과의 중재, 조정을 통해 다스려져야 하는 것이 된다. 결국 자아는 "이드에 대해 외부 세계를 표상한다"(같은 책, p. 38). 초자아의 발달은 토템에서 가정하는 것과 유사하나. 그래서 자아와 초자아 모두 그 뿌리는 계통 발생학적으로 초기 형태(자아의 경우)에 있거나 집단, 혹은 집난과 지도자의 관계(초자아의 경우)에 있다.

프로이트가 다른 종에서도 자아의 뿌리를 찾는 것이 놀랍지는 않다. 그리고 초자아의 근원을 옛날로 거슬러 올라가 찾는 부분 또한 생각지도 못한 개념적 시도는 아니다. 하지만 책의 바로 다음 단락에서 프로이트가 언급하는 것은 분명 라마르크의 개념이다. (그가 라마르크의 영향을 강하게 받았다는 점은 여러 군데에서 관찰되지만, 특히 『A Phylogenetic Fantasy』[1987]를 보면 그도 융과 마찬가지로 획득 형질의 유전 가능성을 믿고 있음을 알 수 있다.)

> 자아의 경험들은 처음에는 유전되지 않는 것 같다. 하지만 그것들이 충분히 자주, 강하게 여러 세대에 걸쳐 많은 사람에 의해 반복되면 이드의 경험으로 바뀌고 유전을 통해 보존된다. 그래서 유전적 경향성을 물려받을 수 있는 이드에는 무수한 자아의 존재가 남긴 흔적이 있다. 그리고 자아가 이드에서 초자아를 만들어 낼 때, 이것은 아마도 앞선 자아들이

되살아난 모습이며, 그것들을 부활시킨 것에 불과할 수도 있다[같은 책].

여기서 프로이트는 자아뿐 아니라 초자아도 앞선 여러 세대, 혹은 수천 년 동안 일어난 일에 의해 결정되고 영향받는다고 말하고 있다. 이 가설은 한때 다윈이 오랫동안 생각한 뒤 결국 최선의 (가장 정확한) 진화이론이 될 수는 없다고 결론 내린 것이기도 하다.

유전 모델에 근거한 정식화를 마치며 프로이트는 초자아가 아마 자아와 갈등 관계에 있는 이드 역동(혹은 무의식적 환상)과 접해있으며 그것에 반발할 것이라고 주장한다. "만약 자아가 오이디푸스 콤플렉스를 제대로 숙달하는 것에 실패하면 이드에서 유래한 오이디푸스 역동의 에너지 카텍시스는 다시 한번 자아-이상의 반동-형성 안에서 작동하게 될 것이다"(같은 책, p. 39). 여기서 프로이트는 초자아 개념을 확장하고 있을 뿐 아니라 자아의 방어 기법도 추가하고 있다. 자아는 단순히 투사하고 억압하는 데 그치지 않고, 반동-형성, 분열, 그리고 방어적 동일시도 할 수 있게 된다. 자아-이상의 반동-형성이 의미하는 바는 무의식적 (이드) 경향에 반대로 반응하려는 동기를 가진다는 뜻이다. 그래서 지저분해지길 원하는 사람이 반대로 깔끔해질 수 있는 것이다. 일찍이(1907b, 1908b) 프로이트는 항문 성향에 정반대의 반응이 어떻게 만들어지는지 예를 들었었다. 이제 그는 여기에 이론적 구조를 제공하고 있다.

『*Beyond the Pleasure Principle*』: *1920*

프로이트의 작업은 쾌락, 불쾌와 아주 밀접한 관련을 맺고 있다. 그래서 혹자는 쾌락 원리 너머에 무엇이 있을지 궁금할지도 모르겠다. 하지만 쾌락 원리를 넘어서기 전에 일단은 최초의 원리부터 다시 한번 짚고 넘어가는 게 좋겠다. 프로이트의 생각은 기본적으로 수압 모델에 기초한다. 여기서 쾌락은 흥분의 총량이 줄어들 때 발생하는 것이고 불쾌는 흥분의 양이 증가할 때 생기는 것이다. 이 모델은 성적 오르가슴, 그리고 페흐너Fechner의 항상성 원리principle of constancy에 기초한다. 다음은 그가 한 인용이다. "의식의 충동이 항상 쾌락이나 불쾌와 어느 정도의 관련이 있는 한, 쾌락과 불쾌는 안정/불안정과 정신-물리학적 관련성을 지니는 것으로 생각된다"(1920g, p. 8). 그의 주장에 따르면 쾌락 원리는 항상성 원리의 당연한 귀결이다. 사실 이 주장을 따라가다 보면 논리적 오류가 생기는데, 여기에 대해서는 고찰에서 토론하겠다. 지금은 토론의 목적상 의식상 흥분의 증가는 불쾌로 경험된다는 정도로만 말해두도록 하자. 그래도 이 부분에 대해 아무 말도 하지 않고 넘어가기란 참으로 어려워서 한마디만 하자면 그의 쾌락 개념은 한계를 가진 것으로, 경험적으로나 실험적으로나 온당치 않은 것이다. 그는 기능의 안정성을 설명하기 위해 '묶인 에너지' 개념을 끌어들인다. 에너지가 묶여있다는 것은 대상(보통은 사람)이나 자아의 기능에 묶여있다는 뜻이다. 묶여있지 않은 에너지는 일차과정이나 이드 기능과 관련이 있다. 그래서 에너지가 묶여있지 않은 경우, 특정 대상이나 기능으로부터 자유로우므로 즉각적 분출에 사용될 수 있다. 묶임 혹은 묶이지 않음이라는 개념에는 다양한 뜻이 있다(Holt[1989] 참고). 하지만 우리는 여기서 묶임은 이차과정, 묶이지 않음은 일차과정과 연결하는 정도로 그치겠다. 지금껏 제시된 정식들은 쾌락 원리를 벗어나지 않는다. 묶이지 않은 에너지는 한때 쾌락이었던 것과 관련이 있고 이드의 경향성과 관계된다. 그래서 무언가 무의식적이던 것이 의식이 되면 그것은 불쾌로 경험된다. 여기서 우리는 한 시스템에 쾌락인 것이 다른 시스템에는 불쾌로 경험된다는 원리를 다시 한번 본다.

프로이트는 이러한 에너지 가설을 사용하면서 쾌락 원리를 중심에 놓을 수 있었다. 하지만 트라우마나 소위 부정적 치료 반응을 꼼꼼히 살펴보면서 그는 본능 발달에 관한 생각을 수정할 필요를 느꼈다. 그의 논문이 대부분 그러하듯 여기서도 그는 단번에 핵심으로 치고 들어가는 대신 몇몇 흥미로운 의견을 제시한다. 이 논문에서 그는 정신분석 치료에서 전이의 역할에 관한 역사에 대해 짧게 언급하며 그가 예전에 제시했던 반복 강박 개념을 상기시킨다. 반복 강박(1914g)은 사실 억압의 실패로 인한 타협점이다. 무의식적 환상의 잔재들이 의식에 이르러 모종의 행동, 증상, 혹은 지속적인 정신적 표상을 초래하게 된다. 이 같은 반복적인 억압의 실패와 그 지속적인 결과에 반복 강박이라는 이름을 붙인 것이다. 이렇게 보면 반복 강박은 결국 의식, 전의식, 무의식의 역동적 상호작용의 결과이다.

이 맥락에서 프로이트는 처음으로 자아의 일부는 무의식이고, 정신분석의 저항은 무의식(새로운 용어로는 이드)에서 비롯되지 않으며 자아의 무의식적 부분에서 생긴다고 말한다. 하지만 여기에 대해 프로이트는 전혀 난감해하지 않는다. 이미 여러 차례 하나의 시스템(이드/무의식)에 쾌락인 것이 다른 시스템(자아/의식)에서는 불쾌로 경험된다고 말해왔기 때문이다. 그래서 반복하려는 강박은 이드/무의식이 정신 기관을 장악하려는 시도이자, 이 시도가 자아/의식에 의해 저항(방어)에 부딪히는 현상이기도 하다. 그의 쾌락 원리에는 이와 같은 갈등이 있다. 하지만 그는 이렇게도 이야기한다.

> 새롭고도 눈여겨볼 만한 사실은 소위 반복하려는 강박 또한 전혀 쾌락의 가능성이 없는 과거의 경험, 오래전 억압된 본능적 충동에 하등의 만족을 줄 수 없는 과거를 추억하려고 한다는 점이다[1920g, p. 20].

그래서 프로이트가 주장하려는 것은 외상성 신경증이 쾌락 원리의 너머에 있고, 이를 설명하기 위해서 새로운 원리가 필요하다는 것이다. 그리고 부정적 치료 반응도 새로운 원리에 의해 설명 가능하다고 말한다. 일단 부정적 치료 반응negative therapeutic reaction이 무엇인지부터 보자. 비록 『Beyond the Pleasure Principle』에서도 부정적 치료 반응을 언급했지만 좀 더 제대로 논한 곳은 『The Ego and the Id』에서였다.

> 분석작업 동안 좀 이상하게 행동하는 사람들이 있다. 분석가가 그들에게 희망적인 이야기를 하거나 치료의 발전에 대해 만족스럽게 이야기를 하면 그들은 불만족을 드러내며 거의 예외 없이 상태가 나빠진다. (…) 나중에야 알게 되는 것은 이런 사람들은 어떤 칭찬도 견딜 수 없으며 치료의 발전에 대해 역으로 반응한다는 점이다. (…) 그들은 치료를 통해 좋아지는 대신 나빠진다. 그들이 보이는 현상이 소위 "부정적 치료 반응"이라 불리는 것이다[1920g, p. 49].

프로이트는 계속해서 현저한 부정적 치료 반응을 보이는 환자들은 "자기애적 몰입, 치료자에 대한 적대적 태도, 질병으로 인한 이득 같은 통상적인 저항보다 더 강력한" 저항을 유지한다고 말했다(같은 책). 그가 부정적 치료 반응에 대해 자기애적 몰입보다 더 강력한 저항이라고 말한다는 것은 이 '난관'이 정신분석 상황에서 만날 수 있는 가장 강력한 부류라는 뜻이다. 이보다 앞서 그는 환자가 자기애적이면 자기애적일수록 분석은 어려워진다고 말했었다(1916~1917). 프로이트와 그 후의 많은 분석가들은 부정적 치료 반응을 인간의 파괴적 속성에 대한 증거로 여겼다. 이에 대한 설명은 다양하고 이런 경향을 보이는 환자들도 다양한데, 가령 통증에 중독된 경우(Valenstein, 1973), 분리에 특별히 어려움을 겪는 경우(Akhtar, 1994), 특정 부류의 환자를 위한 치료적 개입에 자극받는 경우 등이 있다. 그도 이러한 환자들이 고통에 중독되었다는 의견에 동의할 텐데, 예전 같았으면 설명을 위해 쾌락 원리를 사용했을 것이다. 하지만 이런 시도가 무용지물이 될 때 봉착하는 곳이 지금 우리가 다루고 있는 지점이다. 그러니까 당혹스럽게도 어떤 환자들의 반응은 쾌락 원리로 설명할 수 있는 수준을 넘어선다는 이야기이다.

지금 우리는 주로 부정적 치료 반응에 관해 이야기하고 있지만, 외상성 신경증도 그의 본능 이론에서는 마찬가지로 중요하다. 특히나 충격적인 것은 환자들이 외상 사건을 반복한다는 사실이었다. 여기에서도 프로이트는 쾌락 원리를 넘어서는 순수한 반복 강박 여부를 자문했다.

> 모든 인간관계에서 항상 똑같은 결말에 이르는 사람들이 있다. 항상 은혜를 베푸나 도와준 사람들에게 늘 버림받는 사람들, (…) 공사를 막론하고 항상 어떤 이를 권위상으로 받든 다음 이내 다른 사람으로 그를 대체하는 사람, 혹은 새로 만나는 모든 여자와 똑같은 과정을 거쳐 똑같은 결론에 이르는 바람둥이. 이것이 그 사람의 능동적 행위와 관련되어 있다면, 그리고 그 사람 안에서 한결같이 존재하며 늘 같은 경험의 반복을 통해 표현되는 특성을 발견한다면, 이렇게 "같은 일이 끝없이 벌어지는 것은" 전혀 놀랍지 않다[1920g, p. 22].

프로이트가 '쾌락 원리를 넘어서는' 사람으로 여기는 경우는 이러한 경험을 수동적으로 견디는 경우를 말한다(같은 책). 그가 보기에는 외상과 관련한 꿈이 쾌락 원리를 넘어서는 가장 명백한 예가 된다. 예를 들면, 홀로코스트를 겪은 사람이 꿈에서 계속 죽음과 파괴의 장면을 보게 되는 경우가 있다. 이와 비슷하게, 린치를 당하고 교살될 위험에서 벗어난 흑인이 꿈에서 끊임없이 그 장면을 되풀이하는 예도 있다. 이 시기의 그는 무의식적인 쾌락적 소망이 이러한 꿈을 만든다고 생각하지 않았다.

앞서 그는 꿈은 소망 덕택에 만들어지는 것이라고 말했다. 하지만 이제 그는 소망에 관한 자신의 정의를 바꾸거나 혹은 때로 꿈은 다른 요소들에 의해 만들어진다고 말해야 한다. 그는 후자를 선택했고 새로운 욕동 이론을 만들기 시작했다.

에로스와 타나토스

프로이트는 『The Ego and the Id』의 4장을 "사변적인, 종종 상당히 사변적인 이야기, 그래서 독자들은 개인의 취향에 따라 받아들일 수도 내칠 수도 있는"(1923b, p. 24) 이야기로 시작한다. 나는 지금 『The Ego and the Id』로 건너왔는데, 그 이유는 『Beyond the Pleasure Principle』과 같은 지점을 공유할뿐더러 자기애에 관한 새로운 생각이 포함되어 있기 때문이다. 그리고 새로운 욕동 이론의 근거와 자료를 아래와 같이 제시한다.

> 두 가지 부류의 본능이 있다. 그중 하나는 성적 본능 혹은 에로스로 훨씬 더 잘 드러나고, 연구 가능한 것이다. 이 본능은 억제되지 않은 성적 본능과 목적이 억제된aim-inhibited, 혹은 승화된 성적 본능, 거기에 더해 자기-보존의 본능으로 이루어져 있다. 여기에서 자기-보존의 본능은 자아에 속한 것으로, 정신분석의 초창기 성적 대상-본능과 대비될만한 충분한 이유가 있던 것이다. 두 번째 본능은 잘 드러나지 않는다. (…) 생물학의 도움을 받은 이론적 수준에서 우리는 죽음 본능을 가정할 수 있다. 그것의 임무는 생명을 무생물의 상태로 이끄는 것이다[같은 책, p. 40].

죽음 본능, 타나토스의 표현방식은 가학성이다. 예전의 이론에 따르면 가학성은 성적 본능과 자아-본능의 조합에 의한 것으로 누군가를 괴롭히는 즐거움은 흥분(성욕)과 타인에 대한 지배(자아-본능의 잔재)가 합쳐진 것이었다. 하지만 새로운 이론에서 가학성은 밖으로 향해진 타나토스이며 실제로 가학성은 간접적인 자기-보존의 수단이기도 하다. 만약 타나토스가 밖으로 향하지 않고 안으로 향하면 자기-파괴, 궁극적으로는 죽음을 초래할 수 있다. 물론 가학성이 삶을 보존하는 유일한 방법은 아니다. 프로이트는 에로스와 타나토스를 생리학적 과정인 동화작용과 이화작용에 비유했다. 실제로 이것들은 신체 물질을 쌓아 올리고 허무는 과정이다. 그리고 이들 두 부류의 본능은 "합쳐지고, 섞인다. 이런 현상이 통상적이고 광범위하게 일어난다는 가정은 꼭 필요해 보인다"(같은 책, p. 41). 실제로 욕동의 융합fusion은 파괴적 본능을 다스려 사용할 수 있도록 만든다. 두 본능 모두 목적은 통증이나 배고픔 같은 흥분을 가라앉히는 것으로, 에로스는 타나토스와 융합한 다음 타나토스에게 자기와 함께 하면 이 긴장을 줄일 수 있다고 말한다. 이렇게 의인화한 묘사가 어떤 측면으로는 프로이트가 의도한 융합의 제대로 된 묘사라고 할 수도 있을 것이다. 하지만 이 이론에서 좀 더 중요한 부분은 자아와 자기애 이론이 다시 등장한 점이다. 그는 『The Ego and the Id』에서 자신이 취해온 입장을 이렇게 정리한다.

> 승화는 자아를 매개로 하여 규칙적으로 일어난다. (…) 자아가 이드의 대상-카텍시스를 처음으로(그리고 이후로도 계속) 상대하는 방법은 대상-카텍시스로부터 리비도를 넘겨받아 자기 안에 위치시킨 후, 동일시를 통한 자아 개조에 리비도를 사용하는 방식이다. [성애적 리비도의] 자아리비도로의 변환 과정에는 당연히 성적 목적의 포기, 탈-성애화가 수반된다. 어느 경우든 이는 에로스와 관련한 자아 기능의 중요성을 보여준

> 다. 이렇게 대상-카텍시스에서 리비도를 취한 뒤 자기 자신을 유일한 애정-대상으로 제시함으로써 이드의 리비도를 탈-성애화 혹은 승화한다. 이런 식으로 자아는 에로스의 목적에 정반대로 작용하게 되고, 그 자신을 상반되는 본능적 충동을 위해 일하게 만든다[같은 책, pp. 45~46].

이 부분을 자세히 보기 전에 그다음 단락부터 일단 읽어보자.

> 이렇게 보면 자기애 이론이 크게 확장된 듯하다. 최초에 모든 리비도는 이드에 있었고 자아는 미약했다. 이드는 리비도의 일부를 밖으로 내보내어 성애적 대상-카텍시스를 만들고, 한편 이제 튼튼해진 자아는 여기서 대상-리비도를 취해 그 자신을 애정-대상으로 이드에 제시한다. 이때 자아의 자기애는 이차적이다. 왜냐하면 대상으로부터 거두어들인 것이기 때문이다[같은 책, p. 46].

그리고 이렇게 결론 내린다. "삶의 아우성은 대개 에로스에서 비롯된다"(같은 책). 죽음 본능은 대개 조용하다. 만약 누군가 명시적 활동을 기대한다면 "우리의 기본 관점인 이원론적 관점을 유지하기 어렵다"(같은 책). 어떤 동물은 "생식의 과정에서 죽는다. 만족의 과정에서 에로스가 사라지고 죽음 본능이 이제 자유롭게 자기 목적을 취하기 때문이다"(같은 책, p. 47). 이 구절은 마치 (던Donne, 허버트Herbert 같은 시인이 쓴) 형이상학적 시처럼 들린다. (여자분들은 왜 남자들이 섹스 후 대화하기 어려워하는지 궁금했을 것이다.)

프로이트는 새로운 구조이론을 동원해서 자기애 개념을 확장한다. 이제 최초의 순간에 모든 리비도는 이드 안에 있다. 앞서 그는 모든 리비도는 자아에서 시작한다고 했지만, 당시 자아는 넓은 의미를 갖는 것으로, 자기self 개념이었다. 이드는 필요를 만족시키고 내적 자극을 가라앉히기 위해 대상에게 카텍시스를 만든다. 즉, 대상에게 애착을 형성하고 대상 표상을 만든다. 이제 자아는 이드에 말한다. "나를 사랑해라. 나는 현실을 제대로 다룰 수 있어서 더 빨리 쾌락에 도달할 수 있어." 좀 더 구체적으로 말하면 아이가 엄마에게 신호를 보내는 현상은 이드 에너지를 이용한 자아 기능인 셈이다. 엄마는 처음 이드에 의해 카텍시스를 얻고, 이렇게 형성된 엄마의 표상을 자아가 넘겨받는 것이다. 자아가 표상을 넘겨받으면 이제 에너지는 자아의 에너지, 자아 리비도가 된다. 자아는 점점 긴장을 해소할 수 있는 구조로 변하고 이드의 애정 대상이 된다. 따라서 자아의 에너지는 거의 전부 이드로부터 온 것이고, 자아가 현실을 제대로 다루는 한 자아에 의해 축적된다. 분명 아기의 능력은 대체로 환경(엄마)이 아이의 신호를 얼마나 잘 읽어내는가에 의해 결정되는 듯하다.

이제 자아 리비도는 예전과 유사하지만 약간 다른 의미를 지닌다. 한편으로 자아 리비도는 이드로부터 얻은 에너지로써, 자아의 활동을 위한 에너지로 변형된 것이다. 그리고 다른 한편 자아 리비도는 여전히 자기애적 리비도를 가리킨다. 다른 부분이 있다면 프로이트가 자기애의 적응적 기능에 좀 더 유념하고 있다는 점이다. 이제 자기애는 자아 리비도로 변환된 탈-성애화된 대상-카텍시스를 의미한다. 이것은 두 가지 의미에서 자기애적이다. 자아의 활동은 반드시 대상이나 대상과의 관계가 필요하지 않다(예를 들면, 수학 문제 풀이나 소설 쓰기). 이때 자아의 에너지는 대상에 부착되지 않고 어떤 활동에라도 사용될 수 있으므로 자기애적이라 불린다. 프로이트는 다양한 활동이 자아 리비도에 의해서 수행된다고 생각했다. 그리고 어떤 이들은 고도의 집중을 하는 시간 동안 자기 일 이외에는 관심을 두지 않는다는 의미에서 자기애적이라 할 수 있다. 그래서 프로이트는 모든 창조성은 어느 정도 자기애적 전환에 달려있고, 이때 비록 일시적이나마 대상의 중요성이 줄어든다고 말했다. 그러니까 프로이트는 지금 예전에 「On narcissism」(1914c, 3장)에서 언급했던 것을 좀 더 구체적으로 개념화하고 있는 셈이다. 즉, 정상 발달에서도 어느 수준의 자기애는 존재하며 적응적이기도 하다는 이야기다.

프로이트가 이상의 새로운 개념에서 설명하려는 것은 자아가 어떻게 단단해지고 동시에 그 에너지원인 이드에 어떻게 의존하고 있는지에 관한 것이다. 그는 에로스와 타나토스의 융합에 관해서도 비슷한 설명을 하고 있다. 내적 자극을 진정시키는 일도 가장 적절하게는 대상의 도움으로 이루어지며 대상의 도움은 또한 삶을 지탱하도록 돕는다. 그의 말을 들어보자.

> 개별 인간에게 있어 위험한 죽음 본능은 다양한 방식으로 다루어진다. 부분적으로는 성애적 요소와 융합함으로써 해롭지 않은 어떤 것이 된다. 그리고 공격성의 형태로 바깥으로 전환되기도 한다. 하지만 많은 부분은 여전히 방해받지 않은 채 내부에서 작동하고 있다. 그렇다면 멜랑콜리아에서 초자아는 어떻게 죽음 본능이 모여드는 일종의 회합 장소가 되는가?
>
> 본능의 제어나 도덕성이라는 관점에서 보면 이드는 도덕성이 전혀 없고, 자아는 도덕적이려 애를 쓰며, 초자아는 초-도덕적이어서 이드만큼이나 잔인해질 수 있다. 특기할 만한 것은 어떤 사람이 외부로 향하는 자신의 공격성을 억제하면 억제할수록 그의 자아 이상은 점점 가혹해지고 공격적으로 변한다는 것이다[1923b, p. 54].

앞서 우리는 죽음 본능과 성적 본능의 융합에 관해 이야기했었다. 그 논의의 맥락은 자아와 자아가 이드에 대해 얻게 되는 통제력에 관한 것이었다. 욕동의 융합은 긴장의 완화와 필요의 충족이라는 맥락에서도 이루어진다. 쾌락 원리의 맥락 안에서 에로스는 이렇게 말한다. 나랑 합쳐서 이 대상(자아)을 사랑하면 긴장의 감소를 얻을 것이고, 따라서 즐거울 거야. 프로이트가 말하는 것은 죽음 본능은 융합 덕택에 잠잠해질 수 있지만 사실 이것이 완전한 해결책은 아니라는 점이다. 더해서 이것이 바깥의 대상으로 향함으로써 자기 혹은 자아의 일부는 안전해지기도 한다. 그러니까 죽음 본능이 내적 파괴를 초래하지 않고 바깥으로 향함으로써 자아를 내적 공격으로부터 구제하는 셈이다. 분명 이것이 항상 성공적이지는 않으며 프로이트가 지적하듯 어떤 사람이 덜 공격적일수록 그의 자아-이상은 점점 강해진다. 가혹해지는 자아-이상을 이야기할 때 그의 목소리는 상당히 공감적인데, 그가 여기서 하려는 말은 자아-이상이 사실상 내적 처벌로 작동하고, 특히 멜랑콜리아의 경우 초자아(자아-이상)는 특히 파괴적이라는 것이다. 요약하면 죽음 본능의 귀결은 네 가지 경우가 존재한다고 할 수 있다.

1. 에로스와 융합하여 사실상 성애적 활동과 자아 활동에 영향을 미치고 보강한다. 그래서 정상 성욕에는 종종 가학적 요소가 있으며 많은 자아 활동에도 공격성이 묻어나게 된다.
2. 바깥으로 향하거나 심지어 외부 대상으로 투사되기도 한다. 이는 자아가 공격적 욕동을 외면화하도록 만든다.
3. 초자아나 자아-이상은 파괴적 본능과 융합하여 가혹한 초자아, 혹은 징벌적인 내면의 목소리를 초래한다. 프로이트는 이런 현상이 파괴적 본능이 공격성의 형태로 외부로 향하지 못한 결과라고 생각했다.
4. 다음은 프로이트가 말하지는 않은 것이다. 만약 위의 세 가지 현상이 일어나지 않았다면? 이 경우에 그 사람은 순수한 파괴적 본능에 노출될 것이다. 프로이트는 이런 경우 그 사람은 죽음에 이른다고 말했을 것이다. 만약 이 예상이 사실이라면 다음 질문은 위의 세 가지 경우처럼 파

괴적 욕동이 중재받지 않는 조건에 관한 것이다. 이 문제는 고찰 부분에서 다룰 것이고, 멜라니 클라인에 관해 이야기하면서도 다룰 것이다.

『The Ego and the Id』 그리고 『Beyond the Pleasure Principle』에서 유래된 개념들

자아를 논함에 있어 우리는 프로이트가 제안한 다음의 두 개념을 포함해야 한다. 그는 의식성의 역할에 관해 이렇게 말한다.

> 의식성이 드러내는 것은 본질상 외부 세계에서 온 흥분의 지각, 그리고 정신 기관 내부에서 유래한 쾌감과 불쾌감의 지각으로 구성되어있다. 그래서 지각-의식 시스템에 공간상의 위치를 할당할 수 있게 된다. 지각-의식 시스템은 반드시 내부와 외부의 중간에 위치해야 한다. 그것은 반드시 외부를 향하면서 동시에 반대편의 정신 시스템을 에워싸고 있어야 한다. (…) 우리는 대뇌 해부학에서 견지되고 있는 관점을 빌리고 있을 뿐인데, 여기에선 의식의 "자리"를 대뇌 피질 안에 위치시키고 있다. 그러니까 가장 바깥의 층으로, 중심부의 장기를 둘러싸고 있다[1920g, p. 24].

프로이트는 계속해서 말하기를, 의식의 용량은 제한적이며, (감각이나 지각 같은) 흥분은 기억의 형태로는 영구적인 흔적을 남기지 않는다고 주장한다. 이렇게 그는 새로운 자극을 받아들이되 받아들인 새 자극으로 인해 변하지는 않는, 제한적 용량을 가진 수용 기관을 염두에 두고 있다. 이는 태생 당시부터 이드와 별개로 자신의 에너지를 가지는 구조이기도 하다. 일단 자극을 받아들이면, "흥분은 바로 옆에 있는 [내부] 시스템으로 전달되어 거기에 흔적을 남기게 된다"(같은 책, p. 25). 이 수용 기관은 자아의 (의식이 아닌) 다른 곳으로 자극을 전달하고, 거기서 자극은 기억 흔적이 된다. 프로이트는 의식이 모든 생물의 특징이라고 생각하지 않았다. 그리고 "의식은 기억-흔적 대신에 생겨난다"라는 말에서는 계통 발생적 가설을 제시하고 있다(같은 책). 이 가설은 자기-반성 능력 없이 오로지 과거의 사건에 대한 반응에 따라 지배되는 (대다수 포유류를 포함한) 생명체를 그리고 있다. 하지만 의식의 용량이 제한적임에도 불구하고 환자들은 "일정 정도의 초연함을 분명히 가지고 있고, 그 초연함을 통해 지금 겪고 있는 것이 실은 망각해버린 과거의 반영에 불과한 것임을 알게 된다"(같은 책, p. 19). 하지만 이러한 능력을 갖추려면 자기 자신의 반응과 행동을 관찰할 수 있는 의식상의 시스템이 반드시 있어야 한다.

우리는 앞서 지각-의식 시스템이 들어오는 자극으로 인해 변하지는 않는다고 했다. 그리고 이 시스템은 유입되는 자극이 개체(사람)를 압도하지 않도록 보호하는 역할을 하는 표피층에 인접해있다. 그는 가장 바깥의 피질은 얼마간 죽어있는 것을 관찰했는데, 여기에 대해 그는 피질을 통과하는 강렬한 자극에 대한 일종의 보호막이라고 추론했다. 그리고 이 같은 방어기능이 의식 시스템의 수용 기능 못지않게 중요한 것이라고 말한다. 그래서 프로이트가 그리는 피질은 가장 바깥에서 보호하는 층, 그리고 그것에 바로 인접해 예민하게 수용하는 지각-의식 시스템으로 이루어져 있다. 이 '예민한 피질'은 외부에서 오는 자극을 수용할 뿐 아니라 내부의 자극도 수용한다. 바깥에서 오는 자극에 대해서는 방어막이 있지만,

> 내부의 자극에 대해서는 방어막이 없다. (…) 하지만 내부에서 오는 자극은 외부에서 오는 자극과 비교할 때 그 강도, 그리고 범위 등의 여타 질적 측면에서 시스템의 작동 방식과 적절한 조화를 이루고 있다[같은 책, p. 29].

그러니까 내적 자극은 일반적으로 좀 더 약하고 부드러워서 개체를 압도할 가능성은 적은 듯하다는 말이다.

정서, 그리고 불안의 단계들

지금까지 우리는 프로이트의 새로운 구조 모델과 새로운 본능 이론을 살펴보았다. 구조 모델은 오이디푸스 콤플렉스의 해소를 아동기의 핵심적 임무로 본다. 그리고 해소의 결과로 발달상의 구조인 초자아가 만들어진다. 새 이론에서 자아는 에로스와 타나토스의 융합 덕분에 에너지를 얻는다. 이런 식으로 자아는 이드로부터 얻은 에너지를 승화해서 현실-지향적 임무에 사용한다. 융합은 자아가 대상-가덱시스를 단념하고 이 자리에 동일시를 위치시킴으로써 이루어진다. 두 과정 모두에서 자아는 이드에 자기 자신을 애정 대상으로 제시한다. 승화(탈-성애화)의 첫 번째 과정을 다른 말로 표현하면 대상 리비도가 자기애적 리비도로 옮겨가는 것이다. 다른 식으로는 이제 타인으로부터 관심을 거두어들여 자기 자신이 해야 하는 과제로 돌리는 모습이다. 그런데 프로이트의 이론을 짤막하게 되짚어 본 탓에 우리는 불안이라는 중요한 주제를 놓쳤다. 사실 불안뿐 아니라 모든 정서와 감정에 관한 이야기라고 할 수도 있다. 사실 불안의 역할은 그의 초창기 저작에 이미 나왔었다. 하지만 우리는 그의 이론에서 정서나 감정이 갖는 역할에 대해서는 짤막하게만 이야기했었다.

불안: 새 이론과 옛 이론

플리스에게 보낸 편지(1894)에 나오는 프로이트의 불안 신경증 증례들은 모두 어느 정도 사정 장애나 오르가슴 장애와 연관되어 있다. 그의 가정에서 이런 병들은 성적 에너지가 불안의 형태로 변형되어 분출된 것이다. 이런 가정에서 심리적 요인은 애초부터 배제되고 순전히 생리학적 가정만 남게 된다. 그래서 프로이트는 페흐너의 가설을 따라 결론 내리길, 우리에게는 애초에 흥분을 가능한 최저로 유지하려는 태생적 경향이 있으며, 만약 성행위를 통해 이런 일이 일어나지 않으면 성욕은 불안으로 변형되어 분출된다고 말했다. 심지어 심인성 신경증(1장 참고)에서도 비슷한 경로를 따른다. 프로이트가 방어 과정(당시에는 억압이라 불렀던)을 심인성 신경증 발생의 핵심에 둔 것은 맞다. 하지만 일단 억압이 일어나면 억압된 리비도는 불안으로 변형되거나(심인성 공포증) 혹은 증상으로 변환, 전환된다(히스테리). 리비도가 불안으로 변하는 과정은 여전히 생리학적 현상으로 여겨졌다. 프로이트는 대략 1920년대(1926d, p. 79 참고)까지 이런 관점을 가졌던 듯하고, 이런 맥락에서 그는 실제성 신경증 개념을 진지하게 제기했었다(3장 참고).

하지만 『Inhibitions, Symptoms and Anxiety』(1926d)에서 프로이트는 리비도의 변형이나 실제성 신경증 같은 개념을 (거의 완전히) 폐기한다. 이 책을 읽어보면 그가 약간은 주저하고 조금은 혼란스러워하는 것을 볼 수 있다. 이 문제에 관해서 명료해지기 위해서는 시간이 좀 더 흘러야 한다(1933a). 프로이트는 이미 예전부터 안팎에서 유래한 불안을 구분하고 있었다. 내부에서 유래한 불안은 신경증적 불안(혹은 갈등에 기반한 불안)과 관련되어 있고, 바깥에서 유래한 불안은 정상으로 여겨졌다. 이는 앞서 그가 나눈 불안anxiety과 공포fear의 구분과도 관련이 있다. 공포는 어디까지 견디거나 다룰 수 있을지가 불명확한 외부적 조건이나 상황에서 기인한다. 반면 불안은 내부에서 유래한 성적(본능적) 불안에 기초하며 불안의 당사자(자아)는 불안에 압도될까 두려워한다. 여기서 압도된다는 뜻은 충동에 따라 다급하게 행동하게끔 쫓긴다든지, 혹은 자극(환상)이 의식에 다다를 정도로 강렬한 불안을 경험하여 급기야 불안 때문에 굳어버리거나 움직일 수 없게 된다는 의미이다. (여기서 내가 말하는 충동의 의미는 정신적 표상이다. 따라서 압도적인 정신적 표상은 강렬한 정서 상태로 경험되는 표상을 말한다.) 자아가 압도된다는 것은 일종의 외상으로 이해할 수 있다. 프로이트의 이론에는 자아가 외상적 결말에 위협받는 여러 상황이 제시된다. 흥미롭게도 이러한 불안 상황은 그가 예전에 제시한 고착 지점을 따라가는 경향이 크다(3장 참고). 고착 지점은 대상을 잃거나 대상의 사랑을 잃는 것으로 이해할 수 있다. 초자아 불안 정도가 아마 새로운 불안의 지점일 것이다. 한편 흥미로운 사실은 프로이트의 새로운 관점에 의하면 애초에 초자아가 탈-인격화된 동일시의 응결체라는 점이다.

불안의 지점들에 관해 좀 더 체계적으로 보자. 프로이트가 제시한 최초의 불안은 출생 과정의 불안이다. 당연히 출생은 최초의 분리가 일어나는 지점이며, 프로이트는 이를 불안의 한 형태로 개념화했다. 앞서 랑크Rank(1924)는 출생의 불안이 인간 발달의 핵심적 불안이라고 말했다. 프로이트는 랑크의 입장을 지지하지는 않았지만 그래도 출생을 최초의 불안 상황이라고 생각했다. 그다음 불안은 발달 초기의 불안으로 대상 상실에 대한 불안이다. 프로이트의 초기 이론을 참고하면 이 상황을 좀 더 잘 이해할 수 있다(3장 참고). 발달 단계로써 자기애는 아기가 대상(엄마) 상실을 알아챔으로써 일부 생기는 것이다. 물론 말 그대로 완전히 '대상 상실'을 하게 되는 것은 아니다. 프로이트가 말하려는 것은 발달 초기의 어떤 시점에 엄마-아이의 양자兩者 관계가 흐트러지면 아기는 엄마가 이제 예전처럼 항상 가용하지 않으며 때로는 분리된다는 것을 알아챈다는 것이다. 그래서 프로이트가 말하는 상실은 초기 발달기 양육의 한 모습이다. 프로이트는 특정 연령대를 제시하지 않았는데, 그에 따른 논점들에 관해서는 차차 다루도록 하겠다.

그다음은 (항문기) 아동이 엄마의 사랑을 잃을까 불안해하는 것이다. 여기서 다시 한번 프로이트의 예전 작업을 살펴보면 그가 항문기를 자기애 이슈가 해소되기 시작하는 시점으로 여겼음을 알 수 있다. 발달의 자기애 단계에서 아동은 엄마를 자신(순수 쾌락 자아)의 부분이라 여기거나 자신과 같다고 생각한다. 엄마의 사랑을 잃을까 불안해지면서 아이는 엄마가 자기에게 모종의 쾌락을 포기할 것을 요구한다는 점을 알아챈다. (아이의 관점에서) 이러한 요구, 혹은 (어른의 관점에서) 요청은 이제 엄마가 아이와는 다른 입장을 가진다는 사실을 보여준다. 엄마는 아이가 원하는 것과 다른 것을 원한다. 프로이트는 신체적 쾌락이 가장 근본적인 것이라고 가정한다. 따라서 대소변에 관한 제약은 이 시기의 발달상 중요한 것으로 간주된다. 분명히 이 시기의 부모는 아이의 행동과 (바라건대) 내적 세계를 다양한 방식으로 규제하고 재구성하려고 한다. 그래서 아이는 자신이 만약 특정 신체적 쾌락과 행동의 자유를 포기하지 않으면 엄마의 사랑을 잃을까 불안한 것이다.

다음의 불안 상황은 어떤 의미에서 새로운 불안 지점이다. 거세 불안과 음경 선망은 이제 아동기 현상으로 여겨지고, 그 자체로 프로이트가 재차 강조한 아동기 성욕의 일부이다. 거세 불안은 일종의 대상 상실인데, 하필 그 대상이 자신의 신체 일부인 것이다. 남자아이의 경우 거세 불안은 그럴듯해 보인다. 하지만 여자아이에 있어 거세 불안 개념은 많은 비판을 받았고 점차 배척되어왔다. 여기에 대해서는 나 또한 분명히 할 말이 있지만, 심사숙고 끝에 위의 문장들을 그대로 두고, 추가적으로 반론을 덧붙이기로 했다. 나 역시 이 개념을 프로이트가 음경 선망을 가정했던 방식으로 받아들이지는 않는다는 점은 분명하다. 그리고 분석가의 대부분이 이 개념을 받아들이지 않는다는 경험적 증거는 없으나 정신분석 문헌들을 보면 수월하게 받아들여지지는 않는 듯 보인다. 프로이트의 생각에 남근기 소년은 성기의 흥분을 느끼고 엄마를 독차지하기를 원한다. 여기에 더하여, 아버지를 파괴하고(죽이고) 싶은 소년의 소망은 보복 원리에 따라 소년의 환상 안에서는 아버지가 드러내는 위협으로 보여지기도 한다. 따라서 소년은 아버지 또한 자신처럼 파괴적 생각을 가지고 있다고 짐작한다. 소년의 성과 욕망이 음경이라는 표상을 중심으로 구축되어 있으므로 파괴적 환상도 거세라는 관념 주변으로 형성된다. 결과적으로 소년의 남성성이 파괴되는 것이다. 한편 프로이트의 정식에 따르면 여자아이는 좀 더 작은 남자아이다. 소녀는 자신의 음핵을 귀하게 여기며 음핵을 남근에 비추어 (좀 더 작은 남근으로) 표상한다. 자신의 '음경'이 남자아이의 것과 비교해 대수롭잖다는 것을 발견한 여자아이는 시기심을 갖고 남자아이의 그것을 탐내며, 자신에게 그렇게 작은 것을 준 엄마에게 화가 난다. 프로이트는 자신의 이해가 적절치 않음을 시인하고 있으며 때로는 여성의 발달이 풀리지 않는 수수께끼라고 공공연히 고백했다.

자신의 정식에 관해 스스로 어떤 의혹을 가졌든 간에, 이 시기의 프로이트는 거세 불안과 음경 선망이 정신분석의 종착점, 또는 기반이라고 생각했다. 하지만 거세 불안을 정신분석 치료의 근간으로 삼는 생각은 불안의 단계라는 개념과 썩 어울리지 않는다. 물론 만약 그 유래와 무관하게 모든 갈등은 오이디푸스 단계로 모인다고 가정하면 그나마 논리적 일관성은 갖추게 된다. 이런 견해가 (특히 미국의) 고전주의 프로이트주의의 핵심이다. 앞서 오이디푸스 삼각형에 대해서 상세히 살펴봤으므로 여기에서는 거세 불안과 오이디푸스 드라마가 이전 시기의 이론과 제대로 통합되지 못했다는 정도만 지적하고 넘어가겠다. 이전 시기의 주된 관심사는 대상 사랑의 능력 발달이었다(3장 참고). 만약 프로이트가 그가 제시한 구도에 온전히 합당한 주장을 제시하려면 그다음 발달 단계는 양친의 사랑을 잃는 것에 대한 불안이라고 말했어야 했다. 여기에는 거세 불안과 양친의 사랑을 잃는 것에 대한 불안이 포함됐을 것이다. 이 문제는 다음이자 마지막 단계인 초자아 불안에 편입된다. 여기서 내면화된 금지는 위험에 대한 신호가 되어, 만약 아이가 흡수한 금지와 이상을 위반하려는 무의식적 충동이 일어나게 되면 작동을 한다. 아이가 거짓말을 하고 싶을 때 (이것이 부모가 제시한 도덕적 기준을 어기는 거라고 가정한다면), 적절한 발달에서는 이런 행동을 막을 금지, 그리고 욕망에 반해서 행동하게 만드는 이상이 생겨난다. 이상적인 초자아는 탈-인격화되고 자아 기능에 잘 통합된 초자아다. 안나 프로이트의 말을 빌리면 우리가 초자아에 대해서 알 수 있을 때는 오직 자아와 충돌할 때뿐이다(1936). 초자아는 부모의 사랑과 금지가 남긴 잔재이며, 최적의 경우 그 자체가 하나의 구조로써 꾸준히 발달한다.

탈-인격화된 초자아 구조가 무엇인지는 중요하다. 프로이트의 가정에 의하면 초자아가 발달하기 이전의 아이의 마음에는 부모의 내사물(표상)이 있다. 예로 항문기의 아이는 페렌치가 말한 '괄약근 도덕성 sphincter morality'을 발달시킨다. 그래서 아이는 부모가 '안돼', '하지 마'라고 말하는 것을 상상하고 심지어 듣기도 하는 것이다. 프로이트는 이런 정도의 발달을 초자아 발달이라고 생각하지 않았다. 초자아 발달이라고 말하려면 외부의 칭찬이나 체벌에 무관하게 그 가치가 아이 자신의 가치가 되어야 한다. 물론 이는 완전히 이분법적인 것은 아니고 연속적인 개념이라고 할 수 있다. 프로이트는 부모라는 인물과 대체로 무관하게 존재하며 이상적인 행동을 강제하는 관념을 초자아 구조의 기초라 생각했다. 그러니까 초자아 발달은 아이가 다른 사람들로부터 부과된 이상이나 금지에 연연하지 않고 자신의 이상을 발달시킬 수 있을 때 이루어진다고 할 수 있다. 더불어 프로이트는 적절한 초자아 발달은 개방계open system라고 생각했는데, 새로운 동일시 혹은 새로운 가치의 내면화에 따라 초자아가 변하게 된다는 뜻이다. 당연히 초자아 구조가 인격화되면 될수록 이러한 유연성은 줄어들게 된다. 그에 따른 필연적 귀결로 초자아가 인격화될수록 갈등은 커지고 행동과 심리상의 반복된 문제의 가능성은 커질 것이다. 이렇게 보니 프로이트가 말한 반복 강박을 묘사한 것처럼 보이기도 한다.

불안에 관한 새로운 이론이 대두되면서 실제성 신경증 개념은 폐기된다. 불안은 이제 발달상의 특징적 외상 사건이나 인생의 여러 외부적 사건에 대한 반응이 된다. 아이가 최초로 외상 상황에 노출되었을 때(가령 엄마의 사랑을 잃는다든지), 이 상황에 대한 극심한 불안으로 온몸이 미비될 수도 있다. 하지만 첫 경험 이후 어느 시점에 이르면 아이는 불안을 예견할 수 있게 된다. 이때는 완연한 불안 반응 대신, 불안은 조절되어 자아에 대한 신호로 사용된다. 신호의 내용은 만약 방어가 작동하지 않으면 외상적 불안으로 인해 마비를 일으키거나, 혹은 적어도 기능에 심대한 문제가 초래된다는 것이다. 한편 방어 체계가 적절히 작동하면 소량의 신호가 방어를 장착하게 만드는데, 기본적으로 이 모든 과정은 무의식적으로 일어난다. 불안이 중차대한 사건이 되면 될수록 방어가 실패할 가능성이 커진다. 전체 환상이 뚜렷이 의식에 이르는 것은 분명 방어의 완전한 실패라고 말할 수 있다. 이런 일이 생기는 것은 드물며, 보통은 환상의 파생물이 의식에 이르고 이때 불안이 동반된다.

1926년 이후의 프로이트: 요약과 비평

1926년 이후 프로이트는 구조이론에 관한 중요한 논문을 여럿 쓴다. 페티쉬에 관한 논문은 여러모로 중요한데, 거기에서 분열splitting 개념을 다시 한번 정교하게 다듬었다. 그 개념은 거세 불안 개념에 따라 설명된다. 이 논문의 분열 개념은 이전 것보다 덜 단정적이다(1915c, 3장 참고). 어쩌면 프로이트가 도착적 의식상태에 관한 가정을 하고 있다고 생각해도 무방하겠다. 도착적 의식상태에서 세상은 분열되고 세상의 어떤 측면은 부정, 부인된다. 요점은 페티쉬의 경우 두 개의 생각이 나란히 진행되고 있는데, 그중 하나는 부정denial에 근거하고 있다는 것이다. 이 정식에 의하면 남성 페티쉬는 여성에게 음경이 부재한다는 사실을 부정하는데, 하지만 다른 한편으로는 음경의 부재를 알고 있다는 것이다. "여성 생식기를 보고 거세의 공포에 시달리지 않은 남자 인간은 없다"(1927e, p. 154). 하지만 대다수 남성이 그것을 극복하는 데 비해 왜 페티쉬에서는 그렇지 못한지는 분명하지 않았다. 그는 페티쉬는 타협형성인데 여기서 여성은 음경을 가지지만 "예전과 같은 위치에 있는 것은 아니다"라고 주장한다(같은 책). 그래서 발 혹은 코(프로이트가 논문에서 든 예는 코이다)에 대한 페티쉬는 항상 잃어버린 음경을 대체하는 것들이다. 앞선 논문에서도 이상의 정식은 언급했으나 새 이론에서 달라진 점은 거세 불안에 대한 강조로, 그는 이 정식에 대해 더욱 확신하게 된다. 분열 개념은 그의 마지막 저작 중 하나에서 다시 한번 나타난다. 이 논문은 사실상 페티쉬 논문의 연장선인데, 1937년에 쓰였으나(Jones, 1955, p. 255) 출판은 사후 1940년에 이루어진다. 여기서 분열 개념은 다시 한번 거세 불안의 위협에 대한 부인disavowal(denial)과 연결된다.

이 시기의 그는 문화와 관련한 주요 저작을 써냈는데, 표준 전집의 편집자와 게이Gay(1988)에 따르면 이 부분은 프로이트 말년의 주요 관심사였다. 『Civilization and its Discontents』(1930a), 『New Introductory Lectures on Psycho-analysis』(1933a)의 일부, 그리고 『Moses and Monotheism』(1939a)은 이 시기의 가장 중요한 문화 관련 저작이다. 「Analysis terminable and interminable」(1937a)과 「Constructions in analysis」(1937d)는 '기법'과 관련한 마지막 저작이라 할 수 있다. 『New Introductory Lectures on Psycho-analysis』에서 프로이트는 이전의 10년간 이루었던 이론을 재검토한다. 그리고 거세 불안과 음경 선망에 관한 생각을 다시 한번 강조한다. 그에게 음경 선망은 여성 발달의 핵심 요소가 된다. 「Moses and Monotheism」에서 그는 고대 유대교에 관한 혁명적 관점을 제시할 뿐 아니라 자신의 라마르크주의적 관점을 다시 한 번 강조한다. 한편 이 시기의 세상(대공황)과 정신분석의 정치적 지형은 어지러웠으며 독일과 오스트리아에서는 나치가 득세하고 있었다.

『inhibitions, Symptoms and Anxiety』(1926d) 이후의 시기는 아마도 그의 인생 중 가장 덜 생산적인 시기였을 것이다. 혁명적인 개념이 새롭게 나타나지도 않았다. 『New Introductory Lectures』(1933a)에서는 정신분석이론을 체계화하려 했으나 예전에도 그랬듯 체계화는 그의 적성에 맞지 않았다. 프로이트 사후 수십 년 동안 많은 사람이 프로이트가 구조이론 발표 이후 '진짜' 정신분석가가 되었음을 증명하려 했다. 내 생각에 그것은 정신분석적 신화에 불과하다. 개인적 견해로 보자면, 일차 세계대전 이후 프로이트는 실질적으로 임상 정신분석을 하지 않았다. 그는 주로 교육 분석을 했으며 그나마도 이후의 저작에서 스스로 조롱하기에 이르렀다(1937c). 그가 교육 분석을 조롱한 이유는 그가 제공하고 있는 정신분석이 세계 대전 이전에 그가 하던 분석작업에 미치지 못함을 스스로 알았기 때문인 것 같다. 나는 최근 저작에서 이 부분을 자세하게 다루었다(1991).

나는 프로이트의 새로운 이론이 몇몇 중요한 통찰을 주지만, 정신분석가와 환자 사이의 간격을 벌려놓기도 했다고 생각한다. 이드, 초자아, 그리고 가장 중요하게 현실은 서로 경합하며 자신의 요구를 제시한다. 이런 요구를 다루기 위한 인지 기능을 조직하는 탈-인격적 구조가 자아이다. 자기 개념이 차라리 그 사람의 내적 세계에 가까운 경험적 개념이다. 어떤 분석가들은 자기 개념을 정신분석적으로 사용하는 것에 반대했지만(Grossman, Van Spruiel), 경험적 개념이 정신분석에 필요하지 않음을 증명하지 못하는 한 그들의 주장은 별로 설득력이 없다. 나는 도리어 반대로 자기 개념 또한 환자의 경험을 직접 대변하지 못한다고, 그리고 정신분석의 언어는 반드시 가능한 경험적이어야 한다고 주장하고 싶다. 프로이트가 구조이론을 제시한 일부 이유는 어떤 부류의 저항은 무의식적이라는 관찰 때문이었다. 방어는 무의식적이라는 의미인데, 이 때문에 그는 이 장에서 다루었던 논리적 난관에 봉착했다. 그에게는 여러 가지 해법이 있었으나 그가 선택한 해법은 어떤 의미에서는 우아했다. 그가 제안한 모델의 여러 요소를 결합했기 때문이다. 어쩌면 그는 같은 과정을 다른 방식으로 서술할 수도 있었을 것이다. 그러니까 방어 과정이 어떤 식으로 자기에 대한 감각과 경험의 통일성에 영향을 미치며, 방어의 결과로 덜 가용해지는 경험은 어떤 것들인가 등으로 말이다. 프로이트는 추상적 비유(자아)로 수많은 기능을 묶어냈지만 이러한 추상적 비유는 그가 임상 현장에서 멀어졌다는 표시이기도 하다. 세계 대전 후 그는 진정한 임상가라고 할 수 없었으며 전이도 전쟁 이전에 가지던 실재성을 갖지 못했다. 그는 이제 (최소한 유럽과 북미에서는) 국제적인 조직을 갖춘 유명인사가 되었다. 점차 나이가 들면서 그는 임상 현장에서 조금씩 멀어졌는데, 새로운 이론도 그 거리감의 일부였다. 이 책의 마지막 부분에서 우리는 프로이트에 대한 현대의 다양한 해석을 살펴볼 것이다.

그의 작업을 쭉 훑어보면서 분명히 알 수 있는 점은 그가 이론적으로는 서로 양립할 수 없는 수많은 개념을 제시했다는 것이다. 따라서 그의 이론 중 무엇을 취할 것이냐는 문제는 현대의 정신분석가들에게 남겨진 과제라고 할 수 있다.

2부 프로이트 이후의 주요 이론가들

MAJOR POST-FREUDIAN THEO

FREUD

ANNA FREUD

HARTMANN

KLEIN

FAIRBAIRN

WINNICOTT

SULLIVAN

MAHLER

KOHUT

KERNBERG

BION

MITCHELL

5장 새로운 자아 심리학

안나 프로이트와 하인츠 하트만

요약

이 장에서는 안나 프로이트와 하인츠 하트만, 두 명의 분석가를 함께 다룰 것이다. 이 둘은 1940년에서 1960년 이래 아마 가장 영향력 있는 프로이트주의 이론가일 것이다. 그들의 이론은 보통 자아 심리학이라 불리는데, 왜냐하면 그들이 주창한 프로이트주의 이론이 프로이트의 구조이론(4장)에서 시작하기 때문이다. 하트만과 안나 프로이트는 처음부터 프로이트의 구조이론으로의 선회에 대한 주요 해설가였고, 그들이 구조이론을 명료하게 만들고 발달시킨 덕에 구조이론은 미국 내에서 주도적인 이론이 될 수 있었다. 하지만 1930년대 이들 두 분석가가 당면했던 기류를 환기해보지 않고서는 두 사람의 중요성을 이해하기란 어렵다.

이 시기의 프로이트는 심하게 아팠고 1939년에 사망했다. 당시 잉글랜드에 체류하던 멜라니 클라인은 영국 정신분석학회에서 상당한 영향력을 발휘하고 있었다. 프로이트의 이론은 유럽의 정신분석을 주도

하고 있었으나 핵심적 개념인 타나토스 혹은 죽음 본능(4장)과 관련해서는 불편해하는 기류도 존재했다. 클라인은 죽음 본능 개념을 전폭 수용했지만 정작 프로이트주의 이론가들 사이에서는 흔쾌히 받아들여지지 못했다. 게다가 1920년대에 프로이트가 구조이론을 제안했음에도 프로이트의 최신 이론에 대한 임상적 타당성을 설명한 이론가는 (프로이트 자신을 포함해서) 거의 없었다. (눈베르그Nunberg는 자아 기능의 개념을 확장해서 합성기능에까지 확장 시켰다[1931]. 글로버Glover는 분석 기술에 관한 책에 부정확한 해석의 문제에 대한 글을 쓰기도 했다. 여기서 그는 구조이론의 몇몇 개념을 사용한다.) 1958년, 하트만은 『Ego Psychology and the Problem of Adaptation』을 발표하고, 안나 프로이트는 1936년(영어로는 1946년)에 『The Ego and the Mechanism of Defence』를 발표했다. 이 두 책 덕택에 구조이론은 더 폭넓게 받아들여졌는데, 특히 미국에서 그러했다. 두 책 모두 환자의 의식적 경험에 상당한 주목을 보냈다. 프로이트의 이론은 주로 무의식에 관한 것이었다. 하지만 두 사람이 공통으로 지적한 기본적이고도 필연적인 사실은 무의식에 관한 이론은 의식적 경험이나 행동에 기반해서 세워질 수밖에 없다는 것이었다. 구조이론의 언어로 말하면, 무의식 시스템은 자아를 매개로 이루어지고, 자아의 전의식이나 의식적 측면을 통해 알려지는 것이다. 하지만 프로이트로서는 실망스럽게도 두 사람 모두 비록 대놓고 드러내지는 않았으나 분명히 죽음 본능 개념을 거부하고 있다. 「Analysis terminable and interminable」에서 프로이트는 많은 분석가가 그의 본능 개념을 받아들이지 않는다고 말한다(1937c). 그는 화난 것처럼 보인다. 왜냐하면 이들 중 몇몇은 자신의 가장 가까운 지지자들이었기 때문이다.

하트만은 진화적 측면에서 적응에 관심을 두었으며 정신분석을 당대의 과학, 사회과학에 접목하려고 했다. 비록 본능 개념을 포기하지는 않았으나 상당히 바꾸었는데, 그에 따르면 생명은 자기와 종족의 생존을 도모하기 위한 본능적 경향성을 갖는다. 이렇게 그는 어느 정도는 프로이트의 초창기 본능 이론으로 돌아가게 되었다(3장 참고). 두 사람 모두 평가절하하지는 않았지만 이제 욕동은 하트만의 표현처럼 "계몽의 이성과 낭만주의의 비이성" 안에서 균형을 잡게 되었다(1964a, p. 9). 그의 주장에 따르면, "프로이트의 제안에 근거한 정신분석적 건강 개념은 특정 관점을 지나치게 강조한 나머지 다른 관점을 부당하게 희생하도록 만든다"(같은 책). 그는 "생물학적 가치가 최고로 여겨지면 시대에 병폐를 초래하게 되어 본능만을 숭상하고 이성에는 경멸을 쏟아붓게 된다"(같은 책). 하트만이 이성, 환경, 욕동이 균형을 이룰 수 있는 이론적, 혹은 메타-이론적 근거를 제시한 것에 반해 안나 프로이트는 항상 마음의 가장 바깥부터 작업을 해야 하는 임상적 근거를 제시했다. 그 결과, 1940년 정도에 이르러 자아 심리학은 커다란 성취를 기약하는 균형점을 선취했다. 하지만 그 균형은 보기보다 취약한 것이었다. 균형의 취약점에 관해 이야기하기 전에 먼저 안나 프로이트와 하트만이 어떻게 구조이론을 정상과 '병적'인 마음 모두를 설명할 수 있는 것으로 만들었는지 살펴보자.

안나 프로이트와 정신분석학적 유산

애초에 나는 이 장을 하트만부터 쓰려고 했다. 하지만 하트만의 작업에 관해서 쓰는 동안 깨달은 것은 그의 작업이 상당 부분 안나 프로이트의 이론과 공명한다는 점이었다. 어쩌면 단순히 그녀의 책이 먼저 출판되었기 때문일지도 모른다. 어쨌든 이 책이 그녀의 아버지에게 헌정되었다는 점은 흥미로운 부분이다.

안나 프로이트는 프로이트의 딸로서 정신분석의 역사에서 독특한 지위를 차지하고 있다. 그녀는 정신분석과 함께 성장했고, 아버지가 쓴 유명한 논문(「A child is being beaten」, 1919e)의 소재이기도 했다. 프로이트는 누군가가 자신의 친구나 가족을 분석할 때 극도로 주의할 필요가 있다며, 분석을 하고 나면 대부분 그 우정은 끝날 것이라고 경고했었다(Ellman, 1991). 하지만 정작 프로이트가 자신의 딸을 분석할 때에는, 다행스럽게도 자신의 경고를 피해갈 수 있었다(Young-Breuhl, 1988). 안나는 아동 분석의 선구자였으며, 1920년대 말에는 멜라니 클라인과 논쟁을 시작했다. 이 논쟁은 둘의 사후에까지 계속되었고, 심지어 클라인이 사망한 1963년 이후에도 영국과 전 세계의 프로이트주의자와 클라인주의자는 냉전과 열전을 벌였다. 안나의 전기를 쓴 콜즈Coles(1992)는 책의 서두를 이 유명한 분석가와의 첫 만남으로 시작하는데, 읽어보면 꽤 흥미롭다. 1950년에 그는 하버드의 학부생이었고 당시 정신분석에 대해서는 아무것도 몰랐다. 어느 날 그의 친구 하나가 말하길, 안나가 강연을 할 텐데 이건 꼭 들어야 한다고 말했다. 그는 친구에게 안나 프로이트에 관해서 물었고, 친구는 뭐라고 설명할 수는 없지만 어쨌든 그녀가 "아동 정신분석을 발명했다"라고 말했다(1992, p.15). 이때가 1950년이었는데, 만약 그가 하버드에서 만난 사람이 클라인주의자였다면 아마 그가 들었던 '아동 정신분석의 발명가'는 안나 프로이트가 아니었을 것이다. 전기의 처음부터 끝까지 작가는 안나 프로이트를 겸손하고 영웅적인 인물로 묘사한다. 영-브륄이 쓴 감동적인 전기에서 안나는 좀 더 촘촘히 묘사된다.

안나 프로이트가 정신분석, 아동 복지, 아버지 프로이트에게 헌신하는 삶을 살았다는 점에는 의심의 여지가 없다. 그녀는 여섯 남매의 막내였고 아버지가 정신분석을 막 만들기 시작했을 때(1895) 태어났다. 그녀는 프로이트의 자녀이자 환자, 동료, 그리고 여러 의미로 프로이트 정신분석학의 수호자였다. 그녀는 빈에서 학교 선생님으로 직장 생활을 시작했고, 정신분석가가 된 이후에는 오랜 친구이자 동료인 도로시 벌링엄과 함께 "극빈층을 위한 탁아소를 만들었다"(Coles, 1992, p. 16). 1938년 3월 나치의 위협이 극에 달하자 그녀와 아버지 프로이트는 빈을 떠나 런던으로 향한다. 런던에서 그녀는 햄스테드 클리닉을 열었고, 이곳은 현재에 이르기까지 아동들을 위한 치료 기관이 되어왔다. 그리고 세계 각지에서 모여든 수많은 정신 건강 관련 종사자들을 위한 집중적인 수련 또한 제공하고 있다. 그녀가 이차 세계대전 동안 도로시와 함께 한 노고 덕택에 전쟁에서 상처를 입거나 런던 공습으로 인해 부모를 잃은 아이들이 치료받을 수 있었다. 전쟁 후에도 그녀는 유럽 출신의 전쟁고아들을 위해 일했다. 그리고 그녀는 평생에 걸쳐 영국과 미국, 그리고 전 세계의 아이들이 좀 더 나은 사회적 여건과 교육을 누리도록 헌신했다. 하지만 이렇게 짧은 소개로는 아무래도 그녀가 일구었던 풍요로운 삶과 정신분석의 역사에서 점하는 독특한 위치를 설명하기가 어렵겠다.

독자들 가운데는 프로이트가 자기 딸을 분석했다는 사실을 몰랐던 사람들도 있을 것인데, 아마 굉장히 이상하게 들릴 것이다. 왜 이런 일이 일어났는지에 대해서는 나 또한 충분히 만족스러운 설명을 들은 적이 없다. 콜즈Coles는 프로이트 집안과 가까웠던 인물이었던 그레테 비브링Grete Bibring 박사의 말을 인용한다. 그녀는 다음과 같이 말했다. "지금은 절대 그런 일이 생기지 않지요. 하지만 당시는 달랐어요. 과장하는 게 아니라 당시의 정신분석은 지금 같지 않았죠". 그녀의 말에 의하면 안나는 프로이트의 "보물이자 사랑하는 동반자였고 상속자였다"(Coles, 1992, p. 12). 당시에는 제대로 설립된 정신분석 기관이 없었으며 지금에 와서 보면 분석가와 환자의 관계는 굉장히 문제가 많아 보인다. 예를 들어 안나 프로이트는 에릭 에릭슨Erik Erikson의 분석가이자 친구였다. 나 역시 이 시기에 관한 문헌들을 적잖게 읽었지만, 여전히 혼란스러운 부분은 이 사람들이 한편에서는 적절한 분석 관계에서 이탈한 동료들을 가혹하게 비난하는 사람들이기도 했다는 점이다. 우리는 항상 시대적 상황을 고려하지 않고 판단해버릴 오류의 가능성을 품고 있다. 내가 읽은 모든 문헌에는 항상 그러한 오류가 있었다.

안나 프로이트가 영국이나 미국으로 건너간 수많은 분석가와 우호적인 관계를 유지하고 있었다는 점은 기억해 둘 만하다. 그중에는 하트만도 있었는데, 그의 수련 기간 혹은 그 후에도 그는 안나에게 친구이자 선생의 역할을 했었다. 앞서 내가 안나가 하트만에게 주었다고 말했던 영향은 어쩌면 이전 시기에 하트만이 안나에게 주었던 영향이었을 수도 있겠다.

안나 프로이트의 저작, 『The Ego and the Mechanisms of Defence』를 토론하면서 우리는 최초의 판본과 수년 뒤 다시 인쇄된 판본(Sandler & Freud, 1983, 1985) 모두를 검토하겠다. 다시 인쇄된 판본에는 그녀의 작업에 관한 광범위한 토론이 있다. 이 토론은 저명한 이론가이자 분석가인 조제프 샌들러Joseph Sandler와 이루어졌다.

『The Ego and the Mechanisms of Defence』

비교적 짧은 이 책에서 안나는 아버지 프로이트의 구조이론을 번역, 재검토하고 때로는 새로운 방향으로 향하게 했다. 어쩌면 좀 더 중요하다고 말할 수 있는 점은 그녀가 새로운 개념을 만들었으나 겸손하게도 아버지의 이론 아래 감추었다는 부분일 수도 있다. 책의 시작은 이전 시기(1919~1930)와 당대의 주도적 관점에 관한 이야기다. 그녀의 주장에 따르면 이 주도적 관점이 의미하는 바는 정신분석의 정의가 무의식과 관련한 새로운 발견에 양보 되어야 한다는 것이다(A. Freud, 1946). 이어서 많은 분석가가 그들의 "연구를 성인기까지 이어지는 유아기 환상"에 국한하고 있으며(p. 3), 이러한 심층 심리학depth-psychology으로서의 정신분석은 프로이트의 새로운 구조 모델에 의해 반박되어왔다고 말한다(Freud, 1920g, 1923b, 1926d). 비록 그녀가 자기 아버지에게 새로운 관점의 공을 돌리고는 있으나 사실 그녀 이전에 구조 모델의 의미를 자세하게 설명했던 사람은 거의 없었다. 그녀가 해석한 구조 모델에 따르면 자아는 이드, 초자아, 환경에서 핵심적인 역할을 차지한다. 자아는 "말하자면 일종의 매개로, 이를 통해 우리는 나머지 두 기관(이드와 초자아)에 대해 알게 된다"(1946, p. 6). 이드, 혹은 좀 더 정확하게 무의식적 충동이 자아 안으로 유입되면 자아는 "반격을 하여 이드의 영역으로 침범한다. 자아의 목적은 적절한 방어를 사용하여 본능을 영구적으로 행위에서 배제하는 것이다"(p. 8). 이런 일이 생기는 이유는 충동의 유입이 어떤 이유로든 불안을 초래하기 때문이다. 프로이트의 구조이론에서 불안은 고통스러운 정서다. 조절된 분량의 불안은 자아로 향하는 신호로 작동해서 상당한 위험이 무의식적 충동의 형태로 생겨났음을 알린다(4장 참고). 만약 자아가 무의식적 충동의 유입을 효과적으로 방어하지 못하게 되면 자아는 불안에 잠식되어버릴 수도 있다. 그녀의 결론은 모든 방어의 목적은 자아를 지속적인 고통으로부터 구하는 데 있다는 것이다. 분석가의 임무는 궁극적으로 환자의 곤란을 이해하는 것인데, 그 이유는 이 곤란이 환자 마음의 여러 구조가 만드는 타협점이기 때문이다. 그래서 분석가가 할 일은 타협점을 만드는 구조들을 분리하여 환자가 어떻게 이 타협점이 만들어졌는지를 이해할 수 있도록 돕는 것이다. 그리고 환자는 분석 과정의 일부로써 심리적 고통을 자청해야 한다. 이 과정에 대한 동의가 치료 과정의 핵심적 단계이다.

이상의 짧은 고찰에서 자칫 안나 프로이트가 타협형성 개념을 도입하고 있음을 놓칠 수 있다. 비록 그전에 프로이트가 수많은 기능을 타협형성이라고 넌지시 말한 적이 있었지만, 안나 프로이트는 여기서 분명히 주장하길, 무의식적 충동이 자아에 의해 표현될 때 필연적으로 초래되는 타협형성을 분리, 이해하는 것이 분석의 임무라고 말하고 있다. 이는 그녀가 임상에서 자아에 부여한 새로운 강조점의 하나이다. 임상 기법에 관해 더 이야기하기 전에 그녀의 방어 개념과 방어 기전의 분류에 대해서 알아보자.

방어 기전과 불안의 원천

프로이트가 처음 방어라는 단어를 쓴 건 1894년이었고(1894a, 1장 참고), 이후에는 방어 대신 억압repression이라는 용어를 사용했다(1915d). 후에 여러 방어 과정에 대해 이론화할 때 그는 다시 방어라는 용어로 돌아왔다. 『Inhibitions, Symptoms and Anxiety』(1926d)에서 그는 방어라는 용어를 "자아가 갈등 상황에서 사용하는 기술을 위한 일반적 명명법"으로 사용하기로 결정했다(A. Freud, 1946, p. 46). 그리고 '억압'이라는 용어는 이드의 침입으로부터 자아를 보호하는 특정 방법의 방어를 위해 유보해 두었다. 억압의 의미는 욕동의 단어 표상, 상징 표상, 사물 표상 같은 것들로부터 방어막을 치는 것이다. 다른 말로 억압은 무의식적 환상의 관념적 성분이 의식화되는 것을 막는다. 이 맥락에서 중요한 것은 억압은 자아가 이드로부터 오는 불안을 느끼게 될 때 작동되는 방어의 한 예시라는 점, 그리고 억압은 무의식적 환상이 의식화되는 내적 위험에 대한 방어라는 점이다. 책에서 그녀는 방어를 여러 가지로 분류한다. 하지만 주요한 구분은 내적 불안을 방어하는 방어들과 외적 불안을 방어하는 방어들이다. 즉 자아를 억제inhibit하는 방어와 자아를 제한restrict하는 방어들이다. 그녀가 자아를 억제하는 방어에 대해 더 자세하게 기술했으므로 우리도 이 유형의 방어부터 다루겠다.

자아 억제적 방어와 위험 상황

이 부류의 방어 반응의 특징은 내적(이드 혹은 무의식) 충동에 반응하는 방어라는 것이다. 자아 억제적 방어를 초래하는 상황은 세(네) 가지 유형이 있다. 그 처음은 초자아에 의해 촉발되는 불안이다(4장 참고). 그래서 무의식적 환상(충동)이 의식에 이르려는 위험이 생기면 대개 초자아에 의해 불안이 자극된다. 그녀는 이 상황에 대해서 말하기를, "어떤 본능적 소망은 의식에 들어가서 자아의 도움으로 만족을 구하고자 한다 (…) 하지만 초자아가 저항한다. 그러면 자아는 상위 기구에 복종하여" 방어가 작동한다. 그녀가 강조하는 부분은 "자아 그 자신이 다투고 있는 충동을 전혀 위험하게 생각하지 않는다"라는 점이다(1946, p. 58). 이 정식에서 자아는 본능을 겁내지 않는다. 다만 초자아를 겁낼 뿐이다. 규제와 이상으로 만들어진 초자아는 무엇이 의식에 허용될 수 있는지에 대한 기준을 설정한다. 그녀는 초자아 불안이 분석에서 마주치는 가장 '익숙한' 부류의 불안이라고 말한다.

두 번째 유형의 불안에 대해서 그녀는 어린 아이들이 기본적으로 부모의 말을 어기지 않기 위해 자신의 충동을 방어한다고 말한다. 이에 따라 자아는 충동을 수용하지만 "충동에 대한 방어는 외부 세계에 있는 두려움에 의해 추동된다. 즉, 객관적 불안 때문이다"(p. 61). 자아는 초자아나 객관적 불안으로 인해 불안이 생겨나지 않는 한 충동을 받아들인다. 하지만 순수한 이드 충동에 대해 자아는 이를 받아들이면서도 환영하는 분위기를 만들어내지는 않는다. 자아가 이드 충동을 견디는 수준이 아니라 진정 이드 충동을 환영하는 때는 자아가 덜 분화되었을 때뿐이다. 그래서 초자아가 견고해지기 전 객관적 불안은 자아 억제적 방어를 불러일으킨다. 이후에도 객관적 불안이 계속해서 주요한 불안의 원천이 되면 초자아가 아직 충분히 내면화되지 않았다는 증거가 된다.

세 번째 유형의 불안은 안나 프로이트가 본능의 강렬함이라고 이름 붙인 것에 자아가 봉착하는 경우다. 그녀는 로버트 왈더Robert Waelder를 인용한다. 그는 자아의 전체 조직화가 붕괴하거나 잠식되는 위험에 관해 기술했다. 흔히 사춘기에서 보이기도 하고 정신증의 발병 과정에서 관찰되기도 한다. 이런 유형의 불안에서는 양적量的 요소가 결정적이다. 그렇다면 자아가 붕괴하거나 잠식되려면 얼마나 많은 욕동의 침입이 필요한지를 질문할 수 있다. 무의식적 충동이 한꺼번에 자아로 쏟아지는 게 과연 여타 종류의 불안과 질적으로 다른지에 대해서는 한번 생각해 볼 문제인 것 같다.

안나 프로이트가 불안의 원천이라 말했던 또 다른 요소가 있다. 그녀는 지나가며 슬쩍 이야기하는데 그래도 분명 중요한 부분이라 생각했던 것 같기는 하다. 하지만 불안의 원천으로 완전히 인정하지는 않았다. 그녀는 만약 자아의 합성기능이 교란되면 상당한 문제가 될 수 있다고 생각한다. 왜냐하면 자아가 상반되는 경향(예를 들어 이성애-동성애, 가학성-피학성 같은 것)들을 타협시키는 데 실패하기 때문이다. 그녀는 "상반되는 충동 중에 어느 쪽이 배척되고 어느 쪽이 받아들여질 것인지는 (…) 각자에 붙어있는 카텍시스의 양에 의해 (…) 결정된다"(같은 책, p. 65)라고 말한다. 어느 한쪽에라도 추가적인 에너지가 붙으면 위험해지는 것이다. 이 정식에 의하면 왈더가 말한 조직화는 자아 심리학자들이 합성기능이라 부르는 것에 의해 유지된다. 안팎을 막론하고 지나치게 큰 충동이 유입되면 합성기능이 교란될 가능성이 커진다. 그러면 이는 다시 자아의 조직화에 부정적인 영향을 미치게 된다. 우리는 여기서 안나 프로이트에게 양적 요소는 그녀의 아버지에게 그랬던 것만큼이나 중요하다는 것을 알게 된다.

방어의 이름

지금껏 우리는 자아 억제적 방어를 초래하는 불안의 형성에 대해 살펴봤다. 안나는 불안의 종류를 열거하면서 아홉 개의 방어를 꼽는다. 그리고 이들은 (종종) 상당히 "익숙하고 (…) 정신분석 저작에서 아주 많이 기술되어 왔다"(같은 책, p. 47). 이들은 퇴행regression, 억압repression, 반동형성reaction-formation, 격리isolation, 취소undoing, 투사projection, 내사introjection, 사기 자신을 향함turning against the self, 역전reversal 그리고 열 번째로 "신경증보다는 정상과 관련된 것인 승화sublimation, 혹은 본능적 목적의 전치displacement"가 있다. 여러 해 뒤에 있었던 토론에서(Sandler & Freud, 1983, 1985) 샌들러는 그녀에게 왜 이 목록에 적과의 동일시identification with aggressor가 들어있지 않았는지 물어본다(심지어 이 책에는 이와 관련한 장도 있다). 그녀는 겸손해하며 대답하길, 당시에 이것이 방어로 인정될지 몰랐기 때문이라고 했다. 그리고 방어가 열 개밖에 없냐는 질문에 대해서는 그녀는 잘 모르겠다며 아마 스무 개 정도는 되지 않겠냐고 말한다. 위에서 언급한 방어들은 내적 충동에 대항하기 위한 것들로, 불안은 앞서 기술한 세 가지 원천(초자아, 객관적 상황, 욕동의 강렬함)을 갖는다. 여기에 더해 그녀가 자아 제한적 방어라고 기술한 방어 유형도 있다.

먼저 앞서 말한 모든 방어는 자아를 지속적인 고통으로부터 구하기 위한 것이라는 이야기를 상기하자. 안나 프로이트는 부정denial에 관한 아버지의 논문(Freud, 1925h)을 확장하며 사람(자아)을 환경에서 유래한 불안으로부터 보호하는 방어에 착안했다. 그녀는 토론에서 아버지가 고안한 부정 개념을 확장, 심화시켰다. 그녀의 방식은 방어의 발달과정을 검토하는 것이었다. 그녀의 관찰에 의하면 어린아이는 즐거움과 필요의 만족을 위해 부모와 항상 접촉을 유지하고 있다. 아이가 외부 환경에 의존적이면 의존적일수록 "외부 환경으로부터 고통을 경험할 가능성도 커진다"(1946, p. 74). 아이는 힘이나 자신의 의지로 환경을 바꿀 수 없다. 그래서 때로는 부정을 통해 적어도 환경에 대한 자신의 지각을 바꾸어야 할 필요가 생겨난다. 안나 프로이트는 부정을 정상 발달의 일부이면서 때로는 병리적 방어가 되는 것으로 생각했다. 그래서 아이들은 종종 자유롭게 "반갑지 않은 사실을 부정으로 제거해버리면서도 현실-검증 능력은 썩 괜찮게 유지한다"(같은 책, p. 89). 이런 환상 속의 부정은 아이들이 스스로 물리적, 심리적으로 고통스러운 환경을 다룰 수 있을 만큼 성장할 때까지 계속되는, 흔하고 가역적인 과정이다. 성인이나 후기 아동기에 더는 가역적이지 않은 부정이 만들어지면 이것이 안나 프로이트가 언어나 행위를 통한 부정이라 부르는 것이 된다. (언어와 행위) 모두 이 같은 부정의 영향을 받고, 해당 인물은 마치 자신의 현실은 공통의 현실과는 전혀 다르다는 듯이 행동한다. 어떤 경우, 이 사람은 단순히 현실의 일부를 피하고 환경의 한 부분과 접점을 맺지 못하는 것일 수 있다. 안나 프로이트는 부정은 공포증과 다른데, 왜냐하면 공포증에서는 불안과 방어가 외부 세계의 무언가를 향하는 것처럼 보이지만 정작 그 사람은 "자기 내부의 무언가를 두려워하기" 때문이라고 했다(같은 책, p. 109). 부정에서는 "현실의 불편한 외적 인상은 차단되는데, 왜냐하면 이로 인해 과거로부터 유사한 인상이 재생되기 때문이다"(같은 책). 과거로부터 오는 인상 또한 그 사람이 바꾸고 없애야 할 고통스러운 환경의 한 부분인 셈이다. 부정denial과 회피avoidance는 대표적인 자아 제한적 방어이며 나머지는 자아 억제적 방어이다.

이런 방어가 어떤 면에서 제한적이며 억제적인가? 여기에 대해서는 그녀가 나중에 쓴 글들을 포함해서 추정할 수밖에 없는데, 말하자면 자아 억제적 방어가 사용될 때 일부 자아 기능이 억제된다는 것이다. 좀 고전적인 예를 들자면 어떤 사람이 히스테리 유형의 방어를 쓴다면 이때는 억압이 사용되는데(억압은 히스테리 환자들의 주된 방어라고 가정된다. 격리는 강박적 유형의 사람들이 주로 쓰는 방어이다), 이때 기억이나 지각 같은 기능이 영향을 받는다. 히스테리 환자들은 세부 사항에 약하며 종종 기억도 흐릿한데, 특히 억압이 광범위하게 일어나면 일어날수록 그러하다. 격리를 주로 사용하는 강박적 성향이 사람들을 보면 이 방어 때문에 다양한 감정을 경험하기가 어렵다. 그래서 이 사람들은 타인의 감정적 상태를 이해하기 어려워한다. 대인 관계의 색조와 음양을 경험하는 능력에 손상이 생긴다고 말할 수도 있겠다.

자아 제한적 방어는 자아의 가장 중요한 기능, 즉 현실 검증 능력에 영향을 미친다. 때로는 현실 검증력 그 자체까지는 아니더라도 현실 감각은 영향을 받을 수도 있다. 어떤 경우라도 자아 제한적 방어가 사용되면 사용되는 만큼 현실과 관계하는 자아의 일부가 위험해진다. 혹자는 자아 제한적 방어와 자아 억제적 방어 사이에 예리한 구분이 가능한가에 대한 의문을 표시할 수 있는데, 안나 프로이트의 이분법적 분류는 그녀의 일생에 걸쳐 남아 있다. 샌들러와의 토론을 보면 그녀는 왜 분석가들이 자신의 자아 제한적 방어의 개념을 공포증의 결과와 혼동하는지 모르겠다고 말한다. 공포증에서 해당 인물은 현실의 한 부분을 회피하지만, 반복하건대 실상 공포증에서의 위험은 내부(이드 충동)에서 오는 것이다.

하지만 자아 제한적 방어에서 위험은 바깥에 있거나, 혹은 아버지 프로이트의 표현을 빌리면 신경증에서 갈등은 자아와 이드 사이에, 정신증에서 갈등은 자아와 현실 사이에 있다. 분명 부정을 사용한다고 해서 모두 정신증을 의미하지는 않는다. 안나 프로이트가 자아 제한적 방어에서 갈등은 자아와 현실 사이에 있다고 말했음에도 이는 사실이다. 지금껏 우리는 주로 부정에 초점을 맞추었으나, 실상은 현실을 회피하게 만들지만 좀 덜 심각한 유형의 자아 제한적 방어가 분명히 존재할 것 같기도 하다.

몇몇 방어의 정의와 의문점들

안나 프로이트의 방어 정의를 살펴보는 것은 일단 역사적으로 흥미롭다. 하지만 더 중요한 것은 그녀의 방어 이론 덕택에 어떤 분석가들은 치료 상황을 아주 다른 방식으로 이해하게 되었다는 점이다(Busch, 1995, Gray, 1994). 방어는 정신분석 이론의 핵심 개념이 되었으므로 이제 우리는 방어의 정의들을 살펴보고 방어 이론의 개념화에 대해 질문을 해 보겠다. 예를 들어 이런 질문들이다. 방어 기전은 단일 기능을 갖는가? 혹은 어떨 때는 방어 목적으로 사용되고 다른 곳에서는 또 다른 자아 활동이 되는가? 모든 방어는 무의식인가? 아니라면 의식적 방어란 무엇인가? 안나 프로이트는 자아 제한적 방어와 자아 억제적 방어를 이분법적으로 분류했다. 이것 말고 가능한 다른 분류법은 없는가? 이상의 분류를 이분법이 아니라 연속선으로 이해하면 어떻게 되는가? 이상의 질문이 안나와 샌들러의 토론으로 우리를 이끈다.

흥미롭게도 토론(1985)은 두 가지 방어, 투사와 내사로 시작된다. 아버지 프로이트는 이 두 방어를 중요한 신경증적 기전이라 생각했다.

비록 프로이트가 그렇게 말한 것은 사실이지만, 그는 슈레버의 증상 일부를 설명하기 위해서도 투사를 사용했다(Freud, 1911c). 슈레버가 신경증 환자라고 우기는 사람은 거의 없을 것이다. 내사, 그리고 특히 투사에 관한 토론은 여러모로 안나 프로이트가 방어에 대해 가진 이론적 입장과 1936년 이래 그녀의 생각에 생긴 변화를 잘 드러낸다. 내사는 대상을 받아들이는 메커니즘이고, 투사는 불편한 정서나 관념을 자신으로부터 제거하는 메커니즘이다. 두 사람은 투사를 통해 아이(또는 어른)는 어떤 기분이나 행위를 자기-표상에서 제거하는 동시에 외부 세계 안에 달갑잖은 것의 표상을 만들어낸다고 결론 내린다. 이 시점에서 샌들러는 좀 더 일반적인 질문으로 방어이지만 때로는 방어 이외의 목적으로 사용되는 활동이 있냐고 질문한다. 예를 들어 내사는 아이(또는 아기)가 자신의 내적 세계를 구축하는 것에 도움을 줄 수 있고, 그래서 발달에 있어 비-방어적인 긍정적 영향을 줄 수도 있다. 안나는 동의하며 때로 자신이 방어로 분류한 기능이 방어 이외의 목적에 사용될 수 있다고 말한다. 그다음 질문은 내사와 동일시의 차이다. 그녀의 말에 의하면 그녀가 이 책을 쓸 1936년에는 두 개념에 관한 상당한 토론이 있었다. 그녀는 내사가 대상 표상을 받아들이는 과정이라고 말했고 샌들러는 동일시가 그 사람의 자기 표상에 변화를 일으킴으로써 자아 구조를 더 풍성하게 만든다고 제안한다. 그는 내사가 생애 초기의 중요한 메커니즘이고 또한 다섯 살짜리 어린이가 초자아를 형성하는 데도 중요하다고 말했다. 그는 여기서 동일시는 그 사람의 자기-표상을 변하게 만들지만, 내사는 아이가 대상 표상을 만드는 과정이라고 말했는데, 안나 프로이트 또한 동의하는 듯하다. 대상 표상은 생애 초기와 초자아 형성의 과정에서 나타날 수 있다.

앞서 우리는 투사의 정의에 대해 이야기했었다. 여기에 더해 샌들러와 안나는 '투사'라는 용어가 반사성reflexivity을 의미한다고 말한다. 그래서 누군가 무의식적 생각을 가지면(예를 들어 '나는 그를 미워해'), 이 생각은 누군가에게로 투사되어 이제 투사한 사람에게로 미움이 향한다. "나는 그가 미워"가 이제 "그는 나를 미워해"가 된다(여기가 반사성이다). 흥미로운 것은 프로이트가 슈레버의 망상을 설명하기 위해 투사 개념을 사용한 증례(1911c)에 관한 질문에 대해서 안나 프로이트는 아버지 프로이트가 말하는 것은 투사와 역전reversal이라고 했다는 것이다. 프로이트는 슈레버가 처음 자신의 동성애적 애정을 투사했고, 그다음 투사는 역전되어 "그는 나를 사랑해"에서 "그는 나를 미워해"로 바뀌었다고 생각했다는 것이다. 이렇게 역전이 생긴 이유는 "단순히 동성애적 소망을 투사하는 것만으로는 거의 얻을 것이 없다. (…) 여전히 동성애적 관계가 존재하기 때문"이다(1985, p. 141). 이 설명은 흔히 보는 임상 양상과 반대인데, 보통은 동성애적 느낌을 투사한 사람은 많은 곳에서 동성애적 관계를 목격한다. 그런데 슈레버의 경우에는 왜 그렇지 않은가라는 질문에 관해서는 설명이 없다. 투사가 정신적 내용물을 외면화하는 주요 방어이지만 샌들러는 좀 더 단순한 형태의 투사도 있어서 사람들은 스스로 무의식적으로, 혹은 때로 전의식에서 믿고 싶은 대로 믿는다고 주장한다. 예를 들어 어떤 남자가 여자들이 자신에게 매력을 발견하여 자신에게 접근하길 소망하는 경우, 투사가 일어나면 실제로 그런지와는 상관없이 여자들이 자기에게 접근하는 것으로 여기게 된다. 샌들러는 이런 것을 투사라 불렀으나 안나는 외면화externalization라고 불렀다. 여기서 다시 한번 왜 이것이 투사가 아니라 외면화인가라는 질문에 대해서 안나는 당시의 관례라고 대답했다. 분명한 것은 두 명 모두 이상의 구분에 대한 논리적 이유는 찾지 못한 것 같다. 그래서 외면화와 투사 모두로 묘사된 것은 분명히 구분되는 특징이 없는 상호 연관된 개념인 것 같다. 내 생각에 외면화는 의식에 좀 더 가까운 특징이 있는 듯하다.

내사와 투사를 원형적 방어로 봄에 따라 방어 이론의 지위에 대해 몇몇 결론을 내릴 수 있다. 내사의 경우 방어로 이해할 수도 있지만 어떤 경우에는 방어로 기능하지 않을 수도 있다. 그래서 내사는 발달 중인 아이가 유의미한 대상관계 혹은 적어도 대상 표상을 내면화하도록 도울 수 있다. 투사 개념에서는 최소 지금으로서는 투사와 외면화를 정확하게 구분하기가 불가능하지 않을지는 몰라도 어려운 것 같기는 하다. 긴 토론이 끝나고 샌들러는 "이제 사람들은 투사와 외면화를 섞어 쓸 수 있게 되었다"라고 말한다(1985, p. 145). 분명 투사에 관한 토론을 보면 자신의 (갈등의 일부인) 관념이나 정서를 타인의 일부로 만드는 조건이 무엇인가에 대한 고민이 보인다. 안나 프로이트는 투사는 (외면화와 달리) 공격성과 관련한 갈등을 포함한다고 주장했으나 여러 예를 살펴본 다음 자신의 주장을 철회해야만 했다. 대략 말할 수 있는 것은 사람은 갈등을 일으키는 충동을 마음에서 제거하려 한다는 정도이다. 때로 투사되는 것은 투사한 사람이 진실이라고 믿고 싶은 소망이다. 그래서 여자들이 자기에게 반했다고 믿고 싶은 남자는 자신의 소망을 여자들에게 넘기고, 그 결과로 주변 여성에 대한 이 남자의 지각이 변하게 된다. 이것은 방어인가? 아니면 어떤 조건에서 이것을 방어라고 부를 것인가? 어떤 식으로든 현실을 왜곡하려는 소망은 반드시 방어인가? 어쨌든 이런 현상을 투사가 아니라 외면화라고 부른다고 해서 별 이득이 있어 보이지는 않는다. 다른 경험이나 자료들을 제시하는 대신 우리가 자문해볼 수 있는 것은 이러한 개념화에서 시도된 정밀함이 과연 진정으로 학술적인가 하는 것이다. 더해서 다른 방어를 보면서 이런 질문을 하게 된다. 순수하게 방어적이기만 한 자아 활동이 있는가? 혹은 방어 목적으로만 사용되는 자아 활동이 있는가?

고찰

동일한 자아 활동이 어떨 때는 방어적이나 다른 순간에는 방어 이외의 목적으로 쓰이는 몇몇 예들을 생각해보자. 그 예는 승화, 그리고 적과의 동일시다. 승화는 "본능의 목적을 좀 더 높은 사회적 가치에 따라 전치하는 것"이다(같은 책, p. 56). 승화는 분명 방어적 가치와 목적 그 이상인 것 같다. 비록 승화에도 방어적 기능이 있겠지만 승화의 가치는 본능적 힘을 자아의 통제 아래에 있는 활동으로 바꾸어내는 데 있다. 나는 안나 프로이트의 정의를 살짝 바꾸었는데, 이유는 '좀 더 높은 사회적 가치'는 문화마다 크게 다를 수 있기 때문이다. 이 개념의 핵심은 승화가 변형 과정이라는 것이다. 이 덕에 자아는 욕동의 요구에서 멀어질 수 있다. 특정 문화가 보기에 수준 낮은 문화를 가진 사회에서도 이러한 현상은 일어날 수 있을 것 같다.

적과의 동일시는 종종 순전히 방어적 기능만 갖는 것처럼 보인다. 하지만 모든 동일시는 어느 정도 적응적 요소를 가진 방향으로 자기-표상을 변화시킬 수 있다. 적과 동일시한 덕분에 아이는 자기 것을 강고하고 완고하게 지키려는 힘을 얻을 수 있다. 경쟁적인 사회에서는 유용한 성질이다. 이뿐 아니라 어떤 동일시라도 적응적으로 사용될 수 있는 것 같다. 이런 종류의 동일시는 적어도 방어적 관심에서 생겨난다고 말할 수 있다. 하지만 이 주장조차도 간과하고 있는 것은 아이(또는 어른)가 적을 이상화하고, 적을 닮기를 원하며, 적의 힘을 갖기를 원할지도 모른다는 점이다.

방어를 모두 나열하지 않고서도 알 수 있는 것은 안나의 말처럼 다수의 방어는 종종 방어 목적 이외의 용도로 사용된다는 점이다. 하지만 덧붙여 말할 수 있는 것은 방어 개념이 지나치게 확장되었다는 점, 그리고 아마 이들 메커니즘은 대부분 정상적인 경향으로써의 방어기능도 가진다는 점이다. 만약 타협형성 개념이 (안나 프로이트의 이론같이) 어떤 이론의 일면을 이루고 있다면 거의 모든 활동은 방어적 요소를 갖게 된다. 그래서 아마 누군가는 안나 프로이트가 열거한 리스트의 상당 부분에 대해 의문을 표할 수도 있을 것이며, 이 활동들(그녀의 용어로 자아 활동들)을 방어 기제로 이해해야만 하는 것에 대해 의아해할 수도 있을 것이다. 이런 논의들은 학술적 관심을 뛰어넘는데, 왜냐하면 우리가 아는 방어 개념에 의하면 방어는 가장 먼저 분석되어야 할 것이며, 어떤 이들의 의견에 의하면 거의 전적으로 방어만 분석해야 하기 때문이다. 하지만 방어가 여러 기능을 갖는다는 점을 인지하면 아마 방어의 분석만이 제대로 된 치료적 개념인가에 대해 의문을 품게 될 수도 있다. 안나 프로이트가 제시한 방어들을 죽 늘어놓고 보면 그중에서 격리, 억압, 부정 정도만이 순수한 방어인 것 같다.

이렇게 말하고 보면 안나 프로이트가 말한 환상 속의 부정과 언어와 행위를 통한 부정의 구분이 방금 말한 문장에 배치됨을 알 수 있다. 어린 시절에 경험하는 환상 속의 부정에는 분명 적응적인 구석이 있다. 환상 속의 부정 덕택에 아이는 자존감을 지키고 환경이 아이를 정서적으로 압도하는 것을 막는다. 하지만 비록 부정에 적응적인 면모가 있다고 하더라도 부정의 목적은 항상 현실의 왜곡이다. 그래서 나는 부정을 순수한 방어라고 말한 것이다. 억압에 대해서도 마찬가지다. 억압의 방어 양상은 무의식적 표상의 관념적 성분과 정서적 성분을 분리한다. 분리에 이어 관념이 의식화되지 못하도록 안티-카텍시스가 일어난다. 다른 말로 하면 반갑지 않은 관념이 의식화되지 못하도록 막는 것은 자아에 의한 무의식적 활동이다. 이것이 억압이 의미하는 전부이다. 설사 때로 억압에 적응적인 구석이 있다고 할지라도 그 목적은 항상 같다. 즉, 무의식의 요소가 의식에 이르는 것을 막는 것이다. 유사하게, 격리는 관념과 정서의 분리를 초래한다. 하지만 이때 관념적 요소는 자아의 의식적 측면에 가용하지만, 정서적 측면은 억제된다. 그래서 안나가 만든 리스트 중 부정, 억압, 격리 정도가 순수한 방어처럼 보인다고 말한 것이다. 그리고 부정은 자아 제한적 방어이고 나머지 둘은 자아 억제적 방어이다. 억압과 격리는 무의식적 방어고, 오직 방어가 실패하거나 혹은 그로 인한 자아의 억제가 초래됐을 때만 알아챌 수 있다.

만약 우리에게 남은 것이 부정, 억압, 격리 정도라면 이제 안나 프로이트는 방어적 경향을 연구하는 식물학자 같은 사람이 되는데, 어쩌면 이것이 그녀가 아마 스무 개(이상)의 방어가 있을지도 모른다고 한 이유일 것이다. 다르게 말하면 각각의 방어적 경향을 방어 기제라 부른다면 이제 이론적 타당성은 희석되어 우리는 방어적 경향을 범주화하는 정도에 만족해야 할 것이다. 방어에 대해 이렇게 초점을 맞추면 사람을 분석하는 일에서는 멀어진다. 하지만 안나에게 중요한 것은 사람을 분석하는 일이었다. 이 점을 좀 더 잘 이해하려면 그녀가 정신분석 치료에 대해서 가진 입장을 살펴볼 필요가 있다.

정신분석 치료, 그리고 정신분석 약사略史

정신분석의 역사를 짧게 다루면서 안나 프로이트는 "정신분석이라는 용어는 무의식적 심리와 관련한 새로운 발견, 즉 억압된 본능적 충동이나 정서, 환상에 관한 연구를 위해 남겨져야 한다"라고 말하는 사람이 더러 있음을 밝힌다(1946, p. 3). 그녀는 이에 대한 반박으로 "치료로써 정신분석의 관심사는 처음부터 자아와 자아의 오류였다"라고 말한다(p. 4). 그녀의 생각에 치료의 목적은 항상 같다. "자아의 온전함을 회복하는 것"(같은 책). 이 부분이 흥미로운데, 왜냐하면 프로이트는 1920년대까지 자아에 대한 완전한 개념을 갖추지 못했으며, 그때까지 자아의 의미는 자기 혹은 전체로서의 한 사람이었기 때문이다. 위의 선언으로 안나는 자기 아버지의 의도가 항상 무의식적 환상과 의식적 염려 사이의 균형에 있었음을 분명히 한다. 그녀는 자신의 관심사가 분석가들에게는 새로운 방향이라는 점은 대개 간과하고 있다. 대신 그것이 마치 자기 아버지가 강조한 것처럼 서술한다.

이렇게 주장한 다음 그녀는 짤막하게 정신분석적 기법의 역사를 살피는데, 그 시작은 정신분석 이전의 방법인 최면이다. 그녀가 보기에 최면술사는 자아의 개입을 원하지 않고, 대신 자아 기능을 우회해서 무의식적 기억에 도달하려 한다. 그녀의 생각에 이런 방법으로는 환자가 치료자를 떠나는 순간 자아는 반발하고, 옛 증상과 갈등은 원위치를 찾게 된다. 그래서 최면의 효과가 일시적인 이유는 환자의 자아가 치료에 동원되지 않았기 때문이다. 나란 이것은 병적 기억을 도려내려는 기계적 시도이다.

흥미롭게도 정신분석이 최면에서 멀어진 이유를 설명한 뒤 안나는 분석가들이 정신분석의 근본 규칙이라 부르는 자유연상을 꺼낸다. 어쩌다 보니 안나가 자유연상의 한계에 착안하게 된 연유에 대해서는 별로 알려지지 않았다. 그녀는 자유연상의 규칙 또한 자아를 우회하려는 시도이며 오직 환자의 자유연상에 드러난 이드, 혹은 이드의 파생물에만 초점을 맞추는 것이라고 했다. 그녀의 설명에 의하면 분석가가 이 규칙을 적용하려고 할 때 그는 환자에게 자신의 마음에 다가오는 것을 판단함에 수동적일 것을 요구하며, 오직 의식에 떠오르는 것만 보고하도록 요청한다고 규정한다. 그녀는 환자들에게 자유연상을 강요하지 말라고 경고한다. 왜냐하면 환자가 이 요구에 따르게 되면 치료는 일방적인 작업이 되기 때문이다. 심지어 자유연상이 가능하다 하더라도 최면술보다 별로 나을 게 없다는 이야기이다. 그리고 말하길, "다행스럽게도 실제 정신분석에서 환자가 그렇게 순응하기란 불가능하다"(같은 책, p. 13). 어느 시점이 되면 환자는 불안을 초래하는 무의식적 관념에 저항해서 특징적인 방어를 사용하게 된다. 그녀의 말에 의하면 이것이 프로이트가 말한 정신분석에 대한 저항이다. 그리고 환자의 '저항' 역시 무의식이며, 무의식적 자아의 한 부분이라고 말한다. 여기까지 말한 다음 그녀는 왜 자아의 무의식적 측면을 분석하는 것이 이드의 무의식적 충동을 분석하는 것만큼이나 중요한지를 설명하기 시작한다.

분석가가 처음 (그녀의 관점으로는 가장 먼저) 해야 할 일 중 하나는 환자가 쓰고 있는 방어 기전의 유형을 알아챈 뒤 이를 분석 안으로 단단히 끌고 들어오는 것이다. 가령 분석가가 "여태 맥락에서 떨어져 있던 것을 끌고 들어올" 수 있으면(같은 책, p. 15), 여태 끊어져 있던 자아와 이드 사이의 연결을 회복할 수 있게 된다. 다르게 말하면 방어의 분석 덕택에 자아는 (바라건대) 이드의 파생물에 의해 좌지우지되지 않으면서 그것을 견뎌낼 수 있다. 여기서 잠시 자아를 좌지우지한다는 것이 무슨 뜻인지 살펴보자. 아버지와 딸이 생각하기에는 여태 방어되어 오던 무의식적 충동이 의식(혹은 자아의 의식적 측면)으로 들어오면 이 충동은 만족을 얻으려고 하게 된다. 충동은 단순히 의식에 들어옴으로써 부분적 만족을 얻을 수 있으며, 만약 그 사람이 현실에서 충동을 행동으로 옮기면 좀 더 유의미하고 완전한 만족을 얻게 된다. 누군가 자신의 아버지를 조롱하고 싶은 소망을 방어하고 있다면, 분석에서 의도하는 것은 이 소망을 의식화시킨 채 분석 상황 안에 유지하는 것이다. 그러면 그 소망은 분석 관계 내에서 재연 혹은 논의됨으로써 분석의 자료가 되어 변화를 겪는다. 만약 이 소망이 자아를 휘두르게 되면 환자는 그 결과가 무엇이든 간에 이 소망을 행동화하고 싶은 충동에 쫓기게 된다.

자유연상의 한계에 대해 논한 다음, 안나 프로이트는 꿈의 해석, 혹은 꿈에 관해서만 토론하는 것 또한 개념적으로는 자유연상과 비슷하다고 말한다. 여기서도 역시 환자는 상대적으로 수동적인 위치에 있고, 퇴행한 상태(잠)에서 꿈을 받아들여 분석가에게 보고할 뿐이다. 꿈의 해석은 (할 수 있다면) "이드를 연구하는 데" 도움이 되지만 온전히 새로운 형태의 정신분석은 아니다. 상징과 말실수의 해석 또한 자유연상에 비견된다. 이들을 직접 해석하는 것은 자아를 우회하며 그 자체로는 구식 치료(최면 혹은 압박 기법)와 비슷하다. 분명한 것은 이러한 비교를 통해 안나 프로이트는 정신분석이 예전보다 환자가 만들어 낸 것에 좀 더 온전히 집중하도록 요청하고 있다. 이렇게 보면 그녀는 이상의 토론에서 한계에 대해 좀 더 많이 집중하고 있는데, 이유는 그렇게 함으로써 분석가가 환자의 전이에 좀 더 관심을 가지도록 하기 위해서다. 꿈에 관한 도론에 내해서도 분명 분석가마다 접근하는 방법이 있겠지만, 그녀가 언급하고 있는 것은 당시 분석가들이 일반적으로 꿈을 해석하는 태도에 관한 것이다. Rat Man(1909d)의 증례에서 아버지 프로이트가 자유연상에 대해 취한 태도에 대해서도 유사한 방법으로 비판한다.

아버지 프로이트는 많은 논문에서 전이를 논했고 전이에 관한 세 편의 논문도 썼다. 딸 프로이트는 아버지가 떠난 자리에서 시작하며 독자들이 프로이트의 논문 세 편을 충분히 읽어봤을 것이라고 가정하고 있다. 그녀는 말하길, 애정적 전이의 분석은 환자의 과거에 대한 정보를 제공하며, 따라서 과거의 기억 상실을 메울 수 있도록 돕는다고 했다. 하지만 이는 "오직 이드를 관찰하는 데만" 도움이 된다(1946, p. 19). 자칫 사소한 진술처럼 보일 수도 있지만 이후 몇 페이지에 걸쳐 그녀는 전이 분석의 방향을 완전히 바꿔버린다. 아버지 프로이트에게 애정적 충동의 전이는 분석 치료에서 핵심적이었다. 애정적 전이 덕택에 반복이 발생하고 이 덕에 과거가 해석되어 재구성될 수 있었다. 물론 이 또한 흥미롭지만, 안나 프로이트에게 이것은 분석의 한 요소일 뿐이지 결코 가장 중요한 요소가 아니었다. 분명 아버지의 강조점에서 크게 옮겨간 것이나 비교적 조용하게 이루어진 탓에 당시의 구식 분석가들에게 큰 불안을 일으키지는 않았다.

안나의 다음 주제는 전이된 방어의 해석이다. 그녀에게는 여기가 핵심이다. 그녀는 말한다. 반복 강박의 영향력은 "오래된 이드-충동뿐 아니라 본능에 대한 오래된 방어술에도 역시" 미친다(같은 책, p. 20). 그녀는 환자의 방어적 태도에 대해 "분석가를 희롱한다"라고 말하지 말라며 엄히 꾸짖는다. 그래서 그녀는 환자가 어떤 주제에 대해서 말하지 못하겠다고 할 때, 압박을 줘서 솔직하게 말하게 하거나 혹은 환자가 전이를 통해 방어하고 있는 이드-충동에 노출시키려는 시도에 대해 경고한다. 환자는 항상 솔직하게 말하고 있다고 여겨져야 한다. 내가 보기에 그녀는 분석가들이 환자를 믿고, 분석 과정을 믿도록 요청하는 것이다. 그래서 방어를 분석하게 되면, 우리는

> 본능과 관련한 환자의 기억에 있는 틈새를 메울 수 있고 (…) 그의 자아-발달의 역사, 혹은 다른 식으로 말해 그의 본능이 밟아온 변형의 역사에 있는 틈들도 완전히 메울 수 있는 정보를 얻는다[같은 책, p. 21].

안나 프로이트에게도 재구성은 중요하다. 하지만 그 재구성은 자아의 재구성이고, 갈등의 결과로 자아에 빚어진 수정을 재구성하는 것이다.

그녀의 말에 의하면 애정적 전이의 재구성과 분석은 보통 환자에게 안도감을 준다. 실제로 분석가는 이렇게 말한다. "당신이 사랑에 빠진 것은 내가 아니에요. 사실 당신은 전이를 통해 과거의 사랑을 드러내고 있어요." 이런 분석은 어쩌면 환자가 당혹스러운 기분을 느끼지 않게끔

해줄지도 모른다. 보통 애정적 전이 그 자체는 자아 동조적이지 않으므로 환자로서는 이를 제거하는 것이 편하다. 하지만 방어의 분석은 그렇지 않다. 왜냐하면 방어는 보통 자아 동조적이기 때문이다. 그녀의 말에 따르면 우리는 방어 분석에 관한 한 환자의 협조를 얻지 못한다. “해석이 자아의 어떤 미지의 영역이나 과거의 활동을 건드리는 순간 자아는 분석 작업을 완전히 거부한다”(같은 책, p. 22). 이런 유형의 분석에 대해서 안나는 라이히Reich(1933)를 따라 “성격 분석character analysis”이라고 부르는데 어투로 봐서는 영 못마땅한 눈치다(“흔히 성격 분석이라는 신통찮은 용어로 묘사된다”[같은 책]). 그녀가 이 용어를 쓰려는 이유는 자아의 일부이자 자아에 받아들여진 (동조적인) 특징적 반응을 의미하기 때문이다. 여기서 우리는 프로이트가 오래전에 말했던 전이의 분석은 치료에서 가장 어려운 부분이라는 이야기를 기억하게 된다(Freud, 1905e). (전이 내의) 성격 분석은 정신분석에서 가장 어려운 부분이다. 그리고 안나 프로이트에게는 가장 중요한 부분이기도 했다.

여기서 안나 프로이트를 맺기로 한다. 하지만 이후 방어 분석에서 다시 돌아올 것이다. 물론 우리는 안나의 지대한 공헌에 겨우 손만 댔을 뿐이다. 그리고 이 장의 마지막에 그녀의 발달 개념에 대해서도 약간 다루도록 하겠다.

하인츠 하트만

제이콥 알로우Jacob Arlow는 이렇게 말했다.

> 1970년 5월 17일 하인츠 하트만Heinz Hartmann이 사망했다. 그의 죽음

> 은 정신분석 역사상 가장 중요하고 영향력 있는 한 생의 마감을 의미한다. 지난 이십여 년 동안 하트만은 의문의 여지 없이 출중한 정신분석 이론가였으며 정신분석의 지적 선구자였다. 그의 작업은 자아 심리학에 근거한다. 그는 자아 심리학을 정신분석 이론과 임상의 통합적 요소로 봤으며 일반 심리학 이론을 위한 토대로 여겼다[1970, p. 620].

물론 알로우는 그 자신이 고전주의 이론가로서 충성심을 드러내고 있지만, 이 시기 동안 안나 프로이트와 더불어 하트만이 정신분석 학계를 선도하는 인물이었음에는 의문의 여지가 없다. 흥미로운 점은 페어베언이 그의 생전에 비해 요즘 더 잘 알려진 데 반해 하트만의 운명은 정반대처럼 보인다는 것이다. 요즘 하트만은 역사적 맥락이나 그 개념의 노쇠를 거론하는 경우를 제외하고는 거의 언급되지 않는다. 프로이트처럼 하트만도 심리적 에너지 개념의 사용에 대해 종종 질타를 받는다. 하트만과 그의 동료 라파포트는 정신분석을 체계화하려고 했다. 안타깝게도 두 사람 모두 심리적 에너지 개념과 이 개념에 대한 비판론자들을 꽤 심각하게 다루었다. 하트만의 생각에 프로이트는 여러 군데의 심리적 에너지의 원천을 가정했다. 그리고 하트만은 이 관점에 또 다른 몇몇 심리적 에너지 개념을 더했다. 비록 그의 이론이 분명 심리적 에너지와 관련되어 있지만, 그가 시도한 이론화는 주로 일반 심리학, 그리고 정신분석 이론과 환경적 상호작용을 묶어내는 심리학을 만들려는 시도라고 할 수 있다.

하트만은 정신분석 이론과 술기를 서로 연결하고, 나아가 관련된 타 학제와 연결하는 작업에 유독 적절해 보인다. 그의 친가 쪽 선조들은 쟁쟁한 과학자와 사회과학자들로 가득했다. 그의 아버지 역시 유명한 학자이자 역사가로, 후에 주駐독일 오스트리아 대사를 지냈다. 하트만의 집안은 가장 세련된 지식인을 배출할 수 있는 지적 제련소라고 부를 수 있으며 그는 분명 그중 가장 탁월한 결과물이었다. 그의 관심사는 당대의 문학, 철학, 과학, 사회과학을 아우른다. 그는 막스 베버에게 배웠고, 베버를 통해 당시 유럽의 쟁쟁한 지식인들과 교류했다. 그가 만난 지식인 중에는 비엔나 학파도 있었는데, 이들의 주장인 검증 가능성 개념은 마하와 브리지먼을 계승한 것이었다. 그리고 개념의 운용과 유용성에 관한 그들의 생각은 프로이트 이론의 상당 부분을 배척해버리는 결과를 낳았다. 하트만은 그들의 질문에 대답하면서 프로이트의 이론적 언어 일부를 유효하게 보존하려 했다. 분명 그는 한 미국인 정신과 의사(설리번) 역시도 논리 실증주의에 큰 영향을 받았음을 알고 있었다. 그리고 안나 프로이트가 알고 있었듯이, 그 또한 프로이트주의 정신분석 이론에 대한 도전이 그의 이론을 무력화하기보다는 풍부하게 할 것이라고 믿었다. 프로이트는 1910년에서 1920년대에 걸쳐 아들러Adler, 융Jung, 랑크Rank와 싸웠다. 하지만 이제는 미국의 설리번Sullivan, 그리고 독일에서 건너온 카렌 호나이Karen Horney와 에리히 프롬Erich Fromm이 프로이트의 욕동 이론에 반대하고 있었다. 게다가 하트만이 보기에 이들 문화주의자와 설리번은 무의식적 환상의 역할 또한 평가절하하고 있었다. 흥미로운 것은 하트만의 프로이트 비판도 유사한 관점이라는 것, 그리고 좀 덜하기는 했으나 안나 프로이트도 무의식적 환상의 이론적, 임상적 중요성을 조금씩 줄여가고 있었다는 점이다.

초기의 생각들

로이 쉐이퍼Roy Schafer는 하트만을 평가하면서(1970, 1976), 하트만이 프로이트 말년의 정신분석 이론에 우아함이 부족했다는 점을 통감했던 것 같다고 말한다. 쉐이퍼는 하트만이 어질러져 있던 정신분석의 명제들을 어떻게 체계화했는지를 묘사한다. 프로이트의 가정들에는 위계적 질서라는 것이 전혀 없었고, 하나의 개념에 여러 정의가 사용되었으며, 이 정의들은 늘 서로 연관되어 있었다. 이들 개념을 일관된 것으로 만드는 것이 엄청 방대한 작업이었음에도 쉐이퍼의 말에 의하면 하트만은 자신의 공헌에 대해서는 자세하게 이야기하지 않았으며, 자신의 의견이 프로이트의 의견과 어떻게 다른지도 강조하지 않는다. 그의 눈에 마찬가지로 신기했던 것은 이 당시 (미국의) 많은 정신분석 논문들이 거의 강박적이다시피 프로이트를 인용하면서 시작하고, 자기의 생각이 어떻게 프로이트의 의견과 연결되어 있는지를 보여주려는 것이었다. 이는 물론 자기가 얼마나 *신실한* 정신분석가인지를 보여주려는 의식의 한 부분이었다. 쉐이퍼는 라파포트 그룹의 일원이었으며 당시 미국에서는 생소했던 방식으로 정신분석을 비평하려 했다. (비록 설리번과 프롬도 분명 프로이트주의의 비판자였으나 그들은 프로이트주의 안에 있던 사람들이 아니었다.) 실제로 쉐이퍼는 그의 논문(1970)을 하트만의 사고에 깃들어 있는 열린 태도, 그리고 자아 심리학이 또 하나의 새로운 교조주의가 되어버린 안타까운 경향, 둘 모두에 대해 언급하며 시작하고 있다.

하트만은 상당히 교조주의적 인물로 여겨지고 있지만 어떤 면에서는 상당히 혁명적이라 할 수도 있는데, 비록 논조에서는 그렇지 않을지라도 내용에서는 종종 그런 면이 보인다. 일찍이 1927년에 하트만은 과학적 정신분석을 옹호했다. 그가 말하는 과학적 접근이란 의문의 여지가 있는데, 그럼에도 분명 그는 에른스트 크리스Ernst Kris와 더불어 발달 연구를 옹호하며 이를 통해 정신분석적 개념에 타당성과 변화를 줄 수 있다고 말했다. 후에 하트만은 본능에 대한 가설을 포함해서 모든 가설은 "우리가 다루고 있는 영역에서 얻은 그 모든 사실적 지식과의 일관성과 정합성에 대해 (…) 반드시 점검을 받아야 한다"라고 말했다(1948, p.

370). 이는 프로이트의 생각과는 좀 다른데, 프로이트는 정신분석적 지식에 여타 과학이 도움이 되는가라는 문제에 상당히 회의적이었기 때문이다. 그가 특히 회의적이었던 것은 심리학적 연구가 정신분석적 명제를 위해 도움이 되거나 정신분석적 명제의 타당성을 검증할 가능성에 관한 것이었다. 분명 하트만은 정신분석 이론이 (단순히 묘사적인 수준을 넘어서서) 설명력을 갖추고, 동시에 경험적으로도 검증 가능한 진술을 할 수 있기를 원했다. 그러나 이처럼 강력한 입장은 구현되지 못했다.

쉐이퍼의 말처럼 하트만의 혁명적 측면은 잘 인지되지 못한 측면이 있는데, 그것은 아마 그의 접근이 온통 프로이트를 인용하는 것으로 이루어져 있기 때문일 것이다. 그가 1956년에 발표한 프로이트의 자아 개념 발달에 관한 논문은 독자들에 대한 당부로 시작한다. 그는 모든 정신분석가에게 프로이트의 생각은 여전히 아주 생생하게 살아있으며, "실제로도 핵심적인 요소다"라고 말한다(1964b, p. 268). 그는 먼저 프로이트주의 이론이 상당 수준의 체계화와 타당성을 갖추었다고 말한다. 그러고는 논문의 나머지 부분에서 프로이트가 자기 생각을 거의 체계화하지 않았으며, 오히려 기존의 개념과 적절히 통합하지 않은 채 새로운 개념을 제시했다고 말한다. 그러면서도 그는 시종일관 프로이트의 글에서 체계화의 단서가 될만한 요소들을 찾으려고 한다. 하트만과 크리스가 동의하는 바는 프로이트의 자아 개념이 크리스가 "정신분석의 새로운 환경"이라 부르는 것의 초석을 이룬다는 점이다(Hartmann, 1964b, p. 292). 하트만은 또한 프로이트의 『inhibitions, Symptoms and Anxiety』(1926d)를 "내적, 외적 위험 상황을 추적하려는 시도"로 본다(p. 292). 프로이트에게 환경, 그리고 위험에 대한 내적 감각의 상호작용은 새로운 발전으로 여겨지고, 또한 이드와 초자아에 대한 자아의 의존성이 분화되는 길이자 외부 세계를 향한 자아의 흥미를 일으키는 방법이기도 하다.

이 정식에서 자아는 분명 불안을 포함한 모든 정서가 자리하는 곳이 된다. 하트만이 보기에 프로이트의 주장은 "사고 과정과 자아의 활동은 일반적으로 본능적 에너지를 이용하지 않는다. 대신 수정된 형태의 에너지, 즉 승화, 혹은 탈-성애화된 에너지를 사용한다"(같은 책, p. 293)라는 것이다. 하트만은 프로이트의 강조점을 살짝 바꾸었는데, 그래서 말하길, "내가 보기에 이것은 자아의 경제학적 역할에 대한 전면적 재고찰이다"(같은 책). 유사하게 그는 "정상뿐 아니라 병리적 인간 또한" 프로이트의 새로운 자아 개념에 따라 생각한다(같은 책). 이제 프로이트의 주요 의도는 분석가 그룹에 분명하게 전달되었다. 그것은 프로이트가 내면에 대한 이론에 따라 환자들의 마음을 묘사하려고 했다는 것이다. 그가 인간의 경험을 연속적인 것으로 보았고 이는 당연히 정상성에 대한 흥미와도 연결된다는 데는 의문의 여지가 없었다. 그리고 정신분석의 방향을 병리적 현상뿐 아니라 정상성의 기술로 다시 한번 돌리려고 한 사람이 바로 하트만이다. 하트만은 후에 지적하길, 프로이트는 여전히 자신의 자아 이론을 수정하고 있었다고 말한다. 예를 들어 「Analysis terminable and interminable」에서는 자아에는 유전된 성질이 있다고 말했고, 『An Outline of Psycho-analysis』에서는 자아에는 자기-보존의 경향이 있으나 이드에는 없다고 주장했다. 하트만은 이 부분이 "인간의 이드와 동물의 본능이 어떻게 다른지 다시 한번 분명히 보여준다"(같은 책, p. 295)라고 말한다. 여기서 다시 한번 그는 프로이트가 할 듯한 암시를 꺼내서 새로운 이론에 편입시킨다. 하트만은 인간의 자기-보존적 경향을 자아의 적응적 경향성의 한 부분으로 위치시킨 것이다. 그래서 이 덕에 이드는 쾌락과 비이성적 경향성이 위치하는 자리가 된다. 이는 프로이트의 이론적 관점 중 하나와 일맥상통한다.

프로이트에 대한 하트만의 의견에 동의하든 동의하지 않든, 분명한 것은 이런 식으로 개념들을 설명하다 보면 프로이트 견해를 하트만의 강조점에 일치시키게 된다는 점이다. 여기서 강조점은 자아의 생물학적 토대와 인간의 진화에 있어서 적응의 역할이다. 그렇게 하트만Hartmann, 크리스Kris, 로웬슈타인Lowenstein(셋은 종종 협력했다)은 정신분석을 생물학적 접근과 결합하려 했다. 자아는 생물학적인 토대를 가지면서 또한 사회적 환경적 조건에 따라 발달하게 된다. 하트만은 초창기 시절부터 자아를 인간 기능의 중심에 두었다. 자아의 핵심 기능은 합성기능synthetic function인데, 이 덕분에 계획, 사고, 인지 기능의 조직화와 통합이 가능해진다. 자아의 합성기능 덕에 좀 더 유연한 적응이 가능한 셈이다. 하트만의 견해에 따르면 자아의 생물학적 토대는 프로이트에게 욕동이 생물학적 토대를 갖는 것만큼 견고하고, 자아는 태어난 이후부터 지속해서 독립적인 에너지를 가진다. 자아는 여전히 이드에서 유래된 에너지를 사용할 수도 있다. 하지만 지각이나 움직임 같은 자아 기능은 태어날 때부터 있었던 것으로 욕동(이드)과 무관한 에너지를 가진다. 앞서 나는 하트만의 현실과 생존 메커니즘에 대한 강조가 프로이트의 첫 번째 욕동 이론(3장 참고)을 생각나게 한다는 점을 이야기했다. 하지만 그는 프로이트가 제시했던 관점(Freud, 1939a)을 수정하려고 시도했다.

하트만의 진화론적 경향은 간과되어온 측면이 있다. 그리고 생존 메커니즘에 관한 그의 견해는 초기 발달의 개념화에 아주 중요하다. 그는 스피츠Spitz와 영향을 주고받았다. 스피츠는 병원에서 키워진 아이들에 관한 연구에서 발달 초기에 실제 인간과의 접촉이 얼마나 중요한가를 보여주었다. 스피츠가 자신의 예견을 프로이트의 후기 본능 이론에서 도출했다는 점은 잘 알려지지 않았다. 하지만 스피츠는 뉴욕(1945, 1957), 덴버에서의 연구 결과를 하트만이 발전시킨 자아 심리학에 따라 개념화했다. 하트만의 눈에 스피츠의 연구 결과는 생애 초기 아기-엄마의 접촉이 아기의 생존에 얼마나 중요한가를 보여주는 것이었다. 그러니까 아기는 육체적, 심리적 생존을 위해 어떤 형태의 양육에 반드시 의존할 필요가 있다는 것이다.

몇몇 출중한 비판들

하트만의 작업을 드러냄에 있어 겪는 어려움은 그의 공로가 정신분석 이론가 대부분의 작업 속에 녹아있어서 다른 저자들이 보인 반응을 언급하지 않고는 좀처럼 자세하게 이야기할 수가 없다는 점이다. 버그만Bergmann(2000), 그린버그Greenberg와 미첼Mitchell(1933)처럼 서로 결이 다른 저자들도 하트만의 비판에는 공통점을 보인다. 분명 버그만은 대체로 좀 더 동정적이다. 하지만 좀 더 나중에 쓰인 글인 탓에 그의 비판이 좀 더 가차 없다고 말할 수도 있다. 그는 때늦게 하트만 시대의 종언을 고한다. 하트만의 기본 개념을 좀 더 훑어보기 전에, 하트만 자신의 기본 개념들로 조현병의 발병과 원인을 설명한 논문을 다루고자 한다. 내 생각에 이 논문을 이해하는 것은 하트만이 남긴 또 다른 유산을 좀 더 제대로 이해하는 길이다.

조현병의 메타심리학

하트만은 여러 논문에서 아기-엄마의 상호작용이 하는 역할에 주목했다. 그러나 임상적 타당성을 고찰한 것은 「Contributions to the meta-psychology of schizophrenia」(1953)이다.

비록 이 논문은 임상적 이슈에 관한 것이지만 하트만의 논조는 다른 논문들과 비슷하다. 이미 제목에서 '메타심리학'이라는 단어가 보이는데, 마치 독자들에게 이 논문의 이론적 복잡함을 경고하는 듯하다. 논문에서 하트만은 조현병에 대해 글을 남긴 저자들을 언급한다. 이중 몇몇은 정신분석가고 나머지 대다수는 그렇지 않다. 피아제Piaget와 모리스Morris가 인용되고, 피아제의 일부 의견은 조현병의 원인에 대한 하트만의 가설에 합쳐진다. 우리는 하트만의 박식함에 한동안 머무를 수도 있다. 하지만 이 논문에서 좀 더 눈에 띄는 건 그가 두 명의 탁월한 클라인주의자를 언급했다는 점이다. 그들은 일부 프로이트주의자들에게는 적으로 여겨지던 사람들이었다. 클라인의 이론에는 기본적으로 정신병적 상태(paranoid-schizoid position)가 포함된다. 그리고 하트만은 아동기 정신증을 연구하는 아동 정신분석가가 많아지는 이유를 일부 그녀의 작업 덕택으로 돌리고 있다. 로젠펠트Rosenfeld와 클라인은 조현병 환자의 자기-파괴성과 관련해서도 언급된다. 클라인(6장, 8장 참고), 로젠펠트(1952) 두 사람 모두 자아의 분열을 자기-파괴적 충동의 결과로 이해하고 있다. 그들의 의견을 포괄하려는 하트만의 시도는 다른 파벌의 정신분석적 견해를 자아 심리학에 통합시키려는 열망보다는 순수하게 학문적 관심의 결과인 것 같다. 그럼에도 클라인에 대한 그의 지식과 학문적 견결함은 스스로 인정한 것보다 더 포괄적 시도를 하게 만들었다.

정신병에 관한 토론에서도 여전히 하트만은 프로이트가 했던 구분에서 시작한다. 프로이트의 구분에서 신경증 환자의 갈등은 심리 내적으로 자아와 이드 사이에서 생겨난다. 정신증에서 갈등은 자아와 현실 사이에 있는 것으로 여겨진다. 프로이트에게 정신증의 주요 요소는 욕동의 강렬함이었다. 하지만 하트만은 부드럽지만 단호하게 욕동과 현실을 중재하는 자아로 문제의 지점을 옮긴다. 하트만이 특별히 주목하는 부분은 프로이트의 용어로 역-카텍시스counter-cathexis, 혹은 방어라 불리는 과정에서 자아가 하는 역할이다. 여기서 하트만은 눈베르그Nunberg의 주장을 검토한다. 눈베르그에 따르면 대상 리비도의 상실은 억압을 파괴하고, 프로이트의 관찰에 의하면 조현병 환자는 다양한 스트레스 상황에서 더 큰 반응성을 보인다. 하트만은 일견 이상의 주장을 받아들이나 그의 초점은 결국 방어에 있다. 따라서 그는 조현병 환자들이 사용하는 원시적 방어를 언급한다. 그가 원시적 방어라고 부르는 것은 그와 안나 프로이트의 가정에 의하면 지속적인 역-카텍시스를 제공하지 못하는 방어이다. 다른 방식으로 말하면 억압은, 만약 효과적으로 작동하게 되면 지속적인 방어 기능을 제공하게 된다. 원시적 방어는 간헐적으로 작동하거나 혹은 위험하다고 인식되는 외부의 상황이 감지될 때만 작동한다. 예를 들어 투사는 불안을 초래하는 관념을 타인 혹은 외적 상황 안에 위치시키는 방어이다. 투사되는 관념은 내부에 두기에는 너무나 불안을 초래하는 것이어서 이제 바깥에서 오는 위협이나 두려움으로 지각된다. 프로이트가 처음 투사를 극적으로 사용했던 증례에서, 슈레버(1911c)가 자신을 강간해서 여성으로 만들어버릴 것을 두려워했던 다른 타인들에게 자신의 동성애적 관념을 투사하는 것으로 보았다. 하트만이 원시적 방어라 부른 것들은 대개 그 사람의 현실 검증 능력을 방해한다. 이로 인해 심각한 어려움이 초래되는데, 특히 이러한 방어가 그 사람의 기본적인 방어일 때 그러하다.

하트만이 보기에 조현병 환자들이 사용하는 방어의 유형은 조현병의 발병과 지속을 이해하는 데 핵심 요소이다. 그가 방어를 바라보는 관점은 중성화neutralization 개념, 그리고 방어에서 공격성의 역할에 대한 그의 관점과 밀접하게 얽혀있다. 그의 중성화 개념은 프로이트의 승화 개념에서 유래한 것이지만 몇몇 중요한 지점에서 차이가 있다. 프로이트는 에로스, 혹은 성욕이 승화의 동력을 제공한다고 생각했지만 하트만은 성적 욕동이나 공격적 욕동 중 어느 것이라도 중성화될 수 있다고 생각한다. 프로이트의 승화에서 욕동은 자아에 의해 전환, 제어되고 욕동은 어떤 행위를 위한 힘을 제공하는 것으로 여겨진다. 그래서 비록 성적 욕동이 변형되어 승화가 된다고 하더라도 이 활동은 욕동의 파생물에 의한 것으로 이해된다. 하지만 하트만의 중성화 개념에서는 욕동은 전적으로 자아에 의해 전환되어 어떤 목적으로도 사용될 수 있다. 그래서 중성화된 에너지에는 욕동의 흔적이 거의 없다. 조현병에 관해 하트만이 제기하는 질문 중 하나는 조현병의 발병에서 얼마만큼의 욕동이 탈-중성화되는가이다.

프로이트의 관점에 의하면 조현병에서는 대상 애착에서 초기 자기애로 옮아간다. 비록 하트만도 이런 관점을 사용하고는 있으나 그의 개념에서 중요한 것은 조현병의 발병에서 공격성이 하는 역할이다. 방어 과정에 연료를 제공하는 것은 공격적 욕동이고, 조현병 환자를 공격적 에너지로 휩쓸어버리는 것은 그 방어 과정의 붕괴이다. 그리고 어떤 사람을 방어의 붕괴에 취약하게끔 만드는 것은 공격적 욕동을 중성적 에너지로 전환하는 것에 있어서 초기의 실패이다. 이 가정에서 방어는 말 그대로 역-카텍시스인데, 이는 자아에 의한 공격적 활동으로 자아가 무의식적 표상이 표현되는 것을 제어하고 억누르려고 하는 활동이다. (하트만의 개념에 내재한 논리를 보면 역-카텍시스 개념에서 상대적으로 공격성이 강조되는 것을 볼 수 있다. 이는 완전히 중립적인 에너지라는 개념과 상충한다.) 방어의 붕괴에 취약한 사람들을 묘사하면서, 하트만은 반복적인 공격성의 사이클을 그린다. 그가 가정하는 사람은 세상을 공격성으로 가득한 것으로 바라보는 동시에 그 자신 또한 (직간접적으로) 공격적인 행위를 하는 사람이다. 이런 사람은 공격성이 온통 자신을 둘러싸고 있다고 보는 까닭에 그 자신의 공격적 성향도 높아지고, 따라서 타인에 대해서도 공격적으로 반응할 가능성이 커진다. 하트만에 의하면 이런 악순환은 또 다른 수준에서도 일어나는데, 그의 주장에 따르면 이런 현상은 (초자아 같은) 내적 구조를 더욱 가혹하고 비판적으로 만들게 된다. 이제 이 사람은 외부의 공격성뿐 아니라 내적 공격성과 자기-처벌적 공격 또한 견뎌야 한다. 이런 사람의 초자아는 일관적이지 않고 가혹하며 처벌적이다. 초자아의 발달이 아직 충분하지 않다는 점을 고려할 때 그의 초자아가 내는 목소리는 여전히 인격화된 것으로, 아직 너그러운 타이름이나 이상의 형태로 내면화되어 제대로 탈-인격화되지 않은 것이다. ('인격화'라는 용어에 대해서는 자기 행동을 조절하기 위해 스스로 행동을 제어하기보다 부모가 '안 돼'라고 말하는 장면을 떠올리는 어린이들을 생각하면 이해하기가 쉽다. 탈-인격화는 아이가 가치를 내면화해서 원래 그 가치에 연결되어 있던 부모가 없어도 자기 자신의 것이라고 여기는 과정이다.) 하트만이 기술하고 있는 것을 초자아 발달이라 부를지 초자아 전구체의 발달이라 부를지는 용어 선택의 문제일 테고, 현재 우리의 관심사는 아니다. 그러나 조현병을 논하면서 하트만은 독자들에게 "프로이트의 가정은 공격성의 자유로움이 커질수록 갈등의 경향은 증가"한다는 것임을 다시금 주지시킨다. 하트만이 묘사하는 부류의 공격성이 귀결하는 곳은, 공격성이 탈-중성화될 가능성이 커짐에 따라 공격성이 "내부로 향하여 초자아에 의해 흡수될 수도 있다는 점"이다(1953, p. 98).

하트만이 묘사하는 장면은 분명 일시적인 현상이 아니라 장기간의 경향성이다. 그래서 조현병의 발병은 하나의 강렬한 상호작용 혹은 사건, 혹은 그가 언급은 하지만 묘사하지는 않은 모종의 요소(생리학적, 혹은 신경생리학적 변화)에 달려있다. 그의 관점에서 핵심적인 요소는 취약한 사람에게 촉발되는 공격성과 그로 인한 공격성의 탈-중성화이다. 이러한 악순환으로 들어갈 수 있는 경우는 무수히 많다. 한 경우로, 만약 취약한 사람에게 공격적 반응을 일으키는 경우가 있다고 하자. 그러면 이 사건으로 인해 공격적 에너지의 자유도는 커지고(탈-중성화) 그 사람이 공격적으로 반응할 가능성이 커진다. 그리고 이는 역으로 환경(주변 사람)의 공격적 반응을 초래하게 되고, 이는 다시 내적 공격성을 키우고 이 공격성은 초자아에 의해 흡수되어 결국 그 사람은 안팎으로 공격성과 마주치게 된다. 탈-중성화가 일어나면 방어(예를 들어 억압)가 안정적으로 될 기회가 적어지므로 그 사람은 하트만이 말한 원시적 방어를 사용할 가능성이 좀 더 많아진다. 이것이 안나 프로이트가 말한 자아 제한적 방어이다(부정 등).

흥미롭게도 몇몇 연구는 하트만이 가정한 공격성의 중요성을 살펴보기 위해서 이루어졌는데(Silverman, 1967), 이 연구의 결론은 잠재의식에 가해진 공격적 자극이 조현병 환자들의 증상을 악화시킨다는 점이었다. 물론 이런 연구 하나만으로 단정 지을 수는 없지만, 조현병에 관한 하트만의 이론과 잘 맞아떨어지는 점은 흥미롭다. 하필이면 이 논문을 살펴보는 이유 중 하나는 그가 중성화나 초자아 같은 자신의 이론적 개념을 어떻게 임상적으로 사용하는지를 보여주기 때문이다. 게다가 그는 조현병에 대한 취약성이라는 관점에서 유전적 소인과 공격성의 역할을 이야기한다. 그는 "충동 발산의 유예 같은 역-카텍시스 구조나 요소들, 그리고 프로이트가 '자극에 대한 보호벽'이라 불렀던 것들도 아마 후에 나타나는 방어 기전의 전구체일 것이다"라고 말한다(1953, p. 204). 그는 버그만Bergman과 에스칼로나Escalona의 엷은 보호벽thin protective barrier 개념을 인용하고 있다(1949). 엷은 보호벽이라는 개념은 지속적인 자극에 적응하지 못하는 아기들을 설명하기 위한 개념이다. 그들이 제시하는 가설과 자료에 의하면 엷은 보호벽은 아이(아기)들이 외부 자극에 과민해지는 요인이다. (보호벽에 대한 프로이트의 관점은 피질이 강력한 자극에 대한 방어벽을 제공한다는 것이다. 이 덕분에 아주 강력한 자극이 초래하는 외상을 예방할 수 있다.

에스칼로나는 정신분석 학계에서는 잘 알려진 연구자로 이 개념을 이용해서 일부 아기들이 엷은 보호벽을 가지고 있음을 보이려고 했다. 그녀의 연구는 비록 인상적이었으나 통계적으로 유의하지는 않았다.) 하트만의 가정은 어떤 사람이 충동 발산의 유예에 어려움을 겪고 외부 환경에 대해 지나치게 예민한 특성을 보이면 보일수록 방어 조직의 불안정이 초래된다는 것이다. 흥미롭게도 그는 방어 조직의 발달과 관련한 대상관계 가설 또한 제시하고 있다.

> 내가 앞서 말했듯 완전한 대상관계는 (…) 공격성과 리비도의 상당한 중성화를 전제하고, 이 덕에 필요와 무관하게 대상 항상성이 유지될 수 있다. 이들은 자아가 하는 역할이다[1953, p.199].

그래서 엄마는 아기가 겪는 다양한 상태에서도 일관되게 가용해야 하며, 특히 아기가 통증이나 배고픔 같은 극심한 고통을 겪고 있지 않을 때는 반드시 편안함을 줄 수 있어야 한다. 그의 생각에 의하면 아이가 엄마를 별개의 인간으로 보려면 아이는 엄마를 필요의 순간만이 아니라 안정된 순간에도 볼 수 있어야 한다. 이 정식에 의하면 엄마는 아기가 중성화 과정을 시작할 수 있도록 돕고, 방어를 비롯한 다양한 자아 기능을 위한 에너지를 만들도록 돕는다.

몇몇 기초적 이슈와 개념들

다음 개념으로 넘어가기 전에 하나 염두에 둘 것은 하트만의 중성화 개념에서 그는 타나토스, 죽음본능 개념을 유독 배척하고 있다는 점이다. 프로이트의 생각에서 타나토스는 에로스와 융합fusion함으로써 제어가

가능해진다. 하트만은 에로스와 타나토스 개념을 거부하고, 대신 성적 본능과 공격성이라는 이원적 욕동 이론을 내세운다. 그리고 공격성의 변환을 위해서 반드시 욕동의 융합이 필요하지 않다는 것이 그의 주장이다. 하트만, 크리스, 로웬슈타인(1949)은 성적 욕동뿐 아니라 공격성 또한 변환될 수 있다고 주장한다(탈-성애화, 탈-공격성화). 두 과정 모두 중성화로 이해된다. 그래서 공격성은 타나토스를 대체하는 것에 그치지 않고 프로이트의 이론에서는 없었던 변환 과정 또한 겪는 것으로 이해되었다.

"The average expectable environment"는 하트만이 고안한 구절로써 한동안 널리 인용되며 정상 발달의 필수조건처럼 취급되었다. 평균적으로 예상되는 환경이 제공되면 얼추 정상적인 성장, 성숙을 예상할 수 있는 것이다. 그린버그와 미첼은 이 개념을 위니콧의 good enough mother 개념과 비교해서 이렇게 말한다. 하트만의 "강조점은 부모가 제공하는 어떠한 질적인 반응성이 아니다. 오히려 인간이 태생적으로 가지는 심리적(생물학적) 특성에 있다"(1983, p. 249). 위니콧의 엄마가 제공하는 "facilitating environment"는 특별히 "인간적"이다. 하지만 하트만이 생각하는 평균적으로 예상되는 환경은 "전체적으로 생물학적인 개념"이라는 뜻이다(같은 책, p. 250).

이상의 인용을 앞서 살펴본 조현병의 원인과 발생에 관한 그의 이론과 나란히 놓고 보면, 생물학적 이론가가 주장할법한 이야기와 상당히 다름을 알 수 있다. 기억해둬야 할 점은 거의 모든 시대(오늘날도 마찬가지)에서 조현병은 생물학적, 유전적 질환으로 여겨지는 경향이 아주 강하다는 점이다. 하트만도 이 점을 인정한다. 하지만 그의 글에서 드러나는 일차적 관심은 흥미롭게도 한 개인이 겪는 경험적 측면이다. 그는 환자들이 공격적 관념에 휩싸인다고 말한다(나는 잠시 하트만이 사용하는 에너지 관련 용어를 피하겠다). 대인 관계 수준에서 보면 환자는 세상을 공격성이 가득한 것으로 경험한다. 그들은 세상이 허용하고 불허하는 것들에 대한 적절한 기준을 제시하는 동일시를 여태 내면화하지 못했다(다른 말로, 안정적인 초자아를 만들지 못했다). 오히려 그들이 내면화한 것은 가혹한 이미지들로, 이들은 나무라고 처벌하며 때로는 존재를 위협한다. 이들은 환자가 안팎으로 지각하는 공격성을 악화시킨다. 하트만이 그리는 공격성의 악순환을 설명하기 위해 클라인주의자는 투사적 동일시 개념을 사용할 것이다. 외부 세계로 투사된 공격성은 다시 돌아와서 이제 세상은 공격적이고 삶을 위협하는 곳이 되어버린다. 성인 조현병 환자의 외부 환경은 끔찍하고 무서운 내적 세계에 의해 만들어진다. 하트만에 의하면 이 세상은 서로 얽힌 몇몇 요소들에 의해 만들어진다. 그가 말하는 초기 발달에 관해 이야기하기 전에 먼저 알아 둘 것은 보통 조현병의 발병은 환경이나 신체에 초래된 급격한 변화(사춘기의 시작 등)에 의한 것으로 여겨진다는 점이다.

하트만이 생각하는 조현병의 원인에는 보호벽이나 대상관계 같은 개념들이 뒤섞여있다. 이것을 위니콧의 용어로 풀어보면 쉽게 겁을 먹는 아이들, 혹은 다른 아이들은 대부분 별문제 없거나 심지어 즐거움으로 받아들이는 자극에 어려움을 겪는 아이들에게 충분히 좋은 엄마 역할을 하기란 힘들다고 말할 수 있다. 보통 이상의 보호를 제공하기 위해서는 충분히 좋은 엄마도 보조 자아가 필요하다. 엄마는 자신이 주는 것이 아기에게는 불쾌하게 경험될 가능성에 단단히 대비해야 한다. 아이의 거부에 대해 엄마는 지지적이어야 하며 아이가 이를 거절로 경험하게 되어서는 곤란하다. 그래서 이런 유형의 아이를 둔 엄마는 다른 엄마들이라면 상처가 될 경험에 대해서도 의연하고 유연할 필요가 있다(부모로서 내가 주는 것들이 거절당하는 느낌은 아주 힘들다). 하트만이 생각하는 아기는 필요의 순간뿐 아니라 하루 내내 일관적인 엄마를 필요로 한다. 기억해 둘 것은 이상의 개념에서는 조용히 깨어있는 시간이 아주 중요하다는 점이다. 아이가 다급한 안팎의 필요에 휩싸여있지 않을 때도 엄마는 반드시 지각되어야 한다. 만약 이에 실패하게 되면 내적 조절과 통제를 형성하고, 그것의 일환인 방어를 형성하는 아이의 능력도 충분히 자라나지 않을 것이다. 내가 지금 말하려고 하는 것은 심지어 조현병 같은 병에서도 하트만은 강력한 대상관계적 관점을 견지하고 있다는 점이다. 하트만을 읽는 데 있어 겪는 어려움 중 하나는 그의 언어가 온통 에너지로 가득 차 있다는 점이다. 이것이 바로 내가 그의 개념을 설명하면서 프로이트나 하트만의 정신분석 용어를 의도적으로 피하는 이유기도 하다. 그린버그와 미첼은 하트만이 "태생 당시 가장 중요한 환경적 요소는 아기의 엄마라고 주장"한다고 말한다(1983, p. 251). 하지만 여기서 엄마가 중요한 이유는 그녀가 "환경의 물리적 속성들을" 조절하기 때문이다(같은 책). 반면 하드만이 생각하는 충분히 좋은 양육의 한 측면은, 딱히 급하게 필요한 것이 없을 때 아기를 어떻게 돌보는가인데, 이상의 두 의견은 상반되는 것처럼 보인다. 나는 앞서 조현병에 대한 하트만의 관점을 언급하며 그의 개념이 생물학적 언어나 에너지를 언급하지 않고서도 이해될 수 있음을 보였다.

안타깝게도 하트만의 저작 대부분은 앞서 언급한 논문에서 보여준 구체성과는 거리가 멀다. 전체적으로 하트만은 프로이트주의에서 살짝 벗어나려고 한다. 그의 지향점은 정신분석적 개념을 일반 심리학으로 만드는 것이다. 그린버그와 미첼처럼 하트만도 프로이트의 현실원리 발달 이론에 의문을 표한다. 그들의 주장에 따르면 프로이트는 현실원리의 발달에 따라 즉각적인 만족을 지연시킴으로써 좀 더 지속적인 쾌락을 얻게 된다고 가정한다. 그린버그와 미첼은 이렇게 결론 내린다. 프로이트에게 "현실은 쾌락의 연쇄 바깥에 위치한다 (…) [그리고] 대상관계는 더더욱 동기 이론의 주변부에 위치한다"(같은 책, p. 252). 하트만은 훨씬 용의주도해서 프로이트의 개념을 계통 발생적 관점과 개체발생적 관점으로 나누어 생각했다.

동물 행동학자들과 마찬가지로, 프로이트는 동물들이 환경에 적응하는 것을 보장하거나 동물들이 그렇게 하도록 돕는 본능이 있다고 가정했다. 이 가정은 비슷했지만, 본능에 대한 프로이트의 관점은 동물 행동학자들의 그것과는 다르다. 동물 행동학은 본능을 고정된 행동 패턴 혹은 그 파생물과 같은 것으로 여긴다. 프로이트는 현실을 다루는 데 있어 현실은 쾌락의 수행으로부터 온다고 가정했다. 그래서 쾌락 원리에서 현실원리로의 이동은 현실에서 쾌락이 생겨나는 데에 달려있다. 하트만은 인간에게는 적응을 보장하는 본능 같은 것은 없다고 가정했다. 그에게 생존의 가치를 갖는 것은 자아(그리고 조절 원리)이다. 그는 이렇게 말한다. "현실원리는 (…) 역사적으로나 위계적으로 쾌락 원리에 선행하고 우위를 점한다"(1958, p. 44). 하트만은 프로이트의 현실 검증 능력의 발달에 관한 개념을 바꾸고 있다. 그리고 하트만의 개념에서 쾌락-불쾌의 연쇄는 덜 중요해진다. 하트만은 현실원리를 쾌락 원리에 앞서는 것으로 본다. 따라서 논리상 프로이트의 일차과정 개념도 달라진다. 최소한 이제 일차과정은 발달상 먼저 생긴 것이라는 의미에서 일차적이라고 말할 수는 없게 된다. 사실 이렇게 되면 내가 앞서 프로이트의 세 번째 정신분석 이론이라 불렀던 것에 내재한 논리적 난점들의 해결에는 도움이 된다(3장의 '고찰' 참고). 하트만으로서는 현실원리가 쾌락 원리에 선행한다고 말하는 것이 인간 발달에서 적응의 중요성을 강조하는 방법이었다. 아기로서는 생존을 위해 양육하는 부모에게 어느 정도 반응해야 할 필요가 있다. 이렇게 보면 하트만이 보는 양육은 그가 평균적으로 예상되는 환경이라 이름 붙인 적절한 자극 조건을 제공하는 과정인 셈이다.

평균적으로 예상되는 환경 못지않게 유명한 개념이 자아 자율성ego

autonomy 개념이다. 자아 자율성은 어떻게 보면 프로이트 자아 개념의 거울상처럼 보인다. 하트만의 자아는 처음부터 자체적인 에너지를 가지며 현실원리를 장착시키는 구조이다. 그래서 자아 자율성은 처음부터 존재할 뿐만 아니라, 우리 마음의 최초의 포괄적 원리인 현실원리는 자아에 의해 시작된다. 자아의 자율성은 단순히 초기 발달에 그치지 않는다. 오히려 정신 건강이 부분적으로 자아 자율성에 의존하는 것으로 여겨진다. 하트만의 생각은 라파포트에 의해 보강되고 지지받았는데(1967), 라파포트는 정상적인(혹은 이상적인) 자아는 욕동이나 현실에 의해 제어되는 것이 아니라고 했다. 버그만(2000)은 건강한 자아는 초자아로부터 자율성을 얻는다고 말한 샌들러의 이야기를 언급했다. 이 생각은 많은 분석가의 도전을 받았으나 한동안은 정신 건강의 중요 기준으로 여겨지기도 했다. 이것이 개념상의 기준일뿐인지 아니면 분석가들이 진실로 의지할 만한 기준인지는 여전히 토론이 필요한 문제이다. 그러나 아무쪼록 자아 자율성이라는 개념이 프로이트가 『The Ego and the Id』에서 말한 생각과 거리가 있다는 점은 분명하다. 프로이트가 그린 자아는 말 위의 기수로 제어에 애를 먹고 있었다(이드와 초자아에 의해 무력화되고 조종받는다). 프로이트가 가련한 신경증 환자를 위한 안식을 구하고 있는 것에 반해 하트만을 위시한 자아 심리학자들은 내적, 외적 환경에 대한 좀 더 적극적인 제어를 추구하고 있다. 이런 생각은 이차적 자율성secondary autonomy 개념에서 분명해진다. 하트만의 가정에 의하면 자아 안의 갈등 지점은 훌륭한 발달 여건이나 정신분석적 치료를 통해 자율성을 얻을 수 있고, 이처럼 이차적 자율성을 발달시키는 요소는 기능 변화changes in function라고 불렸다. 이 요소들은 그 자체로 반드시 분석되어야 할 자아의 일면은 아니다. 이차적 자율성 개념은 그 원리상 정신분석의 기법을 자아의 갈등에 한정한다. 이차적 자율성을 획득한 영역은 분석가들의 눈에 식별될 수 있고, 분석적 개입을 요구하지 않는 영역이라고 생각되었다.

요약, 그리고 프로이트와의 비교

하트만과 그의 동료인 크리스, 로웬슈타인의 개념을 살펴보면(1945, 1946, 1949, 1962) 새로운 자아 심리학이 프로이트의 개념을 확실히 바꾸었음을 알 수 있다. 이제 자아는 상당한 자율성을 가지는데, 이 자율성에는 타고난 것도 있고 후에 변환된 것도 있다. 그리고 변환의 한 형태가 본능적 에너지의 중성화다. 하트만은 프로이트의 본능 이론에서 에로스와 타나토스를 밀어내는 대신 그 자리에 성과 공격성을 앉혔다. 성욕뿐 아니라 공격성도 중립적인 에너지로 변할 수 있다. 이런 에너지가 자아에 자율성을 주는 것인데, 그 이유는 중성화된 에너지는 이제 그 본능적 근원에 매이지 않기 때문이다. 새로운 본능 이론은 공격성에 독특한 역할을 주었다. 공격성은 자아에 방어 기능을 부여하기 위해 전환된다. 중성화된 에너지는 자아뿐 아니라 초자아에 의해서도 사용될 수 있다. 초자아가 중성화된 에너지를 사용하면 할수록 덜 처벌적이며 자아 기능과 더 원만하게 통합된다. 자아의 자율성은 적응 개념과 관련한 하트만의 생각에서 핵심적이다. 적응이 핵심적 지위를 차지하는 이유는 하트만의 이론에서 정신분석은 진화 생물학과 연결되기 때문이다.

적응은 자아 심리학의 핵심 개념이다. 그리고 그 논리적 귀결로 하트만은 프로이트의 일차과정 개념을 슬그머니 밀어낸다. 하트만은 여전히 프로이트의 일차과정이 무의식에서 일어나는 사고 형태이며 인간 정신 활동의 한 측면임을 인정한다. 하지만 일차과정은 최초의 것이 아니고, 이차과정 혹은 현실 검증이 인간 아기가 환경과의 상호작용 안에서 발달시키는 최초의 사고 형태이다. 위와 같은 하트만의 의견은 요즘의 고전주의 분석가들이나 하트만을 비판하는 사람들에 의해 사실상 무시되었다. 임상적으로 볼 때 안나 프로이트가 강조한 정신분석 상황에서 자아의 몫은 하트만에 의해서 보강되었는데, 그는 자아 기능을 정신-성적 고착 지점만큼이나 꼼꼼히 살펴볼 것을 권했다. 하트만의 정신분석 이론에서 적응이 핵심 원리인 탓에, 자아의 자율성이 갈등으로 인해서 무력화되면 이 자율성을 다시 회복시키는(혹은 만들어내는) 것이 정신분석의 목표가 된다. 그래서 갈등의 심각성은 손상된 자아 기능의 수와 손상 범위에 의해 결정된다. 여기에 당연히 요청되는 것이 정상 혹은 이상적인 자아 기능, 혹은 인지 기능에 대한 지식과 이론이다. 라파포트는 다양한 경로로 이론화를 시도했다(1959). 비교적 대중화되지 않은 방식으로, 그는 정신분석을 위한 학습 이론을 만들어보려 시도했다. 이는 상당히 독창적이었으나, 여기에 관심을 보인 분석가나 이론가는 아주 소수였다 (Schwartz & Schiller, 1970). 하트만을 위시한 자아 심리학자들은 자아 기능에 위계가 있다고 생각했고, 그중 가장 중요한 것은 자아의 합성 혹은 통합 기능이었다. 자아 기능은 환경과 상호작용을 하는 것으로 여겨졌고, 적응이 자아 심리학의 핵심 개념인 탓에 환경과의 상호작용은 자아 심리학 내에서 새로운 중요성을 지니게 되었다.

프로이트의 강조점은 항상 인간의 내적 세계였다. 그가 시도한 것은 마음의 다양한 층위 사이에서 일어나는 역동적 상호작용에 대한 이론적 도해를 만드는 것이었다. 간혹 그는 자신이 모종의 환경을 가정하고 있다고 우리를 상기시키곤 하지만, 그 자신 스스로 이러한 환경을 기술하려 했던 적은 거의 없다. 그러나 하트만은 달랐다. 비록 그가 사용하는 언어가 아주 무겁기는 했지만, 그의 관심은 항상 서로 다른 환경이 내면화에 어떤 영향을 미치는가에 관한 것이었다. 그리고 비록 환경과의 상호작용이 중요하지만, 훌륭한 발달과 정신분석 치료의 목적은 개인이 내적 갈등과 외적 조건으로부터 자율성을 획득하는 것이었다. 여기가 하트만과 프로이트의 타협점이라고 말할 수도 있겠다. 다시 말해 그는 이렇게 말하는 셈이다. 좋다, 물론 우리는 항상 환경에 관심을 둬야 한다. 하지만 우리가 잘 발달하면(분석을 충분히 잘 받으면) 우리는 환경으로부터 어느 정도 자율성을 얻게 된다. 한편 미래의 분석가들은 이 같은 자아 자율성이라는 목표, 혹은 그 가능성에 대해 날 선 비판을 할 것이다.

하트만이 생각하는 초자아 발달은 프로이트의 의견과 비슷하다. 초자아는 세 구조 중에서 유일하게 발달 덕택에 생기는 구조이다. 자아와 이드는 태생 당시부터 이미 존재했다. 그리고 자아 또한 발달하나 그렇다고 발달의 결과로 존재하게 되는 구조는 아니다. 반면 초자아는 오이디푸스 콤플렉스를 지나면서 생겨난다. 오이디푸스 콤플렉스가 해소된 결과인 셈이다. 초자아는 근친상간적 리비도나 근친상간적 공격성에 대한 방어를 일으키는 중심 주체이다. 그래서 엄마(혹은 아빠)를 독차지하고 오이디푸스 경쟁자를 없애고 싶은 갈망은 초자아가 자아의 방어를 추동함으로써 방어된다. 이상에 따라 살아가게 만드는 것 또한 초자아의 역할이다. 그리고 이런 이상들 덕택에 우리는 문화가 제시하는 변덕스러운 기준에 덜 의존적일 수 있다. 물론 내 말은 이상이 바뀌지 않는다는 뜻이 아니다. 오히려 이상은 일관된 초자아 구조 안으로 내면화되면서 비교적 변화에 둔감하게 된다는 뜻이다. 우리는 자율적인 자아와 잘 통합된 초자아가 안팎의 갈등으로부터 상당한 자율성을 주는 경우를 목격할 수 있다. 이 모델에 따르면 잘 통합된 사람은 상대적으로 기능의 변동이 적은 안정적인 개체라고 할 수 있다.

비록 자율적인 자아 기능이라는 개념은 가능성 정도라도 인정받았으나, 하트만 시대의 분석가들이 시도했던 구분 중에는 오늘날 어떤 이론에도 제대로 자리를 잡지 못한 것들이 많다. 예를 들어 하트만은 자아와 구조로서의 자기 개념을 구분하려고 했었다. 시기마다 달랐던 프로이트의 이론에서 유래한 혼돈을 말끔히 해소하려는 시도라고 할 수 있다. 내가 프로이트의 세 번째 시기라고 명명한 시절(3장), 자아라는 용어는 어떤 사람 혹은 그 사람이 자기라고 느끼는 감각을 지칭하는 것이었다. 그 당시 자아는 또한 프로이트가 나눈 여러 개의 양극성 중 하나인 자기와 대상의 한쪽을 지칭하는 것이기도 했다(1915c). 자아가 대상의 반대라면 이때 자아는 자기라고 할 수도 있다. 하지만 자기는 어떤 사람 전체인가, 내적 구조인가, 자신에 대한 표상인가, 아니면 일시적 느낌 상태인가? 프로이트의 세련되지 못한 용법은 이상의 의미 모두를 포함하는 것 같다. 그리고 그가 자아를 구조로 설명하기 시작했을 때조차 가끔은 자아를 자기 혹은 자기-표상의 의미로 사용하기도 했나. 하트만과 제이콥슨은 자기라는 용어를 자아나 이드 안에 있는 표상의 의미로 사용했다(1964). 자기는 분열되어 두 구조에서 모두 표상되기도 하고 이중의 표상이 생기기도 한다(3장 참고). 제이콥슨이 열거한 자기-개념들에는 과대자기와 이상화된 자기-표상도 있다. 이들은 발달 초기에 소망하는 자기-이미지 형태다. 이런 용어들도 모두 자아 이상(도덕적 이상의 의미)이나 자기-표상과 구분된다. 제이콥슨의 생각은 흥미로우나 그 구분들은 한 번도 자세하게 설명된 적이 없다.

프로이트의 개념을 좀 더 명료하게 만들기 위해 하트만은 프로이트의 자가성애(혹은 일차적 자기애, 3장 참고) 개념을 초기 미분화 발달 단계라는 개념으로 대체했다. 이렇게 한 까닭은 제이콥슨이 말했던 독립적 실체로서의 자기 발달에 초점을 맞추기 위해서였다. 그러니까 생의 초기에 우리의 마음에서는 자기와 대상이 융합되어 있다가 차츰 분화되어 자기와 대상이 나뉘게 된다는 말이다. 그래서 제이콥슨의 개념인 과대 자기나 이상화된 자기-표상은 자기-대상의 분화 과정 중에 일어나는 일이다. 제이콥슨은 1964년 이전에 이런 생각들을 발전시켰으나(독일어 출판) 영어로는 1964년이 되어서야 완전히 번역되었다. 분리와 개별화에 대한 말러의 생각(Mahler, Pine, Bergmann, 1975)은 하트만과 제이콥슨의 영향을 강하게 받은 것이다. 말러와 제이콥슨 모두 자신을 자아 심리학자라고 생각했으나 제이콥슨의 생각은 위니콧을 위시한 일부 British Independents 분석가들의 영향을 받은 것도 사실이다(10장 위니콧 참고).

나는 앞서 하트만에 관한 이야기를 알로우의 회고에서 시작했다. 그는 하트만에 대해 "지난 이십여 년 동안 하트만은 의문의 여지 없이 출중한 정신분석 이론가였으며 정신분석의 지적 선구자였다"라고 말했다. 알로우는 하트만의 시대에서 시작해서 그다음 시대를 여는 데 일조했다. 알로우는 하트만이 사망하고 거의 30년 후에 죽는다. 그리고 한동안 미국의 정신분석은 알로우Arlow와 브레너Brenner의 시대가 되었다. 그 둘은(1964) 함께 혹은 각자 주장하길, 거의 모든 정신적 현상은 갈등의 요소를 가진다고 했다. (앞서 펴낸 책에서[Ellman, 1991] 나는 브레너의 공로에 관해 이야기한 뒤 그는 거의 모든 정신적 현상을 타협형성의 산물이라고 생각한다고 적었다. 얼마 후 그는 딱 한 군데를 수정해서 편지를 보내왔다. 거기엔 '거의'라는 단어에 가로줄이 그어져 있었다.) 알로우와 브레너의 영향은 아직도 유효하며 그들은 하트만의 시대가 지나가게끔 만든 사람들이기도 했다. 이들의 주장은 역사적 관점에서 논해볼 수도 있는데, 한 저자의 의견에 따르면 "자아와 이드의 유전적 관계"에는 세 종류의 모델이 있다(Bergmann, 2000, p. 24).

첫 번째 모델은 프로이트의 것이다. 그는 자아가 이드에서 나오며, 그 이유는 현실과의 상호작용을 통해 실질적인 쾌락을 얻기 위해서라고 말했다(4장 참고). 두 번째 모델은 멜라니 클라인의 것으로 여기서 자아는 태어날 때 이미 존재하며 "기본적으로 투사와 내사를 통해 작동한다"(6,

7, 8장 참고). 버르그만은 클라인이 말하는 "자아의 주요 기능은 소멸의 불안을 방어하는 것이다"라고 말했다(p. 24). 클라인에게 소멸의 불안이 무엇을 의미하는가에 대해서는 6, 8장에서 설명하겠다. 하트만의 모델에서는 태어날 때부터 자아를 위한 독립적 에너지가 있다. 하지만 구조로서의 자아는 미분화한 매트릭스에서 생겨난다. 세세하게 비교해보지 않아도 알 수 있는 것은, 모든 곳에 갈등이 있는 것이 아니고 갈등이 전혀 없는 기능의 영역도 있다고 주장하는 것은 하트만의 모델뿐이라는 점이다. 저자는 하트만의 모델을 "셋 중에서 가장 낙관적인 것"이라고 부르는데, 아닌 게 아니라 하트만의 모델은 외상 같은 경험이 없어도 발달이 일어난다고 보는 모델이다. 프로이트의 모델에는 발달의 매 시기마다 갈등이 있으며 클라인의 모델도 그러하다. 하트만의 모델은 그런 면에서 눈에 띄며, 이러한 가정은 현대의 몇몇 모델도 공유하는 것이다.

앞서 말한 낙관론과 비관론의 견지에서 알로우와 브레너를 생각해 보면 분명 프로이트-클라인에 가깝다. 브레너는 하트만 사후에 몇몇 모델을 제시했는데(1994, 1995), 알로우와 브레너의 모델은 갈등을 모든 정신 현상의 필수 요소로 본다. 자아 내부의 갈등이 없는 영역은 적어도 은연중에 배척되고 다시 프로이트의 갈등 모델로 돌아가는 것이다. 즉, 구조이론 시대의 갈등 모델이자 오이디푸스 역동에 근거한 갈등 모델이라고 할 수 있다. 그리고 소위 프로이트의 비관론으로의 소리 없는 회귀일 수도 있는데, 왜냐하면 그들의 모델에서 갈등은 치료를 받더라도 없어지거나 완전히 변화하는 것이 아니라 좀 다르게 다루어지거나 갈등을 조금 덜 일으킬 뿐이기 때문이다. 누군가는 이런 것들을 하트만 이론의 부수적인 측면으로 받아들일지 모르지만, 사실 이런 변화들 덕에 정신분석의 개념들은 적응에 초점을 맞춘 이론에서 멀어지게 된다. 그리고 이런 변화들은 정신분석 이론의 관심이 거대 이론에서 차츰 임상적 과정과 관련한 발달적 측면으로 이동하는 전조가 되기도 한다. 더불어 하트만의 야망이던 일반 이론으로서의 정신분석은 폐기된다. 어쩌면 알로우와 브레너가 만든 구조 모델의 출현이 하트만 시대에 종언을 고했다고 말해도 무방하겠다.

정신분석 기법에 대한 약간의 언급

하트만은 상대적으로 정신분석 기법에 대해서는 거의 쓰지 않았으나, 그가 썼던 글들을 보면 임상적 개념과 이론을 조화시키려 했던 것 같다. 하트만, 크리스, 로웬슈타인은 서로 긴밀하게 협력했던 탓에 크리스와 로웬슈타인이 쓴 글은 종종 세 사람이 암묵적으로 공유하고 있는 의견으로 여겨지기도 한다. 크리스(1951)와 로웬슈타인(1951)은 모두 정신분석 치료에서 해석에 관한 글을 썼다. 이 논문은 여러 의미에서 자아 심리학이 정신분석 상황에 어떤 식으로 영향을 미치는가의 문제에 관해 쓴, 꼭 닮은 글들이다. 놀랄 것도 없이, 크리스는 안나 프로이트의 예를 빌어온다.

> 이슈를 분명히 하는 차원에서, 나는 먼저 안나 프로이트가 보고한 여섯 살 소년의 분석에서 일어난 간략한 사건을 인용하겠다. 치과에 가는 것은 고통스러웠었다. 분석을 위한 인터뷰에서 아이는 이와 관련한 상당한 증상적 행동들을 보였다. 아이는 분석가의 물건을 여러 개 부수었는데, 특히 연필 끝을 여러 차례 부수고 다시 뾰족하게 만들기를 반복했다. 이런 유형의 행동은 어떻게 해석해야 하는가?
>
> 해석은 보복성 거세를 향할 수도 있고, 수동적 경험을 능동적으로 만드는 것에 초점을 맞출 수도 있다. 혹은 아이가 치과 의사 혹은 치과 의사

의 공격성과 동일시를 하는 것에 초점을 맞출 수도 있다. 세 해석 모두 자연스럽게 아이가 과거에 겪었던 불안과 연관될 수 있다. 이상의 세 해석 혹은 다른 가능한 해석 중 무엇을 시도할 것인가는 분석의 경과에 달려있다. 첫 번째 해석은 "이드 해석"으로 거세 콤플렉스를 향한다. 두 번째와 세 번째는 방어 기전을 향한 해석이다. 두 번째 해석은 수동성을 견디는 것에 대한 어려움, 그리고 능동적인 태도로 위험에 익숙해지려는 측면을 강조한다. 세 번째 해석은 두 번째와 비슷하나 동일시를 방어 기제로 사용하고 있음을 지적하며 이루어진다. 어쩌면 남자아이들에게 가장 일반적인 방어 기제일지도 모른다. 덕분에 아이는 공격적으로 대응할 수 있을 뿐 아니라 그 외에도 여러 목표를 성취하는데, 따라서 이것이 여러 측면에서 아이의 행동이 갖는 동기일 수도 있다. 그래서 동일시를 강조하는 해석이 가장 광범위한 것인데, 이 해석으로 인해 또 다른 가능성이 여럿 열리며, 아이가 비교적 쉽게 자기-관찰에 사용할 수 있는 해석이기도 하다. 이제 아이는 자기의 반응 중 몇몇을 "내 것"(증상 같은 것이 아닌)으로 경험하도록 배울지도 모른다. 그리고 좀 더 분석적인 작업을 할 수 있도록 돕게 된다[Kris, 1951, p. 19].

이 예에서 크리스는 세 가지 해석 모두 중요하지만 가장 중요하고 광범위하며 또한 아마 가장 효과적일 해석은 아이의 동일시를 해석하는 것이라고 말한다. 여기서 우리는 크리스의 목표가 해석을 통해 가장 넓은 영역의 자아 활동에 영향을 미치는 것임을 알 수 있다. 그리고 동일시가 대부분 방어적 요소와 무의식적 환상 두 요소 모두를 갖는 탓에 해석 또한 무의식, 그리고 엄격한 방어적 요소 모두와 연관될 수 있다. 그러니까 목표는 그저 무의식의 환상을 이해하는 것에 있지 않고, 자아의 기능을 재배치하고 자아 기능을 좀 더 자유롭게 만듦으로써 자아 안에 갈등이 없는 영역을 좀 더 많이 만들어내는 것이다. 비록 이러한 목표가 다른 곳에서 역시 분명하게 언급되는 것은 아니지만(1951), 자아의 역할이 결정적인 것으로 여겨지고 무의식적 갈등의 분석만으로는 충분한 치유 요소가 되지 못하는 것은 맞다. 버그만(2000)은 말하길, 하트만, 크리스, 로웬슈타인의 강조점인 자아 기능과 해석의 타이밍은 "클라인주의자에 대한 논박"으로 읽히는 것이 옳다고 한다(p. 27). 하지만 분명 크리스(1951)와 로웬슈타인(1951)은 점진적 진행과 정서적 조율을 강조하는 관점을 옹호했는데, 이렇게 보면 이것이 당시의 프로이트주의나 대인 관계주의가 아니라 클라인주의자를 향한 논박이라고 주장하는 것이 설득력이 있는지 딱히 모르겠다. 게다가 앞으로 보게 되겠지만 치료에 대한 그들의 생각은 브레너와도 꽤 다른데, 어쨌거나 이 모두가 자아 심리학 혹은 구조이론이라 불리고 있다. 나중에 현대 정신분석을 다루면서 다시 이 부분을 다루게 될 것이다. 지금으로선 잠깐 크리스의 관점을 좀 더 살펴보도록 하겠다.

> 관련한 기법의 문제는 전체 의미를 환자에게 전달할 최상의 방법을 마련하는 것이다. 이드 요소에 해석을 한정시키는 것은 구식이며, 우리가 지금 논하고 있는 변화 덕분에 수정되고 있는 것이기도 하다. 해석을 방어 기제에 한정시키는 것이 타당성을 갖추는 경우는 오직 환자가 아직 충분히 준비되지 않았다고 여겨질 때뿐이다. 이것은 나름 귀담아들을만한 충고인데, 하지만 가끔 분석가들은 이 충고를 너무 과장할 때가 있는 것 같다[1951, pp. 20~21].

여기서 크리스가 딱히 클라인만 논박하고 있는 것 같지는 않다. 오히려 그는 소위 프로이트주의에 대해서도 구식이라며 분명한 반대를 표시하고 있다. 그는 이드나 무의식적 요소만을 해석하는 것에 직접적으로 반대한다. 그리고 방어적 요소만을 해석하는 것에 대해서는 비록 조심해야 하지만 당시에 이런 기법을 옹호하던 분석가들에 대해서는 너무 조심스럽다고 평가한다. 그러니까 지금 그는 안나 프로이트로부터 유래한 기법에 대해서도 적잖은 반론을 펴고 있는 셈이다. 이상의 기법은 현대 정신분석에서는 폴 그레이Paul Gray(1994)나 프레드 부쉬Fred Busch(1995, 2006)가 주장하는 것이다. 흥미로운 것은 크리스나 로웬슈타인이 나름 새로운 정신분석 기법을 제시하고 있음에도 불구하고 그들은 여전히 자기들이 구식이라 불렀던 요소를 강조하고 있다는 점이다. 해석은 그들에게 핵심적인 지위를 차지하는데, 가령 로웬슈타인은 이렇게 말한다. "실제로 자아 안에서 갈등이 없는 영역을 확대하는 작업은 주로 해석 덕분에 이루어진다"(1951, p. 2, fn). 해석 중심성은 분명 프로이트와 자아 심리학자를 연결하는 고리가 되었다.

고찰

안나 프로이트와 하트만, 둘은 분명 고전주의적 전통의 일부이긴 하지만 미국의 고전주의자들과는 분명 구분되어야 한다. 비록 하트만이 그 자신을 좀 더 현대의 고전주의자들과 구분하고 있지는 않으나, 적응을 강조하는 점은 그를 흔히 고전적 기법이라 불리는 것과는 좀 다르게 만든다. 나는 그의 생각에 영향을 받아 갈등의 적응적 측면이 이해되지 않은 채 전이 해석을 해서는 안 된다고 생각하게 되었다. 그래서 나는 환자가 발달의 특정 시기에 특정 유형의 갈등을 갖게 된 이유를 알기 전에는 전이를 해석하지 않는다. 사실 환자로서는 (의식적으로나 무의식적으로) 그것이 유일한 대안이었을 수 있기 때문이다. 나는 하트만이 때때로 오이디푸스 갈등을 넘어서는 초기 발달 개념을 시도했다는 점을 보이기 위해 조현병에 대한 그의 에세이를 살펴보았다. 안나 프로이트처럼 하트만도 마음의 겉에서부터 시작하라는 의견에 충실했다. 하지만 체계적인 방어 분석이라는 생각을 처음 한 사람은 안나였다.

훌륭한 분석가인 폴 그레이Paul Gray는 안나 프로이트를 따라 환자의 이야기에 집중하는 또 하나의 방법을 개발했다. 그의 생각으로 분석가들은 종종 욕동의 파생물에 관심을 가지되 정작 그것들을 의식에서 배제하려는 환자의 노력은 알아채지 못한다. '기능하고 있는 자아'의 세부 영역에 대한 그의 체계적인 관심으로 인해 환자들은 종종 스스로 방어적 경향에서 벗어나기도 한다. 하지만 그는 대체로 신경증 환자만 분석한다. 그래서인지 그의 증례에서 환자들은 그와 자연스러운 신뢰 관계를 맺는 것처럼 보인다. 비록 그가 말하는 분석에서의 공감적 태도가 어떤 것인지 자세하게 설명되고 있진 않지만, 증례를 읽어보면 그것이 자상한 분석가가 가지는 자연스러운 태도라는 인상을 받는다. 여러모로 그의 기법은 비교적 빨리 자기-관찰 능력을 발달시키는 사람들에게 제한될 수밖에 없다는 생각이 든다.

마리안 골드버거Marianne Goldberger는 그레이가 제안한 close process attention이라는 개념을 좀 더 체계적으로 확대한 분석가이다. 그레이와 마찬가지로 그녀도 분석가가 어떻게 들어야 하는가에 관심을 둔다. 하지만 그녀의 관심은 특히 해석의 역할에 있다. 그녀도 역시 환자의 자기-관찰 능력의 확대에 관심이 있고 그녀의 동료들은(1995) 환자의 자기-분석 능력의 증진에 특히 관심이 있다. 산델Sandell의 연구가 설득력 있게 보여주듯 환자의 자기-분석 능력은 분석의 종결 이후에도 치료 효과가 지속하기 위해서 중요하다(2000). 여기서 우리는 다시 한번 자아 심리학이 정신분석의 과정과 기법을 명료하게 만드는 것을 볼 수 있다.

한편 프레드 부쉬Fred Busch는 그의 최근 발표에서(2006, 2007) 방어분석이 어떻게 더 넓은 시야를 가질 수 있는지, 또한 어떻게 자기 심리학적 이론, 기법과 상호 포섭될 수 있을지를 보여준다. 그는 주장하길, 이행기 공간transitional space 개념이나 어떤 유형의 반영mirroring은 그레이가 옹호하는 방어 분석과 딱히 갈등을 일으키지 않는다. 그리고 적어도 중등도 이상의 성격 장애에서 방어 분석이 충분히 작동하기 위해서는 모종의 반영이 선행되어야 한다고 말한다. 이 책의 마지막 부분에서 나는 어떻게 이것이 대부분 진실이 되는지, 심지어 경증의 환자에게도 그러한지를 보여주려고 할 것이다. 단순히 말하자면 좀 덜 심한 환자들과는 비교적 빨리 신뢰 관계가 형성되는 것일 뿐이다. 내가 그레이와 부쉬를 언급한 이유는 자아 심리학이 아직 죽지 않았음을 보이기 위해서다. 오히려 자아 심리학은 조금씩 변해가면서 다른 전통들과 융합되기 시작했다.

6장 클라인의 혁명

요약

이 징에서는 1921년에서 1945년까지의 클라인을 다룰 것이다. 환상 fantasy(클라인주의자들은 phantasy라고 쓴다)은 처음부터 그녀에게 엄청나게 중요한 것으로, 환상을 견디고 이용하는 것은 아동기의 핵심 측면이 된다. 교육과 양육이 아이들에게 환상을 방어하게끔 한다는 것이 클라인의 생각이었는데, 적절하게 승화될 수만 있다면 창조성의 주요 원천이 될 수도 있는 것이었다. 처음에 클라인은 자기 생각이 프로이트에서 유래했다고 여겼다. 이 시기 클라인은 처음에는 열광적인 프로이트주의자였지만 점차 헌신적인 클라인주의자가 된다. 1928년에 이르면 비록 프로이트에게서 새로운 개념의 유래를 찾고는 있지만 이미 새로운 개념을 여럿 끌어들이고 정신분석 이론을 연장, 수정하게 된다. 그녀는 오이디푸스 역동과 초자아 발달을 구강기에 일어나는 것으로 생각하는데(1928), 이러한 관점은 일부 그녀의 아동 분석 경험에서 유래한다. 발달에 관한 그녀의 새로운 견해에 의하면 오이디푸스 역동과 초자아는 생후 첫해 말에 나타난다. 이 논문에서 클라인은 분열과 투사-내사 과정을 핵심 개념으로 제시했다.

그녀의 주장에 따르면 초자아 동일시는 그 속성상 모순적이고, 통합되지 않은 채 나란히 존재하는 경우가 많다. 그리고 발달의 중심을 프로이트가 말한 엄마-아기 양자兩者의 상호작용으로 옮겨 자기 이론의 핵심으로 삼는다. 또한 프로이트의 오이디푸스 역동에 대해서도 새로운 개념을 제시했다. 이 시기 클라인은 오이디푸스 단계와 초자아 발달이 모든 심리-성 단계에서 일어난다고 제안했다. 그리고 그녀의 가장 중요한 논문들이 이 시기 말에 발표된다. 그녀는 우울증의 여러 측면에 관해 두 개의 논문을 썼고 depressive position 개념을 도입했다. 초창기부터 말년에 이르기까지 그녀는 프로이트의 에로스, 타나토스 개념을 수용, 발달시킨 분석가 중 한 명이었다.

생애

멜라니 클라인Melanie Klein은 빈의 정통 유대교 집안에서 자랐다. 결혼하기 전 그녀의 이름은 Melanie Reizes였으며 네 남매 중 막내였다. 그녀의 아버지는 원래 랍비가 되려고 했으나 서른일곱 살쯤 갑자기 의사가 되었다. 멜라니가 태어났을 무렵 그는 쉰 살이었고, 막내딸은 아빠의 과학적 성향과 독립적 기질을 동경했던 탓에(Bion, Rosenfeld, & Segal, 1961) 아빠를 따라 의사가 되길 원했다. 남매 중 둘은 일찍 죽었는데(언니 Sidonie는 아홉 살, 오빠 Emmanuel은 스물다섯 살), 이 둘은 재능이 있었던 것으로 보이고 특히 언니는 막내에게 기초적인 과학을 가르치기도 했다.

멜라니가 스물한 살이 되었을 때 그녀는 화공기술자 Arthur Klein과 결혼한다. 몇 년 후 멜라니는 부다페스트에 정착했고 거기에서 프로이트의 논문 몇 편을 읽게 된다. 그 뒤 그녀는 산도르 페렌치Sandor Ferenczi와 분석을 시작했고, 이 분석은 일차 세계대전 동안 계속된다. 그녀는 자신이 "예전 분석가 페렌치의 가르침에 따라 부다페스트 종합병원에서" 경력을 시작했다고 주장한다(Petot, 1990, p. 3). 하지만 페토의 주장에 따르면 클라인의 주장처럼 일이 진행되었을 가능성은 별로 없다고 한다. 그래도 그녀가 페렌치와 각별한 사이였던 것은 분명한 사실이고, 당시 페렌치는 프로이트와 정신분석에 충실한 사람이었다. 페렌치는 프로이트에게 많은 영향을 준 창의적인 분석가였다. 클라인은 프로이트가 헝가리 과학협회에서 연설하는 것을 들었고 프로이트가 발표했던 정신분석 회의 동안 정신분석에 '완전히 매혹되었다.'

1919년에 그녀는 첫 번째 논문을 발표한다. 그 논문은 아이의 발달에 관한 것으로, 아이의 성적 호기심에 대해 엄마가 설명해주는 모습을 관찰하고 쓴 것이었다. 아이는 언어적, 비언어적 방식으로 다양하게 성적 호기심을 드러내었다. 이 아이는 클라인의 둘째 아들인 Erich로, 논문이 발표될 무렵 다섯 살이었다. 그녀는 관찰을 계속했고 관찰은 아동 정신분석으로 이어졌다. 분석은 1921년 그녀가 헝가리를 떠나서 베를린에 도착해서도 계속되었고, 1922년이 되어서야 끝이 났다. 한편 베를린으로의 이주는 사실상 결혼 생활의 종결을 의미했다. 같은 기간 그녀의 남편은 스웨덴으로 이주했고 얼마 뒤 둘은 이혼한다. 베를린에서 클라인은 Karl Abraham을 만나게 되고 1924년 그와 두 번째 분석을 시작한다. 초창기 정신분석의 선구자 중 하나인 아브라함은 같은 해 국제 정신분석학회 회장으로 선출되었다. 하지만 더 중요한 것은 같은 기간 동안 클라인은 두 번째 증례를 통해 아동 정신분석을 공고히 만들었으며, 여기에는 정신분석, 비-정신분석적 기법들이 다양하게 동원되었다는 점이다. 두 번째 증례인 Rita는 그녀가 놀이 기법을 제대로 적용한 경우였다. 페토는 놀이 기법이 "이후 그녀가 해낸 모든 발견의 근간"이라고 말했는데(1990, p. 10), 이 말이 사실인지는 잘 모르겠으나 분석가들은 놀이 기법이 새로운 이론의 개발에 중요한 결정요인이라고 생각한다. 브레너는 정신분석의 발달을 가능하게 만든 것은 "정신분석적 방법론과 정신분석 상황의 조합"이라고 말했었다(1982, p. 1). 페토를 비롯한 이들은 놀이 기법이 아동의 치료를 혁명적으로 발전시켰고, 초기 발달에 관한 연구에도 새로운 이론적 관점을 제시한 것으로 여긴다. 그녀와 안나 프로이트가 처음 갈등하게 된 것은 아동 정신분석에 관한 관점의 차이 때문이었다. 클라인은 아이들도 전이 반응을 보이며 전이 신경증에도 이를 수 있다고 생각했으나, 안나 프로이트의 생각은 상당히 달랐다.

아브라함의 때 이른 죽음(1926) 이후 클라인은 당시 국제 정신분석 운동에서 중요한 역할을 하던 Ernest Jones와 James Strachey의 도움을 받아 런던으로 이주한다. 런던에서 클라인의 영향력이 커짐에 따라 클라인은 안나 프로이트와 종종 갈등을 겪게 되었고, 1938년 프로이트 모녀가 빈을 떠나 런던에 도착하면서 이 갈등은 첨예해졌다. 프로이트 일가가 런던에 도착했을 때 클라인은 영국 정신분석 학회에 이미 자리를 잡은 상태였고, 종종 논란을 일으키는 인물이었다. 이윽고 안나가 런던에서 활발하게 활동하기 시작하면서, 그 유명한 대토론The controversial discussion이 시작되었다.

이 토론은(King & Steiner, 1991) 정신분석의 경계를 긋기 위해 시도된 것이다. 당시의 토론 내용을 보면 흥미로운 지적 교류이자 정치적, 법리적 논쟁이었으며 가끔은 거의 심문에 가까워지기도 했다. 클라인주의자들은 자신들이 정신분석적 생존을 위해 싸운다고 생각했으나, 영국 정신분석 학회라는 역동적 조직의 존립은 위태로워 보였다. 지금은 그 정치적 측면을 세세하게 다루지는 않겠다. 나중에 이 논쟁의 세부 내용을 살펴볼 테지만(7장), 그들은 자신의 이론적 지향을 위해 각자의 방식으로 프로이트를 해석했고, 그래서 프로이트를 해석하는 방식은 누군가의 이론적 지향을 결정하는 진단 과정이 되기도 했다.

마침내 클라인은 토론에서 살아남았고 영국 정신분석 학회의 파열은 봉합되었다. 봉합의 방식은 각 학파를 분리해서 동등하게 대접하는 것이었으며, 이제 세 개의 그룹이 만들어졌다. 클라인주의, 프로이트주의, 그리고 중간 그룹 혹은 독립 그룹. 수련생은 수련을 시작할 때 이들 중 하나를 선택한다. 비록 학파 간의 교류가 없는 것은 아니지만 이론적, 임상적 정체성은 수련을 시작할 때 이미 정해지는 경우가 많다. 논쟁이 클라인의 입장에 어떤 영향을 끼쳤는지는 토론하지 않겠다. 하지만 그녀의 가장 견고한 이론적, 임상적 공헌은 이 논쟁 이후에 만들어졌다. 하지만 페도의 말처럼

> 오이디푸스 콤플렉스의 초기 단계에 관한 연구를 마친 1932년이 지나서야 그녀는 자신의 기초적인 직관에 변화를 허용했고, 페렌치와 아브라함의 영향에서 벗어나 가장 그녀다운 개념들을 발전시키기 시작했다. 이 작업의 풍요로움은 오직 프로이트 정도만 비교 가능한 것이다[Petot, 1991, p. 9].

우리는 클라인의 이론을 시대순으로 살펴볼 텐데, 아마도 개념의 발전과 변화가 보일 것이다. 후기 저작에서 더 꼼꼼히 설명될 개념에 대해서는 처음부터 자세하게 설명하지는 않겠다.

클라인의 초기 개념들

아무리 놀이 기법이 중요하다고는 하나 클라인의 초기 발달이론에서 핵심은 아동 관찰이었다. 클라인의 지적 여정을 따라가다 보면 그녀가 프로이트의 어떤 논문을 언제 읽었는지가 중요하다는 것을 알게 된다. 분명한 것은 1921년까지 클라인은 골수 프로이트주의자였고, 곳곳에 프로이트로부터 얻은 추론을 끼워 넣으려 했다는 점이다. 그녀의 소망은 넓은 의미의 교육 방법에 변화를 주는 것이었다. 그녀는 무의식적 환상을 자유롭게 만드는 것이 아이들의 창조성에 중요하다고 여겼다. 그녀에게 당시의 교육 방식은 속박으로 여겨졌고, 주입식 학습은 아이에게 내재된 창조적 관점을 파괴하는 것처럼 보였다. 그녀는 “지적 성취의 저하는 항상 무의식적 고통의 징후이자 억압의 결과이다”라고 말했다(Petot, 1990, p. 45). 무의식적 갈등이 얼마나 지적 기능을 억제하는 것으로 여겼는지에 대한 좋은 예다.

클라인이 처음 발표한 논문인 「The development of a child」(1975)를 보면 프로이트의 개념을 아동의 치료에 적용한 것을 알 수 있다. 처음에 에리히와 클라인의 상호작용은 치료라기보다는 아동 정신분석의 초기 형태를 띤 교육에 가까웠다. 리타(1923) 이후에야 클라인의 해석이 좀 더 완전한 모습을 갖게 된다. 그녀는 이렇게 말한다.

> 리타Rita가 처음 분석을 시작했을 때는 아이가 두 살하고도 아홉 달 된 때였다. 리타는 키우기가 어려운 아이였는데 (…) 아이는 뚜렷한 강박적 성향을 보였고, 이런 성향은 한동안 증가하다가 결국 강박적 의식儀式을 고집하기에 이르렀다[1945, p. 397].

처음에 리타는 “특히 방안에 우리 둘만 있을 때, 내가 자신에게 무언가를 하려고 하면 무서워했다”(1955, p. 124). 클라인은 이 두려움 혹은 불안을 재빨리 해석해줬다. 페토의 말에 따르면 클라인의 첫 해석 원리는 “부정적 전이로 드러난 불안은” 반드시 조기에 해석되어야 한다는 것이었다. 그녀는 해석이 긍정적, 부정적 오이디푸스 콤플렉스를 모두 포함해야 한다고 말했다. 하지만 그녀의 정식화에서 “불안을 불러일으키는 것은 공격성이지, 리비도 충동이 아니다”(Petot, 1990, p. 135). 클라인은 벌써 타나토스의 중요함을 알고 있는 것처럼 보인다. 후에 클라인은 프로이트의 후기 본능 이론을 옹호하는 주요 이론가가 될 것이다. 페토에 의하면 클라인은 골수 프로이트주의자로 그의 개념을 광범위하게 받아들이고 사용한다(에리히와 리타 증례 모두 그랬다. 특히 리타의 증례에서는 그녀가 새로 만든 개념이 나타난다).

클라인과 심리-성 단계

클라인이 최초로 쓴 주요 이론 논문은 흥미롭다. 당시 이 논문은 프로이트주의자들을 적잖게 당황시켰다. 그때까지 그녀는 적어도 일곱 편의 논문을 썼고 여러 차례의 강연을 했지만, 그녀가 오이디푸스 콤플렉스와 초자아 발달에 관해 새로운 개념화를 시도한 것은 「The early stages of the Oedipal conflict」(1928)에서였다.

> 요도, 항문의 충동과 관련하여 페렌치가 가정하길, “초자아의 생리학적 전구체 같은 것”이 있다고 말한다. 그리고 그것에 “괄약근-도덕성 sphincter-morality”이라는 이름을 붙였다. 아브라함에 따르면 불안은 식인食人 수준에서도 드러나지만, 죄책감은 그 뒤의 초기 항문-가학성 시기에서 생긴다[1928, pp. 186~187].

결론은 죄책감과 불안은 초기 오이디푸스 콤플렉스의 직접적 산물이라는 것이다. 이어서 이렇게 말한다.

> 왜 찢고 물어뜯고 삼켜버리는 비현실적이고 환상적인 부모상이 네 살쯤 된 아이의 마음에 생겨나는 것인지는 불분명하다. 하지만 오이디푸스 갈등으로 인한 불안이 대략 *한 살*쯤 된 아이의 마음에 생긴다면 그 형태가 삼켜지고 파괴되는 데 대한 두려움이 된다는 점은 자명하다. 이때 만들어진 초자아는 물어뜯고, 찢고, 삼켜버리는 그 무엇이다[같은 책, p. 187, 이탤릭은 클라인].

논란이 되었던 개념 중 하나는 그녀가 오이디푸스 드라마를 구강기에 둔 것이었다. 이것은 분명히 문제가 될만한 것이었는데, 그 이유는 프로이트가 오이디푸스 단계를 유아 성욕 안에 굳건히 위치시킨 것이 불과 몇 년 전이었기 때문이다. 클라인은 오이디푸스 콤플렉스의 시기를 당긴 것에 그치지 않는다. 더해서 주장하길, 오이디푸스 역동은 매 심리-성 단계마다 나타난다고 했다. 그래서 oral, anal, phallic(클라인은 genital이라고 불렀다) 오이디푸스 현상이 모두 존재하게 된다. 따라서 초자아도 매 시기에 다시 만들어진다. 이후 적절한 발달이 일어나면 초자아는 조금씩 덜 처벌적인 것으로 변하고 아이의 정신세계와 더 잘 통합된다.

놀라운 것은 이 논문의 불과 첫 몇 줄 안에 그토록 많은 개념이 새로이 제시되고 있다는 점이다. 클라인은 오이디푸스 콤플렉스의 발생 시기를 바꾸었고 초자아를 오이디푸스 드라마의 한 부분으로 만들어버렸다. 그리고 방어로서의 분열의 속성에 대해 처음으로 이야기했다. "아동 정신분석 덕택에 알게 된 점은 초자아 구조를 만드는 동일시들이 다양한 시기에서 유래하고, 그 속성상 모순적이라서 극히 좋은 것과 나쁜 것이 함께 존재한다는 것이다"(같은 책). 클라인이 보기에 초자아는 구강기

가학성, 항문기 가학성이 최고조에 이르렀을 때 만들어지는 것이다. 따라서 가학성에 대한 죄책감 또한 굉장히 심할 수 있다. 그녀는 또 하나의 방어인 억압에 관해서도 이야기하는데, 아이의 '연약한 자아'를 보호하기 위해서 억압은 발달 초기부터 반드시 존재해야 한다. 다시 말하면 클라인은 오이디푸스 역동과 초자아가 생후 한 살이 지나면 이미 존재한다고 말하는 셈이다. 이 시기에는 죄책감과 불안 역시 모두 존재하며, 아기는 정신적 구조(자아, 초자아, 이드) 안에 대상을 분명 내면화한다. 그녀는 분열의 중요성을 묘사하기 시작했으며, 프로이트의 개념을 프로이트도 생각하지 못한 방식으로 만들어버렸다.

클라인이 논문을 이렇게 시작한 다음 나머지 부분에서는 이 개념들을 상술했을 거라고 짐작할 수도 있겠다. 하지만 구강기 단계의 초자아는 물어뜯는 그 무엇이라고 말한 다음 그녀는 아이들의 앎에 대한 충동epistemophilic tendency에 관해 설명하기 시작한다. 이 충동으로 인해 아이들은 알고 싶어 하고(충동의 유래나 기원은 설명하지 않는다), "생애 초기의 모른다는 느낌은 (…) 오이디푸스 상황의 결과물인 무기력함과 합쳐진다"(같은 책, p. 188). 미움은 무지에서 파생된 것이고, 이것이 클라인이 많은 아이들, 가능하다면 모든 아이들의 정신분석을 권하는 중요한 이유이기도 하다. 이 시기의 그녀의 이론에 따르면 미움은 초기 오이디푸스 역동에 따른 필연적 귀결이기도 하다. 아기는 구강기에 처음 (이유기에) 엄마에게 실망하고 초기 항문-가학성 단계에서 "두 번째 심각한 외상을 겪는다"(같은 책). 클라인의 생각에는 비록 적절한 발달에서라 할지라도 이유離乳는 아이로서는 고군분투해야 할 좌절인 셈이다. 그리고 그보다 못한 발달에서 세상은 더 가혹하고 당혹스러운 것이 된다. 항문기(항문 가학성) 단계에서 아이는 남녀를 불문하고 클라인이 발달상의 여성적 시기femininity phase라 부르는 기간을 통과하게 된다. 여기에서 모든 성적 활동이 향하는 것은 엄마의 몸이다. 프로이트의 지각물percept 개념을 확장 해석함으로써 클라인은 이제 프로이트의 혁명적 이론이 지닌 의미를 충분히 깨닫게 된다. 지각물 개념에 따르면 아이는 세상을 몸의 기능과 활동을 통해 바라보게 된다. 그리고 아이의 세상은 엄마와 엄마의 몸에 관한 생각, 엄마의 몸이 갖는 실재성에 의해 좌우된다. 이 시기에는 가치 있는 모든 것이 엄마의 몸에 있으며 세상은 항문의 언어를 통해 경험된다. 그다음 클라인은 항문성을 오이디푸스 역동의 재생과 연결한다. 이제 엄마의 몸 안에 있는 아기는 항문과 요도의 아기이다. 아빠의 음경도 엄마의 몸 안에 있으며, 이 때문에 항문기 소년에게 엄마의 몸 안은 위험한 곳이기도 하다. 그래서 아이는 남녀를 막론하고 엄마의 소중한 소유물(똥, 아기)을 얻기를 원한다. 그리고 이것이 좌절되게 되면 좋은 것을 만들어내는 엄마의 능력을 어떻게든 망치길 원한다. 이 시기의 아기는 성별에 무관하게 엄마를 갈라 몸 안에 있는 똥(아기)을 빼앗아버리길 원한다. 항문기 남자아이는 엄마의 몸에 들어가 몸 안에 있는 내용물을 파괴하기를 소망한다. 동시에 오이디푸스 충동의 영향 탓에 애정 대상으로서 엄마를 갈망하며, 아빠에 대해서는 거세와 관련한 공포를 겪는다. 항문-가학적 충동의 압박 아래에서 엄마에 대한 미움은 아이의 오이디푸스 애정을 압도하고, 거세 불안으로 인해 초래된 죄책감과 불안 또한 엄마에 대한 사랑을 무디게 만든다. 남자아이가 수용受容과 풍요를 상징하는 엄마의 특별한 생식기관을 훔치길(파괴하길) 원한다는 생각은 (오늘날 간과되는 측면이 있기는 하지만) 클라인의 가장 흥미로운 개념인 것 같다.

클라인은 "엄마에 대한 공포가 아이를 압도하는 이유는 아빠에 의한 거세 공포와 더해지기 때문"이라고 가정한다(같은 책, P. 190). 하지만 "(남자)아이의 똥을 가져가 버리는 것도 엄마이므로, 이런 엄마의 행동은 아이의 수족을 잘라내고 거세해버리는 것을 상징한다"(같은 책). 이 맥락에서 클라인은 이러한 초기 갈등을 아기가 어떻게 살아내는가에 대한 양적量的 질문을 종종 던진다. 아이가 초자아 형성에서 가학성을 많이 만들어내면 낼수록, 아이는 여자에 대한 적개심을 해결하기 어렵다. 클라인의 가정에서 엄마의 소유물(젖가슴, 똥, 아기, 아빠의 음경)을 뺏길 원하면 원할수록 엄마로부터 당할 보복(보복 원리)에 대한 두려움도 커진다. 아이는 이제 아빠를 동일시하고 무서운 엄마로부터의 방패막이로 삼는다. 남자아이의 과도한 두려움과 공격성은 "공격의 즐거움과 합쳐지고", 이것이 과하게 되면 남자아이들의 말썽 많은 비사교적 측면이 된다(같은 책, p.192). 그녀가 보기에 남자들은 '동료 남성'들에 비해서 여자들에게 훨씬 더 비사교적이다. 남자아이의 여성적 시기에 뒤이어 나타나는 것이 좀 더 '또렷이 나타나는' 성기기 오이디푸스 갈등이다. 그녀는 프로이트의 phallic stage를 genital stage라고 불렀다. 성기기가 되면 남자아이는 한층 더 아빠와 동일시한다. 이 당시 남자아이들의 태도는 대부분 "타고난 성기성 genitality 정도"에 의해 결정된다(같은 책). 그녀의 개념에서 이 시기 남자아이의 성기기 오이디푸스 상황은 발달상의 여성적 시기보다 훨씬 짧다.

발달상의 여성적 시기는 여자아이에게도 중요한데, 놀랍게도 클라인이 묘사를 시작하는 것은 Helene Deutsch(프로이트주의 분석가)와의 유사성(1925)에서부터다. "나는 헬레네에게 완전히 동의한다. 그녀는 성기기 발달의 종결은 구강기 리비도를 성공적으로 성기기 리비도에 전치함으로써 이루어진다고 주장했다"(1928, p. 192). 하지만 클라인은 이런 현상은 구강기에 생기는 것이지, 성기기에서 구강기로의 퇴행 덕분에 생기는 것은 아니라고 생각했다. 그녀는 여자아이가 갖는 여성 성기의 구강적, 수용적 목적이 "여자아이가 아빠를 향해 돌아서게 만드는 결정적 영향력을 행사"한다고 말했다. 여기서 다시 한번 클라인이 어떻게 심리-성 단계와 오이디푸스 상황의 도래를 결합하는지를 볼 수 있다. 클라인은 어떤 이유로 인해 여자아이는 남자아이만큼 자위행위에서 큰 만족을 얻지 못한다고 믿었다. 여자아이가 자기 성기를 탐색해 갈수록 "새로운 만족의 원천을 얻고 싶은 강력한 욕망"을 가지게 된다는 것이 클라인의 결론이었다. 그리고 이것이 (아빠의 음경을 가진) 엄마에 대한 시기와 더불어 아빠를 향하게 되는 원동력이 된다. 그녀의 말에 의하면 아빠들이 하는 뽀뽀와 포옹은 이제 유혹이 되고 남성적 매력이 된다. 남자아이의 경우와 마찬가지로 여자아이의 여성적 시기도 항문-가학성과 같은 시기에 일어나며 엄마의 소유물을 뺏고 파괴하고 싶은 소망을 동반한다. 이런 욕망이 너무 크면 여자아이의 초자아는 과도하게 가혹해지고 따라서 억압과 심각한 고착이 초래된다.

여자아이의 성기 발달은 클라인에게 미묘한 질문을 던진다. 그녀는 음경 선망이라고 하는 프로이트의 핵심 개념에 대해 어떠한 입장을 갖는가? 클라인의 주장대로라면 여자아이는 앎에 대한 충동 덕택에 자신에게 '음경이 없음'을 발견한다. 하지만 그녀가 분명히 말한 것은 "내 생각에는 유방이 없는 것이 아빠를 향하게 만드는 가장 기본적 이유가 된다"라는 것이었다. 그러니까 여자아이는 프로이트의 의견과 달리 거세 불안으로 괴로워하지 않고, 자기에게 음경을 주지 않은 이유로 엄마를 미워하지 않는 셈이다. 그러니까 젖가슴에 대한 시기심과 이유기의 좌절 때문에 엄마와 그 소유물(능력)에 대한 근원적 시기심이 초래되는 것이다. 이런 시기심은 여성적 시기(항문 가학성)까지 이어지며, 이 시기의 아이는 성별에 무관하게 엄마를 무서워하게 된다. 결국 둘 다 궁극적으로는 아빠를 향하게 되는데, 남자아이가 아빠와 동일시하고 아빠의 성기에 (과다한) 가치를 부여하는 반면, 여자아이는 성기기 오이디푸스 상황에서 필연적으로 좌절하게 된다. 하지만,

후에 애정-충동에 대한 만족이 충분히 얻어지면 이러한 선망에 더해 오랜 박탈로 인해 가능해진 커다란 감사가 합쳐진다. 감사함은 한결 커진 여성적 능력으로 표현되는데, 바로 하나의 애정-대상을 향한, 특히 첫사랑을 향한 온전하고도 지속적인 헌신의 능력이다[1928, p. 194].

클라인은 또한 여자아이의 엄마에 대한 성기 수준의 동일시가 안정적이면 안정적일수록 그 여성적 초자아는 "너그러운 모성-이상의 헌신적인 친절함이라는 특징을 갖는다"라고도 말했다(같은 책, p. 195). 여기서 다시 한번 프로이트와의 차이가 발생한다. 왜냐하면 클라인은 비록 질투와 시기가 (남자의 인생보다) 여성의 인생에서 큰 부분을 차지하지만, 남자들에게서 찾기 어려운 방식의 너그러움과 후함 또한 갖게 될 가능성이 크다고 말하고 있기 때문이다. 실제로 클라인은 프로이트의 여성 초자아에 관한 개념을 이상이 제대로 발달하지 않았을 때 생길 수 있는 한 가지 가능성 정도로 해석한다. 여자는 무엇을 원하는가? 프로이드의 이 질문에 대한 클라인의 대답은 그것은 엄마의 초자아, 그리고 그것을 딸이 어떻게 내면화하는가에 달려있다는 것이다.

클라인이 보기에 여자아이들이 겪는 위험은 남자아이의 경우보다 크나. 남자아이는 "자기 이상의 형상처럼 만들어졌고", 그의 성기는 만져지는 남성적 정체성의 증거이다. 여성의 경우 손상에 대한 오랜 공포로 인해 음경을 과대평가하게 되지만 클라인이 보기에 오이디푸스 여아에게 이것은 핵심적인 걱정이 아니다. 클라인과 호나이는 엄마, 그리고 엄마와 딸의 관계가 불안의 기본적 원천이라고 말한다. (Karen Horney는 또 한 명의 중요한 정신분석가로 미국에 온 다음 자신의 교육 기관을 만들었다. 흥미롭게도 클라인의 분석가였던 아브라함은 호나이의 분석가이기도 했다. 그녀는 정신분석이 남근-중심의 이론에서 멀어지는 데 한몫을 했다.) 클라인은 논문의 마지막에서 자기 생각이 "프로이트 교수님의 것과 모순"되는 것 같지는 않다고 말한다(같은 책, p. 197). 그리고 초기 오이디푸스 단계는 성기기 이전의 발달에 아주 강한 영향을 받으며, 따라서 성기기가 시작하기 전에는 오이디푸스 발달을 구분하기가 어렵다고 말한다. 초자아 발달에 대해서도 같은 이야기를 할 수 있는데, 왜냐하면 성기기 발달의 갈등이 일부 해소되기 전에는 온전한 초자아 구조가 만들어지지 않기 때문이다. 혹자는 이런 주장에 대해 그럴싸한 논리를 만들어낼 수 있겠지만, 당시 '프로이트주의' 진영은 별로 수긍하는 분위기가 아니었다. 부분적으로 초기 오이디푸스 발달이라는 개념을 둘러싼 논란은 오이디푸스라는 단어가 무엇을 뜻하는가에 달려있다. 모든 삼각관계가 오이디푸스인가? 엄마의 몸을 성애화하는 것은 반드시 오이디푸스 역동을 포함하는가? 엄마의 몸 안에 귀한 것이 모두 다 있다는 생각이나 환상이 반드시 음경 또한 엄마의 몸 안에 있다는 의미인가? 클라인의 개념들에 대해 이러한 질문들, 혹은 이보다 더 날카로운 질문이 가능하다. 하지만 클라인이 프로이트를 이어받는 사람인지, 수정한 사람인지, 혹은 대놓고 바꾼 사람인지에 대한 의견은 그 사람의 정신분석적 정치학과 무관하지 않다. 분명 클라인은 이 논문에서 오이디푸스 콤플렉스의 개념을 바꾸었다. 그녀는 앞서 음경 선망과 깊이 연관된 것으로 이해되던 여성의 발달에 대한 관점도 바꾸었다. 클라인의 생각에 의하면 남자아이나 여자아이 모두 엄마의 몸의 소유물을 빼앗아 파괴하고 싶다는 욕망을 가지고, 이 욕망이 투사된 후 다시 내사되면서 생긴 미움으로 고통받고 있다. 이러한 투사-내사의 과정은 앞으로 여러 논문에서 만나게 될 투사적 동일시 개념의 전구체다.

앞으로 그녀는 이 논문에 못지않은, 혹은 더 혁명적인 논문들을 쓰게 될 것이다. 하지만 이 논문 덕에 클라인은 중요한 정신분석 개념을 제시한 분석가로 굳건히 자리 잡게 되었다.

클라인주의의 특징

이 시기 클라인의 이론 작업에서 살펴볼 논문이 세 개 더 있으나, 그녀의 이론에서 그동안 제법 간과되어 온 두 가지 측면에 대해 생각해보는 것도 중요하겠다. 그녀가 정확히 이야기한 적은 없었으나 그녀는 프로이트가 이중 표상double representation이라고 불렀던 관점을 확고히 갖고 있었다. (이것은 프로이트가 「Repression」[1915d], 「The unconscious」[1915e]에서 사용한 개념을 내가 자의적으로 번역한 것이다. 이중 표상에 대한 프로이트의 생각에 대해서는 3장을 참고하라.) 클라인이 보는 내적 대상internal object은 환상을 통해 내면화된 대상 표상이다. 클라인에게 환상은 초기 발달을 결정짓는 것인데, 아이/아기가 좌절을 견딜 수 있는 능력은 환상이 어떻게 내적 대상의 수립으로 귀결되는가에 대한 중요한 요소이다. 앞서 「The early stages of the Oedipal conflict」에서 봤듯이 이 시기의 클라인의 이론에서 가학성과 미움은 아이의 발달을 결정짓는 핵심 요소가 된다. 그래서 아이가 좌절을 얼마나 잘 견뎌내는지가 아이 마음 안의 내적 대상이 지닐 가학적 성격의 정도를 결정한다. 클라인에게 내적 대상과 관련된 가학성(혹은 공포)을 설명하는 개념은 이것만이 아니다.

클라인의 가정에는 내적 표상 혹은 내적 대상만 있는 것이 아니라, 좀 더 의식적이고 외부 세계에 좀 더 많은 영향을 받는 표상 또한 있다. 설명의 용이성을 위해 이를 외적 표상 혹은 외적 대상이라고 부르자. 이제 내적 대상의 무서운 측면은 최소 세 개의 요소에 의해 결정된다. 욕동의 크기, 좀 더 중요한 부분인 아이의 참을성, 그리고 (초기 발달기에) 양육하는 부모의 행동. 부모의 행동은 외부 대상의 성격을 결정하는 데 중요한 요소가 될 것이다. 그러니까 실제 현실에서 부모가 얼마나 가학적이고 좌절을 주는지가 외적 대상의 성격에 큰 영향을 줄 것이다. 어찌 보면 이것은 당연하겠지만, 더불어 생각해야 할 것은 아이의 내적 대상이 또한 외적 대상의 표상에 영향을 미친다는 점이다. 적절한 발달에서 부모는 가학적이기보다는 애정적이고, 그래서 이러한 비교적 온건한 영향이 아이의 외부 대상 표상에 반영될 것이다. 아이가 커 갈수록 내적 대상은 점점 덜 가학적이고 덜 무서워질 것이며, 내적 대상과 외적 대상의 간격은 좁아져서 이상적인 발달에서 둘은 합쳐질 것이다. 유념할 것은 클라인이 초기 작업에서조차 세계에 대한 아이의 표상에 외부 환경이 미칠 영향을 배제하지 않았다는 점이다. 그녀는 분명 이중 표상 이론을 갖고 있었으며 일반적으로 외적 대상은 대개 아이와 부모의 실제 상호작용에 가까운 표상이 된다. 하지만 좌절에 대한 참을성이 적거나 충동이 강렬한 아이의 경우에는 늘 그렇지는 않을 것이다.

위에서 요점들은 이미 말했지만 클라인 이론의 두 가지 영향에 대해 좀 더 생각해보겠다. 클라인에게 좌절에 대한 참을성은 발달에서 중요한 생물학적 요소이다. 두 번째로 그녀가 오이디푸스 역동을 좀 더 이른 시기에 둘 수 있었던 것은 그녀는 성욕을 포함한 신체 표상이 유전된다고 생각했기 때문이다. 이 요소는 두 번째의 원형적-생리학적 요소가 되는데, 이는 클라인의 이론에 지대한 영향을 미치게 된다. 그녀는 태생적 상징(환상의 원재료)이라는 개념을 프로이트보다 더 멀리 밀고 나간다. 비록 프로이트에게도 같은 이론적 경향이 있긴 하지만 말이다. 프로이트가 가졌던 라마르크주의적 경향 덕택에 그는 다양한 환상이 세대와 세대를 연결해 이어진다고 은연중에 믿고 있었다. 『Moses and Monotheism』(1939)에서 이러한 관점이 잘 드러나고 일찍이 1915년에 (Bullitt와 함께) 썼던 글에서도 이러한 경향을 관찰할 수 있다. 내 생각에 프로이트의 글에는 라마르크의 흔적이 수두룩한데, 그의 의견에 대한 동의 여부와 무관하게 최소한 위에 언급한 두 개의 저작에서는 그러한 관점이 명확하게 드러난다(Freud, 1939a; Freud & Bullitt, 1967). 태어날 때부터 모종의 상징을 이미 가진다는 클라인의 생각은 이렇게 프로이트의 이론과 맥을 같이 하고 있다. 프로이트가 은연중에 라마르크 유전학을 태생적 상징과 관계된 것으로 여긴 데 반해, 클라인의 유전학적 개념은 좀 더 통상적인 생각에 가까운 것 같다. 물론 그녀의 이론에 대한 타당성을 논하고자 하는 것은 아니다. 프로이트주의자들이 그녀의 의견에 대해 굉장히 급진적이고 프로이트의 전통을 넘어섰다고 느끼는 지점을 지적하는 것이다.

초자아와 그 이후(이전): 짧은 생각

우리는 이미 클라인이 말한 초자아의 성격에 대해 논했다. 하지만 「The early development of conscience in the child」(1933)에서 클라인은 앞선 오이디푸스 관련 논문에 무언가를 더했다. 양심에 관한 이 논문에서 그녀는 초자아는 오이디푸스 발달의 시작 무렵에 만들어진다고 분명히 말했다. 이렇게 그녀는 프로이트의 초자아 개념에서 분명히 멀어지는데, 프로이트는 초자아가 오이디푸스 갈등이 해소된 후에 생긴다고 생각했기 때문이다. 앞선 논문에서(1932) 클라인은 좀 더 급진적인 입장을 택하여 초자아 발달은 아기가 함입incorporation을 통해 최초로 대상을 내면화할 때 시작된다고 말했다. 물론 이는 오이디푸스 콤플렉스가 나타나기 이전이다. 하지만 그녀는 이 주장을 되풀이하지는 않는다. 그녀가 여전히 주장했던 것은 두려움과 죄책감이 둘 다 초자아에서 비롯된, 서로 다른 상태라는 것이었다. 차이점은 두려움은 초창기 초자아에서 비롯되며 가학성과 공포의 이미지가 여기에 주입되고, 죄책감은 이후의 성기기 초자아의 산물이라는 점이다. 초기 오이디푸스에 관한 논문에서 클라인은 대상에 대한 두려움을 보복 원리로 설명하는데, 이 원리에 따르면 아이/아기는 대상이 자신과 똑같은 가학적 소망을 가질 것이라고 짐작한다. 이러한 등치의 결과로 대상은 이제 두려움의 대상이 된다. 양심의 초기 발달에 관한 논문에서 그녀는 관점을 옮기면서(혹은 명료히 하면서) 환경으로 투사되는 초자아 대상에 대해서 말하기 시작했다. 그러니까 아이/아기의 투사로 인해 부모는 무서운 사람이 될 수도 있다는 뜻이다. (물론 보복 원리가 생기는 이유가 투사된 충동 때문이라고 가정할 수도 있었다. 프로이트가 생각한 보복 원리는 세상에 대한 자기애적 관점의 일부분으로서 남들도 자신과 똑같이 생각하고 느낄 거라는 생각이다.) 이는 후에 투사적 동일시 개념으로 이어질 첫 단추가 된다.

이 논문에서 클라인은 초기 초자아는 약한 게 아니라 연약한 자아에 비해서 너무 강하다는 생각을 다시 한번 반복한다. 그래서 초자아가 자아를 압도하게 되는 것이다. 이때 강한 초자아라는 개념은 원시적 불안을 초래할 수 있는 초자아라는 뜻이다. 프로이트가 암묵적으로 정의하는 강하고 단단한 초자아의 의미는 조금 다른 의미의 강함을 뜻하는데, 이 점에 대해서는 이 장의 마지막에서 다시 논하도록 하겠다.

발달 초기의 양심에 관한 이 논문에서 클라인이 초자아를 여전히 위협적인 것으로 여긴다는 점은 중요하다. 초기 초자아 안에 있는 두려움은 잡아먹히고 갈가리 물려 찢기는 데에 대한 강력한 두려움이라고 할 수 있다. 구강기 발달에서 가학성은 절정에 이르러 급기야 식인 환상이 넘쳐난다. 한편 클라인의 개념에서 구강기와 항문기 사이에는 요도기가 있다. 이때는 항문기와 마찬가지로 오줌이나 똥을 싸는 것은 '함입한 대상을 세차게 내뿜는 것을 상징'하는데, 이는 대상에 대한 파괴적 소망에 따른 것이다. 그러니까 이 논문에서 클라인은 다시 한번 (딱히 이 용어를 쓰지는 않으나) 여성적 시기 개념을 주지시키는 것 같아 보인다. 이 시기의 아이는 엄마 몸 안을 파괴하는 소망을 갖는데, "이때 사용되는 것이 오줌과 똥이다"(1933, p. 253). 엄마 몸 안의 내용물을 소유하거나 파괴하려는 소망은 아이에게 두려움을 일으키고 아이는 이러한 두려움을 대상(엄마나 부모 양쪽)에게 투사하게 된다.

마음에서 대상을 비워낸다는 생각은 1930년의 논문에서 좀 더 본격적으로 다루어지는 주제이다. 이 논문에서 클라인은 초기 발달에서의 상징화, 혹은 좀 더 정확히는 초기 발달에서 상징의 파괴에 관해 이야기한다. 여기서 클라인은 초자아 발달에 선행하는 정신기능을 고려한다. "초자아 형성 이전의 시기가 있는데, [이 시기] 정신 기관은 이러한 조직화 단계에 이르러 가용해지는 방어와는 다른 방어를 사용한다"(1930, p. 220). 이때 클라인이 말하는 '이러한 조직화 단계'는 이드, 자아, 초자아가 통합되어 잘 발달한 구조를 만드는 시기를 말한다. 클라인은 내상을 추방해버리는 것이 상기 열거한 구조가 분명히 조직화 되기 이전의 주요 방어라고 생각했다. 대상의 축출은 이 시기의 아기가 무서운 대상을 자신으로부터 제거하는 방법이 되고, 대상의 축출은 필연적으로 외부 대상의 파괴를 동반한다. 그래서 초기 발달 시기(아마도 생후 6개월 이전)의 아기가 불안에 압도되면, 아기는 불안을 일으키는 대상을 마음에서 쫓아내거나, 혹은 불안을 초래하는 무서운 대상 표상을 파괴하려고 한다고 볼 수 있다. 그리고 아이가 이런 방어를 많이 쓰면 쓸수록, 아기의 상징 능력에는 손상이 발생한다. 여기서 클라인은 일찍이 Erich를 분석하기 시작한 이래로 늘 관심을 가져왔던 주제를 꺼낸다. 그녀는 정신증을 앓고 있는 아이들의 상징화 능력이 파괴되거나 심하게 손상되어 있음을 발견한다. 지속적인 상징화 능력을 갖추려면 아이는 반드시 불안을 충분히 참아낼 수 있어야 하기 때문이다. 이런 과정을 통해서 아이는 미워하는 (내적) 대상을 새로운 관점으로 볼 수 있고, 이렇게 대상이 통합됨에 따라 아이는 (대상의) 새로운 동일성에 대해 흥미를 갖게 된다. 그래서 그녀의 생각에 따르면 상징화 능력에 초래된 심각한 손상은 심리적 삶의 끝을 알리는 조종弔鐘으로, 상징화에 관한 논문에서 그녀는 정신증을 앓고 있는 아이를 치료함으로써 어떻게 아이의 상징화 능력을 개선할 수 있는지를 보여주려 한다. 그녀의 관점으로 아동 정신분석에서 중요한 것은 아이가 환상을 견디고 이용하는 능력을 키우는 것이다. 그리고 이 부분이 이루어지면 아이의 상징화 능력과 자발성이 향상될 것이다. 클라인은 여러 가지 표현을 동원해서 창조성과 심리적 생존을 동일시했다. 임상 정신분석에 대한 그녀의 생각은 발달에 관한 생각과 궤를 같이하는데, 그래서 클라인과 그 추종자들의 주된 치료적 관심은 정신분석 상황을 생생하고 살아있게 만드는 것이다. 이는 일견 기본적인 요소처럼 보이나 이들의 눈에는 많은 치료에서 치료적 자발성과 생명력이 심히 부족한 것처럼 보였다. 클라인의 치료적 관점에서 볼 때 자발성이 순응으로 대체되는 것은 큰 걱정거리이다.

이 장('초자아와 그 이후')에서 우리는 클라인의 초자아 발달 개념과는 별 관련이 없어 보이는 이야기들을 한 것 같다. 그래도 그녀의 초자아 발달 개념을 간략하게 요약해보자. 발달의 초기에 아기가 정신적 내용물을 비우고 파괴하는 시기가 있는데, 이 시점이 초자아 구조가 발달하기 이전이다. 초자아가 만들어지는 것은 오이디푸스 단계의 초창기라고 할 수 있다. 구강기에서 최초로 등장한 초자아는 어쩔 수 없이 구강 가학적 이미지들의 묶음으로써, 이 무서운 이미지들은 엄마의 신체와 신체적 생산물을 파괴, 소유, 지배하고자 하는 아이의 구강기 가학성에 영향을 끼친다. 여기서 기억해둘 것은 오이디푸스 드라마가 벌어지는 곳이 엄마의 몸이라는 점이다. 그래서 아빠의 음경 또한 엄마의 몸 안에 있게 되고, 이렇게 합체된 부모가 오이디푸스 드라마의 능동적 요소가 된다. 이 시기의 클라인은 오이디푸스 드라마가 발달의 매 시기마다 반복된다고 생각했다. 적절한 발달이 이루어지면 초자아는 좀 덜 가학적으로 변하고, 가학성에 지배되는 것이 아니라 자아 및 이드와 잘 통합된 구조가 된다. 클라인이 묘사한 적절한 발달로 얻어지는 풍성한 여성 초자아는 특히나 인상적인데, 프로이트가 말한 연약한 여성 초자아와는 아주 상반되는 것이다.

클라인의 이후 개념들: 기초적인 토론

양심의 초기 발달에 관한 논문(1933)을 토론하며 Roger Money-Kyrle은 다음과 같은 질문을 한다. "불안으로 경험될 뿐인 비사교적인 초기 초자아는 어떻게 죄책감으로 경험되는 도덕적 양심으로 변해가는가?"(Money-Kyrle, 1975b, p. 431). 그의 생각에 의하면 클라인은 1933년까지 위의 질문에 대답하지 않는다. 그는 클라인의 다음 개념인 depressive position 개념이 이상의 초자아 변화에 대한 적절한 이론적 교두보가 된다고 말한다. 이 단계를 통해 두려움이 주된 정서인 초자아에서 도덕성과 죄책감의 초자아로 변한다는 뜻이다. 여기에 사용되는 position 개념은 클라인 이론에서 요긴한 부품이 된다. 이 개념을 이용해 그녀는 그녀 이전의 이론가들이 제시한 생각들을 바꾼다.

예를 들어 분열splitting 개념을 살펴보자. 이 개념은 페렌치와 프로이트가 이미 도입한 개념이었다(3장 참고). 하지만 클라인은 분열이라는 방어 개념을 적극적으로 사용하여 분열의 발달적, 임상적 중요성에 착안한다. 클라인의 후기 이론을 검토하면 할수록 이 개념의 중요성은 커질 것이다. 비슷하게 부분 대상part object이라는 용어를 처음 쓴 사람은 프로이트지만, 클라인은 이 개념을 새로운 이론 구조 안에 유기적으로 결합했다. 이때 전체 대상과 부분 대상의 구분에서 중요한 것이 position 개념이다. 앞서 이야기했듯이 이 시기까지 클라인의 주된 관심은 공격성과 가학성이었다. 그다음 논문에서 클라인은 에로스와 타나토스에 좀 더 끈덕지게 천착한다. 그리고 흥미롭게도 이 과정을 통해 그녀는 프로이트와 아브라함이 발달에서의 리비도적 영향이라 불렀던 것에 가까이 접근한다. 이런 것들이 이제부터 우리가 살펴볼 중요한 세 논문의 주제들이다. 「A contribution to the psychogenesis of manic-depressive states」(1935), 「Mourning and its relation to manic-depressive states」(1940), 「Love, guilt and reparation」(1937)이 그 논문들이다. 마지막 논문에서 그녀는 수선repair 개념을 말할 것이다. Depressive position 개념을 논하기 위한 준비 단계에 있지만 그래도 잠시 Money-Kyrle이 주장했던 주제에 대해서 논해보도록 하겠다. 그 주장은 클라인의 예전 개념으로는 그녀가 묘사했던 초자아의 변화를 설명할 수 없다는 것이다.

그러니까 그를 포함한 신-클라인주의자들은 position 개념이 "매 발달 단계의 발달 단위"가 되었다고 주장한다(1975, p. 433). 그들의 관점에 의하면 클라인은 stage의 발달이론에서 position의 발달이론으로 옮겨갔다. 이 장의 고찰에서 제기될 질문은 과연 클라인이 실제로 stage 개념에서 position 개념으로 옮아갔는지, 아니면 이 두 개념을 조합해서 사용했는지이다. 혹은 그녀의 이론에 관한 역사적 해석과 별개로, 이 두 개념을 조합해서 사용하는 것에 논리적 어려움이 있는가에 대한 질문이 제기될 수 있다. 더 정확히 말해서 이 두 개념을 조합함으로써 더 큰 설명력을 얻을 수 있냐는 질문을 해볼 수 있다는 뜻이다.

Paranoid position과 Depressive position

이 시기(1935~1940)의 클라인은 이후에 그녀의 이론을 완전히 바꾸게 될 두 가지 불안에 대해 묘사한다. 이 불안들은 어떤 사람이 대상 세계와 어떤 관계를 맺고 있는지를 결정한다. 이 두 불안은 paranoid anxiety와 depressive anxiety로, 여러 가지 이론적 함의를 갖는다. 만약 전자가 우세한 상태에 있으면 이때는 전체 대상이 아니라 부분 대상과 관계 맺는 경향이 생긴다. 이때 불안에 대한 반응으로 "특징적인 방어가 생기는데, 그 주된 목적은 '가해자'를 없애는 데 있다." 이 가해자는 신체의 안팎 어디로나 표상될 수 있다. 클라인은 말한다. "대상들의 가학적 파괴에 대한 편집증적 불안은 그 자체로 몸 안의 독이나 위험의 근원이 될 수 있다"(1935, p. 264). 그래서 누군가 외적 대상을 파괴했다고 확신하지 못하면 대상은 내면화되어 내적 가해자가 될 가능성이 있는 셈이다. 그런데 왜 위험한 대상을 내면화하는 것인가? 클라인은 구강-리비도(성적), 구강-가학적 동기에 의해 대상을 함입하려는 경향이 있다고 가정한다. 그래서 내사물에 대한 광포한 잠재적 구강-가학적 공격이 이루어지지만 동시에 "완전히 불신하면서도 대상을 함입하려는" 경향도 있다. 여기서 그녀가 주장하는 것은 비록 편집증적 불안으로 인해 외부 대상을 파괴하려고 시도하게 되지만 동시에 이 대상들을 (입으로) 함입하려는 소망도 있다는 것이다. 이렇게 일단 내면화되고 나면 함입된 대상은 위험, 특히 독으로 지각된다. 클라인의 생각에 따르면 대상이 파괴되면 아이의 외부 세계는 끔찍하게 황폐해진다. 그렇다면 이런 가해자들을 막기 위해 사용되는 방어는 무엇인가? 부정denial과 맹점화scotomization가 주된 방어로, 이로 인해 "내사와 투사가 덜 사용된다"(같은 책, p. 262). 말하자면 대상의 존재를 부정하면서 사실상 대상을 파괴하거나 혹은 최소한 대상의 어떤 측면이 제거된다. 만약 대상(좀 더 정확히 말하면 부분 대상)이 함입되면(안으로 받아들여지면) 자아는 내부의 가해자를 쫓아내거나 투사함으로써 방어를 시도한다. 그리고 이는 아이의 내적 환경을 황폐하게 만든다. 이렇게 내적 환경이 황폐해지면 상징화는 잘 일어나지 않고 모든 지적 활동이 심각하게 억제된다. 여기에 더해 최초의 편집증에는 "구강적 소망의 약화"가 동반된다(같은 책, p. 264). 왜냐하면 비록 함입이 계속되더라도 (부정이나 맹점화로 인해) 함입 가능성이 있는 대상이 줄어들기 때문이다. 이 시기의 그녀의 이론에 의하면 좋고 나쁜 대상의 명확한 분리는 발달의 편집증적 시기 이후에 가능해진다.

'발달의 편집증적 시기 이후'라는 표현은 사실 잘못된 것인데, 왜냐하면 앞으로 보게 되겠지만 클라인은 이런 형태의 정신이 전적으로 극복되거나 완전히 다른 것으로 바뀔 수 있다고 생각하지 않았기 때문이다. 오히려 편집증은 클라인이 depressive position이라고 부르는 것으로 점차 대체되어 간다. Depressive position으로의 이행은 아기가 전체 대상을 합성, 지각, 함입해가는 능력의 이행과 연관된다. 클라인의 가정은 편집증 시기의 아기는 부분 대상을 함입하고 이러한 부분 대상은 아이/아기에 의해 파괴된다는 것이었다. 하지만 비록 클라인이 초기 발달기의 어두운 측면을 강조하지만, "실제 세상의 만족스러운 부분"(같은 책, p. 285)의 함입도 역시 편집증 시기에 발생하는 현상이다.

하지만 멀지 않아 (두어 달 뒤) 아이는 "점차적으로 전체 사람으로서의 엄마"를 지각하기 시작한다. 만약 이때 아기와 엄마의 관계가 좋다면 아기의 편집증적 불안을 극복하는 데 도움이 된다. 엄마의 젖가슴에 대한 아기의 애정적 고착은 엄마라는 사람에 대한 감정으로 발달해간다. 이렇게 리비도가 옮아가는 시기는 아기의 가학적 경향이 극에 달했을 때이기도 하다. 그래서 아기와 대상의 관계 양상이 변함에 따라 또 다른 두려움이 발달하는데, "나쁜 대상과 함께 좋은 대상도 쫓겨날까"에 대한 것이다(같은 책, p. 265). 이는 역으로 "축출과 투사의 메커니즘이 가치를 잃게 만든다"(같은 책). 그래서 아이는 좋은 대상을 내사하려고 하며 좋은 대상에 대해 안달복달하고, 좋은 대상을 지키기(잘 보존하기)를 소망한다. 이때 우리가 유념해야 할 것은 클라인이 보는 아이/아기는 항상 안팎의 가학적 충동에 위협받고 있는 존재라는 것이다. 한편 이러한 이행의 시기에 아기는 부분 대상에서 전체 대상으로 옮겨가며 대상들을 가학적 공격으로부터 보존하려 한다.

이 새로운 국면의 우울한 측면이 아기에게 의미하는 것은 무엇일까? 클라인에게 depressive position을 특징짓는 것은 '사랑'의 상실이다. 아기가 좋은 전체 대상을 함입하게 되는 바로 그 순간 우울함이 찾아오는데, 이유는 "(이유기 전후 동안) 자신의 좋은 내면화된 대상을 지키는 데 실패했다는 느낌, 그러니까 좋은 대상을 자신의 것으로 만드는 데 실패했다는 느낌 때문이다"(같은 책, p. 267). 그래서 최초의 사랑에 이어 즉각적인 상실감이 찾아오게 된다. 이러한 즉각적인 상실감이 발생하는 한 가지 이유는 아기의 마음에 내면화된 가해자가 여전히 남아 있기 때문이다. 말하자면 이전 시기(출생 직후)의 편집증이 남긴 잔재 같은 것인 셈이다. 이제 사랑하는 대상을 향한 애태움pining이 depressive position의 특징이 된다. 사랑하는 대상을 향한 애태움을 가질 수 있는 능력은 좋은 대상을 완전히 함입할 수 있는 능력에 달려있다. 만약 아기가 좋은, 내면화된, 전체 대상을 지키는 데 실패했다면 이는 아기가 내면화된 가해자로부터 좋은 대상을 지키는 데 실패했다는 뜻이다.

초기 발달에 관한 클라인의 묘사를 보면 아기의 심리적 세계에서 내적 대상이 적극적인 영향력을 발휘함을 알 수 있다. 분명 클라인이 생각하는 대상-관계의 드라마는 프로이트가 생각했던 아기의 내적 세계보다는 훨씬 복잡하다. 프로이트가 자신의 대상-관계 시기에 그랬던 것처럼 클라인도 position 개념을 성인의 정신병리를 설명하기 위해 사용한다. 가령 편집증에 대해서는 초기 발달에 비추어서 설명하게 되고 우울증에 대해서도 그러했다. 여기에 더해 그녀는 유아기의 상태와 성년의 상태 사이에 분명한 인과 관계를 설정한다.

> 진정한 애정 대상에 대한 최초의 근원적 외적 상실은 이유기 전후에 겪는 젖가슴의 상실이다. 초기 발달기의 아기가 자신의 자아와 더불어 애정 대상을 수립하는 데 실패하면 젖가슴의 상실은 후에 반드시 우울함을 초래하게 될 것이다[같은 책, p. 287].

짧은 여담: 클라인과 다른 분석가들의 비교

비슷하게 클라인은 성인기 편집증과 우울증도 밀접한 관계로 본다. 클라인주의자들은 이를 "정신증의 일반 이론에 대한 상당한 공헌"이라고 생각한다(Money-Kyrle, 1975b, p. 434). 클라인이 조증을 어떻게 depressive position과 연결 짓는지, 그리고 조울증적 상태를 어떻게 우울증과 연결 짓는지를 보기 전에 그녀의 새 개념과 관련해서 프로이트, 아브라함, 페렌치, 글로버를 잠시 살펴보도록 하자. 글로버Glover는 최초의 자아 조직은 핵들이 얼기설기 뭉쳐진 것이라고 했다. 이러한 핵들의 조직화는 해당하는 심리-성 단계에 따라 그 특성이 만들어진다. 그래서 구강기 자아 핵, 혹은 항문기 자아 핵 같은 것들이 있을 수 있다. 가령, 구강적 시기에 자아는 덜 통일적이고, 외부 대상과의 동일시는 이러한 무질서로 인해 제한될 것이다. 오토 컨버그Otto Kernberg(14장)는 이러한 상태를 수동적 분열이라고 불렀고, 로이 쉐이퍼Roy Schafer(1968)도 이런 상태를 능동적 상태라기보다는 통합이 부족한 상태로 보았다. 그래서 초기 발달에 대한 글로버의 생각에서 분열은 자아의 조직화가 부족한 결과이다. 앞으로 보게 되겠지만 이런 생각은 클라인의 생각과는 완전히 상반된 견해이다.

글로버 이전에 아브라함이 이미 여러 편의 글에서 유아기 우울증에 관해서 썼다(1921a, b, 1924). 그의 작업은 프로이트의 유아 성욕, 프로이트와 페렌치의 초기 발달에 대한 개념들에 근거한다. 아브라함은 유아기 우울증과 관련해서 항문기 가학성을 둘러싼 갈등이 특히 두드러진다고 생각했다. 유아기 우울증에 관심이 있었던 아브라함과 달리 프로이트는 「Mourning and melancholia」(1917e)에서 정상 애도와 우울증 혹은 멜랑콜리아의 차이점에 관해서 썼다. 한편 클라인은 depressive position의 보편성에 관해서 쓴 최초의 이론가이다. 그녀의 이론에 의하면 어떤 사람이 아동기의 depressive position에서 슬픔과 걱정을 제내로 다루지 못하면 못할수록 그 사람의 애도는 병적이라고 말할 수 있다. 그러니까 클라인은 이세 새로운 개념과 새로운 발달적 관심사를 제기하는 셈이다. 즉, 슬픔과 대상 상실을 다루는 아기의 능력에 관한 것으로서, 이 주제는 이전에도 다른 분석가들의 관심사였지만 클라인은 여기에 자기 이론의 핵심적 지위를 부여한다.

조증과 Manic-depressive 'position'

클라인은 짧은 요약과 함께 이렇게 주장한다.

> 두 종류의 두려움, 느낌, 방어가 있다. 그 자체로 아무리 다양하고 아무리 밀접하게 서로 연결되어 있어도 내 생각으로 이들은 이론적으로

> 는 분명하게 구분되는 것들이다. 첫 번째 부류의 느낌과 환상은 괴롭히는 양상의 것들로, 내적 가해자에 의한 자아 파괴와 관련된 두려움이 특징이다. 여기에 대한 주된 방어는 폭력이나 교묘한 술책으로 가해자를 파괴하는 것이다. (…) 두 번째는 depressive position을 만드는 것들로, 앞서 여기에 대해 묘사했으나 특정 용어를 제시하지는 않았었다. 사랑하는 대상을 향한 슬픔과 염려, 그들을 잃는 것에 대한 두려움, 다시 찾고자 하는 소망 같은 감정들에 대해 나는 한 단어를 제안하는데, 그것은 '애태움pining'이다. 다시 말해 한편으로 ("나쁜" 대상에 의한) 괴롭힘과 그에 대한 특징적인 방어, 그리고 다른 한편으로는 사랑하는 ("좋은") 대상을 향한 애태움이 depressive position을 구성한다[1940, p. 348].

클라인의 생각에 따르면 아기가 depressive position에 충분히 들어서면 애태움으로 인한 고통을 다루기 위한 방어가 만들어진다. 이렇게 생겨나는 방어가 manic position의 일부가 되며, 세 가지 방어술을 만들어낸다. 클라인은 전능 환상의 발달을 나쁜 대상을 제어하고 좋은 대상을 되찾기 위한 것으로 보았다. 그녀는 전능함과 관련한 관념이 초기 발달에서 보이는 사고의 연장선에 있다고 생각했다. 그래서 나쁜 대상은 무섭고 끔찍하게 파괴적이며, 좋은 대상은 완전무결하다. Depressive position에 있는 아기는 또한 부정을 사용함으로써 상실감, 그리고 잃어버린 대상을 향한 애타는 고통을 누그러뜨린다. 실제로 부정은 상실을 의문에 부치며 현실을 좀 덜 실망스럽게 만든다. 마지막 방어는 이상화다. 아이는 이상화를 통해 필요할 때 (혹은 아기가 원하는 순간에) 완전히 좋은 대상이 실제로 사용 가능하다는 환상을 갖게 된다. 부정, 전능함, 이상화는 다 같이 아이/아기로 하여 애태움의 고통을 누그러뜨리게 만들기도 하고 합쳐진 대상을 다시 한번 선악과 호오로 나누기도 한다. 이 방어로 인해 아이는 조증 상태에 들어서고 조증 상태는 애태움과 후회를 모조리 날려버린다. 그래서 조증 상태의 전능함은 아기를 depressive position에서 멀어지게 하지만 동시에 대상에 대한 통합된 관점에서도 멀어지게 만든다.

분열과 재결합의 끊임없는 순환

클라인은 이렇게 말한다.

> 발달의 이 시기에 바깥과 안의 대상, 사랑과 미움의 대상, 실재와 상상적 대상의 통일이 이루어진다. 이 과정에서 대상의 이미지는 다시 한 번 분열되는 것 같다[1940, p. 350].

그래서 초자아의 발달과정에서 클라인이 생각하는 적절함은 편집증과 depressive position 사이를 오가며 발달이 이루어지는 것이다. 그러는 와중에 depressive position의 점진적 상향 이동이 일어나는 것이다. 이 맥락에서 상향 이동의 의미는 대상의 모습이나 표상이 지속해서 통일된다는 뜻으로, 실재이자 내면화된 대상을 향한 사랑과 믿음이 제대로 수립되어 유지된다는 의미다. 유아기 시절 최초로 만들어진 depressive position은 아직 불안정한 조직화 상태이므로 조증 경향이나 방어로 인해 쉽게 교란된다. 비록 클라인이 조증의 일부로서의 강박적 방어에 대해서는 특별한 언급을 하지는 않았으나, 그녀의 말에 따르면 어린이(특히 아기)들은 수선repair의 시도(혹은 생각)를 믿지 않으며 어쩌면,

> 수선을 향한 자신의 시도가 지금까지도 그리고 앞으로도 결코 성공하지 못할 것이라고 느낀다. 이런 이유로 아이들은 (그리고 어른도 어느

정도는 마찬가지로) 어떤 행위를 강박적으로 반복하게 된다. 혹은 정반대 방법으로 전능함이나 부정에 기대게 된다[같은 책].

이렇듯 클라인은 강박적 방어를 조증 방어와 밀접한 것으로 이해했다. 그래서 그녀는 대상을 조종하려는 시도에는 가학적 측면이 있다고 주장한다. 종종 대상을 극복하고자 하는, 혹은 대상과 맞먹으려는, 그렇게 대상을 이겨 먹으려는 소망이 있다는 의미이다. 이같이 대상을 이겨 먹으려는 소망에는 여러 요소가 있는데, 그중 가장 중요한 것은 아이가 자신이 스스로 충분하며 아무런 결점이나 약점이 없음을 보이려는 것이다.

앞서 언급했듯 클라인은 이러한 position이 초기 발달에서 한 번만 나타나는 것이 아니라 발달의 매 시기마다 반복해서 생긴다고 생각했는데, 이것이 '상향 이동'의 부분적인 의미이다. 이렇게 반복적으로 두 position을 옮겨 다니면서 안팎의 표상 사이의 괴리는 점점 줄어들고, 사랑하고 미워하는 표상은 조금씩 하나의 대상 표상으로 모인다. 아이가 이 작업을 해낼 수 있으면 아이는 타인을 향해 진실로 양가감정을 보일 수 있게 된다. 한편 초기 편집증과 depressive position에서 클라인의 아기는 정신증적 불안을 경험한다. 두 position을 오고 감에 따라 비록 그 가능성은 여전히 존재하지만 그럼에도 정신증적 불안은 점차 신경증적 불안으로 변해간다. 그리고 각각의 position이 되풀이되면서 오이디푸스 삼각관계도 되풀이되고, 초자아도 거듭해서 만들어져간다. 그래서 클라인이 생각하고 있는 발달은 양쪽 position을 오가면서 오이디푸스 역동과 초자아가 반복해서 만들어지는 것이다. 앞서 말했듯 클라인을 옹호하는 이들은 이 시기에 클라인이 position 개념을 고안하게 됨으로써 프로이트의 정신-성 단계 개념을 대체하려고 했다고 생각한다. Money-Kyrle은 이 시기의 클라인의 이론에 대해 말하길, "가장 중요한 것은 새로운 position 개념이 stage나 phase를 대체할 발달 단위라는 점이다"라고 했다(1975b, p. 433).

클라인은 애도에 대해 depressive position에서 봉착하게 되는 발달적 이슈라고 생각했는데, 그래서 우리는 매 발달 단계마다 애도라는 이슈에 봉착하게 된다. 여기에 더해 멜랑콜리아와 애도는 서로 완전히 다른 현상으로 생각되기보다는 연속선에 있는 현상들로 여겨진다. 그녀의 임상 자료를 보면 멜랑콜리아뿐 아니라 애도에 내재한 위험들 또한 검토하고 있는 것을 알 수 있다. 그래서 매번의 depressive position마다 수선하려는 시도가 이루어지는데, 다르게 표현하면 depressive position을 거듭하면서 아이는 좀 더 완전한 애정 관계를 발달시키고, 자기애적 취약성에 덜 매이게 되는 것이다. 그래서 가령 클라인이 보기에 과도한 칭찬에 대한 필요는 무의식이 투사된 것으로써, 이런 사람은 타인을 향한 공격적 충동을 길들이지 못하고 동시에 타인을 사랑하지도 못하는 것이다. 이런 경우 차츰 대상에 대한 자신의 사랑을 믿게 되면서, 그리고 대상을 수선할 수 있게 되거나 혹은 대상을 온전한 상태로 유지할 수 있게 되면서 타인의 칭찬이 예전만큼 '필요'하지 않게 된다. 그러니까 타인의 칭찬에 대한 필요는 자기-사랑과 대상-사랑에 대한 무능력이 투사된 것이라고 할 수 있다.

비록 이 시기에 클라인이 프로이트의 이론에서 벗어나고는 있으나 그녀는 여러모로 프로이트의 개념에 기대고 있다. 그녀는 자신의 대상-관계 이론의 핵심에 오이디푸스 갈등을 두었다. 그리고 내 생각에 그녀의 개념에는 여전히 psycho-sexual stage 개념이 존재한다. 그녀는 여러 차례 구강기 혹은 항문기 현상, 자기-보전의 필요성 같은 것에 관해 이야기하는데, 이들은 프로이트가 그의 대상-관계 시대에 제시했던 개념들이다. 하지만 그녀의 서술이 얼마나 프로이트의 개념에 많이 의존하고 있는지와 무관하게 그녀가 이 개념들을 이용하는 방식은 프로이트와 달랐다고 할 수 있다. 예를 들어 그녀는 초기 오이디푸스 시기에서 아버지의 역할은 부분적으로 어머니를 모델로 하고 있으며, 그녀는 이런 역할 형성을 '합체된 부모joint parent'라고 부른다. 이는 좀 더 근본적으로 초기 오이디푸스 시기에서의 모든 성적 활동은 엄마의 몸 안에서 이루어진다는 의미이기도 하다. 그러니까 아이/아기가 오이디푸스 갈등을 반복 경험하는 동안 아빠의 음경은 항상 엄마의 몸 안에 있는 셈이다. 게다가 첫 번째 오이디푸스 시기는 모유 수유의 중단으로 인한 좌절의 결과로 생겨난다. 이상의 개념에서 오이디푸스 콤플렉스는 가학성의 절정에서 만들어진다(이 관점은 차후 변한다). 클라인의 관점에서는 비록 행복한 관계라 할지라도 항상 수선하려는 충동이 필요하다. 그래서 행복한 아내, 엄마도 늘 음경을 향한 자신의 가학적 소망에 대해 염려하고 끊임없이 그 음경을 수선하고 건강한 상태로 보존해야 한다. 여태 제시된 새로운 개념들에 대해서 더 많은 이야기를 할 수 있다. 하지만 다음에 쓴 논문에서 그녀는 이 개념들을 재검토할 것이다. 그래서 우리도 다음 시기의 그녀의 이론으로 넘어가서 1945년 논문, 「The Oedipus complex in the light of early anxieties」를 살펴보도록 하자. 이 논문은 프로이트-클라인 논쟁 이후에 쓴 것으로, 오이디푸스 콤플렉스에 대한 클라인의 정리된 입장을 드러낸다.

용어상의 혼란에 대한 짧은 언급

Depressive position에 대한 두 논문(1935, 1940)에서 클라인은 프로이트가 그의 초기 성욕에 관한 논문(1905d)에서 본능이라는 단어를 쓴 것만큼이나 자주 position이라는 용어를 쓴다. 이 논문들을 보면 obsessional position, manic position이라는 단어도 나오는데, 이들은 용어 사용 초기의 남용일 뿐이다. 클라인의 후기 이론에는 paranoid-schizoid position과 depressive position의 두 position만 있다. paranoid-schizoid position은 그녀가 1940년대 중반 페어베언과의 '토론'을 마친 뒤 편집증paranoia을 대신해 선택한 용어이다. 다음 장에서 우리는 클라인이 paranoid-schizoid position이라는 용어를 도입한 1946년의 논문을 살펴볼 것이다. 또한 클라인은 분열되고 상반되는 의미를 지닌 이미지 혹은 표상을 언급할 때 양가감정ambivalence이라는 용어를 사용한다. 프로이트도 때로는(1915c) 양가감정이라는 용어를 이런 식으로 사용한다. 한편 오늘날의 많은 분석가들은 양가감정에 대해서도 구분을 하는데, 말하자면 나누어지지 않은 단일 대상에 대한 양가적 태도인지, 아니면 둘 이상의 뚜렷이 구분된 표상으로 나타나는 분열된 대상에 대한 양가적 태도인지가 관건이다.

오이디푸스 콤플렉스: 좀 더 완전한 설명

클라인은 오이디푸스 콤플렉스에 대해 논하며(1945) 프로이트와의 차이점을 숨기려 들지 않는다. 이 논문에서 제시된 증례는 리처드의 분석에서 얻은 것으로, 후에 펴낸 책 『Narrative of a Child Analysis』(1961)에서 좀 더 자세하게 묘사된다. 그리고 1932년의 논문에서 인용한 리타의 증례 또한 언급된다. 이 시점에서 클라인은 자신의 예전 관점 중 많은 부분을 다시 언급한다. 가령 남녀 아기 모두 초기 오이디푸스 발달을 겪지만 이제 그 시점은 예전 이론보다 더 앞선 것이 된다. 그녀는 임상 경험을 바탕으로 주장하길, 내면화된 대상들이 만들 갈등 어린 내면세계의 종류와 정도를 결정짓는 것은 좌절에 대한 참을성과 가학성의 정도라고 말한다. 그녀는 삶이 시작하는 순간부터 리비도가 공격성과 융합한다고 주장한다. 이는 프로이트와는 다른데, 프로이트는 본능의 융합을 발달단계로 보고 있기 때문이다. (내 생각에 우리가 여기에 대해 눈에 보이는 증거를 요구하지 않는다면 이는 대체로 학술적 관심사일 뿐이다. 때로 클라인은 프로이트보다 공격성과 가학성을 더 강조하는 듯하다.) 더 중요한 것은 클라인이 리비도의 진보가 생기는 이유는 새로운 만족의 근원을 찾기 때문이라고 가정했다는 점이다. 그래서 이제 좌절은 모든 발달적 상호관계의 요소가 된다. 왜냐하면 그녀가 보기에 아기는 '끝없는 만족'을 원하기 때문이다. 그래서 어쩔 수 없이 아기의 좌절에 대한 참을성이 얼마인지와 무관하게 수유 과정에서 얼마간의 좌절은 피할 수 없게 된다. 이 좌절 때문에 아기는 구강적 만족을 추구하기 위해 음경을 찾게 된다. "젖가슴과 음경은, 그래서, 아기의 구강적 소망의 첫 번째 대상이 된다"(1945, p. 408). 따라서 리처드와 리타 모두 강력한 구강-가학적 충동, 그리고 이와 관련한 갈등과 과도한 불안 및 죄책감을 지니고 있음은 놀랍지 않다. 그리고 발달의 초기에 이런 고착이 생기면 후에 퇴행이 초래되어서 제대로 된 성기 우위가 수립되지 않는다. 클라인이 생각하는 심리-성 단계는 프로이트의 그것보다 훨씬 더 유동적이어서 발달의 매 시기마다 구강, 요도, 항문뿐 아니라 더해서 성기 충동까지 아기의 마음에서 생겨나고 활동하는 것을 관찰할 수 있다. 한편 클라인은 젖가슴과 음경이 아기의 일차적 구강 소망의 대상이라고 말하는데 이 진술에 충실히 따르게 되면 구강기의 단계 내에 각 발달 시기의 특징적 성격이 존재한다는 결론이 도출된다. 이상이 클라인의 주장에 대한 유일한 논리적 귀결이라는 것이 나의 논점이다. 클라인이 말하는 성기 우위에 대해서도 같은 주장을 할 수 있다. 말하자면 여기에서도 발달의 어떤 시기 중 성기 우위라는 것이 생기는 시점이 있을 것이라고 짐작할 수 있을 뿐이다. 여기에서 성기 우위가 가정하는 것은 성기를 중심에 둔 성적 관심, 그리고 나이에 맞는 동일시가 일어난다는 것이다. 클라인에 의하면 이 시기의 초자아 발달은 좀 덜 가혹하고 좀 더 통합적이며 가학적 내사물에 의해 보다 적게 좌우되어야 한다. 그래서 이 시기에 이르면 오이디푸스 역동이 프로이트가 묘사한 것과 비슷해진다. 하지만 클라인은 여전히 프로이트와의 차이점을 주장하고 있다. 이 차이점을 좀 더 살펴보기 전에 먼저 클라인과 프로이트를 구분하는 성기기 이전의 차이점부터 보자.

클라인의 후기 이론: 시작점

이 시기(1945년) 이후 클라인은 대상관계가 출생 직후부터 시작된다고 본다. 그래서 수유 시기의 좌절과 만족은 즉각적으로 젖가슴의 분열을 초래하고, 이로 인해 사랑하고 좋은 젖가슴과 미워하고 나쁜 젖가슴이 만들어진다. 좋은 것은 온통 좋은 것으로 이상화되고, 그 거울상으로 나쁜 것은 온통 무섭고 미운 것이 된다. 젖가슴에 대한 좌절은 남녀 아기 모두를 음경으로 이끄나 음경 또한 젖가슴이 겪었던 경로를 걷게 된다. 투사와 내사의 다양한 조합을 통해 좋고 나쁜 대상 모두는 다양한 상호작용을 통해 들어오기도 하고 밖으로 내쳐지기도 한다. 클라인은 여전히 이중 표상을 가정하고 있는데, 여기서 현실의 이미지, 혹은 외적 이미지는 내적 표상으로부터 계속해서 영향을 받게 된다. 예를 들어 클라인의 이론에서는 젖가슴의 내적 이미지(엄마)와 음경의 내적 이미지(아빠)는 엄마, 아빠의 현실적 표상에 계속해서 영향을 준다. "내적, 외적 대상과 내적, 외적 상황은 계속 동요한다"(1945, p. 409).

앞선 저작에서 클라인은 오이디푸스 콤플렉스가 이유離乳의 좌절에서 시작된다고 했다. 그리고 가학성과 공격성은 오이디푸스 콤플렉스를 촉발하는 정서적 동기라고 여겨졌다. 이제 클라인은 오이디푸스 현상이 depressive position의 시작과 동반된다고 생각한다. 유아기 depressive position은 그녀의 발달이론에서 핵심이 되는데, "아이가 자신의 공격성과 증오로 인해 사랑하는 대상을 잃을까 두려워하는 마음은 처음부터 아이의 대상관계와 오이디푸스 갈등에 포함된다"(같은 책, p. 410). 이제 대상관계는 생후 곧바로 시작되는 것이므로 좋고 나쁜 젖가슴과 음경의 이미지도 조만간 (최초의) 초기 초자아 발달의 일부를 이루게 된다. 클라인을 이렇게 해석하면(클라인주의자나 신-클라인주의자로 자신을 규정하는 사람들은 동의하기 어려운 의견일 텐데, 왜냐하면 이들은 클라인이 stage 개념을 떠나 position 개념으로 이를 대체했다고 생각하기 때문이다), 그녀는 여전히 느슨하게나마 psycho-sexual stage 개념을 버리지 않고 있는 것처럼 보인다. 비록 그녀의 심리-성 단계는 (요도기를 추가하면) 프로이트의 것과 같지만 좀 더 유동적이며 모든 단계에서 모든 심리-성 성감대가 나타난다는 차이점이 있다. 그래서 가령 발달의 구강기 국면에는 요도, 항문, 성기기 환상이 애정적 함입이나 구강 가학성 같은 구강기 주제와 동반되어 나타난다는 식이다. 그리고 각 발달 단계마다 상태들 사이를 오가게 된다. 그래서 가령 구강기에는 편집증적 경향(조만간 paranoid-schizoid position이 된다)이 우세한 시기가 있고 이어서 depressive position이 온다. Depressive position은 오이디푸스 콤플렉스와 같이 일어나고, 초자아의 조각들은 이에 선행하여 나타난 뒤 이 시기 동안 공고해진다. 성기기 이전의 단계에서는 편집증적 상태에 있을 때 대상의 분열이 발생하고 depressive position에서는 대상이 공고해진다. 성기기 이전의 단계에서는 depressive position 이후에도 대상의 분열이 부득불 발생하는데, 왜냐하면 이 시기의 아이는 잃어버린 대상을 향한 애태움의 고통을 견디기가 어렵기 때문이다. 단계가 나아갈수록 초자아 발달은 비교적 덜 강렬한 가학성을 갖게 되고 초자아는 리비도 혹은 사랑의 영향을 좀 더 많이 받게 된다. 이러한 국면이 거듭될수록 수선에 대한 시도는 점점 성공적일 가능성이 커지고, 이 덕택에 초자아는 부드럽고 애정 어린 것이 되어 간다. 이렇게 두 position을 오가는 것은 전 생애 동안 반복되고, 그 자체로 인간이 언제든지 정신증적 요소나 정신증적 불안을 경험할 가능성이 있다는 뜻이 된다.

클라인의 양성애에 관한 생각은 프로이트에서 비롯되었다. 하지만 여기서도 마찬가지로 클라인은 프로이트의 이론에 무언가를 더했다. 클라인이 생각하는 성기기 이전의 발달은 그녀가 feminine position이라고 부르는 것의 영향을 강하게 받는다. 그녀의 생각에 따르면 남자아이가 feminine position에 노날하는 것은

> 구강, 요도, 항문기 충동과 환상의 영향 아래에서 이루어지며, 아이가 엄마의 젖가슴과 맺는 관계와 밀접하게 연결되어 있다. 만약 남자아이가 엄마의 젖가슴을 향한 사랑과 애정적 소망을 아빠의 음경으로 돌리면, 한편으로는 젖가슴을 여전히 좋은 대상으로 간직한 채 이제 아빠의 음경도 아이의 마음속에서 좋고도 창조적인 기관으로 그려진다. 이 기관은 리비도의 만족을 가져다줄뿐더러 엄마에게 그랬듯이 아이에게도 아기를 만들어 줄 수 있는 기관이다. 이러한 여성적 바람은 남자아이의 발달과정에 항상 내재한 특성이다. 이는 역逆 오이디푸스 콤플렉스의 근간으로 최초의 동성애적 상태를 만들어낸다. 아빠의 음경이라는 기관이 지니는 좋고도 창조적인 이미지는 아이를 안심시키는 것으로, 또한 남자아이가 긍정적 오이디푸스 소망을 갖게 만드는 선행 조건이 되기도 한다. 자신과 아빠가 가진 남성 성기의 "좋음"에 대해 충

> 분히 강력한 믿음을 품게 될 때에만 소년은 자신의 성기 소망을 엄마에게 향할 수 있다. 아빠를 향한 거세 공포가 좋은 아빠에 대한 믿음으로 누그러질 때 아이는 자신의 오이디푸스 경쟁과 적개심을 마주할 수 있다. 그래서 긍정적, 부정적 오이디푸스 콤플렉스는 동시에 발달하며 그들 사이에는 밀접한 관련이 있다[1945, pp. 410~411].

이 대목에서 클라인이 주장하는 것은 성기기 이전의 발달에서의 남자아이는 기본적으로 부정적 오이디푸스 상황에 있다는 점이다. 그리고 남자아이가 자신의 경쟁 어린 적개심을 대면하도록 돕고 나아가 오이디푸스 갈등의 해소에 다가가게 만드는 것은 좋은 아빠에 대한 사랑과 믿음이 있어야 한다는 점이다. 위의 묘사에서 흥미로운 부분은 그녀가 제시하는 부정적 오이디푸스 콤플렉스의 기간이다. 그녀의 이론에서 남자아이는 발달의 여러 단계에서 오이디푸스 상황에 여러 차례 봉착하나, 긍정적 오이디푸스가 부정적 오이디푸스를 확실히 압도하는 것은 성기 우위성이 달성된 이후인 것 같다. 물론 이러한 묘사에서 남녀 모두 초기 발달은 엄마를 중심으로 이루어진다. 여기서 클라인은 엄마를 중심으로 이루어지는 초기 발달이라는 현실을 고려한 내면화 이론을 발달시킨 것이다. 프로이트도 여러 차례 이 점을 인정하긴 했으나 그의 이론에서 엄마의 영향이 중심에 놓였던 적은 별로 없었다.

비록 클라인은 거세 불안을 남자아이의 핵심 관심사로 두긴 했지만 순수한 거세 불안은 성기기가 충분히 발달하기 전에는 실제로 보이지 않는다. 물론 순수한 거세 불안이란 것이 있을 수 있다면 말이다. 예를 들어 그녀는 이렇게 말한다.

> 만약 여러 두려움이 지나치게 많고 성기 소망을 억압하고자 하는 욕구가 너무 강하면 후에 성 기능 관련 문제가 생기게 된다. 정상적으로 남

자아이들은 이런 두려움에 대항하는데, 자신의 애정 대상을 내사하거나 엄마의 몸을 모든 좋은 것(좋은 젖, 아기)의 원천으로 그려냄으로써 대항한다. 사랑의 충동이 우세하면 남자아이의 신체적 산물이나 내용물도 선물같이 중요해진다. 그의 음경도 엄마에게 만족과 아기를 줄 수 있는 수단이 되고 수선의 수단이 되는 것이다. 더불어 만약 엄마의 좋은 젖가슴과 아빠의 좋은 음경을 모두 지니고 있다는 느낌이 우세하면 소년은 이로부터 자신에 대한 한층 깊은 믿음을 얻게 되고, 이는 반대로 소년이 자신의 충동과 소망을 한층 더 자유롭게 제어할 수 있도록 만든다. 아빠와의 합일을 통해 소년은 자신의 음경 또한 수선하고 창조할 수 있는 성격을 얻었다고 느낀다[같은 책, p. 412].

이상의 발췌문에서 우리가 볼 수 있는 것은 발달의 매 시기마다, 파괴적 귀결에 대항하고 수선과 창조적 행위로 조화롭게 나아가는 대상들의 내적 드라마이다. 그래서 모든 내적 대상들은 표상으로 남고 양쪽 position을 오가며 반복 재생되며, 이는 평생 계속되는 과정으로 생각된다. 물론 때로는 좀 더 편집증에 가까운 사람이 있을 수 있으나 기본적으로 모든 사람은 짧게나마 양쪽 position을 오간다. 분명 내적 대상의 성질과 특징은 바뀌고 변할 수 있다. 클라인의 가정은 발달이 진행되면서 안팎의 대상 표상, 좋고 나쁜 대상 표상이 하나가 된다는 것이다. 내적 대상으로부터 유래하는 초자아에 대해서도 같은 이야기를 할 수 있다. 소년이 좋고 사랑이 넘치는 음경(아빠)을 동일시할 수 있다면 그에게 아빠는 덜 무서운 아빠가 되고 아이의 초자아는 외부를 향한 행동과 성취를 위한 길잡이로 작용할 것이다.

클라인은 이 논문과 이전에 쓴 논문(1928)에서 남녀 아이들 모두 아기와 음경을 시기하며 이것들이 엄마의 몸 안에 있는 것으로 상상한다고 말했다. 그리고 남자아이의 경우 이는 부정적 오이디푸스 콤플렉스의 한 부분이 된다. 초기 발달에서 남녀 아이 모두 클라인이 발달의 여성적 시기라 부른 시간을 통과한다는 점은 중요하다. 앞서 그녀는 이 시기를 항문기와 연결했는데, 지금 제시되는 이론에서 여성적 시기는 최초의 오이디푸스 상황과 더불어 시작되고, 남자아이의 경우 성기 우위성에 이를 때까지 중요한 주제가 되는 것 같다. 남자아이의 경우 성기기 오이디푸스 기간 동안 긍정적, 부정적 오이디푸스가 혼합된다.

하지만 여자아이는 태어날 때부터 무의식적으로

> 자기 몸이 잠재적 아기를 가지고 있음을 알고 있는데, 이것은 여자아이에게 가장 소중한 것으로 여겨진다. 아기를 줄 수 있는 아빠의 음경은 아기의 생산과 같은 것이 되어 꼬마 숙녀가 품는 지대한 소망과 숭배의 대상이 된다. 행복과 축복의 원천인 음경과 맺게 되는 이러한 관계는 좋은 젖가슴과 맺는 사랑과 감사의 관계 덕에 한층 증진된다. 이런 "지식"에도 불구하고 소녀는 자신의 미래에 대한 의혹도 있어서, 아기를 가질 수 있을까 걱정한다. 엄마는 무엇이든 만들어낼 수 있는 마술적 존재로 그려지며 "모든 좋은 것은 엄마의 젖가슴에서 만들어진다"[1945, p. 413].

그리고 아기와 음경이 엄마의 몸 안에 있다는 환상이 이러한 마술적 느낌을 강화한다. 비록 남자아이 또한 이런 환상을 일부 공유하지만 '아빠의 음경을 받아들이려는 소망'과 아이를 갖겠다는 궁극적인 소망은 여성 발달의 특징적 최종 산물이다. 그러니까 여자아이의 심리는 몸 안의 세상과 '몸 안의 대상'을 중심으로 만들어진다. 소녀의 오이디푸스 갈등은 남자아이처럼 거세가 아니라 엄마에게서 엄마 몸 안의 아기와 음경을 뺏고 싶은 충동을 중심으로 만들어진다. 보복 원리의 측면에서 보면 반대로 여자아이의 몸이 공격받고, 소녀가 가진 좋은 대상을 뺏기거나 훼손당하는 것이다.

비록 남자아이도 시기심의 시절을 겪어나가지만(부정적 오이디푸스의 일환), 여자아이의 경우 엄마에 대한 시기는 긍정적 오이디푸스 콤플렉스의 핵심적 측면이 된다. 여자아이가 엄마를 동일시하려는 동기의 일부가 되는 것이다. 비록 클라인이 음경 선망을 여성 발달의 한 요소로 여긴 것은 맞지만 이것은 양성애의 표현으로, 소년이 여성이 되고자 하는(그리고 엄마가 가진 것을 갖고자 하는) 바람과 비슷한 것일 뿐이다. 나아가 클라인은 음경 선망의 역할을 (프로이트의 강조에 비해) 축소시키는데, "음경 선망은 아빠에게서 엄마의 자리를 뺏고 아빠의 아기를 갖고자 했던 좌절된 바람을 다소 위장한다"라고 말했다(같은 책, p. 414).

앞서 성기 우위성 기간 동안의 여자아이의 초자아에 관해 이야기했었다. 여기서 클라인은 여성 초자아 이론에 무엇인가를 살짝 더한다. 여자아이의 관심사가 몸 안에 관한 것이자 좀 더 수용적이라서 소녀는 자신의 내적 세계를 좋은 대상으로 채우기를 원한다.

> Feminine position에서 소녀는 사기의 성적 바람에 이끌린다. 그리고 아기를 갖고 싶은 열망과 아빠의 음경을 내면화하고 싶은 열망에 이끌린다 (…) Male position에서 소녀는 그 모든 남성적 야망과 승화를 놓고 아빠와 경쟁한다[같은 책].

이러한 상태의 조합은 여자아이가 적극적으로 수용적이고 베푸는 것(또는 아낌없이 주는 것)을 가능하게 하고, 좋은 것을 모두 가진 소유자로서 어머니와 동일시할 수 있게 한다.

프로이트와 클라인

우리가 다시 프로이트와 클라인의 개념을 비교하려면 어떤 관점에서 비교가 이루어지는지 알고 있어야 한다. 인지 심리학적 관점에서 보면 둘은 대부분 이론적 가정에서 상당히 비슷하다. 하지만 프로이트주의 입장으로 볼 때 1935년에서 1945년의 클라인은 상당히 급진적인 이론적 가정을 하고 있다. 클라인은 둘의 차이점에 대해 말하길, 프로이트는 생후 서너 살에 성기기 충동이 생겨나 이후 다섯 살에 이르기까지 고조된다고 주장한 점을 들었다. 이 시기에 오이디푸스 콤플렉스가 발생하고 이때의 성기는 남근이다. 남자아이에게는 거세 불안이 핵심이고, 여자아이에게는 음경 선망과 엄마를 향한 미움이 불안을 초래한다. 프로이트에 대한 클라인의 이해는 한계가 있다. 그래서 나는 이 장의 고찰 부분에서 둘의 차이가 클라인이 인정한 것보다 어떤 부분에서는 크고 어떤 부분에서는 대수롭지 않음을 보여줄 것이다. 확실한 차이가 있다면 클라인은 남근기에서 성기기로 이름을 바꾸었다는 점이다. 그녀는 프로이트의 예전 용어인 "성기기"가 더 적절하다고 말했다. 그리고 남녀 모두 유아기 초기부터 성기의 감각을 경험한다고 생각했다. 긍정적, 부정적 오이디푸스 콤플렉스의 최초 경험에 영향을 주는 것은 "구강 리비도이고, (…) 긍정적 오이디푸스 콤플렉스가 최대치에 이르는 것은 성기 우위 단계이다"(같은 책, p. 416).

프로이트에서 클라인으로의 이동을 또렷이 보여주는 것은 음경에서 젖가슴, 아빠에서 엄마로 이동이다. 분명 클라인의 이론은 엄마의 신체 내용물을 중심으로 한 환상에 초점을 맞춘다. 젖가슴은 처음에 좋은 대상, 나쁜 대상으로 나뉘고, 이러한 최초의 내사물이 초자아의 기초를 형성한다. 초자아 형성에서 아빠의 음경(혹은 아빠의 표상)이 중요한 역할을 하듯 엄마(젖가슴)도 남녀 아기 모두에서 초자아 발달의 기초를 형성한다. 양쪽 성별 모두 이러한 이미지들을 통합해야 할 과제를 가지지만 적절한 발달이 이루어지면 여자아이의 경우가 좀 더 너그럽고 애정적인 초자아를 가지게 된다.

지금까지 클라인이 자신의 정신분석 이론에서 얼마나 많은 변화를 시도했는지를 보았다. 그녀는 여전히 본능 개념에 머무른다. 하지만 프로이트를 비롯한 어떤 프로이트주의자보다 훨씬 더 적극적으로 그 개념을 이용했다. 그녀에게 있어 사랑과 미움이 융합된 욕동의 표현은 태어날 때부터 이미 존재한다. 차후 내면화될 경험과 대상에 의미를 부여할 사랑과 미움이 없이는 애초에 그 어떤 경험도 가능하지 않기 때문이다. 또한 대상은 생애 최초 순간부터 내적으로 존재하고, 이는 곧 아이의 심리적 내용물을 만들게 될 정서적 체험에 근거해 나뉘고 분열한다. 나아가 오이디푸스 콤플렉스는 생후 최초 반년 동안에도 존재하고, 그 시기에 초자아의 발달도 이루어진다. 이때 발달상의 상태들은 (여기서는 주로 depressive position) 가장 중요한 발달적 현상이며, depressive position을 거쳐 오이디푸스 현상은 경험, 통합되었다가 다시 또 분열되기를 반복한다. 편집증과 depressive position을 오가는 것은 발달 전반에 걸쳐 계속해서 이루어지고 오이디푸스 현상과 초자아 발달도 그러하다.

한편 초자아는 대상의 환상적 내면화로써, 아직은 온전히 통합되지 않은 사랑과 미움으로 걸러진 것들이다. 통합이 일어나는 경로는 여러 가지다. 내적, 외적 대상 표상들은 점차 하나가 된다. 좋으면서도 나쁜, 혹은 이상적이면서도 형편없는 대상들이 차츰 수선, 통합되고 이에 따라 초자아 표상도 발달에 따라 통합된다. 단순하게 말하면 이렇다. 적정 발달이 이루어지면 분열된 구조들은 차츰 통합되어 전체 대상 혹은 구조가 된다. 클라인의 가정에 의하면 대상이 분열되면 자아도 분열되고, 이에 따라 자아는 대상들의 덩어리가 되어버린다. 이러한 관점에서 보면 분명 그녀는 대상의 내면화를 이론의 핵심으로 삼은 최초의 분석가라고 볼 수 있다. 클라인에게 발달은 직선이 아니다. 대상을 수선할 필요, 그리고 편집증적 상태가 빚어낸 분열을 통합으로 이끌 필요는 항상 존재한다. 편집증에서 depressive position으로 가는 일련의 과정은 애태움과 조증을 수반하고, 이는 매번 새로운 depressive position의 국면에서 수선 과정을 요구한다. 이상의 비교에서 나는 프로이트의 관점을 굳이 설명하지 않았는데 이유는 앞서 충분히 설명했다고 생각하기 때문이다. 이 정도만 말해두겠다. 비록 프로이트 이론의 일부 측면이 클라인의 혁신에 구조를 제공하는 것은 사실이지만 정신분석의 내부에서 보면 마치 모든 것이 완전히 바뀐 것처럼 보인다. 아마 정신분석의 외부에서 보면 내용물은 바뀌었으나 전체적인 골격은 그대로인 것처럼 보일 것이다.

이제 이 장을 정리하겠다. 1945년 정도가 되면 이제 클라인은 클라인주의자가 될 준비를 완전히 끝낸다. 오랜 기간을 통해 일어난 일(클라인의 이론 작업)을 마치 한순간의 일처럼 묘사하는 것은 물론 허구일 뿐이다. 그녀는 1928년 즈음(혹은 그 이전) 이미 새로운 오이디푸스 개념을 제안했다. 1935년에는 position 개념을 정립했고, depressive position의 형성을 편집증, 우울증, 조증-우울증 상태와 연결했다. 그녀는 Joan Riviere와 함께 가학성과 파괴적 충동의 역할을 약간 축소하기도 했다. 리비에르와 더불어 그녀는 아이가 발달과정에서 빚어지는 교란과 가학적 공격에서 어떻게 자신의 내적 세계를 수선해 내는지를 설명했다. 프로이트-클라인의 논쟁(혹은 토론, 만약 당신이 반동-형성을 쓰는 경향이 있다면)이 끝난 1945년이 되면 클라인은 자신과 프로이트의 차이를 분명히 선언하게 된다. 클라인은 자신의 새로운 오이디푸스 개념에 관한 논문에서 발달과 초자아 구조화에 관한 생각을 바꾸고, 자신의 이론이 정신분석을 전혀 새로운 방향으로 이끌고 있음을 인정하게 될 것이다.

고찰

클라인의 초기 이론에 페렌치와 아브라함의 영향은 지대했다. 페렌치는 클라인의 첫 분석가이자 선생이었으며 또한 투사-내사 연쇄 개념을 제시한 최초의 분석가로, 클라인은 이에 영감을 얻어 투사적 동일시 개념을 만들어내게 된다. 페렌치는 이렇게 말한다(1909).

> 신경증 환자의 근본적인 특징을 좀 더 잘 이해하기 위해서 우리는 그들의 행동을 조발 치매, 혹은 편집증을 앓고 있는 환자들의 행동과 비교할 필요가 있다. 조발 치매 환자들은 자신의 흥미를 외부 세계로부터 완전히 떼어 자가성애 상태로 변한다(융, 아브라함). 프로이트가 지적했듯 편집증 환자도 그렇게 하려고 하지만 그렇게 할 수 없는 탓에, 이제 자신에게 부담이 되어버린 흥미를 외부 세계로 투사한다. 이렇게 보면 신경증은 편집증과 정반대가 된다. 그러니까 편집증 환자는 불쾌한 충동을 자신의 자아에서 쫓아내지만, 신경증 환자는 바깥 세계의 가능한 많은 부분을 받아들여 이것을 무의식적 환상의 대상으로 삼는다. 일종의 희석 과정인 셈인데, 이 과정을 통해 신경증 환자는 자신의 무의식에서 부유한 채로 떠도는 충족되지 않았고 충족될 수도 없는 소망-충동의 아픔을 둔화시킨다. 이런 과정에 투사와 반대로, 내사라는 이름을 붙일 수도 있다[1909, pp. 41~42].

이것이 페렌치가 투사와 내사에 대해 말한 최초의 언급 중 하나이며, 이 개념으로 임상 현상을 설명하고 있는 곳이기도 하다. 프로이트는 페렌치의 개념을 이용해서 순수 쾌락 자아(3장 참고)를 설명했다. 클라인은 이 개념의 쓸모를 발견하여 투사-내사 연쇄 개념(후에 투사적 동일시)을 생애 초기의 의사소통 방식으로 발전시켰다. 이는 방어 기전이기도 하고 전이 반응을 설명하는 한 가지 방식이기도 하다.

아브라함은 원래 프로이트의 심리-성 단계 개념에 온전한 발달 이론의 그림을 부여한 최초의 분석가이자 가장 중요한 분석가이다. 페어베언이 심리-성 단계를 비판했을 때(9장 참고), 페어베언이 상대한 것은 프로이트의 작업이 아니라 아브라함의 개념이었다. 왜냐하면 아브라함의 개념이 더 풍부한 초기 발달에 대한 그림을 보여주기 때문이었다. 클라인의 초기 발달이론도 여러모로 아브라함의 이론/임상적 작업에서 비롯되었다. 아브라함은 여러 질환의 고착 지점을 설명하려 했다. 클라인의 depressive position 개념은 아브라함의 조울증 개념을 생각나게 하는데, 아브라함은 조울증이 구강기 후반의 고착 때문이라고 말했다. 그리고 구강기 전반부는 분열성 장애와 조현병의 고착 지점이다. Depressive position에 선행하는 paranoid-schizoid position을 아브라함의 개념과 연결해서 생각하는 것은 그리 큰 비약이 아니다. 물론 아브라함의 관점은 클라인의 생생한 개념에 비하면 윤곽에 불과할 뿐이다. 그리고 또 하나 시기심에 대한 아브라함의 생각이 프로이트의 것과는 다르고 더 발달한 것이라는 점 또한 유념할만하다. 프로이트가 시기심에 관해 말한 것은 주로 음경 선망과 관련한 것으로, 이외에도 여러 저작에서 시기심의 역할에 관해 이야기하기도 했다(1914c, 1915c). 하지만 아브라함은 시기심이 훨씬 이전에 나타나고 처음에는 음경 선망과 상관이 없다고 생각했다. 그가 말한 구강기에 유래한 시기심은 분명 이후에 클라인의 가정 일부가 되었으며 클라인의 이론에서 시기심은 paranoid-schizoid position에서 핵심적 역할을 한다(8장 참고).

이 시기의 클라인 이론에서 가장 충격적인 두 가지는 그녀가 오이디푸스 콤플렉스의 시기를 프로이트보다 훨씬 앞당겼다는 점, 그리고 depressive position에 관한 이론일 것이다. 클라인이 오이디푸스 콤플렉스의 시기를 앞당길 수 있었던 것은 부분적으로 아동 정신분석 경험의 결과이다. 그녀는 결국 재구성(1957)에 대한 자기 입장을 프로이트의 견해(「Construction in analysis」, 1937d)를 인용함으로써 방어한다. 분명 프로이트는 자신의 이론을 재구성, 혹은 구성에 근거해 만들었다. 클라인이 같은 방식으로 이론을 발달시켰다는 점은 의문의 여지가 없다. 여기서 중요한 것은 클라인의 오이디푸스 콤플렉스에 대한 해석이 여전히 프로이트주의의 전통 안에 머물려고 하는 그녀의 당연한 소망에 근거한다는 점이다. 클라인은 오이디푸스 콤플렉스가 기존의 생각보다 일찍 나타나는 것을 여러 차례 관찰했다고 말했다(1928). 그렇다면 초기 삼각관계는 나중에 나타나는 오이디푸스 콤플렉스의 진주제이자 중요 결정요인이라고 말하면 간단할 일이었다. 하지만 그녀는 오이디푸스 콤플렉스가 이유기 이후 항문기, 그리고 프로이트가 말한 남근기에도 반복해서 나타난다고 가정했다. 이후 그녀는 오이디푸스 단계는 매 단계의 depressive position에서 나타난다고 말했다. 내 생각에 클라인이 이렇게 말했던 이유는 그 얼마 전(1923b) 프로이트가 오이디푸스 콤플렉스가 임상 정신분석의 근간이라고 말했기 때문인 것 같다. 오이디푸스 역동이 정신분석의 근간이라는데 클라인인들 어찌 그것을 지나쳐버릴 수 있었겠는가? 한 가지 가능한 타협안은 그것을 지나쳐버리지 않으면서도 동시에 그 근간을 좀 더 이른 시기에 두는 것이다. 이렇게 함으로써 클라인의 오이디푸스 이론은 프로이트의 그것과 상당히 달라짐에도 불구하고 여전히 프로이트의 전통 안에 머무를 수 있게 된다. 클라인의 생각에 따르면 발달의 어느 시점에 생기는지에 따라 분명 오이디푸스 콤플렉스도 달라진다. 예컨대 클라인의 첫 번째 오이디푸스 콤플렉스에서는 무시무시한 드라마가 펼쳐지며 동시에 초자아 구조도 역시 무시무시하다. 비록 이 개념이 프로이트의 이론과 일부 맞아떨어지는 부분이 있지만, 프로이트가 그리는 오이디푸스 시기의 고군분투와는 잘 들어맞지 않는다. 프로이트의 오이디푸스 단계에서 중요한 부분은 이 시기에 부모는 때로는 자신보다 우선권을 가진다는 점을 아이가 이해하는 것이다. 그리고 프로이트의 오이디푸스 드라마에서 비록 거세 불안과 음경 선망이 중요한 역할을 하지만 커지는 사랑의 능력과 생물학적, 정서적 차이를 이해하는 능력 또한 중요한 부분이다. 그러나 클라인이 말하는 최초의 오이디푸스 콤플렉스에서는 사랑과 감정적 차이에 관한 조악하기 그지없는 흔적 정도를 제외하고는 잘 보이지 않는다. 기껏 통일된 대상이 있다고 해도 양쪽 단계나 상태를 오가며 금세 사라질 뿐이다. 요는 오이디푸스 역동을 어떻게 정의하든 그것과는 무관하게 depressive position 개념이 유용한 것인지의 여부이다.

내 생각에 클라인의 관점은 발달이론으로서뿐 아니라 성인 환자의 치료에서도 유용한 것 같다. 그녀는 프로이트의 이론을 취사선택해서 완전히 다른 개념으로 만들어냈다. 프로이트는 순수 쾌락 자아의 발달(3장)과 함께 현실에서 멀어지고 자기애 단계의 시작과 더불어 새로운 구조가 만들어진다고 가정했다. 하지만 클라인의 가정에서는 발달상 depressive position의 시작과 더불어 전체 대상이 만들어지고, 그다음 stage에 이르면 대상은 분열되고 이어지는 depressive position에서 다시 만들어진다. 이렇게 단계가 진행될수록 대상은 좀 더 잘 분화되어 가고, 성기기(프로이트의 남근기)에 이르면 depressive position과 오이디푸스 콤플렉스는 프로이트가 말한 오이디푸스 단계와 거의 유사한 것이 된다. 그래서 초기 삼각관계를 오이디푸스 콤플렉스라 부르든 말든 그것과는 무관하게 클라인의 이론은 일찌감치 그 독창성에 대해서는 (프로이트

말고는) 적수가 없다고 볼 수 있다. 초기에서 중기에 이르는 저작에서조차 그녀는 정신분석 이론을 바꾸어내고 있는 셈이다.

이제 마무리할 때가 되었다. 이 장에서 나는 프로이트와 클라인은 초자아의 힘의 세기에 대해 다른 의견을 가진다고 말했다. 프로이트에게 강력한 초자아란 일관된 이상과 제제를 제공하는 통합된 구조라고 볼 수 있다. 프로이트는 남성의 초자아가 좀 더 강하다고 했는데, 그 이유는 남성의 이상이 좀 더 굳건하고 일견 좀 더 일관적이기 때문이다. 내 생각에 프로이트는 경직성을 일관성으로 이해한 것 같다. 다양한 환경에서 원칙에 맞게 적응하도록 도와준다는 면에서 좀 더 유연한 여성의 초자아가 더 일관적이라 할 수 있다. 클라인이 생각하는 초기 초자아의 강도는 안나 프로이트가 처벌적 초자아 구조라고 불렀을 흉포함을 지닌다. 프로이트주의의 언어로 말하면 클라인의 초기 초자아는 원시적이고 파편적인 구조다. 하지만 클라인이 말하는 원숙한 여성의 초자아(풍성한 여성 초자아)는 상할뿐더러 애정적 이상과 통합된 구조이다. 클라인이 말하는 성숙한 여성의 초자아에 비해 남성의 초자아가 '강하다'고 볼 근거는 별로 없는 것 같다.

7장 대토론

그래서 내가 말하고 싶은 것은 프로이트 자신의 이론에 의하면, 생의 첫 순간부터 정신은 자신이 경험하는 현실을, 쾌락은 키우고 고통은 줄이는 주관적 방식으로 해석함으로써, 혹은 오해함으로써 현실에 반응한다는 것이다. 경험의 주관적 해석이라는 이러한 행위는, 내사와 투사의 과정을 통해 이루어지는 것으로, 프로이트가 환각이라 부르는 것이다. 그리고 이것이 우리가 환상이라 부르는 것의 기초를 이루고 있다.

(리비에르, 1936)

나는 항상 원시적 자아의 일차적 현실 기능을 가정할 필요가 있다고 주장해왔다. 사실 이러한 가정이 없다면 우리는 원시적 신비주의에 빠지는 것을 피할 수 없다.

(글로버, King & Steiner, 1991, p. 399)

요약

이 장에서 보러스 박사는 프로이트-클라인 사이의 논쟁과 이 숙명적인 토론이 생길 수밖에 없었던 역사적, 정치적 긴장에 관한 흥미로운 설명을 할 것이다. 엘만은 마지막에 약간의 토론을 덧붙일 예정이다. 대토론은 여러모로 그 후 몇십 년 동안 이루어질 논쟁의 전조가 되었다. 한편 이 장에서 묘사될 학파 간의 이론적 구분은 그동안 제대로 된 토론조차 허용하지 않았으며 극히 최근이 되어서야 겨우 의미 있는 토론이 이루어지게 되었다.

개요

1941년 영국 정신분석 학회는 대토론The Controversial Discussion이라고 불리는 논쟁에 돌입했다. 1935년 클라인은 depressive position 개념을 소개하는 논문을 발표했는데, 대토론은 이 논문의 발표 이후 빚어진 내부적 분열에 대한 학회 차원의 대응이었다. 사실 이 분열은 1930년대 후반 독일과 오스트리아에서 망명한 정신분석가의 숫자가 늘어남에 따라 폭발적으로 증가해왔던 것이었다. 학회 내부의 갈등에는 여러 가지 사회, 문화적 요소가 작용했는데, 개인적인 경쟁의식은 말할 것도 없고, 가령 전쟁과 관련한 불안, 망명객이라는 처지, 프로이트의 죽음, 경제적 어려움, 학회의 주도권을 둘러싼 다툼 같은 것들도 그 요소였다. 물론 중요하긴 하겠지만 여기서는 그 역사적 요소를 자세하게 다루지는 않을 예정이다(자세한 내용을 위해서는 Steiner, 1989, Vorus, 1998 참고). 대신 앞 장의 마지막에 제기한 질문을 따라가도록 할 것이다. 그러니까 토론에서 밝혀진 1940년대 당시의 프로이트와 클라인 이론의 차이점은 무엇이었는가? 그리고 이 토론의 결과로 양쪽 학파는 어떤 이론적 영향을 받게 되었는가?

이론적 쟁점의 배경

멜라니 클라인이 영국 정신분석 학회에서 항상 논란의 중심이 된 것은 아니었다. 베를린에서 활동하는 동안 아동 정신분석에 관한 그녀의 생각은 주변의 짜증을 불러일으켰지만, 1926년에 그녀가 런던으로 건너오면서 그 생각들은 비옥한 토양을 만나게 되었다. 1920년대 말에 이르러 클라인의 생각은 영국 정신분석 학회 내에서 상당한 입지를 차지하게 된다. 하지만 1933년 무렵 나치의 탄압을 피해 베를린의 정신분석가들이 영국으로 건너오면서 상황은 변하기 시작했다. 클라인의 혁신에 대한 그들의 태도는 처음엔 양가감정이었다가 1934년 클라인이 depressive position 개념을 도입한 이후로는 노골적인 적대로 변했다. 영국과 유럽 대륙의 많은 분석가가 이 개념으로 인해 그들이 알고 있던 정신분석이 훼손되었다고 생각했다(King, 1991).

이론적 차이에 관한 논쟁은 1930년대 내내 비교적 점잖게 통제되었지만 1938년 나치가 빈을 점령하면서 영국과 빈의 분석가들은 일련의 결정적 사건을 맞이해야 했다. 프로이트와 그의 동료들이 위험에 처한 것이 분명해지자 존스Ernest Jones는 보나파르트Marie Bonaparte 왕비의 도움을 받아 프로이트와 동료들을 영국으로 피신시켰다. 그리고 그들에게 집과 금전적 도움뿐 아니라 영국 정신분석 학회의 정회원 자격까지 주었다(King, 1991). 하지만 당시 암으로 쇠약해진 프로이트는 학회 활동을 하지 않았고, 영국에 도착한 얼마 뒤에 사망했다. 그러나 안나 프로이트는 금세 학회의 열성 회원이 되었다(Young-Bruehl, 1988). 이에 따라 학회는 더욱 양분되기 시작했다. 안나 프로이트와 멜라니 클라인 모두 아동 정신분석의 선구자들이었지만 둘은 아동 발달, 치료법과 관련해 첨예한 이견을 보였으며, 1920년대 이후 서로를 공공연히 비난해왔다(안나 프로이트, 1927, 클라인, 1927). 이제 이 두 사람, 그리고 그들의 지지자들이 모두 영국 정신분석 학회에 모인 것이다.

노골적인 적대감은 세계 대전 때문에 미루어졌는데, 이유는 (클라인을 포함한) 많은 영국 정신분석가들이 공습을 피해 런던을 떠나있었기 때문이다. 런던에 남아 있었던 사람들은 (안나 프로이트를 포함해) 주로 최근 독일과 오스트리아에서 피난 온 사람들이었다. 결과적으로 묘한 상황이 벌어졌는데, 그러니까 클라인에 대해 적대적이었던, 최근에 망명 온 외국인 분석가들이 거의 2년 동안이나 영국 정신분석 학회의 모임을 주도한 것이다. 1941년 피난을 떠났던 영국인 분석가들과 클라인은 런던으로 돌아와 다시 학회 활동을 활발히 이어나가기 시작했다(King, 1989). 위태로워 보였던 갈등은 이제 극에 달해 노골적이고 신랄하게 드러나기 시작했고, 1941년 11월 이후 여러 학술 모임과 학회 운영위에서 표출되었다. 일부 마찰은 학회 내부의 정치적 문제와 관련한 불만으로 드러나기도 했는데, 가령 몇몇 분석가가 몇 차례 임기 동안이나 연속해서 학회를 장악하고 있는 문제 같은 것이었다(대표적으로 Edward Glover). 하지만 한 가지 가장 기본적 갈등 요인은 빈에서 온 프로이트주의자들 사이에 공유된 것으로, 클라인주의라는 전복적 무리가 이단적이고 왜곡된 생각으로 학회를 갉아먹고 프로이트의 유산을 오염시키려 한다는 것이었다. 이런 위기감에 대한 반응으로 빈 출신의 프로이트주의자들은 시급히 클라인주의를 축출하려는 계획을 세웠고, 클라인주의자들 또한 '전열을 가다듬고' 공동 대응을 계획했다.

대토론

갈등은 1942년 7월에 이루어진 다섯 차례의 '특별 운영 위원회'에서 분기점을 맞이했다. 비록 회의의 시작은 무지막지한 비난과 반격들이었으나 결국에는 합의점에 도달했다. 어쩌면 이론적 토론을 통해 정치적 차이를 다룰 수 있을지도 모른다는 결론이 났고, 일련의 학술 토론을 통해서 이론상의 차이가 어떤 것이며, 양쪽 의견이 정말 양립할 수 없는 것인지, 만약 그렇다면 어느 쪽이 진짜 정신분석인지를 결정하기로 했다.

이렇듯 대토론은 이론에 관한 토론이었다. 클라인 측에서는 환상, 내사와 투사, 퇴행, 그리고 depressive position에 관한 네 개의 논문을 제시했는데, 각 논문의 저자는 수잔 아이작스Susan Isaacs, 폴라 하이만Paula Heimann, 아이작스와 하이만Isaacs & Heimann, 클라인Klein이었다. 논문은 회의 전에 미리 배포되었고 회의 시간에 낭독된 다음 여기에 대해 학회의 회원들이 토론했다. 토론의 많은 부분은 클라인의 이론이 얼마나 프로이트의 이론을 제대로 반영하고 있는지, 혹은 클라인의 이론이 양립할 수 없는 차이를 보이는지에 집중되었다(King & Steiner, 1991).

한 가지 특기할만한 것은 열 번의 토론 중 다섯 번이 Susan Isaacs의 첫 논문, 「The nature and function of phantasy」(1943)에 할애되었다는 점이다. 슈타이너가 지적하듯(1991), "무의식적 환상 개념은 대토론 전체를 걸쳐 아마 가장 중요한 이론적 주제였을 것이다"(p. 242). 그리고 나머지 세 논문을 잘 읽어보면 이들이 기본적으로 환상과 관련해 제기된 근본 가정을 되풀이하고 있음을 알 수 있다. 그렇다면 우리도 이 논문을 살펴보도록 하자.

환상의 속성과 기능

대토론의 첫 번째 학술회의는 1943년 1월 27일에 영국 정신분석 학회에서 개최되었다. 그날의 주제였던 수잔 아이작스 논문 「The nature and function of phantasy」는 사전에 배포되었다. 논문은 '무의식적 환상'에 대한 것이었다. 여기서 환상이라는 단어는 'f'가 아닌 'ph'로 시작했는데, 이는 논문의 주제가 의식적 환상이 아닌 무의식적 속성의 환상임을 강조하기 위해서이기도 했고, 동시에 1920년대 프로이트의 저작이 처음 영어로 번역되었을 때 사용됐던 단어이기도 했기 때문이다. 프로이트의 용어 선택을 확대 사용하면서 아이작스는 무의식적 환상이 마음의 기초적 내용물이며 태어날 때부터 지녀온 것이라고 말한다. 그녀는 이것이 삶과 죽음 본능의 심리적 표상이며, 무의식적 수준에서 모든 정신 활동과 경험 아래 기초가 되는 것이라 주장했다.

이 논문에 관한 토론에서 네 개의 주요한 반론이 제기되었다. 나열해보면 (1) 정신 현상의 기술에 있어 주관적 용어와 객관적 용어 사용의 문제 (2) 심리적 표상으로서의 환상 (3) 환상과 초기 대상관계 (4) 환상과 심리 구조의 관계였다. 비록 이에 관한 토론 대부분은 결국에는 만족스러운 합의에 이르지 못했지만 적어도 차이점만큼은 분명히 드러났다. 그리고 앞으로 보게 되듯이 이 쟁점들은 공통된 철학적 맥락으로 묶인다. 그리고 이 맥락에 대한 이해를 통해 이러한 정신분석학적 이견들이 어떻게 뚜렷이 양분되는지가 드러날 것이다.

과학적으로 이야기하기: 정신 현상의 기술에 있어 주관적 용어와 객관적 용어 사용

"여기에서 내가 말하고 싶은 것은 모든 정신 활동의 기본적 내용물은 무의식적 환상이라는 점이다. 이 환상들은 모든 무의식적, 의식적 사고의 기초가 된다"(Isaacs, 1943, p. 272)

이것은 아이작스가 한 이야기로, 클라인주의가 환상을 어떻게 보는지에 대한 가장 기초적 가정이다. 그녀가 이 문장 앞에 한 이야기는 프로이트가 환상적 내용물의 심리적 *실재성*reality을 강조했으며 이것이 물리적, 객관적 사건의 실재성에 비해 절대 덜 중요하지 않다고 말한 것이었다. 그녀는 이렇게 말한다.

> 다시 한번, "환상"이라는 단어는 종종 "실재성"과 대비되는 것으로 쓰이며, 실재성은 보통 "외적" 혹은 "물석" 혹은 "객관적" 사실과 같은 것으로 여겨진다. 하지만 외부 현실이 "객관적" 현실로 불리게 되면 자연스럽게 심리적 현실의 정신적 사실은 객관성을 부정당하는 가정이 성립하게 된다[같은 책, p. 269].

심리적 사건과 물적 사건의 이항二項 대립을 설정하며 아이작스는 두 가지를 시도하는 듯하다. 첫 번째는 무의식적 환상이 그 주체에게 갖는 현실성, 그리고 개인의 심리 세계를 만드는 데 무의식적 환상이 하는 결정적 역할을 강조하려는 것이다. 이것이 '정신 현상의 일차적 내용물'로써 환상이 갖는 개별성과 경험지다. 두 번째는 좀 더 논란이 될만한 것으로, 정신을 기술하는 데 가장 적절한 이론적 언어나 이론화 방식은 어떤 것인지에 관한 것이다. 아이작스의 생각에는 추상적인 언어 사용보다 환상적 언어 사용이 정신 현상을 더 잘 포착한다. 왜냐하면 이러한 언어 사용이 사건들의 '심리적 속성'에 내재한 의미심장함을 더 잘 전달하기 때문이다.

> 특히 "환상"이라는 단어의 가치는 우리가 관심을 두는 현상의 *심리적 속성*을 강조함에 있다. 우리는 물리적 현상과 달리 심리적 현상은 특징적으로 *의미*를 지닌다고 말하는데, 이 말 또한 앞에서 한 이야기의 간접적 표현이다 (…) "환상"이라는 단어를 통해 우리는 심리 현상의 의미라는 뚜렷한 속성을 알 수 있다[같은 책, p. 272, 이탤릭은 아이작스].

줄여 말하면 아이작스를 비롯한 클라인주의자들은 마음의 사건과 몸의 사건, 혹은 '물적 현실' 사이의 범주적 구분을 하는 셈이다. 여기서 전자는 프로이트가 말한 마음의 상징적 법칙을 따르고 후자는 물리적 현실의 구체적 법칙을 따른다. 따라서 심리적 현실을 물리적 현실의 언어로 기술하려는 것은 전혀 말이 안 되는 것이다. 왜냐하면 그렇게 되면 둘 사이의 구분은 흐릿해지고 프로이트의 발견, 즉 두 현실은 비록 구분되나 동등한 '현실'의 지위를 가지므로 물리적 현실이 '과학적'이기 위해서는 심리적 언어로 번역될 필요가 있다는 그의 발견이 퇴색될 것이기 때문이다.

아이작스의 논문 발표 후 이어진 토론에서 이 문제는 두 진영 사이에서 논쟁의 주제가 된다. Glover는 말하길 그녀가 "일종의 정신적 의인화에 중독되어 있어서" 심리적 메커니즘과 "심리 구조 개념"을 혼동하고 있다고 말했다(King & Steiner, 1991, p. 326). 빈에서 건너온, 안나 프로이트 진영의 분석가였던 Foulkes는 클라인주의자들이 이론적 용어와 경험적 용어 사이에서 '혼동'하고 있다고 말했다.

> 소위 언어의 의미론적 기능이야말로 과학적, 이성적 사고에 반드시 쓰여야 할 것이다 (…) 우리가 추구하는 것은, 그리고 어떤 타당한 이유로 가령 우리가 임상 경험을 간결한 과학적 용어로 함축시키길 원할

> 때 요구되는 것이 바로 이러한 무미건조하고 앙상한 언어 사용이다. [정신분석적 개념을 저변의 환상으로 환원시키는 것은] 음악 이론을 이해하는 사람이 음악 감상을 할 수 없다고 말하는 것과 같다[King & Steiner, 1991, pp. 363~364에서 발췌].

폴크스의 생각에 따르면 "과학적 정식화"를 위해서는 임상적 자료를 *추상화해서* 이론적 개념으로 만들어야 한다. 내적 대상에 대한 의식적, 무의식적 환상을 심리 내적 구조(자아, 초자아) 같은 메타심리학의 지위로 끌어올리는 것은 임상적 자료와 이를 조직화, 범주화하기 위한 이론적 담론 사이의 경계를 지우는 행위이다. 그가 특히 주목한 문제는 만약 환상 개념(내사, 투사 같은)이 이론적 구성물로 승격되면 "일차적 동력"처럼 되어버려 마치 본능 개념 같은 것이 된다는 점이었다. 그가 보기에 이것은 거의 "신앙적, 영적 수준으로, 어딘가에서 에너지를 얻은 독립된 영혼에 대해서 말하는 것"이자 "과학적 사고 이전으로의 퇴행"이었다(같은 책, p. 365).

Ella Sharpe는 independent group의 일원이었는데, 세 번째 토론에서 역시 비슷한 이야기를 한다.

> 기법에 대한 나의 의혹은 실제 내적 대상, 젖가슴, 음경, 부모, 선과 악 이런 것들에 대한 정신병적인 믿음에 관한 것이다. 이러한 믿음을 가진 분석가들이 자신의 환자에게 해주는 해석을 보면 이들이 환자의 믿음을 믿고 있을 뿐 아니라 실제로 이 대상들이 환자의 내부에 있다고 믿는 듯하다[King & Steiner, 1991, p. 405에서 발췌].

여기에 대해 아이작스와 하이만이 대응했다. 하이만은 폴크스에 대한 반론으로 증례를 꺼낸다(이 증례는 앞서 발표되었던 것으로 폴크스가 이미 거론한 것이었다). 그리고 매듭짓길, 환자가 앞서 마음속에 분명히 있다고 느꼈던 "악마"는 "환자의 마음이 만들어낸 것으로, 환자의 무의식적 갈등의 소산이자, 사랑과 미움, 불안과 죄책감, 처벌과 수선이 뒤섞인 것"이라고 말했다(King & Steiner, 1991, p. 391). 아이작스가 샤프에게 한 이야기도 비슷했다.

> 우리도 샤프의 생각처럼 환자들이 자기 마음에 있는 구체적 대상, 부분-대상들의 존재를 믿는다고 믿는다. 그리고 우리는 그들의 믿음을 회피하지 않고 온전히 받아들인다. 하지만 우리는 그들의 마음에 그런 것들이 있다고 믿지도 않을뿐더러 우리가 그 존재를 믿는다고 생각할 만한 빌미를 환자들에게 주지도 않는다[King & Steiner, 1991, p. 459에서 발췌].

흥미로운 것은 임상적 관찰과 이론적 개념 사이의 구분이 없다는 비판에 대한 클라인주의의 반론이 한결같이 *임상적* 관점이라는 점이다. 둘 사이의 구분을 없앴다는 비판에 대해 시인도 부정도 하지 않고 있는 셈이다. 증례 토론으로 돌아감으로써 그들은 비판을 회피했고, 동시에 비판이 옳음을 드러냈다. 임상과 이론의 경계가 없다는 지적에 임상적 대답을 하는 것 자체가 구분 없음을 드러내는 것이기 때문이다.

하지만 내 생각에 그 비판을 곧이곧대로 다루지 않은 것은 회피 이상의 그 무엇이 있는 것 같다. 어쩌면 자신의 관점을 *보여주는* 것일 수도 있고, 혹은 전혀 다른 이념적 좌표에서 기인한 것일 수도 있다. 그러니까 둘의 구분을 옹호하는 태도 자체가 소위 객관적 관점의 존재 가능성을 의미하는 것이다. 폴크스가 주로 염려했던 것도 본능이 아니라 환상이 '일차적 동력'이 되어버리고, 이러한 망상적 믿음 아래 정신 현상이 모두 무의식적 환상으로 환원되어 거기에 머무르는 것이었다. 이런 반론은 필연적으로 좀 더 절대적인 무언가를 가정하는 것이라 할 수 있고,

폴크스는 여기에 외부 세계와 본능을 넣었다. 이때 환상은 좀 더 중요한 두 객관적 세계가 부딪히는 곳에서 '중요한 접점'으로 기능하는 것에 불과하다. 이 문제에 대해 딱히 드러내놓고 반응하지 않음으로써(Brierley, Glover, Sharpe가 모두 제기한 문제였다), 아이작스는 현상적인 경험 그 자체의 관점, 그러니까 의식이든 무의식이든 마음의 가장 근원적 수준을 묘사하는 관점에서 대응한 듯하다.

이 이슈는 아주 중요한 문제로 정신분석에서 이론의 지위와 목적, 그리고 진정한 과학적 담론이 어떠해야 하는가에 대한 기본적인 가정에 관한 것이다. 그리고 넓게 보면 주관성-객관성, 현실-환상의 이분법에 관한 기초적인 질문이기도 하다. 클라인과 아이작스의 주장에 따르면 마음의 세계에서는 이상의 이분법이 역전되어 주관성과 환상이 진실을 향한 길이 되고, 이들은 그 자체로 과학적 타당성을 주장할 만한 유일한 심리적 실재를 만들게 된다. 전통적으로 객관성이 누리던 지위를 이제 주관성이 누리고, 실재가 누리던 지위를 환상이 누리게 된다는 뜻이다. 앞으로 보게 되겠지만 환상과 실재, 그리고 정신 현상에서 객관성의 가능성에 관한 질문은 이후 여러 세대에 걸쳐 두 진영 간의 이론적 논란을 만들어내게 된다. 그리고 여기에서 파생된 질문들이 양쪽 진영 사람들을 얼마나 농요시켰으며, 어떤 식으로 토론의 감정적 촉매로 작용했는지도 살펴보겠다.

심리적 표상으로서 환상: 영아의 주관성에 대한 논쟁

정신 활동의 기본적 내용물은 환상이라는 가정을 "좀 더 발달시키는 과정에서" 아이작스는 프로이트로부터 두 번째 가정을 도출한다. "우리는 그것[이드]이 신체 현상과 직접 접촉하고, 신체적 작용들로부터 본능적 필요를 받아서 정신적 표현을 만들어낸다고 가정한다"(프로이트, 1933a, p. 98). 아이작스는 말하길,

> 내 생각에 이 "정신적 표현"은 무의식적 환상인 것 같다. 환상은 본능의 정신적 파생물이자 심리적 표상이다. 그러므로 (무의식적) 환상으로 경험되지 않는 충동이나 본능적 욕구 같은 것은 없다[아이작스, 1943, King & Steiner에서 발췌, 1991, pp. 276~277].

첫 번째 가정이 무의식적 환상을 심리적 현실의 일반적 구성요소로 편입시키고 여기에 우선권을 부여함으로써 환상을 '기본적 내용물'로 만들었음에 비해, 두 번째 가정에서는 환상의 출처와 재료에 관해서 이야기한다. 아이작스와 클라인에게 환상은 본능이 정신으로 발현되는 모습이다. 신체적으로는 다른 표현 방법이 있을지도 모른다(가령, 신체적 에너지, 긴장, 화학적 작용 등). 하지만 정신에 관한 한, 즉 정신분석에 관한 한, 본능은 환상이라는 형태를 취한다는 말이다.

아이작스에 따르면 환상은 행위를 통해 특정 욕구의 충족을 표현한다. 가령 배고픈 아기가 무언가를 먹고 싶은 소망은 젖가슴을 빨거나, 혹은 함입하는 내적 경험의 형태를 띨 것이다. 발달 초기 정신 현상의 특징에 의해 아기의 소망은 그 자체 행위로 느껴질 것이고 그래서 "아기는 '나는 젖을 빨고 싶어'뿐 아니라 '나는 젖을 빨고 있어'라고도 느낄 것이다"(같은 책).

이처럼 발달 초기 환상에 있어 소망과 행위의 등가성은 프로이트와 관련해 중요한 연결점을 갖는다. 아이작스는 '환상은 본능의 정신적 파생물'이라는 자신의 관점이 이 주제와 관련한 프로이트의 명시적 의견을 벗어난다는 점을 인정한다. 하지만 '환각적 소망 성취'에 관한 프로이트의 의견에서 자신과의 유사점을 발견했다.

나는 프로이트가 본능적 욕구의 "정신적 표현"이 환상이라고 말하지 않았다는 점은 잘 알고 있다. 하지만 내 생각에 프로이트가 유아에 있어 *환각적* 형태의 소망 충족을 가정했을 때 그는 이 견해에 매우 근접해있다 (…) 생애 최초의 정신에서 "생각(소망)하는 모든 것은 환각적 형태의 상상이며, 이는 매일 밤 우리의 꿈-사고에서 일어나고 있다. 이것은 환각을 통한 만족의 시도이다"(프로이트, 1911b, p. 219)

프로이트는 아기가 무의식적 환상을 가진다고 말하지 않았다. 하지만 내 생각에 환각을 만들어낼 수 있는 능력은 환상과 같은 것이거나 혹은 그 선결 요건이라 할 수 있다[King & Steiner, 1991, p. 278에서 발췌].

아이작스가 발췌한 프로이트의 인용에서 아이가 소망하는 젖가슴은 원래 "환각을 통해 상상하던 것"(1911b)으로 현실원리와 여타 다른 만족 성취 수단의 획득에 선행하는 것이다. 분명 프로이트는 이런 과정이 만족을 얻기 위한 최초의 시도라고 생각했고, 이 과정에서 비라 마지않는 만족은 좌절에 맞서려는 원시적 시도 속에서 내적 현실로 마음에 떠오르게 된다. 그리고 이 과정은 "심리기관 감각 말단으로의 퇴행"을 통해 일어나게 된다(프로이트, 1900a). 아이작스는 이 견해를 두 방향으로 확장했다. 첫 번째는 환각 작용을 모든 본능적 소망의 표현으로 일반화했다. 환상을 전체 내적 세계의 보편적 표상 형식으로 만듦으로써 그녀는 프로이트가 묘사한 특정 상황(좌절된 구강적 필요에 부수적으로 동반되는 환각적 젖가슴)을 넘어서게 된다. 그녀에게, 이제 모든 본능적 소망은 즉시 무의식적으로 만족감을 얻는 형태로 경험된다. "그래서 무의식적 환상으로 경험되지 않는 충동, 본능적 욕구는 없다"(아이작스, King & Steiner, 1991, p. 277에서 발췌).

나아가 아이작스는 본능과 환상의 관계를 확장하여 환상 안에서 내적 표상을 가지는 것이 *비단* 본능적 소망에만 그치지 않는다고 말했다.

> 프로이트는 "본능적 필요의 정신적 표현"에 대해 말한다. 내 생각에 이는 비단 *리비도* 소망만을 의미하는 것이 아니라 파괴적 충동과 불안 또한 지칭하는 것이다. 게다가 환상은 이내 불안에 대한 방어 수단, 본능적 욕구를 제어하고 조정하는 수단, 그리고 수선하려는 소망의 표현이기도 하다[같은 책, 이탤릭은 원저].

분명 프로이트가 말한 모델을 훌쩍 넘어서는 것처럼 보인다. 프로이트의 모델에서 환각적 소망 충족은 좌절에 맞서는 가장 원시적인 형태의 수단일 뿐이다. 하지만 이상의 서술에서 아이작스는 환상이 모든 정신적 충동의 표상이며, 이 충동은 성적, 공격적, 정서(불안), 심지어 충동에 맞서는 자아의 메커니즘(방어)을 막론하는 것이라고 말했다.

나아가 생애 초기 환상에서는 외적 감각도 소망-충족 환상과의 상호작용을 통해서 '암묵적 의미'를 얻는다. 그러니까 아이작스와 클라인이 생각하기에 감각 경험은 그저 단순히 지각되는 것이 아니라 쾌락 원리에 따른 본능적 소망이나 좌절과의 상호작용을 통해 항상 *해석되어* 받아들여진다. 그녀는 이상의 취지에서 리비에르가 1936년에 한 '교환 강의exchange lectures'를 인용했다.

> 그래서 내가 특별히 지적하고 싶은 것은 생의 시작부터 (…) 정신이 현실에 대응하는 방식은, 주관성에 따라 쾌락을 증가시키고 고통을 줄이는 방식으로 현실을 해석, 혹은 *오해*함으로써 이루어진다는 것입니다. (…) 그래서 한 인간의 환상은 실제의 내, 외적 자극과 지각이 쾌락-고통 원리에 따라 해석되고 자신에게 표상된 것입니다. (…) 여러분들에게 드리고 싶은 제 마지막 결론은 환상은 결코 "순수한 환상"이 아니라는 것입니다. 그것은 참된 지각과 그릇된 해석으로 만들어집니다. 모든 환상은 그래서 외적, 내적 현실의 *혼합물*입니다(리비에르, 1936, p. 399). [아이작스, 1943, p. 282에서 발췌, 이탤릭은 원문.]

그래서 환상은 내적, 외적 경험이 합쳐져 한 인간의 주관적 현실로 번역된 것이다. 감각적 경험은 여기에 많은 요소를 제공하나 *주관성*이라는 요소는 개별 본능 경험에 따라 결정되며, 프로이트가 묘사한 환각 메커니즘에 의해 만들어진다. 이런 식으로 본능적 소망에 대한 환각으로 삶을 시작하는 까닭에 우리는 이미 태어날 때부터 주관적 존재이며, 절대 매개되지 않은 직접성으로 현실을 경험할 수 없다는 말이다.

정리하자면 불안과 방어를 포함한 모든 충동은 태어날 때부터 환각으로 경험된다. 그리고 처음부터 이러한 환각적 충동은 경험을 주관적으로 해석할 수단을 제공한다. 본능과 환상의 관계에 대한 이상의 확장된 의견은 두 종류의 반박을 맞이했는데, 하나는 좁은 부분에 국한된 것이고 다른 하나는 포괄적이며 철학적인 이슈였다. 전자는 '환각적 소망-충족'이라는 초기 발달 메커니즘의 과잉-일반화에 관한 것으로, 애초에 프로이트가 의도한 범위인 본능적 필요의 좌절을 훨씬 넘어선다는 것이었다. 안나 프로이트의 말을 들어보자.

> "환상"이라는 용어의 새로운 용법에 따르면 초기 정신작용은 그것이 본능의 파생물인지의 여부와 무관하게 그 공통점에 따라 분류된다. 환각적 표현은 이 모든 과정에 동등하게 적용되는 속성으로, 이 또한 그 과정이 본능의 파생물인지의 여부와 무관하다. 리비도 이론은 다른 것들과 대조되는 본능적 과정만이 갖는 단일 속성을 강조해왔는데, 이들의 주장에서 이러한 속성은 흐릿해진다[King & Steiner, 1991, p. 329에서 발췌].

이 반론을 통해 안나 프로이트는 본능적 정신작용과 비-본능적 정신작용을 구분할 것을 분명히 요구한다. 이러한 입장은 전체 논쟁 과정을 통해 그녀가 고수했던 주제이기도 하다. 그녀는 *분명한 구분*의 옹호자였다. 그리고 이 구분은 리비도와 비-리비도, 일차과정과 이차과정, 혹은 자가성애와 대상-관계 같은 것들을 포함했다. 아이작스의 대응 또한 매우 특징적인 것으로, 명료한 구분이라는 생각 자체에 도전하는 것이었다.

> 내가 알기로는 생애 초기 정신 현상에 있어 본능-파생물과 아닌 것을 나눌만한 그 어떤 증거도 없다. (…) 앞서 내가 동의했듯이 어떻게 지각, 그리고 외부 현실에 대한 지식이 환상과 내적 현실에서부터 분화하는가에 대해서는 여전히 많은 연구가 필요하다[아이작스, 1943, p. 371~372].

글로버는 좀 더 포괄적인 비판을 가한다. 그의 반론은 브리어리의 것과 유사했으나 본능과 환상에 관한 특정 이슈에 국한되지 않았고, 심리기관을 바라보는 클라인주의적 관점에 대한 보다 일반적인 비판으로 이어진다. 그가 보기에 클라인주의는 인간의 정신이 기본적으로 현실에 대한 적응과 관련된다는 사실을 놓치고 있었다. 그의 생각에 환상은 사고의 초기 형태가 아니고 좀 더 자란 아이의 마음이라야 성취할 수 있는 *이차적* 발달이었다. 안나와 마찬가지로 글로버의 비판도 아이작스가 시도한 '환각적 소망-성취'의 과잉 일반화에 대한 언급으로 시작된다. 하지만 이는 그저 본격적인 비판을 위한 서론일 뿐, 본론은 클라인이 심리기관 자체의 속성과 기능을 오해하고 있다는 것이었다. 그는 클라인주의자들을 매우 꾸짖는다.

> 그들은 감각적 경험의 기억흔적이 만들어지는 것에 대한 *현실적 요소*의 중요성을 무시한다. (…) 그들은 심리적 현실과 환상과의 관계, 그리고 심리적 현실과 현실 검증과의 관계를 혼동하는 것 같다. 가령 구강 환각적 만족으로의 퇴행은 심리기관의 감각 말단에서 *실제 경험*의 기억흔적을 활성화한다. 그리고 현실 검증은 결국 만족 및 좌절 여부가

본능의 외부 대상과 맺는 관계에 달린 것이지, 히말라야산맥의 사진들과는 무관하다[King & Steiner, 1991, p. 327, 이탤릭은 보러스].

마지막 문장은 클라인주의자들을 희화화하는 것으로 아기가 처음부터 '진짜' 외적 만족이나 좌절이 아닌, 환상 속의 내적 젖가슴('히말라야산맥 사진들')을 지향한다는 생각을 겨냥하고 있는 것 같다. 글로버는 이 관점을 전개하면서 최초의 (현실과 부합하는) 기억흔적 형성이 적응적이며, 이는 좌절 덕분에 만들어지고 이로 인해 만족을 얻고 좌절을 피하는 행동을 하게 된다고 묘사한다. 그래서 그의 생각에 심리기관의 기본적 기능은 '현실 기능'이며, 이 기능 주위로 모인 표상들이야말로 현실적 이미지이자 기억들이다. 그러므로 '정신적 표상'과 '환상'은 뚜렷이 구분될 수밖에 없다. 글로버는 아이작스가 환상의 원형이라고 말한 환각적 소망 성취 또한 일차적으로는 현실을 지향하는 것이라고 말했다.

비록 이러한 과정이 본능을 만족시키지는 못하지만, 그것은 분명 현실에 따라 조절된다. 환각적 퇴행은 좌절로 인해 촉발된 만족의 시도였으나 이미지 수준에서 멈춰버린 것으로, 결국 실패하게 되어있다. 이는 좌절의 소산으로 극단적인 강렬함을 지닌 상상이 특징이지만 그 이미지 요소는 전혀 환상이 아니다. *이런 정신적 사건에 "환상"이라는 용어를 붙이겠다는 것은 현재로서는 의문의 여지조차 없다.* 프로이트가 사용한 의미의 환상은 훨씬 이후의 좀 더 복잡한 것으로, 현실의 관점에서 보면 좀 더 혁명적 발달이다[같은 책, p. 397, 이탤릭은 원저].

그러니까 글로버에게 있어 환상은 어느 정도 정신적 성숙이 일어난 이후에야 가능하다는 뜻이다. 주체와 목적, 대상의 관계에 대한 자각이 필수적이며 다양한 수준의 좌절에 대한 자각도 필요하다. 다른 말로 하면 환상이 가능하기 위해서는 일말의 현실 자각이 있어야 한다. 현실 왜곡(환상)

이 생기기 전에 현실과의 관계 맺음이 반드시 선행되어야 한다는 뜻이다.

> 발달 초기의 사고 형태가 원래의 적응 기능에서 멀어지는 것은 심리기관에 가해진 격렬한 힘에 의해서만 가능하다. 그리고 실제 정신증의 퇴행에서 일어나는 일이기도 하다[같은 책, p. 399].

그리고 이상의 관점이 초기 유아기의 주관성에 대해 갖는 함의에 대해서도 분명히 밝힌다.

> 반복하건대, 여기에서 기본적인 기능은 현실 기능이다. 즉, 비록 정확히 구획되지는 않았으나 분명 짧은 기간 안에 일어나는 본능의 만족과 좌절에 관한 현실이다. 다시 말해 최초의 시기가 지나가면 아기는 본능에 관한 한 여기 이 방에 있는 사람들과 비교해 전혀 뒤처지지 않는 수준의 괜찮은 (다시 말해 적절하고 효과적인) 현실 감각을 갖게 된다. 그리고 어떤 면에서는 아마 낫다고 (더 진지하다고) 할 수도 있다[같은 책, p. 397].

글로버는 아기가 처음부터 현실에 대해 '객관적' 지각을 갖는다고 생각한다. 그리고 이것이 후에 환상의 기초가 된다. 이런 견해는 아이작스와 클라인이 말한 견해와 정확하게 반대이다. 환상을 기본으로 여기는 것에 대한 그의 반론은 집요하고도 단정적인데, 아래의 글을 보면 그가 클라인의 생각이 얼마나 위험하다고 느꼈는지 알 수 있다.

> 나는 항상 원시적 자아의 일차적 현실 기능을 가정할 필요가 있다고 주장해왔다. 사실 이러한 가정이 없다면 우리는 원시적 신비주의에 빠지는 것을 피할 수 없다[같은 책, p. 399].

그가 느낀 위협이 아주 생생하게 감지된다. 그러니까 '일차적 현실 기능'은 '신비주의'의 공격에 맞서는 성채 같은 것이다. 여기서 우리는 글로버가 *본인의* 인식론적 근간이 해체될까 두려워하는 걸 알 수 있다("*우리는* (…) 피할 수 없다"). 마치 확실성과 객관성에 대한 기초가 너무나 허약해서 만약 모든 정신 현상은 궁극적으로 환상에 기반한다는 클라인의 환상 개념이 받아들여지면 그 기초가 죄다 없어져 버리기라도 할 듯 말이다.

인상적인 것은 글로버에 대한 아이작스의 대응을 보면, 글로버가 제기한 기본적인 인식론적 이슈(혹은 불안)는 완전히 무시된다는 점이다. 대신 아이작스는 환상과 현실에 대한 프로이트의 견해라는 맥락 안에서 글로버에 맞선다. 그리고 자기의 입장이 글로버의 것보다 더 프로이트의 견해에 가깝다고 주장했다.

> 글로버 박사는 현실-검증과 현실-적응이 환상과 무관하고 발달에서도 환상에 선행한다고 주장한다. (…) 하지만 이는 프로이드의 견해와 상당히 다르다. 프로이트의 글을 보면 현실-원리는 이차적이며 아기가 환상이 만족스럽지 않음을 발견함에 따라 작동하게 된다고 말하는 대목을 여러 군데서 발견할 수 있다[아이작스, 1943, p. 465].

그 뒤 프로이트의 「Formulations on the two principles of mental functioning」(1911b)과 「Negation」(1925h)을 인용하며 자신의 의견을 보강한다. 그중에서도 특히 「Negation」의 발췌가 글로버에 대한 반박으로 적절한 듯하다.

> 판단력에 관한 연구 덕택에 우리는 아마 처음으로 *일차적인 본능적 충동 간의 상호-작용에서 어떻게 지적 기능이 생기는지* 알게 되었다. 판단력은 애초에 쾌락-원리에 따라 자아 안으로 들어오거나 자아에서

추방되는 것들로부터 체계적으로 발달하는 것이다(프로이트, 1925h, p. 238). [King & Steiner, 1991, p. 467에서, 이탤릭은 보러스.]

아이작스는 이렇게 매듭짓는다.

> *그래서 프로이트 본인의 견해에서 내사introjection 메커니즘은 무의식적 함입 환상에 근거하는 것으로, 기억-흔적의 보유retention뿐 아니라 현실-검증과 판단 기능의 근간이기도 하다.* (…) 그래서 프로이트가 우리에게 가르치는 것은 만약 우리가 환상이나 현실-검증, 혹은 "지성"을 이해하고 싶으면 반드시 정신을 전체로 보는 동시에 발달과정에서 각각의 기능이 서로 어떤 관계를 맺는지를 봐야 한다는 것이다. 그들을 따로따로 떼어놓고 "저건 환상이고, 이건 지각, 지성이다"라고 말하는 것은 둘 모두의 발달적 중요성을 놓치는 격이다[아이작스, 1943, pp. 467~468, 이탤릭은 원문].

이제 아주 선명하게 대립하는 두 관점이 만들어졌다. 그리고 양쪽 모두 프로이트의 견해에 기반하고 있음이 밝혀졌다. 요점을 짚어보자면 아이작스와 클라인에게 반대하는 이들이 암묵적으로 제기하는 문제는 환상 개념에 대한 클라인주의자들의 생각이 인식론적 불안을 만든다는 것이다. 한편 아이작스는 이상의 문제 제기를 완전히 무시하고 전혀 다른 견해를 밝힌다. 하지만 그들의 이견은 프로이트의 어떤 논문, 어떤 부분을 인용하는가에 달린 듯하다. 판단력과 현실-검증이 궁극적으로 구강 함입 환상에 근거한다는 주장에 대해 아이작스는 별 불안을 느끼지 않은 듯하다. 클라인주의자들은 환상과 현실, 판단력과 상상이 원래 상호 침투한다는 생각에 전혀 문제점을 느끼지 않는다.

환상과 초기 대상관계: '자가성애'는 어떻게 되나?

아이작스의 발표에 대한 세 번째 주요 쟁점은 환상의 내용물이 처음부터 항상 대상관계를 포함한다는 것이었다. 이 생각은 젖가슴 환각에 대한 그녀의 묘사에서 분명히 드러나는데, 이는 최초의 환상 뒤에 있는 메커니즘이기도 하고 동시에 최초의 대상관계에 대한 모델이기도 하다.

> 아기의 환각은 무슨 내용일까? 가정컨대, 아마 처음은 젖꼭지일 것이며, 다음은 젖가슴, 그리고 나중에 엄마, 전체 사람 (…) 환각은 그저 단순히 장면에 그치지 않고 아기가 이제 곧 얻을 것이라고 (무의식적 환상으로) 상상하는 대상과 하게 될 행동에 대해서도 자세히 이어진다. 구강 충동이 작동 중이라는 사실은 이미 알고 있고, 따라서 젖꼭지 환각이 생긴다는 것도 알고 있다. 그리고 그 소망의 강렬함과 좌절에 대한 혐오가 한층 강한 소망을 부추겨, 말하자면 만족의 근원인 젖가슴 전체를 자기 안으로 들여와 간직한다. 그래서 응당 젖가슴의 내사는 최초의 환상 형태와 밀접한 관계가 있다고 할 수 있다[아이작스, 1943, p. 278].

그래서 '최초의 환상 형태'인 젖가슴 환각은 처음 나타나는 환상이자 최초의 대상관계가 된다. 그리고 당연히 첫 번째 내사이며 당연히 첫 번째 내적 대상이기도 하다. 이런 식으로 주관적 경험, 환상, 그리고 내적, 외적 대상관계는 서로 긴밀히 얽혀있고 그 뿌리를 같이 한다. 그래서 환상의 대상관계 없이는 주관적 존재도 가능하지 않으며, 이러한 대상관계는 본능적 경험, 그리고 외적 대상과의 실제 관계 양쪽 모두에서 생겨난다.

아이작스는 자신의 견해를 두 가지로 보충했다. 먼저 그녀는 프로이트의 저작에서 자신의 견해를 뒷받침할만한 문장을 발견했다. 재미있는 것은 그녀가 인용한 첫 번째 구절은 초기 발달, 즉 자가성애에 대한 것이었는데, 나중에 안나 프로이트 그룹에서 그녀를 공격할 목적으로 인용하게 될 구절이기도 했다.

> 자아가 자가-성애적인 한, 자아는 바깥 세계가 필요하지 않다. 하지만 (…) 한동안은 본능적 자극을 고통으로 지각하지 않을 수 없다. 이제 쾌락 원리의 지배 아래 추가적인 발전이 이루어진다. 나타나는 대상은 그 대상이 즐거움의 원천이 되는 한, 자아에 의해 흡수, "내사된다". (…) 반면, 다른 한편 자아는 자기 안에서 고통을 일으키는 것은 그게 무엇이든 바깥세상으로 몰아낸다(투사 메커니즘)(프로이트, 1915c, pp. 135~136, pp. 138~139). [King & Steiner, 1991, pp. 278~279에서.]

「Instincts and their vicissitudes」(1915c)의 한 구절이다. 여기서 프로이트는 '순수 쾌락 자아'의 발달을 묘사하고 있다. 프로이트의 묘사에 따르면 자아가 자극을 인지하게 되면서 자아는 그것들을 고통으로 경험하고 새로운 방법으로 적응을 한다. 이 방법에 따르면 즐거운 경험과 대상은 자아 안으로 흡수 혹은 '내사'되고, 고통스러운 경험과 대상은 자아 바깥으로 몰아내거나 '투사'한다. 아이작스의 주장에서 중요한 지점은 이 과정이 발달의 아주 이른 시기에 일어난다는 것, 그리고 프로이트가 내사, 투사 과정을 환상 안에서 일어나는 현상으로 여긴 것 같다는 점이었다. 그녀의 말을 들어보자.

> 나 또한 프로이트가 일차적 내사를 논하면서 어디에서도 무의식적 환상이라 부르지 않았다는 점은 잘 알고 있다. 하지만 앞서 설명했듯, 내 생각에는 이런 내사 과정이 환상을 통해서 일어나는 것이 아닌 다른 방식으로 설명하는 것은 불가능해 보인다. 그래서 내 주장은 프로이트의

일차적 내사 개념을 우리가 가정하는 초기 발달기 무의식적 환상의 활동에 대한 근거로 사용할 수 있다는 것이다[아이작스, 1943, p. 279].

아이작스가 본인의 생각과 프로이트가 제기한 초기 발달기 자가성애에 관한 생각("자가-성애적인 한 자아는 바깥 세계가 필요하지 않다") 사이에 있을 수 있는 모순에 대해 아무런 언급을 하지 않은 것은 주목할 만하다. 하지만 앞으로 보게 되듯이 다른 사람들은 이 모순을 놓치지 않았다.

초기 발달기의 대상관계 환상에 대한 두 번째 보충 자료는 아이작스가 「Facts of general development」라는 논문에서 제시한 행동 관찰 자료였다. 거기에서 그녀는 자기 생각에 생애 첫해의 환상적 대상관계의 존재와 특징에 대한 증거가 될만한 수많은 관찰(대다수는 1930, 40년대에 이루어진 걸출한 발달 연구에서 얻어온)을 나열했다. 그녀는 특히 생애 초기의 부정적 감정 표현이 긍정적 감정 표현을 압도하는 현상, 신생아가 대상을 좇아 시선을 움직인다는 증거, 한 살 이전에 이루어지는 지각과 기억의 급속한 발달이 결국 놀이와 초보적 형태의 언어에 이르는 현상 등을 기술한다. 이런 관찰 자료를 바탕으로 그녀는 아기가 태어날 때부터 대상을 지향하고 클라인이 묘사한 환상에 부합하는 인지 능력과 감정을 지님을 주장했으며, 특히 생후 반년 정도의 시점에 일어나는 depressive position의 형성과 관련지었다.

초기 대상관계에 대한 안나 프로이트 진영의 반론도 두 가지 근거에 기초한다. 그 근거의 첫 번째는 자가성애 단계에 관해 프로이트가 가졌던 견해와의 눈에 띄는 모순이고, 두 번째는 어린 아기가 갖는 정신적 능력에 관한 좀 더 일반적인 이견이다. 안나 프로이트 진영의 Barbera Lantos는 자가성애에 대해 처음 이견을 밝힌다. 그러나 초기 지각 능력과 대상 지향성에 대해서는 암묵적으로 동의하는 듯하다.

> 이 즐거움의 역동적 힘은 아주 큰 까닭에 이것을 설명하려고 다른 이유를 찾지는 않아도 될 것 같다. 우리 생각에 신체 기능들은 (…) 그리고 감각 기관의 기능은 (…) *그 자체로 즐거운 것이다.* 점진적인 지식의 습득과 이해의 증진 덕택에 정신의 발달 또한 그러하다. 이러한 쾌락을 우리는 자가-성애적이라고 부르는데, 감각 기관과 장기의 즐거움, 혹은 신체 기능과 지적 즐거움 같은 것들로 그 자체가 즐거움을 준다는 점은 모두 같다. 말하자면 *의미를 갖지 않는 즐거움*이다[King & Steiner, 1991, p. 349, 이탤릭은 보러스].

조금 뒤에는 이렇게 말한다.

> 우리 생각에 아기는 행동을 통해 증가하는 지적 능력을 보여준다. (…) 그가 사람을 알아볼 수 있다는 사실, 사람이 떠나고 돌아오는 것을 알아채고 없어질까 두려워한다는 사실, 그리고 그에 따라 반응한다는 사실은 모두 감각과 정신 기관의 발달과 밀접히 연결되며, 딱히 환상의 존재를 암시하지는 않는다는 것이 우리의 생각이다[같은 책, pp. 351~352].

란토스가 자가성애 개념을 사용하고 있는 방식은 중요하다. 여기서 그녀가 특별히 언급하는 것은 다양한 놀이에 동반된 의식적 환상의 부재이다. 란토스의 생각에 생후 일 년 동안 아기의 쾌락적 행위가 자가성애인 이유는 그것이 말초 감각의 즉각적 즐거움을 위한 것이기 때문이지, 그 저변에 대상-관계 환상이 있거나 그에 의해 추동되기 때문은 아니라는 의미이다. 반면 그녀는 아기가 대상을 알아채고, 대상에 대해 애착을 느끼며, 대상과 관련해서 지적 능력을 연습한다고 묘사한다. 그래서 란토스가 사용하는 자가성애는 외부 대상관계가 없음을 의미하지는 *않는다*. 그러니까 대상이 없는 상황과는 다른 것이다. 그래서 그녀의 반론은 대상을 포함하는 초기 발달의 환상을 향하는 것이지 일반적인 대상

관련성에 관한 것은 아닌 것 같다.

란토스와 반대로, 또 다른 안나 프로이트 지지자였던 Kate Friedlander는 자가성애 개념이 대상을 갖지 않는 상태를 의미한다고 생각했다.

> (…) 생애 첫해에 관한 정신분석적 개념의 기본 원리는 엄마와 맺게 되는 첫 번째 대상관계가 처음부터 있는 것이 아니라, 여전히 원시적인 수준일지언정 대상관계를 선취하기 이전에 수개월 동안 이루어진 발달의 결과라는 점이다[King & Steiner, 1991, p. 407].

프리드랜더Friedlander는 이렇게 오랜 시간이 흘러야 그나마 아주 기초적인 대상관계가 형성되는 이유를 아기의 미숙한 '뇌-해부학과 생리학'으로 설명했다.

이상의 의견들은 아이작스의 영아 관찰 자료 해석에 대해 같은 진영에서 나온 반론들인데, 재미있는 것은 이 의견들 사이에서 모순이 쉽게 관찰된다는 점이다. 그러니까 아이작스가 묘사하는 아기의 능력에 대해 란토스와 프리드랜더는 다른 의견을 가진다. 전자는 이것이 (비록 내적 환상의 요소는 없다 하더라도) 아기가 대상과 유의미한 상호작용 안에서 인지 능력을 확장한 결과로 얻게 된 자가성애적 즐거움의 표현이라고 말한다. 반면 후자는 원시적 인지 발달 때문에 대상과 대체로 무관하게 얻어지는 자가성애적 활동이라고 설명한다. 둘 다 아이작스의 의견인 자가성애에 기반한 초기 대상관계라는 관점에는 동의하고 있지 않다. 하지만 란토스는 자가성애의 의미가 환상을 동반하지 않는 쾌락적 행위라고 보지만 프리드랜더는 대상관계의 완전한 부재라고 말한다.

안나 프로이트는 논평을 통해 이 모순을 적당히 중재하려 한다. 아기와 엄마가 맺는 최초의 관계에 대해 그녀는 이렇게 말한다.

> 이 시기의 아기는 오로지 자신의 안녕에만 관심이 있다. 엄마가 중요한 이유는 그녀가 자신의 안녕에 도움을 주거나 훼방을 놓기 때문이다. (···) 아기의 대상관계는 여전히 간접적이다. 대상의 변화는 주어지는 만족의 차이 덕택에 인지된다. 따라서 주어지는 만족이 같다면 대상이 되는 사람은 상호 교체가 가능하다[King & Steiner, 1991, pp. 418~419].

처음에 대상과의 관계는 *간접적*이다. 엄마의 행위는 만족과 좌절 경험에 영향을 주는 한에서만 아주 중요하다. '진정한' 대상관계는 아직 없는데, 비록 즐거움과 고통의 조절에 대상이 갖는 중요성에도 불구하고 말이다. 그 이유는 대상이 아직 대상으로 경험되지 못하고 겨우 환경의 조건에 불과하기 때문이다. (이 부분은 프리드랜더의 자가성애 개념인 대상관계 부재와 일치한다.) 여기에 더해 이 시기 본능의 목적은 '엄청나게 중요하나,' 대상은 '그저 약간 고려하는 것일 뿐'이기 때문에 감각 경험은 대응하는 이미지 없이도 생생하게 존재할 수 있고, 대상에 대한 환상 없이도 느낌은 존재할 수 있다. 이 점은 란토스의 관점과 일치하는데, 발달 초기에도 어느 정도의 지각과 대상의 인지는 가능하다고 보기 때문이다.

하지만 란토스가 주장하는 아기의 빠른 지적, 인지적 발달과는 여전히 격차가 있다. 이 때문에 재미있는 문제가 생기게 된다. 만약 아기가 생애 첫해 동안 괄목한 만한 지식을 얻고 외부 세계를 이해하게 된다면 그에 상응하는 *내적* 세계를 가정하지 못할 이유가 어디에 있겠는가? 일찌감치 아기가 보이는 대상에 대한 흥미를 모종의 '대상-관계 맺음'이 아니라고 할만한 이유는 무엇인가? 그리고 대상에 대한 아기의 이러한 관심이, 안나의 본능에 있어 '대상은 그저 약간 고려하는 것일 뿐'이라는 주장과는 어떻게 양립 가능한가?

안나 프로이트는 자아에 선을 긋는 것으로 이러한 문제들을 다룬다. 요점만 말하면 그녀는 자아의 합성기능을 반으로 나눈다. 그리고 그

절반은 외부 세계에 대한 지각을 합성하고 조직화하는 기능에 할당한다. 그리고 나머지 절반은 내적 세계의 본능적 경험과 관계를 맺고 조직화하는 기능에 할당한다. 나아가 그녀는 각 절반의 자아 합성 활동이 시작되는 시점에 대해서도 중요한 구분을 지었다.

> 내 생각에는 아이작스의 의견과 마찬가지로 지각과 현실-검증 간의 연결이나 합성은 태어난 직후부터 어느 정도 얻어진다고 생각한다. (…) [하지만] 이러한 합성기능은 생후 첫해 동안은 본능적 욕구에 작동하지 않으며, 실은 상당한 시간이 흐른 후에야 비로소 작동한다. 비록 지각의 연결이 점차 자라난다고 할지라도 소망과 충동은 여전히 일차과정의 제어를 받으며, 통일성의 결여를 그 특징으로 한다[King & Steiner, 1991, pp. 421~422].

실제로 발달 연구에서 관찰된 바에 따르면 지각과 외부 세계에 대한 경험이 통합되어가는 시기에 내적, 본능적 영역은 여전히 무질서하고 흐트러진 상태로 있다. 이 때문에 리비도 카텍시스가 내적 대상에게 부착되는 '진정한 대상관계'는 아직 만들어지지 못한다. 대신 변화하는 환경적 조건에 대해 반응하는 경향만을 볼 수 있을 뿐이다. 그러니까 지각의 성숙과 모종의 미약한 학습이 일어나기는 하지만 여전히 대상관계나 대상 표상은 없으며 대상에 대한 환상도 분명히 없다는 뜻이다.

아이작스는 각각의 논점에 대응한다. 초기의 자가성애 쾌락에는 '환상이 없다'라는 란토스의 입장에 대해서 아이작스는 단정적으로 말하길, "자가성애는 내적 환상을 고려치 않고는 이해될 수 없다"라고 말한다(1943, p. 460). 왜 대상에 관한 환상이 자가성애에 필수적인지를 설명하지는 않지만(이 문제는 하이만이 투사와 내사에 관한 논문에서 다루었다), 그녀는 안나 프로이트가 앞서 제대로 다루어보길 원했던 문제를 꺼낸다.

> 란토스 박사처럼 지각과 지능 발달에 주목하면서도 동시에 자가-성애를 그토록 강조하는 것은 내 생각에는 별로 설득력이 없는 것 같다. 지각은 대상관계와 별개로 발달할 수 있는 것이 아니며 리비도 발달과 지적 발달은 서로 밀접하게 연관되어 있다[같은 책, pp. 460~461].

프리드랜더의 관점, 즉 자가성애는 '대상을 갖지 않는다'라는 생각에 대해서는 프로이트를 곧바로 인용하며 대응한다.

> 처음의 구강적 성분 본능은 의존적으로anaclitically 만족을 구한다. 그리고 이는 음식에 대한 갈망의 만족에 기초하며 그 대상은 엄마의 젖가슴이다. 그런 다음 아기는 대상에서 떨어져 나와 독립적으로 변하는 것과 동시에 자가-성애적으로 변한다. 그러니까 아기는 자신의 몸에서 대상을 발견한다[King & Steiner, 1991, p. 461].

적어도 이 단락에서 분명해 보이는 것은 프로이트는 자가성애에 *앞선* 대상관계를 기술하고 있다는 점이다. 아이작스도 인정했듯이 이 문장이나 이와 유사한 문장을 제외하면 프로이트는 '출생 직후부터 한동안 쭉 이어지는 자가성애 기간'을 가정했다고 결론 내릴 수 있다(같은 책). 하지만 이게 프로이트의 생각 전부는 아니다. 사실,

> 프로이트 자신은 어디에서도 순수한 "일차적 자기애" 시기에 대한 어떤 기간을 주장한 적이 없다. 그는 이 상태가 태생 후 수개월 동안 변화 없이, 혹은 실질적인 변화 없이 지속된다고 말하지 않았다. 그에게 이 개념은 마치 "일차과정"처럼 제한적인 개념일 뿐이다. (…) 출생 수 시간 이후 일차적 자기애가 아기의 정신 *전체*를 지배한다는 증거는 없으며 프로이트가 그렇다고 주장했다는 증거도 없다. 젖가슴 냄새를 맡고 접촉을 하자마자, 혹은 젖을 빨게 되면 이내 어느 정도의 (…) 대상

관계가 생긴다[같은 책, p. 462, 이탤릭은 원저].

아기가 엄마를 감각적으로 인지하고 반응을 보인다는 여러 연구(아이작스가 검토했던 것들을 포함해서) 덕택에 아이작스는 "안나 프로이트의 표현처럼 아기가 엄마의 젖가슴 혹은 엄마와 맺는 관계가 '간접적'이라는 생각에 도저히 동의할 수 없다. 그 관계는 충분히 직접적이지만 나중의 지각과 비교했을 때 어떤 면에서는 다르다"라고 말한다(같은 책, p. 462).

지금 와서 분명해 보이는 것은 '대상관계'라는 용어가 양쪽 그룹에서 갖는 의미가 상당히 다르다는 점이다. 안나 프로이트 그룹이 말하는 대상관계는 외적 대상의 내적 대상 표상에 다소 안정적인 리비도 카텍시스가 부착된다는 뜻으로, 이를 위해서는 외적 대상과의 연결을 위한 지각의 발달, 그리고 대상을 알아채고 대상에 관심을 가지기 위한 감정적, 인지적 성숙이 모두 필요하다. 그리고 이때 대상은 독립된 주체로서, '환경적 조건' 혹은 아기 자신의 즉각적 소망이나 필요의 만족과는 어느 정도 구분이 되는 것이다. 안나 프로이트가 분명히 했듯 감정이나 인지적 조건들은 지각의 발달보다 더 긴 기간에 걸쳐 형성되며, 안정적이고 분화된 대상 표상을 유지하기에 충분한 내적 조직을 수립하는 것에 달려있다.

반대로 아이작스와 클라인은 외부 대상을 알아채는 것과 '대상관계'를 맺는 것 사이에 유예기간을 두지 않았다. 대상관계의 형태는 시간을 두고 발전하겠으나(이론의 여지는 있지만 사실 이 발전의 형태와 경로가 클라인의 일차적 이론적, 임상적 관심이다), 어쨌든 처음부터 있어 온 것이라는 의미이다.

> 최초의 대상은 엄마가 아니라 젖꼭지-젖가슴이다. 머지않아 아기가 엄마의 얼굴, 손발을 알아보고 반가워한다. (…) 아기의 초기 애정 관계나 지각적 관계가 젖꼭지, 젖가슴, 얼굴, 손 등의 부분-대상과 이루어진다는 사실은, 아기가 느끼는 감정의 강렬함이나 깊이와 더불어 볼

> 때 아기의 세상이 우리들의 세상과는 상당히 다르다는 것을 의미한다. (…) 하지만 여전히 대상관계 세상임이 분명하다. *자가성애적 만족과 나란히 존재하는*[같은 책, p. 463, 이탤릭은 원저].

클라인의 관점이 안나 프로이트의 관점과 결정적으로 다른 지점은 아기가 대상에게 부여하는 의미에 대한 가정에 관한 것이다. 안나 프로이트의 생각에는 아기의 지각 능력이 어떠하든, 아기에게는 대상에 충만한 의미를 부여할 정서적 흥미도 인지적 능력도 없다. 외부 대상과의 쾌락은 그저 자가성애일 뿐이며, 동반되는 내적 환상이 없다는 뜻에서도 그러하고 쾌락의 *원천* 그 자체에 대한 진정한 흥미나 자각이 없다는 면에서도 그러하다. 간단히 말해서 안나 프로이트의 옹호자들에게 아기는 아직 주체가 아니다. 그저 순수하게 자극-반응하는 존재일 뿐이며 추가적인 흥미 부여 없이 단순히 객관적 감각에 반응하는 것이다. 클라인이 보는 아기는 비록 그 지각의 극단적 미숙함은 당연하고 또한 강조되지만(처음에는 부분-대상만 등록된다), 주관성은 태어날 때부터 존재하는데, 그 이유는 욕동과 감각의 상호작용으로부터 비롯되는 내적 의미의 생산이 처음부터 이루어지기 때문이다. 아기는 절대로 단순한 자극-반응의 기계가 아니며 항상 주관적인 존재인데, 그 *이유는 본능적, 인지적 미숙함 덕택에 대상 경험의 왜곡이 항상 존재하기 때문*이다. 아주 건조하게 말해보자. 안나 프로이트의 아기는 인지적, 지각적 미숙함 때문에 대상들의 세상에서 *아직* 주체가 되지 못했으며 대상에 대한 객관적 지각이 가능해진 이후에야 주체가 될 것이다. 반대로 클라인의 아기는 그 인지적 지각적 미숙함 *때문에* 대상들의 세상에서 *항상* 주체인데, 주관적, 본능적 경험이 객관성에 앞선다. 안나 프로이트에게 미리 주어지는 것이 객관성이라면, 클라인에게 미리 주어지는 것은 주관성이인 셈이다.

프로이트를 둘러싼 싸움: 환상과 심리 구조의 관계

지금까지 봤듯이 양측에 의해 제기된 논쟁에서 초기 대상관계를 둘러싼 이견은 부분적으로 생후 첫해 자아의 성격과 기능에 관한 이견으로 압축될 수 있다. 안나 프로이트의 생각에 이 시기의 자아는 외부 현실을 우선으로 합성하고 조직화하고 있으며, 내적 세계는 아직 한참 뒤처진 채 조직화 되지 않은 상태로 흐트러져 있다. 그래서 *진정한 대상으로써* 대상관계를 맺기 위해서 꼭 필요한 대상 표상은 아직 만들어지지 않았다. 그녀가 생각하는 자아는 마음의 한 부분으로써, 아직 혼란스럽고 조직화되지 못한 무언가(이드)를 조직하고 합성하는 기능을 부여받는다. 그래서 자아와 이드는 서로 분리되어 있으며 생애 첫해 동안은 이드(일차기능, 본능, 쾌락 원리)가 내적 세계를 주도하고, 이후 자금 자아가 나타나 이드를 조직화한다. 이런 관점에서 보면 위에서 논의한 내적 대상과 외적 대상의 기능적, 시간적 구분은 자아와 이드 간의 구분을 반영한다고 볼 수도 있다. 안나 프로이트는 자아와 이드를 서로 대조되는 독립적인 구조로 보는 것 같다. 이드가 내적 세계를 다스리며 무질서의 혼란을 만들어내는 반면 자아는 외부 세계에 대해 반응하며 발달한다. 자아는 땅 위에서 작동하면서 충분한 힘과 경험을 얻게 되고 그다음에야 비로소 땅 아래로 자리를 옮긴다. 즉, 자아가 이드를 제어하고 합리성이 불합리를 다스릴 때까지 진정한 대상관계는 불가능한 것이다. 다시 한번 말하지만 이런 관점의 저변에는 대상관계가 시작되기 위해서는 경험 세계에 대한 객관적인 지각과 본능적 요소의 점신적 도입이 필요하며, 그 과정에서 현실 검증은 손상되지 말아야 한다는 생각이 깔려있다.

이렇게 자아와 이드의 영역에 대한 절대적이고 양극화된 안나 프로이트의 시각은 여러 맥락에서 공고히 유지되고 있다. 대토론과 관련한 그녀의 첫 토론에서 그녀는 일차과정이 모든 이성적 사고 아래에 깔려있다는 아이작스의 의견을 반대하며 이러한 주장은 일차과정과 이차과정을 섞을 뿐이라고 주장했다. 안나 프로이트의 반론이 특별히 향한 곳은 클라인주의자들이 무의식적 환상의 정식화에서 이야기한, 충동과 갈등, 그리고 양가성의 통합에 대한 것이었다.

> 아이작스 부인의 무의식에 관한 묘사를 보면 자유롭고 독립적인 본능적 욕구의 흐름은 보이지 않는다. (…) 충동들은 서로에 대한 갈등으로 돌입한다. 아기가 엄마에 대해 노여움을 느낀다는 건, 엄마에 대한 사랑이 위태롭게 느껴져 그 결과 사랑이 더 커졌거나 줄었다는 의미이다. 이때 아기의 *양가감정*은 나란히 존재할 수 없고 일부는 바깥을 향해 투사되어야 한다. (…) 이 논문에 따르면 무의식은 일차과정의 성격과 이차과정의 중요한 특징이 섞인 것이다[King & Steiner, 1991, p. 330].

안나는 다음과 같이 결론짓는다.

> 이러한 조기 통합의 가정에 따라 새로운 이론은 아직 생후 일 년이 되지 않은 아기의 정신에 일차과정을 위한 자리를 남겨두지 않는다. 이렇게 되면 이 시기의 정신기능과 꿈이 갖는 동일성은 없어지며, 따라서 우리는 꿈에서 일어나는 기능상의 퇴행을 어디에 연결해야 할지 난감할 뿐이다. 혹은 통합을 일차과정 안에 포함하기 위해서는 일차과정의 이론적 개념이 완전히 바뀌어야 한다. 그렇게 되면 다시 한번 꿈을 설명할 길이 없어진다[같은 책, p. 331].

이렇게 보면 안나 프로이트가 이분법에 그토록 매달리는 이유는 결국 꿈의 정신분석적 개념 때문인 것으로 보인다. 왜냐하면 꿈 이론의 가정에 따르면 시간 감각과 공간 감각의 퇴행은 항상 함께 일어나기 때문이다. 그래서 꿈에서 공간 감각이 일차과정으로 퇴행하면 시간 감각도 일차과정이 우세한 이전 시기도 퇴행하게 된다. 이런 견해는 글로버가 주장했던 입장과는 모순적인데, 글로버는 앞서 아기가 기본적으로 현실과 적응을 지향한다고 주장했었다. 만약 (방금 이야기한) 안나 프로이트가 수정한 관점이 아니었으면 자아는 우선 외부 세계를 향하게 되고, 내적 현실은 생애 첫해 내내 통합되지 않은 상태로 남게 된다. 종합하면 위의 의견들은 마음을 분명히 분할된 것으로 그린다. 일차과정과 이차과정이 그러하며, 자아와 이드, 그리고 충동과 통합도 처음부터 갈라진 셈이다.

글로버는 이 견해를 다시 한번 다듬어 반박하는데, "아이작스 부인은 환상, 그리고 카텍시스된 기억을 구분하기 위해 아무것도 하지 않고", 사실 "아이작스 부인의 메타심리학은 사고와 환상이 기본적으로 구분 불가능하다는 의미이다"라고 말한다(King & Steiner, 1991, p. 398). 여기서도 둘의 경계선은 안나 프로이트가 그어놓은 선에 따라 나누어진다. 그러니까 기억흔적은 '원시적 자아의 일차적 현실 기능'에 의해 만들어지지만 클라인이 말한 환상을 위해서는 일, 이차과정의 혼합물이 필요하다는 이야기이다. 그래서 글로버는 이러한 혁신적인 정신 현상을 위해서는 제법 진보된 정신 능력이 필요하다고 주장한다. 비록 맥락은 다르나 안나 프로이트와 글로버가 공통으로 주장하는 점은 생애 첫해 동안 의식과 무의식, 일차과정과 이차과정, 그리고 암묵적으로는 이드와 자아까지도 절대적으로 분리되어 있다는 것이다. 하나 유념해둘 것은 이 두 사람은 논쟁 내내 자아와 이드의 포괄적 관계 설정을 위해 종종 지형학적 모델 개념을 가져다 썼다는 점이다. 이렇게 보면 도리어 아이작스의 관찰에 신빙성이 있어 보이는데, 그녀는 비록 프로이트 만년의(1920년 이후) 생각 전환에도 불구하고 글로버의 생각은 '빈 그룹'의 생각들처럼 프로이트의 1915년 이전 저작에 근거하는 듯하다고 말했다.

클라인주의자들에게 있어 자아와 이드의 관계는 상당히 다르다. 아이작스는 이렇게 말한다.

> 프로이트 자신이 반복해서 보여준 것은 그의 생각에 *자아는 이드에서 분화되어 나온 것*이라는 점이다. 『The Interpretation of Dreams』에서 그가 처음 기억흔적을 정식화했을 때 이 용어들을 사용하지는 않았다. 하지만 그 후 여러 곳에서 그렇게 설명했다[1943, p. 463].

그리고 프로이트를 인용한다.

> 물론 원래 모든 것은 이드였다. 자아는 지속적인 외부 영향으로 인해 이드에서 발달한 것이다. 이 더딘 발달과정에서 이드 안의 어떤 물질이 전의식으로 변하고, 그렇게 자아 안으로 들어간다[King & Steiner, 1991, p. 463].

그리고 결론은 이렇다.

> 자아를 희미한 경험의 그림자 같은, 그저 단순한 표식들의 체계로 이해해서는 안 된다. 자아는 이드의 살아있는 한 부분으로, 외부 세계의 경험 덕택에 수정된다. 외부 세계의 대상을 통한 만족을 추구하는 과정에서 말이다(1943, p. 463).

그래서 아이작스는 자아와 이드를 상호 배제하는 것들로 보는 대신, 둘을 서로 통합적으로 연결된 것으로 본다. 자아는 이드와 외부 세계가 교차하는 지점에서 발달하며, 둘 모두와 연결된 상태로 있다는 뜻이다. 외부 대상에 대해 무엇인가를 배우는 것은 안나 프로이트의 생각처럼 이드와 무관하게 여겨지는 것이 아니다. 외부 세계에 대한 배움과 관계 맺음은 이드의 본능에 의해 고취되는 것으로, 초기 발달기 현실의 여러 측면을 함입하는 것에서 시작한다.

> 모든 배움은 애초 입으로 배우는 것이었다. 생애 첫해를 통과하며 아기는 손에 닿는 모든 것을 입에 넣어 느끼고 탐색한다. (…) 그러니까 아기가 만지고, 가지고 놀고, 보고, 탐색하는 모든 물건에 구강 리비도가 붙는다는 뜻이다. 그게 아니라면 아기는 별다른 흥미를 갖지 않는다. 만약 아기가 완전히 자가성애에만 흥미가 있었다면 아기는 배울 수 없었을 것이다[1943, pp. 463~464].

다시 말해 아이작스는 안나 프로이트가 그어놓은 구분이 완전히 틀렸다고 말하는 것이다. 그녀의 생각에 자아와 이드, 일차과정과 이차과정, 내부와 외부, 환상과 배움은 완전히 구분되지 않는 것이다. 그렇게 하는 것은 순전히 인위적이며 프로이트의 관점을 부정하는 것이다. 그러니 안나 프로이트와 글로버, 그리고 그들의 지지자들이 보기에 이런 구분을 무시하는 것은 '프로이트가 만든 일련의 정돈된 개념'을 흐리는 행위다. 실제로 자아와 이드에 대한 다른 관점에서 보면 그들의 이야기도 상당 부분 타당하다. 만약 자아가 분명히 이드와 구분되고(안나 프로이트가 환상 개념에 대해 말한 핵심 요지이다), 또한 자아가 그 현실 검증 기능, 이차과정, 합성기능을 통해 현실을 다루는 유일한 주체라는 두 개의 가정에 동의한다손 치자. 그렇다면 글로버의 주장처럼 정신의 일차적 현실-적응 기능이 필연적으로 따라온다. 유사하게 환상은 애초 외부 세계의 활동이나 관계의 기초가 되는 것이 *아니라*는 관점은 자아는 이드와 원래 구분되는 것이며(그래서 소망-성취 환상과도 구분되고), 나중에 서서히 내부 세계를 압도해나가면서 이드와 연관을 맺기 시작한다는 생각에서 나오는 것이다. 이런 관점에서 환상과 대상관계는 모두 발달상의 성취며 자아가 이드의 측면들을 전유專有, appropriation하고 통합했다는 뜻이다. 즉, 환상은 좌절에 대한 퇴행적 반응을 통해 일어나며, 이는 자아와 이드 사이의 통합이 얼마간 이루어진 후에야 가능하다. 그리고 대상관계는 발달상 성취를 표상하는 것으로 본능적 욕동과 자아의 표상이 통합되었다는 의미이다.

하지만 우리가 아이작스가 인용한 프로이트의 의견, "자아는 이드에서 발달한다"에 동의하면 그다음은 자연스럽게 자아의 여러 특징(이차과정, 배움, 지각, 기억 등) 또한 마찬가지로 이드의 특징(일차과정, 소망-성취)에서 유래한다는 결론이 나온다. 적어도 프로이트의 진술은 이들 간에 뚜렷한 구분을 하지는 않았고, 따라서 글로버와 안나 프로이트가 클라인에게 제기한 반론과는 모순을 일으킨다. 가령 클라인 측이 '원시적 자아의 일차적 현실 기능'을 훼손하고, '생후 일 년이 되지 않은 아기의 정신에 일차과정을 위한 자리를 남겨두지' 않는다는 반론 같은 것 말이다.

하나 알아둘 것은 글로버를 비롯한 사람들이 가장 빈번히 제기하는 반론은 아이작스가 프로이트를 매우 선택적으로 인용한다는 점이다. 글로버의 이야기를 들어보자.

> 내 생각에 아이작스 부인이 프로이트와 다른 이들을 인용하는 방법은 별로 과학적이지 않다. 특히 인용에서 필수적인 맥락이 제공되지 않는데, 정작 그 맥락을 보면 많은 경우에 그녀의 주장을 지지하지 않는다는 것을 알게 될 것이다[King & Steiner, 1991, p. 325].

이러한 반론은 여러 시점에서 제기되었고, 딱히 이드와 자아의 관계에 관한 인용에 대해서 국한된 것만은 아니었다. 하지만 이상의 일반적 반론들은 프로이트의 적절한 해석이라는 문제에 대해 양측이 취한 태도와 더불어 고려될 필요가 있다. 토론 내내 클라인 측은 분명 안나 프로이트-글로버 측보다 프로이트의 실제 문장을 훨씬 더 자주 인용했다. 그리고 안나 프로이트-글로버 측은 그들이 프로이트의 핵심 개념이라 여겼던 것들을 훨씬 압축적이고 권위적인 요약의 형태로 제시했다. 그러면서 양쪽은 서로를 향해 프로이트를 잘못 이해하고 있다고 비난한다. 글로버의 말을 들어보자.

> 이분들은 프로이트의 기본 개념들이 그저 가설적인 정식에 불과하며 프로이트조차도 나중에 이리저리 바꾸었을 수도 있다고 말하는데, 나는 거기에 동의할 수 없다. 『The Interpretation of Dreams』의 이론에 관한 장과 「Instincts and their vicissitudes」에 들어있는 정식들에 대한 명백한 사실은 그 개념들이 시간의 시험을 견뎠다는 점이다. 그 개념들은 실제로 기본이 된다[King & Steiner, 1991, p. 396].

여기에 대한 아이작스의 대답은 다음과 같다.

> 사실 프로이트는 자신의 메타심리학을 이후 여러 번에 걸쳐 크게 확장하고 재검토했었다. 비록 새로운 발견과 이론에 따라 매번 모든 것을 고쳐 쓰지는 않았지만 말이다. 글로비 빅사는 프로이트의 관점에 관해 설명하면서 『The Interpretation of Dreams』(1900[a])와 「Instincts and their vicissitudes」만을 언급한다. 하지만 프로이트 메타심리학에 관한 적절한 지식을 원한다면 프로이트의 나머지 저작들도 반드시 고려해야 할 것이다[1943, p. 454].

어떤 면에서 보면 위에서 토론한 심리 구조에 관한 여러 관점에는 프로이트가 썼던 다양한 관점들이 반영되어 있다고 볼 수도 있다. 하지만 글로버의 관점에서 보면 *사실*들은 이미 정립되어 있고, 처음부터 '기본적'인 것이었으므로 해석이나 수정의 대상이 아니다. 자아가 처음부터 현실과 접촉하고 있는 것처럼, 그래서 '현실적인' 지각은 언제나 이러한 초기 발달 단계로의 회귀로 여겨질 수 있는 것처럼, 정신분석 이론 또한 최초의 '기본' 안에서 가장 명료하다. 또한, 후에 이루어진 발달의 진정한 의미는 언제나 기본을 이루는 개념에 비추어 봄으로써 얻게 된다는 뜻이다.

반대로 아이작스에게 이론은 유기적이고 성장하는 것이지, 불변의 사실이나 기본적인 그 무엇이 아니다. 따라서 프로이트를 충분히 이해하기 위해서 우리는 개념과 개념이 가리키는 것을 해석함으로써 다양한 방향으로 나아가야 한다. 마치 우리의 정신은 언제나 해석을 통해 생성되는 것으로 여겨지고, 진실을 독점할 자격을 가진 그 어떤 지형학적, 시간적 영역도 없는 것처럼 말이다. 그러니까 그 어떤 마음의 조각도, 그 어떤 이론의 조각도 더 '기본적'일 필요는 없으며 다만 좀 더 복잡하고 넓은 전체 맥락 안에서 파악될 뿐이다.

결론

대토론에 관한 이 장을 통해 우리가 하려던 것은 객관성의 가능성에 관한 기본적인 태도가 어떻게 무의식적 환상에 관한 토론에 영향을 미쳤는지를 보여주는 것이었다. 이론적 이견은 크게 네 갈래였다. (1) 정신 현상의 기술에 있어 주관적 용어와 객관적 용어 사용 (2) 심리적 표상으로서의 환상 (3) 환상과 초기 대상관계 (4) 환상과 심리 구조의 관계. 그리고 각각의 이견에 대해 우리는 양쪽 그룹이 어떤 근본적인 가정의 차이에 의해 나뉘는지를 이해하려고 했다. 그 가정에 대해 한쪽 편은 우리는 원래, 근본적으로, 지속해서 객관적 현실과 접촉하고 있다고 생각했다. 반면에 다른 한쪽 편은 경험이라는 것은 주관적이며, 처음부터 안팎의 영향이 서로 영향을 주고받으며 만들어진 탓에, 공통 현실이라는 것은 결국 적정 발달을 통해서만 가능하다고 생각했다. 이것이 1940년대에 태동하는 자아 심리학과 클라인주의의 입장이었고, 대토론이라는 렌즈를 통해 그 차이가 뚜렷이 드러났다. 위에서 간략하게 이야기했듯이 프로이트에 대한 양측의 태도 그 자체도 이상의 관점과 비슷한 영향을 받았다.

자, 이제 수많은 질문이 생긴다. 먼저, 이상의 이견 중 과연 얼마나 많은 부분이 당시 토론 쌍방이 봉착하고 있던 정치적, 사회적, 혹은 정체성의 갈등으로 인한 것인가? 바야흐로 그 시기는 세계 대전 중에 있었고, 고향을 떠난 분석가들은 경제적 어려움과 프로이트의 죽음을 맞이해야 했다. 그러니까 그들의 사고방식 중 대체 얼마나 많은 부분이 당시 그들의 개별적, 집단적인 근원적 불안을 드러내고 있었겠는가? 가령 누군가는 안나 프로이트에 대해서 이렇게 말할 수도 있다. 이민, 아버지의 죽음, 고향과 사회적 지위를 잃은 데 대한 불안으로 인해 그녀는 경직될 수밖에 없었고 좀 더 *색관석*인 토대가 필요했다고. 그리고 글로버 또한 이미 영국 정신분석 학회의 주도권을 거의 확보할 수 있는 상황에서 클라인의 부상으로 인해 위협을 느끼게 되었고, 이런 사정으로 인해 그는 '기본'이 되는 '이미 확립된' 사실에 매달리게 되었으며, 여기에는 이론적 이슈뿐 아니라 권력의 승계도 포함된다고 볼 수도 있다.

이런 생각들과 더불어 여러 가지 생각해 볼 문제들이 있다. 그중에는 대토론이 현대의 정신분석에 끼친 영향을 고려할 때 꼭 염두에 두어야 할 두 가지 의문이 있다. 첫 번째 질문은 프로이트 본인에게로 향한다. 이들의 의견이 이런 식으로 나뉜 것은 그들의 생각이 유래한 근원에 있는 어떤 것 때문이 아닐까? 다른 말로 하면 이들의 논쟁은 프로이트의 이론 자체에 내재한 그 무엇 때문이 아니었을까? 혹시 프로이트 또한 주관성이라는 문제에 대해 분열되었었나? 혹시 그의 이론에 내재한 구분을 따라가다 보면 서로 모순되는 두 가지 입장에 이르게 되는 건 아닐까? 그러니까 우리의 현실은 주관적이고 개별적이며 구성된 경험이라는 한 가지 입장, 그리고 우리의 현실은 객관적이고 진실한 현실 지각이라는 또 다른 한 가지 입장 말이다. 만약 그러하다면 논쟁에 참여한 양쪽이 전혀 다른 프로이트 독법을 가지고 있다는 점이 설명되고, 이견에 내재한 지적 근원에 대한 좀 더 미묘한 질문에 대해서도 접근할 수 있다.

두 번째 질문은 미래를 향한다. 그렇다면 현재의 이론적 논쟁, 특히 현대 프로이트주의자와 클라인주의자의 논쟁 중 대체 얼마나 많은 부분이 이미 내재한 인식론적 차이에 근거한 것일까? 어쩌면 둘 사이에는 극복 불가능한 철학적 심연이 존재하고 있어서 통합된 이론을 가로막고, 심지어는 합의된 이해조차 방해하는 건 아닐까?

고찰: 스티븐 엘만

대토론을 읽어보면 당시에 프로이트가 얼마나 중요했는지를 알 수 있다. 두 그룹이 거의 프로이트의 영혼, 좀 덜 과장하자면, 그의 뒤늦은 승인을 두고 사투를 벌이는 것처럼 보인다. 양쪽 모두 프로이트의 이론에서 멀어지지 않았음을 보이려 애를 쓴다. 보러스 박사가 말하듯 프로이트주의자(특히 글로버)들은 클라인주의자들의 프로이트 인용이 맥락을 벗어났음을 비난했지만 정작 프로이트주의자들이 프로이트를 직접 인용하는 경우는 매우 드물었다. 그리고 양쪽 진영 모두 프로이트 본인이 입장을 완전히 바꾸었음을 인정하지 않았다. 대단히 놀라운 것은 이처럼 번쩍이는 토론 중 어느 쪽도 프로이트의 이론을 온전히 설명하려 들지 않았다는 점이다. 내 생각에 이는 아마 양쪽 모두 당시에 프로이트에게 온전히 동의하지는 않았기 때문인 것 같다. 좀 더 정확히 말하자면 양쪽 모두 어느 정도는 프로이트의 이론과 다른 생각을 가지고 있었다는 뜻이다. 그러니까 프로이트 숭배라는 위장 아래 둘은 이론적 전투를 벌였으나 정작 어느 쪽도 완전히 프로이트주의자는 아니었던 셈이다.

아이작스의 주장을 일부 잘 들여다보면 글로버의 말이 옳다. 맞다. 아이작스는 두 번에 걸친 인용에서 프로이트가 자가성애 단계 이전에 아기는 이미 대상과 관계를 맺는다고 말했다고 주장한다(King & Steiner, 1991, p. 461). 하지만 인용에서 프로이트가 '대상'이라고 칭한 것의 의미는 논란의 여지가 있으며, 자가성애 시기의 아기는 일차적 자기애 상태에 있다고 말한 것은 적어도 스무 번이 넘는다. 나는 (2, 3장에서) 프로이트가 이런 식으로 말한 주된 이유에 관한 내 생각을 밝혔다. 다시 한번 간략하게 이야기하면서 자가성애에 관한 아이작스의 주장을 프리드랜더의 주장과 비교해 보겠다. 프로이트는 여러 맥락에서 말하길, 자가성애 시기 대상(사람, 혹은 사람의 일부)에 대한 기억은 가지나 그 단계가 '정상적으로' 진행되는 한 아기는 리비도를 투자하지 않는다고 했다. 그래서 이 시기에 아기는 쾌락을 사랑하고 외부 세계에는 관심이 없다. 하지만 그렇다고 해서 아기가 무엇인가를 배우지 않는 것은 아니다. 아기는 배운다. 하지만 엄마라는 시스템이 있어 아기의 필요를 예상하고 아기의 신호에 반응한다. 이 신호 체계가 무너지면(아무리 울어도 엄마가 반응이 없으면), 이제 아기는 순수 쾌락 자아를 발달시키게 된다. 아이작스가 인용한 부분과 관련해서 프로이트는 그 몇 줄 앞에서 "자아가 자가성애적인 한, 자아는 외부 세계가 필요하지 않으며, 자기-보존 본능에 의한 일련의 경험 덕택에 자아는 외부 세계에서 대상을 얻는다"라고 말했다(1915c, p. 135). 아기가 불쾌한 경험을 하기 시작할 때 "견고한 객관적 기준에 따라 안팎을 구분하던 최초의 현실-자아가 순수 쾌락 자아로 변한다"(같은 책, p. 136). 그러나 안타깝게도 『Standard Edition』의 편집자는 순수 쾌락 자아 개념을 프로이트의 예전 개념인 쾌락 자아 개념과 혼용해버렸다. 참고로 「Two principles of mental functioning」(1911b)에서 프로이트는 쾌락 자아를 첫 번째 자아이자 정신상태로, 즉 최초의 좌절 시 젖가슴에 대한 환각을 일으키는 것으로 생각한다. 하지만 쾌락 자아는 이내 현실 자아로 바뀐다. 그리고 1915년 프로이트는 새로운 개념인 순수 쾌락 자아를 도입한다. 순수 쾌락 자아에서 최초의 리비도 카텍시스가 일어나고 자기애 단계가 시작된다. 이 카텍시스는 복잡하다. 자기에게 붙은 카텍시스이되 여기서 자기는 내사를 통해 만족을 주는 대상(엄마)의 표상을 담아낸다. 이 과정은 아이작스가 말한 것처럼 급속히 일어날 수 없다. 따라서 그녀의 인용은 의도적으로 맥락에서 벗어난 것이거나 혹은 프로이트를 제대로 이해하지 못한 탓이다.

하지만 자가성애에 관한 프리드랜더의 견해인 대상-부재도 이와 마찬가지로 터무니없다. 왜냐하면 우리가 방금 본 구절에서 프로이트는 자가성애 시기 동안 자기-보존의 본능에 따라 대상을 얻는다고 말하기 때문이다. 당연히 아기는 대상을 가진다. 하지만 내 생각에는 아기가 대상을 심각하게 찾을 때까지 그 대상에는 카텍시스가 부착되지 않는다. 나는 이상의 해석을 통해 프로이트를 온전히 설명할 수 있고, 그가 제시한 정식화 대다수와도 일맥상통할 수 있다고 믿는다. 누군가는 이렇게 물을지도 모르겠다. 그래서 뭐? 우리가 왜 하필이면 프로이트의 권위에 근거해 논쟁해야 하는가? 아니면 이렇게 물어야 할지도 모르겠다. 그가 했던 말 중에 우리가 시도하는 이론화에 도움이 되는 것은 무엇인가?

프로이트의 인용에서 잘못된 부분은 아주 많다. 그중 제일 눈에 띄는 것이 안나 프로이트가 한 자아와 이드의 선명한 구분이다. 분명히 말할 수 있는 것은 그것은 프로이트가 한 구분이 아니라는 점이다. 프로이트가 말 안장 위의 기수(4장 참고)에 비유하여 설명한 자아를 보면, 그가 자아의 에너지가 이드로부터 유래한다고 생각했다는 점은 분명하다. 이런 관점에서 환상은 분명 아기가 갖는 현실의 상당 부분을 차지한다. 프로이트주의자들의 용어를 빌리자면 충분히 좋은 엄마가 없을 때는 특히나 그러하다(10장의 고찰 참고). 안나 프로이트가 제시하는 것은 그녀와 하트만의 새로운 자아 개념으로, 그들의 개념에서 자아는 태어나면서 자체적으로 에너지를 갖는다. 이렇게 보면 그녀의 의견은 하트만이나 글로버의 의견과 얼추 비슷하며 그들의 영향을 많이 받았음을 시사한다. 그러나 이는 분명 프로이트의 의견은 아니다. 어쩌면 안나 프로이트로서는 클라인이 여러모로 급진적 프로이트주의자라는 생각을 견딜 수 없었던 것이 가장 중요했을 수도 있다.

나는 앞서 Money-Kyrle(1975b)을 인용하면서 1935년 클라인이 "stage를 (…) 대체할 새로운 발달 단위인 position 개념"을 발전시켰다고 말했다. 아이작스는 클라인 진영을 대표해 발표하면서 주장하길 "모든 배움은 처음에는 입으로 배우는 것이었다"라고 말했다(King & Steiner, 1991, p. 463). 여기에 대해서는 앞서 보러스 박사가 충분히 논의를 진행했다. 대토론 내내 클라인 측은 종종 stage 개념을 썼고 아무도 회피하지 않았다. 하지만 내가 (8장에서) 주장하듯 「Envy and gratitude」(1957)에서조차 stage 개념 없이는 그녀의 개념 중의 일부를 이해하기가 어렵다. 클라인은 1935년에 새로운 개념을 통해 부분 대상, 전체 대상 개념을 통합했고, 아기/아이가 어떻게 전체 대상을 만든 이후에 분리에 따른 애도를 견디지 못해 분열시키는지를 보여주었다(6장의 애태움 참고). 카일은 아마 이상의 생각을 별로 만족스러워하지 않을 듯하다. 내 생각에는 그가 클라인의 논문(1975a, b)을 편집했던 1975년에도 그는 여전히 대토론에서 헤어 나오지 못했고, 이제 좀 더 높아진 위치에서 (클라인주의는 영국 정신분석 학회나 세계적으로 상당한 지위를 누리게 되었다) 말하자면 프로이트와 프로이트주의자들을 타도하려는 것처럼 보인다. 이렇게 말하면 내가 상당히 의심이 많아 보일 수도 있을 듯한데, 물론 틀린 해석일 수도 있다. 하지만 나는 논쟁의 후폭풍이 심지어 오늘날까지도 영향을 미친다고 생각한다. 대토론은 여러모로 번득이고 흥미로우나 그 극단적인 당파성은 그저 슬플 뿐이다.

8장 클라인의 「Envy and Gratitude」

요약

이 시기는 분열성 역동에 관한 논문(1946)으로 시작한다. 이 논문은 페어베언Fairbairn의 분열성 역동에 관한 논문과 시기적으로 겹친다. 클라인은 paranoid-schizoid position, depressive position이라는 두 개의 position을 가지게 되었고, depressive position은 앞선 논문들에서 소개된 시기보다 훨씬 이전에 일어나는 것으로 여겨진다. 이 시기의 클라인은 여러 개념을 발표했다. 그중 투사적 동일시projective identification는 중요한 방어이자 의사소통 방법으로, 발달적으로, 그리고 임상적으로 중요하다. 이 무렵 그녀가 쓴 전이에 관한 중요한 논문에서 그녀는 프로이트가 제시한 개념, 그리고 투사적 동일시 개념을 확장해 전이 현상을 설명하려고 했다. 이 장의 많은 부분은 그녀의 마지막 저작인 「Envy and gratitude」(1957)에 할애될 텐데, 이 논문에서 그녀는 시기심과 탐욕의 중요함에 대해 자세하게 설명한다. 그녀의 말에 따르면 시기심과 탐욕에 관련된 역동은 최악의

'죄'(혹은 인간적 어려움)와 관련된 것이면서 동시에 초기 발달기의 피할 수 없는 측면이기도 하다. 한편 비록 시기심을 강조하기는 했으나 그녀는 위니콧과 새로운 화해를 도모하기도 했다. 그녀가 새롭게 강조한 부분은 자신의 이론 안에 환경적 영향의 자리를 만드는 것이었다.

제2기 멜라니 클라인

이제부터 우리가 다룰 제2기 멜라니 클라인은 안나 프로이트와의 대토론에서 살아남고 정신분석 학계에서 주요 이론가가 된 이후의 시기를 말한다. 이 시기 영국 (그리고 세계) 정신분석 학계에서 일어난 또 하나의 중요하고도 결정적인 사건은 스코틀랜드의 정신분석가 R. D. Fairbairn의 발견이었다. 페어베언(9장)은 영국 정신분석의 주류에 속하지 않았으나 분열성 현상에 관한 중요한 논문들을 발표했고, 스스로 발달의 대상-관계 이론이라 이름 붙인 이론을 제시했다. 그는 이차 세계 대전 이후 전면에 나서게 되는데, 1946년 클라인과 페어베언은 국제 정신분석 학회지에 본인들의 입장을 전개한다. 페어베언의 논문(1946)은 그가 예전에 썼던 네 개의 논문을 요약, 확장한 것이었다. 이제 클라인 진영 바깥에도 클라인에 동조하는 대상-관계 이론가가 적어도 한 명은 생긴 셈이다. 어떻게 보면 이것은 이론보다는 정치적으로 더 중요한 일인 것 같기도 한데, 클라인과 페어베언의 이론에 내재한 가정에 대해 어떤 생각을 가지냐에 따라 달라질 해석이기도 하다. Likierman(2001)은 클라인에 관한 자신의 책에서 클라인에게 페어베언의 발굴이 아주 중요했다고 말한다.

이 장에서 우리는 클라인의 주요 논문 네 편을 검토하겠다. 그것들은 「Notes on schizoid mechanism」(1946), 「The origins of transference」

(1952a), 「Some theoretical conclusions regarding the emotional life of the infant」(1952b), 그리고 「Envy and gratitude」(1957)이다.

첫 번째 논문인 「Notes on schizoid mechanism」(1946)은 페어베언을 의식해서 쓴 논문이다. 이 논문은 초기 발달기의 이슈에 관해 두 사람이 동의하는 부분과 동의하지 않는 부분을 상세하게 기술한다. 앞서 여러 곳에서 비슷한 생각들을 제시한 적이 있었으나 분열splitting에 대해 클라인이 명확하게 기술한 것은 이 논문이 처음이었다. 그녀는 발달 초기 분열성 상태의 중요성과 관련하여 페어베언의 의견에 동의를 표한다. 그리고 다시 한번 명확하게 말하길, 아기는 태어날 때부터 대상-관계를 맺으며 아주 이른 초기 발달부터 분열이 일어난다고 주장한다. 다시 말해 파괴적 본능, 혹은 죽음 본능의 영향 아래 최초의 대상인 젖가슴은 분열되는 것이다.

그리고 성인 분열성 환자의 정서적 경직성과 분석가를 향한 냉담한 적개심도 강조한다. 그녀는 이러한 정서적 적개심을 분열 방어와 연관 짓는데, 이 논문에서 분열은 한층 더 중요하게 취급되며 아기의 발달과정에서 거의 즉각적으로 생겨나는 것으로 여겨진다. 젖가슴은 곧바로 좋은 젖가슴과 나쁜 젖가슴으로 분열되고, 각각에 해당하는 감정에 따라 사랑이나 미움을 받는다. 이때 각각에 대한 감정은 대체로 아기의 자아가 불안을 어떻게 다루는지에 의해 결정된다. 그녀는 "불안은 유기체 안에서 죽음 본능이 작동함에 따라서 발생한다"라고 말한다(1946, p. 4). 죽음 본능의 경험은

> 소멸annihilation(죽음)의 공포이며 박해persecution의 형태를 띤다. 일차적 불안의 또 다른 원천은 출생의 외상(분리 불안), 그리고 신체적 필요need의 좌절이다. 그리고 이런 경험들 역시도 애초에 대상 때문에 일

어나는 것으로 느껴진다. 비록 이 대상들이 바깥에 있는 것으로 느껴진다고 하더라도 내사를 통해 내부의 박해자가 되고, 그렇게 다시 한 번 내부의 파괴적 충동을 부추긴다[같은 책, pp. 4~5].

한편 파괴적 충동의 위협 아래 대상이 분열된다는 생각은 초기 자아의 통합 부재라는 개념(위니콧의 개념)을 지지한다. 그리고 이 결과 자아 역시 분열된다. 이때 자아의 분열은 파괴적 충동이 우세한 정도에 따라서, 혹은 파괴적 충동이 리비도에 의해 상쇄되지 않을수록 커진다. 클라인의 생각은 이렇다.

엄마의 젖가슴을 향한 구강-가학성은 태어나면서부터 활발하다. 그리고 (…) 좌절하거나 불안한 상태에서 구강-가학성과 식인 갈망은 강화되고, 이제 아기는 젖꼭지와 젖가슴을 잘게 찢어 삼켜버린다고 느낀다 [같은 책, p. 5].

좋은 젖가슴은 "빨려는 리비도의 우세 아래 삼켜"지고, 이 리비도의 영향력 아래 좋은 젖가슴은 응집력 있는 자아 발달을 위한 구심점 역할을 한다. 좋은 젖가슴을 보존하기 위해 젖가슴은 이상화되어 풍요롭고도 소진되지 않는 젖가슴이 된다. 이렇게 젖가슴은 안전해지고 공격 불가능한 것이 된다. 여기서 클라인이 말하는 이상화는 방어의 수단에 그치지 않고 "끝없는 만족을 원하는 본능적 욕망의 힘"이기도 하다(같은 책, p. 7). 이런 식으로 소진되지 않는 젖가슴은 끝없는 만족을 주고, 반대로 파괴적이고 소진하려는 젖가슴에 맞선다.

대상의 분열은 필연적으로 자아의 분열을 초래하며 자아는 분열되는 만큼 쇠약해진다. 이렇게 약해진 자아는 미워하는 나쁜 젖가슴을 환경으로 쫓아내지 않을 수 없게 된다. 초기 발달기에 이런 현상은 엄마로부터 유래한 부분-대상들에 일어난다. 클라인은 독특한 용어를 동원해서 자기 혹은 내적 대상의 미운 부분이 다른 존재 안으로 투사되는, 혹은 내쫓기는 현상을 강조했다. 클라인은 이런 구분을 통해 자신과 안나 프로이트의 차이점을 강조하는 동시에 자신이 가정하는 환상에 실재적 그림을 부여하려는 것 같다. 이 그림에서 아기는 무의식적으로 자신의 일부를 엄마 안으로 밀어 넣는 상상을 한다. 아기는 이런 행위를 통해 나쁜 무엇인가를 자신으로부터 제거하는 동시에 엄마를 해하고 조종하려고 한다. 그리고 엄마는 다시 한번 내사됨으로써 이제 "분리된 사람으로 표상될 뿐 아니라 동시에 나쁜 자기"로도 느껴진다(같은 책, p. 8). 이러한 투사적-내사적 동일시 과정이 클라인의 투사적 동일시에 대한 최초의 묘사이다. 장차 클라인의 핵심적 개념이 될 투사적 동일시 개념은 위와 같은 투사-내사 연쇄에서 시작된다. 클라인에게 투사직 동일시는 "공격적 대상-관계"의 원형이자 아기가 엄마와 하는 의사소통의 원형이기도 하다. 그래서 자기의 나쁜 부분뿐 아니라 좋아하고 사랑하는 부분과도 투사적 동일시의 과정을 겪는다. "좋은 느낌, 자기의 좋은 부분의 투사는 (…) 아기가 좋은 대상-관계를 발달시키기 위해 꼭 필요하며"(같은 책, p. 9), 좋은 대상을 자아와 통합하기 위해서도 필수적이다.

자기의 일부를 분열시켜 타인에게 투사한 뒤 다시 내사하는 과정은 정상 발달에서도 아주 중요하다. 비록 정상적으로도 좋은 대상을 이상화하는 경향이 있지만, 이상화가 너무 과해지면 자아는 궁핍해지고 이상화된 대상에게 의존하게 된다. 클라인은 "이상화된 대상과 동화되지 않으면 자아는 생명을 잃고 아무런 가치가 없다고 느끼게 된다"라고 말한다(같은 책). 혹자는 클라인의 이론이 아기와 엄마가 어떻게 비-언어적(행동, 표정, 몸짓)으로 의사소통을 하는지에 대한 그림이라고 생각하기도 한다. 아기가 실제로 본인의 일부를 엄마에게 투사하는지의 여부는 사실 핵심이 아닐지도 모른다. 그녀가 시도하는 것은 엄마와 아기 양자가 얼마나 깊숙이 서로 영향을 주고받는가에 대한 이론적 언어를 찾으려는 것이다. 그녀의 관점에 의하면 투사와 내사를 통해 반드시 이루어져야 할 균형이 있으며, 이 균형이 어떤 식으로라도 무너지게 되면 자아는 분열되거나 곤궁해진다. 다르게 말하면, 충분히 좋은 엄마(위니콧의 표현)는 적절한 투사와 내사의 균형으로 만들어지는 것이라고도 할 수 있다. 균형이 만들어지면 파괴적 대상은 조용해지고 반대로 사랑의 요소가 증진된다. 하지만 이렇게 증진된 사랑의 요소도 (가령, 극단적인 이상화 없이) 반드시 균형 안에 있어야 하고, 아기의 내면을 너무 압도해버리면 곤란하다.

방금 언급한 부분은 paranoid-schizoid position의 분열성 역동과 관련된 것이기도 하다. 클라인은 schizoid position으로 인해 "특정 대상에 대해 강박적으로 집착하게 되거나, 혹은 또 다른 결과로 사람들에게서 완전히 멀어짐으로써 그들을 해치거나 반대로 보복당할 위험을 방지하게" 된다고 말했다(같은 책, p. 11). 그래서 분열성 역동에서는 사람들과 지나치게 가까워지려고 하거나, 혹은 반대로 사람들을 피하려는 반대의 극단적 열망이 생긴다. 분명 일반적으로도 어느 정도는 관찰할 수 있는 특징들이기는 하다. 하지만 어떤 사람이 이러한 특징을 주로 보이면서 기능한다면 그 사람은 클라인의 언어로 '분열적'이라고 말할 수 있겠다. 여기에 더해 "또 다른 분열적 대상-관계의 특징은 매우 인위적이고 자발성이 없다는 것이다"(같은 책, p. 13). 분열적 대상-관계가 우세하면 종종 "심리적 현실, 그리고 외부 세계와의 관계 모두가 흐트러진다"(같은 책). 분열적 성격 특성을 묘사하면서 클라인은 분열성 경향과 편집증적 경향 모두 paranoid-schizoid position에서 기인함을 보여주려 한다. 한편 생후 4개월에서 6개월 정도가 되면 전체 대상의 내사가 일어난다. 그렇게 되면 필연적으로 좋고 나쁜, 혹은 사랑하고 미워하는 대상의 측면들은 서로 좀 더 가까워지고 아기는 좀 더 강렬하게 상실을 경험하게 된다. 클라인에 의하면 이를 통해 안팎의 상황은 좀 더 통합될 뿐 아니라 "심리적 현실을 좀 더 잘 이해하고 외부 세계도 더 잘 지각한다"(같은 책). 나아가 "수선하려는 욕동이 (…) 전면에 등장하면"(같은 책, p. 14) 아이는 죄책감을 덜 느끼게 되고, 외부 세계에 대해서도 좀 더 현실적으로 반응할 수 있다. 더해서 자아의 합성과 통합도 증진된다. 하지만 심지어 우울증적 불안이 경험되거나 훈습될 때조차도 비록 완화된 형태지만 "분열성 메커니즘은 여전히 작동한다." 이때 분열성 불안이 너무 강하면 depressive position은 교란될 것이고, 자아는 "paranoid-schizoid position에로의 퇴행을 강요받고, 이에 따라 박해 불안과 분열성 불안이 강화된다"(같은 책). 여기에서도 여전히 클라인에게 발달은 항상 양쪽 position을 오가고 있다. 하지만 아이가 자랄수록 불인의 강도는 줄고, 대상은 "좀 덜 이상화되고, 좀 덜 무서워지며, 자아는" 좀 더 통일된다(같은 책, p. 15). 이렇게 통일이 일어나면 무의식으로 인해 현실 검증과 현실 감각이 교란될 가능성이 줄어들게 된다.

페어베언과 클라인

클라인과 페어베언의 관계는 누구의 관점에서 보는지가 중요하다. 클라인에게 페어베언이 갖는 의미는 그가 제시한 몇몇 생각에 대해 강조를 해주는 정도에 불과하다. 조금 뒤에 페어베언의 관점에서 보는 둘의 관계도 살펴보도록 하겠다. 일단 클라인은 "분열성 장애와 조현병의 발생은 현재 알려진 것보다도 훨씬 더 광범위하다"(같은 책, p. 3)라는 페어베언의 의견에 동의한다고 말하며 글을 시작한다. 그리고 아기의 최초 상태에 대해서도 '분열성'이라는 용어를 사용하기 시작한다. "페어베언의 용어인 'schizoid position'은 만약 이 용어가 박해 공포와 분열성 메커니즘 모두를 의미한다면 적절하다"(같은 책). 그녀가 보기에는 자신이 불안과 그 추이에 대해 주로 관심을 가진다면 페어베언은 대체로 자아의 발달에 더 관심을 가진다. 클라인은 schizoid position과 이후 생기게 될 분열성 장애, 그리고 조현병과의 관련성을 감지한다. 하지만 앞서 자신이 강조한, 최초의 상태가 갖는 박해하는 측면도 포함하길 원한다. 그래서 이제 새로운 용어가 만들어지는데, 이름하여 paranoid-schizoid position이다. 한편 그녀가 페어베언에 동의하는 부분도 중요하기는 하지만 동의하지 않는 부분 역시도 중요하다. 이후 그녀의 이론에서 줄곧 남게 될, 둘 사이에 관련된 세 개의 쟁점은 아래와 같다.

1. 페어베언은 프로이트의 일차적 본능 개념을 부정했으나 클라인은 여기에 동의하지 않는다. 클라인의 생각에 페어베언은 "초기 불안과 갈등의 중요성을 충분히 강조하지 않았으며 (…) 생애 초반 공격성과 미움이 하는 역할에 대해서도 과소평가했다"(같은 책, p. 4).
2. 페어베언은 오직 나쁜 대상만 내면화된다고 했는데 클라인은 여기에 대해서도 동의하지 않는다. 그녀는 내사된 좋은 젖가슴 또한 자아 발달에 핵심적인 역할을 한다고 말했다.
3. 이상의 쟁점으로 인해 클라인은 페어베언이 전개한 프로이트 본능 이론과 구조이론의 재검토에 대해서도 이견을 갖게 된다. 게다가 클라인은 페어베언이 제시한 각 position의 역동에 관한 설명에도 동의하지 않기 때문에 이견은 한층 더 깊어진다. 한편 페어베언의 가정에서 schizoid position에서는 love made hungry(그리고 사랑에 의한 파괴에 대한 불안)가 핵심 역동이고, 반면 depressive position의 핵심 역

동은 love made angry이다.

페어베언과의 이견으로 인해 그녀는 여전히 프로이트의 후예로 남을 수 있었다. 하지만 다른 한편으로는 페어베언과의 일치로 인해 대상-관계 이론의 수립에서 새로운 동료를 얻을 수 있었다. 흥미롭게도 이 시기의 클라인은 새로운 부류의 프로이트주의자가 되어가고 있었다. 가령 그녀는 프로이트가 주장한 최초의 심리적 행위에는 젖가슴에 대한 환각이 포함된다는 의견을 받아들인다(2장). 하지만 그녀는 이다음에 대상(젖가슴)의 분열을 추가했다. 이때 분열(이상화도 마찬가지다)로 인해 나쁜 젖가슴의 존재가 부정되고 전능함이 강화되는 현상이 벌어진다. 따라서 클라인의 이론에서는 환각 속의 젖가슴으로 인해 좌절과 나쁜 환경은 철저하게 부정되어 버린다. 혹자는 위의 묘사도 프로이트의 가설을 수용한 것이라고 볼 수 있겠지만 사실 그녀의 이론은 프로이트를 훌쩍 뛰어넘는 것으로, 어떻게 보면 프로이트가 말한 환상적 만족이 부수적으로 보일 정도다. 클라인은 프로이트의 슈레버 증례에 대해서도 비슷하게 다룬다. 프로이트는 이 증례에서 슈레버가 초래한 외적 분열에 대해 논했으나 클라인은 이를 슈레버 자아의 내적 분열이 바깥으로 투사된 것으로 해석한다. 이렇게 슈레버는 분열성 역동의 증례가 되어버리고, 여기서 파괴적 환상은 "자기의 한 부분에 의한 다른 부분의 소멸, 즉 분열성 메커니즘"을 표상한다(같은 책, p. 23). 이러한 해석은 프로이트가 말한 것 이상이지만 투사의 사용에 중점을 둔 프로이트의 슈레버 이해와는 맥을 같이 한다. 그리고 프로이트가 말한 조현병 발병과 동반된 세계 파괴 환상과도 일치한다. 물론 프로이트는 1946년의 클라인처럼 분열 작용을 강조하지는 않았다.

「The emotional life of the infant」

이 논문은 1952년 당시 클라인이 가지고 있던 이론적 입장에 대한 일종의 요약 논문이다. 이 논문은 대토론 당시 클라인이 썼던 글에서 유래한다. 자신의 이론을 검증하기 위해 조직된 대토론에서(1941~1945, 7장 참고) 그녀는 장차 세 개의 논문으로 나뉘게 될 긴 논문을 썼다. 이 세 논문은 「On the theory of anxiety and guilt」(1948), 「Some theoretical conclusions regarding the emotional life of the infant」(1952b), 「On observing the behaviour of young infant」(1952c)이다. (클라인의 논문 이외에 세 개의 논문이 더 있었다. 하나는 폴라 하이만, 다른 하나는 수잔 아이작스, 그리고 나머지 하나는 클라인과 하이만이 쓴 것이다. 이 논문들은 『Developments in Psychoanalysis』[Klein, Heimann, Isaacs, & Riviere, 1952]에 포함되어 있다.) 시기심에 관한 논문(1957)을 제외하면 이상의 논문들은 클라인의 마지막 발달이론이라고 봐도 무방하다. 이 논문에서 그녀가 새롭게 제시한 부분은 paranoid-schizoid position에서 (파편적인 형태의) 죄책감이 생긴다는 점이다. 이 관점은 앞서 그녀가 제시한, depressive position에서도 편집-분열 불안이 생긴다는 견해와 상보적이라고 할 수 있다.

시작은 출생에 관한 것이다. 아기에게 출생 과정(혹은 태내 삶을 떠나는 것)은 "적대적 힘의 공격, 즉 박해"로 느껴진다(1952b, p. 62). 그리고 최초의 수유를 통해 대상, 즉 젖가슴은 내면화된다. 여기에 대해 클라인은 "이것은 처음에는 부분-대상관계인데, 왜냐하면 생애 첫 시기 구강-리비도, 구강-공격적 충동은 둘 다 특히 엄마의 젖가슴으로 향하기 때문이다"라고 말한다(같은 책). 이러한 리비도와 공격성은 융합이 가능한 것으로, 클라인은 둘 사이의 적당한 균형이 존재한다고 말한다. 만약 (배고픔 같은) 박탈이 생기면 균형은 위태로워지고, 이로써 "탐욕이라는 감정이 생기는데 이는 처음에는 구강적 성격을 가진다. 탐욕의 증가는 좌절감을 키우고 다시 한번 공격적 충동을 부추긴다"(같은 책). 여기서 탐욕은 다음에 쓸 논문을 예고하는 듯한데, 클라인은 분명히 생애 첫 서너 달 동안 paranoid-schizoid position이 생긴다고 말한다. 한편 분열된 젖가슴은 모든 좋고 나쁜 것의 원형이 된다. 이렇게 좋은 젖가슴은 좋거나 도움이 되는 모든 것을 표상하게 되고, 나쁜 젖가슴은 안팎에 존재하는 모든 박해하는 대상의 원형이 된다. 그리고 이러한 표상들은 「Notes on schizoid mechanism」(1946)에서 묘사했던 방식으로 투사되거나 내사된다. 이제 탐욕이 중요해지는데, 그 이유는 "아기가 젖가슴을 집어 삼켜버리려는 욕망과 똑같은 방식으로 탐욕이 아기를 집어삼킬 것이기 때문"이다(1952b, p. 64). 이때 이상화된 젖가슴은 박해를 가하는 나쁜 젖가슴에 대항하는 것으로 여겨진다. 클라인이 생각으로는 박해당하는 느낌이 클수록 박해하는 대상에 반하는, 이상화되고 강력한 좋은 젖가슴의 보호를 받을 필요가 커진다. 이 논문에서 클라인은 생애 초기 소멸의 느낌으로 인해 광범위한 분열이 일어나고, 이에 따라 여러 종류의 자아 의식성이 만들어지게 된다고 말한다. 때로 강력한 박해 불안으로 인해 자아는 통합을 잃고 조각나 버리는 느낌이 생길 수도 있다. 하지만 박해 불안이 적어질수록 분열도 줄어든다. 생애 초기 분열의 정도는 이후 어떤 방어가 발달할 것인가를 정하는 데 중요한 역할을 한다. 극단적인 분열은 미숙한 억압을 초래하고 마음의 각 부분이 서로 소통하는 것을 막는다. 그러니까 박해받는 느낌이 어느 정도이냐에 따라 자아 분열의 정도가 결정되는 셈이다. 클라인은 환경적 요소, 좌절에 대한 내성, 욕동의 세기가 박해받는 느낌의 정도를 결정한다고 말한다. 그녀는 paranoid-schizoid position에서 벗어나는 것은 애정적 요소가 공격적, 파괴적 요소를 얼마나 압도하는가에 달려있다고 말한다. 한편 앞서 말했듯이

paranoid-schizoid position에서도 모호하지만 유의미한 죄책감이 있다. 이러한 죄책감이 생기는 이유는 탐욕적 충동 때문으로, 아기는 '엄마의 몸에서 좋고 바람직한 것은 죄다 없애버리고 싶은' 충동을 느낀다. 발달에서 이러한 구강-가학적 공격에 이어 생기는 공격은

> 주로 항문적인 공격이다. 이는 엄마의 몸속을 나쁜 물질, 그리고 분열 후 투사된 자기 자신의 조각들로 채우려는 시도를 말한다. 이런 공격은 주로 배설물에 의해 표상되는데, 이제 배설물은 공격받는 대상을 해치고, 파괴하고, 조종하는 수단이 된다. 혹은 "나쁜 자기"로 느껴지는 전체 자기가 엄마의 몸속으로 들어가 엄마를 조종한다. 이상의 다양한 환상에서 자아는 투사를 통해 엄마 같은 외부 대상을 손에 넣어 자기의 연장extension으로 삼는다. 대상은 이제 어느 정도 자아를 표상하며, 이런 과정들이 내 생각엔 투사에 의한 동일시, 혹은 "투사적 동일시"의 기초가 된다. 내사로 인한 동일시와 투사에 의한 동일시는 서로 상보적인 것 같다. 한편 투사적 동일시의 기초를 이루는 작용은 이미 발달 초기 젖가슴과의 관계에서도 작동하는 것 같다. "흡혈귀 같은" 젖 빨기, 혹은 엄마의 젖가슴을 도려내는 환상이 처음에는 젖가슴에 대해서, 그리고 나아가서는 엄마의 몸에 대해서도 만들어진다. 따라서 투사적 동일시는 젖가슴에 대한 탐욕스러운 구강-가학적 내사와 동시에 일어날 수도 있다. 이런 가정은 생애 초기에 투사와 내사가 상호작용한다고 말하는 사람들의 의견과도 일치한다[1952b, pp. 68~69].

클라인은 앞서 1946년 논문을 통해 제안했던 투사적 동일시 개념의 중요성을 강조한다. 투사적 동일시는 아주 일찍 일어나고, 엄마와 아기 사이의 의사소통은 투사와 내사의 양상에 의해 결정된다. 좋은 젖가슴과 나쁜 젖가슴이 통합되기 이전, 파괴적 충동이 절정에 다다르면 두 측면의 젖가슴이 내사되어 초자아의 핵을 형성한다. 그리고 이러한 초기

초자아가 "아주 잠깐이나마" 우울증적 불안을 만들어낸다. Paranoid-schizoid position 동안의 방어는 모두 극단적인 반응을 만드는 경향이 있는 탓에, 일정한 상태로 유지되는 경우는 드물다. 반면 클라인이 말하는 paranoid-schizoid position의 우울증적 불안 경험은 아주 잠깐만 지속되는 특징이 있다. 투사적 동일시, 분열, 전능함, 이상화, 부정 같은 방어가 paranoid-schizoid position에서 사용되는 방어들이다. 이 논문에서 클라인이 주목하고 있는 시점은 생후 서너 달 이내로, 이때의 초점은 아기가 좋고 나쁜 요소들을 통합해서 좀 더 일관적인 자아와 자기 감각을 얼마나 점진적으로 수립하는가에 있다. Depressive position으로 넘어가기 전에 반드시 기억해 둘 것은 클라인이 말한 생후 서너 달 동안의 이 모든 발달은 온통 환상으로 가득하며, 이 환상을 다스리고 견디는 것이 발달의 핵심적 과제라는 점이다.

클라인은 생후 4개월에서 6개월 정도에 아기가 뚜렷한 정서적, 지적 변화를 겪는다고 말한다. 비록 여전히 구강적 경향이 우세하지만 이제 요도, 항문, 성기적 요소가 강해지고, 아기가 겪는 환상의 범위도 넓어진다. 그리고 이에 따라 방어 구조에도 변화가 초래된다. 이 논문에서 클라인은 좋고 나쁜 대상이 합쳐짐에 따라 아기는 엄마를 그저 단순히 통일된 젖가슴(예전 개념)으로 지각하는 것을 넘어서서 '완전한 대상'으로 지각한다고 말한다. 이러한 전체 대상이라는 경향성은 비단 엄마에게만 그치지 않고 아기의 정신 전반에 걸쳐 일어난다. 그래서 초자아는 발산하기보다는 수렴하고, 안팎의 대상 표상 격차는 줄어들게 된다. 이제 우울증적 불안이 불안의 주된 원천이 되어 전체 대상을 향해 우울증적 불안을 느낀다. 진정한 의미의 양가감정(분열이 아니라)을 경험할 가능성이 점점 커지고, 아기는 같은 인물에 대해 짧은 시간 동안 다양한 감정을 느끼게 된다. 한편 대상을 소유하고 싶다는 탐욕은 아기로 하여 본능적 소망을 억제하도록 만든다. 탐욕적 충동은 부분적으로 꼭 필요한 대상을 영영 잃어버릴지도 모른다는 두려움에 대한 반응이다. 아기는 자신의 내적 충동 때문에 상처받은 (혹은 상처받을 위험에 처한) 엄마와 자신을 동일시하고, 그 결과로 "수선의 욕동이 커지며 자아는 공격적 충동을 억제하려 한다"(1952, p. 73). 발달의 이 시기에 아기는 아직 위험이나 다양한 종류의 충동, 환상, 감정, 방어를 다루지 못하므로 아기의 자아는 이러한 우울한 걱정과 불안을 다스리기 위해 때로는 조증 방어에 기댄다. 클라인은 (조증 방어에 대한 예전의 생각을 넘어서서) 강조하길, "불안이 극에 달하면 자아는 심지어 자신이 대상을 사랑했다는 사실마저도 부정한다"라고 말한다(같은 책). 이런 일이 생기면 paranoid-schizoid position에로의 퇴행이 초래된다.

비록 depressive position에 관한 클라인의 묘사가 뚜렷이 변하지는 않았으나 여기서 그녀는 향후 발달과 임상 이론에서 중요해질 몇몇 요소를 강조한다. 비록 depressive position에서도 여전히 분열은 일어나지만, 다른 점은 그 분열이 전체 대상의 분열이라는 점이다. 분열로 인해 멀쩡히 살아있는 대상, 그리고 다치고 위험에 처한 (죽어가는) 대상이 만들어진다. 이런 식으로 분열은 이제 우울 불안에 대한 방어가 된다. 그리고 이런 방어를 돕는 것은 한 외부 세계에 대한 아기의 점증하는 지각 능력으로, 아기는 이 세계를 내사한 다음 좀 더 안전한 대상으로 투사한다. 이렇게 아기의 세계가 점점 하나가 되면서 좋고 나쁨도 하나가 되고, 자아와 초자아도 하나가 된다. 이에 따라 아기는 자신의 공격성(그리고 나쁜 대상)과 만나게 되며 좀 더 통합된 자아-초자아의 영향을 받게 된다. 그 결과로 죄책감과 수선하려는 '욕동' 생긴다. 이제 상처받은 애정 대상을 수선, 보존하고, 되살리려는 강한(클라인은 '지배적인'이라고 말했다) 욕구가 생긴 것이다. 클라인은 수선의 욕동을 애도 상태와 연결하며 수선을 죄책감과 애도를 극복하려는 모습으로 보았다. 최초의 (몇몇) depressive position에서 수선이 의미하는 것은 대상 상실의 가능성, 혹은 대상 죽음의 가능성에 대한 부정이기도 하다. 클라인은 depressive position에 있는 아기를 대신해서 이렇게 말한다. "엄마가 없어졌어. 엄마는 다시는 돌아오지 않을 거야. 엄마는 아프고, 엄마는 죽었어. 아니야, 그럴 리가 없어. 왜냐하면 내가 다시 살릴 것이거든"(같은 책, p. 75). 이것은 클라인이 말하는 또 하나의 논점에 관한 묘사이기도 한데, 그것은 발달 초기 자아의 모든 측면은 (혹은 아기의 인지 능력의 모든 측면은) 불안에 대한 방어로 사용될 수 있다는 점이다. 그래서 수선은 파괴적 충동을 잠재우는 것이면서 동시에 파괴적 충동의 부정을 위해 사용되기도 한다.

우리는 앞서 클라인의 오이디푸스 콤플렉스를 살펴봤다. 하지만 여기서 그녀는 "생후 5~6개월이 되면 아기는 이성애적, 동성애적 초기 오이디푸스 콤플렉스 단계에 들어선다"라고 말한다(같은 책, p. 78). 이때 여전히 구강 갈망이 우세하기는 하지만 클라인이 보기에는 성기기 충동도 "강하게 전면에 나선다." 앞선 저작에서 클라인은 합체된 부모의 중요성을 강조했다(6장 참고). 하지만 여기에서는 depressive position 동안 "부모와의 좀 더 현실적인 관계가 발달하고, 아기는 이제 부모를 별개의 사람들로 생각한다"(p. 79). 합체된 부모의 모습에서 아기는 엄마가 아빠의 음경 혹은 아빠 전체를 품고 있다고 생각했을 것이다. 비슷하게, 이전에 아기는 아마 아빠가 엄마(혹은 젖가슴)를 소유하거나 엄마, 아빠가 끝없이 성행위를 하는 것으로 생각했을 것이다. 클라인은 합체된 부모가 초기 표상이라고 생각한다. 어른에서 이런 표상이 만들어지면 그것은 기본적으로 정신병적 불안에 대한 반응이라고 할 수 있다. 그리고 비록 남녀 아기 모두 depressive position 동안 부모를 별개의 인간으로 인식하지만, 일차적인 불안은 엄마를 잃는 것에 대한 두려움이다. 이에 대한 반응으로 아기는 아빠를 향하고, 아빠는 이제 완전한 사람의 모습으로 내사되어 "필요를 충족시킨다."

이 논문에서 클라인은 탐욕을 이야기하는 데 그치지 않고 "시기심은 구강적 탐욕에 내재한 것으로 보인다. (…) 이러한 일차적 시기심에 더해 오이디푸스 상황이 도래하면 질투jealousy가 더해진다"라고 말한다(같은 책, p. 79). 시기심과 탐욕이 함께 등장하고, 이론에 관한 논문으로는 최초로 초기 발달에서 이들의 중요성이 강조되고 있다. 하지만 아직은 다음번 이론 저작에서 시기심과 탐욕이 중심을 차지할 것이라는 생각은 들지 않는다.

발달의 나머지 단계에 대해서는 그 뒤 예닐곱 페이지 안에 모두 써놓았을 정도로 클라인에게 있어 생후 첫 반년은 매우 중요하다. 실제로 그녀는 영아 신경증이 생애 첫해에 시작되고 잠복기의 시작과 더불어 끝난다고 말한다. 클라인의 정식화는 이전(1935, 1940)과 비슷해서 전체 심리-성 단계를 통과하면서 양쪽 position을 여러 번 오가는 것으로 생각한다. 그녀는 말하길, "초기 오이디푸스 콤플렉스 단계를 시작하게 만든 양친을 향한 성기기 소망은 애정적, 공격적 양상을 막론하고 모두 처음에는 구강, 다음은 항문, 요도 소망이나 환상과 엮여있다"(같은 책, p. 81). 그녀는 하이만(1952)과 아이작스(1952)에 동의하면서 만약 파괴적 충동으로 인해 오이디푸스 불안이 너무 강하면 "전-성기기 단계에 강력한 고착"이 발생할 가능성이 커진다고 말한다(1952b, p. 81). 그러니까 두 position을 오가는 와중에 성기기 충동이 점차 우위를 점해야만 하는 것이다. 이것은 수선과 승화를 위한 더 큰 능력으로 이어질 것이다. 만약 애정적 충동 덕택에 성기기 표상이 안정화되고 우세해지면, 이제 '인간의 가장 창조적인 욕구인 생명 창조의 힘'이 생겨난다. 이러한 새로운 창조성과 함께 가혹한 초자아가 줄어든다. 새로운 이론에서 클라인은 초자아의 가혹한 측면을 약간 축소하고 이를 무의식으로 넘긴다.

클라인은 성기기 충동을 초기 발달의 조건과 연결했다. 여기서 남성의 수태 능력은 상처 입은 엄마를 구하려는 것과 연관된다. 한편 genital position에 이르기 위해서는 구강적 충동의 승화가 필수적인데, 그 이유는 수선의 능력은 좋은 것을 받아들이는 능력에 달렸고, 이 능력은 구강기에서 유래하기 때문이다.

이 논문의 마지막에서 우리는 클라인이 대상(프로이트)의 그림자 안에 있는 것을 볼 수 있는데, 바로 그녀가 강박적 경향과 생후 두 번째 해의 관계에 대해 논할 때다. 강박적 경향은 청결함과 관련된 의식, 혹은 반복에서 관찰된다. 그녀에 따르면 이런 경향은 "외부 현실에 의한 내적 위험을 시험하는 과정에서 향상된 신체 기능의 조절 능력"과 관련이 있다(같은 책, p. 85). 항문기 어린이가 항문기 소망과 관련한 내, 외부의 요구에 대해 균형을 잡으려 분투하는 과정에서 경계와 현실을 시험하는 장면은 그리 상상하기 어렵지 않다. 묘사를 통해 그녀는 "괄약근 조절 능력을 통해 아이는 내부의 위험과 내적 대상을 조절할 수 있음을 스스로 증명한다"라고 말한다. "나아가 실제 배설물은 그 파괴적 속성에 대한 환상 속의 두려움을 반박하는 증거가 된다"(같은 책). 이런 묘사를 통해 클라인은 프로이트에 좀 더 근접한다. 하지만 내적 표상에 대한 그녀의 강조는 대상-관계적 시각의 결과로써, 그녀를 아이의 내면으로 좀 더 깊숙이 이끈다.

전이, 그리고 관련된 이슈들

클라인은 「The origins of transference」(1952a)를 대토론 십 년 뒤에 발표했다. 그녀는 프로이트를 인용하면서 논문을 시작하고, 논문 전반을 통해 프로이트의 견해와 연속성을 확립하려 상당히 애를 쓴다. 첫 번째 인용은 프로이트가 정신분석에서 전이의 중요성에 대해 이해하기 시작한 부분에 대해서이다(프로이트, 1905e). 이 논문에서 프로이트는 묻는다. 전이란 무엇인가? 그리고 그의 대답은 이렇다. 정신분석에서 일어나는 전이는 "어린 시절의 누군가를 의사[분석가]로 전치하는 것이다. [그래서] 일련의 심리적 경험이 모두 되살아나는데 이는 과거의 일로써가 아닌 현재의 일로써 벌어진다"(클라인, 1952a, p. 48). 하지만 프로이트를 시간순으로 훑어보는 것은 클라인의 의도가 아니었다. 그녀가 하려던 것은 프로이트의 전이 개념에서 시작해서 새로운 전이 개념을 제시하려는 것이었다. 이 개념은 오랫동안 그녀의 작업에 숨어있었으나 이 논문에서 좀 더 분명하게 드러난다. 참고로 이 논문은 클라인이 전이에 관해 쓴 유일한 논문이다.

그녀는 전이를 묘사하기 위해 투사와 내사 과정이 대상의 내면화와 추방에 중요한 역할을 하게 되는 초기 발달기의 대상관계를 사용한다. 흥미롭게도 그녀는 프로이트의 '자가-성애', '자기애' 개념을 다시 건드린다. 그녀의 주장은 프로이트가 이 단계에서 아기는 대상을 가지지 않는다고 가정했다는 것이다. 그러니까 아기는 자가성애에만 관심이 있어 오로지 스스로 만든 쾌락에만 흥미가 있으며 내면화된 대상을 가지지 않는다는 뜻이다. 여기에 관해 클라인은 이렇게 말한다. "나와 프로이트의 차이는 실제로는 그리 크지 않다. 왜냐하면 프로이트의 주장이 확실하지 않기 때문이다"(같은 책). 분명 클라인의 말이 맞지만 여기서 클라인이 드러내는 견해는 그동안 본인이 했던 이야기와는 제법 다르다. 꼭 기억해 둘 부분은 여기서 클라인의 견해가 자의적인 것이 아니라 당시 프로이트주의자들이 가졌던 표준적 견해에 가깝다는 것이다. 하지만 그렇다고 할지라도 그녀는 중간중간에 프로이트의 의견과 자신의 의견의 비숫함을 드러내려고 했다. 앞서 프로이트의 의견은 충분히 개진했으므로(자가성애와 자기애에 관해서는 3장 참고), 이제 이 문제들에 대한 클라인의 의견을 들어보자.

클라인이 이 두 단계 모두에서 대상관계의 형성을 발견했다고 해도 그리 놀랄 일은 아니다. 그리고 이 관계들은 "내면화되어 환상 안에서 사랑하는 신체나 자기의 일부를 만드는, 좋은 대상을 향한 사랑과 환희를 포함한다"(같은 책). 그래서 클라인은 위와 같은 발달 단계들에서도 온전한 범위의 감정, 환상, 불안, 방어가 존재한다고 생각한다. 물론 이러한 견해는 그녀가 앞서 1935년에 발표한 견해, 그리고 그전(1927년)에 이야기했던 견해와도 일맥상통하는 것이다. 하지만 이 논문에서 클라인은 자신의 견해와 프로이트가 『The Ego and the Id』에서 말했던 견해의 접점을 찾으려고 하는데, 프로이트는 이 저작에서 아버지나 부모와의 동일시를 "'개인의 선사 시대'에 일어나는 것이라고 말했었다"(같은 책, p. 52).

이렇게 접점을 확보한 뒤 클라인은, 정신분석에서 우리는 전이로 돌아가야 하며 전이는 "생애 최초의 단계", 혹은 최초의 대상관계에서 기원한다고 말한다(같은 책, p. 53). 이렇게 함으로써 우리는 이제 사랑과 미움의 관계, 그리고 이런 감정들이 환자의 대상 세계에서 요동치는 것을 목격할 수 있다. 클라인이 전이의 형성에서 강조하는 메커니즘은 초기 발달기에서 뚜렷이 보이는 것으로, 요컨대 투사와 내사라고 할 수 있다. 흥미로운 부분은 새로운 용어인 "투사적 동일시" 대신 투사와 내사라는 용어를 사용하는 점이다. 아마 프로이트와의 연결성을 강조하려다 보니 이런 용어를 선택하게 된 측면도 있으리라 생각된다(3장 참고). 그렇게 클라인은 전이의 메커니즘을 프로이트가 말한, 오래된 대상관계의 전치에서부터 분석가를 향한 관계의 투사라는 개념으로 슬쩍 바꾸고 있다. 이 논문에서 그녀는 전치를 간과하지는 않았으나 분명히 말하길, 가장 의미 깊은 전이는 초기 발달기의 투사-내사 메커니즘에서 유래한다고 이야기했다. 이와 관련해서 그녀는 이 논문에서는 position 개념을 사용하지 않는다. 그녀는 자기 이론이 프로이트의 것과 어떤 식으로 이어지는지, 그리고 나아가 어떻게 더 나은 설명력을 가지는지를 보이려 하고 있다. 그리고 자기애와 자기애적 상태에 관한 관점은 그 예라고 할 수 있겠다. 요컨대 클라인에게 있어 자기애 단계는 그녀가 앞서 묘사한 투사-내사 메커니즘의 대상관계를 포함한다. 하지만 자기애적 상태는 내적 대상 안으로 철수한 상태로, 흔히 외적 대상에서부터 멀어짐을 뜻한다. 다른 논문에서(1952c) 클라인은 C라는 여자아이에 대해서 쓰는데, C의 엄마는 아기가 우는 것을 듣지 못한 탓에 C는 오랫동안 혼자 울게 되었다. 나중에 엄마가 돌아와서 아기를 달래며 젖을 주려 했으나 평소 같으면 흔쾌히 젖을 물었을 아기는 몇 번 젖을 빨더니 자기 손가락을 빨기 시작했다. 클라인은 여기에 대해 이렇게 말한다.

> 아기는 자기 손가락을 빨았는데, 말하자면 자가-성애적 쾌락(프로이트)이라고 할 수 있다. 하지만 나는 여기에 덧붙여 이 경우 자기애적 철수는 엄마와의 관계에서 초래된 (일시적) 어려움에 의한 것이며, 아기가 자기 손가락을 빤 이유는 손가락이 젖가슴보다 더 믿음직스러웠기 때문이라고 생각한다. 손가락 빨기를 통해 아기는 내적 젖가슴과의 관계를 다시 회복했고, 그렇게 외적 젖가슴 및 엄마와 다시 한번 좋은 관계를 맺을 수 있을 정도의 안정감을 찾게 되었다[1952c, p. 103].

클라인은 이런 유형의 철수를 분열성 환자의 특징으로 묘사한다. 철수에서 벗어나는 과정에서 환자(아이)가 분석가에게 부분 대상이나 대상을 투사, 내사하는 과정이 일어난다. 이것이 전이의 예가 된다.

클라인에게 특히 중요한 것은 부정적 전이의 분석인데, 이점은 당시 별로 주목을 받지 못했던 분석 기법이었다. 그녀는 이런 일이 생기는 이유가 공격성을 간과했기 때문이라고 말한다. 클라인이 초기 대상관계에 관심을 집중한 덕택에 좀 더 어려운 환자들을 정신분석으로 치료할 가능성이 열렸다. 그녀가 보기에 중증 자기애적 환자들은 전이를 발달시킬 수 없다는 프로이트의 말은 틀린 것이었는데, 그 이유는 부분적으로 프로이트가 초기 대상관계를 잘 이해하지 못했거나 일관성 있는 이해를 얻지 못했기 때문이었다(1952b, pp. 90~91).

「Envy and gratitude」: 클라인의 마지막 저작

「Envy and gratitude」(1957)는 클라인이 쓴 마지막 논문 중 하나이며 그녀가 쓴 이론 논문 중에서 가장 길다. 그리고 앞선 논문에서 시도했던 시기심과 탐욕의 이론화는 이 논문의 중심 주제가 된다. 이미 만년에 들어섰음에도 그녀는 여전히 자기 이론에 아브라함이나 프로이트의 개념과 유사점이 있음을 밝힌다. 그녀의 말을 들어보자. "아브라함이 죽고 삼십 년이 지났지만 내 논문 덕택에 아브라함의 발견이 제대로 된 의미를 부여받는다는 것은 나로서는 큰 기쁨이다"(1957, p. 177). 클라인은 자신과 아브라함이 "파괴적 충동의 중요성을 좀 더 확실히 드러냈다"라고 말한다(같은 책, p. 176). 하지만 아브라함은 시기심이 태어나자마자 존재한다고 보지 않았고, 오히려 구강기의 구강-가학적 시기로부터 유래한다고 생각했다. (아브라함은 구강기와 항문기가 두 시기에 걸쳐 일어난다고 생각했다. 이때 두 단계 모두에서 리비도 시기에 이어 가학적 시기가 뒤따른다.) 클라인은 아브라함의 때 이른 죽음으로 인해 프로이트의 새 본능 이론을 제대로 통합할 기회를 잃었다고 생각했다. 그러나 이 이야기는 역사적 가정이라고 할 수도 있다. 하지만 아브라함이 시기심의 중요성에 관한 개념화를 시도했고 자신의 발견을 본능의 강도와 연결했음은 분명하다. 그리고 클라인이 자신과 아브라함, 자신과 프로이트의 연결성을 강조하기를 원했던 것도 분명하다. 파괴적 충동은 삶의 시작과 더불어 작동한다고 말함으로써 이제 클라인과 프로이트의 연결은 분명해졌다. 그리고 클라인은 자신의 추론이 아브라함과 프로이트처럼 재-구성적 가정에 의한 것이며, 나아가 이것이 "정신분석적 방법론의 특징이 된다"라고 말한다(같은 책, p. 177).

이 논문에서 클라인은 자궁-내 삶을 묘사하면서 "태생 이전의 상태는 (…) 단일성과 안정을 의미한다. (…) 그래서 우리는 태생 이전 상태로 돌아가려는 보편적인 갈망을 부분적으로는 이상화에 대한 욕구의 표현으로 볼 수도 있다"(같은 책, p. 179)라고 가정한다. 클라인이 말하는 첫 번째 불안은 출생과 관련된 것이며, 만약 "태어나는 과정이 어려웠다면 (…) 외부 세계에 대한 적응에 곤란을 일으키고 따라서 젖가슴과의 관계도 처음부터 불리함을 갖고 시작된다"(같은 책). 그러니까 이제 막 태어난 아기라 할지라도 세 가지 정도의 잠재적인 좌절에 봉착한다고 볼 수 있다.

1. 출생 그 자체가 아기의 안정감을 교란한다.
2. 젖가슴에 대해서도 어쩔 수 없이 어느 정도의 좌절은 있다(기다려야 하고, 잘 안 빨린다).
3. "삶과 죽음 본능 사이의" 피할 수 없는 투쟁(같은 책).

위의 요인 모두가 '최초의 좋은 대상인 엄마의 젖가슴'을 내면화하는 데 방해가 된다. 그리고 그 자체로 희망, 믿음, 좋음에 대한 믿음을 발달시키는 아기의 능력에 상처를 준다. 여기서 클라인이 가정하는 것은 이상의 부정적 요소들이 시기심을 통해 드러나며, 초기 구강기의 정서 상태가 된다는 점이다. 시기심 때문에 아기는 젖가슴이 모든 것을 독차지하기 때문에 박탈이 생긴다는 환상을 갖게 되고, 이는 아이의 좌절을 한층 증가시킨다.

클라인은 시기심을 정의하길, "다른 사람들이 좋은 걸 모두 독차지하고 누리는 데 대한 (파괴적인) 분노의 감정이며, 시기심 어린 충동은 좋은 것은 모두 빼앗거나 망쳐버리려고 (파괴하려고) 한다"라고 한다(같은 책, p. 181). 시기심은 태어나자마자 시작되며 엄마의 창조력을 파괴하려고 한다. 하지만 질투는 시기심의 파생물로써 발달의 후반에 나타난다. 이때 질투는 소중한 무언가(가령 좋아하는 사람으로부터의 사랑)를 제3의 인물에 의해 빼앗겼다는 느낌이다. 그래서 질투는 세 사람 사이에서 벌어지는 일이지만 시기심은 두 사람 사이의 일이며, 엄마-아기 관계에 뿌리를 둔다고 할 수 있다. 탐욕은 자기가 필요한 것보다, 혹은 타인이 줄 수 있는 것보다 더 많은 것을 원하는 충족 불가능한 충동이다. 탐욕은 젖을 말려버리고, 삼켜버리고 싶은 충동이다. 여기서 탐욕은 기본적으로 파괴적 내사 환상이지만 시기심은 기본적으로 투사라는 점이 다르다. 그래서 시기심은 무엇인가를 젖가슴 안으로 넣어서 젖가슴을 망치고 파괴하려는 환상이고, 탐욕은 무엇인가를 끄집어내어 먹어 치우는 환상이다. 이렇게 보면 시기심이 좀 더 파괴적인 것 같다. 하지만 두 정서(탐욕과 시기심)는 손에 손을 잡고 (좀 더 정확히는 젖가슴과 입처럼) 가는 것이다. 한편 클라인이 묘사하는 시기심은 아기가 엄마와 맺는 최초의 관계에 근거한다. 그리고 이는 일차적 시기심이며 시기심은 발달 전반을 통해 생긴다고 말한다.

시기심은 수유 경험의 만족 여부를 결정하는 요소이다. 만약 젖가슴이 충분하지 못했다면, 이때는 나쁜 젖가슴이 "좋은 젖가슴이 주는 젖, 사랑, 보살핌을 독차지"하는 환상이 만들어진다(같은 책, p. 183).

만족스러운 젖가슴 또한 시기심의 대상이 된다고 하면 아마 좀 더 잘 이해될 것이다. 젖이 잘 나온다면 아기는 만족을 얻겠지만 이 또한 시기심을 불러일으킬 수 있는데, 그 이유는 이러한 선물이 자신으로서는 결코 성취할 수 없는 것처럼 느껴지기 때문이다[같은 책].

분명 클라인이 생각하는 신생아는 활발하고도 혼란스러운 환상을 가지는 것 같다. 클라인은 시기심이 정신분석에서도 강력한 요소가 된다고 생각한다. 만약 분석가가 환자에게 위안이 되는 어떤 것을 주면 시기심 어린 환자는 파괴적 비난을 통해 분석가의 능력을 파괴하려 할 수도 있다. 아기가 엄마의 창조력을 시기하는 것과 마찬가지로 환자는 분석가의 창조력을 시기할 수 있다. 클라인은 주장하길, 우리가 시기심의 근원을 따라가다 보면 (반드시) 그녀가 '일차적인 것'이라고 불렀던 것, 혹은 젖가슴에 대한 시기심을 둘러싼 여러 형태의 갈등을 만나게 될 것이라고 말했다. 이는 어떻게 보면 당연한데, 클라인 이론에서 젖가슴은 그저 중요한 상징 중 하나쯤이 아닌 가장 중요한 상징이기 때문이다. 그래서 그녀의 이론에서 젖가슴은 실제 젖가슴보다 훨씬 많은 자양분을 가진다. 클라인의 분석 환자들에게 젖가슴에 관한 환상은 아주 중요하다.

시기심은 그 핵심에서 분열을 초래하므로 이는 반드시 "전이 상황에서 좋은 대상의 점진적 수립을 방해한다"(같은 책, p. 185). 마찬가지로 양육이 아무리 좋아도 시기심은 필연적으로 어느 정도는 좋은 대상의 발달을 저해한다. 새로운 수유 방법을 논하는 과정에서 클라인은 만약 누군가가 완벽한 엄마가 되려고 하다 보면 아이를 응석받이로 만들 위험이 있다고 말한다. 그녀의 이론에서 만족의 과잉은 좌절의 과잉만큼이나 위험한 셈이다. 그녀는 "만족에 뒤따른 어느 정도의 좌절은 아기가 스스로 불안에 맞설 수 있는 자신감을 가지게 만든다"라고 말한다(같은 책). 이렇게 만족과 좌절 모두 적정 발달을 위해서 필수적이라고 말함으로써 그녀는 이제 프로이트나 아브라함과 같은 입장에 선다. 아기/아이가 좌절을 견딜 수 있고 감사할 수 있는 한에서 말이다. 이렇게 좌절과 그에 동반한 갈등은 창조력의 발달에 근본이 되는 요소이다. 그리고 창조성과 즐길 수 있는 능력 모두는 파괴적 요소가 심리 발달에서 우세해지는 것을 막아주는 요소다.

일차적 시기심과 요점 정리

젖가슴은 최초의 대상이자 만족의 근원이며 모든 좋은 것의 상징이므로 일차적 시기심은 엄마의 젖가슴을 향한다. 한편 "엄마의 자리를 차지하려는 딸의 바람이나 남자아이의 여성적 태도" 같은 나중에 발생하는 시기심도 있다. 하지만 이 시기심은 엄마의 젖가슴을 향한 것이 아니라 "아빠의 음경을 받아들이는 엄마, [혹은] 엄마 몸속의 아기"를 향한다(같은 책, p. 183). 엄마의 자리를 차지하려는 딸의 경우에 시기심과 질투는 서로 밀접히 연관되어 있다. 이미 언급했듯이 시기심은 여러 치료에서 중요한 역할을 하는데, 클라인은 시기심이 부정적 치료 반응에서도 중요한 측면이라고 생각한다. 이때 시기심은 전이 상황에서 안정적인 긍정적 전이나 좋은 대상의 점진적 수립을 허락하지 않는다. 환자가 자신의 갈등에서 놓여나길 원하는 것처럼 아기도 자신의 파괴적 충동과 박해 불안에서 놓이길 원하는 것이다. 이때 엄마의 전능함은 전이에도 반영되어 분석가도 전능해지고 이제 원하기만 하면 환자를 자유롭게 만들 수 있다. 시기심이 존재하는 만큼 환자의 탐욕도 커지고 때로는 질투도 커진다. 그래서 분석가의 창조력을 시기하는 환자는 더 많은 것을 원하고 심지어 치료실을 떠나지 않으려 할 수도 있다. 혹은 반대로 죄책감에 사로잡혀 시간에 딱 맞춰 치료실을 떠나기도 한다. 어느 쪽이 되었든 클라인이 보기에 그 갈등의 핵심에는 시기심이 있고, 특히 표상 세계 안에서 좋은 대상을 만들지 못하는 환자는 더욱 그러하다.

시기심이라는 정서 상태를 견디려면 좋은 대상의 수립이 필수적이다. 좋은 대상을 가지는 데 대한 의혹이 있다면 탐욕스럽고 시기심 어린 반응을 만들어낼 수 있다. 좋은 대상을 간직하는 데 확신을 갖지 못하는 사람은 좋은 느낌에 대해서도 확신이 없고, 항상 더 좋은 대상을 얻음으로써 자신을 지탱하길 소망한다. 반면 좋은 대상에 대해 확고한 사람은 시기심과 미움을 견딜 수 있으며, 이런 감정이 태도와 행동을 영원히 지배하도록 두지 않는다. 그리고 좋은 대상을 간직할 수 있는 능력은 좋은 대상에게 감사를 표시할 수 있는 능력과 밀접히 관련된다. 클라인의 관점에서 보면 엄마와의 관계가 (시기와 좌절 같은 것에 의해) 와해되지 않는 이유는 부분적으로 "외적 환경 덕이지만 동시에 내적 요인" 덕분이기도 하다. 이것은 "타고난 것처럼 보이며," 감사하고 사랑하는 능력의 기초가 된다(같은 책, p. 188). 어떤 것을 즐길 수 있는 능력, 이해받는다고 느낄 수 있는 능력, 안정감을 느낄 수 있는 능력 등은 모두 감사할 줄 아는 능력과 연관되어 있다. 클라인은 이런 속성들을 좋은 젖가슴의 내사와 연관 짓는다. "젖가슴을 향한 충분한 감사가 의미하는 바는 아기가 자신의 애정 대상에게서부터 간직하고 싶은 좋은 선물을 얻었다고 느낀다는 것이다"(같은 책). 수유授乳의 경험 또는 더 정확하게 말해 생애 초기의 먹는 경험은, 적어도 이론에서는, 행복한 삶의 기초가 된다. 젖가슴에 적절한 애정을 품는 능력은 일련의 발달과정에서 '지키는' 요소가 된다. "이러한 경험의 반복은 좀 더 깊은 수준의 감사를 가능하게 만들고 수선할 수 있는 능력에서도 중요한 역할을 한다"(같은 책, p. 189).

좋은 대상 수립의 중요성이 그토록 중요한 탓에 젖가슴을 향한 일차적 시기심은, 클라인에 표현에 따르면(초서를 인용한 것이다), "최악의 죄로, 나머지 다른 죄들은 한 가지 덕목에 대한 위반이지만 시기심은 모든 덕목과 모든 선함에 대한 위반이다"(같은 책). 일곱 개의 끔찍한 죄 중에서도 가장 큰 죄인 것을 보면 시기심을 다루는 것이 클라인에게 얼마나 중요한지를 알 수 있다. 누군가의 마음에 시기심이 생기기 쉬워지면 힘든 내, 외적 조건이 찾아올 때 좋은 대상, 혹은 마음속에 존재하는 그 어떤 좋은 요소도 침식되어 버릴 가능성이 커진다. 이렇듯 시기심은 일찌감치 분열을 초래하고 통합을 방해한다. 이러한 통합 부전의 느낌을 상쇄하기 위해 사용되는 것이 대상을 파괴하고 망치는 전능 환상이다. 이러한 전능 환상은 통합이 무너지는 것을 막을 수는 있겠으나 그 사람의 정신은 더 큰 대가를 치르게 된다. 즉, 시기심의 대상이 되는 사람을 파괴하고 조종하는 전능 환상을 가지게 되겠지만 동시에 대상으로부터의 사랑이나 보살핌의 가능성은 모두 잘라버린다. 클라인이 생각하는 시기심의 중요성은 죽음 본능에 관한 토론으로 이어진다. 그리고 이제 시기심은 죽음 본능이 최초로 발현하는 모습으로 여겨진다.

죽음 본능(타나토스)을 논하면서 클라인은 다시 한번 프로이트의 개념 중 하나를 꺼낸다. 클라인은 삶의 본능(에로스)의 영향 아래 자아는 죽음 본능을 어느 정도 물리쳐 외부 대상으로 보낼 수 있다고 생각한다. 또한 그녀가 생각하기로 태어날 때부터 있어 온 자아는 최초의 불안인 소멸의 불안에서 오는 위협을 경험한다. (클라인도 자신의 자아 개념이 프로이트의 그것과 다른 것은 알고 있다. 참고로 프로이트의 자아는 본능적 에너지로부터 만들어지는 것이다.) 에로스의 영향 아래 작동하는 자아는 죽음 본능을 바깥으로 물리침으로써 내적 불안을 줄인다. 동시에 이런 행위는 박해 불안을 키우고, 투사적 동일시를 통해 이제 박해하는 대상은 아기의 내적 세계 일부를 구성하게 된다. 한편 자아 기능 중 한 가지는 자신의 기능과 대상 사이의 점진적 통합을 제공하는 것이다. 자아 쪽에는 압도적인 불안에 맞서 불안을 상쇄하려는 경향이 있다. 이러한 경향으로 인해 분열이 일어나고 이는 자아를 보존하고 불안이 확산하는 것을 막는 수단이 된다. 그래서 대상은 분열될 때조차도 자아를 보존하기 위해 좋은 대상과 나쁜 대상으로 분열된다. 이러한 불안의 '분산dispersal', 혹은 다양한 대상 안에서 표상되는 파괴적 충동의 분산이 클라인이 분열을 설명하는 새로운 방식이다. 예전의 견해에서는 분열을 통해 좋고 나쁨이 갈리는 이유가 "사랑과 미움 간의 본질적 갈등" 때문이라고 보았다(같은 책, p. 190). 하지만 이제 자아가 자신과 대상을 분열시키는 이유는 파괴적 충동을 분산시키기 위해서가 된다. 곧 보게 되겠지만 클라인은 자아가 가끔은 조각조각 나뉘는 것으로 생각했다. 그리고 이는 아마 위니콧과 그의 소멸 불안 개념으로 인한 영향일 것이다(10장).

시기심에 관한 논문에서 분열 개념은 좀 더 명확해졌다. 기본적으로 그녀는 초기 발달의 성공적인 분열을 설명하기 위해 두 가지 요소를 사용한다. 처음에 그녀는 초기 분열의 적응적 측면을 강조한다. 그러니까 분열은 좋은 대상을 보호하기 위함으로, 미숙한 자아는 아직 수정되지 않은 강렬한 파괴적 충동을 견딜 수 없기 때문이다. 그래서 미숙한 아기의 발달을 위해서는 분열이 필요하다. 그렇다면 건강한 아기의 분열과 후에 병리를 갖게 될 아기의 분열은 어떻게 다른가? 여기서 꼭 기억해야 할 것은 depressive position의 임무가 (여러 부분의 통합과 더불어) 좋고 나쁜 대상을 통합하는 것이라는 점이다. 처음에 클라인은 분열이 "성공적인 경우는 오직 적당 수준의 사랑과 비교적 튼튼한 자아가 있을 때뿐"이라고 말했다(같은 책). 건강한 아기에서의 분열은 처음에는 좋은 대상을 보존한다. 나중에 충분히 준비되면 사랑의 능력이 좋은 대상을 충분히 융통성 있게 만들어 나쁜 대상과 통합되도록 한다. 물론 앞으로 환경적 요소에 대해서도 말하겠지만 여기에서 클라인은 일단 타고난 요소들에 대해 말하고 있다. 그리고 분열의 성공적인 치유 여부를 결정할 양적 요소도 도입하고 있는데, 분열이 성공적으로 치유되지 못하면 depressive position 동안 통합의 와해로 인해 고통받게 된다.

모든 좋은 대상은 어느 정도 이상화된다. 하지만 클라인의 주장에 따르면 이상화의 정도는 분열의 표식이기도 하다. 대상의 이상화가 더 광범위하거나 강렬하면 강렬할수록 이는 나뉜 것이 '그저 좋고 나쁨이 아니라 엄청나게 좋고 엄청나게 나쁜 것'이라는 뜻이다. 이러한 분열은 아주 깊은 것으로 depressive position에서 통합을 어렵게 만든다. 분열의 깊이는 파괴적 충동의 강도와 분열을 초래한 강력한 시기심의 존재를 의미한다. 이상화는 그 사람의 마음에 박해 불안이 있다는 강력한 증거가 된다. 이러한 생각은 이상화를 depressive position에서 겪은 에태움의 방어적 산물로 보던 클라인의 예전 생각과 일치한다(5장 참고). 하지만 이 시기의 그녀는 예선 생각을 넘어 이상화가 "엄청나게 좋은 젖가슴이 존재한다는 태생적 느낌"에서 비롯한다고 생각했다(같은 책, p. 192). 새로운 문제들을 다루기 전에 잠시 지금까지 이해한 분열, 이상화, 박해 불안에 대해 요약해보자.

클라인이 제시하는 정식화에서 분열은 여전히 아기의 자아가 파괴적 본능을 마음에 담아내지 못하기 때문에 생기는 것이다. 분열은 좋은 대상을 보호하고 나쁜 대상으로부터 분리한다. 한편 현재의 정식화에서 시기심은 파괴적 욕동의 구현이다. 좀 더 정확히는 시기심과 탐욕이 파괴적 욕동의 구현이 된다. 하지만 클라인의 초점은 시기심의 동기적 측면에 있다. 시기심은 만족의 경험을 망치고 박해 불안을 증폭시킨다. 시기심으로 인해 아기는 감사함을 지속해서 경험하지 못하는데, 감사함은 depressive position에서 일어나는 수선 경험과 사랑의 전구체라고 할 수 있다. 한편 박해 불안을 다루기 위해 좋은 대상은 종종 이상화되어 완벽하고 무결한 것으로 인식된다. 이 정식은 클라인이 예전에 제기한 것과 유사한데, 예외가 있다면 여기에서는 시기심과 분열 개념 모두에서 방금 말한 부분이 강조되고 있다는 점이다. 이것은 작은 변화가 아니다. 왜냐하면 시기심과 감사함이 클라인의 새로운 이론적 매트릭스에서 중심을 차지하게 되었기 때문이다. 이상화에 관한 생각에도 변화가 있다. 좋은 젖가슴이 존재한다는 느낌이 선천적으로 존재한다고 말함으로써 이제 정상 발달에서도 어느 정도의 이상화는 존재하는 것이 되었다. 이것을 언급한 후, 클라인은 이상화된 대상이 어째서 종종 지속될 수 없는 애정 관계의 일부분이 되는지 설명한다. 그것은 이상화된 대상은 대체로 기대를 충족시킬 수 없고, "하나의 애정 대상은 다른 애정 대상과 교체되기 마련"이기 때문이다(같은 책, p. 193).

이제 클라인은 예전의 입장으로 돌아가서 paranoid-schizoid position에서 보이는 일시적인 죄책감에 대해서 말하기 시작한다. 이때 과도한 시기심이 있는 경우, 죄책감이 좀 더 뚜렷하게 관찰된다. 이는 자아를 압도하고 죄책감은 환경으로 투사되며, 이렇게 아기의 박해 불안은 커지게 된다. 이것은 또한 depressive position에서 통합을 저해하는 요소가 되는데, 그 이유는 설익은 죄책감이 depressive position에서 생기는 죄책감과 헷갈리기 때문이다. 그 결과로 depressive position에서 박해 불안이 과도해진다. 하지만 이것은 과도한 시기심으로 인해 생기는 혼동 중 하나일 뿐이다. 한편 혼동은 다양하며, 그중 가장 중요한 것은 서로 다른 심리-성적 성감대에서 유래하는 욕망 사이의 혼동이다. 클라인을 인용하겠다.

나의 가설은 이러하다. 죄책감을 일으키는 깊숙한 원천 중 하나는 젖

> 가슴에 대한 시기심과 항상 연결되어 있다. 그리고 시기 어린 공격으로 인해 좋은 젖가슴의 좋음을 망쳐버렸다는 느낌과도 관련이 있다. 초기 유아기에 근원적 대상이 비교적 안정적으로 수립되면 이런 느낌으로 인한 죄책감을 좀 더 잘 견딜 수 있는데, 시기심은 일시적이며 좋은 대상에 위험을 끼칠 가능성이 줄어들기 때문이다. 하지만 과도한 시기심은 적절한 구강 만족을 방해하고, 그렇게 성기 충동과 갈망을 증폭하는 자극이 된다. 그러니까 아이는 너무 일찍 성기의 만족을 추구하게 되며, 그 결과로 구강적 관계가 성기화되어버리고 반대로 성기 충동은 구강적 좌절이나 불안의 색채를 지니게 된다. 내가 종종 주장하듯이 성기의 감각과 욕망은 생후 직후부터 작동할 수 있는데, 가령 남자 아기의 고추가 아주 일찍부터 발기한다는 사실은 잘 알려져 있다. 하지만 내가 말하는 너무 이른 성기 감각의 의미는 정상적으로 구강 충동이 우세해야 할 시기에 성기 충동이 구강 충동을 방해하는 것을 의미한다. 여기에서 우리는 다시 한번 생애 초기의 혼동으로 인한 영향을 고려해야 하는데, 그건 구강, 항문, 그리고 성기 충동과 환상의 구분이 모호해지는 모습으로 나타난다[같은 책, p. 195].

여기서 클라인이 말하는 혼동은 어린 시절에만 나타나는 것이 아니라 인생 전반을 통해 지속되는 것이다. 이런 혼동으로 인해 어느 곳에서도 적절한 만족을 얻지 못하고 이상화된 대상과 이상적인 만족을 찾아 헤매게 된다. 이것은 치료 상황에서도 자주 볼 수 있으며, 치료자를 당황하게 만드는 현상에 대한 설명이기도 하다. 클라인의 주장에 따르면 각 발달과정에서 해당 성감대가 우위를 점하는 것이 적절하다. 그래서 초기 발달기에 아기의 만족은 일차적으로 입에서 와야 한다. 내가 여기서 클라인의 글을 많이 인용한 이유는 그녀가 말하는 구강, 항문, 성기 충동의 혼동은 논리적으로 심리-성 단계 개념에 근거해서만 해석될 수 있다는 점을 보이기 위해서다. 클라인이 남자 아기의 성기 발기를 관찰한 것도 흥미롭다. 이것은 거의 항상 렘수면에서만 관찰되는 현상이다. 아기의 렘수면은 Peter Wolff에 의해서 처음 관찰되었는데(1966), 그는 전자 장비의 도움 없이 소위 활동성 수면 중 아기의 성기 발기를 관찰했다. 물론 이것이 성기의 흥분을 의미하는지의 여부는 아직까지 논란의 대상이다.

시기심: depressive position과 오이디푸스 콤플렉스

비록 시기심은 첫 번째 paranoid-schizoid position에서 극에 달하지만, 인생의 나머지 기간에도 한 요소로 작용한다. 한편 depressive position의 시작과 함께 아기/아이는 대상의 나쁨에 대해 부분적으로 자신의 공격적 환상이 투사된 결과로 생각할 수 있게 된다. 비록 대상의 분열은 해소되었으나 이 시기의 고통은 상당하고, 죄책감은 아이가 수선을 시도하도록 만든다. 그리고 그 결과 좋은 대상에 더 큰 신뢰가 만들어지고 이는 좀 덜 처벌적인 초자아 구조로 이어진다. 이 논문에서 오이디푸스 콤플렉스의 시작에 관한 클라인의 생각은 변하지 않았다. 그래서 첫 번째 depressive position에서 오이디푸스 갈등이 생겨난다. 비록 적정 발달에서라면 오이디푸스 단계에서는 질투를 관찰할 수 있다. 하지만 클라인은 이렇게 말한다. "엄마의 젖가슴을 향한 시기심과 질투심의 발달은 직접 연결된다"(같은 책, p. 197). 이때 질투심은 아빠와의 경쟁에 기반한다. 왜냐하면 아빠가 엄마의 젖가슴을 빼앗아 소유하려고 하는 것으로 여겨지기 때문이다. Paranoid-schizoid position에서 겪는 시기심의 공격 강도는 대체로 좋은 대상의 성격과 안정성을 결정한다. 만약 편집증적 관점에서 아빠를 보게 되면 아빠의 음경이 엄마의 젖가슴을 침범하는 것으로 보이고, depressive-Oedipal stage/position에서 질투는 시기심과 맞닿게 된다. 그렇게 되면 대상을 통합하기가 더 어려워지는데 그 이유는 대상이 아빠에 의해 침윤되기 때문이다. 한편 좋은 대상이 탄탄하면 탄탄할수록 좋고 나쁜 대상(표상)의 통합은 커지고, 아이가 엄마와 다른 사람들의 관계를 인정할 가능성도 커진다. 합체된 부모(엄마 안에 있는 아빠의 음경, 혹은 아빠 안에 있는 엄마) 환상은 어느 정도는 초기 오이디푸스 단계의 특징이기도 하다. 심지어 최초의 오이디푸스 단계에서도 좋은 대상의 질적 측면은 향후 합체된 부모의 환상이 얼마나 분리된 대상 표상으로 변할지를 결정하게 된다. 좀 더 적당한 조건에서라면 질투는 경쟁자들(아빠, 형제, 혹은 환상 속의 인물)을 향하고, 이로 인해 공격적 충동은 다양한 사람들 사이에 분포된다. 이렇게 엄마를 향한 시기심이나 합체된 부모를 향한 질투가 여러 대상 표상을 향하면서 옅어지게 된다. 클라인은 또한 "나아가 구강적 욕망에서 성기 욕망으로의 변화는 구강 만족의 제공자인 엄마의 중요성을 줄인다"라고도 말한다(같은 책, p. 198). 그래서 파괴적 충동은 여러 사람을 향해 분산되기도 하고, 나아가 성감대의 이동 덕택에 한 번 더 약해지게 된다.

남녀의 오이디푸스 발달은 이전과 비교해서 별로 달라지지 않았으나 예외가 있다면 이제 시기심이 오이디푸스 질투를 결정하는 요소가 된 부분이다. 아들은 "엄마를 소유한 까닭에 시기심의 대상이 되는" 아빠를 미워한다(같은 책, p. 197). 딸의 성기기 욕망은 새로운 애정 대상을 찾도록 만들고 이제 엄마가 경쟁자가 된다. 엄마와의 경쟁에서의 쟁점은 누가 아빠의 선물(아기 등)을 받을 것인가이다. 딸이 질투를 누르고 엄마를 동일시하면 하는 만큼 다양한 승화의 기회가 열린다. 비록 클라인은 음경 선망을 여자아이의 중요한 시기심의 원천으로 생각하지 않았지만, 자신이 수행한 분석에서 하나의 요소로 생각하기는 했었다. 하지만 그녀가 보는 음경 선망은 프로이트의 관점과는 상당히 다르다. 그녀의 관점에서는 음경 선망도 거슬러 올라가면 엄마의 젖가슴에 대한 시기심에 이르고, 엄마의 젖가슴을 향한 시기 어린 공격과 "연결된 공격적 기분"에 이른다(같은 책, p. 198). 이런 시기심으로 인해 동성애에 이르거나 혹은 음경을 이상화하기에 이른다. 하지만 이 같은 이상화가 남자와의 만족스러운 관계로 이어지기는 어려우며 남자와의 매번 새로운 관계는 실제, 혹은 상상 속의 여성 경쟁자에 대한 승리일 뿐이다. 만약 시기심이 '아주 강하지' 않다면 아빠(아빠의 음경)에 대한 이상화는 남성과의 애정 관계로 이어진다. 이제 여성은 "엄마에 대한 약간의 미움과 아빠에 대한 사랑, 그리고 후에는 다른 남성에 대한 사랑을 섞을 수 있다"(같은 책, p. 199). 한편 엄마를 향한 미움은 분열된 상태로 존재해서 후에 이어지는 관계들을 망칠 가능성이 있다. 특히 엄마의 상징적 등가물이 생기는 관계에서 더 그러하다.

그녀의 생각에 남성의 발기 부전, 강박적 성욕 과다, 성적 방임, 동성애를 거슬러 올라가면 모두 엄마의 젖가슴을 향한 아들의 시기심으로 이어진다. 이는 구강적 만족이 좌절되고 젖가슴을 향한 미움이 "질로 전이된 것이다"(같은 책, p. 201). 클라인에게 여러모로 남자는 어려서 시기했던 모종의 핵심적인 무언가를 그리워하고 있는 셈이다. 분명 남자가 놓친 것은 젖가슴이지만 수태 능력도 그에 못지않게 중요하다. 남자의 시기심이 아주 강하지 않다면 한 여자의 남자가 되고 아빠가 되면서 엄마 상像을 향한 시기심을 극복할 수 있다. 동성애도 엄마에 대한 과도한 시기심을 가진 남자가 선택하는 길이지만 좀 더 흔한 모습은 여성을 착취하고 폄훼하는 거다. 이때 여성에 대한 폄훼는 신체적, 심리적 형태의 학대 모두를 일컫는다. 비록 클라인은 엄마를 향한 아들의 시기심을 두려움이라 부르지는 않았지만 멸시하지 않고는 이상화된 대상을 내면화하는 것이 불가능한 남자의 기분을 묘사하기에는 적당한 단어인 것 같다.

클라인은 양쪽 성 모두에서 부정적 오이디푸스 콤플렉스와 관련된 편집증적 질투와 경쟁이 존재한다고 말했다. 어느 쪽 성에서든 이러한 편집증적 질투는 원초적 대상을 향한 과도한 시기심과 연관되어 있다. '좋은' 젖가슴은 이 모든 경향에 맞서는데, 그래서 만약 충분히 좋은 원초적 내적 대상이 있다면 이것이 삶의 본능 혹은 창조성의 표상이 된다. 양쪽 성 모두에서 창조성은 출산을 의미하기도 하고 그 과정의 만족감을 의미하기도 한다. 남성의 경우 일과 아빠 노릇을 통한 창조성도 있다. 창조성에 대한 시기심은 창조적 과정을 저해하는 근원적 요소이다. 이 논문에서 클라인은 (밀턴과 셰익스피어의) 시를 인용하면서 신의 창조력을 망치기 위해 사탄이 어떻게 시기심을 이용하는지를 묘사한다. 신이 가진 것을 사탄은 오직 파괴하려 할 수 있을 뿐이다. 논문에서 클라인은 방대한 임상 자료를 제시하는데, 모두 전이에서 나타나는 환자의 파괴적 시기심을 분석하는 것이 얼마나 중요한가에 관한 것들이다.

일차적 방어와 depressive position

분석가로서의 경력을 시작하면서부터 클라인은 자신이 분석 상황에서 만들어지는 깊은 불안의 치료에 초점을 두고 있다고 말해왔다. 이 논문에서 그녀는 다시 한번 자기 입장을 확인하면서 관점을 살짝 이동하는데, "자아의 최초, 최선의 기능은 불안을 다루는 것이다"라고 말한다(같은 책, p. 215). 이상의 진술을 통해 초점은 분석가에서 생의 시작과 함께 작동하는 방어로 이동한다. 여기서 그녀는 다시 한번 불안을 견디는 능력은 타고난 것이거나 유전적인 것으로, 발달의 특정 시기에 어떤 방어가 우세할지를 결정한다고 말했다. 만약 불안에 대한 내성이 낮다면 자아는 과도하게 분열되어 박해 불안이 아기의 경험을 압도할 것이다. 이 논문에서 분열은 투사(투사적 동일시), 전능함, 그리고 시기심으로 인해 '강화된' (자극된) 방어인 부정과 연결된다. 하지만 시기심은 모든 방어를 자극할 수 있는데, 심지어는 depressive position의 방어라고 알려진 방어도 자극할 수 있다. 물론 더 이른 시기의 더 원시적인 방어가 시기심의 역동과 더 흔히 연관된다. 예를 들어 클라인은 대상의 전능함에 대한 이상화는 취약한 좋은 대상을 찬양하고 "지극히 나쁜 원초적 대상"으로부터 분리하는 방법이라고 말한다(같은 책, p. 216). 이런 개념에서 보면 이상화는 박해 불안에 대한 방어일뿐 아니라 시기심에 대한 방어가 되기도 한다. 앞서 이상화는 depressive position의 애태움에 대한 반응으로 여겨졌다(6장 참고). 하지만 이번 논문에서 클라인은 이상화를 초기 발달기의 나쁜 방어로, 분열을 초래하고 그로 인해 박해 본능을 키우는 것으로 보았다. 흥미로운 부분은 이상화가 병리적 현상만은 아니라고 말한 것도 같은 논문이라는 점이다. 그러니까 이상화는 태내 상태의 잔재일 수 있어서, 여기에는 완벽한 합일로의 귀환을 향한 "보편적 갈망"이 있다(같은 책, p. 177). 게다가 모든 아기가 어느 정도의 이상화는 하지만 과도한 이상화는 좋은 대상을 안정적으로 확보하는 데 해가 될 수 있다고 말했다. 그리고 이상화된 대상은 그 지위를 잃게 되지만 동시에 좋은 대상을 향한 소망의 표상이기도 하며, 동시에 "삶 그 자체를 위한 조건, 달리 말하면 삶 본능의 표현"이기도 하다(같은 책, p. 192). 이상화는 보편적 갈망의 표현이지만 여전히 방어 작용으로 여겨지는 것이 보통이며, 그래서 대개는 그 뒤에 강력한 박해 불안과 집어삼키는 나쁜 대상을 일시적으로 가리고 있는 방어로 여겨진다.

우리는 앞서 좋은 대상의 존재가 왜 depressive position으로의 이동에 중요한지를 살펴보았다. 이렇게 말하면 오해의 여지가 있는데, 그 이유는 모든 사람은 depressive position으로 옮아가기 때문이다.

하지만 박해 불안이 과도하고 (그래서) 좋은 대상이 아직 안정적으로 표상되지 않으면 depressive position은 편집-분열 불안과 방어로 심각하게 침윤된다. 하지만,

> 시기심이 과도하지 않은 사람들에게 있어서도 대상에 대한 걱정, 대상과의 동일시, 그리고 대상 상실의 두려움과 대상의 창조성에 가해진 위해에 대한 두려움은 depressive position의 훈습을 어렵게 만드는 주요 요인이다[같은 책, p. 216].

Depressive position의 발생과 함께 대상의 통일이 이루어지고, 오이디푸스 역동의 영향 아래 다른 대상들(아빠, 형제 등)을 향한 자연스러운 관심이 생긴다. 이는 엄마를 향한 감정을 분산하고 최초의 특별한 대상을 잃었다는 상실감을 초래한다. 더불어 사랑하는 느낌의 분산 덕택에 새로운 대상을 향한 감사가 가능해지고, 이는 정상적으로 엄마에 대한 흥미의 저하로 이어진다. Depressive position에서도 여전히 시기심이 강력한 요소가 되어버리면 모든 대상에 대한 심한 평가절하가 종종 일어나며, 응당 즐거운 배움의 기회가 되어야 할 아동기 상황을 망치려는 시도가 자주 일어난다. 이런 경우 depressive position에서 아이가 좀 더 발달하면 대상의 평가절하보다는 자기의 평가절하가 생길 수 있다. 이렇게 자기-표상에 손상을 입게 되면 창조적인 자기-표현이 억압되거나, 적어도 자기 자신의 성취를 인정하는 것이 어려워진다. 이런 사람들의 경우 성공에 대한 죄책감이 큰데, 클라인은 이러한 죄책감을 원초적 좋은 대상의 희박함과 연결했다.

클라인은 그녀가 방어라고 부르는 것에 대해 다양하게 기술한다. "흔한 방어 방법은 본인의 성공으로 타인의 마음에 시기심을 불러일으키는 것이다. (…) 그러니까 시기심이 경험되는 상황을 역전시키는 셈이

다"(같은 책, p. 217). 이러한 방어는 투사적 동일시에 근거하고 있으며, 타인의 시기심을 감지하는 것은 박해 불안을 증가시키는 방어인데, 왜냐하면 시기하는 내적 대상은 그 어느 박해자보다 적대적으로 경험될 것이기 때문이다. 한편, 무관심도 방어로 여겨진다. 왜냐하면 대응되는 강렬한 미움이 억눌리는 만큼 사랑의 감정도 억압되기 때문이다. 이러한 방어가 효과적인 이유는 "이것(무관심)이 사랑과 미움, 시기심의 복합적인 감정 때문에 겪게 되는 죄책감보다는 덜 고통스럽기 때문이다"(같은 책, p. 218). 분명 depressive position에서 오이디푸스 갈등이 생기면 수선과 감사함이 가능해지고 이를 통해 아이는 질투와 죄책감을 통과해낸다. 하지만 이때도 시기심이 여전히 강력한 정서가 되면 그에 비례해서 분열이 지속되고, 편집-분열적 방어와 불안이 depressive position을 압도할 가능성이 커진다. 그래서 시기심이 강렬하게 되면 이 시기에 일어나야 할 수선이 일어나지 않는다. 그렇게 되면 아기는 최초의 depressive position을 겪고도 별 발전이 없이 다시 paranoid-schizoid position으로 돌아온다. 그렇다면 여기서 잠시만 멈추고 depressive position에서 어떤 종류의 수선이 가능한지를 살펴보자.

그녀의 다른 논문에서와 마찬가지로 「Envy and gratitude」에서 클라인은 아동기 발달에서는 두 position 사이를 여러 번 오간다고 말했다. 그러면 paranoid-schizoid position에서 depressive position으로의 이행을 먼저 살펴보고 이어서 반대 방향의 이행을 보도록 하자. 최초의 depressive position 이후, 적절한 발달에서라면 예전의 paranoid-schizoid position보다 좀 덜 분열되고 좀 더 통합된 대상이 있어야 한다. 그리고 좋은 대상은 좀 덜 이상화되고, 초자아 구조는 좀 덜 처벌적이고 덜 무서워진다. 이러한 발달이 가능하기 위해서는 좋은 원초적 대상이 굳건히 자리를 잡아야 하고, 이 대상을 향해 감사함이 표현되어야 한다.

클라인이 새로운 이론에서 주장하는 것은 한 사람의 심리 구조에서 시기심이 차지하는 역할과 범위를 통해서 병리의 정도를 알 수 있다는 점이다. 시기심, 그리고 이차적으로 탐욕은 파괴적 욕동의 직접적 표현이다. 이렇게 보면 만약 시기심 어린 충동이 누군가의 심리적 경제를 압도하게 되면 아이는 부모의 너그러움을 받아들이지 못하고 환자는 치료적 도움을 받아들이지 못하게 된다. 이런 맥락에서 클라인은 "정신적 자양분을 받아들임에 있어 초래된 불신과 두려움은 거슬러 올라가면 애초에 시기와 파괴의 대상이었던 젖가슴이 주는 데 대한 불신에 다다른다"라고 말한다(같은 책, p. 221). Depressive position에서 시기심의 공격이 중요한 부분이 되면 박해 불안이 대세를 이루게 된다. 이때 죄책감은 아주 미숙할 것이며, 투사적 동일시를 통해 받아들인 파괴적 대상을 마음에서 제거하려는 경향이 강력해질 것이다. 극단적인 경우, 이는 한 사람의 자기 감각(혹은 자아 구조)을 파편화시키고, 결과적으로 세상은 이상화된 대상과 더럽혀진 대상이 만드는 혼돈의 잡탕이 되고 말 것이다. 파편화된 마음에서 이런 대상들이 갖는 가치는 빠르게 변하고 이러한 혼돈 상태는 부모나 치료자에게도 혼돈을 초래할 것이다. 반면 depressive position에서 이루어지는 수선은 대상과 지기-표상이 통합되도록 하고 대상을 향한 좀 더 성숙한 감사가 가능하게 한다. 그리고 수선은 대상을 향한 염려나 대상의 안녕에 관한 관심으로 이어질 것이다. 분명 클라인이 말하는 초기 발달의 염려는 어른의 그것과는 다르다. 하지만 그녀는 발달 초기에서도 분명 수선을 통한 염려가 생겨나는 것으로 보고 있다.

클라인은 파편화된 자아, 그리고 비록 분열되었으나 일관된 자아를 구분한다. 만약 분산이 파편화로 이어진 경우라면 초기 발달기나 치료 과정을 통해 일관된 전체 표상을 만드는 작업은 훨씬 어려워진다. 반면 파편화와 달리 분열은 선명한 구분을 만들어서 초기 발달이나 치료

과정에서 대상의 통합 가능성을 좀 더 크게 해준다. 하지만 이 말은 좀 혼란스럽다. 왜냐하면 클라인은 극단적인 분열로 인해 이상화된 대상, 그리고 아주 위험한 박해 대상이 생긴다고 했기 때문이다.

이러한 혼란은 그녀가 말한 초기 발달기 적정 수준의 분열을 고려하면 조금 해소될 수 있다. 가령 좋고 나쁜 대상이 분리되면서도 좋은 대상을 향한 감사가 있을 수 있다면 적정 수준이라고 말할 수 있겠다. 게다가 좋은 대상은 나쁜 대상의 위험에 의해 압도되지 않으며, 더 중요한 것은 빈번하고 강력한 시기심의 공격에 의해서도 압도되지 않는다는 점이다. 만약 분열이 너무 심한 경우라면 분열은 강력한 박해 불안을 신호로 사용해서 경계의 투과성을 줄인다. 좋은 대상이 이상화되어 공격에 대해 상대적으로 덜 취약해지는 것도 이와 관련이 있다. 만약 분열의 투과성이 너무 크면 파편화의 위험이 생기는데, 왜냐하면 좋은 대상에 대한 공격, 그리고 좋고 나쁜 대상 간의 혼돈 모두가 초래되기 때문이다. 그러니까 견고하나 투과성이 있는 경계는 이어지는 depressive position에서 통합을 좀 더 쉽게 만든다는 뜻이다. 하지만 종종 언급되듯 이는 depressive position에서 시기심이 통합의 가능성을 파괴하지 않아야 가능한 것이다. 비록 애도라는 말은 이 장에서 나오지 않지만 클라인은 depressive position에서 아기가 대상 상실을 견딜 수 있는 능력을 중요하게 생각했다. 그녀에게 애도는 발달적 측면에서도, 혹은 정신분석 치료에서 이루어지는 상실의 수용이라는 측면에서도 아주 중요하다.

클라인이 말하는 파편화의 혼동에 대해 제대로 된 그림을 그리는 것은 중요하다. 그녀가 염두에 두고 있는 사람은 무엇을 받아들여야 할지도 모르고, 일단 받아들인 후에는 그것이 가치가 있는 것인지를 결정하지 못하는 사람들이다. 이런 사람들은 분열과 수용을 빠르게 반복하며, 그러는 동안 안팎으로 혼란이 가중된다. 정신증에서 이런 현상을 흔하게 볼 수 있지만 (특히) 충동적이고 변덕이 심한 경계선 인격 장애의 전형적 모습이기도 하다. 어떤 경우 과도한 이상화는 유지될 수도 있겠지만, 여기서 클라인의 생각은 이상화가 분열의 한 측면일 뿐이며 다른 한 측면에는 필연적으로 박해 대상을 포함한다는 것이다. 이상화된 대상은 보통 어떤 식으로라도 실망을 주거나 허점을 보이기 마련이라고 클라인은 말한다. 이런 일이 생기면 이상화된 사람은 평가절하되고 순식간에 모욕의 대상이 된다. 그래서 클라인이 보기에 이상화된 대상이 급격히 나락으로 떨어지는 현상은 누군가의 분열된 정신세계가 박해로 가득하다는 증거이다. 혹은 이상화된 대상이 누군가의 시기심에 무차별적인 공격을 받는다고 말할 수도 있다. 위의 묘사가 보여주는 것은 클라인의 개념에 일관성이 있다는 것, 그러니까 시기심은 아이만 갖는 것이 아니라 어른들에게도 있다는 점이다. 이렇게 클라인은 발달적 이슈를 설명하기 위해 사용했던 논거를 치료에도 적용한다. 그래서 아이와 어른이 갖는 내면세계는 같은 종류의 역동적 관계 맺음을 보인다.

재검토(반복), 그리고 타고난 요소들

클라인은 타고난 요소들에 대해서도 프로이트보다 훨씬 더 중요하게 생각했다. 부분적으로 그녀가 유전적 요소를 강조한 이유는 프로이트와의 연결성을 확보하기 위한 것으로 보인다. 그녀는 이렇게 말한다.

> 나는 앞서 원초적 대상인 엄마의 젖가슴과 관련된 탐욕, 미움, 박해 불안이 선천적 토대를 가질 것이라고 말했다. 이번 토론에서 나는 여기에 더해 강력한 구강, 항문 가학성의 표현인 시기심 역시도 타고난 것

> 이라고 말하겠다. 나의 관점에 의하면 체질적 요소들의 다양한 강도는 프로이트가 가정한 삶과 죽음의 본능이 융합되는 과정에서 어느 쪽이 우세한가에 달렸다[1957, p. 228].

이 발췌문을 보면 클라인은 체질적 요소를 강조하고 있을 뿐 아니라 이를 프로이트의 본능 이론과 연결하고 있다. 그리고 구강기와 항문기에 있어 시기심의 중요성을 이야기하며 은연중에 아브라함을 끌어들이는 것도 볼 수 있다. 앞부분에서 그녀는 프로이트의 「Character and anal erotism」(1908b)을 언급했는데, 이 논문에서 프로이트는 일부 사람들이 보이는 강력한 항문 성애가 타고난 것이라고 했다. 그리고 아브라함이 강조한 구강 충동의 강도, 그리고 조울증의 원인에 있어서 그 중요성을 언급하기도 했다. 이제 그녀의 마지막 이론 논문에서 그녀는 아브라함, 프로이트와의 관련성을 굳히려 한다. 이러한 맥락에서 그녀는 자아 강도와 "불안, 긴장, 좌절"을 견디는 자아의 능력에 대해서도 말한다(같은 책). 그녀는 "나는 정신분석 작업을 통해 성격 형성의 기원을 거슬러 올라가다 보면 다양한 선천적 요인에 이르게 되는 경험을 많이 했다"라고 말한다(같은 책, p. 229). 좀 더 자세하게 말하면 환경은 좋으나 과도한 시기심을 보이는 아기도 있고, 반대로 심각한 박탈을 겪었지만 멀쩡하게 자란 아기도 있다. 물론 자궁 안 환경의 영향도 있을 수 있다고 인정은 하지만, 그래도 그녀는 기본적으로 '타고난 요소'를 강조한다. 그리고 비록 타고난 요소가 중요하지만 이러한 요소들은 정신분석 치료의 전이 안에서 반드시 다루어져야 한다고 말한다. 우리는 17장에서 치료에 대한 그녀의 생각에 대해서 좀 더 이야기할 텐데, 여기서 말할 수 있는 것은 그녀의 생각에 따르면 (만약 그게 없다면) 좋은 대상을 만들 수 있는 유일한 방법은 (아마도 클라인주의 분석가와) 충분한 정신분석 경험을 가지는 것 정도이다. 그리고 치료를 통해 환자의 시기 어린 충동과 공격을 경험하고 분석하는 것이 핵심이다. 이렇듯 생의 끄트머리에서 그녀는 시기심을 자기 이론의 중심에 두었다.

고찰

아래에 이어질 고찰에서 누군가는 클라인의 이론과 관련한 차이점들을 논할 수도 있고, 혹은 그녀가 제시한 유용한 개념들에 대해 칭송할 수도 있을 것이다. 먼저 나로서는 그녀가 제시한 생후 육 개월의 오이디푸스 단계라는 생각에 동의하기가 어렵다는 생각을 밝힌다. 하지만 그녀의 이론이 제시하는 시간 자체에 얽매이고 싶지는 않다. 나는 앞서 클라인이 오이디푸스 콤플렉스와 최초의 삼각관계를 뒤섞어 버린 것 같다고 말했다(6장의 고찰). 하지만 이 또한 중요하지 않다. 그녀가 말한 position 개념, 그리고 부분 대상에서 전체 대상으로의 이행을 설명하는 방식은 혁명적이라고 할 만큼 중요한 이론적 시도로써, 그 시점이 언제인지는 별개의 문제이다. 클라인이 그리고 있는 그림은 아동기 동안의 상징화(depressive position)를 향한 전진, 그리고 새로운 불안에 봉착한 아기가 겪는 파편화, 그리고 정신적 자원을 사용하지 못하는 무능력 상태에 대한 것이다. 불안 안에서 텅 비어 가는 마음에 대한 그녀의 묘사는 depressive position에 머무는 환자를 대하는 치료자들의 접근 방식을 바꿨다. 내 생각에 (여러 재능 중에서도) 더없이 훌륭한 클라인의 해설자인 Bion은 그녀의 개념을 어떻게 임상적으로 이용할 수 있는지를 보여주었는데, 아마 그 방식은 클라인에게도 낯설었을 것이라 짐작한다. 그래서 이번 고찰을 시작하는 것에 있어 소소한 부분에 매달리기 이전에 우리가 얼마나 많은 것을 그녀에게 빚지고 있는지부터 인정하려고 한다.

6장에서 나는 클라인의 이론 발달에 대해 Petot가 쓴 두 권짜리 책을 여러 번 언급했다. 하지만 Meira Likierman도 최근 클라인에 대해 아주 훌륭한 책을 썼다. 특히 흥미로운 것은 페렌치가 클라인에게 미친 영향에 관해 쓴 부분이었는데, 그녀는 먼저 페렌치가 오랜 기간 프로이트의 가까운 동료이자 프로이트의 이론에 큰 영향을 미친 사람이라는 점을 언급한다. 페렌치는 비록 짧은 기간이었으나 프로이트에게 분석을 받기도 했었고 「Analysis terminable and interminable」(1937c)에서는 누군지 가려진 채로 등장하기도 했다. 참고로 나는 예전에 낸 책에서 그 부분을 다룬 적이 있었다(Ellman, 1991). 프로이트의 순수 쾌락 자아 개념은 분열과 투사-내사 과정을 포함하는데(3장), 이는 분명 페렌치의 영향을 크게 받았을 것이다. 사실 프로이트도 이점은 인정했다. 그녀는 전이에 관한 프로이트의 생각도 페렌치의 영향을 크게 받았다고 말했는데, 나는 이 부분에는 동의할 수 없다. 전이에 관한 프로이트의 생각은 서서히 발달한 것이며, 페렌치를 만나기 전에 이미 자리를 잡았다고 생각된다. 여기서 말할 수 있는 것은 앞서 내가 이 점에 대해 자세히 논했던 적이 있다는 정도다(Ellman, 1991, pp. 23~80). 전이에 관한 프로이트의 생각은 거의 전적으로 자신의 임상 경험에서 나왔으며 힘들게 자리를 잡았다고 볼 수 있다. 참고로 프로이트는 전이의 중요성을 인정하는 데 애를 많이 먹었다. 그가 오랫동안 환자를 보지 않게 되면서 (대신 소위 교육 분석을 주로 하면서, 일차 대전 이후이다) 그는 다시 병리적 기억 모델로 돌아갔으며, 부분적으로 전이를 떠났다.

전이에 관한 클라인의 생각은 프로이트의 전이 관련 논문, 그리고 투사적 동일시를 향해 가는 본인의 생각이 합쳐진 것이다. 물론 투사적 동일시 개념은 페렌치의 영향이 컸다. 가장 중요한 부분은 페렌치의 임상적 감수성 덕택에 그녀는 분석 자료를 통해 상상과 창조성을 누릴 수 있었다는 점이다. 그래서 프로이트의 전이 개념이 딱히 페렌치의 영향을 받지 않았다고 쳐도 페렌치는 음으로나 양으로나 클라인의 이론에 영향을 많이 끼쳤다.

한편 리키어만은 페어베언의 분열적 현상에 관한 이론이 depressive position에 선행하는 position 개념에 깊이를 더했다고 본다. 클라인은 1935년과 1940년의 논문에서 이 시기를 특징짓길, 아기가 편집증적 불안을 경험하는 시기라고 했다. 페어베언은 분명 분열성 역동에 관한 클라인의 생각을 자극하고, 이 시기가 paranoid-schizoid position으로 불리는 것에 영향을 미쳤다. 하지만 후에 이르면 클라인의 이론에서 시기심이 차지하는 자리가 너무 커서 다른 영향은 무색해지는 데다, 이는 페어베언과 별 관련도 없는 것이 사실이다. 클라인의 임상 작업을 보면 1932년 정도에 이미 흐릿하게나마 시기심 개념이 드러나고 있다. 내 생각에 (리키어만도 마찬가지이다) 더 분명한 부분은 아브라함의 이론적, 임상적 영향이다. 페어베언을 읽어보면(9장 참고) 그가 직관적으로 자신의 이론을 (프로이트가 아니라) 아브라함의 이론과 비교한 것을 알 수 있다. 그는 아브라함의 심리-성 단계를 요약한 뒤 그 견해에 동의하지 않으면서도 아브라함이 제시한 많은 임상적 의견에 동의를 표한다. 페어베언이 자신의 이론을 아브라함이 이해한 프로이트의 생각과 비교하길 원한 것은 아브라함이 프로이트의 심리-성 단계 이론에 개념적, 임상적 깊이를 더한 사람이기 때문이다. 물론 페어베언은 여러모로 프로이트나 아브라함의 이론적 가정과 다른 가정을 지닌다. 하지만 아브라함 또한 정신증과 우울증의 뿌리가 초기 발달 단계임을 공고히 했다. 더하여, (음경 선망 이전의) 시기심 또한 아브라함 이론에서 중요한 측면이다.

나는 앞서 1935년 이후 position 개념이 "stage 개념을 대체할 발달 단위"(1975, p. 433)가 되었다고 말한 Money-Kyrle의 말에 동의하지 않음을 밝혔다. 다음은 클라인의 말이다(1952b). "아기의 첫 수유 경험은 대상, 즉 젖가슴의 내면화로 이어진다"(p. 62). 클라인은 이것이 "처음에는 부분-대상과의 관계인데, 왜냐하면 생애 첫 시기 구강-리비도, 구강-공격적 충동은 둘 다 특히 엄마의 젖가슴으로 향하기 때문이다"라고 주장한다(같은 책). 리비도 충동과 파괴적 충동의 균형을 묘사하며 그녀는 "탐욕이라 불리는 감정은 무엇보다 우선 구강적 속성을 가진다"(같은 책, p. 62)라고 말한다. 항문 가학성에 관한 클라인의 말을 (여러 곳에서) 계속 인용할 수도 있다. 하지만 이 정도의 인용으로도 그녀가 position 개념을 stage 안에서 오가는 것으로 이해한다는 점은 분명해졌다고 생각한다. 분명 그녀의 stage 개념은 프로이트나 아브라함의 단계 개념 보다 훨씬 유동적이지만 분명히 그녀가 쓰고 있는 개념이다. 이 책 뒷부분에서(18장) 나는 일, 이차 억압 이론(사물 표상과 언어 표상)에서 연역한, 좀 더 연속적인 개념으로 position 개념을 대체할 것을 제안하겠다. Stage 개념과 position 개념 모두 새로운 아동 발달이론을 정립하는 데 탁월한 시작점이 된다고 말하면 좀 더 분명해질 것 같다. 새로운 아동 발달이론은 프로이트와 아브라함, 클라인의 핵심 가정을 포함해야 할 것이며, 유아기와 아동기를 거치는 동안 세상은 신체 기능이라는 프리즘을 통해 인식된다는 내용도 반드시 포함될 것이다.

만약 독자들이 순서대로 책을 읽었다면 아마 대토론에 대한 장도 읽었을 것이다. 혹자는 궁금해할지도 모르겠다. 왜 프로이트주의자들은 정작 자기들은 에로스와 타나토스를 믿지도 않으면서 클라인이 충분한 프로이트주의자가 아님을 비난하는지, 혹은 왜 클라인의 정신분석 기법을 비난하는지 말이다. 이 책 뒷부분을 읽어보면 알겠지만 나는 해석의 역할에 대해서 클라인이나 신-클라인주의자들과는 다른 의견을 가지고 있다. 분명 환상의 파괴적 측면의 해석에 대한 클라인의 생각은 바뀌어 왔다(Spillius, 1988, pp. 8~12). 그래도 나는 여전히 해석에 대해 그들과 다른 의견을 가지고 있다. 나중에 나는 클라인주의 정신분석 기법에 대해 비판을 다루도록 하겠으며, 이러한 비판에 대한 대응들도 자세하게 살펴 보겠다(18장 참고). 하지만 치료 상황에 대한 나의 이해에 클라인의 개념이 도움이 되지 않은 임상 상황은 거의 없었다고 봐도 무방하다. 나는 이것이 나만의 생각이라고 느끼지는 않는데, 그 이유는 내 생각에 이 세상의 수많은 정신분석가가 음으로 양으로 클라인의 영향을 받아왔기 때문이다. 그리고 많은 경우 이런 영향은 비온의 새로운 이론과 새로운 정식화에 의해 수정된 것이었다.

9장 페어베언

새로운 대상관계 이론의 목소리

요약

W. R. D. Fairbairn은 스코틀랜드의 정신분석가로, 대토론이 이루어지던 1940년 초반에 중요한 논문을 여럿 썼다(7장 참고). 대토론은 영국 정신분석 학회 내의 프로이트 진영과 클라인 진영 사이의 논쟁으로 클라인의 이론이 '진짜' 정신분석인지를 결정하기 위한 것이었는데, 이 시기의 페어베언은 프로이트의 정신분석과 분명히 구분되는 이론을 발달시키고 있었다. 그의 초점은 초기 대상관계에 있었으며, 클라인의 강조점과 일부 유사한 부분이 있었으나 기본적으로 아주 다른 관점에서 시작했다. 그는 프로이트와 아브라함이 내린 결론들을 재해석했고, 이 과정에서 프로이트의 욕동 이론을 폐기하고 다섯 개의 구조를 만들어냈다. 그리고 그는 프로이트의 이론 중 19세기 자연과학에 근거했다고 여겨지는 많은 부분도 배척했다. 발달이론과 임상 정신분석 이론에서 그는 분열성 역동을 강조하며 모든 정신병리가 분열성 역동, 혹은 그가 "love made hungry"라고 부른 것에 대한 반응이라고 말했다. 1946년의 비슷한 시기에 그와 클라인은 분열성 역동에 관한 논문을 발표했다. 실제로 페어베언의 논문은 그의 생각을 널리 퍼뜨리는 결과를 낳았고, 그 이후의 세월은 그의 편이 되어서 오늘날 현대 정신분석에 끼치는 그의 영향은 그가 살아 있었을 때보다 더 커졌다.

W. R. D. Fairbairn

페어베언은 프로이트 이론에 대한 초창기 비평가였으며 관계 이론의 선구자 중 한 명이다. 1989년에 Sutherland는 페어베언의 이론이 20세기에 새로운 패러다임을 제공한다고 말했다. 그의 말에 의하면 페어베언이 살아있을 당시 그의 이론이 갖는 함의를 제대로 이해한 사람은 몇 명 되지 않았다. 한편 Grotstein은 페어베언과 그의 저작에 대한 두 권짜리 책의 표지에 이렇게 썼다. "W. R. D. Fairbairn은 마침내 무명을 벗어나 현대의 대상관계 이론에서 주목받게 되었다. (…) 그의 선구적 아이디어는 당대를 벗어나는 것이었으며 오늘날에야 때늦은 전성기를 누리게 되었다"(Scharff & Birtles, 1994). 이 책에는 이미 발표된 논문들과 아직 발표되지 않았던 논문들이 실려있는데, 페어베언의 박학다식함, 그리고 당대의 정신분석과 프로이트 이론에 대한 폭넓은 관심과 이해가 기록되어 있다. 페어베언은 에든버러 대학에서 철학 박사와 의학 박사 학위를 땄으며 후에 의학 심리학을 가르치기도 했다. 이 책의 저자(샤프와 버틀즈)들은 그의 철학 수련이 프로이트에 대한 통찰력 있는 비판으로 이어진 것 같다고 생각한다. 하지만 페어베언은 철학에만 정통한 것이 아니라 당대의 지적 조류에도 정통했었다. 그는 에든버러 근교에서 병원을 운영하고 있었고 많은 종류의 환자를 보았다. 그중에는 정신증 환자도 여럿 있었고, 성적 학대나 이차 세계 대전에서 트라우마를 겪은 환자도 있었다.

샤프와 버틀즈는 페어베언의 글들이 "영국 정신분석 학회 내 중간 그룹의 핵심적 사상으로 받아들여졌음"을 명기하고 있다(1994, p. 12). 그리고 그의 주된 관심사였던 모-자 간의 상호작용, 가족과 치료자의 주관적 경험, 그리고 역전이는 모두 오늘날 정신분석의 중요 관심사가 되었다. 페어베언이 이런 주제들에 대해서 글을 쓴 것은 "Winnicott과 Bowlby가 그들의 생각을 설명, 확장하기 15년 전"이었다(같은 책, p. 12). 서덜랜드(1989)는 코헛의 생각이 페어베언의 초창기 생각과 아주 비슷하다고 말한다. 비록 이점에 대해 자세히 살펴보지는 않겠지만 샤프와 버틀즈(더해서 서덜랜드, 그로슈타인, 미첼, 그 외 많은 사람도)는 페어베언을 20세기 최고의 정신분석 이론가 중의 한 명이라고 생각한다.

정신분석의 역사를 어느 정도 다루어야 하는 책에서 시대착오적 가정을 하지 않기는 어렵다. 그런 의미에서 현대의 프로이트주의자나 클라인주의자가 페어베언의 생각에 대해 당연하다고 말하거나, 혹은 정신분석의 관심사는 당연히 인간 존재이지 억압된 욕망의 다발 따위가 아니라고 말하기는 쉽다. 그러나 페어베언이 글을 썼던 것은 1930년대부터 1950년대까지였다. 존스가 페어베언의 논문집 서문에 쓴 글을 보면 그는 이점을 잘 이해하고 있었다.

> 페어베언 박사가 정신분석 학계에서 차지하고 있는 위치는 특별하면서도 대단히 흥미롭다. 가장 가까이에 있는 동료들로부터 최소 수백 마일은 떨어져 지내며, 심지어 거의 만나지도 않고 살았던 것은 커다란 이익과 약간의 손실을 동시에 안겼다. 주된 이익은 방해와 간섭이 없었다는 점으로, 덕분에 매일의 임상 경험에서 발전해가는 자신의 새로운 생각들에 온전히 집중할 수 있었다. 이러한 상황 덕택에 페어베언 박사

의 독창성은 탁월하다. 반면 동료와의 값진 토론 없이 작업하기 위해서는 엄격한 자기-검열이라는 힘이 요구된다. 왜냐하면 동료와의 토론을 통해 혼자서는 간과하기 쉬운 부분을 짚어낼 수 있고, 자기만의 일방적인 사고의 흐름에서 벗어날 수 있기 때문이다. 이 책의 내용에 대해 미리 평가를 하는 것은 내 일이 아니다. 하지만 나의 확고한 의견을 말하는 것이 허락된다면 이 책은 엄청나게 흥미로울 것이라고 말해주고 싶다. 만약 페어베언 박사의 새로운 생각들을 하나의 문장으로 압축시키는 것이 가능하다면 아마 다음과 같지 않을까 싶다. 프로이트는 다양한 성감대의 흥분, 그리고 생식기의 활동에서 비롯되는 내적 긴장 같은 신경계의 자극에서 시작한다. 하지만 페어베언 박사는 인격의 중심인 자아에서 시작하며, 자아가 지지를 찾아 대상에 이르려는 노력의 와중에 빚어지는 갈등과 어려움에 대해 묘사한다[Jones, 1952, p. 5].

당시 정신분석의 주류, 그중에서도 심장부에 있던 존스가 페어베언의 생각에 대해 신선하고 도발적이라고 말하고 있음을 볼 수 있다. 페어베언과 존스가 묘사하는 프로이트의 이론을 보면 페어베언은 자신과 프로이트의 대조되는 접근 방식을 드러내며 프로이트의 이론에 도전하는 것 같다. 한편 페어베언이 제기하고 있는 여러 이슈는 현대 정신분석 담론에도 유효하다. 이런 맥락에서 샤프와 버틀즈는 이렇게 말한다.

프로이트가 그러하듯, 페어베언의 공헌도 너무나 중요해서 이제 현대 정신분석의 "식수食水"가 되었다. 그래서 우리는 그것들이 어디에서 왔는지도 모르는 채 마시고 있다[1994, p. 12].

그래서 현대 정신분석에서 강력한 지지를 받아온 페어베언의 이론은 여러모로 프로이트 이론의 대안으로 여겨진다. 이 장에서 나는 그의 글을 시간순으로 따라가지는 않을 것인데, 왜냐하면 그의 글 대부분은 한 시기에 쓰였고, 주제 면에서 서로 결합해 있기 때문이다. 오히려 우리는 그가 제시한 새로운 개념과 그의 비판이 겨냥하고 있는 개념들을 살펴볼 것이다. 그리고 그가 말년에 발표한 논문도 살펴보지 않을 것인데, 왜냐하면 말년의 그는 좀 더 프로이트주의자에 가까워지고 오이디푸스 콤플렉스 이론에 근접해 가기 때문이다. 그 논문들은 그의 초기 논문들과 어떤 면에서 단절되어 있으며, 어떻게 보면 나빠지는 그의 건강을 보여주는 것 같기도 하다. Guntrip은 이 당시 페어베언에 대해서 글을 쓴 적이 있는데, 그는 페어베언의 분석 환자였으며 확실히 페어베언에게 이론적 영향을 강하게 받은 것 같기는 하다.

기초적인 가정들: 에너지, 구조, 본능적 행위

프로이트에 대해서 말하지 않고 페어베언을 논하기는 어려운데, 그 이유는 페어베언의 글 중 상당수가 자신과 프로이트를 비교하면서 시작하거나 비교에 초점이 있기 때문이다. 그는 프로이트의 이드는 방향 없는 에너지를 가지고, 반면 자아는 에너지 없는 방향을 갖는다고 주장했다. 하지만 페어베언이 보기에는 이드와 자아를 나누면서 하나의 행위를 인위적으로 분리하는 것 과학적으로나 임상적으로나 말이 안 되는 이야기였다. 그리고 행위와 이 행위를 가능케 하는 에너지를 구분하는 것도 거짓 구분에 불과했다. 그리고 그는 프로이트의 삼중 구조 모델 이론을 강하게 비판했다(페어베언이 말한 구조에 관해서는 이따가 좀 더 자세히 말하겠다). 페어베언의 가정은 에너지가 장착된 자아 구조가 있고, 이것이 목표 지향적인 활동에 연료를 공급한다는 것이다. 그리고 그는 자아가 태어날 때부터 있다고 주장하며 이드 개념을 없애 버렸다. 그는 프로이트의 메타심리학이 19세기 물리학의 산물이라고 말했는데, 이때 19세기의 물리학이라는 것은 세상은 나눌 수 없는 입자들이 뭉쳐져서 만들어진 것이고, 입자들은 에너지에 의해 움직인다는 모델을 말한다. 하지만 19세기 과학 모델과 달리 아인슈타인의 혁명적 개념은 입자와 에너지가 상호 변환이 가능하며, 둘은 떼려야 뗄 수 없이 뭉쳐져 있다고 말한다. 그리고 당연히 입자의 분열은 엄청난 에너지를 방출한다. 모두가 알듯이 이것이 원자 에너지의 기초가 되고 원자 폭탄의 기초가 되었다. 누군가는 이렇게 질문해볼 수도 있겠다. 그렇다면 폭발 당시의 에너지는 입자와 분리되는가?

페어베언의 이론에서의 기본 가정은 인간은 근본적으로 대상을 추구하는 존재이지, 쾌락을 추구하는 존재가 아니라는 것이다(1943, p. 60). 그리고 만약 인간이 기본적으로 쾌락을 추구한다면 거기에는 필연적으로 행위의 타락이 있다고 말한다(1946, p. 139). 왜냐하면 인간 행위의 일차적 동기는 대상의 추구이므로 만약 누군가가 쾌락을 추구한다면 거기에는 자아의 심각한 왜곡이 있게 마련이기 때문이다. 프로이트에 대한 페어베언의 비판은 유사 물리학에 근거한 것이 아니라 임상적, 생물학적 관찰에 근거한다. 그는 말하길 프로이트 심리학의 근간은

> 만족스럽지 않은데 (…) 왜냐하면 대상-관계를 이차적인 것으로 축소하기 때문이다. (…) 프로이트 심리학은 은연중에 인간이 사회적 동물임을 부정하고 있으며, (…) 따라서 사회적 행위가 습득된 특성이라고 말한다[1956, pp. 131~132].

그리고 동물의 행동에 대해서 이렇게 말한다.

> 동물의 세계를 보면 사회적(대상-관계적) 행위는 대개 태어날 때부터 관찰된다. 최근 어린 동물들이 보이는 각인imprinting 현상에 관한 연구를

보면 대상을 향한 선천적 지향성이 있음을 알 수 있다[같은 책, p. 132].

페어베언이 말하고 있는 연구는 Lorenz와 그의 동료들이 한 것으로, 조류(오리, 칠면조 등)의 각인 현상에 대한 것이다. 이어서 말하길 동물의 본능적 행위를 보면 그들은 처음부터 쾌락 원리보다는 현실 원리에 따라 움직인다고 말한다. 그리고 어떤 종이 환경에 적응한다는 것은 "외적 현실의 내면화가 유전적으로 계승된 것"이라고 말했다(같은 책). 흥미롭게도 페어베언은 본능 개념에 대해서는 그렇게 비판적이지 않았다. 그는 "기초적 행동을 '본능적'이라 부르는 것은 의미가 있다. 하지만 분리된 '본능'이라는 개념화는 본능적 행위에서 드러나는 경향성을 실체화하는 것에 불과하다"라고 말한다(1956, p. 133). 그래서 어떤 행위는 본능적이라고 말할 수는 있으나 리비도와 공격성을 구분하는 것은 틀렸는데, 이유는 "본능, 그리고 본능으로부터 에너지를 얻게 되는 구조가 서로 떨어져 존재함"을 의미하기 때문이다(같은 책). 그러니까 페어베언의 비판이 가장 매섭게 향하는 곳은 프로이트의 '원자론'이지, 본능 개념이나 심지어 에너지로써 리비도가 아니었던 셈이다. 그의 전반적인 논조는 대략 이러했으나 후기 저작에 이르면 "리비도와 공격성을 '본능'이라고 보기보다 행동의 기초 '요소들'이라고 생각하는 것이 (…) 바람직하다"라고 말한다(1956, p. 136). 비록 여러 곳에서 이처럼 언어적 교정을 시도하기는 했지만, 여전히 본능 개념을 사용한다고 볼 수 있다. 그는 리비도 본능에 대해서는 내인성 에너지원 정도로 여긴 반면, 공격성에 대해서는 본능이라기보다는 가지고 태어나는 능력이라고 생각했던 듯하다. 그러니까 공격성은 한 개인을 끊임없이 행위로 몰아넣는 지속적인 압박이라기보다는 그 사람이 가지는 능력(반응 능력)인 셈이다. 그래서 페어베언이 보는 (선천적 능력으로써) 공격성은 환경으로부터의 자극이 없으면 보이지 않게 된다. 물론 이러한 생각도 프로이트의 죽음 본능 개념과는 다른데, 프로이트의 타나토스는 환경과 무관하게 한 개인에게 지속적인 압박을 가하는 것이다.

Positions and stages of development

페어베언은 아브라함의 고착 지점에 관한 이론을 다시 한번 짚어보면서 정신병리에 관한 토론을 시작한다. 아브라함이 기술하는 프로이트 이론은 여러모로 프로이트가 쓴 것보다 더 정교한 면이 있다. 그는 아브라함이 분열성 (혹은 조현증) 병리를 "빨기가 우세한 초기 구강기 고착"과 관련된 것으로 생각했다고 본다(1941, p. 29). 그리고 이 정식화가 옳다는 데 의심의 여지가 없다고 말하며, 나아가 "그리고 의심의 여지가 없이 옳은 다른 하나의 주장은 조울증이 후기 구강기 고착과 관계있다는 것으로, 이때는 깨물기가 나타나는 점이 특징이다"라고 한다(같은 책). 또한 아브라함은 편집증을 초기 항문기 고착, 강박증을 후기 항문기 고착, 히스테리를 성기(음경)기 고착과 연관 지었다. 이 고착 지점들은 프로이트가 그의 세 번째 이론에서 말한 것과 거의 같다(3장 참고). 아브라함의 고착 지점에 관해 이야기하면서 페어베언은 인정하길, 편집증은

> 그 대상을 물리치기 위해서 원시적 항문기 기법을 사용하고, [그리고] 강박증은 좀 더 발달한 항문기 기법으로 대상을 조종하며, [또한] 히스테리 환자는 성기 오르가슴을 포기함으로써 대상과의 관계 개선을 도모한다[같은 책, p. 30].

한편 비록 여러 "기법"이 사용되지만, 이는 단순히 "자아를 구강 기원의

영향으로부터 방어하기" 위한 방편일 뿐이다(같은 책). 즉 편집성 혹은 우울한 상태가 근본적 상태로써, "여기서는 구강기 원인이 발견된다." 그래서 페어베언의 주장은 모든 정신병리는 궁극적으로 구강 기원의 갈등과 인과 관계를 맺는다는 것이다. (여기서 샤프가 제기하는 문제가 있다. 그는 페어베언이 구강 성향을 정신상태의 지표로 삼는다고 주장한다. 사실 여기에 대해 이견을 가지는 정신분석가가 있을까 싶다.) 편집증, 강박증, 히스테리는 "분열 혹은 우울 상태 그 자체와는 대비된다. (…) 이런 상태들은 자아에 방어를 요구하는 어떤 특징을 가진다"(같은 책). 그러니까 분열 상태나 우울 상태도 나름의 특징적인 방어를 가질 수 있지만, 이런 상태는 모든 갈등이 기반하고 있는 기본적 상태라는 뜻이다.

페어베언의 해석에 의하면 아브라함과 프로이트는 정신병리의 연결에서 실수를 저질렀고, 이 연결을 일차적 이유로 착각하게 되었다. 이에 관한 토론에서 페어베언은 은연중에 위에서 제시한 여러 상관관계를 자신의 새로운 이론 안에 위치시키려는 듯하다. 예를 들어 아브라함과 프로이트의 리비도 이론에는 대상이 필요함을 넌지시 가리키는데, 그러면서 성감대는 "리비도가 배출되는 채널이고, (…) 리비도의 최종 목적지는 대상이다"라고 말한다(1941, p. 31). 이제 그는 초기 프로이트(1895)와 비슷한 방식으로 말하길, "대상 리비도는 전기 에너지의 흐름을 결정하는 법칙과 유사한 법칙에 따라 결정된다"(같은 책, p. 32). 이 개념에서 리비도는 저항이 가장 적은 경로를 따라 흐르고 "유아기에서 (…) 가장 저항이 적은 경로는 (…) 거의 전적으로 입을 통한 경로이다. 그래서 입이 우세한 리비도 장기가 된다"(같은 책). 그러니까 성감대는 대상과의 소통을 위한 단순한 채널이 되는 것이다. 비록 성감대 개념을 받아들이나 일차적 중요성을 지니는 곳은 확실히 구강 성감대이다. 그 이유는 유아기 의존성 동안 구강이 우세해지기 때문이며, 그에게 이 시기는 인격의 발달뿐 아니라 정신병리의 형성에서도 핵심적인 시기가 된다. 비록 프로이트와 아브라함의 심리-성 발달 개념을 잘 이해하고 있었지만, 그의 생각으로는 본인의 이론이 좀 더 진보한 정신분석 이론으로 여겨졌다. 그가 새롭게 제시한 이론에서 발달은 크게 세 부분, 혹은 세 단계의 관계 맺음으로 나뉜다. 유아기 의존성, 유사-독립성(이행기), 그리고 성숙한 의존성.

유아기 의존성infantile dependence 시기는 초기와 후기 구강기의 두 단계로 구분된다. 초기 구강기 단계에서 대상은 엄마의 젖가슴이고, 이 시기 엄마의 젖가슴은 대상의 한 부분으로 내면화된다. 후기 구강기가 되면 엄마는 젖가슴을 가진 존재로 인식되며 "특징적으로 전체 대상이 마치 부분-대상처럼 취급된다"(1941, p. 41). 이 시기에 중요한 점은 아기가 "부모에 의해 한 인간으로서 진심으로 사랑을 받고, 부모도 진심으로 아기의 사랑을 받아들이는 것"이다(같은 책, p. 39). 아기가 진짜 대상에게 안전하게 의지할 수 있고, 또한 '불안' 없이 유아기 의존성을 차츰 포기할 수 있는 것은 이러한 사랑이 아기에게 충분히 설득력 있는 형태로 존재할 때뿐이다. 반면 이런 확신 없이 아기/아이는 그의 내적 대상과 충분히 이별할 수 없는데, 왜냐하면 이러한 분리는 굉장한 불안을 초래하며 "굶주린 감정적 필요를 만족시킬 수 있다는 모든 희망을 없애버리는 것과 (…) 진배없기 때문이다"(같은 책). 누군가로부터 사랑받고 누군가에게 자신의 사랑이 수용되는 경험이 좌절되는 것은 "아기가 겪을 수 있는 가장 큰 트라우마이다"(같은 책, p. 40). 모든 강박적 형태의 심리-성적 현상은 '외부 세계의 대상'과의 만족스러운 애정 관계를 얻는 데 실패한 결과이다.

다음 단계인 유사 독립성quasi-independence, 혹은 이행기transitional stage는 상대방 혹은 전체 대상이 마치 '장 내용물'처럼 취급되는 단계이다. 이 단계를 이해하기 위해서 우리는 유아기 의존성 단계에 대해 좀 더 깊이 생각해볼 필요가 있다. 페어베언이 보는 유아기 의존성 단계는 "대상과의 일차적 동일시"를 포함한다(같은 책, p. 42). 유사-의존성 단계의 임무 중 하나는 대상과의 분화로, 이는 "함입했던 대상을 배출하는 것, 즉, 장 내용물의 배출에 관한 문제"가 되는 경향이 있다(같은 책, p. 43). 여기에서 그는 아브라함이 말한 항문기의 논리와 방출 개념을 언급한다. 페어베언은 방출의 중요성을 확인하지만 더불어 중요한 것은 "아이가 항문기에 머물러있기 때문에 장 내용물의 처분에 지대한 관심이 있는 것이 아니라 아이가 장 내용물의 처분에 지대한 관심을 두기 때문에 그 아이가 항문기에 있다고 말하는 것"임을 아는 것이다(같은 책). 이제 대상은 상징적으로 아이가 배출해야 하는 장 내용물이 된다. 배출에 성공함에 따라 독립성이 느껴지겠지만 그것은 아이 자신의 가녀린 환상에 불과하므로 이 시기는 유사-독립성이라고 불린다. 페어베언은 이행 단계 갈등의 특징을 "대상과의 동일시를 포기하고 싶은 진보석 욕망과 그 태도를 유지하고 싶은 퇴행적 욕망 사이의 갈등"이라고 했다(같은 책). 페어베언이 보기에 진보석 욕망은 고립에 대한 불안과 관련이 있고, 퇴행적 욕망은 포위되고 갇히는 것에 대한 불안과 관련이 있다. 그래서 그는 공포증과 강박증이 기본 갈등을 처리하는 두 가지 다른 방법이라고 말한다. 공포증은 대상으로부터 도망갈 것인가 아니면 되돌아갈 것인가에 대한 것이고, 강박증은 대상을 지니고 있을 것인가 아니면 배출할 것인가에 대한 것이기 때문이다. 그리고 강박증이 대상에 대한 조종을 포함하므로 강박증을 '그 속성상 가학적'으로 보았다. 반면 공포증은 도망 혹은 굴복, 그리고 대상으로 돌아가는 것을 포함하므로 그 속성상 피학적이다.

히스테리 병리는 외부 대상의 수용과 과잉-이상화, 그리고 내적 대상의 거부를 포함한다. 여기서 페어베언이 말하는 대상의 수용은 애정관계를 통해 이루어지고, 대상의 거절은 "상당한 동일시가 이루어진 내적 대상"의 거절을 의미한다(같은 책, p. 45). 히스테리 환자가 내적 대상을 거절하면 외부 대상은 수용되고 심지어 과잉-이상화된다. 비록 히스테리 환자는 내면화된 성기 표상을 거절하는 것처럼 보이지만 '실상을 보면' 거절된 성기와 젖가슴은 같은 것이다. 그래서 비록 히스테리 환자는 겉보기에는 새로운 애정 관계에 편입된 것처럼 보이지만 핵심 관계는 일차적, 혹은 최초의 리비도 대상과의 관계라고 할 수 있다. (이는 유사-독립성 단계의 모든 발달에서 마찬가지이다.) 따라서 히스테리 환자의 극적인 애정 관계는 내적 관계의 거절을 과잉-보상한 결과인 셈이다. 그는 히스테리 환자의 해리 경향을 내적 대상의 거절에 따른 결과로 본다.

페어베언은 편집증과 히스테리를 비교하면서 "편집증은 반드시 (…) 외면화된 대상의 거절과 내면화된 대상의 수용으로 봐야 한다"라고 말한다(같은 책). 즉, 히스테리의 반대이다. 이는 어쩌면 독자들에게 상당히 충격적일 수 있을 텐데, 왜냐하면 그의 이론에서 편집증과 히스테리가 병리의 심각성 면에서 같은 수준으로 취급되기 때문이다. 하지만 흥미롭게도 페어베언은 여기에서도 앞날을 예견하고 있다. 오늘날 병리의 위계는 종종 무시되거나 혹은 병리가 조합됨으로써 애초의 의미는 퇴색하게 되었다. 예를 들어 Kernberg(1975)가 경계선 히스테리라고 불렀던 것은 프로이트가 말했던, 갈등적 대상 사랑이라는 의미의 히스테리 개념의 핵심적 측면을 배제하고 있다. 하지만 컨버그는 이런 시도에 대해 페어베언의 개념으로 설명하지는 않는다. 한편 프로이트는 히스테리를 정신분석 치료가 가능한 신경증으로 생각했고(3장 참고), 히스테리는 편집증이나 심지어 강박증보다도 경한 병리로 이해했다. 여기서 페어베언은 우리가 왜 병리들 사이의 우열을 정할 수 없는지에 대한 근거를 제공한다. 그 이유는 이 모든 병리가 분열 혹은 우울이라는 기본적 상태를 방어하기 위해 동원되는 것들이기 때문이다. 그래서 페어베언의 논리를 확장하면 어떤 사람이 좀 더한, 혹은 좀 덜한 갈등을 겪는다는 뜻은 원초적 고착의 경중의 정도에 따라 판단할 수 있다. 즉, 히스테리 환자의 해리 정도, 그리고 편집증 환자가 외부 대상을 교란(파괴)하는 정도가 중요해지는 것이다. 우리는 나중에 이 문제로 다시 돌아올 것이다. 하지만 먼저 페어베언의 기본적 입장을 좀 더 살펴보는 것이 중요할 것 같다.

사랑과 미움의 파괴적 측면

앞서 유아기 의존성 단계의 중요성에 관해 이야기했다. 그런데 페어베언의 이론에서 이것이 왜 그토록 중요할까? 대답은 분명해 보인다. 왜냐하면 유아기 의존성은 최초의 단계이기 때문이다. 반면 이 단계의 역동에 관한 페어베언의 생각은 아주 분명히지는 않아 보인다. 그는 유아기 의존성 내의 초기 구강기 단계의 정서적 갈등이 "빨 것인가 말 것인가, 그러니까 사랑할 것인가 말 것인가"의 형태를 띤다고 본다(1941, p. 49). 이것이 분열성 환자에게 직면한 주요 갈등이다. 다른 식으로 말하면 분열성 환자의 딜레마는 어떻게 사랑받는 이(대상)를 파괴하지 않으면서 사랑할 것인가다. 이것은 아주 중요하고도 파괴적인 이슈인데, 그 이유는 만약 자신의 사랑이 파괴적으로 느껴지면 사랑이나 "리비도를 바깥세상의 대상을 향하도록" 만드는 것이 불가능하거나 어렵기 때문이다(같은 책, p. 50). 분열성 환자는 세상으로부터 물러나 (혹은 대상으로부터 리비도를 철수시키고) 현실에서 후퇴한다. 만약 이 정도가 심하면 조현증이 멀지 않은 것이다. 분열성 환자에 대한 페어베언의 의견은 이런 부류의 환자들은 내성적이면서도 자기애적이라는 것이다. 이러한 자기애, 혹은 '우월감'은 내면화된 대상을 향한 태도이며 반대로 외부 대상을 향해서는 보통 열등감이 있기 마련이다. 이 열등감은 분열성 환자의 근원적 딜레마의 하나로, '심각한 무기력감'을 포함한다. 그러니까 분열성 환자들은 그 자신의 파괴적 힘에 대한 두려움으로 인해 타인에게 다가가지 못하고 결과적으로 시종일관 공허 혹은 무력감을 느끼고/느끼거나 대상 세계를 잃게 된다. 페어베언의 눈에 이는 환자의 자아가 약해짐을 의미한다. 아마 대다수 치료자의 눈에도 그러해 보일 것이다. 심지어 초기 저작에서도 그는 분열은 보편적 현상이지만 분열성 환자가 가진 딜레마는 사람이 무가치함과 절망감을 느끼는 분열의 소모적인 과정으로 이어질 수 있다고 강조한다. 분열은 자아를 약하게 만들고, 가끔은 리비도 애착의 포기도 일어나게 되는데, 이것이 다시 한번 자아 약화의 요인이 된다. 그의 생각에 자아 상실의 위험은 최악의 병리적 재앙이다.

페어베언이 보는 초기 구강기의 최대 난제는 사랑으로 인해 대상을 파괴하지 않으면서 어떻게 그 대상을 사랑할 수 있는가의 문제이다. 그리고 후기 구강기의 최대 난제는 미움에 의해 대상을 파괴하지 않으면서 어떻게 그 대상을 사랑할 수 있는가의 문제이다. 이 문제도 중요한 역동이지만 분열성 환자가 겪는 파괴적 딜레마는 아니다. 분열성 환자의 딜레마는 자신이 바라마지 않는 대상이 사랑에 의해 파괴된다는 것으로, 이렇게 사랑은 황폐하고 파괴적인 행위가 되어버린다. 하지만 우울증의 난제는 미움에 의해 대상이 파괴되는 것이다. 우울증 환자의 경우 자신의 사랑이 좋은 것으로 여겨지고 외부 대상과 관계를 맺을 수 있을 정도로 발달이 이루어진 상태이기 때문이다. 하지만 페어베언의 용어를 빌리자면 우울증 환자는 내재적으로 대상에 대한 양가감정을 가진다. 이때 우울증 환자가 아직 다다르지 못한 단계는 자신의 미움을 "주로 적어도 거절된 대상에게라도 향하게 만드는 것인데, [만약 그랬다면] [사랑은] 비교적 미움이 덜 가미된, 수용된 대상으로 향하게 할 수도 있었을 것이다"(p. 53). 대상을 향한 미움은 대상 상실의 불안을 일으킨다. 그리고 대상 상실의 경험 혹은 상실의 실재성은 중요한 외상적 사건으로, 우울 상태를 초래한다. 유아기 의존성 기간의 이 두 상태는 모든 인간에게 적용되는 근원적 이슈라고 할 수 있다. 페어베언은 이렇게 말한다.

> 유아기 의존성에서 완전히 벗어난 사람은 아무도 없다. 그리고 구강기 고착을 완전히 탈피한 사람도 없다. 그리고 초기 대상의 함입 필요성에서 완전히 탈출한 사람도 없다[같은 책, p. 56].

그의 관점에서 모든 인간은 분열적이거나 우울하다. 어쩌면 고착의 종류와 정도를 정하는 유전적 요소가 있고, 이는 "빠는 충동과 깨무는 충동의 선천적인 상대적 강도"와 연관이 있을 수도 있다(같은 책). 페어베언은 자신의 견해를 Kretschmer와 연결 짓는다. 크레츠머는 두 개의 기본적 심리적 유형인 schizothymic과 cyclothymic을 묘사하고 전자를 조현병, 후자를 조울 정신증과 연결 지었다. 페어베언은 둘의 견해가 놀랍도록 일치한다고 말한다. 페어베언이 말하기에 둘 사이의 주된 차이점은, 크레츠머는 두 유형 사이의 성정의 차이temperamental proclivity를 주로 체질적 요소로 설명했지만, 페어베언의 견해에서는 유아기 의존성 동안 생겨난 병리적 요소가 그 성향을 상당 부분 결정한다는 것이었다. 페어베언은 크레츠머의 견해를 자기 견해에 대한 일종의 지지로 생각했다. 그는 "가장 '정상적인' 사람이라도 가장 깊숙이 들어가면 그런 성향이 있기 마련이다"라고 말했다(같은 책, p. 58). 그러니까 만약 '정상인'에 대한 그의 말이 옳다면 적어도 자신의 분열적 충동과 갈등을 분석해야만 온전한 분석을 받았다고 말할 수 있다.

지금까지 정신병리에 관한 페어베언의 주요 논문을 샅샅이 훑어

봄으로써 그의 정신병리 이론을 살펴봤다. 이 책에서 나는 고찰을 주로 각 장의 뒷부분에 위치시켰다. 하지만 지금부터 하게 될 이야기는 아마도 그를 좀 더 흥미로운 관점에서 보게 만들면서 동시에 이 책의 핵심 주제 한 가지도 드러낼 것이라 믿는다. 일부 관계 이론가(Greenberg & Mitchell, 1983)는 위에서 제시한 모델이 소위 욕동/구조 모델과 연결된다고 말하며 페어베언의 후기 모델이 암묵적으로 위의 이론을 대체한다고 본다. 그들은 페어베언이나 건트립 모두 이상의 모델을 폐기하지 않았음은 인정한다. 하지만 페어베언과 건트립의 이론을 이해하기 위해서는 몇몇 요소가 더 필요하다. 분석가이자 이론가인 건트립은 페어베언의 환자였다. 그는 여러 책을 통해(1968, 1971) 페어베언의 이론과 임상적 관점을 드러내려 했다.

위의 1941년 논문에서 토론한 역동은 건트립의 대상관계 이론에서도 중심이 된다(1968, 1971). 건트립은 자신을 페어베언의 핵심 옹호자로 자처했고, 그 후 오랫동안 페어베언을 미국에 알린 사람도 주로 건트립이었다. 나도 그린버그와 미첼처럼 페어베언이 갈수록 분열성 역동을 강조했다고 생각한다. 하지만 내 생각에 그가 강조하는 분열성 역동은 1941년 논문의 그것이다. 후기 논문으로 가면서 페어베언은 depressive position을 덜 강조하기는 하지만 사랑의 파괴적 측면(분열성 역동의 핵심)에 대해서는 변하지 않는다. 1951년의 페어베언은 자신의 이론을 예리하게 요약한 논문을 쓴다. 이 논문에서 그는 자신이 수정하기를 원했던 부분을 수정하는 데 주저함이 없었으나 이 부분만큼은 바꾸지 않았다. 게다가 1941년 논문이 욕동/구조이론과 연결되어 있다는 부분도 좀 이상한 주장이다. 나의 독법으로 그는 프로이트나 아브라함과는 전혀 다른 이론을 제시하면서 정신분석 이론의 강조점을 완전히 바꾸어버린다. 유아기에서 입의 중요성을 부정하지 않는다면 입을 통해 많은

게 교류된다는 것은 합당한 관찰이다. 아기들을 보라. 죄다 먹고 빠는 일이지 않은가? 페어베언의 주장은 이러한 활동들이 그 자체보다는 엄마와의 관계에서 중요하다는 뜻이었다. 다르게 말하면 이렇게도 말할 수 있다. 입은 대상을 향한 채널인데, 그 이유는 입이 아기의 정신에 육체적 형상을 부여하기 때문이다(이 부분은 개인적 대화에서 샤프가 한 말이다). 이것은 욕동/구조이론과의 연결이 아니라 페어베언이 프로이트/아브라함 이론의 핵심이라고 여겼던 신체적 현상에서 의미를 만들어내려는 시도이다. 그는 프로이트와 아브라함 이론의 핵심을 이해했지만 그들의 이론은 거절한 셈이다.

그린버그와 미첼의 페어베언 해석에 대해서 내가 할 수 있는 이야기는 비록 그가 욕동 이론을 물리쳤지만, 그래도 여전히 자기의 생각과 프로이트 이론의 많은 부분에 대해 통합을 시도하고 있다는 점이다. 물론 이 책의 주제 중 하나도 그것이다. 하지만 그린버그와 미첼이 쓴 책에서 그들은 이러한 가능성마저 부정한다. 나는 이 책의 마지막에서 그 부분을 주로 다룰 것이다.

나쁜 대상들과 그들의 귀환

클라인(1946)과 페어베언(1946)을 가르는 이슈 중 하나는 오직 나쁜 대상만 내면화된다는 페어베언의 주장을 클라인이 물리친 것이다. (하지만 나는 그가 좋은 대상 또한 내면화된다고 생각했다고 본다.) 그의 강조점이 나쁜 대상의 내면화에 있었던 것은 맞다. 하지만 위와 같은 이론적 선언에서 그가 하려는 말은 억압되는 것은 불쾌하거나 참을 수 없는 기억이 아니란 뜻이다. 오히려 대상이 "자아가 견딜 수 없이 나쁜 대상이 될 때" 억압이 일어난다는 것이다(1951, p. 164). 나쁜 대상의 내면화에 관한 이론을 제시하면서 그는 독자들에게 정신분석과 심리학은 자아와 그 내면화된 대상 간의 관계에 대한 학문이 되어야 한다고 말한다. 그가 보기에 프로이트는 견딜 수 없는 기억의 억압이라는 초기 관점에서 근친상간적 충동의 억압은 초자아에 의한 죄책감의 결과라는 후기 관점으로 옮겨간다. 그는 이 두 견해 모두를 물리치며 "기본적으로 억압되는 것은 참을 수 없는 죄책감을 일으키는 충동도 아니고, 참을 수 없이 불쾌한 기억도 아니다. 억압되는 것은 참을 수 없이 나쁜 대상이다. (…) 충동이 나쁜 대상을 향하게 되면 그 충동도 나빠진다"라고 말한다(1943, p. 62). 나쁜 대상은 항상 견딜 수 없이 나쁘며 나쁜 대상과의 관계도 당연히 수치스럽다. 거꾸로 "만약 아이가 그 부모를 수치스러워한다면 그의 부모는 (반드시) 아이에게 나쁜 대상이다"(같은 책, p. 64).

모든 인간은 나쁜 대상을 내면화하나 그 영향력은 나쁜 대상이 무의식을 차지하고 있는 정도, 그리고 얼마나 나쁜지에 달려있다. 여기에 더해 "자아가 내면화된 나쁜 대상과 동일시하는 정도, 그리고 자아를 대상으로부터 보호하는 방어의 속성과 강도"에도 달려있다(같은 책, p. 65). 나쁜 대상은 너무 나빠서 "아이는 나쁜 대상을 가지느니 스스로 나빠지기로 한다"(같은 책). 그러니까 나쁨(나빠짐)이라는 '부담'이 나쁜 대상의 영향력보다 견디기 쉽다는 뜻이다. 만약 아이가 좋은 대상들의 바다 속에서 나빠진다면 아이는 외부 세계로부터 일말의 안정을 얻을 수 있다. 하지만 이런 방어는 아이를 내면화된 나쁜 대상의 공격에 취약하게 만든다. 전통적인 네 개의 방어법뿐 아니라 이러한 방법들도 억압이 실패했을 때 생겨난다. 한편 페어베언이 보기에는 조건적 나쁨과 무조건적 나쁨, 두 종류의 나쁨이 존재한다. 이때 무조건적 나쁜 대상은 내적 박해자 같은 것으로, 만약 아이가 이 대상과 동일시하게 되면 아이 또한 인지적, 정서적으로 나쁜 경험을 겪는다. 이런 상태를 호전시키기 위해 아이는 좋은 대상을 내면화하고 이 대상은 초자아 역할을 하게 된다. 이런 식의 내면화가 일어나면 이제 조건적 나쁨과 조건적 좋음이 만들어진다는 것이 그의 가정이다. 조건적 좋음과 나쁨을 도입함으로써 그는 초자아 구조 없이도 초자아에 관해서 말할 수 있게 되었다. 그의 용어에 따르면 좋은 대상을 내면화한 결과로 아이가 좋은 사람이 되면 이것이 조건적 좋음이다. 만약 아이가 내면화된 나쁜 대상에게 의지하면 이때는 조건적으로 나쁜 사람이 된다. 그러니까 조건적 상황은 좋게 지각된 환경에 의해 아이가 통제받는 상태이며, 심지어 아이가 조건적으로 나쁠 때조차도 아이는 좋게 지각된 환경에 의해 통제받는다. 반면 무조건적 나쁨에서는 본인만 나쁜 것이 아니라 세상도 나쁜 것으로 가득하게 된다. 그의 표현을 빌리자면, "신에 의해 지배되는 세상에서 죄인으로 사는 것(조건적 나쁨)이 악마에 의해 지배되는 세상에서 사는 것(무조건적 나쁨)보다 낫다"(같은 책, pp. 66~67).

나쁜 대상의 내면화라는 개념은 임상 상황에 직접적으로 연관된다. 죄책감을 분석하면 환자의 방어 구조를 교란하고 나쁜 대상의 귀환을 초래할 수 있다. 초자아는 방어 기능을 제공하는 것으로 여겨지는데, 만약 이 방어 기능이 교란되면 여태 억압 혹은 방어되던 나쁜 대상이 드러나기 때문이다. 치료에서 나쁜 대상의 귀환은 페어베언이 전이 신경증이라 부른 것을 초래한다. 그의 말에 따르면 환자는 이 상황을 재빨리 알아차리며 환자가 귀환한 나쁜 대상을 유의미하게 사용할 수 있는 것은 오직 "분석가와 실제적인 '좋은 대상' 관계를 맺을 때"뿐이다(1951, p. 166). 여기서 페어베언은 환자와 분석가의 실제적 관계의 중요성을 이야기한 최초의 분석가 중 한 명이 된다. 그는 전이의 중요성을 축소하는 것이 아니다. 오히려 나쁜 대상의 가혹한 귀환을 견디기 위해서 치료 상황은 둘 사이의 안정적인 관계를 요구한다고 주장하는 것이다. 한편 나쁜 대상의 귀환이라는 개념은 프로이트의 반복 강박과 타나토스 개념을 축소하는 결과를 초래한다. 이제 반복 강박은 rejecting object가 anti-libidinal ego에 끈덕지게 달라붙어 있는 현상과 관련된다. 그는 인간이 강박적으로 트라우마를 반복하는 것이 아니라 인간이 "나쁜 대상에 사로잡힌" 것이라고 말했다(같은 책). 방어가 충분히 많이 무너지면 인간은 갈등을 반복하는데, 이것이 (죽음 외에는) 빠져나갈 길이 없는 나쁜 대상의 귀환이다. 여기서 나쁜 대상의 불가피성은 심각한 자기-파괴적 경향성을 초래하는 반-리비도 요소에 대한 설명이라고 볼 수 있다. 페어베언의 이론에서 나쁜 대상 개념은 이처럼 프로이트 이론의 개념들을 대체하려고 한다. 과거 그의 대상관계 이론은 많은 수정 없이는 프로이트의 구조이론에 편입될 수 없었다(4장 참고). 하지만 이런 수정 덕에 페어베언은 좀 더 구조이론에 가까워졌고, 내면화된 대상의 활동도 자아나 자기와 관련된 것으로 이해될 수 있게 되었다.

심리 내 구조: 좋은 대상과 나쁜 대상들

프로이트는 대상 선택을 본능 발달의 중요한 과정으로 여겼다. 하지만 페어베언은 충동은 물론 대상과 반드시 관련되는 것이 맞지만, 본능 또한 "자아라는 구조와 분리되어 생각될 수" 없다고 말했다(1951, p. 167). 그는 자아 구조만이 대상과의 관계를 추구할 수 있다고 주장한다. 그러니까 본능은 자아의 역동적 구성 성분인 셈이다. 이때 역동이 의미하는 것은 충동(본능)이 대상을 향해 가는 자아 구조의 활동을 표상한다는 뜻이다. 여기에서 그는 다시 한번 프로이트 비판으로 돌아간다. 그리고 주지시키길, 자신은 욕동의 저장고로서의 이드 개념도, 이드의 표면에서 발달하는 구조로서의 자아 개념도 받아들이지 않는다고 말한다. 그가 말하는 자아는 태생 혹은 그 이전부터 있었고, 자아 구조는 "바깥 현실의 대상을 향하도록 타고났다. 다르게 표현하면 처음부터 현실 원리에 의해 결정된다"(1944, p. 85). 이제 쾌락 원리는 다시 한번 발달의 여건이 불리할 때 요청되는 원리가 된다. 그에게 쾌락 원리는 무엇인가가 나빠지거나 무너지고 있다는 신호인 셈이다. 여기에 더해 그는 멜랑콜리아의 분석이 프로이트의 '정신기관mental apparatus' 이론에 주춧돌을 제공했다고 말한다. 그리고 더해서 만약 프로이트가 멜랑콜리아가 아닌 히스테리 개념을 출발점으로 삼았더라면 "그의 개념화는 억압이 자아의 분열을 의미한다는 사실에 근거했을 것"이라고 주장한다(1951, p. 169). 그리고 이에 따라 클라인도 (프로이트를 따라) depressive position의 역동 대신 분열성 역동을 강조했을 것이다. (페어베언은 클라인과 프로이트를 특정 관점에서 해석하고 있다. 하지만 1944년에 클라인은 아직 schizoid position이라는 용어를 고안하지 않았으며, 대신 depressive position에 선행하는 시기의 중요성에 대한 자료를 제시하고 있었다. 그리고 이 자료들은 그가 말하는 분열성 역동과 유사한 부분이 있다[8장 참고].) 이렇게 말하면서 그는 자신과 클라인의 대상관계 이론을 확실히 구분 짓는다.

페어베언은 프로이트의 자아 개념을 완전히 바꾼다. 그에 따르면 자아는 단일한 무엇이 아니라 "복수의 자아들"이다(1944, p. 94). 자아가 여럿이 되는 이유는 대상의 억압은 필연적으로 자아 구조의 억압을 동반하기 때문이다. 그는 "억압은 기본적으로 나쁜 것으로 취급되는 내면화된 대상을 향하고 있다. (…) 만약 내면화된 대상이 구조가 아니라면 이런 대상 개념들은 모두 완전히 쓸모가 없게 된다"(같은 책, p. 95). 그래서 자아는 억압되기 전에 분열된다. 일단 분열되면 한쪽 자아가 다른 한쪽을 억압할 수 있기 때문이다. 이로써 복수의 자아들이 생긴다. 그는 이러한 복수의 자아로 분열성 환자나 다중 인격에서 보이는 해리 현상을 일부 설명한다. 그때까지도 방어로서의 분열은 그에게 중요한 것이었으나 이제 새로운 구조이론과 더불어 분열은 핵심적인 방어 기전이 된다. 이 같은 개념화를 통해 그는 본인이 프로이트의 구조이론에서 또 하나의 논리적 난제라고 여겼던 것에 답을 한다.

페어베언은 이렇게 말한다. 프로이트의 개념에 따르면 억압을 일으키는 것은 초자아이다. 하지만 그의 생각에 프로이트 이론에서 초자아가 억압을 일으키려면 오이디푸스 단계까지 기다려야 한다. 클라인은 이 문제를 교묘하게 피해 가는 것으로 보인다. 하지만 "만약 그것이 초자아 형성 이전에 억압이 생길 가능성을 배제하기 위해서라면 멜라니 클라인이 오이디푸스 단계를 영아기로 당긴 것은 문제 해결에 아무런 도움이 되지 않는다"(1951, p. 169). 페어베언이 볼 때 이 문제에 대한 모범 답안은 억압은 초자아 형성과 무관하다고 말하는 것이다. 오히려 초자아 자체가 나쁜 대상의 쇄도에 대한 방어이다. 그래서 억압을 일으키는 것은 초자아가 아니라 나쁜 대상의 형성이다. 곧 보게 되겠지만 나쁜 대상의 형성은 필연적으로 그가 central ego라고 부르는 구조를 만들어낸다.

간단히 보자면 이 시기의 페어베언은 이드 개념을 폐기했고, 초자아도 이제 구조가 아니게 되었다. 대신 초자아의 기능은 ideal object, 그리고 조건적 나쁨에 반응하는 anti-libidinal ego의 조합에 의해 수행된다. 그러니까 이제 구조라고 말할만한 것은 여러 개의 하위 구조로 나뉘는 자아밖에 남지 않았다. 꼭 기억해 둘 것은 페어베언의 자아는 프로이트가 말했던, 이드로부터 에너지를 얻는 자아가 아니라는 점이다. 그의 자아는 구조이면서 동시에 에너지의 중심이다. 자아는 충동이 발산하는 곳이면서 처음에는 적응적 목적에 관여한다. 그의 심리 구조이론은 나쁜 대상의 내면화에 대처하기 위한 자아의 분화를 포함한다. 무엇보다 나쁜 대상의 내면화 그 자체가 방어적 기제로써, 이는 역으로 심리 구조의 형성을 이끈다. 이제부터 그는 나쁜 대상의 운명과 내용물에 대해서 자세히 말하고, 그것이 구조화되는 방식에 관해서도 이야기해야 한다.

앞서 말한 것에 좀 더 덧붙일 말이 있다면 (무조건) 나쁜 대상이 내면화되는 것은 이것을 적어도 조건적 나쁜 대상으로라도 만들기 위해서다. 즉, 나쁜 대상이 내면화되면 그 나쁨이 줄어든다. 그리고 그 자체로 방어적 기제가 된다. 일단 내면화되면 나쁜 대상은 두 가지 특성을 갖는데, 말하자면 분열되어 자아 구조의 기초를 만들게 된다. 나쁜 대상의 분열로 만들어지는 것이 'exciting object'와 'rejecting object'이다. 그리고 두 대상 모두 'original ego'에 의해 억압된다. 하지만,

> Original ego는 고도의 동일시를 포함하는 리비도 기댁시스에 의해 두 대상에 붙어있으므로, 그들을 억압함에 따라 각 대상에 가까이 붙어있는 자아의 부위도 분열, 억압된다. Exciting object의 억압은 여기에 붙어있던 자아 중심부의 libidinal ego라고 불리는 부위의 억압을 동반한다. 비슷하게 rejecting object와 붙어있던 자아 부위의 억압은 internal saboteur라고 부르는 것의 억압을 동반한다[1951, pp. 170~171].

약간의 역사적 흥미를 더하자면 'internal saboteur'라는 명칭은 이차 세계 대전에 의한 문화적 영향이라는 점이다.

위의 발췌에서 알 수 있는 것은 그가 말한 내면화된 대상은 central ego와 연결된 자아 구조의 일부라는 점이다. 이렇게 말하면 자아(central ego), 이드(libidinal ego), (여러 구조를 포함하는) internal saboteur 구도처럼 보인다. 하지만 그는 각각의 구조는 역동적 자아-구조로써 "서로 서로 역동적으로 관계를 맺는다"라고 말한다(같은 책, p. 171). 요약하자면 최초의 original ego는 억압이 이루어진 이후에는 central ego라

고 불리게 된다. 그리고 나쁜 대상의 억압은 libidinal ego와 internal saboteur를 만들어낸다. Libidinal ego는 exciting object를 품고, internal saboteur는 rejecting object를 품는다. 페어베언의 이론에서 central ego는 부위에 따라 의식, 전의식, 무의식적일 수 있다. Internal saboteur와 libidinal ego는 둘 다 무의식이다. Libidinal ego나 internal saboteur 같은 구조는 비록 억압 덕분에 만들어진 것이지만 사실은 내면화된 대상, 그리고 이 대상들과 카텍시스 맺고 있던 주변부 자아들을 central ego가 공격한 결과물이다. 그렇다고 central ego에만 공격성이 머무는 것은 아니다. 왜냐하면 '주변부 자아들' 또한 central ego, 그리고 서로를 향해 공격성을 드러내기 때문이다. 페어베언의 이론에서 internal saboteur는 exciting object(libidinal ego)를 향해 좀 더 쉽게 공격성을 드러내는 듯하다. 그리고 이것은 internal saboteur가 흥분이나 쾌락 경험에 대한 방어를 돕는다는 관점에서 보면 자연스러운 귀결인 것 같다. 이 맥락에서 페어베언은 공격성은 욕동이 아니라 좌절과 도발에 대한 인간의 반응 능력이라고 말한다. 비록 공격성은 다른 상태로 환원될 수 없지만, 애정적 요소를 위해 복무하거나 그에 부수적인 것이 된다. 뒤에 보게 되듯이 페어베언이 자기 이론을 재검토한 결과 중 하나가 전-양가적 대상을 가정하는 것이었다. 하지만 그가 경력 대부분 동안 했던 주장은 양가감정은 타고난 것은 아닐지라도 아주 이른 영아기부터 시작한다는 것이었다.

양가감정과 공격성은 둘 다 좌절의 결과로 생겨나는데, 처음에는 분리 외상, 특히 엄마와의 분리에 따른 외상 경험으로 인해 생긴다. 아기의 관점에서 보면 엄마의 분리는 양가감정의 원인이 되고, 아기는 이 양가감정을 견딜 수 없다. "이런 견디기 어려운 상황을 무마하기 위해서 아기는 엄마의 모습을 두 개의 대상으로 분열시킨다. 만족스러운 (좋은) 대상과 불만족스러운 (나쁜) 대상으로"(같은 책, p. 172). 그리고 나쁜 대상도 (앞서 묘사한 방법으로) 분열되어, 그렇게 엄마라는 대상은 흥분시키는 대상(libidinal ego)이 되기도 하면서 동시에 거절하는 대상(internal saboteur)이 되기도 한다. 이렇게 묘사해놓고 보면 아기는 엄마를 향해 흥분이나 공격성을 보일 위험이 있다. 그는 공격성을 보일 위험이 나쁜 대상으로서 엄마를 좀 더 현실감 있게 만든다고 봤다. 이렇게 되면 (아이의 관점에서는) 대상을 잃을 위험이 커지고, 그러면 그가 초기 우울 정서라고 부른 것이 나타난다. 하지만 더 큰 위험은 거절하는 대상을 향해 리비도(애정)를 드러내는 것이다. 그렇게 되면 자칫 분열성 역동의 위험이 생겨 아기/아이의 사랑도 나쁜 것으로 여겨지고, 아이는 무가치하고 무기력한 자신을 경험한다.

페어베언은 위의 초기 발달에 관한 묘사를 발달이론을 위해서도 사용하고, 또한 (생애 전반의) 분열성 딜레마, 그리고 내면화된 대상의 무의식적 표현을 설명하기 위해서도 사용한다. 그의 생각에 억압은 애초에 central ego에 의해 이루어지는 것이었으나 발달이 진행되면서 internal saboteur의 도움을 받게 된다. 그는 이러한 상황을 이차적 혹은 간접적 억압이라고 부른다. 보다시피 그가 가정하는 역동적 구조들은 서로 끊임없이 상호작용을 하지만 다른 구조로부터 에너지를 빌어올 필요가 없이 자체적으로 에너지를 보유하고 있다. 게다가 그는 최초의 억압(프로이트의 용어로는 primal repression)이 나쁜 대상을 길들이기 위해 central ego가 고군분투한 결과라고 생각한다. 억압은 나쁜 대상을 향한 최초의 방어지만 억압된 이후에 대상은 분열되어 두 개의 주변부 자아 중 한 개와 카텍시스를 맺는다. 이 모든 것이 프로이트의 오이디푸스 콤플렉스는 말할 것도 없고 심지어 클라인의 오이디푸스 단계보다 이른 시기에 일어난다. 오이디푸스 단계 이전의 방어 작동이라는 이상의 개념은 페어베언의 몇몇 이론적 측면을 부각한다.

그는 말하길, 비록 프로이트는 오이디푸스 단계를 갈등의 중심에 두었으나 그의 이론에서 발달의 핵심적 시기는 아기가 엄마에게 거의 전적으로 의존하는 시기(유아기 의존성)라고 했다. 이 시기는 직, 간접적 억압이 최초로 일어나는 때다. 이러한 억압의 목적은 아기/아이가 엄마를 향해 리비도 충동이나 공격적 충동을 드러내는 상황을 막는 것이다. 처음에 억압되었던 충동들은 아기가 엄마와 접촉을 하게 되면서 한층 더 방어된다. 그의 이론에서 유아기 의존성 시기의 모-자 간 갈등은 발달의 핵심일 뿐만 아니라 이후 모든 갈등 또한 이 갈등에서 파생된 것으로 취급된다. 그래서 오이디푸스 상황 또한 그 표현 중 하나일 뿐이며 오이디푸스 콤플렉스 관련 현상에서도 유아기 의존성의 중요성은 전혀 줄어들지 않는다. 이렇게 다시 말해놓고 나면 분명해지듯 그에게 억압은 분명 오이디푸스 역동과도, 초자아와도 무관한 것이다.

지금까지 우리는 페어베언의 이론 중 기초적인 부분을 살펴보았다. 후에 그는 자신의 이론 중 일부가 수정될 필요가 있다고 솔직히 인정했다. 우리가 아직 살펴보지 않은 한 논문(1940)에서 그는 내면화되는 최초의 대상이 "초기 구강적 시기의 전-양가적 대상"이라고 말했다. 그리고 1951년의 논문에서 이 입장을 되풀이한다. 그러면서 말하길, 이 대상이 내면화되면 모종의 '불만족스러운' 환경적 사건의 결과로 양가감정이 발생한다고 했다. 다르게 말하면 어떻게 하다 보니 엄마라는 대상은 이제 아기에게 만족스럽게도, 혹은 불만족스럽게도 보이는 것이다. 아기는 이 양가감정을 견딜 수 없고, 그래서 위에서 묘사한 것처럼 분열이 일어난다. 그리고 그 결과인 exciting object와 rejecting object는 각각 libidinal ego, internal saboteur와 카텍시스를 맺는다. 페어베언의 말을 들어보자.

> 그렇게 되면서 (…) 흥분시키고 거절하는 대상이 떨어져 나가면서 지나치게 흥분시키거나 좌절을 주는 요소는 빠져나가고 남은 것은 원래 대상의 핵심뿐이다. 이 핵은 이제 탈-성애화, 이상화된 대상의 지위를 얻어 central ego와 카텍시스를 맺은 채 그 자체로 유지된다[1951, p. 176].

이러한 방식을 통해 그는 우리가 어떻게 대상을 의식에서 인지할 수 있는지, 그리고 프로이트가 초자아 기능이라고 부른 것이 어떻게 central ego의 한 부분이 될 수 있는지를 설명할 수 있게 되었다. 그러니까 그에게 자아-이상은 central ego의 한 부분이다. 한편 프로이트가 초자아의 처벌적 측면이라고 말할 수 있는 부분은 internal saboteur 안에 포함되며 rejecting object와 관계를 맺는다. 임상적으로도 이상의 기능들은 상당히 별개로 보일 때가 많은데, 페어베언의 모델에서도 이들은 별개의 구조 안에 있게 된다. 이렇게 이론적 수정을 가하면서 그는 최초의, "초기 구강적 시기의 전-양가적 대상을 품고 있는, 분열되지 않은 자아"를 가정했다(같은 책, p. 178). 참고로 지금 그가 발달의 구강적 시기라는 개념을 다시 사용하고 있음을 언급해두고 싶다. 그의 생각은 이러하다. 최초의 발달 단계에서 통일된 자아가 있었고, 이 자아는 양가적이지 않은 방식으로 엄마라는 대상을 받아들인다. 그는 이런 상태를 전-양가적이라고 불렀다. 왜냐하면 결국은 양가성을 향해서 가기 때문이다. 그린버그와 미첼(1983)은 페어베언의 분열되지 않은 자아 개념을 비판했는데, 왜냐하면 그들의 말처럼 다른 이론가들은 통일된 자아가 발달상의 성취라고 생각하기 때문이다. 하지만 그들이 이런 비판을 가했을 당시에는 아직 Stern의 선천적 자기 감각이라는 개념(1985)이 나오지 않았고, 유전적으로 미리 설계된 언어 문법이라는 Chomsky의 개념도 없었다. 자기(자아)에 대한 통일된 감각이라는 것은 딱히 거창한 구조를 의미하지 않는다. 오히려 일말의 주체성을 가진 유기체가 느끼는 환경과의 교류를 의미한다. 물론 사태의 진실은 여전히 의문 속에 있고, 추후 많은 연구를 통해 해결되어 이론화되길 희망할 뿐이다.

고찰

분명 페어베언은 오랜 시간에 걸쳐 인기를 쌓아온 이론가이다. 재밌는 것은 하트만이 자아는 이드와 별개로 에너지를 가진다고 했을 때 그의 주장은 페어베언의 주장에 근접했었다는 점이다. 내 생각에 페어베언은 여기서 한 걸음 더 나아갔고, 그 결과 분리된 구조로서의 이드를 없애버렸다. 하지만 인간의 본능이 적응적이지 않다고 가정하면 인간의 본능 유무에 대한 동의 여부와 무관하게 우리의 계통 발달적 유산에 균열을 내어버리는 것 같다. 나는 마지막 장에서 본능(혹은 내인성 자극) 발달에 관한 생각을 제시하겠다. 하지만 지금 말할 수 있는 것은 그의 이론이 프로이트의 마지막 본능 이론보다 현대적 진화 개념에 좀 더 가깝다는 것 정도이다.

어떻게 보면 인간은 태어날 때부터 대상을 추구한다는 그의 가정은 틀렸다고 말하기 어렵다. 내 생각에 엄마와 아기 사이에 미리 만들어진 소통의 네트워크는 적응적 발달을 위해서는 필수적이다. 하지만 또 다른 분명한 점은 엄마와 아기 사이에서 일어나는 많은 현상이 쾌락과 고통이라는 경로를 통해 이루어진다는 것이다. 내 생각에 충분히 좋은 양육의 많은 부분은 쾌락-고통의 비율을 잘 조절함으로써 아기가 안팎의 경험(자극)에 만족하되 압도되지 않도록 한다. 그래서 아기가 쾌락을 추구하는 것이 아니고 대상을 추구한다는 주장은 안타까운 이분법처럼 보인다. 대상은 쾌락이라는 경로를 통해 매개되고, 이 쾌락은 다양한 시점에서 생존에 필수적이라고 생각한다. 그래서 나는 프로이트의 쾌락에 대한 강조를 포기하지 않겠지만 이 강조점을 모-자 관계 아래 두기로 한다. 요컨대 이론을 말끔하게 분리하기보다는 서로 얽히게끔 만드는 것이다.

페어베언은 (설리번과 더불어) 미첼이 자신의 관계주의 정신분석 발달에 가장 큰 영향을 미친 사람이라고 꼽은 인물이다. 그는 프로이트와 아브라함의 심리-성 이론에서 멀어지면서 동시에 대상관계를 강조했고, 덕분에 그는 현대의 관계적 정신분석에서 핵심적 이론가의 지위를 차지한다. 단순히 초기 발달에 관한 생각에서만 그런 것이 아니다. 치료관계에 대한 강조에서도 그러하다. 건트립은 페어베언이 "치료하는 것은 결국 사람 관계야"라고 말했다고 증언한다(1975, p. 145). 페어베언은 자신이 주요 논문을 쓰기 전에 이미 많은 조현병 환자를 치료했고 이것이 자신의 이론에 큰 영향을 미쳤다고 말했다. 그와 설리번 모두 정신증 환자를 많이 본 공통점이 있다는 점은 흥미롭다. 내 생각에는 이러한 경험이 두 치료자 모두가 실제 관계를 강조하게 된 이유가 아닐까 싶다. 고찰에서 나는 이 부분에 내해서도 잠시 논할 예정이며 최고의 페어베언 연구자인 건트립이 발달시킨 몇몇 이슈들도 살펴볼 것이다.

병리의 정도가 심한 환자들을 보는 것에 있어 많은 치료자들이 탐색적 치료보다는 지지적 치료를 강조한다. 심지어 심한 환자들을 위한 탐색적 치료가 가능하다고 믿는다 할지라도 치료의 어떤 측면이 시작되기에는 오랜 시간이 걸리는 것 같다. 환자들이 자신의 망상이나 환각을 잠시 제쳐두고 그들의 절박한 고통에 관해 이야기할 수 있을 정도로 충분한 신뢰를 쌓는 데는 아마 오랜 시간이 걸릴 것이다. Bach(1985)의 말에 따르면, 그들은 불안과 고통으로 인해서 anti-world를 만들게 된다고 한다. (이것은 환자들을 마음의 다른 영역으로 데려가고 동시에 그들을 둘러싼 혼란스럽고 고통스러운 세계는 봉인해 버린다.) 누군가가 자신의 환각에 대한 의미를 이야기하려면 그전에 치료자를 반드시 믿어야 한다. 그리고

"분석가를 믿을 수 있는지가 가장 중요한 요소이다. (…) 왜냐하면 환자는 영아기에 엄마와의 관계에서 그런 의존성을 경험하지 못했기 때문이다"(Winnicott, 1960a, p. 38). 위니콧은 환자가 자연스러운 전능함 아래서 사건들을 경험할 때까지 분석가가 어떻게 해석을 잠시 보류해야 하는지에 관해 썼다(10장 참고). 다른 말로 하면 분석가는 환자가 그들의 내면을 (자기의 바깥에서 온 무언가로 느껴지는) 상처로 경험하지 않을 때까지 기다려야 한다. 이런 해석에 대해 설리번과 페어베언은 모두 실제 관계를 강조했다. 왜냐하면 그들이 오랫동안 만났던 환자들에게는 이점이야말로 가장 중요한 치료 요소였기 때문이다. 아마 많은 환자들에게 이것은 가장 중요한 치료적 측면일 뿐 아니라 아마 유일한 치료적 측면일 것이다. 이러한 치료가 가장 완전한 치료인 것 같지는 않다. 하지만 분명한 것은 적절한 치료관계없이는 아무것도 이루어지지 않는다는 점이다.

건트립이 보는 페어베언과 위니콧

Harry Guntrip은 그 자신이 유명한 정신분석 이론가이자 페어베언의 개념을 체계적으로 소개한 최초의 이론가이기도 하다. 그는 1949년에 페어베언의 논문 일부를 읽었고 강렬한 유사점을 느꼈다. 그리고 1950년대에 이르러 페어베언에게 정신분석을 받아보기를 결심했다. "1949년에 처음 그의 논문을 읽은 다음, 나는 우리가 같은 철학적 기반 위에 있으므로 지적인 이견으로 인해 분석이 방해받을 일은 없을 것이라 생각해서 그를 찾아갔다"(1975, p. 146). 분석을 마친 몇 년 후 건트립은 위니콧과 분석을 시작한다. 1975년에 두 분석가와의 치료 경험을 비교한 논문이 발표되었고, 이 논문에서 그는 치료 효과에 관한 자신의 의견을 개진한다.

페어베언과의 분석 이후 건트립이 쓴 논문의 상당 부분은 페어베언의 이론적 개념을 공고히 하고 설명하는 것이었다. 내가 보기에 건트립은 임상적 관점에서 페어베언의 이론을 명료하게 만들고 상당히 확장했다. 건트립이 제시한 개념 중 하나는 퇴행한 자아 개념으로, 이것은 페어베언의 libidinal ego에서 떨어져 나온 것이었다. 그는 자신의 어린 시절을 퇴행한 자아 개념으로 묘사하고 설명했다. 그가 그린 그림에서 이렇게 떨어져 나온 자아는 엄마로부터 반응을 얻으려는 가망 없는 분투와 포기의 결과물이었다. 그의 묘사를 보면 이 구조는 해리된 채 깊숙이 감추어져 있다. 그가 글을 발표했을 때 위니콧이 물었다. "당신의 퇴행한 자아는 철수된 건가요, 억압된 건가요?" 건트립이 대답했다. "둘 다요. 처음에는 철수되었고 다음엔 억압되었죠"(1975, p. 147). 이 질문을 하면서 위니콧은 아마 자기 자신의 논문을 염두에 두고 있었을지도 모르는데, 그 논문에서 위니콧은 환자가 자신을 치료 과정에서 도려내어 버리는 철수, 그리고 그에 반해 갈등의 경향을 표현하고 드러내는 방식이긴 하지만 치료 안에 머물게 되는 퇴행을 구분한다. 건트립이 하려는 말은 두 가지 과정 모두 퇴행한 자아에서 일어난다는 것이다. 사실 그는 서로 다른 이론적 관점에서 유래한 개념을 사용하고 있다(하나는 해리를 강조하는 관점, 다른 하나는 안나 프로이트가 말한 자아의 방어 기전이다).

분열성 갈등을 설명하기 위해 건트립이 페어베언의 생각을 어떻게 이용하는지를 살펴보는 것도 유용할 듯하다. 건트립이 설명하는 분열성 성격 장애 환자의 자아(자기) 보전 방법은 비슷한 종류의 타협형성을 포함한다. 그의 결론은 자아를 보전하기 위해 환자는 좋은 대상을 미워해야 한다는 것이다. 왜 분열성 성향이 강한 사람은 타인을 사랑할 수 없는가? 그의 대답은 "좋은 대상과의 관계는 두려움으로 점철된 유아적 의존의 관계라서 답답하게 느껴진다. (…) 그래서 폐쇄 공포가 생긴다."(1968,

p. 82) 그의 생각에 좋은 대상으로 둘러싸여 있는 상황은 급기야 자기(자아) 감각마저도 없어질 것만 같은, 아주 압도적인 의존적 기분을 초래한다. 그는 분열성 환자가 사람(대상)들과 맺는 네 가지 가능한 관계를 정리했다. 만약 환자가 "아무런 대상을 가지려 하지 않으면 이인증으로 인한 자아-상실의 공포가 초래된다." 만약 "나쁜 대상과 관계하려고 하면 파괴적 박해 아래 통합의 와해로 인한 자아-상실의 공포가 초래된다." 이 사람이 가까워지려는 사람이 만약

> 좋은 대상이면 숨 막히는 수동성 안에 갇힘으로써 활발했던 자아를 잃어버릴지도 모른다는 두려움을 초래한다. 타협은 남아 있다. (…) 만약 나쁜 대상 대신 좋은 대상을 미워하면 대상으로부터 보복의 위험은 상대적으로 적어지고 동시에 숨 막히는 상황도 피할 수 있다[같은 책, p. 83].

건트립은 이 마지막 타협(좋은 대상을 미워하기)이 비록 가까운 사람을 미워하게는 만들지만, 환자가 타인과 좀 더 가깝게 있도록 만들어 준다고 했다. 이 이론에 따르면 좋고 나쁜 대상의 타협 덕택에 대상관계는 지속되고 철수는 줄어든다. 그의 설명은 미움이 전면에 나서도록 허락하지 않는 분석가들이 왜 살아남지 못하는지에 대한 설명이기도 하다. 환자들은 그들을 숨 막히는 존재로 받아들이는 것이다(환자들은 분석가들이 지루해 보인다고 말하거나 아무 일도 일어나지 않는다고 말할지도 모른다). 그는 페어베언의 개념을 좀 더 극적인 형태로 사용했었다. 하지만 페어베언의 생각에 깃든 임상적 함의를 증폭시킴으로써 이 또한 본인의 것으로 만들기도 했다.

건트립의 또 다른 개념인 in and out programme(1968)은 분열성 환자가 타인과 접촉하는 방식이며 동시에 너무 가까운 관계로 인해 심리적 안정감이 압도되는 것을 경계하는 모습이기도 하다. 재밌는 것은 건트립이 묘사하는 것은 치료자로서의 페어베언인데, 분석가로서의 그는

거리를 유지했었고 놀랍게도 "내가 심한 유아기 외상의 수준까지 퇴행할 필요가 있다고 느꼈을 때 나는 그가 다시 '해석하는' '고전적 치료자'로 점점 돌아가는 것을 볼 수 있었다"(p. 146). 그리고 페어베언은 "본인의 생각보다, 그리고 내 생각보다 더 기술적 해석을 시도하는 분석가였다"(같은 책). 건트립의 생각에, 자신이 찾아갔을 때의 페어베언은 건강상으로나 치료자로서나 최상의 컨디션은 아니었다. 좀 거칠지만 내 나름의 분석을 하자면, 건트립 앞에서의 페어베언은 아마 자신이 분석가임을 증명했어야 하지 않았나 싶다. 전통적인 분석가의 역할은 이해하고 해석하는 것이다. 그리고 페어베언은 아마도 자신을 만나러 스코틀랜드까지 온 이 치료자 앞에서 자신이 분석가임을 보였어야 했던 것 같다. 덧붙여 건트립의 말에 의하면 페어베언과의 분석에서 그는 "현명하게도 심각하게 퇴행한 환자가 되는 부담을 거절했다"(1975, p. 146). (최소한 그의 글에 따르면) 예상치 못하게 페어베언은 오이디푸스 이론을 믿는 분석가였고, 그리고 이로 인해 건트립이 자신의 기본 갈등이라고 여겼던 것을 다루지 못하는 동안 건트립은 자신이 (남동생의 죽음과 관련된) 외상적 사건을 억압하고 있다고 확신하게 되었다.

건트립이 자신의 어릴 적 트라우마를 생생하게 묘사하고 자신이 어떻게 이 억압된 기억을 이해하고 다루려고 했는지, 그리고 생의 후반에서야 겨우 기억이 완전히 밝혀지게 된 경과를 읽어보는 것은 아주 흥미롭다. 하지만 지금은 위니콧과의 치료에 대한 그의 설명으로 옮겨가려고 한다. 건트립이 위니콧을 찾아간 것은 페어베언을 찾아간 것과 비슷하다. 그는 위니콧의 논문을 읽었고, 그 후 1962년에 그는 "그야말로 내가 도움을 요청할 수 있는 유일한 사람임을 확신하게 되었다"(1975, p. 152). 둘의 교류는 서신으로 시작했는데 위니콧이 쓴 첫 편지를 보면 "당신과 프로이트의 관계에 대한 문제를 보기 위해서라도 당신을 초청해야

겠네요. 그렇게 되면 아마 당신은 페어베언의 프로이트가 아닌 본인의 프로이트를 갖게 될 것입니다"(같은 책, p. 151). 위니캇은 자신이 그랬던 것처럼 건트립에게 본인만의 프로이트를 찾으라고 말한 것이다.

건트립이 무척이나 유용하다고 말했던 위니캇의 개입 방식을 잠시 들여다보자. 일단 먼저 말할 수 있는 것은 건트립이 묘사한 페어베언의 몸가짐, 사무실, 분석 시간의 행동이 위니캇과 견주었을 때 상당히 형식적이었다는 점이다. 위니캇과 건트립은 비정기적으로 만났다(건트립의 말로는 다니기가 어려웠다고 한다). 그리고 어쩌면 이것이 위니캇이 좀 덜 형식적인 이유일지도 모른다. 하지만 이것은 건트립의 설명이 아닌 내 생각일 뿐이다.

아래는 건트립이 묘사한 위니캇과의 치료 시간이다.

> 이전의 기록을 다시 읽으면서 놀란 점은 그가 문제의 핵심에 이르는 데 걸리는 시간이 무척 짧았다는 것이다. 첫 시간에 나는 Percy[건트립의 남동생]의 죽음이라는 트라우마로 인해 발생한 기억상실에 관해 이야기했었다. 내 생각에 나는 페어베언과 함께 외상에 저항해 쌓아 올렸던 "내면화된 나쁜-대상 방어"를 철저히 분석했다고 느꼈다. 하지만 우리는 내가 기본적 문제라고 여겼던 곳에 이르지 못했다. 그것은 적극적으로 나쁜-대상이었던 후기 유년기의 엄마가 아니라 관계를 전혀 맺지 못했던 초기 유년기의 엄마였다. 세션이 끝나갈 무렵 그가 말했다. "특별히 할 말이 없네요. 그래도 내가 아무 말도 하지 않으면 아마 당신은 내가 여기 없다고 생각하게 될지도 모르겠어요"[같은 책, p. 150].

두 번째 시간에 위니캇은 건트립이 해석이라 여겼던 것을 다시 시도했다.

> 당신은 나에 대해 알겠지만, 당신에게 나는 아직 사람이 아니에요. 당신은 외로움을 느끼거나 혹은 내가 진짜가 아니라고 생각하면서 떠날

지도 몰라요. 아마 당신은 틀림없이 Percy가 태어나기 전에 이미 아팠을 거예요. 그리고 어머니가 당신을 떠났기에 당신 자신이 스스로를 돌봐야 한다고 느꼈죠. 당신은 Percy를 보살핌이 필요했던 갓난쟁이 시절의 자신이라고 받아들였어요. 동생이 죽었을 때 당신은 모든 걸 잃었고 무너졌죠[같은 책, p. 152].

여기에 대해 건트립은 말한다.

정말 완벽한 대상관계적 해석이었다. 요는 페어베언이 아니라 위니콧의 해석이란 것이지만. 한참 후에 나는 이렇게 말했다. "내 안의 깊은 곳에 멈춘 채로 변하지 않는, 생명 없는 어떠한 상태가 있는 것 같이 느껴져요. 꼼짝도 못 하겠어요." 위니콧이 말했다. "만약 당신의 100%가 그렇게 느꼈다면 아마 당신은 움직일 수 없을 것이고 누군가가 당신을 깨워야 할 거예요. Percy가 죽고 나서 당신은 당황하며 무너졌죠. 하지만 아주 활기차게 살 수 있을 만큼 충분히 자신을 구해냈어요. 그리고 추스르지 못한 나머지는 억압해서 누에고치처럼 무의식에 뒀지요"[같은 책].

건트립이 완벽한 대상관계적 해석이라고 말한 부분에 대해 나는 그것이 전이 해석의 예라고 말하고 싶다. 위니콧의 해석은 건트립이 엄마와의 관계에서 겪은 반응을 보일 것이라는 뜻이었다. 그러니까 당신이 나(위니콧)에게 느낀 감정은 엄마가 당신을 돌보지 않고 떠났을 때 느낀 감정과 비슷할 것이라는 의미이다. 비록 프로이트는 초기 모-자 관계에 관해 딱히 자주 말하지는 않았으나 위니콧이 해석하는 방식은 프로이트의 전이 해석과 비슷하다. 차이점이 있다면 전달의 단순함, 그리고 위니콧이 알아차린 초기 발달에 대한 이해의 깊이다. 위니콧의 개입에서 또 하나 중요한 차이점이 있는데, 그것은 건트립의 억압에 이를테면 적응적 이유가 있음을 언급했다는 점이다. 위니콧의 메시지는 만약 건트립이 엄마와의 경험을 방어하지 않았다면 아마 쉽게 '깨어있기도', 혹은 활기차게 살아가기도 어려웠을 것이란 뜻이다. 건트립에게 엄마와의 대상관계 억압이 절박했을 이유를 해석에 포함함으로써 위니콧은 이러한 방어 없이는 건트립의 심리적 생존이 위험에 처했을 것임을 그 자신이 이해했음을 내비친다. 이상의 두 해석, 좀 더 정확히 말해서 일련의 해석 과정은 위니콧이 건트립의 초기 전이를 이해하는 능력, 그리고 전이 반응을 묘사하는 과정을 통해 건트립이 그 내용을 이해하고, 또한 위니콧의 마음속에 건트립이 있음을 알아차리도록 만드는 능력을 보여준다. 그리고 그가 위니콧의 마음에 존재하는 방식은 위니콧의 공감적 이해를 보여준다.

내 생각에 위의 치료 상황에서 위니콧이 보여준 것은 소위 현대 프로이트주의적 태도의 일례로 보인다. 그가 전이를 해석하는 방식 덕택에 건트립은 자신의 대상 세계 안에 위니콧을 포함할 수 있었다. 말하자면 상호침투가 관찰되는데, 보통 이런 현상이 생기려면 훨씬 오랜 기간이 걸린다. 하지만 건트립이 위니콧과 치료를 시작한 것은 페어베언과 이미 수년 동안 치료를 한 이후였고, 그래서 이미 위니콧에 대한 긍정적 전이가 생겼다고 할 수 있다. 건트립이 위니콧의 논문에 좋은 인상을 받았을 때 이미 전이가 생긴 것이다. 누군가는 건트립이 위니콧을 향해 보인 반응이 소위 전이 치유와 유사하다고 결론 내릴지도 모르겠다. 그러니까 건트립이 위니콧을 향해 보인 반응을 보면 그 내용은 별로 중요하지 않고 순전히 위니콧에 대한 건트립의 호의적인 인상만 드러난다는 뜻이다. 내 생각에 건트립은 페어베언에 대해서도 비슷한 긍정적 전이를 지닌 채 치료를 시작했을 것 같다. 하지만 그 결과는 아주 달랐다. 위니콧은 해석 덕택에 건트립의 세계로 들어갈 수 있었고, 또한 건트립에게 일종의 통찰을 줌으로써 치료에 대한 건트립의 이해와 신뢰를 키울 수 있었다. 17장에서 나는 (분석적) 신뢰의 발달이 환자가 해석을 견디도록 돕는다는 의견을 개진할 것이다. 해석이 유용한 것으로 밝혀지면 신뢰는 증진되고 더 깊은 이해와 신뢰로 이어진다. 내 생각에는 신뢰에 대한 위니콧의 관심이 분석 상황에서 전이를 좀 더 효과적으로 해석할 수 있게 만든 것 같다.

페어베언으로 돌아가서, 그는 대상관계적 관점을 임상에 접목한 아마 최초의 분석가(중 하나)이다. 흥미롭게도 이론적 입장과 달리 그의 임상의 실제는 여전히 구식 프로이트주의의 영향을 강하게 받았다. 내 생각에는 이 부분이 그가 여전히 프로이트주의 이론에 매달리고 있는 일례로 보인다. 자신만의 새로운 전통을 만들었으나 완전히 자신의 것으로 만들어내지는 못했던 셈이다. 치료 상황에 관한 프로이트의 견해 일부도 비슷한 경향을 보인다. 그 역시 임상적 개입에 관한 흥미로운 길을 제시했으나 스스로 자신의 지침을 따르는 데는 실패했었다.

10장 위니콧

진짜를 찾아서

요약

이 장에서 우리는 위니콧의 최초 저작부터 그의 사후 저작까지를 살펴볼 것이다. 그의 손을 통해 정신분석 이론은 인간의 경험을 실제, 혹은 진짜가 되려는 시도의 관점에서 묘사한다. 그리고 프로이트와 클라인의 개념은 그의 손을 통해 아기의 내적 삶에 대한 독특한 이해로 변하는데, 이는 또한 어른의 몸뚱이 안에 존재하는 아기/아이에 대한 것이기도 하다. (페어베언과 더불어) 위니콧을 통해서 우리는 양자兩者 관계의 장이 태동하는 것을 볼 수 있다. 비록 그는 아기의 본능적 흥분이라는 개념을 받아들였으나 이 흥분의 운명을 결정짓는 것은 엄마와의 관계라고 말한다. 이상적인 발달에서 본능적 요소는 중요하지 않다. 오히려 아기의 발달해가는 표상 세계 안에서 무엇이 내면화될 것인가의 문제에서 중요한 것은 두 사람의 중복된 경험이다. 위니콧은 아기/아이가 자기라는 감각을 유지하면서도 타인들의 세상으로 이행해 가는 모습에 대해 많은 개념을 제시했다. 아마도 그중 가장 유명한 것은 이행기 대상과 이행기 공간일 것이다. 이행기 공간 안에서 아이는 현실을 창조할 도구를 만들어낸다. 위니콧에 의하면 진정한 자기는 현실을 수동적으로 받아들이는 것이 아니라 능동적으로 창조해낸다.

위니콧: 간략한 일대기

그 인간적 면모를 제대로 다루지 않고서 D. W. Winnicott(1896~1971)에 대해 말하기는 어렵다. 비온, 발린트와 더불어 위니콧은 개성 넘치는 글을 쓰는 영국 이론가이다. 그는 좀처럼 곧바로 본론을 향해 다가가지 않고 예상하지 못한 신선한 각도로 접근한다. 클라인과 프로이트는 비록 많은 부분에서 다르지만, 그럼에도 일인one-person 모델로 발달과 치료 상황을 연구했다는 면에서는 공통점이 있다. (분명 클라인의 개념에는 투사적 동일시를 통한 관계적 상호작용이 있다. 하지만 그녀의 의도는 아기, 그리고 어른의 마음 안에 있는 아기의 내적 세계를 이해하고 묘사하려는 것이다.) 위니콧은 정신분석의 세계를 일관성 있는 이인two-person의 영역으로 확장한 분석가 중 한 명이다. 그리고 이는 정신분석 치료에 대해서뿐 아니라 아기의 내면세계에 대해서도 마찬가지이다. 그가 보기에 아기와 엄마는 처음부터 함께 있는 것이지, 아기 홀로 존재하지 않는다. 이 맥락에서 유념해둘 만한 것은 위니콧이 처음엔 소아과 의사로 경력을 시작했고 분석가로 살아가는 동안에도 소아과 의사 생활을 했다는 점이다. 그의 정신분석 이론에는 소아과 의사로서의 위니콧의 흔적이 각인되어 있다. 물론 그는 아동분석가이면서 성인 분석가였으며 그의 이론 전반에 걸쳐 뚜렷한 발달학적 영향이 드러난다. 그는 성인 환자를 볼 때조차도 그가 한때 아기였음을 망각하지 않았던 듯하다.

위니콧이 소아과 의사에서 시작해서 소아 분석가로, 그리고 성인 분석가로 옮겨 가는 여정을 기록한 훌륭한 전기 두 권이 있다. 이 책들은(Goldman, 1993a, Rodman, 2003) 위니콧의 수련과 삶의 경험이 어떻게 그를 진짜 자기true self가 발현될 조건을 연구하도록 만들었는지를 묘사한다. 로드먼은 이 여정이 얼마나 어려웠는지, 특히 위니콧이 클라인의 압도적인 존재감에서 벗어나는 것이 얼마나 힘들었는지를 보여준다. 하지만 영국 정신분석 학회 내부의 갈등을 비롯해 그가 겪은 산전수전에도 불구하고 위니콧은 기본적으로 두루두루 잘 어울리는 사람이었다. 그의 진정성은 여러 세대 분석가들의 주목을 받았으며 라디오에 자주 등장한 탓에 영국 전역에서 유명 인사가 되기도 했다. Renatta Gaddini는 그의 죽음에 대한 사람들의 반응을 이렇게 묘사했다. "그전에는 한 번도 본 적이 없었던 진정 어린 애도의 표현이었다. (…) 그가 추구한 진정한 자기와 진정성에 대한 자연스러운 반응이었던 것 같다"(Rodman, 2003, p. 370). 그의 '추구'는 그의 일과 삶에 녹아있었다. 그가 그린 인간이 어떤 모습인지를 보기 전에, 먼저 그가 어떤 조건 아래 이 문제를 탐색했는지를 알아보자. (이 장은 Linda Hopkins가 설득력 있게 쓴 Masud Khan의 일대기[2006]를 읽기 전에 썼다. 로드먼의 책에도 마수드 칸의 분석, 그리고 위니콧과 마수드 칸 사이의 관계에 관한 이야기가 많다. 하지만 둘 사이의 복잡하고, 때로 안타까운 관계에 관한 이야기는 린다의 책에 주로 나온다.)

영국 정신분석 학회에 대한 간략한 스케치

로드먼은 위니콧의 전기를 위니콧이 정신분석 수련을 시작할 무렵의 영국 정신분석 학회에 대한 묘사로 시작한다. 멜라니 클라인은 1926년 베를린을 떠나 영국으로 간다(6, 7, 8장 참고). 로드먼은 클라인의 영국 입성을 앵글로-색슨의 영국이 유대-유럽의 정신분석을 좀 더 잘 이해하려는 시도로 묘사한다. 그의 말이 옳다면 영국은 그때 무엇이 그들을 기다리고 있는지 잘 모르고 있었다. 물론 클라인은 전형적인 유럽 정신분석가가 아니다. 오히려 그녀의 관점은 전통적인 유럽의 정신분석에 혁명을 일으키거나 적어도 상당히 많은 부분을 재검토하도록 요구한다고 볼 수 있다. 앞에서 보았듯, 이미 1928년에 한 차례 부딪힌 적이 있는 클라인과 안나 프로이트는 10년이 지나서야 실제로 만나게 된다. 1938년 프로이트 부녀가 빈을 떠나 북부 런던에 정착했고, 안나는 그 유명한 Hampstead clinic을 설립했으며 그녀를 비롯한 많은 유럽 정신분석가가 런던에 자리를 잡는다. 로드먼은 이렇게 말한다. "주로 유대인으로 구성되었던 이민자의 숫자가 원래 회원의 숫자를 넘어서기 시작했다"(2003, p. 7). 이러한 유럽 정신분석가의 유입은 대토론을 낳게 된 요소가 되었다. 대토론은 영국을 비롯한 전 세계 정신분석가의 심장과 영혼을 차지하기 위한 경쟁이었다. 안나 프로이트와 그 동료들이 물론 하나의 동력이 되긴 했으나 정작 대토론을 촉발한 불꽃은 엉뚱하게도 다른 곳에서 튀었다. 바로 멜라니 클라인의 딸, Melitta Schmideberg와 그녀의 분석가 Edward Glover였다.

글로버는 상당히 흥미롭고 논란이 될만한 인물이다. 그는 다른 분석가들을 비판함에 거침이 없었다. 클라인 진영을 향한 그의 공격은 특히나 격렬하고 다소 놀라운 것이었는데, 그 이유는 자신의 환자인 멜리타의 공격과 협동하는 것처럼 보였기 때문이다. 앞서 7, 8장에서 말했듯 대토론의 결과로 영국 정신분석 학회에서는 프로이트주의와 클라인주의가 부분적으로 분리된 수련 프로그램을 운영한다. 처음에는 멜라니 클라인과 안나 프로이트가 각각 프로그램을 하나씩 이끌었다. 위니콧은 둘 사이의 어디쯤에 위치한 분석가였는데, 나중에 middle group, 혹은 independent group을 이끈 인물 중 한 명이 된다. 이들 그룹은 안나 프로이트나 멜라니 클라인 어느 쪽에도 속하길 원치 않았던, 혹은 속할 수 없었던 이들이라고 할 수 있다. 위니콧도 이들 중 하나였지만 클라인 쪽에 좀 더 가깝다고 말하는 것이 옳을 것이다. (이건 내 생각일 뿐이고 요즘의 클라인주의자들이 여기에 동의할 것 같지는 않다.) 1934년에 정신분석 수련을 마친 다음, 위니콧은 재빨리 소아 정신분석가 자격을 얻고 1935년에서 1940년까지 클라인의 지도 감독을 받는다. 로드먼의 말로는 클라인이 "자신의 자녀 중 한 명을 분석하기 위해 위니콧을 선택했다"(2003, p. 7). 비록 위니콧이 토론을 주도하지는 않았으나 중간 그룹이라는 그의 위치는 적어도 일부 클라인주의자, 혹은 클라인에게는 꽤 성가신 것이있나. 위니콧의 첫 논문, 「Primitive emotional development」(1945)는 골수 클라인주의에 고한 이별 선언이자 향후 드러날 진정한 이론적, 임상적 자기의 전조가 된다. 클라인에게서 멀어지는 것은 힘든 과정이었고 실제로 그는 클라인을 완전히 떠나지는 못한다. 클라인, 그리고 그녀의 동료이자 위니콧이 분석가였던 Joan Riviere는 수차례에 걸쳐 위니콧에 말하길, 그의 주관적 요소 (혹은 개인적 선호) 때문에 클라인에게 온전히 반대하기는 어려울 것이라고 했다. 이러한 비난에도 불구하고, 혹은 이러한 비난 때문에, 그는 평생 클라인과 관계를 맺게 된다. 이렇게 맺은 관계 중 하나는 그의 두 번째 아내였던 클레어 위니콧이 클라인에게 분석을 받은 것이었다. 심지어 클라인은 만년에 이르러서조차 위니콧과 제법 가깝다고 느꼈고, 그에게 모종의 영향력을 미치려고 했다. 예를 들어 클라인은 위니콧에게 Ernest Jones의 추도사를 써달라고 요청하면서 추도사의 내용을 정해주기도 했다. 클라인으로서는 존스에게 마음의 빚이 있었고, (존스와 갈등 관계에 있던) 위니콧이 혹시라도 존스의 공헌을 깎아내릴까 노심초사했던 듯하다. 당시 위니콧의 저작에는 클라인이 영향이 크게 남아있었고, 따라서 클라인은 위니콧이 무엇을 쓸지 '요청해도' 좋을 정도로 그와 가깝다고 느꼈던 것 같다.

이 정도의 짧은 소개로는 그의 경험을 결코 제대로 전달할 수 없을 것이다. 하지만 위니콧이 자기만의 스타일로 이론적 글쓰기를 시도할 무렵 영국 정신분석 학회 안에 어떤 복잡한 상호작용이 있었는지에 대해 독자들이 간략한 그림이라도 그릴 수 있기를 바란다. 클라인의 아들을 분석하는 것은 특히 어려웠는데, 그 이유는 이 증례에 대해 클라인이 지도 감독을 원하는 것 같았기 때문이다. 물론 현대의 독자들에게는 굉장히 이상하게 보일지도 모르겠다. 하지만 초창기 정신분석에서 이상하고 부적절한 일들이 많이 벌어졌음은 엄연한 사실이다(5장의 안나 프로이트 참고). 분석가들이 (프로이트도 마찬가지다) 프로이트가 기법에 관한 논문에 분명히 써놓은 이상적인 기법을 내면화하고 충실히 이행하기는 어려웠다. 위니콧은 클라인의 아들 에릭을 분석하는 과정에서 클라인을 떼어놓는 데 엄청 애를 먹었다. 하지만 예전 지도감독자이자 멘토였던 클라인의 압박 속에서도 그는 조금씩 클라인의 요청을 거절할 수 있게 되었고, 결국 그녀의 영향력에서 벗어날 수 있게 되었다. 골드먼의 표현을 빌자면 이 시기(1943~1945)의 위니콧은 진짜를 찾는 여정을 시작했고, 진정한 경험을 어떻게 개념화할지 실험하게 된다.

진짜를 찾아서

돌아보면 위니콧은 초기 저작부터 이미 진짜를 찾는 여정을 시작했다

(1931, 1936, 1941). 이상의 초기 저작에서 그는 평범하면서도 평범하지 않은 상황들에서 나타나는 모-자 간 상호작용의 특성을 이야기하려 한다. 그러니까 위니콧이 관찰한 상황(가령 수유의 곤란 같은)이 아기에게 불안이나 불편함을 초래하는 평범한 경험이라는 뜻이다. 한 논문을 보면 그는 스스로 세트 상황이라고 불렀던 환경에서 아기를 관찰한다. 위니콧은 테이블을 사이에 두고 엄마와 마주 보고 앉아있고 엄마의 무릎에는 아기가 앉아있다. 그리고 나서 위니콧은 반짝이는 설압자를 테이블 위에 둔다. 그리고 아기는 설압자[6]를 만지고, 빨고, 떨어뜨리는 등의 행동을 한다. 여기에서 그가 관찰하는 것은 아기의 행동과 아기의 행동에 대한 엄마의 반응이다. 그가 엄마에게 아무런 지시를 내리지는 않지만, 위니콧 특유의 표현법을 빌자면 보통 "엄마들은 내가 무엇을 하려는지 안다." 만약 꼭 필요한 것이 있으면 그는 엄마에게 무엇을 해야 하는지 조금씩 알려준다. 사실 아기가 반짝이는 설압자를 가지고 놀도록 두고 이것을 관찰하는 것을 제외하면, 엄마가 해야 할 일은 거의 없다. 여기에 더해 그는 모-자의 상호작용을 관찰하고, 이러한 상황에서 다양한 유형의 육아가 아기의 탐구 성향에 어떻게 영향을 미치는지를 이해하려고 한다. 이 논문에서 이미 그는 아기의 내적 세계, 그리고 아기 엄마가 어떻게 이 세계를 어떻게 만들어가는지에 대해 정신분석적 추론을 하고 있다. 그는 아기의 불안 상황을 관찰하면서 불안을 증폭시키는 상호작용을 개념화하기도 하고, 반대로 불안을 견디고 새로운 상황을 탐색하도록 만드는 조건에 관해서 이야기하기도 한다. 이러한 초기 저작들은 역사적으로 흥미를 끌긴 하지만, 그가 자기만의 스타일을 분명히 하고 기존 이론과의 관계를 명료히 한 것은 「Primitive emotional development」(1945)였다.

6) 혀를 아래로 누르는 데 쓰는 의료 기구(역자 주).

내적 공간의 시작

프로이트와 클라인 모두 아기의 내적 세계에 관한 이론화를 시도했지만, 위니콧은 아기의 개인적 경험을 묘사하려 했다는 점이 조금 다르다. 그는 「Primitive emotional development」의 서두를 자신의 글쓰기 방식에 관한 이야기로 시작한다.

> 제목만 봐도 내가 아주 광범위한 주제를 선택했음은 금세 분명해진다. 내가 할 수 있는 것은 내가 가진 생각에 대한 개략적 진술 정도로, 책으로 치면 서론 정도라 보면 되겠다.
>
> 나는 주제에 관한 역사적 고찰이나 혹은 타인의 이론에서 어떻게 내 생각을 발달시켰는지에 대해서는 말하지 않을 것인데, 그 이유는 내 마음은 그런 식으로 작동하지 않기 때문이다. 나는 여기저기에서 이러저러한 것들을 가져다가 임상 상황에 적용해 본 뒤 내 이론을 만들고 마지막으로 내가 어디서 무엇을 훔쳤는지를 들여다본다. 아마 이 방법도 다른 방법 못지않게 좋은 것 같다[같은 책, p. 145].

위니콧은 이런 식으로 자신의 방법론을 묘사했기에 인용의 출처를 밝히고 참고문헌 목록을 만드는 일과 관련된 고려 사항에서 사실상 자유롭다. 이 때문에 많은 분석가들이 그의 글을 읽으면서 성가셔했는데, 특히 발린트가 그러했다. 위니콧이 자주 인용한 사람은 프로이트와 클라인이었으며 두 사람의 생각을 자기 스타일로 만들려고 했다. 이 장에서 우리는 그의 논문을 여럿 살피게 될 것이다. 그리고 특히 『Playing and Reality』(1971)와 사후에 출판된 일부 저작을 꼼꼼히 살펴볼 것이다. 그리고 '현대적' 저작을 보기 전에, 세계 대전 이전에 쓴 논문 한 편을 간략하게 살펴볼 것이다.

1935년, 그는 「The manic defense」에서 환상과 내적 현실의 관계를 살펴보기 시작했다. 그는 이 논문을 Nina Searl이 쓴 중요한 논문(1929)을 다시 인용하면서 시작한다. 여기에서 니나는 '현실로의 도망'을 환상으로부터의 도피라고 말한다. 위니콧은 이것을 내적 현실로부터의 도망이라고 말한다. 하지만 그가 보는 내적 현실은 환상만이 아니다. 그것은 혼합물인데, 여기에는 "한 인간의 조직된 환상, 그리고 이것과 역사적으로 연결된 아기의 신체 경험, 흥분, 쾌락과 고통"이 포함된다(1935, p. 130). 게다가 환상의 또 다른 의미가 있는데, 그러니까 "환상을 통해, 그리고 현실에서 물러남으로써 인간은 내적 현실을 일부 다루려고 시도"한다(같은 책). 여기서 환상과 백일몽은 현실을 조종하려는 전능함의 시도이자 내적 현실을 견디지 못함을 의미한다. 위니콧이 설의 결론을 다시 언급하는 부분은 특히 흥미롭다.

> 니나는 (…) 위험에 처한 [아기는] 이상적인 사랑을 주고받는 부모를 간직하기를 원하며 분리의 두려움은 원치 않는다고 썼다. 동시에 아기는 미움 속에서 자신을 불만족스러운 리비도 긴장의 위험 안에 내버려 둔, 친절하지 못하고 엄격한 부모를 파괴하려 한다. 즉, 전능 환상 안에서 아기는 자애로운 부모와 엄격한 부모 모두를 삼켜버린다[1935, p. 130].

위니콧의 대답은 아래와 같다.

> 우리가 마주치는 것은 그저 단순히 좋고도 나쁜 부모의 함입 환상이 아닌 듯하다. 우리가 만나는 것은 바깥세상의 부모와 아이가 맺는 관계에서 작동하는 이유와 꼭 같은 이유로 자기 마음 안에서도 가학적 공격이 이루어지고 있음을, 선하고 서로 사랑하는 부모를 향한 공격이 이루어지고 있음을(둘이서 행복해하는 것이 실망을 안겨주므로), 미움

> 에 의해 나빠져 버린 부모에 대한 공격이 이루어지고 있음을, 이제 자아에 위협이 되는 나쁜 대상을 향한 방어 또한 이루어지고 있음을, 그리고 나쁜 부모로부터 좋은 부모를 구하고 나쁜 대상을 막기 위해 나쁜 대상을 사용한다는 것 등을, 의식하지 못하고 있다는 사실이다.

> 전능 환상은 내적 현실 그 자체라기보다는 그것을 수용하는 것에 대한 방어에 가깝다. 이러한 방어에서 우리는 전능 환상을 향한 도피, 혹은 어떤 환상을 피해 다른 환상으로 도피하는 모습, 그리고 이 과정에서 일어나는 외부 현실로의 도피 같은 것을 관찰하게 된다. 이것이 내가 환상과 현실은 대조되거나 상반되지 않는다고 생각하는 이유이다[같은 책].

이상의 (위니콧이 만들어 낸) 대화에서 위니콧은 설의 프로이트식 관점에서 클라인의 관점으로 옮겨가면서 사실상 내적 현실에 관한 새로운 관점 혹은 개념을 만들어낸다. 그는 후에 이 논문의 각주에서 환상fantasy이라는 용어보다 "이제 '환상하기fantasying'를 사용"하겠다고 말한다. 내 생각에 그가 이런 말을 한 이유는 자신이 환상이라는 단어를 상당히 다른 두 가지 의미로 사용하고 있음을 깨달았기 때문인 것 같다. 첫 번째 의미에서 환상은 내적 현실의 개인적인 부분으로, 아이가 경험하는 쾌락이나 고통의 경험과 관련이 있다. 두 번째 의미에서 환상은 감당하기 어려운 내적 현실에 대한 반응이 된다. 이것은 현실을 향한 도피로, 여기에서는 환상을 통해 외적 현실을 전능하게 조종하려는 시도가 이루어진다.

첫 번째 용례의 '환상'에서 그가 말하고 있는 내, 외적 현실은 클라인이 말하는 것과는 다르다. 비록 이 논문의 요점이 클라인의 개념을 설명하고 확대하는 것은 맞지만 위니콧이 말하는 내적 세계는 클라인이나 프로이트의 내적 세계처럼 욕동에 의해 지배되지 않는다. 그에게는 안팎의 표상도 별로 구분되는 것이 아니다. 그가 은연중에 가정하는 것은 내적 현실은 쾌락과 고통에 영향을 받는다는 것 정도에 그치며, 특히 파괴적 욕동 같은 내인성 요소에 대해서는 언급하지 않는다. 그가 사용한 환상이라는 단어의 두 번째 용례는 그를 클라인과 더 가까워지게 한다.

한편 조증 방어는 전지전능한 조종을 시도하는 것으로, 내적 현실의 부정과 외부 현실로의 도피를 통해 이루어진다. 그리고 이를 통해 견디기 어려운 내부의 목소리에서 벗어날 수 있게 된다. 목표는 "특히 반대되는 느낌인 가벼움, 유머 같은 것을 이용해서 중압감이나 슬픔 같은 우울감을 부정"하는 것이다(같은 책, p. 132). 조증 방어에서 외적 현실로의 회피나 외적 현실의 조종 덕택에 내적 현실은 변화하게 된다. 참고로 우울증에 대한 1935년의 논문에서 클라인도 조증 방어에 대해 비슷하게 썼었다.

여기서 클라인은 같은 종류의 방어 기제를 강조했다. 비록 위니콧이 내적 현실 개념을 살짝 바꾸고는 있지만, 조증 방어에 대해서는 클라인과 비슷한 의견이다. 두 사람 모두 조증 상태에서 보이는 어정쩡한 활기가 '내면화된 부모들' 삶과 죽음의 가운데에 두려는 시도라고 주장한다. 그러니까 죽여서 그 상실을 충분히 받아들이지도 않고, 반대로 살려서 그 둘이 함께 있음을, 그리고 그들이 자신과 별개임을 인정하지도 않는 것이다. 1935년 논문을 읽어보면 누구라도 저자가 골수 클라인주의자라고 생각하지 않을 수 없을 듯하다. 내적 현실에 대해 내가 이해한 바는 후배로서 누리는 특권에 힘입은 것이기도 하고 동시에 위니콧에 대한 내 전이의 결과물이기도 하다. 이제부터 우리는 그가 아기의 경험이라는 관점에서 일련의 개념을 제시, 수정, 첨가하는 과정을 보게 될 것이다. 그래서 우리의 임무는 이 개념들을 여러 번 살펴보는 것이 될 것이고, 아마 이 장의 끝부분에서 그것들을 통합해볼 것이다. 가끔은 통합 부전의 상태에 익숙해지려 애쓰는 수밖에 달리 도리가 없을 때도 있다.

분명하게 드러나는 위니콧의 진정한 자기

「Primitive emotional development」(1945)에 이르러 위니콧은 「The manic defence」에서와는 달리 클라인에게서 확실히 좀 더 멀어지고 자기만의 관점에 가까워진다. 이 논문에서 그는 우리를 갓 태어난 아기에게 데려간다. 여기서 그는 세 개의 "초기 과정"인 integration, personalization, 그리고 "시공간을 비롯한 현실의 특성들을 이해하는 realization 과정을 가정한다"(1945, p. 149). (이러한 관점은 프로이트 일차 과정 개념과 유사하다.) 이 논문을 쓰면서 그는 자신이 '꼼꼼하게 분석했던' 수많은 정신증 환자를 염두에 두고 있었다.

흔히 자기의 위치는 자신의 몸이 있는 위치에서 파악된다. 하지만 분석을 받던 한 여자 정신증 환자는 아기 시절 유모차 반대편에 앉아있던 자신의 쌍둥이 자매를 본인이라고 생각했음을 깨달았다. 쌍둥이 자매가 어른들에게 안겼을 때 본인은 여전히 자리에 앉아있었던 것도 놀라운 경험이었다. 이는 그녀의 자기 감각, 그리고 자기-아닌 감각이 덜 발달했던 탓이다(1945, p. 149).

그가 말하는 일차적 과정으로서의 통합은 프로이트가 말하는 (발달에서 처음이란) 의미의 일차적이 아니다. 최초에 통합 부전unintegration 상태가 있었고, 그는 이것을 (최초의) 일차적 상태라고 가정한다. 정신병적 과정 같은 해체disintegration에서는 퇴행적으로 통합되지 않은 상태에 이른다. 그리고 비록 정신증의 끝이 통합의 부재라고는 하지만 보통 사람들의 심리에도 그러한 부분이 있기 마련이다. 그는 강박적으로 주말에 있었던 일의 모든 세부 사항을 말해야 '성이 차는' 환자의 경우를 예로 든다. 하지만 분석가가 보기에는 반대로 정신분석을 회피하는 느낌이 든다. 여기에 대해 위니콧은 아마 환자는 분석가가 자신의 '모든 것을 세세하게' 알아주기를 원하는 것일 수도 있다고 말한다. 그리고 아기들에게서 이런 일은 '일상다반사'라서 엄마는 아기의 모든 부분을 죄다 모아서 통합할 수 있도록 도와야 한다고 말한다. 이를테면 입히고, 씻기고, 어르고, 달래고, 이름을 불러주는 모든 것이 전부 통합의 과정이다. 그리고 통합은 "인격을 하나로 모아내는 경향이 있는 내부로부터의 급박한 본능적 경험"에 의해서도 촉진된다(1945, p. 150). 그러니까 지금 그는 내인성 요소(본능이나 욕동)도 가끔은 아기의 경험을 조직화한다고 말하는 셈이다. 그리고 적절한 조건 하에서 이러한 조직화가 자기 감각의 통합을 돕는다고 생각한다.

아기들이 통합을 향해 가는 경로는 다양하다. 어떤 아기들은 '생후 첫 24시간' 안에 그럭저럭 잘 해낸다. 그리고 어떤 아기들은 일찌감치 '탐욕스러운 공격의 방해'로 인해 그 과정이 지연된다. 이기들은 가끔 뭔가 통합되는 느낌을 받게 되면 통합되지 않은 상태를 견딜 수 있다. 그는 여기에서 탐욕스러운 공격의 방해가 무엇을 의미하는지는 충분히 설명하지 않는다. 하지만 이 공격이 평범한 일이며 부모의 양육을 통해 견뎌져야 함은 분명하다. 젖가슴을 향한 아기의 공격이 회피되어 버리면 아기는 온전히 통합된 경험을 갖지 못한다. 반대로 부모나 환경이 아기의 자발적 움직임을 포기하도록 강요하지 않으면 아기는 통합 부전의 시기를 견딜 수 있다. 이 시기에 아기는 자신의 환경을 당연한 것으로 받아들이며 엄마 같은 대상은 조각들이 하나씩 더해지면서 만들어진다.

위니콧은 이러한 통합 부전의 상태와 전체 대상의 부재를 정신증 환자의 전이와 연결한다. 그에게 이 연관은 "통합 부전의 정신증적 상태가 인간 정서 발달의 원초적 단계에서 자연적으로 나타난다는 명백한 증거"가 된다(1945, p. 150). 비록 정신증과 통합 부전 상태의 관계에 대해 그렇게 설명했지만, 그의 가정에 의하면 모든 인간은 때때로 통합 부전의 상태에 놓이며 그럴 여지는 항상 존재한다. 그는 "우리가 항상 제정신이라면 실제로는 불행할 것이다"라고 말한다(같은 책, 각주). 통합 부전의 상태와 관련된 것 중 하나가 자기 몸 안에서의 삶이라는 개념이다. 누군가의 경험이 인격화된다는 것은 마음의 감각과 신체 경험이 통합됨을 포함한다. 이런 경험은 그가 본능적 경험이라고 부르는 것을 포함하며, 더불어 보살펴지고 얼러지는 경험도 포함한다. 흥미롭게도 위니콧은 수면-각성 주기에 관심을 집중하는데, 말하자면 수면-각성 주기를 경험이나 자기 감각과 통합하는 일도 일종의 과제라고 할 수 있다. 처음에 이런 경험들은 해리되어 통합 부전 상태에 있다. 그가 보기에 야경증과 악몽은 유아기의 정상적인 현상으로(맞는 말이다), 이러한 상태나 꿈을 각성 상태와 통합해내는 것이 아기의 과제가 된다. 이런 관점에서 보면 "꿈을 꾸고 기억하는 것은 항상 가치 있는 일이다. 왜냐하면 이는 해리 상태의 붕괴를 정확히 표상하기 때문이다"(같은 책, p. 151). 그의 말에 의하면 각성과 수면 사이에는 자연적인 해리 상태가 존재한다. 그러니까 꿈을 기억함으로써 이러한 나뉨과 해리가 붕괴하는 것이다. 그가 보기에 해리는 광범위한 현상, 혹은 그가 쓰는 표현으로 광범위한 방어 기전이다. 예를 들어 그는 이렇게 말한다. "도시의 삶은 문명화를 위한 심각한 해리 현상이다"(같은 책, p. 152).

현실과 현실 적응

위니콧은 공통의 현실이 있다고 가정한다. 이것을 보면 그도 어쩔 수 없이 영국의 경험론자다. 하지만 현실을 묘사함에 있어 그의 관점은 당연히 약간 삐딱하다. 첫째, 그는 현실에 대한 앎을 이야기하기보다 현실과의 일차적 관계를 이야기한다. 그리고 현실과의 관계는 "결코 완성되거나 고정되지 않는다"라고 말한다(같은 책). 그러니까 주체와 대상(혹은 주체와 주체) 사이에는 인생 전체를 통한 지속적인 역동적 관계가 성립한다는 이야기이다. 다음의 발췌문에서 위니콧은 현실과의 일차적 관계에 대한 예를 들려고 한다. 그리고 가능한 한 가장 단순한 단어를 동원해 이 작업을 해낸다. 한 번 살펴보자. 그리고 그가 경험을 묘사하기 위해 동원한 지극히 단순한 방법에 동의할 수 있는지도 보자.

> 나는 내가 본 현상을 가능한 한 가장 단순한 용어로 묘사하겠다. 아기와 엄마의 젖가슴(모성애를 전달하기 위해 젖가슴이 필수적이라는 뜻은 아니다)이라는 관점에서 보면 아기는 본능적 욕구, 그리고 포식자의 사고를 지닌다. 엄마는 젖가슴을 가지며 젖을 만들어낼 능력이 있다. 그리고 배고픈 아기가 젖가슴을 향해 달려들기를 원한다. 이 두 현상은 엄마와 아기가 하나의 경험을 같이 살아내기 전에는 서로 연관을 맺지 않는다. 성숙하고 신체적으로 준비된 엄마는 참을성과 이해심을 가진 사람이 되어야 한다. 그렇게 그녀는 운이 좋게도 아기가 최초로 외부 대상, 즉 아기의 관점에서 자기의 바깥에 있는 대상과 애착을 맺는 상황을 만들어낼 수 있다.
>
> 내가 볼 때 이 과정은 서로 반대쪽에서 오는 두 개의 선과 비슷한데, 이 선들은 잘하면 만날 수도 있다. 이 선들이 겹치면 그 순간이 착각illusion의 순간이다. 이 한 조각의 경험은 아기가 볼 때 환각이거나 아니면 바깥 현실에 속한 것으로 느껴진다.
>
> 다른 말로 하자면, 아기는 흥분하여 무언가 달려들기에 알맞은 것을 환각할 준비가 되었을 때 젖가슴을 만나게 된다. 그 순간 실제 젖꼭지가 나타났을 때 아기는 이것이 자신이 환각했던 젖꼭지라고 느낄 수 있게 된다. 그래서 그의 생각은 실제 모양, 느낌, 냄새 덕택에 한층 풍부해지고 다음번에는 이것이 환각의 자료로 쓰인다. 이런 식으로 아기는 실제

가용한 것을 눈앞에 떠올릴 능력을 쌓아나가게 되는 것이다[같은 책].

이상의 발췌문에서 보듯 착각의 순간을 만들어내는 것은 경험의 겹침이다. 착각의 순간은 사실상, 양쪽에 있는 서로 교차하고 뒤섞이는 두 갈래의 선이 협력해 만든 것이다. 이렇듯 위니콧에게 있어 현실과의 일차적 관계에서 핵심적인 부분은 현실의 창조이다. 나중에 보겠지만 그가 보기에 수동적인 현실 수용은 현실의 왜곡을 초래한다. 그러니까 아기가 흥분하여 무언가에 달려들 준비가 되었을 순간에, 만약 열심히 환각하던 무엇인가를 만나게 되면, 이제 아기는 실제 가용한 것을 눈앞에 떠올릴 능력을 쌓게 된다. 그러니까 아기의 능동성을 수용하는 엄마의 능력이 착각을 가능하게 만든다고 말할 수 있다. 그의 주장에 따르면 이 과정은 "아기가 한 사람에 의해 일관되게 보살핌을 받는 경우 엄청나게 단순해진다"(같은 책, p. 153). 아기가 눈앞에 떠올리고 이해할 수 있을 정도로 단순한 세상을 제공하는 데 핵심이 되는 것은 믿음직스럽고 수용적인 엄마다. 그는 오직 이런 기초 위에서만 객관성이 수립될 수 있고 과학적 태도도 발달한다고 말했다. 위의 묘사에서 우리는 이전의 구분으로 돌아가 환상의 도움으로 아기는 현실을 이해하게 된다고 말할 수 있다(최초의 환각이 그 예다). (원래의 논문[1945]에서는 클라인을 따라 phantasy라고 썼다는 점이 흥미롭다. 이후에 논문집을 위해 다시 찍어낸 판본에서[1958b] fantasy가 되었다. 클라인으로부터 멀어졌다는 신호인 셈이다.) 한편 환상하기fantasying는 방어적 태도로, 좌절에 대한 반응이다. 그러니까 생의 첫 순간에 환상은 전혀 무서운 것이 아니다. 아기가 젖가슴에 가하는 사나운 공격은 엄마로서는 자연스러운 현상이며, 이런 공통 경험이 현실에 대한 건강한 관계의 시작이다. 그는 아기의 본능적 흥분이라는 개념을 받아들이지만, 이 흥분의 결과를 결정하는 것은 엄마와의 관계다. (위에 기술한 것처럼) 이상적인 발달에서 본능적 요소는 중요하지 않다. 오히려 아기의 발달하는 내적 표상 세계 안에서 무엇이 내면화될 것인지의 문제에 중요한 것은 둘 사이의 경험의 겹침이다.

우리는 외부 현실에 대한 위니콧의 생각을 좀 다른 관점에서 접근할 수 있다. 바로 좌절과 현실에 대한 고려라는 측면이다. 클라인은 좌절에 대한 내성을 중요하게 생각했다. 하지만 위니콧은 우리는 주로 현실에서 오는 좌절에 관해 이야기할 뿐, 사실 현실이 주는 안도와 만족에 대해서는 별로 말하지 않는다고 말했다. 환상과 환상하기의 차이를 다시 한번 보자. 환상은 현실 경험 안에 그 경계를 두나 환상하기에는 끝이 없다. 그의 말처럼 "마술에는 제동 장치가 없다." 환상은 좌절로부터의 안도를 제공할 수 있겠지만 환상하기에는 한계가 없다는 말이다. 그래서 처음에는 반드시 공유된 현실이 있어야만 한다. 여기서 엄마는 현실을 제공하고 아기는 현실을 환각한다. 이러한 협동 과정이 이끄는 것이 "착각의 순간으로, 여기서 아기는 두 현실을 같은 것으로 받아들인다. 실제로는 전혀 아닌데 말이다"(1945, p. 154). 그리고 이러한 착각의 순간들 덕택에 만들어진 환상이 아기/아이로 하여 현실로 나아가게 만든다.

원초적 무자비함(염려 이전 단계)

위니콧은 아기가 엄마와 관계를 맺음에 있어 초기에 드러내는 무자비함 ruthlessness 단계를 가정한다. 여기서 무자비함은 엄마의 젖가슴을 향해 보이는 아기의 가차 없는 공격만이 아니다. 더불어 아기가 이 공격의 결과에 별 관심이 없다는 것이 중요하다. 심지어는 제법 자란 아이들이 엄마와 놀 때도 엄마에 대한 염려는 안중에 없는 모습이 종종 보인다. 그의 생각에 엄마가 이런 공격의 대상이 되는 것은 아기는 엄마가 이러한 공격을 견딜 것이라고 예상하기 때문이다. 만약 이런 관계가 보이지 않으면 아기는 좀 더 커서 나중에 이런 식의 행동을 보일 가능성이 크다. 특히 해리 상태에서 그렇다. 무자비함 단계 이전의 단계에서 아기는 그 자신의 본능적 환경 안에서 산다. 이 환경 안에서 무자비한 충동은 대상을 향하지 않고, 오히려 아기의 환경 일부로 존재한다. 이 상태에 대해 위니캇은 '아주 불쌍한 인생'이라고 말한다. 이러한 최초의 상태에서는 성장도 없는데, 왜냐하면 아직 외부 세계와의 지각된 소통이 없기 때문이다. 그래서 이 시기에 자가성애와 쾌락은 동일한 것이다. 하지만 위니캇은 일견 자가성애로 보이는 활동도 자기 위안과 대상 보존을 위해 이루어진다고 생각한다. 보다시피 비교적 초기 저작인 이 논문에서도 그는 아기가 견딜만한 내적 세계를 수립할 만큼 충분히 좋은 모-자 관계를 염두에 두고 있다. 그가 말하는 견딜만한 내적 세계는 성장을 향해 열려있는 세계이며, 아기/아이를 둘러싼 환경으로부터의 보살핌에도 열려있는 세계다.

또 하나 빠뜨리지 않아야 할 부분은 정신병적 전이와 초기 발달 단계의 유사성을 드러내는 것이 이 시기의 그의 주요 관심사 중 하나였다는 점이다. 그의 생각에 보통 경계선 혹은 정신증적 병리의 진단을 받은 사람들이 보이는 일차적 걱정은 해체에 대한 불안이다. 해체 상태는 정신분석가 대부분이 견뎌내기 어려운 상태다. 이는 그가 좀 더 정상적인 조건의 정신분석이라 여겼던, 좀 덜 아픈 사람들에게서 만나는 상황과는 다르다. 그는 "(좀 덜 아픈 환자들과의) 분석에서는 우리가 알 듯 환자의 전능함을 벗어나는 트라우마는 존재하지 않는다. 모든 것은 결국 자아의 제어 안으로 들어오게 된 다음 이차과정과 연결된다"(1960, p. 37). 그의 관점으로 모든 것은 결국 "사랑과 양가감정이라는 관점으로" 해석된다. 그리고 "분석가는 정확히 이런 작업을 하기 위해 (…) 오랜 시간 동안 준비한다”(같은 책). 여기서 그는 분석에서 만약 분석가가 오랜 시간을 준비해서 환자로 하여 그 자신의 감정을 갖도록 기다려줄 수 있다면 경계선 환자나 정신증 환자도 분석 가능하다고 주장하고 있다. 유아기에는 좋고 나쁜 일들이 모두 아기의 능력 범위를 벗어난다. 위니콧의 생각에 이것은 성인 경계선 환자나 정신증 환자도 마찬가지이다. 요약하자면 이런 상태에서는 개인의 조절 능력을 벗어나는 트라우마가 있다는, 혹은 환상에 의한 조절 능력 또한 벗어나는 트라우마가 있다는 뜻이다. 하지만 분석가가 믿음직스럽고 충분히 오랜 시간을 기다려줄 수 있다면 이런 환자들을 분석할 수 있을지도 모른다. 나는 예전에 analytic trust라는 개념을 제안한 적이 있는데(1991, 1998a), 나중에 이 개념이 위니콧의 생각과 연결해서 제시하도록 하겠다.

부모-아기 관계에 관한 나중의 생각

다음으로 살펴볼 논문들은 1945년의 논문보다 10~15년 이후에 쓰인 논문들로, 이 논문들도 그의 조기 견해와 직접 연결된다. 이 논문들에서 그는 확실히 클라인에서 멀어지는데, 반면 클라인에게 진 빚도 확실하게 밝힌다. 그는 발달에서 position 개념을 강조하지 않았고(클라인은 강조했다. 6, 7, 8장 참고), 그는 초기 발달을 단순히 변해가는 구조가 아닌, 생애 전반을 통해 지속되는 존재로서 바라보았다. 이제부터 살펴볼 논문은 주로 초기 발달에 대한 것이지만 그의 머릿속에서는 초기 발달과 정신분석 상황이 나란히 놓여있음을 유의하자. 예컨대 그는 경계선 병리에서 차츰 “환자는 원초적 트라우마에 대한 정신분석적 해석을 투사로 사용할 수 있게 된다”라고 여러 번 말했다(1960a, p. 38). 경계선 환자와 아기의 역설은

> 아기의 환경에 있는 좋고 나쁜 것들은 사실 투사가 아니다. 하지만 그래도 아기가 건강하게 크려면 그에게는 모든 것이 투사처럼 보여야 한다[같은 책].

여기서 그가 다시 한번 분명히 말하고 있는 것은, 현실 검증 혹은 현실감의 획득은 단순히 '올바른' 지각을 수동적으로 받아들이는 능력이 아니라는 점이다. 오히려 아기가 현실을 다루기 위해서는 먼저 능동적으로 현실을 만들어야 한다. 이러한 견해는 발달적으로도 큰 의미가 있을 뿐 아니라 분석 상황을 바라보는 관점에도 뜻하는 바가 크다. 분명히 우리가 아기의 (환상과 여타 인지 기능을 통한) 능동적 현실 처리 과정의 중요성을 알면 아기의 상태에 대해 더 관심을 주고 아기와 상호 작용을 하려고 할 것이다. 만약 치료 과정도 이와 비슷하게 이해하면 환자가 분석가의 해석을 수동적으로 받아들이는 것보다 (넓은 의미의 놀이를 통해) 능동적으로 처리하도록 하는 것이 중요하다고 말할 수 있다.

그는 프로이트의 이론 또한 초기 발달에 관한 이야기로 생각할 수 있다고 말했다. 하지만 같은 논문에서 프로이트는 "유아기를 무시한 듯하다"라고 말한다(같은 책, p. 39). 이러한 일견 모순된 진술을 해소하기 위해 그는 프로이트가 "논문에서 그가 논하고 있는 부분을 당연하게 여기고 있음을 인지하고 있었다"라고 말한다(1960, p. 38). 위니콧이 언급하고 있는 프로이트의 논문은 일차과정에 관한 논문이었는데, 여기서 프로이트는 발달과정에 있는 아기의 인지적, 정서적 상태에 관해서 이야기하고 있다. 위니콧이 주목하고 있는 부분은 여기이다.

> 이런 이야기는 거의 허구처럼 들린다. 하지만 이 허구 같은 심리적 시스템에 엄마가 주는 보살핌도 포함됨을 전제한다면, 아기는 이러한 종류의 심리적 시스템을 거의 알아챘다고 볼 수 있다. 그렇게 보면 [초기

발달에 관한] 이런 허구 같은 이야기도 타당해진다[같은 책, p. 39].

여기서 프로이트가 허구라고 말하는 부분은 환경을 배제한 아기의 내적 세계를 가리킨다. 위니콧이 주목하는 부분은 '아기가 엄마로부터 받는 보살핌을 전제'하는 것이 이런 연구의 맥락에서는 중요하다는 점이다. 아기와 엄마의 보살핌은 함께 하나의 단위를 만든다. 그는 다시 한번 말하길, 아기는 홀로 존재하지 않으며 엄마와 아기 모두를 포함하는 시스템이 있을 뿐이라고 분명히 밝힌다. 프로이트를 인용하면서 그는 이렇게 말한다. "프로이트는 엄마의 보살핌이 하는 역할을 충분히 인정했다. 그런데도 그가 이 주제를 다루지 않고 남겨놓은 이유는 그가 아직 그 함의를 논할 준비가 되지 않았기 때문이라고 생각할 수밖에 없다."(같은 책). 꽤 관대한 평가이다. 하지만 반대로 보면 프로이트는 보성의 중요성을 알았지만, 일차적 관심을 보인 것은 아니었다고 말할 수도 있다. 프로이트는 어른이 마음속에 있는 유아적 근원을 알고 싶은 성인 분석가로, 모-자 관계에는 별 관심을 두지 않았다.

하지만 위니콧의 이론은 어쨌든 간에 모-자 관계 없이는 생각할 수 없다. 그는 색다른 논의 진행 방식을 보여주는데, 그것은 '유아$_{infant}$'라는 용어의 정의를 보류하는 것이다. 유아기는 발달의 한 시기로, 여기서 개체가 의지하는 것은 "언어로 전달될 수 있는 것이 아닌, 엄마의 공감이다"(같은 책, p. 40). 여기에서 그는 교묘하게 유아기를 생애 전반으로 확장하고 있다. 하지만 이것이 그의 주된 의도는 아니다. 그가 강조하는 것은 유아기는 통합의 시간이며 이 통합이 엄마의 보살핌 덕분에 이루어진다는 점이다. 그는 아기의 짐작이라고 가정되는 것에서부터 생각을 전개한다. 그의 생각에 (아버지와 딸) 프로이트는 본능적 힘을 발달 초기의 한 요소로 보았다. 위니콧이 이해한 프로이트에 의하면 불안은 본능적 긴장이나 대상의 상실에서 온다. 하지만 위니콧이 생각하기에 이런 정식화는 아기가 이미 독립적이라는 의미다. 반면 위니콧의 관심이 주로 모이는 시기는 독립 이전, 심지어는 부분적인 독립도 이루어지기 전이다. 그는 클라인이 초기 발달기의 불안과 방어를 폭넓게 다루었다고 생각한다. 그는 클라인의 이론에서 완전한 의존이 부정되는 곳은 아무 데도 없다고 말했다. 하지만 내 생각에 이 부분에서 위니콧은 클라인 이론의 함의를 충분히 들여다보지 않은 듯하다 두 선배의 이론에 대해 짧게 언급한 다음, 그는 다시 유아의 문제로 돌아간다. 그가 볼 때 유아는 다양한 가능성을 가지고 있으나 이는 엄마의 적절한 도움을 통해 구현된다. 심지어는 유아 발달의 본능적 측면도 엄마의 도움이 필요하다. 그는 처음에 이드의 힘은 "떠들썩하게 관심을 요구한다"라고 말한다. 아기가 커갈수록 이드는 "자아를 위한 목적에 동원되고 (…) 그렇게 이드-만족이 자아-강화로 변해간다." 만약 이드가 자아에 여전히 외부로 남게 되면 이드 만족은 그저 육체적일 뿐이고 "자아 구조를 위협하게" 된다(같은 책). 그가 보기에 만약 엄마가 아기의 본능적 요구를 중재하지 않으면 이렇게 본능적 요구는 아기의 자아 구조에 통합되지 못한다.

Holding: 기본적 개념

그렇다면 엄마는 어떻게 본능적 힘이나 영향을 매개할까? 위니콧의 세계에서는 본능이 아기의 세계 안에 존재하기 이전에 하나의 공간이 있다. Holding은 양육의 최초 단계로써 여기서 holding은 몸으로 껴안아 주는 것 이상을 가리킨다. 즉, 환경적 존재 전체, 혹은 위니콧의 용어로, 함께 살아감을 의미한다. 물론 holding이 끝난다고 해서 함께 살아감이 끝나는 것은 아니다. 그러나 holding 동안 엄마는 아기의 기본적 기능(감각 운동 기능, 지각 등)들이 조화되도록 도와준다. 그리고 또 다른 도움은 "몸을 덮는 막의 윤곽을 그리도록 하는 것인데, 이는 (건강한 경우) 피부 표면이 된다. 이러한 몸의 막은 내부와 외부 사이에 있는 것이자 신체-윤곽이다"(1960a, p. 45). (살아있는 막으로서의 피부의 중요성에 관해서는 Anzieu[1989]를 참고하라.) 그렇다면 holding이 아기에게 주는 것은 무엇인가? 잠시 그 목록을 보도록 하자. 하지만 기억해둘 것은 위니콧이 말하는 holding은 대상관계를 선행한다는 점이다. 이때 아기는 대상에게 최대한 의존적이다. 하지만 아기가 이러한 의존 상태를 경험하도록 해서는 안 된다. 그래서 holding은,

> 생리학적 위험에서 보호해주고, 아기의 피부 민감성을 고려한다. 이때 피부 민감성은 접촉, 온도, 청각 민감성, 시각 민감성, 추락(중력 관련 행동)에 대한 민감성을 말한다. 그리고 holding은 자기를 제외한 나머지 환경에 대한 아기의 무지를 고려한다. 밤낮으로 수행되는 모든 통상적 보살핌이 여기에 해당하며, 아기가 모두 서로 다르고 holding은 아기의 일부인 탓에 똑같은 holding을 받는 아기는 없다. 더불어 아기의 육체적, 심리적 성장과 발달에 따라 holding은 매일 조금씩 달라진다[같은 책, p. 49].

말하자면 holding은 사랑의 형태이며, good enough mother의 징표이다. Holding을 하지 못하는 엄마는 "아기에게 불안정한 느낌과 고통스러운 울음을 초래한다"(같은 책). 반면 holding 덕택에 아기는 통합 부전의 상태에서도 편안하게 존재할 수 있고, 엄마는 아기가 조금씩 통합을 향해 나아가도록 돕는다. 논리적으로 해체에 대한 불안이 생기려면 일말의 통합이 선행되어야 한다. 그래서 holding 받지 못하는 위험

의 결과는 해체가 아니라 소멸의 느낌과 소멸의 불안이라고 해야 한다. Holding 동안 아기는 최대한 의존하고 엄마는 보조적 (실행) 자아로 기능한다. 이러한 모-자 간의 상호작용 안에서 아기는 스스로 전능하다는 착각을 하게 되고, true self는 그렇게 엄마의 자아 덕분에 보호받는다. 맞다. 우리는 방금 새로운 개념을 발견했다. True self, 위니콧이 말하는 진짜 자기는 무엇인가?

이 질문에 대답하기 위해 우리는 진짜 자기, 가짜 자기 이론에 더해 소멸의 불안을 살펴보아야 한다. 그가 말하는 진짜 자기는 인격의 핵(혹은 적정 환경 안이라면 핵심이 되어야 하는 부분)이다. 이것은 타고난 잠재력으로, 이를 통해 존재의 연속성을 경험하고 그 자신의 방식과 속도로 자기만의 현실과 신체적 표상을 얻게 된다. 충분히 좋은 엄마는 이러한 잠재력이 자기만의 속도로 드러나게끔 돕는다. 바람직한 경우 엄마가 발달을 저해하거나 재촉하지 않으면서 아기로부터 나아가고 머무름에 대한 힌트를 얻는다. 극단적인 경우, 아기는 방해를 겪고 아기의 경험은 그 자신의 조절(위니콧의 용어로는 전능함) 아래에 있지 않게 된다. 이 경우 정신증적 조직화가 생겨날 수도 있다. 이렇게 방해와 무서운 정신증적 세계에 대한 방어가 이루어지면 가짜 자기가 발달한다. 이는 아기가 외부 세계에 순응하려는 시도이며, 동시에 해체의 경험을 회피하려는 것이다. Holding environment는 존재의 연속성을 만들어냄으로써 통합의 증진에 이바지한다. 반면 존재의 연속성이 확보되지 않으면 아기는 방해하는 환경에 반응해야만 한다. 위니콧의 표현으로 반응이 일어나게 되면 존재를 교란해서 소멸에 이르게 된다. 존재와 소멸은 holding 시기, 혹은 완전한 의존성 시기 동안 아기가 겪을 수 있는 두 가지 경우이다. Holding과 완전한 의존성을 연결하면 이러한 그림이 만들어진다. 엄마는 holding하고, 그동안 아기는 완전한 의존성 시기를 통과한다. 이것이 아기가 겪는 최초의 단계이다. 위니콧은 이 기간 엄마의 holding 덕택에 아기는 자기만의 속도로 발달하고 통합을 이룬다고 말한다. 다시 말해 엄마는 통합 부전의 시기에 지지를 제공하고 덕분에 아기는 자기만의 페이스로 이 시기를 겪어낸다. Holiding은 완전한 의존성 시기를 안전하게 해준다. 이 기간 holding에 실패하고, 환경을 어떤 반응을 요구하는 방해로 경험하게 되면 소멸의 불안이 생긴다. 그러니까 holding을 제공하는 환경 아래 통합이 일어나는 것이다. 이 과정이 원만하면 (존재의 연속성과 더불어) 인격화가 이루어진다. 인격화와 통합 과정 모두 완전한 의존성 시기에 일어나는 셈이다. 반면 대상관계는 대상 제공object presenting과 함께 시작되고, 이는 다음 발달 단계인 상대적 의존성으로 이어진다.

상대적 의존성에서 독립성으로

한편 위니콧에 의하면 방해impingement는 불가피하다. 하지만

> 호의적인 조건 아래 아기는 존재의 연속성을 확보하고, 이후 발달을 계속해가며 조금씩 정교해진다. 그리고 이 덕에 방해는 전능함의 영역으로 모일 수 있게 된다. 한편 이 단계에서 죽음이라는 단어는 전혀 쓸모가 없게 되는데, 그래서 죽음 본능이란 단어는 받아들이기가 어렵다 [1960a, p. 47].

그이 관점에서 죽음이라는 관념은 전체 대상이 만들어지고 (전체 대상을 향한) 미움이라는 관념이 수립되기 전에는 아무 의미가 없다. (참고로 위니콧은 프로이트와 클라인의 죽음 본능을 거부한다.) 대상관계와 본능적 만족은 모두 자아의 조직화에 달렸고, "모든 것이 순조로운 경우 자아 조직화

는 너무 당연한 걸로 여겨진다"(같은 책, p. 49). 그러니까 대상관계가 있으려면 그전에 holding이 이루어져 절대적 의존성의 성공적인 통과가 이루어져야 한다는 뜻이다. 절대적 의존성 동안의 엄마는 산욕기의 산모에 비유된다. 산욕기의 산모는 (임신 동안의 '열병' 때문에) 제정신이 아닌데, 이 상태는 절대적 의존성 동안 지속되고 산모에게 (투사적 동일시를 통해) "아기가 무엇을 원하는지 잘 감지하는" 능력을 준다(같은 책, p. 53). 한편 엄마가 아기에게서 떨어지는 속도는 "아기가 엄마에게서 멀어지는 속도보다" 느리다(같은 책, p. 54). 이러한 분리가 일어나기 시작하면 아기는 "나, 그리고 '내가 아닌 나머지'가 만드는 한 개의 단일체(같은 책, p. 61)"에서 '내가 존재한다'라는 상태로 이행한다. 그리고 나-아닌 그 무엇과 내사-투사적 상호작용을 하게 된다. 이 과정에서 발견하게 되는 중요한 나-아닌 것이 상대적 의존성 단계의 핵심적 징표이다. 이 새로운 관계에서 아이는 이전의 전능함에서 물러나 일시적, 방어적 전능함으로 옮겨간다. 때때로 방어적 전능함이 사용되면 상대적 의존성은 사라지고 다시 절대적 의존성이 회복되어 환상 속에서 holding을 제공하는 환경이 만들어진다. 이 시기가 되면 통합 부전보다 해체가 더 중요해진다. 그리고 소멸의 불안을 만드는 것은 해체의 두려움이 된다. 한편 위니콧이 말하는 소멸은 아래의 상태를 포함한다.

1. 산산조각이 남
2. 영원히 추락함
3. 몸과의 연결을 잃음
4. 방향을 상실함

앞의 두 가지(1, 2번)와 4번 경험은 통합의 상실, 그리고 연속적인 시-공간의 연관성을 잃어버리는 것이다. 3번은 몸과 마음이 떨어지는 느낌으로, 보통은 상대적 의존성 시기에 몸과 마음이 한데 머무는 느낌이 생긴다. 이때 아기는 막을 발달시키고 나와 나 아닌 것을 경험하기 시작하며, 막(보통은 피부)이 그 경험의 윤곽을 그린다. 이 시기의 끝부분에 이르러 아기는 자기가 아닌 바깥의 누군가도 이것을 이해하고 있음을 알게 되고, 이점이 아주 중요한데, 마지막 단계인 함께 살아감으로 나아간다. 이 단계에 이르기 전에 아이는 세상과 관계를 맺는데 이러한 대상관계는 대상 제공에 달려있다. 가령, 아기에게서 오는 불편함에 대한 극심한 신호 없이도 만족과 편안함을 제공하고, 괴로움을 피하도록 도와주는 엄마가 바로 대상 제공의 예이다. 이 부분이 아이가 자신의 정신을 인지하기 시작하는 곳이자, 절대적 의존성에서 상대적 의존성으로의 이행에서 결정적인 장면이다. 마지막으로 초기 발달과 관련한 위니콧의 생각과 연관된 두 개의 중요한 질문을 하면서 이 장을 마치겠다.

1. 아기가 공격적으로 행동하는 능력은 어떻게 발달하는가? 좀 더 정확하게 말하면 적정 발달에서 아기/아이는 공격적 성향을 발달시키는가, 그렇지 않은가?
2. 아기/아이가 염려할 수 있는 능력은 어떻게 발달하는가? 그리고 발달의 어느 지점에서 죄책감이 역할을 하는가?

염려할 수 있는 능력: 염려와 죄책감

위니콧은 염려와 죄책감은 동전의 양면이라고 말하면서 염려에 대한 논의를 시작한다. 그의 생각에 염려는 모든 건설적 작업과 놀이의 핵심을 차지한다. 성기 수준의 염려는 가족의 근간이 되고, 염려 덕에 성행위에 임하는 양쪽은 자기 행위의 결과에 책임을 지게 된다. 이때 성행위는 쾌락에 관한 것일 뿐만 아니라 가족의 수립에 관한 염려가 된다. 한편 어른의 행위에서 타인(행위)에 대한 염려는 많은 곳에서 나타나지만 염려할 수 있는 능력의 뿌리는 "고전적 오이디푸스 콤플렉스 시기 이전"에 나타난다(1963a, p. 73). 그는 염려의 발달이 여러 요소에 달렸다고 본다. 먼저 아기/아이는 반드시 엄마를 전체 대상으로 볼 수 있어야 한다. 그런 다음 프로이트에게서 단어 하나를 빌어온다. "바로 'fusion'"이다(같은 책, p. 74). 그는 융합을 "아기가 하나의 대상에게 동시에 애정적, 공격적 욕동 모두를 경험할 수 있게 만드는 정서 발달상의 성취"라고 말한다(같은 책). 아기는 이제 자기라는 감각을 갖추게 되었는데, 이는 "육체적으로는 피부로 둘러싸여 있고 정신적으로는 통합된 단일체"이다(같은 책, p. 75). 동시에 아기는 여러모로 엄마의 보조 자아에 독립적이며, 이제 안과 밖의 감각도 갖추었다. 이제 아이는 새로운 심-신을 갖추고 내면도 풍부해진다. 그리고 프로이트가 이론화했던 새로운 내적 심리적 현실은 이제야 아기에게 중요한 것이 된다. 여기서 위니콧이 가정하는 것은 아기가 자신의 심리적 현실을 발달시키는 문제에 대한 것이지, 단순히 엄마가 제시하는 현실에 대한 것이 아니다. 그는 이러한 새로운 발달 상태에 대해 "사랑과 미움을 동시에 경험하는 양가감정의 성취이며, 감정이 풍부해지고 정교해지면서 염려가 나타나게 된다"라고 말한다(같은 책). 다음으로 그가 옮겨간 곳은 이 시기의 발달에서 아기에게 존재하는 양가감정에 대한 설명이다. 그는 미숙한 아기에는 엄마에 관한 두 종류의 표상이 존재함을 가정한다. 그것은 대상 엄마object mother와 환경 엄마environmental mother이다. 융합 이전에 반드시 두 개의 엄마 표상이 먼저 있어야 하고, 이 두 표상이 아기의 마음 안에서 하나가 될 때에야 비로소 염려가 가능해진다.

대상 엄마는 본능의 대상인 엄마이다. 이 엄마는 "대상, 혹은 다급한 아기의 필요를 만족시켜줄 부분 대상의 소유자"이다. 환경 엄마는 전반적 보살핌의 원천으로 아기의 전체 환경 중 일부이다. 대상 엄마는 아기에 의해 인정사정없이 공격적으로 사용된다. 그리고 아기의 '무자비한' 본능의 공격을 온전히 경험해야 한다. 반면 환경 엄마는 비록 전체 환경을 관장하는 사람이지만 아기/아이가 "조악한 본능적 긴장"에 의해 압도되지 않은, 좀 더 평온한 순간에 존재하는 엄마다(같은 책, p. 76). 위니콧은 "공격과 파괴를 포함하고 있는 혈기 왕성한 이드-욕동" 환상을 묘사한다(같은 책). 아기는 대상을 삼켜버리고 그렇게 대상의 내용물을 모두 차지하길 원한다. 여기서 그가 묘사하고 있는 것은 대상 엄마가 클라인류의 공격을 겪는 모습이다. 환경 엄마는 보호된다. 위니콧에 의하면 이 두 엄마가 융합되면 아기는 엄마를 보호하기 위해 스스로 이유離乳를 할 수도 있다. 이러한 융합의 시점에서 가차 없는 대상 사용은 아기에게 죄책감을 일으키기 때문이다. 이때 엄마가 여전히 안정적으로 존재하고 가용하면 아기는 엄마와의 관계를 수선할 수 있고 죄책감은 누그러든다. 이러한 과정이 안정적으로 이루어지면 아기는 다시 한번 '이드-욕동' 경험 안에서 좀 더 자유를 얻는다. 이런 사이클이 반복적으로 이루어지면서 점차 아기는 엄마에게 적극적으로 너그러워질 수 있다. "무엇인가에 이바지할 기회 [덕택에] (…) 아기 안에 염려할 수 있는 능력이 자리 잡는다"(같은 책, p. 77). 그런 다음 위니콧은 무엇인가를 줄 수 있는 능력이 어떻게 일생을 통해 중요한지를 보여준다. 무엇인가를 줌으로써 죄책감이 누그러지고 우울감과 슬픔을 막을 수 있는 것이다. 흔한 예를 들어보자. "의사가 있다. 그가 필요한 것이 무엇일까? 그에게 일할 기회를 뺏으면 그는 어떻게 될까? 의사는 환자가 필요하다. 그리고 자기 기술을 써먹을 기회가 필요하다. 다른 사람들이 그러한 것처럼"(같은 책, p. 78). 또 다른 예는 '상당히 아픈' 여자 환자로, 이 환자는 치료 시간을 통해 치료자에게 강렬한 미움을 표현하기 시작했다. 치료가 끝난 후 나머지 시간 동안 그녀는 호전을 보이고 건설적인 행동을 하게 된다. 하지만 세션 안에서 "치료자는 완전히, 반복적으로 망가진다"(같은 책, p. 81). 이런 상황을 해석하는 하나의 방법은 그녀가 치료 상황에서 자신의 파괴적 경향에 봉착했기 때문에 건설적 측면에 이를 수 있다는 것이다. 하지만 위니콧의 말은 조금 다르다. "건설적이고 창조적인 경험은 아이가 자신의 파괴성을 좀 더 경험할 수 있도록 해준다"(같은 책). 그의 말이 치료에서 가지는 함의는 크다. 왜냐하면 그는 만약 환자가 holding을 받고 점차 치료자에게 무엇인가를 해줄 수 없다면 환자의 파괴적 측면은 환자가 마주하기에는 여전히 너무 큰 상태로 남아있을 것이라고 말하고 있기 때문이다. 우리는 고찰에서 위의 이론이 갖는 의미를 좀 더 살펴보게 될 것이다.

죄책감, 그리고 위니콧의 depressive position

위니콧은 구조이론에서 파생된 프로이트의 죄책감 개념에서 시작한다(4장 참고). 그는 프로이트의 초자아 개념에 대해 말하길 "죄책감이 내적 현실의 문제임을, 혹은 죄책감이 의도와 관련된 것임을" 분명히 이해한 것이라고 했다(1958b, p. 18). 프로이트의 죄책감 개념을 받아들이기는 했지만, 위니콧은 그 개념을 자기식으로 확장한다. 그가 말하는 죄책감은 견뎌진 죄책감이다. 그리고 죄책감의 표현은 사랑과 미움의 불가피한 갈등을 의미한다. 오이디푸스 콤플렉스를 겪는 아이의 성장에 대해 말하면서 그는 소년의 죄책감이 "아이가 갈등을 견디고 참아낼 수 있음을 의미하며 이 갈등은 삶에 내재한 갈등으로, 건강한 삶에 동반된 것이다"(같은 책, p. 17)라고 말한다. 여기서 위니콧은 개념을 이해하는 능력, 그리고 개념의 주창자가 생각했던 의미와는 다른 의미를 알아채는 능력을 보여준다. 생애 말기에 프로이트는 오이디푸스 갈등이 (대체로) 모든 정신병리의 근간이라고 말했다. 하지만 위니콧은 초기의 프로이트를 따라간다. 그리고 누군가가 사랑을 둘러싼 갈등을 갖게 되면 그것은 건강하고 단단한 발달의 표식이 된다고 주장한다. 그래서 아이가 죄책감을 참아낼 수 있다면 이제 아기는 자기애적 관심에 근거한 사랑이 아닌, 다른 부류의 사랑을 발달시킬 준비가 된 것이다. 이제 아기는 사랑과 미움을 동시에 느끼는 사람을 사랑할 수 있다. 다르게 말하면 이제 아이가 사랑하는 사람은 아이의 마음속에 통일된 표상을 갖는 것이다.

일차적 모성 몰입 그리고 아-타(me-not-me)

공격성의 역할

앞서 여러 번 밀했듯, 그는 primary maternal preoccupation을 묘사하면서(1956a) 이 시기가 임신의 후반부에 시작되어 몇 주 동안 지속되지만, 막상 지나간 뒤에는 잘 기억나지 않는다고 했다. 이 시기에 대해 위니콧은 아기에 대해서는 홀로 논할 수 없으며 반드시 엄마-아기를 함께 생각해야 한다고 말했다. 그리고 절대적 의존성 시기에 대해 애정적 본능과 잠재적 공격성이 있다고 말했다. 이렇게 보면 그는 죽음 본능과 타고난 공격성에 대해서만큼은 프로이트와 클라인 모두와 다른 셈이다. 그가 말하는 잠재적 공격성은 움직임과 관련이 있는데, 우리는 태아의 움직임이나 아기가 손을 움켜쥐는 현상에서조차 잠재적 공격성을 발견할 수 있다. 앞서 살펴봤듯이 위니콧은 프로이트의 용어인 '융합'을 사용해서 절대적 의존성 시기 동안 아기의 잠재적 공격성이 애정적 본능과 합쳐지는 현상을 서술했다. 그래서 아기가 깨무는 것이나 세차게 빠는 것은 *그 자체로* 공격성은 아니고, 오히려 융합의 결과라 할 수 있다. 만약 융합이 일어나지 않으면 다스려지지 않은 파괴적 경향이 생길 수 있다는 것이 그의 생각이다(1956b). 절대적 의존성 시기 동안 대상의 운명에 대해서는 별 염려가 생기지 않는데, 왜냐하면 이 시기에 대상은 무자비하게 사랑받는 대상이거나 아기를 둘러싼 세상의 한 측면에 불과하기 때문이다. 하지만 아기가 안과 바깥을 구분하게 되면서 아기는 대상을 향한 본인의 의도를 경험할 수 있게 된다. 이렇게 아기가 상대적 의존성 시기로 옮겨감에 따라 클라인이 말한 depressive position이 시작된다. 그리고 위니콧은 이를 염려라고 부른다. 상대적 의존성 시기 동안 무자비함은 자비로, 염려 없음은 염려로 옮겨간다. 그리고 동시에 아기는 죄책감과 분노를 경험한다. 이것이 가능한 이유는 이제 대상이 외부에 있는 것으로 지각되기 때문이다.

> 발달에서 중요한 이 시기는 한동안 지속되는 무수한 반복으로 이루어진다. 여기에는 선순환이 일어나는데, (1) 본능적 경험, (2) 책임감(…) 죄책감의 수용, (3) 훈습, (4) 진정한 회복의 제스처로 이루어진다[1958b, p. 24].

위니콧에 의하면 상대적 의존성 시기의 엄마의 표상은 처음에는 분열되었다가 합쳐진다. 유사하게 잠재적 공격성은 애정적 본능과 구분되고, 이렇게 아기/아이는 공격성을 미뤄둘 수 있게 된다. 공격성이 미뤄지게 되면 아, 타의 구분은 더욱 선명해지고 이는 대상 엄마를 향한 공격으로 이어진다. 여기서 엄마는 소멸했다가 살아남고 (혹은 부활하고), 덕택에 아기는 죄책감과 보상하고픈 감정 모두를 느끼게 된다.

상대적 의존성 시기나 염려 단계(간혹 depressive position이라고 부르기도 했다)에서는 엄마의 행동이 아주 중요하다. 이 단계는 클라인의 depressive position과 유사점이 많다. 하지만 차이점이 좀 더 뚜렷한데, 위니콧의 개념에서는 엄마의 역할이 훨씬 강조된다. 비록 위니콧은 공격성에 대해 상당한 분량을 할애하지만(움직임에서부터 미뤄둠까지), 정작 그의 이론에서는 공격성에 관한 뚜렷한 자리는 없는 것 같다.

위니콧의 클라인

덧붙여 초자아 개념에 관한 토론에서 위니콧은 초자아 개념 자체는 중요한 발전이라 할 수 있으나 아버지상의 내사라는 개념은 "너무 단순한 것으로 밝혀졌다"라고 말한다(1958b, p. 19). 여기서 그가 말하려는 건 클라인이 말하는 depressive position에서 생기는 죄책감과 비슷하다. 앞선 장들에서(6, 8장 참고) 우리는 클라인이 depressive position을 자꾸 앞으로 당겨와 급기야 생후 6개월 안으로 옮겨오는 걸 봤다. 그리고 덩달아 오이디푸스 단계도 같은 시기도 옮겨간다. 재밌는 것은 위니콧은 초기 오이디푸스 단계에 대해서는 크게 관심을 두지 않으나 depressive position에 대해서는 그렇지 않다는 점이다.

위니콧은 여러 논문을 통해 클라인의 depressive position에 대해 다뤘었다. 하지만 그중 두드러지는 것은 1954년의 depressive position에 관한 논문, 죄책감에 관한 논문(1958b)과 클라인의 공로에 관한 짧은 논문(1962b)이다. 특히 1962년 논문에서는 클라인의 depressive position 개념을 "프로이트의 오이디푸스 콤플렉스 개념"에 필적하는 것으로 본다(p. 176). 그리고 영국 정신분석학회의 분열을 대수롭잖게 취급하면서 대토론 당시 자신은 그 문제에 관해 잘 몰랐으므로 본인에게는 별문제가 되지 않는다고도 말한다. 오히려 그는 자신이 어떻게 프로이트와 클라인 모두를 인간의 발달이라는 관점 안에서 이해할 수 있었는지를 이야기한다. Depressive position에 관해 이야기하기 전에, 그가 어떻게 두 이론가의 의견을 자신의 관점인 아기의 발달이라는 관점 안으로 통합했는지를 보는 것도 좋겠다. 그는 먼저 클라인이 프로이트의 심리적 현실 개념을 '아주 현실적으로' 만든 공이 있다고 본다.

클라인에 관해 논하면서 그는 그 당시 자신의 분석가였던 James Strachey를 언급하는데, 스트레이치가 어떻게 위니콧 덕택에 '(모든) 개별갈등의 근원으로써 오이디푸스 콤플렉스'를 넘어서게 되었는지에 대해 말한다. 한 번은 스트레이치가 이렇게 말했다.

> 당신이 정신분석 이론을 아이들에게 적용하기를 원한다면 멜라니 클라인을 먼저 만나봐야 해요. 존스가 이러저러한 이야기로 그녀를 부추겨 영국으로 오도록 했어요. 그리고 당신은 직접 가서 알아봐야 할 거예요. 왜냐하면 나와의 분석에서는 클라인이 가르치는 것을 얻지는 못할 테니까요[1962b, p. 173].

그렇게 위니콧은 클라인을 만났고, 그전에는 본인을 선구자로 여겼으나 이제 '선구자 스승의 제자'가 되었다고 말한다. 클라인의 놀이기법을 통해 위니콧은

> 아이의 내적 세계를 훔쳐보게 되었다. 그리고 심리적 현실이 "내적"이라 불리는 이유는 그것이 아기의 자기개념에 속하기 때문이며, 이 자기개념에서의 내부는 자기의 일부이고 외부는 자기가 아니라는 것을

알게 되었다[같은 책, p. 174].

위니콧은 내, 외부를 구분 짓고 이를 투사, 내사와 연관 짓는다. 내사는 일종의 받아들임이라 할 수 있고 이는 먹는 것, 그리고 구강기와 관련이 있다. 투사는 무엇인가를 내뿜는 것으로, 뱉기, 똥오줌 싸기, 소리 지르기와 관련이 있다. 이렇게 그는 투사와 내사라는 정신분석적 용어에 내재한, 심리학적 선사 시대의 진정한 신체적 의미를 알게 되었다. 이 맥락에서 선사 시대라는 용어를 쓴 이유는, 그가 보기에 클라인의 대상관계 개념이 복잡한 표상이나 관계 양상의 출현 시기를 자꾸만 앞으로 당김으로써 오히려 클라인 본인의 공로를 망치는 것처럼 보였기 때문이다. 하지만 그는 클라인에게 투사와 내사 개념의 공로를 돌린다. 이 개념들은 "함입과 배설이라는 신체 기능과 관련한 아기의 경험과 관련된 정신적 메커니즘"으로 개발되었다(같은 책, p. 178). 그리고 여타 여러 개념에 대해서도 클라인의 공로를 인정하며, 흥미롭게도 depressive position에서 이루어지는 염려할 수 있는 능력의 획득에 대해서도 그녀의 공로를 인정한다.

위니콧이 클라인을 이해하는 데 있어 흥미로운 점이 이 부분이다. 그녀가 발달에서 환상과 박해 불안의 역할을 강조했다는 점에는 이견의 여지가 없다. 그리고 좌절에 의한 "분노와 별개로 대상관계에서 파괴적 요소의 중요성"(같은 책)을 강조한 것도 분명한 사실이다. 하지만 비록 클라인의 이론이 염려할 수 있는 능력에 관한 것으로 이해될 수 있음에도 불구하고, 그녀의 이론에서 이와 같은 측면을 강조하려는 사람은 거의 없을 것이다. 하지만 그가 그녀의 수선 개념이 염려의 발달과 어떻게 연관되는지를 보여준 부분은 적절했다. 그러니까 위니콧은 단 한 개의 논문에서 아기가 구강기 동안 투사와 내사를 통해 어떻게 자신을 풍부하게 만드는지, 그리고 depressive position이 어떻게 염려할 수 있는 능력에 이르는지 보여준다. 프로이트와 클라인을 해석하는 방법은 옳았으나 강조점은 그들과 달랐던 셈이다. 그들의 이론에는 위니콧이 강조하려는 부분이 존재한다. 클라인은 수선, 그리고 depressive position에서 분열된 대상이 전체 대상이 되는 것에 대해 말했다. 그리고 프로이트도 투사와 내사를 통해 아기가 세상을 창조하는 것에 대해 말했었다. 물론 여기에 대해서는 아브라함이 프로이트보다 좀 더 자세하게 말했지만, 프로이트, 아브라함, 클라인 모두 이 시기에 생기는 불안을 강조했다. 그러나 위니콧은 아기가 염려의 능력을 발달시키는 과정과 그렇게 자기 감각이 풍부해지는 과정을 이야기한다. 그는 우울함을 부정하는 현상인 조증 방어에 관해서도 이야기하는데, 그러면서도 클라인의 세 가지 조증 방어인 부정, 전능함, 이상화에 대해서는 다루지 않는다. 그 이유는 그가 이러한 방어 기전의 존재를 부정해서가 아니다. 오히려 클라인의 개념에서처럼 적어도 최초의 depressive position에서 일어나는 자기의 분열을 필수적이라고 생각하지 않기 때문이다(6장 참고). 클라인의 아기는 최초의 depressive position에서 잃어버린 대상을 향한 애태움을 견딜 수가 없고, 그래서 조증 반응을 통해 상실을 부정하고 대상에 대한 이상화를 회복함으로써 대상을 보존하려 한다. 상실을 부정함에 따라 아기/아이는 대상에 대한 전지전능한 조종 환상을 가지게 되는 것이다. 하지만 위니콧이 보기에는 depressive position에서 이런 일이 반드시 벌어지는 것은 아니다. 오히려 이것은 depressive position에서 겪는 병리적 반응이라고 할 수 있으며, 그가 보기에 이는 엄마가 반응에 실패한 결과이다. 바로 이 지점이 클라인과 위니콧이 강조하는 것에 있어 큰 차이가 나는 부분 중 하나이다.

클라인은 자신이 환경적 요소에 민감하다고 말했으나, 위니콧의 말에 의하면 "초기 저작에서 클라인이 환경적 요소에 대해 한 이야기는 그저 겉치레에 불과하며," 그녀는 초기 의존성 시기 동안 엄마를 떼놓고 아기를 생각하는 것이 불가능하다는 점을 결코 제대로 이해할 수 없을 것이라고 말했다. 또 "클라인은 자신이 환경적 요소를 충분히 고려했다고 주장하지만 사실 내 생각에 그녀는 기질적으로 그럴 수 없는 사람이다"라고 말한다(같은 책, p. 177). 그로서는 상당히 강한 발언이고 아마 신-클라인주의자라면 반박할 내용일 테다. 이 논문을 보면 클라인이 위니콧을 클라인주의자로 꼽지 않았음을 알 수 있다. 별로 놀랍지 않다. 하지만 위니콧은 자신이 아무도 따르지 않으며 "심지어 프로이트도" 따르지 않으므로 아무런 상관이 없다고 말한다. 어쩌면 반어법이었을지도 모르겠다. 또 자신은 프로이트의 죽음 본능 개념에서 아무런 가치를 찾지 못했다고 말한다. 물론 클라인은 프로이트보다도 죽음 본능을 자세히 다루었으므로 여기서 그는 다시 한번 프로이트나 클라인으로부터 선을 긋는 셈이다. 참고로 죽음 본능에 대한 논의는 클라인의 paranoid-schizoid position 개념과 밀접하게 연관되어 있다.

우리가 봤듯이, 클라인은 편집-분열 개념에서 대상이 분열되어 좋은 대상과 나쁜 대상으로 분열된다는 의견을 개진한다. 이러한 일이 생기는 이유는 아기가 전체 대상을 내부의 공격으로부터 지켜낼 수 없기 때문이다. 클라인이 죽음 본능의 존재와 연결 짓는 부분이 여기다. 그녀는 보복 반응, 혹은 위니콧의 표현대로 보복의 두려움을 강조한다. 위니콧은 이러한 개념들을 받아들이고 그 가치를 인정한다. 하지만 동시에 정말 충분히 좋은 양육 아래서도 아기가 과연 인생을 이런 식으로 시작할 것인지에 대한 의문을 제기한다. 충분히 좋은 양육이라는 개념은 확실히 위니콧과 클라인을 구분하는 개념이다. 왜냐하면 클라인의 주장에 따르면 paranoid-schizoid position은 출생 후의 보편적 현상이기 때문이다. 이것은 아기가 겪는 최초의 전반적 상태로, 클라인과 위니콧이 충돌하는 부분이다. 게다가 위니콧이 보기에는 만약 절대적 의존 시기에 충분히 좋은 양육이 이루어진다면 확실한 내적 대상이 있을 수가 없다. 이렇게 보면 그의 생각은 프로이트의 자가성애 개념이나 일차적 자기애 개념과 더 잘 어울린다. 내 생각에는 그도 이점을 깨달은 것처럼 보인다. 그리고 그것이 그가 프로이트의 개념에 대해 지속적인 관용을 보이는 이유인 듯하다. 재밌는 것은 그가 두 가지 position의 이름을 좋아하지 않았다는 것인데, 그의 말에 따르면 "편집-분열이라는 용어는 분명히 나쁜 이름이다." 그 이유는 마치 인생이 삶과 죽음 사이의 투쟁으로 시작되는 것처럼 보이기 때문이다. 위니콧의 생각에 따르면 엄마의 일차적 몰입 덕택에 아기는 이러한 경험에서 유예된다. 충분히 좋은 양육 덕택에 엄마는 아기의 자아를 넉넉히 보호하게 되고, 이로써 절대적 의존성 시기 동안 아기는 자연스럽게 전능해진다. 좀 억지스러운 표현일지 모르나 충분히 좋은 양육 아래 아기는 너무나 많은 방해로부터 보호된다는 의미다. 더해서 아기는 당연히 필요할 때 필요한 것을 얻을 것이라고 예상하게 된다. 이렇게 적당한 경험(대상)의 제공이 절대적 의존성 시기 동안 엄마가 몰입함으로써 얻어지는 것이다. Depressive position은 후에 상대적 의존성 시기에 온다. 그리고 모든 것이 원만하다면 위니콧은 이 단계를 염려할 수 있는 능력의 단계라고 부를 것이다.

맺음말에 더하자면 위니콧은 depressive position이라는 용어도 나쁜 용어라고 생각했다. 비록 이름은 나빴지만 그래도 클라인 덕택에 "염려와 죄책감의 능력이 어떻게 생겨나는지, 그리고 아기/아이가 depressive position에 이르렀음을 알리는 것은 우울감이라기보다는 염려와 죄책감의 능력이다"라는 점을 분명히 깨달았다고 말한다(1962b, p. 176). 그도 인정하는 부분은 성인 환자가 분석에서 이 지점에 도달했을 때 우울해진다는 점이다. 그러나 여전히 강조하는 부분은, 비록 성인 분석 환자라고 할지라도 "우울해지는 것은 성취이며, 그것이 의미하는 것은 (…) 삶, 본능, 좌절에 대한 분노와 관련된 모든 파괴성을 받아들이는 것이다"라는 점이다(같은 책, p. 177). 그래서 심지어 환자가 우울해하는 경우라도 그는 환자가 그전에 자기로부터 분열시키고 있던 부분을 이제 통합할 수 있게 되었다는 점을 강조한다. 그는 depressive position이라는 이름을 염려의 단계라는 이름으로 바꾸는 데 별 문제점을 느끼지 못했다. 비록 강조점은 달랐으나 위니콧은 클라인의 이론이 없었다면 자신이 이러한 position에 결코 도달하지 못했을 것이며(약간의 말장난이다), 위에서 살펴본 이론 또한 정립하지 못했을 것이라는 점을 알고 있었다.

의존성에서 독립성에 이르는 과정에 대한 또 하나의 시각

위니콧이 아기의 초기 인생을 절대적 의존성, 상대적 의존성, 독립성을 향한 움직임, 세 단계로 바라보고 있음은 앞서 이야기했다. 여태까지 절대적 의존성을 가장 꼼꼼히 훑어봤는데, 그 이유는 이것이 1963년까지 그가 강조한 단계이기 때문이다. 절대적 의존성 시기에 부모는 아기에게 유전적으로 주어진 것이 만개할 수 있도록 촉진적 환경facilitating environment을 제공한다. 위니콧은 "아기의 성숙 과정에 적응하는 것은 아주 복잡한" 노력이라고 말한다(1963b, p. 85). 부모에 대한 가장 큰 요구는 '일차적 모성 몰입'으로 충족된다. 이는 적절한 경우 엄마의 가까운 환경(배우자, 부모님, 중요한 타인들 등)으로부터 지지를 받게 된다. 이 시기의 엄마는 아기 없이는 살 수 없다는 점에서 적어도 사고나 행동 면에서는 아기에게 의존하고 있다고 볼 수도 있다. 위니콧은 이것을 holding이라고 부른다. 그리고 엄마의 holding이 아기의 자아가 필요로 하는 것,

그리고 본능적 충동을 만족시킨다고 말한다. "아기와 동일시하지 않고서는 절대로 아기에게 holding을 제공할 수 없다." 위니콧과 동시대의 영국 정신분석가이자 역시 영국 정신분석 학회 내에서 중간 그룹, 혹은 독립 그룹에 속했던 발린트는 엄마가 공기에 산소를 제공한다고 비유적으로 표현했다(1958c, 1968). 그리고 아기는 그 사실을 전혀 모른다. 여기에서 발린트는 위니콧과 같은 주장을 하고 있다. 엄마가 말 그대로 아기의 생존과 안녕을 위해 필요한 여건을 제공한다는 것이다. 비슷한 이치로 위니콧은 "욕조의 물을 생각해보라. 엄마가 팔꿈치로 온도를 재어보지 않는가(…)"라고 말했다(1963b, p. 86). 물론 이것은 엄마가 아기에게 제공하는 안전한 환경의 아주 작은 예일 뿐이다. 그들이 하려는 말은 초기 발달기의 엄마는 아기에게 이런 종류의 안전한 환경을 계속 제공하게 된다는 것이다.

절대적 의존성 동안 holiding은 아기가 '계속 존재할 수' 있게 한다. 하지만 holding에 균열이 가면 이 과정이 교란된다. 위니콧은 이런 교란을 방해impingement라고 불렀다. 방해는 아기에게 불쾌한 경험이며 너무 많을 경우에는 false self 구조가 나타날 위험이 생긴다. 유전적 경향성(진짜 자기)을 추가적인 피해로부터 보호하기 위한 방어적 수단으로 가짜 자기가 생겨날 수 있다. 기본적으로 가짜 자기는 아기가 경험하는 적대적 환경에 적응하기 위한 시도이다. 비록 어른이 되면서 자연스럽게 가짜 자기가 생겨나기도 하지만 어린 시절 광범위한 가짜 자기의 출현은 매우 중요한 병리적 방어 과정을 의미한다. 적절한 발달이 이루어지면 아기는 점차 방해를 견뎌낼 수 있는데(방해를 자꾸 겪으며 전능감이 발달한다), 다르게 말하면 적응상의 사소한 실패들을 점차 견뎌낸다는 뜻이다. 더 정확히 말하면 절대적 의존성 기간에서처럼 반응해 내지 못하는 엄마의 '실패'를 참아낸다. 동시에 상대적 의존성 동안 아기의 엄마도 본인의 독립성을 회복하고 아기에게 (거의) 완전히 몰입해 있던 상태에서 벗어난다. 이러한 엄마의 점진적 실패(혹은 독립성의 회복)가 일어나는 시기는 아기의 인지 능력과 정서가 발달하는 시기와 겹친다. 절대적 의존성에서 아기-엄마 둘은 하나의 단위가 된다. 그리고 이 단위 안에서 아기의 의존성은 "아기가 전혀 알아챌 수 없는 의존성이다"(같은 책, p. 87). 상대적 의존성 동안 아기가 새로운 능력을 갖춤에 따라 엄마의 부주의를 견뎌내게 되고, 동시에 자신이 환경에 의존하고 있음을 알아채게 된다. 이제 아기는 "엄마가 꼭 필요하다는 것을 마음으로 안다"(같은 책, p. 88). 상대적 의존성은 아기가 엄마의 여러 다른 표상을 하나로 만드는 기간이다. 절대적 의존성 동안 모든 것이 순조로웠다면 상대적 의존성 동안 아기는 욕동을 '천둥소리' 같은 외부의 욕동이 아닌, 자아 안의 욕동으로 경험하게 된다. 자기를 한정하는 막이 생겼으므로 아기는 이제 독립성을 향해 나아간다. 독립성을 향한 단계는 많다. 하지만 이 시기의 아기는 상실을 받아들이고 섬자 세상과 그 모든 복잡함을 만나간다. 아기가 이렇게 할 수 있는 이유는 여태 자기 안에 있던 것을 더 많이 볼 수 있기 때문이다. 독립성을 향한 단계에는 우리가 미처 논하지 않은 이행transition 개념이 포함되는데, 이것은 그의 개념 중 가장 유명한 것이기도 하다. 이제부터 우리는 위니콧의 이행기 공간과 이행기 대상에 대해서 이야기할 것이다. 그리고 이 개념들이 아기/아이의 독립성과 어떻게 연관을 맺는지도 보게 될 것이다.

『Playing and Reality』, 독립성과 문화를 향한 이행

『Playing and Reality』는 1971년에 처음 발표되었다. 그리고 이 책에서 위니콧은 그가 1951년, 1953년에 발표했던 개념을 다시 꺼낸다. 그는 독자들에게 자신이 예전에 발표한 이행기 현상 개념을 재고再考해야 할 것 같다고 말할 때 다소 미안해하는 모습을 보인다. 하지만 새로 발표한 책과 예전 논문은 같은 문장으로 시작한다. "아기는 태어나자마자 구강 성감대 자극을 위해, 즉, 그 부위의 본능적 만족을 위해 주먹, 손가락, 엄지 등을 쓴다는 점은 잘 알려져 있다". 그리고 이어서 말하길,

> 그리고 몇 달 후 아기는 성별과 무관하게 인형이랑 노는 것을 좋아하게 되고, 엄마들은 아기가 특별한 대상을 갖도록 허락하며, 아기가 그 대상에 중독될 것임을 예상한다는 점도 역시 잘 알려져 있다[1971, p. 1].

이처럼 위니콧의 관심은 최초의 나 아닌 대상들, 그리고 그 대상들이 아기의 발달에서 하는 역할이다. 그는 이러한 나 아닌 대상의 소유와 대상을 향한 관심은 구강적 흥분과 별개라는 이야기를 하는 듯하다. 하지만 그는 끝까지 이 말을 하지는 않는다. 대신 구강적 흥분이 "다른 모든 것의 기초일 수 있는" 가능성 정도는 인정한다(같은 책, p. 2). 이것이 사실인지 아닌지는 중요하지 않다. 이론에 교조적으로 매달리길 원하는 것이 아니라면 말이다. 중요한 것은 그의 관찰이고, 그가 궁금해하는 것은 아기가 나 아닌 대상을 인지하는 능력을 발달시키는(사용하는) 과정에서 이용할 대상의 성격이다. 그중에서도 가장 궁금한 것은 이 대상의 위치이다. 이 대상은 내부에 있는가, 혹은 외부에 있는가, 아니면 둘 사이의 어딘가에 있는가? 분명히 위니콧은 이 사이의 공간을 안과 밖이 이행하는 곳으로 여기면서 그 나름의 성질을 부여하고 있다. 이곳은 중간계로서, 여기에서 아기의 경험이 있는 곳은

> 손가락과 테디 베어 사이의 어디쯤, 구강 성애와 진정한 대상관계 사이의 어디쯤, 원초적인 창조 행위와 기존 내사물의 투사 사이의 어디쯤, 빚진 것을 전혀 모르는 상태와 빚진 것을 알고 있는 상태 사이의 어디쯤이다[같은 책].

그는 이 중간계를 채우는 대상들을 이행기 대상이라고 부른다. 위니콧은 이행기 공간을 창조성을 위한 공간으로 생각한다. 그곳은 대상이 살아가고 만들어지는 공간이다. 그리고 그곳은 애정 어린 대상관계가 시작하는 이행의 시점이기도 하다.

위니콧은 보통 이행기 현상의 시작을 4~12개월로 본다. 이행기 공간에 관해 이야기하며 그는 "나의 관심사는 최초의 소유물이다. 그리고 주관적인 것, 그리고 객관적으로 지각되는 것 사이에 있는 중간계에 관한 것이다"라고 말한다(1953, p. 89). 여태까지의 논의를 참고로 하면 이행기 현상은 상대적 의존성 시기에 나타난다. 이 시기의 아기는 대상에 대해 당연한 '권리'를 가진 것처럼 행동한다. 그리고 환경(부모, 형제 등)은 그것을 인정해준다. 비록 아기의 권리 주장에도 불구하고 위니콧이 보기에 이행기 대상은 전능함을 폐기해가는 과정이다. 아기는 마술적이고 전능한 조종에서 조작을 통한 조종으로 나아가고 있다. 그리고 조작을 통한 조종에는 운동 협응을 통한 근육 성애muscle eroticism와 쾌락이 포함된다. 지금 아기가 하는 것은 통상적 의미의 현실 검증이 아니다. 아기는 현실을 창조하기 위한 공간을 짓는 중이다. 여기에서 위니콧은 착각할 수 있는 능력의 출현을 이야기한다. 어른이 되어서 이 능력은 예술과 종교를 창조하고 받아들일 능력이 된다. 그는 착각이 "광증의 증거가 되는 경우는 어른이 다른 사람에게 그것을 믿으라고 너무 강하게 요구할 때이다. 타인에게 그들 것이 아닌 착각을 강요하는 셈이다"라고 말한다(1971, p. 3). 이런 맥락에서 보면 이행기 공간은 착각의 창조를 위해 반드시 가용해야 한다. 착각은 일종의 만들어진 상태로 현실의 재생도 아니고 환각도 아니다.

> 이 공간은 도전받지 않는다. 왜냐하면 이 공간은 오로지 안팎의 현실을 따로, 또 연결해서 유지해야 할 임무를 평생에 걸쳐 부여받은 인간에게 주어진 휴식 공간일 뿐, 그 외에는 아무런 권리를 주장하지 않기 때문이다[1953, p.89].

그의 관심은 바로 이러한 관계의 생성이다. 만약 이 공간들이 서로 연결되어 있지 않다면 현실은 마음 놓고 믿을 수 있는 것이 될 수 없다. 보통 이행기 공간에는 대상이 존재하고 이 대상은 특별한 성격을 지닌다.

대상은 다양할 수도 있다(적절하다 볼 수는 없으나 가끔 엄마일 때도 있다). 그리고 이행기 대상은 애정 어린 보살핌의 대상이면서 동시에 격렬한 애정과 유린의 대상이기도 하다. 그는 이행기 대상의 몇몇 일반적 특징을 열거한다(여기 있는 것은 그중 일부다).

1. 아기가 바꾸기 전에는 절대 바뀌지 않아야 한다.
2. 본능적 사랑, 미움, 그리고 때로는 순수한 공격성에도 살아남아야 한다.
3. 아기 입장으로 보면 온기를 주는 것, 혹은 움직이거나 질감을 가지는 것, 혹은 그 나름의 생명력이나 현실성을 주는 것처럼 보여야 한다.
4. 어른들이 보기에 그것은 외부의 것이다. 하지만 아기의 관점에서는 그렇지 않다. 그렇다고 내부에서 온 것도 아니다. 환각이 아니다.
5. 그것의 운명은 점차 카텍시스를 잃어가는 것이다. (…) 그래서 (…) 잊히기보다는 어정쩡한 상태로 밀려난다. 이행기 대상은 (…) '안으로 가지' 않는다 (…) 그래서 잊히지도, 애도되지도 않는다.
6. 이행기 대상의 중요성은 그 상징성에 있지 않다. 오히려 실재성

actuality에 있다[같은 책, p. 90].

여기에서 우리는 위니캇이 아기가 자신의 세상을 발달시키면서 동시에 자신을 둘러싼 세상을 조금씩 이해하게 되는 조건에 대해 묘사하는 것을 볼 수 있다. 그는 이행기 대상의 가치는 그 상징성에 있는 것이 아니라 실재성에 있다고 말한다. 여기서 그는 이행기 대상의 현실성을 확립하고, 이행기 대상이 다른 것이 아닌 그 자체임을 강조한다. 그가 하려는 말은 현실에서의 이행기 대상은 가령 구강기 쾌락의 외연 중의 하나가 아니라는 것이다. 오히려 아기는 착각의 세계를 만들고 있다. 만약 이것이 사실이라면 이행기 대상에 상징적 가치가 없다는 말도 믿기 어렵다. 이때 그것의 상징성은 그것이 본능 발달의 한 부분이라는 점이 아니라 아기에게 없어서는 안 될 결합조직이라는 점에 있다. 이 결합조직 덕택에 강렬한 감정을 견뎌낼 수 있는 것이다. 예를 들어 이행기 대상이 반드시 견뎌내야 할 것은 본능적 사랑에 그치지 않는다. 아기의 미움과 공격성도 견뎌내야 한다. 그래서 부분적으로는 이 점 때문에 이행기 대상은 계속해서 견뎌내고 있음을 증명할 그 나름의 생명력을 가져야 한다. 재밌는 부분은 이행기 대상이 점차 카텍시스를 잃어간다는 점, 다르게 말하면 아이가 조금씩 애착을 잃어간다는 점이다. 아이는 이행기 대상을 그리워하지 않는다. 왜냐하면 이행기 대상이 있던 자리를 좀 더 안정적인 이행기 공간이 대체하기 때문이다. 그래서 아기는 이제 이행기 대상 없이도 이행기 공간을 사용할 수 있게 된다.

다시 아기에게 돌아가 보자. 위니캇은 외부의 대상이 죽거나 아기에게 계속 살아있지 않다면 내부의 대상도 죽는다고 말한다. 처음에 아기는 엄마 덕택에 젖가슴이 자기 자신의 것이라고 착각하도록 용인된다. 그래서 아기가 착각을 품으려면 엄마의 역할이 필수적이다. 왜냐하면 아기가 젖가슴이 필요하고 아기가 젖가슴을 만들고 싶은 바로 그때 바로 거기에 젖가슴을 갖다 놓아야 하기 때문이다. 이것이 반복되면서 대상의 제공은 주관적 창조와 객관적 지각 사이에 점차 이행의 영역을 만들게 된다. 엄마는 아이가 착각을 만들고 차츰 거기에서 깨어나도록 돕는다. 이 환멸disillusionment의 시기에 우울함이 있을 수 있다. 하지만 이행기 공간이 시작되고 이행기 대상을 통한 착각이 만들어지는 것은 바로 이 시기다. 이 이행의 영역에서 아이는 조종操縱을 연습한다. 전능함은 실제 조종, 특히 운동을 통한 조종으로 대체된다. 이러한 실제적인 조종은 놀이를 통해 이루어지는데, 여기서 아이는 그가 주관적 객관성이라 부르는 것을 통해 차츰 현실을 만난다.

놀이 덕분에 아이는 이행기 공간을 사용하면서 '거의 철수된' 상태로 있을 수 있다. 이 상태는 종종 성인의 놀이와 창조성을 특징짓는 것으로, 여기서는 아이나 어른이나 "쉽게 떠날 수도 없고 누군가의 침입도 쉬이 허락되지 않는 공간에 머무른다"(1971, p. 50). 여기에서는 현실의 여러 측면이 놀이의 영역으로 모이는데, 위니캇은 이 영역을 꿈꿀 수 있는 잠재력에 비유한다. 그는 "아기는 꿈을 위해 외부 현상을 조작하는데, 선택된 외부 현상에 꿈의 의미와 느낌을 투자한다"라고 말한다(같은 책). 흥미롭게도 그는 렘수면(꿈을 꾸는 잠)과 비-렘수면에 관해서 말하고 있다. 그리고 암묵적으로 렘수면 상태를 놀이나 자유연상, 그리고 비-렘수면을 좀 더 논리적인 사고와 연상 과정에 비유하고 있다. 아기들의 놀이는(어린이나 어른의 놀이도 그럴 때가 많다) 신체 활동을 포함한다. 놀이 상황과 관련된 신체적 흥분은 본능을 자극하기에 이를 수 있고, 이런 경우 자칫 아이의 자율성과 안정감을 해칠 수 있다. 여기에서 그는 양적 요소를 도입하는데, "일정 정도 이상의 본능적 각성은 결국 절정에 이르게 되어 있다"라고 말한다(같은 책, p. 51). 그래서 본능적 흥분은 마치 천둥소리처럼 아기가 가진 자기(자아) 감각이 견뎌낼 수 없는 것처럼 여겨지고, 바로 이 흥분으로 인해 놀이는 교란되거나 파괴된다. 본능적 각성은 아이로서는 감당 불가한 현실을 끌어들이게 되고, 이때 본능적 각성은 너무나 강렬하여 놀이로부터 배제할 수도, 혹은 놀이에 포함할 수도 없는 외부의 자극처럼 아이의 관심을 끌게 된다. 위니콧이 보기에 본능적 각성은 놀이를 너무나 흥분되는 것으로 만들어버리는데, 놀이가 "원래 흥분되고 위태로운 것"인 탓에 이런 일은 비교적 쉽게 발생한다(같은 책).

우리가 창조적일 수 있는 곳은 오로지 놀이뿐이다. 그리고 이러한 창조성은 내적 현실과 외적 현실 사이에서 이루어진다. 정신치료(혹은 정신분석)도 두 개의 놀이 영역 사이에서 이루어져야 한다. "만약 환자가 놀지 못한다면 환자를 놀 수 있게 만들기 위해서 어떠한 조치가 필요하다. (…) 만약 치료자가 놀지 못한다면 그 사람은 이 일에 어울리지 않는다"(같은 책, p. 53). 이것은 위니콧이 한 말인데 굉장히 세고 단정적인 표현이다. 그는 놀이의 영역들이 교차하는 지점에서 전이 현상과 문화가 발생하고, 환자는 분석가의 창조성을 목격한다고 말했다. 더 중요한 것은 이것이 환자가 자신의 창조성을 이용하고 진정한 자기와 맺어지는 유일한 방법이라는 점이다. 여기가 치료의 지점이자 누군가로 하여 진정한 자기를 찾도록 돕는 길이다. 흥미로운 것은 누군가가 가치 있는 것(예술, 비즈니스 등)을 이룰 수 있다손 치더라도 그들의 진정한 자기 추구는 만족스럽지 않을 수 있다는 점이다. 이런 경우 성취는 추구의 결과물이 아니라 해체의 결과물과 제휴하는 능력이다. 위니콧의 치료 세계에서 경험은 일종의 비-의도적인 상태이며, 그의 표현으로는 통합 부선 상태의 인격을 어떻게든 살아내는 한 가지 방법이다. 그는 이를 formlessness라고 부른다. 그는 자유연상 개념을 바꿔 환자가 일종의 '비-의도적인 존재'를 경험할 수 있는 능력이라고 생각했다. 발린트에 따르면 이는 일종의 (악성이 아닌) 양성적 퇴행이라고도 할 수 있다. 환자는 '생각의 연쇄와 무관할' 수도 있는 사고의 흐름을 말할 수 있도록 허락되어야 하고, 그렇게 할 수 있음은 환자가 느긋하게 치료 세팅을 믿고 있다는 증거가 된다. 실제로 이렇게 무관한 연쇄는 환자가 느긋하게 있는 동안 굳이 치료자를 기쁘게 만들기 위해 생각하거나 연상하는 게 아니라는 것을 보여준다. 이는 비온이 말하는 기억이나 소망을 갖지 않은 분석가와 비슷하다. 이렇게 이완의 상태에서만 환자는 온전하게 진정한 자기 감각을 느끼고 '나는 나 자신임'을 깨닫는다.

위니캇은 치료 상황에서 가장 중요한 것은 치료자가 믿음이라는 환경을 제공하고 환자는 여기서 방해받지 않고 노는 것이라고 말했다. 실제로 그는 오랫동안 침묵을 지키며 메모만 하는 시간을 보내기도 했는데, 이에 대해 자꾸 해석하려는 그 자신의 경향을 막기 위한 이유도 있다고 말했다. 그는 환자에게 해석하는 대신 그것을 공책에 적을 것이라고 말하며, "해석을 억제한 보상은 아마 한두 시간 뒤 환자가 스스로 해석할 때 온다"라고 말했다(같은 책, p. 56). 여기서 위니캇은 현대의 여러 분석가(가령 Steingart, 1983, 1995)가 강조하는 부분을 짚어내고 있다. 그건 환자의 놀이 능력, 그리고 창조성의 촉진이 갖는 중요성이다. 이 개념에 의하면 환자는 점차 그 자신 치료 상황에서 분석가가 되어간다.

『Playing and Reality』는 여러모로 그의 이전 저작의 요점을 집대성한 책이다. 이행기 공간과 이행기 대상 개념도 그가 이전에 제안했던 것들이다(1953). 여기에 더해서 놀 수 있는 능력이라는 개념도 홀로 있을 수 있는 능력 개념과 나란히 놓고 생각해볼 수 있다. 홀로 있을 수 있는 능력의 역설은 이 능력이 좋은 대상의 내면화 여부에 달렸다는 점이다. 여기서 그는 클라인 덕택에 "홀로 있을 수 있는 능력은 그 사람의 정신 안에 좋은 대상이 있는가에 달렸다"라는 생각을 하게 되었다고 말한다(1958c, pp. 31~32). 흥미롭게도 홀로 있을 수 있는 능력은 그가 말하는 자아-관계성ego-relatedness에 달렸다. 자아-관계성은 그가 여태껏 말해온 것을 다르게 표현한 개념으로, 타인들 속에서 홀로 존재할 수 있는 자아의 역량이 맺는 관계를 말한다. 이는 좋은 대상의 내면화 여부에 달렸다. 그러니까 홀로 있을 수 있는 능력이 계발되기 위해서는 무엇인가 재밌는 꼬임이 있는 셈이다. 그는 자신이 예전에 이드 충동이 "연약한 자아는 교란하고 강한 자아는 더 강하게 만든다"라고 말했음을 주지시킨다(같은 책, p. 34). 그래서 내인성 자극을 받아들이고 처리하는 능력이 무척 중요해진다. 왜냐하면 만약 누군가가 이 자극(혹은 이드 충동)을 처리할 수 있다면 홀로 있는 상황이 가능해지기 때문이다. 그리고 이는 자신의 내면에 대한 충격적 자각, 즉, 모든 자극이 외부에서 오는 게 아니었다는 자각이기도 하다. 그래서 어떤 아기가 내인성 자극을 처리하기 위해 항상 말썽을 일으킨다면, 위니캇의 생각에 이 아기는 항상 외부 세계에 필사적으로 의존할 수밖에 없다. 그러니끼 병리적 가짜 자기로 가는 통로가 되는 셈이다. 이런 개념화가 그의 내인성 자극 개념과 대상관계 개념을 섞는 한 가지 방법이다. 그래서 자아-관계성은 좋은 대상의 내면화, 그리고 아기가 준비되었을 때 이루어지는 욕동(내인성 자극)의 처리 모두와 관련이 있다. 한편 놀이는 홀로 있을 수 있는 능력을 요구하지만 강렬한 내인성 자극으로 인해 교란될 수 있다. 그는 이렇게 내인성 자극 개념을 유지하면서 대상관계적 관점을 중심으로 둘을 섞는다.

그는 다소 흥미로운 방식으로 본인의 관점에 다소간 유토피아적 느낌이 있음을 인정한다. 그가 말하는 창조성과 진정한 자기의 추구는 아마 현대 사회에서는 대체로 불가능한 것들이다. 그는 푸코(1994, 이 연도는 위니캇이 인용한 연도는 아니고 그가 말한 내용이 있는 책이 발표된 연도이다)를 언급하며 가정하길, 아마 다른 시대(한 1,000년쯤 전)에서는 "발달과정에서 개인이라는 지위를 얻은" 사람이 상당히 드물었을 것이라고 말했다(1971, p. 70). 그가 하려는 말은 역사적으로 볼 때 인간은 집단생활을 하는 동물이어서 어린 시절이 지나가면 개별성을 잃게 된다는 것이다. 그가 보기에 프로이트의 『Moses and Monotheism』(1939a)도 비슷한 이야기를 하는데 이 책에서 프로이트는 유대 부족들이 어떻게 지도자(모세) 주변으로 결집했는지를 묘사한다. 비록 위니콧은 이 책에 대해서 논하지는 않았으나 프로이트야말로 "인류 역사상 최초의 개별적 인간이었다"라는 Breasted의 이야기를 언급한다. 위니콧이 보기에 인간은 "남자와 여자가 시공간 안에서 통합된 개인이 되려면" 그전에 과학이 필요하다(1971, p. 69). 프로이트와 과학이 인간의 개별성 성취에 선구자 역할을 했다면 이는 적어도 서구사회에서만큼은 중요한 진일보다. 위니콧은 진정한 창조성의 발달에서 클라인의 공로를 인정했다. 그녀가 파괴적 환상의 시작을 발달 초기로 앞당긴 것에 대해 그는 "타당한 강조점"이라고 말했다. 게다가 "성애적 충동과 파괴적 충동의 융합은 건강함의 징표"라는 그녀의 개념은 발달에 있어 중요한 이정표로서 수선과 회복이라는 개념에까지 이른다. 하지만 클라인을 향한 이러한 칭송에도 불구하고 위니콧은 그녀의 "주요 업적은 창조성이라는 주제 그 자체에는 이르지 못했으며, 그래서 오히려 자칫 중심 이슈를 흐릿하게 만드는 효과마저 보인다"라고 말했다(같은 책, p. 70). 여기서 말하는 중심 이슈는 좋은 대상이 어떻게 내면화되는가에 대한 둘 사이의 의견차이다. 비록 클라인에게 빚진 바가 적지 않음에도 둘 사이에는 결코 하나로 모일 수 없는 본질적 차이가 있는 셈이다.

하지만 그는 수선이 일어나기 위한 조건이 무엇인지 결정하기 위해서는 죄책감에 관한 클라인의 연구가 필요하다고 말한다. 그가 보기에 클라인의 개념 뒤에는 "프로이트가 말한, 성숙의 한 측면으로써 양가감정이라는 기본 개념"이 있다(같은 책). 비록 타당한 프로이트 독법이지만 프로이트가 양가감정에 부여한 강조점은 분명히 아니다. 어떻게 보면 프로이트는 위니콧보다 좀 더 이상적이었는데, 가령 그는 '정상적' 발달에서 오이디푸스 콤플렉스가 해소된다고 말했다. 그러니까 프로이트에게 양가감정은 고착 지점으로써, 오이디푸스 콤플렉스가 해소되지 않았다는 의미이다. 하지만 위니콧은 양가감정의 적응적 측면을 보았고 이 개념을 한 인간이 동시에 상반된 감정을 견딜 수 있다는 표시라고 생각했다. 비록 이는 프로이트의 관점에서도 성취한 것은 맞지만 프로이트가 강조한 의미의 성취는 분명히 아니다. 골드먼은 프로이트와 위니콧을 비교하면서 이 점에 대해 적절히 짚었다. 그는 "프로이트의 이론은 삶을 견딜 수 없게 만드는 것에 관한 탐구 방법이다. 그래서 무엇이 삶을 생생하고 살만하게 만드는가를 연구하기 위해서는 적절하지 않다"(1993a, p. 140). "프로이트가 말하려는 것을 위니콧은 더 크게 말한다. 그리고 프로이트가 슬쩍 넘어가려는 것을 위니콧은 자세하게 말한다"(같은 책, p. 151). "위니콧의 주된 관심사는 인간 안에 있는 본능의 발달이라기보다는 발달과정의 인간이 본능과 맺는 관계이다"(같은 책, p. 152). "프로이트와 달리 위니콧은 아이가 부모의 행동에 의해서도 충격을 받지만 반대로 부모가 하지 못한 행동에 의해서도 충격받을 수 있음을 강조한다"(같은 책, p. 155). "프로이트가 자주 그리는 그림은 미분화한 이드-자아 매트릭스에서 자아가 생겨나는 모습이다. 위니콧은 이 순서를 뒤집어서 이드 경험은 선행하는 자아 발달에 달렸다고 말한다"(같은 책, p. 166). 이상의 발췌는 골드먼의 책에서 따온 것인데, 내 생각에는 위니콧의 정신분석 이론에 대한 훌륭한 요약이라 생각된다. 위니콧은 프로이트와 클라인을 배척하기보다는 그들의 이론을 새로운 방식으로 이용한다. 강조하고 싶은 것은 위니콧은 태생 당시 이드 충동의 존재를 부인하는 것이 아니라는 점이다. 오히려 적절한 모성의 지원 아래 이드 충동은 강력한 요구로 경험되지 않는다는 것이 그가 하려는 말이다. 그가 강조하는 것은 내인성 자극에 대한 경험으로, 모성의 적절한 보살핌이 없으면 아기는 이드 충동(내인성 자극)을 마치 천둥소리처럼 경험한다. 그의 발달이론에서 이드와 자아의 선후 여부는 중요한 문제가 아니다. 중요한 것은 욕동이 어떻게 중재되는지, 혹은 아이의 자아가 어떻게 엄마의 보조 자아에 의해 도움을 받는지이다. 초기 발달에서 핵심이 되는 것은 엄마가 개입하는 타이밍, 대상 제공의 내용, 아기가 엄마를 사용하도록 두는 능력이다. 아기가 자신의 환경을 만들어내기 위한 공간이 결국에 열리는 것은 바로 이러한 상호작용을 통해서다. 진정 누군가가 세상을 '객관적으로 지각'하려면 반드시 환경에 대한 자신의 지각을 만들어내야 한다. 그래서 세상은 오로지 주관적-객관적으로만 지각될 수 있는 것이다. 한편 이행기 공간을 이용하려면 홀로 있을 수 있어야 하는데, 이 능력은 좋은 대상의 내면화에 달렸다. 이러한 내적 대상이 있으면 진정 홀로 있을 수 있고 홀로 있으면서도 고립되었다고 느끼지 않는다. 이상의 일견 모순적으로 보이는 위니콧의 진술은 이러한 인간 경험 위에서만 이해될 수 있다. 그리고 그를 따라 초기 경험에서 이행기를 지나 세상에 대한 지각, 그리고 자신과 타인의 창조성을 부추기는 세계의 형성까지 이르다 보면 이러한 모순은 해소된다.

끝으로, 여태 우리는 위니콧의 오이디푸스 콤플렉스를 별로 다루지 않았다. 그 이유는 그의 주요 관심사가 아니기 때문이었다. 이 장을 마치면서 (실제든 환상이든) 원초경 동안의 자위행위에 대해 위니콧은 아기의 개별성이 표현되는 것이라고 말했음을 언급하고 싶다. 그래서 오이디푸스 상황은 아기가 홀로 있을 수 있는 능력을 다시 한번 공고히 하며, 동시에 그동안 다른 사람들은 아기와 다른 소망을 갖도록 허락된다.

아기가 스스로 흥분시킬 수 있을 때 아기는 부모와 따로 있을 수 있는 셈이다. 여기에서도 위니콧은 타인을 향한 파괴적 소망을 참아내는 동시에 삶을 견딜만하고 흥분되는 것으로 만드는 아기의 능력을 강조한다. 누군가는 완전한 오이디푸스 콤플렉스 이론을 제시하지 않은 점에 대해 그를 비난할 수 있겠다. 하지만 위니콧이 프로이트와 클라인의 이론을 더 풍부하고 현실적으로 만들었다는 점은 부인하기 어려울 것 같다.

고찰

이스라엘 출신의 훌륭한 분석가인 Emanuel Berman이 언급했듯(1996), 정신분석 수련생이던 시절 나는 위니콧의 강의에 참석한 적이 있었다. 그 강의에서 위니콧은 세 명의 토론자에게 무참히 당했었다. 비록 나는 강의에 참석했고 후에 그 기관의 수련생이 되긴 했지만, 당시에는 아직 그 기관의 수련생은 아니었다. 강의에서 위니콧은 미국인들이 베트남에 있는 이유를 이해할 것 같다고 말했다. 당연히 자신을 향한 미국인 분석가들의 공격성을 꼬집는 것이었다. 그가 고전주의 정신분석을 지향하는 그 기관의 회원들을 흥분시킨 것은 분명했다. 그는 가령 메커니즘 같은 개념보다는 비유를 통해 이야기하는 편이라, 어떻게 보면 불분명하게 들릴 수도 있다. 베르만은 나의 앞선 저작(1991)에 위니콧의 흔적이 강하게 남아있다고 말했다. 아마도 사실이겠지만 나는 딱히 의식적으로 위니콧을 중심에 두고 책을 쓰지는 않았다. 하지만 나 또한 당대의 *시대정신* 일부였을 것이고, 따라서 아마 그의 영향을 충분히 알아채지는 못했을 것이다. 그가 지난 세대에서 가장 중요한 분석가 중 하나라는 점에는 아마 많은 이들이 동의할 것이다. 그의 후예임을 주장하는 이들이 여럿이고 그의 의견을 해석하는 방법도 각양각색이다. 이 책에서는 다른 이들을 등장시키지는 않았으나 그의 이론은 다른 이들의 이론과 섞일 수도 있다. 물론 이렇게 섞는 것은 위니콧의 의도는 아닐 것이며, 다른 이론가들이 자신의 이행기 공간을 만들려는 시도라고 이해할 수 있다. 나도 그들의 이론적 접점과 유사성에 대해 짚어 볼 예정이지만 위니콧이 그것을 의도했다는 의미는 아니다. 내가 그렇게 해보고 싶다는 뜻이다.

고찰: 위니콧과 프로이트

위니콧이 가장 많이 인용한 분석가는 프로이트와 클라인이다. 프로이트에 대한 그의 이해는 깊었으며 자신의 이론적 작업을 위해 프로이트를 충분히 이용했다. 그린버그와 미첼은 "위니콧은 (프로이트의) 전통을 재미있는 방법으로 지켰다. 대개 그것을 왜곡하면서 말이다"라고 썼다(1983, p. 193). 내 생각에는 그들이 이렇게 쓴 것은 욕동/구조 모델과 관계주의 모델의 이분법적 구도를 그리기 위해서이다. 위니콧의 전기를 쓴 로드먼은 프로이트의 이론에 대해 다음과 같이 말한다.

> 두 개의 분지로 갈라는데, 하나는 어둡고 귀기鬼氣 어린 "비현실적" 요소를 강조하고, 다른 하나는 엄마에서 분석가에 이르는 타인의 영향을 고려한다. (…) 위니콧은 두 번째 부류 중 하나로 여겨지지만 사실 둘 다에 해당한다. (…) 그가 표상하는 것은 현실과 비현실 사이의 균형을 회복하려는 것으로, 이런 점에서는 프로이트가 평생 추구했던 것보다 못하지 않다[2003, p. 130].

로드먼의 상세하고도 명쾌한 전기는 프로이트가 위니콧에게 미친 진정한 영향력을 보여준다. 또한 프로이트 사상과 정신분석을 확장 및 증폭시키며 크게 개인화한 위니콧의 기여를 보여준다.

이렇게 해석하고 보면 위니콧의 저작은 내가 프로이트의 대상관계 시기(3장 참고)라고 부르는 것을 이해하는 데도 도움이 된다. 그야말로 이 시기의 프로이트 저작을 제대로 연구한 사람이다. 내 생각에 두 사람의 초기 발달 개념에는 접점이 많다.

위니콧은 자신이 프로이트를 충분히 읽지 않았다고 말한다. 하지만 그가 프로이트를 해석하고 이용하는 것을 보면 번쩍이는 통찰을 보여줄 때가 많다. 둘 중 누구의 해석을 선호할지는 프로이트와 위니콧에 걸린 당신의 전이에 달려있다. 먼저 둘의 초기 발달이론을 비교한 후 치료 상황에 관한 둘의 의견을 다루도록 하겠다. 먼저 나는 위니콧의 절대적 의존성 개념을 프로이트의 자가성애와 양립하는 것으로 가정한다. 프로이트의 개념에서(3장 참고) 최초 아기는 쾌락에 관심이 있으며 자기 행동의 결과로 쾌락이 발생하거나 불쾌함이 제기된다고 가정한다. 어른에게 아기의 행동은 신호로 작동해서 아기의 환경(엄마)은 대개 시의적절하고도 만족스러운 방식으로 아기에게 반응하게 된다. 프로이트의 가정에서 자가성애 기간에 아기의 현실 자아는 자신의 행동이 쾌락을 초래하거나 불쾌를 제거한다고 생각한다. 위니콧도 지적하듯이 긴 각주에서(1911b) 프로이트는 이상의 가설이 성립하려면 엄마와 아기가 일종의 시스템이나 단위를 만들지 않으면 안 된다고 말한다. 나중의 저작을 보면 유사한 각주가 또 있다(1915c). 하지만 여기서 프로이트가 주로 이야기하는 것은 아기에 대해서이며, 그의 이론은 아기의 내적 세계에 관한 것이다. 아기와 엄마의 상호관계에 관해 거의 이야기하지 않았다는 뜻이다. 하지만 그가 엄마를 거론했다는 것은 별로 놀랍지 않은데, 프로이트도 분명 발달의 기본적 요소는 알고 있었기 때문이다. 하지만 프로이트가 각주에서 언급했던 것은 위니콧에게는 평생의 화두였다. 프로이트의 관심은 아기의 내적 세계였지 모자간의 상호작용이 아니었다.

프로이트의 초기 발달이론에 대한 여러 잘못된 이해들이 있다(Stern, 1985). 프로이트는 자가성애를 묘사하면서 아기가 대상 없이 존재한다고 말하지 않았다. 그가 한 말은 이 시기의 아기는 리비도 애착이나 카텍시스를 형성하지 않는다는 것이었다. 위니콧도 같은 이야기를 했지만, 그 방식은 좀 더 생생하고 오해의 소지가 덜했다. 그는 엄마가 아이와 함께 하나의 단위를 만들고, 엄마가 자신의 젖가슴을 적재적소에 제공함으로써 처음에는 엄마에 의해 젖가슴이 아기의 세계의 일부라는 착각을 갖게 한다고 말한다. 그래서 프로이트의 용어를 빌리자면, 아기는 외부에 대상을 향해 리비도 카텍시스를 만들지 않고, 오히려 엄마가 젖가슴을 제공함으로써 아기는 자기가 원하는 어느 때고 젖가슴이 거기에 있으리라 생각하게 된다. 충분히 좋은 양육에서 아기는 원하면 언제든 젖가슴을 불러낼 수 있으며 이것이 그가 자연스러운 전능함이라 부르는 것이다. 비교하자면 프로이트는 절대적 의존성(자가성애) 시기의 아기가 리비도 애착을 형성하지 않는다고 말했고, 위니콧이 여기에 대한 설명을 하고 있다고 볼 수도 있다. 위니콧의 이해에 따르면 강력한 리비도 애착이 생긴다는 것은 아기의 관점에서 볼 때는 심각한 방해가 초래된다는 뜻이다. 그래서 아기가 엄마에게 좋은 애착을 형성하기 위해서는 상호작용을 하는데, 다만 절대적 의존성(자가성애) 시기에는 대상 제공과 아기의 엄마 활용 능력이 중요하다. 한편 제이콥슨의 초기 발달이론에서 생후 첫 달 아기의 주된 관심은 심리-생리학적 자기 감각을 수립하는 것이다(Jacobson, 1954a).

그린버그와 미첼은 위니콧이 "프로이트 이론의 *대안*을 제시한다. 그는 정신병리의 이해를 위한 틀을 제공하는데, 이것은 관계적 맥락에 굳건히 기반하고 있으며 욕동과 방어에 기반을 둔 고전주의 이론과는 상충한다"라고 말한다(1983, p. 209, 이탤릭은 원저). 그들은 위니콧이 더 이상 프로이트의 입장을 지지하지 않는다는 사실을 숨기려 했다고 주장한다. 사실 이런 주장을 하려면 프로이트와 위니콧이 쓴 많은 것을 무시해야 한다. 물론 위니콧이 프로이트가 제시한 방향을 바꾼 것은 사실이지만 그의 이론이 프로이트의 이론에서 만들어졌다는 점 또한 이견의 여지가 없다. '관계주의 모델'이라는 용어 자체가 여러 의미를 가진 탓에 지금 말할 수 있는 것은 위니콧이 보여준 것이 프로이트 이론에서 대상관계적 측면을 생생하게 만들었다는 점 정도이다. 더해서 위니콧의 개념이 만년의 성숙한 프로이트의 생각을 보완한다고 볼 수도 있다. 임상적 함의로 들어가기 전에 먼저 둘 사이의 초기 발달이론 차이를 보도록 하자. 프로이트는 아기가 어느 시기에 이르면 쾌락과 불쾌라는 관점에서 세상과 자기-조직화를 나눈다고 가정한다. 이 시기 순수 쾌락 자아는 자기애 시기가 시작됨을 알린다. 대상을 향한 리비도 카텍시스는 존재하지만, 대상은 자기의 한 부분으로 여겨지는 것이다. 불쾌의 엄마는 (아기의 관점에서) 아기를 버렸고, 그래서 쾌락을 주는 좋은 엄마로부터 분리된 나쁜 대상이 된다. 이러한 분열을 통해 이제 엄마는 뚜렷이 구분되는 두 개의 표상으로 보인다. 이것이 가능한 이유는 (적정 발달에서) 엄마가 아기에게 조금씩 좌절을 주고, 아기는 이제 좌절을 견뎌낼 만큼 자랐기 때문이다. 아기가 필요로 하는 것을 향한 엄마의 몰입이 걷혀가는 현상은 프로이트가 말하는 순수 쾌락 자아 개념에 있어 핵심적이다. 위니콧은 상대적 의존성 기간에 엄마의 이미지가 분열된 것으로 본다. 그의 표현에 따르면 대상 엄마와 환경 엄마가 있다는 것이다. 위니콧이 말하려는 것도 프로이트의 그것과 비슷하나 자신만의 독특한 언어를 사용한다. 즉, 일차적 모성 몰입이 흐릿해지고 엄마도 원래 자기 자신의 흥미를 회복한다. 대상 엄마는 본능적 충동의 대상이다. 이 엄마는 대상으로서, 혹은 부분-

대상의 소유자로서 아기가 다급하게 필요로 하는 것을 충족시켜 줄 수 있다. 환경 엄마는 전반적 보살핌의 관리자로서 아기의 전체 환경 중 한 부분이 된다. 대상 엄마는 무자비하고도 공격적으로 이용되며 아기의 '무자비한' 본능적 공격을 감수해야 한다. 환경 엄마는 전체 환경의 관리자로서 좀 더 평온한 순간에 존재한다. 그 순간은 아기/아이가 "조악한 본능-충동"에 시달리지 않는 순간들이다(1963a, p. 76). 위니콧은 "공격과 파괴를 포함하고 있는 혈기 왕성한 이드-욕동"의 환상을 묘사한다(같은 책, p. 76). 그래서 아기는 대상을 삼켜버리려 하고 대상의 내용물을 독차지하려 한다. 이때 그가 그리는 대상 엄마는 클라인이 생각하는 공격을 경험하게 된다.

두 이론의 공통점 중 가장 눈에 띄는 것은 엄마의 보살핌이 줄어듦에 따라 엄마의 표상이 분열된다는 점이다. 또한 두 사람 모두 좌절에 대한 아기의 참을성이 커지는 것을 엄마의 관심이 자연스럽게 줄어드는 계기로 본다. 물론 엄마들 대부분은 여전히 아기를 지극정성으로 보살피겠지만 예전처럼 체계적인(그는 symbiotic이라는 단어를 좋아하지 않았다) 방식은 아니다. 이 시기(1908~1915) 프로이트의 이론에서는 공격성이 강조되지 않는다. 반면 흥미롭게도 위니콧은 가차 없는 공격성의 중요성을 이야기한다. 프로이트는 주로 발달상의 진일보라는 의미에서 리비도 투자의 속성에 관해 이야기한다. 프로이트의 개념에 공격성이 있다면 그건 불쾌와 좌절을 주는 대상으로 향하는 것이다. 두 사람 모두에서 엄마의 분열된 이미지를 통합하는 것은 발달상 과제가 된다. 위니콧은 분명히 클라인의 영향을 받았는데, 그래서 그는 분열된 이미지가 하나의 표상으로 통합되면서 죄책감이 나타난다고 본다. 그의 초기 발달이론은 프로이트의 대략적인 그림보다 훨씬 정교하다. 흥미롭게도 위니콧이 더 정교한 부분은 사나운 공격의 역할에 대해서만이 아니다. 욕동, 혹은 본능의 역할에 대해서도 더 정교하다. 이 부분을 다루기 전에 일단 프로이트가 초기 발달을 자세히 다룬 이유를 살펴보자.

프로이트는 대상 사랑의 발달과정, 그리고 그가 사랑함의 변천사라고 불렀던 것을 조사한다. 처음에 아기는 쾌락을 사랑하고 외부 세계에 대해서는 무관심하다. 순수 쾌락 자아가 생기면 아기가 사랑하는 것은 쾌락이자 자신의 일부가 되고 외부 세계를 미워하게 된다. 아기는 낯선 사람을 경계하고 믿지 않는다. 왜냐하면 그들은 외부 세계의 일부이기 때문이다. 점차 (비교적 빨리) 아기/유아의 지적 능력이 발달함에 따라 아기는 엄마의 표상을 통합해 간다. 남은 자기애 단계 동안 아기는 엄마도 자신이 좋아하는 것을 좋아하고 자신이 원하는 것을 원한다고 생각한다. 아이는 여전히 자기가 하고 싶은 것을 방해하는 것들을 싫어한다. 이 모든 과정이 프로이트의 이론에서는 대상 선택(항문 가학증) 이전에 벌어지는 일들이며, 설명을 위해서 딱히 본능 개념을 요구하지는 않는다. 자가성애와 자기애는 순진히 쾌락의 관점으로만 설명할 수 있고, 그래서 프로이트의 대상관계 이론은 쾌락, 그리고 아기가 엄마 혹은 부모와 맺는 관계로 설명할 수 있다. 자가성애 기간에는 자기의 생존을 위한 본능이 우세하다고 말한 것은 사실이다. 그리고 자기애 시기에 성적 본능이 활발해지고 리비도의 투자가 일어난다고 생각한 것도 맞다. 하지만 논리적으로 보면 프로이트는 본능에 대해서 언급하지 않고도 이런 이야기를 할 수 있었다. 반면 위니콧은 초기 발달에서 본능, 혹은 내인성 자극의 의미에 대해 콕 집어 이야기했다.

위니콧은 아기가 나름의 내부 감각을 발달시킴에 있어 중요한 요소로써 내인성 자극을 꼽는다. 내부라는 용어는 내가 만들어낸 것인데, 내인성 자극 덕택에 아기는 외부 세계와 무관하게 자기만의 경험을 하게 된다는 위니콧의 생각을 표현하기 위한 것이다. 한편 본능은 항상 존재하는 것이지만 엄마의 몰입 덕택에 아기는 절대적 의존성 동안 본능에 사로잡힐 기회가 없다. 그가 말하는 절대적 의존성에서 아기는 안팎의 자극 모두에 사로잡히지 않는다. 어느 쪽이든 자극에 사로잡히게 되면 방해가 초래된다는 것이 그의 이론이다. 그는 엄마의 감수성 덕택에 구강적 즐거움은 뚜렷한 본능적 구강 경험 없이도 존재할 수 있다고 생각한다. 생의 초반 아기는 입의 즐거움이 자신의 일부라고 느낀다. 이렇게 우리가 프로이트의 성감대 개념을 가져와 위니캇의 모성 몰입 개념과 조합하게 되면 좀 더 완전한 초기 발달이론의 그림이 나온다. 구강성은 쾌락의 도구이자 엄마-아기 사이의 소통 양상이기도 하다. 쾌락은 모자 관계와 무관해서는 곤란하고, 만약 상호작용이 즐겁지 않으면 방해가 초래된다. 그래서 위니캇에게 있어 대상과 쾌락은 서로 긴밀히 얽혀있다. 물론 이것은 프로이트에게도 마찬가지이다. 왜냐하면 그에게 대상은 본능 개념의 일부이기 때문이다. 하지만 아기가 어떻게 절대적 의존성을 견디고 발달하는지, 어떻게 엄마의 이미지를 내면화하는지를 설명하는 것은 위니캇의 몫으로 남았다.

프로이트는 자기애 이론을 통해 아기가 자신과 닮은 것을 사랑한다는 생각을 제안했다. 아기 엄마는 아기의 소망을 반영해줄 뿐, 제한과 제어는 점진적으로 이루어져야만 한다. 비록 프로이트는 아이가 자기애적 활동을 좀 더 창조적 행위로 변화시키는 승화 개념을 말했지만 진정 승화를 촉진하는 조건에 대해서는 말하지 않았다. 반면 상대적 의존성 시기와 그 후에 일어나는 이행기 현상에서 위니캇은 승화에 대해 똑똑히 말했다. 위니캇은 인간의 창조성에 관심이 있으며, 또한 아이의 자기 감각에 방해를 초래하지 않으면서 어떻게 아이가 차츰 현실을 받아들일 수 있는지에 관심이 있다. 그에게 현실은 주관적으로 발견되는 것이다. 하지만 프로이트에게 현실은 엄연히 존재하며 객관적으로 발견된다. 프로이트의 현실 검증 모델에 따르면 욕동이 다스려지면 인간은 현실을 지각할 수 있게 된다. 하지만 위니콧이 보기에는 현실이 아이에게 명료하게 느껴지면 아기는 방어적 수단으로 가짜 자기를 발달시킨다. 비슷하게, 욕동이 엄마에 의해 '처리되지' 않으면 아기는 스스로 다스릴 준비가 안 된 내인성 자극을 방어하기 위해 악전고투한다. 아기가 이행기 공간을 만들어낸 다음에도 자기애적 지각이 있을 수는 있다. 하지만 대개 그것들은 아기가 능동적으로 만들어낸 지각이다. 그래서 이행기 공간 개념은 완전히 관계적이랄 수도 없고 완전히 욕동 개념이라 볼 수도 없다. 착각의 형성, 그리고 착각이 적당한 제어 아래서 어떻게 현실과 편안한 관계를 만드는 데 도움이 되는가에 관한 개념이다. 심지어는 이행기 현상에 대해서도 위니콧은 적정 수준의 착각이 있다고 이야기한다. 만약 착각이 순전히 주관적 요소로만 이루어지면 그 사람은 정신증이나 경계선 병리의 위험을 안고 있다. 만약 이행기 공간이 현실로 기울어져 있다면 착각이 피괴되고 방해가 초래될 위험이 있다. 이행기 공간 개념과 프로이트의 단계 개념은 양립하지 못할 이유가 없다고 할 수 있다. 하지만 프로이트의 현실 검증 개념은 위니콧의 그것과는 꽤 다르다. 프로이트의 현실은 저기 바깥, 환경 인에 존재하면서 발견되기를 기다리고 있다. 위니콧은 주-객관적 발견 과정을 통해 현실이 적당하게 처리된다고 생각한다. 위니콧의 이론이 좀 더 자세하고, 일관적이며, 현대의 발달 연구와 일맥상통한다. 시대착오적이라는 비난을 막기 위해 한마디만 하면, 프로이트의 주된 관심사는 갈등이 어떻게 인지 기능에 영향을 미치고 방해하는가였지, 현실이 어떻게 적절히게 처리되는가가 아니었다.

이상의 간단한 비교를 통해 위니콧과 프로이트의 상보적인 견해를 조합함으로써 새로운 발달 모델을 만들어낼 수 있다. 발달의 최초 시기에서 가장 중요한 것은 아기가 자신의 필요가 적시에 충족되고 있다고 느끼는 것이다. 충분히 좋은 양육은 아기의 필요를 예측하고, 아기가 원하는 것과 비슷한 영양분(혹은 위안)을 제공한다. 한동안 아기는 엄마에게 신호를 보내기 직전, 혹은 직후에 자신의 필요가 충족될 것이라고 가정한다. 아기가 현실을 지각하는 것은 환경과의 상호관계라는 관점 안에서고, 이 시기에 강렬한 리비도 카텍시스는 일어나지 않는다. 아기와 엄마는 하나의 시스템을 만듦으로써 아기가 욕동이나 환경을 뚜렷하게 감지하지 못한 채 세상을 경험하도록 할 것이다. 그렇게 아기는 쾌락을 사랑하고 엄마와의 경험을 즐긴다. 그리고 나머지 환경에 대해서는 무관심하다. 이렇게 말해놓고 보면 우리가 그동안 발달에 대해 너무 이분법적으로 생각해온 것을 알 수 있다. 실은 연속적인 경험(혹은 변인)들로 이해되어야 정확한 것인데 말이다. 환경에 리비도 투자가 전혀 이루어지지 않는다거나 환경에 전혀 관심이 없다고 말하기는 어려울 듯하다. 오히려 이 시기 동안 이것들이 중요한 것은 아니라고 말해야 할 듯하다. 프로이트나 위니콧 둘 다 가끔 모든 것을 너무 보편적인 현상인 것처럼 말하는 경향이 있는데, 이 탓에 아기의 경험이 과장되어 표현된다. 아무리 아기라고 하더라도, 그 또한 지각하는 유기체인데, 환경에 전혀 무관심하기는 어렵지 않을까. 엄마의 자아가 아기를 보호한다는 생각이 이 보호를 절대적인 것으로 만들 필요는 없다. 충분히 좋은 보호 아래 아기는 환경의 여타 부분에 관심을 둘 수 있다. 그리고 엄마는 아기의 세상의 일부로 여겨지지만, 그 속에서도 프로이트가 리비도 투자 혹은 카텍시스라 부르는 것이 일어나기 시작한다. 그래서 아기는 엄마를 분리해서 카텍시스를 맺지는 않지만 강렬한 카텍시스 형성을 위한 조건은 절대적 의존성 시기에 만들어진다.

프로이트와 위니콧의 다음 발달 단계를 비교하는 것은 더 어렵다. 이미 우리는 유사점을 두 가지 정도 발견했다. 두 사람 모두 다음 발달 단계가 적당한 좌절(만족)의 결과로 일어난다고 보고, 둘 다 분열된 엄마의 이미지를 말한다. 프로이트의 강조점은 아기가 매달리는 엄마의 표상은 예전에 주던 즐거움을 계속 주는 엄마라는 것이다. 이렇게 아기는 엄마의 양육 태도에 생긴 변화를 받아들이길 거부한다. 쾌락이 예전처럼 경험되지 않으면 이것은 미운 엄마 때문이지, 즐거움을 주는 엄마의 탓이 아니다. 그래서 좌절은 환경에서 오는 것이 되고, 좌절을 주는 엄마는 미움받는 환경의 한 부분이 된다. 위니콧의 강조점은 대상 엄마와 환경 엄마의 분열이다. 대상 엄마는 본능에 의해 무자비하게 사용되고 환경 엄마는 전반적 보살핌과 조용한 상호작용을 한다. 위니콧이 생각하기에 프로이트의 순수 쾌락 자아는 fantasy의 결과라기보다 fantasizing의 결과이다. 둘 다 이질적인 엄마의 이미지를 합성하는 것을 임무로 생각하지만, 비교적 프로이트가 위니콧보다는 좀 더 점진적인 과정을 생각하는 것 같다.

프로이트는 인지 발달의 결과로 엄마의 표상이 통합되어 간다고 생각한다. 하지만 엄마는 대상 선택 단계에 이르기까지 여전히 아기의 정서적인 부분의 일부로 여겨진다. 따라서 아기는 자기애 단계에서 자기 자신의 소망을 통해서 엄마를 본다. 그러니까 자기애 시기의 분열은 인지적 분열이 아니라 정서적 분열이라고 말할 수 있다. 위니콧이 생각하는 분열의 수선은 클라인이 depressive position에서 개념화했던 그것과 유사하다. 죄책감과 수선이 이제 이행기 공간에서 일어나는 것이다. 오이디푸스 단계에 대해서는 앞에서 위니콧의 생각을 이야기했다. 그가 그리는 그림은 프로이트의 거울상이라고 할 수 있다. 한편 프로이트가 오이디푸스 콤플렉스의 위협을 강조했다면, 위니콧은 부모라는 커플을 받아들임과 자위행위를 통한 홀로 있을 수 있음을 강조한다. 두 사람 모두 오이디푸스 아이를 논한다. 하지만 위니콧은 적절한 양육을 논하고 있고, 프로이트에게는 환경의 위협이라는 부분이 더 선명하다. 비록 이런 식으로 둘의 이론을 섞을 수는 있겠지만 그렇다고 둘 사이의 이질성을 덮을 수는 없다. 프로이트는 오이디푸스의 본질적인 위협을 정상 발달에서도 분명히 강조하는 반면, 위니콧의 글에서는 이러한 내용이 발견되지 않는다. 이것은 뚜렷한 차이이다. 하지만 프로이트 또한 아이가 각 발달 단계를 고착 없이 성공적으로 통과하려면 아이의 표상적 세계 안에 공격적 요소보다 애정적 요소가 월등해야 함을 주장하고 있다. 대상 선택 단계(3장 참고)에서 아이가 쾌락보다는 엄마의 사랑을 선택하는 것처럼 오이디푸스 단계의 아이가 양친에게 보내는 리비도 애착은 공격적이고 시기심 가득한 오이디푸스 소망보다 대체로 강하다. 그러니까 프로이트가 오이디푸스 위협을 강조하고 있는 반면에 위니콧은 부모로부터의 분리를 견디고 있는 아이의 경험을 묘사한다고 볼 수 있다.

이상의 비교가 가치 있으려면 프로이트의 후기 욕동 이론(에로스와 타나토스)이 여기서는 고려되고 있지 않음을 알아야 한다. 위니콧은 죽음 본능 개념을 거부한다. 이 지점이 위니콧이 프로이트(4장) 및 클라인과 결별하는 지점이다. 프로이트보다 죽음 본능 개념을 더 철저하게 이용한 사람은 클라인이다. 그녀는 타나토스의 논리적, 임상적, 발달적 함의를 잘 알고 있었다. 비록 위니콧은 이 개념을 거부했으나 depressive position 개념과 대상의 무자비한 사용이라는 개념은 클라인으로부터 온 것이다. 비록 클라인을 떠났으나 그는 클라인의 개념을 사용함으로써 아기가 창조성과 자기-응집력을 향해 나아가는 모습을 이론화할 수 있었다. 초기 발달에서 대상의 무자비한 사용에 관해 이야기하지만, 그가 발달에서 공격성을 어떻게 이해하고 있는지를 파악하기는 어렵다. 로드먼의 말에 의하면 위니콧은 공격성을 중요하게 생각하지만, 그의 공격성 개념은 분명치 않다. 마찬가지로 그가 정신분석 상황에서 공격성(파괴적 충동)의 중요성을 어떻게 보는지도 명확하지 않다.

프로이트, 위니콧, 그리고 분석 상황에 대한 간단한 언급

위니콧이 치료에 대해 가진 생각은 물론 치료관계의 중요성이다. 프로이트는 특히 무의식적 환상을 유용하게 해석하려면 그전에 준비가 잘 되어 있어야 한다고 말했다. 재밌는 것은 그도 궁극적으로 정신분석은 사랑의 치료라고 말했다는 점이다. 물론 이 말에 대한 해석은 각자의 몫이다. 전이 과정에서 환자가 점차 분석가를 사랑하게 되기 때문에 사랑의 치료인가? 아니면 환자와 분석가 서로가 애정 관계를 발전시키기 때문에 사랑의 치료인가? 프로이트는 그의 논문 「Observation on transference-love」(1915a)에서, 분석가가 환자의 사랑에 유혹될 수 있다고 경고한다. 그리고 이것이 전이 사랑이라고 말하며 이것이 현실에서 분석가를 사랑하는 것이 아닌, 전이 안에서 사랑하는 것임을 이해해야 한다고 말했다. 같은 논문에서 그는 사랑의 속성에 의문을 표하며 모든 사랑이 전이 사랑인 것은 아닌지 궁금해한다. 프로이트는 자신의 질문에 제대로 답하지 않았다. 하지만 대다수 프로이트주의자가 가지는 생각은 분석 상황에서 사랑을 주는 쪽은 환자라는 입장이다. 신경증을 일으키는 것은 사랑에 대한 환자의 갈등이다. 이렇게 보면 분석가는 환자의 사랑을 받는다. 그리고 환자가 자신의 갈등의 중심이면서 동시에 사랑할 수 있는 능력을 방해하는 자신의 무의식적 환상을 이해하도록 돕는다.

프로이트의 논문 「Observation on transference-love」는 분석적 상황에서의 사랑에 대한 탐색이었을 뿐만 아니라, 분석적 상황에서 사랑의 감정을 행동화할 위험에 대한 분석가들에 대한 경고이기도 했다. 융은 자기 환자와 외도를 했으며 라이히Reich에 따르면(Eissler, 1985), 수많은 분석가들이 환자와의 성관계에 연루됐다. 프로이트는 말 그대로 분석가들에게 치료 상황에서 자제하라고 말한다. 위니콧의 저작은 프로이트 사후 5년에서 30년 후에, 그리고 전이 사랑에 관한 논문이 나온 지 30년 후에 쓰였다. 내 짐작에는 그 새 정신분석에서 성과 관련한 위험은 상당히 줄어든 듯하다(하지만 Masud Khan의 평전[Hopkins, 2006]을 읽고 나서는 생각이 좀 바뀌었다). 어쨌든 위니콧은 별 위험을 느끼지 않은 듯하다. 왜냐하면 holding 개념을 비롯해 그의 임상적 생각들은 모종의 접촉이 필요하다고 생각되는 환자와 심리적으로, 그리고 신체적으로 좀 더 밀접한 접촉을 하게끔 만들기 때문이다.

Holding은 발달이론과 실제 치료에 있어 위니콧의 핵심 개념이다. 그가 자주 했던 말은 표준적인 정신분석을 사용할 수 없는 경우에는 분석가의 신뢰도가 해석 능력보다 중요하다는 것이었다. 여기에서 신뢰도는 분석가가 실제로 믿을만한 사람인지의 여부보다는 환자의 파괴적 성향에도 불구하고 안정적이고 안전한 치료환경을 제공할 수 있는지를 의미한다. 위니콧은 종종 환자들에게 그보다 많은 것을 제공했다. 환자들에게 신체적 접촉을 제공한 적도 여러 번 있다. 나는 위니콧의 일차적 목적이 holding을 제공하는 것, 그리고 타인과는 불가능했던 경험을 제공하는 것이었다고 생각한다. 마수드 칸은 위니콧 생전에 알려졌던 것보다 더 많은 문제를 가진 파괴적인 사람이었고, 그와 어울렸다는 사실은 위니콧의 위신에 약간의 흠이 되었다(Hopkins, 2006). 칸이 위니콧에게 충성했던 것도 부분적으로는 위니콧의 선함을 자기에게 가져오기 위해서였다고 나는 믿는다. 맞다, 인정한다. 이것은 너무 순진한 해석이다. 그래도 이것이 솔직한 내 마음이다. 사실 이 같은 해석은 내가 홉킨스의 전기를 읽기 전에 가지고 있던 생각이다. 솔직히 홉킨스의 책을 읽고 나서는 치료에 대한 위니콧의 생각과 그가 했던 칸의 치료를 절충하기가 너무 어려워졌다. 칸을 분석하면서 그는, 내 기준에는, 비윤리적으로 칸을 이용했다. 나로서는 존경하는 분석가에 대해 이렇게 말하기가 매우 곤혹스럽지만 그래도 할 말은 해야겠다. 그럼에도 나는 그의 공로를 귀하게 여기며 그가 대체로 진정성 있고, 자상하며, 명석한 분석가였다고 믿는다.

Holding에 대한 그의 견해는 파괴성에 대한 견해와는 대조적이다. 그는 대상이 아기(환자)의 전능한 조종을 벗어나는 것으로 인식되면 파괴된다고 생각했다. 그가 보기에 이는 분석과 발달 모두에서 반드시 일어나야 하는 일이다. 그렇지 않으면 아기 혹은 환자는 내면의 목소리나 대상과 이야기할 뿐이다. 따라서 대상이 환자의 조종을 벗어나면 대상은 환상 안에서 파괴된다. 그리고 이 파괴에서 살아남는 것이 분석의 핵심적인 측면이 된다. 환자가 타인을, 혹은 대상을 진정으로 사용하기 위해서는 분석 상황의 두 사람이 이러한 파괴를 반드시 견뎌내야 한다. 개념화하자면 holding은 반드시 이루어져야 하고, 환자는 분석가가 자신의 전능한 조종 안에 있다고 느껴야 한다. 이런 상태는 오래 지속될 것이다. 그러나 때로 분석가가 환자의 조종을 벗어나는 순간이 온다. 그리고 환자는 분석가와 분석 관계를 파괴하는 자신을 경험한다. 환자와 분석가가 분석을 계속해 내고, 새로운 대상의 사용법이 생겨나는 것은 바로 이 무자비한 환상에서 살아 돌아옴으로써다. 여기서 보이는 환자에 대한 위니캇의 집중력은 실제 환자를 보면서 그가 가끔 궁금해했던 문제, 환자의 무자비한 공격을 과연 얼마나 견뎌낼 수 있을까라는 질문과 일맥상통한다. 분명 그는 오랫동안 견뎠다. 비록 많은 사람들이 그가 조금 더 오래 견딜 수 있기를 바랐지만 말이다.

11장 설리번

대인 관계 정신분석, 관계주의의 시작

요약

Harry Stack Sullivan은 신정 미국적이라 할 수 있다. 비록 이 장에서 그의 영향력을 모두 보여주기는 어렵겠지만 부디 독자들이 그의 독창성과 진정성을 발견할 수 있기를 바란다. 시카고에서 전공의 생활을 시작했을 때부터 만년에 이르는 경력 내내 그는 성신증 환자들의 치료를 위한 이론과 치료 방법을 선도했다. 그는 페어베언, 페렌치와 더불어 오늘날의 관계주의 이론을 만드는 데 아마 가장 큰 영향을 끼쳤을 것이다.

짧은 사담

내가 설리번(1892~1949)을 처음 접한 것은 대학원에서였는데, 당시 그는 우리 학교(뉴욕 대학교) 임상 심리학 프로그램의 몇몇 교수들이 아주 중요하게 생각하는 이론가였다. 가령 설리번은 그 프로그램의 책임자였던 Bernie Kalinkowitz에게 아주 큰 영향을 끼친 사람이었다. 버니는 설리번을 인용하면서 조현병 환자(사람)들이 다른 어떤 사람들보다 더 인간적이라고 말했다. 이 이야기는 아마 독자들도 종종 들어봤을 것이다. 대학원에서 설리번에 대해 조금 읽기는 했지만 내가 설리번에게 제대로 흥미를 느낀 것은 조현병 환자를 보기 시작하면서이다. 그리고 일부는 Harold Searles의 영향도 있다(1965). 조현병에 대한 나의 관심은 현재도 유효하다. 참고로 일찍이 내가 뉴욕 시립대학에서 일했을 때 내가 가르쳤던 첫 코스는 'Theories of schizophrenia'였다. 그때 내가 중점을 뒀던 사람이 설리번이었다. 그 코스의 읽을 문헌 목록에는 Sullivan, Searles, Frieda Fromm-Reichmann, 그리고 당연히 프로이트, 하트만, 안나 프로이트가 있었다. 위니캇, 코헛, 건트립에 대해서도 조금씩 읽었던 것 같다. 하지만 내가 프로이트주의 수련기관에서 정신분석 수련을 시작함에 따라 설리번은 약간씩 존재감을 잃기 시작했고 결국은 완전히 사라졌다. 나는 이제야 초심으로 돌아온 것 같은데, 그 이유는 이제 나는 모든 이론이 그 나름대로 중요하며 상호보완적인 관점을 제시하고, 때로는 통합 가능한 관점을 제시한다고 생각하게 되었기 때문이다.

내가 대학원에서 수련할 당시 설리번은 조현병 환자의 치료로 유명했었고, 또한 메릴랜드의 Sheppard and Enoch Pratt 병원의 책임자로도 유명했었다. 그는 Erich Fromm, Frieda Fromm-Reichmann, Clara Thompson, 그리고 사후에는 Searles를 포함하는 일군의 분석가들을 이끄는 지도자이기도 했다. (그린버그와 미첼은 여기에 Karen Horney를 넣기도 한다.[1983]) 그리고 프롬-라이히만의 환자였던 Joanne Greenberg는 Chestnut Lodge에서 겪었던 일을 쓴 자전적 소설, 『I Never Promised You a Rose Garden』(1964)을 발표해 큰 성공을 거두기도 했다. 1960년대 후반에서 1970년대 동안에는 설즈가(1965, 1986) 치료자로 유명했고, 조현병 및 경계선 병리의 치료에 대한 그의 논문은 당시 정신과 전공의와 심리학도들에게 많은 영감을 주었다. 현대의 독자들에게 프롬-라이히만과 설즈의 치료법은 이상하다 못해 기묘하게 보일 수도 있다. 왜냐하면 그들은 설리번의 영향을 받아 조현병 환자들에게 정신치료를 시도했기 때문이다. 오늘날 조현병의 일차 치료는 정신-약물학적 치료이다. 설리번, 프롬-라이히만, 설즈가 제안한 치료법은 치료 공동체에서 행해졌고, 설리번과 그의 동료들은 이러한 치료 공동체의 선구자들이다. 치료 공동체와 더불어 집중적인 개인 정신치료도 이루어졌다. 나는 이것이 여전히 의미 있는 치료적 접근이라고 생각한다.

지적 시발점과 가정들

설리번은 1919년에 의사가 되었다. 당시 시카고, 혹은 넓게 미국을 주도하고 있던 지식인 중에는 Peirce, Sapir, Mead가 있었다. 설리번에게 끼친 실용주의 철학의 영향은 지대했다. 실용주의는 사변적 유럽 철학에 대한 미국의 대답이었다. 말하자면 단도직입적이었고(Dewey는 그랬지만 Peirce는 아니었다) 경험적이었으나 전혀 교조적이지 않았다. 하지만 실용주의에는 논리 실증주의 운동이 가졌던 당돌한 열기는 없었다. 참고로 논리 실증주의는 빈에서 시작되어 영국에서도 강력한 지지를 얻었다. 재밌는 것은 설리번은 스스로가 조작주의operationalism의 원칙 아래에 있다고 여긴 점이다. 조작주의는 실증주의자들의 표어였으며, 당대의 물리학자 Percy Bridgeman이 지은 이름이기도 했다(1927). 나는 설리번이 조작주의의 철학적, 이론적 함의를 얼마나 이해하고 있었는지 궁금하다.

왜냐하면 조작주의의 원칙은 그 자체로 관찰 불가능한 모든 용어의 사용을 금지하는데, Carnap이나 Ayer의 관점에서 보면 여기에는 무의식이란 단어도 반드시 들어가야 하기 때문이다. 비록 이름은 브리지먼이 지었다지만 그 철학적 함의는 비엔나 서클(카르납, 1952)과 영국 실증주의자(에이어, 1956, 1972)에서 시작했다. 요컨대 비록 설리번이 프로이트보다는 실증주의적 이상에 가까웠을지는 몰라도 그 역시 엄격한 실증주의의 정의에서는 멀다는 말이다.

설리번과 비슷한 스타일의 철학자를 찾자면 G. E. Moore(1905)가 있다. 무어의 관심은 현학적인 학술용어를 배제하고 가능한 일상의 언어를 이용해서, 좀 더 직접적이면서도 중언부언하지 않고 소통하는 것이다. 설리번은 정신의학과 정신분석의 언어에 늘 의심 가득한 눈길을 보냈다. 그는 이 언어들이 소통 가능한 명료한 메시지가 되기에는 너무 모호하다고 거의 확신하고 있었다. 설리번 당대의 시대정신은 최대한 명료한 의사소통을 추구하며 동시에 언어적 표현의 한계를 명확히 인지하는 것이었다. 그는 직접 관찰 가능한 '자료'에 의지할 것을 강조했고, "유용한 이론은 (…) 그 용어가 분명히 이해될 수 있어야 하고 이론가의 자료는 모두가 이용할 수 있어야 한다"라고 주장했다(그린버그와 미첼, 1983, p. 88). 그린버그와 미첼은 이 때문에 설리번이 행동주의자가 되는 것은 아니라고 주장한다. 왜냐하면 설리번은 "그것들이 언어로 표현되거나 혹은 비언어적으로 표현되는 한에서" (…) 환자의 주관적 경험에 대한 언어적 보고나 소망, 환상도 고려하기 때문이다(같은 책). 물론 여기서 프로이트가 말하는 '소망'의 의미는 완전히 바뀐다. 프로이트에게 소망은 무의식적인 경우가 많았고, 항상 직접적으로 관찰될 수 있는 것은 아니었기 때문이다. 설리번은 관찰자의 눈에 무의식적인 동기가 있어 보이는 행동을 과잉 해석하지 않으려고 특히 노력했다. 프로이트의 무의식 개념은 분명 직접적으로 경험되지 않는 것들에 관한 것이고, 무의식적 사고는 의식적 사고 사이의 많은 틈을 메우고 있다. 그리고 이러한 관점이 프로이트주의자들이 환자들의 행동과 의식적 사고를 해석하도록 한다. 하지만 설리번은 말하길,

> 지금까지 내가 말한 것으로 보면 무의식은 분명 직접 경험될 수 없는 그 무엇임이 분명하고, 이것은 정신의 틈을 메우고 있다. 이처럼 넓은 의미에서 무의식에 관한 가정은, 최소한 내가 아는 한, 이 세상의 그 무엇과도 관련이 없다. 만약 당신이 직접 경험되지 않는 가구로 방을 꾸미려고 하면 당신이 하려는 일은 최소 아마추어 마술사 이상의 능력이 필요한 일이며, 당신은 아마 누군가의 조롱을 받아 당황하게 될 것이다[1950, p. 204].

분명 적어도 한 가지 면에서 설리번은 틀렸다. 왜냐하면 '가구를 배치한' 결과에 당황해하는 프로이트주의 정신분석가는 거의 없기 때문이다. 하지만 설리번은 이들이 당황했어야 한다고 거의 확신하고 있는 듯하다. 그는 비록 무의식 개념 자체는 인정하지만, 치료적 상호작용에 무의식의 자리를 남겨두지는 않았다. 무의식적 동기라는 가정에서 출발한 해석은 쓸모가 없거나 최악의 경우 치료적으로 바보 같은 짓이었다. 만약 이상의 서술이 설리번의 관점을 옳게 반영하는 것이라면, 그린버그와 미첼이 설리번을 방어하며 그가 행동주의자가 아니라고 말했던 것은 잘못된 말이다. 그들은 설리번이 "우리가 관찰할 수 있는 것만 유의미하게 연구할 수 있고, 우리가 보고 들을 수 있는 것만 관찰할 수 있다고 주장하고 있다"라고 말한다(Greenberg & Mitchell, 1983, p. 88). 유의미하게 연구할 수 있는 것은 우리가 관찰한 것뿐이라는 생각도 별 영양가가 없는데, 그 이유는 우리는 보고 들은 것을 다양한 방향으로 해석하기 때문

이다. 지나가는 말이지만, 내 생각에 그린버그와 미첼이라면 분명 느낌이라는 상태를 경험적인 무엇으로 생각할 것이다. 그런데 재미있게도 그들은 설리번의 관찰 태도를 설명하면서 느낌은 빼버리고 보고 듣는 것만 넣고 있다. 치료자의 관찰은 상당 부분 보이지도 들리지도 않는 느낌이며, 이는 비록 가끔 느닷없이 생기기도 하지만 누가 뭐라 해도 존재하는 것이기 때문이다. 일부 분석가들은(Bach, 2006; Ogden, 1982; Racker, 1968) 이러한 느낌이 분석가의 사고에 중요한 역할을 한다고 생각한다.

그래서 중요한 것은 우리가 어떻게 보고 듣는 데만 우리를 한정시키느냐 하는 것이다. 내 생각에 보고 듣는 것에만 자신을 한정시키는 사람들은 오로지 행동주의자들뿐이다. 나머지 사람들은 자신이 보고 듣는 것을 느낌과 이론이라는 렌즈를 통해 해석한다. 그리고 이때 해석은 전문가적인 이론일 수도 있고 개인적 이론일 수도 있다. (Sandler and Sandler[1994]는 세 가지 종류의 이론을 구분했다. 개인적[의식적] 이론, 전문가적 이론, 무의식적 이론이다. 그들은 이 세 종류의 이론이 분석가나 치료자의 상호작용을 이끈다고 말했다.) 이상의 비판에서 나는 설리번의 의견 중 급진적인 면을 다루고 있는데, 이런 측면에서 보면 그는 분명 행동주의자이다. 하지만 반대로, 그의 주장에는 조심스러운 측면도 있다. 여기에서 그는 치료자들에게 직접 보고 들은 것 이상으로 해석할 때는 잘 생각해보아야 한다는 충고를 한다. 왜냐하면 거기서부터는 당신이 잘 모르는 영역이기 때문이다. 내가 읽기에는 둘 다 설리번이 하려는 이야기인 듯하다. 한편으로 보면 그는 분명 행동주의자이고 행동주의자가 되려고 한다. 그리고 다른 한편으로 보면 그는 매우 역설적으로 느낌과 무의식적 환상에 대해, 어떤 설명 불가한 촉을 가졌던 듯하다. 물론 그는 그것을 아마 나처럼 무의식적 환상이라고 부르지는 않았을 것이다. 하지만 그는 자연스럽게 무의식적 환상을 느낄 수 있었고, 그것을 환자가 경험한 것의 일부라 생각했던 것 같다. 그리고 그는 무엇인가를 경험에 가까운 방식으로 표현할 수 있었고, 그것을 통해 환자는 설리번이 말하려고 하는 것을 좀 더 쉽게 이해할 수 있었다. 그는 환자의 자존감에 중점을 두었고 조현병을 "누군가의 자존감에 재앙을 초래하는" 그 무엇으로 이해한 혁명적 치료자였다(그린버그와 미첼, 1983, p. 85). 심한 병리를 가진 환자들과의 치료 경험을 통해 그가 내린 결론은, 치료에서 가장 중요한 요소는 환자와 치료자의 개인적 관계라는 것이었다.

진정 존중심 넘치는 치료자

재밌는 것은 설리번이 한동안 프로이트주의의 수호자였냐는 것이다. 그 이유 중 하나는 아마 프로이트가 다른 치료자들은 무의미한 말 범벅word salad이나 헛소리라고 여겼던 것에 의미를 부여한 몇 안 되는 이론가였기 때문일 것이다. 프로이트는 다른 이론가들과 달리 증상, 농담, 말실수 등에 의미를 두었고 이런 측면에서 설리번의 동맹이었다고 볼 수 있다. 마찬가지로 설리번도 환자가 하는 상황한 이야기를 헛소리로 여기기보다는 중요한 의사소통이라고 생각했다. 그가 프로이트에게 비판적이었던 부분은 무의식에 관한 가정, 그리고 개인과 집단의 발달에서 사회 문화적 요소에 대해 상대적으로 중요성을 두지 않은 것 등이다.

설리번은 참으로 다양한 이슈에 대해 목소리를 내고 주장을 펼치는 사람이었다. 모든 인간의 개별성에 대한 그의 존중에는 그 자신의 개별성이 반영되어 있으며, 그것은 특히 치료 중인 환자들에게도 마찬가지였다. 그도 위니콧처럼 자신의 한계를 알고 있었으며 환자들에 대해 확신하는 것처럼 보이는 치료자들을 경계했다. 그는 누구도 "다른 사람을 충분히 이해할 수 없으며", 그나마 자기 자신이라도 이해할 수 있으면 다행이라고 말했다. 설리번은 정신과 의사들도 치료를 받아야 한다고 강력히 제안했다. 그는 치료받지 않은 정신과 의사들을 경계했다. 그는 이제 막 분석을 마친 사람이나 분석을 받지 않은 사람이 힘든 환자를 보는 것에 반대했다. 그는 자기 자신의 약점도 제대로 이해하지 못하는 열성적인 치료자나 정신과 의사들을 매우 미심쩍어했다.

설리번의 이론적 개념

Interpersonalist라는 이름은 설리번에게 잘 어울린다. 왜냐하면 그는 "인격은 그 사람이 살아가고 존재해 온 복잡한 인간관계에서 유리될 수 없다"라고 생각했기 때문이다(1940, p. 10). 그린버그와 미첼은 이 말에 대해 "중요한 인식론적, 형이상학적, 방법론적 함의를 갖는다"라고 말하며 그 중요성을 강조했다(1983, p. 90). 그들이 내린 결론은 분석가는 실제로 정보의 수집자이며 participant observer라는 것이다. 참여적 관찰자라는 개념은 설리번에게 중요한데, Heisenberg(1979)의 개념인 관찰자가 관찰에 영향을 미친다는 생각, 혹은 관찰 결과의 설명에는 관찰자의 존재도 포함되어야 한다는 생각과 같은 맥락이다. 만약 이것이 물리학적 관찰에서 사실이라면 사회과학, 특히 정신분석에도 진실이어야 한다는 의미이다.

설리번이 에너지 개념에 대해 가진 생각을 보면 프로이트 이론에 대한 페어베언의 비판이 떠오른다. 하지만 설리번은 좀 더 극단적이다. 그는 "우주의 궁극적 현실은 에너지이다"라고 말한다(1953, p. 102). 흥미로운 것은 설리번이 우주의 궁극적 현실에 대한 가정을 제시하면서도 무의식은 너무나도 사변적인 개념이라고 여기는 점이다. 이러한 가정 위에서 설리번은 자아, 초자아, 정신적 표상 같은 개념들을 미신이라고 한다. "구조 따위는 없다. 오로지 에너지 변형의 패턴이 있을 뿐이다"(같은 책, p. 91). 그래서 인격은 에너지의 패턴이지, 뚜렷한 실체를 가진 것이 아니다. 다만 타인과의 상호작용 과정이자 패턴일 뿐이다. 정신분석을 현대 물리학에 비유하면 설리번은 본인을 (아인슈타인 같은) 장場 이론가로 여기는 듯하다. 반면 프로이트는 뉴턴과 비슷해진다. 여기서 다시 한번 페어베언의 프로이트 비판이 생각나는데, Gill(1983)은 Bowlby(1969, 1973, 1980)가 설리번의 생각을 이어받는다고 생각한다. 둘 사이에는 겹치는 기간이 제법 있음에도 말이다. 이렇게 보면 설리번이 보는 인간의 일차적 동기에는 타인과의 접촉이 포함된다. 보울비, 페어베언, 설리번 모두 접촉을 인간 행동의 일차적 동기라고 생각한다.

흥미로운 부분은 설리번이 자상함에 대해 가졌던 생각은 클라인의 투사적 동일시 개념과 비슷한 부분이 있나는 섬이다. 그는 생애 초기의 아기가 영양분이 필요한 상황, 그리고 아기에게 젖을 물려야 하는 엄마의 필요를 상호보완적 관점에서 생각한다. 설리번은 필요가 생겨날 때 이런 종류의 상보적 정서가 생긴다고 봤다. 이렇게 필요는 통합을 향한 경향성으로 작동하고, 설리번이 상호작용의 부위zones of interaction라고 부르는 곳에서 일어난다. 구강 부위는 초기의 상호작용과 경험이 일어나는 곳이다. 이러한 부위들은 '안정적인 변화'를 위해서 필수적이며, 당연히 각 상호작용 부위 혹은 경험의 부위는 서로 다른 의미를 갖게 된다. 상호작용의 부위는 경험의 필터이면서 동시에 "공동체적 존재가 갖는 필연적 다양성에서 마지막 종착역" 역할을 한다(설리번, 1953, p. 64). 비록 아기에게는 많은 종류의 기본적 부위들이 있지만(입, 망막, 청각, 촉각, 평형감각, 운동감각, 성기, 항문 등), 이러한 부위들은 교육하는 사람에 의해 수정될 수 있다(중추신경과 말초신경을 상호작용 안에서 설명하는 흥미로운 방식이다). 설리번은 헬렌 켈러가 비록 이 부위들이 망가졌지만, 다른 방식으로 교육하는 사람을 만나 상호작용한 인물이라고 묘사하고 있다.

설리번이 특정하고 있는 발달의 시기는 필요의 상태가 분화하는 시기이다. 발달과정에서 애정, 그리고 타인과의 접촉에 대한 필요는 상존한다. 아기는 친밀함, 애정, "다급한 상황에 섬세하게 조율된 보호"가 절대적으로 필요하다(같은 책, p. 290). 애정과 보호에 대한 필요는 아동기까지 이어지지만, 아동기(한 살에서 네 살)가 되면 어른의 동참도 필요해진다. 즉, 중요한 보호자가 아이의 놀이에 흥미를 갖고 참여할 필요가 생겨나는 것이다(같은 책, p. 291). 유년기 동안(네 살에서 여덟 살)은 비슷한 지위를 가진 사람과의 친밀한 관계가 필요해진다. 이때 아이는 다른 아이를 협동과 경쟁 상황에서 만나게 된다. 이 시기가 끝나면 전-사춘기가 시작된다. 여기에서 설리번이 사용하는 용어가 그 유명한 need for chum-ship으로, 여기서 절친은 동성 친구를 가리킨다. 그다음으로 사춘기가 서서히 그 암울한 머리를 들기 시작하는데(사춘기에 대한 관점 중 하나다), 그 모습은 (비록 문화마다 다르지만) 우리 문화에서는 욕망, 즉 성기 욕동을 만족시키는 특정 형태의 수행 능력이 자리를 잡을 때까지 지속된다. 후기 사춘기에도 인격의 발달은 계속되어 성인기에 이른다. 이상의 각 시기에 서로 다른 형태의 관계 맺음이 존재하고 이들은 모두 "인간 경험 중에서 가장 고통스러운"(그린버그와 미첼, 1983, p. 93) 외로움을 막기 위한 것이다.

당연하게도 상호적으로 경험하는 것은 아이의 요구일 뿐 아니라 엄마의 불안이기도 하다. 불안은 흥미로운 공감 방식으로 소통되는데, 아기는 '엄마의' 불안 상태에 연결되어 취약해진다. 보호자의 의도가 무엇이든, 그들이 불안해지면 그 불안은 고스란히 아기에게 전달되고, 아기와 보호자는 쌍방향의 피드백 시스템을 통해 불안을 주고받는다. 이렇게 되면 불안은 다시 보호자에게 돌아오고 "괴로움이 걷잡을 수 없이 눈덩이처럼" 불어난다(같은 책, p. 94). 설리번의 개념에서 아이가 해야 할 최초의 분별은 불안하지 않은 상태를 경험하고 이를 불안한 상태와 구분하는 것이다. 좋고 나쁨은 실질적으로 불안의 없고 있음과 같은 의미이다. 그린버그와 미첼은 좋거나 혹은 나쁜 상태를 각각 좋거나 혹은 나쁜 엄마로 번역했는데, 이 상태는 점차 쪼개져 사람도 다소 나누어져 보이게 된다. 설리번은 아이 부모의 성격이 아이의 인격에 결정적인 영향을 미치는 것으로 생각했다. "설리번의 이론에서 아기는 양육자와의 상호작용에 얽혀들어 복잡한 발달과정을 겪는다. 이를 통해 자신과 '대상'을 발견하기 이전에 아기는 심리적 실존을 갖지 않는다"(같은 책, p. 95). 아기가 갖게 되는 초기 이미지는 지각perception이 아니라 '포착prehension'이다. 그래서 두려움에 사로잡힌 아기의 일차적 필요는 두려움과 불안으로부터 안정감을 찾는 것이다. 후에 엄마가 하나의 사람으로 보이면(좋고 나쁜 엄마가 합쳐지면) 아기/아이는 엄마의 불안을 줄이기 위한 행동을 개발하게 된다. 이것이 양방향의 공감적 연결이 갖는 한 측면이다.

한 가지 덧붙이면, 아기/아이가 좋고 나쁜 엄마의 이미지를 발달시키고 나중에 이를 하나의 이미지로 합치기 위해서는 모종의 구조 개념이 필요할 듯하다. 내 생각에 그가 말하는 내구성 있는 이미지는 서서히 변화하는 표상의 장場으로, 다른 이론에서는 구조라고 부르는 것이다. 내가 이 말을 보태는 이유는 설리번의 일부 개념이 대인 관계적으로 해석한 구조 개념이라는 점을 강조하기 위해서다.

한편 공감적 연결을 통한 성장 과정에서 부모의 불안 상태와 관련하여 좋은 나와 나쁜 나의 이미지도 만들어진다. 설리번의 용어로는 "더 많은 미발육 상태의 인격화, 즉 나-아닌 것"이 생긴다(1953, p. 168). 그린버그와 미첼이 보기에 이는 너무 강한 불안으로 인해 생기는 것으로, 이러한 인

격의 영역은 통합되지 않으며 알 수도 없다. 설리번의 관점에서 보면,

> 자기-시스템의 근원은 문화, 특히 사회의 비이성적 성격에 있다. 만약 타인과 유용하고 만족스러운 관계를 유지하기 위해 우리가 지켜야 할 무수한 행동 규범이 없다면, 혹은 타인과 관계를 맺기 위해 요구되는 행동 양식이 완벽히 이성적인 곳이라면, 내가 아는 바로는, 하나의 인격체가 되어가는 과정에서 우리에게 익숙한 자기-시스템 같은 것은 만들어지지 않을 것이다[같은 책].

여기서 설리번은 사회가 어떻게 마음의 내용물에 영향을 끼치는지에 대한 것뿐 아니라 어떻게 마음이 작동하는 방식(마음의 구조)에도 영향을 끼치는지를 보여준다. 물론 설리번은 그것도 구조라고 부르지는 않을 것이다. 오히려 그는 그 용어가 자아, 초자아, 이드와 같은 것들을 위한 것이라고 비난할 것이다. 하지만 이 발췌문을 보면 무엇인가 안정적으로 유지되는 경향성을 구조나 그 비슷한 이름으로 부르지 않고서는 곤란하다는 것을 볼 수 있다. 이러한 부분을 차치하고서라도, 분명 사회는 존재하고 아이들은 성숙해감에 따라 좀 더 복잡한 안전장치security operation를 발달시킨다. 그리고 점차 자기의 상위 구조라 불리는 모종의 전반적 구조물도 발달시킨다. 그리고 이러한 구조물이 아기가 불안을 경험하지 않도록 돕는다. 만약 아기에게 불안을 일으키는 다양한 경험이 생겨나면, 여기에 대해 아기는 병렬적 통합parataxic integration을 통해 이 경험을 찰나의 것으로 만들어 불연속적인 존재 상태로 경험한다. (여기서 병렬적 통합은 Singer[1993]의 표현처럼 자기중심적 방식에 의해 이루어지는 것으로, 이때 아기는 자신이 엄마를 불안하게 만들었다고 생각하게 된다.)

이러한 유형의 사고방식은 단계적인 과정이 아니라 아기를 강렬한 불안에서 떼어놓기 위한 것이다. 그래서 기본적인 동기는 아기에게 안정

감을 주기 위해 불안을 회피하는 것이다. 안정감, 그리고 필요의 만족은 변증법적 관계를 형성하고 아기는 자기의 작동이라는 관점 아래 둘 사이의 균형을 잡는다. 그러니까 만족을 얻기 위해서는 자기-조직화가 필요하지 않지만, 불안이 만족을 위협하게 되면 자기-조직화와 안전장치에 대한 필요가 생긴다는 말이다. 그 결과 자기는 이제 귀한 것이 되고, '나'(자기의 표상)의 힘을 보호하기 위해서 서로 모순되는 행동과 느낌은 고려의 대상이 되지 않는다. 이러한 가짜 힘 덕분에 "자기애적" 만족(그린버그와 미첼의 용어[1983])이 가능해지며, 그러면서 진정한 만족 경험은 차단된다. 그러니까 안전장치는 필요의 향유를 막고, 대인 관계의 상황과 만족을 '왜곡'시키며, 제대로 통합된 사고syntaxic thought 능력을 방해한다. 그러나 아이는 점차 '서로 합의된' 언어적 의미들을 배우는데, 이러한 의미들은 집단 활동, 대인 관계 활동, 사회적 경험에서 얻어지는 것이다. 그리고 상호 합의된 상징 행위는 듣는 이에게 진실이라고 받아들여지는 원리를 포함한다. 이런 일이 일어나면서 아이는 통합된 양상의 경험을 하게 되는 것이다.

지금까지 설리번의 기본 가정을 살펴보았고 그가 제시한 몇 안 되는 이론적 개념을 훑어봤다. 그래도 아직 그의 개성 넘치는 인간미를 제대로 본 것 같지는 않다. 어쩌면 그는 내가 쓴 개성 넘친다는 표현을 싫어할지도 모르겠다. 하지만 그는 그런 사람이다. 그는 아주 고집 센 휴머니스트이고, 이점 덕택에 그는 나로서는 오직 존경스러울 뿐인 방법으로 환자들과 관계를 맺었다. 설리번에 관해 써 놓았던 글은 많으나 그것들을 다 옮기지는 않았다. 그의 이론에 대해 길게 쓰고 싶지는 않았기 때문이다. 하지만 그가 정신증 환자의 치료에 관해 선구자라는 점은 분명히 언급하고 싶다. 나에게 가장 흥미로운 부분은 그가 새로운 경험에 개방적이라는 점이다. 그는 함입이나 내사 같은 용어를 경멸했는데, 내 나름대로 해석해 보면 어쩌면 이는 그 나름의 저항 방식이자 치료자들이 설명에 사용하는 엉터리 같은 소리를 향한 비난인 것 같기도 하다. 그는 (그의 전기 작가에 따르면) 세상(정신분석, 정신치료, 정신의학)에는 많은 마술사가 있고 그들은 환자나 동료들을 속이려고 한다고 말했다. 그가 쓴 초기 저작을 보면(1931, 1934) 비록 그다지 재밌지는 않아도 그가 얼마나 직설적이고 정확한지를 알 수 있다.

설리번이 조작주의의 입장에 섰음은 앞에서도 이야기했다. 오늘날의 관점에서 보면 참으로 순진한 생각이다. 하지만 이 또한 당대의 시대정신이었다. Mead나 실용주의에 대해 읽어본 사람이라면, 당시에 사회과학을 최대한 과학적으로 사고하려는 움직임이 있었음을 알 수 있다. 물론 행동주의가 번창한 곳은 미국이었고, 당시 유명했던 말들의 상당수는 John B. Watson의 생각이었다. (행동주의에 대해서는 http://en.wikipedia.org/wiki/John_B_Watson 참고. 행동주의는 행동에 관한 객관적 연구로, 여기서 정신이나 내적 상태는 고려의 대상이 아니다. 여기서 생각은 암묵적인 발화發話 행위로 여겨진다.) 오랫동안 미국에서 행동주의는 심리학의 지배적 '이론'이었다. 분명 Skinner(1953)와 그의 동료 행동주의자들은 여전히 큰 영향력을 가지고 있고 심지어는 임상 상황에서도 그러하다. 하지만 당시의 *시대정신*을 고려하면 설리번이 당시 여러모로 번창하던 정신분석적 언어에 그토록 비관적이었던 것은 놀랍지 않다.

물론 설리번의 경고에는 다른 측면도 있다. 그러니까 설리번이 제기하는 생각은 곧바로 관계주의자들이 고전주의 분석가들에게 제기하는 문제와 맞닿아 있는 듯 보인다. 설리번이 조작주의적 공리에 너무 극단적으로 기댔을 수는 있다. 하지만 그의 비판은 상당 부분 오늘날의 관계주의적 비평에 반영되었다. 그리고 비록 우리가 깊숙이 다루지는 않았으나 사춘기 적응에 관한 생각과 남녀의 성 발달 차이에 관한 생각은 매우 현대적이라 할 수 있다. 여기에 더해 설리번은 자존감과 자기 감각의 발달도 강조하는데, 이는 이후 많은 분석가를 사로잡은 자기-개념에 관한 것이다. 그가 강조하는 초기 불안의 어떤 측면은 페어베언이나 클라인의 paranoid-schizoid position을 생각나게 한다. 비록 설리번이 말한 포착이 클라인이나 페어베언이 보기에는 복잡한 표상 세계를 가진 아기이지만 말이다.

고찰

이미 다른 장을 읽어본 독자라면 분명 설리번이 인간 상호작용의 무의식적 측면의 중요성을 잘 몰랐다는 점은 분명히 알 수 있을 것이다. 내가 감히 말하고 싶은 것은 당시 설리번이 보던 환자들에게는 의식과 무의시 사이의 질 구획된 경계 같은 것은 없었을 것이라는 점이다. 서로의 이론적 관점에 깃든 차이점이 꽤 뚜렷한 탓에 나는 여기서 그가 간과한 것보다는 그가 가르쳐준 것에 대해 고찰하려고 한다.

내 생각에 설리번의 치료 개념은 전이를 상징적 수준이 아닌 매우 구체적인 수준으로 경험한 치료자에게서 나올 만한 것이다. 그의 이론을 살피면서 나는 내가 봤던 조현병 환자 한 명을 생각하게 되었는데, 우리가 치료를 시작할 무렵 그녀는 병원에 네 번 입원한 적이 있는 상태였다. 그녀는 나의 가장 기초적인 불안을 겨냥할 줄 아는 사람이었다. 거기에는 나의 신체적 자기애, 그리고 그녀가 남몰래 (때로는 노골적으로) 가지고 있었던, 세상을 파괴하려는 생각에 대한 나의 불안과 염려도 포함되었다. 치료가 시작될 무렵 그녀는 긴장증 증세를 발달시키고 있었는데, 때로 완전히 침묵했고, 때로는 앵무새처럼 말을 따라 했다. (echolalia 혹은

echopraxia는 catatonia의 일종이다. 증상·조절을 위한 약물의 발달로 이제는 이런 증상을 보기가 어렵다.) 긴장증에서 벗어났을 무렵 그녀는 마치 알고 있다는 듯이 말하길, 내가 그녀의 침묵을 선호하는 이유가 만약 그녀가 말을 하면 그 천둥 같은 목소리가 나, 혹은 뉴욕시 전체에 무슨 일을 초래할지 내가 알고 있기 때문이라고 했다. 그녀의 말을 다 들어보지 않더라도 그녀가 하는 생각이 만약 자신이 말을 하기 시작하면 뉴욕시 전체의 빌딩이 무너질 것이라는 생각이란 것은 자명했다. 당시 내가 분명히 깨닫고 있었던 점은 내가 무엇인가 말을 하기 전에 일단 그녀가 말하는 우레가 무엇인지를 들어봐야 한다는 것이었다. 나는 내가 만약 그녀 안에서 비롯된 것이면서 동시에 그녀를 괴롭히고 있는 공포를 듣고 이해하고자 하면 나도 차츰 그녀 세계의 일부로 편입될 것이란 걸 알고 있었다. 나는 처음에는 간첩으로 등장했고, 몇 년 뒤에는 꿈에서 그녀에게 젖을 먹이는 남자가 되었다.

버니 칼린코위츠 등을 통해서 나는 설리번이 정신증 환자의 치료에 많은 영감을 준 사람이란 것을 알고 있었다. 치료자로서 나는 내가 "사실이 아닌 것을 너무 많이 알고 있는, 정신분석의 광신도인 탓에 환자들이 절대 주도권을 잡지 못하는"(그린버그와 미첼, 1983, p. 87) 치료자가 되지 않기를 원한다. 맞다. 위의 말은 정확하다. 그리고 설리번은 흉내 낼 수도 없는 목소리로 우리에게 경고하기를, 만약 우리가 환자들의 치료에 대해 너무 많은 것을 알고 있다면 그 치료는 절대 시작하지도 못할 것이라고 말한다. 설리번은 완결된 책을 쓴 적이 없다. 강의를 위해 써 둔 노트나 강의록을 묶어 책으로 만든 것이 전부이다. 그래서 읽기가 참 어렵다. 그러나 내 생각에 그가 남긴 최고의 유산은 환자에 대한 그의 진정성이고, 이는 다양한 맥락에서 책을 넘어서는 것이라고 믿는다. 그가 말하고 있는 것이 비록 에너지에 대한 것일 수 있겠으나, 아마 당신은 그가 말하는 에너지가 모든 인간을 좀 더 인간답게 만드는 보편적 에너지임을 알아챌 수 있을 것이다.

12장 말러

공생과 분리-개별화[7]

말러의 프로이트

프로이트는 종종 아기가 어떻게 바깥 세계에 대해 배우는지에 대해 관심을 가졌었다 그가 생각하는 아기에 대해서는 『The Interpretation of Dreams』(1900a)를 보면 잘 나오는데, 아기는 처음에는 오직 쾌락에만 관심이 있으며, 후에야 박탈의 경험을 통해서 외부 세계를 알게 된다. 아기가 일차적 관심(쾌락과 긴장 완화)에서 이차적 관심(바깥 세계)으로 이행하는 과정을 이런 식으로 개념화하는 것은 주로 긴장-조절 모델에 근거한 것이다. 하지만 자기애에 관한 논문과 몇몇 메타심리학 논문(1914c, 1915c)에 포함된 프로이트의 나중 생각은 긴장-조절 모델, 혹은 긴장-감

7) 이 장은 Anni Bergman과 Steven Ellman이 같이 썼다. 애니 버그만은 말러의 동료였으며 발달 연구에 큰 공헌을 했다(Bergman, 1999). 첫 몇 장은 2, 3장에서 자세히 다루었던 부분의 요약이라고 할 수 있다. 자세히 읽어보면 아마 말러와 프로이트의 발달에 관한 생각 차이를 알 수 있을 것이다.

소 모델에 좀 덜 근거하게 된다. 프로이트는 이상의 논문들을 포함한 여러 논문에서 초기 발달에 대해 흥미로운 생각을 제시하고 있다. 하지만 이 장에서는 간략하게만 다루고자 한다(2, 3장 참고). 프로이트는 아기의 발달이 세 가지 큰 축으로 이루어진다고 생각했다. 쾌락-고통, 주체-대상, 능동-수동이 그것이다. 처음에는 쾌락과 고통이 주된 것인데, 프로이트는 애초에(구체적인 나이에 관해서는 모른다) 아기는 바깥 세계에는 무관심하다고 주장한다. 이 시기가 프로이트가 말하는 일차적 자기애 개념이다. 이때 만족 혹은 쾌락은 아기의 관점에서 볼 때 자가성애이다. 이 시기의 아기는 외부 세계에는 (일반적으로도) 흥미가 없고, 만족이라는 목적을 위해서도 무관심하다(프로이트, 1914g). 용어는 다르지만, 말러의 자폐기autistic phase가 프로이트의 개념과 아주 비슷하다는 점은 흥미롭다.

프로이트의 다음 단계에서 우리는 약간의 역설에 부딪힌다. 프로이트는 가정하길(1915c), 아기가 바깥 세계를 경험함에 따라 "아기는 바깥 세계에서 대상을 얻게 된다. 그리고 그 모든 것에도 불구하고 아기는 내부의 본능적 자극을 때때로 불쾌로 경험하게 되는 것을 피할 수 없다"(1915c, p. 135). 아기가 (기본적으로 내적) 자극을 불쾌함으로, (기본적으로 외부) 자극을 쾌락으로 지각하는 경험이 쌓여감에 따라 아기는 즐거운 자극을 안으로 받아들이고(내사하고) 불쾌한 자극을 바깥으로 팽개친다(투사한다). 이 시점에서 프로이트는(1915c) 주장하길, "제대로 된 객관적 기준으로 안팎을 구분하던 *애초의* '현실-자아'는 순수 쾌락 자아가 된다"라고 주장한다(같은 책, p. 136). 이 쾌락 자아는 온 세상을 둘로 나누어 즐거움으로 경험되는 모든 것을 자기와 같다고 여기고(프로이트의 표현으로는 "ego subject"), 불쾌로 경험되는 모든 것을 외부 세계와 같다고 여긴다. 누군가는 순수 쾌락 자아 개념을 말러의 개념과 연결하고 싶겠지만 현재 글의 목적상 그 전에 프로이트가 제시한 몇몇 개념을 좀 더 살펴보고자 한다.

먼저 프로이트는 일부 현실-자아 기능의 발달은 균일하지 않다고 말했다(성장 곡선이 들쭉날쭉 오간다는 말이다). 그래서 순수 쾌락 자아가 생길 무렵의 아이는 쾌락 자아가 만들어질 때보다는 어떤 면에서 현실과 견고한 접촉을 한다고 여겨진다. 이런 견해는 당시 프로이트가 가졌던 여러 개념에도 부합한다(프로이트, 1915a, c, e). 하지만 내가 강조하고 싶은 것은, 프로이트의 개념에서 보면, 아기가 세상에 무관심할 때도 아기는 현실 자아의 맹아를 발달시키는 중이라는 점이다. 그래서 프로이트가 제시한 두 개념, 일차적 자기애 시기에 쾌락은 수동적이고, 안에 있으며 자가성애라는 의견, 그리고 동시에 이때에도 모종의 '학습'이 일어난다는 의견은 양립하지 못할 이유가 없다. 프로이트에게 문제는 아기가 현실의 어떤 측면을 제대로 파악할 수 있는가가 아니라, 아기의 쾌, 불쾌에 따라 대상이 보이는지, 보인다면 어떻게 보이는지에 대한 것이었다. 이 질문과 아기가 생후 수일, 수주 안에 무엇인가를 배울 수 있냐는 질문은 전혀 다르다.

두 번째 지점은 프로이트가 이 당시 오늘날 투사-내사 메커니즘이라고 부르는 것에 관해 이야기하기 시작했다는 점이다(1914c, 1915a). 물론 말러뿐 아니라 다른 사람들도 애용한 개념이지만 그녀가 이 개념들을 어떻게 사용했는지 살펴보는 것도 좋을 것 같다.

세 번째는 즐거움을 주는 대상을 분리된 실체로 파악하는 능력이 서서히 자라나는 현상, 그리고 더 중요한 것은 대상에 대한 사랑이 아주 서서히 생겨나는 현상에 관해 프로이트가 강조한 부분이다. 프로이트는(1915a, 1917e) 대상 사랑의 발달에 관해 이야기했다. 그리고 말러는 대상 사랑으로 가는 중간 과정인 libidinal object constancy 같은 개념에 대해 훨씬 더 정밀하게 묘사했다. 앞으로 보게 되겠지만, 말러가 제시한 개념과 관찰은 프로이트가 훌륭한 논문들에 써놓은 이론들을 여러 방식으로 충실히 이행하는 것처럼 보일 수도 있다.

이상의 간단한 개요에서 우리는 프로이트의 개념 중에서 말러와 관련이 있는 것을 살펴보았다. 물론 더 많은 비교를 할 수도 있겠으나 우리의 목적은 둘 사이의 관계를 짚어보고 말러가 어떻게 프로이트가 예상한 것 위에, 혹은 예상했던 것 이상으로 자신의 이론을 구축했는지를 살펴보는 것이다. 말러에게 영향을 준 내용을 꼽아보자면 Hartmann, Kris, Loewenstein이 했던 작업의 일부, Edith Jacobson 이론의 많은 부분 정도이다. 말러(1979)와 컨버그(1980a, b)는 둘 다 서로 다른 방식으로 제이콥슨의 중요성을 강조했다. 그리고 다른 사람들도 그러하겠으나 무엇보다 Spitz와 Anna Freud의 선구적인 경험적 연구가 여러모로 정신분석적 연구자들에게 영감을 주었고, 특히 정신분석적 이론이 어떻게 중요한 경험적 연구로 구현될 수 있는지를 보여주었다.

·위에서 언급한 연구자들은 말러와 다양한 방식으로 유사점을 가진다고 볼 수 있겠으나 Loewald의 말에 의하면,

> 그녀는 분화되지 않은 심리적 매트릭스에서 분화와 개별화에 관해서 이야기하고, 이것이 초기 발달과정뿐 아니라 이후의 인생 전반에 걸쳐 갖는 근본적인 중요성을 강조했다. (…) 이런 생각은 오늘날에 이르도록 아이와 어른의 정신분석적 이해에 커다란 영향을 끼쳤다[1984, p. 172].

비록 프로이트가 'dual unit, 혹은 dyad'를 말한 것은 맞지만, 말러는 이 부분을 자신의 관찰과 이론의 시작이자 핵심으로 만들었다.

우리는 마가렛 말러의 작업을 세 부분으로 나누어 살펴보겠다.

(1) 초기 저작, 여기에는 유아 정신증에 관한 연구가 포함된다.
(2) 분리-개별화와 관련한 연구 프로젝트, 그리고 분리 개별화의 하위 단계와 대상 항상성, 자기의 시작에 관한 이론.
(3) 분리-개별화 이론의 정신분석적 이론 및 임상적 적용.

초기 저작들

말러는 소아과 의사로 경력을 시작했으며 빈의 신생아 클리닉의 책임자였다. 의사 생활을 시작할 무렵 그녀가 가졌던 관심은 마지막까지도 중요하게 남았다. 아마도 이중 가장 중요한 것은 아기-엄마의 양자兩者 관계, 혹은 나중에 그녀가 한 표현을 빌자면 하나의 공통 경계 안에 있는 이원적 단일성dual unity, 혹은 공생적 쌍이었을 것이다. 그녀가 미국에서 쓴 최초의 논문이자 1940년 뉴욕 정신분석 연구소에서 발표한 「Pseudo-imbecility: a magic cap of invisibility」(1942)를 필두로 그녀는 오이디푸스 이전 시기, 아기의 운동성, 그리고 엄마와 아기 사이에 이루어지는 감정-운동을 통한 의사소통에 관해 관심을 드러냈다.

> 아기와 엄마 사이에는 처음부터 계통 발생적 애착이 존재하고, 이것은 단어나 사고로 이루어지는 의사소통보다 훨씬 더 광범위하고 독특하다. 그것은 감정 표현이라고 하는 매질을 통해 이루어지는 상호관계이다. (…) 엄마의 무의식과 아기의 자극 수용 감각 기관 사이에서 일어나는 상호관계는 이후 아이와 어른 사이에서 일어나는 언어적, 비언어적 의사소통의 원형이다[같은 책, p. 4].

정신분석 작업을 통해 그녀는 아동기 정신증childhood psychosis으로 고통받는 아이들을 여럿 치료했다. 그리고 이 경험은 마침내 자폐적autistic 유형과 공생적symbiotic 유형의 아동기 정신증이라는 개념에 이르게 된다(1952). 그리고 그녀는 정상적인 아기는 어떻게 엄마의 보살핌 아래 개별적 정체성에 대한 감각을 가지게 되는지에도 흥미를 느꼈다. 그 당시(관찰 연구를 시작하기 이전) 말러의 논문을 살펴보면 정상 발달의 각 시기와 심각한 병리들을 밀접하게 연결해서 생각했음을 알 수 있다. 말러는 기본적으로 정신분석가이자 치료자로, 그녀의 초기 논문은 그녀가 분석으로 치료했던 심한 아동 환자들의 증례로 가득 차 있다. 하지만 정신병리에 대한 흥미가 정상 발달에 대한 흥미, 그리고 엄마-아기 관계의 중요성에 관한 확신을 줄이지는 못했다.

초기 논문에서(Mahler, Ross, & DeFries, 1949), 말러는 이미 전능함의 쇠락과 관련해 아이가 겪는 문제에 대해 다루고 있다. 아기는 자신의 능력이 점차 감소하고 있음을 깨닫게 된다. 이것이 의미하는 바는 중요한 만족을 포기해야 하는 것만이 아니다. 더해서 그 전능함의 상실도 포함된다.

> 격렬한 감정을 드러내는 언어는 이제 부모와의 의사소통에서 쓸모가 없어진다. 그리고 아이는 이것을 포기하고 대신 말을 해야 한다. (…) 두세 살 경 일어나는 감정상의 폭발은 아기가 자신에게 익숙했던, 그 옛날의 공감대를 잃지 않으려 애쓰는 행동처럼 보인다. 그러니까 아기가 부모에게 정서적 우위를 점하면서 누렸던, 강렬한 쾌락을 동반한 그 감정적 유대 말이다. 하지만 오이디푸스 소망이 그러하듯 이러한 시도도 결국 애정 상실의 위험성과 거세 불안으로 인해 실패할 운명에 처한다.
>
> 직접적인 감정적 공격이 실패함에 따라 아이는 다른 방법으로 에덴동산에 들어갈 방법을 궁리한다. 이는 시기적으로 아기가 걷기 시작하면서 오감을 통해 바깥 세계에 대한 인상을 받아들이면서 지식을 쌓고 현실을 분별하기 시작할 때와 일치한다. 아기는 이렇게 새로이 얻은 발견을 이용하고 이것들을 엄마, 아빠와 나눈다. 그렇게 부모와 공감대를 다시 쌓아간다. 아이가 새로운 사실들을 알릴 때마다 부모는 놀라워하며 넘치도록 애정을 주고, 이는 일시적으로 아이에게 오래된 감정을 회복시키며 부모와 함께 새로운 지적 경험을 하게끔 만든다[같은 책, p. 301~302].

이상의 발췌를 보면 후에 분리 개별화에 대한 관찰 연구를 통해 그 하위 단계 개념에 포함될 행동 양상에 대한 묘사가 이미 보인다. 아동기 정신증에 관한 그녀의 논문에는 정상 발달에 관한 생각이 많이 들어있다. 1952년 논문에서 그녀는 말한다.

> 자궁 안에서 유지한 엄마 몸속의 기생충-숙주 관계는 아기가 태어난 후 반드시 자궁 외 환경이라는 매트릭스에 둘러싸이는 것으로, 즉 엄마의 보살핌이라는 사회적 공생으로 대체되어야 한다. (…) 엄마와의 감정적 유대라는 매질 안에서 주로 고유수용적 자각에 머물던 감각은 점차 바깥 세계에 대한 자각으로 바뀌어 간다. 아기의 리비도 상태는 이렇게 태아의 자기애에서 일차적 신체 자기애가 된다. 일차적 신체 자기애에서는 엄마의 몸에 대한 표상이 중요한 역할을 한다(…).
>
> 아동기 정신증의 역동을 이해하기 위해서는 현실 적응에서 가장 중요한 일시적 단계에 대한 관찰과 연구가 필요하다. 그것은 현실 감각의 발달과정에 관한 것으로, 여기에서 엄마는 점차 전능한 자기의 범위를 벗어나게 된다. 이 과정은 엄마에게 대상-리비도 카텍시스를 주기 전의 예비 단계이며, 혹은 두 단계를 오가기도 한다. 이제 걸음마를 하는 아이는 점차 자신의 개별적 실체를 엄마-아기의 원초적 공생 단위에서 구분한다. 아이는 자기를 (그리고 자신의 정신적 표상을) 엄마의 것으로부터 분리한다. 자아 발달에서 이 단계는 아주 취약한 것으로, 특히 초기 신체-정신적 공생 관계가 병리적이었던 경우 더욱 그러하다 [1952, pp. 132~134].

이 시기의 아동기 정신증과 성상 발달에 관한 말러의 흥미는 여전히 일과 밀접히 연결되어 있다. 위의 견해는 그녀가 자폐적, 공생적 아동기 정신증을 묘사한 논문에도 실려있다. 그녀는 일차적 자폐적 정신증에 대해서 묘사하길, 아기가 외부 세계의 표상인 엄마를 결코 정서적으로 받아들이지 못한 상태인 것 같다고 말했다. 그래서 엄마는 여전히 부분 대상으로 남게 되고 일견 그 어떤 카텍시스도 얻지 못해 결국 물체 같은 대상과 구분되지 않는 것이다. 말러에 따르면 이런 아이들은 애초 긴장-조절 장치에 결함을 갖고 태어난 상태로, 이 때문에 가장 유능한 엄마일지라도 그 결함을 보상하지는 못한다. 이러한 태생적 자아 결함으로 인해 아기는 처음부터 현실에서 소외된 채 지낼 수밖에 없다. 말러는 말한다(1952).

> 자폐증은 이러한 아기들의 기본적 방어 양태로 보인다. 이 아이들에게는 바깥 세계에서 감정적 지향점이 되는 횃불(일차적 애정 대상인 엄마를 말한다)은 존재하지 않는다. 내 생각에 초기 유아기 자폐증이 생기는 이유는 아기의 인격이 엄마에게 정서적 애착을 맺지 못함으로써 외부의 자극과 내적 흥분을 견디지 못하게 되기 때문이다. 따라서 양쪽으로부터의 자극으로 인해 아기라는 실체는 그 존재를 위협받게 된다[같은 책, p. 145].

말러는 자폐적 정신증을 공생적 정신증과 대비시킨다. 공생적 정신증은 종종 생후 2~3년 동안은 발견되지 않은 채 지나간다. 이것이 뚜렷해지는 경우는 특정 시기, 분리에 대한 깨달음이 요구될 때다.

> 공생적 유아 정신증의 특징이 되는 메커니즘은 내사적, 투사적 메커니즘과 그 정신증적 표현양상이다. (…) 이 메커니즘이 의도하는 것은 엄마와의 합일이라는 기생충 같은 공생적 망상을 다시 갖는 것이다. 그러니까 자폐증의 기능과는 정반대이다. (…) 공생적 정신증의 환자가 될 아이의 특징은 좌절에 대한 참을성이 비정상적으로 낮다는 점이다. 그리고 후에는 엄마와의 분리, 분화가 저조하다는 점이다. 무엇인가 반응이 생기는 것은 (…) 심리적, 신체적 성숙이 진행되어 이제 엄마와의 분리가 예상되고 불가피해질 때다. (…) 잔뜩 흥분한 긴장증 같

> 은 분노 발작이나 공황 발작 같은 행동이 주된 양상이다. 그다음 나타나는 것은 기묘하게 왜곡된 현실 검증과 환각을 통한 회복의 시도이다. 그 목적은 엄마-아기가 융합된 초기 발달기의 망상적 전능함을 회복하고 지속하는 것이다. 그러니까 엄마는 자기의 연장으로 늘 준비되어 있고, 항상 "아기 폐하"에게 봉사할 준비가 되어 있는 상태 말이다 [같은 책, p. 145~146].

분리-개별화 과정

말러는 정상 엄마-아기의 관찰 연구를 1959년에 시작했다. 『The Selected Papers of Margaret S. Mahler』(1979)의 제2권, 그리고 『The Psychological Birth of the Human Infant』(Mahler, Pine, & Bergman, 1975)에 그 결과가 수록되어 있다. 이 연구를 부추긴 생각들은 아래와 같다. 정상 아이들은 어떻게 생후 3년 동안 마음속에서 자기와 대상 표상을 얻게 되는 걸까? 어떻게 그들은 자신을 분리된 것으로 자각하지 못하는 이원적 단일성, 혹은 공생 상태에서 벗어나 타인과 분리된 자기를 인식하게 될까? 그들은 어떻게 리비도 자기 항상성, 리비도 대상 항상성을 얻는 걸까? 이 연구의 가설은 인간의 아기는 태어난 직후, 양육자에게 완전히 의존적인 상태에 놓여있으며 미분화된 이원적 단일성 안에 있다는 것이다. 그 후 아기는 점진적인 분화, 혹은 부화의 과정을 겪게 되고, 그 결과로 자기와 대상에 대한 심리 내적 구조가 만들어진다. 이 연구의 목적은 최초의 정체성이 만들어지는 과정을 아는 것이다.

연구 방법은 엄마와 아기가 자유롭게 상호작용을 하는 것으로 이루어진다. 가지고 놀 장난감이 많은 넓은 방에 엄마와 아기 사이에는 나지막한 울타리가 있다. 엄마는 편안하게 앉아서 아기를 쳐다보고 말을 할 수도 있고, 아기는 안전하고 재미있는 환경에 있게 된다. 참여적 관찰자는 처음부터 함께 있으며 엄마나 아기와 자유롭게 어울리면서도 동시에 우호적이고 중립적인 태도를 유지한다. 그리고 참여적 관찰자는 후에 자기가 본 것을 자세히 적어두고, 일주일에 한 번 이상, 주로 두 번, 관찰자들과 연구자가 만난다. 그러니까 연구는 인위적인 실험실 상황에서 이루어지지 않고, 반대로 아주 자연스러운 환경에서, 말러의 표현에 따르면 실내 놀이터에서 엄마가 아이를 보는 동안 이루어진다.

참여적 관찰자의 관찰 내용은 거울 유리 뒤의 비-참여적 관찰자에 의해 정기적으로 점검받는다. 비-참여적 관찰자도 자신이 관찰한 것을 적어둠으로써 참여적 관찰자보다 더 큰 정밀함과 객관성을 보장받는다. 반면 참여적 관찰자들은 엄마와 아기 모두를 아는 사람이라서 그 관찰은 좀 더 인상에 근거하거나 주관적일 수밖에 없지만, 엄마-아기의 감정적 상태를 더 잘 반영한다. 엄마-아기는 일주일에 세 번에서 네 번 관찰되고, 2년 반 정도에 걸쳐 21시간 이상 관찰된다. 이러한 세션의 빈도나 길이 덕택에 엄마-아기와 그 관계 발달에 대한 구체적이고도 근접한 정보를 얻는 데 충분한 자료를 얻을 수 있다.

참여적 관찰자, 비-참여적 관찰자를 포함하여 엄마-아기도 정기적으로 촬영된다. 모든 엄마는 일주일에 한 번씩 선임 연구자들과 인터뷰를 한다. 이상의 인터뷰를 통해 집에서 가족들이 어떻게 지내는지에 대한 정보를 얻는다. 그리고 아기 엄마는 본인이 말하고 싶은 이슈에 대해서도 자유롭게 이야기할 수 있다. 아기의 아빠는 일 년에 몇 차례 인터뷰를 받고, 관찰은 집에서도 정기적으로 이루어지며, 특히 휴가 기간에도 이루어진다.

연구의 몇몇 측면은 특히 중요하다. 첫 번째는 이전에 말했듯 관찰의 빈도다. 이는 객관성을 위한 수단으로 오늘의 관찰 내용이 내일 수정될 수 있다는 뜻이다. 두 번째 측면은 관찰의 데이터가 통시적, 공시적으로 얻어진다는 점이다. 엄마-아기는 아기가 육 개월이 될 무렵부터 세 살이 될 무렵까지 관찰된다. 동시에 한꺼번에 여러 쌍의 엄마-아기가 관찰된다. 그래서 한 아기는 동 시간대의 다른 아기들과도 비교 대상이 되고 시간이 지남에 따라 자기 자신과도 비교된다.

또 하나 중요한 부분은 비록 그 방법은 관찰이지만 정신분석적 개념을 따른다는 점이다. 내 생각에 정신분석적 상황에서 분석가들이 추론하는 방식의 상당 부분이 관찰 연구에서 관찰자들의 추론 방식이 된 것 같다. 말러가 말하듯, 마치 정신분석 상황에서 자유연상이 정신분석적 귀를 인도하는 것처럼 이 연구들에서는 관찰이 정신분석적 눈을 인도하는 셈이다. 그래서 이 연구는 정신분석적 혜안, 관찰자와 연구자의 공감에 상당히 많이 의존하고 있다. 그리고 이들은 모두 정신분석가이다. 연구가 근거하는 곳은 매일 같이 이루어지고 있는 다양한 각도의 관찰에서 나온 의미와 맥락이다. 정신분석 상황에서 분석가와 환자는 함께 정신분석적인 삶의 역사를 써나간다. 분리-개별화 연구에서 관찰자는 엄마-아기의 관계, 그리고 아이의 자기 감각이 전개되어나가는 역사를 만들어가는 것이다.

하위시기들

분리-개별화 과정의 하위시기들sub-hases을 묘사할 수 있게 되는 것은 결국 연구의 상대적으로 횡단면적인 성격에 의해서다. 예를 들어, 첫 번째 그룹에서 한 살짜리 여자아기가 방을 자유롭게 헤집고 다니며 여기저기 기어올라 다니는 모습이 관찰되었다고 하자. 일단 놀라워 보였던 것은 아기 엄마가 아기와 약간의 거리를 둔 채 아기가 위험해지지 않도록 이리저리 유도를 하는 모습이었다. 그래서 처음에는 이 엄마-아기는 신체 접촉을 별로 좋아하지 않을 수도 있겠다는 생각이 들었다. 하지만 한 살 전후의 아기-엄마를 거듭 관찰한 후에 분명해진 부분은, 위와 같이 가능한 적은 신체 접촉을 유지한 채 아기가 탐색하도록 내버려 두는 것이 이 또래 아기를 둔 엄마들의 공통적인 특징적 행동이라는 점이었다. 이런 양상은 결국 '연습 하위시기practising sub-phase'라는 이름을 얻게 되었다. 다른 예로, 불안해하며 엄마에게 매달리는 16개월 남자아기가 있었다. 이 특정 엄마-아기 쌍의 경우 아기의 태도가 나름 이해되는 면이 있었는데, 그 이유는 아기가 태어난 후 엄마가 아기에 대해서 양가적인 태도를 보이고 있었기 때문이었다. 그러나 비슷한 또래의 아기와 그 엄마들을 여러 쌍 관찰한 후 알게 된 점은 걸음마 시기의 아이들에게 엄마가 어디에 있는지는 항상 지대한 관심사라는 것이었다.

이 연구의 하위시기들은 일찌감치 윤곽이 드러났다. 하지만 각각의 엄마-아기 쌍에 관한 집중적 연구 덕택에 각 하위시기의 규칙성 안에서도 각각의 경우를 설명할 변이를 관찰할 수 있었다. 여기에는 타이밍, 강도, 질質, 두 사람의 특징적인 기분 등이 있다. 하위시기에 대해서는 잠시 후 이야기하겠다. 여기에는 말러의 뒤를 이어 행해진 아동 관찰 연구에서 얻은 최근의 정보들도 포함될 것이다.

0~6개월

말러의 연구는 정상 분리-개별화 과정에 관한 것이었던 탓에 그 후의 연구자들도 아기와 그 양육자 사이에 관한 연구를 한 것이 대다수였다. 여기에는 Brazelton(1974, 1981), Sander(1976), Stern(1971, 1974, 1982) 등의 연구가 있다. 이 연구들이 밝힌 것은 신생아들이 우리 생각보다 활동적이고, 아는 것이 많으며, 바깥세상의 자극에 대해 반응을 한다는 점이었다. 심지어 신생아들이 꽤 복잡한 수행 능력을 보인다는 점도 알게 되었다. 덕택에 종전의 선입견이 완전히 무너지게 되었다. 말러는 자신의 예전 생각을 재고하게 되었고, 그녀가 붙인 '자폐적'이라는 단어가 신생아들의 상태를 그렇게 잘 설명하지 않는다는 점에 동의했다(개인적으로 나눈 대화에서).

말러가 처음에 자폐적 시기autistic phase라고 불렀던 개념에 관한 최근의 생각은 아래와 같다. 이 시기는 아기가 자궁 바깥의 존재가 되기 위한 적응의 시기로, 이 세상에서 자기의 자리를 찾기 위한 시기이다. 신생아들은 생리적 항상성을 유지해야 하고, 그래서 양육자들의 음성과 몸짓의 리듬에 맞춰 적절한 내적 조절 능력도 갖추어야 한다. 모든 아기는 엄마의 보살핌을 끌어낼 줄 알고 엄마는 아기들의 필요에 거의 공감각적인 공감으로 반응한다. 위니콧이 말한 일차적 모성 몰입의 상태인 셈이다(1956a). 비그만은(1982) 엄마들이 어떻게 이러한 공감 상태에 쉽게 이를 수 있으며, 또 왜 어떨 때는 잘 이르지 못하는지 설명했다.

공생기symbiotic phase는 생후 두 달 정도 되는 시기로써 분리-개별화 이론에서 아주 중요한데, 그 이유는 점진적 부화hatching out, 즉 심리학적 출생이 이 시기에 해당하기 때문이다. 현대 영아 관찰 연구의 소견은 퇴행한 융합 경험이라는 병리적 현상을 정상 공생기의 조율과 상호성으로부터 구분해야 한다는 점이다. Pine(1981)의 가정에 따르면 소위 정상적인 융합은 욕동의 각성이 높아지는 아주 짧은 기간에만 이루어진다. Berman과 Chernack은(1982) 인어 사용 이전의 의사소통에 관한 논문에서 공생기 동안 어떻게 분화와 융합이 동시에 일어나는지 보여준다.

2~5개월이 되면 조율, 상호 공감, 혹은 모-자 간의 소통이 최고조에 이른다. 공감이 가능하기 위해서는 자기를 충분히 잃을 수 있어야 하

며 동시에 자기를 충분히 자각할 수 있어야 한다. 창조적 행위에서도 같은 현상이 일어난다. 이런 능력은 어디에서 오는가? 공생기는 정상적인 발달에서 즐겁고 창조적인 순간으로 경험된다. 이 공생기의 축복이 우리에게 아-타 경험의 저장고가 되어 평생 그리워할 순간이 되는 것 같다.

McDevitt이(1979) 밝힌 것은 공생기의 인지 발달이다. 생후 2~3개월이 되면 아기는 (1) 엄마와의 상호작용에서 즐거움을 기대하고 그 행위를 주도한다. (2) 양육자와 자기 자신의 주도권에 대해 자신감과 기초적인 믿음이라는 느낌을 발달시킨다. (3) 미소와 눈 맞춤으로 반응한다. 영아 관찰 연구에서 알게 된 것은 이 시기의 아기가 엄마와의 접촉을 주도할 능력이 있을 뿐 아니라, 눈을 맞추거나 피하면서 그 정도를 조절하기도 한다는 점이다. 그래서 이 시기의 아기가 갖는 자기 감각은 경험으로 더욱 보강되는데, 비록 이른 시기라 할지라도 이는 '자기 자신의' 것으로 경험된다. 이러한 경험은 양육자가 아기의 미묘한 신호에 잘 반응하는 경우 더욱 확실해진다. 자기 감각은 즐거움, 그리고 엄마로부터 얻게 되는 조율로부터 중요한 자양분을 얻는다. 그래서 아기가 경험하는 자기 감각은 처음부터 두 가닥의 실로 이루어진다. 홀로 있는 나, 그리고 함께 있는 나. 바로 이곳에서 분리-개별화가 시작된다. 분리를 위해서는 먼저 반드시 자기-타인 경험, 그리고 분리된 자기라는 경험이 있어야 한다. Sander(1976)는 이러한 초기 경험을 위니콧이 말한 것처럼 타인의 존재 가운데 홀로 있는 자기라고 묘사했다. 그래서 공생기는 한편으로는 애정적 애착과 친밀함의 근간이 되고, 다른 한편으로는 홀로 있는 자기 경험의 시작점이 된다. 예를 들어 초기 몇 개월 동안에도 아기는 색깔이나 음조, 혹은 다양한 자극에 대해 개인적인 선호를 드러낸다.

분화 하위시기

분화 하위시기differentiation sub-phase는 공생기의 절정에서 시작된다. 이때 아기는 시각과 촉각을 이용하여 적극적으로 주변을 집요하게 탐색하기 시작한다. 아기는 멀리 있는 것을 지각하기도 하고, 때때로 엄마의 존재를 확인해가며 주변을 살피기 시작한다. 주의집중 카텍시스를 바깥 세계로 옮겨가는 이 대단히 중요한 과정이 소위 부화 과정이라 불리는 것이다. 아기는 9~10개월이 되면 완전히 부화 과정을 마치는데, 이때가 되면 아기가 똘똘해지고 원하는 것을 쥐고 앉을 수 있게 된다(Resch, 1979). 그리고 보통은 기분이 좋은 상태로 있는다. 분화 시기는 또한 낯선 사람에 대한 불쾌와 불안이 생기는 시기이기도 하다(Emde, Gaensbaur, & Harmon, 1976). 엄마가 떠나면 아기는 기분이 나빠지며 때로는 울기도 한다. 하지만 엄마를 대신할 수 있는 사람이 오면 금세 진정된다.

이 시기의 특징은 엄마에게서 떨어져 환경을 탐색하는 모습이다. 아기들은 엄마를 제외한 다른 사람들의 얼굴을 눈과 촉각을 이용해 탐색한다. 아기들은 안경, 구슬, 주머니 속 연필 같은 타인의 물건에 호기심을 보인다. 생물과 무생물을 박혼한 탐색, 그리고 아기가 벗기거나 쥐고 있을 수 있는 타인의 물건에 대한 호기심은 계속되는 아-타의 분화 과정에서 중요한 부분이 된다.

연습 하위시기

연습 하위시기practising sub-phase는 충분히 부화한 아기가 스스로 움직일 수 있을 때 시작된다. 기고, 서고, 붙잡고 걷는 시기는 초기 연습 단계이다.

혼자 서서 걷게 되면 제대로 된 연습 단계가 시작된다. 공생기의 축복, 그러니까 엄마와 아기가 서로를 알아보고 탐색하는 즐거움이 생애 최초의 축복이라고 한다면 연습 시기는 두 번째로 축복받은 시기이다. 스스로 움직일 수 있다는 것, 기고, 서고, 마침내 걷게 되면서 엄청난 에너지와 즐거움이 동반된다. 자기가 원하는 곳에 가서 원하는 것을 쥘 수 있게 되는 경험은 대단한 즐거움과 만족의 원천이 된다. 분화 하위시기 동안 아기는 엄마나 다른 사람이 잠시 자리를 떠나면 우는 경우가 많은데, 이제 홀로 움직일 수 있게 됨으로써 이러한 무기력감은 대폭 줄어든다. 이 시기는 급격한 발달의 시기로, 특히 움직임과 조작 능력에서 그러하다. 자기 몸, 그리고 숙달과 탐색에 대한 자기애적 흥미는 일시적으로 엄마에 대한 흥미를 감소시킨다. 이제 엄마는 당연히 거기에 있는 사람으로 여겨진다. 한편 이렇게 엄마에 대한 흥미가 약간 줄어듦으로써 아기는 엄마가 분리된 존재임을 완전히 깨닫는 아픔은 면하게 된다. 이제 특별한 이변이 없는 한 엄마는 당연히 거기에 있는 사람으로 취급된다. 만약 엄마가 긴 시간 동안 떠나 있으면 아기는 의기소침해지면서 기분이 일시적으로 저하된다. 아마 마음속으로는 엄마의 이미지를 붙잡고 있는 것 같다.

걸음마를 시작한 아기는 그들의 세상을 넓혀간다. 볼 것도, 들을 것도, 만져볼 것도 넘쳐난다. 바깥세상에 대한 지식이 많아져 갈수록 자기 몸에 대한 지식도 통합과 분화를 거친다. 아기는 신체 기능을 좀 더 숙달하게 되고 이는 점점 더 의도적이고 목적 지향적인 행동으로 이어진다. 그리고 마침내 일어서서 걷게 됨으로써 아기의 세상은 완전히 새로운 관점을 얻게 되고, 기쁨과 충만함으로 가득해진다. 이 시기의 또 다른 특징은 아기가 아픔을 잘 모른다는 것인데, 아기는 매일매일 넘어지고 부딪히면서도 여간해서는 별 신경을 쓰지 않는다.

재접근 하위시기

탐색의 과정에서 아기는 현실의 난관에 부딪히게 된다. 그리고 그때마다 자신이 분리되어있다는 느낌에 봉착하게 된다. 이 느낌이 커지면서 연습 하위시기 동안 기고만장해 있던 아기의 태도는 수그러든다. 아기가 마주치는 또 다른 현실은 이제 엄마가 자신의 앞길을 항상 저절로 닦아놓지 않는다는 점이다. 사실 때로 엄마는 아기의 안전을 위해서 탐색을 말리기도 한다. 여태 엄마를 아랑곳하지 않던 아이의 태도는 이제 엄마에게 매달리는 행동으로 바뀐다.

재접근 하위시기rapprochement sub-phase는 두 부분으로 나뉜다. 초기 재접근 단계와 재접근 위기이다. 초기 재접근 단계에서 아기는 자신과 엄마 사이에서 발견한 간격을 메우려 시도하고, 이에 따라 전반적으로 기분 좋은 상태가 유지된다. 아기는 모든 것을 엄마와 나누려고 한다. 특징적으로 모든 것을 엄마의 무릎 위에 올려두고 엄마가 동참하길 원한다. 이 시기의 엄마의 역할이 매우 중요하다. 하지만 엄마가 아무리 잘 해주려고 해도 아기의 급격한 인지 발달로 인해 엄마와의 분리를 깨닫지 않을 수 없게 되고 지연히 무기력감이 엄습한다. 이 시기의 아기는 자율성을 추구하는 동시에 자율성을 방해하는 모든 것을 극도로 싫어한다. 그 방해가 어른들에 의한 것이든, 그 자신의 무능으로 인한 것이든, 심지어는 자기 자신이 한 행동 때문이든 말이다.

아기가 분리와 능력의 한계를 깨달아감에 따라 전능함은 위협받는다. 한편 전능함은 여전히 아기의 자존감과 아주 밀접히 연결되어 있다. 여기에 더해 아이가 받아들여야 할 또 다른 진실이 있다. 바로 자신의 소망과 엄마의 소망이 항상 일치하지는 않는다는 점이다. 아이들은 부모의 전능함을 믿고 있고, 따라서 부모가 무엇인가를 해주지 않으면 절망에 빠진다. “쟤는 우리가 모두 다 할 줄 아는가 봐요.” 재접근기 아기를 둔 엄마가 최근에 한 이야기다. 몇 달 뒤 그 엄마가 안도하며 말했다. “이제 애가 사람이나 물건이나 없어지기도 한다는 걸 받아들이기 시작했어요. 엄마가 어쩔 수 없는 것도 있다는 것도요.” 예를 들어 어느 날 아침, 자기가 좋아하는 시리얼이 없다는 걸 알고서도 아기는 떼를 쓰지 않고 순순히 빵과 버터를 먹었다.

한편으로는 자율성과 독립을 원하면서도, 재접근기 아기는 엄마의 소재를 일일이 조종하기를 원하고 엄마가 자신의 모든 일에 참여하기를 원한다. 특징적으로 떼를 쓰며 매달렸다가 뒤도 돌아보지 않고 내빼는데, 여기에는 엄마가 따라와서 붙잡아 데려가길 원하는 마음이 있다. 이 시기의 아기는 엄마의 관심이 다른 곳에 가 있는 걸 참지 못하고 보통은 요구가 많다.

이 시기를 거치면서 아기는 분리된 정신적 자기를 갖기 시작한다. 언어와 상징적 기능의 발달은 이 시기의 위기를 해소하는 데 아주 중요하다. 자기 아닌 것들의 이름을 알고 부를 수 있는 것, 그리고 자신의 이름을 알고 부를 수 있는 능력은 이 시기에 벌어지는 중요한 내적 과정을 가리킨다. 아기는 이제 “내 것”을 알게 된다(버그만, p. 1980). 하지만 이 시기 ‘내 것’은 사실에 관한 것이기도 하지만, 동시에 소망이나 요구이기도 하다. ‘내 것’은 자기 이름을 부르거나 인칭 대명사를 사용하는 것에 선행하는 현상이다.

만약 발달이 적당히 이루어지고 엄마가 적당하게 역할을 해내면 재접근기의 위기는 동일시와 내면화를 통해 해소된다. 하지만 성공적인 해소가 늘 당연한 것은 아니다. 제대로 해결되지 못한 경우 강렬한 양가감정이 초래되고, 대상 세계는 좋거나 나쁜 것으로 분열된다. 그리고 엄마의 표상도 제대로 흡수되지 못해 나쁜 대상으로 내면화된다. 맥디빗과 말러는(1980) 재접근기 위기가 제대로 해소되지 못한 경우를 넷으로 나누었다. (1) 애정 대상이 실망스럽고 쓸모가 없거나, 혹은 신뢰할 수가 없고 심각하게 간섭하는 경우, (2) 아기가 무력감을 너무 급작스럽고 고통스럽게 경험하는 경우, 이때는 아이의 전능감이 너무 급격하게 위축된다. (3) 심각한 트라우마가 있는 경우, (4) 아기는 성별 간 해부학적 차이를 발견함에 따라 전-오이디푸스 거세 반응이라는 자기애적 상처를 입는데 이것이 통상적 수준을 넘어가는 경우. 이상의 조건에서 재접근기의 행동 양상은 없어지기보다 지속된다. 여기엔 극도의 분리 불안, 우울감, 수동성 및 졸라대기, 시기심, 집착, 강요, 분노 발작 같은 것들이 포함된다.

대상 항상성

분리-개별화의 네 번째이자 마지막 단계는 '자기와 대상의 항상성으로 가는 길'이다. 이 과정은 끝이 없다. 분리-개별화라는 맥락에서 보면 자기와 리비도 대상 항상성(의 성취)은 고정된 사실로 제시되지 않는다. 오히려 끝이 없는 평생의 과제이다. 하지만 재접근기 위기를 성공적으로 해소한 아기는 뚜렷이 관찰되는 질적 변화를 보인다.

자기-항상성은 대상 항상성과 함께 발달한다. 이 단계에 이르면 아기가 느끼는 자기에는 행동뿐 아니라 지각과 감정도 포함된다. 아기는 자기가 한 행동으로 인해 칭찬받는 것을 좋아한다. 이미 숙달은 충분히 이루어졌다. 그러나 이제는 '타인'의 참여가 숙달의 즐거움에서 중요한 요소가 된다. 재접근기 위기가 해소됨에 따라 생기는 질적 변화는 부화가 완결됨에 따라 얻어지는 질적 변화에 필적한다.

부화는 엄마의 존재를 당연한 것으로 받아들이면서 이제 바깥세상에서 살아감을 의미한다. 이는 아기가 엄마로부터의 분리에 대해 최초로 심각하게 예민해지는 단계인 분화 단계의 위기를 해결한다. 이 시기의 아기에게는 두 가지 임무가 있다. 하나는 엄마를 당연한 존재로 받아들이며 엄마와의 전능한 합일 속에 머물러야 한다. 다른 하나는 바깥 세계를 향해 호기심, 즐거움, 의욕을 갖고 접근해야 한다. 재접근기의 위기는 분리-개별화의 두 번째 위기이다. 이 위기를 만족스럽게 해결하기 위해 아기는 어느 정도의 내면화를 이룸으로써 전지전능을 위한 조종을 줄이고 결국에는 단념해야 한다. 여기에는 상징 능력의 발달이 중요한 역할을 하는데, 좀 큰 아기들이 놀이를 통해 연습하고 있는 것은 한편으로는 강력하고 좋은 엄마와의 '합일'에 대한 소망, 그리고 다른 한편으로는 자율성, 이 사이에서 생겨나는 소망과 두려움이다.

요약

분리-개별화의 하위시기에 대한 묘사는 인간 아기의 심리학적 출생에 대한 것이다. 엄마와의 합일, 혹은 공생기의 조율을 떠나 인간의 아기는 분리에 대한 자각에 점차 이르고 그 자신만의 개성 넘치는 인격을 발달시킨다. 이렇게 발달하는 인격은 부분적으로는 타고난 것이고, 부분적으로는 아기와 그의 애정 대상인 부모가 맺은 밀접한 상호작용의 결과이다. 그리고 아이가 발달해가는 또 하나의 경로는 대상을 어렴풋이 분리되어 외부에 있는 것으로 감지하던 상태에서 애정 대상에 대한 특별한 애착을 맺는 수준으로의 발달이다. 아이는 계속 발달해서 이윽고 분노와 좌절 속에서도 대상에 대한 긍정적인 이미지를 유지할 수 있는 사랑의 단계에 이르고, 무엇이든지 제 맘대로 조종하려는 요구의 자리에는 타인을 위한 염려의 능력이 자리 잡는다.

각 단계는 서로 겹치며 진행한다. 그래서 공생기가 탄탄하고 즐거운 경험이 되면 아이는 다음 단계로의 이행에 좀 더 준비되고, 낯선 것들로 가득 찬 바깥세상을 더 큰 자신감과 적은 불안감으로 맞이할 것이다. 비슷하게, 충분한 연습기를 통해서 한편으로는 바깥세상을 탐색할 기회를 넉넉하게 얻으면서도 동시에 지지적이고 존경받는 부모와는 멀찌감치나마 접촉을 유지하게 된다. 이는 아이가 재접근기 위기의 가혹한 도전을 견딜 수 있는 자원의 보고가 된다.

분리-개별화가 진행될수록 부모의 역할도 변한다. 연습기 동안 부모는 아이가 주는 신호를 감지할 수 있어야 한다. 아이는 이제 자신의 피어나는 능력을 발휘할 공간이 더 많이 필요한 것이다. 엄마가 감정적으로 좀 더 견디기 어려워질 때는 재접근기이다. 연습기 동안 자율성을 얻어가던 아이는 돌연 엄마에게 들러붙어서 종종 상호모순적이고 충족 불가능한 요구를 한다. 그래도 적당히 명랑하고 인내심 있는 부모는 재접근기 동안에도 아이가 좀 더 호의적인 대상 항상성의 여정을 가도록 돕는다.

각 하위시기는 다음 시기를 선행하는 시기다. 하지만 동시에 이전 시기에 적절한 조건이 갖추어지지 않아서 생겼던 실수와 실패를 수선하는 시기이기도 하다. 각 하위시기는 그 나름의 임무와 보상을 가진, 분리되고 구분되는 시기이다(Mahler, Pine, & Bergman, 1975). 아기의 인격은 아직 완전히 만들어지지 않은 탓에 적응의 여지가 많이 남았다. 예를 들어 공생기가 엄마의 우울증에 의해 영향받았던 어떤 아이가 있었고, 그 아이의 분화는 다소 늦은 듯 보였다. 처음엔 모종의 위험 신호로 보였으나, 후에 아이는 나름의 방법으로 그동안 지연된 공생기로 인한 손실을 벌충했다. 아이는 그 자신이 준비됨에 따라 서서히 바깥세상으로 나아갔다. 아이의 엄마는 분리-개별화 단계의 능동적 아이에게 반응할 준비가 더 잘 된 사람이었으므로 시간이 갈수록 아이는 늦된 발달을 따라잡았다.

분리-개별화 이론은 역동적 발달이론이다. 이 이론은 한편으로는 친밀함과 애착에 대한 필요, 다른 한편으로는 탐색과 분리에 대한 필요 사이에 진행과 퇴행뿐 아니라 진퇴양난의 여지도 남겨둔다.

분리-개별화 연구의 중요 결과는 몇몇 주제에 관한 지식을 풍부하게 만들었다는 점이다. 비록 분석가나 발달이론가들에게 익숙한 주제들이긴 했지만, 다년간의 연구를 통해 더 분명해졌다. 발달적 관점에서 다룬 몇 가지 정신분석적 개념들을 살펴보자. 기본적 기분 상태의 발달에 관한 중요한 논문에서 말러(1966)는 여성에서 관찰되는 우울해지는 경향이 재접근기의 갈등과 관련이 있다고 말했다. Furer(1967)는 초자아의 발달적 측면을 이야기했다. 그는 "달래주는 사람과의 동일시"가 초자아의 전구체라고 말하며, 능동적인 엄마와의 이러한 동일시 덕택에 "아이는 공격성을 좀 더 제어할 수 있게 되고 이에 따라 요구되었던 반동형성이 생겨난다"라고 말했다(1967, p. 279). 적응과 방어의 관계를 검토하던 중 말러와 맥디빗이 말하길(1968),

> 자신의 욕동과 타고난 자아에 기반해서, 시간이 갈수록 아이의 경험은 다소 성공적인 적응으로 이어진다. 아이가 적응해가는 스타일이 성격 특성의 일부가 되고 방어도 성격 일부가 된다. 우리가 연구를 통해 관찰한 것은 이런 행동 양상이 다소간 성공적인 방어로 내면화되어가는 과정이다[같은 책, p. 1].

맥디빗(1983)은 분리-개별화 과정에서 적대적 공격성의 출현을 따라갔다. 버그만(1982)은 분리-개별화에서 여자아이의 발달을 묘사했고 특히 이후 발달에 미치는 함의를 다루었다.

발달적 관점의 연구, 그리고 분리-개별화 연구에서 수행한 매일의 관찰에서 얻어진 중요한 이슈들에 대해서도 언급하고 싶다. 처음은 낯가림 불안stranger anxiety에 대해서다.

처음 낯가림 불안 현상을 주목하고 이를 생후 7개월 무렵 나타나는, 발달상의 두 번째 주요 현상으로 생각했던 사람은 Spitz(1975)였다. 그가 처음 기술한 뒤 이 현상은 많은 관심을 받았고, 분리-개별화 연구 덕택에 소위 낯가림 반응stranger reaction 개념으로 알려진 여러 현상을 좀 더 자세히 이해할 수 있었다. 낯가림 불안 현상은 아기가 엄마를 특별한 존재로 인식하면서도 동시에 엄마를 넘어 세상에 흥미와 호기심을 보이는 여러 현상 중 가장 눈에 띄는 현상이다. 그래서 우리는 '낯가림 불안'보다는 '낯가림 반응'이라는 용어를 선호한다. 낯가림 반응에는 다양한 정서가 포함되는데, 흥미와 호기심에서 시작해 경계, 나아가 불안이나 괴로움에 이를 수도 있다. 어떤 시기의 아기는 아빠나 엄마도 평소와 다르게 보이면 낯가림 반응을 보인다. 연구 초기 우리는 넉 달 된 남자아기가 샤워 모자를 쓰고 나타난 엄마를 보고 울었다는 보고를 들었다. 그리고 최근에는 다섯 달 된 여자아기가 면도를 마치고 나타난 아빠를 보고 무서워했다는 이야기도 있었다. 이상의 이야기들은 아기가 내적 이미지를 만들기 시작했다는 뜻으로, 갑자기 아주 달라진 모습을 보게 되면 이 이미지가 흔들린다. 낯가림 반응이 나타나는 시점, 강도, 양상은 엄마-아기의 관계와 밀접한 관련이 있는 것 같다. 예를 들어 최근 우리는 생후 서너 달이라는 비교적 이른 나이에 뚜렷한 낯가림 반응, 심지어 불안마저 보이는 여아를 봤다. 아기 엄마는 외국에서 온 사람으로 아직 영어를 완전히 배우지 못했다. 그녀는 미국인 남편과 결혼해서 미국으로 온 이후 상당히 우울해하며 지내던 중이었다. 아기가 태어난 후 엄마의 기분은 조금 나아졌고 아기와 엄마는 극도로 밀착된 공생기를 발달시켰다. 마치 엄마와 아기가 세상의 나머지 부분과 단절된 느낌을 줄 정도였다.

그래서 이렇게 어린 아기가 이른 시기에 낯가림 반응을 보이는 데다, 그것도 단순히 호기심이나 흥미가 아닌 불쾌함을 동반한 점은 흥미로웠다. 여섯 달이 되었을 무렵 다시 아기를 만났을 때, 아기는 여전히 경계하는 태도였지만 엄마가 가까이에 있으면 낯선 사람과 놀아보려고 했다.

'통관 검사customs inspection'는 분리-개별화 연구에서 특정 양상의 낯가림 반응을 묘사하기 위해 고안된 용어이다. 7~10개월 근처의 분화 하위시기에 있는 아기는 낯선 사람의 얼굴을 시각과 촉각을 이용해 열중해서 탐색하려는 경향이 있다. 모든 아기가 같은 수준의 흥미와 강도로 이렇게 행동하지는 않지만, 대다수의 아기는 낯선 사람에게 흥미를 보이고 낯선 사람들의 얼굴, 그게 아니라면 안경이나 목걸이 같은 소지품을 만져보려고 한다.

최근에 발견된 또 다른 낯가림 반응은 분화 하위시기의 남자아이에서 관찰된 것이었다. 이 꼬마는 다른 사람들의 주의를 끄는 데 재미를 붙인 듯했다. 자기가 소리를 지르면 사람들이 자신을 쳐다보고 웃어준다는 것을 배운 듯 보였다. 그래서 종종 사람들이 여럿 모인 낯선 장소에서 소리를 지르고 사람들이 관심을 보이면 대단히 즐거워했다. 분리-개별화 연구가 보여준 것은 바깥 세계가 모-자 관계라는 특별한 관계에 완전히 위협적인 것만이 아니라 때로는 큰 즐거움과 흥분의 원천이 되기도 한다는 점이었다.

생후 2~3년쯤 된 아이들에게 엄마와의 분리가 고통스러운 일이라는 점은 오래전부터 알려져 있던 사실이다. 분리-개별화 연구는 여기에서도 이러한 분리 반응에 대한 발달학적 설명을 제공한다. 우리가 알게 된 것은 분리에 대한 감수성이 분리-개별화의 각각의 하위시기마다 다르다는 점이다. 물론 아기들의 감수성은 모-자 관계, 그리고 엄마들이 분리를 다루는 방식에도 달려있다. 하지만 이러한 차이와 무관하게 우리는 분리 반응에 대한 발달적 경로를 추적할 수 있게 되었다(McDevitt, 1979). 분화 하위시기는 대다수의 아기가 분리에 대해 가장 격렬하게 반항하고 괴로워하는 단계다. 아마 이제 막 스스로 움직일 수 있고, 그렇게 하려고 시도하는 단계이나 정작 그렇게 하지는 못하는 단계라서 그런 것 같다. 엄마가 멀리 가는 것을 깨닫고 우는 시기가 이 시기이다. 이 시기의 아기들은 대부분 이런 경우에 대체할 사람이 오면 특별한 어려움 없이 진정된다. 하지만 분화 하위시기는 특별히 예민한 시기이다. 말하자면 아기가 사태를 분별할 수 있는 능력이 그에 따라 행동할 능력을 앞서는 시기인 것 같다. 아기는 엄마가 떠나고 있음을 통렬히 자각하나 정작 따라가거나 부를 수는 없는 것이다. 그러나 이제 엄마의 이미지를 가지기 시작한 아기는 엄마가 나간 문을 쳐다본다. 혹은 때로는 아기를 창가로 데려가는 것이 진정시키는 효과가 있을 때도 있나. 이 시기의 아기는 엄마가 저기 바깥 어디에 있을 것이라는 느낌을 희미하게나마 느끼는 것 같다. 그래서 창문으로 가서 엄마가 있을지도 모르는 바깥을 쳐다보는 것은 그렇지 않으면 불가피했을 무력감이나 갑갑함의 느낌을 줄이는 것처럼 보인다. 유난히 예민한 한 엄마는 자신의 약간 큰 아기가 오후가 되면 현관 옆에서 기다리고 있는 것을 관찰했는데, 아마 아빠가 오길 기다리고 있는 것 같았다.

연습 단계에 이르기까지, 약 8~16개월 동안 아기들은 엄마가 자리를 비우는 데 아주 예민하고, 그럴라치면 격렬히 저항한다. 반면 기고 걷게 되면 이런 현상이 좀 줄어든다. 그리고 엄마를 대체하는 사람에게서 위안을 얻으려 의존하지도 않는다. 이제 아기들은 스스로 재밌고 신나는 것을 할 능력이 생긴다. 그리고 엄마를 따라다니려고 해서 엄마가 나간 문으로 가기도 간다. 엄마가 없으면 대신 놀아주는 사람과 더 잘 지낸다.

그래도 초기 연습 단계인 8~13개월의 시기의 아기들은 엄마가 자리를 비우면 상당히 움츠러드는 경향이 있는 듯하다. 바깥 세계에 대한 즐거움과 카텍시스는 확실히 줄어들고, 말하자면 '의기소침'해진다(말러 & 맥디빗, 1968). 이런 현상은 상당히 극적일 때도 있다. 그리고 엄마가 돌아와서 의기양양해지는 모습 또한 상당히 극적이다.

엄마와의 보이지 않는 결속이 최고조에 다다르는 것은 연습기 동안이다. 그리고 아이는 심지어 엄마와 떨어져 있을 때조차 엄마와 하나가 된 것처럼 보인다. 이 시기의 아기들은 특징적으로 엄마와 떨어져서 노는데, 이따금씩 엄마를 돌아보고 확인하면서 눈 맞춤을 통해 계속 놀아도 된다는 신호를 받는다. 이 시기에 엄마의 부재가 너무 길어지거나 마땅히 대체할 만한 보호자가 나타나지 않으면 엄마와 하나가 되었다는 착각은 너무 심하게 산산조각이 나고 따라서 이 시기의 특징적인 고양된 기분이 교란되어 버린다. 그리고 아이는 안절부절못하고 엄마를 찾거나 위험한 상황을 만들어버리는데, 아마 엄마가 구해줄 것을 희망하는 듯하다.

재접근기 동안 증가하는 분리의 느낌은 더불어 취약함, 외로움, 그리고 종종 무기력감의 느낌도 동반한다. 그래서 아이들 대부분은 분리에 대해 훨씬 더 예민해진다. 이 시기의 아이들은 엄마가 어디에 있는지에 계속 집착한다. 엄마를 따라 문을 나가겠다고 고집을 부리고 엄마와 헤어지면 심각하게 저항한다. 졸졸 따라다니기나 쏜살같이 도망치기 같은 현상은 이 시기 아이들의 특징이다. 엄마의 관심을 독차지하려고 애를 쓰기도 하고, 만약 이것이 여의치 않으면 떼를 쓰거나 고집을 부려서라도 그렇게 하려고 한다. 엄마의 대체역은 좀처럼 쉽게 받아들여지지 않으며, 엄마를 원할 때는 심지어 익숙한 대체물, 가령 아빠도 분노의 찬 거절의 희생양이 될 뿐이다. 일종의 분열이 발생해 부재중인 엄마를 그리워하고 존재하는 보호자는 밀려난다. 엄마를 향한 양가감정이 시작되는데, 이때 엄마는 종종 피어나는 자율성을 방해하는 존재가 되기도 한다. 그래서 엄마도 분열되어 부재중인 좋은 엄마를 그리워하고 존재하는 나쁜 엄마를 밀어낸다. 정작 엄마가 돌아온다고 해도 항상 즐겁고 생명력을 주는 엄마로 경험되는 것은 아니다. 대신 돌아온 엄마도 종종 회피한다. 아이는 엄마를 피하고 웃음 대신 화를 내는데, 재결합이 즐거워지려면 꽤 시간이 흘러야 한다.

상징 놀이와 언어의 발달은 아기가 엄마와 떨어져 있는 시간을 견딜 수 있도록 돕는다. 하지만 엄마의 부재가 진정으로 받아들여지고, 아기가 엄마 없이도 상당한 시간을 즐겁게 보낼 수 있는 것을 비로소 네 번째 단계인 대상 항상성을 향해 감으로써다. 그제야 아이는 엄마, 아빠가 자기와 없을 때 어디에 있는지를 알게 되고 엄마, 아빠의 귀환을 즐겁게 기다리게 된다. 상징 놀이와 모방은 분리의 숙달에 중요한 도구가 된다. 어린 아기의 까꿍 놀이에서 시작해 이러한 놀이는 다양한 시기에 다양한 방식으로 끝없이 계속된다.

기억해둘 것은 말러의 분리-개별화 연구가 분리에 대한 반응을 보기 위해서가 아니라 개별성의 출현을 관찰하기 위한 연구로 처음 디자인되었다는 점이다. 아기들은 엄마의 존재 아래서 관찰되었다. 하지만 심지어 이러한 세팅에서도 엄마는 인터뷰 등을 위해 잠시 방을 떠나게 되었고, 이를 통해 분리에 대한 반응에 대한 발달학적 통찰을 일부 얻을 수 있었다.

적용

이 장의 초입에서 우리는 간단하게 프로이트의 초기 발달이론에 대해서 언급했다. '아기는 어떻게 자신과 남을 구분하게 되는가'라는 질문이 있을 수 있다. 그의 내사, 투사 메커니즘은 '현실-자아' 개념을 사용하지 않고 이 질문에 대한 답을 시도한 것이라고 볼 수 있다. 우리는 말러와 그의 동료들이 이러한 문제들을 해결하기 위해 시도한 수많은 경로를 탐색해봤다. 프로이트의 주장은 아기들이 소위 현실-자아 이외의 요소들에 기반해 구조를 발달시킬 수 있다는 것이었고, 말러는 분명 여기에 동의한다. 리비도 대상 항상성 개념이나 이를 성취하기 위한 발달 단계 개념은 분명 단순한 현실-자아 개념에 근거한 요소가 아니기 때문이다.

나는 일부러 '정서적'과 대비되는 '인지적'이라는 용어를 쓰지 않았는데, 그 이유는 초기 발달기에서 이러한 이분법은 대부분의 경우 도움이 되지 않기 때문이다. 가령 말러와 피아제는 둘 다 발달에서 관찰되는 일련의 인지적 구조에 대해서 말하고 있다고 볼 수 있다. 그러나 두 사람이 이야기하는 인지적 구조의 유형은 조금 다르다. 게다가 말러에게 엄마와 아기의 정서적 교감은 종종 아기의 심리적 구조가 어떻게 발달하게 될 것인지에 대한 믿을만한 지표가 되기도 한다. 그래서 말러는 (프로이트처럼) 자기, 그리고 중요한 대상 표상과 연관되어 발달하는 인지구조는 피아제가 말하는 인지구조와는 좀 다른 발달 경로를 따른다고 주장한다. 만약 이것이 사실이라면 한 가지 질문이 생긴다. 그 질문은 정신분석적 관점의 관찰과 이론적 개념, 그리고 정신분석 이외의 관점(가령 인지 이론 혹은 학습 이론)으로 바라본 실험, 관찰, 이론적 개념의 관계에 관한 것이다.

좀 더 구체적으로 이야기해 보자. 예를 들면, 앞서 말했듯이 말러가 최근의 아동 관찰 연구 결과 때문에 자폐적 시기와 관련된 개념을 바꾼 것을 언급할 수 있다. 분명 신생아의 지각 능력이나 반응 능력에 관한 최신의 연구는 참으로 놀랍다. 게다가 Stern을 비롯한 많은 정신분석가가 이상의 연구가 말러나 프로이트의 생각과는 모순된다고 지적해왔다. 프로이트에게 자폐적 시기(일차적 자기애 개념도 마찬가지이다)는 중심적인 것이 아니었으나, 이 부분을 검토해봄으로써 정신분석적 개념과 그 외 학문적 영역의 개념 사이를 비교하는 데 도움이 될 수 있다. 그리고 정신분석적 개념을 만듦에 있어 생기는 어려움과도 관련이 있다.

프로이트의 일차적 자기애 개념은 여러 방향으로 해석될 수 있다. 프로이트(말러)가 했던 협소한 해석도 그중 하나로, 이 해석에 따르면 일차적 자기애 개념은 기본적으로 아기가 갖게 되는 자기와 대상에 대한 초보적인 표상 형성을 지칭한다. 일차적 자기애 시기의 아기가 상대하는 대상은 대상이 아닌데, 그 이유는 아기가 대상을 구분할 수 없어서가 아니라, (정상적으로) 아기로서는 일차적인 만족이 오랫동안 좌절될 것이라고 예상할 수 있는 경험이 아직 부족하기 때문이다. 프로이는 이러한 경험이 너무 일찍 생기면 외상적 결과가 초래될 것이라고 넌지시 말한다. 프로이트는 주장하길(1915c), 비록

> 자아가 자가성애적이며 [그리고] 바깥 세계가 필요 없다손 치더라도, 경험의 결과로 (…) 자아는 그 세계에서 대상을 취한다. 그리고 그 모든 것에도 불구하고 자아는 내부의 본능적 자극을 (…) 불쾌로 경험하는 것을 피할 수 없다[같은 책, p. 135].

순수 쾌락 자아는, 이제 불쾌한 자극에 대한 반응으로 발달한다. 그리고 그에 따라 아기는 대상에 좀 더 가까워지고 아기의 초보적인 현실 감각에도 왜곡을 초래하게 된다.

여기에서 프로이트는 독톡한 예언을 하는데, 이 덕에 그의 이론적 입장은 다른 이들의 이론과 구분되기도 한다. 물론 이 생각들을 검증하기는 어렵다. 우리는 프로이트가 생각하는 그때가 언제인지 잘 모른다. 아기가 세상을 완전히 좋은 것(내부), 그리고 완전히 나쁜 것(외부)으로 분열시킬 것이라고 가정하지만 정작 그것을 측정하기는 어렵다. 프로이트는 순순 쾌락 자아의 발달에 영향을 끼칠(촉진하거나 늦출) 요소들에 대해

서는 별말을 하지 않고, 순수 쾌락 자아를 오랫동안 지속시키거나 혹은 조기에 해소하는 요소들에 대해서도 언급이 없다. 그러니까 그의 이론을 실제로 검증하기란 매우 어렵다. 그래서 그의 생각을 다른 관점과 비교하는 것 또한 당연히 어렵다. 그러나 나의 믿음은 프로이트가 남긴 몇 안 되는 초기 발달에 관한 글에도 풍성한 아이디어가 많기에, 만약 우리가 제대로 적용하기만 하면 그의 이론을 경험적으로 검증할 수 있을 것이라는 생각이다.

누군가는 물어볼 수도 있겠다. 왜 말러를 요약하는 부분에서 프로이트의 상대적으로 모호한 구석을 꺼내냐고. 한 가지 이유는 그의 저작이 이미 종결되었기 때문이고, 초기 발달에 관한 그의 생각이 다른 분석가들의 생각보다는 그래도 비교적 단순하기 때문이라고 말할 수 있다. 그러나 그것보다 중요한 것은 심지어 일견 "버려진"(Lichtenberg, 1982) 것 같은 프로이트의 메타심리학 이론에서조차도 나름의 어려움과 잠재력이 있다는 점을 보여주고 싶은 것이다. 내 생각에 말러의 초기 이론에도 그와 마찬가지로 난점이 존재하지만, 그것보다 훨씬 큰 잠재력이 존재하는 바, 그 이유는 그녀의 관찰과 개념이 가지는 풍성함 덕택이다.

그래서 우리는 프로이트의 일차적 자기애 혹은 자가성애 개념과 얼추 비슷한 개념인, 말러의 자폐기를 고찰하고자 한다. 이 개념은 말러의 개념 중에서 확실히 배척당하고 있는 몇 안 되는 것 중 하나이다. 그리고 말러의 개념에서 핵심도 아니다(그녀의 연구는 이 시기를 포함하지 않는다). 그래서 어쩌면 개념적 풍성함을 증명하는 데 유용할지도 모르겠다.

자폐기를 다르게 말하면 안정적인 표상이 없는 시기이자, 혹은 '대상이 없는' 기간이라고 말할 수 있다. 물론 이것은 가능한 번역의 하나일 뿐인데, 그것도 딱히 말러나 제이콥슨의 심리학적 자기self 개념과 일치한다고 보기는 어렵다. 이 개념에서 핵심적인 부분은 '대상이 없는' 시기의 정의다. 이 말이 안정적인 지각이나 기억이 없는 시기를 뜻한다면 분명 생후 첫 달은 대상이 없는 시기가 아니다. 그러나 말러, 프로이트, 제이콥슨 모두가 묘사하는 것은 만족과 괴로움의 경험이라는 관점에서의 이 당시 아기의 상태이다. 그들의 주장은 아기가 대상에게 별 흥미가 없고, 자신의 항상성 유지나 만족에 관심이 있으며, 대상보다는 다른 데 관심이 있다는 것이다. 아기가 초보적인 자아를 갖고 있다는 사실이 이 사실을 바꿀 수는 없다. 그러면 다른 연구와의 모순되는 부분은 어디인가? 만약 '대상 없음'이 아기의 주요 관심사는 만족이고, 대상으로 인해 동기를 부여받거나 대상에게 흥미가 없음을 의미한다면(물론 단순화하고 있다), 모순은 없어진다.

따라서 우리가 겪는 어려움은 부분적으로 개념을 서술하는 방법에 있다. 혹은 좀 더 정확하게 이야기하면 개념이 아직 불충분하게 서술되었다고 말할 수 있다. 여기서 말러는 프로이트를 넘어서지 못했다. 그래서 프로이트에게 했던 모든 질문이 말러에게도 유효하다. 그러나 저자들의 생각에는 분리-개별화 개념이 정신분석적 이론으로써도 풍성하고 경험과학적으로도 엄밀한 이론으로 제시될 수 있는 여건은 이미 만들어진 것 같다.

말러가 했던 분리-개별화 연구는 정신분석에서 하나의 출중한 사례가 되는데, 개념이 어떻게 경험적 연구를 이끌고, 반대로 경험적 연구를 통해 개념이 어떻게 확장되는지를 보여준다. 하지만 분리-개별화 연구의 압도적인 양과 질을 고려하면 개념의 영역에서 겪는 어려움에 대해서도 짧게 요약해볼 수 있다. 분리-개별화 연구와 정신분석의 다른 영역을 개념적으로 조화시키는 데 있어 겪는 어려움은 부분적으로 경험적인 문제일 수 있다. 지금 시점에서 보면 어떻게 심리-성 단계, 그리고 욕동 같은 자아 심리학적 구조와 조화시킬지 난감하다. 가령, 욕동 개념은 분리-개별화 이론과 양립할 수 있는가? 만약 그렇다면 욕동 개념은 분리-

개별화 이론에 어떻게 편입될 수 있는가? 분화와 개별화 과정에서 심리-성적 요소는 어떤 관련성을 가지는가? 이 같은 질문은 무수히 많을 수 있는데, 비난이 아니라 정신분석 이론에 대해서 한마디 한다면 이러한 개념들을 논리적으로 정돈하고 조화시키려는 실질적인 시도는 거의 없는 것 같다. 이 부분의 작업이 되어야만 이론에서 경험적 귀결이 도출될 수 있다.

정신분석학 개념 전반을 아우르는 포괄적인 관점 바깥에서도 분리-개별화에 대해 비슷한 논점이 제기될 수 있다. 어떤 개념들은 그 논리적 지위가 알쏭달쏭하다. 그러니까 어떤 개념이 핵심이고 어떤 개념이 부차적인지 알기가 어렵다. 그리고 어떤 개념을 단단한 경험적 기반을 가진 개념으로 번역하는 일도 어렵다. 가령 연구를 진행하다 보면 이론상 예측되는 정상 범위에서 벗어나는 아이들을 만날 때가 많다. 하지만 그 범위에 대해서는 일반적 진술이 가능하지 않을 때가 많다. 안타깝게도 이 부분에 대한 복잡한 논의는 이 장의 의도를 벗어난다.

지금까지 우리는 말러와 프로이트의 생각과 정신분석적 설명에서 채 개발되지 못한 부분이 좀 더 일반적 용어를 사용함으로써 확실한 설명력을 갖게 되는 예를 보여주려고 했다. 이러한 시도를 통해서 심지어 자폐기 개념도 상당한 설명력을 갖게 됨을 볼 수 있었다.

고찰

이 장에서 다룬 첫 저작을 쓸 당시와 비교해 말러의 인기는 상당히 시들었다. 자폐 단계, 자폐기라는 용어는 상당히 부적절한 것 같다. 자가성애 단계나 paranoid-schizoid position 같은 용어가 그러하듯 말이다. 이상의 용어들은 인간이라면 피할 수 없는 모종의 병리적 상태를 가리킨다. 물론 자가성애라는 용어가 반드시 병리적 함의를 갖지는 않으나 이 시기에는 관계가 중요하지 않다는 생각을 드러내는 것은 사실이다. 실은 그 반대임에도 말이다. 말러의 공생 개념은 여전히 중요하고 위니콧의 절대적 의존성과도 맥락을 같이 한다. 말러의 개념은 프로이트 사상에 대한 비평에 존재했던 것과 비슷한 혼란을 겪었다. 그들의 개념은 발달 초기에는 다른 양상의 대상관계가 있음을 강조하는 것이 아니라 마치 대상관계가 없다고 말하는 것처럼 비난받고 있다. 여기서 말하는 다른 양상의 대상관계란, 제이콥슨이 이야기했던, 아기의 심리-생리학적 자기감각을 안정시키는 관계를 말한다.

내가 말러에 대한 장을 추가한 이유는 말러와 후에 버그만이 제시한 개념과 관찰들이 여전히 유효한 공헌을 하고 있고, 추가적인 연구를 통해 통합될 수 있다고 생각하기 때문이다. 18장에서 나는 나름의 통합을 시도할 텐데, 거기에서 말러 이후에 버그만이 제시한 좀 더 포괄적인 입장을 일부 사용할 것이다. 안타깝게도 심리학이나 정신분석의 영역에서 관찰에 근거한 개념이 10년이나 20년 이상 생존한 경우는 드물다. 그래서 우리는 새로운 맥락에서 이러한 개념들을 재발굴할 필요가 있다.

13장 코헛

새로운 자기 심리학적 관점

요약

이 장에서 우리는 1959년에서 1984년(마지막 출판)에 이르는 코헛의 저작을 따라간다. 코헛은 프로이트의 자기애 개념을 발달적, 임상적 측면에서 확장했다. 자기애적 노여움에 관한 논문을 기점으로 1972년 정도에 이르면 그는 확실히 프로이트주의에서 멀어지고 새로운 자기 심리학적 관점으로 다가간다. 나아가 1977년에 이르면 코헛은 자기 심리학적 관점을 확립하고 스스로 프로이트주의, 혹은 적어도 고전주의 정신분석 개념과는 선을 긋는다. 그는 치료 상황에서 공감적 분석가를 강조했는데, 이는 이론적 지향과 무관하게 많은 치료자에게 큰 영향을 끼쳤다.

Heinz Kohut: 생애

코헛은 미국의 자기-심리학 운동의 창시자다. 그는 빈에서 태어나(1913~1981) 나치의 오스트리아 침공 이후 미국으로 건너왔다. 그는 시카고에서 정신분석가로서 활동을 시작했고 시카고 정신분석 학회의 핵심적 인물이 되었다. (여기서 우리는 그 이전 시카고가 Franz Alexander의 본거지였음을 기억할 필요가 있다. 프란츠 알렉산더는 정신분석 상황에서 '진짜' 만족을 주려고 했던 사람이다. 정신분석적 치료에 대한 최근의 분석을 보면 치료에는 항상 진짜 만족이 있다. 하지만 아마 알렉산더가 주려고 했던 만족은 말 그대로 손에 잡히는 만족이라고 할 수 있다. 참고로 만족에 있어 실질적인 문제점들에 관해 이야기할 것인지는 당신의 이론적 지향에 달렸다.) 코헛의 초기 저작은 대개 음악이나 문학과 관련된 것이었고, 여기에서 그는 예술과 창작에 대한 감수성을 드러낸다. 코헛의 전기 작가는 그가 유대 신앙을 숨긴 유대계 이주민이라고 말했다(Strozier, 2001). 하지만 그의 정신분석적 접근은 분명 미국적이었으며, 반면 자신의 건강을 비롯한 여러 이슈에 대해 아주 비밀스러웠다고 말한다. 물론 그의 비밀스러움의 여부는 지금 논의할 주제는 아니다. 그러나 당대의 정신분석가로서 그는 분석가 집단이 침묵했던 이슈들에 대해 개방적인 태도를 보였다. 그러니까 코헛은 당시의 분석가들이 별 관심을 주지 않던 환자들의 치료에 대해 말했던, 꽤 복잡한 인격의 소유자였다고 볼 수 있다.

코헛의 작업은 프로이트의 자기애 개념을 순수하게 확장한 것으로 생각할 수도 있고, 혹은 정신분석적 기법과 초기 발달 개념에 대한 중요한 변화로 생각할 수도 있다. 그의 이론적 여정을 음미하기 위해 우리는 1966년에서 1972년 사이의 저작 세 편(1971년 저작에 대다수 내용이 있다), 그다음 1977년, 그리고 사후 출판된 책(1984)을 살펴보도록 하겠다.

그의 이론은 수치심과 당혹감이라는 정서를 강조하고 자존감의 조절을 주요한 이론적 관심사로 둔다. 그의 관심사가 점차 (자아가 아니라) 자기로 옮겨감에 따라 환자의 의식적 경험을 좀 더 강조하는 임상적 견해와 정신분석적 입장이 가능하게 되었다. 하지만 흥미롭게도 그가 몸담았던 기관에서 그는 프로이트주의자로 알려져 있었고 상당 기간 프로이트에 관한 수업을 담당했다.

프로이트주의자로서의 자기애

우리가 살펴볼 첫 번째 저작에서는 그의 프로이트주의자적인 면모가 눈에 띈다. 여기서 코헛은 프로이트의 자기애 이론을 다듬고 재해석한다. 그리고 자기애와 분석 가능성에 대한 프로이트의 견해에 내재된 모순을 드러낸다. 코헛이 프로이드 이론의 논리적 모순을 드러내는 것을 보면 당시 시대의 흐름이 느껴진다. 그는 자신과 프로이트의 개념은 비슷한데, 둘의 의견이 일부 다른 이유는 프로이트가 본인의 이론을 충분히 이해하지 못했기 때문이라고 말한다. 그리고 프로이드의 개념을 확장하고 있음을 언급할 때는 심지어 살짝 미안해하기도 한다. 코헛의 프로이트 비판에는 프로이트가 말한 자기애 환자의 분석 불가능성도 포함된다(Freud, 1916a). 이 부분에서 프로이트의 논리 전개에는 자기애적 (자아) 리비도와 대상 리비도의 구분에 대한 잘못된 추론도 들어가 있다. 프로이트의 추론에 따르면 만약 누군가의 표상 세계가 기본적으로 자기애적이라면 그 사람은 분석 치료에서 전이를 발달시킬 수 없다. 왜냐하면 프로이트의 생각에 자기애는 자기에 대한 리비도 카텍시스이므로, 자기가 카텍시스 되어 있는 만큼 대상 카텍시스를 위한 리비도는 줄어들기 때문이다. 그래서 자기애적 리비도가 높을수록 전이적 전치를 위한 대상 리비도는 적어진다. 여기서 우리는 프로이트의 두 가지 가정을 볼 수 있다. 하나는 심리적 에너지는 한정된 것으로 폐쇄계 안에 존재한다는 점이고, 다른 하나는 전이는 하나의 대상이 다른 대상으로 전치되는 현상이란 것이다.

그러나 프로이트는 자기애 시기에 대상이 어떻게 받아들여지고, 어떻게 자기애적 리비도 카텍시스를 받는지도 이야기했었다. 그러니까 자기애적 인간은 다른 사람(대상)들에게 카텍시스를 맺지 못하는 것이 아니라 그 애착이 자기애적으로 만들어지는 것이라고 말이다. 프로이트의 개념을 살펴보며 코헛은 간명하게 결론짓길, "자기애의 반대는 대상관계가 아니라 대상 사랑이다"라고 말한다(1966, p. 245). 여기서 코헛은 심지어 프로이트의 이론에서도 자기애적 환자의 전이는 가능하다고 말한다. 왜냐하면 발달의 자기애적 시기에도 대상은 카텍시스 되기 때문이다. 그러니까 자기애적 인간은 전이를 만들지 못하는 것이 아니라 대상을 사랑하지 못하는 것이다. 코헛의 논리적 귀결에 따르면 누군가가 자기애적이라고 하면 그 사람은 자기애적 전이를 만들게 된다. 코헛은 자기애에 관한 첫 번째 논문(1966)과 이어지는 글들에서(1968, 1971, 1972) 자기애적 전이의 양상을 묘사하고 치료 상황에서 이러한 전이를 어떻게 효과적으로 다룰 것인지에 대해 이야기하게 된다.

1966년: 두 개의 발달 경로

1959년의 논문에서 그는 공감 덕택에 우리가 우리를 둘러싼 세계의 심리학적 의미를 관찰할 수 있다고 말한다. 후에 그가 강조하게 될 공감적 조율의 전조가 되는 생각이다. "우리의 핵심적 관찰 방법이 오감을 포함할 때 우리가 관찰하는 것은 물리적 현상이다. 우리의 핵심적 관찰 방법이 내성introspection과 공감empathy을 포함할 때 우리가 관찰하는 것은 심리학적 현상이다"(1959, p. 459). 앞으로 보게 되겠지만 코헛의 생각에 공감은 발달에서나 치료 상황에서나 너무나 중요한 것이다.

자기애에 관한 첫 번째 논문을 보면(1966) 그가 당대의 정신분석적 언어에 깊이 발 담그고 있는 것을 볼 수 있다. 비록 그는 전통적인 용어를 사용하고 있지만, 자기애적 양상의 표현과 관련하여 분석가 집단이 제기하던 문제들에 내재한 난점을 짚어내고 있다. 그는 이러한 일반적 난점들을 프로이트주의 이론의 특정 측면과 구분한다. 그는 자기애('자기에 대한 리비도 투자')가 '병리적이거나 잘못된 것이' 아닌데도 분석가 집단에는 자기애적 현상에 대한 편견이 강하게 자리 잡고 있다고 주장한다. 그리고 코헛은 왜 자기애에 대한 이론과 자기애적 이슈(자만심, 노출증, 수치심, 허영 등)에 대한 분석가들의 태도는 이렇게도 일관성이 없는 것인지를 묻는다. 그는 이러한 비일관성이 부분적으로 "이타적 가치 체계의 부적절한 침입" 때문이라고 말한다(1966, pp. 243~244). 이러한 '침입'은 서구 청교도적 가치의 잔재로, 그 모든 쓸모있는 (건강한) 자기애를 얕잡아보고 있다. 더 중요한 것은 "이런 가치 판단으로 인해 임상은 협소해져 (…) [분석가들은] 환자들의 자기애적 상태를 대상 사랑으로 치환하게 된다"라는 점이다(같은 책, p. 244). 그는 분석가들이 치료 상황에서 환자들의 자기애적 이슈를 견디기 어려워한다는 '사실'을 지적하며 이것이 부분적으로는 청교도적 태도 때문이라고 말하고 있다. 그의 생각에 분석가들은 환자가 자기애적 관심사를 버리고 분석가의 생각에 좀 덜 유치하고 사회적으로 좀 더 받아들여질 수 있는 관계 양상을 선택하길 종용하고 있다. 그래서 코헛은 분석가들의 청교도적 가치 체계와 프로이트의 분석 가능성 개념 모두에 대해 자기애적 환자의 치료에 방해가 된다고 말한다. 참고로 그가 자기애에 관해 글을 쓸 무렵 미국에는 자기애적 성격 경향을 가진 환자는 정신분석이 불가능한 것으로 여기는 강한 편견이 있었다. 당시 많은 분석가(Stone[1954, 1961], Loewald[1960, 1980], Jacobson[1964])가 비슷한 주제에 흥미를 보이고 있었고, 코헛도 그 시대 정신의 한 부분이자 그 흐름의 주요 인물이었다.

코헛의 자기애 발달이론은 일차적 자기애에서 시작한다. 이 시기에 아-타의 구분은 아직 충분히 이루어지지 않았다. 그가 말하는 '일차적 자기애' 시기는 우리가 3장에서 이야기한 자가성애 단계를 말한다. 그리고 발달의 어느 시기가 되면 일차적 자기애는 "성숙을 향한 압박 때문에, 그리고 엄마의 보살핌에 내재하는 필연적 불완전함으로 인해 생기는 고통스러운 심리적 긴장 때문에 무너진다"(1966, p. 245). 일차적 자기애가 무너지면 새로운 구조가 등장하는데, 이것이 순수 쾌락 자아이다(3장 참고. 프로이트 이론에서는 여기서 자기애 단계가 시작한다). 순수 쾌락 자아 단계에서는 "즐겁고, 좋고, 완벽한 것은 모두 맹아 단계의 자기의 일부가 되고, 불쾌하고, 안 좋고, 불완전한 것은 모두 '바깥'으로 치부된다"(같은 책). 순수 쾌락 자아의 함의에 대해 논하면서 코헛은 새로운 개념을 하나 도입하는데, 바로 이상화된 부모의 이마고(이미지, 표상)이다. 그가 설명하는 순수 쾌락 자아를 보면 아기는 순수 쾌락 자아에서 벗어나면서 (혹은 엄마와 분화를 시작하면서) 대상에게 완벽함과 권능을 부여한다. 그의 생각에 따르면 이렇게 이상화된 부모는 완전히 자기애라고 볼 수도 없고 완전히 대상 사랑이라고 볼 수도 없다. 그의 주장에 따르면 이상화된 부모와 자기애 사이에는 '밀접한' 관계가 있으며 여기에는 프로이트의 동성애 리비도 개념을 사용한다. 그러니까 이상화된 대상은 동성애적 리비도가 카텍시스 되는데, 이때 대상의 동성 여부와는 무관하다. 그렇다면 이 맥락에서 동성애적 리비도는 무엇을 의미하는가? 아이/아기는 세상을 본인의 관심사, 집착, 필요 등으로 바라본다. 그래서 정상 발달의 어느 시점에는 아직 완전히 분리된 (현실적으로 감지된) 대상이 없다. 정상이든 아니면 갈등 아래 있는 (병리적인) 발달이든 그것과는 무관하게 이상화된 대상은 동일시 과정을 통해 자기 안으로 받아들여질 수 있다. 코헛은 말하길 비록 이상화된 대상과 자기애가 밀접한 관련을 지니지만 대상은 "대상-리비도 카텍시스도 일부 받게 된다. 그래서 그 이상적인 특성은 만족의 원천이 되고 아이는 거기에 끈덕지게 매달린다"(같은 책, p. 246). 만약 이상화된 대상이 아기가 (이상화와 관련해) 바라마지 않는 것을 제공하지 못하면 이는 대상의 상실로 경험된다. 여기서 (그리고 프로이트의 이론에서) 이러한 대상의 상실은 "욕동-조절 심리 구조"의 내면화로 이어진다(같은 책, p. 247). 정상 발달에서 대상의 상실은 점진적이고 자연스럽게 일어나고, 만약 실제로 대상의 상실이 있다면 외상 사건이 된다. 그가 말하는 적당한 상실은 오이디푸스 이전에는 조금씩 일어나는 것이며 오이디푸스 단계가 되면 좀 더 극적인 형태로 일어나는 것이다. 이때 오이디푸스 이전 단계의 점진적 상실로 욕동을 조절하는 자아의 기능이 생겨나고, 오이디푸스 시기의 극적인 상실 덕택에 초자아가 만들어진다.

3장과 4장을 읽었다면 이상의 정식화는 상당히 낯이 익을 것이다. 코헛은 프로이트의 개념을 더욱 생생한 것으로 만들어, 심지어 자기애 발달 단계에서도 비록 맹아적 형태일지언정 대상 사랑이 왜 그토록 중요한 것인지를 보여준다. 그는 대상 상실 개념을 유의미하게 확장한다. 그리고 "이상화된 부모에게서 결점이 관찰되면 그에 상응하는 상실된 덕목이 내적으로 보존된다"라고 말한다(같은 책). 그리고 예를 드는데, 아이가 한 거짓말이 들통나지 않고 지나가게 되면 이는 전지전능한 이상화된 부모를 상실한 격이 된다. 그리고 이러한 대상 상실은 내면화되어, 전지전능한 대상은 마침내 모든 것을 다 볼 수 있는 눈이라는 모습으로 내사되어 전지전능한 초자아가 된다. 이상화된 대상에게 주었던 애초의 자기애적 카텍시스 덕택에 이러한 내면화는 특별히 중요해진다. 왜냐하면 이상화된 특성들은 항상 내면화되기 때문이다. 코헛은 부모의 가치 체계나 이상이 이상화라는 과정을 통해 점차 아이에게로 이행하는 현상을 위와 같은 방식으로 설명한다.

이 정식화에서 자아 이상은 대상의 초기 표상이자 순수 쾌락 자아에서 웃자란 것이다. 그래서 자아 이상은 욕동의 제어와 밀접하게 관련되어 있고, 결국에는 가치와 기준의 증표가 되어 초자아라는 심리적 구조로 이어진다. 이에 따라 두 개의 분리된 (하지만 연관된) 발달 경로가 순수 쾌락 자아에서 생겨난다. 하나는 자아 이상이고, 다른 하나는 자기애적 자기다. 이상의 예언적 정식화를 표현하는 코헛의 방식은 이러하다. “자아는 자아 이상의 영향을 위에서 오는 것으로 경험하고, 자기애적 자기의 영향은 아래에서 오는 것으로 경험한다고 말하고 싶다”(같은 책, p. 249). 자기애적 자기는 욕동과 밀접한 것으로 여겨지며 각 단계에 해당하는 적절한 과대함grandiosity과 과시욕으로 드러난다. 적절한 경우에 자기애적 자기는 내면화되어 욕동을 이상과 가치 충족을 위한 활동으로 매개한다. 반면 이러한 구조(자기애적 자기 혹은 이상화된 대상)가 너무 일찍 방해되면 나중에 자기애적 취약성이 생긴다. 코헛은 이상화나 과대함을 그 나이에 맞는 것으로 생각했는데, 가령 이것이 방해되면 오히려 발달이 저해되고 이러한 환상이 “억압되어 추후 개선의 여지조차 막아버리는” 상황이 되어버린다(같은 책). 여기서 코헛이 주장하는 바는 좋은 양육은 아이의 과대함과 이상화를 받아주어야 한다는 것이다. 만약 부모가 아이의 자기애적 발달을 받아들이는 것을 어려워하면 구조화에 문제가 생길 것이고, 대신 모종의 방어가 만들어지게 된다는 뜻이다. 이 부분을 고착지점이라고 부를 것인지는 후에 논할 문제이겠으나, 아이가 과대함과 이상화를 겪고 배워나감에 있어 부모가 충분한 역할을 하지 못하면 분명 고착과 비슷한 일이 벌어진다.

코헛은 성인의 자기애적 갈등의 표현양상에 관해서도 이야기를 했다.

> 만약 초자아를 향한 자아의 본능적 투자가 충분히 탈-성애화되지 못하면(혹은 재-성애화되면) 도덕적 피학성이 초래되는데, 이때 만약 자아가 자아 이상에 부합하지 못하면 자아는 수모의 구렁텅이를 헤매게 된다. 그러나 대체적으로는 자아가 그 이상에 부합하지 못했을 때 자아가 특별히 자기애적 상처를 느끼지는 않는다. 오히려 자아는 갈망과 비슷한 감정을 경험한다[같은 책, p. 250].

인격화된(성애화된) 초자아 구조를 묘사하며 코헛은 말하길, 수모는 어떤 사람이 자신의 인격화된 이상에 따라 행동하지 못한 상태라고 말한다. 부모가 아이로 하여금 이상화된 대상의 상실을 견딜 수 있도록 돕지 못하면 이러한 인격화가 초래된다. 분명 부모의 통제를 벗어나는 일도 생긴다. 죽음, 전쟁, 그리고 불가피한 세상사로 인해 아이나 어른이나 적절한 이상화를 유지하지 못하는 경우가 있기 마련이다. 그가 들었던 예는 나치로부터 도망을 가는 가족에서 아이의 이상화를 받아내기 힘들어하는 부모의 예였다. 이 생각을 조금 확장하면 수 세대에 걸쳐 안팎으로 '열등함'을 경험한 미국의 흑인 부모들에게도 적용된다. 사회가 당신의 열등함과 무식함을 대놓고 떠벌리기 시작하면 아이가 당신에게 주는 전지전능한 이상화를 받아내기가 어려울 것이다. 한편 코헛에게 있어 초자아 발달의 어려움은 자기애적 자기개념과 맥락을 같이 한다. 그는 이렇게 말한다.

> 아이의 자존감에 가해진 외상의 충격으로 인해 과대 환상이 억압되어 (…) 자기애적 자기의 과대함이 충분히 교정되지 않게 되면 성년의 자

> 아도 자기에 대한 비이성적 평가절상과 열등감 사이를 오가게 된다. 그리고 그 야심에 방해가 가해지면 자기애적 치욕으로 반응하게 된다 [같은 책, p. 251].

아이의 과대함에 대한 부모의 수용이 당연한 시기가 있는데, 만약 이것이 이루어지지 않으면 자기애적 자기의 억압이 초래된다. 이상화된 대상을 향한 갈구, 그리고 야망의 좌절을 견딜 수 없음은 자기애적 발달을 적절하게 완수하지 못한 사람이 보이는 대표적인 두 가지 모습이다. 코헛은 전반적으로 프로이트주의의 틀 안에 머물렀으나 이미 프로이트 이론을 확장하여 대상관계적 맥락에 위치시키고 있다. 그래서 초자아 발달 개념도 이제 전-오이디푸스 시기에서 오이디푸스 단계에 이르는 자기애적 이슈와 단단히 결합하게 된다. 다음에 발표한 중요한 논문에서 그는 자기애 성격 장애 환자의 치료와 관련해 중요한 개념을 제시하게 된다.

치료적 함의

이전에 발표한 논문에서 이미 코헛은 자기애적 성격 장애 환자도 정신분석에서 활성화되는 전이를 보일 수 있다고 말했다. 이 논문에서 그는 '자기애적 자기'라는 용어를 동어반복이라며 폐기하고, 그 대신 '과대 자기 grandiose self'라는 용어를 사용한다. 여전히 두 개의 상호 관련된 발달 경로가 있는데, 그 축의 하나는 자기(앞서 자기애적 자기라고 불린)에 대한 과대, 과시적 이미지이고 다른 하나는 이상화된 부모의 이미지이다. 이 책의 첫 부분에서 코헛은 그가 정신분석이 이루어질 수 있는 조건이라 여기는 것에 대해 상세하게 이야기한다.

> 저절로 이루어지든 아니면 치료 중에 이루어지든 간에, 심각한 퇴행으로 인해 마음-몸-자기, 그리고 자가성애 단계에 속한 그 기능에 불안정한 전-심리학적 파편화가 초래될 수도 있다(Nagera, 1964 참고). 하지만 내가 관심을 두고 있는 것은 자기애적 병리 특유의, 전이와 유사한 상태로, 이것은 치료적으로 유익한 상태이다. 이 상태가 기반하는 것은 심리학적으로 섬세하고 응집력 있는 형상이 활성화된 것으로, 이 형상은 자기애적으로 지각된 분석가의 심리적 표상과 함께 안정된 혼합물을 만든다. 이러한 자기애적 전이-혼합물의 상대적 안정성이 한편으로는 병리적 자기애 성격에서 정신분석 수행을 위한 전제조건이 된다[1968, p. 86].

(이렇게 긴 발췌문을 가지고 온 이유는 독자들이 코헛의 글쓰기 스타일이기도 했던, 당시의 전통적 언어 사용에 대한 감각을 제공하기 위함이기도 하다.)

여기시 그는 경계를 설정하는데, 말하자면 만약 환자가 분석가를 향해 안정적인 전이-혼합물을 만들어내지 못한다면 분석은 불가능하다는 것이다. 그 또한 자기애적 환자가 이러한 조건을 만들어낼 수 있을지 예측하기는 어렵다는 점을 인정한다. 하지만 그러한 중에도 가장 긍정적인 치료적 결과를 위한 방법을 이야기하려 한다. 오늘날의 용어를 빌자면 그는 일부 경계선 환자와 정신증 환자는 자신이 옹호하는 치료에 해당 사항이 없다고 말하고 있다. 시대착오적 진술을 막기 위해 다시 한번 반복해두는데, 그가 말하고 있는 부류의 환자들에 대해 당시 대다수의 미국 정신분석 기관은 정신분석 불가라고 판단했었다.

책의 서두에서 코헛은 두 종류의 자기애적 전이, 즉, 이상화 전이idealizing transference와 거울 전이mirroring transference 상태가 있다고 말한다. 이상화 전이는 이상화된 부모의 이미지가 활성화되는 전이이고, 거울 전이는 과대 자기가 활성화되는 전이이다. 그는 두 전이의 진행 양상을 이렇게 묘사한다. 이상화 전이의 목적은 대상과의 합일로, 이때 대상은 이상화된 대상 없이는 무기력하고 공허함만을 느끼는 나를 보호하고 필요한 것을 제공한다(두 가지 전이 모두 비슷한 역동이다). 부모 표상의 내면화(혹은 변형)가 방해받기 쉬운 발달상의 취약한 기간이 있다. 이 시기는 초기 유아기에서 적어도 잠복기의 시작에 이른다. 이 정식화에 따르면 성공적인 초자아 내면화가 이루어지면 아이는 이상화된 대상에 의존하지 않을 수 있게 되고, 이 초자아 안에는 부모상을 위해 남겨둔 이상화도 일부분 포함된다. 한편 잠복기의 시작도 여전히 오이디푸스 시기의 일부분으로 생각할 수 있으므로 자기애적으로 취약한 시기는 초기 유아기에서 잠복기 초반에 이르는 셈이라고 볼 수 있다. 물론 이는 가설적인 진술에 불과한데, 왜냐하면 어느 발달 단계의 외상 때문에라도 아동기, 청소년기, 성인기는 취약해질 수 있기 때문이다.

만약 어떤 환자가 이상화 전이의 경향을 보일 때 "분석가가 조급한 전이 해석을 시도함으로써 방해하지만 않는다면," 치료의 시작에 관해 거의 아무런 말을 할 필요가 없다고 그는 주장한다(1968, p. 94). 그리고 자기 감각이나 개별성을 잃는 데에 대한 환자의 불안을 고려하면 비록 자기애 환자 특유의 퇴행이 나타나겠지만 또한 심각한 저항이 있을 수 있다고도 말한다. 코헛은 이상의 진술을 모순적으로 생각하지 않고 오히려 이상화 전이의 진행 경과에 관해 이야기한다. 전이가 좀 더 충분히 발달하면 "환자는 힘이 넘치고, 선하고, 할 수 있다고 느낀다"(같은 책, p. 93). 하지만 그가 정신분석의 훈습 단계라고 부르는 시기가 시작하는 것은 위와 같은 전이가 흔들릴 때인데, 가령 일상의 사건, 휴가, 긴 주말, 병가, 역전이 방해 같은 일이 생길 때이다. 환자가 분석가의 완벽함(공감)에 균열을 경험하게 되면 동시에 정신분석 또한 그들의 자존감에 흠집을 만드는 것으로 경험하게 된다. 이 시점에서 환자는 분석가의 해석에 도움을 받아야 한다. 코헛이 생각하는 해석에는 구분되는 두 개의 단계에서 다루어야 하는 이슈가 있다. 먼저 환자의 주된 경험은 이상화된 대상(분석가)을 외면하고 과대 자기의 측면들을 드러내는 것이다. 하지만 분석가가 이 분리의 의미를 적절하게 해석할 수 있으면 전이는 회복될 수 있다. 분석가는 반드시 이상화, 혹은 자기애적 '리비도'의 관점으로 해석해야 하며 해석은 반드시 "환자의 느낌에 대한 올바른 공감과 함께 주어져야 한다. (…) 그러면 점차 한 무리의 유의미한 기억이 떠오르게 될 것인데, 이는 현재 경험의 역동적 원형들과 연관된 것들이다"(같은 책, p. 95). 여기서 코헛이 언급은 했으나 강조하지 않은 부분은 치료자의 역전이와 관련한 어려움인데, 그는 환자가 냉소, 무관심, 과대함을 보이게 되면서 분석가는 환자와 공감을 유지하는 데 상당한 어려움과 부담을 겪게 된다고 말했다. 이러한 과대함은 종종 분리에 대한 반응으로 생겨난다. 한편 좀 더 흔하지만 덜 두드러지는 예는 환자가 분석가의 공감 실패를 감지하는 경우이다. 그러나 분석가가 환자의 불편한 경험을 공감적으로 해석하게 되면 일련의 유의미한 기억들이 떠오르게 된다. 예를 들어,

> 환자는 어린 시절에 경험했던 외로운 시간, 즉 이상화된 부모로부터 분리된 탓에 겪어야 했던 파편화와 건강 염려증, 무감각, 그리고 그 느낌을 극복하려 애썼던 시간을 기억해 낼 것이다. 또한 이상화된 부모의 이마고와 그 기능을 대신하기 위해 스스로 성애화된 대체물을 만들어내었음을, 그리고 과대 자기에 필사적인 과-카텍시스를 부여했음을, 기억해 내고 감사해하며 이해하게 될 것이다. 지하실의 거친 바닥에 얼굴을 비볐던 기억, 엄마의 사진을 바라보고 있었던 순간, 엄마의 서랍을 뒤적이며 냄새를 맡던 기억들, 가당찮게도 위험천만한 곡예가 되어 버린 비상飛上에의 환상, 그리고 그렇게 해서라도 자신을 위안하려 했음을 기억하게 될 것이다. 어른의 분석에서는 (가령 주말 동안

> 의) 강렬한 관음증적 충동, 무언가를 훔치고 싶은 충동, 무분별한 자동차 질주 같은 것들이 유사한 경험들이다. 어린 시절의 기억, 그리고 그와 유사한 전이 경험에 대한 깊어진 이해를 통해 환자의 자아는 좀 더 단단해지고 그렇게 애초 자동적 반응이었던 행동은 점차 목적이 억제aim-inhibited된 것이 되어 간다[같은 책, p. 94].

조금씩 환자는 이상화 전이 속에서 이러한 이행에 익숙해질 것이고, 좀 더 지속적인 전이 상태를 유지할 수 있게 된다. 그래서 환자는 이제 분석가와의 분리를 경험하거나 심지어 실제로 분리되어있을 때도 그 불편함을 견딜 수 있게 된다. 이러한 능력의 점진적 발달은 구조가 생긴다는 신호이다. 구조의 수립은 동시에 환자가 분석을 통해 자기애 발달을 완결하고 (혹은 그 과정에) 있다는 신호이기도 하다. 위의 논의를 보면 이상화 전이는 마침내 상대적으로 가학성과 피학성이 줄어든 탈-인격화된 이상들을 품은, 건강한 구조로 변화하게 된다.

후에(1977) 코헛은 양극성 자기bipolar self라는 개념을 제시하면서 과대 자기와 이상화된 대상을 하나의 구조 안에 묶는다. 그러나 이 시기(1968, 1971)의 과대 자기의 활성화는 아직 별개의 전이 상태로 여겨진다. 과대 자기가 전이 안에서 활성화되면 코헛은 이를 거울 전이라고 불렀다. 거울 전이에는 (발달 순으로) 합병 전이merger transference, 쌍둥이 전이twinship transference, 마지막으로 고유 거울 전이mirroring transference proper, 혹은 '빛나는 눈길gleam in the eye'이라고 표현할 수 있는 세 종류가 있다. 합병 전이는 환자가 분석가를 본인의 자기 감각 일부로 받아들이거나 함입하는 현상이다. 이때 분석가는 환자의 한 부분으로 여겨진다. 쌍둥이 전이 혹은 분신 전이alter-ego transference는 좀 더 나중의 것으로, 이때 환자는 분석가를 자기와 꼭 닮은 사람들로 인식한다. 그리고 내가 빛나는 눈길 전이라고 불렀던 전이는 코헛의 표현을 빌자면 아이의 과시욕을 되비추는 것으로, 이때 아이는 엄마(부모)의 관심이 자신에게 모이고 자신이 시도하는 놀이와 성취가 부모에게 받아들여진 탓에 한껏 들뜬 상태가 된다. 빛나는 눈길을 보냄으로써 엄마는 아이의 행동에 영향을 미치게 되고, 해도 되는 놀이라는 메시지를 준다. 보는 바와 같이 위의 전이 상황은 기본적으로 아동기 경험과 직접적 유사점을 가진다.

거울 전이의 핵심적 요소는 아이의 아동기 과시적 환상을 부추기는 것이다. 비록 이점이 핵심이지만 코헛에 의하면 그 실천은 상당히 어렵고 분석가는 환자가 제공하는 연상에 실망할지도 모른다. 그의 설명에 의하면 환자는 수치심, 당혹감, 모멸감으로 인해 환상에 대해 충분히 이야기하기가 어렵다. 그래서 어린 시절에 줄곧 하고 살았던, 상상으로 세상을 지배하던 환상은 활성화되기가 어려운데, 하지만 일단 활성화되면 여기에 대해 현실적인 관점을 제시하지는 않도록 경고한다. 코헛이 말하기를, 만약 이상화 전이나 거울 전이에 균열이 생기게 되면 아래와 같은 일이 생긴다.

> 이상화 전이가 교란될 경우, 이상화된 부모의 이마고가 일시적으로 살짝 해체되는데 이러한 움직임은 치료적으로 아주 중요하며 또한 일시적으로 일어나는 조절된 현상이다. 이와 비슷하게 거울 전이가 교란되면, 그 결과 일시적으로 자기애적 카텍시스가 부착된 응집력 있는 (몸-마음) 자기에 파편화가 일어난다. 그리고 일시적으로 자기애적 카텍시스는 신체나 정신기능의 한 부분 혹은 특정 행위에 모이게 되는데, 이는 무너지고 있는 자기로부터 위험천만하게 유리된 것으로 경험된다[1968, p. 98].

이때 환자의 자기 감각이 일시적으로 파편화되는 현상이 제대로 해석되면 환자는 자신의 온전함을 느끼는 데 있어서 분석가의 응시(존재)

가 하는 역할을 이해하게 된다. 그러면서 점차 과대 자기가 서서히 노출되고 "과대 자기와 자아라는 현실적 구조가 통합"된다(같은 책, p. 99). 이러한 통합의 목적은 자아에 의해 조절된 야망의 성취를 위한 행동의 잠재력, 그리고 현실적이면서도 긍정적인 자존감을 먼저 수립하고 그다음 이것들을 억제에서 놓이게 하는 것이다.

분석상의 위험들

코헛은 보통 이상화 전이나 거울 전이를 자극하거나 만들려고 하는 것은 실수라고 말하며 실제로도 알렉산더의 교정적 정서 체험에 대해 경고했다(알렉산더 등, 1946). 코헛이 이 부분에 특히 예민한 것은 어렵잖게 이해할 수 있는데, 실제로 많은 분석가가 코헛이 하려는 치료에 대해 알렉산더의 교정적 정서 체험과 맞닿아있다고 주장했었다. 이러한 맥락에서 그가 말하길, 분석가가 이론적으로 분석 과정을 충분히 이해하지 못하면 그들은 "해석의 모자란 부분을 암시적 압박으로 대체하려는 경향을 보이고, 그렇게 되면 치료자의 인격이 지니는 무게가 훨씬 중요해진다"(1968, p. 101)라고 했다. 하지만 우리가 자기애를 둘러싼 이슈를 알게 되면 될수록 분석가의 작업은 "이성의 성공이 된다. 즉, 해석과 재구성에 의한 성공인 셈이다"(같은 책, p. 102). 그래서 환자를 기만, 현혹하는 분석가는 '견고한' 분석 원리에 기반한 치료자로 대체될 것이라고 말한다.

코헛은 자기애 환자를 치료하는 동안 분석가가 빠질 수 있는 몇몇 분석적 '함정'에 대해 이야기한다. 그가 꼽는 세 가지는 가치 판단value judgment, 설교moralizing, 치료적 행동주의therapeutic activism로 여기서 분석가는 "기본적인 분석적 태도를 떠나 환자에게 리더나 선생 역할을 하려고 한다"(같은 책). 여기에 더해 추상적 해석의 경향도 있다. 물론 이러한 위험은 모든 분석에 상존한다고 말할 수도 있다. 이것에서의 핵심은 이러한 경향이 자기애적 환자의 치료에서 더 많은지의 여부, 그리고 만약 그러하다면 왜 그런가에 대한 것이다. 코헛은 예를 통해 이 질문에 대답했는데 나는 여러 곳에서 그 예를 인용했다(Ellman, 1991, 1998a). 가톨릭 신자인 환자 한 명이 영감에 찬, 이상적 사제에 대한 꿈을 꿨고, 이 꿈은 치료자에 대한 전이를 드러내는 꿈으로 생각될 수 있었다. 분석가는 이 꿈을 해석하지 않았으며 대신 (꿈이 나왔을 때) 일찌감치 환자에게 자신은 가톨릭 신자가 아니라고 말해버렸다. 분석가는 여기에 대해서 환자의 "현실 감각이 흐릿했으므로" 환자에게 이 "현실"을 알려줬을 뿐이라고 변명한다(같은 책, p. 104). 하지만 코헛은 여기에 대해 분석가의 행동은 환자가 시도한 거울 (쌍둥이) 전이에 대한 거절이라고 말했다. 그의 결론은 자기애적 환자를 치료할 때 흔히 있는 역전이 경향에 대한 언급이다.

> 환자가 드러내는 이상화에 대한 거절은 정신분석적으로 온당치 않은 것으로, 보통 자기애적 긴장을 떨쳐내려는 방어적 동기가 있다. 그 자기애적 긴장은 당혹스러움으로 경험되며, 심지어는 건강염려증적 몰입에 이르기도 한다. 이는 분석가의 억압된 과대 자기 환상이 환자가 보내는 이상화에 의해 자극됨에 따라 생겨나는 것이다[같은 책].

코헛은 이러한 거절은 크거나 작을 수 있고 미묘하게도, 때론 노골적으로도 나타날 수 있다고 말한다. 하지만 분석가가 어떻게든 환자의 전이를 거절하게 되면 분석은 억눌린다. 흥미로운 부분은 이런 맥락에서 그가 프로이트를 인용한다는 것이다. 그는 "누군가가 어떤 이를 너무 사랑한다는 이유로 그에게 너무 적게 주는 것은 환자에게 공평하지도 않을뿐더러 기법적으로도 오류이다"(같은 책, Freud, 1913). 여기서 코헛은 역전이 반응이 또한 반-직관적이기도 하다고 말한다. 환자에게 위엄을 보이거나 혹은 유사 신앙적 태도를 가지고 환자에게 노골적으로 영향을 끼치려는 행동에 내재한 위험을 논하는 것은 비교적 쉽다. 하지만 그가 말하려는 (그리고 예를 통해 강조하려는) 또 다른 측면은 환자의 이상화를 받아내기가 쉽지 않다는 점이다. 과대해진 환자의 전이를 받아들이는 일은 어렵겠지만 사실 이는 편견일 수 있다. 물론 자신의 성취나 감정, 사고에 점점 비현실적으로 도취해 가는 사람에게 말을 붙이는 것은 당연히 어려운 일이다. 하지만 이상화는 우리가 종종 원하는 경험이기도 하다. 그런데 왜 분석가에게는 이것이 어려울까? 코헛은 쌍둥이 전이에 대해 말하면서 그 대답을 하는데, "분석가로서는 최소한의 자기애적 만족, 즉 분석가의 개별적 존재를 인정받는 것도 박탈당했기 때문이다"(1968, p. 107). 이 맥락에서 나는 코헛이 특정 종류의 자기애적 전이뿐 아니라 암묵적으로 모든 종류의 전이를 겪어냄에 있어 당면하는 어려움에 관해 이야기하고 있다고 생각한다.

치료의 시작에 대해서

이 책에서 코헛은 자기애적 전이에 초점을 맞추지만, 책의 끝부분에 이르면 (그리고 1971년 책에서도) 자기애적 환자의 치료 시작에 대한 경험을 공유한다. 그가 인용한 증례 중 하나에서 그가 발견한 것은 사실상 환자가 이미 말한 것을 그대로 반복하거나 요약하는 정도의 개입으로도 환자가 진정된다는 것이었다. 그리고 환자가 본인의 감정에 대해 발견하고 생각해낸 것보다 더 많은 것을 분석가가 입 밖에 꺼내면 오히려 분석을 망치게 된다는 점도 발견했다. (흥미롭게도 신-클라인 학파 분석가 중 하나도 오래전 비슷한 발견을 했는데 딱히 코헛을 언급하지는 않았다[Britton, 1997]. 사실 이 부분은 별로 놀랍지는 않은데, 왜냐하면 코헛도 거의 다른 분석가들을 언급하지 않았을뿐더러 언급한 경우라고 해봐야 책의 끝부분에 제이콥슨, 클라인, 하트만 정도의 이름을 언급하며 그들의 작업과 비교해 보면 흥미롭겠다고 말하는 정도였기 때문이다[1968, p. 111].) 당시 그는 자신이 든 예가 어떤 이들의 눈에는 비-분석적으로 보일지도 모른다고 느낀 것 같다. 그래서 코헛은 다시 한 번 자신을 향한 세간의 비판을 언급하는데, 말하자면 그가 환자의 응석을 받아주어 속칭 교정적 정서 체험을 제공하려고 든다는 부분이다. 하지만 여기에 대해 그는 이런 식의 개입이 이루어지는 것은 환자의 과대자기가 발현하는 초기 시점에만 그러하다고 말하는데, 자못 격하게 들린다. 나중에 환자의 이러한 요구가 줄어들면서, "우울증으로 인해 엄마가 자기-몰입으로 빠져드는 모습과 관련한, 한 무리의 유사한 기억들이 잇달아 떠올랐다"(1968, p. 110). 코헛은 환자에 대해 더 많은 것을 이야기했으나 일단은 여기에서 잠시 멈추고 그가 종종 전통적인 정신분석적 치료를 어기게 될까 우려한 부분에 관해 이야기하고 싶다. 그는 자신이 환자를 만족시키거나 정신분석 치료의 일차적 도구인 해석에서 멀어지고 있는 게 아니라는 점을 증명할 필요를 느꼈다. 그러나 이 시기의 그의 글을 대충만 읽어보더라도 그가 전통적인 정신분석에서 멀어지고 있음은 알 수 있다. 그는 여러모로 전통적인 정신분석의 기본 가정들에 대한 근원적 의문을 제기할 사전작업을 준비하고 있었다. 혹자는 이 시점에서 과연 코헛의 이론이 프로이트주의 전통과 양립할 수 있는지 궁금할 것이다. 그 문제는 17장에서 다루도록 하겠다.

코헛은 공격성의 역할에 대해서는 우선 넘어가겠다고 하면서 그의 책을 마친다. 그리고 다음번 책에서 그는 자기애 환자들을 치료하는 데 있어서 공격성의 역할에 대한 자신의 생각을 제시한다.

자기애적 노여움과 이론상의 추가적 발전

자기애적 노여움에 관한 글은(1972) 시적이면서도 영감을 주는데, 여기서 코헛은 노여움과 공격성에 관해 쓴다. 그는 노여움이 기본적으로 자기애적 모욕, 혹은 좀 더 정확하게는 창피와 수치심을 일으키는 심리적 '타격'에 대한 반응이라고 생각했다. 이 정식에서 노여움은 과대 자기와 이상화된 대상을 회복하려는 시도로 생각된다. 노여움과 공격성을 다루기 전에 코헛은 프로이트주의와 당대의 그의 동료였던 고전주의 분석가들로부터 거리를 두는 시도를 한다. 그의 진술은 흥미롭기까지 하다.

> 여기까지 내가 한 언급은 여행을 떠나기 전에 집을 정리해두는 것과 비슷하다고 볼 수 있다. 여기에서 집은 자기애의 리비도 측면에 대한 작업인데, 사실 이 작업은 벌써 끝났지만 길을 떠나기에 앞서 자잘하게 남은 부분들을 정리하려는 것이다. 이 여정은 필시 자기애적 노여움이라는 험난한 영역으로 이어질 것이며 나중에는 집단 심리학이라는 미지의 장소에 이르게 될 것이다[1972, p. 372]

그는 자질구레하게 남은 부분의 정리 정돈을 위해 책의 상당 부분을 할애하는데, 아마도 그에게는 아주 중요한 부분이었을 것이다. 그리고 돌아보면 여기서 그가 새로운 길을 제시한 것 또한 불가피했던 것 같다.

새로운 자기-심리학을 향해

청소의 시작은 이전 저작을 통해 제시한 논점을 다시 한번 명료하게 만드는 것이었다(1966, 1968, 1971). 그는 자기애 발달에서 가장 중요한 부분은 그것이 "독립적인 발달 경로로, 아주 원시적인 수준에서 성숙, 적응, 문화적으로 귀중한 수준에 이를 수 있다"라는 점이라고 한다(1972, p. 361). 자기애 발달은 분리된 발달 경로일 뿐 아니라 기본적으로 부모의 반응 정도에 의해 결정된다. "때때로 부모는 아이에게 공감 어린 자기애적 합병merger 안에서 관계를 맺고, (때로는) 아이를 그 자신이 나름 주도권을 갖는 독립된 중심으로 바라볼 것이다. 즉, 아이에게 대상 리비도를 투자할 것이다"(같은 책, p. 362). 여기서 코헛은 발달의 주요 결정인자로서의 욕동 개념을 떠나고 있다. 대신 자기애 발달과 리비도 발달에 있어 결정적 요인이 되는 아이와 부모의 상호작용에 관해 주로 이야기하고 있다. 그리고 자기애를 대하는 분석가들의 태도 문제로 돌아와서 사람들이 U-tube 이론이라 부르는 것에 대해 이야기한다.

「On narcissism」(1914c)에서 프로이트의 모델은 어떤 사람이 자기애적 관심사를 가지고 있으면 다른 사람(대상)을 향한 관심은 줄어든다는 것이었다. 그래서 누군가가 자기 자신에게 리비도를 투자하면 튜브 안의 리비도는 다른 사람에게서 멀어진다. 이 모델에 따르면 자기애적 환자는 다른 사람에 대해서는 생각하지 못하고 본인의 고통과 불편에만 관심이 있다. 반대로 누군가가 사랑에 빠지면 사랑하는 사람에게 이르기 위해서 많은 고통을 참을 수 있게 된다(눈, 비를 맞으며 기다리는 연인들 같이). 코헛도 이 이론으로 이런 현상을 설명할 수 있음은 인정하지만, 주의력(주의력 카텍시스)의 배분이라는 관점으로도 쉽게 설명할 수 있다고 말한다. 한마디로 사랑이나 고통에 빠진 사람은 다른 것에 주의를 돌리기 어렵다는 뜻이다.

코헛은 "가령 대상 사랑에 동반한 높아진 자존감이 드러내는 두 리비도 카텍시스 사이의 관계는 U-tube 이론에서 설명하는 카텍시스의 등락과 잘 맞지 않는다"라고 말하며 또 다른 난제를 언급한다(1972, p. 363). 하지만 코헛의 주장과 반대로 프로이트가 하려는 말은 사랑에 빠진 사람은 연인으로부터 사랑을 받게 되면 그 자존감이 높아지지만, 사랑이 보답받지 못하면 고통받는다는 뜻이었다. 프로이트의 주장에 따르면 자존감은 애정 관계 당사자들의 상호작용에 달린 셈이다. 나는 이상의 설명이 U-tube 이론과 양립하지 못할 이유를 찾지 못하겠고, 게다가 이는 프로이트가 전달하려는 주된 논점도 아니었다. 여기에서 프로이트의 주장은 사랑은 반드시 사람(대상) 사이의 관계를 포함하며, 궁극의 만족을 얻게 되는 유일한 방법은 인간적 친밀함(대상관계)을 통해서라는 점이었다. 프로이트 설명은 U-tube 모델의 비유가 없어도 논리적으로 문제가 없다. 아마 프로이트가 했던 생각의 주요 측면들은 정작 코헛이 이야기하려 했던 것보다 훨씬 더 코헛의 생각에 가까웠을 것이다.

그러나 코헛은 프로이트를 비평하기보다는 고전주의 정신분석 이론에서 독립된 별개의 이론적-임상적 체계를 세우기를 원했다. 그의 주요 관심사는 '다분히 경멸적인 의미'를 가진 자기애 개념을 제거하는 것이었다. 여기에서 말하는 다분히 경멸적 의미는 자기애적 양상이 "퇴행의 소산이거나 아니면 방어의 소산"으로 여겨지는 것이었다(같은 책). 그는 자기애적 환자를 치료하는 분석가가 겪을 수 있는 역전이 현상에 대해 이미 공공연하게 이야기해왔고, 여기에서는 건강한 자기애적 표현조차 받아들이지 못하는 모습을 다시 한번 지적한다. 사회적 관점에서 볼 때 만약 과대 자기나 이상화된 대상이 표현될 출구를 찾지 못하면 통제하기 어려운 문화적 혼란이 초래될 것이다. 그는 빅토리아 시대의 섹스에 대한 위선이 오늘날 자기애에 대해 보이는 위선과 비슷하다고 여겼다.

코헛이 보기에는 분석가가 자기애에 대해 어떤 태도를 보이는가는 핵심적인 이슈였으며, 여기에 더해 장차 그를 미국의 전통적 분석가 그룹에서 분리하게 될 이슈들도 제기하게 된다. 그는 자아 우세ego dominance와 자아 자율성ego autonomy을 구분한다. 그리고 이 구분은 전체 정신분석의 패러다임에 있어 핵심적 의미를 지닌다. 자아 자율성은 (코헛에 따르면) 말에서 내린 기수에 비유될 수 있는데, 이때 기수는 혼자 서 있으며 "그가 관찰한 것들을 (…) 냉정하고 차분하게 되짚어본다"(같은 책, p. 365). 자아 우세는 말안장 위의 기수에 비유될 수 있으며, 자기 자신의 내면세계에 반응하는 사람 혹은 "자신의 목적을 수립하고 환경에 대한 주요 반응을 형성하면서 자기 안의 힘에 반응하는" 사람이다(같은 책). 자아 자율성이라는 이상은 고전주의 정신분석의 목표로, 코헛이 보기에는 탈-신비화의 대상이었다. 이 부분은 당시 코헛이 초점을 맞추지는 않았던 부분이지만 그래도 정신분석의 목적을 논함에 있어 그에게 중요한 지점이다. 요컨대 고전적 의미에서 분석이 잘 된 사람은 홀로 설 수 있어야 하며 완전히 자기-충족한다는 뜻으로, 여기에는 끊임없이 타인을 필요로 하는 인간의 처지가 반영되고 있지 않다. 이런 관점에 내재한 또 하나의 생각이 홀로 있을 수 있는 능력에 관한 것인데, 코헛의 자아 우세 개념에 이 요소가 얼마나 포함되어 있는지는 잘 모르겠다. 반면 자아 우세는 개개인의 환경에 대한 반응, 그리고 환경과의 관계를 포함한다. 이는 그가 앞으로 제시하게 될 자기대상selfobject 개념으로 가는 중간 과정이기도 하다. 이렇게 보면 그가 제기하는 질문은 자신이 "피리 부는 사나이처럼 말하자면 대상-리비도 오이디푸스 콤플렉스라는 단단한 토대에서 아이들을 꾀어내고 있지는 않은가"하는 것이었다(같은 책, p. 366). 그는 자신이 그저 프로이트 이론을 단순히 확장하고 있는 것만은 아니라는 것을 잘 알고 있었다. 오히려 그의 관점으로 보자면 프로이트주의 이론을 대체할 이론을 제시하고 있었다. 유념해야 하는 것은 그가 자신의 이론과 당대의 미국 프로이트주의자들의 생각(그러니까 만년의 프로이트가 제시했던 이론)을 대비시키고 있다는 점이다. 그는 자신이 지금 "오이디푸스 드라마의 정서적 실제성을 완전히 받아들이는 것에 대한 케케묵은 저항"에 일종의 힘을 보태고 있지는 않은지 자문한다(같은 책). 이러한 질문 형태는 재밌는데, 왜냐하면 정작 그가 내세우고 있는 순수 쾌락 자아(1915c) 개념은 프로이트가 오이디푸스 콤플렉스에 몰입하기 전에 만든 것이기 때문이다. 그렇다면 오이디푸스 콤플렉스 개념은 프로이트주의이고, 순수 쾌락 자아 개념은 프로이트의 생각이 아니란 말인가? 분명 코헛은 당시 프로이트의 이론에 오이디푸스 콤플렉스와 무관한 고착지점이 있었음을 알고 있었을 것이다(3장 참고). 하지만 그가 말하는 프로이트주의 이론은 Arlow와 Brenner(1964)가 말한 프로이트주의였다. 그들은 오이디푸스 단계를 갈등의 내면화에 있어 근본이자 모든 병리가 만들어지는 갈등이 일어나는 지점으로 여겼다. 알로우와 브레너를 비롯한 현대의 많은 분석가가 오이디푸스 콤플렉스를 모든 병리의 근원으로 여기는 것은 사실이다. 하지만 정작 프로이트는 1926년까지도 여기에 대해 확신이 없는 것 같다. 오히려 프로이트는 열린 사고의 소유자로, 이러한 이슈들을 좀 더 포괄적이고 효과적으로 개념화하여 더 광범위한 경험을 설명할 수 있을지도 모른다고 생각했었다.

마지막으로 덧붙이면 코헛은 두 가지 입장 사이의 갈등을 드러내는데, 말하자면 자기애적 이슈를 강조하는 이론과 "대상-본능 영역"의 이슈를 강조하는 이론 사이에 내재하는 갈등이다(1972, p. 366). 흥미롭게도 1966년 논문에서 그는 이상화된 대상은 "자기애적 리비도에 의해 카텍시스 된다"라고 주장했으나, 이와 동시에 주장한 것은 심지어 이 시기에도 대상 사랑의 측면이 존재한다는 것이었다. 비록 일찌감치 자기애 발달을 이야기하지만, 대상 사랑과 자기애의 단순한 혼합 이상을 볼 수 있었던 셈이다. 이러한 혼합은 후에 다른 형태로 다시 한번 나타날 것이다.

비록 이전에도 이 용어를 쓴 적이 있지만(1971), 그는 여기서 자기-대상이라는 용어로 발달 초기의 경험을 생생히 묘사한다. 이것은 향후 그의 이론을 예고하는 바, 이제 모든 현상은 자기대상이라는 매트릭스 안에서 벌어지는 일이 된다. 자기대상이 분명하게 의미하는 것은 누군가의 표상 세계 안에서 자기와 타인이 연결되어 있다는 것이다. 처음에 그는 이것이 태곳적 혹은 초기의 표상 형태라고 생각했으나 그보다는 그의 새로운 이론 전개를 위한 첫 단추로 생각하는 편이 옳다. 여기에서 그의 이론은 모든 것에 앞서 자기 응집력의 중요성을 강조하고, 나아가 아동기와 성인기의 적정 발달에서 자기대상 상태가 발생함을 강조한다. 이 글에서 그는 자기애와 관련한 이슈는 언제나 존재하며, "자신의 성기에 대한 아이의 감수성은 심리성적 발달 단계 중 남근기에 최고조에 달한다 (…) 이는 (…) 아이의 (신체적) 자기애를 견인하는 부위가 된다"라고 말한다(1972, p. 372). 그리고 항문기에는 유사한 자기애적 카텍시스가 똥에 형성된다.

여기에서 그는 모든 정신병리를 자기애적 이슈로 설명하려는 후기의 경향성을 내비치고 있다. 이러한 개념화에 따르면 수치심의 정서와 과시욕을 둘러싼 갈등은 모든 정신병리, 혹은 적어도 대다수의 정신병리가 가지는 특징이다. 1972년 논문에서 그는 pseudo-classical, 혹은 pseudo-transference neurotics라고 불렀던 사람들에 대해 언급한다. 동시에 그는 가짜 자기애적 환자도 있다고 말하며 이런 병리들을 가려낼 수 있는 유일한 방법은 치료 상황에서 전이 양상을 보는 것뿐이라고 말한다. 여기에서 우리는 접근법에 여전히 상보성 같은 것이 있음을 알 수 있다. 하지만 전이 신경증이 있는 경우라고 하더라도 basic fault(Balint의 용어다, 1968)가 생기는 것은 발달상 자기애 단계이다. 당시로서는 당연한 일로 여겨졌기에, 코헛도 프로이트를 의무적으로 인용한다. 인용된 구절에는 전기적 소설가였던 Emil Ludwig에 대한 언급도 있었는데, 이 사람은 Adler로부터 많은 영향을 받은 인물이었다. 그 소설에서 에밀 루드비히는 전쟁을 일으켜서 공격하고자 하는 빌헬름 황제의 의지를 황제의 기관 열등감organ inferiority에 대한 반응으로 설명한다(황제는 선천적으로 한쪽 팔에 장애가 있었다). 프로이트는 이것을 직설적으로 반박한다. "그렇지 않다! 빌헬름 황제가 자기애적 모멸에 예민해진 것은 출생 당시에 입었던 장애 그 자체 때문이 아니다. 오히려 완벽하지 못한 아들을 참을 수 없었던 오만한 엄마가 아이를 밀어냈기 때문이다"(1972, p. 372). 따라서 프로이트는 사실상 이 엄마가 아이에게 적절한 미러링이나 자기애적 지지를 주었더라면, 황제가 자신의 선천적 장애를 극복할 수 있었을 것이라고 말한다. 코헛은 프로이트의 의견에 동의하면서 아들러의 기관 열등감 이론에 반대를 표한다. 흥미로운 것은 여기에서는 프로이트를 인용하며 적극적인 동의를 표하지만, 프로이트가 아들러에 대해 언급할 때에는 기관 열등감 이론을 칭찬했다는 이유로 프로이트를 다소 깎아내린다. 이것은 분명 코헛의 양가감정을 드러내는 부분이다. 왜냐하면 그가 인용한 프로이트의 아들러에 관한 언급에서 프로이트는 아들러를 완전히 초토화시키면서 아들러가 무능력하며 무의식 현상을 이해할 수 없다는 식으로 말하기 때문이다. 아들러에 대한 프로이트의 칭찬은 거의 비아냥거리는 어조였고, 무엇보다 프로이트에 의해 정신분석가가 될 자격이 없다고 낙인찍힌 사람에게 주는 긍정적인 평가 정도였다. 그래서 나는 코헛이 프로이트가 아들러를 칭찬했다고 쓴 것에 대해 어쩌면 앞서 자신이 프로이트에게 주었던 동의를 취소하는 것일 수도 있다고 말한 것이다. 확실한 것은 코헛이 프로이트에게서 자유롭지 않았지만 동시에 자율성 또한 얻으려고 했다는 것, 혹은 적어도 프로이트의 이론에 대한 본인의 자기대상 애착을 다소나마 제어하려 했다는 점이다.

Narcissistic rage

먼 길을 돌고 돌아, 코헛은 이제 좀 더 주제에 가까이 다가가게 되었다. 그것은 바로 노여움에 관한 생각, 그리고 노여움과 공격성의 구분에 대한 것이다. 그의 입장은, 말하자면 자기애적 노여움은 그 사람이 과대함을 유지할 필요가 있을 때 생겨난다는 것으로, 과대함은 '순수 쾌락'의 상태와 같은 것이다. 그러니까 노여움에 사로잡힌 사람은 노여움이 향한 대상에게 부착되었던 리비도 카텍시스를 잃은 상태이다. 여기서 '대상'이라는 용어를 설명할 필요가 있는데, 이를테면 자기 자신의 신체 일부일 수도 있고 타인이 될 수도 있다. 한편 노여움이라는 감정 상태는 노여움의 대상이 (실제로 혹은 상징적으로) 파괴되기 전에는 사그라지지 않는다. 그러니까 다른 사람을 물리치는 것으로는 부족하며, 노여움의 찬 인간은 반드시 적을 파괴하거나 적어도 철저히 망신시켜야 한다. 수치심 혹은 좀 더 정확히는 모멸감이 자기애적 노여움의 핵심에 있고, 여기서 코헛은 비참한 인간tragic man(수치심과 모멸감이 중심이 된 정서)과 죄지은 인간guilty man(그가 생각한 프로이트의 인간)을 구분한다. 죄지은 인간의 이미지는 수치심과 난처함이 아닌, 어떤 잘못을 저지르거나 모종의 내적 기준(초자아)에 대해 갈등을 빚는 생각으로 인해 불안을 느끼는 사람이다. 코헛은 여기에서 은연중에 수치심과 당혹감이라는 문제를 가진 사람이 우리 생각보다 훨씬 많다고 주장하고 있다. 그는 말실수와 관련한 예를 들고 있는데 여기에서 화자는 말실수에 대해서 농담을 하지만 정작 말실수의 내용 자체보다는 전능한 제어를 놓친 것에 대해 더 큰 걱정을 한다. 이 부분에 대한 임상적 함의를 짚으며 코헛은 "사람들은 정신분석에 대해 자기애에 상처를 주는 것 같이 반응한다. 그 이유는 사람들이 정신분석으로 인해 우리가 우리의 마음을 온전히 제어할 수 있다는 생각이 거짓임을 알게 되기 때문이다"라고 말한다(1972, p. 387). 그러고는 정신분석이 일개 인간뿐 아니라 사회에도 자기애적 타격을 준다는, 잘 알려진 프로이트의 말을 언급한다. 정신분석으로 인해 우리의 의식적 제어, 그리고 행위에 대한 의식적 합리성에 의문이 생기는 것을 피할 수 없기 때문이다. 프로이트는 자신의 발견을 코페르니쿠스의 지동설에 비유했다. 천체의 움직임에 관한 우리의 관점에 가해진 자기애적 타격은 분명 많은 사람을 혼란스럽게 만들었고, 코페르니쿠스와 갈릴레오의 발견은 당시 교회를 비롯한 권위주의자들의 반격을 받았다. 코헛은 이러한 자기애적 타격이 어떻게 개별 인간이 느끼는 통제 상실의 경험과 연관되는지, 또한 개인과 사회의 완벽한 느낌을 어떻게 망치는지를 보여준다.

자기애에 가해지는 타격을 논하면서 코헛은 분석가들에게 자기애가 '분석으로 인해 부서지면' 안된다고 충고한다. 오히려 자기애를 향한 비-위선적 태도, 그리고 "그 나름의 발달 경로를 가지며, 없어질 수도, 없어지지도 않음"이 인정됨으로써 변화될 수 있다고 말한다(같은 책, p. 388). 그리고 그는 만약 정신분석에서 환자로 하여금 본인의 과대함을 구현하지 못한 것에 대한 극도의 좌절과 모욕을 표현할 자유를 줄 수 있다면 자기애적 노여움이 드러날 것이라고도 주장한다. 혹은 환자가 이상화된 대상의 실수 덕분에 자신의 온전함을 지탱할 만큼의 지지를 얻지 못하면 이때에도 자기애적 노여움이 생길 수 있다. 하지만 이러한 노여움이 반드시 분석을 파괴하지는 않는다. 오히려 치료에 참여하는 양측이 그 노여움을 견딜 수 있다면 귀중한 치료적 경험을 제공하게 된다. 그렇게 노여움은 점차 공격성으로 바뀌고, 공격성은 자아의 제어 아래에 놓이게 된다. 이때 코헛이 말하는 공격성에는 자아의 제어가 포함되며 시공간 안에서 제한적으로 드러나므로, 그 속성상 도구적이라고 할 수 있다. 공격성은 환경 안에서 어떤 임무를 수행하기 위한 것이고, 반면에 노여움은 과대 자기와 이상화된 대상 안에 있는 오래된 결핍을 치유하기 위한 것이다. 이러한 결핍은 대개 자기대상 애착에 대한 조종을 요구하며 이때 조종은 절대적일 필요가 있다. 만약 노여움이 지속되면 "인격의 목적이나 목표는 점점 더 도착적인 노여움에 부차적인 것이 된다"(같은 책, p. 396). 만약 이런 일이 일어나면 "우리는 (…) 만성적인 자기애적 노여움이 만들어지는 것을 볼 수 있고, 이는 인간의 정신에 생길 수 있는 최악의 고통이다"(같은 책). 노여움을 최악이라 말하는 이유는 그것이 개별 인간의 정신에만 그러한 것이 아니라 사회적 건강의 관점에서도 그러하기 때문이다. 그는 당시 독일이 보이던 자기애적 관심, 그리고 히틀러와 나치의 급부상에 자연스럽게 몰입하게 되었는데, 그의 분석에 따르면 일차 세계 대전 이후에 독일 국민이 겪었던 집단적 모멸감은 나치 독일을 설명할 수 있는 강력한 요소가 된다. 한편 이 책의 마지막은 안타까움으로 맺는다. 그러니까 그는 분명 자신의 개념이 갖는 사회적 함의에 관해 말하고 싶어 했으나 결국 본인의 성에 찰 정도로 이야기하지는 못한 셈이다.

뚜렷해지는 균열

노여움에 관한 논문(1972년) 이후 5년 동안 소위 자기 심리학자들이라 불리던 사람들이 등장하였는데, 이들은 코헛의 이론을 따르고 있었다. Gedo와 Goldberg(1973)는 다른 시절이었으면 기념비적인 저작이 되었을 책에서 당시에 존재하던 정신분석학 이론들을 비교, 고찰한다. 그들은 코헛과 프로이트 사이의 자아 심리학의 연속선을 보여주며 동시에 이론적 입장들 사이의 차이점을 탐색한다. 이 책은 당시 정신분석 학계에 별 영향을 주지 못했는데, 그 이유는 밥 딜런이 다른 곳에서 외쳤

듯, 당시는 변화의 시대였으며 이론적 입장들은 갈라지고 나눠지기 시작했기 때문이다. 이제 자기-심리학은 미국 정신분석학의 주요 흐름이 되었다. 자기-심리학 운동은 스스로를 프로이트의 이론과 자아 심리학의 보충물로 보지 않고 오히려 그들의 대체물로 보았다. Goldberg, Wolf, Atwood, Ornstein 같은 저자들이 그의 개념을 명료하게 만들고 확장시켰다. 게다가 코헛의 다음 저작인 『The Restoration of the Self』(1977)는 여러모로 프로이트주의로부터의 이탈을 공고하게 만들었다. 하지만 앞으로 보게 되겠지만, 그는 완전히 프로이트를 떠나지는 못했고 오락가락하는 모습을 보인다. 하지만 1975년 이후에 그가 쓴 글들의 주요 동기는 자기-심리학 이론을 프로이트 이론과 살짝(혹은 강력하게) 대립하는 것으로 정립하려는 것이었으며, 프로이트주의 이론가들이 미처 발견하지 못한 영역을 차지하는 것이었다.

자기의 필요

코헛은 『The Restoration of the Self』의 시작을 정신분석의 종결에 관한 논의로 시작한다. 사실상 그가 하려는 말은 만약 환자가 새로운 자기대상 패턴을 만들 수 있으면 그때 종결이 시작된다는 것이다. 좀 더 자세히 말하면 정신분석적 성공은 일차적 결함을 밝혀내고, "훈습과 변형 내면화transmuting internalization를 통해 충분히 결함을 메움으로써 예전에는 결함투성이이던 자기 구조가 이제 제 기능을 충분히 하게 됨으로써" 이루어진다(1977, p. 4). (그가 말하는 내면화는 자기의 일부로 내면화된 새로운 자기대상 구조를 의미한다.) "일차적 결함"을 밝혀내지 않고서도 분석은 성공할 수 있는데, 이미 존재하는 보완적 구조를 발달시켜 "이를 제대로 기능하게끔 만듦으로써" 가능해진다(같은 책). 후자의 경로는 설리번의 기능적 자율성functional autonomy 개념과 아주 비슷하다. 그리고 이어지는 저서(1984)에서 코헛은 친한 동료 한 명이 자신의 이론에 대해 심층적인 탐색이 꼭 필요치 않다고 주장하는 듯한 인상을 받은 데 대해 놀라움을 표시한다. 신원을 알 수 없는 이 동료는 코헛이 너무 괴로운 주제를 탐색하기 전에 분석을 중단해야 한다고 주장하는 것 같은 인상을 받았다. 코헛은 자신의 글이 이렇게 해석된 것에 충격을 표하며 다시 한번 입장을 정리한다. 그는 자신이 언급한 대부분의 증례가 아닌 아주 소수의 경우에서만 이미 존재하는 보완적 구조를 분석 치료의 주요 경로로 사용하는 것이 가능했다고 말한다. Kaufmann(1983)은 이러한 보완적 구조를 사용하여 분석이 이루어진 증례들에 대한 양적 분석을 시도했다. 현재 맥락에서 더 중요한 것은 그 숫자가 아니라 코헛의 저작에서 보이는 시향점인 듯하다. 그리고 그의 이론이 설리번의 기능적 자율성 개념과 유사하다는 의견도 여기에 대해 가능한 해석 중 하나이다. 무의식적 환상과 무의식적 사고의 탐색은 『The Restoration of the Self』의 서술 과정에서 조금씩 줄어든다. 대신 코헛이 말하고 있는 건 아래와 같다.

> 구조적 관점에서 보면 환자의 핵심적 정신병리와 관련된 층들을 모두 탐색하지도 않았고, 인지적 관점에서 보면 유아기 기억상실을 해소하지도 않았으며, 환자의 정신병리와 유전적, 역동적으로 관련된 아동기 사건을 다 밝히지도 않았으나 정신분석적으로 유의미한 종결[1977, p. 64].

여기에서 코헛은 소수의 증례에 대해서 말하는 것이 아니다. 그는 분명히 자기의 분석에서는 구조의 층위나 환상을 모두 다루지 않아도 된다고 말하고 있다. 그렇게 보면 그의 친한 동료 중 한 명이 코헛에 대해 그가 어려운 이슈의 탐색을 꼭 필요한 것으로 여기지 않고, 그렇게 해도 성공적인 분석에 이를 수 있다고 생각한다는 인상을 받은 것도 놀랍지는 않다. 나아가 코헛은 만약 보완적 구조를 촉진할 수 있다면 성공의 가능성은 훨씬 커질 것이라고 굳게 확신하는데, 이렇게 보면 코헛이 동료의 반응에 놀랐다는 점이 더 놀랍다. 이는 아마도 그의 방어적 측면을 드러내는 것일 테다. 왜냐하면 사실 코헛으로서는 자신의 방법이 다른 의미에서 심층적일 수 있으며, 특히 자기대상 전이라는 관점에서 환자의 내밀한 경험을 탐색할 수 있다고 주장할 수도 있었기 때문이다. 사실 분석가가 내성적-공감적 자세를 취하게 되면 분석가의 경험 또한 깊숙이 연루된다. 하지만 이렇게 되면 어떤 종류의 이야기들은 다루기가 어려워질 수도 있는데, 코헛이나 그의 동료들이 인용한 증례에서도 이러한 점이 증명되는 것 같다(Kaufmann, 1983).

코헛이 생각할 때 분석에서 가장 중요한 것은 자기대상 전이의 성격이다. 분석은 창의적 기능을 촉진할 수 있어야 하며 창의성의 촉진은 자기대상 전이를 통해서 이루어진다. 이러한 맥락에서 코헛은 다음과 같이 말한다.

> 임상 자료의 제시를 통해 내가 보강하고 싶은 주장은 아래와 같다. 정신분석을 통해 성공적인 보완적 구조를 만들고, 이로써 기능하는 자기를 정립하면 정신분석은 완결되었다고 말할 수 있다. 이때 기능하는 자기가 의미하는 것은 야망과 기술, 이상이 매끄러운 연속체를 만듦으로써 즐겁고도 창의적인 행동을 가능케 하는 심리적 영역을 말한다 [1977, p. 63].

그에게 즐겁고도 창의적인 행위는 성공적인 분석의 핵심적인 요소이다. 비참한 인간의 창의성은 정신분석을 통해 고삐에서 풀려나 기쁨과 희망,

그리고 능력이 된다. 반면 죄인은 그렇게 되기가 어렵다. 성공적인 정신분석의 요건에 관해 이야기하며 코헛은 정신분석의 최종 목적이 오이디푸스 환상의 탐색과 해소에 있다고 말하는 분석가들과 자신을 계속해서 비교한다. 물론 이는 당대의 프로이트주의 분석가들이 갖던 관점이지만 그렇다고 해서 비교 가능한 유일한 관점이었던 것은 아니다.

양극성 자기, 혹은 핵심 자기nuclear self의 연속성과 응집력이 분석을 통해 반드시 얻어져야 할 것들이라면 당연히 코헛은 자기개념의 이론적 구조 또한 제시할 수 있어야 한다. 그래서 분석의 성공에 관한 논의는 자연스럽게 정신분석에서 자기 심리학의 필요성에 관한 논의로 이어진다. 분명한 것은 이 지점까지 코헛은 두 개의 분리된 발달 경로를 묘사하기 위한 용어의 문제에서 살짝 비켜난 채로 대신 '양극성 자기'의 관점에서 발달을 개념화했다. 양극성 자기가 의미하는 것은 자기 구조 안의 두 요소 사이의 강력한 관계로써, 여기에서 두 요소 중 하나는 과대-과시적 자기이고 다른 하나는 이상화된 대상 혹은 부모 같은 대상이다. 한편 핵심 자기는 양극성 자기와 그 중간 영역을 포함하는 것으로, 이 중간 영역은 그 사람의 실행기능을 관장한다. "실행기능(재능, 기술)은 양극에 놓인 기본적인 야망과 이상의 구현을 위해 필요하다"(같은 책, p. 49). 이제 실행기능은 (프로이트주의에서) 자아가 있던 자리를 차지한다. 여기에 코헛은 과거 불충분하게, 혹은 잘못 이해되었던 임상 현상을 제대로 이해하기 위해 왜 자기개념이 꼭 필요한지를 설명한다.

이 책에 처음 나오는 것 중에는 코헛의 선언도 하나 포함되는데, 그는 욕동이 부모의 공감 실패에 따른 해체의 산물이라고 말했다. 그러니까 '항문기적 관심사'(더러움과 정리 정돈, 강박 등)에 대한 집착은 해당 시기에 부모가 충분히 반응하지 못했음을 의미한다. 강조되어야 할 부분은 발달의 핵심은 자기와 자기대상관계의 응집성이란 부분이다. 가령 오이디푸스 단계의 아이를 예로 든다면(코헛도 자주 든 예다), 이 시기의 아이들은 두 종류의 불안을 느낀다고 말할 수 있다.

> 내가 두 유형 중에서도 더 기본적이라고 생각하는 오이디푸스 시기의 일차적 불안은 부모의 잘못된 공감에 대한 반응에서 비롯된다. 그러니까 아이를 지탱하는 데 실패한 자기대상 매트릭스에 대한 반응에서 비롯되는 것이다[1984, p. 16].

코헛에 따르면 두 번째 불안은 종종 더 두드러질 수 있는 것으로, 프로이트나 클라인이 성적, 공격적 욕동을 둘러싼 불안이라고 묘사했던 것들이다. 이러한 불안이 생기는 이유는 건강한 오이디푸스 자기가 해체되었기 때문으로, 만약 해체되지 않았다면 "애정적이면서도 고집스러운 태도로 특징지어졌을" 것이다(같은 책). 이때 첫 번째 유형의 불안은 해체 불안으로, "인간이 경험할 수 있는 가장 깊은 불안"이다(같은 책). 이 불안은 너무나 깊은 탓에 이를 묘사하려고 하면 거의 묘사 불가능한 것을 묘사하려는 시도처럼 느껴진다. 그리고 죽음에 대한 공포와도 관련이 있으며 동시에 죽음의 공포보다 더 기초적이다. 이 불안을 묘사하기 위한 적절한 단어를 찾으면서, 코헛은 이를 인간성 상실의 불안이라고도 부른다. 코헛은 이러한 해체 불안과 관련한 꿈, 그리고 꿈과 관련한 경험을 제시한다.

> 첫 번째 꿈은 내가 예전에 한번 자세하게 설명한 적이 있는 꿈으로, Mr. Z가 엄마의 뒷모습을 본 꿈이다. 간략하게 설명하면 꿈을 꾸었던 당시 Mr. Z의 불안은 자기대상의 포기와 관련이 있다. 좀 더 자세히 말하면 이 불안은 엄마가 수행하던 자기대상 기능의 포기와 관련된 것으로, 당시까지 그의 엄마는 본인의 자기대상 필요에 따라 Mr. Z가 자신에게서 분리되는 것을 허락하지 않았다. 과거의 그가 이러한 속박

> 을 받아들이고 있을 당시 Mr. Z는 언젠가는 본인의 희망, 그러니까 독립적인 남성성을 향한 조심스러운 행보가 엄마의 인정을 얻고, 엄마가 보내는 수긍의 미소가 그의 자기를 단단하게 만들 것이라는 희망을 품고 있었다. 하지만 아빠-분석가와의 분석작업을 통해 속박을 거절하게 됨으로써 Mr. Z는 이러한 희망을 단념하게 되었고, 다시는 엄마의 인정을 얻지 못할 거라는 끔찍한 공포를 마침내 대면하게 되었다. 그래서 엄마의 얼굴이 사라지게 된 것이다[1977, pp. 16~17].

이 꿈은 분명 다양한 방식으로 해석될 수 있다. 하지만 코헛은 이제는 상당히 유명한 환자가 된 Mr. Z(혹자[Strozier, 2001]는 Mr. Z가 코헛 본인이라고 말한다)의 예에서 얼굴 없는 엄마를 적절한 자기대상 경험에 대한 희망의 상실이자 이로 인한 인간성의 상실로 이해했다. 그는 Mr. Z의 전이 양상, 그리고 Mr. Z가 자기대상 전이를 맺는 데 겪었던 어려움을 통해 이 경험을 재구성해냈다. 여기에서 코헛은 다음과 같은 두 가지 관련 이유 때문에 이러한 전이를 중요하게 생각한다는 것을 유념해야 한다. (a) 내성적-공감적 태도로 Mr. Z의 자기를 이해하기 위해서 (b) 변형 내면화 과정을 시작하기 위해서(1971, 1977, 1984). 이 경험이 지속되려면 공감적 분석가라는 전체 그림 안에서 적절한 좌절이 있어야 한다. 그는 1977년, 1984년의 책에서 내가 앞에서 언급했던 내성적-공감적 태도 개념을 강조한다(1959). 그리고 정신분석적 자료와 개념은 오로지 이러한 태도 안에서만 쓸모가 있다고 주장한다. 1959년의 논문에서는 프로이트의 욕동 개념은 분석가가 환자의 전이를 통해 욕동을 경험할 수 있을 때에만 임상적 의미가 있다고 주장한다. 그리고 성적, 공격적 충동은 정신분석 상황에서 경험할 수 있으나 에로스나 타나토스는 그렇지 않다고 결론 내린다. 돌이켜보면 이러한 점에서 이 책은 좀 더 경험에 가까운 개념으로 정신분석적 치료를 설명하는 근래의 수많은 경향에 선구자적인 역할을 했다고 볼 수 있을 듯하다.

이쯤에서 우리는 코헛의 이론적 입장을 요약하고 그가 마지막까지 이론에 대해 상보적 태도를 지녔는지를 물어볼 수 있다. 상보성 개념이 의미하는 바는 공통적이고 이리저리 얽혀있는 경험 세계 안의 어떤 경험이나 자료를 설명하기 위해서는 하나 이상의 이론을 사용하는 것이 유용할 수도 있다는 생각이다. 그래서 어떤 이론(고전주의 이론)은 오이디푸스 병리를 설명할 수 있고, 다른 이론(자기-심리학)은 오이디푸스 이전의 병리를 설명할 수 있는 것이다. 1977년에 쓴 책에서 그는 고전적 이론이 오이디푸스 병리를 설명하는 데 적당하다고 말했다. 그리고 여기에 중요한 전제를 덧붙이는데, 환자는 반드시 온전하고도 응집력 있는 자기-구조를 가진 채 오이디푸스 단계에 이르러야 한다는 점이다. 심지어 온전한 핵심 자기를 가졌다고 해도 일단 '대상 본능적' 오이디푸스 갈등이 일어나게 되면 모든 발달 단계에서 생기는 정신병리의 공통적 요소가 생기게 된다. 그 요소의 원인은 항상 부모의 공감 부족과 관련이 있으며 아이는 적절한 자기대상을 갖지 못한다. 그리고 이는 욕동 해체 경험으로 이어진다. 이런 환자도 고전적인 기법으로 분석하는 것이 가능할 수는 있으나 자기-심리학에서 유래한 원리를 사용하는 것이 더 낫다. 이것은 다소 앙상한 형태의 상보성이다. 그리고 코헛이 프로이트에게 느꼈던 양가감정이 어떤 것이었든 간에 분명한 것은 자신의 이론이 프로이트 이론을 대체한다고 생각한 점, 그리고 이 당시 그가 프로이트주의와 고전주의 정신분석 이론을 같은 걸로 여겼다는 점이다.

만약 욕동이 해체의 산물이라면 코헛의 이론에 신체 자기body self 개념이 있을 수 있는가? 공격성은 적절한 자기주장인가, 아니면 자기애적 노여움의 일종인가? 그의 이론적 입장은 정신분석 상황에 어울리는 것인가? 그의 발달이론은 분석가들이 내성적-공감적 태도를 중요하게 여기는 데 대체로 도움이 되는가? 이러한 문제들은 생각해 볼 만한 문제들이다. 하지만 지금 말할 수 있는 것은 코헛의 견해에 따르면 자기는 평생 자기대상이 필요하다는 것이다. 그는 발달 초기의 태곳적 자기대상, 그리고 유쾌하고도 창조적인 삶을 영위케 하는 자기대상을 구분했다. 그러니까 정신분석에서 이루어지는 구조의 수립은 새로운 자기대상관계의 수립인 셈이다. 고찰에서 치료에 대한 그의 생각을 좀 더 다루도록 하겠다. 그가 때 이른 해석을 좋아하지는 않았다는 점은 분명하다. 사실 그는 환자가 공감 실패를 경험했을 때에만 해석하는 것을 옹호했으며 그가 제시한 해석은 분명한 공식에 따라 이루어지는 것이었다. 먼저 환자의 고통(불안, 분노, 노여움 등)이 분석가에 의해 제대로 이해되지 않은 경험에 대해 공감적으로 언급한다. 그리고 적절한 시점이라고 생각되면 그다음에는 유전적 해석(환자의 과거, 특히 어린 시절 경험과 연관된)이 뒤따른다. 유전적 해석에서 그는 환자에게 이러한 감정이 (보통은) 부모의 공감 실패(혹은 부모의 자기내상 역할의 실패)로 인해 어떤 식으로 생기게 되었는지 보여준다. 이때 해석의 목적은 이해와 공감의 전달이다. 그리고 중요한 것은 환자로 하여금 전이 경험을 유지하게 하여 좀 더 적응적인 자기대상 구조로 나아갈 수 있도록 하는 것이다. 코헛의 이론에 대해 분명히 언급해야 할 두 부분이 있다. 하나는 정상 발달에 대한 그의 관점에 대해서이고, 다른 하나는 그의 책을 읽는 경험에 관한 것이다.

그는 분명 적절한 양육 아래에서라면 즐거움과 창의성은 평범한 인간 경험의 일부가 된다고 말하고 있다. 코헛은 물론 세련된 정신분석가이자 학자였겠지만, 분명 그가 시카고 서민의 일상 구석구석에서 즐거움과 창의성을 목격하지는 않았을 거라는 것이 나의 생각이다. 그가 말하고 있는 것은 당연히 본인의 이상으로, 그러니까 자라나는 아이들이 적절한 자기대상을 경험하는 것이 어떻겠냐고 하는 본인의 이상인 셈이다. 이렇게 보면 그는 프로이트 같은 회의주의자가 아니라 위니콧에 더 가까워 보인다. 치료에서 그는 자신이 환자의 부모를 나무라는 것이 아니라 오히려 분석을 통해 환자가 그들의 부모가 겪은 어려움에 좀 더 공감할 수 있도록 했다. 그리고 그는 분석가의 내성적-공감적 태도로 인해 객관성을 잃어서는 안 된다는 생각을 꾸준히 견지했다. 관계주의적 입장의 분석가들은 대개 치료 상황에서 분석가가 객관성을 유지하는 것은 불가능하다고 생각하는데, 이렇게 보면 그가 객관성을 말하는 것은 흥미롭다. 좀 더 정확히 말하면 관계주의 분석가들은 객관성 개념이 심지어 무의미하다고도 말하는데, 그들은 코헛의 객관성도 프로이트주의의 해묵은 잔재에 불과하며 코헛이 제시하는 새로운 이론에는 걸맞지 않다고 말할 것이다. 우리 모두 이 문제를 비롯한 관련한 이슈에 대해서도 숙고해볼 필요가 있다.

지금까지 코헛의 이론을 비교적 단순하고 직설적인 방법으로 논했지만 정작 그의 토론은 항상 풍부하고 복잡하다. 내 생각에 그는 항상 사려 깊으며, 비록 자신만의 유아론唯我論적 접근 방식은 문제의 소지가 있지만 그렇다고 이런 접근 방식을 쓰는 것이 코헛 혼자만은 아니다. 그의 이론에서 단연 눈에 띄는 것은 프로이트와의 관계이며 다른 사람들은 잘 보이지 않는다. 그리고 분명히 그는 점차 프로이트나 그의 현대적 추종자들인 고전주의자들과 별개의 입장을 정립하려고 한다. 그의 동의 여부를 떠나 그의 글을 읽어보면 대단히 사려 깊은 정신을 만나게 된다. 이러한 사실 위에 그 자신이 고국을 떠나야 했던 고통을 겪은 사람이라는 점을 생각하면 그가 죽을 때까지 가졌던 유토피아적 이상의 원천이 무엇인지 궁금해진다. 아마 고전주의 분석가라면 일부 반동형성을 통한 성격 형성 개념을 생각해낼지도 모른다. 그리고 어쩌면 복잡한 정신에 이토록 단순한 견해를 들이대는 것 자체가 고전주의 모델의 한계를 드러내는 것일 수도 있다.

고찰

내 생각에 코헛은 정신분석의 영역을 제대로 확장하고 전망을 넓힌(Stone, 1961) 사람 중 한 명이다. 스톤이 그랬듯 코헛 또한 정신분석으로 치료하기 어려워 보이는 환자들을 보는 치료자들에게 도움이 되려고 했다. 내 경험으로 보자면, 이제 정신분석은 당시 코헛이 묘사했던 부류의 환자들에게 일차적 치료 방법이 되었다. Bach의 표현에 의하면(1985, 1994, 2006), 코헛은 우리에게 자기애적 취약성을 가진 환자들의 내면에 들어가는 법을 보여줬다. 위니콧, 클라인, 발린트, 페어베언 역시도 비슷한 이슈를 가진 환자들의 치료를 개척한 사람들이다. 하지만 코헛은 그 중에서도 후세의 치료자들이 이해할 수 있도록 체계적인 치료법을 제시한 유일한 이론가이다. 이렇게 보면 그가 제시한 발달이론은 치료에 관한 그의 생각보다 중요하지 않다. 그의 발달이론은 치료에 관한 생각과 맥락상 일치하는데, 그의 치료는 공감적 공명의 중요성, 그리고 자기애적 전이의 촉진에 깃든 치유 효과의 중요성을 강조한다.

그가 제시한 발달 모델에서 아기/아이의 능동적 면면은 잘 드러나지 않는다. 대신 아이는 부모의 공감 실패로 인한 심리적 갈등을 가지는 존재로만 그려진다. 만약 이것이 당신의 치료 모델이라면 이런 종류의 공감을 환자에게 주는 치료가 합리적이다. 그러나 내 생각에는 좀 더 공격적인 성향의 아이가 있음을, 그리고 적절한 공감에도 불구하고 불편함을 느끼는 사람이 있음을, 누군가는 부모가 정해놓은 경계를 몰래 넘으면서 동시에 죄책감을 느낀다는 점을 그가 몰랐을 리 없어 보인다. 이런 아이들을 묘사하는 것에는 반드시 욕동 개념이 필요하지는 않은데, 그 이유는 아이가 가지는 적극적인 충동은 욕동 개념 없이도 제시할 수 있기 때문이다. 분명 아이들은 활동성 수준이나 감수성의 역치라는 측면에서 모두 다르고, 이런 차이점으로 인해 아이들이 세상을 지각하고 대상 표상을 내면화하는 방법이 달라질뿐더러 금기나 이상을 내면화하는 양상도 달라진다. 코헛의 이론은 아이들이 타고나는 성향, 그리고 이러한 성향이 어떻게 부모와의 관계에 영향을 미치는지를 설명하지 않는다.

그리고 내가 이해한 바에 의하면 그는 분석가의 해석에 대해 환자가 공감의 실패를 감지할 때에만 해석해야 한다고 주장한다. 이런 상황은 여러 이유에서 생길 수 있다. 분석가가 실제로 공감을 못 할 수도 있고, 연휴 때문일 수도 있다. 또한 분석가의 머리가 복잡해서 그럴 수도 있다. 하지만 내 생각에, 이런 식으로 해석을 제한하게 되면 두 가지 결과가 초래된다.

1. 환자는 부정적 감정, 때로는 증오심을 탐색해 볼 기회를 얻지 못한다.
2. 분석 상황에서 환자가 분석가로부터 충분히 분리된 경험을 하지 못한다.

그러니까 환자가 불편한 상태에 처하면 분석가는 재빨리 긍정적 전이 상황으로 되돌리려 하는 것이 그의 방식이다. 여기에는 분석에 참여하는 양쪽이 이런 느낌을 탐색하는 것이 불필요하거나 혹은 그래서는 안 된다는 암묵적(혹은 그 이상의) 메시지가 있다. 코헛은 이야기하기를(1977년), 실제로 환자의 초기 (무의식적) 인생을 깊숙이 탐험하는 분석가는 매우 드물다고 했다. 하지만 내 생각에는 분석가가 이런 역할을 하지 않으면 환자는 결코 오래된 갈등에서 놓일 수 없다. 아마 코헛은 이런 식으로 갈등에서 놓일 환자는 별로 없다고 말할지도 모른다. 혹은 좋은 치료라는 것은 더 나은 자기대상관계를 만듦으로써 잠재적 능력과 대인 관계 역량에 이르도록 하는 것이라고 말할지도 모른다. 코헛은 설리번의 기능적 자율성 개념을 진지하게 받아들였고, 치료 상황을 초기 발달기의 갈등적 내면화와 나란히, 혹은 그 위에 만들어지는 것으로 개념화했다. 그의 생각에 정신분석에서 만들어지는 관계는 실제로 새로운 구조를 추동해내며, 바로 이 구조가 새로운 자기대상 애착이 의미하는 것이다. 내 생각에 모든 성공적인 분석 경험은 개선된 자기대상 애착과 함께 끝난다는 점에서 코헛은 옳은 듯하다. 그러나 코헛이 제시하는 방법으로 치료를 하게 되면 거기에는 독립성을 위한 여지는 많지 않게 되고, 분석이 끝난 다음 환자가 스스로 분석해나갈 수 있는 능력이 계발될 가능성은 줄어든다. 이 책의 마지막 장에서 나는 이 부분에 대해 훨씬 더 자세히 논할 생각이다. 비록 지금 나는 대략적인 이견을 표현하고는 있지만 내 생각에 그가 한 공헌은 이견에 비할 수 없이 큰 것 같다. 사실 내가 가진 치료에 관한 생각 중 많은 부분은 그의 덕이다. 프로이트주의자가 분석을 통해 환자의 내면에 접근하는 방식은 그 덕분에 더욱 풍요로워졌다. 그의 이론은 자기-심리학자들뿐 아니라 다른 학파의 분석가들에게도 큰 영향을 끼쳤다. 한편 자기-심리학자들 내에서도 코헛의 이론은 소위 고전적 자기 심리학으로 분류되고, 가령 Anna Ornstein(1994)이나 Paul Ornstein(2004) 같은 사람들은 고전적 자기-심리학자로 분류됨은 특기할만하다. 반면 상호주관성을 이론적 중심에 두는 분석가들은 고전적 자기-심리학에서 조금 멀어진 사람들로 여겨진다.

14장 컨버그

대상관계 이론과 자아 심리학의 통합[8]

요약

이 장에서 우리는 컨버그의 이론적 통합과 그가 한 임상적 관찰에 관해 이야기할 것이다. 경계선 병리에 관한 긴 토론이 있을 것이고, 그가 클라인을 어떻게 이용했는지도 살펴볼 것이다. 더해서 과거 몇십 년 동안 그를 향해 가해진 비판, 그리고 그의 대상관계 이론에 대한 평가도 살펴볼 것이다.

8) 이 장의 내용은 다른 곳에서 이미 발표한 적이 있다. Carsky, M. & Ellman, S.(1985). Otto Kernberg: psychoanalysis and object relations theory: the beginnings of an integrative approach. In: J. Reppen (Ed.), *Beyond Freud*(pp. 257~296). Hillsdale, NJ: Analytic Press.

통합적 접근의 시작

Otto Kernberg가 정신분석에 한 공헌을 제대로 요약하고 논평하기는 쉽지 않은데, 그 이유는 그의 작업이 임상적, 이론적 영역에 걸쳐 워낙 광범위하고도 체계적으로 이루어졌기 때문이다. 그는 현대의 정신분석가들이 관심 가질만한 거의 전 영역을 다루었다. 심지어 그에 대해 매우 비판적인 이들조차, 가령 Calef나 Weinshel(1979) 같은 이들도 "미국의 정신분석가들에게 컨버그만큼 설득력 있게 클라인의 이론과 개념을 제시한 사람은 없었다"라고 말한다(p. 470~471). 그가 클라인의 개념에 강한 영향을 받았다는 점에는 이론의 여지가 없다. 하지만 여기에 영국 대상관계 이론, 프로이트의 이론, 자아 심리학, 그리고 신경생리학과 생리학적 심리학의 여러 갈래를 통합하려고 했던 것도 사실이다. 이것도 그 일부만 꼽은 것에 불과하며, 그는 정서와 정신치료에도 관심이 있다.

컨버그는 자아 심리학과 대상관계 이론에서 최소한 네 개의 요소를 조합하려고 한다. 그 요소는 아래와 같다.

1. *구조*. 비록 컨버그는 자기-표상, 자기-이미지 같은 개념들을 좀 더 중심에 두었지만, 프로이트의 세 구조인 자아, 이드, 초자아 개념 또한 포기하지 않았다. 앞으로 보게 되듯이 이상의 개념들을 이용하여 초기 발달기의 구조화 문제를 다룰 때는 대상관계 이론을, 그리고 보다 후기의 발달, 특히 오이디푸스 발달을 다룰 때는 자아, 이드, 초자아 모델을 주로 사용한다.
2. *방어*. 비록 방어는 구조의 한 부분이기는 하나 그에게 방어 개념은 특별한 지위를 부여할 만큼 중요하다. 그가 대체로 낮은 수준의 방어라고 부르는 것들(가령, 분열이나 투사적 동일시 같은 것)은 대상관계 이론가

에 의해 기술된 것들이고, 높은 수준의 방어(억압이나 격리 같은 것들)라고 부르는 것들은 프로이트주의나 자아 심리학 이론가들이 발달시킨 것들이다(5장 참고). 그의 생각에 따르면 주로 사용되는 방어는 심리적 구조의 일반적 상태를 가늠하는 데 중요한 지표가 된다.

3. 발달. 그는 대상관계 이론의 개념(paranoid-schizoid, depressive position)을 심리-성 발달 개념, 그리고 말러(1968; 말러, 파인, 버그만, 1975)의 발달 연구와 통합하려 한다. 여기에서도 우리는 말러를 비롯한 대상관계 이론가들의 생각은 오이디푸스 이전 단계의 발달에 사용되고, 자아 심리학적 개념은 오이디푸스 발달의 설명에 사용되는 것을 볼 수 있다.
4. 본능 혹은 욕동. 이 개념은 컨버그의 개념에서 일관성이 떨어지는 부분이다. 가령 페어베언이나 건트립 같은 대상관계 이론가들은 프로이트와 하트만, 혹은 클라인의 욕동 개념을 부정했는데, 컨버그도 이 관점들을 단순 조합하지는 않는다. 대신 그가 이해한 프로이트의 자아 심리학 이론을 자신의 이론적 구도에 편입시키는 전략을 선택한다. 강조하고 싶은 것은 그의 이론에서 정서와 감정 개념이 중요하다는 점, 그리고 이 개념들이 추동력이라는 의미에서 욕동을 대체한다는 점이다(1976, 1980c, 1982d).

컨버그 이론의 주된 관심은 과거 페어베언(9장), 위니콧(10장), 발린트(1968) 등이 기술했던 환자들이다. 컨버그는 이런 환자들을 따로 분류하면서 다른 이론가들도 경계선 병리에 관해 기술했다고 주장한다.

우리는 먼저 그의 이론이 설명하고자 하는 임상적 관찰 내용을 먼저 살펴보겠다. 그리고 그의 작업을 네 영역으로 나누어 살펴보겠다. (a) 발달, (b) 경계선 인격 장애를 포함한 성격 병리의 정신분석학적 분류,

(c) 발달적 관점과 진단 체계의 치료적 함의, 다양한 치료적 권고 사항들의 근거, 그리고 역전이와 치료자의 자세에 대한 그의 생각, (d) 욕동과 초기 정서에 대한 이론. 마지막으로는 컨버그를 비판하는 사람들의 의견을 살펴보고 그의 정신분석적 공헌에 대해 나름의 비평을 시도하겠다.

간추려 본 컨버그의 작업

임상적 관찰

'성인 경계선 환자'에 대한 컨버그의 임상 경험은 그가 '전통적' 정신분석 이론을 확장하게 된 요소 중 하나이다. 그가 관찰한 것은 이런 사람들의 자아가 종종 정반대의 상태로 급격하게 요동친다는 것이었다. 이러한 자아 상태는 급격한 변화나 (이상화, 사랑에서 미움과 노여움에 이르는) 강렬한 전이 반응 같은 것들로, 첫 만남에서부터 이미 관찰되기도 한다. 그의 추론에 따르면(1967, 1975, 1980c) 그는 이러한 모순된 자아의 상태들은 적극적으로 분리 혹은 분열된 것으로, 분열을 보이는 환자들은 이러한 모순적인 상태들을 서로 타협시킬 수 없다고 추론한다. 그리고 실제로 모순된 태도나 행동을 지적하면 이들은 항상 불안을 드러낸다. 이때 이러한 지적에 환자가 어떤 반응을 보이는지는 중요한 진단 수단이 된다(1976, 1981d).

컨버그가 보기에 만약 분석가나 치료자가 분열을 인지하지 못하면 치료 상황에서 대체 무슨 일이 벌어지고 있는지를 이해할 수 없다. 그는 치료가 오래 유지되면서 이러한 급변하는 전이 양상이 안정화되는 것을 관찰했다. 분석가들은 때로 긍정적인 상태를 훌륭한 치료 동맹의 증거로 생각하거나, 반대로 분노에 찬 공격을 중요한 계기로 생각하여 이제 환자가 자신의 '원초적 충동'을 알아채고 이해하기 시작할 수도 있다고 짐작한다. 하지만 그가 보기에는 이때도 별다른 심리적 변화가 일어나지 않은 경우가 많으며, 환자들은 단순히 두 상태를 오가고 있을 뿐인 듯하다. 오히려 치료 시간에 주어지는 허용적 분위기를 이용해서 다른 곳에서는 얻기 어려운 (특히) 공격적 본능의 만족을 시도하는 경우가 종종 있다. 혹은 지지 정신치료(전이 해석은 삼가고, 특히 분명하지 않은 부정적 전이는 무시하는)의 효과에 대한 Menninger study에서처럼 환자와 치료자의 관계는 얕고 기계적이다(Kernberg 등, 1972).

이런 환자들에 대한 관찰(Federn, 1947; Frosch, 1960; Knight, 1954; Schmideberg, 1947; Zetzel, 1971)에 따르면, 이 환자들은 정신치료 안에서 현실 검증을 놓치는 경우가 많고(전이 정신증), 심한 행동화의 양상을 보이며, 일차과정의 사고를 의식 수준에서 경험하면서도 그에 대한 내적 관찰과 통찰은 불가능한 경향을 보인다. 경계선 환자가 치료자에 대해 보이는 원초적이고 유아적 반응은 그 내용상 오이디푸스 이전 단계일 뿐 아니라 신경증적 전이보다도 덜 조직화 되어 있다. 컨버그의 결론도 여러 대상관계 이론가(클라인, 페어베언, 건트립 등)들처럼 이런 환자들은 초기 발달기의 실제, 혹은 환상적 대상관계를 현실에서 재연한다는 것이다(1976). 말하자면 "초기 발달기의 정상적인 내사 현상의 잔재에 병적으로 고착된 상태"인 셈이다(1976, p. 25). 이러한 관찰과 결론에 힘입어 그는 경계선 병리를 설명할 발달 모델과 치료를 위한 정신치료 기법을 제안하기에 이른다.

발달 모델

컨버그의 발달 모델(1966, 1975, 1976)은 그가 심리 구조 형성에 결정적이라고 여겼던, 대상관계의 내면화를 중심으로 만들어진다. 그는 세 종류의 내면화를 이야기하는데, 그의 용어를 빌자면 세 개의 서로 다른 동일시 시스템이 존재한다는 뜻이다. 각각의 과정은 나름의 심리적 구조를 만들게 되는데(각각 내사물, 동일시, 자아 정체성이다), 그러니까 내사 과정은 내사물을 만든다는 식이다. 그가 묘사하듯(1976), "모든 내면화 과정은 세 개의 기본적인 성분을 가진다. 그것들은 (a) 대상-이미지 혹은 대상-표상, (b) 자기-이미지 혹은 자기-표상, (c) 욕동의 파생물, 혹은 특정 정서 상태를 향한 경향성"(같은 책, p. 26)이다. 정신의 조직화는 두 가지 수준에서 이루어진다. 초기의 기초적 조직화에서는 분열이 주된 방어기전이다. 이 시기에 서로 모순된 감정적 상태를 갖는 자기-대상-정서(S-O-A)의 단위는 서로 통합되지 않으며, 이는 미숙함에 따른 수동적 결과일 수도 있고 분열이라는 능동적 과정의 결과일 수도 있다. 좀 더 발달한 단계가 되면 억압이 주된 방어가 된다. 자아와 초자아의 발달과 통합 정도는 억압 혹은 그와 관련된 높은 수준의 방어가 좀 더 원초적 방어를 대체하는 정도에 따라 가늠된다(1976).

컨버그는 멜라니 클라인(1946)을 따라 내사가 자아의 초기 발달에서 중요한 역할을 하게 된다고 말했다. 하지만 그는 내사가 지각과 기억이라는 일차적인 자율적 기능에 의해 이루어지는 것으로 생각해서, 멜라니 클라인이 말한 초기 구강기의 함입 *환상*의 중요성을 부정했다. 조금 뒤 그의 모델과 인지, 지각, 신경생리 연구의 소견들의 연관성을 살펴보도록 하겠다.

그는(1976) 내사를 S-O-A 요소들과 관련해서 "조직된 일군의 기억 흔적을 이용하여 환경과의 상호작용을 재생, 고착하는 것"이라고 정의한다(같은 책, p. 29). 그에게 이 요소들은 아래와 같은 것들이다.

(i) 대상의 이미지, (ii) 대상과 상호작용하는 자기 이미지, (iii) 상호작용 당시 존재하던 욕동 표상의 영향 아래에 자기와 대상 이미지에 덧입혀진 정서적 색채[같은 책].

내사는 기초적인 심리 기관 이상을 형성하게 되는데, 그 이유는 내사로 인해 지각과 기억의 결과물에 복잡한 조직화를 초래하기 때문으로, 이때 바깥 세계의 지각은 주관적 경험의 지각과 연결된다. 비록 최초의 내사 작용이 자기와 대상의 이미지를 분명히 구분하지는 못한다손 치더라도 양쪽의 요소는 존재한다.

내사의 정서적 색채는 중요한데, 그 이유는 정서적 색채에 의해 다양한 S-O-A의 내사가 차츰 분류되고 조직화 되기 때문이다. 그의 말을 들어보자.

> 내사는 리비도 본능의 만족이라는 *긍정적 경험* 아래 이루어진다. 마치 엄마-아기의 접촉처럼 말이다. 그리고 이는 소위 "좋은 내적 대상"이라고 불리는 것 안에서 합쳐지고 조직화된다. 공격적 욕동의 파생물이라는 부정적 경험 아래 이루어지는 내사는 비슷한 부정적 내사와 합쳐져 "나쁜 내적 대상"으로 조직화 되는 경향이 있나[같은 책, p. 30].

그는 생후 첫 한 달 동안의 정서를 특히 중요하게 생각한다. 이것은 내사물(여기에는 자기와 대상 표상에 대한 지각도 포함된다)을 '비추는' 효과를 가진 탓에 결과적으로 정서 상태에 따라 지각적 경험도 달라진다. 그래서 상반된 느낌의 내사물은 해당하는 정서 상태에 따라 분리된 상태로 유지되는데, 아직 미숙한 정신은 서로 다른 시간 경험과 상반된 정서적 경험을 아직 통합해 내지 못하기 때문이다.

이처럼 컨버그는 각각 분리된 S-O-A 단위의 형성에 있어 정서의 중요성을 강조한다. 하지만 그가 설명하는 발달 단계는 말러의 그것과 비슷하다(1968; 말러, 파인, 버그만, 1975). 아래와 같이 요약할 수 있다.

1단계. 이 단계는 정상적인 자폐 단계, 혹은 생애 첫 달의 일차적 미분화 단계이다. 아직은 긍정적인 경험을 통해 '좋은' 자기-대상 표상이 만들어지기 전이다. 이 단계에서 생길 수 있는 병리는 이러한 미분화 이미지가 발달하지 못하여 엄마와 아기가 만드는 정상적인 공생기가 생기지 못하고 대신 자폐적 정신증으로 대체되는 것이다.

2단계. 이 단계는 정상 '공생기'로써, 생후 3~4개월에서 6~9개월에 이르는 시기다. 이 시기에는 아직은 미분화된 '좋은' 자기-대상 표상이 공고해진다. 말러의 공생기, 그리고 분화 하위시기에 해당하는 단계이다. 자기와 대상의 이미지가 서서히 분리되기 시작할 때도 애정적으로 만들어진 S-O-A 단위들의 엄호 아래 대상과 자기는 명확하게 나뉘지 않는다. 그는(1976) "이 발달 단계에서 심각한 트라우마나 좌절의 영향으로 병리적 발달이 이루어지면 '좋은' 자기와 대상의 이미지가 퇴행적으로 다시 합쳐지는 경향이 지속된다"라고 말한다(같은 책, p. 60). 이렇게 자기-대상의 탈분화 상태 혹은 자아 경계 상실로의 퇴행이나 고착은 아동기 공생적 정신증의 특징이며(말러, 1968), 대다수 성인 조현병(제이콥슨, 1954d)과 우울증적 정신증(제이콥슨, 1967)의 양상이기도 하다.

3단계. 이 단계에서 자기와 대상의 표상은 뚜렷하게 분화되며 '좋은' 자기-대상과 '나쁜' 자기-대상의 핵이 만들어진다. 긍정적인 S-O-A 경험에서 얻어진 자기 이미지는 또 다른 긍정적인 경험에서 유래한 S-O-A들과 합쳐지며, 이때 대상 표상들도 서로 합쳐지게 된다. 이에 따라 표상은 점점 복잡해지고, 이 과정은 "자기와 대상의 분화에 기여하고 이에 따라 자아의 경계가 선명해진다"(1976, p. 30). 이 단계는 말러의 (분화 하위시기를 제외한) 분리-개별화 단계에 해당하고 생후 6~9개월에서

18~36개월까지 지속된다. 대상 항상성(하트만, 1964c)과 안정적인 자아 경계가 수립되어야 한다. 그러나 대상관계는 여전히 부분 대상관계에 머물며, 자기와 대상의 표상이 통합되는 것은 이 단계의 끝에서야 이루어진다. 컨버그는 경계선 병리에 대해 말러를 따라 이 단계의 대상관계 내면화에 고착, 혹은 퇴행한 것으로 이해한다.

이 단계는 좋거나 나쁜 자기 이미지 사이에, 그리고 좋거나 나쁜 대상 이미지 사이에 적극적인 분리(분열 방어)가 일어나는 단계이다. 경계선 병리의 경우 상반된 S-O-A 단위의 조합이 미처 통합되지 않은 채 지속되고, 좀 더 높은 수준의 발달 단계로 대체되지 않는다. 컨버그(1976)의 주장에 따르면 상반된 S-O-A 단위들이 처음 내사될 때 이들은 부정적 경험과 관련된 불안이 '자아 전반으로 퍼지는' 상황을 막기 위해, 그리고 '긍정적인 내사가 긍정적인 자아의 핵으로 통합되는 것을 보호하기 위해' 분리된 채로 있게 된다(p. 36). 그러나 방어적 분열은 이후 발달의 결과물일 수도 있는데, 이때는 상반된 S-O-A들이 능동적으로 분리된다.

컨버그는 내사가 방어적으로 이용될 때 자아가 생겨난다고 말한다. 이 상태에서 '좋은 내적 대상'(대부분 긍정적으로 경험된 미분화 상태의 자기와 대상 표상이다)은 '좋은 외부 대상'(긍정적으로 경험된 현실의 측면)과 더불어 순수 쾌락 자아를 만들고, 부정적 S-O-A 단위들은 바깥에 존재하는 것으로 취급된다. '좋은' 자기 이미지와 '좋은' 대상 이미지도 분리되기 시작한다. 이내 이러한 '단위들'이 좀 더 섬세하게 발달하고, '좋은 내적 대상'과 '좋은 외부 대상' 사이의 분화도 일어난다. 이제 비교적 분명한 경계의 형성과 함께 방어적으로 투사를 시용될 수 있게 되는데, 이때 생긴 일련의 '나쁜 외부 대상'에는 부정적으로 경험된 내사가 다시 투사됨으로써 형성된 '나쁜 것'도 포함된다. 투사의 방어적 이용은 세 번째 단계의 뚜렷한 특징이다. 이에 따라 분열 방어의 능동적 사용은 점점 줄어들고, 네 번째 단계로의 성공적인 이행이 일어난다.

비록 지금껏 우리는 S-O-A 단위의 형성과 방어 과정의 전개에 집중했지만 두 번째 내면화 현상인 동일시 또한 세 번째 단계에서 시작한다. 이는 좀 더 수준 높은 형태의 내사로, 여기에는 대인 관계의 역할이라는 측면이 포함되는데, 따라서 이를 위해서는 아이의 지각과 인지 발달이 어느 정도 이루어져 아이가 대인 관계의 사회적 기능을 개념화할 수 있어야 한다(1976, p. 31). 그리고 이와 관련한 정서적 요소도 내사와 관련된 그것들보다는 더 발달하고 분화된 것들이다. 마찬가지로 자기에 대한 관점도 더 분화해서 이제 대상은 자기와 관련된 역할이라는 관점에서 파악된다. 동일시는 내사 과정과 마찬가지로 심리 구조의 형성에 이바지하나 동시에 방어적으로도 이용될 수 있다. 동일시 과정은 다양한 자아 통합의 수준에서 평생 이루어지며, 자아가 좀 더 통합되고 분열 메커니즘이 덜 사용될수록 동일시의 결과도 크게 드러나지 않고, 통합도 좀 더 잘 이루어진다(같은 책, p. 77). 정신증적 동일시에서는 자기와 대상의 이미지가 병적으로 재융합되고, 이에 따라 원시적 초자아 전구체나 억압된 욕동의 파생물이 대상에 투사되어 동일시가 왜곡된다. 그래서 이렇게 내면화된 대상관계는 '완전히 좋거나' 혹은 '완전히 나쁜' 내사의 방향으로 변형된다. (여기서는 제이콥슨[1954a]의 재융합refusion 개념이 사용되는데, 이는 환상을 통해 현실적인 차이를 무시하고 자기와 대상이 합쳐짐으로써 완전한 만족을 추구하려는 시도를 의미한다.) 병적 동일시가 좀 더 통합된 수준에서 일어나면 병적인 성격을 형성하게 된다.

4단계. 네 번째 단계에서는 모순된 자기와 대상의 표상이 지각 안에서 좀 더 잘 통합되어, 자기와 대상에 대한 복잡한 경험을 좀 더 잘 반영하게 된다. 이 통합이 실패하면 '정체성 확산identity diffusion'이 초래된다. 이 단계가 되면 억압 방어가 나타나고, 자아, 초자아, 이드의 분화 또

한 이루어진다. 생후 세 살 말에서 오이디푸스 단계를 거쳐 일어나는 현상이다. 이 단계의 병리는 신경증, 혹은 '높은 수준의' 인격 장애(히스테리, 강박성, 우울-피학적 성격 장애)이다.

자기애적 인격 장애 또한 이 단계의 이상으로 인해 초래될 수 있는데, 그에 의하면 이 경우 자기와 대상의 통합 부전 대신,

> (1) 실제 자기, 이상적 자기, 이상적 대상이라는 구조가 병적으로 압축되고, (2) "나쁜" 자기 표상의 억압 혹은/그리고 해리가 일어나고, (3) 대상 표상이 전반적으로 평가절하되고, (4) 정상적인 자아-초자아 경계가 흐릿해진다[1976, p. 68].

그 결과 과대한 자기가 생겨나고, 이는 세 번째 단계의 특징인 분열 과정을 통해 부정적인 S-O-A 경험에서 분리된다.

컨버그는 네 번째 단계가 클라인이 "depressive position"이라고 불렀던(1948) 발달을 성취하는 단계라고 생각하는데, 이때는 타인에 대한 시각이 좀 더 새롭고 복잡해져 대상은 사랑과 미움 모두를 받게 된다. 이에 따라 죄책감과 염려도 함께 나타나게 된다. 그리고 현실을 점점 더 정확하게 자각함에 따라 이를 상쇄하려는 소망이 발달하고, 그 결과로 이상적인 자기와 대상의 표상도 발달한다. 다양한 욕동의 파생물이 의식으로 비집고 들어오는 것을 막는 억압 덕택에 이드는 자아와 분리되고 이드는 좀 더 조직화 된다. 따라서 신경증을 비롯한 고차원의 정신병리에서는 일차과정, 혹은 욕동의 직접적인 표현은 잘 관찰되지 않는다.

독립적인 심리 내적 구조로써 초자아의 통합은 네 번째 단계에서 일어난다. 여기에는 두 가지 측면이 있다. 이상적인 자기와 대상의 이미지가 압축되어 자아 이상의 기초를 이루고, 이것이 피학적 성향의 초자아 전구체와 합쳐진다. 그의 말에 따르면 이 초자아 전구체는

> 환상 속의 적대적이고 아주 비현실적인 대상 이미지로, "축출되어" 투사된 후 재-내사된 "나쁜" 자기-대상 표상을 드러낸다. (…) 그리고 이는 공격적으로 덧씌워진 엄마의 이미지를 자기 자신에게 향하게 함으로써 이상화된 엄마와의 좋은 관계를 보호하려는 아기의 원시적 노력을 드러내는 것이기도 하다[1976, p. 71]

한편 통합이 진행될수록 투사는 줄어들고 환상 속에서 적대적, 비현실적 속성을 갖던 초자아 요소도 줄어든다.

자아 정체성은 대상관계의 내면화에 있어 세 번째 과정으로, 네 번째 단계에서 일어나는 현상이다. 자아 정체성은 "자아의 합성기능이 제공하는 원리의 영향 아래 동일시와 내사가 전반적으로 조직화 되는 것"이다(같은 책, p. 72). 이는 자기-개념의 조직화를 의미하기도 하고, 좀 더 깊고도 현실적인 타자 개념의 조직화를 의미하기도 한다.

5단계. 초자아와 자아 통합의 공고화가 이 단계에서 일어난다. 그리고 자아 정체성도 계속 발달한다. 이 단계에 이르면 경험을 통해 배움이 가능해지고, "통합된 자기, 잘 통합되어 내면화된 대상 표상의 세계, 그리고 현실적인 자기-인식이 서로를 강화한다"(같은 책, p. 73). 여기에는 사회적, 문화적 표상도 포함된다. 내적 세계는 현실의 상호작용에 점점 더 많은 의미를 부여하고 위기의 순간에는 지지를 제공한다. 그리고 자기 자신과 타인 사이의 미묘한 차이를 감지하는 역량이 커지고, '탈-인격화'된 태도와 가치가 발달하면서 타인이 이해할 수 있도록 생각과 경험을 전달할 수 있게 된다. 이런 능력들은 미숙하게 조직된 병리에서는 가능하지 않다. 가장 뚜렷한 예는 자기애적 인격으로, 이런 사람들은 상호작용 중인 자기 자신과 타인에 대해 아주 얄팍한 감각만을 가진다(같은 책). 컨버그가 제시하는 모델에서 욕동, 정서, 대상관계, 인지 능력 및 여타의 자아 기능은 서로 밀접한 관련을 맺는데, 성공적인 5단계의 결과로

이 요소들은 복잡하면서도 밀도 높은 매트릭스를 만들게 된다. 이것이 건강한 인격이다.

성격 병리의 정신분석학적 분류

컨버그의 정신병리 모델은 기본적으로 갈등 모델이다(1980a). 여기에서 타고난 결함은 특정 갈등의 심각성에 영향을 주고, 그에 따라 병리적 자아 발달과 성격 경향을 두드러지게 만든다. 예를 들어 비교적 강한 공격적 성향을 타고난 아이는 좀 더 공격적으로 채색된 S-O-A 단위를 외부 세계에 투사할 가능성이 크고, 결과적으로 비정상적으로 위험하게 인식된 부모 이미지를 향해 과도한 병리적 거세 불안을 발달시키게 될 수도 있다(1975). 혹은 기질적으로 지각 이상을 갖거나 학습 장애를 갖는 아이는 일차적 자율성 차원에서 빚어진 오류에 의해 왜곡된 내사와 동일시를 할 수도 있다. 하지만 일반적인 사춘기, 성인 인격 장애 환자를 보는 컨버그의 입장은 성격 병리는 역동적 갈등이라는 관점에서 가장 잘 이해될 수 있다는 것이다. 심지어 학습 장애가 있는 경계선 병리 환자의 경우라도 상당 시간 치료한 뒤에야 비로소 학습 장애로 인한 효과, 그리고 병리적 분열 혹은 관련된 미숙한 방어로 인해 초래된 효과를 구분할 수 있다고 말한다(컨버그, 개인적 의견 교환에서).

성격 병리의 정도

앞서 제시한 발달 모델은 성격 병리를 나누는 기초가 되는데, 성격 병리의 정도는 높은 수준, 중간 수준, 낮은 수준 (경계선) 병리로 나누어진다. 이러한 분류는 본능 발달, 초자아 발달, 방어 작용, 내면화된 대상관계의 수준에 따라 결정된다(1976). 컨버그는(1980c, 1981c) DSM-III(미국 정신과 협회, 1980)의 인격 장애 분류를 노골적으로 비판한다. 그 이유는 DSM이 정신분석적 관점을 고려하지 못함으로써 중요한 진단적 요소를 빠뜨렸다고 생각하기 때문이다. 그의 진단 시스템에서 높은 수준의 성격 병리의 특징은 다음과 같다. 본능의 영역에서는 성기 우위성의 획득, 잘 통합되었으나 너무 가혹한 초자아, 억압 중심의 방어 기전(지식화, 합리화, 취소, 높은 수준의 투사), 그리고 안정적으로 잘 통합된 자기와 타인 개념이다. 대다수의 히스테리, 강박성, 우울-피학적 인격 장애가 여기에 속하며, 이러한 것들은 전통적인 신경증 환자들에게서 볼 수 있는 것이다.

중간 수준은 성기기 이전에 고착되어 있고, 초자아는 다소 덜 조직화 되어 있으며, 가학적인 초자아 전구체가 중요한 역할을 한다. 방어는 억압을 중심으로 이루어지지만, 더 원초적 방어도 존재해서, 높은 수준의 병리에서 보는 것처럼 승화나 반동형성의 경향보다는 본능적 충동의 침식이 좀 더 뚜렷하다. 자아 정체성은 수립되었고, 안정적인 자기와 타인의 개념이 있으나 대상관계는 갈등적이다. 구강적, 수동-공격적, 가학-피학적 인격 장애 환자의 다수, 비교적 고기능의 유아적 인격 장애 환자, 일부 자기애적 인격 장애가 여기에 속한다.

낮은 수준 성격 병리는 경계선 인격 구조가 특징이다. 이때 본능적 영역에서는 "성기기 본능 충동과 전-성기기 본능 충동이 병리적으로 압축되고, (…) 특히 전-성기기 공격성이 두드러진다"(1976, p. 141). 중간 수준과 비교했을 때 초자아의 통합이 부족하고, 가학적 초자아 전구체가 지속적인 영향을 미친다. 방어는 분열을 중심으로 이루어지고, 미숙한 형태의 투사와 부정 등이 이루어짐으로써 다른 병리 수준과 비교할 때 거절된 충동이 부분적으로 드러나 보인다. 대상 항상성이 아직 견고하지 않으며 정체성의 혼란이 관찰된다. 대상관계는 부분 대상관계에 머문다.

경계선 개념

컨버그는 '경계선 인격'이라는 용어에 상세한 정의를 부여한 몇 안 되는 사람 중 한 명이다. 그는 경계선 인격에 부합하는 심리 구조, 관련 개념, 환자들에 대한 상세한 현상학적 묘사를 제시한다. 그는 '경계선 상태', '경계선 인격 장애'라는 용어보다는 '경계선 인격 구조'라는 용어를 선호하는데, 이는 경계선 환자들이 자아 병리를 특징으로 하는, 특이하고도 안정적인 인격의 조직화를 갖는다는 그의 믿음을 반영한다. 이 병리는 한편으로는 신경증을 비롯한 여타 다소 덜 심각한 성격 병리, 그리고 다른 한편으로는 정신증과도 구분된다. 이러한 환자들은 특별한 유형의 심리적 조직화에 시달리고 있고, 여기에서는 특별한 유형의 개인사, 그리고 빠른 변화에 대한 저항이 관찰된다. 이러한 조직화 수준은 신경증과 정신증을 오가다 나타나는 일시적 '상태'가 아니며, 정신과적 '장애' 진단에서처럼 증상의 묘사만으로 정의될 수도 없다는 의미이다. 그의 주장에 따르면(1967, 1975) 다양한 심리상태와 갈등으로 인해 비슷한 증상을 보일 수 있으므로 섬세한 진단적 탐구가 필수적이다.

컨버그가 말하는 경계선 병리와 자기애적 병리는, 한편으로는 증상과 환자들이 하는 호소로 규정되고, 다른 한편으로는 심리 구조, 방어, 우세한 갈등 유형에 대한 추론에 근거한다. '내면화된 대상관계'와 관련해서 그는 상당한 노력을 기울여 이러한 가설적 개념을 측정할 방법을 설명하는데, 여기에는 가령 환자가 면담에서 보이는 행동에 근거한 방어나 심리 구조 같은 것도 포함된다.

묘사적 수준에서 볼 때 경계선 인격 구조의 환자들이 호소하는 고통은 자아의 병리를 암시한다. 여기에는 만성적으로 만연한 불안, 다양한 증상의 신경증(심한 공포증, 합리화된 강박증, 다양하고 기괴한 전환증상, 해리 반응, 오래된 의식 행위를 동반한 건강염려증, 철수, 편집증적 경향), 다양한 형태의 도착적 성행위, 충동 신경증, 중독 등이 포함된다(1975). 일군의 낮은 수준의 인격 병리(유아적, 자기애적, 반사회적, 'as-if' 인격), 그리고 편집적, 분열성, 경조증적, 정서불안 인격 장애가 보통 경계선 구조를 갖는다.

환자의 심리적 구조화에 대한 추론은 다른 관찰에 근거한다. 불안에 대한 인내력의 부족은 '유약한 자아의 비특이적 표현'이다. 따라서 불안이 더해지면 증상이 추가되거나 퇴행적 행동이 초래된다. 충동 조절의 부족으로 인해 불안이 가중되거나 욕동의 압박이 커지면 예상치 못한 충동성을 보인다. 승화 능력도 덜 발달해 있다(여기에는 환자의 재능과 기회가 반드시 고려되어야 한다). 두 번째 유형의 징후는 일차과정 사고의 출현으로, 특히 투사적 심리 검사처럼 구조화되지 않은 상황에서 관찰된다(Carr, Goldstein, Hunt & Kernberbg, 1979; Kernberg, 1975). 분열, 투사적 동일시, 부정, 원시적 이상화나 평가절하 같은 미숙한 방어도 중요한 증거가 된다. 위와 같은 징후를 확립하기 위해서는 상당 시간 동안 이루어지는 인터뷰에서 행동이나 상담자와의 상호작용을 근거로 조심스럽게 추론해야 한다.

특별한 진단적 이슈

컨버그의 주장에 따르면 근본적인 병리나 구조는 서로 달라도 증상은 비숫할 수 있다. 예를 들어보자.

히스테리 인격 vs. 유아적 인격. 히스테리 인격 환자는 표면적으로는 유아적 인격 장애와 비슷하다. 하지만 안정적이고 적절한 기능을 하는, 갈등이 없는 영역을 가진다는 점이 다르다. 그들은 특정 관계나 특정 갈등 영역에서만 충동적이고 집착한다. 비록 구강적, 의존적 요소가 있으나 사랑과 존경에서 이들이 필요로 하는 것은 기본적으로 성기기 필요의 발현이다. 이런 환자들에게서 오이디푸스 역동은 남녀가 다르게 작동하고, 비록 도발적 경향을 보이나 성적 난잡함은 동반되지 않는다. 그리고 비록 신경증적이지만 안정적인 이성애적 관계가 존재한다.

반면 유아적 인격의 소유자는 전반적인 영역에 걸쳐 좀 더 부적절하고 좀 더 충동적이다. 집요하게 요구하는 구강적 경향이 더 뚜렷하며, 그래서 사랑받고자 하는 필요는 '더 속수무책'이나. 과시적 성향은 미숙하고 자기애적이며 착취적 성질을 보인다. 불안정하고 급변하는 관계 맺음과 함께 성적 난삽함이 나타난다(1975). 이러한 환자들은 보통 경계선 수준에서 조직화 된다(1981c).

우울. 그는 증상으로 나타나는 우울을 우울-피학적 성격 경향으로부터 구분할 것을 강조했다. 가령 높은 수준의 우울성 성격 환자는 오이디푸스 충동과 관련해서, 혹은 자기와 타인에 대한 진정한 염려 때문에 우울감을 느낄 수 있는데, 여기서 문제가 되는 것은 초자아의 통합이다. 우울감은 속수무책의 노여움이나 이상에 초래된 실망을 표상하는데, 이것이 의미하는 것은 충분하지 않은 초자아의 통합이다. 자가 기능의 붕괴를 초래하는 심각한 우울 또한 가혹한 초자아의 존재를 의미하며, 이는 경계선 조직화일 수도 있다. 그러나 구조적 진단을 할 때는 반드시 우울의 양적, 질적 측면이 모두 고려되어야 하고, 반대로 타인을 향한 우울증적 염려나 죄책감이 없는 모습이 자기애 환자나 반사회성 인격의 경계

선적 조직화를 드러낼 수도 있다(1975, 1977a).

사춘기. 사춘기 시절의 정체성 확립과 관련된 스트레스는 환경적 압박(가령 갱 활동이나 사회적 정상성)이 동반되면 심각한 성격 병리 같아 보이기도 한다. 컨버그가 제안하는 방법은 전체-대상관계와 자아 이상의 여부, 승화와 일에 대한 능력의 여부를 가늠해보는 것이다. 경계선 병리의 청소년은 자기와 친구들에 대해 결코 깊이 있게 이야기하지 못할 것이고, 스스로 자아 이상이나 의미 있는 목표에 몰두하고 있다는 증거도 보이지 못할 것이다(1978, 1979b, 1982b).

경계선 vs. 조현병 상태. 사고 장애나 환청, 망상의 명확한 증거가 없을 때, 경계선 인격이나 조현병에서 모두 보일 수 있는 미숙한 방어는 다른 기능을 수행한다. 그리고 인터뷰에서 이 차이를 관찰할 수 있다. 경계선 구조의 환자들에서 이런 방어는 환자를 양가감정으로부터, 그리고 "사랑으로 충만한 관계가 미움에 의해 오염되고 부식되는 두려움"으로부터 보호한다(1975, p. 179). 조현병 환자의 경우 분열, 그리고 관련한 방어 기전은 "자아 경계의 완전한 상실, 그리고 타인과의 융합에 대한 두려움"을 막기 위해서이다(같은 책). 그리고 이는 압도적인 정서 상태에서 더 뚜렷해진다. 그 이유는 정신증적 구조를 가진 환자는 뚜렷이 구분된 자기와 대상의 이미지를 가지지 않기 때문이다. 원시적 방어 기전은 경계선 병리 환자의 자아를 약하게 만들므로 해석은 자아를 보강하고 상담에서의 기능도 증진되게 만든다. 여기서 상담상의 기능 증진은 더 많은 반성적 사고와 통합의 시도, 개선된 현실 검증을 의미한다. 하지만 조현병에서 이러한 방어의 해석은 환자의 자기-대상 분화의 부전을 드러내고, 따라서 퇴행이 초래되어 일차과정과 망상이 더 뚜렷해지고, 연상의 이완, 혹은 치료자의 해석에 대한 편집증적 왜곡이 일어날 수도 있다. 그래서 면담은 환자의 방어 기능을 가늠하기 위해 미묘하게 부적절한 반응에

대한 고찰과 함께 이루어져야 한다.

전이 정신증은 경계선이나 정신증적 상태 모두에서 보일 수 있으나 동원되는 메커니즘이 다른 관계로 그 양상도 다르다. 경계선 환자의 경우 전이 정신증은 치료 시간에 국한되고, 컨버그의 제안처럼 치료 시간을 구조화하면 반응을 보인다. 정신증 환자의 경우 치료 시간 안의 정신증적 행동과 현실 검증의 부재는 치료 시간 바깥과 다르지 않다. 그들은 자신과 치료자가 동일인이라 확신할 수도 있다. 이러한 모습은 경계선 환자의 전이 정신증과 대비되는 것으로, 이들은 어느 정도 경계를 유지하고 있으며 심지어 자신의 정체성 일부가 치료자와 서로 교환되는 것처럼 느낄 때도 경계를 유지한다(1975, 1980c).

치료적 자세: 치료상의 함의

컨버그는 심각한 병리를 가진 환자의 정신치료에서 그렇지 않은 환자들의 치료와 비교했을 때, 환자의 비언어적 소통이 보다 큰 역할을 한다고 말한다. 경계선 혹은 조현병 환자는 분열의 결과로 말과 비언어적 행동이 일치하지 않을 수 있다. 혹은 이들은 S-O-A 단위를 드러냄으로써 치료자가 어떤 역할을 하게끔 유도하기도 하는데, 이러한 시도는 비언어적 수단을 통해서, 혹은 정서적 효과를 위해 언어를 사용함으로써 이루어지기도 한다. 그는 제안하길(1975, 1977b), 비온의 생각처럼(1965, 1967a, b, 1970) 치료자는 'container'가 되어 환자로부터 유리된 것들을 치료자 안에서 통합해 보도록 권한다. 이로써 환자의 현재 경험과 방어가 전이 안에서 연결된다. 분석가가 환자 안의 혼돈과 파편화, 공격성을 좀 더 견디고 탐색하면서 이를 통해 희망과 수용을 보여주게 되면 아주 심각한 병리의 환자도 치료할 수 있다.

비슷한 맥락에서, 컨버그(1976, 1981a)는 그가 역전이에 대한 '전체주의적totalistic' 관점이라고 부른 태도를 적극적으로 옹호했다. 전체주의적 관점에서 역전이는 "치료 상황에서 분석가가 환자를 향해 느끼는 모든 감정적 반응"으로 정의된다(1975, p. 49). 비록 역전이 반응의 해소를 옹호하고는 있지만, 동시에 치료자가 본인의 반응을 점검해 보는 일의 중요성도 강조하는데, 그 이유는 이를 통해 환자에 대한 정보를 알 수 있기 때문이다. 이것은 클라인주의자와 대인 관계론자가 공유하는 특징이다. 컨버그는 심각한 병리를 가진 환자들의 치료에서 치료자가 보이는 반응은 치료자의 신경증적 성향보다는 스트레스와 불안을 견디는 전반적 역량과 더 관련이 있다고 주장한다. 이러한 환자들은 종종 혼란스럽기 그지없는 모습을 보이므로 치료자로서는 이 환자들과 공감적 접촉을 유지하다 보면 부분적 동일시로 인해 기능상의 퇴행이 일어날 수 있다(1975, 1977b). 그는 치료적 한계에 봉착한 치료자의 노력에 대해서도 중요한 의미를 부여하고, 치료상의 만성적 정체 상태 해소를 위한 해법을 제안하기도 했다(1977b, 1981a).

욕동과 초기 정서 상태에 관한 이론

컨버그 이론에 대한 요약의 마지막은 욕동과 정서에 관한 것이다. 이것들은 여러모로 그의 주된 이론적 관심사이다. 우리는 앞서 내면화된 대상관계의 단계에 대한 그의 모델을 살펴보았는데, 그 마지막 단계에서 모순된 S-O-A 단위들은 자기와 타자에 대한 복잡한 지각으로 통합되고, 자아와 초자아는 성숙해 적응적인 구조가 된다. 비록 욕동과 정서에 관한 이론은 발달 모델 안에서 모두 합쳐지지만 우리는 이 둘을 따로 생각하기로 하는데, 그 이유는 그렇게 함으로써 신경생리학적 자료의 해석과 이원론적 본능 이론의 재검토에 대한 그의 관심을 보여줄 수 있기 때문이다(Kernberg, 1976, 1980d, 1982a, d).

컨버그의 주장에 따르면 내면화된 대상관계(S-O-A 단위)는 하부 시스템을 만들고, 이러한 기초 위에서 욕동, 혹은 자아, 초자아, 이드 같은 일반적 심리 구조가 조직화되어 통합을 위한 시스템으로 작동한다. 그렇게 본능(심리학적으로 조직된 욕동 시스템에 의해 표상되는)과 일반적 심리 구조(이드, 자아, 초자아)는 그 후에 전체적 인격을 이루는 성분 시스템이 되고, 이들은 상위의 시스템을 형성하게 된다. 반대로 내면화된 대상관계의 단위들은 타고난 지각-행동 패턴, 정서적 경향, 신경-식물학적 분출 패턴, 그리고 비특이적 각성 메커니즘으로 표상되는 하위 시스템을 통합하는 시스템을 만든다.

그의 주장에 따르면 이렇게 이론상의 요소들을 하위 시스템이나 상위 시스템으로 개념화함으로써 "마음에 관한 신경생리학적 모델, 혹은 몸-마음의 등가성에 기반한 기계적 모델"을 피할 수 있다(1976, p. 86). 그가 조직된 시스템들 사이의 위계적 구조를 이야기하는 것은 바로 이러한 이유에서다. 하지만 일정 단계에 이르면 "신경생리에 기반한 기능들"과 "생리학적 단위들"(신경의 전기적 패턴이나 신경전달 물질의 변화)에서 이들이 통합된 "순수 심리 내적 구조, 그러니까 내면화된 대상관계의 원시적 단위들(자기-대상-정서 단위)"들로의 이행이 일어난다(같은 책). 그리고 이러한 단위들은 최종적으로 이드, 자아, 초자아로 통합된다.

'정서적 경향성'은 타고난 것이자 뇌의 기능에 의해 규정되는 것으로, 일차적 동기 시스템을 구성한다. 여기서 이 경향성은 쾌락과 불쾌에 대한 주관적 경험의 경향성을 의미한다. 정서적 경향성이 통합하는 것은

> (1) 핵심적(쾌락 혹은 불쾌) 상태에 대한 지각[즉, 중추 신경계의 지각], (2) 생리학적 분출 현상, (3) 타고난 지각적, 행동적 패턴, (4) 환경의 반응들이다[컨버그, 1976, p. 87].

프로이트의 본능 개념도 여기에 포함될 수 있다. 정서적 패턴을 통해 아기의 필요가 엄마에게 전달되고 그렇게 상호작용이 시작된다. 그리고 이는 정서적, 인지적 요소를 동반하여 기억 흔적으로 저장된다. "정서는 일차적 동기 시스템인데, 그러니까 아기가 자신의 환경과 더불어 경험하게 되는 무수히 많은 만족과 좌절의 경험의 핵심에 정서가 존재하게 된다"(1982d, p. 907). 그리고 이들 경험 각각은 내면화된 대상관계에 이르고 기억 덕분에 고정된다.

정서와 인지는 함께 발달한다. 처음에는 각각에 해당하는 기억 흔적이 정서적 기억으로 통합되었다가(1976) 결국에는 쾌락과 불쾌, 아-타의 분화가 일어난다. 이 시점에서, 컨버그(1982d)는 '좋은' 경험과 '나쁜' 경험이 동기 시스템의 전반적 조직화를 생성한다고 주장한다. 그리고 우리는 이것을 사랑과 미움이라고 부른다.

컨버그의 이론(1976)은 다음과 같은 경제학적 이슈들도 다룬다. 욕동이나 정서의 강도가 보이는 다양함은 선천적인 이유일 수도 있고(시상하부, 혹은 유전적으로 결정된 행동 패턴 따위), 혹은 환경적인 이유일 수도 있다(엄마의 반응 등). 중성화(하트만, 1955a)는 긍정적, 부정적으로 경험된 S-O-A 단위가 합쳐져 depressive position에 도달하여, 좀 더 복잡하고 현실적인 자기와 대상의 표상을 만들 때 일어난다. 그의 말을 들어보자(1976).

> *동일시 시스템의 합성에 따라 공격성은 중성화되며, 이는 좀 더 높은 수준의 억압 메커니즘을 가능케 하는*, 그리고 암묵적으로는 이차적 자율성 일반을 위한 *가장 중요한 단 하나의 에너지원을 제공한다*[pp.

45~46, 이탤릭은 컨버그].

그에 따르면 하트만이 '욕동의 융합'이라고 부른 것은 상반된 정서를 합치고 통합하는 과정에서도 벌어지는 현상으로, 이렇게 모순된 S-O-A 단위가 통합되는 과정의 한 부분이 된다. 유사하게도 승화 또한 욕동 파생물의 사용에 초래된, 단순한 경제학적 의미의 변화가 아니다. 여기에도 대상관계적 요소가 있다. 승화 행위는 얼마간의 전체 대상관계, 통합된 대상관계의 능력을 요구하며, 자기와 타인을 향한 진정한 염려의 능력 또한 요구한다(1975, p. 134). 하지만 컨버그가 정서, 욕동 이론에서 대상관계에 부여한 중요성에도 불구하고 그는 공격적 욕동의 발현 양상, 그리고 욕동에 있어 생물학적으로 결정된 변화의 중요성도 강조해서, 이들이 대상관계에 영향을 끼치게 된다고 말한다(오이디푸스 단계의 성기기 충동이 그 예다). 그래서 그의 주장은 대상관계보다는 욕동이 유기체의 일차적 동기 시스템을 형성한다는 명제에 가깝다.

토론

컨버그는 대상관계 학파의 임상적 관찰 상당 부분을 통합하고 이러한 임상 관찰에 타당한 질병 체계를 구축하는 데 공헌했다고 볼 수 있다. 그렇게 가령, 건트립(1968, 1971)이나 페어베언(1952)이 기술했던 분열성 환자의 임상 관찰은 컨버그가 개념화한 특정 유형의 경계선 인격 구소와 아주 잘 맞아떨어지게 되었다. 그리고 컨버그는 위니콧(1965, 1971), 멜라니 클라인(1946), 발린트(1968), 그린슨(1954)이 기술한 환자도 일부 경계선 인격 개념으로 설명할 수 있음을 보여줬다. 그는 성격 병리의 심각성을 대상관계적 개념으로 일부 설명했는데, 이런 시도는 아주 유용한 것임이 밝혀졌다. 여기에 더해 그는 영국 대상관계 그룹(대표적으로 신-클라인 학파)이 강조하는 공격성 개념을 임상적, 치료 기법적 이론에 통합했고, 이로써 우리는 임상적 상황과 이론 개발 모두에서 공격성을 다루는 것이 얼마나 중요한지를 좀 더 잘 이해하게 되었다.

그의 이론이 갖는 장점 중 하나는 그가 자신의 이론적 요점을 관찰 가능한 임상 현상과 연관 짓는다는 점이다. 예를 들어 그는 여러 분석가가 경계선 환자(여기에서 그는 원저의 작가가 아닌 컨버그 본인의 경계선 병리 개념을 사용했다)들이 사용하는 분열이나 투사적 동일시 같은 방어에 대해 언급했음을(발린트, 1968; 페어베언, 1952; 프로쉬, 1960; 그린슨, 1954; 건트립, 1968, 1971; 클라인, 1946; 위니콧, 1965, 1971) 성공적으로 보여주었다. 여기에 더해 그는 임상 면담에서 어떻게 분열이나 투사적 동일시가 사용되고 있음을 알아챌 수 있는지도 기술했다. 비슷하게 그는 진단에 대한 자신의 이론적 가정, 특히 방어 수준의 평가로부터 자연스럽게 임상적 귀결이 도출된다고 주장했다. 이렇게 예측하려는 경향 덕택에 다른 연구자들은 그의 추론과 결론을 검증하기가 쉬워졌다. 가령 그는 자신이 수립한 질병 체계에 따라 각각의 개별 진단에 대한 예후와 표준적인 심리 치료 방법을 제시한다. 예컨대 경계선 수준의 기능이 완연히 드러나지 않는 자기애적 인격 장애 환자의 표준 치료는 전통적인 정신분석이다. 그리고 경계선 수준의 기능이 뚜렷한 환자의 경우에는 그가 개발한 정신분석적 정신치료가 표준 치료이다. 이러한 환자는 정신분석이나 정신치료 중, 지지적 정신치료로 옮겨갈 필요가 있을 수도 있다. 하지만 이 경우에는 정신분석이나 컨버그가 개발한 정신분석적 정신치료에서 기대할 수 있는 종류의 변화는 일어나지 않는다. 한편 부정적인 예후를 예측할 수 있는 모습(심한 반사회성 경향, 타인의 고통을 대놓고 즐기는 모습, 장기간에 걸친 인간적 접촉의 부재)을 보이는 자기애적 환자는 처음부터 지지적 정신치료를 시행한다(1975, 1979a, 1980c, 1982c, e).

요컨대 컨버그가 쓴 치료 기법이나 임상적 관찰은 적어도 유념해 둘 만한 가치 정도는 있는 것 같다.

그는 많은 저자들, 특히 영국 대상관계 이론가들의 작업을 종합했으며, 여기에는 제이콥슨과 말러도 들어간다. 그리고 그들의 임상적 관찰이 어떻게 경계선 인격 구조의 정의 안에서 개념화될 수 있는지 보여주었다. 그는 본인의 임상 자료를 풍부하게 제시했으며, 섬세한 분류체계를 세웠다. 그리고 각 수준에 따른 전체 정신병리를 설명하기 위해 다섯 단계의 구조를 제시하고, 면담을 통해 도출된 분명한 기준에 따라 특정한 면담 기법을 제시하며, 이를 통해 복잡한 진단 과정을 수행할 수 있게 해준다.

그는 진단과 표준 치료, 그리고 치료에 대한 예후를 연결했다.

그의 임상 저작은 광범위한 영역을 포함하고, 그의 작업 방식은 체계적이다. 하지만 우리는 다른 이들처럼(Calef & Weinshel, 1979) 그가 예후에 대해 어떻게 이렇게 확신할 수 있는지에 대한 의문을 가질 수 있다. 그의 이론이 갖는 구체성은 정신분석에서는 거의 없다. 게다가 그가 제시하는 진단 및 치료 방침, 예후에 관한 의견이 그 모든 유형의 환자들을 개인적으로 진단하고 치료해 본 경험적 결과라고 보기도 어렵다(심지어 예후를 주장하려면 치료 종결이 필요하다). 그래서 가령 예후에 관한 그의 주장은 연구 결과, 협진, 지도 감독, 여러 형태의 치료를 감독한 본인의 경험 등이 모두 합쳐져 나온 주장으로 이해하는 게 좋다.

그가 예후를 주장하기 위해 사용한 연구 결과(Kernberg 등, 1972)는 Menninger study의 결과인가, 아니면 본인의 임상 경험인가? 딱히 꼬집어 말하기는 어렵지만 대부분의 경우, 그는 자신의 주장을 뒷받침하기 위해 많은 경험적 연구를 가진 사람의 확신과 정확성을 가지고 글을 쓴다. 당연하게도 그는 엄청난 양의 임상 예시를 들지는 않는데, 만약 그가 주장하는 그 모든 주제에 대해 충분한 증례를 제시하려면 아마 학회지 전부를 임상 증례로 채워야 할지도 모른다. 비록 치료 효과와 관련한 주요 연구의 타당성 여부를 검토하는 것이 지금 우리의 관심사는 아니지만, 아마 예후와 관련한 확신이 실질적인 연구 자료에 기반한다고 보기는 어렵다는 점에는 그도 동의할 것이다. 그리고 비록 그의 연구는 흥미로우나, 방법론적 비판으로부터 결코 자유롭지 않다. 이는 그가 내린 결론에도 당연히 영향을 미친다. 그래서 우리 생각에는 예후와 관련된 그의 수많은 주장은 본인의 임상경험에 근거하고 있는 것 같다. 만약 이것이 사실이라면 그의 임상 저작에서 보이는 논조는 비판받아 마땅한 측면이 있다(Calef & Weinshel, 1979). (비교적 최근의 논문에서[1982e] 그는 결론에 대해 확실하지 않으며 추가적인 연구가 필요하다고 말하지만, 그의 논조는 여전히 상당히 확신에 차 있다.)

그의 글을 보면 본인의 주장에 대해 충분한 근거를 가진 듯하다. 하지만 적어도 현재에 이르기까지 양적으로나 질적으로나 그가 충분한 증거를 보여준 적은 없다. 이 부분에 대해서는 컨버그를 향한 비난에 동의한다. 그러나 두 가지 정도는 정상 참작해야 할 듯하다. 첫째, 비록 어떤 이가 무언가에 대해 '증명할 때', 비록 그 진술의 내용이 흥미로울지라도 그것은 한정된 임상적 관찰에 근거하고 있을 뿐이라는 비판에 대해서는 모든 정신분석적 저작이 그러하다는 점이다. 둘째, 다른 정신분석 이론가들이 했던 주장과 달리 컨버그의 주장은 그나마 검증이 가능한 형태라는 점이다(비록 검증을 위해서는 아주 섬세하고도 어려운 연구 모형이 요구되겠지만). 최근의 논문에서(Kernberg, Yeomans, Clarkin, & Levy, 2008; Lenzenweger 등, 2005), 저자들은 전이에 근거한 해석에 초점을 맞추는데, 17장에서 보게 되듯이 이런 식의 접근 방법에도 강력한 비판이 가해진다.

그의 임상 개념에 대해서 위와는 다른 견지에서 비판을 가하는 사람도 많다. 하지만 가령 Calef와 Weinshel(1979)이 가했던 비판을 세세하게 보는 것, 혹은 코헛과 컨버그 사이의 타협(1980)에 대한 Stolorow와 Lachman의 비평을 살펴보는 것은 이 책의 의도에서 벗어난다. 그래서 우리는 칼레프와 와인셸의 비판을 간단하게 살펴보는 것에 만족하겠다. 두 사람은 컨버그에 아주 흥미로우면서도 자못 치명적인 비판을 가한 것 같다. 앞서 말한 지점들에 더해, 그들은 컨버그가 경계선이라고 이름 붙인 *안정적* 인격 구조를 가진 사람들이 정말로 존재하는지에 대한 진지한 의혹을 던진다. (연관된 비판으로, 여전히 탐색이 필요한 복잡한 영역에 대해 컨버그가 설익은 진단적 완결성을 주장했다는 비판이 있다[Sugarman & Lerner, 1980].) 이들은 또한 컨버그의 개념이 퇴행 같은 기본적 정신분석 개념, 그리고 심리적 갈등 개념을 희석하고 있다고 생각한다. 하지만 그들이 가하는 비판의 본질은 경계선 개념 그 자체에 대한 의문이다. 그들은 컨버그가 경계선과 정신증 모두를 포괄하는 연속성continuum 개념을 폐기했다고, 그리고 통상적인 현실 검증 능력에 대해서도 있거나 혹은 없거나의 둘 중 하나로 만들어버렸다고 비판한다. 이에 대해 두 사람은(1979), "현실 검증 능력의 상대성이라는 문제 때문에 (…) 정신증 진단에 대한 진단은 신속, 정확, 구획된 범주적 기준을 만들기는 어렵고," 따라서 경계선 인격 구조를 가진 사람과 정신증을 구분하기도 어렵다고 결론짓는다(1979, p. 485).

두 사람의 비판을 존중한다. 그러나 우리는 그들이 주장하는 요점이 경험적 관찰의 문제라는 점을 지적하고 싶다. 그래서 우리 생각에 적어도 그들의 비판이 진지한 것이 되려면 그들은 자신의 비판에 대해 타당한 경험적 근거를 제시해야 한다. 하지만 그들의 근거가 컨버그의 관찰에 대해 의혹을 제기할 만큼 충분해 보이지는 않는다. 그들이 잘못된 주장을 하고 있다는 뜻이 아니다. 다만 그들은 가령 예전에 스톤(1980)이 그러했던 것처럼 자신들의 주장에 대해 좀 더 임상적이고도 경험적인 접근을 시도해야 한다. 현실 검증 능력에 대한 컨버그의 범주적 접근을 비판하려면 적어도 연속성 개념을 옹호할 수 있는 자료 정도는 제시해야 한다. 스톤은 컨버그의 방식으로 구조를 평가하는 것이 큰 문제가 될 수 있음을 보여주는 예를 제시했으며, 특히 흔하지 않은 정동 장애 환자나 회복기의 조현병 환자들의 경우 현실 검증이 항상 이분법적으로 나뉘지 않음을 보여줬다. 하지만 우리가 보기에 때때로 칼레프와 와인셸이 주장하는 컨버그가 틀린 이유는 오로지 그가 '정신분석적'이지 않은 것, 이 한 가지 때문인 듯하다.

컨버그의 이론에 대한 비판을 생각해보자. 두 사람은 컨버그의 이론적 입장이 고전적 프로이트주의와 자아 심리학에서 상당히 멀어지는 것처럼 말한다. 하지만 그들의 논문이 가진 한계로 인해 그들은 자신의 주장을 뒷받침할 만한 설득력 있는 논거를 제시하지 못하고 있다.

컨버그의 이론적 입장에 관한 질문은 Klein과 Tribich(1981)의 논문에서 좀 더 본격적으로 다루어진다. 이 논문에서 그들은 컨버그가 프로이트주의나 자아 심리학에서 멀어지는지의 여부에 특별히 관심을 두지 않는다. 오히려 그들이 보기에는 "컨버그가 프로이트주의와 대상관계 이론 사이를 오가는 탓에 서로 경쟁 관계에 있는 두 이론의 차이점은 흐릿해져 제대로 드러나지 않는다"(1981, p. 41). (컨버그의 임상 개념을 비판한) 칼레프와 와인셸과 마찬가지로 클라인과 트리비히 또한 컨버그의 이론적 입장에 대해 근본적인 의문을 제기했다. 예를 들어 그들의 주장에 따르면 컨버그는 "보울비, 페어베언, 건트립, 위니콧의 의견을 거절했는데, 여기에는 그들의 의견에 대한 과학적 토론은 없고, 오로지 그들이 프로이트의 동기 이론을 부정했다는 사실만 존재한다"(같은 책). 여기에서 클라인과 트리비히의 비판에 대해서는 자세하게 다루지 않겠다. 그러나 컨버그가 위에서 말한 모든 이론을 모두 부정했는가에 관해서는 동의할 수 없다. 그것은 사실이 아니다. 그는 페어베언, 건트립, 위니캇의 의견을 임상적, 이론적으로 통합하려고 노력했다.

컨버그의 이론에 대한 좀 더 본질적인 비판을 살펴보기 전에 우리는 정신분석 이론과 이론적 비평에 대한 개괄적 견해를 좀 더 확장하고자 한다. 앞서 말했듯 과학철학적 입장으로 볼 때, 정신분석 이론과 이론의 비평에는 아쉬운 부분이 많은 것 같다. 비판의 기준이 보통은 너무나 주관적인 탓에(Ellman & Moskowitz, 1980), 새롭게 제기되는 정신분석 이론이나 통합의 시도는 너무나 취약한 처지에 몰린다. 그리고 이는 이미 살펴보았듯 칼레프와 와인셸의 의견에도 마찬가지로 적용된다. 그리고 비록 완전히 그렇다고 말할 수는 없겠으나 클라인과 트리비히의 비판에도 일부 적용된다고 말하고 싶다. 어떤 이론가의 개념이 다른 이론가와 어떻게 다른지를 토론하는 것은 유용할 수 있다. 하지만 그 이론에 내재한 논리적 모순을 발견하지 못하는 한, 단순 비교가 제대로 된 비판을 만들지는 않는다. 가령 컨버그가 프로이트와 다르다는 이유로 비판하는 것은 이론적 비판이 아니라 가치 판단이다.

하지만 우리는 이상의 비판뿐 아니라 컨버그에 대한 일반적인 비판 또한 소중히 여길 필요가 있다. 그가 자신이 동의하는 이론가와 동의하지 않는 이론가를 죽 나열하는 대신, 자신이 내린 정의, 가정, 입장 등에 좀 더 방점을 두었더라면 그의 논지는 더 분명해졌을 것이다. 컨버그의 이론적 논지 전개는 때로 너무 까다롭고 복잡해서 명료하지 않을 때가 있다. 따라서 그의 이론적 주장을 이용해 명료한 예측을 만들기가 어려워진다. 컨버그가 동의하거나 동의하지 않는 이론가의 이름을 '나열'하는 것은 그의 이론적 작업에 다소 자의적인 느낌을 주는데, 이것은 컨버그를 비판하는 이들도 마찬가지다. 이러한 글은 마치 "만약 당신이 이러저러한 사람에게 동의하지 못하면 당신은 정신분석적이라 할 수 없다. 그러니까 당신은 틀렸다"라고 말하는 듯하다. 비록 이런 식의 비평이 정신분석 저작에 만연하다손 치더라도 컨버그가 잘했다고 볼 수는 없다. 그래서 우리는 클라인과 트리비히(1981, p. 39)가 말한 것처럼, 건트립이 프로이트의 본능 이론에 대해 '감정적인' 공격을 했기 때문에 컨버그도 건트립을 무시했다는 비판에 대해서는 수긍한다. 그리고 다른 분석가들이 고전적 정신분석의 본능 이론에서 멀어지는 데 대해서 컨버그가 비난할 만한 처지가 아니라는 점에도 동의한다.

하지만 그의 이론을 비평하는 데 있어서 논리적-이론적 접근은 조금 다른 이슈를 다룰 수 있어야 한다. 우리가 검토하고 싶은 문제들은 다음과 같은 것들이다. 컨버그는 대상관계 이론과 프로이트의 이론을 얼마나 성공적으로 통합했는가? 주요 정신분석 이론에 대해 고찰한 점과 별개로 컨버그 본인은 잘 통합된 이론적 입장을 가지는가? 좀 더 일반적인 의미의 논리 구조, 추론 법칙 등을 고려했을 때 그의 이론은 잘 만들어진 이론인가?(Nagel, 1961, 1995; Popper, 1962) 이러한 수준의 검증을 견딜 만한 정신분석 이론은 없을 것이라는 점에는 아마 모두 동의할 것이다. 그렇게 보면 유독 그를 향한 가혹한 비난이 조금은 터무니없어 보이기도 한다.

하지만 이상의 관점에서 컨버그의 이론을 평가해 봄으로써 미래의 연구 방향을 제시해보는 것은 유용할 것이다. 우리는 그의 본능 이론에 대해 언급할 것이다. 왜냐하면 그는 이 연구에서 신경생리학적 연구 결과뿐 아니라 고전적인 욕동 이론과 대상관계 이론을 통합한다고 주장하기 때문이다. 그래서 그가 이 이론적 통합에 얼마나 성공했는지에 대해 물을 수 있다. 이 질문은 이론의 타당성, 우아함, 혹은 이해의 수월성, 그리고 그의 이론이 '정신분석적'인지 아닌지에 대한 질문과는 별개이다.

본능 이론을 논하면서 그는(1982d) 우리에게 익숙한, 하지만 여전히 중요한 지점을 짚고 넘어간다. 바로 프로이트의 용어인 *trieb*에 관한 것이다. 이 단어는 보통 'instinct'로 번역되지만 'drive'로 번역되는 것이 더 타당할 수도 있다. 컨버그는 다른 사람들과 마찬가지로(Hartmann, 1964c; Holder, 1970; Schur, 1966) 프로이트의 '본능' 개념은 고정불변의 미리 결정된 행동 패턴(이것은 동물 행동학적 정의에 가깝다)을 의미하지 않는다고 말한다. 오히려 프로이트의 본능 혹은 욕동 개념은 내적 자극이나 흥분의 결과로 생겨날 수 있는 다양한 행동이나 정신적 사건을 의미한다. 컨버그는 자체적으로 프로이트의 개념을 현대 신경생리학, 신경행동학적 개념과 연결하려 한다. 이 부분에 대한 그의 저작을 훑어보는 것도 이 책의 주제를 넘어서는 것이지만, 잠시 그의 생각을 요약함으로써 그의 이론적 입장을 대략 알아보고 평가해 보겠다.

컨버그(1976)는 동기 이론의 중심에 정서적 경향성을 둔다. 그의 결론은 이러하다.

> 정서적 경향성은 일차적 동기 시스템을 구성하는데, 여기서 일차적 동기 시스템은 특수한 내외적 지각에 영향을 미치는 과정에서 (1) 핵심적(쾌락 혹은 불쾌) 상태에 대한 지각, (2) 생리학적 분출 현상, (3) 타고난 지각적, 행동적 패턴, (4) 환경의 반응을 통합한다. 내 생각에 최초의 "자기대상-정서" 단위는 정서적으로 통합되고 인지적으로 저장된 정서적, 생리적, 행동적, 환경적 변화들에 대한 지각으로써, 이 지각 안에서 "자기"와 "남"의 요소는 아직 분화되지 않았다[1976, p. 87].

이 대목에서 그는 대상관계적 관점으로 프로이트주의 정신분석 이론과 신경생리학적 관찰을 연결하려 한다. 컨버그는 자신이 생각하는 본능 이론을 설명하기 위해 MacLean이 개발한 세 층의 동심원 뇌 모델을 빌어

오는데, 그가 생각하는 인간의 본능은 이러한 '벽돌'이 차곡차곡 조립되어 발달해가는 것으로, 쾌락적 정서로 경험된 일련의 단위들과 불쾌의 정서로 경험된 일련의 단위들이 점차 두 개의 주된 심리적 욕동인 리비도 욕동 시스템과 공격성 욕동 시스템으로 각각 발달하게 된다. 다르게 말하면 정서는 처음에는 특수한 외적 지각이나 선천적 행동 패턴 같은 본능의 구성 요소들에 대한 일차적 조직을 담당하고, 나중에는 "본능적으로" 결정된 행동들의 위계적 조직을 활성화하는 "신호"를 구성한다(1976, pp. 87~88).

이상의 두 발췌를 보면 그가 말하는 본능 이론의 복잡성과 방향을 약간 맛볼 수 있다. 사실 그가 이론을 쌓아 올리는 것을 보면 보울비(1969, 1973, 1980)와 상당히 가까운 것 같고, 프로이트보다는 페어베언이나 건트립과 더 비슷하다. 프로이트 본능 이론의 핵심은 본능은 내부에서 만들어지는 것으로써, "지속적인 힘"으로 드러난다는 점이다(Freud, 1915c). 반면 우리는 컨버그의 글에서 본능이 지속적인 내적 자극을 제공함으로써 신경계에 상당한 요구를 만든다는 프로이트 개념의 본질적인 측면을 어디에서도 볼 수 없다. 프로이트의 말을 인용하면,

> 본능적 자극은 유기체의 내부에서 유래하는 것으로, 이러한 메커니즘으로 해결될 수 없다. 그래서 본능적 자극은 신경계에 훨씬 큰 요구를 만들고, 신경계로 하여금 외부 세계에 변화를 줌으로써 내적 자극 원천에 만족을 가져다줄 수 있는 행동을 수행하도록 만든다. 무엇보다 본능적 자극으로 인해 신경계는 자극의 완전한 제거라는 이상적 상태를 포기해야 하는데, 왜냐하면 본능적 자극의 유입은 멈추지도 피할 수도 없기 때문이다. 그래서 우리의 결론은, 신경계가 성취한 그 끝없는 능력과 함께 오늘날의 높은 발달에 이른 이면에는 외부의 자극이 아닌 본능이라는 진정한 추동력이 있다는 것이다. 이에 따른 자연스러운 귀결은 본능 그 자체가, 적어도 부분적으로는, 외적 자극이 만들어

> 낸 결과물의 응집체로써, 계통발생의 과정에서 유기체의 변화를 만들었다는 가정이다[프로이트, 1915c, p. 120].

프로이트를 이렇게 길게 인용한 이유는 비록 미묘하긴 하나 프로이트와 컨버그의 본능 이론 사이에는 중요한 차이점이 있다는 점을 보여주기 위해서이다. 분명 프로이트는 1915년부터 본능의 내적, 내인성 성격을 강조했는데, 여기에는 동기적 측면의 개념으로서뿐만 아니라 고등생명체(특히 영장류)의 중추 신경계의 발달을 자극하는 시스템으로서의 측면도 포함된다. 그래서 내적, 내인성 자극의 '숙달'은 아기/아이에게 중요한 과제가 된다. 분명 환경적 요인은 숙달을 좀 더 쉽게 혹은 좀 더 어렵게 만들 수 있고, 발달에서 확실히 중요한 역할을 한다. 그러나 내인성 자극의 '지속적 압박'은 아기의 환경에 존재하는 '본능적인 요소'가 어떤 종류인지와는 무관하게 이미 존재한다. 컨버그가 시도한 신경생리학과의 통합을 진지하게 받아들인다면 그는 프로이드보다는 환경적 요인을 중요하게 여기는 관점으로 옮아가게 된다. 대체로 컨버그는 내인성 자극을 중심에 두지 않는다. 그래서 그의 이론에는 프로이트가 제대로 통합되었다고 볼 수 없다.

그리고 일반적으로 볼 때 컨버그가 본인이 사용하고 있는 다양한 이론적 입장을 제대로 통합해낸다고 보기는 어렵다. 그를 비판하는 사람들이(칼레프와 와인셀, 클라인과 트리비히) 프로이트주의와 대상관계 양쪽에서 모두 나온다는 점도 이상의 의견에 일맥상통한다. 때로 그는 이질적인 이론을 통합하기보다는 단순히 합쳐버리는 것처럼 보이는데, 가령 개념을 특정 방식으로 정의함으로써 이론의 설명력을 증가시키는 방식이다. 비슷하게 그는 여러 가지 선택 가능한 관점 중 특정 관점을 선택하면서 왜 하필이면 그 관점을 선택했는지에 대한 논리적, 임상적 설명은 하지 않는 경우가 많다. 사실 대상관계 이론과 프로이트주의(혹은 자아 심리학)를 조합함으로써 진정 더 큰 설명력을 확보했는지는 결코 명확하지 않다.

이와 관련한 논리적 비판도 가능하다. 그는 이론을 구성하는 데 있어 특정 개념을 선택하고 정의하면서도 그는 자신의 전체 이론에서 각각의 이론이 어떻게 서로 연결되는지에 관한 이론적 혹은 논리적 구조(추론 법칙)를 거의 제시하지 않는다. 일례로 어떤 상황에서 능동적 분열이 수동적 분열을 대체하는지에 관한 법칙을 제시할 수도 있고, 이런 법칙에 따라 이론적 개념과 무관한 검증 기준을 제시할 수도 있었다. 이 단계에서 그는 자신의 이론이 갖는 설명력을 제대로 밝히지 않았다. 다르게 말하면 컨버그 이론의 발달적, 정서적, 본능적 측면이 본인의 임상적 관찰과 개념에 어떤 것을 더했는지 보여주지 않는다. 어떻게 보면 Rubinstein(1967)의 표현처럼 그의 이론은 그저 '단순히 묘사적'으로 보인다. 딱히 잘못되었다고 볼 수는 없으나 그의 야망은 좀 더 컸던 것 같다. 그래도 자신의 이론이 임상적 주장을 반복하는 것에 그치지 않음을 보여주는 데는 실패했다.

비록 끝부분에 그를 비판하기는 했으나 앞에서도 말했듯 사실 이러한 비판에서 자유로운 분석가는 어디에도 없다. 우리는 그가 프로이트나 클라인도 이루지 못했던 완결성 있는 이론을 제시할 것을 기대했다. 그리고 그가 좀 더 설득력 있는 이론의 구축과 논리적 분석에 실패했다고 말한다면 그것은 그를 비판하는 사람들도 별반 다르지 않다. 아마 그에게 동정을 느끼는 사람도 많을 것이다. 왜냐하면 그가 하려고 했던 일은 상당히 어려운 일이었으며, 때로 그는 비판자들에 반응하여 자신의 주장을 바꾸기도 했기 때문이다.

결론을 말하자면 컨버그는 당대의 어떤 이론가보다 더 기본적인 이슈를 제기하고, 열정과 통찰을 동원해서 이 질문에 매달렸다. 그가 제시하는 대답은 현대 정신분석 이론 중에서 탁월한 편에 속한다. 그리고 그는 정신분석 이론을 실제 연구와 연결 지은 몇 안 되는 분석가 중 한 명이다 (Carr, Goldstein, Hunt, & Kernberg, 1979; Kernberg, 1981; Kernberg 등, 1972). 우리의 비판에도 불구하고 그가 시도한 발달, 정신병리, 치료에 대한 광범위하고 체계적인 이론화는 인상적이었으며, 그는 우리 시대의 주요 정신분석 이론가이다. 이제 많은 영역에서 컨버그를 논하지 않고서는 제대로 문제를 다룰 수 없다. 그것은 그 자체로 중요한 성취라고 할 수 있다.

덧붙이는 말

이 장은 친한 동료인 Dr. Monica Carsky와 함께 썼다. 공동 작업을 한 이유 중 하나는 그녀가 컨버그의 작업에 대해 잘 알고 있기 때문이다. 만약 나 혼자 이 장을 썼다면 아마도 컨버그의 작업이 제대로 된 통합이라기보다는 그저 여러 개념을 풀로 이어붙인 것에 불과하다는 점이 더 크게 부각되었을 것이다. 내 생각에 그는 클라인주의자도, 자아 심리학자도 아닌 것 같고, 그의 이론에서는 그 어느 쪽도 제대로 보이지 않는 것 같다. 하지만 나 혼자 툴툴거리기보다는 해석의 역할과 관련해 최근 그가 제시한 정신분석 기법을 토론해 보는 것이 나을 듯하다. 해석의 역할은 17장과 18장에서 다루도록 하겠다.

15장 비온, 클라인, 그리고 프로이트

"(…) 여러 가지 일들이 마음속에 떠올랐고, 동시에 나를 후려친다. 진정 많은 것을 이룬 사람들에게는 어떤 자질이 있을까. (…) 내가 말하려는 것은 어떠한 것을 갖지 않을 수 있는 능력인데, 그러니까 사실과 이성을 얻으려 안달하지 않은 채, 불확실이나 미스터리, 의혹 안에서 머물 수 있는 능력 말이다."

(Keats, 1817)

"정식화하면 이러하다. 분석가는 자신의 무의식을 수용受容 기관처럼 써서 환자로부터 전달되는 무의식을 향하도록 해야 한다."

(Freud, 1912e)

서론, 요약

Wilfred Bion의 작업에서 핵심 개념은 'linking'이다. 이 개념은 비온이 이해하는 사고의 발달과 마음의 발달에서 근본적인 위치를 차지한다. 그리고 분석 환자가 무엇인가에 대해 생각하는 메커니즘, 그리고 분석가가 행하는 치료적 해석의 핵심 요소가 된다. 이는 정신분석 작업에 대한 비온 본인의 생각 발달에서도 중요한데, 그는 프로이트의 작업에서 중요한 요소를 도출해 이것을 멜라니 클라인, 나아가 현대 클라인주의자인 Hannah Segal과 연결하고, 이 생각들 전체를 자신의 임상 경험인 그룹 치료, 그리고 정신증 환자의 치료 경험과 연결한다.

비온의 작업은 또한 프로이트주의와 대상관계 이론, 그리고 현대 정신분석학의 새로운 학파들 사이의 연결고리로 볼 수 있다. 여기에는 관계주의relational 그룹과 상호주관성intersubjectivity도 포함되는데, 비온의 생각은 이들의 선구자라 할 수 있다. 여기에 더해 그의 발달이론과 현대의 발달 신경생물학 사이에는 많은 중요한 부분들이 중첩되어 있다.

비온이 정신분석 이론과 기법에 공헌한 성과는 그의 난해하고 독특한 글쓰기 때문에 제대로 이해되지 못하는 경우가 많다. 가령 그가 'beta', 'alpha' 같은 용어를 선택한 이유는 단순히 이 용어들이 정신분석적 규범과 무관하다는 이유였고, 따라서 이 용어들은 과중하게 부여받은 의미에서 벗어나 자유로울 수 있었다. 사실 그의 글쓰기 스타일은 그의 생각 방식과도 일치한다. 그는 글을 통해 작가/치료자가 나름의 연결을 만들도록 하며, 동시에 이론에 대한 교조적 태도에 대해서는 단호하게 반대한다. 그의 글은 내용과 형식이 조화롭게 결합되어 있다. 넓게 보면 그가 생각하는 정신분석 작업은 진실에 대한 것이지만 정작 진실 그 자체는 너무나 모호하고 변화무쌍하여 알 수가 없다고 말한다. 오히려 우리가 진실에 가장 가까이 다다르는 것은 특정 시간과 공간 속, 생생하고 긴장된 관계 내에서 두 존재의 영속하는 변화의 경험 안에 머무를 때이다.

이제부터 짧은 요약을 통해 비온이 제시하는 주요 개념들을 살펴보고, 이 개념들이 서로 어떻게 연결되며 정신분석적 관계 안에서 어떻게 전이에 영향을 끼치는지를 훑어보겠다.

생각의 발달

베타 요소와 알파 요소

프로이트의 뒤를 이어, 비온은 무엇인가를 생각하기 위한 기관이 발달하려면 어떤 조건과 경험이 필요한지 질문한다. 생각 과정에는 감각 인상과 정서를 잇고, 이렇게 이어진 원시적 사고 내용을 의미를 가진 개념과 연결하고, 또한 생각과 의사소통을 위해 쓰이는 언어와 연결하는 과정이 포함된다.

비온은 프로이트가 제시한(1911b) 명제를 자신의 질문을 탐색해가는 근본적 토대로 삼는다. 아기는 신체적, 정서적 필요를 느끼고 이러한 불편을 해결하려고 한다. 하지만 불편을 해결해 가는 과정에서 현실 원리 때문에 만족이나 위안이 지연되는 경험을 할 수밖에 없다. 프로이트는 이 두 경험 사이의 불일치에서 생각이 비롯된다고 말한다. 「Formulations on the two principles of mental functioning」(1911b)에서 프로이트는 이렇게 말한다.

> 생각에 주어지는 어떠한 특징이 있는데, 이 특성 덕분에 심리 기관은 분출이 지연되는 동안 증가하는 긴장을 견딜 수 있다. (…) 아마도 생각은 애초에 무의식적이었을 것이다. 단순한 관념적 표상의 바깥에 머물며 사물들의 인상 사이의 연관성에 국한되었을 때까지는 말이다. 그리고 언어적 잔재와 연결될 때까지는 의식에 지각될 수 있는 성질을

추가로 얻지는 못했을 것이다[같은 책, p. 215].

생애 초기의 아기는 날것의 경험을 특정한 방향으로 해석한다. 그러니까 가장 원시적인 구분 방식으로 쾌락과 고통을, 혹은 좋음과 나쁨을 구분한다. 말하자면 칸트가 말한 *선험적*a priori 범주와 비슷하다고 볼 수 있는데, 나중에 경험이 이 주위로 모여들게 된다. 환경에 존재하는 이러한 날것 그대로의 감각-정서적 요소를 비온은 베타 요소라고 부른다. 그리고 이 요소들은 그 자체로 존재하고, 생각 이전에 존재한다. 칸트의 *물자체*Ding-an-sich 개념을 프로이트와 클라인의 개념에 접목함으로써 비온은 순수 사고가 그 자체로 존재함을 주장할 수 있게 되었다. 그러니까 순수 사고는 이 사고를 생각하는 마음보다 이전에 존재하고, 개별 인간과 무관하게 존재한다.

프로이트와 마찬가지로 비온도 의식성 그 자체는, 생각과 마찬가지로, 혼란스러운 직접적 감각 인상들에서 벗어나기 위한 아이의 필요 덕택에 만들어진다고 보았다. 그러니까 생각이라는 것은 날것 그대로의 감각을 설명하고 조직화함으로써 경험의 의미를 포착하려는 노력에서 비롯된다고 볼 수 있다.

하지만 베타 요소는 처음부터 생각되거나 해석될 수 없다. 그저 직접 경험될 뿐이고 이러저러한 반응을 일으킬 뿐이다. 『Element of Psycho-analysis』(Bion, 1963)에서 비온은 가장 원초적 형태의 경험은 베타 요소에 의해 관장된다고 주장했다. 그러니까 '생각하는 사람이 부재不在하는 사고'인 것이다.

이렇게 사고 불가능한 베타 요소를 사고 가능한 요소로 만드는 능력, 즉 '알파 기능'의 형성은 투사된 베타 요소를 품어낼 수 있는 사람으로부터 시작한다. 알파 기능을 통해 날것 그대로의 정서-감각인 베타 요소는 의미를 부여받고, 그렇게 생각의 자료로 사용될 수 있게 된다. 그렇게 베타 요소는 '알파 요소'가 되고, 알파 요소는 억압될 수도 있고, 꿈에 사용되기도 하며, 다양한 형태의 기억을 형성함으로써 억압되지 않은 무의식의 한 부분이 되기도 한다.

알파 요소가 만들어지는 과정은 이러하다. 무엇인가를 예상할 수 있는 전-개념화가 이미 존재하고, 이것이 외부 세계에 구현된 무엇인가와 만난다. 이로써 개념이 만들어지고 이는 사고로 이어져 생각에 사용될 수 있게 된다. 이렇게 알파 요소가 축적됨으로써 사고를 위한 기관, 장치가 만들어진다. 다르게 표현하면 사고는 생각하는 사람 이전에 존재하며, 기실 무언가를 생각할 수 있는 능력이 생각하는 사람을 '만들어낸다.'

이는 데카르트 이원론의 정반대이다. "나는 생각한다. 고로 존재한다"라는 명제의 자리에 비온은 "나는 존재한다. 따라서 느낀다. 따라서 나는 사고를 갖고, 그 사고는 생각할 사람을 필요로 한다"라는 명제를 둔다. 비온의 생각은 Antonio Damasio 같은 신경학자의 실험적 연구와도 일맥상통한다(1994). 잠시 인용해 보겠다.

> 전체 이성을 구성하는 신경의 가장 아래 단계는 감정과 느낌, 그리고 유기체의 생존에 필요한 신체 기능을 처리, 제어하는 부분과 같은 곳이다. 다시 말해 이러한 아래 단계는 거의 모든 신체 장기와 직접적인 상호관계를 유지하고 있으며, 그렇게 가장 위 단계인 이성적 추론, 의사 결정, 나아가 사회적 행위와 창조성 같은 것을 만들어내는 일련의 작용과 우리의 몸을 직접 연결한다. 감정, 느낌, 생물학적 기능은 모두 인간의 이성 안에서 나름의 역할을 갖는다[같은 책, p. 13].

Alpha function, container-contained, thinking couple

프로이트와 비온의 생각에 따르면, 상징과 사고를 위한 능력이 길러지기 위해서 아기는 무엇인가를 원하는 시점과 그 필요가 충족되는 시점 사이의 공간과 시간 안에서 좌절을 참아낼 수 있어야 한다. 비온은 이 참을성이 수용적이고 '소화해 내는' 엄마나 'container'에 의해 제공되며, 이들이 아기의 베타 요소에 대한 '알파 기능'이라고 말했다.

비온이 말하는(1970) 'contained'는 아기 혹은 아기가 투사한 베타 요소를 의미하고, 반면 'container'는 '엄마' 혹은 조율된 보호자를 의미한다. Container의 원형은 공상(reverie)에 잠겨 있는 엄마로, 이때 엄마는 신체적, 정서적, 인지적 어려움 앞에서 아기가 겪는 두려움과 형용할 수 없는 소멸의 공포를 견뎌낸다. 이러한 안전지대는 위니콧이 말한 'maternal holding environment'와 비슷하지만, 여기에 더해 'thinking couple'이라는 개념이 포함되는데, 이를 통해 엄마가 날것 그대로의 감정을 견디는 능력, 그리고 그것을 소화 가능한 의미의 조각들로 변형시켜 쌓아가는 능력이 강조된다.

베타 요소는 container에 투사되어 그 사람(가령 엄마)의 알파 기능을 통해 신체 내, 외적인 감각 데이터로 변환된다. 하지만 아직 상징으로 변환되지는 않았는데, 여기에서 상징은 조직화와 통합을 이룬 정신적 표상으로 정의된다. 이 감각 데이터는 정신 안에서 구체적 사물로 경험되거나 신체적 반응을 일으키는 몸 상태로 경험되기도 한다. 이 경험들은 아직 정신화되지 않았으므로 그저 '또 다른 자극들'에 불과하고(프로이트 참고), 그 자체로는 기억으로 저장되지도, 사용되지도 않는다.

베타 요소는 구체적으로 경험된다. 가령 똥처럼 방출될 수도 있다. 베타 요소는 부재중인 젖가슴에 투사되기도 한다. 이때 엄마(좋은 대상)는 부재중인 젖가슴을 존재하는 젖가슴으로 변환시키고 다양한 방식으로 아기를 담아낸다. 아기의 관점에서 볼 때 베타 요소는 젖가슴 덕분에 알파 요소로 변하고, 이제 그 나름의 정신적 의미를 갖게 된다. 이 경우 '공상'이 있을 수 있는데, 이로써 엄마는 정신적으로 아기의 마음에 양분을 공급한다. 알파 기능을 통해 관계는 경험될 수 있고, 이러한 관계는 대상을 연결하는 매개로 작용하여 결국에는 시기심이나 질투심 같은 감정에 이르게 된다.

투사와 내사를 오가는 과정은 containing 개념을 통해 재정의된다(1959, 1962a, 1963). 담아냄과 조율이 적절히 이루어지지 않으면 아기는 소화 불가능한 공포를 어떤 식으로든 바깥으로 배출할 수밖에 없게 되고, 이러한 투사의 결과로 아기의 외부 세계는 박해자들로 가득 차게 된다. 그리고 다시 내사 과정이 일어나면 이러한 박해자들이 아기의 내적 세계 다시 한번 가득 채우게 된다. 그렇게 내면은 질식할 듯한 답답함으로, 바깥은 파편화를 초래하는 일촉즉발의 전투 상황이 되어버린다.

이렇게 되면 갈 곳이 없어진 아기는 어떤 종류의 containment라도 찾으려 할 것이다. Esther Bick는 자폐아들에서 관찰되는 이러한 모습을 'second skin'이라고 불렀고, 비온은 'mental skin'이라고 불렀다. 이제 아기는 비온이 '자아-파괴적 초자아' 혹은 'Super-ego'라고 불렀던 것에 의해 생각이 마비되고, 모든 사고와 생각은 마음에서부터 비워지게 된다. 초기 발달에 초래된 엄마의 실패는 분열과 link에 대한 공격으로 이어지고, 나쁜 것으로 가득한 폐쇄계를 유지하기 위한 부질없는 노력으로 병리적인 투사적 동일시가 사용된다.

비온은 container-contained 관계에는 세 종류가 있다고 말한다. Parasitic, symbiotic, commensal이 그것이다. 앞의 둘은 다양한 형태의 방어적 적응과 정신증적 사고를 초래하지만, 세 번째는 참을성을 키우고 신체적 경험과 정서를 사고로 변환하도록 만든다. 그리고 이 사고는 좀 더 복잡하고 창의적인 생각에까지 이른다.

정신증

비온은 정신증의 기원을 아기가 겪는 공포에 두는데, 이때의 공포는 엄마가 죽음에 대한 아기의 두려움을 담아내지 못하는 것에 관한 공포이다(Grotstein, 1981). 이러한 생각은 비온이 1950년대에 쓴 것들로, 후에 위니콧이나 코헛에 의해 다양한 개념으로 발전하게 되는데, 특히 엄마-아기 간의 애착에서 공감이 갖는 중요성과 관련된 생각들이 그러하다. Container와 contained를 말한 것도 이러한 맥락에서였다. 그는 특히 아기가 분열과 투사를 적절하게 해내지 못하면 정신증이 생길 수 있다고 주장했는데, 이때 분열과 투사에 실패하는 이유는 분열되고 투사된 것들을 적절히 담아낼 수 있는 그 무엇이 없기 때문이다. 그래서 그는 가정하길(1970), 정신증의 근원은 엄마가 아기에게 적절한 'container'를 제공하지 못하기 때문이라고 말한다.

엄마는 반드시 아기에게 적절한 지지를 제공해야 한다. 특히 엄마는 아기의 불안, 아기 자신의 마음에 들지 않는 부분, 그리고 아기에게 존재론적 위협이 되는 베타 요소들을 흡수할 수 있어야 한다. 비온은 "파편화가 일어나는 이유는 바깥으로 방출되는 것이 다름 아닌 생각이 이루어지는 메커니즘, 그러니까 현실을 지각하고 조직화하는 수단인 마음이기 때문이다"라고 말한다(1962b, p. 90).

모든 관계는 일종의 접촉으로, 이것을 통해 하나의 요소는 "폭력적이거나 비폭력적인 방식으로 다른 무엇과 뭉쳐진다"라는 개념화가 가능하다(Hinshelwood, 1989, p. 231). 담아내는 것과 담기는 것 사이에도 다양한 관계가 존재할 수 있는데. 전자가 후자를 파괴할 수도, 후자가 전자를 질식시킬 수도, 혹은 좀 더 긍정적인 상호 조율이 이루어질 수도 있다. 비온은 이 개념을 원래 발달과정에서 도출했으나 결국 모든 종류의 인간관계로 확장했다.

비온은 '이름 없는 두려움nameless dread'이라는 용어를 만들었는데, 이는 원래 '아기가 본능적 충동 앞에서 겪는 무기력함에 대한 두려움'을 묘사하고, '공상(container가 수행해야 하는 기능 중 하나)'을 만들어내지 못하는 엄마를 둔 아기가 갖는 두려움을 가리키기 위해 만들어졌다. 이러한 엄마는 아기가 겪는 공포를 담아내지 못함으로써 이 공포를 의미 있게 만들어버린다. 그리고 결과적으로 대상은 거절하는 존재로 경험된다.

엄마가 받아내지 못한 투사는 거절되어 변하지 않은 상태로 아기에게 돌아간다. 이러한 경험이 반복되면 내사를 통한 내적 대상이 만들어지게 된다. 투사가 깃든 애초의 의미는 사라지고 대신 이름 없는 두려움으로 재-내사된다(Bion, 1962b).

그래서 container-contained 관계는 배움의 발달과 추상적 사고의 수립을 위해 꼭 필요하다. 왜냐하면 배움과 추상화는 서로 다른 감각적 정보가 동반될 때 여기에 대한 적절한 단어를 만들어내는 것으로 시작하는 경우가 많기 때문이다. 이러한 간단한 추상화는 점점 복잡한 가설로 이어지고 결국 과학적 연역 체계로 이어지게 된다.

비온의 개념 중 핵심인 알파 기능은 이렇게 아기의 불안을 제거하는 변환 능력으로 설정되는데, 이때 불안은 container(엄마)에 투사된다. 이 불안은 원래 아기에게는 위협으로 경험되는 것이었고, 그래서 엄마는 반드시 불안을 다른 형태의 무엇으로 바꾸어 아기가 견딜 수 있고 통합할 수 있는 것으로 만들어야 한다. 이러한 관계를 'thinking couple'이라고 부를 수 있다. 알파 기능에 문제가 생기면 엄마는 아기가 투사하는 느낌을 받아낼 수 없다. 대신 아기는 이러한 거절을 통해 탐욕스러운 젖가슴을 내사한다. 이제 아기는 환경을 통해서는 아무것도 얻을 수 없게 되었고, 그렇게 상징을 위한 능력이나 생각할 수 있는 능력, 혹은 경험을 통해 배울 수 있는 능력은 계발되지 않는다. 그래서 알파 기능이 충분히 발달하지 않으면 그 사람은 위험한 베타 요소를 안전한 것으로 만들어 통합할 수 없게 되고, 이에 따른 가능한 한 가지 결과가 정신증이라고 할 수 있겠다(Grotstein, 1981).

투사적 동일시

비온의 전체 저작을 관통해 핵심적 개념이 되는 것이 투사적 동일시 개념이다. 그리고 이 개념은 비온이 'container-contained' 개념을 발달시킨 맥락이기도 하다. 그는 클라인이 말한(1946) paranoid-schizoid position에서 이루어지는 방어적 의미의 투사적 동일시 개념을 확장한다. 이때 투사적 동일시는 자아의 일부를 (환상을 통해) 대상에게 투사하여 대상의 내부에 있는 시기심의 대상을 조종하려는 시도이다. 클라인이 보기에 투사적 동일시가 일어나면 자기의 내용물 일부가 소진되거나 빼앗긴 듯한 느낌을 받게 된다. 클라인의 투사적 동일시 개념도 당시 이미 충분히 유용하게 사용되고 있었는데, 가령 Rosenfeld는 이렇게 말한다.

> 환자는 (…) 파괴된 세상을 품고 있는 자신의 망가진 자기를 투사하는데, 이때 투사는 다른 환자들뿐 아니라 나에게 향하기도 한다. 그리고 그런 식으로 나를 바꾸어 버렸다. 하지만 그는 이러한 투사로 인해 안

> 도하기는커녕 오히려 불안해졌는데, 그 이유는 이제 내가 그에게 무엇을 되돌려 줄지 겁이 났기 때문이고, 그래서 그의 내사 과정은 심히 혼란스러워졌다[1965, pp. 80~81].

비온은(1959) '정상' 혹은 '건강한' 투사적 동일시가 있다고 했는데, 이는 발달 초기의 의사소통 방법으로, 아기는 투사적 동일시를 통해 대상에게 자신의 마음, 기분, 몸 상태를 전달한다. 그가 보기에 '정상적인' 투사적 동일시는 아기의 불안이 수용되고 변화하기 위해 꼭 필요하다. 이러한 경로를 통해 아기는 경험을 통해 생각을 만들어 낼 수 있는 능력을 얻게 되기 때문이다. 그리고 투사적 동일시가 이루어지려면 거기에는 반드시 투사를 받아낼 container가 필요하다. 엄마의 반응이 담아내고 돌보는 것일수록 베타 요소를 알파 요소로 바꿀 수 있게 된다.

하지만 만약 투사적 동일시가 반응을 얻지 못하거나 적대적 container를 만나게 되면 이로 인해 많은 불안이 초래되는데, 여기에는 공격받은 대상이 보복을 가하고 자기의 일부가 외부 대상 안에 갇혀 조종되는 두려움도 포함된다. 비온이 「Differentiation of the psychotic from the non-psychotic personalities」(1957)에서 말했듯,

> 정신증적 인격을 비-정신증적 인격에서 구분하는 것은 안팎의 현실 지각과 관련된 인격의 전 영역에 초래된 미세한 분열, 그리고 분열로 인한 조각이 방출되어 대상 안으로 들어가거나 혹은 대상을 집어삼키는 것에 달려 있다[p. 43].

K, -K, L, H Link, 그리고 Link에 대한 공격

클라인은 모든 인간이 태어날 때부터 리비도의 한 부분으로 앎에 대한 epistemophilic 본능을 가지고 있다는 프로이트의 의견에 동의한다. 비온은 이 개념을 확장해서, 주체와 대상 사이를 연결하려는 전반적 욕동 안에 감정적으로 충만한 link가 내재해 있다고 말한다. 그는 세 개의 link를 말하는데, 바로 K(knowledge) link, L(love) link, H(hate) link다.

물론 비온이 보기에 가장 중요한 것은 K다. K link에는 타인에 대한 호기심이 포함되며, 여기에는 필연적으로 무지, 그리고 아-타의 구분에 따른 고통과 좌절에 대한 참을성도 포함된다. 그는 모든 배움과 성장에는 필연적으로 '지각 변동catastrophic change'이 수반됨을 강조하는데, 다시 말해 모든 배움은 기존에 자리 잡은 질서와 체계를 모조리 해체하고 뒤바꾸는 결과를 초래하기 때문에 지각 변동이라고 말할 수 있다. 그는 이렇게 말한다.

> 수많은 과학적 연역 체계의 요소들은 반드시 재조합이 가능해야 한다. (…) 여기에 제시된 이론에 따르면 재조합에 필요한 자유는 영혼에 깃든 감정에 달려 있는데, 그 이유는 이러한 감정들이 바로 과학적 연역과 경험으로 담아낸 배움을 서로 단단히 결합하는 것이기 때문이다. 의혹을 참고, 하릴없이 작음을 견디는 능력은 경험을 통해 담아낸 배움에서 꼭 필요한 연결고리이다. K가 가능하기 위해서는 말이다[1977, p. 94].

생각할 수 있는 능력의 발달을 통해 경험의 고통을 줄이고, 좌절을 참아내며, 지각 변동을 견뎌 창의적으로 사용하려면, 그리고 이렇게 생각을 이용해 경험에서 무엇인가를 배우기 위해서는 container-contained의 통합적 기능을 통해 K link 안에 내재한 감정적 경험이 일어나야 한다.

가장 이른, 가장 원시적인 K의 표현은 엄마와 아기 관계에서 일어난다. 부분 대상관계라는 관점으로 설명하면 아마 입과 젖가슴 사이에서 일어난다고 말할 수 있다. (…) L과 H는 K의 요소로써 부차적인 것들이다. contained는 container 안으로 투사되고, 뒤이어 내가 commensal이라는 말로 묘사할 형태의 추출이 빚어진다. Commensal의 의미는 container와 contained가 쌍방의 이익을 위해 서로 해치지 않고 의존하는 것을 말한다. 이 모델에서 엄마는 아기와의 경험을 통해 이로움과 정신적 성숙을 얻는다. 그리고 아기도 이익을 추출하고 성장을 이룩한다[같은 책. p. 91].

만약 엄마/대상에게 수용성受容性이나 투사된 감정을 수정해 내는 작업에 문제가 생기면 아기 내부에는 베타 요소가 축적되어 고통스러운 정서 상태를 비워내기 위한 메커니즘이 우세하게 된다. 그러면 K link는 너무나 고통스러운 것이 되고, 분열과 투사를 통해 고통을 피하려는 시도로 인해 세상은 무의미하게 텅 비어버리고 만다. 이런 상태를 그는 'linking에 대한 공격'이라고 부르며 '-K'로 표기한다. 이는 앎에 대한 저항이며 앎과 배움, 자각, 혹은 모든 종류의 감정적 연결, 변화, 그리고 공간/부재와 의존을 견디는 능력에 대한 미움이다. 만약 −K가 우세해지면 건강한 것과 건강하지 않은 것 사이의 역전과 도착이 초래된다. 비온이 말하듯, "증오라는 감정에서 삶 자체에 대한 증오에 이르는 거리는 매우 짧다"(1967b, p. 107). 그는 증오의 감정은 점점 강렬해지며, 따라서 그에 저항할 강력한 방어에 대한 필요도 점점 커진다고 강조한다. 「Attacks on linking」에서 그는 이렇게 말한다.

내적 대상은 원래 그 기원이 외부의 젖가슴이었다. 내적 대상이 내사와 보호를 통해 궤멸적 감정을 바꾸길 거부하게 되면 역설적으로 애초 공격을 통해 피하려고 했던 감정이 오히려, 자아의 강도에 비해, 증

> 폭되는 것처럼 느껴진다. Linking에 대한 이러한 공격으로 인해 인격의 정신증적 부분이 우세해지는데, 이런 인격은 일견 논리적이고 심지어 수학적으로 보일 수도 있으나 감정적으로는 결코 합리적이지 않다. 결과적으로 살아남는 link는 도착적이고, 잔인하며, 삭막하다[1959(1967), pp. 108~109].

그가 −K라고 부르는 것은 의미를 벗겨내는 것이 그 목적으로, 의미를 만들어내는 K와는 반대이다. −K는 앎을 증진하기보다는 파괴한다. 그는 말하길, K를 통해 "추상과 일반은 개별과 구체가 될 수 있다." 하지만 −K에서 "개별은 그것이 가진 모든 특성을 박탈당한다. 추상이 아닌 박탈이 최종 결과물이다"라고 말한다(1967b, p. 99).

알파 과정이 역으로 작용할 수도 있는데, 이는 필연적으로 "기존에 만들어진 알파 요소를 난도질해 베타-장막 혹은 기괴한 대상을 만들어 낸다"(Meltzer, 1981, p. 530). 기괴한 대상bizarre object은 베타 요소가 자아나 초자아의 흔적과 합쳐져 만들어진 것이다. 이렇게 보면 클라인이 말했던 내적 대상과 자기 구조를 향한 가학적이고 전지전능한 공격 개념을 세밀화한 것으로 보인다. 비온은 이 개념을 확장해서 개별 자아 기능과 'linking' 전반에 대한 공격을 포함했다. 다시 말하면,

> 감각이 꿈이나 무의식적 사고에 이용되기 위해 알파 요소로 바뀌는 대신, 접촉장벽의 발달은 그것의 파괴로 대체된다. 이러한 일이 생기는 이유는 알파 기능이 역전되어 접촉장벽, 꿈 사고, 그리고 접촉장벽의 결을 만드는 무의식적 사고 같은 것들이 베타 요소와 구분되는 그 모든 특징을 잃어버리고, 급기야 투사되어 베타-장막beta-screen을 만들기 때문이다[1962, p. 25].

비온은 클라인이 말한 내적 대상과 자기 구조를 향한 가학적이고 전

지전능한 공격 개념을 증폭시켜 개별 자아 기능, 그리고 사고의 기본 과정이 되는 'linking' 전반에 대한 공격을 포함한다. 그리고 초기의 원형적 linking에 대한 시기심에서 비롯된 공격은 모든 종류의 정신적, 정서적 연결에 가해진다고 말한다. 이러한 연결에는 젖꼭지와 입의 연결, 음경과 질의 연결, 내적 부모상이 포함되는데, 이 모든 것이 미움을 받는다.

Ps ↔ D

클라인의 개념 중 비온이 물려받아 확장한 것 중에는 발달상 paranoid-schizoid position에서 depressive position으로의 이행도 포함된다. 그는 두 가지 상태의 불안, 박해와 이상화를 오가는 분열 상태, 시기심, 방어로서의 분열, 그리고 투사적 동일시 같은 것들이 아직 발달 중인 통합 부전 상태의 자아, 전능 환상, 그리고 클라인이 paranoid-schizoid position의 일부로 기술했던(1946) '부분-대상' 경험 같은 것들을 보호하기 위한 시도라고 생각했다. 여기에 더해 그는 이 position에 혼돈과 경직된 사고가 내재함을 가정하고, Segal(1957)이 정신증적 사고와 원시적 사고를 관찰하며 제시했었던 경직된 symbolic equation 개념을 꺼낸다.

타인에 대한 인식이 부분-대상에서 전체 대상으로 옮아가며 양가감정을 느끼는 것, 그리고 오로지 성장 중인 자기의 생존에 대한 염려에서 대상을 향한 염려로 이행하는 것, 그 과정에서 상실감과 죄책감, 타인에 대한 의존을 자각하며 수선하려는 바람을 갖는 것, 여기에 증가하는 추상화와 통합의 능력은 모두 클라인이 말한 depressive position의 현상들로, 비온도 공유하는 의견들이다.

비온은 아동 발달에서 중요한 역할을 하는, 기본적으로 긍정적이고 정상적인 투사적 동일시 현상이 있으며 이를 통해 아이는 엄마의 알파 기능을 내면화해서 depressive position의 불안과 고통을 조절한다고 생각했다. 여기에 더하여, 비온은 클라인이 말한 '사람은 오랜 시간에 걸쳐 두 상태를 오간다'라는 의견을 확장하기도 했다. 그는 일단 depressive position이 발달적으로 '성취'되면, 두 상태에 내재하는 생각의 방식들 사이에도 중요한 역동적 관계가 지속해서 만들어진다고 생각한다. 이 관계는 평생을 통해 요긴한 것으로, 배움과 성장, 발달, 창의적 사고를 위해 사용된다. 그는 이러한 변화를 Ps ↔ D로 표기했다.

Ps ↔ D를 역동적으로 오고 간다는 것은 새로운 배움에 동반되는 지각 변동을 견딤을 의미하고, 여태 지녀온 관점이 해체되어 새로운 관점으로 통합될 때도 소멸의 공포나 파편화를 경험하지 않고, 혹은 원초적 방어에 의지하지 않음을 의미한다. 이는 클라인이 말한, D에서 Ps로 돌아갈 때 겪게 되는 우울감에 저항하기 위한 조증 방어의 사용과는 구분된다. 비온은 이러한 운동이 창의적 사고의 정수이며, 이를 통해 통찰, 그리고 경험을 통한 배움이 가능하다고 말한다. 그리고 무지의 불확실함 안에서 놀 수 있는 능력이 자라나고, 그렇게 시간에 따라 변해가는 경험 안에서 진실을 찾아낼 수 있게 된다. 비온은 이러한 궁극적 진실을 'O'라고 표기하며(1970) 절대적 진실이라고 부른다. 이는 아직 알려지지 않은, 모든 존재의 궁극적 근간이자 모든 경험의 저변에 깔린 것이며, 이미 존재하나 알 수 없는 것이다. 'O가 되어감'은 변화의 과정으로 여기에서 우리는 "우리 자신이 된다"(니체, 1882 참고). 다른 말로 하면 존재와 형성이 일치하게 되는 것이다. 한편 건강한 발달에서는 이러한 운동이 평생에 걸쳐 일어나며, 이 과정에서 container와 contained는 마음 안에 영원히 운동, 변화하는 변증법적 관계로 내면화된다. 이로써 자기는 생생하게 살아 움직이는 변화무쌍한 경로를 통해 미지의 무엇인 'O'에 이르게 된다.

기법

정상 발달이 이루어지기 위해서는 아이가 투사한 느낌을 엄마가 받아낼 수 있어야 한다. 이러한 이야기를 하면서 비온은 '엄마의 공상'이 가지는 중요성을 강조한다. "엄마가 공상할 수 있는 능력을 갖추면 이는 아이가 의식을 통해 수확해 낸 자기-감각을 감지하는 수용 기관이 된다"(1962a, p. 116). 엄마가 하는 공상이라는 개념은 분석가의 태도와도 연관되는데, 분석가는 엄마처럼 환자가 겪는 공포와 불안에 대해 감지할 수 있어야 하며, 유의미한 해석을 통해 환자의 투사적 동일시를 담아내고 변화시킬 수 있어야 한다. 그리고 그런 식으로 'thinking couple'이 될 수 있어야만 한다.

이러한 공상 상태는 바로 프로이트가 말했던(1911b) 'evenly-suspended attention'의 유지를 의미하며, 이를 통해 분석가는 그가 예상하지 못한, 일견 분석 시간과 무관해 보이는 자료를 '선택'할 수 있게 된다.

> 공식으로 만들어 보면 이러하다. 분석가는 반드시 자신의 무의식을 마치 수용 기관처럼 환자로부터 전해지는 무의식을 향하도록 해야 한다. 분석가는 전화 교환원이 채널을 맞추듯 자신을 환자에게 맞추어야 한다. 그리고 전화 교환원이 전화선을 통해 전달되는 전파를 음파로 변환해 내듯, 치료자의 무의식도 환자로부터 전달되는 무의식의 파생물을 통해, 여태껏 환자의 자유연상을 결정해 온 환자의 무의식을 재건할 수 있어야 한다[1911b, pp. 115~116].

비온은 자신의 논문 「Notes on memory and desire」(1967a)에서 이 생각을 좀 더 밀고 나간다. 그러니까 분석가는 집중력만 느슨하게 만들어서는 안 되고, 더 나아가 자신의 기억과 바람 또한 유보함으로써 치료의 순간순간에 벌어지는 일들에 충실해야 한다. "정신분석적 '관찰'은 예전에 일어난 일과도 무관하고 앞으로 일어날 일과도 무관하다. 오로지 지금 벌어지는 일에만 해당한다"(1967a, p. 17).

분석가가 오직 받아들임의 상태에 머물며 이론적 공식화나 과거에 대한 기억, 미래에 대한 소망 같은 것들에 기대는 태만함을 저지르지 않기 위해서 비온이 강조하는 부분이 있다. 분석가가 무지의 상태와 지각 변동을 견딜 수 있어야만 지금 함께 있는 환자에게 정서적으로 충실할 수 있다는 점이다. 다른 말로 하면 분석가는 환자의 사고 발달을 촉진할 뿐만 아니라 분석가 자신도 Ps ↔ D의 창조적 흐름 안에서 놀 수 있어야 한다. 그가 보기에 분석가가 이것을 수행할 수 있으면 결정적 계기 혹은 '선택된 사실'(수학자 앙리 푸앵카레의 용어)은 저절로 나타나게 된다. 그리고 선택된 사실은 일관성을 제공함으로써 일군의 요소들을 통찰과 이해, 혹은 발견으로 이끈다. 해석은 이것들에 이름을 붙이고 설명하는 과정이다. 해석은 이제 연결 기능을 수행하여 환자의 생각과 연결이 발달하도록 돕는다.

> 매시간 발전이 이루어진다. 어둠과 형태 없음에서 무언가가 발전한다 (…) 꿈과 마찬가지로 그것은 온전히 존재하기도 하고, 혹은 영문도 모르게 갑자기 사라지기도 한다. *분석가는 반드시 이러한 전개를 해석할 준비가 되어 있어야 한다*[1967a, p. 18, 이탤릭은 Ellman].

그리고

> 분석가의 해석은 환자와 분석가 모두에게 힘과 확신을 준다. 왜냐하면 그들의 힘과 확신은 누군가와 함께한 정서적 경험에서 얻어진 것이지, 그저 모호하게 "기억된" 일반적 이론에서 얻어진 것이 아니기 때문이다[같은 책, p. 19].

비온이 말하는 것은 과거가 없다는 이야기가 아니다. 그가 보기에 전이는 항상 무의식적 환상이 드러나는 것이다. 하지만 투사가 일어나고 있는 지금-여기는 다른 어떤 것보다도 항상 먼저이다. 그래서 그는 초기 결핍, 환상, 방어에 대한 수평적 혹은 직선적 이해를 이야기하는데, 이것은 특정 환자의 Ps ↔ D 경험과 관련하여 마음속 깊이 새겨 둘 필요가 있는 것들이다. 분석가는 이러한 이해를 통해 그가 지금 받아내고 있는 투사가 어떤 종류의 것이며, 환자가 분석가를 어떻게 경험하고 있는지, 혹은 어떻게 '사용하고' 있는지를 알 수 있다. 하지만 이러한 정보는 오로지 매 순간의 경험과 관련해서만 서로 연결될 수 있다. 비온은 다양한 '꼭짓점vertex'의 중요성에 대해 말하는데, 분석가는 여러 개의 꼭짓점을 통해 특정 현상을 바라볼 필요가 있다. 모든 꼭짓점을 열어두고 지금 무슨 일이 벌어지고 있는지 분석가 스스로가 배운다는 말이다. 왜냐하면 분명 환자의 내부에서, 환자와 분석가 사이에서, 그리고 분석가 안에서 연결은 끊임없이 일어나기 마련이고, 이 연결에 대한 공격도 끊임없이 일어나기 마련이기 때문이다. 여기에는 환자의 과거, 발달에 대한 이론적 이해, 분석 치료의 역사, 그리고 분석가 자신의 과거와 역전이까지도 포함된다.

하지만 그가 보기에는 매 치료 시간, 이 모든 것을 삼갈 필요가 있다. "정신분석가가 추구해야 할 마음가짐은 매시간 그 환자를 처음 보는 듯한 마음가짐이다"(1967b, p. 18). 그러니까 전이, 투사적 동일시, 생각, 연결에 대한 공격이라는 관점에서 지금 무슨 일이 일어나고 있는지에 대한 분석가의 이해는, 오직 경험을 통해 드러나는 선택된 사실의 전개에 따라서만 일관성을 갖추게 된다. 그의 말처럼 "매 분석 시간, 가장 중요한 단 하나는 the unknown이다. 다른 어떠한 것도 그것에 대한 직관을 방해해서는 안 된다"(같은 책, p. 17).

비온은 분석가의 직관을 위한 공간을 열어두는 것을 중요하게 생각한다. 이를 통해 분석가는 연결과 연결에 대한 공격 사이의 요동을 치료의 매 순간 포착해낼 수 있다. 직관이 중요해지고 기억과 바람이 밀려남에 따라 분석가는 'O'에 열린 채 머무를 수 있고, 'O'에 기반하게 된다. 이에 따라 비온이 'transformation in O'라고 부르는 것이 촉진된다. Grotstein의 이야기를 들어보자(2007).

> 비온에 따르면 분석가는 환자에게서 나오는 감정에 반응하고 공명하여 자기 자신을 공상 상태에서 마치 약간 신들린 상태로 유도할 수 있어야 한다. 이때 분석가는 환자가 이끄는 대로 공명하듯 경험하기 위해서 (분석가) 자신의 순수한 내적 감정과 감춰진 경험을 선택적으로 동원할 수 있다. 그러면 분석가의 경험은 환자의 경험이 되어간다(transformation in O). 그런 다음 분석가는 그의 경험에 대해 곰곰이 생각하고, 해석한다[같은 책, p. 54].

그래서 비온의 관심은 무엇이 분석가로 하여금 자신의 직관을 충분히 이용토록 함으로써 환자의 정신과 정서를 창의적으로 변화시켜낼 수 있게 하며, 또한 매시간 자신의 예상에 방해받지 않고 새로운 눈으로 환자들을 볼 수 있게 하는지에 있다. 하지만 이러한 태도를 익히고, 또한 결국 중요한 그 무엇이 드러날 것이라는 믿음이 생기기 위해서는 이론적 수련, 완전한 교육분석, 많은 양의 엄격한 훈련이 필요할 것이다. 비온이 칸트를 인용한 것은 적절했다. "개념 없는 직관은 맹목이고, 직관 없는 개념은 공허하다"(Boris, 1986, p. 171에서 인용).

The grid

여태껏 논의한 주요 개념들은 비온이 만든 사고 모델인 '격자'에 포함된다. [그림 3]과 같다(1977). 격자의 구성 원리는 사고의 성격이다. 세로축은 사고 그 자체의 발달과 진화를 가리키고, 가로축은 "마음이라고 불리는, 생각을 위한 기관이 수행하는 사고에 관한 생각"을 가리킨다(Grotstein, 1981, p. 515). 격자의 주요 범주는 프로이트의 「Formulations on the two principles of mental functioning」(1911b)과 관련이 있다.

	Defini-tory hypo-thesis 1	ψ 2	Nota-tion 3	Atten-tion 4	Inquiry 6	Action 6	...n
A β-elements	A1	A2				A6	
B α-elements	B1	B2	B3	B4	B5	B6	...Bn
C Dream thoughts, dreams, myths	C1	C2	C3	C4	C5	C6	...Cn
D Pre-conception	D1	D2	D3	D4	D5	D6	...Dn
E Conception	E1	E2	E3	E4	E5	E6	...En
F Concept	F1	F2	F3	F4	F5	F6	...Fn
G Sciontific deductive system		G2					
H Algebraic calculus							

[그림 3] 비온의 격자

인간 사고의 발달은 유전적 축(격자의 세로축)을 따라 진행된다. 감각지각(베타 요소)으로부터 사고가 나오고 이것은 알파 기능에 의해 알파 요소가 된다. 그리고 이렇게 만들어진 알파 요소는 경험, 꿈에 사용되며 의식 수준에서 사고된다.

기본적으로 비온의 격자는 어떻게 생각이 복잡해지고, 세련되어져 가며, 추상화되는지를 설명하기 위한 시도라고 할 수 있다. 각각의 복잡함의 수준은 '성장' 가능성을 갖춘 사고의 세련됨과 관련이 있다. 비온이 제시한 또 다른 생각은 마음에는 파괴를 위한 그 어떤 것 또한 나란히 존재하고 성장한다는 것이다(anti-thought). 긍정적 격자에서 엄마와 엄마의 마음(젖가슴으로 표상되는)은 감정, 상태, 꿈 사고 등의 요소들을 세밀화해서 아기가 생각할 수 있도록 만든다. 부정적 격자에서 경험은 거짓말로 취급된다. 거짓말로 오염된 삶은 병적 정신(정신적 죽음의 일종)으로 시든다.

비온의 격자에서 세로축은 유전적 관점으로 사고의 발달을 가리킨다. 이때 진보가 의미하는 것은 점증하는 현실 검증이다. 가장 낮은 수준(A행)의 관심사는 오로지 'things'이다. 이 단계에서는 무생물과 정신적인 것 사이에 구분이 없다. 발달이 진행되면 알파 요소(B행), 꿈 사고와 신화(C행), 전-개념화(D행), 개념화(E행), 개념(F행), 과학적 연역 시스템(G행), 이윽고 수리 계산(H행)에 이른다.

가로축은 계통적 관점으로 의사소통의 영역에 관한 것이다. 가로축에 있는 각 열은 여러 차원의 발달을 가리킨다. 정의적 가설(1열), Psi/거짓말(2열), 표기법(3열), 주의(4열), 탐구(5열), 행동(6열)이다.

비온은 격자를 분석가의 직관 체계를 발달시키기 위한 도구이자 '정신분석적 게임'으로 생각했는데, (치료 시간이 끝난 다음) 그는 격자를 이용해 치료 시간 동안 환자와 자신의 사고에 어떤 일이 있었는지를 돌아보곤 했다.

결론

비온이 생각한 무의식은 애초부터 상상적이고 창조적이며 고정되어 있지 않다. 창조성의 역치는 의식과 무의식 사이의 장벽에 위치한다. 비온의 격자에서 C행이 표상하는 수준이다. 이 단계에서는 창조적 이미지가 환상과 꿈, 신화를 통해 드러난다.

비온의 주된 작업은 생각에 관한 일반 이론의 전개로, 이는 "정신분석 이론의 방향을 완전히 바꾸어 현대 서구 인식론의 방향에 부합하게" 만들었다(Grotstein, 1981, p. 15). 비록 프로이트의 본능적 욕동 이론이라는 '표준적' 출발 지점에서 시작했지만, 여기에 더해 플라톤(가령 형상론, 순수 사고 개념)이나 칸트로부터도(가령 물자체 개념) 통찰을 끌어왔다. 프로이트와 클라인의 주요 저작에서 비온이 특히 많이 이용한 부분은 아래와 같다. (a) 프로이트의 「Formulations on the two principles of mental functioning」, (b) 클라인의 paranoid-schizoid position에서 depressive position으로의 이행 개념, 분열과 투사적 동일시, 상징 형성.

그리고 철학과 수학적 개념에서도 많은 영향을 받았는데, 프로이트의 생각을 플라톤의 합리적 예정설, 그리고 (이 영향이 더 큰 것 같은데) 칸트의 인식론으로부터 통찰력을 얻어 재구성하기 시작한 것이 그것이다. 가령, 비온이 주장한 선험적인 전-개념화는 플라톤의 형상론이나 칸트의 *물자체* 개념으로 소급될 수 있다.

비온이 보기에 순수 사고는 내재적 전-개념화의 형태로 이미 존재한다. 그러니까 "나는 존재한다. 고로 나는 사고를 갖지만, 그것을 생각할 마음을 가진 사람은 없다"인 셈이다. 칸트를 따라 비온도 무無 같은 것은 없다고 생각했다. 다만 항상 무언가가 있는 것이다. 대신 'nothing'은 'no-thing'이 된다. 그러니까 부재의 존재이며 비어있는 범주의 존재인 셈이다. 가령 젖가슴이 없는 경우, 바로 그 현실이 이름 없는 두려움의 감각을 동반한다. 이러한 젖가슴-아닌 그 무엇의 존재는 너무나 압도적이라 아기는 −K(모름)를 통해 여기에 대응한다. 비온은 이렇게 말한다(1977).

> (…) 자연이 그러하듯 인간도 진공을 싫어하고 비어있는 공간을 견디지 못한다. (…) 좌절에 대한 불내성, 무지와 진공에 대한 혐오는 비어있는 곳을 채우기 위해 채 익지 않은 미숙한 바람을 부추길 수 있다. 그래서 우리는 항상 우리의 이론이, 그리고 정신분석 전체가, 정신의학이, 의학이 일종의 빈 곳을 채우기 위한 시도임을 염두에 두어야 한다. (…) 잘못된 기억과 다르지 않은 셈이다[p. 3]

비온이 보는 정신은 그 성격상 우주적이며 우주론적이다. 비온의 인간은 여러모로 니체의 '초인'과 비슷한데, 여기에서 그가 제시하는 핵심적 '정신건강'은 무지를 감싸 안는 능력, 절대적 모호함을 견디는 능력, 미지의 세계에 대한 믿음을 가질 수 있는 능력을 의미한다. 또한 자기 생각에 대한 의식적 자각, 믿음을 만들어낼 필요에 대한 의식적 자각, 표현할 수 없는 걸 표현하기 위한 언어적 필요에 대한 의식적 자각을 견지하는 것을 의미한다. 만약 정신건강을 이런 식으로 이해하면 정신분석이라는 작업도 정서적, 인지적 능력의 발달을 촉진하는 과정으로 이해할 수 있는데, 이를 통해 '자기 자신이 되기 위한' 가없는 창조적 여정인 존재의 방식을 지탱할 수 있게 된다.

비온이 보기에 'O'라는 글자는 궁극의 신념을 상징한다. 이 신념에 따르면 경험, 그리고 그것을 경험하는 사람이 있으며, 알 수 없는 궁극의 절대적 진리가 있다(Bion, 1977). 이런 생각을 거슬러 올라가면 칸트의 실체 개념이 나온다. 그리고 칸트의 철학에서처럼 인간 의식의 한계로 인해 절대적 진리는 결코 완전히 다다르지 못하는 것이 된다. 비온은 기본적 문제를 다음과 같이 분명히 했다(1985).

> 나는 존재한다. 고로 나는 묻는다. 우리를 죽이는 것은 바로 "그래, 나는 안다"라는 대답이다. 우리를 죽이는 것은 지식의 나무이다. 반대로 바벨탑을 짓는 데 성공하지는 못했지만 바로 그 실패가 생명을 주었으며, 살아가고, 자라고, 번성할 힘을 만들어 주었다. 사이렌이 부르는 노래는 여정이 아니라 잠시 머물러 갈 곳에 도착함이 보상이며, 영예이며, 치유임을 말한다[같은 책, p. 52].

하지만 비온은 우리에게 사이렌을 무시하고 계속되는 여정에서 보상을 찾으라고 말한다. 그리고 그 여정은 환자 한 명 한 명과 함께 떠나는 여정일 것이다.

16장 자아 심리학에서 현대 갈등 이론까지

역사적 고찰

Arnold D. Richards and Arthur A. Lynch

요약

이 장의 기본적인 목적은 프로이트의 구조이론에서 현대 갈등 이론으로의 이행을 재검토하는 것이다. 그리고 다른 장에서보다 Arlow와 Brenner 같은 저자들이 좀 더 자세하게 다루어질 것이다. 이 장에서는 갈등 이론에 제기된 논쟁과 그 해결책도 자세하게 설명할 것이다. 일부는 4, 5, 7장과 겹치겠으나 관점은 상당히 다르다. 이 장의 주된 관점은 다양한 관점들이 어떻게 현대 갈등 이론에 영향을 끼쳤는가이다. 17장에서는 자기 심리학이나 대상관계 이론을 프로이트주의와 합친 분석가들을 다룰 것이고 4장과 5장에서는 현대적 개념과의 연관성은 토의되지 않았다.

개요: 간단한 역사

자아 심리학은 프로이트 이론의 세 번째이자 마지막 시기에 근거한다(라파포트의 분류[1959]). 그리고 『The Ego and the Id』(1923b), 그리고 『Inhibitions, Symptoms and Anxiety』(1926d)에서 주된 논지를 얻고 있다. 좀 더 자세하게 말하면 자아 심리학은 프로이트의 마지막 모델인 이드, 자아, 초자아의 구조 가설에서 나온 것이다. Levy와 Inderbitzen(1996)은 자아 심리학을 프로이트의 구조 가설에 따라 다음과 같이 정의한다.

> 자아 심리학은, 다양한 정신적 활동을 그 목적의 유사함과 행동상의 표현에 따라 묶은, 체계적이고도 통합적인 개념화이다. 여기서 행동상의 표현이 의미하는 바는 한편으로는 특히 본능 분출의 지연과 제어에 관한 것이고, 다른 한편으로는 현실적 기회와 위험에 대한 적응에 관한 것이다[같은 책, p. 412].

『The Ego and the Id』에서 프로이트는 왜 구조 가설이 이전의 지형학적 관점보다 나은지를 말한다. 지형학적 관점은 의식성의 정도로 정신 활동을 특징짓는다. 하지만 새로운 모델은 세 가지 구조적 주체를 포함하며, 정신기능에 대해 균형 잡힌 접근을 시도하는데, 여기에는 환경적 요소와 생물학적 결정 요인 사이의 균형, 목적과 욕동 사이의 균형, 현실 원리와 쾌락 원리 사이의 균형이 포함된다. 『Inhibitions, Symptoms and Anxiety』에서 프로이트는 그가 예전에 인간의 정신을 구획 지었던 방식의 임상적 의미에 대해 말한다. 그는 구조이론 이전 모델에서 빚은 실수, 요컨대 억압이 불안을 초래한다는 생각을 언급하며 시작한다. 그리고 에너지 중심의 모델에서 의미와 관련된 모델로 넘어가는데, 이때 중심이 되는 생각은 아동기의 소망이 상실 관련 아동기 위험과 연관되어 있다는 것이다. 이 위험에는 대상(중요한 사람)의 상실, 대상의 사랑을 상실, 성기 상실 혹은 손상(거세), 그리고 처벌에 대한 두려움(죄책감)이 포함된다. 이 모델에 따르면 위험한 소망이 의식으로 표현되면 자아에 신호가 가고, 그 결과로 불안이 생긴다. 이 책에 따르면 자아가 탐색의 중심이 되지만 관계의 일차적 중요성 또한 초점이 되는데, 여기에는 내외적 관계, 그리고 현실과 환상의 관계가 모두 포함된다. 관계 혹은 대인 관계에 대한 이러한 강조는 앞서 『Group Psychology and the Analysis of the Ego』(1921c)에서 이미 예견된 것이었다. 프로이트의 말을 들어보자.

> 개별 인간의 정신은 항상 다른 사람과 관련이 있다. 그 사람은 본보기일 수도, 대상일 수도, 조력자일 수도, 적일 수도 있다. 그래서 이렇게 보면 비록 확장되었으나 완전히 타당한 언어적 의미로, 처음부터 개인 심리학은 동시에 사회 심리학이기도 하다[p. 69].

개인적인 대화에서 알로우는 구조 가설이 발표될 무렵 프로이트가 쓴 글들을 보면 새로운 이론의 도래를 예고하는 부분이 많다고 말했다. 그 글들은 「Some character types met with in psychoanalytic work「(1916a), 「Mourning and melancholia」(1917e), 「A child is being beaten」(1919e), 「Associations of a four-year-old child」(1920d), 「The psychogenesis of a case of homosexuality in a woman」(1920a), 그리고 「Some neurotic mechanism in jealousy, paranoia, and homosexuality」(1922b) 같은 것들이다.

현대 자아 심리학의 출발은 Richard Sterba, James Strachey, 그리고 Anna Freud 같은 이들의 공헌 덕택에 이루어졌다. 그리고 1930년대에 분석 이론가들이 구조이론의 임상적, 특히 기법상의 함의를 탐구해 감에 따라 그 형태를 잡아가게 된다. 이 시기의 자아 심리학의 확립에 공헌한 사람들에는 Wilhelm Reich, Hermann Nunberg, Karl Abraham, Paul Federn 같은 이들이 있고, 이어서 Edward Glover, Rene Spitz, Erik Erikson, Annie Reich 같은 사람들이 발전을 도왔다. 하지만 가장 크게 공헌한 사람은 아무래도 Anna Freud, Heinz Hartmann, Rudolf Loewenstein, Ernst Kris, Phyllis Greenacre, Otto Fenichel, Edith Jacobson 같은 이들로, 프로이트의 작업을 여러 각도에서 다양하게 변형, 확장했다.

1934년 발표된 두 개의 중요한 논문인 Sterba의 「The fate of the ego in analytic therapy」와 Strachey의 「The nature of the therapeutic action of psychoanalysis」는 구조 가설에 따른 기법과 관련해서 중요한 토대가 되었는데, 이 논문들은 정신분석의 치료적 작용에 대해 상반되는 두 가지 관점을 드러낸다. 먼저 스테르바의 논문을 보면 분석에서 환자의 자아가 치료적으로 분열되어 관찰 자아와 경험 자아로 나뉘게 된다. 분석가는 관찰 자아의 편에 서서 환자가 분석가의 관찰 기능을 함입함으로써 환자의 관찰 자아가 증진되기를 기대한다. 스트레이치는 자아보다는 초자아의 함입을 강조했다. 분석가는 환자의 가혹한 양심을 순화하도록 돕는데, 이는 환자가 분석가의 욕동 표현 절제 능력을 동일시 혹은 함입함으로써 이루어지게 된다.

1936년에 벌어진 두 가지 중요한 사건 덕택에 이상의 대비되는 관점들이 전면에 등장했다. 그해 열린 Marienbad 심포지엄에서 스트레이치는 분석가의 초자아를 환자가 내사함으로써, 이렇게 맺어진 초자아 동맹이, 갈등은 여전히 존재하지만, 승기를 잡게 된다는 점을 강조했다 (Friedman, 1988). 하지만 그해 발표된 안나 프로이트의 『The Ego and the Mechanism of Defence』는 일찍이 스테르바가 말한, 관찰 자아의 성장을 도모함으로써 경험 자아를 통제한다는 기법상의 강조점을 이어

받았다. 임상적 영역에서 그녀의 공헌은 자아의 무의식적 방어 기제를 드러내는 작업을 가장 중요한 치료적 자아 활동으로 꼽았다는 점이다.

정신병리, 기법, 발달 등에 이루어진 이후의 수많은 공헌은 Anna Freud의 『The Ego and the Mechanism of Defence』에 힘입은 바가 크다. 이 책 이후 정신분석 기법의 역사는 자아 심리학적 관점에서 볼 때 한 가지 이슈를 중심으로 파악된다고 볼 수 있다. 그것은 무의식적 내용물을 분석할 것인가, 아니면 갈등과 방어를 분석할 것인가이다. 이상의 핵심 이슈에 대해 어느 쪽의 입장에 서는지에 따라 주요 정신분석가를 나눌 수 있다. 이 기준으로 안나 프로이트와 멜라니 클라인을 나눌 수 있기도 하고, Sterba, Strachey, Nunberg, Fenichel, 그리고 Hartmann, Kris, Loewenstein을 나눌 수도 있다.

Levy와 Inderbitzen(1996)이 말하기를, 안나 프로이트가 제시한 기법에서 분석가의 태도는 환자의 관찰 자아가 갖는 주의집중 능력을 보완한다고 한다. 이는 스테르바의 1934년 논문에서부터 면면히 유지된 자아 심리학의 흐름이다. Levy와 Inderbitzen은 이렇게 말한다.

> 그녀는 분석가가 이드, 자아, 초자아의 등거리에서 환자의 이야기를 들어야 한다고 했다. 이는 세 부분의 정신 구조에서 오는 영향에 대한 중립적 관찰의 중요성을 강조한다. 하지만 분석가의 활동(개입)은 항상 자아와 함께 시작하고 자아를 향한다. 이렇게 보면 분석가는 사실 이드나 초자아보다 자아에 가깝다. 자아는 본능적 욕동의 파생물뿐 아니라 그와 관련한 정서도 차단한다. 그녀는 정서보다는 방어의 분석, 그리고 본능적 욕동에 앞서 방어 분석에 우선권을 둘 것을 주장한다[p. 414].

아버지 프로이트가 말한 분석가의 기법상 중립성에 대해 딸 프로이트가 자아 심리학적 관점에서 제시한 설명은 당시 큰 영향을 끼쳤고 오늘까지도 논쟁거리가 된다. Greenacre(1954)가 옹호한 빈 스크린 개념, 즉 "분석가는 아무것도 드러내지 않고 사회적 접촉도 하지 않는다"라는 생각은 한쪽 극단을 대표한다. 반면 Leo Stone(1961)은 중간 지점을 지목하는데, 온건한 중립성과 내과 의사 같은 태도를 옹호한다. 중간 지점을 옹호한 이들 중에는 치료적, 치유 요소로서 실제 관계의 역할을 옹호한 사람도 있다. Ralph Greenson(1965)이 말한 작업 동맹, Elizabeth Zetzel(1956)이 말한 치료 동맹, 혹은 Hans Loewald(1960, 1971)가 강조한 관계의 역할 등이다. 다른 쪽 극단에는 산도르 페렌치Sandor Ferenczi(1920)의 능동적 치료, Franz Alexander(1956)의 교정적 정서 체험, 그리고 전이를 아예 무시한 Harry Stack Sullivan 등이 있다. 이쪽 극단의 이론가들은 분석가가 치료에 직접 개입함으로써 치료적 효과가 오래갈 수 있다고 믿었다.

정신분석적 자아 심리학 안에서는 스테르바의 관심사였던 치료적 자아의 운명이 스트레이치의 관심사였던 분석가와 환자의 초자아 동맹보다 더 큰 영향력을 행사했다. 스트레이치의 입장은 클라인주의, 대상관계 이론, 그리고 자기-심리학과 연결된다. 반면 스테르바에서 안나 프로이트로 이어지는 전통은 1940년대, 1950년대 미국 자아 심리학의 발달로 이어진다. 이 시기는 1930년대 중유럽에 거주하다가 1940년대에 미국으로 건너온 분석가들이 프로이트의 1920년대 구조이론 및 자아 기능을 연구했던 시기이기도 하다. 꼽아보자면, Anna Freud(영국으로 건너갔다), David Rapaport, Hermann Nunberg, Robert Waelder, Ernst Simmel, Siegfried Bernfeld, Erik Erikson, Otto Fenichel, Edith Jacobson, Margaret Mahler, 그리고 Heinz Hartmann, Ernst Kris, Rudolf Loewenstein 삼총사가 바로 그들이다.

하트만의 시대

이상의 이민자 분석가 집단이 발달시킨 자아 심리학의 패러다임은 무엇일까? 프로이트의 이론에서 자아는 주로 이드와 대립하는 자아로 개념화되었으나 자아 심리학의 선구자들은 훨씬 넓은 관점을 가지고 있었다. 그들에게 자아는 복잡한 구조이면서, 프로이트가 말했듯 지각 기관으로부터 만들어지며, 이드, 초자아, 환경 사이의 타협형성을 관장하는 역할을 한다.

하트만, 크리스, 로웬슈타인(1946)은 프로이트의 마음, 발달, 정신병리, 기법에 관한 모델에 대한 재검토를 제안했다. 그들은 생존을 일차적 추동력으로 이해했고, 이러한 목적을 위해서는 환경에 대한 적응이 필수적이라고 생각했다. 그리고 현실 원리와 쾌락 원리도 이러한 맥락에서 다시 개념화되었다. 그 결과 중 하나가 정신분석학을 병리적 상태에서 정상에 이르는, 인간 조건에 관한 일반 심리학으로 바꾸는 것이었다. 하트만이 1958년에 쓴 책, 『The Ego and the problem of Adaptation』은 프로이트가 평생 시도했던 과제인 생물학적-심리학적-사회적 모델을 추구한다. 여기서 하트만은 주장하길, 인간은 태어날 때부터 심리적 구조(지각, 기억, 사고, 움직임 같은 일차적인 자율적 자아 기능)를 가지며, 평균적으로 예측 가능한 환경 안에 태어난다고 했다. 그리고 이러한 사회적 환경 안에서 인격이 만들어진다. 가족과 사회라는 환경 안에서 자라나는 아이는 환경에 적응하는, 혹은 맞추는 방법을 배워야 한다. 여기에는 몇 가지 방법이 있는데, 이를테면 환경을 바꾸거나, 자기가 변하거나, 혹은 환경을 떠날 수 있다. 프로이드가 그랬듯이 하트만과 크리스(1945)도 강조하길, "정신분석은 인간의 행동을 단순히 욕동과 환상의 결과물로 설명하지 않는다. 인간의 행동은 사람과 사물의 세계를 향하고 있다"(p. 23)라고 말한다. 그들의 생각에 아이들은 환경과의 상호작용 속에서 이차적인 자율적 자아 기능을 얻고, 또한 자기와 타인에 대한 감각을 얻게 된다. 이때 자아는 안팎의 요구를 중재(결합)함으로써 정신적 평형을 만들어간다. 적응적 관점은 갈등의 형성에 있어 환경의 역할을 강조하고, 개별 심리를 강조하던 기존의 정신분석에 대인 관계라는 차원을 더했다. 1940년대에서 1950년대에 이르는 기간 동안 자아 심리학과 대인 관계 학파는 관계의 영향, 그리고 환경이 개인에 미치는 영향에 대해 탐색했다는 점을 강조하고 싶다.

하트만의 이론에서 두 번째 큰 줄기는 동기motivation의 범주를 넓혀 프로이트가 말한 성적 쾌락과 파괴, 혹은 사랑과 미움이라는 한정된 목적에서 벗어나는 것이었다. 하트만은 프로이트의 에너지, 언어 모델을 유지했다. 하지만 중성화neutralization 개념을 제안함으로써 협소하고 경험과 괴리된 프로이트의 욕동/에너지/본능 이론을 탈피했다. 중성화된 리비도가 발현되는 범위는 욕정, 관능성, 친밀함에서부터 우정, 자상함, 호의에 이른다. 마찬가지로 중성화된 공격성은 자기-주장과 경쟁에서부터 미움과 파괴성에 이른다. 인간의 정서적 표현에는 이 모든 것들이 자리하고 있다.

하트만과 로웬슈타인(1946, 1949)은 아기, 아동 관찰 연구를 위한 근거와 동력을 제시했다. 요점은 엄마-아기의 상호작용이 어떻게 자아 발달과 아-타의 감각에 영향을 미치는지에 대해 연구하는 것이었다. 하트만(1950)은 "대상관계의 발달은 자아와 더불어 결정된다. 대상관계는 자아 발달을 결정하는 주요 요소 중 하나이다"라고 말했다(p. 105). 하트만과 동시대에 활동하던 사람들도 여기에 동참한다. 안나 프로이트(1965)는 developmental line 개념을 말했고, 제이콥슨(1964)은 자기와 대상의 세계를 탐구했으며, 말러(1963; 말러, 파인, 버그만, 1975)는 분리와 개별화에 대한 정식을 만들었다. 오이디푸스 이전 시기의 영향이 어떻게 이후 발달에 영향을 끼치는지, 그리고 부모와의 상호작용 같은 외부의 영향이 어떻게 내면화되는지에도 관심이 주어졌다. 이러한 다양한 경향들이 모두 합쳐져 자아 심리학/대상관계 이론이라는 전체 구조물을 만든다.

Edith Jacobson의 공헌은 특별히 언급할만하다. 그녀는 최초의 미분화 상태의 본능적 에너지가 *"외부자극의 영향을 받아"*(1964, p. 13, 이탤릭은 추가됨) 리비도와 공격적 욕동으로 발달한다고 말했다. 이때 좌절과 만족은 유아기 양가적 갈등의 기억 흔적으로 남아 정서 체험을 조직화한다. 제이콥슨의 작업은 1950년대와 1960년대에 이루어졌던 정체성 개념 토론의 한 부분을 차지한다. Erikson이 한쪽에 있었고 Greenacre, Mahler, Jacobson이 또 다른 한쪽이었다. 에릭슨(1956)이 말하는 정체성은 백사장과 같아서 한결같으면서도 동시에 파도에 의해 변하기도 하는 것이다. "정체성이라는 용어는 (…) 한 사람 안에서 한결같음을 의미하는 것이기도 하지만 (…) 동시에 다른 이들과 공유하는 핵심적 성격을 의미하기도 한다"(p. 57). 에릭슨은 물론 아동기 발달의 중요성을 인정하나, 안정적인 정체성은 청소년기 이후에야 만들어진다고 주장한다. 그는 사회적 역할, 가치, 이상에 상당한 무게를 두었다. 제이콥슨은 에릭슨의 주장에 대해 이의를 제기했다. 그녀의 생각에 에릭슨의 이론은 사회적-묘사적 측면을 너무 강조하고 동시에 정체성 형성에 관한 명료한 메타심리학적 관점이 부족한 것이었다. 나아가 에릭슨은 후기 사춘기와 초기 성인기를 강조했는데, 이는 초기 아동기의 지대한 영향을 간과하는 처사로 여겨졌다. 제이콥슨이 말하는(1964) 정체성은 자기-자각 혹은 자기-느낌과 같은 것이었는데, 이는 자기와 대상의 분화 과정에서 나오는 성질이다.

> 각 발달 단계마다 구조화와 분화, 그리고 복잡성은 커진다. 하지만 이 과정에서도 전체적인 심리조직은 보존되어 하나의 연속체를 유지한다. 나는 정체성이 이러한 능력을 키워가는 과정이라고 말하고 싶다 [1964, p. 27].

정신병리와 관련해서 자아 심리학자들은 신경증에 국한되지 않았다. 조현병에 관한 논문에서 하트만은(1953) 공격적 에너지를 중성화하는 데 실패함으로써 적절한 방어적 구조를 만들지 못한 것이 정신증 발달의 주요 원인 요소라고 말했다. 알로우와 브레너(1964) 또한 같은 취지로 이야기했는데, 차이점은 경제학적/에너지 관련 용어를 배제한 점이다. 자아 심리학자들의 관심은 성격과 인격의 문제에까지 넓어졌다. 구강적 성격(Glover, 1925), 항문적 성격(Abraham, 1921a), 남근-자기애적 성격(Reich, 1933), 히스테리 성격(Marmor, 1953), 피학적 성격(Stein, 1956), 가장성$_{\text{as-if}}$ 인격(Deutch, 1942), 사기꾼 인격(Abraham, 1925), 도착적 성격(Arlow, 1971) 등이 기술되었다. 정체성에 관한 글에서 제이콥슨은(1964) 말하길, 치료자의 관점에서 볼 때 "심각한 정체성 문제는 특정 자기애적 갈등을 지닌 신경증, 그리고 경계선이나 정신증에 국한되는 듯하다"라고 했다(p. 29). 이렇게 진단적 범주가 확장됨에 따라 자연스럽게 정신분석의 임상적 범위도 넓어졌고(Stone, 1954), 경험적 연구의 필요성도 제기되어 가령 Menninger study(42명의 환자에 대한 장기 추적 연구)나 Hampstead index(두 살 어린이의 정신분석 증례에 관한 심층적 연구)가 이루어지기도 했다.

자아 심리학의 임상적 의미

자아 심리학 이론의 공헌은 다수가 정신분석의 일반적 기법에 관한 것이었다. 안나 프로이트(1946)는 기법상 관찰의 방점을 자아로 옮겼다. 그녀의 말에 의하면 분석가가 동등한 관심으로 이드, 자아, 초자아의 발현을 관찰하는 것은 환자의 자아를 통해서만 가능하다. 따라서 그녀는 정신분석이 일어나는 곳은 자아라는 주체agency를 통해서라고 결론 내린다. 하트만은 시야를 넓혀 개별 인간의 정신병리뿐 아니라 전체 인격을 다루는데, 여기에서는 갈등이 없는 기능, 그리고 자아의 자율성이 중요한 역할을 하게 된다. 하트만은 자율적 기능이 어떤 식으로 자유연상을 촉진(가령 자기-관찰이나 언어화를 통해), 혹은 저해(가령 의도적으로)하는지를 기술한다. 로웬슈타인(1982)은 "정신분석의 관심이 비록 절대적이지는 않더라도 주로 인간의 갈등에 관한 연구라면, 이 연구를 수행할 도구는 자율적 기능이다"라고 말한다(pp. 213~214). 하지만 이러한 기능은 때로 저항으로 작용하는 바람에 분석의 목표가 되기도 한다. 하트만은(1958) 이러한 예상치 못한 사태도 일종의 '기능 변화change of function'라고 불렀다. 로웬슈타인(1963)은 저항 개념을 좀 더 발달시켜 핵심적 갈등을 다루는 데에 대한 저항과 특정 기분이나 정서의 출현에 대한 저항을 구분했다.

한편 중성화된 에너지는 일종의 저장고로써 자아는 욕동으로부터의 압력과 무관하게 중성화된 에너지를 이용해 자신의 목적이나 기능을 수행한다. 마찬가지로 중성화된 에너지는 자아의 방어 기능에 사용되기도 한다. 임상적으로 볼 때, 하트만의 개념 덕택에 자아 심리학은 현실검증, 승화, 이타성, 내면화의 양상, 이상의 형성, 그리고 자존감 조절 같은 주제들을 탐구할 수 있었다. 이러한 공헌으로 인해 기본적인 정신분석적 기법의 변화 없이 "방점이 이동해 (…) 중요한 귀결에 [이르렀다]"(로웬슈타인, 1954, p. 189). 여기에는 분석가의 말투와 해석 타이밍이 해석에 미치는 영향에서부터 치료 목표를 억압물의 발견에서 자아 기능의 변화로 재설정하는 것까지 포함된다. Nunberg(1955)는 자아 심리학의 임상적 결과와 목표를 다음과 같이 간략하게 표현한다(1955).

이상적인 증례를 통해 수행된 치료에서 얻어지는 변화는 인격 전반을

> 포함하며 다음과 같은 것들이다. 이드의 에너지는 좀 더 자유로워지고, 초자아는 좀 더 너그러워지며, 자아는 불안으로부터 좀 더 자유로워지며 합성기능이 회복된다[p. 360].

해석과 임상 경과

자아 심리학은 기법상의 강조점을 억압물의 발견에서 자아의 변화로 옮겨갔는데, 여기에는 자동적 방어 기능의 변화도 포함된다. 해석은 비록 유일한 개입 방법은 아니지만 가장 중요한 개입으로, 통찰을 만들어내는 것이며(크리스, 1956a) 인격과 행동의 항구적 변화를 위한 결정적 요소가 된다. 로웬슈타인은(1951, 1957, 1958) 해석에 대해, 과거가 어떻게 현재의 경험에 역동적으로 중요한 요소가 되었는지를 환자가 이해하도록 하기 위한 지속적 노력이라고 말했다. 그는(1958) 해석은 개인적으로나 치료적 상호작용에서나 환자와 분석가 모두의 인격을 존중하는 과정이라고 주장했다. 크리스(1951)도 '참여적-관찰자'로서 분석가의 역할을 강조했는데, 이때 분석가는 분석 상황에서 역동적 존재가 된다. 로웬슈타인은 환자의 의사소통에 내재한 무의식적 의미를 발견하기 위한 일종의 틀을 분석가에게 제시했다. 분석가는 환자의 언어적, 비언어적 의사소통을 통해 추론을 위한 증거를 수집한다. 이 세심한 접근은 말투의 역할을 새삼 강조하는데(하트만, 1951; 로웬슈타인, 1956, 1961), 말투로 인해 치료 과정은 좀 더 개인적인 느낌을 주게 된다. 로웬슈타인은(1951) "해석은 인간 존재의 개별 경험을 다룬다. 해석은 환자 본인에 대한 의식적 지식의 확장을 꾀하므로 응당 그 사람의 심리적 현실을 다루어야 한다"라고 말한다(p. 5). 자아 심리학의 이러한 측면은 종종 그 인간미 없음과 딱

딱함을 비판하는 사람들이 망각하는 것이다.

크리스(1956b)는 논문 「The personal myth」에서 한 사람의 독특한 역사가 어떻게 초기 환상을 동반한 자기 이미지에 스며드는지에 대해서 말한다. 개인적 신화는 '귀중한 소유물'로 보존되고 그 사람은 삶의 다양한 곳에서 억압된 환상을 반복해서 재연한다. 개인적 신화는 다양한 기능을 수행하는데, 가령 방어가 되기도 하고 삶의 패턴이 되기도 한다. 그리고 이들에 대한 해석 덕택에 환자는 재통합을 이루게 된다. 자아 심리학의 현대적 후예들이 이룩한 주요한 성취 중 하나는 무의식적 환상과 행동의 자리를 마련한 것이다.

> 용납 불가한 유아기 소망은 지속적인 무의식적 환상의 한 부분으로, 이는 지금도 타협형성을 통해 해소될 방법을 찾고 있다. 성장이 이루어짐에 따라 이러한 환상도 성숙해져서 우리의 관심사와 성격적 특성을 이루고, 행동을 규정하며, 신경증적 증상도 만들어낸다. 무의식적 소망과 두려움은 비록 그 발현 양상은 변할 수 있으나 기본적 구도와 내용은 변하지 않는다[Bachant, Lynch, & Richards, 1995a, p. 75].

전이와 역전이

저자들은 프로이트가 1905년에 내린 전이의 정의가 결국 전이의 상호작용적 측면이 갖는 치료적 가치를 발굴하게 된 근간이 된다고 말했다 (Lynch, Richards, & Bachant, 1997). 그는 전이 현상을 이렇게 특징지었다.

> 충동과 환상의 새로운 판본, 혹은 팩시밀리로, 이는 분석이 진행됨에 따라 일깨워져 의식에 떠오른다. (…) 전이는 예전의 인물을 분석가

> 로 대체한다. 다르게 말하면 모든 종류의 심리학적 경험이 되살아나는데, 이는 과거에 속한 것이 아닌 바로 지금 치료자를 향하는 것이다[1905e, p. 116, 이탤릭은 추가된 것].

나아가 프로이트는(1912b, 1915a; Ellman, 1991) 전이는 성인의 모든 관계 맺음에서 보인다고 말했는데, Loewenstein(1969), Brenner(1982), Bird(1972)가 강조한 부분이기도 하다. 가령 브레너는 치료적 관계를 성인의 일상적 관계와 구분하는 점은 전이의 있고 없음이 아니라, 분석가가 심리적 갈등을 분석하기 위해 전이를 사용하는지의 여부라고 말했다(Bachant, Lynch, & Richards, 1995b).

역전이 문제는 1950년대에 자세히 다루어진 주제는 아니었으나 이때에도 그 싹은 보인다. 당시 이 문제에 대해 가장 심도 있게 다루었던 사람은 자아 심리학적 전통을 따르던 Annie Reich였다(1951, 1960, 1966). 다른 사람들과 마찬가지로 그녀도 프로이트의 역전이 개념을 확장했지만, 환자를 향해 보이는 분석가의 모든 반응을 포함하지는 않았다.

> 역전이는 (…) 분석가 자신의 무의식적 필요, 그리고 기법 이해에 대한 갈등을 포함한다. 이런 경우 환자는 분석가의 과거 인물로 표상되어 분석가가 과거에 느꼈던 기분과 소망이 투사된다. 마치 반대의 현상이 전이 상황에서 분석가에게 일어나는 것처럼 말이다. 이런 일이 생기는 이유는 환자의 인격 때문일 수도 있고, 분석 과정 그 자체의 어떤 요인일 수도 있다[1951, pp. 138~139].

로웬슈타인(1957)은 한편으로는 환자로 인해 야기된 분석가의 반응, 다른 한편으로는 진정한 역전이 감정, 반응을 구분했다. 전자는 분석 관계에서 일어나는 현상의 발현으로 이해된다. 환자에 대한 분석가의 총체적 반응과 역전이의 구분에 대해, Reich(1966)는 환자는 분석가의 무의식적 충동과 현실 모두에서 반응의 대상이 된다고 했다. 또한, 공감을 하기 위해서는 분석가가 환자에게 약간의 리비도를 투자해야 한다고 주장했다. 그리고 역전이는 무의식적인 유아기 소망이 강렬하고도 부적절한 느낌과 반응, 혹은 행동으로 표현될 때만 발생한다고 했다. 그래서 그녀는 말하길,

> 만약 개인적인 이유로 분석가가 (…) 너무 사적인 문제에 얽혀있다면 아마 아주 많은 갈등이 일어날 것이고, 굉장히 심한 내적 저항이 생길 것이다. 혹은 일부 본능적 충동이 뚫고 올라올지도 모른다[1996, p. 352].

이러한 강렬한 갈등은 이해를 막고, 치료를 방해하며, 분석을 망가뜨리는 것으로 이어진다. 현대 갈등 이론에서는 Arlow(1971, 1985), Boesky(1982), Brenner(1976, 1982, 1985), Jacobs(1983, 1986), McLaughlin(1981, 1988), 그리고 Silverman(1985) 같은 사람들이 역전이 문제의 임상적 이해를 확장, 수정하는 데 공헌했다.

다른 생각을 가졌던 사람들로는 Heimann(1950)이나 Little(1951) 같은 이들이 있는데, 이들은 분석가의 총체적 반응을 역전이에 포함했다. Gitelson(1952)과 Cohen(1952)은 분석가와 환자의 상호작용이 일어나는 장소라고 말했다. Heimann(1950)이 강조한 부분은 분석가의 감정적 반응은 공감을 위해 중요하며, 역전이는 분석가가 만든 것일 뿐 아니라 환자가 만든 것이기도 하다는 점이었다. 이렇게 자아 심리학과 대상관계 이론이 만든 작업은 오늘날까지 이어져서 전이 행동화와 재연에 관한 논쟁이 진행되고 있다. 이 주제에 대해 특별히 공헌한 분석가는 Abend(1989), Boesky(1982), Chused(1991), Jacobs(1993), McLaughlin(1991), Ogden(1982, 1983), Sandler(1976a, b), Sandler and Sandler(1978), Schwaber(1983), 그리고 Ellman(1998a) 같은 이들이다. 이 주제와 관련해 쌍방의 의견이 포함된 다양한 이차 저작물이 있는데(Lynch, Richards, & Bachant, 1997), 여기에는 철학적 상대주의와 사회적 구성주의, 지금-여기의 임상적 가치, 실제 관계의 지위, 분석가에 대한 환자의 영향, 분석가의 자기-노출의 역할 같은 문제가 포함된다.

Contemporary conflict theory

자아 심리학적 전통은 소위 근대 구조이론이라 불리는 이론적 관점에서 결실을 맺었다. 하지만 우리는 근대 구조이론 대신 현대 갈등 이론이라는 용어를 더 선호한다. 이 관점은 1940년대 후반에서 50년대 초반에 수련을 받은 일련의 미국인 분석가들에 의해 발달했는데, 이들은 중유럽 출신의 이민자 분석가들에게 분석과 지도 감독을 받은 사람들이었다. 바로 Jacob Arlow, David Beres, Charles Brenner, Martin Wangh, 그리고 Leo Rangell 같은 사람들이다. 이들 중 Rangell을 제외한 나머지는 New York Psychoanalytic Institute 출신이다. 수련을 마친 후 Arlow, Beres, Brenner, Wangh는 회합을 가졌고 이내 그들의 선생과 지도 감독자들과도 만났는데(Hartmann, Kris, Lewin, Loewenstein 등), 이들이 만난 이유는 당대에 주어진 정신분석적 가르침을 비판적으로 검증하기 위해서였다. 검증은 불안, 억압, 방어, 증상 형성 등에 초점이 맞추어졌고 이러한 검증을 바탕으로 근대 구조이론이 생겨났다.

그렇다면 자아 심리학과 현대 갈등 이론의 관계는 정확히 무엇인가? 후자는 전자에서 나온 것이라 할 수 있는데, 그 이유는 후자가 "자아의 역할, 기능, 성격에 상당한 주의를" 기울이고 있기 때문이다(알로우,

1963, p. 576). 하지만 Boesky의 말처럼(1988) 둘은 같지 않다. 그 이유는 현대 갈등 이론은 이드, 자아, 초자아 사이의 본질적 상호연관성에 초점을 맞추고 있기 때문이다. 실제로 Rangell(1988)은 '이드/자아/초자아/외부 현실 심리학'이라는 용어가 프로이트 구조 가설의 핵심 가정을 아우르는 이론에 더 적절하다고 말했다. 여기에서 프로이트 구조 가설의 핵심은 정신분석은 기본적으로 갈등의 심리학이라는 것이다. 현대 갈등 이론은 심리와 모든 정신 현상을 상호 갈등하는 힘들의 표현이자 그로 인한 타협형성으로 이해한다. 현대 갈등 이론은 프로이트의 가설을 다듬고 수정함으로써 정신적 갈등과 타협형성에 대한 좀 더 폭넓은 이해를 도모하고 더 효과적인 정신분석적 치료기법을 개발하려고 한다. 이런 식의 접근은 우선 임상에 있어 프로이트의 지형학적 이론보다 구조이론의 개념을 좀 더 옹호하는 결과를 낳았다. 나아가 구조이론에서도 역동적, 유전적 관점이 경제학적/에너지 관점보다 우선권을 부여받았다. 『Psychoanalytic Concepts and the Structural theory』(1964)는 알로우와 브레너가 쓴 책으로, 이상의 관점에 기반한다. Boesky(1988)는 이 책의 관점을 좀 더 분명히 짚어냈는데, 그의 관찰에 의하면 현대 갈등 이론을 옹호하는 사람들은 프로이트의 심리적 에너지 개념을 받아들이지 않는다.

이렇게 구조이론의 개념을 선택적으로 사용한 것과 더불어, 그들이 시도한 것은 갈등 이론이 프로이트의 세 심리 주체agency에 덜 의존하게 만드는 것이었다. Beres는 「Structure and function in psychoanalysis」(1965)에서 여기에 대해 지지를 표명했고, Hartmann(1964c)도 「Concept formation in psychoanalysis」에서 이 같은 경향을 드러냈다. Beres의 주장에 따르면 프로이트는 이미 심리 구조를 '기능 그룹'이라고 생각했으며, 그의 강조점은 늘 조직화와 과정에 있었다. 알로우와 브레너는 이론적 개념은 임상 현상을 조직화하는 방법이라고 믿었으며,

베레스도 이에 동의해 분석가들은 프로이트처럼 기능적 방향에 중심을 두어야 한다고 주장했다. 이 관점에 따르면 이드, 자아, 초자아는 구체적이라기보다는 비유적 개념이 된다.

베레스의 주장은 광범위한 이론적 반응을 끌어냈다. 한편에서는 현대 갈등 이론을 프로이트의 구조이론에 잠재했던 메타심리학적 가정으로부터 분리해냈다. 바로 알로우와 브레너가 한 일이다. 알로우, 브레너, 베레스, 보우스키 같은 사람들은 임상 관찰과 유리된 카텍시스, 탈-카텍시스 같은 경제학적 개념을 폐기하자고 주장했다. 근대 구조이론은 자아 기능의 일종으로 무의식적 환상을 강조하는데, 이는 알로우(1969a)와 베레스(1962)의 영향을 반영하는 것이며 위에 기술한 경향과도 일치한다.

현대 갈등 이론이 프로이트의 이드, 자아, 초자아 정식에서 조금씩 벗어남에 따라 결과적으로 심리적 갈등 요소에 대해서도 좀 더 임상적인 초점이 맞추어졌는데, 이는 갈등에 대한 경험적, 역동적 영역이 확대된 것에 따른 발전이라고 할 수 있다. 그래서 강조점은 이드, 자아, 초자아로 갈등을 설명하는 방식에서 관찰 자료로 역동적 양상을 설명하는 방식으로 옮겨갔다. 하지만 근대 갈등 이론가들이 공유하는 사고방식도 임상 상황에 관한 이견을 막지는 못했다. 둘 다 자아 심리학에서 비롯되기는 했지만, 한쪽은 무의식적 환상과 관련한 갈등과 타협형성의 해석에 초점을 두었고(Arlow, Blum, Brenner, Abend, Boesky, Rangell, Rothstein) 다른 한쪽은 방어의 작동에 대한 환자의 자각에 초점을 두었다(Busch, 1995; Gray, 1994). 후자의 관점은 무의식의 내용물을 해석하기보다는 대신 분석적 협력 작업을 통해 환자의 자기-발견을 격려하고 자기-분석 능력의 함양을 도모한다. Bush는 환자와 분석가가 의식적이고도 자발적인 협동 작업을 통해 환자의 자아 기능을 우회하지 않고 관찰하면 관찰할수록 분석은 성공적이라고 말했다.

현대 갈등 이론가들 내의 주요 쟁점은 환자-분석가 관계의 역할과 관련이 있다. 이슈는 분석 관계를 적극적으로 사용할지, 아니면 해석에 더 큰 방점을 찍을지이다. 이러한 애착/해석의 변증법은 1930년대 이래 자아 심리학의 주요 관심사다. 1936년에 Marienbad에서 열린 심포지엄에서 스테르바는 애착이 이해를 위한 예비 단계 정도라고 주장했고, 스트레이치는 애착이 구조적 변화를 가져온다고 말했다. 이 논쟁은 1962년 Edinburgh에서 열린 심포지엄에서도 이어져 기텔슨은 스트레이치를 따라 애착이 "그 자체로 재구성 경험이며, 단순히 자아나 초자아 수준에서 작용하는 것이 아닌 전체 심리 기관에 걸쳐 일어나는 일"이라고 말했다(Friedman, 1988, p. 51).

논쟁은 1960년대와 1970년대에도 이어졌는데 주제는 치료 동맹therapeutic alliance을 둘러싼 것이었다. 이 개념을 옹호했던 사람은 Elizabeth Zetzel과 Ralph Greenson이다. 이들은 당대를 주도한 자아 심리학적 접근이 실세 관계에 대해 충분히 관심을 두지 않는다고 생각했고 치료 동맹 개념을 통해 이를 바로 잡으려고 했다. 이들의 반대편에는 Brenner(1979)가 있었는데, 그는 치료 동맹 개념이 무용지물이며 심지어 반치료적이라고 말했다. Martin Stein은 그의 논문 「The unobjectionable part of the transference」(1981)에서 환자와 분석가 모두 긍정적 전이를 저항 목적으로 사용하게 될 수 있음을 명쾌하게 보여줬다. 하지만 스테르바에서 페니첼과 크리스를 거쳐 알로우와 브레너에 이르는 자아 심리학적 전통은 분석 관계를 치료적 지렛대로 사용하는 것이 조심스러웠다고 말할 수 있겠다. 하지만 현대의 자아 심리학 전통의 분석가들은(가령 James McLaughlin, Owen Renik, Theodore Jacobs, Judith Chused 등) 분석가의 주관적 경험을 강조하면서 이를 통해 환자를 이해할 수 있다고 말한다. 이들은 분석가가 어떠한 방식으로 얼마만큼 치료

과정에 참여하는지에 대해 나름의 입장을 표방했다. 이들은 모두 분석가의 주관성을 인정하고 분석 치료에서 불가피하게 일어나는 재연에서 일정 부분 가치를 발견한다.

현대 갈등 이론은 자아 심리학을 비롯한 다양한 정신분석 이론에 기반하는데, 비록 혁명적이지는 않으나 분명 진화하는 관점으로, 프로이트의 갈등 심리학을 개념적, 임상적으로 옹호한다. 그래서 당연히 지속적인 수정(Arlow, Brenner, Rangell)과 확장(Renik, Jacobs, McLaughlin, Chused)을 허락하는 관점이기도 하다. 브레너는 최근 논문에서(1994) 갈등과 타협형성을 설명하며 프로이트의 이드, 자아, 초자아 개념을 전혀 쓰지 않았음을 말해두고 싶다. 그리고 알로우의 오랜 주장 또한 구조 모델의 임상적-설명적 중요성을 부정하는 것으로, 그는 "이드, 자아, 초자아는 환자 안에 있는 것이 아니라 정신분석 교과서 안에 있는 것이다"라고 말한다(개인적 대화에서). 하지만 또 다른 유명한 분석가들은 여전히 구조 모델을 갈등과 타협을 설명하는 데 여러모로 가장 유용한 모델이라고 생각한다. 확실한 것은 현대 갈등 이론에는 '최종 승자'가 없으며 앞으로도 '갈등 중인 마음'(Brenner, 1982)에 관한 이해와 임상적 접근에 대한 진보가 이루어질 것이라는 점이다.

지금까지 자아 심리학에서 현대 갈등 이론에 이르는 전통의 영향과 논점에 대해서 다루었다. 마지막으로 하고 싶은 이야기는 정신분석을 서로 완전히 분리된 이론과 기법을 가진 학파들로 깔끔하게 분리하는 것은 불가능하다는 것이다. 오히려 정신분석의 역사는 상호 영향과 상호 조율을 증명한다. 이것이 프로이트에서 현대에 이르기까지 있어온 다양한 이론의 핵심에 있는 것이다. 일견 완전히 달라 보이는 이론을 가진다고 해도 임상적으로는 그렇지 않은 경우가 많다. 다른 과학과 마찬가지로 정신분석도 다양하고 상충되는 이론을 만들어낼 것이다. 그리고 사회과학과 자연과학의 영향도 계속될 것이다. 이러한 변화의 흐름 속에서도, 전통과 과학에 대한 굳건한 믿음은 우리가 종종 우리를 파먹는 소모적 당파 싸움과 비이성적 논쟁을 피할 수 있도록 도와줄 것이다.

엘만의 견해

이 장은 프로이트와 하트만의 자아 심리학에서 현대 갈등 이론에 이르는 움직임에 대한 탁월한 조망을 제공한다. 추가로 살펴보고 싶은 두 명의 이론가가 있다. Smith(1997, 2003)는 구조이론에 탄력성과 전망을 설득력 있게 제공하는 이론가이다. Lawrence Friedman(1977, 1992, 2002)은 갈등 이론의 전통에서 가장 영민한 이론가로, 이론들 사이에 다리를 놓으면서도 이론적 구조를 놓치지 않았다. 17장에서 우리는 갈등 혹은 구조 모델과 관련해서 현대 관계론적 이론을 본격적으로 조망하고 비평할 것이다. 곧 보게 되겠지만 내 생각은 이 장에서 제시된 생각과 일부 다른 점이 있다. 그래도 Richards와 Lynch의 고찰과 비평은 훌륭했다고 생각한다.

3부

현대 정신분석의 이슈들

CONTEMPORARY ISSUES IN PSYCHOANALYSIS

FREUD

ANNA FREUD

HARTMANN

KLEIN

FAIRBAIRN

WINNICOTT

SULLIVAN

MAHLER

KOHUT

KERNBERG

BION

MITCHELL

17장 구조이론, 관계주의 비평, 그리고 통합을 위한 시도들

들어가며

비록 역사적 사실들에 대한 이야기로 시작하고 있지만, 사실 이 장의 취지 중 하나는 임상 이론을 관계주의적 비평이라는 중요한 관점에서 바라보는 것이다. 관계주의$_{\text{relational}}$ 이론가들은 정신분석을 임상적, 이론적, 철학적으로 비평했는데, 그들의 주된 목표물은 구조 모델, 갈등 이론, 혹은 고전주의 정신분석이라 불리는 것이었다(나는 이상의 세 가지 용어를 구분 없이 사용할 것이다). 나는 먼저 관계주의 비평의 대강을 기술하고 통합을 위한 시도로 비평의 요지를 흡수할 것이다. 그리고 동시에 기존 이론들의 중요 지점을 보존하려 할 것이다. 이 장(책)의 핵심 주제는 각각의 이론들이 어떻게 임상적, 이론적 이슈들을 이분법적으로 재단하는지를 보여주는 것이다. 이러한 이분법적 재단이 이루어지면, 마주 보는 이론들의 장점은 무시되거나 간과되기가 쉬워진다.

요약

이 장의 첫 부분은 현대와 관련된 이론적, 사회적 역사에서 시작할 것이다. 다음은 비평의 대상이 되는 프로이트 이론의 지점들을 살펴본 다음, 제시되고 있는 임상 이론을 떠받치고 있는 철학적 이슈에 대해 간략하게 살펴볼 것이다. 그리고 Stephen Mitchell이 관계주의 비평에서 워낙 중요한 인물인 까닭에, 2000년경에 이르기까지 그가 쓴 글을 간략하게 훑어보겠다. 이 장의 중간 부분은 미첼의 비평에 기반한다. 여기에서는 주로 고전주의 이론, 갈등 이론 중심의 정신분석을 관계주의적 관점으로 비평할 것이다. 그리고 관계주의 비평을 존중하되 그로 인해 빚어진 이분법을 분석하고, 분열을 해소하기 위한 해법을 제시하게 될 것이다. 내가 제시하는 해법의 상당 부분은 소위 self and object Freudian(Ellman, 1998b)이라고 부르는 사람들이 제시한 것들이다. 이 장의 대부분은 여태껏 우리가 암묵적으로 토의한 이론적 개념을 바탕으로 썼다. 그리고 이 장의 마지막은 전이와 analytic third에 관한 것이다.

새로운 시대의 시작

이 시대의 시작은 다른 장(5장, 16장)에서 다룬 내용과도 관련이 있다. 우리는 1960년대, 그중에서도 알로우와 브레너가 구조이론에 관해 쓴 책(1964)에서부터 시작하겠다. 이 시기는 보는 사람의 이론적 지향에 따라 새로운 시대의 도래일 수도 있고, 한 시대의 종언일 수도 있다. 알로우와 브레너는 여러모로 하트만과 그의 동료들을 대체하면서 구조이론의 선두주자로 등극했다. 그리고 관계주의적 비평이 주된 타격점으로 삼는 정신분석 이론의 원형도 이들의 이론이라고 볼 수 있다. 그들의 책은 분명 구조이론의 관점에서 쓴 것이며 오이디푸스 역동을 모든 병리적 상태의 핵심 갈등으로 보았다(브레너의 최근 저작은 16장에서 다루었다. 이 장에서 나는 그의 1982년 저작까지만 다룰 것이다). 그들의 주장은 프로이트의 생각과 바로 맞닿아 있는데, 프로이트는 남자 환자의 경우 거세 불안, 여자 환자의 경우 음경 선망을 분석하면 그 분석은 갈등의 가장 밑바닥에 다다른 것으로 볼 수 있다고 말했다(4장 참고). 그래서 이 정식에 따르면 심지어 정신증 환자도 오이디푸스 갈등의 관점에서 이해된다. 따라서 중요해지는 부분은 어떤 역동이 핵심인지가 아니라 그 역동에서 보이는 갈등의 강도, 그리고 동반된 유전적 소인의 조합인 셈이다. 당연하게도 그들은 유전적 소인을 정신분석가의 관심을 넘어선 부분이라 생각했다. 역설적인 것은 그들의 설명 방식이 페어베언이 구강기(편집-분열)를 보는 갈등이 만들어지는 단 하나의 시기라고 말했던 것과 닮아있다는 점이다. 분명 알로우와 브레너의 개념에서 그 시기는 다르지만, 그럼에도 단 하나의 단계를 모든 병리의 근원으로 본다는 점에서는 비슷하다는 뜻이다. 비록 알로우와 브레너도 전-오이디푸스 단계가 갈등의 강도에 영향을 미친다고 말했으나, 갈등 그 자체는 오이디푸스 단계에서 만들어진다는 뜻이다.

알로우와 브레너의 책은 여러모로 미국 내에서 구조이론의 치솟는 위상을 예견했다. 미국 정신분석 협회[APA] 내부에는 이들을 비판하는 사람들이 거의 없었고, APA는 여러 방법을 동원하여 어떤 이론이 정신분석적인지를 규정하려 하였다. 정신과 의사가 아닌 사람들은 APA 산하의 분석 기관에서 수련을 받을 수 없었고, 혹시 받더라도 연구 수련생이란 이름으로 특별 허가(혹은 권리 포기 각서)가 있어야 했다. 이렇게 정신분석은 의학의 한 부분이 된 듯했고, 이는 여러모로 1911년 미국 최초의 정신분석 기관(New York Psychoanalytic Institute)을 세울 당시 Brill이 의도한 것이기도 했다(Richards, 1999). 이렇게 정신분석은 의학의 한 갈래가 되었으며, 1960년대에 이르기까지 많은 정신과 의사가 추가적 수련의 하나로 정신분석을 선택했다.

내가 이렇게 간략히 역사를 언급한 이유는 당시 APA가 얼마나 미국과 전 세계의 정신분석과 그 정치를 압도했는지 알지 못하면 근대(1960~1980)와 현대(1980년 이후)를 이해하기가 어렵기 때문이다. 뉴욕에서는 뉴욕 대학교에 (B. Kalinkowitz 교수가 시작한) 정신분석 수련 프로그램이 생기면서 이러한 기류에 균열이 가기 시작했다. 이 프로그램은 임상 심리학 박사들에게 정신분석 수련을 제공하기 위해 기획된 것이었다. 이에 뉴욕주州 정신과 의사 협회는 법적 소송으로 임상 심리학자들의 수련을 막으려 했고, 임상 심리학자들이 이 소송에서 이김으로써 새로운 시대가 열리게 되었다. 비록 그전에도 의사가 아닌 사람들로 구성된 기관들이 뉴욕과 전국에 있긴 했지만, 이 소송을 계기로 운동은 심리학자들을 비롯한 여러 영역의 전문가(사회 사업가, 정신과 간호사 등)로 번져나갔다. 이렇게 생긴 새로운 기관들이 고전주의 이론 비평에 하나의 요소가 되었는지, 아니면 인과 관계까지는 아니고 그냥 상관관계만 있는지는 다른 사람이 정리해 줄 것으로 믿고 여기서는 다루지 않겠다. 여기에서는 그냥 1960년대에서 1970년대로 이행하는 과정에서 APA라고 하는 거대한 단일 대오에 균열이 가기 시작했고, 이는 이론적 균질성뿐 아니라 정신과 의사 이외의 직업군에게 정신분석 수련을 허락하는 문제에 대한 것이기도 했다는 정도로 언급하면 충분할 것 같다.

APA와 별개로 이미 존재하던 정신분석 수련기관 중에는 William Alanson White Institute[WAW]가 있었다. 이 기관에서는 정신과 의사와 심리학자들이 (별도의 제한 없이) 수련을 받았는데, 여기에서는 설리번의 대인 관계 이론이 중심이 되었다. 현대 대인 관계 이론가들은 설리번의 책을 출판하고 설리번이 제시한 이론을 계속해서 발달시켜 나갔다. 고전주의 이론을 비판했던 이론가 중 많은 이들은 WAW와 뉴욕 대학교의 정신분석 프로그램(정신분석, 정신치료 박사 후 과정) 출신이었다. 그리고 그들 일부는 양쪽 기관의 회원이기도 했는데, 이 부분이 중요한지는 잘 모르겠으나 역사적으로는 진실이라 믿는다. 그리고 비록 내가 APA를 단일 대오처럼 그리고 있기는 하지만, 사실 여기에는 역사적 과장이 일부 섞여 있다. 비록 APA 내부에서 정신분석적 교조주의를 조장하려는 사람들이 있기는 했지만, 반대로 이러한 교조적 태도에 의문을 표하는 미국 정신분석가들도 많이 있었다. 예컨대 Stone(1961), Loewald(1960), Jacobson(1964), Sandler(주로 영국에서 활동하다가 당시에는 이스라엘에 있었다) 같은 사람들이 그런 부류들이었는데, 이들은 저작을 통해 조심스럽게 구조이론의 획일성에 반기를 들었다. 가령 로왈드는(1966) 알로우와 브레너의 저서(1964)를 신랄하게 비판하면서 이들의 책이 정신분석과 인간의 조건을 과잉 단순화한다고 말했다. 재미있게도 주류 분석가들 중 일부는 로왈드에 대해서 분석가가 아니라고 말하기도 했었다. 당시 그런 칭호는 누군가에게 정신분석가로서 사형 선고를 내리는 것과 같은 표현으로 여겨졌다. 하지만 로왈드의 경력과 명성은 이런 취급을 받고도 살아남았다(미첼, 2000 참고).

미첼은 정신분석가의 권위에 관해 쓰면서 정신분석의 역사를 요약하는데, 읽어보면 재미있다. 함께 읽어보자.

> 정신분석의 정치에는 강력한 권위주의적 전통이 존재해*왔으며*, 이는 종종 거의 스탈린의 그것에 필적한다. 프로이트의 “비밀 모임”에서부터 반체제 인사는 숙청되었고, 클라인은 추종자들의 마음과 저서를 조종하려 했었고(Grosskurth, 1986), 영국에서는 정신분석을 의학으로 만들려는 시도가 있었으며, APA와 IPA에서는 때로 중세적 사건들이 벌어졌다. 현재 정신분석 학계에 군림하는 정치권력은 정신분석 이론이

> 자유로운 환경과 열린 공간에서 자라나도록 허용하지 않는다. 프로이트의 시대에서 오늘날에 이르기까지 정신분석은 이러저러한 이유로 포위된 것이 사실이다. 하지만 볼셰비키가 그러하듯, 정신분석의 수호자들도 더 큰 위험은 잘못된 의견이 아니라 경직된 의견임을 모르는 것 같다. 우리의 눈에는 이 점이 뚜렷하게 보인다. 더구나 고전주의 이후의 정신분석 이론이 갖는 생명력은 적어도 부분적으로는 프로이트주의라는 교조주의에서 해방됨에 따라 생겨난 것이다[1998, p. 73].

미첼은 위와 같은 분석을 통해 긴 세월을 다루는데, 그가 말하고자 하는 핵심은 정신분석에 내재한, 교조주의와 환원주의라는 좋지 않은 경향성에 관한 것이다. 그는 이 점이 교조적 프로이트주의에서도 마찬가지라고 말한다. 하지만 내 생각에 이는 사실이지만, 그게 다는 아닌 듯하다. 앞에서도 말했고 다시 한번 말하지만 모든 정신분석 이론에는 얼마간의 교조적 태도가 있는 것은 사실이다. 내 생각에는 미첼 또한 교조적 이론가이며, 이 점은 그의 여러 저서에서 드러난다. 비록 그의 교조적 태도는 당대의 주류 이론에 필요한 대응이긴 했으나 그로 인해 안타까운 분열이 생긴 것도 진실이다.

당시(1980년대까지)의 정치에 대해 좀 더 쓰고 싶은 마음도 있지만 내가 전달하고자 하는 핵심은 이미 말한 것 같다. 그러니까 당시 APA는 공인된 정신분석 이론을 만들려고 노력했다. 물론 (다양한 전통의) 정치적으로 연루되지 않은 창의적인 분석가들도 많이 있었다. 그리고 이렇게 강요된 교조적 관점은 전문가적 기준이라는 트로이 목마 안에 숨겨졌는데, APA의 Professional Standard 위원회가 이러한 작업을 수행했다. 하지만 정신분석의 헤게모니가 무너지기 시작함에 따라 다양한 학파들은 좀 더 실질적인 개념에 대한 비평을 하기 시작했다.

써놓고 다시 읽어보니 비록 맞는 말이긴 하나 1970년대 이후에

APA에서 일어났던 변화들에 대해서는 말하지 않은 것 같다. 1980년대 이후 다양한 분석가들이 다른 직역의 분석가나 이론을 받아들이기 시작했다. 대표적으로 원래 APA의 강경 보수파였던 Gill은 여러 방식으로 이론적 변화에 앞장섰다. 나는 이 시기와 그 이후의 APA 내부 사정은 잘 모른다. 하지만 분명 이전보다 더 개방적으로 변한 것은 사실이며, 정신과 의사 이외의 직업도 받아들이기 시작했다. 근래에 보면 Owen Renik(1998, 1999), Arnold Rothstein(1995, 2002), Judy Chused(1991, 1996) 같은 APA 분석가들은 구조(갈등) 이론에 대해 좀 더 유연한 태도를 보이기도 하고(Chused와 Rothstein), 혹은 Renik의 설득력 있는 비평에 인내심을 보여준 새로운 동료들에 관한 이야기도 보인다. 나는 이분법적 접근을 싫어한다. 그래서 현대적 임상 개념의 발달을 고찰하기에 앞서 역사적 맥락을 언급하는 것이 필수적이라고 생각했다.

고전주의 정신분석, 그리고 프로이트에 대한 다른 관점들

프로이트주의라는 용어는 전 세계적으로 다양한 의미를 가질 수 있는 용어이다. 세계의 수많은 집단들은 자신들이 프로이트주의자라고 생각한다. 가령 런던의 일부 클라인주의자들은 자신들을 프로이트의 적자嫡子로 생각한다. 라캉이나 앙드레 그린 같은 프랑스 분석가들도 본인들이 프로이트의 전통 아래 강력히 포섭되어 있다고 말한다. 당연히 미국의 로왈드나 제이콥슨 같은 사람들도 자신이 프로이트의 연장선 안에 있다고 말한다. 그러니까 이 사람들은 모두 나름의 프로이트를 갖고 있거나, 혹은 좀 더 정확하게 말해 프로이트 저작에서 서로 다른 부분을 강조하고 있다. 한편 미국에서 프로이트주의 비평을 위해 가장 많이 언급되는 저자는 알로우(1969b, 1979)와 브레너(1994, 1996)다. 미국에서 이들의 관점은 고전주의classical theory(나중에는 갈등 이론 혹은 구조이론)라 불린다. 비록 관계주의 이론가들은 알로우와 브레너를 프로이트주의자의 전형典型처럼 취급하지만 우리는 프로이트주의 내에서도 여러 갈래를 구분하려고 한다. 그중 한 갈래는 앞서 토론한 것이다. 하트만은 한때 미국 정신분석 학계의 북극성 같은 존재였으나 이후에는 관계주의 이론가나 갈등 이론의 옹호자 모두 그를 완전히 무시해왔다. 그래서 별다른 언급이 없는 한 지금 맥락에서 관계주의 이론이 비평했던 프로이트주의는 고전주의, 혹은 좀 더 현대적 표현으로는 갈등 이론, 혹은 구조이론이라 불리는 것임을 밝혀둔다(Abend, 1979). 16장을 참고하길 바란다. 관계주의 개념을 검토하기 전에 고전주의 이론을 처음으로 비평했던 사람들에 대해 잠시 살펴보겠다.

관계주의적 비평 이전의 선구자들

우리의 여행은 1970년대에서 출발한다. 당시 정신분석 저작의 한 갈래는 메타심리학에 관한 것이었다. 이는 정신적 에너지 모델에 대한 Kubie(1947)의 비판에서 시작했고, 이후에는 많은 사람이 소위 메타심리학 비판에 동참하게 되었다. 그중 George Klein(1973)은 처음으로 메타심리학을 완전히 부정한 사람이다. 그리고 Gill(1977), Holt(1974), Schafer(1976)가 속속 여기에 동참했다. 이 시기를 이해하려면 조지 클라인이 그의 유명한 논문에서 정신분석적 설명의 속성에 대해 제기한 문제를 이해해야 한다. 그는 이 논문에서 일반 이론으로써 정신분석의 가치에 의문을 표하며, 정신분석은 의미의 이론이지, 메커니즘의 이론이 아니라고 말했다. 결론 부분에서 클라인은 메타심리학은 폐기되어야 하며, 정신분석은 그가 임상 이론이라 부르는 이론에 기반해야 한다고 주장했다. 이러한 관점을 취하면서 그는 자신이 메타심리학이라 불렀던 것, 특히 기계론적 설명과 싸우는 최초의 이론가 중 하나가 되었다. 그의 주장에 따르면 '정신분석적'이라는 것은 두 개의 뚜렷이 구분되는 이론을 포함하는데, 사실 이 가정은 프로이트 본인의 견해에 근거한 측면도 있다(3장 참고).

클라인의 제안에 대해 가능한 한 가지 해석은 다음과 같다. 분석가의 관심은 오로지 임상 이론과 관찰 가능한 현상에 국한되어야 한다. 그는 분석가로 하여금 관찰되는 현상에 집중하고, 경험과는 거리가 먼, 소위 이론적 설명을 피하도록 요구했다. 확실히 조지 클라인과 그의 동료들은 욕동이나 정신적 에너지에 관해서는 비판적이다. 이런 이론들은 경험치가 전혀 없는 것으로 취급되나, 반면 고전주의 이론가들은 이러한 이론도 이론적 설명을 제공한다고 생각한다. 여기에 대해 클라인은 그러한 설명은 기계적일뿐더러 환자의 경험과는 유리된 이론으로 가득하다고 비판한다. 클라인의 비평은 Schafer, Gill, Holt, Spence(1982) 등의 호응을 얻었고, 현대의 관계주의 이론가들은 여기에 한술 더 떠서 프로이트주의와 고전주의 이론에 대해 훨씬 폭넓은 고찰을 하게 된다. 가령 조지 클라인은 비록 일부 프로이트주의 이론에 대해서는 비판적이었으나 그래도 프로이트주의자로 남으려고 했다. 하지만 Greenberg와 Mitchell에서 시작한 관계주의자들은(이 당시 Greenberg는 입장을 선회했다) 관계주의 이론, 아니면 프로이트에서 유래한 욕동/구조 모델 중 하나만 선택해야 한다고 주장했다.

그린버그와 미첼이 함께 쓴(1983), 그리고 미첼이 쓴 글에서 그들은 관계주의를 위한 구호를 외치며 이를 옹호하는 비평을 시도한다. 비록 그린버그가 단독으로 쓴 논문(2001, 2002)도 영향력이 크긴 하나 그의 글은 갈수록 선명성을 잃어갔다. 반면 미첼의 글은 아주 오랫동안 선명하게 관계주의적 입장을 견지했다. (나는 그동안 미첼의 최근 책, 『Relationality: From Attachment to Intersubjectivity』[2000]에 대해서 논평을 준비했다. 이 책에서 미첼은 로왈드에 대해 아주 통찰력 있는 장을 두 개 썼는데, 내 생각에는 그가 새로운 통합을 시도했던 것으로 보인다. 그런 의미를 포함해서 여러모로 그의 죽음은 매우 안타까운 일이다.) 미첼이 관계주의 이론에서 가지는 핵심적 지위를 포함하여 우리는 그의 글을 검토하고 그의 심대한 영향력을 살펴볼 것이다.

Stephen Mitchell: 개요와 개괄

실제로 관계주의 분석가들의 비평은 미첼에서 시작했고 그의 영향을 크게 받았다. 이런 이유로 나는 『Relationality』(2000)까지 그가 한 작업을 대략 개괄해 보고자 한다. 혹시 스티븐 미첼의 업적을 잘 모르는 독자들을 위해 그의 삶을 대충 훑어보는 것도 괜찮을 듯하다. 아래의 헌사는 그의 때 이른 죽음 이후 그가 졸업한 William Alanson White Institute에서 발표한 것이다(「New York Times」, 2000년 12월 24일)

> 미첼 박사가 훌륭한 선생이라는 평판은 1977년 그가 White를 졸업하기 전에 이미 널리 알려져 있었다. Jay Greenberg와 함께 쓰고 1983년 발표한 책, 『Object Relations in Psychoanalytic Theory』는 정신분석 이론에 크게 공헌했다. 그리고 정신분석 학계는 이 책 덕택에 관계주의적, 대인 관계적 접근에 주목하게 되었다. 그 후 17년 동안 미첼은 놀라운 속도로 글을 써왔고 그가 발표한 많은 주요 논문들은 널리 사랑받았다. 그는 또한 『Psychoanalytic Dialogues』를 편찬하고 편집했다. 그는 어마어마한 지식의 소유자로 이를 동료와 학생들에게 기꺼이 나누는 사람이었다. 그는 놀라우면서도 압도적인 영민함과

> 명료함으로 가르치고, 토론하고, 논쟁했으며 난해한 공리공론은 그의 우아한 사고와 아름다운 글을 통해 모든 학생과 전문가들에게 유용하면서도 일관성 있는 개념으로 바뀌었다. 그는 사랑받는 치료자, 교육분석가, 지도 감독자, 선생님, 멘토였다. 그는 또한 아주 인간적인 사람으로, 따뜻하고 사내다우며, 진실로 사랑스러운 사람이었다. 그를 알았던 사람들은 그로 인하여 큰 영향을 받았다. 스티브가 남긴 유산은 오래 지속될 것이다. 하지만 우리는 그가 우리와 머무르며 주었던 영감을, 학회의 미래에 대한 그의 비전을 계속 그리워하게 될 것 같다. 우리 학회에는 항상 그의 자취가 함께 할 것이다.

길Gill은 미첼의 영향력을 이야기하며, 프로이트주의자들이 관계주의 이론을 논할 때는 "전적으로 스티븐 미첼이라는 가장 중요한 사람의 견해에 따라" 논의된다고 말했다(1995, p. 89). 과거 리파포트의 학생이었던 사람이 제기했던 질문은 여러모로 프로이트주의 이론을 새로운 철학적, 임상적 관점에서 비판할 길을 열었다. 미첼은 이러한 비평을 바탕으로 대인 관계 이론과 대상관계 이론에 큰 영감을 받아 관계주의적 입장을 만드는 데 큰 역할을 했다. White institute에서 받은 수련도 큰 영향을 끼쳤다. 미첼에게 큰 영향을 끼친 대인 관계 이론가 중에는 Edgar Levenson이 있다(미첼, 2004). 길은 "관계주의 이론은 대인 관계 이론에서 분지한 것으로" 보이고(1995, p. 89), 특히 미첼의 초기 관계주의 이론이 그러하다고 말했다.

초기 저작에서 미첼은 프로이트주의 이론을 미국 정신분석의 권좌에서 몰아내기 위해 앞장섰다. 그는 분명히 대인 관계 이론을 대중 앞에 끌고 나온 사람 중 하나였고, 그린버그와 함께 여러 이론가를 관계주의적 맥락으로 해석하거나 그 전조가 되는 사람으로 만들었다. 초창기에 그는 그린버그와 함께 자신들의 입장을 분명하게 드러내기를 원했고,

정신분석 학계를 대상으로 일종의 이론적, 정치적 선언문 같은 것들을 만들어냈다. 그래서 그들이 쓴 저작은 이분법적 경향을 보인다. 가령 욕동/구조, 혹은 관계/구조라는 단어 중 어느 쪽이라도 쓸 수 있으나 둘을 한꺼번에 쓸 수는 없다는 식이다. 그는 그때부터 줄곧 둘 사이의 타협은 불가능하다고 보았다. 하지만 『Relationality』(2000)를 쓸 무렵 그가 여전히 그렇게 생각하고 있었는지에 대해서는 대답하기 어렵다.

그의 초기 저작을 보면 프로이트주의자의 관심을 끌 만한 대목들을 발견할 수 있는데, 가령 "관계주의적 관점은 정신분석의 발전에 대해 혁명적 관점을 제공하고"(1993, p. 466), "고전주의적 전통으로부터의 완전한 이별을 의미함을 선언하고"(같은 책) 같은 곳들이 그러하다. 이런 식의 발언은 무엇보다 대다수의 고전주의 이론가들에게는 상당히 성가신 것이었으며(가령, Bachant & Richards, 1993, Bachant, Lynch, & Richards, 1995a, b), 계속되는 논란에 기름을 붓는 격이었다. 관계주의 이론가들인 Bachant와 Richards, 그리고 특히 미첼은 다음과 같이 주장한다.

> 고전주의 이론에 따르면 인격은 일차적으로 욕동에 대한 반응에서 만들어진다고 말했을 때, 그는 욕동 이론을 잘못 이해한 것이다. 그들의 주장에 따르면 정상, 비정상적인 역동은 모두 대인 관계에서 비롯된다. 이는 처음에는 그럴싸하지만 별로 설득력이 없다. 발달을 기본적으로 대인 관계에서 일어나는 현상으로 개념화해버리면 심리 내적 심리 발달의 역할이 미미해진다. 게다가 갈등에 대한 우리의 이해를 가로막고, 저항, 전이, 자유연상 같은 개념을 완전히 바꾸어 버린다 [Bachant, Lynch, & Richards, 1995b, p. 74].

고전 비평가들에 대한 미첼의 대답은 두 갈래로 이루어진다. 그는 자신의 이론이 "고전주의 이론의 완전한 대체물"이 아니라고 생각하며

(1993, p. 462), 대신 "서로 다른 개념적 접근을 통합하는 방법론"이라고 말한다. 그리고 그는 계속해서 말하길, 그를 비판하는 사람들은 아마도

> 어리둥절 당황해서 표식이 될 만한 익숙한 장소를 찾고 있을 것이다. (…) 이들은 오이디푸스 콤플렉스, 이드, 본능 같은 것을 찾지 못할 것이고, 그렇게 되면 그들은 이런 개념 없이 분석이 어떻게 가능한지 몰라 당황할 것이다. 이쯤 되면 그들은 '미첼의 이론은 공허하고 그들의 이론보다 협소하며 쓸모가 덜하다는 결론에' 도달하게 될 것이다[같은 책].

위의 발췌는 재밌는데, 왜냐하면 같은 논문의 바로 몇 문장 앞에서 그는 자신이 독자들에게 하려는 말은 "프로이트 이후의 주요 이론가들(페어베언, 설리번, 코헛 등) 대부분이 했던 중차대한 실수는 자신들의 이론이 프로이트의 그것을 대체할 포괄적 이론이라고 주장한 것"이라고 말했기 때문이다(같은 책). 그렇다면 왜 그를 비판하는 사람들이 미첼의 이론이 협소하다는 사실에 놀라거나 혹은 그것에 대해 언급을 한단 말인가? 어쩌면 이미 자신의 이론이 덜 포괄적임을 인정하고 있는 것처럼 보인다. 물론 그는 전혀 인정하지 않겠지만 말이다. 그도 다른 이론가들처럼 이렇게 말하려고 하는 것 같다. '그래, 나도 다는 몰라. 그래도 내 생각들을 보면 알겠지만 나는 이러저러한 해답을 알고 있어.'라고 말이다. 미첼의 뉴욕 대학교 박사 후 과정(관계주의의 막을 연 곳이자 내가 토론자로 참여했던 곳이기도 하다) 취임사는 여러모로 이런 유형의 다짐이었던 것 같다. 그는 이렇게 말했다. '만약 당신이 스펜스와 쉐이퍼(내러티브를 강조하는 사람들이다), 그리고 조지 글라인과 길이 시작한 길을 따라가다 보면, 그리고 페어베언과 상호주관성 위에서 작업하다 보면 좀 더 나은 결과물을 만들 수 있을 것입니다.' 누군가는 이런 작전에 동정을 표할 수 있을지도 모르겠다. 왜냐하면 비평가들이 혁명을 망치는 방법의 하나가 질문과 요구로

과부하를 거는 것이니까 말이다. 하지만 어떤 종류의 혁명이라도 질문에 제대로 대답하기 위해서는 충분히 '정권을 잡을 때까지'는 기다려야 한다. 그러니까 우리의 일차적 임무는 미첼이 제안한 개념들을 살펴보고, 1983년에 발표했던 『Object Relations in Psychoanalytic Theory』 이래 그의 생각이 2000년까지 어떻게 발전되었는지를 살펴보는 것이다. 논쟁에 대해서는 그다음에 살펴보도록 하겠다.

1979년부터 1995년까지의 저작(리뷰 논문과 『Psychoanalytic Dialogues』의 편집자로서 쓴 글은 제외)을 따라가다 보면 그가 거의 모든 저작에서 프로이트나 고전주의에 대해 언급하는 것을 볼 수 있다. 그의 글쓰기는 대다수 고전주의 분석가들이 글을 시작하는 방법을 정반대로 빼다 박았다고 볼 수 있다. 대다수의 고전주의 분석가들이 모든 논문의 시작을 프로이트가 지금 자신이 다루고자 하는 주제를 이미 어떻게 다루었는가로 한다면, 미첼은 프로이트와 그의 추종자들이 어떻게 잘못된 길을 가게 되었는지를 보여주고, 따라서 본인이 이제부터 정신분석을 제대로 된 길로 이끌겠다고 말하면서 시작한다. 프로이트에 대한 부정적 반응은 부분적으로 자신의 선언에서 연유한 것인데, 아래와 같다.

> 내가 다른 곳에서 밝힌 이유로 인해(그린버그 & 미첼, 1983; 미첼, 1988), 이론의 일부를 그 개념적 맥락에서 떼어내어 이리저리 엮는 것이 도움이 될 것 같지는 않다. 서로 다른 이론의 충돌로 인해 추가적인 논의가 필요한, 그냥 넘어갈 수 없는 중요한 개념상의 문제가 드러나는 경우가 자주 있다[미첼, 1995, p. 580].

그러니까 미첼은 욕동/구조와 관계주의 이론 중 하나를 선택해야 한다고 주장하는 것에 그치지 않고, 경합하는 이론에서 일부만 취하는 것도 실수라고 말한다. 따라서 그는 항상 관계주의적 입장의 우월성과 욕동/

구조이론의 무용함을 증명해야 했다. 선택의 가능성도, 통합의 가능성도 별로 없는 상황은 부정적인 태도만 부각한다. 그래서 그의 글은 비록 미첼 자신이 프로이트의 여정, 그리고 정신분석의 창조에 대해 긍정적으로 평가하고 있는 와중에도 남들의 이론에는 좋은 것이 하나도 없다는 인상을 주고 만다. 게다가 비록 좋게 평가할 때도 있지만 대체로 그의 논문은 프로이트에 대해 부정적인 언급으로 시작하고, 따라서 프로이트주의자들도 보통은 같은 방식으로 대응했다. 사실 그들의 반응은 상당히 격한 경향이 있어서 미첼이 제기한 중요한 논점도 놓치는 경우가 많았다. 하지만 다르게 보면 관계주의자들은 이렇게 말하려는 것도 같다. '당신들이 놓치고 있는 중요한 사실이 있어. 지난 수십 년 동안 고전주의 이론은 마치 자신이 유일하게 가능한 정신분석 이론인 것처럼 굴었어.'라고 말이다. 생각해 보라. 누구라도 이런 취급을 받는다면 부정적 견해를 참는 것이 더 이상하지 않겠는가? 내 생각에 (적어도 아주 최근에 이르기까지) 양쪽 사이에는 별 유익한 도론이 이루어지지 않았거나, 양쪽 모두 서로에 의해 오해받는다고 느끼는 것 같다(실제로 종종 그랬다).

미첼의 초기 저작에서 중기 저작까지

미첼은 처음 발표한 저작에서부터(1978) 분명하게 자신이 과거의 편견으로부터 자유로운 사람이라고 말한다. 그러고는 중요한 이야기 하나를 꺼낸다. 요컨대 여태까지 자유주의자들은 말에 그쳤으나 본인은 활사를 통해 분명히 밝히건대, 성적 취향을 병으로 취급하는 것은 옳지 않다고 말한다. 그는 정신분석과 분석 수련에서 동성애자와 이성애자를 동등하게 대접해야 한다고 주장했다. 오늘날 이런 주장은 별로 충격적으로 들리지 않을 수도 있겠다. 하지만 1978년경에는 상당히 논란이 되었던 주제로, 일부 분석가들은 심지어 오늘날에도 이 문제에 대해 불편함을 느낀다. 관계주의 분석가로서 미첼의 저작 활동은 흥미롭게도 코헛의 1977년 책, 『The Restoration of the Self』에 대한 비평으로 시작한다. 이 비평에서(1979) 그는 코헛을 고전적 충동 심리학에서 '대상관계 혹은 대인관계 심리학'으로 옮겨가는 사람으로 묘사한다. 그는 코헛에 대해, 페어베언의 표현을 빌리자면, 좀 더 대상-관계적으로 변했지만 "그 이행은 완전하지 않았다"라고 평했다(p. 179). 미첼은 코헛이 여전히 전통적인 리비도 이론에서 파생한 언어, 그리고 자기애 이론에서 나온 개념을 이용한다고 봤다. 미첼은 grandiosity, parental mirroring, idealization 같은 개념이 여전히 발달에서 핵심 요소인지 반문한다. 그는 "뚜렷하게 망가진 부분이 과연 불충분한 이상화나 혹은 아이의 과대함을 반영하는 데 실패한 부분인지, 아니면 실제로 어떤 종류의 감정 교류가 부족한 부분인지" 묻는다(같은 책, p. 180). 이러한 진술은 미묘한 방식으로 관계주의적 입장을 반으로 나누는 것이라고 할 수 있다. 코헛은 모종의 '실제적' 감정 교류와 관련한 어려움을 기술하는데, 바로 부모가 이상화하는 말을 주고받음에 겪는 어려움에 관한 것이다. 그가 보기에 이는 일종의 중요한 감정적 교류로써, 가령 부모의 눈에 보이는 기쁨이 불길 같은 것을 말한다. 그리고 코헛의 주장에 따르면 그러한 것이 없으면 아이는 자기애적 혹은 자존감에 어려움을 겪는다. 그는 아이가 부모의 마음속에 제대로 존재하지 않을 때 생기는 문제에 관해 이야기하고 있는데, 이러한 코헛에 대해 실제적 감정 교류를 고려하지 않았다고 비난하는 것은 좀 이상하게 들린다. 하지만 분명 미첼의 관점에서는 코헛이 진정 '실제적인' 종류의 감정 교류에 대해 말하고 있지 않은 것이다.

이러한 비판이 생기는 이유는, 미첼의 주장에 따르면, 코헛이 임상적으로 여전히 고전적 정신분석과 끈을 놓지 못하고 있기 때문이다. 미첼이 보는 코헛은 욕동의 파생물을 해석할 수도 있고, 관계 양상(자기에 초래된 문제)을 해석할 수도 있다. 미첼의 눈에 코헛은 이러한 작전을 통해 여전히 고전주의 이론과 끈이 닿아 있다.

> 코헛의 두 번째 보존 전략은 (…) 자기의 장애, 그리고 구조적 신경증이라는 두 종류의 병리가 있고, 욕동 이론은 후자에 적용된다는 그의 주장에서 드러난다. 그의 주장 중 많은 부분은 보수적인 사람들을 향하는데, 이런 식으로 그는 새로운 자기 심리학의 개발이 요청되는, '자기의 장애'라는 임상적 현실을 방어한다[같은 책, p. 182].

그러니까 비록 코헛은 관계주의 이론으로 다가가고 있으나 미첼이 보기에는 그 보폭이 너무 작아 아직 욕동/구조이론을 완전히 떠나지 못한 것이다. 내가 보기에 좀 더 정확한 묘사는 이러하다. 코헛은 프로이트를 완전히 떠나지 않았으며 프로이트의 이론에서 여전히 가치를 발견하고 있는 듯하다. 하지만 코헛은 미첼의 생각보다 프로이트를 더 많이 떠났다. 그러나 이 당시 미첼은 고전주의 정신분석을 프로이트 이론과 구분하지 못하고 있었다. 그런 의미에서 몇 년 후 그린버그와 미첼(1983)이 혼합 모델의 불가능성을 설파하며 코헛을 예로 들었다는 점은 흥미롭다.

보다시피 미첼은 이미 소위 관계주의 이론의 이론적 순수성을 요구하고 있다. 분명 미첼에게 코헛의 이론은 제대로 된 것이 아닌데, 그도 그럴 만한 게 사실 미첼은 코헛과 고전 이론의 동맹관계를 너무 과장하는 측면이 있기 때문이다. 이 논문과 후속 논문에서 뚜렷해지는 것은 누가 관계주의자이고 누가 그 신성한 그룹에 들어가지 못하는가에 대한 기준이 되는 사람이 페어베언이 되었다는 점이다. 페어베언이 미첼의 관계주의 이론의 수립에 큰 역할을 했음은 명백한 사실이다. 페어베언과 클라인의 대상 개념 사용을 비교하는 미첼의 논문(1981)을 보면 이 부분이 잘 드러난다.

그 후 몇 년 동안 미첼은 자신의 관점을 개발하면서 설리번과 페어베언의 관점들을 묶어낸다. 그는 페어베언이 말한, 인간은 근본적으로 쾌락이 아닌 대상을 추구한다는 진술에 동의한다. 미첼은 페어베언과 설리번이 그랬던 것처럼 프로이트의 이론이 관계를 욕동이나 쾌락 추구에 부수적인 것으로 생각했다고 본다. 재밌는 것은 미첼이 설리번의 상호작용 모델과 페어베언의 내적 대상 모델을 받아들였다는 점이다. 그는 후에 말하길 관계주의 이론이 "일종의 교량 역할을 하는 개념으로, 일견 상당히 이질적인 미국의 대인 관계 정신분석과 영국의 대상관계 이론의 전통에 내재하는, 마음에 관한 기본 가정에 대한 암묵적인 공통점을 드러낸다"라고 했다(1999, p. 717). 과연 이 교량이 양쪽 이론을 모두 지탱하는지에 대해서는 아직 완전히 대답할 수 없다. 가령 설리번의 근본 개념인 기능적 자율성이 페어베언과 건트립의 단계-특이적 역동, 혹은 내적 구조 개념과 양립할 수 있는지는 의문이다. 여기에 더 문제가 되는 것은 설리번은 구조 개념을 배척하고 상호작용을 에너지 개념으로 봐야 한다고 말했다는 점이다(11장).

확실한 공통점은 양쪽 다 엄마-아기 관계에 초점을 두었다는 점이다. 상호작용의 장이라는 개념은 설리번에게 아주 중요한 것이었고, 페어베언의 이론과도 연결되는 지점이었다. 설리번, 페어베언 모두에게 영향을 받은 미첼은 마음에 관한 사회적 이론을 옹호했는데, 이에 의하면 개별 인간의 마음은 사회적 맥락의 결과물이기도 하고, 동시에 사회적 상호관계에 참여하는 것이기도 하다. 미첼은 말하길,

> 관계주의 모델의 이론가는 (…) 개별 인간의 마음이 그 마음이 존재하

> 는 문화적, 언어적 매트릭스의 결과물이자 참여자라는 것을 이해한다. 의미는 선험적으로 주어지는 것이 아니라 관계의 매트릭스에서 도출되는 것이다. 관계의 장은 개별 경험을 구성한다[1988, p. 19].

이상의 발췌는 미첼의 사회적 관점, 그리고 고전주의 정신분석을 고립시키려는 시도를 보여준다. 그가 그리는 프로이트는 인간의 정신적 내용물이 사회적 경험의 맥락 밖에, 그 이전에 있다고 말하는 사람이다. 요컨대 미첼의 프로이트는 인간의 생리학적, 생물학적 장치에 의미가 내재되어 있다고 이야기하는 사람이다.

욕동 이론을 배제하면서 미첼은 성과 공격성도 관계의 구도에서 봤다. 좀 더 자세하게 말하면 그는 성욕과 공격성은 "그 자체의 의미를 가진 채 마음에 와서 영향을 미치는, 이미 만들어진 본능이 아니다"라고 말힌다(같은 책, p. 20). 대신 그는 성욕과 공격성이 "생물학적으로 규정된 관계적 장안에서 만들어지는, 생리학적으로 매개된 강력한 반응으로 내밀한 관계적 매트릭스 안에서 그 의미를 도출한다"라고 말한다(같은 책).

하지만 관계적 장의 규정적 영향을 인정하면서도 그는 인간이 그저 환경에 의해 만들어지는 텅 빈 칠판 같은 존재는 아니라고 말한다. 그는 인간이 상호작용 안으로 끌고 들어가는 생리학적 경향성과 인지 능력을 알고 있다. 분명 이를 통해 환경이 통합되는 것이다. 하지만 미첼은 이렇게 말한다.

> 이후의 관계와 마찬가지로 초기 관계도 (…) 단순히 등록되지 않는다. 대신 생리학적 반응 패턴, 선천적 기질, 감수성이나 재능을 통해 경험된 다음 훈습, 소화된다. 이렇게 부서지고 재조합됨으로써 만들어진 새롭고도 독특한 패턴이 개별 인간의 삶을 구성한다[같은 책].

미첼의 생각에 인간은 환경과의 끊임없는 상호작용을 통해 인격 구조를 발달시켜 나간다. 그리고 이는 자기-조직화, 대상 애착, 그리고 상호작용 패턴이라는 관점에서 가장 잘 분석할 수 있다. 그가 보는 인간은 어쩔 수 없이 갈등을 갖는데, 그 이유는 인간을 형성해가는 주요 관계가 필연적으로 갈등을 내포하기 때문이다. 그는 이렇게 주장한다. "인격의 복잡성을 구성하는 여러 흐름은 중요한 타인과의 연결 및 동일시와 관련된 다양한 지점을 중심으로, 혹은 그 사이에서 만들어진다"(1988, p. 277). 그가 보기에 개별 인간은 항상 부모와 연결되려는 바람과 개별화하려는 바람 사이에서 고통을 겪고, 부모의 서로 다른 부분과 연결되려는 소망 때문에 고통받고, 상반된 부모와 연결되려는 바람 때문에 고통받는다.

이쯤에서 아마 독자들은 그의 뒤를 따라 관계주의 이론을 발달시켜 갈 이론가들에게 미첼이 미친 영향이 어떤 것인지 눈치챌 수 있을지도 모른다. 우리는 미첼의 주장을 약간 살펴보았는데, 아직 임상 상황에서 이 생각들이 어떻게 적용되었는지는 살펴보지 않았다. 다음은 관계주의적 사고의 임상적 적용에 관한 부분, 그리고 고전주의 이론에 대한 관계주의적 비평을 다루겠다. 그 후에 미첼의 최후 저작에 담긴 이론을 살펴보겠다.

임상 상황에 대한 관계주의적 비평

미첼의 임상 비평은 프로이트의 임상적 개념이 욕동 이론과 밀접한 관련이 있다고 가정한다. 어떤 관계주의 이론가는(Ghent, 2002) 프로이트의 임상 이론은 조지 클라인이 프로이트의 메타심리학이라 불렀던 이론과 떨어질 수 없다고 말한다. 반대로 어떤 관계주의 이론가(Aron, 1996)는 비록 프로이트에게 욕동 이론과 무관한 임상 이론이 있다손 치더라도,

그건 이인二人 모델을 옹호하는 관계적 관점이 아니라 일인一人 모델에 기반해 있다고 주장한다. 여기에서 다시 한번 이것 아니면 저것 식의 구분이 등장하는데, 이번에는 임상적 상황에 대한 일인 vs. 이인 모델 사이의 선택, 그리고 욕동 이론 혹은 프로이트 메타심리학의 배제가 쟁점이 된다. 관계주의가 바라보는 일인 모델에서는 객관적 관찰자인 분석가는 분석 과정에서 일어나는 일에 의해 영향을 받지 않고 능동적 참여도 하지 않는다. 이 모델에서 내용물을 만드는 것은 환자이고, 분석가는 그 내용물을 해석할 뿐이다. 그러니까 분석을 전체적으로 만들어내는 사람이 한 명 있고(환자), 다른 한 사람은(분석가) 환자가 만들어내는 것을 관찰하고, 받아들이고, 해석할 뿐이다.

비록 Aron은 프로이트 이론에 욕동이 배제될 가능성을 열어뒀으나, 그린버그와 미첼은 고전주의 정신분석의 욕동/구조 모델을 모든 고전적 임상 개념의 근본 혹은 가정으로 이해한다. 그들의 생각은 이렇다. 자유연상에 기대는 고전주의 분석가의 가정은 환자가 (카우치에) 누우면 무의식적 관념(혹은 욕동의 파생물)이 의식으로 밀고 들어올 것이다. 따라서 자유연상은 욕동이 더 많이 의식에 이르도록 만들기 위해 고안된 것이다. 하지만 만약 욕동 개념이 배척되면 자유연상은 이제 철 지난 정신분석 기법이 되어버린다. 프로이트주의 분석가는 자유연상 덕택에 환자는 분석가에게 욕동의 파생물을 제공할 수 있다고 가정한다. 그래서 분석가의 역할은 무엇보다 우선으로 의식에 다다른 욕동의 파생물을 해독하는 것이다. Hoffman(관계주의적 구성주의자)이 보기에 "자유연상 개념은 환자의 주체를 부정하고 대인 관계적 영향을 부정하며 분석적 관계의 공동-구성에서 환자의 지분을 부정한다"(2002, p. 1). 놀랍지 않은가? 하나의 개념에 이렇게 많은 부정이 있을 줄이야. 우리가 말할 수 있는 것은 자유연상 개념이 그 존재를 위해 욕동 개념에 의존한다면 관계주의 분석가에게 자유연상의 존재는 이미 위태롭거나 혹은 애초에 이미 죽었다는 점이다. 재밌는 것은 안나 프로이트(5장 참고)도 자유연상에 대한 반대 의견을 피력했다는 사실이다.

고전주의 모델이 분석가에게 요구하는 익명성도 관계주의 비평의 관점에서 보면 가능하지 않은 것이다. 분석가의 모든 선택(사무실 내부 치장, 옷 등)은 분석가의 일면을 보여주므로 분석 상황에서 익명성을 보장하는 것은 불가능하다. 비슷한 주장이 중립성에 대해서도 이뤄진다. 분석가의 모든 선택은 중립적으로 보이지 않고 (이론적, 개인적으로) 다양한 편향으로 보인다. 가령 말을 하지 않는 것 또한 말을 많이 하는 것만큼이나 선택한 것이며, 이는 거리감을 줄 뿐, 익명성을 주지는 않는다. 위의 비평에서 익명성과 중립성은 불가능한 목표로 여겨지고 사실상 정신분석적 신화에 불과하다. 따라서 익명성, 중립성, 과묵하고 조용한 분석가의 존재는 부분적으로 분석가의 권위를 보여주기 위한 목적으로 이해된다. 결과적으로, 관계주의 분석가에게는 분석가의 권위가 치료의 규칙에서 당연한 것으로 여겨지지 않는다. 다르게 말하면 분석 상황은 분석가의 권위를 높이는 방향으로 설계되어서는 안 된다. 미첼은 분석적 권위라는 이슈를 토론하면서 이렇게 말한다.

> 많은 이들에게 고전주의 정신분석이 사용하는 무분별한 정치적 영향력, 그리고 교조적 분석가들이 말하는 환자 마음에 대한 유일무이한 과학적 지식이란 주장은 대단히 유사해 보인다. 최근 수년 동안 정신분석 교육기관에는 폭넓은 민주화가 이루어짐으로써 건설적이고 자유롭게 변화가 이루어졌다. 그리고 정신분석적 관계에서도 민주화의 시도가 일어난다. 현대 정신분석의 어떤 물줄기는 고전주의 정신분석을 비평하며, 일종의 상대주의나 인식론적 민주주의를 제시함으로써 고전주의의 권위주의를 대체하려는 것 같다[1998, p. 5].

정신분석적 권위에 대한 미첼의 토론은 나아가 과학적 주장, 그리고 프로이트와 그의 추종자들에 대한 신앙적 과학주의를 구분한다. 과학주의는 모든 문제는 과학적 엄밀성에 의해 검토되어야 한다고 주장하며 이런 지식이 개인적으로나 문화적으로 진보를 갖다줄 것이라고 믿는다. 이 부분은 바로 이 책이 다루려는 주제 중 하나인데, 과학주의는 프로이트가 만든 형이상학의 일종으로 여기에서 분석가는 권위를 부여받은 느낌을 받게 된다. 사실 이러한 생각들은 진실이 아니며 최근에서야 정신분석적 치료의 효과를 증명하기 위한 시도가 생겨났다.

다양한 관계주의 비평가들의 말에 의하면 다시 생각해봐야 할 것은 단지 치료의 규칙만이 아니라 고전주의적 치료의 핵심 매개체였던 전이도 포함된다. 예를 들어 현대 관계주의 이론가들은 프로이트는 전이에 대해 "두 사람 간의 관계가 아니라 환자에 의해 왜곡된 분석가의 모습"으로 개념화했다고 말한다(Gill, Aron의 책에서, 1996, p. 48). 아론은 "여태까지 만약 분석가가 제내로 분석하고, 기법적으로 중립적이고, 익명성을 지키면 전이는 저절로 생기고 분석가의 인격에 의해 왜곡되지 않는다고 생각했다"(같은 책). 반면 이인 모델 심리학의 함의는 분석가는 그가 하는 작업과 무관하게 바로 그의 실제 성격으로 인해 환자에게 진짜 이질감을 준다는 것이다. 즉, 분석가의 인격은 치료 동맹이나 소위 실제 관계뿐 아니라 "전이 그 자체"에도 영향을 준다는 뜻이다(같은 책, p. 50).

여기에서 한 가지 질문이 발생한다. 분석가의 인격이 전이에 미치는 영향은 정도의 문제인가, 아니면 전부, 아니면 전혀 아니라는 식의 문제인가? 아마 또 다른 질문도 해야 할 것 같은데, 분석가의 인격이 끼치는 영향은 제한적인가? 이에 더해, 모든 인격에서 그러한가? 아니면 전이에 끼치는 영향이 비교적 크거나 적은 인격도 있는가? 혹은 분석가의 인격이 전이에 영향을 끼친다는 진술은 경험적 진술인가, 아니면 관계주의적 입장이 가정하는 것인가? 만약 이것이 가정이라면 이상의 질문들은 잘못된 질문이 된다. 혹자는 전이는 분석작업 중인 두 사람에 의해 만들어지는 것이지 환자나 분석가의 성격으로 인해 만들어지는 것이 아니라고 말할지도 모르겠다. 그러니까 전이는 분석 덕택에 발견되는 것이 아니라 환자와 분석가가 만드는 것이라는 의미이다. 만약 그러한 입장이라면 이제 전이는 특정 인물 안에 있는 것이 아닌, 개인 간 상호작용의 특징이 된다. 우리는 방금 대략 세 종류의 이론적 입장을 언급했다. 그러니까 전이는 오로지 환자(혹은 분석가)의 특성인가, 아니면 상대방에 의해서 영향을 받을 수 있는 경향성인가, 아니면 전이에 대한 새로운 의미(온전히 분석 쌍방에 의해 만들어진다는)가 가능한가. 이중 마지막 개념은 프로이트가 제시했던 의미와는 거의 아무 상관이 없다. 첫 번째 개념은 어떤 사람은 잘 변하지 않는 구조(혹은 아주 천천히 변하는 에너지 상태)라는 것을 가지는데, 이는 기억의 한 부분으로 다양한 상황에서 타인에 대한 반응에 영향을 끼친다는 의미이다. 두 번째 입장은 기본적으로 전자와 같은데 다만 전이의 발현은 여러 요소에 의해 영향을 받는다는 점을 강조한다(가령 분석가의 인격).

현대 정신분석 이론의 주요 비평 중 하나는 프로이트의 실증적 태도로 인한 프로이트주의의 배척이다. 탁월한 관계주의 이론가인 길은 "고전주의 이론은 분명 실증적 관점을 갖는다"라고 말했다. (사실 길을 탁월한 관계주의 이론가라고 부르는 것은 그의 탁월한 경력에 대한 적절한 처사가 아니다. 오랜 기간 그는 탁월한 프로이트주의 이론가였으며 자아 심리학자였다. 그리고 관계주의 이론의 주창자 중 하나이기도 하다.) 길이 하려는 말의 일부 의미는 고전주의 분석이론이 분석가 또한 분석 상황에서 벌어지는 상호작용의 참여자임을 간과했다는 뜻이다. 무오류의 관찰자라는 프로이트주의의 이념은 철학적으로나 임상적으로 거센 역풍을 맞았다. 하지만 비록 깊이 날카로운 관찰자이자 창의적인 이론가이긴 하나 그가 왜 실증주의와 무오류의 관찰자라는 개념을 동일시했는지는 분명하지 않다. 실증주의자이면서 동시에 상호작용을 긍정할 수도 있고 관찰자가 영향받음을 시인할 수도 있다. 다만 어떤 식으로 그런 일들이 벌어지는지 설명할 수 있어야 한다. 사실 고전주의 이론을 규정짓는 방식은 다름 아닌 우리 주장의 순진한 경험주의적 입장을 드러내는 데 불과할 수도 있다. 관계주의 비평을 요약하자면 이렇게 요약할 수 있다. 고전주의 정신분석의 거의 모든 개념이 의문에 부쳐지게 되었다. 중립성, 자유연상, evenly hovering attention, 텅 빈 스크린, 분석가의 권위, 전이 등 모든 개념은 폐기되거나 수정되어야 했다. 그리고 당신이 '설리번' 관계주의 분석가라면 무의식 개념까지도 배제한다는 뜻이다.

임상 비평의 철학적 측면

Lewis Aron은 포스트모더니즘의 영향이 과거 15년 동안 관계주의 이론에 큰 영향을 끼쳤다고 본다. 비교적 온건한 포스트모더니즘에 국한할 때, 이들 이론가는 사회과학이나 과학계에 일종의 새로운 관점을 제시했는데, 이들에 의하면 어떤 이론을 이해하거나 검토할 때는 이론의 맥락, 저자의 오류, 이론이 생겨난 시대적 배경 등에 대한 관점이 반드시 요구된다. 당연히 프로이트의 이론 또한 당시의 시대적 편견과 개인적 선입견을 드러내는 것으로 이해된다. 분명 한동안 많은 페미니스트가 (Chodorow, 1989) 프로이트의 이론에 대해 남성 중심적 사회의 편견을 드러낸다고 생각했다. (Chodorow의 글은 이 문장에서 묘사된 것과 반대로 느껴지는 부분도 상당히 많다. 그리고 내 생각에 그녀의 생각은 시간이 흐를수록 점점 깊이를 더하는 듯하다.) 이들 페미니스트 이론가들이 보기에는, 가령 '생물학은 운명이다'와 같은 문장이나 음경 선망 같은 개념, 그리고 여성은 필연적으로 히스테리 혹은 피학적 성향(당연히 자기애적인)을 보인다는 생각들이 프로이트의 전체 이론에 뿌리 깊게 자리한 것처럼 보인다. 심지어는 프로이트에게 동정적인 전기 작가도(Gay, 1987) 프로이트가 그 시대의 이론가일 수밖에 없음을, 그리고 그의 이론 중 많은 부분이 그가 속했던, 그리고 그가 벗어나려 했던 당대의 편견과 무관하지 않다는 점에는 의심이 없었다. 나는 당시 프로이트 주변에는 당대의 여걸들이 많이 있었음을 알고 있다. 그리고 프로이트 시절의 정신분석이 당시 그 어떤 다른 직역보다 더 많은 여성 전문가들을 만들어낸 점도 사실이다. 비록 일부 페미니스트 이론가는 프로이트를 옹호하지만 많은 프로이트주의자들은 이론상의 편견을 인정하고 수정하려 애썼다. 그래서 우리가 다루게 될 질문은 이것이다. 프로이트의 이론은 그 전체적인 구조를 크게 훼손하지 않는 수준에서 과연 얼마만큼의 내용상의 새로움을 견뎌낼 수 있는가?

많은 관계주의 이론가들은 일련의 포스트모던 비평이 고전적 임상 정신분석에 대해 타당한 비평이 될 수 있다고 주장한다. 그래서 아론은 관계주의적 입장으로 본 진실은 절대적이지 않으며, 그의 표현에 의하면 "원근법적이며, 복수의 것이며, 파편적, 비연속적이고 만화경처럼 계속 변하는 것"이다(1996, p. 24). 이러한 진리관과 달리 관계주의 이론가들이 보는 프로이트주의의 기법은 일인 모델의 상황에 기반하며, 이때 분석가는 객관적, 중립적, 금욕적인 익명의 인물이 된다. 그리고 이는 실증주의 철학을 옹호하는 프로이트주의 치료자와 연결된다. 아론(그리고 예전의 미첼은)은 Schafer나 Spence 같은 분석가들이 비록 자아 심리학자임에도 불구하고 소위 프로이트식의 실증주의적 태도를 포기했다고 생각했다. (이 당시 쉐이퍼는[1997] 신-클라인 학파와 자아 심리학 이론을 통합하려고 시도했다. 스펜스[1982]는 자아 심리학에 기반한 현대 분석가인데 애석하게도 최근에 사망했다. 그는 직업적으로나 동료와 친구들에게나 헌신적인 사람이었다.) 비록 쉐이퍼와 스펜스가 관계주의로 옮겨갔지만, 호프만이 보기에 이들은 제한적 구성주의자였고, 브루너Bruner(1993)는 스펜스를 암묵적인 실증주의자로 묘사했다. 아론(1996a)은 호프만의 사회적 구성주의에 대해서(1991, 1992) 스펜스나 쉐이퍼의 작업과는 뚜렷이 구분되는, 관계주의 이론을 위한 힘찬 선언이라고 평했다. 호프만 또한 패러다임의 이동을 주장하며 실증주의, 혹은 아론이 객관주의라고 부른 입장에서 관계주의-상호구성주의적 관점으로 옮아가길 요구했다. 호프만과 쉐이퍼의 중요한 차이는 분석가의 주관성이 분석 상황에 끼치는 영향력의 정도이다. 쉐이퍼(1983, 1992)는 분석가가 자신의 개인적 요소를 정화함으로써 "분석가의 주관성에 의해 오염되지 않을 수 있다"라는 입장에 선다. 이는 분석가의 반응과 역전이를 끊임없이 탐색함으로써 이루어신다. 반면 호프만은 "멈추지 않는 것은 역전이지, 그 엄밀한 탐색이 아니다"라고 주장한다(1992, p. 291). 호프만의 주장은 분석가의 역전이는 멈추지 않을 뿐만 아니라 나아가 정신분석에 참여하는 두 사람이 함께 만드는 것이라는 뜻이다. 이 패러다임에 의하면 분석가로서는 방안에서 관찰되는 반응(혹은 환자의 반응)이 환자의 전이 때문인지에 대해 객관적으로 알 길이 없어진다. 만들어지는 것은 분석에 참여하고 있는 두 사람의 반응이 뒤섞인 것일 뿐이다. 호프만은 다른 곳에서(2002) 자신이 극단적 구성주의자는 아니라고 말했다. 하지만 그렇다면 온건한 구성주의자의 정의는 무엇이란 말인가? 극단적 구성주의의 관점에서 보면 분석 상황에서 개인의 영향은 식별해낼 수 없다. 오로지 두 사람이 함께 만들어낸 상황이라는 관점에서 환자나 분석가의 반응을 볼 수 있을 뿐이다. 쉐이퍼(1992)는 만약 분석가가 알맞은 분석적 자세를 취하면 환자의 영향을 구분해낼 수 있다고 주장한다. 우리가 이상의 두 관점을 연속선상에 두고 보면 한쪽 끝에는 극단적 구성주의, 그리고 반대쪽에는 고전주의 분석이론이 있음을 알 수 있다. 고전주의 분석가의 의견은 아마 분석가가 제대로 수련을 받았다면 환자의 전이 반응을 기술하고 식별해내는 것이 가능하다는 것이다. 여기서 제대로 된 수련은 제대로 된 교육분석을 말한다. 이러한 관점에서 분석가는 환자가 겪는 전이의 의미를 해독하는 사람일 뿐이다. 아마 이러한 관점은 1960년대에는 고전적 관점이라고 생각될 수 있었을 것이다. 하지만 현대 정신분석에 이르러 Brenner(1996)나 Rothstein(2002) 같은 고전주의 이론가들은 이러한 극단적 관점에서 멀어졌다. 반대쪽 극단의 사람들은 개인의 전이를 알 수 없으며 전이는 오직 두 사람이 함께 만드는 것일 뿐이라고 말한다. 이런 관점을 가진 이론가는 드물다. 따라서 양쪽 극단을 취하는 사람은 매우 적고, 따라서 우리는 관계주의적 비평을 고려하는, 혹은 존중하는 중간 입장을 살펴볼 것이다.

현대적 통합: 일부 개념의 재정의

이론적 개념을 통합하는 임무는 대체로 엄두가 안 나는데, 이러한 통합의 불가능성을 말하는 사람들이 특히 너무나 많기 때문이다. 아론은 관계주의 이론을 비난하는 프로이트주의 분석가들의 '허접한 학문과 경멸하는 듯한 말투'를 꾸짖었다. 부디 나의 비평은 그렇게 들리지 않기를 바란다. 반면 아론은 프로이트주의를 비평하는 관계주의 이론가들을 칭송한다. 하지만 내가 보기에 아론이 그린버그와 미첼에 대해 프로이트주의를 '진지하게 학술적으로 연구'했다고 말한 것은 너무 심했다. 예를 들어 예전에 낸 책에서(1991) 나는 그린버그와 미첼(1983)이 논한 Dora의 증례를 인용한 적이 있다. 그들의 주장은 이 증례가 프로이트가 소위 욕동/구조 모델을 사용해 분석한 대표적 예라는 것이었다. 그들은 도라의 증례가 유용한 것은 "이 예시를 통해 욕동이 대상관계의 유일한 결정요소가 되는 방식을 이해할 수 있기 때문"이라고 말했다(1983, p. 43). 하지만 정작 1900년의 프로이트는 욕동과 구조 모델, 어느 것도 가지고 있지 않았다. 따라서 도라의 증례는 정반대의 방식으로 사용될 수도 있다. 그리고 프로이트는 당시 그가 개발하고 있던 모델과 무관하게 이러한 종류의 결론에 다다른 것이라고 말해도 무방하다. 하지만 내 생각에 그린버그와 미첼의 학문에서 일부 오류를 찾을 수 있다 하더라도 그들의 책은 당대의 소산으로, 관계주의 정신분석에 대해 중요한 이야기를 하고 있다. 그들의 학문에 대한 나의 쓸데없는 트집 잡기로 인해 그들이 취한 이론적 태도의 중요함을 놓칠 수는 없다. 그들은 당시를 주름잡던 이론적, 임상적 개념에 대해 더할 나위 없이 값진 재검토를 시작했다. 그리고 이 재검토를 이어가는 것이 나의 의도이다. 내가 하려는 시도는 그들의 이분법적 재검토를 극복하고 이론들이 맞닿으면 무슨 일이 벌어지는지를 보는 것이다. 비슷한 이유로 나는 프로이트주의 이론가들이 그린버그나 미첼, 혹은 어느 관계주의 이론가보다 덜 학구적이지 않다고 생각한다.

비록 내가 관계주의 이론가들이 제시한 비판을 다루게 될지라도 일단은 동의부터 표하면서 시작하겠다. 이 동의가 뜻하는 바는 고전주의 분석이론에 대한 나의 비판이 관계주의에 대한 비판보다는 더 진지하다는 것이다. 먼저 나는 분석가들이 적어도 관계주의자들이 고전주의 분석에 대해 말하는 의미에서 중립적이거나, 빈 스크린이거나, 익명이거나, 객관적일 수 있다고 생각하지 않는다. 나는 모든 정신병리가 (심지어 대부분 정신병리도) 오이디푸스 갈등에서 나온다고 생각하지 않으며, 갈등을 욕동이나 방어의 관점으로만 생각하는 것 또한 오류라고 생각한다. 나는 모든 분석가들이 내가 방금 설명한 많은 문제들을 체계적인 방식으로 제기한 미첼(과 관계주의 이론가들)에게 빚을 지고 있다고 생각한다. 가끔 나는 프로이트주의 분석가들이 임상의 실제에서는 이상의 문제들을 모두 인지하고 있다고 말하는 것을 듣는다. 나는 항상 이런 종류의 논평을 반박해왔는데, 왜냐하면 내 생각에는 글로 쓰지 않으면 이론과 임상적 관점에는 아무런 변화가 일어나지 않기 때문이다. 만약 실제로 그런 관점이 전통의 일부라면 어째서 그동안 그토록 유명한 분석가들은 상반되는 의견들만 써왔단 말인가?

먼저 프로이트주의에 대한 비평을 자세하게 보겠다. 그리고 각각의 개념에 대해 새로운 현대적 통합 혹은 프로이트주의적 해석을 해 보겠다. 각축하는 이론의 다양한 논지를 아우르는 비평은 거의 없다. 아래에 이어질 토론에서 나는 특정 개념의 측면을 유지해야 하는 이유를 제시하겠다. 아마 명료함을 위해 일부는 다른 이름으로 명명되어야 하겠지만 나름대로는 자중하도록 하겠다. 우리가 검토할 이슈는 중립성, 자유연상, 절대적 진리론, evenly hovering attention 개념이다.

내가 내리는 정의에 따르면 중립성 개념은 다양한 방식으로 고찰될 수 있으며 아마도 타협형성이라는 관점에서 고찰되어야 할 것이다. 내 생각에 프로이트는 정신분석가가 냉정한 과학자처럼 중립적이고 객관적이길 바란 것 같다(이런 관점은 아주 잘못된 분석적 태도를 제시하므로 배제되어야 한다). 하지만 치료자로서 프로이트는 때로 열정적이고 너그러웠다. 중립성 개념은 치료자가 환자에게 너무 많은 지시를 하거나 혹은 너무 많은 충고를 하지 않도록 제한하려는 목적이다. 프로이트를 제쳐두고, 때로는 분석가가 아무런 입장도 취하지 않는 (중립적) 것이 환자의 결정 능력에 대한 신뢰를 보여주는 것일 수도 있다. 만약 환자의 결정이 모종의 갈등에 기반하고 있거나 혹은 그 의도가 나쁜(자기-파괴적) 것임을 환자 스스로 이해하도록 도울 수 없을 때, 분석가는 환자가 선택하려는 투자나 직업에 대해 반대해야 한다고 생각할지 모른다. 하지만 분석가는 반드시 환자의 결정에 대해 (가능한 한) 중립을 지켜야 한다. 아마 더 중요한 것은, 중립적이지 않은 분석가는 본인이 환자보다 더 나은 선택을 할 수 있다고 믿는다는 것이다. 여기서 제기되는 문제가 있다. 과연 분석가들이 무엇을 알고 있는지에 대한 문제이다(Mitchell, 1997, 1998). 내 생각에 분석가가 (분석가로서) 아는 것은 환자의 갈등을 드러내고 해결하는 방법이다. (최소한 내가 알고 있는) 분석가들은 결코 모든 것을 알고 있는 스승이 아니다. 따라서 어느 정도의 중립성은 환자와 분석 과정에 대한 믿음을 나타낸다. 그리고 또한 분석가의 앎이 제한적임을 의미한다. 위니콧은 해석에 대해 분석가의 앎이 제한적임을 드러내야 한다고 말했고, 여기에서는 중립성 개념 또한 분석가의 제한된 앎을 보여주는 것이 현명함을 보여준다. 혹자는 지금 내가 묘사하는 것은 중립성이 아닌, 환자에 대한 존중이자 분석가의 역할에 대한 현실적 평가라고 주장할지도 모르겠다. 하지만 내 생각에 프로이트가 중립성 개념으로 말하고자 한 의도에는 이런 뜻도 있다. 이 점이 사실인지 아닌지 모르겠으나 더 중요한 것은 중립성 개념에는 보존할 부분도 있다는 것이다. 그것은 바로 환자에 대한 존중과 분석가의 겸손함이다.

아론은 분석 치료 대부분에서 진실은 파편적이며 여러 개(이어야 한다고)라고 말했다. 나는 여기에 진실이 어느 일방의 특권이나 소유가 되어서는 안 된다는 점을 더하고 싶다. 어떤 진리관을 갖느냐에 따라 치료의 어떤 시기에 진실처럼 보이는 것이 있을 수 있다. 그리고 진실처럼 보이는 것들은 바뀌거나 여러 의미를 가질 수도 있다. 하지만 여기서 나는 프로이트가 말한 상대주의적 진리관을 사용하고자 한다. 프로이트(1937d)는 주장하길, 해석의 기능은 새로운 사실의 발견을 통해 분석에 참여하고 있는 두 사람이 현재에서 과거를 이해하도록 돕는 것이다. 이때 '이해'에서 핵심적 역할을 하는 것이 정서임은 유념할 부분이다. 그래서 해석은 환자의 내적 세계를 잇고, 나아가 환자를 예전에는 미처 닿지 못했던 세상과 연결한다. 많은 경우, 이전에 미처 닿지 못했던 것은 그의 인생에서 중요한 인물들에게 공감할 수 있는 능력, 혹은 다른 말로 환자의 내러티브에 참여했던 사람들을 이해하는 능력이었다. 그래서 나의 결론은 치료에서 진실은 안팎의 연결고리를 만듦에 도움이 된다는 것이다. 반드시 알아둘 것은 이러한 연결고리는 영원하지 않으며, 더 많은 이해나 더 많은 이해의 내면화에 의한 새로운 연결고리로 대체될 수 있다는 점이다. 다르게 말하면 파편적이라는 용어보다는 잠재적이라는 용어가 더 나을 듯하다. 누구도 분석에서 일어나는 (다른 곳에서도 마찬가지다) 일에 대해 절대적이지 않으며, 이해는 절대적 확신이 아닌 잠재성이라는 관점으로 파악될 수 있다.

대부분의 치료에서 자유연상은 중요한 이상ideal이다. 여기에서 자유연상의 의미는 환자가 자신의 마음에 떠오르는 이야기를 자유롭게 이야기하며, 생각에 막힘이 없는 상태를 의미한다. 다르게 말하면 죄책감과 수치심을 느끼면서도 갈등을 이야기할 수 있다는 뜻이다. 때로 치료에서 (호프만의 묘사처럼) 환자들은 자신이 수동적으로 생각을 받아들이고 있는 듯한 느낌을 받는다. 부디 이런 경험이 자기 마음을 탐색해가는 과정의 한 부분이길 빈다. 일부 환자(특히 작가나 예술가)들은 이러한 경험에 대해 창작 경험과 비슷하다고 말하며, 그다음 이어질 생각에 대해서는 의식적 자각이 거의 없다고 말한다. 때로 자유연상의 의미는 아무 말이나 자유롭게 할 수 있어야 함을 뜻한다. 이는 프로이트가 겪었던 어려움이기도 했다. 프로이트는 환자들이 그들의 문제점과 기억을 말하기를 원했고, 그래서 유사 과학적 근거를 통해 환자들에게 지시할 방법을 고안했다. 이제 프로이트의 유사 과학을 받아들이는 사람은 거의 없는 것 같다. 내 생각에 자유연상은 시간의 흐름에 따라 일어나는 현상이며, 분석가와 분석 과정(자신의 마음이 어떻게 작동하는지에 대한 배움)에 대한 환자의 믿음이 커지는 모습을 보여주는 것이다.

정신분석의 다른 측면에 대해서도 비슷한 진술이 가능하다. 맞다. 분석가는 가능한 중립적이어야 한다. 그래야만 그 치료는 환자 본인의 치료가 될 수 있다. 비록 진정한 절대적 중립성이 미신이고 기껏해야 이상에 불과할지라도 말이다. 중립성의 결핍이 치료를 환자에게서 멀어지게 만드는 만큼 중립성은 반드시 회복되어야 한다. 일부 환자들의 경우 카우치를 사용함으로써 깊숙이 자리 잡은 갈등에 대해 좀 더 자유롭게 말할 수 있게 되기도 한다. 혹자는 갈등을 숨기기 위해 카우치를 사용할 수도 있다(Goldberger, 1995). 한편 프로이트의 개념인 evenly hovering attention은 Bion(1962a, b), Ogden(1997a, b)과 Ferro(2009)가 말한 reverie 개념의 전구체이다. 때로 분석가는 환상을 좀 더 깊이 이해하기 위해 공상에 잠길 수 있어야 하지만 결코 치료 시간 대부분을 공상으로 채워서는 안 된다. Spillius(1988)는 비온의 'without memory or desire'(15장 참고)에 대해 프로이트의 evenly hovering attention을 재해석한 것이라고 말했다. 그래서 우리는 이 모든 개념을 연속선상에서 이해하고, 왜, 그리고 어떻게 이 연속선을 따라 이동하는지를 이해해야 한다. 분석적 신뢰라는 개념은 이러한 움직임을 이해하고 동시에 분석 과정에서 일어나는 어려움과 그 수선 과정을 알아채기 위한 것이다(Tronick, 2008).

모든 용어를 계속해서 하나씩 살펴보는 대신 프로이트주의의 전체적 틀을 유지하면서도 동시에 최근의 비판을 고려한 입장을 제시하려고 한다. 논의에 들어가기 전, 몇몇 용어에 대한 명료화가 필요하다. 먼저 분석가의 관점에서 정신분석은 항상 두 사람의 일이다. 환자와 분석가가

하는 모든 행동은 분석에서 중요하고, 치료 상황의 모든 측면에 영향을 끼친다. 하지만 치료의 (치료가 잘 진행되는 경우) 초반에 환자는 치료를 기본적으로 혼자서 하는 상황으로 이해하는 경우가 많다. 심지어 여기에서도 한 명 혹은 두 명을 나누는 것은 이분법적이며, 치료 상황의 미묘함과 참여자 양쪽이 겪는 심리적 요동을 제대로 이해하지 못하는 처사임을 알아야 한다. 전적으로 일인 모델의 상황이 되는 경우는 아주 심한 병리(정신증이나 치매)를 제외하고는 가능하지 않다. 내가 일인 모델이라고 기술하는 상황은 철수 상태가 아니다. 오히려 치료 초반의 환자는 그들이 처한 고통과 치료를 찾게 된 다급한 이유를 설명하느라 여념이 없다는 뜻이다. 나는 예전에 어떤 환자에 대해 썼는데, 그녀는 "치료가 진행되려면 그전에 치료실과 치료자를 평생 느껴온 공포로 일단 채우고 봐야"하는 사람이었다(1991, p. 316). 그녀는 내가 다른 관점을 갖는 것을, 심지어는 별개의 삶을 갖는 것을 용납하지도 않았다(그녀는 내게도 치료실 바깥의 삶이 있다는 사실을 부정했다).

기초적으로 짚어둘 또 다른 부분이 있다면 과연 어떤 조건 아래 해석이 효과가 있는지에 대한 것이다. 이 질문에 대답하기 위해서 일단 해석이 무엇인지를 정의해야 한다. 여기에 관해서는 여러 대답이 가능한데, 나는 여기에서 해석을 분석가가 환자의 어떤 기능 측면에 의미를 주려고 하는 시도로 제한해서 사용할 것이다. 이때 해석의 목표가 되는 환자의 기능적 측면은 환자 스스로 답답해하는 자기의 일부가 된다. 좀 더 일반적인 용어로 표현하자면 이 정의에서의 해석은 분석가에 의한 일종의 개입으로, 방어되고 있는 환자의 정신 현상을 향한다. 이렇게 해석을 좁게 정의하게 되면 (적어도 이론적 관점에서는) 분석가는 해석을 통해 환자가 별로 듣고 싶어 하지 않는 것, 혹은 듣고 싶어 않았던 것에 대한 이야기를 하는 셈이다. 여기에서 당연히 나올 수 있는 질문은 특정 분석 상황에서 해석이 과연 도움이 되는가이다.

이쯤에서 말해두고 싶은 것은 분석가가 해석하는 시점이 마침 환자가 해석의 내용을 스스로 막 이해하려는 순간이었다면 이것은 그 정의상 해석이 아니라는 점이다. 내가 이런 말을 하는 이유는 Kris(1951) 이래 이러한 순간이 적절한 해석의 타이밍이라고 생각되어 왔기 때문이다. 내 생각에는 대부분의 경우 환자가 이제 무엇인가를 깨달을 시점이 되었다고 믿는다면 분석가는 환자 스스로 해석하도록 내버려 두는 것이 낫다.

분석적 신뢰와 분석 상황: 시작 단계

이제부터 위니콧, 비온, 프로이트, 코헛, 건트립, 클라인 등으로부터 유래한 정신분석 치료에 관한 개념을 살펴보겠다. 이는 동시에 많은 관계주의 분석가들이 제시한 치료 조건이기도 하다. 아래 묘사에서 나는 치료의 시작부터 환자가 전이 해석을 받아들이는 순간까지를 살펴보도록 하겠다.

분석에서 첫 번째 임무는 환자가 정신분석 상황에서 새로운 대상관계를 시작하도록 돕는 것이다(Bach, 1994, 2006; Ellman 1991, 1997a, 2005, 2007; Loewald, 1960). 분석 관계를 이용하기 위해서 환자는 분석가의 심리 안으로 들어올 수 있어야 하고, 분석가는 이를 촉진하고 수용적이어야 한다. 그리고 환자도 점차 자신이 분석가의 마음에 들어온 것을 알 수 있어야 한다. 이 과정이 분석적 신뢰와 가용한 분석 관계의 핵심이다. 그래서 분석적 신뢰의 최초 단계에서 환자는 분석가가 자신의 주관적 세계를 이해하고, 분석가가 그 안에 편입되었다는 현실적인 시각을 갖는 것이다(어쩌면 환자는 단순히 현실적 이해라기에는 좀 더 많은 반응을 보일 것이다. 그러나 내가 강조하려는 것은 그것이 현실이라는 차원의 일이지, 환자의 환상에서 벌어지는 일이 아니라는 점이다). 여기서 분석가의 이해는 지적인 용어를 통해서만 전달되는 것이 아니다. 더하여 환자의 반응 강도를 분석가가 느끼고 이를 다시 환자에게 이야기해주는 과정도 포함된다. 이때 해석은 환자가 holding 받고 있음을 느끼기 위해 꼭 필요하다(Winnicott, 1956a, 1960a). 이러한 경험은 수용의 경험과 더불어 분석 상황에서 신뢰가 쌓여가는 데 반드시 수반되어야 한다. 한편 분석적 신뢰는 치료 동맹과는 다른 개념이다. 치료 동맹은 분석 상황에서 환자가 치료자의 치료 방법에 동맹을 맺는 것을 말한다. 여기에서 환자는 분석가의 지시에 순응하는데, 브레너의 말처럼(1976, 1982) 이러한 순응은 전이와 관계있는 경우가 많다. 하지만 분석적 신뢰는 환자의 순응 여부와 무관하게 수립될 수 있다. 분석적 신뢰는 주관성의 상호 침투와 여기에 대한 소통을 포함한다. 물론 분석가가 이러한 소통을 하는 방법과 거기에 사용하는 이론적 시각은 다양하다. 분석가의 상태에 관해서도 여러 가지 가능성이 있겠으나 분명한 것은 이러한 상호침투가 분석가에게도 즐거움을 준다는 점이다. 다음은 분석적 신뢰가 쌓여가는 예이다.

환자 한 명이 치료를 찾았다. 그녀는 자신의 마음을 사용할 수 없다고 말한다. 그녀가 무엇인가를 이해했다고 느끼면, 그것들은 바로 변해버린다. 날씨가 변할까 불안하고, 사장이 그녀를 다른 식으로 (좋게 보든 나쁘게 보든) 볼까 불안하다. 그녀는 예전 치료자가 치료 중단을 선언함으로써 치료를 떠나야 했었는데, 그전 수개월 동안 그녀는 치료자에게 여러 차례 전화를 걸어 치료가 잘못되어 가고 있다는 메시지를 남겼더랬다. 결국 치료자는 그녀의 말에 동의하여, 약으로도 도울 수 있는 다른 치료자를 찾아보라고 전화 메시지를 남겼다. 이러한 변화에 대한 당혹스러움(여기에는 치료를 자신하던 예전 분석가의 태도 변화도 포함된다)을 몇 주 동안 살펴본 뒤, 우리는 그녀가 자신이 분석 시간에 무슨 말을 하든 내가 한결같기를 원한다는 점을 알게 되었다. 그리고 이어지는 2년 동안 그녀는 다양한 방식으로 나를 자극하고 나의 평정을 깨려고 시도했으나 나는 비교적 일관되고 안정적인 상태를 유지했다. 그녀는 그녀가 나를 신뢰할 수 있을 만큼 안정적인지 끊임없이 시험했다. 내가 그녀의 태도를 해석하려고 하면 그녀는 화를 내면서 다양한 표현을 통해 자신은 그런 (해석하는) 태도를 견딜 수 없다고 말했다. 그녀는 점차 자신의 생각을 나와 나누기 시작했는데, 처음에는 내가 사람들을 미워하며, 내가 분석가가 된 이유가 다른 사람들을 몰래 경멸할 수 있기 때문이라고 말했다. 그녀의 전이가 해석 가능한 모습을 갖게 된 것은 나와 그녀의 마음에 미움 이상의 무엇이 있음을 그녀가 감지하고 난 이후였다. 그전에 내가 할 수 있었던 것은 자신을 은근히 경멸하는 인간에게 '마음을 발가벗겨 보이는' 고통을 되비춰주는 것뿐이었다.

이 증례의 경우 전이 해석이 가능해지기 이전에 충분한 holding과 containing이 있었다. 치료의 초창기 동안 내가 했던 것은 그녀의 공포와 분노를 되비추는 것뿐이었다. 이러한 containment의 시기 동안 나는 그녀의 생각을 감지할 수 있었으나 즉각적으로 반응하지는 않았다(Bion, 1962a, b). 그리고 나는 그녀가 항상 소통당하고 굴욕감을 느끼는 상황에 처해 있다는 것이 얼마나 위험한 일인지에 대해 그녀에게 되비춰줄 수 있었다. 내가 그녀와 분리된 타인이 되고, 그녀 스스로 좀 더 복잡한(양가감정으로의 이동) 대상을 자신의 표상 세계 안으로 허용하기 전까지 나는 그녀에게 자기대상으로 존재했다. 해석 가능한 전이를 투사(투사적 동일시), 혹은 이행기 공간으로의 전치로 이해한다면 위의 예에서 이행기 공간은 투사적 동일시가 해석되기 전에 만들어져야 한다. 만약 환자가 분석가에게 투사를 시도하는 순간에 아직 이행기 공간이 만들어져 있지 않으면 전이는 쌍방에게 착각 현상으로 경험되는 것이 아니라 실제로 벌어지는 일이 되고 만다. 위의 예에서 분석가의 미움은 환상이 아니라 '실제로' 미워하는 것이 되고, 그것이 전부가 된다. 이행기 공간이 없으면 (자기-관찰도 이 일부다) 해석은 도움이 되는 개입이라기보다는 분석가의 방어적 행위로 보인다. 이런 상황에서 계속 해석을 시도하면 쌍방의 재연이 반복되고(Ellman, 1998a), 분석가는 환자를 치료가 어려운 사람으로, 환자는 분석가를 치료하지 못하는 사람으로 보게 된다. 나는 환자가 유발한 재연 enactment과 분석가가 유발한 재연을 구분한다. 내 생각에 이 둘은 구분되는 경우가 많은 것 같다. 이러한 재연으로 인해 쌍방의 상호관계, 그리고 쌍방 모두는 상당한 영향을 받는다. 이러한 일이 벌어지면 상징 능력은 줄어들거나 없어진다. 가끔은 누가 재연을 유발했는지 식별이 불가능할 때도 있다. McLaughlin(1991), McLaughlin과 Johan(1992)은 이러한 재연을 상호 재연이라 불렀다. 이러한 일이 벌어지면 분석가와 환자는 서로를 탓하게 되고 한동안 그런 상태가 지속된다.

내 환자는 자기 자신의 절박함을 약간이라도 이해하기 위해서는 그 전에 본인이 치료자의 마음 안에 있음(Fonagy와 Target[2002]의 mentalization도 같은 뜻)을 경험해야 했다. Bach는 어떤 환자들은 해석을 이해하기 전에 "기본적으로 자신과 분석가가 모두 자신을 살아있고 기능하는 존재로 바라보고 있다고 생각해야 한다. (…) 보통 자기애 환자의 전이적 퇴행 안에서는 이런 조건이 충족되지 않는다"라고 말했다(1985, p. 12). Bach는 Fonagy가 발달적으로 이해한 (그리고 비온, 위니캇도 다른 방식으로 관찰한) 것을 임상적으로 기술한다. 이를테면 아이들이나 환자들이나 만족스럽게 치료받고 발달하기 위해서는 타인의 마음 안에서 자신들이 살아있음을 느껴야 한다는 것이다(Benjamin, 1995).

하나 강조해둘 것은, (인생의 다른 관계들처럼) 분석 관계를 파괴할 필요를 느끼는 환자들의 경우 정서적 해석은 더 어렵다는 점이다. 어떤 환자들은 holding environment를 이용하기 전에 일단 배신감부터 극복해야 한다. 혹은 그보다 고통은 덜할지라도 좀 더 오랫동안 이해받지 못한다는 느낌을 견뎌야 한다. 비온의 containment 개념은 위니캇이나 발린트(1968)가 그 치료법을 가늠했던, 위니캇의 표현에 의하면 "고전적 정신분석에 적절치 않은"(1960b, p. 38) 환자들을 위한 치료에 암묵적으로 포함되어 있다. 위니캇의 말을 내 방식으로 바꾸면, 성공적인 분석이 이루어지기 위해서는 환자들의 파괴적 측면을 회피하기보다는 마주하고 살아남는 것이 더 필요하다고 말할 수 있겠다. 우리는 환자의 부정적 정서에서 살아남아야 한다. 그리고 그 와중에 해당 정서를 다소간 독성이 제거된(비온의 표현) 것으로 만들어 되돌려줘야 한다. 더 쉽게 이야기하면 가령 회피하거나 보복하지 않으면서 환자의 노여움에 관해 이야기하고, 그것을 견뎌내는 게 중요하다. 내 생각에는 이러한 부정적, 파괴적 충동을 둘러싸고 여러 형태의 재연이 벌어지는 경우가 흔한 것 같다.

자존감 이슈가 심하지 않은 대다수 환자의 경우, 치료 초기의 이러한 문제는 별로 중요하지 않다. 하지만 흔히 경계선 병리로 특징지어지는, 수직적 분열이 좀 더 뚜렷한 경우 치료 초기의 containment가 중요해지는 경우가 많다. 이런 환자들의 경우 실패는 흔히 외면화되고 재연된다. 그리고 최초의 실패는 분석에 참여하는 양자를 찢어 놓는다.

극적인 분열 양상이 만들어내는 분석 상황의 어려움에는 두 가지가 있다. 일련의 행위나 재빠른 부정을 통해, 혹은 투사(내 생각에는 투사적 동일시가 더 맞다)나 감정의 이동을 통해 정서가 처리되어 버리는 경우가 흔하다. 이런 경우 정서적 상호투과성은 더 중요한데, 분석가는 환자의 정서를 경험할 수 있어야 하고, 나아가 나중에 이미 그 정서 상태를 떠나버려 이제는 그 감정을 느끼지 않으려고 하는 환자에게 해당 감정을 제시할 수 있어야 한다. 이러한 종류의 환자들은 행위로 정서를 없애고 여러 종류의 약물 중독을 가지는 경우가 많다. 그래서 행위로 인해 없어져 버린 정서를 다시 경험하는 것이 특히 중요하다. 이런 과정은 지속해서 이루어져야 하고 조금씩 조정되어야 한다. Bromberg(2001)는 치료 상황에서 벌어지는 다양한 해리를 묘사했다. 분열을 사용하는 환자들에게는 이러한 현상이 흔하게 발생한다. 분석가는 이러한 상태들을 모아서 공감적 언어를 사용하여 환자가 어떻게 이 상태들을 오가는지 설명해야 한다. 아래는 약물의 도움으로 이러한 상태를 오가는 환자의 예다.

그 환자는 아침에 일어나면 코카인을 흡입하고 그로 인해 너무 강해진 흥분을 술을 마셔 잠재우곤 했다. 그는 하루에도 몇 번씩 이 과정을 반복했고, 오후가 되어 치료에 올 시간이 되면 몽롱해져 버리곤 했다. 치료를 통해 조금씩 그는 자신이 약물을 통해 어떻게 마음을 비워내는지 볼 수 있게 되었고, 나중에는 약물의 도움 없이 마음을 비워내는 것도 볼 수 있게 되었다. 자존감에 상처를 주는, 타인과의 갈등과 관계된, 그리고 당혹감을 일으키는 모든 주제는 즉각 부정되거나 최소화되었고, 혹시라도 의식 안에 남아 있으면 그 즉각 반박되었다. 우리의 임무는 그러한 경험이 스쳐 지나갈 때 다시 붙잡아 와서 원하지 않은 경험과 정서를 조금씩 견뎌보는 것이었다. 치료에서 이러한 경험이 여러 번 반복되면서 그는 내면의 혼란을 조금 더 견뎌내게 되었다. 과거 그는 약물에 의존하여 아픔을 치료하려 하였으나 이내 약물이 자신의 감정을 조각내는 것을 알게 되었다. 그가 이런 상태를 견뎌내고 코카인과 술을 끊는 데는 2년이 걸렸다(담배는 더 오래 걸렸다). 분석 상황에서 감정을 경험하고 다루는 것은 길었던 도입부의 핵심적 과정이었다. 마음을 치료하기 위해서는 얼마간의 내적 고통을 견딜 수 있어야 한다. 그리고 치료자와 환자가 치료 상황에서 그의 감정을 함께 견뎌낼 때만 그는 그렇게 할 수 있었다.

치료의 무의미함에 대한 그의 비난이 시작되었을 때, 이 또한 견뎌져야 했고 결국 환자에게 되돌아가야만 했었다. 이 과정은 처음에는 직접적으로, 다음에는 간접적으로 이루어졌는데, 이 과정을 통해 환자는 자신에게 불쾌하게 느껴지는 모든 상황에 대해 비난과 폄훼를 퍼붓는 자신을 볼 수 있었다. 이러한 containment, 혹은 감정을 되돌려 주는 과정은 그 자체로 해석이라 보기는 어려운데, 그 이유는 이 과정을 통해 다루는 요소들이 보통은 의식 수준으로 넘어가지 않기 때문이다. 특히 수직적 분열을 통해 조증 방어를 하는 경우 환자에게 정서를 돌려주는 것만으로는 부족하고, 환자가 이 감정을 얼마나 참아내기 어려운지를 이해하는 것이 더 중요하다. 요약하면 되비춤과 반향, 통합적 해석과 containment를 통해 정서적 상호투과성이 이루어지면 정신분석적 장은 공유되고 신뢰는 증진된다. 이런 발달이 내적 고통을 치유하기 시작하면서 고통은 좀 덜 고통스러워질 것이다.

이렇게 신뢰가 증진되어 가면 두 개의 서로 연관된, 상당히 '역설적인' 결과가 초래된다. 두 사람이 서로를 믿고 환자의 내적 세계에 편입되어가면서 둘은 떨어져서 각자의 입장을 가지는 것에 좀 더 편안해진다. 이러한 분리를 참아내게 되면 분석 상황 안에 반성적 자기-표상이 생겨난다(혹은 강화된다). 환자가 나를 그의 대상 세계 안에 포함하기 시작했을 때, 이제 치료자는 분석적 신뢰의 첫 단추를 거의 끼우는 데 성공했을 가능성이 크다.

역전이 측면들: 시작 단계

해석의 가능성에 관해 이야기하기 전에, 치료 초기 분석가가 맞닥뜨리는 어려움은 무엇인가? 수많은 방식으로 묘사할 수 있겠다. 당연히 누군가의 주관적 상태를 느끼고, 이것을 조금씩 반영, 합성, 수용함으로써 쌍방의 소통이 이루어졌음을 보이는 것은 어려운 일이다. 이 과정에서 생기는 어려움 중에서도 내가 다루고 싶은 부분은 자기애적 균형이라는 부분이다. 분석가가 자기애적이라는 뜻이 아니다. 오히려 정신분석 상황에서 자기-연속성, 자존감, 자기-표현이라는 이슈가 분석가와 환자에게 계속 제기된다는 뜻이다. 그래서 내가 어떤 모임에서 이 문제에 대해 발표했을 때 한 분석가가 조심스럽게 누군가는 좀 더 적극적이고, 누군가는 소극적이며, 누군가는 한동안은 아무 말도 안 한다고 말한 것은 당연한 이야기였다. 내가 말한 분석적 신뢰의 형성이라는 부분에 대해 그가 받은 인상은 마치 내가 아무것도 안 한다는 것처럼 보였던 것 같다. 내 생각에 분석가는 능동적으로 듣고, 여러 형태의 개입을 함으로써 환자가 본인의 주관적 상태를 견디고, 내보이고, 느끼게 만드는 것 같다. 게다가 내 방식의 containment에는 환자가 급하게 제거하려는 감정을 환자에게 되돌려 주는 과정도 포함한다. 그러니까 수용, 합성, 반성은 능동적 과정으로, 환자가 자신의 내적 세계, 그리고 분석 쌍방이 만들어낸 상호주관성의 세계를 사용하도록 해준다. 하지만 환자들로서는 수치심을 일으키는 이야기를 꺼내기가 어렵고, 그래서 때로 분석가가 분석 상황에 조기 순응하도록 요구하면 해리된 상태들은 숨어버린다. 분석의 초기 분석가는 무의식의 환상에 관심을 두지 않는다. 오히려 이는 환자가 타인을 견디고, 타인에게 관심을 두기 시작할 때 비로소 중심 주제가 된다. 때로 분석가가 치료 초기 holding을 계속 제공하고자 할 때 문제가 생기기도 한다. 무의식적 환상이 밀려옴에 따라 환자와 분석가 모두가 이 상태에서 헤어나야 할 때도 있다. Ferro는 이런 상태에 대해서 말하길, 분석가가 정상적인 상태에서 벗어나 마치 꿈결 같은 상태가 되는데 이때 환자와 분석가의 무의식적 환상이 새로운 장에서 만나게 된다고 말했다. 잠에 비유하면 분석가는 서파 수면에서 렘수면이라는 활동적 수면 상태로 옮겨 간다고 말할 수 있다.

어떤 분석가들에게는 이런 식의 초기 단계가 불편할 수 있는데, 그 이유는 실제로 이때 분석가는 분석가로서 자기 일부를 배제하기 때문이다. 어쩌면 분석가는 아무것도 안 하고 있다고 느낄 수도 있는데, 실제로 이 단계에서는 별다른 분석작업을 하지 않는 것도 사실이다. 그래서 분석가는 환자로서는 감당이 안 되는 해석을 주기도 하고, 혹은 환자로서는 별 도움이 안 된다고 느끼는 관찰 자료를 주기도 한다. 이것이 일종의 분석가로 인한 재연인데, 여기서 분석가는 일종의 자기애적 불균형을 느끼는 상태로, 본인이 충분히 분석에 참여한다고 느끼지 못하거나 혹은 환자가 자신을 진짜 치료자로 보고 있지 않다는 느낌을 받는다. 종종 분석가로서 배제당한다는 느낌을 받거나 혹은 제대로 된 분석가 역할을 하고 있지 않다고 느껴지면 분석가의 자기가 조각나게 된다. 그래서 이러한 기분 때문에 분석가는 자기의 감정을 일부 드러냄으로써 분석 상황에 좀 더 실재하는 기분을 느끼게 된다.

일부 분석가들은 치료 초기부터 해석을 제공하면서도 분석적 신뢰를 쌓아간다. 나의 이론적 견해에 따르면 두 가지 방식으로 이런 식의 접근을 이해할 수 있다. 첫 번째는 종종 언급되는 일부 비-고전적 병리를 가진 환자의 치료 특성이다. 나중에 그들에게 해석에 대해 무엇이 기억나는지를 물으면 그들은 분석가의 목소리나 음색, 혹은 분석가 사무실의 모습, 혹은 분석가의 의자에서 나던 소리에 관해 이야기한다. 이런 환자들은 그 내용은 금세 잊어버리고 분석가의 따뜻한 목소리나 권위저 태도만 기억한다. 이런 것들이 환자들을 편안하게 만들고, 분석가가 자신들을 위해 그곳에 있다고 느끼게 만든다. 그러니까 이때 분석적 신뢰에 도움이 된 것은 해석의 내용이 아니라 분석가가 보이는 태도였던 셈이다.

혹은 만약 양쪽 모두가 환자의 주관적 세계를 감지할 수 있음을 분석가가 환자에게 보여줄 수 있는 경우 환자들은 일찌감치 해석을 소화해 내기도 한다. 특히 그 해석이 적응적 측면을 포함하고 있을 때 더욱 그런 것 같다(Rapaport & Gill, 1959). 다르게 말하면 분석가는 환자의 갈등과 고통을 이해하면서 동시에 Steiner(1994)가 환자 중심의 해석이라고 부른 것도 할 수 있다는 이야기다. 그러니까 분석가는 환자의 처지에서는 그러한 행위와 환상이 유일하게 가능한 대안이었다는 점에 공감할 수 있는 것이다. 한편 분석적 신뢰에 대한 강조와 별개로 내가 하고 싶은 말은 치료 초기에 너무 일찍 해석을 시도하면 환자를 불편하게 만들거나 환자로 하여금 억지로 치료자의 방법과 관점에 순응하도록 만들 수 있다는 점이다.

Britton은 해석뿐 아니라 치료자의 어떠한 말도 견디지 못하는 환자에 대해 묘사한 적이 있다. 그는 점차 해석하려는 시도를 그만두고 있었다. 한 번은 어떻게 해석할지를 생각하고 있었는데, 그의 환자가 말하길 "젠장, 그 생각이란 것 좀 집어치워요"라고 말했다(1997, p. 247). 환자는 그 당시 치료에서 치료자 독립적으로 생각하는 것을 견딜 수가 없던 것이었다(브리튼은 여기에 대해 오이디푸스 삼각관계를 견디지 못하는 것이라고 해석했다). 이 예에 대해서는 할 말이 더 있을 수도 있는데, 그 이유는 투사나 투사적 동일시에 관한 질문을 던지기 때문이다. 하지만 지금 당장은 당시의 환자는 치료 상황에서 단 한 명의 생각하는 사람만 견딜 수 있었다는 것 정도로 말해두면 충분할 듯하다(나중에 다시 이 예로 돌아오도록 하겠다). 클라인주의자들은 브리튼과 비슷한 경험(분석가의 독립적 사고를 견디기 어려워하는 환자)을 하는 경우가 많은 것 같다. 하지만 내 기억에는 브리튼의 논문이 첫 번째이다. 한편 다른 이론적 배경을 가진 분석가들은 이미 십수 년 전부터 그러한 보고를 해왔다(Bach, Kohut, Ellman 등). 신-클라인주의자가 그러한 보고를 한 점은 흥미로운데, 그 이유는 그들의 기법은 해석에 치중하는 면이 크기 때문이다. 내 생각에 그가 이 논문을 쓴 이유는 그가 앞서 내가 말한 자기애적 불균형 상태를 견뎠고, 환자로 하여금 분석가의 개입 방법을 결정하게 함으로써 분석을 살아있는 것으로 만들었기 때문이다. 스타이너의 용어를 빌리자면, 브리튼은 환자가 분석적 분위기를 만들도록 허용한 셈이다. 그는 분석가로서 역할(해석)을 하지 못하는 느낌을 참아내면서 환자가 스스로 분석 상황을 만들어내도록 허용했다는 뜻이다.

전이와 해석의 가능성

전이 해석에 관해 논하려면 적어도 환자가 분석가를 분리된 타인으로 보는 경우이어야 한다. 예를 들어 악성 뇌종양을 앓고 있다는 걱정 때문에 분석을 찾은 어떤 환자가 있었다. 그녀는 이미 많은 의사(신경과 의사도 여럿)를 만나 그것이 사실이 아님을 들은 상태였다. 하지만 분석을 시작했을 당시 그녀의 걱정은 오로지 몸과 다양한 신체 감각에만 집중되어 있었다. 치료가 진행되어감에 따라 그녀는 조금씩 대기실, 읽을거리, 나의 넥타이 같은 것들에 관해 언급하기 시작했다. 더불어 자신이 다른 사람에게 끼친 영향, 그리고 가족과 친구가 자신에게 주입한 실질적, 상징적 독극물에 관해서도 이야기하기 시작했다. 이러한 (자기 경험과 타인에 관한 생각들 사이의) 상호작용이 시작되자 분석가는 자연스럽게 뒤로 멀찍이 물러앉게 되고, 무의식적 환상의 요소들이 분석가의 의식으로 들어와 이리저리 떠도는 듯 느껴졌다. 다시 말하자면 그녀가 했던 경험의 요소들이 그녀의 의식적 경험 이외의 방식으로 관찰되기 시작한 셈이다. 내가 보기에 분석가는 아직 그녀의 증상으로 편입되지 않은 무의식적 메시지를 생생하게 감지하는 것 같았다. 나는 예전에 이 환자에 대해서 쓴 적이 있었는데(1998a), 당시 그녀는 다른 해석에 대해서는 쉽게 받아들였으나 전이 해석에 대해서는 영 받아들이지 못했었다. 당시 내가 너무 조기에 해석하면서 이내 증상이 재발했고, 긴 시간을 통해 분석적 신뢰가 다시 만들어지고 나서야 비로소 생후 세 살 엄마가 죽은 후 그녀를 괴롭혀왔던 문제에 관해서 이야기할 수 있었다.

하지만 A 박사의 경우는 달랐다.

A 박사가 나를 찾아왔을 당시 그는 외과 전공의였다. 그가 상담을 찾은 이유는 '당황스러운 사건' 때문이었는데, 그러나 첫 예비면담 시간에 그는 이 사건에 대해 그 이상으로 말하기를 원하지는 않았다. 그가 말했던 것은 다른 분석가와 가졌던 예비면담에서 이 사건에 관해 이야기했었는데, 그 분석가가 '사람을 내려다보는' 태도를 보였다는 것이다. A 박사의 모국어가 영어가 아니었으므로 나는 그에게 그 분석가의 태도에 대해 조금 더 말해달라고 요청했고, 그의 대답은 그 분석가가 질문을 하면서 병력 청취를 하더라는 것이었다. 그러니까 그 분석가는 A 박사를 환자처럼 대했고, 이 점이 A 박사로서는 굴욕적이었던 것이다. 나와 만난 첫 시간에 그는 자신의 약혼녀, 그리고 선임 전공의와 겪고 있는 갈등에 관해 이야기했다. 하지만 이런 갈등에도 불구하고 자신은 내년에 선임 전공의가 될 것이고, 이미 괜찮은 취직자리도 여럿 들어왔다고 강조했다(실제로 많은 사람이 자신을 갈망한다고 표현했다). 첫 만남이 끝날 무렵 그는 시간을 내줘서 감사하고 내가 그에게 '좋은 가치'가 있다면서, 치료에 대해 생각을 좀 해 보겠으나 아마 문제가 이미 해결된 것 같다고 말했다. 그러고는 끝이었는데, 놀랍게도 몇 주 후 그는 나에게 전화를 해서 다시 한번 더 시간을 내어줄 수 있냐고 물었다. 다시 만난 날, 그는 나에게 질문이 있냐고 물었고 나는 그에게 하고 싶은 말이 있냐고 되물었다. 어색

한 침묵의 순간이 지난 뒤 그는 이윽고 그 '사건'에 대해 이야기하기 시작했다. 그는 같은 나라 출신의 유명한 배우 하나를 알고 있었는데, 어느 날 저녁 그와 A 박사, 그리고 A 박사의 약혼녀 셋이 섹스를 했다고 말했다. 상담의 나머지 시간 동안 그는 세 사람이 함께 섹스했다는 사실에 대해 그가 느끼는 감정을 설명했었다. 약혼녀는 A 박사가 그 모임을 강요(적어도 동의)했다는 사실에 흥분했고, A 박사는 자신이 이 유명 인사에게 그렇게 영향을 받았다는 사실에 당황했다. 그의 말에 의하면 유명 인사들은 항상 A 박사를 매료시켜왔으며, 자신의 아버지도 그의 조국에서는 유명한 애국지사로 알려져 있다고 말했다. 이쯤에서 상담 시간이 거의 끝이 났으므로 나는 그에게 다음 시간에도 만날 것인지를 물었다. 당시 자리에서 일어선 그는 감사를 표하며 기분이 한결 나아졌다고 말했다. 몇 번의 예비면담 후에 그는 주 2회의 정신치료를 시작하게 되었고, 8개월 후에 치료는 주 4회의 정신분석이 됐다. 그는 내 얼굴을 마주하지 않는 것을 선호했으므로 자연스럽게 카우치를 사용하게 된 후, 내 사무실은 점차 그의 느낌, 생각, 환상, 투사로 가득하게 되었다(카우치의 사용에 관해서는 Goldberger, 1995를 참고하라). 통상적인 주말보다 조금이라도 긴 휴식이 생기면 다음 시간 A 박사는 항상 나에게 감사하다고 말하며 이제 치료를 마치려 한다고 말했다. 그러면서 내가 도움이 많이 되었다는 이야기를 덧붙였다. 그러니까 통상적 수준을 넘어서는 일정상의 변화는 그에게 견디기 어려운 이별로 경험되었으며, 치료관계에 혼란이 초래되곤 했던 셈이다. 그리고 왜 이런 현상이 일어나는지에 대한 질문은 우리가 8년간 함께했던 치료의 핵심 중 하나였다.

치료가 진행될수록 A 박사는 이상화 전이를 발달시켰고, 나는 좋은 분석가일 뿐 아니라 탁월한 신경과학자가 되었다. 대부분의 상담 시간은 당시 그가 여러 관계에서 겪는 고통, 집안 이야기, 그리고 고향을 떠나게 된 이유에 관한 이야기들이 이리저리 섞여 있었다. 자신의 음주벽(음주 후 기억상실)에 관해 이야기하는 것에는 상당한 시간이 걸렸는데, 때로 심한 굴욕감을 느끼면 그는 그 기분을 '지워버릴' 필요를 느낀다고 했다. 내 생각에 물론 굴욕감도 문제였겠지만 그로서는 우울감이 더 받아들이기 어려운 느낌이었을 듯했다.

이상화 전이가 발달할 무렵 그는 때로 자신을 압도하는 여러 상태에 대해 말하기 시작했다. 가령 수술이 잘 진행되고 있으면 느닷없이 세계에서 가장 유명한 외과 의사가 되는 상상을 하는 식이었다. 그는 자신이 교수들로부터 더 배울 것이 없다고 느꼈고, 조만간 그의 압도적인 재능이 알려질 듯한 느낌을 받았다. Maslow(1962)가 말한 절정의 경험으로 묘사할 수 있는 상태처럼 보였다. 반면 조금이라도 실수를 하면 당장에 수술방 간호사로 좌천될 듯한 불안을 느꼈다. 그리고 실수에 동반되는 환상이 왜 하필이면 수술방 간호사가 되는 환상인지 알아내는 데는 다시 한번 오랜 시간이 걸렸다. 그의 어머니가 수술방 간호사였고, 그도 처음 미국에 왔을 때 아마 면허를 따기 전에는 일을 구하지 못할 것 같은 '느낌'에 수술방 간호사로 일했었다. 내 생각에 그의 미국행은 일면 엄마와 동일시 측면이 있다고 생각했었는데, 사실 내가 왜 그렇게 느꼈는지는 명확하지 않았다. 그는 자신의 엄마가 어떻게 혼자 살게 되었는지, 그리고 어떻게 양친 모두 외도를 저지르게 되었는지도 말했다. 자신의 과거에 관해 많은 이야기를 했으나 분리에 대한 극단적인 예민함과는 직접 관련이 없어 보였다.

치료가 진행될수록 그는 조금씩 좋아지기 시작했다. 약혼녀와 헤어지고 후에 결혼하게 될 여자를 만났다. 폭음하는 습관은 거의 호전되었고, 동료나 선배(현재는 동업자)와의 관계도 많이 좋아졌다. 하지만 치료자와 분리를 경험할 때마다 치료를 그만두겠다고 말했는데, 이 부분은 좀처럼 해석으로 말끔해지지 않는 부분이었다.

두 번째 전이 주기가 지나간 다음(전이 주기에 대해서는 곧 이야기하겠다), 나는 자기대상 전이를 해석하기 시작했다. 여기서 자기대상 전이는 그와 나 둘 다 신경과학에서 유명한 사람이라는 것이었다. 우리는 천천히 그의 과대함의 뿌리, 그리고 이 과대함이 어떻게 요동치는 자존감을 버티게 해주는지를 이해하게 되었다. 이제 자신의 실제 성취가 좀 더 진짜 성취처럼 느껴졌고, 종종 본인의 성취에 진실로 자랑스러워했다. 전이 해석을 견딤에 따라 치료과정에 대한 신뢰도 커졌는데, 그는 이제 자신의 의식적 사고와 모순되는 것이 일으키는 불편함을 좀 더 잘 견디게 되었다. 나와 다른 생각도 가치가 있을 수 있다고 느끼게 되었으며, 그래서 치료관계는 다름이라는 위기에서 살아남을 수 있었다. 그 다름이란 것은 상호작용의 속성에 대해 우리가 가진 이견이었다. 예전에 그는 자신과 다른 의견을 견디기 힘들어했더랬다.

전공의 과정이 끝나고(치료 3년 후) 그는 썩 괜찮은 의과대학의 교수 자리를 제안받았고, 연구와 진료를 계속할 수 있었다. 분석이 시작된 지 4년 후 그는 결혼을 결심했다. 이 시기에 텍사스에서 일자리를 제안받았는데, 이를 수락한다는 것은 분석이 끝남을 의미했었다. 그 기회가 괜찮은 것인지는 그에게 (나에게도) 불분명해 보였다. 하지만 뉴욕과 비교했을 때 현저히 적은 진료와 연구 기회를 제공하는 것 같은 이 직장을 그는 한사코 잡으려고 했다. 한편 나는 나대로 그의 일방적인 종결(혹은 때 이른 종결) 선언에 대한 나의 반응을 관찰하고 있었다. 그는 결심한 듯 보였고, 그러던 중 맞게 된 긴(2주) 이별 동안 그는 다음과 같은 꿈을 꿨다.

> 당신은 강의를 진행하고 있었고 내가 보기에 그럭저럭 괜찮게 하는 것처럼 보였어요. 나는 청중이라서 당신을 보고 있었고요. 근데 무슨 이

> 유인지 당신 얼굴을 보는데 표정이 공허해지는 것 같더라고요[공허하다는 표현을 썼다]. (…) 청중들의 반응은 열광적이었는데 정작 당신은 반응이 없다가 갑자기 (…) 나는 모스크바[그의 고향]에 있고, 난 이 세상에서 가장 아름다운 도시라고 생각했더랬어요.

당시 그는 꿈의 유용성을 인정하는 사람이었으나 이 꿈에 대해서는 별 뜻이 없으며, 이번에야말로 진짜 치료를 그만둘 것이고, “분석은 갈 만큼 갔다”라고 말했다. 나는 그에게 그가 마치 분석이 사람이나 물건처럼 떠나는 것인 양 이야기하고 있음을 말해줬다. 하지만 그는 내 말을 일축했고, 내 마음속에서는 A 박사에 대한 짜증이 일었다. 나는 떠나는 것은 당신의 마음이고 나로선 어쩔 도리가 없다고 말했다(사실 더 심한 분노의 표현도 있었던 것 같은데 여기에는 쓰고 싶지 않다). 위와 같은 짧은 재연이 지나가고 그가 꺼낸 이야기는 그가 했던 수술에 관한 것이었다. 그다음 그는 나더러 아파 보인다고 말했다. 그러면서 자기가 왜 그렇게 생각하는지는 모르겠는데, 그가 진료실에 들어섰을 때부터 내가 아파 보였다고 말했다. 내가 보기에는 다시 꿈 이야기로 돌아간 듯했다. 나는 그에게 그가 꾼 꿈에서는 모든 것이 다 괜찮아 보였는데, 정작 나는 아파 보였고 별 반응도 없었다고 말해줬다. 그러자 그는 잠시 조용해지더니 이윽고 말하기를, 내가 정말 큰 도움이 되었으며, 이번에는 꿈이 아니라 현실에서 내가 진짜 아프지 않다는 것을 확인하고 싶다고 말했다. 여기에 대해 나는 그에게 꿈이 아주 현실적으로 느껴졌고, 심지어는 우리 둘 모두에게 현실감 있게 느껴진다고 말해줬다. 그가 내가 아플지도 모른다고 생각했던 것은 그가 나를 떠나려고 했고, 실제로 우리가 한동안 떨어져서 그랬던 건 아닐까? 그는 혼란스러워 보였고 치료 시간은 끝이 났다. 무엇인가 중요한 일이 벌어졌음을 알 수 있었으나 정작 그게 무엇인지는 알 수 없었다.

다음 시간에 그는 내가 그의 질문에 대답하지 않은 데다, 내가 그에게 충분히 집중하지 않아서 실망했다고 말했다. 내 생각에는 뭔가 좀 이상해 보였기 때문에 다시 한번 전날 들은 꿈 이야기를 떠올렸다. 그래서 나는 이별에 대한 그의 반응을 보면, 내가 그에게 충분히 반응을 보이지 않아서 실망했는데 내가 분명 아파서 그렇다고 말하며 나를 용서하려는 것 같다고 말해줬다. 그는 심지어 내가 아프지 않다는 것을 알고 있었더라도 그렇게 생각했을 거라고 했다. 나는 우리의 이별에 대해 그가 자신의 느낌을 거의 말한 적이 없음을 알려줬다. 여기에 대해 그가 꺼낸 이야기는 예전에 한번 엄마에 대한 꿈을 꿨는데, 그 꿈 이야기를 엄마한테 해줬더니 엄마가 꼼짝도 안 하더라는 기억이었다. 그는 한동안 꿈, 그리고 꿈과 관련된 이야기를 하더니 이내 조용해졌다. 이때 내게 떠올랐던 생각은 별 근거가 없는 것이었는데, 어쨌든 내가 그에게 해줬던 이야기는 당시 그의 엄마는 아프고 우울해서 아들이 아무리 좋은 청중이 되어도 엄마를 기쁘게 할 수는 없었던 것 같다는 것이었다. 그리고 어제의 꿈에서도 그는 청중이었고 나를 기쁘게 할 수 있을지 궁금해했었는데, 아마 나를 기쁘게 만들 수 있다면 나는 결코 그를 떠나지 않을 거라고 느꼈을 수도 있다고 말했다. 그러자 일련의 생각(기억)이 그에게 연달아 떠올랐고, 자신이 얼마나 조숙한 어린이였는지에 대한 기억, 그리고 사람들의 이야기가 생각났다. 그리고 학교에서 꾸중을 견디기가 얼마나 어려웠는지도 기억할 수 있었다. 또다시 실수하면 울어버릴지도 모를 것 같다고 느꼈더랬다. 그리고 자신이 (엄마 같은) 선생님을 얼마나 기쁘게 하고 싶었는지, 그리고 무엇인가 실수하거나 잘못 이해하면 (엄마에 대한) 분리불안이 엄습했던 기억도 깨닫기 시작했다. 몇 시간의 재구성을 통해 우리는 그의 엄마가 (아마 우울증 때문에) 아파서 집을 떠났고, 그러면 그는 자신이 귀엽지 않아서 그렇다고 상상했음을 유추할 수 있었다. 내 나름 표현을 하자면, 그는 엄마를 기쁘게 만들지 못했고 엄마는 의기소침해서 다른 사람을 찾아 떠난 셈이었다. 한참 뒤 엄마는 (몇 년 만에) 돌아왔고, 그의 질문에 엄마는 여동생이 태어난 다음 우울해져서 몇 달을 입원했다가 그나마도 효과가 없어 그 뒤로도 여러 차례 입원했다고 말해줬다.

위와 같이 전이-역전이는 결국 재구성에 이르렀고, 이는 치료에서 큰 전환점이 되었다. 형제간 경쟁과 오이디푸스 갈등을 중심으로 많은 이슈가 나타났는데, 이들은 서로 다른 맥락에서 나타남에 따라 점점 더 많은 대상관계적 의미를 띠게 되었다. 신체와 관련된 망상(열일곱 살 때부터 매독을 앓아오고 있다는 망상이었으며, 스스로 불가능하다고 생각함에도 치료 시작 후 사 년 반 동안 유지해온 생각이었다)은 훼손된 음경에 관한 것으로, 이로 인해 엄마를 포함한 어떤 여자라도 항상 기쁘게 해주지 못하는 것으로 이해할 수 있었다. 이는 엄마를 포함한 여성으로부터 기쁨을 얻고자 하는 소망에 대한 처벌이기도 했다. 그의 이상화 전이는 많은 부분 동성애적 기류가 있었는데, 이는 프로이트가 말한 정상 자기애 발달이라는 관점으로도 그러하고, 강력한(유명한) 남성에 대한 굴복과 관련된 갈등이라는 관점으로도 그러하다. 치료 상황에서 계속 반복되었던 엄마와 관련된 고통에 대한 치유가 진행됨에 따라 다른 이슈들도 전이를 통해 활발히 드러났다.

위의 두 예를 든 이유는 무엇보다 때 이른 전이 해석은 환자에게 별 도움이 안 된다는 것을 보여주기 위해서이다. 하지만 일단 이런 해석을 사용할 수 있게 되면 신뢰에 도움이 된다. 그 이유는 환자가 다름이라는 위기를 견디게 됨으로써, 서로 다른 관점이 도움이 될 수 있다는 사실을 알게 되기 때문이다. 이제 다름이라는 위기를 견딘 덕택에 분석 관계도 달라져서 신뢰는 좀 더 쌓이고 쌍방 관점의 다름이 인정된다. 지금까지 다름의 위기는 환자 입장으로 묘사되었다. 한편 치료 상황이 좀 더 진정한 two-person 상황이 되면 분석가는 환자를 발견하기가 어려울 때가 있는데, 그 이유는 이제 환자가 일정 정도 분석가 역할을 하게 되기 때문이다. 그래서 분석가의 역할이 달라지고 두 사람의 목소리는 좀 더 평등해지게 되므로 분석가의 자기애적 불균형이 초래될 수 있다. 여기에 더해 환자는 오직 분석가만이 가늠할 수 있었던 자신의 내적 세계를 알아간다. 그래서 치료가 진행될수록 환자는 분석가로서는 알 수 없는 통찰과 목표를 점점 많이 얻게 된다. 분석의 임무 중 하나는 환자가 분석가와 함께 분석을 촉진하고 해석하도록 허용하는 것이다. 이는 위니콧이 말한 분석가의 해석이 지니는 의미로, 분석가는 자신이 가진 지식의 한계를 분명히 보여주고, 환자가 본인의 갈등을 느끼고 이해하도록 돕는다.

전이의 주기, 혹은 변화의 주기라는 용어에 대해서 잠시 이야기하겠다. Freedman은 본인이 변화의 주기라는 이름으로(1994), O'Shaughnessy(1981)가 방어의 주기라는 이름으로 표현한, 치료 상황의 움직임을 기술했다. 각 주기가 지나갈수록 방어는 좀 더 안정적으로 변하고 덜 병리적인 것이 되어간다. 이런 의미에서 볼 때 전이에도 주기가 있어서, Ms W의 전이에서도 이상화의 요소를 훈습해 감에 훈습해감에 따라 전이에서 드러나는 정서와 환상에 좀 더 집중할 수 있게 되었다. 결국 그녀는 내가 가장 중요하다고 생각한, 없어진 엄마에 대한 분노(노여움)와 애도에 이르렀다(이 시기 그녀의 노여움이 contained 되면서 그녀는 depressive position으로 옮겨갔고 엄마의 부재를 애도했다). 매 주기에 중요한 주제가 있고, 그 주제가 훈습되면 분석적 신뢰도 일부 회복된다. 분열을 주된 방어로 사용하고 있는 환자의 경우 특히 그렇고, 치료 초기에는 새로운 전이주기가 시작되면 완전히 새로운 관계가 시작되는 것처럼 보인다. 그래서 한 주기 내에서 해석은 신뢰 형성에 도움이 되지만, 때로는 한 주기가 끝날 무렵 다음 주기가 시작되기 전에 모종의 치료적 조정을 해야 할 경우도 있다. 어떤 환자들과는 주기들이 매끄럽게 진행되나 어떤 환자들과는 완전히 구분되는 각각의 시기를 맞이할 때도 있다.

전체 상황의 전이와 역전이

내 생각에 분석의 각 주기에는 나름의 역전이 이슈가 있다. 만약 분석가가 반성과 합성, 수용에 익숙하다면 해석하는 태도로 옮겨가는 것이 임무가 된다. 나는 앞서 치료 초기의 어려움에 대해 설명했는데, 그 외의 시기에 주로 생기는 두 종류의 어려움이 있다. 첫 번째는 환자의 전이를 해석하지 않은 채 환자가 충분한 강도로 경험할 때까지 치료자가 전이를 받아내는 것이다. 나는 모든 이론이 전이의 강도를 줄이거나 그 표현을 억제할 기법을 가진다고 가정한다(Ellman, 1998a). Pine(1992)은 경계선 병리 환자의 경우 분석가는 쇠가 달구어지기 전에 두드려야 한다고 주장했다. 비록 그 뜻을 이해하지 못하는 바는 아니지만, 내 생각에는 전이가 달아오르기 전에 두드려야 한다면 두드리지 않는 것이 좋을 듯하다. 충분한 분석적 신뢰가 만들어지고 전이가 어느 정도 강도에 이를 때까지 기다려야 환자와 분석가가 그 강렬한 관계를 견딜 수 있다는 믿음이 생긴다. 내 생각에 Gill과 Muslin(1976)이 주장한 조기 전이 해석은 환자가 분석 상황에 진지하게 임할 수 있을 정도의 강렬한 전이 반응에 이르는 데 방해가 된다. 한편 고전주의 분석가들의 거리감은 강렬한 전이로부터 분석가를 떨어뜨리기 위한 것인데, 그렇게 되면 양쪽 모두 분석을 충분히 신뢰하기가 어려워진다. 그리고 관계주의 분석가들의 자기 개방 또한 분석 양자의 관심을 전이에서 멀어지게 하는 것이기 쉽다. 그리고 이로 인해 전이 주기의 일관성이 조각날 수도 있다.

전이를 받아냄에 있어 어려움을 이야기하기 전에 일단 전이의 개념부터 짚어보는 것이 좋겠다. 내 생각에 Klein(1952a)은 전이 개념을 완전히 뒤바꾸었고, Joseph(1985)는 클라인-비온의 전이 개념을 발전시켰다. 그녀는(1985) 비온(1962a, b)의 의견을 좇아, 전이를 단순하게 치료자를 향한 직, 간접적인 현상으로 생각하기보다 "전이는 환자가 관계 맺는 모든 것들과 관련된다"라고 생각했다(1985, p. 62). 그리고 이렇게 말했다.

> 전이에 대한 우리의 이해 중 많은 부분은 환자들이 갖가지 다양한 이유로 어떻게 우리를 대하는지 이해함으로써 알게 되었다. 그들이 어떻게 우리를 방어 체계로 끌어들이는지, 그들이 전이 안에서 어떻게 무의식적으로 행동화하는지 같은 것 말이다[같은 책].

그녀는 언어적, 비언어적 전이 현상들이 어떻게 일어나는지, 그리고 그것들이 어떻게 '유년기, 성인기 경험으로 구체화한' 내적 세계의 관점으로 표현되는지 이야기한다. 이처럼 광이의 전이 개념은 프로이트가 막 눈을 뜨기 시작한 것이었으나 안팎의 압력으로 인해 최초의 혁명적 전이 개념에서 머무른 채 더 나아가지 못했던 것이었다. Bion, Sandler(1976b), Joseph는 역전이 개념을 받아들였고, 역전이를 단순히 장애물로 보기보나는 나름의 분석 자료, 혹은 "분석 과정의 핵심 도구"로 생각하게 되었다(Joseph, 1985, p. 62). 그러니까 지금까지 내가 역전이 방해물로 묘사했던 현상은 어떤 의미로는 역전이이지만, 조제프의 포괄적 개념 안에서는 분석가의 반응은 환자가 분석가를 자신의 내적 역동에 끌어들임으로써 유발된 결과라고 이해할 수 있다.

글라인(1952a)에 따르면 "전이는 초기 발달 단계에서 대상-관계를 결정했던 과정과 같은 과정으로부터 생겨난다"(p. 53). 여기에는 투사-내사가 포함되며, 온갖 느낌과 충동, 그리고 막 생겨나는 표상들이 대상(엄마 혹은 젖가슴) 안으로 들어간다. 클라인이 보는 초기 발달 단계는 사랑과 미움을 오가며, 그래서 그녀는 “부정적, 긍정적 전이 해석과 그들의 연관에 대한 해석은 (…) 모든 종류의 환자 치료에 있어 불가결한 요소이다”라고 주장한다(같은 책). 실제로 클라인은 부정적, 더 정확히는 파괴적 전이에 대해 시종일관 강조했다.

흥미로운 것은 미국인 분석가인 Brian Bird(1972)가 전이를 생각했던 방식이 클라인과 완전히 같다는 점이다. 하지만 그는 딱히 클라인을 언급하지는 않았는데, 미국인 분석가들에게는 드물지 않은 모습이었다. Bird는 전이에 대해 “모든 인간관계의 기초가 될 보편적 정신 기능”이라고 말했다(1972, p. 267). 그리고 주장하길, “분석가도 환자들에게 규칙적으로 전이를 발달시키는데 여기에는 전이 신경증도 포함된다. 그리고 이러한 전이 반응은 분석 과정에서 핵심적인 역할을 한다”라고 주장했다(같은 책). 그가 보기에 분석가의 전이는 분석으로 인해 움직인 것이지만 분명 분석가의 것이다. 그는 분석가의 이러한 반응을 역전이라고 부르길 원하지 않았는데, 그 이유는 그가 보기에 분석가는 환자에게 그저 반응하는 존재가 아니기 때문이며, 모든 관계는 전이 위에 기반하고 분석가도 이러한 보편적 경향에서 예외가 될 수 없기 때문이다. 그러니까 그는 사회적 구성주의 이론 없이도 양쪽의 전이 덕택에 정신분석이 이루어진다고 주장하는 것이다. 딱히 의도한 것 같지는 않으나 결국 아주 급진적인 주장을 제기한 셈이다. 한편 브레너(1994)는 타협형성에 관한 토론 중 전이를 보편적 현상으로 개념 지었다. 조제프와 버드의 개념을 조합하면 분석의 전 과정에 걸쳐 일어나는, 분석가와 환자 사이의 투사-내사 현상이라는 전이 개념이 만들어진다.

앞의 질문으로 다시 돌아가, 분석가로 하여금 환자의 전이를 받아내지 못하게 만드는 분석 상황의 요소란 무엇인가? 여기서 ‘받아내지 못하게’가 의미하는 바는 분석가가 어떤 방식으로든 환자의 전이를 이용하지 못하는 현상을 말한다. 분석적 신뢰라는 관점에서 볼 때 분석가가 환자의 전이를 해석하지 않기로 하는 이면에는 당시에는 전이 해석이 별 쓸모가 없다고 여기는 믿음이 깔려 있다. 종종 이러한 입장은 아직 충분한 분석적 신뢰가 만들어지지 않았다는 이유(합리화)를 들어 전이에 관한 토론(해석)을 회피하는 수단이 되기도 한다. 특히 부정적 전이를 드러내는 것을 회피하는 경우가 많은데, 사실 이런 전이는 분석 양자에게 매우 불편하기 때문이다. 더 이상의 추가적인 설명은 하지 않겠지만, 요는 모든 이론적 지향에서 해석 가능한 전이적 표현을 물리치고 교란하는 방법은 있다는 것이다. 전이를 "놀이터로" 삼지 않아도(Freud, 1914g) 유익한 치료적 결과를 얻을 가능성은 있지만, 내 생각에 가장 완전한 분석은 프로이트가 전이와 관련한 논문에서 묘사했던 그 정도의 자유를 허용한다. 이 논문에 의하면 그가 전이에 대해 새삼 편인해하는 것을 볼 수 있다. 그리고 전이의 해석은 다른 방식으로는 얻어지기 어려운 수준의 신뢰를 허용한다. 전이의 해석을 통해 환자는 가장 지독한 미움을 다른 사람에게 밀어 넣으면서도 여전히 그 관계를 보존할 수 있게 된다. 전이의 강렬함으로 인해 분석의 당사자들은 역동을 생생하게 느끼게 되는데, 이는 관계에 대한 다른 방식의 도의나 재구성으로는 다다르기 어렵다. 환자가 평생 싸워야 했던 강렬한 파괴적 충동을 견뎌내고, 느끼고, 이해하는 것이 진정한 분석적 승리라 할 수 있다.

상호주관성과 정신분석적 삼인칭

이 장의 앞부분에서 우리는 고전주의에 대한 관계주의의 도전을 살펴보았고, 나는 양쪽 모두와 거리를 둔 개념들을 제시했다. 비온의 개념 덕택에 현대의 정신분석가들은 관계주의 비평이 정신분석 이론에 요구한 공간에 들어서게 되었다. Bion, Ogden, Joseph, Stolorow와 Atwood(1992)에 이르러 정신분석 상황의 상호주관성은 필수 불가결한 것이 되었다. 일단 상호주관성의 몇몇 정의를 살펴보는 것이 중요할 것 같다. Benjamin(2000)은 상호주관성을 "경험 혹은 이론상의 영역으로, 여기서 타자는 단순히 자아의 필요/욕동의 대상이 아니라 개별적이면서도 동등한 자격을 가진 또 하나의 자기를 이룬다"라고 묘사했다(p. 45). 그녀의 개념 덕분에 타자는 자기와 분리된, 또 다른 존재로 다시 한번 인식된다. 내 생각에는 이것이 가능하기 위해서는 발달과정에서는 부모의 마음에, 분석에서는 분석가의 마음에, 자기가 존재하는 경험을 먼저 해야 한다(Fonagy와 Target, 2002). 이러한 의미에서 상호주관성이 생기려면 분석가도 역시(전이 반응을 하는) 사람이더라는 단순한 깨달음이 아닌, 분석가의 마음속에 환자가 줄곧 존재함을 알고 그가 그 사실을 알려줄 수 있는 사람이라는 깨달음이 있어야 한다. 내 생각에는 Gruness와 내가 정서적 상호침투라고 부르는 과정을 통해서 이런 일이 이루어지는 듯하다(Ellman, 1998a; Gruness, 1984). 정서적 상호침투는 중요한 단계지만 상호주관성과는 조금 다르다. 상호주관성이 이루어지려면 환자와 분석가의 심리적 세계가 때로는 분리되고 때로는 공유된다는 점이 충분히 이해되어야 한다. 분리는 해석의 결과로 일어나는 경우가 많은데, 프로이트처럼 말해보면 이때 해석의 요소는 대개 분석가가 환자의 무의식적 환상이라고 여기는 부분으로 향하게 된다. 그래서 이러한 분리의 경험에서 환자는 분석가가 자신과 같은 생각이나 시각으로 자신을 바라보지 않는다는 점을 알게 된다. 앞서 말한 것처럼, 분석가의 마음속에 자신이 정서적으로 존재함을 환자가 경험했다면(분석적 신뢰의 수립) 분리의 경험이 훨씬 견딜 만해진다. 벤자민의 개념에서 상호주관성이 무너지는 경우는 아래와 같다.

> 부정negation과 재인recognition의 긴장, 혹은 변증법이 무너지는 경우이다. (…) 우리는 파국을 목격한다. 파국은 어떻게 손 쓸 도리가 없는 다름을 의미한다. 그러면 타자를 재인하기가 불가능해지는데, 그 이유는 분석가가 행위나 의도를 "해석"하는 것이, 혹은 분석가의 존재 그 자체가 우리의 자기 감각을 너무 심하게 소외시키기(부정하기) 때문이다[2000, p. 47].

여기에서 저자가 제시하고 있는 상호주관성 개념은 이분법적이라기보다는 은근히 연속적 개념이다. 부정과 재인 사이의 긴장은 실제로 양적 개념으로, 이 긴장을 통해 우리는 타인을 유의미한 존재, 혹은 유의미한 행위와 생각을 영위하는 존재로 인식한다. 둘 사이의 긴장이 무너지면 이 능력에 파국이 초래된다. 타인을 또 하나의 주체subject나 자기self(비록 Ogden을 비롯한 사람들은 주체라는 용어를 강력하게 옹호했지만 나는 자기를 선호한다)로 받아들이는 일과 관련한 긴장은 발달과 치료에서 중요하다. 상호주관성에 관한 논의를 이어가기 전에 다른 관점의 상호주관성 개념도 살펴보겠다.

Stolorow와 Atwood(1992)가 말하는 상호주관성은 "이론 (…) 혹은 시스템 이론으로, 심리적 현상을 고립된 심리 내적 메커니즘의 결과로 보는 것이 아닌, 쌍방 상호작용하는 주체들 사이에서 만들어지는 현상으로 이해한다"(p. 1). 그들은 특별한 심리학적 개념을 제시하지 않으며 잠정적으로 모든 현상을 이상의 관점으로 이해해야 한다고 말한다. 지금 맥락에서 내가 위의 구절을 인용한 이유는 상호주관성이라는 용어를 이론적 가설로 사용하는 경우(Stolorow와 Atwood), 그리고 특정 심리적 작용을 지칭하기 위해 사용하는 경우(Benjamin, 2000)를 구분하기 위해서이다. 우리는 벤자민의 용례에서만 정신분석 상황에서 상호주관성의 발전에 대해 의미 있게 이야기할 수 있다. 물론 모든 과정이 상호주관적이라고 주장해 버릴 수도 있다. 그러면 예전 주장, 즉 모든 과정이 심리 내적 사건일 뿐이라는 관점에 대해서 역사적 맥락의 반박은 가능할지 모른다. 하지만 그 또한 논쟁을 위한 논쟁일 뿐, 공허한 주장에 불과하다. 그리고 상호주관성의 보편성을 주장하게 되면 우리가 어떻게 타인의 마음을 알고 이해할 수 있게 되는지를 설명할 수 없다. 다른 누군가의 독특한 자기 감각을 이해하기 위해서는 이에 앞선 시간, 즉 그것을 이해하지 못한 시간이 있어야만 하기 때문이다. 이런 식으로 상호주관성의 보편성을 주장하면 그에 선행하는 시간은 전지전능한 상태가 아니게 된다. 물론 모든 이론은 그 나름의 일리가 있다. 하지만 현재로서는 상호주관적, 혹은 심리 내적 측면을 자세히 관찰하는 것이 모든 심리학적 현상을 특정 가설에 비추어 보는 것보다 신중한 태도일 듯하다.

정신분석적 삼인칭: 다양한 개념화

분명 내가 옹호하는 상호주관성 개념은 발달이나 치료과정에 관한 것이어야 한다. 지금 해 볼 만한 질문은 상호주관성 개념과 정신분석적 삼인칭analytic third이라는 개념을 구분하는 문제이다. Ogden이 말한 정신분석적 삼인칭 개념은 위니콧이 말했던 '엄마의 보살핌이 없는 아기 같은 것은 없다'(위니콧, 1960a)에서 시작한다. 그는 이 개념을 분석 상황으로 확장해서 분석가 없는 환자, 혹은 환자 없는 분석가 같은 것은 없다고 말한다. 당연한 이야기처럼 들린다. 분명 아기는 엄마의 보살핌 없이는 살아남지 못할 것이다. 하지만 어떤 아기들은(Anthony, 1980) 최소한의 보살핌으로도 잘 지낸다. 물론 대부분 아기는 그렇지 않겠지만 말이다. 비슷하게 환자 없는 분석가, 혹은 분석가 없는 환자는 무엇을 의미할까? 아마도 자기-분석 같은 것이 있을 텐데, 많은 이들은 역사상 가장 유명한 자기-분석(프로이트를 말한다)도 상당 부분 플리스에 대한 프로이트의 전이 덕택에 이루어졌다고 말한다(Gay, 1988). 어쨌든 오그덴이 말하려는 것은 의식의 모든 수준에서 변증법적 상호작용이 이루어지는 분석 상황이라는 이미지이다. 그의 개념에 의하면 이는 지속적인 작용으로써, 항상

> 세 주체의 상호작용을 반영한다. 분석가라는 주체, 환자라는 주체, 그리고 정신분석적 삼인칭이라는 주체. 정신분석적 삼인칭은 분석가와 환자가 만드는 것으로, 동시에 이것에 의해 환자와 분석가가 (환자와 분석가로) 만들어진다(정신분석적 삼인칭이 없으면 환자도, 분석가도, 분석도 없다)[Ogden, 1997b, p. 8].

누군가는 물을지도 모른다. 그렇다면 이렇게 만들어지는 여러 유형의 정신분석적 삼인칭analytic third에는 어떤 차이점이 있는지, 그리고 이 차이점은 어떻게 이해해야 할지 같은 것들 말이다. 혹시 서로 다른 경향들 사이에는 항상 변증법이 있기 마련이라면 환자와 분석가가 만드는 변증법도 필시 세 번째 주관성을 만들 것이다. 아마 더 중요한 점은 이상적인 세 번째 주관성은 분석가로서 우리가

> 환자의 무의식 안에서 주어지는 다양한 역할을 맡을 수 있을 만큼 무의식 안에서 수용적인지를 스스로 물어보는 것일 테다. 이런 종류의 무의식적 수용성은 치료자의 개별성을 (일부) 제 삼의 주체에게 넘겨줌을 포함한다. 여기서 제3의 주체는 환자도 분석가도 아닌, 둘에 의해 무의식적으로 만들어진 제3의 주관성을 말한다[같은 책, p. 9].

나중에 우리는 분석 쌍방이 과연 얼마만큼 개별성을 단념하는지의 문제로 다시 돌아오겠다. 지금 할 수 있는 이야기는 그 정도가 다양하며

치료가 진행되면서 개별성이 상실되어 가는 방식도 달라진다는 정도이다. 이 부분을 좀 더 살펴보기 전에 다른 개념화도 살펴보자.

아론과 벤자민은 정신분석적 삼인칭analytic third에 대해 몇몇 개념화를 제시했는데, 여기에는 Piaget의 이론에 기초를 둔 초기의 관점도 있다. 최근에 아론은 벤자민의 공로를 요약하면서 이 용어가 가지는 몇 가지 의미에 관해 이야기했다. 벤자민은 one-in-the-third와 third-in-the-one을 구분하는데, 전자(혹은 rhythmic third)는 "공통의 패턴이나 춤사위를 공유하는" 두 파트너에 기반한다(Aron, 2006, p. 356). 그녀는 이러한 리듬의 공유를 엄마와 아기가 나누는 응시-응시 회피 과정, '대화, 몸짓, 상호 반영'과 연결한다. 여기서 둘의 단일성은 쌍방의 적응, 그리고 두 사람이 "그동안 함께 만들어 온 패턴과 리듬으로 인해 영향받아온" 방식에 의해 성취된다(같은 책, p. 357). 이러한 삼각관계의 뿌리는 분명 오이디푸스 이전이며, 아론은 많은 분석가가(그는 Green과 Ogden을 언급했다) 삼각관계를 전-오이디푸스 발달의 한 부분으로 생각한다고 말했다. 그는 아마 Abelin의 초기 삼각관계에 관한 연구(1975), 혹은 Jacobson이 말한(1964) 전-오이디푸스 경쟁에서 삼각관계가 갖는 기능들에 대해 인용했을지도 모른다. 아론은 벤자민의 one-in-the-third를 오그덴의 개념과 구분한다.

> 오그덴의 예에서 심리 내적으로 제3의 요소를 수용한 것은 엄마이다. 하지만 rhythmic third에서 제3의 무엇은 어느 한쪽에서 비롯되기보다는 둘 사이의 공간에서 새롭게 만들어진 것이다[Aron, 2006, p. 357].

여기서 우리는 오이디푸스 이전의 리듬감은 어떻게 만들어지고 치료와는 무슨 유사성이 있는지 궁금해진다.

Third-in-the-one 개념은 또한 "상징적 혹은 도덕적 (…) 혹은 의도적인 삼인칭"이라고 불리기도 한다(같은 책). 이 개념은 Gergely의 marked response 개념에 근거한다(Gergely, 2004; Gergely & Watson, 1996, Fonagy & Target, 2002). 그는 여러 저작을 통해 부모의 조율이나 되비춤이 아기의 최초 반응과 결코 완벽하게 일치하지는 않음을 보여줬다. 실제로 부모도 이 점을 알고 있는데, 부모는 자신들의 반응이 되비춰주는 행위이며, 아기가 방금 한 행동과 관련이 있다는 사실을 아기에게 가르쳐 주기 위해 과장을 하거나 특정 부분을 강조한다. 그러니까 엄마가 아기의 기분을 이해하고 있음을 아기에게 보여주는 표시인 셈이다. 엄마는 이러한 반응을 통해 엄마의 마음속에 아기가 있고, 그러면서도 엄마는 아기와 떨어진 존재임을 보여준다. 아론과 벤자민은 이렇게 결론 내린다. "어떤 부분을 도드라지게 미러링하는 것은 둘 사이의 현상이며 아기와 조율 중인 부모 사이에서 만들어진 제3의 관점으로, 분화시키는 기능을 한다"(Aron, 2006, p. 358). 리듬삼이나 강조는 모두 "오이디푸스 이전 시기의 엄마-아기 관계에서 발견되고, 오이디푸스기와 그 이후를 통과하면서 더욱 분화하고 섬세해지며 구조화된다. 하지만 제3의 무엇 그 자체는 개념적으로 볼 때 오이디푸스 삼각관계와 무관하게 생긴다고 볼 수 있다"(같은 책, p. 359). 이어서 Aron은 Stern(2004)에 동의를 표하며 이렇게 말한다.

> 상호주관성은 초-사회적 종에서 집단의 형성과 집단의 응집력을 만들어내는, 독립적인 동기 시스템으로 이해되는 게 최선인 듯하다. (…) 진화적 관점에서 볼 때, 사회적 존재로서 우리는 다방면의 관계를 다룰 수 있는 일종의 선천적 능력을 지닌 채 태어난 것 같다[같은 책].

아론은 분석에서 자기 개방의 중요성에 관해 자세하게 이야기한다. 자기 개방의 한 의미는 분석가가 개입의 과정에서 자신의 내적 과정을 이야기하는 것이다. 아론은 "분석가의 내적 작업을 환자와 일부 공유하는 데 있어 그 (…) 근거"로 Bollas(1989)와 Bach(2006)를 인용한다(2006, p. 361). Bach는 환자가 분석가의 마음이 작동하는 것을 목격하도록 허용하고, 분석가의 자유연상이 정식화에 이르는 것을 보여주도록 권한다. 현대의 프로이트주의자들이라면 아마 이런 방식의 자기 개방이 분석 과정에서 중요하다는 데 동의할 수밖에 없을 것이다. 분석가들이 어떻게 생각하는지를 자주 보여주고, 위니콧의 용어로 그들의 개입의 쓸모뿐만 아니라 한계 또한 보여주기를 바란다. 한편 어떤 정신분석가들 사이에서는 좀 다른 방식의 자기 개방이 유행하는 듯하다. 그들은 환자의 전이를 견딜 수 없게 되면 자신의 일부를 드러낸다. 이런 형태의 자기 개방은 환자의 내적 세계를 방해하는 것이다.

브리튼(1997)이 설명한 정신분석적 삼인칭analytic third은 내 생각에 클라인의 관점이다. 브리튼은 클라인의 상태 개념을 요약하고, 프로이트(2장 참고)와 클라인이 앎의 충동이라고 부른 개념에 대한 클라인의 관심을 이야기한다. 클라인은 현실 적응 능력을 오이디푸스 상황에서 겪는 박탈과 좌절을 견디는 능력과 연관 짓는다. 알다시피 그녀의 이론에서 오이디푸스 역동은 depressive position에서 일어나는데, 그러니까 이 시기의 아이는 부모의 성적 관계를 알게 된다. 이로써 "엄마를 영원히 독차지하겠다는 생각을 버리게 되고 심각한 상실감을 겪는다. 이러한 감정을 견디지 못하면 박해의 느낌에 이르게 된다"(p. 243). 브리튼이 묘사하는 환자들이 겪는 오이디푸스 상황은 "안정적인 모성 대상이 수립되기 이전으로, 따라서 분석에서 드러나는 오이디푸스 상황은 아주 미숙하고, 고전적 오이디푸스 콤플렉스처럼 금세 알아채기가 어렵다"(같은 책, p. 244). 우리가 앞서 본 브리튼의 환자, 즉 분석가의 해석을 견디지 못하는 환자도 분석가의 독자적 사고를 견디지 못했다. 그는 이 여자 환자에 대해서 "제3의 상태"를 견디지 못한다고 말했다. 좀 더 자세히 말하자면 그녀는 "나와 다른 사람이 맺는 관계를 전혀 이해하지 못했다. 그녀로서는 내가 다른 사람들에 대해 혼자 속으로 생각하는 상황도 견디기 어려워했다"(같은 책, p. 246).

아이가 부모의 독자적 사고를 견디기 위해 일단 인정해야 할 것이 있다. 그것은 부모 각각이 아이와 맺는 관계와 별도로 부모들끼리의 관계도 있다는 점이다. 부모끼리 맺는 관계도 역시 아이가 보는 세상의 한 부분이 되고, 다양한 대상관계가 유의미하게 공존함을 알게 된다. 브리튼의 용어를 빌리면, "부모를 서로 연결함으로써 오이디푸스 삼각관계가 종결되고 이로써 (아이의) 내적 세계는 일정한 경계를 갖게 된다"(같은 책, p. 245). 이 삼각관계는 경계를 가지게 되고 동시에 그 한계 내에서 가능한 모든 관계를 허용한다. "그래서 여기에는 관계에 참여하는 당사자가 되어 제3의 인물에 의해 관찰될 가능성, 그리고 두 사람 사이의 관계를 관찰하는 관찰자가 될 가능성 모두를 포함된다"(같은 책) 분명 브리튼의 정신분석적 삼인칭analytic third은 오이디푸스 역동에 근거하고, 이것을 제대로 통과하지 않으면 나와 다른 사람들을 견디기가 힘들어진다. 나는 앞서 클라인주의에 대해 삼각관계를 오이디푸스 상황과 혼동한다고 비판한 적이 있다. 내 생각에 오이디푸스 관계 이전에도 다양한 삼각관계는 존재한다. 하지만 브리튼의 의견을 수정하기 전에 먼저 아론과 벤자민이 이해한 브리튼의 증례를 살펴보자.

그들은 이렇게 이야기한다.

> 브리튼은 A 양과의 관계를 재구성했는데, 여기에서 그가 되비쳐준 그녀의 관점이란 것은 어쩔 수 없이 그 자신의 사고 과정과 감정적 반응을 통해 여과된 것이다. (…) 그의 사고는 사용 가능한 무엇이 되었고, 이로써 두 사람이 서로의 사고에 대해 더 반성적인 생각을 할 수 있게 되었다[Aron, 2006, p. 360].

그리고 브리튼이 환자와 맺은 양자 관계를 논하는데, 여기에서는 다소 관점을 바꾼다. 그들이 보기에 분석가는 점차 "자기 자신과 모종의 대화를 나누어야 하는데, 그러니까 '나는 여기에 대해서는 두 가지 마음을 가진다. 내가 두 가지 생각, 관점, 모순과 갈등을 견지할 수 있을까?'와 같은 것들이다"[Aron, 2006, p. 361]. 그러니까 "단순한 양자 관계에서 세 번째 관점을 만드는 것은, 즉 하나의 선에서부터 삼각형의 공간을 만드는 것은" 분석가의 내적 대화인 셈이다(아론, 같은 책).

나는 제3의 무엇이 연속적인 기능으로써, 항상 구현되는 것은 아니며 대다수의 사람이 항상 가질 수도 없다고 본다. 프로이트는 자기애 단계 이후 대상 선택의 단계가 있다고 말하면서 이런 생각을 비췄었다(3장 참고). 새로운 단계에 대해 프로이트는 이렇게 말한다. "이 단계가 되면 본능의 성분들은 합쳐진다. 그러나 주체 자신과 별개의 (대상) 선택이 존재한다. 그리고 성기의 우세는 아직 수립되지 않았다"(프로이트, 1913i, p. 321).

프로이트가 묘사하려는 것은 어떤 갈등인가? 그것은 아이가 자기애적 쾌락, 그리고 외부 대상(프로이트의 관점에서는 엄마, 내 생각에는 합체된 부모)에 대한 항문기 애정을 포기하는 데 겪는 어려움이다. 프로이트는 이 발달 단계가 되면 아이가 자기애에서 벗어난다고 생각한다. 자기애는 아이가 주변의 사람에게 자기가 원하는 것을 원하고 자기가 생각하는 대로 생각하도록 바라는 시기이다. 아이는 다른 사람이 자신과 다른 소망을 가지거나 자신의 소망에 제동이 걸리는 것을 아주 힘들어한다. 그래서 외부 세상이 아이의 신체적 즐거움에 제약을 가하면 아이로서는 엄마의 눈 안에서 보였던 불길(코헛, 13장 참고)이 확 줄어든 것처럼 느낀다. 우리가 프로이트의 자기애를 진지하게 받아들이게 되면, 비록 그 제약이 점진적으로 이루어진다고 하더라도 아이로서는 엄마가 자신의 행위와 신체적 즐거움(똥오줌, 냄새, 놀이 등)에 별로 기뻐하지 않는다는 사실이 굉장한 자기애적 타격으로 느껴진다. 아이는 제약에 봉착하면서 타인의 마음을 만나게 되는 것이다. 타인의 마음은 아이에게 지속해서 제약을 가하고, 제약으로 인해 아이에게는 적응적 방어 반응이 생겨난다. 아이는 이제 타인(엄마)의 마음이 자신의 마음과 다르다는 점을 깨닫기 시작한다. Edith Jacobson이 이 시기와 관련하여 제시한 이론을 보면 아기가 자신과 엄마에 대해 갖는 감각은 아직은 분열된 표상이다. 그녀는 프로이트가 말했던 최초의 분열인 자기애 시작 단계(순수 쾌락 자아)의 분열이 자기애 단계 동안 지속된다고 생각했다. 프로이트는 여기에 대해 아무 말도 하지 않았는데, 하지만 제이콥슨의 이론을 잘 들여다보면 그녀가 오이디푸스기 이전의 경쟁이라는 개념을 제시하고 있음을 알 수 있다. 내 생각에는 Mahler와 Gosliner의 아빠 개념(1955), Abelin이 관찰했던 오이디푸스 이전 시기의 아빠와 관련한 삼각관계(1975) 같은 생각은 예전에 이미 Jacobson이 말했던(1964) 것들이다. 말러의 초기 저작을 보면 그녀 특유의 툴툴대는 태도로 이 점을 인정하고 있다. 비록 제이콥슨의 책 『The Self and the Object World』는 1964년에 나왔으나 그녀의 생각은 영어로 발표되기 한참 전에 이미 독일어로 발표되었음을 알아두어야 한다.

여기서 경쟁자는 여러 기능을 한다. 그리고 어떤 기능은 딱히 경쟁이라 할 수도 없다. 경쟁자를 통해 아이는 그 (내적 대상을 향한) 공격성과 파괴성을 순화하는데, 특히 나쁜 엄마가 되어가는 대상을 향한 공격성을 순화한다. 아빠와 형제들은 (타인들도) 아이의 투사적 동일시를 받는다. 그래서 이렇게 시기하고, 내사하고, 동일시한 경쟁자들은 엄마를 향한 적개심의 저장고가 된다. 아이는 엄마에 대한 경쟁자의 미움을 동일시하기도 하는데, 이러한 경쟁자들과의 관계는 말러의 연습 하위시기가 끝날 무렵부터 재접근기에 이르도록 가까워짐과 멀어짐을 거듭한다. 제이콥슨이 어떻게 위니캇의 환경 엄마, 대상 엄마 개념을 풍성하게 만들었는지에 대해 할 말이 많지만, 일단은 제3의 무엇이라는 생각부터 살펴보아야겠다. 제이콥슨은 프로이트가 대상 선택이라고 표현한 시점에 아이가 어떻게 도달하는지를 고찰했는데, 이 시기는 말러의 개념에서는 재접근기의 끝 무렵이라고 할 수 있으며, 별일이 없으면 이때 아이는 대상 항상성을 발달시키게 된다. 아이는 좋고 나쁜 엄마에 대한 안정된 이미지를 갖게 되고 새로운 형태의 삼각관계를 시작한다. 예전 삼각관계의 목적은 클라인이 투사적 동일시라고 부른 것을 통해 좋은 엄마의 이미지를 보존하는 것이었다. 나쁜 엄마는 경쟁자에게 투사되거나 합쳐진 대상 표상의 형태로 내사된다. 그래서 경쟁자는 아이의 미움의 일부를 받기도 하고, 나쁜 엄마에 대한 동맹이 되기도 한다. 당연히 경쟁자는 좋은 엄마를 둘러싼 경쟁자였다. 그래서 엄마에 관한 좋고 나쁜 표상이 합쳐지면 새로운 삼각관계가 생긴다.

내가 볼 때 오이디푸스 시기의 삼각관계는 삼인칭the third의 시작이 아니다. 삼인칭은 아이가 타인의 마음을 자신의 그것과 엄연히 떨어진 것으로 여길 때 시작된다. 이 시기는 대략 서너 살 무렵으로, 제이콥슨의 개념에 따르면 분열이 심할수록 아이로서는 타인의 마음을 이해하는 데 어려움을 겪는다. 프로이트의 대상 선택 개념이 묘사하는 아이는 타인의 마음이 자기의 마음과 다름을 이해하고 받아들이기 시작하는 아이다. 여기에 성공하면 성공하는 만큼 자기애에서 멀어져 성숙한 대상관계가 가능해진다. 이제 아이는 예전처럼 엄마와 직선적인 관계를 맺지 않는다. 엄마는 이제 엄연히 다른 사람이고, 나아가 다른 목적과 바람을 갖는 사람이다.

대상 선택은 아이가 대상 사랑(오이디푸스 단계의 초입에서 시작한다)으로 나아가게 만들어 준다. 선택이라는 행위가 의미하는 바는 아이가 엄마(합체된 부모)의 사랑에 대해 안심한다는 뜻으로, 비록 아이는 엄마가 가하는 요구와 제약(무수한 제약과 규칙이 있다. 배변 연습은 이 중 하나일 뿐이다)을 완전히 이해할 수는 없으나 그래도 엄마를 믿는 것이다. 말하자면 엄마를 향한 자신의 사랑, 자신을 향한 엄마의 사랑을 믿는 법을 배운 것이다. 그렇게 엄마와 아이는 가학성에 지배당하지 않은 채 항문기(혹은 제약의 시대)에서 살아남는다. 아직은 대상 사랑에 이르지 못했으며 여전히 강력한 자기애적 요소가 남아 있음에도 아이로서는 큰 산을 하나 넘은 셈이다. 아이는 이제 나의 목적과 바람과는 다른 타인의 마음을 이해하고 염두에 두는 법을 알아가고 있다. 지금껏 생겨난 삼인칭(혹은 그 전구체)으로 인해 아이의 바람, 그리고 아이가 이해한 엄마의 아이에 관한 생각에는 이행기 공간이 열린다. 한편 이렇게 만들어진 삼인칭은 쉽게 무너지기도 한다. 이것의 존립은 엄마가 저런 식으로 행동하는 것은 자신을 사랑하기 때문이라는 생각을 할 수 있는지에 달려있다. 비록 엄마가 생각하는 방식을 이해하지는 못할지라도 엄마가 나를 사랑함을 아는 것이다(남자 어른들도 이런 경우가 많다).

아이가 오이디푸스 드리미를 향해 가면서 삼인칭이라는 이슈는 최고조에 다다른다(혹은 처음으로 완전히 드러난다). 엄마는 나랑 전혀 무관한 행동을 나의 경쟁자(역시 내가 사랑하는 대상이다)와 하고 있다. 그리고 그들의 행위는 나와 별개로 이루어진다. 아이가 이 상황을 이해하고 조금이라도 받아들이기(억지로 강요되는 게 아니라) 위해서는 삼인칭이 반드시 가동되어야 한다. 아이는 자기의 관점을 배제한 채 타인의 관점에서 볼 수 있어야 한다. 이것이 진정한 공감의 시작으로, 여기에서 아이는 엄마, 아빠를 공격하지 않으면서 엄마, 아빠에게 배제된 자기 자신을 바라볼 수 있어야 한다. 이것이 진정한 대상관계의 제3자이다. 그리고 내가 보기에 아론과 벤자민은 삼인칭의 전구체와 정신분석적 삼인칭의 발달을 혼동한 듯하다. 내 생각에 이것은 대상 사랑의 승리이며, 또한 부모라는 커플(실제든 환상이든)에 대한 사랑과 자기 자신에 대한 자기애적 사랑이 균형을 맞춤으로써 얻어지는 것이다.

이러한 구도에서 볼 때, 그렇다면 사랑이란 무엇인가? 벤자민(1988)과 아론이 "그 관계 안에서 우리가 하는 생각으로 해당 관계의 성격을 정의"(2006, p. 362)한다면, 나는 어떤 관계의 성격을 정의하는 것이 그 관계 안에 있는 사랑의 종류라고 말하고 싶다. 그들의 정의에 따르면 상호주관성은 "정확히 말해 상호작용 안에서 관찰하고 느끼기 위한 심리적 공간"이다. 상호주관성은 여러 형태를 갖는다. 그것은 사랑하는 아이가 이제 스스로 흥분을 가라앉히고 진정해야 할 필요가 있음을 조금씩 깨닫게 된 부모의 고통스러운 사랑일 수도 있다. 부모는 아이를 홀로 둠으로써 사랑을 표현할 수 있고, 아이는 이 공간을 느끼며 자신을 보살피는 상호주관적 타자를 발달시킬지도 모른다. 그러면 어떤 공간이 필요한데, 여기서 아이는 부모에게 거짓말을 함으로써 부모의 전지전능을 시험하고 그들에 대한 이상화를 누그러뜨리기 시작한다고 말하면 어떨까? 발달의 과정에서 양쪽이 서로의 마음을 알아가기 위한 상호작용은 꼭 필요하지만 때로는 홀로 조용히 두는 일 또한 그만큼 중요하다. 내가 생각하는 대상 사랑에서, 타인의 마음을 아는 것은 그것이 아이든 환자든 그 사람의 타고난 경향을 느끼고 존중할 수 있는 능력이다. 그래서 어떤 아이들의 경우에는 아이들이 활동적이라고 엄마도 덩달아 활동적으로 되어버리면 그 총합으로 인해 양쪽 모두에게 불편한 경험을 줄 수 있음을 깨달아야 한다(18장 참고). 그래서 사랑은 그저 단순히 상호작용 안에서 이루어지는 일들이 아니라, 때로는 상호작용을 멈추고 상대를 그저 혼자 가만히 두는 것이 배려임을 보여주는 것이다. 때로 타인에 대한 지극한 배려와 공감적 반응은 당신이 자기 자신의 한계에 대한 무지를 의미한다.

임상 상황으로 가보자. 아론과 벤자민은 "대인 관계의 장 안에서 분석가가 어떤 느낌을 얻게 될 때만 그 느낌은 바깥으로 나와서 객관화

되어 반성적 사고에 편입된다"라고 말했다(Aron, 2006, p. 364). 어떤 경우에는 맞는 말인 듯하다. 사실 분석가들은 환자를 볼 때 자신의 반응(느낌, 실수)을 충분히 인정하기보다는 억누르려고 하는 경우가 많은 것 같다(사실 완전히 숨길 수 있을지에 대해서는 회의적이다). 하지만 이것만이 반성적 사고를 위한 유일한 길인지에 대해서는 의문을 가진다. 물론 중요한 길이고, 우리가 과거에 인정했던 것보다는 더 자주 일어나는 일임에도 불구하고 유일한 길은 아니며 어떤 환자의 경우에는 별로 권장되는 방법도 아니다. 많은 환자는 오랫동안 one-person의 장에 머무를 필요가 있다. 그리고 그들은 분석가의 상호작용 시도를 계속해서 듣고 싶어 하지도 않는다. 엄마의 사랑이라는 더 큰 즐거움을 위해 자신의 신체적 쾌락을 포기하는 데 오랜 시간이 걸리듯 이 환자는 일종의 신뢰를 키워갈 시간이 필요할지도 모른다. 그들은 내가 분석적 신뢰의 시작이라고 부르는 과정을 경험할 필요가 있다. 누군가를 알아간다는 것은 마음이 서로 침투하는 과정이 필요하다. 분석가가 환자의 마음에 들어갈 때 상호 침투가 일어나서 환자 또한 분석가를 알게 된다. 이것은 자기 개방과는 다르다. 바로 거기에서부터 대상 사랑의 능력이 발달함으로써 자신과 다른 삶과 사랑을 가진 타자를 견디고 사랑할 수 있게 된다. 이러한 능력은 앞서 이분법적 용어로 설명한 정신분석적 변수들과 다르지 않다. 오히려 대상 사랑의 능력, 그리고 삼인칭(자기-반성)는 연속적인 것들이며, 모든 인간이 가진 능력이다.

정신분석의 목적은 상호주관성이 아니다. 오히려 대상 사랑의 능력을 계발하고, 다양한 인간적 행위에서 요구되는 능력을 (억제와 불안 없이) 발전시키는 것이다. 자기를 반성하는 능력, 타인의 마음을 알아채는 능력은 다양한 경로를 통해 얻어진다. 심지어 타인을 사랑할 능력이 없는 사람들에게도 이러한 조건은 만들어질 수 있다. 어떤 면에서 볼 때

Tennessee Williams, James Joyce, Robert Solloway(물리학자) 같은 사람들은 탁월한 삼인칭을 가졌다고 볼 수 있다. 하지만 애정 관계를 맺는 그들의 능력은 고갈되어버렸다. 그러니까 내 말은 삼인칭 그 자체가 목표는 아니고 단지 목표에 이르기 위한 수단이라는 뜻이다. 그리고 한정된 방식으로만 사랑할 수 있는 자기애적 환자들의 경우, 비록 만족스러운 관계를 맺고 있다고 할지라도 아주 잠깐만 충족되는 덕목일 뿐이다. 코헛은 우리 모두 자기대상관계를 맺고 있다고 말했다. 이 말은 옳다. 나는 모든 정신분석의 종결에는 전이 치유(자기대상관계)라는 요소가 있다고 믿는다. 그러나 코헛이 제대로 대답하지 않은 질문은 이것이다. 그렇다면 과연 우리는 얼마나 자기대상관계의 이면을 들여다볼 수 있는가, 그리고 얼마나 타인을 보살필 수 있는가. 그는 자율성에 대한 고전적 관점을 거절했다. 하지만 그는 동시에 홀로 생각할 수 있는 능력이라는 질문도 피해갔다. 홀로 있을 수 있는 능력과 대상 사랑의 능력 덕택에 우리는 대상관계와 자기 이상의 추구 속에서 유의미한 삼인칭을 획득한다. 대상 사랑의 능력은 삼인칭 시점의 획득을 위해 필수적이며, 삼인칭 시점 덕에 진실하고 유의미한 공감적 반응이 가능해진다. 이는 프로이트가 가졌던 생각의 한 측면으로, 나는 이 지점에 우리가 모두 매달릴 수 있고 나아가 확장할 수 있기를 희망한다.

18장 가설적 발달 모델

요약

이 장은 드물게 연구에 관한 부분이다. 여기에서 나는 생리학적 요소와 관계적 요소를 모두 포함한 발달 모델을 위한 연구를 제시할 예정이다. 여기에는 렘수면, 그리고 동기와 관련한 뇌 연구가 포함된다. 이 장에는 모-자 간 상호관계의 모델도 제시될 것이다. 그리고 임상 상황과 관련해서 이 모델이 어떻게 사용되는지도 보여줄 것이다.

개요

1995년, 일련의 프로이트주의자와 관계주의 분석가들은 두 이론적 입장을 비교, 대조하기 위한 논문을 발표했다. 당시 분명 관계주의 분석가였던 Merton Gill은 두 입장을 요약하면서 두 이론 모두 어느 정도 선, 후천적 요소를 다루는 것은 맞지만 최소 네 가지 방향에서 다르다고 말했다.

> 첫째, 고전주의적 관점이 후천적 요소와 비교해서 선천적 요소를 강조함에는 이견이 있을 수 없다. 반대로 관계주의는 후천적 요소를 더 강조한다. 둘째, 이는 첫 번째와도 관련이 있는데, 고전주의적 관점에서는 선천적인 요소가 더 우월한 설명력을 갖는다(때로는 환원주의적이라 할 만큼). 반면 관계주의는 경험적인 요소가 선천적인 요소보다 더 큰 설명력을 갖는다(역시 때로는 환원주의적이라 할 만큼). 그러니까 요는 위계인 셈이다. 미첼은 신체적 욕구가, 이는 심리 내적 구조의 한 부분이다, 대인 관계를 통해서 표현된다고 주장한다. Hoffman은 (1992년 8월에 했던 개인적 대화에서) 미첼을 비난하며 "이런 종류의 정식에서 간과되는 것은, 그 자체로는 성적性的이지 않은 다른 무엇을 위한 경로로서가 아닌, 성적 소망 그 자체의 중요성이다"라고 말했다. 셋째, 고전주의적 관점은 과거가 어떻게 현재를 결정하는지를 강조한다. 반면 관계주의적 관점은 어떻게 현재가 과거를 통해 조명받을 수 있는지를 강조한다. 크게 보면 고전주의적 관점은 현재를 과거의 반복으로 보고 관계주의는 현재를 과거와 좀 더 무관한 것으로 보고 있다. 넷째, 관계주의는 치료 요소로서 통찰보다 새로운 대인 관계 경험을 강조한다. 하지만 고전주의적 관점은 반대이다[Gill, 1995, pp. 91~92].

이상의 발췌에서 길은 다른 곳에서(Greenberg and Mitchell, 1983; Mitchell, 1995) 관계주의와 고전주의 입장 사이에 놓인 건널 수 없는 간격이라고 표현된 것을 요약한다. 비록 공통점을 더 많이 발견하는 것 같기는 하지만 Gill의 요약을 보면 이미 그 틈은 메울 수 없이 벌어진 듯하다. 그의 관점에 따르면 둘 중 하나가 우세해야 한다. 하지만 이 책이 주장하는 것은 여러 이론가의 이분법적 주장으로 인해 진정 상호소통적인 모델을 만들기가 어렵다는 점이다. 누군가 메울 수 없는 간격이 있다고 주장하면 나머지 사람들은 선택해야만 한다. 그래서 이 장의 중요 질문은 메울 수 없는 간격이 실제로 있는지, 아니면 양극단을 아우를 이론의 가능성은 없는지이다. 혹시 어떤 사람들에게는 선천적 요소가 더 중요하고, 다른 사람들에게는 경험적 요소가 더 중요한 것은 아닌가? 진정으로 역동적인 이론이라면 융통성을 발휘해 두 부류의 사람을 설명할 수 있어야 할 것이다. 물론, 여기에서는 두 부류라고 말하지만 실제로는 무수한 경우의 수가 있을 것이며, 그 대부분은 양극단 사이에 있을 것이다. 다른 말로 하면 보편적인 유전적 경향을 가정하되, 그 보편적 유전 경향의 중요성이 상대적으로 중요하지 않을 만큼 다양한 표현 양상을 허용하는, 그런 이론이 가능하냐는 의문이다. 이런 종류의 개념화를 구체적으로 시도하기 전에 하나 유념해둘 것은 Gill이 옳다는 점이다. 두 입장 모두 선천적, 경험적 요소를 포함하지만, 분명 그 기본 가정은 다르다(그리고 그가 꼽은 네 가지 말고도 더 있다). 우리가 지금까지 살펴본 이론들을 보면 문제는 한 요소가 다른 요소에 비해 얼마나 더 중요한가, 혹은 이론이 가진 어떤 요소가 얼마나 다양하게 표현될 수 있는가에 관한 것이다. 그러니까 어떤 이론이 통상적으로는 그렇게 강조하지 않는 요소들을 아우르기 위해 입장을 옮겨갈 수 있는가? 욕동/구조이론이 때로 특정 환자나 아동 발달을 이해하기 위해서 환경적 요소가 욕동보다 더 중요하다고 말할 수 있는가? 통상적으로 일어나는 (그러니까 병리적 현상이 아닌) 생물학적, 생리학적 요소가 환경적 요소보다 더 중요한 사람들을 위해 경험적 이론이 사용될 수 있는가? 더 중요한 건 이것이다. 이론들은 지금껏 그랬던 것보다 유연해질 수 있는가? 그래서 개연성의 용어로 사태를 기술할 수 있는가? 그래서 원래 달래기 어려운 아기라 할지라도 이런 어려움을 최소화할 여지를 주는 이론이 있을 수 있는가? 많은 상호작용을 상정하는 가정들로 구성된 이론은 가능한가?

다윈과 프로이트: 부조화

비록 프로이트가 다윈의 이론에 감명을 받았다고는 하나 프로이트의 이론은 종종 다윈의 개념을 무시한다. 3장에서 나는 프로이트의 본능 이론을 다루었는데, 거기에서 자기 보존과 종족 보존의 이원론적 본능 이론을 말했었다. 초기 발달에서 우세한 본능은 자기 보존의 본능이고 종족 보존의 본능은 자기애의 시작과 더불어서야 우세하게 드러난다. 비록 프로이트는 본능 이론 가설로 설명하려 했지만 정작 박탈에 대한 아기의 최초 반응은 젖가슴의 환각을 만들어내는 것이라고 주장했다. 이 환각(혹은 환상)은 즐거움을 주지만 배고픔의 불쾌함이 환각의 즐거움을 능가하면 아기는 다양한 방법(주로 울음)을 시도하고, 그렇게 얻어진 반응이 환각을 대체한다. 이 이론에 따르면 일차과정(2장 참고)은 쾌락원칙에 의해 이루어지고 아기를 현실로부터 멀어지게 만든다. 이렇게 놓고 보면 최초의 심리적 상태를 만드는 쾌락원칙이라는 가정, 그리고 박탈에 대한 최초의 반응을 결정하는 주요 결정 인자인 자기 보존의 본능은 서로 모순적인 처지에 놓인다. 그래서 이제 쾌락이 프로이트 이론의 기본 가정이 된다. 하지만 이 이론에서는 본능이 일차적 동기인 듯 보이고, 다른 어느 곳에서도 본능의 작동 이전에 생겨나는 행위에 대한 언급은 없다. 프로이트 이론을 이런 식으로 분석하다 보면 제대로 된 프로이트주의자가 되기 위해서는 이론 중 적어도 한 부분은 수정해야 한다는 결론에 이른다.

후대의 입장에서 프로이트와 다윈을 보면 프로이트가 주장한 생각에는 다윈의 것이라기보다는 라마르크의 가설에 가까운 곳이 여러 군데 보인다. 그중 가장 마지막은 「Moses and Monotheism」(1939a)인데 지금 상론하기는 어렵겠다. 내가 하려는 말은 정신분석적이면서도 다윈의 개념에 가까운 정신분석 이론을 어떻게 구축하는지에 대해서다. 다음에 제시되는 이론은 그러한 시도라고 할 수 있다. 당연히 이런 종류의 이론은 선천적 요소와 경험적 요소를 섞은 것이다.

내인성 자극 이론

먼저 이론을 제시한 다음 이론이 어떻게 임상적으로 적용될 수 있는지 간단히 살펴보겠다. 비록 우리 생각에는 이론을 뒷받침할 만한 많은 경험적 증거를 쌓아뒀다고 생각하나 과학계가 이제부터 제시할 이론을 당연히 받아들일 거라고는 생각하지 않는다. 나는 이 이론이 옳다고 믿지만 이것 역시 내가 만든 형이상학일 뿐이다. 가령 정서적 역치 같은 대안적 개념도 있는데, 어느 정도 비슷한 이론이라 할 수 있다. 내 생각에는 지금부터 제시할 이론이 좀 더 그럴듯해 보일 것 같다.

이론의 요약

내인성 자극 이론의 시작은 꿈이다. 내 생각에 꿈은 생존의 문제를 다루려는 시도인 거 같다(Ellman, 2000). 발달 초기의 이러한 시도에는 쾌락과 불쾌의 이슈가 포함된다. 보통 꿈에는 자기가 포함되기 마련이고, 비록 아기의 꿈이라 할지라도 자기 표상과 대상의 표상은 어렴풋하게라도 존재한다. 어린이와 어른의 꿈에서 사기 표상은 가장되거나 상징적 형태로 드러난다.

꿈의 형성과 관련한 내 생각은 렘수면과 밀접한 연관을 갖는다(Ellman, 1992; Ellman & Weinstein, 1991). 이 이론에 의하면 렘수면은 쾌락과 관련된 신경회로를 활성화하는데, 이 회로는 포유류의 생존에 필수적인 기초적 행동 기능과 밀접한 연관이 있다. 가령 쥐의 기초적 행동 기능에는 둥지를 짓고, 음식을 찾고, 구애에서 교미에 이르는 행동, 그리고 무엇보다도 공격성이 포함된다. 포유류가 렘수면에 들어가면 ICSS(intra-cranial self stimulation, 뇌의 국소 부위에 전기자극을 얻기 위해 포유류가 특정 작업을 수행하는 현상, Olds[1958]가 쥐의 시상하부를 자극하는 실험을 통해 발견했다), 혹은 쾌락 경로가 활성화된다. 그리고 이 회로는 역으로 기초적 행동 기능을 조절하는 요소가 된다. 이러한 부위와 연결된 기억도 동시에 활성화되는데, 인간의 경우에는 갈등과 연관된 기억이 항상 활성화된다. 그리고 일반적으로 꿈(렘수면의 정신 활동)은 개체에 가장 중요하거나 위협적인 이슈를 포함한다. 적절한 환경 아래에서의 꿈은 갈등 해결의 실마리를 제공한 뒤 잊힌다. 만약 꿈이 유난히 자극적이거나 불안을 일으키는 경우라면 그 꿈은 기억될 가능성이 커진다. 불안 꿈은 시스템에 심리학적, 생리학적 과부하가 걸리면 생긴다. 과잉 자극에 대해서는 조금 후 다시 이야기하겠다. 트라우마 꿈의 경우 꿈을 꾼 사람은 꿈이 해결될 실마리를 찾지 못한다. 이런 경우 꿈은 해결점이 나타날 때까지 반복되곤 한다. 트라우마를 받은 사람은 위협이 해결될 실마리를 찾지 못하고 오직 적절한 심리적 치유를 통해서만 해결이 가능해진다.

내가 강조하려는 것은 꿈이라는 정신 현상의 생존과 연관된 속성이다. 하지만 통상적인 발달에서 첫 꿈은 만족 경험의 기억일 것으로 생각된다. 이러한 상태에 있는 아기는 개체의 생존에 필수적인 필요의 만족을 마음속에 그리고, 역으로 기억은 공고해진다. 그래서 충분히 양호한 발달에서 꿈은 퇴행이라기보다는 적응적이다. 이렇게 생각하면 프로이트의 일차과정, 이차과정에 대해서도 새롭게 생각해볼 여지가 있다. 우리의 이론에 따르면 발달이 잘 이루어진 경우, 아기에 대한 첫 이미지는 적응적이며 자기-증진을 하는 존재이다. 그래서 아기는 적응적 애착 행동에 이르게 된다. 따라서 렘수면 덕택에 엄마와 아기는 상호 만족스러운 행동을 촉진하게 된다. 하지만 절대적 의존성에(10장 참고) 대한 위니콧의 생각이 옳다고 할지라도 생애 초기부터 갈등은 필연적으로 생길 수밖에 없다. 부모가 아무리 헌신적이라도 적절한 만족은 생겨나지 않을 수 있고, 가장 건강한 아기라 할지라도 위니콧이 말한(1962a) '산산조각으로 부서짐' 혹은 소멸의 불안을 느낄 것이다. 이렇게 불안을 초래하는 생존 이슈가 생애 초기 아기의 꿈 안으로 편입되게 된다. 렘수면을 통해 보이는 이슈는 거의 (항상) 생존의 이슈로, 신체-자기 표상의 요소가 포함된다. (이러한 요소들은 보통은 고통스럽게 나타나지 않는다. 아기는 성공적인 만족 경험의 꿈을 꿀 수 있다. 하지만 어떻게 보면 이렇게 만족 경험을 꿈꾸는 것도 안녕을 위해서는 필수적인 것으로, 위니콧이 용어를 빌리사면 계속 존재하기 위해서 필수적이다.) 여기에서 내가 말하는 신체-자기의 의미는, 자라나는 아이들은 자기에 대한 표상을 보통 신체 경험이나 신체 기능으로 나타낸다는 뜻이다. 그렇다면 이 또한 생존과 관련한 소망인가?

내 생각에 꿈에서 드러나는 동기 요소는 꿈꾼 사람의 안녕에 중요하게 여겨지는 소망인 경우가 많다. 하지만 꿈과 연관이 없는 두려움과 불안도 마찬가지로 쉽게 꿈을 만들어낼 수 있다. 내 이론에 따르면 꿈의 적응적 측면과 생존 기능이 가설의 핵심이다. 하지만 꿈에서 적응적 해결이 시도된다고 해서 그 시도가 항상 적응적이라는 뜻은 아니다. 그것은 그 사람이 꿈꿀 그 당시에 최선의 해결책으로 여겨진 것일 뿐이다. 어떤 갈등은 반복적임을 고려하면 꿈에 나온 적응적 해결책은 예전의 것이라 더는 적응적이지 않을 수도 있다. 그리고 꿈이 더는 적응적이지 않다는 생각도 당사자가 아닌 사람의 생각에 불과할 수도 있다.

요약을 마치며 하고 싶은 말은 렘수면이 내인성 자극의 한 종류이며, 매 70~90분마다 렘수면을 활성화하는 메커니즘은 깨어있는 동안에도 작동한다는 점이다(이상의 가정은 Kripke와 Sonnenschein[1973], 그리고 Globus[1970]가 만들었다). 이러한 내인성 리듬은 규칙적으로 포유류를 자극한다. 그래서 120분마다 렘수면에 들어가는 고래나 90분마다 렘수면을 갖는 인간은 나름의 리듬이 있는 것이다. 렘수면과 각성의 차이는 렘수면에서는 움직임이 억제된다는 점이다. 태어난 직후에는 움직임의 억제가 관찰되지 않는다. (운동의 억제는 뇌교pons 수준에서 일어난다. 뇌교를 통과한 운동 신경의 흥분은 척추 신경 수준에서 억제된다.) 출생 직후부터 수개월 동안 아기는 렘수면 동안에도 팔다리를 활발하게 움직인다. 그래서 부모는 렘수면을 아기가 깬 것으로 착각하기도 한다.

마지막으로 질문을 하나 해 보자. 내가 제시한 이론이 프로이트의 욕동, 본능 이론과 어떻게 다른가? 프로이트는 본능이 개별 인간의 심리에서 주요 결정 요인이라고 말했다. 내가 제시하는 이론은 내인성 자극을 인간 발달의 한 요소로 본다. 어떤 사람들에게 이 요소는 중요할 수 있고 다른 사람들에게는 덜 중요할 수 있다. 내 이론에서 내인성 자극은 (프로이트가 『The Interpretation of Dreams』에서 말한 의미의) 퇴행을 조장하는 요소라기보다는 애착을 촉진하는 요소이다. 프로이트는 아기가 처음에는 아주 잠시라 할지라도 대상을 환각하고, 환각 혹은 대상에 대한 시각적 경험에 만족을 느낀다고 말했다. 내가 제시하는 이론에서 아기는 필요를 느끼면 아마 처음에는 유전적으로 미리 결정된 반응(울음)을 통해 부모 안에 내장된 반응을 끌어낼 것이다. 프로이트의 가정처럼 만약 아기가 처음에는 만족을 주는 대상을 떠올리는 것이 사실이라면 우리는 이러한 현상이 편안함과 쾌락의 원천을 기억하려는 적응적 행위라고 가정할 수 있다. 내가 제시하는 모델에서 일차적인 것은 내인성 자극의 적응적 측면이다. 이 내적 자극은 보호자의 반응을 끌어내기 위해 프로그램

되었다. 보호자와의 상호작용은 단순히 필요에 따라 이루어지지 않는다. 오히려 (보통은 엄마인) 주된 보호자와 카텍시스를 맺고 애정적으로 표상할 일정 범위의 상호작용을 갖는 것이다.

프로이트의 관점에서 쾌락은 욕동의 감소와 관련이 있다. 그리고 그는 다양한 이론적, 역사적 근거로 그러한 관점에 도달한다. 하지만 쾌락은 여러 방법으로 발생하고, 욕동의 감소가 유일한 쾌락 경험은 아니라는 증거가 많다는 점은 분명하다. 내인성 자극이라는 관점에서 보면 아기가 갖게 되는 최초, 혹은 일차과정은 아기의 보호자에게 신호를 주는 역할을 하는 듯하다. 아기가 만족 경험에 대한 기억을 재생하는 것은 그 신호에 보호자가 제대로 반응하지 못한 경우뿐이다. 이런 일(실제의 만족 대신 기억에 의한 만족)이 잇달아 발생하면 기억은 만족을 주기보다는 불쾌한 경험이 되고 아기는 결국 살아남지 못할 수도 있다. 여기서의 강조점은 이러한 일차적 활동이 엄마를 향하는 신호라는 것이다. 두 번째는 아기는 자신을 어르고 달래는 방법의 하나로 만족 경험을 기억한다는 점이다.

프로이트와의 유사점

내가 제시한 모델은 프로이트와는 다른 부분이 많은데, 그렇다면 내인성 자극 이론의 어떤 부분이 프로이트적이라 할 수 있는가? 여기에는 간단한 대답이 있을 수도 있고, 반대로 페어베언과 미첼을 동원해야 할 복잡하고 긴 대답이 있을 수도 있다. 간단한 대답을 먼저 하자면 세 부분에서 프로이트의 이론과 겹친다고 말할 수 있다. 첫째, 내 이론은 규칙적으로 활성화되는, 자극의 내적 원천을 가정한다. 둘째, 활성화되는 경로는 쾌락과 관련한 경로이다. 셋째, 아기/아이는 부분적으로 신체 기능과 관련해서 자기를 표상한다. 신체 기능이 아이의 표상 세계에서 중요한 측면을 차지하는 것으로 여겨진다.

Pleasure and object, not pleasure vs. object

좀 더 복잡한 대답은 페어베언에서 시작해서 발달에 관한 개념으로 끝을 맺는다. 이 관점들에 대해서는 아직 이야기하지 않았다. 페어베언과 미첼은 인간이 쾌락을 추구하는 것이 아니라 대상을 추구한다고 말했다. 내 생각에 이것은 잘못된 이분법이다. 아기는 대상과 쾌락 모두를 추구한다. 이상적인 발달에서 둘은 조화를 이루어 엄마는 주된 대상이면서도 주요한 쾌락의 제공자이다. 그리고 만사가 적당히 잘 굴러가면 엄마도 아기로부터 상당한 즐거움을 얻게 된다. 이러한 상호 관계가 아기에게 최선의 생존 가능성과 안정감을 제공한다. 여기서 말하는 안정감이란 아기가 '계속 존재한다는' 느낌을 안정적으로 가지면서 발달과정에서 최소한의 혼란을 경험한다는 뜻이다. 따라서 기본적 명제는 자기 보존이 주요 동기 요소이며 안정감과 신뢰는 생존 감각에서 중요한 역할을 한다는 것이다. 분명 아기는 육체적으로는 살아남되 심한 혼란을 겪거나 상처를 받을 수 있다. 그래서 내가 말하는 자기 보존은 육체적 생존뿐 아니라 심각한 혼란과 상처 없이 온전하게 계속 존재한다는 느낌을 말한다. 위니콧의 용어를 빌리자면 아기들은 종종 소멸의 불안 혹은 산산조각 나는 느낌을 겪는다(Hurvich, 2003).

물론 아기와 엄마 사이의 의사소통의 첫 번째 방식은 쾌락과 불쾌의 연속이라고 말할 수 있다. 하지만 나는 Fairbairn(9장), Mitchell(17장), Bowlby(1969, 1973, 1980)가 말한 것처럼 이러한 의사소통 양상의 큰 기능은 엄마와 아기를 리비도 단위(프로이트가 말한 의미의 단위)로 묶는 것이라고 믿는다. 내가 제시하는 모델의 목적은 아기의 생존 보장이다. 그러니까 아기가 건강해지기 위해서 엄마와 아기는 모두 대상을 추구해야 하는 셈이다. 프로이트는 이러한 초기 발달에 관해 거의 언급하지 않았었고 가장 유의미한 언급은 긴 각주를 통해서였다(3장의 프로이트의 세 번째 이론 참고, 10장에서 위니캇이 프로이트의 각주를 언급한다). 하지만 신생아들을 보면 대부분의 시간을 먹고 자는 데 쓰며 그 외 여러 가지 신체 기능을 항상 주시해야 하는데, 그렇게 보면 인간은 쾌락보다는 대상을 추구한다는 페어베언의 말과는 잘 맞지 않는 것 같다. 그리고 어떤 면에서 보면 대부분 수동적으로 보살핌을 받아야 하는 아기는 대상도 쾌락도 별로 추구하는 것 같지 않다. 비록 1900년대에 생각했던 것보다 아기들이 실제로는 좀 더 능동적일 수 있겠지만 그래도 신생아들은 하루 내내 자고(10~17시간), 먹고, 기저귀를 갈고, 안아줘야 한다. 위니캇이 묘사한 절대적 의존성이 이 시기의 모자 관계에 제일 나낭해 보인다. 그가 묘사하는 것은 단순히 둘 사이의 상호관계만이 아니라 아기의 내적 상태에 대한 것이기도 하다. 그는 엄마가 아기의 내적 상태를 예상해서(대상 제공) 아기는 자신이 무엇인가를 원할 때 환경이 그것을 제공하고, 심지어는 무언엇가를 원하기 직전에 원하는 것을 제공한다고 생각한다. 이것이 위니캇이 말하는 자연스러운 전능함으로, 아기의 필요가 (그것이 미숙할지라도) 환경에 의해 재빨리 충족되는 것으로 경험된다. 그의 생각에는 이것이 충분히 좋은 양육이다. 내 생각에도 아기는 충분히 좋은 양육을 당연한 것으로 여길 것 같다. 그럼에도 충분히 좋은 양육은 어렵다.

쾌락 혹은 대상 추구, 혹은 또 다른 매개체

아기는 생애 최초 며칠 동안 대상을 추구하는가, 아니면 쾌락을 추구하는가, 혹은 둘 다 추구하는가? 이 문제에 관해서는 이미 대답한 듯하다. 이미 말했듯 그 이분법은 오류 같고 어쩌면 양쪽 모두 아기의 일차적 필요를 충분히 언급한 것 같지는 않다. Prescott(2001)는 아기와 엄마의 중요한 접촉에 대해 다음과 같이 이야기한다.

> 신생아/영아를 업고 다니는 것은 "인간보다 하위의 영장류 엄마에게는 보편적인 현상"으로 호모 사피엔스에게는 잘 보이지 않는 모습이다. [내] 생각에 몸의 움직임(전정-소뇌 자극)은 자궁 바깥의 탯줄 같은 것이다. 몸의 움직임은 자궁 안에서 기본적인 감각 자극이었으며, 자궁 바깥에서도 기초적인 신뢰와 안정감을 신생아/아기에게 계속해서 주게 된다[2001, p. 227].

만약 프레스콧이 옳다면 신생아에게 중요한 이슈는 쾌락도 대상도 아닌 기초적 신뢰와 안정감의 확보이다. 이를 통해 새로운 환경이 좀 더 가용해지고, 출산과 그 직후의 후유증이 외상이 될 가능성을 줄일 수 있도록 하는 것이다. 엄마가 아기와 접촉하는 기본적인 방식은 무엇보다 편안함을 제공하는 것이다. 이는 엄마에 의한 대상 추구이며 아기에게는 물론 쾌락으로 경험된다. 누군가 굳이 그렇게 부르겠다면 대상 추구나 쾌락 추구라고 부를 수도 있겠지만 내 생각에는 무엇보다 안정감의 수립인 것 같다.

만약 누군가가 인간이 기본적으로 쾌락을 추구하는 것이 아니라 대상을 추구하는 것이라고 말한다면, 대상 추구의 경향이 유지되는 이유는 무엇인가? 미첼과 페어베언은 여기에 대해 이야기하지 않았으나 기본 가정은 인류는 유전적으로 대상을 추구하는 영장류라는 것이다.

Hrdy를 비롯한 이들은 인간이 대상이나 쾌락과 관련한 특정 유전자를 가진다기보다는 좀 더 탄력적인 유전적 소인을 가진다고 생각한다. 그가 인용한 사회생물학자 Mary Jane West-Eberhard는 이렇게 말한다.

> 유전자 단독으로 무엇인가를 결정한다는 의미에서 보면 유전적으로 결정된 것은 아무것도 없다. 모든 유전자는 특정 환경에서 발현된다. (…) 유전자를 특정 단백질 분자가 아닌, 무엇인가에 대한 유전자라고 말하는 것은 일종의 생물학적 문맹이라 할 수 있다[Hrdy, 1999, p. 56].

분명 Eberhard는 인류가 만들어 놓은 다양한 환경을 전제로 유전자 발현의 탄력성에 관해 이야기하고 있다. Hrdy는 여기에 대해 "인간이 어떻게 동족을 선호하게 되는지에 관해서는 아무런 유전자나 메커니즘도 발견되지 않았다. 동족 선택의 원리에 대해서는 아무것도 모르는 셈이다"라고 말하며 다시 한번 강조하고 있다(같은 책, p. 63). 호모 사피엔스가 대상을 추구한다는 관점에서 볼 때 흥미로운 사실은 다른 영장류와 비교해 볼 때, 호모 사피엔스가 그 새끼나 어린 개체는 물론이고 종 간, 종 내부의 폭력에 관한 한 타의 추종을 불허한다는 점이다. 인간도 아동 학대, 살인, 유기, 방임에 관한 통계에서 다른 종을 압도한다(Hrdy, 1999). 그리고

> 최근의 법무부 발표에 따르면 부모는 아동 학대나 방임의 최대 가해자(80%)이다. 이 발표에 따르면(1976~1998) 5세 이하 아동 살해의 경우 엄마와 아빠는 같은 빈도(31%)를 보인다[프레스콧, 1996, p. 156].

Prescott와 Hrdy는 많은 논문과 책을 통해 우리와 유전적으로 가장 닮은 영장류인 보노보 침팬지에 관한 이야기를 한다. 프레스콧이 제시하는 보노보 침팬지와 인간의 유전적 유사성은 아래와 같다.

> 호모 사피엔스, 그리고 유전적으로 가장 가까운 보노보 침팬지의 유전적 유사성은 다음과 같다. 두 종의 DNA 일치율은 98%이고, Jared Diamond의 『The Third Chimpanzee』(2006)에 따르면 99.1%에 육박한다. 보노보 침팬지와 일반 침팬지의 유전적 차이는 DNA의 0.7%이며 보노보 침팬지와 인간 사이의 차이는 1.6%에 불과하다[프레스콧, 2001, p. 227]

보노보는 관찰된 영장류 중 가장 평화롭고 서로를 돌보는 종임에 비해 인간은 반대로 가장 폭력적인 영장류이다. 보노보 침팬지는 새끼가 서너 살이 될 때까지 젖을 먹인다. 그리고 비슷한 나이가 될 때까지 업고 다니며(암컷의 경우) 수컷의 경우는 청소년기까지 엄마 등에 업혀 다닌다. 프레스콧은 이것이 보노보 수컷이 암수를 막론하고 자기 자식들에게 폭력적이지 않은 이유 중 하나라고 말한다. 그는 "'진화 유전학'은 이러한 보노보와 인간의 차이를 어떻게 설명할 수 있는가?"라고 묻는다(2001, p. 228). 말하진 않았으나 그의 대답은 명쾌해 보인다. 진화 유전학은 이 질문에 대답할 수 없다는 것이다. 그 차이를 설명하는 것은 서로 다른 종의 문화이다. 물론 비록 그 진위를 알 수는 없으나 두 종 간의 작은 유전적 차이로 폭력성의 차이를 설명하는 것은 논리적으로는 가능하다. 문화적 차이의 중요성에 관한 또 다른 근거는 보노보 침팬지와는 0.7%의 유전적 차이만을 보이는 일반 침팬지다. 일반 침팬지는 문화적으로 보노보 침팬지와 매우 다르며 더 폭력적이다. 그들의 집단에는 대장 수컷이 있으며 종 간, 종 내 폭력이 더 많다. 보노보는 모계 사회이며 일반 침팬지는 부계 사회이다. (굳이 다루지는 않겠으나 세상에는 유전적으로 다른 세 부류의 침팬지 종류가 있다.)

유전적 차이로 모든 것을 설명해버리는 환원적 입장과 달리, 아기를 업고 다니는 것이 인간과 보노보 아기에게 뚜렷한 영향을 준다는 근거가 있다. 캐나다의 연구자들(Hunziker & Barr, 1986)은 아기가 우는 정도로 업고 다님의 효과를 측정했다(n=99). 업고 다닌 아기와 '보통처럼' 다루어진 아기는 우는 정도가 유의미하게 달랐다. 생후 6주 된 아기의 경우 업고 다닌 시간이 두 시간 늘어나면 전체적으로 울거나 투정 부리는 정도가 한 시간(4%)이 줄었다. 이러한 실험적 연구를 통해 과거 Brazelton과 동료들이 제시했던 가설이 확인되었다(1974, 1981). 비록 이 연구들은 대규모 연구는 아니었으나 현시점에서 제안할 수 있는 가설은 아기를 돌보는 방법의 차이가 아기의 울음이나 투정을 일정 부분 설명할 수 있다는 것이다. 위에서 제기한 유전적 영향에 관한 West-Eberhard의 관점도 종이나 문화 간 다양성에 의해 일부 보강된다. 이상의 논의가 정신분석의 개념과는 무슨 상관이 있는지, 특히 대상 추구나 쾌락 추구의 이분법과는 어떤 관련이 있는지 궁금할 수 있다. 내가 주장하려는 것은 인간이 둘 중 하나를 추구하는 것이 아니라는 점이다. 인간은 탄력적인 집단이며 다양하게 발현된 유전적 성격으로 다양한 환경에 적응해갈 것이다.

관련된 몇몇 이슈들

이런 질문을 해 보자. 폭력적인 사회가 인간의 근본적 경향을 왜곡하는 것일 뿐이며, 폭력은 인간의 본질적 경향 그 자체와는 별 관련이 없는 사회적 일탈인가? 여기에 대해서는 『The Break of the Finch』(Weiner, 1994)에서 제시한 진화론적 연구가 도움이 될 듯하다. 이 연구가 어쩌면 인간이 어떻게 폭력에 적응해왔는지에 관한 모델을 제공해 줄지도 모른다. Weiner가 기록하고 Peter와 Rosemary Grant가 수행한 이 연구에서, 그들은 콩새의 부리가 환경에 따라 달라지는 것을 관찰했다. 그들의 관찰에 따르면 (갈라파고스에서 한 연구이다) 콩새의 부리는 선택적인 교배를 통해 환경에 따라 달라졌다. 콩새의 생존은 주어진 환경에서 누구의 부리가 가장 적합한지에 달려있다. 인간의 아기가 대상을 추구하는지 쾌락을 추구하는지는 환경과 (비록 의식적이지는 않겠지만 의도적인) 교배에 달려있다. 그렇다면 엄마에 대한 안정적 애착은 중요한가?

그건 당신이 어떤 종류의 인간이 될지에 따라 다르다. 아주 무자비하고 공격적인 남자 군인이 필요하면 사회는 아마 다른 방식의 애착을 선택할 것이다. 우리는 현대와 역사(아테네인과 반대되는 스파르타인)를 통해 다양한 애착의 양상이 있음을 알고 있다. 게다가 하나의 사회 안에도 다양한 애착 양상이 있다. 우리는 잠시 후 모자 관계를 묘사하고 설명하기 위한 모델을 살펴보겠다. 이러한 모델을 살펴보기 전에, 우리는 인간의 유전형질이 일반적으로 다양한 적응을 가능하게 하고 특정 사회가 어떤 수준에서 그것이 만들어내려는 적응의 방식에 영향을 미칠 것이라는 생각을 강화할 수 있다.

충분히 좋은 엄마

앞선 장의 요약에서 신생아의 렘수면의 양에 관해서는 말하지 않았다. 신생아는 하루 10~12시간 동안 렘수면 속에 있다. 아기가 미숙하면 미숙할수록 렘수면의 비중은 커진다. 그래서 부모는 렘수면 중 아기의 움직임이 깨어있는 상태가 아님을 반드시 알아야 하는데, 이것이 늘 쉬운 것은 아니다. 특히 동공이 크고 눈꺼풀이 완전히 닫히지 않은 아기의 경우 더욱 그러하다. 아기의 상태를 알아채는 것은 좋은 양육의 한 측면이다. 엄마가 자신의 아기가 언제 잠들었는지 알 수 없다고 하는 것은 좀 이상하게 들릴 수도 있겠다. 하지만 렘수면 중의 움직임은 깨어있을 때의 행동과 비슷하다. 물론 이것이 엄마가 해야 할 가장 어려운 구별은 아니다.

(위니콧의 의미에서) 충분히 좋은 양육이 가능하기 위해서 엄마는 반드시 대상을 추구해야 한다. 엄마가 대상을 추구해야 한다는 점이 의심이나 가능할까? 그러나 서구사회에서 엄마들이 자기 아기에게 관심이 있다는 말은 사실 우리의 믿음보다는 훨씬 덜 확실한 듯하다(Hrdy, 1999). 위니콧, 설즈(1965) 등이 지적했듯이, 아기에게 충분한 정신적, 육체적 건강을 보장하려면 엄마는 많은 도움을 받아야 한다. 엄마에게 도움이 많이 제공될수록 아이가 건강하게 생존할 확률이 높아진다. 이때 도움은 주로 엄마의 환경(남편, 형제 등)으로부터의 도움이다.

하지만 이 중 하나는 아기에게서 오는 것 같다. 아기가 엄마에게 기쁨을 주고, 또 엄마의 기쁨을 받아주면 건강한 생존의 기회는 커진다. 이렇게 보면 아기가 엄마와 접촉을 하지 않으면 아기의 생존이 위태로워진다. 그러니까 건강하게 생존할 확률이 많은 아이는 대상을 추구한다고 볼 수도 있겠다. 당연히 아기의 생존확률을 가장 높이는 것은 아기와 엄마 모두가 대상 추구를 하고 여기에 환경의 도움이 더해지는 경우이다.

생리학적 쾌락 경로 요약

모자간 상호작용을 논하기 전에 포유류의 쾌락 경로(ICSS 부위)에 관해 잠시 이야기하겠다. 이 부위들은 Olds가 처음 발견한 곳들이다. 그는 그가 쥐의 시상하부에 전기 자극을 전달할 때, 쥐는 이러한 자극을 얻기 위해 다양한 임무를 수행하는 법을 배울 것이라는 것을 발견했다. 동물들이 이 같은 자극을 얻기 위해 하는 행동을 ICSS라고 부른다. 중뇌의 여러 부분이 ICSS 혹은 쾌락과 관련한 부위이다. 우리의 실험실(Ellman & Steiner, 1971)은 연수나 뇌교에서 ICSS를 발견한 최초의 실험실 중 하나였다(Stein의 실험실이나 Crowe의 실험실에서는 자기들이 최초라고 말할 테지만).

쾌락 경로의 특징 중 하나는 쾌락(재강화)을 결정하는 것은 최소 세 개의 요소에 달려있다는 점이다. 그것은 자극의 강도, 자극 전달의 빈도, 동물이 자극을 제어할 수 있는 정도이다. Steiner, Bodnar, Achermann, & Ellman(1973)은 ICSS의 자극이 아주 강해지면 회피나 피신 같은 행동들을 만들어 낼 수 있음을 보였다. 즉, 자극이 강해지고 반응의 빈도가 어느 시점에 이르면 추가적인 자극의 상승은 반응 빈도의 하락을 가져오는 것이다. 자극이 너무 강해지면 긍정적 반응을 불러왔던 자극이 부정적 회피 반응을 초래한다는 이야기다. 그리고 흥미롭게도 매일 일정한 시간에 ICSS를 허락하면 반응 비율은 안정화된다. 만약 어느 날 동물에게 ICSS에 반응할 기회를 주는 대신 그 전날에 선택했던 자극을 주면 동물은 자극을 회피한다(1973). 이것이 의미하는 바는 동물은 스스로 자극의 빈도를 조절하기를 원한다는 뜻으로, 비록 자신이 그 전날 선택했던 것과 같은 정도의 자극이라 할지라도 그러하다. 마찬가지로 인간도 쾌락을 조절할 수 있는 위치에 있는 경험이 중요하다는 가정을 할 수 있다. 인간의 경우 이러한 조절과 관련한 행동, 인지적 반응이나 의식, 무의식적 환상을 가정할 때 이러한 경험의 범위는 아주 넓을 것이다.

우리는 ICSS 시스템의 활성화가 렘수면의 주기성과 연관되어 있다고 가정했다. 그리고 이러한 내인성 자극이 인간 집단에서 종 모양의 곡선을 만든다고 생각한다. 그러니까 곡선의 한쪽 끝과 다른 쪽 끝은 인간이 스스로 조절하는 내적 자극의 차이를 나타내는 것이다. 이 연구의 신경생리학적 함의는 내인성 자극 시스템이 뇌교에서 중뇌를 거쳐 대뇌피질에 이른다는 것이다. 우리는 많은 연구에서 그 결과를 발표했다(Bodnar, Ellman, Coons, Achermann & Steiner, 1979; Bodnar, Steiner, Frutus, Ippolito & Ellman, 1978a; Bodnar, Steiner, Healey, Halperin & Ellman, 1978b; Ellman, Achermann, Bodnar, Jackler & Steiner, 1973, 1975; Ellman, Achermann, Farber, Mattiace & Steiner, 1975; Farber 등, 1976). 뇌교의 자극은 중뇌의 ICSS 부위에, 반대로 중뇌의 부위들은 뇌교의 ICSS 행위에 영향을 미칠 수 있다. 이러한 지속적인 자극은 통상적인 ICSS(렘) 주기성 바깥의 시스템에도 영향을 미칠 수 있다. 그러니까 공격이나 극단적인 배고픔이 발생하면 이 시스템들이 활성화된다. 통상적인 중뇌 자극 역치에서 ICSS는 렘 주기성에 의해 활성화된다.

모-자 관계와 렘수면

나의 이론은 이론일 뿐 실험으로 증명된 발견이 아니다. 하지만 난 이론을 보강하기 위해 내가 과거에 했던 실험을 동원하고 있다. 과거 실험의 큰 틀 안에 머물기 위해 행위라는 용어 대신 자극이라는 용어를 사용하고 있다. 따라서 이제부터 할 이야기에는 약간의 과장이 있을 것이다. 엄마가 아기를 먹이고, 안아주고, 놀아줄 때 엄마는 아기를 자극한다고 볼 수 있는데, 이 점이 중요하다. 먼저 우리는 아기를 일종의 고차원적 내인성 자극을 가진 존재로 볼 것이다. 우리의 가설은 개별 인간은 각자 만들어내는 내인성 자극의 양이 다르다는 것이다. ('양'이라는 단어를 사용하고 있지만 좀 더 강렬한 자극은 단위 시간당 만들어지는 자극의 빈도에 달려있을 것이다.) 인간에게서 이러한 자극은 매 70~90분 간격으로 만들어진다(렘 주기). 우리의 가정에서 아기는 거대한 내적 자극을 가진 존재이므로 아기에게 소량의 외부자극은 약간 즐거울 것이며 아주 강한 자극은 불쾌할 것이다. 이때 내부 자극과 외부 자극이 합쳐지면 아기는 부정적이고 불쾌한 일련의 경험을 가진다. 그래서 어떤 아기에게 일상적인 수준의 자극량으로 느껴지는 것이 내인성 자극이 큰 아기에게는 불쾌하게 느껴질 수 있는 것이다. 말하자면 너무 강한 자극을 받은 동물처럼 자극에서 벗어나고자 할 것이다. 보통의 엄마들은 아기와 함께 있으려고 한다. 그래서 엄마가 좋은 의도로 아기에게 한 행동에 대해 아기가 부정적으로 반응하게 되면 고통스러울 것이다. 그러면 엄마로서는 자신의 반응을 줄이면서 아기의 경험을 알아채야 하는 임무가 생긴다. 엄마가 자신의 실망을 견디고 아기의 경험을 알아채게 되면 아기는 엄마와 함께 있을 수 있다. 엄마로서는 아기의 고통스러운 경험을 감지하는 것이 쉽지 않은데, 이는 심지어 엄마가 스스로 '정상적'으로 행동하고 있다고 느낄 때도 그러하다. 물론 아기가 자신의 부드러운 접근에도 부정적으로 반응할 때 이를 자기애적 타격으로 받아들이지 않는 이상적인 엄마도 있을 수 있다. 하지만 대다수의 엄마는 자신의 보살핌에 대해 아기가 긍정적으로 반응하기를 기대하고 있으며, 만약 긍정적인 반응이 오지 않을 경우, 엄마는 유연하게 이를 받아들이며 아기와 관련된 자신의 행동을 적당히 조절하는 법을 배워야 한다. 엄마가 자신이 잘못하고 있다거나 혹은 아기가 뭔가 잘못되었다고 느끼면 어떻게 되는가? 엄마는 (필사적으로 아기의 관심을 끌기 위해) 더 많은 자극을 아기에게 주거나, 혹은 반대로 아기와 멀리 떨어져 있을 것이다. 아기가 Laplanche(1997)가 엄마의 유혹이라고 부른 것에 대해 제대로 반응하지 않으면 이는 엄마에게는 (우울하게 만드는 것은 물론이고) 자기애적 타격이 되기 쉽다. 이런 일은 실제로도 은유적으로도 생길 수 있다. 내인성 자극 수준이 높은 아기를 다루는 일은 여러 가지 이유로 능동적이기를 원하는 엄마에게는 어려운 과제일 수 있다. 높은 내인성 자극을 가진 아기는 적응을 위해 가짜 자기 반응을 만들어낼 가능성도 있다. 다르게 말하면 아기는 실망한 엄마에게 엄마가 원하는 것처럼 능동적 자극에 반응하게 된다. 이 맥락에서 보면 가짜 자기가 의미하는 바는 아기가 억지로 외부의 요구에 순응하여 애써 본인의 정상적인 반응을 억제하게 만든다는 뜻이다. 초기 발달(생후 5주까지) 시기의 아기는 외부 대상을 너무 많이 의식해서는 안 된다. 가짜 자기의 발달이 시작되면 아기는 자연스러운 행동(몸짓)을 억누르려 한다. 억지로 순응하지 못하는 아기는 완전히 물러서 환경에 참여하지 못하게 될 수도 있다. 강렬한 자극에 대한 아기의 불쾌를 부모가 감지하고 자신의 반응을 조절할 수 있다면, 이 부모는 걸음마를 시작하는 아기가 능동성을 찾아감에 따라 놀라운 기쁨을 경험하게 될 것이다. 여기서 '걸음마를 하는 아기'라고 말한 이유는 엄마가 아이와 능동적으로 놀 수 있기까지 걸리는 시간을 표현하기 위함이다. 이런 유형의 아기/아이는 그제야 엄마를 유혹해서 같이 놀 수 있다. 만약 엄마가 도움이 되면 이 과정을 통해 아이는 자신의 능동적인 내적 세계와 접촉하고 마침내 자기 감각을 즐길 수 있게 된다. 아기의 감수성으로 인해 엄마가 부정적인 경험을 했던 경우라면 아기는 침묵으로 빠지고 자신의 내적 자극을 적극적으로 억제하거나 어떤 식으로든 마음을 비워버리게 된다. 분명 클라인의 투사적 동일시 개념이 아이가 마음을 비워버리는 방식일 것이다.

아이의 내인성 자극의 정도가 낮으면 어떨까? 그러면 아이는 통상적인 수준의 외적 자극에 별 반응을 보이지 않을 것이다. 그 정도의 자극으로는 아이를 부추기기에 충분하지 않기 때문이다. 엄마는 아이가 자극에 반응을 보이지 않아 실망할 수도 있다. 그 실망은 내인성 자극이 높아서 불편한 경험을 한 경우보다는 적을 수도 있는데, 그 이유는 자극 수준이 낮은 아이는 능동적으로 회피하지는 않을 것이기 때문이다. 그저 반응만 보이지 않는 것이다. 여기에서도 이상적인 엄마는 아기가 더 많은 자극이 필요함을 감지할 수 있고, 때로 아이가 자신이 원한만큼 충분히 반응하지 않더라도 크게 실망하지 않을 수 있을 것이다. 엄마가 자신의 실망을 감당하지 못하면 엄마가 물러나거나 혹은 아이를 억지로 자극해서 아기를 불편하게 만들 것이다. 어쩌면 아이를 계속 자극할 수도 있겠다. 이런 유형의 불협화음도 다른 유형의 수많은 불협화음처럼 역시 가짜 자기를 만든다.

잠시 엄마의 경향을 살펴보도록 하자. Alfasi-Siffert(1985)는 세 살짜리 아기의 응시-응시 회피를 관찰했다. 이런 유형의 실험은 부분적으로 Stern(1985)에서 유래했다. 연구는 두 가지 조건 아래서 수행되었다. 엄마와 아기의 응시-응시 회피의 패턴을 관찰, 기록하는 것이 하나이고, 다른 하나는 훈련받은 참가자가 실험에 참여해서 아기가 응시를 시작하는 경우에만 아기를 응시하도록 했다. 대다수의 엄마들은 아기가 응시하면 엄마가 그 눈길을 맞이하고, 그러면 아기는 눈을 회피했다가 다시 돌아와 눈을 맞추었다. 대다수의 엄마들은 아기가 응시를 회피하는 것을 놓아두었고 아기는 다시 돌아와 엄마와 눈을 맞추었다. 하지만 한 엄마는 아기가 눈길을 피하자 아기의 눈을 쫓아가 다시 눈을 맞추려고 했다. 아기는 다시 눈길을 피했고, 다음엔 눈을 맞추고 피하는 과정을 하기보다는 거의 계속 피하는 과정만 있었다. 이 연구에서는 아기가 엄마에게 보이는 반응과 훈련된 참여자에게 보이는 반응을 비교할 수 있었다. 훈련된 참가자는 아기의 눈길을 쫓아가지 않았으므로 이 경우 아기는 다른 아기와 비슷한 응시-응시 회피의 패턴을 보였다. 엄마는 아기가 멀어지는 것을 견디지 못했으며 심지어는 시선도 멀어지지 못하게 만들었다. 엄마는 아기를 자극함으로써 아기가 엄마를 계속해서 피하도록 만들었다. 이 경우에 아기는 중간 수준의 자극 정도를 가졌으나 엄마의 자극이 과도해서 아기가 견딜 수가 없었다. 이 실험이 의미하는 것은 상호작용의 패턴을 결정하는 것이 아기의 감수성에 국한되지 않는다는 점이다. 자극의 효과를 결정하는 것은 항상 엄마-아기의 상호작용이었다. 하지만 어떤 경우 어느 한쪽이 상호작용의 대부분을 결정했다.

기타 이론적 이슈들

비록 시간은 좀 걸렸지만 이제 우리는 Gill이 언급했던 이론의 차이점으로 돌아와, 선천적 아니면 후천적 관점으로 발달을 개념화하는 것이 유용한지를 질문해 볼 수 있다. 모든 이론에는 중요한 보편적 경향이 하나 있고 '덜 중요한' 나머지 경향들이 있다. 인간은 쾌락을 추구하는 게 아니라 대상을 추구한다는 진술이 그 예다. 그리고 프로이트가 말한 본능의 우위도 역시 그러한 예다. 내가 제시하는 이론에서는 개인과 개인이 봉착하는 환경에 따라 수된 영향이 달라진다. 어떤 아기는 기본적으로 환경과의 경험에 영향을 받고 다른 아기는 선천적 영향을 주로 받는다. 사실 이 말도 잘못된 것인데, 그 이유는 그 또한 진정한 상호작용에 관한 진술이 아니기 때문이다. 어떤 환경에서는 내인성 자극의 선천적 수준은 중요하지 않을 수도 있다. 그래서 정확히 말하자면 어떤 환경 아래에서는 선천적 요인의 영향을 받을 가능성이 커진다고 볼 수 있다.

전이에 대한 통상적 관점은 엄마-아기 관계를 상호작용을 보는데 어려움을 준다. 상호 관계의 양쪽을 모두 고려하기도 어렵고 편향성에서 벗어나기도 어렵다. 그래서 이런 상황에서는 통계는 잊어버리는 것이 상책이며, 가능한 한 사람을 대할 때는 기억도 소망도 없이 만나는 것이 유리하다. 따라서 비록 내가 내인성 자극 이론을 제시하고는 있으나, 이 또한 하나의 요소에 불과하며 정신분석은 반드시 다요인 모델이 되어야 한다. 비록 때로는 특정 요소에 방점을 찍겠지만 우리는 초점은 반드시 상호작용에 있어야 한다. 내 생각에는 대부분의 사회에서 환경적 요소는 양자 간 상호작용에 중요한 요소이다. 하지만 여기에서도 기억과 소망은 가능한 한 갖지 않아야 한다. 이상 짧게나마 상호작용 모델이 어떻게 발달 경험의 이해에 도움이 되는지 말해봤다. 만약 어떤 요소가 더 중요한지를 통계적으로 보여주려 한다면 아마 아기의 감수성과 아기가 만나게 될 엄마의 양육 패턴에 따라 달라질 것이다. (눈치챈 독자들이 있을지 모르겠지만 나는 높은 내적 자극을 가진 아기라는 표현 대신 '아기의 감수성'이라는 표현을 썼다. 감수성은 내적 자극의 표현 양상으로 생각된다.) 게다가 아기를 평가하는 방식은 그 연구를 수행하는 사회에 달려있다. 사회마다 측정하고자 하는 성향이 다를 것이기 때문이다. 이런 관점에서 보면 발달을 절대적 측면에서 보는 것도 오류라고 할 수 있다. 어떤 특정 요소를 일반적으로 다른 어떤 요소보다 더 중요하다고 보는 것도 오류이며, 그래서 요는 항상 상호작용이라는 것이다. 그리고 전형적인 상호작용도 있겠지만 전형적인 경우에만 매몰되는 것도 실수이다. 극악의 환경에서도 살아남는 사람이 있고, 어렵기 그지없는 아기도 어떤 환경에서는 건강하게 자란다. 임상적으로 보면 우리가 끔찍하다거나 혹은 정상적이라고 느끼는 조건을 남들도 그렇게 느낀다고 가정해서는 안 된다. 비록 내가 모자간의 상호작용을 주시한 것은 사실이지만 발달은 여기에 제시된 것보다 훨씬 많은 요소에 의해 결정된다. 상호작용이라는 부분을 명확히 드러내기 위해 이론가들이 제시했던 초기 발달에서 중요한 이슈들을 살펴보자.

멜라니 클라인은 좌절에 대한 아기의 내성을 초기 발달에서 중요한 요소로 생각했다. 그녀는 이것이 모자간 상호작용의 결과라기보다는 타고난 특성이라고 생각했다. 내인성 자극이 이미 많은 아이의 경우, 자극에 대한 감수성이 높고 엄마가 일관되게 아이를 읽어내기가 어려운 탓에 적은 자극에도 좌절을 느끼는 경우가 다수일 것이다. 하지만 이런 아이를 읽어낼 수 있는 부모는 아이가 더 큰 좌절 내성을 가진 사람으로 자라도록 도울 수 있다. 이런 아이들은 엄마의 마음과 보살핌을 경험함으로써 평균 이상의 감사함을 느낄 수도 있다. 그리고 이런 아이들은 광범위한 내적 상태에 접근할 수 있는 사람이 될 수도 있다. 누군가 이런 상태에 접근해서 다룰 수 있다면 좌절에 대한 내성도 같이 깊어지고 넓어질 것이다. 그래서 좌절에 대한 내성은 환경과 아기가 만든 상호작용의 결과로도 여겨져야 한다.

위니캇이 말한 충분히 좋은 양육 개념은 충분히 좋은 양육을 정상적인 상태로 여긴다. 비록 그도 엄마 또한 지지가 필요함을 인정했지만, 아기가 태어나면 자연스럽게 이행하는 상태처럼 쓴 것도 사실이다. 엄마와 아기, 자연 선택에 관한 Hrdy의 책(1999)을 읽어보면 양육을 다양한 관점에서 볼 수 있게 된다. 그녀는 아기가 엄마를 유혹해 양육하게 만드는 것이 얼마나 중요한지를 설명한다. 그녀의 가정에 의하면 양육은 본능적인 것도 아니고 자동으로 일어나는 일도 아니기 때문이다. 산욕기 정신 이상(위니캇의 용어다)이 생길 수도 있지만 어떤 엄마는 같은 기간에 아기를 죽이거나 유기하기도 한다. Magurran(2000)은 말하길, Hrdy는

> 인간의 아기가 다른 영장류 새끼보다 훨씬 더 토실토실한 이유에 대해 말하길, 부모에게 자신이 키울 가치가 있음을 설득하기 위해서라고 말하는 데까지 이른다. 그녀의 견해에 따르면 아기의 미소도 엄마를 유혹하기 위한 전략이 된다.

이런 유혹에도 불구하고 많은 엄마는 아기에게 애착을 갖는 데 어려움을 겪는데, 어떤 경우는 아기가 충분히 유혹적이지 않아서일 테지만 더 많은 경우는 아직 엄마가 될 준비가 되지 않아서일 것이다. 엄마와 아기의 상호

작용이라는 관점에서 보면 Hrdy는 아기의 유혹이 대다수의 상호작용에서 중요하다는 점을 분명히 했다. 위니콧은 자신의 모든 감수성을 동원해서 주로 아기의 관점에서 글을 썼다. 그는 아기의 보조 자아로서 엄마가 해야 하는 임무를 강조한다. 그러나 엄마 또한 아기에 의해 이끌림을(유혹) 받아야 함은 충분히 말하지 못했다. 위니콧이 말하는 절대적 의존성 시기에 엄마가 해야 하는 일을 생각하면 이러한 유혹은 특히 중요하다.

일차과정과 이차과정, 공격성, 그리고 Ms W의 치료 노트

프로이트의 이론에서 변화를 요구받는 부분 중 하나는 일차과정과 이차과정의 순서에 대한 개념이다. 프로이트는 일차과정이 생후 처음 생겨난 종류의 사고라고 생각했다. 하지만 내가 앞서 이야기했듯 프로이트 자신의 이론에서조차(3장 참고) 이러한 순서는 논리적 일관성이 없다. 1908년에서 1917년에 이르는 시기의 프로이트는 처음으로 활성화되는 본능이 자기 생존의 본능이라고 말했다. 만약 일차과정이 먼저 생기면 아기는 생존할 수가 없는데, 그 이유는 일차과정으로 인해 아기가 현실에서 멀어지기 때문이다. 만약 프로이트의 주장처럼 최초의 사고가 본능적으로 만들어진 것이라면 이는 논리적 모순을 일으킨다. 유전적으로 미리 프로그램된 생존의 본능은 신생아가 자신을 보호해 줄 환경에서 멀어지지 않도록 해야 한다. 내가 제시한 내인성 자극 이론에서 신생아는 쾌락을 제공하는 환경에 이끌린다. 만약 신생아가 유전적으로 이미 프로그램되어 있다면 그 프로그램의 내용은 엄마를 통해 쾌락을 발견하는 것일 테다. 그렇게 보면 자가성애를 통한 쾌락의 발견도 적응적인데, 왜냐하면 이를 통해 아기는 탄탄한 신체 자기개념을 발달시킬 것이기 때문이다. 프로이트의 일차과정도 이차과정으로 볼 수 있다. 그 이유는 이를 통해 아기는 양육하는 대상이 없는 시간을 좀 더 잘 견딜 수 있기 때문이다. 대상에 대한 환상도 박탈을 겪고 있는 아기에게 즐거움을 주는 방법이자 즐거움을 조절하는 방식일 수 있다. 물론 프로이트는 일차과정, 그리고 인지 이론을 위한 심리적 에너지 가설 모두를 갖고 있다. 그가 제시한 최초의 일차과정은 다양한 사고의 형태가 나열된 인지적 눈금자의 한쪽 끝이라 할 수 있다. 하지만 성인에게서 순수한 일차과정 사고를 보기란 아마 어려울 것이다.

내가 치료한 조현병 환자에게서는 많은 일차사고를 관찰할 수 있다. 내 환자의 경우에는 갈등을 느끼면 여러 문장을 압축해서 가령 'I felt left out in cold field'라고 말한다(out in left field와 left out in the cold가 합쳐진 것이다). 이런 식의 압축을 통해 그녀가 얼마나 대상 세계에서 배제되었다고 느끼는지를 알 수 있다. 그녀가 좀 더 희망적이었으나 여전히 급성기 정신증에 있었을 때 그녀는 나를 Saint Hellman이라 불렀는데, 나중에 알고 보니 그는 1,000년 전에 살았던 프랑스 성인이었다. 하지만 이러한 일차과정도 결코 순수한 일차과정은 아니다. Holt(2002)의 주장에 따르면 우리가 하는 일상의 생각은 대부분 일차과정과 이차과정의 사이에 있는 것으로, 우리는 아직 일, 이차과정을 모두 구획할 수 있는 눈금자를 개발하지는 못했다. 한편 Freedman(1994, 2002)이 생각한 상징화나 Bucci(1985)의 다양한 상징 개념이 이러한 시도에 가깝다고 볼 수 있다.

프로이트 이론에 대한 이러한 수정에 동의한다면 우리는 프로이트가 초기에 말한 본능 이론을 생각해 볼 수 있다. 여기에는 두 개의 본능, 즉 자기 생존의 본능과 종족 생존의 본능이 있고, 이 두 본능이 인간 존재에 단단히 뿌리내리고 있다고 가정해볼 수 있다. 우리는 이미 내인성 자극 이론과 프로이트의 본능 이론 사이의 차이점을 살펴봤다. 하지만 아직 공격성에 대해서는 말하지 않았다. 내인성 자극 이론에서 공격성은 전체 생존 활동의 한 측면으로 여겨진다. 가령 먹거리를 구하는 행위가 중요해지면 공격성에 대한 역치는 낮아진다. 이 이론에 따르면 공격성은 모든 중뇌 관련 활동에서 동반될 수 있다. 모든 생존 관련 활동에서 공격성에 대한 역치는 낮다. 그렇게 개체는 모든 위협적 환경에 대응을 할 수 있다. 또 하나 이상해 보일 수 있는 것은, 먹거나 교미를 할 때도 공격성의 역치가 낮아진다는 것이다. 이런 생각을 밀고 나가면 어떤 행위의 중간에서 공격성의 역치는 낮아지고 절정에 다다른 후에 그 역치는 올라간다는 생각에 이른다. 그러니까 절정에 이르고 나면 해당 개체는 노여운 일이 생겨도 될 만큼 안전하다고 느낄 수 있다. 이 부분에 대해서 흐릿한 판단을 가진 종은 지구상에는 없다.

절정이라는 특이점은 잠시 젖혀두고, 이 가정의 핵심은 공격성은 다른 행동보다 좀 더 쉽게 학습된다는 점이다. 이것은 내인성 자극에서 미리 프로그램화된 부분이다. 발달의 과정에서 공격성을 억누르고 변형함으로써 다른 행동과 섞일 수 있도록 하는 것이 많다. 하지만 생존을 핵심 개념에 두는 이론에서 공격성은 쉽게 촉발되는 것이다. 마지막으로 공격성은 즐거울 수 있는 행동이라 여겨진다. 공격성을 부추기는 부위(Ellman, Achermann, Bodnar, Jackler, & Steiner, 1973; Olds, Allan, & Briese, 1971; Valenstein, Cox, & Kalkolewski, 1968)는 긍정적 재강화에 관련된 부위이기도 하다. 반대로 탄력적 공격 반응을 일으키는 부위 또한 ICSS와 관련된 부위이다. (이것이 내가 실험실에서 읽었던 논문과 경험의 결과이다. 만약 충분히 검증되지 않은 부분이라면, 그렇게 예상된다고 말해둔다.) 이러한 개념은 프로이트가 구조이론의 시기에 제기했던 이론과는 매우 다르다(4장 참고). 프로이트의 타나토스 개념은 자기-파괴적 욕동으로, 바깥으로 투사될 수 있다. 타나토스의 투사로 프로이트는 타인에 대한 공격성을 설명했다. 클라인은 프로이트의 생각에 동의하여 파괴적 욕동은 태어나면서 이미 활동한다고 생각했다. 분명 이러한 개념들은 이 장에서 내가 제시한 이론과 다르다. 하지만 이런 경우도 가능한데, 가령 역시 자극적인 엄마와 함께 있는 높은 내인성 자극을 가진 아이는 클라인이 그리는 아기처럼 보인다. 아기는 엄마의 표상을 없애기를 원하는데, 그 이유는 엄마가 너무 좌절을 주는 불편한 존재이기 때문이다. 엄마라는 존재의 어떤 긍정적인 부분에 매달리기 위해 아이는 엄마의 표상을 분열시킬 필요가 있다. 그런즉 이 이론에 따르면 어떤 아기는 클라인의 아기처럼 보이고 어떤 아기는 위니콧의 아기처럼 보인다(Ellman, 1992). 이 이론은 사실 위니콧, 클라인, 페어베언, 스턴(1985) 등 다양한 이론을 뒷받침할 수 있는 아기를 가정한다.

앞선 장에서 우리는 대부분 임상 개념에 관해서 이야기했으므로 여기에서는 새로운 이론이 임상적 함의를 간단하게 이야기하겠다. 앞서 나는 분석적 신뢰의 발달을 강조했다. 그리고 마지막에는 내인성 요소가 이째서 분석 과정에서 중요한지 설명하겠다고 말했다. 내가 제시하는 이론에 따르면 신뢰의 발달에서 가장 중요한 것은 정서 상태의 상호침투이다. 그러니까 환자의 경험을 깊숙이 느끼는 것이다. 내 생각에 이러한 상호침투에는 환자의 내인성 경향을 점차 이해해가는 과정도 포함된다. Ms W의 치료를 통해 이 점이 좀 더 분명해졌다.

Ms W가 처음 주 3회 치료를 시작했을 때 그녀는 25살이었고 나중에는 주 4회 치료를 시행했다. 그녀는 자책이 많은 사람이었는데 종종 극단적인 자기혐오와 자기 비난으로 이어졌다. 치료를 시작했을 당시 그녀는 아주 우울했었고, 이세 막 우울증으로 인한 입원에서 퇴원한 상태였다. 그녀는 극심한 식이장애를 앓고 있었으며 내 사무실에 나타났을 당시 키는 170cm가량 되었으나 너무 말라서 의자에 앉을 때도 아파했다. (몇 년 뒤 내가 그녀를 주 2회 보고 있었을 때 그녀가 말하길 처음 왔을 당시 그녀의 몸무게가 34kg였다고 했다. 난 당시 그녀의 몸무게가 31kg 정도밖에 되지 않았다고 생각했고, 2000년도 국제 정신분석학회에서 그렇게 보고했다.) 깨어있을 때 그녀의 삶은 지독한 후회로 가득했고, 가끔 주변 사람들을 향한 지독한 노여움이 후회를 멈추게 했다. 그럴 때는 자신의 전 남자친구와 엄마가 자신을 취약한 상황으로 몰아넣어 강간과 폭력에 노출되도록 만들었다고 생각했다. 노여움은 오래가지 않았는데, 그 이유는 노여움은 그녀가 유지할 수 있었던 모든 종류의 안정감을 해칠 뿐만 아니라 그녀에게 남아 있는 유일한 대상관계들을 파괴할 것처럼 느껴졌기 때문이었다. 잠깐의 분노가(때로는 노여움) 안전하게 향할 수 있었던 곳은 종교적 이유로 인해 그녀와 결혼할 수 없다고 결정했던 Harid뿐이었다(그는 터키계 모슬렘이었고, 그녀는 유대인이었다). 그녀가 자신의 아파트로 이사 오기 6개월 전에 이 일이 있었고, 이사 후 아파트 옥상에서 일광욕을 즐기던 중, 칼을 든 괴한에게 강간과 폭행을 당하는 사고가 있었다. 이 사건은 극심한 고통을 가져왔고 Harid와 헤어질 당시에 시작되었던 그녀의 식이 문제를 악화시켰다.

치료가 시작되었을 때 그녀는 모슬렘으로 개종하지 않았던 일에 대한 후회로 가득했었다. 가끔은 개종하지 않은 자신을 심하게 질책했고, 진정되고 난 후에는 모슬렘으로 개종해서 남자친구가 돌아오는 상상을 하곤 했다. 이런 환상을 망가뜨리는 것은 스스로를 난잡한 여자로 생각하는 것이었는데, 그 때문에 터키인인 남자친구의 부모는 그녀를 받아들이지 않을 것이라고 생각했다. 자신의 과거 성생활에 대한 죄책감은 강력한 요인이었고, 자신의 거식증이 일부 눈에 띄는 여성적 신체 부위(유방과 신체 곡선)를 제거하려는 시도라는 깨달음에 이르게 되었다. 이러한 후회는 전 남자친구를 붙잡으려는 소망에 따른 죄책감과 밀접한 연관이 있었는데, 그녀는 결국 자신이 Harid(부귀와 권력을 가진 장남)를 그의 가족과 문화로부터 훔쳐 달아나길 소망한다는 점을 깨달았다. 강간에 관해 이야기하는 데는 상당한 시간이 걸렸다. 나는 그녀가 항상 이 문제를 염두에 두고 있었다고 생각했기 때문에 그렇게 많은 시간이 걸린 것이 약간 놀라웠다. 하지만 나는 그녀가 느꼈던 수치심을 과소평가하고 있었으며, 다행스럽게도 그 이야기를 언제 할지는 그녀 스스로 결정할 수 있었다.

Ms W에 대해서는 이 정도만 말하겠다. 하나 말해두고 싶은 것은 이 시기의 나는 거식증을 앓고 있는 여자 환자 여럿을 보고 있었는데, 모두 (네 명) 엄마와 심각한 갈등을 겪고 있었다. 그들 모두 엄마를 향한 심각한 증오를 품었고 동시에 엄마로부터 충분히 분리되지 못했다. 이점은 Ms W도 마찬가지였다. 한편 4년의 치료 끝에 증상은 상당히 호전되었고 직장도 가지게 되었으나 내가 보기에 그녀의 분석은 정체된 듯 느껴졌다. 나에 대해서는 아직 호의적인 시각을 유지하고 있었지만, 엄마에 대해서는 상당히 화가 나서 모든 관계를 끊은 상태였다. 분석 시간에 그녀의 이야기는 자상한 (합쳐진) 부모와 나누는 토론과 좀 더 비슷했고, 그녀가 나를 이용하는 방식을 해석하면 순응과 약간 멍한 수긍이 돌아올 뿐이었다. 치료에는 별다른 새로운 일이 생기지 않았고, 아직은 종결에도 관심이 없었다. 사실 치료 다섯 해째에 들어갈 때는 상당히 만족한 듯 보였다.

이 당시 비록 그녀는 상당히 호전되었지만, 그녀가 자신의 전이 반응을 치료적으로 사용하기에는 아직 일렀다. 나는 이상화되었으며 그것만이 '유일하게 진짜'였다. 치료 초기 그녀는 내가 이러저러한 형태로 그녀를 공격할 거라는 편집증적 반응을 보였는데, 그때도 그녀에게는 그 생각만이 유일하게 진짜였더랬다. 나는 다른 논문에서 이 치료에 관해 좀 더 자세하게 썼다(Ellman, 1999, 2006). 지금 맥락에서 중요한 점은 그녀가 성애적 전이 반응을 이용하여 새로운 길과 새로운 형태의 자기-반성으로 나아간 것은 신뢰가 점차 형성된 이후라는 것이다.

치료 5년째에 그녀는 아빠와 관련한 꿈을 자주 꿨는데, 꿈에서 아빠는 좀 달라 보였고 종종 (나처럼) 대머리였다. 치료가 움직이기 시작한 것은 그녀가 내 사무실의 다른 방에 있던 여자를 언급하면서였다. 그녀는 그 여자가 내 아내라는 사실을 알고 있었지만, 이제 그 여자가 하는 모든 행동이 내 환자를 성가시게 만들었다. 어떻게 그런 여자와 결혼을 할 수가 있냐고 말하며 강력한 경쟁심을 드러내기 시작했다. 우리가 이 느낌을 탐색해나가면서 그녀는 자신이 4~5살 경 꽤 우울했었음을 기억할 수 있었다. 당시 모든 걸 까맣게 칠해놓고 부모님에게 화를 냈던 것을 기억했는데, 부모님의 이야기에 따르면 그전에는 그런 적이 없었다. 그러면서 문득 인생에서 아주 분명했던 무엇인가를 깨달았는데, 그것은 여동생의 출생을 엄청나게 싫어했다는 것이었다. 그녀의 전이는 그 속성상 성애적이었을 뿐 아니라 고전적 오이디푸스 콤플렉스 구도이기도 했던 것이었다. 그녀는 나의 관심을 원했고 내 아내, 그리고 다른 여자 환자들과 계속 경쟁했다. 그녀는 우리 둘 사이에서 아기를 갖는 상상을 했고, 비록 좀 더 자기-반성적이었으나 떨어져 있는 시간을 힘들어했다. 그녀와 나 사이에 항상 누군가 있는 듯 느꼈는데, 그럴 때면 그녀는 나에게 사무실을 바꾸라고 말하고는 웃곤 했다. "어쩌면 내 아파트로 올 수도 있겠죠." 한편 내 아내를 없애려는 소망과 관련한 죄책감도 있었다. 가끔 그녀는 내 아내가 '아마 내가 생각하는 것만큼 나쁜 여자는 아닐' 것이라고 반추했다. 그녀의 오이디푸스 역동에 대해서 더 많은 이야기를 할 수 있겠으나 지금은 그렇게 하기보다는 그녀의 역동이 어떻게 증상 형성에 영향을 끼쳤고, 아동기 시절 실망에 괴로워하다가 새로운 환경에 적응하기(그녀의 부모가 예상했던 것)보다는 왜 우울한 아이가 되었는지를 설명하려고 한다.

Ms W는 전형적으로 높은 에너지를 가진 유형의 사람이다. 우울증을 겪고 난 다음 그녀는 아주 빠른 속도로 말했고 아주 힘에 넘쳐 모든 일을 빨리빨리 해치웠다. 목소리는 컸으며 자지러지게 웃었다. 그리고 상당히 거칠었다. 나중에 다시 나를 만나러 왔을 때(그녀는 첫 방문 후 7년 뒤 분석을 끝냈다), 그녀는 이렇게 말했다. "어떤 사람들은 내가 이렇게 열성적인 것을 좋아하지 않아요. 내 큰 목소리와 급한 행동을 안 좋아하죠. 그래도 그 사람들까지 만족시킬 순 없다는 것을 받아들이려고 해요. 이게 나고 이런 나를 좋아하는 사람도 있고 싫어하는 사람도 있겠죠." 나는 이것이 그녀 스스로 얻은 훌륭한 자각이라고 생각한다. 나도 그녀에게 동의한다. 우울증이 걷힌 다음 그녀는 조증(말하자면 우울증에 대한 방어인 조증)에 빠진 것이 아니라 정력적인 여자가 되었는데, 이것이 그녀의 진짜 자기였다. 그러니까 높은 에너지 수준 때문에 그녀는 아주 예민하고 강렬하게 세상을 경험할 수 있었던 셈이다. 때로 그녀는 너무나 힘이 넘쳐서 주변 세상에 무관심한 듯 보였지만 일단 그녀가 환경을 감지하고 나면 그 경험은 강렬해졌다. 가령 동생의 출생 같은 지속적인 갈등 상황을 겪게 되면 그 역동은 너무나 강렬해서 그녀는 와해되어버린다. 다른 사람들에게는 신경증 수준의 결과를 가져왔을 것들이 그녀에게는 심각한 증상을 일으킨 것이다. 내 생각에 그녀가 강간을 당하지 않았다면 아마 입원까지는 하지 않았을 듯하다. 하지만 이미 그 전에 남자친구와 헤어졌을 당시 우울증은 심각했었던 것 같다. 그녀는 자신의 아동기 우울증을 재구성하면서 동생의 출생을 극복하는 데 상당한 시간을 보냈다. 이제 그녀가 분석을 마치고 15년이 지났으며 그녀는 잘살고 있다. 그녀는 일과 결혼 모두에 성공했다. 그동안 나와는 남편의 딸과의 문제로 두 번 만났을 뿐이다. 자신의 승진과 남편이 만든 TV 쇼를 가르쳐 주려 몇 번 전화했었고 아직은 우울증을 다시 겪지 않고 있다. 내 생각에 그녀는 자기 내부의 힘을 깨닫게 되었고 내적 상태를 받아들이고 조절하는 법을 배웠다. 그녀는 높은 에너지 수준을 가진 사람이고 모든 경험을 강렬하게 겪어내는 사람인 것 같다. 때로 그녀의 내, 외적 자극은 강렬한 경험을 만들어낸다. 시간이 갈수록 그녀는 이 점을 깨달았고 자신을 받아들이고 조절하기 시작했다. 그러고는 자신의 높은 활동 수준, 그리고 풍요롭고 능동적인 자신의 내면을 사용할 수 있게 되었다.

오이디푸스 역동에 대한 짤막한 언급

이상의 짧은 임상 증례에서 누군가는 Ms W의 역동이 진정한 오이디푸스 역동이 아니라고 생각할지도 모르겠다. 사실 나는 오이디푸스 역동이란 것이 대체 무엇인지 지금은 잘 모르겠다. 클라인은 오이디푸스 역동이 생후 4~6개월에 생긴다고 했는데, 나는 거기에 동의하기 어렵다. 하지만 그녀와 신-클라인 학파의 주장처럼 매시기의 발달 단계와 신체 부위가 혼합되어 나타난다는 의견에는 동의한다. 그래서, 내 생각에는, 아이가 오직 항문에만 집착한다는 뜻의 항문기 같은 것은 없고, 오직 발달의 어떤 시기에는 어떤 주제가 우세하지만 다른 요소들도 함께 존재한다고 생각한다. 고전적 의미의 오이디푸스 역동이 관찰되는 3.5~5세 이전에는 삼각관계가 없는가? 나는 분명히 존재한다고 생각하며, Abelin(1975)이 관찰한 초기 삼각관계, 전-오이디푸스 경쟁에 대한 Jacobson(1964)의 생각이 고전적 오이디푸스 이전에 나타나는 삼각관계의 예가 될 수 있다. 오이디푸스 단계가 특별한 이유는 대상 사랑과 진정한 공감 능력이 시작된다는 것인데, 이는 내가 프로이트의 세 번째 시기라고 부르는 시기의 이론이다. 진정한 공감이 의미하는 것은 단순히 타인의 느낌을 경험하는 데 그치지 않고, 그 사람을 분명히 분리된 타인으로 경험하는 능력도 포함한다. 아이들의 경우 이는 타인을 독립된 시각과 선호를 가진 사람으로 지각하고, 때로 그들의 주요 관심사에 자기(아이들)가 포함되지 않음을 아는 것이다. 여기에는 타인이 당신과 무관하게 그들 나름의 인생을 가지고 있음을 깨닫고 수용하는 일이 포함된다. 이것은 아이들에게는 힘든 과제일뿐더러 아마 거의 모든 인간이 결코 완전히 도달할 수 없는 숙제일 것이다. 타인은 그들 나름의 관심을 가짐을 깨닫는 일은 어렵다. 그리고 당신과 분리된 타인의 경험을 느끼고, 이해하고, 수용하는 일도 어렵다. 내 생각에는 Ms W의 동생이 태어났을 때 그녀는 그러한 경험을 한 것 같다. 그래서 그녀는 엄마를 단순한 자기애적 대상이 아닌 분리된 타인으로 경험한 듯하다. 내적 자극의 강도는 동생의 출생을 그저 어려운 일이 아닌 외상적 사건으로 경험하도록 했다. 이 배신이 그녀를 우울하게 만들었고 그녀의 내적 대상은 믿을 수 없는 적으로 남게 되었다.

물론 다른 사람들은 이 증례에 대해 다른 의견을 가질 수도 있다. 하지만 내가 하려는 말은 내인성 자극의 강도가 중요하고, 이 때문에 지각과 경험이 변할 수 있다는 것이다. 나는 어떻게 다양한 강도가 생겨나는지를 보여주려 했다. 물론 다른 사람들은 내인성 자극 개념 대신 좌절 역치 같은 개념을 사용할 수도 있다. 내 생각에는 내가 제시한 개념이 더 큰 설명력을 가지는 듯한데, 중요한 것은 임상 상황에서 분석적 신뢰의 가장 중요한 측면 중 하나가 타인의 에너지 수준을 감지할 수 있다는 것이다. 이로써 분석의 양자는 성장을 촉진하는 상호주관적 환경을 만들어낼 수 있다.

아무도 발달과 임상에서 에너지 강도의 중요성을 부정하지는 않으리라 생각한다. 이 장에서 나는 그 강도를 결정하는 요소 중 하나에 주목하는 모델을 제시했다. 그리고 마음의 가소성에 대해서 생각해 보았고, 대상과 쾌락 사이에 그어진 이분법이 인간 경험의 이해 속에서 유의미하게 합쳐질 수 있음을 제시해 보았다.

에필로그

짧은 개요

분명 나는 미첼이 밀한 욕동/구조 모델과 관계/구조 모델의 이분법은 틀렸다고 생각한다. 내 생각에 모든 현대 정신분석 이론은 유전, 대상관계, 인지, 생리학적 요소 모두를 포함한 다요인 이론을 마련해야 한다. 발달과 임상은 대상관계나 내인성 자극 어느 한쪽으로 귀결되지 않는다. 앞 문장에서 내가 빼먹은 단어는 문화적 요소인데, 개별 인간의 발달과 병리 발달에서 광범위한 영향을 미친다. 그리고 비록 문화의 역할을 언급하기는 했으나(18장), 이 책의 주된 관심사는 아니다. 유전형질에서 표현형질로의 이행을 언급하면서도 이러한 이행에 내재한 한계에 관해서는 생각해보지 않았다. 나는 적응의 역할을 일부 짚어보았으며 경향성이 다듬어지고 진화해가는 방식을 콩새 부리의 변화로 설명할 수 있다는 의견을 제시했다. 사회는 어떻게 경향성을 다듬어가고, 정상성이나 병리가 어떻게 사회적 가치 판단의 결과물일 수 있는지 말해보려고 했다. 하트만의 적응 개념은 너무 쉽게 극복된 경향이 있다. 그리고 부분적으로 이는 구제 불가능한 프로이트 이론의 일부를 구제하려는 시도 때문이기도 하다. 이상 언급한 모든 요소가 함께 가리키는 바는 인간의 발달과 임상 상황에 영향을 끼치는 많은 요소를 고려할 때 그 어떤 환원주의적 이론도 정당성을 발휘하지 못한다는 것이다.

이 책에 영향을 준 사람들

이 책 전체에 가장 큰 영향을 준 사람을 한 명만 꼽으라면(프로이트를 제외하고) 놀랍게도 스티븐 미첼이다(17장 참고). 비록 내가 항상 그의 날카로운 지성을 대단히 여기고 있음에도 불구하고 그의 저작을 체계적으로 되짚어보고 나니 내가 그동안 그의 깊이와 넓이를 미처 제대로 이해하지 못하고 있었음을 알게 되었다. 충격적인 경험이었다. 앞서 그의 죽음을 때늦게 애도한다고 말했는데, 그렇다고 그가 죽었을 당시 그의 때 이른 죽음을 애도하지 않았던 것은 아니다. 오히려 이 책을 쓰면서 곳곳에서 그를 다시 애도하게 되었다. (아론이 잘 묘사한) 아주 설득력 있는 방식으로 그는 모든 분석가에게 자신이 제기한 문제를 생각해 보도록 만들었다. 비록 나는 오랫동안 그의 많은 부분에 동의해왔지만, 심지어 내가 동의하고 있다고 느끼는 부분에서조차 그는 내가 왜 동의하는 것인지를 생각하도록 만들었다. 관계주의 비평이 이론과 임상에 관한 내 생각에 어떤 영향을 끼쳤는지 생각해보지 않을 수 없었다. 가령, 만약 내가 분석에서 전이 해석이 중요하다고 생각한다면 나는 이런 소신을 다른 한편 익명성과 자제라는 개념에 제기되는 반론과 어떻게 타협시켜야 하는가? 그리고 내가 만약 모든 관계가 쌍방에 의해 만들어진다고 생각한다면 그 전이는 대체 무엇을 의미하는가? 관계주의적 비평이 제기한 문제에 대해 내가 동의한다면 전이와 임상에 대한 내 생각은 어떻게 바뀌어야 하는가? 나는 17장에서 이상의 질문들에 대해 대답하려고 했으나 미첼을 비롯한 여러 이들이 제기한 질문이 나에게 큰 영향을 끼친 것은 분명하다. 물론 이 영향은 설리번(내 경우엔 설즈)과 페어베언(내 경우는 건트립)으로부터 시작한 것이다. 건트립과 설즈가 제기한 강력한 임상적 개념과 설명 때문에 고전적 분석이론, 혹은 적어도 미국의 고전주의에 나는 동의할 수가 없었다.

물론 고전주의 분석 이론가들로부터 받은 영향이 컸음은 부정할 수 없다. 알로우가 환상에 대해 제시한 생각은 정교했으나 한계가 있었고, 덕분에 나는 영향을 받는 것과 그의 이론적 매트릭스 일부가 되는 것을 구분할 수 있었다. 환상의 역할을 강조한 것은 옳았으나 그의 강조는 너무 천편일률적이었다. 게다가 비록 나에게 영향을 주기는 했지만, 그와 브레너가 강조한 오이디푸스 역동은 페어베언의 분열성 역동처럼 너무 과장된 것이었다. 내 생각에는 프로이트의 이론이 새로운 이론에 가장 폭넓은 기반을 제공할 것 같다. 그리고 클라인과 비온의 이론도 거기에 필적하리라 믿는다. 이 둘 덕택에 치료적 상호작용은 새로운 지평을 얻게 되었다. 클라인의 발달이론에서 시간에 관한 부분은 바꾸고 싶은 마음이 있다. 하지만 이 작업은 다른 세대에 맡겨야 할 것 같다. 내 생각에는 클라인과 비온, 그리고 신-클라인 학파 이론가들은 프로이트가 제시한 기초를 확장, 재구성했다.

자기 심리학에 이론적 지향을 가진 이들은 클라인의 생각과 자신의 이론을 타협시키기 어려워한다. 하지만 나는 위니캇과 비온, 코헛이 충분히 양립 가능하다고 생각한다. 이들 모두 현재에 집중함으로써 과거가(혹은 기억 속에 공고화된 경험이) 고스란히 되살아나도록 만든다. 분명 코헛은 나의 분석적 신뢰라는 개념에 영향을 끼쳤다. Bach의 자기애 개념과 치료 상황에 관한 생각은 코헛의 개념을 잇는 것으로, self and object Freudian과 Kohutian을 잇는다. 나는 17장에서 이러한 다리가 만들어졌음을, 그래서 무엇과 무엇이 연결되었는지 알리려 했다. 내가 언급한 모든 이론가는 나의 이론과 임상을 넓히는 데 도움을 주었다. 설리번과 위니캇은 진정성이라는 중요한 치료 덕목에 모델을 제공했다. 비록 충분히 언급하지는 않았지만, 제이콥슨은 내가 제시한 발달, 임상 이론의 배후에 항상 존재한다. 환경에 의해 꼴을 갖추는 내인성 자극이라는 생각도 그녀의 욕동 이론을 내 방식으로 말해본 것에 불과하다.

발달이론, 그리고 정신분석적 발달이론

위니캇이 그리는 아기와 클라인이 그리는 아기는 상당히 다르다. 나는 다양한 내인성 요소와 환경적 요소가 어떻게 작용할 때 아기가 이 두 사람이 그리는 것처럼 보이는지를 설명하려고 했다. 18장에서 이러한 요소를 다룬 것은 발달이론을 의도했던 건 아니다. 오히려 다양한 내인성, 외인성 요소를 각각의 경우에 다르게 강조하는 탄력적 다요인 이론을 일부 만들어보려 한 것이다. 앞서 언급했듯, 가장 중요한 외인성 요소는 그 집안의 문화이다. 이 문화가 아기/아이에게 적응을 위한 조건을 제시한다. 모든 정신분석 이론에는 이러한 문화적 요소가 반드시 포함되어야 한다. 앞서 말했듯이 제이콥슨의 개념에는 이러한 환경적 관점이 들어있다.

나는 '다요인 모델'이라는 용어를 썼는데, 부디 포괄적으로 이해했으면 좋겠다. 따라서 나에게는 Lichtenberg(1992)의 위계적 모델도 일종의 다요인 모델의 예가 된다. 비슷한 이치로 Harris(2004)가 제시한 젠 더 이론도 또 다른 다요인 모델이다. 기회가 되면 다른 곳에서 카오스 이론을 사용하여 다요인 모델의 용례와 한계를 다루어보고 싶다. 아쉽게도 이 책에서는 어려울 듯하다.

전반적인 구조

내가 많은 이론가를 언급한 이유는 한편으로는 그들을 언급하기 위해서이기도 하고, 다른 한편으로는 독자들이 보기에는, 누구의 이론이 나의 이론과 일치하는 것 같은지를 묻고 싶어서이기도 하다. 내 나름 각각 이론가의 세계에 들어가 보았으나 물론 내가 그린 그들의 세상은 독자들이 그린 그들의 세상과는 다를 것이다. 이론가들에 대해 내가 가진 생각을 통해 독자들은 내 의견에 머물지 말고 자기 자신의 의견을 가졌으면 좋겠다. 내 생각에는 다양한 이론이 어떻게 만들어지고 발날했는지를 아는 것은 중요하다. 어떤 이론가가 동의한 부분은 어디이고, 반대한 부분은 어디인지 아는 것도 쓸모가 있다. 나의 희망은 내 책 덕택에 독자들이 좀 더 많은 이론을 접하고, 더 넓고 깊은 정신분석 이론을 구축하는 일에 도움이 되는 것이다.

참고문헌

Abelin, E. L. (1975). Some further observations and comments on the earliest role of the father. *International Journal of Psychoanalysis*, 56:293–301.

Abend, S. (1979). Unconscious fantasy and theories of cure. *Journal of the American Psychoanalytic Association*, 27: 579–596.

Abend, S. (1989). Countertransference and psychoanalytic technique. *Psychoanalytic Quarterly*, 58: 374–395.

Abraham, K. (1921a). Contributions of the theory of anal character. *International Journal of Psychoanalysis*, 4: 400–418.

Abraham, K. (1921b). Psychoanalytic studies on character formation. In: *Selected Papers on Psychoanalysis*. London: Hogarth, 1927.

Abraham, K. (1924). A short study of the development of the libido, viewed in the light of mental disorders. In: *Selected Papers on Psychoanalysis*. London: Hogarth, 1927.

Abraham, K. (1925). The influence of oral erotism on character-formation. *International Journal of Psycho-Analysis*, 6: 247–258.

Akhtar, S. (1994). Object constancy and adult psychopathology. *International Journal of Psycho-Analysis*, 75: 441–455.

Alexander, F. (1956). *Psychoanalysis and Psychotherapy*. New York: Norton.

Alexander, F., French, T. M., Bacon, C. L., Benedek, T., Fuerst, R. A., Wilson, M., Grinker, R. R., Grotjahn, M., McFadyen Johnson, A., Vincent McLean, H., & Weiss, E. (1946). *Psychoanalytic Therapy, Principles and Application*. New York: The Ronald Press Co.

Alfasi-Siffert, G. (1985). Unpublished Doctoral dissertation.

American Psychiatric Association (1980). *Diagnostic and Statistical Manual of Mental Disorders* (3rd edn). Washington, DC: American Psychiatric Association.

Anthony, E. J. (1980). The family and the psychoanalytic process in children. *Psychoanalytic Study of the Child*, 35: 3–34.

Anzieu, D. (1989). *The Skin Ego*, C. Turner (Trans.). New Haven, CT: Yale University Press.

Arlow, J. A. (1963). The supervisory situation. *Journal of the American Psychoanalytic Association*, 11: 576–594.

Arlow, J. A. (1969a). Fantasy, memory, and reality testing. *Psychoanalytic Quarterly*, 38: 28–51.

Arlow, J. A. (1969b). Unconscious fantasy and disturbances of conscious experience. *Psychoanalytic Quarterly*, 38(1): 1–27.

Arlow, J. A. (1970). Heinz Hartmann—1894–1970. *Psychoanalytic Quarterly*, 39: 620–621.

Arlow, J. A. (1971). Character perversion. In: I. M. Marcus (Ed.), *Currents in Psychoanalysis* (pp. 317–336). New York: International Universities Press.

Arlow, J. A. (1979). The genesis of interpretation. *Journal of the American Psychoanalytic Association*, 27: 193–207.

Arlow, J. A. (1985). Some technical problems of countertransference. *Psychoanalytic Quarterly*, 54: 164–174.

Arlow, J. A., & Brenner, C. (1964). *Psychoanalytic Concepts and the Structural Theory*. New York: International Universities Press.

Aron, L. (1996). *A Meeting of the Minds: Mutuality in Psychoanalysis. Hillsdale*, NJ: The Analytic Press.

Aron, L. (1999). Toward a triadic relational theory. *Psychoanalytic Dialogues*, 9: 441–443.

Aron, L. (2006). Analytic impasse and the third: clinical implications of intersubjectivity theory. *International Journal of Psychoanalysis*, 87:349–368.

Aserinsky, E., & Kleitman, N. (1953). Regularly occurring periods of eye motility and concomitant phenomena during sleep. *Science*, 118:273–275.

Ayer, A. J. (1956). *The Problem of Knowledge*. London: Macmillan.

Ayer, A. J. (1972). *Probability and Evidence*. London: Macmillan.

Bach, S. (1985). *Narcissistic States and the Therapeutic Process*. Northvale, NJ: Jason Aronson.

Bach, S. (1994). *The Language of Perversion and the Language of Love*. Northvale, NJ: Jason Aronson.

Bach, S. (2006). *Getting From Here to There: Analytic Love, Analytic Process*. Hillsdale, NJ: The Analytic Press.

Bachant, J. L., & Richards, A. D. (1993). Relational concepts in psychoanalysis: an integration, S. A. Mitchell (Ed.). *Psychoanalytic Dialogues*, 3: 431–460.

Bachant, J. L., Lynch, A. A., & Richards, A. D. (1995a). The evolution of drive theory: a response to Merton Gill. *Psychoanalytic Psychology*, 12: 565–573.

Bachant, J. L., Lynch, A. A., & Richards, A. D. (1995b). The evolution of drive theory: a response to Merton Gill. *Psychoanalytic Psychology*, 12: 71–87.

Balint, M. (1958). The three areas of mind—theoretical considerations. *International Journal of Psychoanalysis*, 39: 328–340.

Balint, M. (1968). *The Basic Fault: Therapeutic Aspects of Regression*. New York: Brunner/Mazel.

Benjamin, J. (1995). *Like Subjects, Like Objects: Recognition And Sexual Difference*. New Haven, CT: Yale University Press.

Benjamin, J. (2000). Intersubjective distinctions: subjects and persons, recognitions and breakdowns. *Psychoanalytic Dialogues*, 10: 43–55.

Beres, D. (1962). The unconscious fantasy. *Psychoanalytic Quarterly*, 31:309–328.

Beres, D. (1965). Structure and function in psycho-analysis. *International Journal of Psychoanalysis*, 46: 53–63.

Bergman, A. (1980). Ours, yours, mine. In: R. F. Lax, S. Bach, & J. A. Bland (Eds.), *Rapprochement: The Critical Subphase of Separation-Individuation* (pp. 199–216). New York: Aronson.

Bergman, A. (1982). Considerations about the development of the girl during the separation-individuation process. In: D. Mendell (Ed.), *Early Female Development: Current Psychoanalytic Views* (pp. 61–80). New York: Spectrum Publications.

Bergman, A. (1999). *Ours, Yours, Mine: Mutuality and the Emergence of the Separate Self*. Northvale, NJ: Jason Aronson.

Bergman, A., & Chernack, M. (1982). From command to request: the development of language in the treatment of symbiotic psychotic child. *International Journal of Psychoanalytic Psychotherapy*, 9: 583–602.

Bergman, A., & Ellman, S. J. (1985). Margaret S. Mahler: symbiosis and separation-individuation. In: J. Reppen (Ed.), *Beyond Freud* (pp. 231–256). Hillsdale, NJ: Analytic Press.

Bergman, P., & Escalona, S. K. (1949). Unusual sensitivities in very young children. *The Psychoanalytic Study of the Child*, 4: 333–352.

Bergmann, M. (Ed.) (2000). *The Hartmann Era*. New York: Other Press.

Berman, E. (1996). Searching for Winnicott. *Contemporary Psychoanalysis*, 32: 158.

Bibring, E. (1941). The development and problems of the theory of instincts. *International Journal of Psychoanalysis*, 22: 102–131.

Bion, W. R. (1957). Differentiation of the psychotic from the nonpsychotic personalities. In: *Second Thoughts: Selected Papers on Psychoanalysis* (pp.43–64). London: Heinemann, 1967.

Bion, W. R. (1959). Attacks on linking. *International Journal of PsychoAnalysis*, 40: 308–315. Reprinted in: *Second Thoughts: Selected Papers on Psychoanalysis* (pp. 93–109). London: Heinemann, 1967.

Bion, W. R. (1962a). A theory of thinking. In: *Second Thoughts: Selected Papers on Psychoanalysis* (pp. 110–119). London: Heinemann, 1967.

Bion, W. R. (1962b). *Learning from Experience*. London: Tavistock.

Bion, W. R. (1963). *Elements of Psycho-analysis*. London: Heinemann.

Bion, W. R. (1965). *Transformations*. London: Heinemann.

Bion, W. R. (1967a). Notes on memory and desire. In: *Cogitations* (pp. 380–385). London: Karnac.

Bion, W. R. (1967b). *Second Thoughts: Selected Papers on Psychoanalysis*. New York: Jason Aronson.

Bion, W. R. (1970). *Attention and Interpretation*. London: Heinemann.

Bion, W. R. (1977). *Two Papers: The Grid and Caesura*, J. Salomao (Ed.). Rio de Janeiro: Imago Editora [revised edition London: Karnac, 1989].

Bion W. R. (1985). *All My Sins Remembered: Another Part of a Life*. Oxford: Fleetwood Press.

Bion, W. R., Rosenfeld, H., & Segal, H. (1961). Melanie Klein. *International Journal of Psychoanalysis*, 42: 4–8.

Bird, B. (1972). Notes on transference: universal phenomenon and hardest part of the analysis. *Journal of the American Psychoanalytic Association*, 20: 267–301.

Bodnar, R., Ellman, S. J., Coons, E. E., Achermann, R. R., & Steiner, S. S. (1979). Differential locus coerulues and hypothalamic self-stimulation interactions. *Physiological Psychology*, 7: 269–277.

Bodnar, R., Steiner, S. S., Frutus, M., Ippolito, P., & Ellman, S. J. (1978a). Hypothalamic self-stimulation differs as a function of anodal locus. *Physiological Psychology*, 6: 48–52.

Bodnar, R., Steiner, S. S., Healey, J., Halperin, J., & Ellman, S. J. (1978b). Monophasic pulse pair analysis of intracranial self-stimulation loci. *Physiological Psychology*, 6(2): 48–52.

Boesky, D. (1982). Acting out: a reconsideration of the concept. *International Journal of Psychoanalysis*, 63: 39–55.

Boesky, D. (1988). Comments on the structural theory of technique. *International Journal of Psychoanalysis*, 69: 303–316.

Bollas, C. (1989). *Forces of Destiny: Psychoanalysis and Human Idiom*. London: Free Association.

Boris, H. N. (1986). Bion re-visited. *Contemporary Psychoanalysis*, 22(2): 159–184.

Bowlby, J. (1969). *Attachment and Loss: Vol. 1. Attachment*. New York: Basic Books.

Bowlby, J. (1973). *Attachment and Loss: Vol. 2. Separation*. New York: Basic Books.

Bowlby, J. (1980). *Loss: Sadness and Depression.* London: Hogarth.

Brazelton, T. B. (1974). The origins of reciprocity: the early mother-infant interaction. In: M. Lewis & L. A. Rosenblum (Eds.), *The Effect of the Infant on its Caregiver* (pp. 49–76). New York: Wiley.

Brazelton, T. B. (1981). Neonatal assessment. In: S. I. Greenspan & G. H. Pollock (Eds.), *The Course of Life: Psychoanalytic Contributions Toward Understanding Human Development,* Vol. 1 (pp. 203–233). Washington, DC: U.S. Government Printing Office.

Brenner, C. (1955). *An Elementary Textbook of Psychoanalysis.* New York: International Universities Press.

Brenner, C. (1976). *Psychoanalytic Technique and Psychic Conflict.* New York: International Universities Press.

Brenner, C. (1979). Working alliance, therapeutic alliance, and transference. *Journal of the American Psychoanalytic Association,* 27: 137–158.

Brenner, C. (1982). *The Mind in Conflict.* New York: International Universities Press.

Brenner, C. (1985). Countertransference as compromise formation. *Psychoanalytic Quarterly,* 54: 155–163.

Brenner, C. (1994). Mind as conflict and compromise formation. *Journal of Clinical Psychoanalysis,* 3(4): 473–488.

Brenner, C. (1995). Some remarks on psychoanalytic technique. *Journal of Clinical Psychoanalysis,* 4(4): 413–428.

Brenner, C. (1996). *Beyond the Ego and Id Revisited.* An internet discussion at Clinical Psychoanalysis.org.

Breuer, J., & Freud, S. (1893a). On the psychical mechanism of hysterical phenomena. S.E., 2: 3–17. London: Hogarth.

Breuer, J., & Freud, S. (1895d). *Studies on Hysteria. S.E.,* 2: 1–306. London: Hogarth.

Bridgeman, P. W. (1927). *The Logic of Modern Physics.* New York: MacMillan.

Britton, R. (1997). The missing link: parental sexuality in the Oedipus complex. In: R. Schafer (Ed.), *The London Kleinians* (pp. 242–259). Madison, CT: International Universities Press.

Bromberg, P. (2001). *Standing in the Spaces.* New York: Routledge.

Bruner, J. (1993). Loyal opposition and the clarity of dissent: commentary on Donald P. Spence's "The Hermeneutic Turn". *Psychoanalytic Dialogues,* 3: 11–19.

Bucci, W. (1985). Dualcoding: a cognitive model for psychoanalytic research. *Journal of the American Psychoanalytic Association,* 33: 571–607.

Busch, F. (1995). *The Ego at the Center of Clinical Technique.* Northvale, NJ: Jason Aronson.

Busch, F. (2006). Talking with strangers. Psychoanalytic Review, 93: 463–475 [*The Ego at the Center of Clinical Technique.* Northvale, NJ: Jason Aronson].

Busch, F. (2007). The emergence of self-observation in relationship to pathological attractor sites. *International Journal of Psychoanalysis*, 88(2): 423–441.

Calef, V., & Weinshel, E. M. (1979). The new psychoanalysis and psychoanalytic revisionism. *Psychoanalytic Quarterly*, 48: 470–491.

Carnap, R. (1952). *The Continuum of Inductive Methods*. Chicago: University of Chicago Press.

Carr, A. C., Goldstein, E. G., Hunt, H. F., & Kernberg, O. F. (1979). Psychological tests and borderline patients. *Journal of Personality Assessment*, 43: 582–590.

Carsky, M., & Ellman, S. (1985). Otto Kernberg: psychoanalysis and object relations theory: the beginnings of an integrative approach. In: J. Reppen (Ed.), *Beyond Freud* (pp. 257–296). Hillsdale, NJ: Analytic Press.

Chodorow, N. (1989). *Feminism and Psychoanalytic Theory*. New Haven, CT: Yale University Press.

Chused, J. E. (1991). The evocative power of enactments. *Journal of the American Psychoanalytic Association*, 39(3): 615–640.

Chused, J. E. (1996). The therapeutic action of psychoanalysis: abstinence and information. *Journal of the American Psychoanalytic Association*, 44: 1047–1071.

Cohen, M. B. (1952). Countertransference and anxiety. *Psychiatry*, 15: 231–243.

Coles, R. (1992). *Anna Freud: The Dream of Psychoanalysis*. New York: Addison-Wesley.

Damasio, A. (1994). *Descartes' Error*. New York: G. P. Putnam's Sons.

Deutsch, H. (1925). The psychology of women in relation to the functions of reproduction. *International Journal of Psycho-Analysis*, 6: 405–418.

Deutsch, H. (1942). Some forms of emotional disturbance and their relationship to schizophrenia. *Psychoanalytic Quarterly*, 11: 301–321.

Diamond, J. (2006). The Third Chimpanzee: The Evolution and Future of the *Human Animal*. New York: HarperCollins.

Eissler, K. R. (1971). *Talent and Genius*. New York: World Publishing.

Eissler, K. R. (1985). *Three Instances of Injustice. Madison*, CT: International Universities Press.

Ellmann, R. (1987). *Oscar Wilde*. New York: Viking Press.

Ellman, S. J. (1991). *Freud's Technique Papers: A Contemporary Perspective*. Northvale, NJ: Jason Aronson.

Ellman, S. J. (1992). Psychoanalytic theory, dream formation and REM sleep. In: J. Barron, M. Eagle & D. Wolitsky (Eds.), *Interface of Psychoanalysis and Psychology* (pp. 357–374). Washington, DC: American Psychological Association.

Ellman, S. J. (1996). Commentary on the British Schools of psychoanalysis. In: D. Hill & C. Grand (Eds.), *British Schools of Psychoanalysis* (pp. 49–72). Northvale, NJ: Jason Aronson.

Ellman, S. J. (1997a). An analyst at work. In: J. Reppen (Ed.), *More Analysts at Work* (pp. 91–115). Northvale, NJ: Jason Aronson.

Ellman, S. J. (1997b). Termination and long term analysis. *Psychoanalytic Psychology,* 14(2): 197–210.

Ellman, S. J. (1998a). Enactment, transference, and analytic trust. In: S. Ellman & M. Moskowitz (Eds.), *Enactment: Toward a New Approach to the Therapeutic Relationship* (pp. 183–203). Northvale, NJ: Jason Aronson.

Ellman, S. J. (1998b). The unique contribution of the contemporary Freudian position. In: C. Ellman, S. Grand, M. Silvan, & S. Ellman (Eds.), *The Modern Freudians: Contemporary Psychoanalytic Technique.* Northvale, NJ: Jason Aronson.

Ellman, S, J. (1999). The concept of enactment: cutting edge or current fad. *Journal of Clinical Psychoanalysis,* 8(1): 9–61.

Ellman, S. J. (2000). Dreams: commentary of paper by Hazel Ipp. *Psychoanalytic Dialogues,* 10: 143–157.

Ellman, S. J. (2005). Book review: psychoanalysis and research. *Journal of the American Psychoanalytic Association,* 53: 639–643.

Ellman, S. J. (2007). Analytic trust and transference: love, healing ruptures and facilitating repairs. *Psychoanalytic Inquiry,* 27: 246–263.

Ellman, S. J., & Antrobus, J. (1991). *The Mind in Sleep: Psychology and Psychophysiology.* New York: Wiley.

Ellman, S. J., & Moskowitz, M. (1980). An examination of some recent criticisms of psychoanalytic "metapsychology". *Psychoanalytic Quarterly,* 49: 630–662.

Ellman, S. J., & Moskowitz, M. (Eds.) (1998). *Enactment: Toward a New Approach to the Therapeutic Relationship.* Northvale, NJ: Jason Aronson.

Ellman, S. J., & Steiner, S. S. (1971). Relation between REM sleep and intracranial self-stimulation; a reciprocal activating system. *Brain Research,* 19(2): 290–296.

Ellman, S., & Weinstein, L. (1991). REM sleep and dream formation: a theoretical integration. In: *The Mind in Sleep: Psychology and Psycho-physiology.* New York & London: Wiley.

Ellman, S. J., Achermann, R. F., Bodnar, R. J., Jackler, F., & Steiner, S. S. (1973). Differential mediation of intracranial self-stimulation in rat dorsal midbrain areas. *Physiology and Behavior,* 11: 592–596.

Ellman, S. J., Achermann, R. F., Bodnar, R. J., Jackler, F., & Steiner, S. S. (1975). Comparison of behaviors elicited by electrical brain stimulation in dorsal brainstem and hypothalamus of rats. *Journal of Comparative Physiological Psychology,* 88, 316–328.

Ellman, S. J., Achermann, R. F., Farber, J., Mattiace, L., & Steiner, S. S. (1974). Relationship between dorsal brain stem sleep sites and intracranial self-stimulation. *Physiology and Behavior,* 2(1): 31–34.

Emde, R., Gaensbauer, T., & Harmon, R. (1976). Emotional expression in infancy:

a biobehavioral study. *Psychological Issues,* 10(1) Monograph 37.

Erikson, E. H. (1956). The problem of ego identity. *Journal of the American Psychoanalytic Association,* 4: 56–121.

Fairbairn, W. R. D. (1940). Schizoid factors in the personality. In: *Psychoanalytic Studies of the Personality* (pp. 3–27). London: Routledge & Kegan Paul, 1952.

Fairbairn, W. R. D. (1941). A revised psychopathology of the psychoses and psychoneuroses. In: *Psychoanalytic Studies of the Personality* (pp. 28–58). London: Routledge & Kegan Paul, 1952.

Fairbairn, W. R. D. (1943). The repression and the return of bad objects. In: *Psychoanalytic Studies of the Personality* (pp. 59–81). London: Routledge & Kegan Paul, 1952.

Fairbairn, W. R. D. (1944). Endopsychic structure considered in terms of object-relationships. In: *Psychoanalytic Studies of the Personality* (pp. 82–136). London: Routledge & Kegan Paul, 1952.

Fairbairn, W. R. D. (1946). Object relationships and dynamic structure. In: *Psychoanalytic Studies of the Personality* (pp. 137–151). London: Routledge & Kegan Paul, 1952.

Fairbairn, W. R. D. (1951). A synopsis of the development of the author's views regarding the structure of the personality. In: *Psychoanalytic Studies of the Personality* (pp. 162–179). London, Henley & Boston: Routledge & Kegan Paul, 1952.

Fairbairn, W. R. D. (1952). *An Object-Relations Theory of the Personality.* New York: Basic Books.

Fairbairn, W. R. D. (1956). Reevaluating some basic concepts. In: D. E. Scharff & E. F. Birtles (Eds.), *From Instinct to Self: Selected Papers of W. R. D. Fairbairn, Volume 1: Clinical and Theoretical Papers* (pp. 129–138). Northvale, NJ: Jason Aronson, 1994.

Farber, J., Ellman, S. J., Mattiace, L., Holtzman, A., Ippolito, P., Halperin, R., & Steiner, S. S. (1976). Differential effects of bilateral dorsal hindbrain lesions on hypothalamic self-stimulation in the rat. *Brain Research,* 117: 148–155.

Federn, P. (1947). Principles of psychotherapy in latent schizophrenia. *American Journal of Psychotherapy,* 1: 129–139.

Ferenczi, S. (1909). Introjection and transference. In: *Sex in Psychoanalysis* (pp. 35–57). New York: Basic Books.

Ferenczi, S. (1920). The further development of an active therapy in psychoanalysis. In: *Further Contributions to the Theory and Technique of Psychoanalysis.* New York: Brunner/Mazel.

Ferro, A. (2009). *Mind Works: Technique and Creativity in Psychoanalysis.* London: Routledge.

Fonagy, P., & Target, M. (2002). Early intervention and the development of self-regulation. *Psychoanalytic Inquiry,* 22: 307–335.

Fosshage, J. (1994). Toward reconceptualizing transference: theoretical and clinical considerations. *International Journal of Psycho-Analysis,* 75(2): 265–280.

Foucault, M. (1994). *The Order of Things: An Archeology of the Human Sciences,* A. Sheridan (Trans.). New York: Vintage Books.

Freedman, N. (1994). More on transformation enactments. In: A. K. Richards & A. P. Richards (Eds.), *The Spectrum of Psychoanalysis: Essays in Honor of Martin S. Bergmann* (pp. 93–110). Madison, CT: International Universities Press.

Freedman, N., & Lavender, J. (2002). On desymbolization: the concept and observation. *Psychoanalytic Contemporary Thought,* 25: 165–199.

Freud, A. (1927). *Introduction to the Technique of the Analysis of Children.* London: Image, 1946.

Freud, A. (1946). *The Ego and the Mechanisms of Defense.* New York: International Universities Press.

Freud, A. (1965). *Normality and Pathology in Childhood: Assessment of Development.* New York: International Universities Press.

Freud, S. (1888). Preface to the translation of Bernheim's *Suggestion. S.E., 1:* 73–87. London: Hogarth.

Freud, S. (1894). Extracts from the Fliess papers. Draft E: How anxiety originates. *S.E., 1:* 189–194. London: Hogarth.

Freud, S. (1894a). The neuro psychoses of defence. *S.E., 3:* 43–61. London: Hogarth.

Freud, S. (1895a). *A Project for a Scientific Psychology. S.E., 1:* 283–397. London: Hogarth.

Freud, S. (1895b). On the grounds for detaching a particular syndrome from neurasthenia under the description of anxiety neurosis. *S.E., 3:* 87–114. London: Hogarth.

Freud, S. (1898a). Sexuality in the aetiology of the neuroses. *S.E., 3:* 263–285. London: Hogarth.

Freud, S. (1900a). *The Interpretation of Dreams. S.E.,* 4–5. London: Hogarth.

Freud, S. (1901b). *The Psychopathology of Everyday Life. S.E., 6.* London: Hogarth.

Freud, S. (1905c). *Jokes and Their Relation to the Unconscious. S.E., 8.* London: Hogarth.

Freud, S. (1905d). *Three Essays on the Theory of Sexuality. S.E., 7:* 125–245. London: Hogarth.

Freud, S. (1905e). *Fragment of an Analysis of a Case of Hysteria. S.E., 7:* 7–122. London: Hogarth.

Freud, S. (1907b). Obsessive actions and religious practices. *S.E., 9:* 116–127. London: Hogarth.

Freud, S. (1908b). Character and anal erotism. *S.E., 9:* 169–175. London: Hogarth.

Freud, S. (1909b). Analysis of a phobia in a five-year-old boy. *S.E., 10:* 3–149. London: Hogarth.

Freud, S. (1909d). Notes upon a case of obsessional neurosis. *S.E., 10*: 153–249. London: Hogarth.

Freud, S. (1910c). Leonardo da Vinci and a memory of his childhood. *S.E., 11*: 59–137. London: Hogarth.

Freud, S. (1911b). Formulations on the two principles of mental functioning. *S.E., 12*: 213–226. London: Hogarth.

Freud, S. (1911c). *Psycho-analytic Notes on an Autobiographical Account of a Case of Paranoia (dementia paranoides). S.E., 12*: 3–82. London: Hogarth.

Freud, S. (1912b). The dynamics of transference. *S.E., 12*: 97–108. London: Hogarth.

Freud, S. (1912e). Recommendations to physicians practising psychoanalysis. *S.E., 12*: 109–120. London: Hogarth.

Freud, S. (1912–1913). *Totem and Taboo. S.E., 13*: 1–255. London: Hogarth.

Freud, S. (1913). Letter to Ludwig Binswanger of February 20, 1913. In: *Erinnerungen an Sigmund Freud* (p. 65). Bern: Francke Verlag, 1956.

Freud, S. (1913i). The disposition to obsessional neurosis: a contribution to the problem of the choice of neurosis. *S.E., 12*: 313–326. London: Hogarth.

Freud, S. (1913m). On psycho-analysis. *S.E., 12*: 205–212. London: Hogarth.

Freud, S. (1914c). On narcissism. *S.E., 14*: 67–104. London: Hogarth.

Freud, S. (1914g) Remembering, repeating and working-through. *S.E., 12*: 145–156. London: Hogarth. London: Hogarth.

Freud, S. (1914d). On the history of the psycho-analytic movement. *S.E., 14*: 3–66. London: Hogarth.

Freud, S. (1915c). Instincts and their vicissitudes. *S.E., 14*: 111–140. London: Hogarth.

Freud, S. (1915a). Observations on transference-love. *S.E., 12*: 157–171. London: Hogarth.

Freud, S. (1915d). Repression. *S.E., 14*: 143–158. London: Hogarth.

Freud, S. (1915e). The unconscious. *S.E., 14*: 161–215. London: Hogarth.

Freud, S. (1916a). Some character types met with in psychoanalytic work. *S.E., 14*: 309–336. London: Hogarth.

Freud, S. (1916–1917). *Introductory Lectures on Psycho-analysis. S.E., 15/16*: 243–448. London: Hogarth.

Freud, S. (1917d). A metapsychological supplement to the theory of dreams. *S.E., 14*: 222–235. London: Hogarth.

Freud, S. (1917e). Mourning and melancholia. *S.E., 14*: 239–258. London: Hogarth.

Freud, S. (1918b). *From the History of an Infantile Neurosis. S.E., 17*: 7–122. London: Hogarth.

Freud, S. (1919e). "A child is being beaten": a contribution to the study of the origin of sexual perversions. *S.E., 17*: 177–204. London: Hogarth.

Freud, S. (1920a). The psychogenesis of a case of homosexuality in a woman. S.E., 18: 146–172. London: Hogarth.

Freud, S. (1920d). Associations of a four-year-old child. *S.E., 18*: 266. London: Hogarth.

Freud, S. (1920g). Beyond the Pleasure Principle. *S.E., 18*: 7–64. London: Hogarth.

Freud, S. (1921c). *Group Psychology and the Analysis of the Ego.* S.E., 18: 67–143. London: Hogarth.

Freud, S. (1922b). Some neurotic mechanisms in jealousy, paranoia, and homosexuality. *S.E., 18*: 221. London: Hogarth.

Freud, S. (1923b). *The Ego and the Id. S.E.*, 19: 3–66. London: Hogarth.

Freud, S. (1923c). Remarks on the theory and practice of dream-interpretation. *S.E., 19*: 109–121. London: Hogarth.

Freud, S. (1924d). The dissolution of the Oedipus complex. *S.E., 19*: 172–179. London: Hogarth.

Freud, S. (1925h). Negation. *S.E., 19*: 235–239. London: Hogarth.

Freud, S. (1925j). Some psychical consequences of the anatomical distinction between the sexes. *S.E., 19*: 243–258. London: Hogarth.

Freud, S. (1926d). *Inhibitions, Symptoms and Anxiety. S.E., 20*: 77–174. London: Hogarth.

Freud, S. (1927e). Fetishism. *S.E., 21*. 152–159. London. Hogarth.

Freud, S. (1930a). *Civilization and Its Discontents. S.E., 21*: 59–145. London: Hogarth.

Freud, S. (1933a). *New Introductory Lectures on Psycho-analysis. S.E., 22*: 3–182. London: Hogarth.

Freud, S. (1937c). Analysis terminable and interminable. *S.E., 23*: 211–253. London: Hogarth.

Freud, S. (1937d). Constructions in analysis. *S.E., 23*: 257–269. London: Hogarth.

Freud, S. (1939a). *Moses and Monotheism. S.E., 23*: 3–137. London: Hogarth.

Freud, S. (1940a). *An Outline of Psycho-analysis. S.E.*, 23: 141–291. London: Hogarth.

Freud, S. (1987). *A Phylogenetic Fantasy: Overview of the Transference Neuroses.* E. Grubrich-Smitis, A. Hoffer, & P. Hoffer (Eds.). Cambridge, MA: Harvard University Press.

Freud, S., & Bullitt, W. (1967). *Thomas Woodrow Wilson, A Psychological Study.* Boston, MA: Houghton Mifflin.

Friedman, J. A. (1988). The idea of narcissism in Freud's psychoanalysis. *International Review of Psychoanalysis,* 15: 499–514.

Friedman, L. (1977). A view of the background of Freudian theory. *Psychoanalytic*

Quarterly, 46: 425–465.

Friedman, L. (1988). *The Anatomy of Psychotherapy.* Hillsdale, NJ: Analytic Press.

Friedman, L. (1992). How and why do patients become more objective? Sterba compared with Strachey. *Psychoanalytic Quarterly,* 61: 1–17.

Friedman, L. (2002). What lies beyond interpretation, and is that the right question? *Psychoanalytic. Psychology,* 19: 540–551.

Frosch, J. (1960). Psychotic character. *Journal of the American Psychoanalytic Association, 8*: 544–551.

Furer, M. (1967). Some developmental aspects of the superego. *International Journal of Psycho-Analysis, 48*: 277–280.

Gay, P. (1988). *Freud: A Life for Our Time.* New York: Norton.

Gedo, J., & Goldberg, A. (1973). *Models of the Mind: A PsychoanalyticTheory.* Chicago, IL: University of Chicago Press.

Gergely, G. (2004). The role of contingency detection in early affect-regulative interactions and in the development of different types of infant attachment. *Social Development, 13*(3): 468–478.

Gergely, G., & Watson, J. S. (1996). The social biofeedback theory of parental affect-mirroring. *International Journal Psycho-Analysis, 77*: 1181–1212.

Ghent, E. (2002). Wish, need, drive: motive in the light of dynamic systems theory and Edelman's selectionist theory. *Psychoanalytic Dialogues, 12*: 763–808.

Gill, M. M. (1976). Metapsychology is not psychology. In: M. M. Gill & P. S. Holzman (Eds.), *Psychology versus Metapsychology* (pp. 71–105). Psychoanalytic Essays in Honor of George S. Klein. New York: International Universities Press.

Gill, M. M. (1977). Psychic energy reconsidered—discussion. Journal of *the American Psychoanalytic Association, 25*: 581–597.

Gill, M. M. (1983). The point of view of psychoanalysis: energy discharge or person? *Psychoanalysis and Contemporary Thought, 6*: 523–551.

Gill, M. M. (1995). Classical and relational *psychoanalysis. Psychoanalytic Psychology, 12*: 89–107.

Gill, M. M., & Muslin, H. L. (1976). Early interpretation of transference. *Journal of the American Psychoanalytic Association, 24*: 779–794.

Gitelson, M. (1952). The emotional position of the analyst in the psychoanalytic situation. *International Journal of Psycho-Analysis, 33*: 1–10.

Globus, G. G. (1970). Rhythmic functions during sleep. In: E. Hartman (Ed.), *Sleep and Dreaming.* Boston: Little, Brown. International Psychiatry Clinics, 7(2).

Glover, E. (1925). Notes on oral character formation. International *Journal of Psycho-Analysis, 6*: 131.

Glover, E. (1955). The technique of psychoanalysis. New York International Universities Press.

Goldberger, M. (1995). The couch as defense and as potential for enactment. *Psychoanalytic Quarterly, 64*: 23–42.

Goldman, D. (1993a). *In Search of the Real: The Origins and Originality of D. W. Winnicott.* Northvale, NJ: Jason Aronson.

Goldman, D. (1993b). *In One's Bones: The Clinical Genius of Winnicott.* Northvale, NJ: Jason Aronson.

Good, M. I. (1995). Karl Abraham, Sigmund Freud, and the fate of the seduction theory. *Journal of the American Psychoanalytic Association,* 43: 1137–1167.

Good, M. I. (2006). *The Seduction Theory in its Second Century: Trauma, Fantasy and Reality Today* (pp. 245–263). Madison, CT: International Universities Press.

Gray, P. (1994). *The Ego and the Analysis of Defense.* Northvale, NJ: Jason Aronson.

Greenacre, P. (1954). The role of transference—practical considerations in relation to psychoanalytic therapy. *Journal of the American Psychoanalytic Association, 2*: 671–684.

Greenberg, Joanne (1964). *I Never Promised You a Rose Garden* (as Hannah Green). New York: Holt; London: Pan.

Greenberg, Jay (2001). Thinking, talking, playing: the peculiar goals of psychoanalysis. *Psychoanalytic Quarterly, 70*: 131–147.

Greenberg, Jay (2002). Psychoanalytic goals, therapeutic action, and the analyst's tension. *Psychoanalytic Quarterly, 71*: 651–678

Greenberg, Jay, & Mitchell, S. (1983). *Object Relations in Psychoanalytic Theory.* Cambridge, MA: Harvard University Press.

Greenson, R. R. (1954). The struggle against identification. *Journal of the American Psychoanalytic Association, 2*: 200–217.

Greenson, R. R. (1965). The working alliance and the transference neurosis. *Psychoanalytic Quarterly, 34*: 155–181.

Grosskurth, P. (1986). *Melanie Klein: Her Life and Her Work.* New York: Alfred A. Knopf.

Grotstein, J. (Ed.) (1981). *Do I Dare Disturb the Universe? A Memorial to Wilfred R. Bion.* Beverly Hills, CA: Caesura Press.

Grotstein, J. (1994). Cover note. In: D. E. Scharff & E. F. Birtles (Eds.), *From Instinct to Self: Selected Papers of W. R. D. Fairbairn.* Northvale, NJ: Jason Aronson.

Grotstein, J. (2007). *A Beam of Intense Darkness.* London: Karnac.

Gruness, M. (1984). The therapeutic object relationship. *Psychoanalytic Review, 71*: 123–143.

Guntrip, H. (1968). *Schizoid Phenomena, Object Relations, and the Self.* New York: International Universities Press.

Guntrip, H. (1971). *Psychoanalytic Theory, Therapy, and the Self.* New York: Basic Books.

Guntrip, H. (1975). My experience of analysis with Fairbairn and Winnicott. *International Journal of Psychoanalysis, 2*: 145–156.

Harris, A. (2004). *Gender as Soft Assembly.* New York: Routledge.

Hartmann, H. (1948). Comments on the psychoanalytic theory of instinctual drives. *Psychoanalytic Quarterly, 17*: 368–388.

Hartmann, H. (1950). Psychoanalysis and developmental psychology. In: *Essays on Ego Psychology: Selected Problems in Psychoanalytic Theory* (pp. 108–109). New York: International Universities Press, 1964.

Hartmann, H. (1951). Technical implications of ego psychology. In: *Essays on Ego Psychology: Selected Problems in Psychoanalytic Theory* (pp. 142–154). New York: International Universities Press, 1964.

Hartmann, H. (1953). Contribution to the metapsychology of schizophrenia. In: *Essays on Ego Psychology: Selected Problems in Psychoanalytic Theory* (pp. 182–206). New York: International Universities Press, 1964.

Hartmann, H. (Ed.) (1955a). Notes on the theory of sublimation. In: *Essays on Ego Psychology: Selected Problems in Psychoanalytic Theory* (pp. 215–240). New York: International Universities Press.

Hartmann, H. (Ed.) (1955b). The development of the ego concept in Freud's work. In: *Essays on Ego Psychology: Selected Problems in Psychoanalytic Theory* (pp. 268–296). New York: International Universities Press.

Hartmann, H. (1958). *Ego Psychology and the Problem of Adaptation* (first published in German in 1939). New York: International Universities Press.

Hartmann, H. (1964a). Psychoanalysis and the concept of health. In: *Essays on Ego Psychology: Selected Problems in Psychoanalytic Theory* (pp. 3–18). New York: International Universities Press.

Hartmann, H. (1964b). The development of the ego concept in Freud's work. In: *Essays on Ego Psychology: Selected Problems in Psychoanalytic Theory* (pp. 268–296). New York: International Universities Press.

Hartmann, H. (1964c). Concept formation in psychoanalysis. *Psychoanalytic Study of the Child, 19*: 11–47.

Hartmann, H., & Kris, E. (1945). The genetic approach in psychoanalysis. *Psychoanalytic Study of the Child, 1*: 11–30.

Hartmann, H., & Loewenstein, R. M. (1962). Notes on the superego. *Psychoanalytic Study of the Child, 17*: 42–81.

Hartmann, H., Kris, E., & Loewenstein, R. M. (1946). Comments on the formation of psychic structure. *Psychoanalytic Study of the Child, 2*: 11–38.

Hartmann, H., Kris, E., & Loewenstein, R. M. (1949). Notes on the theory of aggression. *Psychoanalytic Study of the Child, 3–4*: 9–36.

Heimann, P. (1943). Some aspects of the role of introjection and projection in early development. In: P. King & R. Steiner (Eds.), *The Freud–Klein Controversies* (pp. 687–709). London: Routledge, 1991.

Heimann, P. (1950). On countertransference. *International Journal of Psycho-analysis, 31*: 81–84.

Heimann, P. (1952). Certain functions of introjection and projection in early infancy. In: P. Heimann, S. Isaacs & J. Riviere (Eds.), *Developments in Psycho-Analysis.* London: Hogarth.

Heisenberg, W. (1979). *Philosophical Problems of Quantum Physics.* London: Ox Bow.

Hinshelwood, R. D. (1989). *A Dictionary of Kleinian Thought.* London: Free Association Books.

Hoffmann, I. Z. (1991). Discussion: toward a social-constructivist view of the psychoanalytic situation. *Psychoanalytic Dialogues, 1*: 74–105.

Hoffmann, I. Z. (1992). Some practical implications of a social constructionist view. *Psychoanalytic Dialogues, 2*: 287–304.

Hoffman, I. Z. (2002). Paper presented to the PEP CD Conference, Spring, New York.

Holder, A. (1970). Instinct and drive. In: H. Nagera (Ed.), *Basic Concepts of the Theory of Instincts,* Vol. 3 (pp. 19–22). New York: Basic Books.

Holt, R. (1974). Freud's mechanistic and humanistic images of man. *Psychoanalysis and Contemporary Science, 1*: 3–24.

Holt, R. (1989). *Freud Reappraised: A Fresh Look at Psychoanalytic Theory.* New York: Guilford Press.

Holt, R. (2002). Talk at Austin Riggs—Rappaport–Klein Study Group.

Hopkins, L. (2006). *False Self: The Life of Masud Khan.* New York: Other Press.

Hrdy, S. B. (1999). *A History of Mothers, Infants, and Natural Selection.* New York: Pantheon Books.

Hunziker, U. A., & Barr, R. G. (1986). Increased carrying reduces infant crying: a randomized controlled trial. *Pediatrics, 77*(5): 641–648.

Hurvich, M. (2003). The place of annihilation anxieties in psychoanalytic theory. *Journal of the American Psychoanalytic Association, 51*: 579–616.

Isaacs, S. (1943). The nature and function of phantasy. In: P. King & R. Steiner (Eds.), *The Freud–Klein Controversies* (pp. 264–321). London: Routledge, 1991.

Isaacs, S. (1952). The nature and function of phantasy. In: Klein et al. (Eds.), *Developments in Psychoanalysis.* London: Hogarth.

Jacobs, T. (1983). The analyst and the patient's object world: notes on an aspect of countertransference. *Journal of Clinical Psychoanalysis, 31*: 619–642.

Jacobs, T. (1986). On countertransference enactments. *Journal of the American Psychoanalytic Association, 34*: 289–307.

Jacobs, T. (1993). *The Use of the Self.* Madison, CT: International Universities Press.

Jacobson, E. (1954a). The self and the object world—vicissitudes of their infantile cathexes and their influence on ideational and affective development. *Psychoanalytic Study of the Child, 9*: 75–127.

Jacobson, E. (1954b). Contribution to the metapsychology of psychotic identifications. *Journal of the American Psychoanalytic Association, 2*: 239–262.

Jacobson, E. (1964). *The Self and the Object World.* New York: International Universities Press.

Jacobson, E. (1967). *Psychotic Conflict and Reality.* New York: International Universities Press.

Jones, E. (1952). Preface. In: W. R. D. Fairbairn, *An Object-Relations Theory of the Personality.* New York: Basic Books.

Jones, E. (1955). *Sigmund Freud Life and Work, Volume Two: Years of Maturity 1901–1919.* London: Hogarth.

Joseph, B. (1985). Transference: the total situation. *International Journal of Psychoanalysis, 66*: 447–454.

Kaufmann, P. (1983). Exploring the self psychological case book. Unpublished doctoral thesis, City University of New York.

Keats, J. (1817). *Letters of John Keats* (p. 43), R. Gittings (Ed.). London: Oxford University Press, 1970.

Kernberg, O. (1966). Structural derivatives of object relationships. *International Journal of Psychoanalysis, 47*: 236–253.

Kernberg, O. (1967). Borderline personality organization. *Journal of the American Psychoanalytic Association, 15*: 641–685.

Kernberg, O. (1975). *Borderline Conditions and Pathological Narcissism.* Northvale, NJ: Jason Aronson.

Kernberg, O. (1976). *Object Relations and Clinical Psychoanalysis.* New York: Jason Aronson.

Kernberg., O. (1977a). Characterological determinants of depression. Paper presented to the Symposium on Brief Psychotherapy, sponsored by the American Psychiatric Association, Ontario, Canada.

Kernberg, O. (1977b). Structural change and its impediments. In: P. Hartocollis (Ed.), *Borderline Personality Disorders* (pp. 275–306). New York: International Universities Press.

Kernberg, O. (1978). The diagnosis of borderline conditions in adolescence. *Adolescent Psychiatry, 6*: 298–319.

Kernberg, O. (1979a). Character structure and analyzability. Panel presentation for *Character Structure and Analyzability,* Scientific Meeting of the Association for Psycho-Analytic Medicine, New York.

Kernberg, O. (1979b). Psychoanalytic psychotherapy with borderline adolescents. In: S. C. Feinstein & P. L. Giovacchini (Eds.), *Adolescent Psychiatry,* Vol. 7 (pp. 294–321). Chicago: University of Chicago Press.

Kernberg, O. (1980a). *Contemporary Psychoanalytic Theories of Narcissism.* Unpublished manuscript.

Kernberg, O. (1980b). *Internal World and External Reality.* New York: Aronson.

Kernberg, O. (1980c). Neurosis, psychosis and the borderline states. In: H. I. Kaplan, A. M. Freedman & B. J. Sadock (Eds.), *Comprehensive Textbook of Psychiatry,* Vol. 3 (pp. 1079–1092). Baltimore: Williams & Wilkins.

Kernberg, O. (1980d). The place of affects in psychoanalytic theory. In: *New Directions in Affect Theory.* Panel at the Annual Meeting of the American Psychoanalytic Association, San Francisco.

Kernberg, O. (1981a). Countertransference, transference regression, and the incapacity to depend. In: *Current Concepts of Transference and Countertransference,* Symposium organized by the Association for Psychoanalytic Medicine, New York.

Kernberg, O. (1981b). *Dilemmas in research on long-terra psychotherapy.* Paper presented at the Annual Meeting for the Society for Psychotherapy Research, Aspen, Colorado.

Kernberg, O. (1981c). *Problems in the classification of personality disorders.* Presentation at clinical rounds, The New York Hospital-Cornell Medical College, Westchester Division.

Kernberg, O. (1981d). Structural interviewing. *Psychiatric Clinics of North America, 4*: 169–196.

Kernberg, O. (1982a). *An Ego Psychology-Object Relations Model of Psychoanalytic Psychotherapy.* Unpublished manuscript.

Kernberg, O. (1982b). *Identity, Alienation, and Ideology in Adolescence.* Presentation at the Annual Meeting of the American Society for Adolescent Psychiatry, Toronto, Ontario, Canada.

Kernberg, O. (1982c). *The Psychotherapeutic Treatment of Borderline Personalities.* Presentation at the review-update program on narcissistic and borderline personalities at the American Psychiatric Association, Toronto.

Kernberg, O. (1982d). Self, ego, affect, and drives. *Journal of the American Psychoanalytic Association, 30*: 893–918.

Kernberg, O. (1982e). Supportive psychotherapy with borderline conditions. In: J. O. Cavenar & H. K. Brodie (Eds.), *Critical Problems in Psychiatry* (pp. 180–202). Philadelphia, PA: Lippencott.

Kernberg, O., Burstein, E. D., Coyne, L., Appelbaum, A., Horwotz, L., & Voth, H. (1972). Psychotherapy and psychoanalysis: final report of the Menninger Foundation's psychotherapy research project. *Bulletin of the Menninger Clinic, 36*(1&2).

Kernberg, O., Yeomans, F. E., Clarkin, J. F., & Levy, K. N. (2008). Transference focused psychoanalysis. *International Journal of Psychoanalysis, 89*: 601–620.

King, P. (1989). Activities of the British Psychoanalytic Society during the Second World War and the influence of their interdisciplinary collaboration on the development of psychoanalysis in Great Britain. *International Review of Psychoanalysis, 15*: 15–33.

King, P. (1991). Background and development of the Freud–Klein controversies in the British Psychoanalytic Society. In: P. King & R. Steiner (Eds.), *The Freud–Klein Controversies.* London: Routledge.

King, P., & Steiner, R. (Eds.) (1991). *The Freud–Klein Controversies.* London: Routledge.

Klein, G. S. (1973). Is psychoanalysis relevant? Psychoanalysis and *Contemporary Science,* 2: 3–21.

Klein, G. S. (1976). Freud's two theories of sexuality. In: M. M. Gill & P. S. Holzman (Eds.), *Psychology versus Metapsychology: Psychoanalytic Essays in Honor of George S. Klein* (pp. 14–70). New York: International Universities Press.

Klein, M. (1927). Symposium on child analysis. In: Love, *Guilt and Reparation, and Other Works, 1921–1945* (pp. 139–169). New York: The Free Press.

Klein, M. (1928). The early stages of the Oedipus conflict. In: Love, *Guilt and Reparation, and Other Works, 1921–1945* (pp. 186–189). New York: The Free Press.

Klein, M. (1930). The importance of symbol-formation in the development of the ego. In: Love, *Guilt and Reparation, and Other Works, 1921–1945* (pp. 219–232). New York: Free Press.

Klein, M. (1932). *The Psychoanalysis of Children.* The International Psychoanalytic Library, No. 22. London: Hogarth.

Klein, M. (1933). The early development of conscience in the child. In: M. Klein & J. Riviere (Eds.), *Psychoanalysis Today.* New York: Covici-Friede.

Klein, M. (1935). A contribution to the psychogenesis of manic-depressive states. In: Love, *Guilt and Reparation, and Other Works, 1921–1945* (pp. 262–289). New York: Free Press.

Klein, M. (1937). Love, guilt and reparation. In: Love, *Guilt and Reparation, and Other Works, 1921–1945* (pp. 306–343). New York: Free Press.

Klein, M. (1940). Mourning and its relation to manic–depressive states. In: *Love, Guilt and Reparation, and Other Works, 1921–1945* (pp. 344–369). New York: Free Press.

Klein, M. (1945). The Oedipus complex in the light of early anxieties. In: *Love, Guilt and Reparation, and Other Works, 1921–1945* (pp. 370–418) New York: Free Press.

Klein, M. (1946). Notes on some schizoid mechanisms. In: *Envy and Gratitude and Other Works, 1946–1963* (pp. 1–24). New York: Free Press.

Klein, M. (1948). On the theory of anxiety and guilt. In: *Envy and Gratitude and Other Works, 1946–1963* (pp. 25–42). New York: Free Press.

Klein, M. (1952a). The origins of transference. In: *Envy and Gratitude and Other Works, 1946–1963* (pp. 48–56). New York: Free Press.

Klein, M. (1952b). Some theoretical conclusions regarding the emotional life of the infant. In: *Envy and Gratitude and Other Works, 1946–1963* (pp. 61–93).

New York: Free Press.

Klein, M. (1952c). On observing the behavior of young infants. In: *Envy and Gratitude and Other Works, 1946–1963* (pp. 94–121). New York: Free Press.

Klein, M. (1955). The psycho-analytic play technique: its history and significance. In: *Envy and Gratitude and Other Works, 1946–1963* (pp. 122–140). New York: Free Press.

Klein, M. (1957). Envy and gratitude. In: *Envy and Gratitude and Other Works, 1946–1963* (pp. 176–234). New York: Free Press.

Klein, M. (1961). *Narrative of a Child Analysis: The Conduct of the Psych-Analysis of Children as Seen in the Treatment of a Ten-year-old Boy.* New York: Free Press.

Klein, M. (1975). The development of a child. In: Love, *Guilt and Reparation, and Other Works, 1921–1945* (pp. 1–53). New York: The Free Press.

Klein, M., & Tribich, D. (1981). Kernberg's object-relations theory: a critical evaluation. *International Journal of Psycho-Analysis, 62*: 27–43.

Klein, M., Heimann, P., Isaacs, S., & Riviere, J. (1952). *Developments in Psycho-analysis.* London: Hogarth.

Knight, R. P. (1954). Borderline states. In: R. P. Knight & C. R. Friedman (Eds.), *Psycho-analytic Psychiatry and Psychology* (pp. 97–109). New York: International Universities Press.

Kohut, H. (1959). Introspection, empathy, and psychoanalysis—an examination of the relationship between mode of observation and theory. *Journal of the American Psychoanalytic Association, 7*: 459–483.

Kohut, H. (1966). Forms and transformations of narcissism. In: P. Ornstein (Ed.), *The Search for the Self: Selected Writings of Heinz Kohut, 1950–1994,* Vol. I. New York: International Universities Press.

Kohut, H. (1968). The psychoanalytic treatment of narcissistic personality disorders—outline of a systematic approach. *Psychoanalytic Study of the Child, 23*: 86–113.

Kohut, H. (1971). *The Analysis of the Self.* New York: International Universities Press.

Kohut, H. (1972). Thoughts on narcissism and narcissistic rage. *Psychoanalytic Study of the Child, 27*: 360–400.

Kohut, H. (1977). *The Restoration of the Self.* New York: International Universities Press.

Kohut, H. (1979). An addendum to '"The advantages of Freud's technique as shown in the analysis of the rat man". *International Journal of Psychoanalysis, 60*: 215–216.

Kohut, H. (1984). *How Does Analysis Cure?* A. Goldberg & P. E. Stepansky (Eds.). Chicago, IL: University of Chicago Press.

Kripke, D., & Sonnenschein, D. (1973). A 90 minute daydream cycle. *Sleep Research, 00*: 187–189.

Kris, E. (1951). Ego psychology and interpretation in psychoanalytic therapy. *Psychoanalytic Quarterly, 20*: 15–30.

Kris, E. (1956a). On some vicissitudes of insight in psychoanalysis. *International Journal of Psycho-Analysis, 37*: 445–455.

Kris, E. (1956b). The personal myth. *Journal of the American Psychoanalytic Association, 4*: 653–681.

Kubie, L. S. (1947). The fallacious use of quantitative concepts in dynamic *psychology. Psychoanalytic Quarterly, 16*: 507–518.

Laplanche, J. (1997). The theory of seduction and the problem of the Other. *International Journal of Psychoanalysis, 78*: 653–666.

Lenzenweger, M. F., Clarkin, J. F., Kernberg, O. F., Levy, K. N., Meehan, K. B., & Reynoso, J. S. (2005). Abstracts of the 2005 poster session of the American Psychoanalytic Association winter meeting: the relation of reflective function to neurocognitive functioning in patients with borderline personality disorder. *Journal of the American Psychoanalytic Association, 53*: 1305–1308.

Levy, S., & Inderbitzen, L. (1996). Ego psychology and modern structural theory: consolidation of ego psychology. In: A. Tasman, J. Kay & J. Lieberman (Eds.), Psychiatry, Vol. 1 (pp. 412–413). *Philadelphia*, PA: Saunders.

Lichtenberg, J. D. (1982). Reflections on the first year of life. *Psychoanalytic Inquiry, 1*: 695–729.

Lichtenberg, J. D. (1992). *Psychoanalysis and Motivation*. London: Routledge.

Likierman, M. (2001). *Melanie Klein: Her Work in Context*. New York: Continuum.

Little, M. (1951). Countertransference and the patient's response to it. *International Journal of Psychoanalysis, 32*: 32–40.

Loewald, H. (1960). On the therapeutic action of psychoanalysis. *International Journal of Psycho-Analysis, 43*: 16–33.

Loewald, H. (1966). *Review of Psychoanalytic Concepts and the Structural Theory*, by J. A. Arlow & C. Brenner. Psychoanalytic Quarterly, 35: 430–436.

Loewald, H. (1971). Some considerations on repetition and repetition compulsion. *International Journal of Psycho-Analysis, 52*: 59–66.

Loewald, H. (1980). *Papers on Psychoanalysis*. New Haven, CT: Yale University Press.

Loewald, H. (1984). Review of the selected papers of Margaret S. Mahler. *Journal of the American Psychoanalytic Association, 32*: 165–175.

Loewenstein, R. M. (1951). The problem of interpretation. *Psychoanalytic Quarterly, 20*: 1–14.

Loewenstein, R. M. (1954). Some remarks on defenses, autonomous ego, and psychoanalytic technique. *International Journal of Psychoanalysis, 35*: 188–193.

Loewenstein, R. M. (1956). Some remarks on the role of speech in psychoanalytic technique. *International Journal of Psychoanalysis, 37*: 460–468.

Loewenstein, R. M. (1957). Some thoughts on interpretation in the theory and practice of psychoanalysis. *Psychoanalytic Study of the Child, 12*: 127–150.

Loewenstein, R. M. (1958). Remarks on some variations in psychoanalytic technique. *International Journal of Psychoanalysis, 39*: 202–210.

Loewenstein, R. M. (1961). Introduction to panel: the silent patient. *Journal of the American Psychoanalytic Association*, 9: 2–6.

Loewenstein, R. M. (1963). Some considerations on free association. *Journal of the American Psychoanalytic Association, 11*: 451–473.

Loewenstein, R. M. (1969). Developments in the theory of transference in the last fifty years. *International Journal of Psychoanalysis, 50*: 583–588.

Loewenstein, R. M. (1982). Ego autonomy and psychoanalytic technique. In: *Practice and Precept in Psychoanalytic Technique: Selected Papers of Rudolph M. Loewenstein* (pp. 211–228). New Haven: Yale University Press.

Lynch, A. A., Richards, A., & Bachant, J. L. (1997). Interaction in the transference/countertransference continuum. Paper presented at the *40th International Psychoanalytic Association Conference*, Barcelona, Spain.

MacLean, P. D. (1967). The brain in relation to empathy and medical education. *Journal of Nervous and Mental Disease, 144*: 374–382.

MacLean, P. D. (1972). Cerebral evolution and emotional processes: new findings on the striatal complex. *Annals of the New York Academy of Science, 193*: 137–149.

Magurran, A. (2000). *New York Times* on the Web, 23 January.

Mahler, M. S. (1942). Pseudoimbecility: a magic cap of invisibility. In: *The Selected Papers of Margaret S. Mahler, Vol. 1* (pp. 3–16). New York: Jason Aronson.

Mahler, M. S. (1952). On child psychosis and schizophrenia: autistic and symbiotic infantile psychoses. In: *The Selected Papers of Margaret S. Mahler, Vol. 1* (pp. 131–153). New York: Jason Aronson.

Mahler, M. S. (1963). Thoughts about development and individuation. *Psychoanalytic Study of the Child, 18*: 307–324.

Mahler, M. S. (1966). Notes on the development of basic moods: the depressive affect. In: *The Selected Papers of Margaret S. Mahler, Vol. 2* (pp. 59–75). New York: Jason Aronson.

Mahler, M. S. (1968). *On Human Symbiosis and the Vicissitudes of Individuation: Infantile Psychosis.* New York: International Universities Press.

Mahler, M. S. (1979). *The Selected Papers of Margaret S. Mahler, Vols. 1, 2, & 3.* New York: Jason Aronson.

Mahler, M. S., & Gosliner, B. J. (1955). On symbiotic child psychosis—genetic, dynamic, and restitutive aspects. *Psychoanalytic Study of the Child, 10*: 195–212.

Mahler, M. S., & McDevitt, J. B. (1968). Observations on adaptation and defense in statu nascendi development. *Psychoanalytic Quarterly, 37*:1–21.

Mahler, M. S., Pine, F., & Bergman, A. (1975). *The Psychological Birth of the Human Infant: Symbiosis and Individuation.* New York: Basic Books.

Mahler, M. S., Ross, J. R., & DeFries, Z. (1949). Clinical studies in benign and malignant cases of childhood psychosis (schizophrenia-like). *American Journal of Orthopsychiatry, 19*: 295–305.

Marmor, J. (1953). Orality in the hysterical personality. *Journal of the American Psychoanalytic Association, 1*: 656–671.

Maslow, A. H. (1962). *Toward a Psychology of Being.* New York: Van Nostrand.

Masson, J. M. (1984). *The Assault on Truth: Freud's Suppression of the Seduction Theory.* New York: Farrar, Straus and Giroux.

Masson, J. M. (Ed. & Trans.) (1985). *The Complete Letters of Sigmund Freud to Wilhelm Fliess: 1887–1904.* Cambridge, MA: Harvard University Press.

McDevitt, J. B. (1979). The role of internalization in the development of object relations during the separation–individuation phase. *Journal of the American Psychoanalytic Association, 27*: 327–343.

McDevitt, J. B. (1983). The emergence of hostile aggression and its defensive and adaptive modifications during the separation–individuation Process *Journal of the American Psychoanalytic Association, 31S*: 273–298.

McDevitt, J. B., & Mahler, M. S. (1980). Object constancy, individuality and internalization. In: S. I. Greenspan & G. Pollock (Eds.), *The Course of Life: Vol. Infancy and Early Childhood* (pp. 407–424). Washington, DC: US Government Printing Office.

McLaughlin, J. T. (1981). Transference, psychic reality, and countertransference. *Psychoanalytic Quarterly, 50*: 639–664.

McLaughlin, J. T. (1988). The analyst's insights. *Psychoanalytic Quarterly, 57*: 370–388.

McLaughlin, J. T. (1991). Clinical and theoretical aspects of enactment. *Journal of the American Psychoanalytic Association, 39*(3): 595–614.

McLaughlin, J. T., & Johan, M. (1992). Enactments in psychoanalysis. *Journal of the American Psychoanalytic Association, 40*: 827–841.

Meltzer, D. (1981). A note on Bion's concept of "reversal of alpha function". In: J. S. Grotstein (Ed.), *Do I Dare Disturb the Universe? A Memorial to W. R. Bion* (pp. 529–536). Beverly Hills, CA: Caesura Press.

Mitchell, S. (1978). Psychodynamics, homosexuality, and the question of pathology. *Psychiatry, 41*: 254–263.

Mitchell, S. (1979). Twilight of the idols: change and preservation in the writings of Heinz Kohut. *Contemporary Psychoanalysis, 15*: 170–189.

Mitchell, S. (1981). The origin and nature of the "object" in the theories of Klein and Fairbairn. *Contemporary Psychoanalysis, 17*: 374–398.

Mitchell, S. (1988). *Relational Concepts in Psychoanalysis.* Cambridge, MA:

Harvard University Press.

Mitchell, S. (1993). Reply to Bachant and Richards. *Psychoanalytic Dialogues, 3*: 462–480.

Mitchell, S. (1995). Commentary on "contemporary structural psychoanalysis and relational psychoanalysis". *Psychoanalytic Psychology, 12*: 575–582.

Mitchell, S. (1997). Psychoanalysis and the degradation of romance. *Psychoanalytic Dialogues, 7*: 23–41.

Mitchell, S. (1998). The analyst's knowledge and authority. *Psychoanalytic Quarterly, 67*: 1–31.

Mitchell, S. (1999). Looking back looking forward. *Psychoanalytic Dialogues, 9*: 717–719.

Mitchell, S. (2000). *Relationality: From Attachment to Intersubjectivity.* Hillsdale, NJ: Analytic Press.

Mitchell, S. (2004). My psychoanalytic journey. *Psychoanalytic Inquiry, 24*: 531–541.

Money-Kyrle, R. (1975a). Introduction. In: M. Klein (Ed.), *Love, Guilt and Reparation* (pp. ix–x). London: Hogarth.

Money-Kyrle, R. (1975b). Explanatory notes. In: M. Klein (Ed.), *Love, Guilt and Reparation* (pp. 431–438). London: Hogarth.

Moore, G. E. (1905). The nature and reality of the objects of perception, *Proceedings of the Aristotelian Society New Series, 6*(6): 69–127 [reprinted by Courtesy of the Editor of the Aristotelian Society].

Nagel, E. (1961). *The Structure of Science.* New York: Harcourt, Brace & World.

Nagel, T. (1995). *Other Minds: Critical Essays, 1969–1994.* Oxford: Oxford University Press.

Nagera, H. (1964). Autoerotism, autoerotic activities, and ego development. *Psychoanalytic Study of the Child, 19*: 240–255.

Nietzsche, F. (1882). *The Gay Science*, W. Kaufmann (Trans.). New York: Random House, 1974.

Nunberg, H. (1931). The synthetic function of the ego. *International Journal of Psycho-Analysis, 12*: 123–140.

Nunberg, H. (1955). *Principles of Psychoanalysis.* New York: International Universities Press.

Nunberg, H., & Federn, E. (Eds.) (1909). *Minutes of the Vienna Psychoanalytic Society, Vol. 2: 1908–1910.* New York: International Universities Press.

Ogden, T. H. (1982). *Projective Identification and Psychoanalytic Technique.* New York: Jason Aronson.

Ogden, T. H. (1983). The concept of internal object relations. *International Journal of Psycho-Analysis, 64*: 227–241.

Ogden, T. H. (1997a). Reverie and metaphor. *International Journal of Psycho-*

Analysis, 78: 719–732.

Ogden, T. H. (1997b). *Reverie and Interpretation: Sensing Something Human.* Northvale, NJ: Aronson.

Olds, J. (1958). Self stimulation of the brain. *Science, 127*: 315–324.

Olds, J., Allan, W. S., & Briese, E. (1971). Differentiation of hypothalamic drive and reward centers. *American Journal. Physiology, 221*: 368–375.

Ornstein, A. (1994). Trauma, memory, and psychic continuity. *Progress in Self Psychology, 10*: 131–146.

Ornstein, P. H. (2004). The elusive concept of the psychoanalytic process. *Journal of the American Psychoanalytic Association, 52*: 15–41.

O'Shaughnessy, E. (1981). A clinical study of a defensive organization. *International Journal of Psycho-Analysis, 62*: 359–369.

Petot, J. M. (1990). *Melanie Klein: Vol. 1, First Discoveries and First System 1919–1932,* C. Trollope (Trans.). Madison, CT: International Universities Press.

Petot, J. M. (1991). *Melanie Klein: Vol. 2. The Ego and the Good Object 1932–1960,* C. Trollope (Trans.). Madison, CT: International Universities Press.

Pine, F. (1981). In the beginning: contributions to a psychoanalytic developmental psychology. *International Review of Psychoanalysis, 8*: 15–33.

Pine, F. (1992). Response to discussants. *Contemporary Psychoanalysis, 28*: 295–299.

Popper, K. (1962). *Conjectures and Refutations: The Growth of Scientific Knowledge.* New York: Basic Books.

Prescott, J. W. (1996). The origins of human love and violence. *Prenatal and Perinatal Psychology Journal, 10*(3): 143–188.

Prescott, J. W. (2001). Along the evolutionary biological trail. A review and commentary on *Mother Nature: A History of Mothers, Infants, and Natural Selection by Sarah Blaffer Hrdy. Journal of Prenatal and Perinatal Psychology and Health, 15*(3): 225–232.

Pribram, K., & Gill, M. (1976). *Freud's "Project" Reassessed.* New York: Basic Books.

Racker, H. (1968). *Transference and Countertransference.* London: Hogarth.

Rangell, L. (1988). The future of psychoanalysis: the scientific crossroads. *Psychoanalytic Quarterly, 57*: 313–340.

Rank, O. (1924). *The Trauma of Birth.* New York: Robert Brunner, 1952.

Rapaport, D. (1959). A historical survey of psychoanalytic ego psychology. In: G. F. Klein (Ed.), *Psychological Issues,* Vol. 1 (pp. 5–17). New York: International Universities Press.

Rapaport, D. (1967). *The Collected Papers of David Rapaport.* New York: Basic Books.

Rapaport, D., & Gill, M. (1959). The points of view and assumptions of metapsychology. In: *The Collected Papers of David Rappaport* (pp. 795–811). New

York: Basic Books.

Reich, A. (1951). On countertransference. In: *Annie Reich: Psychoanalytic Contributions* (pp. 136–154). New York: International Universities Press.

Reich, A. (1960). Further remarks on countertransference. In: *Annie Reich: Psychoanalytic Contributions* (pp. 271–287). New York: International Universities Press.

Reich, A. (1966). Empathy and countertransference. In: *Annie Reich: Psychoanalytic Contributions* (pp. 344–360). New York: International Universities Press.

Reich, W. (1933). *Character Analysis.* New York: Orgone Institute Press.

Renik, O. (1998). Getting real in analysis. *Psychoanalytic Quarterly, 67*: 566–593.

Renik, O. (1999). Playing one's cards face up in analysis: an approach to the problem of self-disclosure. *Psychoanalytic Quarterly, 68*: 521–539.

Resch, R. C. (1979). Hatching in the human infant as the beginning of separation-individuation: what it is and what it looks like. *Psychoanalytic Study of the Child, 34*: 421–441.

Richards, A. D. (1999). A. A. Brill and the politics of exclusion. *Journal of the American Psychoanalytic Association, 47*: 9–28.

Riviere, J. (1936). The genesis of psychical conflict in earliest infancy. *International Journal of Psychoanalysis, 17*: 395–422.

Roazen, P. (1995). *How Freud Worked: First Hand Accounts of Patients.* Northvale, NJ: Jason Aronson.

Rodman, F. R. (2003). *Winnicott: Life and Work.* Cambridge, MA: Perseus.

Rosenfeld, H. (1952). Notes on the psychoanalysis of the super-ego conflict of an acute schizophrenic patient. *International Journal of Psychoanalysis, 33*: 111–131.

Rosenfeld, H. (1965). *Psychotic States.* London: Hogarth Press.

Rothstein, A. (1995). Psychoanalytic technique and the creation of analysands: on beginning analysis, *Psychoanalytic Quarterly, 64*: 306–325.

Rothstein, A. (2002). Reflections on creative aspects of psychoanalytic diagnosing. *Psychoanalytic Quarterly, 71*: 301–326.

Rubinstein, B. B. (1967). *Explanation and Mere Description: A Meta-scientific Examination of Certain Aspects of the Psychoanalytic Theory of Motivation.* New York: International Universities Press.

Sandell, R., Blomberg, J., Lazar, A., Carlsson, J., Broberg, J., & Schubert, J. (2000). Varieties of long-term outcome among patients in psychoanalysis and long-term psychotherapy: a review of findings in the Stockholm Outcome of Psychoanalysis and Psychotherapy Project (Stoppp). *International Journal of Psycho-Analysis, 81*: 921–942.

Sander, L. W. (1976). Issues in early mother–child interactions. In: E. N. Rexford, L. W. Sander & T. Shapiro (Eds.), *Infant Psychiatry: A New Synthesis* (pp. 127–140). New Haven, CT: Yale University Press.

Sandler, J. (1976a). Actualization and object relationships. *Journal of the Philadelphia Association for Psychoanalysis, 3*: 59–70.

Sandler, J. (1976b). Countertransference and role-responsiveness. *Review of Psycho-Analysis, 3*: 43–47.

Sandler, J., & Freud, A. (1983). Discussions in the Hampstead index of Th*e Ego and the Mechanisms of Defense. Journal of the American Psychoanalytic Association, 31S*: 19–146.

Sandler, J., & Freud, A. (1985). *The Analysis of Defense: The Ego and The Mechanisms of Defense.* New York: International Universities Press.

Sandler, J., & Sandler, A. (1978). On the development of object relationships and affects. *International Journal of Psychoanalysis, 59*: 285–296.

Sandler, J., & Sandler, A. (1994). Comments on the conceptualisation of clinical facts in psychoanalysis. *International Journal of Psychoanalysis, 8*: 15–33.

Sandler, J., & Sandler, A.-M. (1998). *Internal Objects Revisited.* London: Karnac.

Schafer, R. (1968). *Aspects of Internalization.* New York: International Universities Press.

Schafer, R. (1970). An overview of Heinz Hartmann's contribution to psychoanalysis. *International Journal of Psychoanalysis, 51*: 425–446.

Schafer, R. (1976). *A New Language for Psychoanalysis.* New Haven, CT: Yale University Press.

Schafer, R. (1983). Introduction. *Psychoanalysis and Contemporary Thought, 6*: 403–404.

Schafer, R. (1992). *Retelling a Life: Dialogues and Narration in Psychoanalysis.* New York: Basic Books.

Schafer, R. (Ed.) (1997). *The Contemporary Kleinians of London.* Madison, CT: International Universities Press.

Scharff, D. E., & Birtles, E. F. (Eds.) (1994). *From Instinct to Self: Selected Papers of W. R. D. Fairbairn* (Volume 1: Clinical and Theoretical Papers) Northvale, NJ: Jason Aronson.

Schmideberg, M. (1947). The treatment of psychopaths and borderline patients. *American Journal of Psychotherapy, 1*: 45–55.

Schur, M. (1966). *The Id and the Principles of Regulatory Functioning.* New York: International Universities Press.

Schwaber, E. (1983). Psychoanalytic listening and psychic reality. *International Review of Psycho-Analysis, 10*: 379–392.

Schwartz, F., & Schiller, P. (1970). A psychoanalytic model of attention and learning. *Psychological Issues, Monograph, 23.* New York: International Universities Press.

Searl, N. (1929). The flight to reality. *International Journal of Psychoanalysis, 10*:

280–291.

Searles, H. F. (1965). *Collected Papers on Schizophrenia and Related Subjects.* New York: International Universities Press.

Segal, H. (1957). Notes on symbol formation. *International Journal of Psychoanalysis, 38*: 391–397.

Silverman, L. H. (1967). An experimental approach to the study of dynamic propositions in psychoanalysis—the relationship between the aggressive drive and ego regression. *Journal of the American Psychoanalytic Association, 15*: 376–403.

Silverman, M. (1985). Countertransference and the myth of the perfectly analyzed analyst. *Psychoanalytic Quarterly, 54*: 175–199.

Simon, B. (1992). "Incest—see under Oedipus complex": the history of an error in psychoanalysis. *Journal of the American Psychoanalytic Association, 40*: 955–988.

Singer, E. (1993). Transference and parataxic distortion. *Journal of Contemporary Psychoanalysis, 29*: 418–440.

Skinner, B. F. (1953). *Science and Human Behavior.* New York: Macmillan.

Smith, H. F. (1997). Resistance, enactment, and interpretation: a self-analytic study. *Psychoanalytic Inquiry, 17*: 13–30.

Smith, H. F. (2003). Analysis of transference: a North American perspective. *International Journal of Psychoanalysis, 84*: 1017–1041.

Solms, M. (1997). *The Neurophysiology of Dreams.* Mahwah, NJ: Lawrence Erlbaum Associates.

Spence, D. P. (1982). *Narrative Truth and Historical Truth: Meaning and Interpretation in Psychoanalysis.* London & New York: Norton and Company.

Spillius, E. B. (Ed.) (1988). *Melanie Klein Today: Development in Theory and Practice,* Vols. 1 & 2. London: Routledge.

Spitz, R. (1945). Hospitalism. *Psychoanalytic Study of the Child, 1*: 53–74. New York: International Universities Press.

Spitz, R. (1957). *No and Yes: On the Genesis of Human Communication.* New York: International Universities Press.

Stein, M. H. (1956). The problem of masochism in the theory and technique of psychoanalysis. *Journal of the American Psychoanalytic Association, 4*: 526–538.

Stein, M. H. (1981). The unobjectionable part of the transference. *Journal of the American Psychoanalytic Association, 29*: 869–892.

Steiner, J. (1994). Patient-centered and analyst-centered interpretations: some implications of containment and countertransference. *Psychoanalytic Inquiry, 14*: 406–422.

Steiner, R. (1989). "It's a new kind of diaspora . . .". *International Review of Psychoanalysis, 16*: 35–72.

Steiner, R. (1991). Background to the scientific controversies. In: P. King & R. Steiner (Eds.), *The Freud-Klein Controversies* (pp. 227–263). London: Routledge.

Steiner, R. (2001). An essay marking its centenary: some observations on the sources of Freud's *The Psychopathology of Everyday Life. Neuro-Psychoanalysis, 3*: 221–241.

Steiner, S. S., Bodnar, R. J., Achermann, R. F., & Ellman S. J. (1973). Escape from rewarding brain stimulation of dorsal brainstem and hypothalamus. *Physiology and Behavior, 11*: 589–591.

Steingart, I. (1983). *Pathological Play in Borderline and Narcissistic Personalities.* New York: Spectrum.

Steingart, I. (1995). *A Thing Apart: Love and Reality in the Therapeutic Relationship.* Northvale, NJ: Jason Aronson.

Sterba, R. (1934). The fate of the ego in analytic therapy. *International Journal of Psychoanalysis, 15*: 117–126.

Stern, D. (1971). A micro-analysis of mother-infant interaction. *Journal of the American Academy of Child Psychiatry, 13*: 501–517.

Stern, D. (1974). The goal and structure of mother-infant play. *Journal of American Academy of Child Psychiatry, 13*: 402–421.

Stern, D. (1982). Implications of infancy research for clinical theory and practice. Paper presented to the 13th Annual Margaret S. Mahler Symposium, Philadelphia.

Stern, D. (1985). *The Interpersonal World of the Infant.* New York: Basic Books.

Stewart, W. A. (1963). An inquiry into the concept of working through. *Journal of the American Psychoanalytic Association, 11*: 474–499.

Stewart, W. A. (1963). *Psychoanalysis: The First Ten Years 1888–1898.* New York: Macmillan.

Stolorow, R. D., & Atwood, G. E. (1992). *Contexts of Being: The Intersubjective Foundations of Psychological Life.* Hillsdale, NJ: Analytic Press.

Stolorow, R. D., & Lachman, F. M. (1980). *Psychoanalysis of Developmental Arrests.* New York: International Universities Press.

Stone, L. (1954). The widening scope of indications for psychoanalysis. *Journal of the American Psychoanalytic Association, 2*: 567–594.

Stone, L. (1961). *The Psychoanalytic Situation: An Examination of its Development and Essential Nature.* New York: International Universities Press.

Stone, M. H. (1980). *The Borderline Syndromes.* New York: McGraw Hill.

Strachey, J. (1934). The nature of the therapeutic action of psychoanalysis. *International Journal of Psychoanalysis, 15*: 127–159.

Strozier, C. (2001). *Heinz Kohut: The Making of a Psychoanalyst.* New York: Farrar, Straus and Giroux.

Sugarman, A., & Lerner, H. (1980). Reflections on the current state of the borderline concept. In: J. Kwawer, H. Lerner, P. Lerner, & A. Sugarman (Eds.), *Border-*

line Phenomena and the Rorschach (pp. 11–37). New York: International Universities Press.

Sullivan, H. S. (1931). Review: *The Morbid Personality*, by S. Lorand. *International Journal of Psychoanalysis, 12*: 497–499.

Sullivan, H. S. (1934). Review: *Towards Mental Health*, by C. Macfie Campbell. *International Journal of Psychoanalysis, 15*: 346–347.

Sullivan, H. S. (1940). *Conceptions of Modern Psychiatry*. New York: Norton.

Sullivan, H. S. (1950). The illusion of personal identity. In: *The Future of Psychiatry and Social Science*. New York: Norton, 1962.

Sullivan, H. S. (1953). *The Interpersonal Theory of Psychiatry*. New York: Norton.

Sulloway, F. J. (1979). *Freud: Biologist of the Mind*. New York: Basic Books.

Sutherland, J. (1989). *Fairbairn's Journey into the Interior*: London: Free Association Books.

Tronick, E. (2008). Multilevel meaning making and dyadic expansion of consciousness theory: emotional and other polymorphic meaning making systems. In: D. Fosha, D. Siegel & M. Solomon (Eds.), *The Healing Power of Emotion: Neurobiological Understanding Sand Therapeutic Perspectives. New York: Norton.*

Valenstein, A. F. (1973). On attachment to painful feelings and the negative therapeutic reaction. *Psychoanalytic Study of the Child, 28*: 365–392.

Valenstein, E. S., Cox, V. C., & Kalkolewski, J. W. (1968). Modification of motivated behavior elicited by electrical stimulation of the hypothalamus. *Science, 157*: 552–554.

Vorus, N. (1998). The concept of phantasy in psychoanalysis: an examination of the place of reality in the Freud-Klein controversies. Unpublished dissertation, City University of New York.

Vygotsky, L. (1978). *Mind in Society: The Development of Higher Psychological Processes*. Cambridge, MA: Harvard University Press.

Wälder, R. (1936). The principle of multiple function: observations on over-determination. *Psychoanalytic Quarterly, 5*: 45–62.

Wallerstein, R. S. (1988). One psychoanalysis or many? *International Journal of Psycho Analysis, 69*: 5–21.

Weiner, J. (1994). *The Beak of the Finch: A Story of Evolution in Our Time*. New York: Random House.

White, R. W. (1963). Ego and reality in psychoanalytic theory. *Psychological Issues, 3*(11): 1–196.

White, R. W. (1992). Who was Morton Prince? *Journal of Abnormal Psychology, 101*: 604–606.

Winnicott, D. W. (1931). *Clinical Notes on the Disorders of Childhood*. London: William Heinemann.

Winnicott, D. W. (1935). The manic defense. In: *Collected Papers: Through Pediatrics to Psycho-Analysis* (pp. 129–144). New York: Basic Books.

Winnicott, D. W. (1936). Appetite and emotional disorder. In: Through *Pediatrics to Psychoanalysis: Collected Papers* (pp. 3–21). New York: Basic Books.

Winnicott, D. W. (1941). The observation of infants in a set situation. In: *Through Pediatrics to Psychoanalysis: Collected Papers* (pp. 52–69). New York: Basic Books.

Winnicott, D. W. (1945). Primitive emotional development. In: *Through Pediatrics to Psycho-Analysis: Collected Papers* (pp. 145–156). New York: Basic Books.

Winnicott, D. W. (1951). Transitional objects and transitional phenomena. In: *Through Pediatrics to Psychoanalysis: Collected Papers* (pp. 229–242). New York: Basic Books.

Winnicott, D. W. (1953). Transitional objects and transitional phenomena. *International Journal of Psychoanalysis, 34*: 89–97.

Winnicott, D. W. (1954). The depressive position in normal emotional development. In: *Through Pediatrics to Psychoanalysis: Collected Papers* (pp. 262–277). New York: Basic Books.

Winnicott, D. W. (1956a). Primary maternal preoccupation. In: *Through Pediatrics to Psychoanalysis: Collected Papers* (pp. 300–305). New York: Basic Books.

Winnicott, D. W. (1956b). The antisocial tendency. In: *Through Pediatrics to Psychoanalysis: Collected Papers* (pp. 306–315). New York: Basic Books.

Winnicott, D. W. (1958a). Ernest Jones. *International Journal of Psycho-Analysis, 39*: 298–304.

Winnicott, D. W. (1958b). Psycho-analysis and the sense of guilt. In: *The Maturational Processes and the Facilitating Environment* (pp. 15–28). New York: International Universities Press.

Winnicott, D. W. (1958c). The capacity to be alone. In: *The Maturational Processes and the Facilitating Environment* (pp. 29–36). New York: International Universities Press.

Winnicott, D. W. (1960a). The theory of the parent–infant relationship. In: *The Maturational Processes and the Facilitating Environment* (pp. 37–55). New York: International Universities Press.

Winnicott, D. W. (1960b). Ego distortion in terms of true and false self. In: *The Maturational Processes and the Facilitating Environment* (pp.140–152). New York: International Universities Press.

Winnicott, D. W. (1962a). Ego integration in child development. In: *The Maturational Processes and the Facilitating Environment* (pp. 56–63). New York: International Universities Press.

Winnicott, D. W. (1962b). A personal view of the Kleinian contribution. In: *The Maturational Processes and the Facilitating Environment* (pp. 171–178). New York: International Universities Press.

Winnicott, D. W. (1963a). The development of the capacity for concern. In: *The*

Maturational Processes and the Facilitating Environment (pp. 73–82). New York: International Universities Press.

Winnicott, D. W. (1963b). Dependence through independence. In: *The Maturational Processes and the Facilitating Environment* (pp. 83–92). New York: International Universities Press.

Winnicott, D. W. (1965). *The Maturational Processes and the Facilitating Environment.* New York: International Universities Press.

Winnicott, D. W. (1971). *Playing and Reality.* New York: Basic Books.

Wolff, P. (1966). The causes, controls and organization of behavior in the neonate. *Psychological Issues, Monograph, 5*: 1–104.

Young-Bruehl, E. (1988). *Anna Freud: A Biography.* New York: Summit.

Zetzel, E. R. (1956). Current concepts of transference. *International Journal of Psychoanalysis, 37*: 369–376.

Zetzel, E. R. (1971). A developmental approach to the borderline patient. *American Journal of Psychiatry, 4*: 149–155.

지은이

Steven J. Ellman

1968년 뉴욕 대학교에서 임상 심리학 박사 학위를 받았고 1982년 Institute for Psychoanalytic Training And Research(IPTAR)를 졸업했다. 알버트 아인슈타인 의과대학에서 수면과 꿈의 심리학 및 신경생리로 박사 후 과정을 이수했다. 그 후 뉴욕 시립대학교[CUNY]에서 대학원 학생들을 가르쳤다. 경력의 대부분 기간 그는 임상가이자 연구자였다. CUNY의 임상 심리학 박사 과정 책임자였고, 삼십 년의 봉직 이후 현재는 명예 교수로 있다. 정신분석과 수면, 꿈, 동기와 관련한 신경생리학 분야에서 70편이 넘는 논문을 발표했다. 거기에 더해 네 권의 정신분석 관련 서적, 그리고 수면과 꿈에 관한 두 권의 책을 집필 혹은 공동 편집했다. 그중 가장 잘 알려진 책은 『Freud's Technique Papers: A Contemporary Perspective』(1991, Jason Aronson), 『The Mind in Sleep』(J. S. Antrobus와 공저, 1991, Wiley)이다. IPTAR의 회장을 두 번 역임했으며 프로그램 위원장을 지냈다. 현재 교육분석가이자 지도감독 분석가다. 뉴욕 대학교의 정신분석, 정신치료의 박사 후 과정 임상 교수이기도 하다. 또한 미국 내 국제 정신분석학회 기관들의 조직인 CIPS(Confederation of Independent Psychoanalytic Societies)의 초대 회장이었다. 국제 정신분석 학회의 회원이며 국제 정신분석 학회 운영위에서도 일했다. 미국 심리학회 회원이자 다수 정신분석 잡지의 편집위원을 지냈다.

옮긴이

김승업(kimseungeob@gmail.com)

부산 의대를 졸업하고 국립 서울 병원(현, 국립 정신 건강 센터)에서 전문의 수련을 받았다. 대한 분석 치료 학회에서 정신치료를 수련한 뒤 뉴욕의 IPTAR(Institute for Psychoanalytic Training and Research)에서 정신분석 수련을 받았다. 현재 부산에서 사이 정신건강의학과 의원을 운영하고 있다. 옮긴 책으로는 『한스 로왈드 정신분석』(하나의학사, 2023)이 있다.

정신분석 이론의 모델

초판 1쇄 인쇄 2023년 10월 9일
초판 1쇄 발행 2023년 10월 16일

지은이 | Steven J. Ellman
옮긴이 | 김승업
펴낸이 | 소정영

펴낸곳 | 도서출판 하나의학사
출판신고 | 1988년 4월 1일 제2022-000082호

주소 | 서울특별시 송파구 동남로 159, 302호(한흥빌딩)
전화 | 02-730-2555, 2556 **팩스** | 02-730-2557
이메일 | hanampc1@naver.com
홈페이지 | www.hanampc.co.kr

ISBN 979-11-91658-32-3 93180

WHEN THEORIES TOUCH

A Historical and Theoretical Integration of
Psychoanalytic Thought

Steven J. Ellman